KRÖNERS TASCHENAUSGABE BAND 308

WOLFGANG STEGMÜLLER

HAUPTSTRÖMUNGEN DER GEGENWARTSPHILOSOPHIE

Eine kritische Einführung

BAND I

7. Auflage

ALFRED KRÖNER VERLAG STUTTGART

Stegmüller, Wolfgang

Hauptströmungen der Gegenwartsphilosophie:
e. krit. Einf. – Stuttgart: Kröner.
Bd. 1. – 7. Aufl. – 1989.
(Kröners Taschenausgabe: Bd. 308)
ISBN 3-520-30807-X

© 1989 by Alfred Kröner Verlag in Stuttgart
Printed in Germany. Alle Rechte vorbehalten
Gesamtherstellung: Wilhelm Röck, Weinsberg

INHALT

Vorwort zur fünften Auflage XI
Vorwort zur zweiten Auflage XIII
Vorwort zur dritten Auflage XIX
Vorwort zur vierten Auflage XXIV

Einleitung
DIE PROBLEME DER GEGENWARTSPHILOSOPHIE

1. Tradition und Originalität in der Gegenwartsphilosophie XXV
   (a) Kant und die Gegenwartsphilosophie XXVII
   (b) Philosophie, Wissenschaft und Kultur XXX
   (c) Moderner Irrationalismus XXXVII

2. Der Prozeß der philosophischen Differenzierung . XXXVIII

3. Vorausblicke XLIV
   (a) Metaphysik und Ontologie XLVI
   (b) Logik und Erkenntnistheorie XLVIII
   (c) Ethik LIII

Kapitel I
PHILOSOPHIE DER EVIDENZ: FRANZ BRENTANO

1. Psychisches Phänomen und Erkenntnis 2
   (a) Die psychischen Phänomene und der Ort der Wahrheit 2
   (b) Der Wandel im Wahrheitsbegriff 6
   (c) Die Arten des Urteils 11
   (d) Bewußtsein und Welt 15

2. Die Lehre vom Seienden 17
   (a) Die Einheitlichkeit des Seinsbegriffes . . . 17
   (b) Das Universalienproblem und die Bedeutungen des Wortes »seiend« 19
   (c) Das Kategorienproblem 21

3. Die Lehre von der Erkenntnis des Sittlichen . . . 25

4. Die Lehre von der Erkenntnis Gottes 29
   (a) Die Gottesbeweise 29
   (b) Die Theodizee 34

   Würdigung 35

Kapitel II
METHODISCHE PHÄNOMENOLOGIE: EDMUND HUSSERL

1. Die Absolutheit der Wahrheit 49
   - (a) Die empiristischen Konsequenzen des Psychologismus 51
   - (b) Der Psychologismus als skeptischer Relativismus . . 52
   - (c) Die psychologistischen Vorurteile 53

2. Das Problem des Allgemeinen 56

3. Die Intentionalitäts-, Urteils- und Erkenntnislehre (Phänomenologie des Bewußtseins) 61
   - (a) Die Sinnschicht im Bewußtsein 61
   - (b) Die Struktur der intentionalen Akte 63
   - (c) Phänomenologie der Erkenntnis 65
   - (d) Sinnliche und kategoriale Erkenntnis 68

4. Die phänomenologische Wesensschau 70

5. Phänomenologie und Transzendentalphilosophie . . 75
   Würdigung 81

Kapitel III
ANGEWANDTE PHÄNOMENOLOGIE: MAX SCHELER

1. Gnoseologie und Phänomenologie 99

2. Die Lehre von den Sympathiegefühlen 106

3. Wert und Person 110
   - (a) Das Wertproblem 110
   - (b) Das Wesen der Person 115

4. Religionsphilosophie und Gotteslehre 118

5. Der Mensch im Stufenbau der Welt 124
   Würdigung 129

Kapitel IV
EXISTENZIALONTOLOGIE: MARTIN HEIDEGGER

1. Die Existenzphilosophie im allgemeinen und ihre historische Beziehung zur abendländischen Vergangenheit 135

INHALT

2. Die Ontologie des endlichen Daseins 160
   - (a) Seinsproblem und In-der-Welt-sein 160
   - (b) Das Man 163
   - (c) Befindlichkeit und Verstehen 164
   - (d) Angst und Sorgestruktur des Daseins 167
   - (e) Realität und Wahrheit 169
   - (f) Das Sein zum Tode 170
   - (g) Gewissen, Schuldigsein und eigentliche Existenz . 171
   - (h) Die Zeitlichkeit 172
   - (i) Geschichtlichkeit und Wiederholung 174

   Würdigung 177

Kapitel V

EXISTENZPHILOSOPHIE: KARL JASPERS

1. Philosophische Weltorientierung, Existenzerhellung und Metaphysik 195
   - (a) Weltorientierung 196
   - (b) Existenzerhellung 201
   - (c) Metaphysik 209

2. Das Sein des Umgreifenden und die Wahrheit 212
   - (a) Die Weisen des Umgreifenden 212
   - (b) Die Gestalten der Wahrheit 222

   Würdigung 231

Kapitel VI

KRITISCHER REALISMUS: NICOLAI HARTMANN

1. Die Erkenntnismetaphysik 245

2. Der Aufbau des Seins 255
   - (a) Die allgemeinen ontologischen Grundfragen 255
   - (b) Das Problem der Seinsmodalität 259
   - (c) Das Problem der Seinsprinzipien 263
   - (d) Probleme der speziellen Kategorialanalyse (Naturphilosophie) 267

3. Die Philosophie des Geistes 269

4. Philosophie der Werte 275
   - (a) Ethik 275
   - (b) Ästhetik 278

   Würdigung 281

Kapitel VII
TRANSZENDENTALER IDEALISMUS: ROBERT REININGER

1. Das Problem der Wirklichkeit 288

2. Das Wahrheits- und Erkenntnisproblem 293
   (a) Die Grundlagen des Denkens 293
   (b) Das Wesen der Wahrheit 296
   (c) Das Erkenntnis- und Affinitätsproblem 297

3. Das Welt- und Duproblem 301
   (a) Die drei Welten 301
   (b) Die Realität des Fremdseelischen 303

4. Das Problem der Ethik 304
   Würdigung 309

Kapitel VIII
APRIORISTISCHER SEINSMONISMUS: PAUL HÄBERLIN

1. Die allgemeinen ontologischen Grundfragen 316
   (a) Das Problem von Einheit und Vielheit 316
   (b) Das Problem von Sein und Werden 320

2. Das Wesen des Menschen 324
   (a) Die menschliche Selbsterfahrung 325
   (b) Die menschliche Problematik. Geist und Trieb . . 326
   (c) Der Kampf um das Heil 329

3. Der Sinn der Kultur 331

4. Der Grund des Seins 340
   Würdigung 342

Kapitel IX
MODERNER EMPIRISMUS:
RUDOLF CARNAP UND DER WIENER KREIS

1. Motive für die Entstehung des modernen Empirismus 351

2. Der Immanenzpositivismus (Mach, Avenarius) und
   die Erkenntnislehre von M. Schlick 362

3. Definitionen und Explikationen von Begriffen 368
   (a) Nominaldefinitionen, Gebrauchsdefinitionen und die
       Ausschaltung idealer Gegenstände 368

INHALT

    (b) Erläuterung und Explikation von Begriffen 373
    (c) Die axiomatische Methode und die impliziten Definitionen. Eigentliche und uneigentliche Begriffe. Zuordnungsdefinitionen 376

4. Aussage und Aussagesinn 380

    (a) Die erste Fassung des empiristischen Sinnkriteriums . 380
    (b) Die Sinnlosigkeit der Metaphysik 383

5. Die Struktur der empirischen Erkenntnis 387

    (a) Das Konstitutionssystem der empirischen Begriffe (Carnaps »Logischer Aufbau der Welt«) 387
    (b) Physikalismus und Einheitswissenschaft (die Theorie von Neurath und Carnap) 392
    (c) Die Falsifikationstheorie von K. Popper 397
    (d) Bestätigungsfähigkeit und Prüfbarkeit empirischer Sätze. Die Neufassung des empiristischen Sinnkriteriums durch Carnap 402

6. Semantik und Logische Syntax. 411

    (a) Logik, Wissenschaftstheorie und Sprachkonstruktion . 411
    (b) Grundbegriffe der Semantik 416
    (c) Die L-Semantik 418
    (d) Kalkülisierung und Interpretation 420

Würdigung 422

Kapitel X
GRUNDLAGENFORSCHUNG UND ANALYTISCHE PHILOSOPHIE DER GEGENWART

1. Die logische und mathematische Grundlagenforschung 429

    (a) Die mathematische Logik 429
    (b) Die Grundlegung der Mathematik (Logizismus, Intuitionismus, Beweistheorie) 434

2. Die Theorie der erfahrungswissenschaftlichen Erkenntnis 445

    (a) Das Basisproblem (Schlick, Neurath, Popper, Pap, Carnap) 445
    (b) Logische Analyse des Begriffs der wissenschaftlichen Erklärung (zur Theorie von Hempel und Oppenheim) 449
    (c) Der methodologische Charakter der theoretischen Begriffe (zur Theorie von R. Carnap) 461
    (d) Induktive Logik und Wahrscheinlichkeit (zur Theorie von R. Carnap) 467
    (e) Das Problem des Naturgesetzes (zur Theorie von N. Goodman) 481

INHALT

3. Wirklichkeitsprobleme 487
   - (a) Das Seins- und Universalienproblem (zur Theorie von W. V. Quine) 487
   - (b) Untersuchungen über die Struktur der Erscheinungswelt (zur Theorie von N. Goodman) 494
   - (c) Das Leib-Seele-Problem (zur Theorie von H. Feigl) . 497

4. Ethik 504
   - (a) Die Klassifikation der ethischen Probleme durch C. D. Broad 504
   - (b) Die emotiven oder nicht-kognitiven Theorien der Ethik (zu den Theorien von C. L. Stevenson und R. M. Hare) 511

Kapitel XI
LUDWIG WITTGENSTEIN
PHILOSOPHIE I

1. Das ontologische Grundgerüst 526

2. Die Isomorphietheorie der Satzbedeutung und der Erkenntnis 539

3. Der Sinn komplexer Sätze 551

4. Transzendentalphilosophischer Ausblick 554

PHILOSOPHIE II

1. Die Preisgabe der Voraussetzungen der »Tractatus«-Philosophie 564

2. Wortbedeutung, Wortgebrauch und Sprachspiele . . 570
   - (a) Kritik der Theorie der Wortbedeutungen 570
   - (b) Satzradikal und Satzmodus 574
   - (c) Wortgebrauch und Sprachspiele 576

3. Philosophische Rätsel, Wesensphilosophie, falsche Bilder und Verführung durch die Sprache 600

4. Sprache und Geist 625

5. Innere Erfahrung und Fremdseelisches 645

6. Philosophie der Logik und Mathematik 673

Bibliographie 697

Namen- und Sachregister 727

VORWORT ZUR FÜNFTEN AUFLAGE

Diese Auflage ist um fünf größere Teile erweitert worden. Sie enthält gegenüber der vierten Auflage zusätzlich eine Darstellung der wichtigsten *Sprachphilosophien* der Gegenwart; außerdem eine ziemlich ausführliche, wenn auch exemplarische Behandlung *konvergierender Tendenzen* in der heutigen Philosophie, die u. a. das *Verhältnis von Phänomenologie, analytischer Philosophie, Hermeneutik und Wissenschaftstheorie* sowie eine Erörterung der wichtigsten *philosophischen Logiken* einschließt; ferner zwei relativ umfangreiche Teile über das *heutige wissenschaftliche Weltbild*, von denen einer den *astrophysikalischen (kosmologischen)* und der andere den *molekularbiologischen Aspekt* betrifft; schließlich eine Diskussion des Verhältnisses von *Wissenschaft, Wissenschaftsgeschichte* und *Wissenschaftstheorie*, bei der ich auf meine an anderer Stelle versuchte logische Rekonstruktion des Werkes von T. S. Kuhn zurückgegriffen habe und die sich zwanglos in den durch die beiden vorangehenden Teile geschaffenen *evolutionstheoretischen Rahmen* eingefügt. Da die hinzugekommenen Teile zwei Drittel des gesamten Inhaltes der vierten Auflage übersteigen, erwies es sich als ratsam, diese neuen Teile in einem eigenen zweiten Band zu veröffentlichen.

Daneben gab es noch einen *formalen* Grund, der für eine getrennte Publikation sprach, nämlich die gegenüber dem ersten Band abweichende Art der Themenbehandlung. Während im ersten Band kritische Stellungnahmen gewöhnlich auf einen rein referierenden Teil folgen, wurde im zweiten Band durchgehend von der *Methode kritischer gedanklicher Rekonstruktionen* Gebrauch gemacht. Detailliertere Hinweise darüber, in welchen verschiedenen Formen diese Methode zur Anwendung gelangt, findet der Leser in der Einleitung zum zweiten Band, worin auch die Aufnahme gerade der fünf genannten Themenkreise genauer begründet wird.

Der erste Band deckt sich, abgesehen vom weggefallenen Anhang, im wesentlichen mit dem Inhalt der vierten Auflage. Neben einer Ergänzung der Bibliographie habe ich einige stilistische Verbesserungen auf Anregung von Freunden und anderen Lesern vorgenommen, denen ich hiermit für ihre Vorschläge bestens danken möchte. Die einzige inhaltliche Änderung findet sich im Abschnitt über analytische Ethik, der einige Unklarheiten enthielt. Meinem Kollegen, Herrn Professor Norbert Hoerster, danke ich herzlich dafür, mich auf diese Stellen aufmerksam gemacht zu haben.

Die Niederschrift des Abschnittes über die Allgemeine Grammatik von Montague erfolgte während des Sommersemesters 1974, in dem ich ein Seminar über dieses Thema hielt. Die meisten Anregungen habe ich hier in Gesprächen mit einem Teilnehmer an diesem Seminar gewonnen, Herrn Godehard Link, der auch im zweiten Teil seiner Dissertation über Intensionale Semantik eine sehr klare und präzise Schilderung der Montagueschen Ideen geliefert hat.

Noch eine bedauerliche Tatsache muß ich erwähnen. Zur Erläuterung sei vorausgeschickt, daß ich hier, wie auch sonst, die systematische Ordnung des Materials zeitlich der Niederschrift nachstellte. Dabei zeigte sich, daß das Buch genau in der umgekehrten Reihenfolge, also von hinten nach vorne, geschrieben worden war, und zwar nicht nur Kapitel für Kapitel, sondern merkwürdigerweise sogar Abschnitt für Abschnitt. Meine ursprüngliche Absicht ist gewesen, den Chomsky-Abschnitt vollständig zu überarbeiten und außerdem einen Abschnitt über die Sprachphilosophie von W. V. Quine einzufügen. Dieser Plan wurde leider durch Vorgänge durchkreuzt, welche man hierzulande unter den Ausdruck »Kulturpolitik« zu subsumieren pflegt: Die Mitarbeit an der Vorbereitung der neuen Fachbereichs- und Institutsgliederung für Philosophie und Wissenschaftstheorie an der Universität München nahm genau die Zeit in Anspruch, die ich für diese beiden Arbeiten eingeplant hatte. Auf den Quine-Abschnitt mußte ich vollständig verzichten[1]. Und was den Chomsky-Abschnitt betrifft, so mußte ich mich außer klei-

---

[1] Für die daran interessierten Leser möchte ich darauf hinweisen, daß einige grundlegende sprachphilosophische Thesen Quines in einer sehr übersichtlichen und für sich lesbaren Darstellung in der Sprachphilosophie von F. v. Kutschera enthalten sind.

neren Änderungen darauf beschränken, einen zusätzlichen Unterabschnitt über *generative Transformationsgrammatik* hinzuzufügen, der dem Leser so weit Einblick in dieses interessante Gebiet geben dürfte, daß ihm die philosophischen Thesen Chomskys nicht mehr allzu fremdartig und rätselhaft erscheinen.

Den Damen Frau G. Ullrich, Frau K. Lüddeke und Frl. E. Weinberg danke ich herzlich für die sorgfältige Niederschrift des Manuskriptes zum zweiten Band und meinen Mitarbeitern für die Hilfe beim Lesen der Korrekturen.

Gräfelfing, den 12. Januar 1975 *Wolfgang Stegmüller*

VORWORT ZUR ZWEITEN AUFLAGE

Die Neubearbeitung eines philosophischen Buches bereitet einem Autor bekanntlich oft größeres Kopfzerbrechen als die Abfassung eines gänzlich neuen Manuskriptes. Denn gewöhnlich wandelt sich der Denkstandpunkt im Verlaufe der Jahre, und mit zunehmendem zeitlichem Abstand zur früheren Auflage wird es daher immer schwieriger, jenen Kompromiß zwischen den eigenen Auffassungen in der Vergangenheit und in der Gegenwart herzustellen, der nun einmal unvermeidlich ist, damit sinnvoll von einer Neubearbeitung gesprochen werden kann. In der Philosophie sind die Schwierigkeiten eines solchen Kompromisses vielleicht größer als in einem anderen Gebiet; denn ein Wandel in den philosophischen Anschauungen betrifft nicht bloß eine Ersetzung früherer Hypothesen durch neue, eine Preisgabe vermeintlicher Einsichten zugunsten anderer Urteile, die jetzt für wahr gehalten werden, sondern etwas Radikaleres: eine Änderung der gesamten Einstellung und Sichtweise gegenüber den sog. philosophischen Problemen. Neue Dimensionen von Fragen, die früher gar nicht gesehen wurden, treten in das Bewußtsein; für klar Gehaltenes erscheint plötzlich als dunkel und fragwürdig; das Problem, was überhaupt philosophisch diskutabel ist und was nicht, wird anders beantwortet als früher. Es verschieben sich alle Sinn- und Wertakzente und damit auch der Begriff der Philosophie selbst.

Im vorliegenden Falle ist die Situation dadurch gekennzeichnet, daß ich die erste Auflage dieses Buches im wesentlichen als Vierundzwanzigjähriger beendet hatte. Meine philosophischen Interessen wie Anschauungen haben sich seither erheblich verschoben. Vieles an der seinerzeitigen Darstellung erschien mir daher unbefriedigend und unvollständig. Auf der anderen Seite ist mein Denken sowie mein Stil zwar, wie ich hoffe, seither etwas präziser geworden, dafür aber auch pedantischer und unanschaulicher; auch verfüge ich heute nicht mehr über dieselbe Einfühlungsgabe in mir fernstehende philosophische Denkweisen wie damals. Ich hielt es daher nicht für zweckmäßig, das ganze Buch vollkommen neu zu schreiben; es wäre dadurch vermutlich viel an Anschaulichkeit und Unmittelbarkeit verlorengegangen. Dagegen erwiesen sich zahlreiche Ergänzungen und Änderungen als unvermeidlich.

Ganz neu gegenüber der ersten Auflage hinzugekommen sind: das Kapitel X über Grundlagenforschung und analytische Philosophie, ein längerer Abschnitt über das zweite größere philosophische Werk von K. Jaspers »Von der Wahrheit«, Abschnitte über die Naturphilosophie, Ästhetik und Philosophie des Geistes von N. Hartmann, Bemerkungen über die Logik Brentanos, ein Abschnitt über den transzendentalen Idealismus in Husserls Spätphilosophie, eine eingehendere Behandlung des Universalienproblems im Zusammenhang mit der Darstellung und Würdigung der Philosophien von Brentano und Husserl, eine Diskussion des Kant-Buches von M. Heidegger, ein Abschnitt über die Kulturphilosophie von P. Häberlin und ein Unterabschnitt innerhalb der Einleitung über den Differenzierungsprozeß in der heutigen Philosophie. Ferner sind sämtliche Würdigungen durch neue ersetzt worden. Auch im übrigen Text wurden zahlreiche kleinere inhaltliche Änderungen und stilistische Verbesserungen vorgenommen. Die Bibliographie wurde wesentlich vergrößert.

Daß trotz der zahlreichen Erweiterungen das Buch an Umfang nicht stark zugenommen hat, beruht darauf, daß das Kapitel IX gänzlich neu verfaßt wurde. Obwohl es dadurch ca. 60 Seiten an Umfang einbüßte, glaube ich, daß der Inhalt des Kapitels darunter nicht gelitten hat. Denn ich habe im Grunde nur technische Details fortgelassen, über die der Leser eines Einführungswerkes ohnedies in der Regel hinweglesen wird. Ich hoffe, daß die Darstellung gerade dieses Kapitels an Lebendigkeit und Faßlichkeit gegenüber der ersten Auflage gewonnen hat. *Insgesamt enthält das Buch gegenüber der früheren Auflage zu fast zwei Dritteln einen neuen Text.* Zum Zwecke besserer Übersicht wurde eine detailliertere Untergliederung vorgenommen und in weit stärkerem Maße von Kursivdruck Gebrauch gemacht.

Nach wie vor halte ich daran fest, daß eine Einführung in zehn philosophische Richtungen das Höchstmaß dessen darstellt, was ein Buch von dem Umfang des vorliegenden zu liefern vermag. Dies gilt zumindest unter der Voraussetzung, daß es dem Leser nicht bloß darum zu tun ist, Personennamen von Philosophen mit bestimmten Schlagworten zu assoziieren, um damit bei passender oder unpassender Gelegenheit seine Bildung zu demonstrieren.

Bei der Auswahl der behandelten Philosophen war auch für diese Auflage wieder der Gedanke maßgebend, jeweils einen typischen und namhaften Repräsentanten einer bestimmten Richtung der heutigen Philosophie eingehender zu behandeln. Nur im letzten Kapitel mußte dieses Prinzip durchbrochen werden, weil die analytische Philosophie und Grundlagenforschung sich nicht in bestimmten Personen zentralisiert, sondern ebenso wie die einzelwissenschaftliche Tätigkeit die Gestalt einer kontinuierlichen Forschung und Diskussion zwischen zahlreichen Gelehrten angenommen hat.

Ich bin mir selbstverständlich darüber im klaren, daß die gegenwärtig anerkanntesten und einflußreichsten Philosophen nicht diejenigen zu sein brauchen, welche tatsächlich das philosophisch Wertvollste geliefert haben. Auch hier mußte ich einen Kompromiß eingehen zwischen dem, was mir selbst als bedeutungsvoll erschien, und dem, was von großem faktischem Einfluß auf die heutige Philosophie gewesen ist, obzwar ich selbst hinsichtlich des Wertes nicht so überzeugt bin, wie viele andere überzeugt zu sein scheinen. Ich wäre zufrieden, wenn meine Skepsis gegenüber bestimmten Richtungen der Philosophie in dem vorliegenden Buch nicht zu einer mangelnden Objektivität in der Darstellung geführt hat.

Ausleseprinzipien bei der Auswahl der behandelten Denker waren die folgenden: All jene philosophischen Strömungen wurden nicht berücksichtigt, die sich um die Fortbildung oder Erneuerung älteren Gedankengutes bemühen oder deren Entstehung bereits weiter zurückreicht (z. B. Neukantianismus, Neuthomismus, Lebensphilosophie); ferner habe ich solche Philosophen außer Betracht gelassen, in deren Lehren nichts Typisches zum Ausdruck kommt, sondern die gedankliche Motive möglichst vieler philosophischer Richtungen zur Synthese zu bringen versuchen; und schließlich wurden mit Ausnahme der für die gesamte Philosophie immer mehr an Bedeutung gewinnenden logisch-mathematischen Grundlagenforschung die philosophischen Grundlegungsversuche von Spezialwissenschaften (z. B. Staatsphilosophie, Sozialphilosophie) nicht einbezogen.

An verschiedener Stelle habe ich – meist innerhalb der Würdigungen – auf einige meiner anderen Arbeiten verwiesen. Dies geschah nicht aus dem Grunde, um für jene Publikationen Propaganda zu machen, sondern um überall dort, wo der Rahmen dieses Buches eine eingehendere Diskussion einer Frage nicht gestattete, dem Leser einen Hinweis darauf zu geben, wie er sich über die Materie oder über meine kritische Stellung zu dieser angeschnittenen Frage genauer orientieren kann. Im allgemeinen habe ich mich in den Würdigungen im Gegensatz zur ersten Auflage auf die Erörterung grundsätzlicher Fragen beschränkt. Die im Vorwort zur ersten Auflage geäußerte und mir heute etwas unvorsichtig erscheinende Bemerkung, daß ich mich allenthalben auf eine immanente Kritik beschränken würde, habe ich diesmal mit Absicht weggelassen. Verschiedene kritische Bemerkungen können wohl kaum noch unter den Obertitel der immanenten Kritik subsumiert werden.

Ursprünglich ist es geplant gewesen, in diese Neuauflage auch ein weiteres Kapitel über die Philosophie von L. Wittgenstein einzufügen. Die Tatsache, daß fast alle englischen Philosophen der Gegenwart Wittgenstein für den bedeutendsten philosophischen Kopf des Jahrhunderts halten, hätte dies gerechtfertigt; der Umstand, daß im deutschen Sprachbereich ein zunehmendes Interesse an Wittgensteins Philosophie besteht, während gleichzeitig darüber fast nur Absurditäten zu lesen und zu hören sind, hätte dies sogar dringend erforderlich erscheinen lassen. Leider konnte dieser Plan aus raumtechnischen Gründen nicht verwirklicht werden. Auf die Art des Denkens Wittgensteins ist der deutsche Leser so wenig vorbereitet, daß eine nicht zu Mißverständnissen führende Einleitung in dessen Philosophie umfangreiche und komplizierte Vorbereitungen erfordert hätte, die den Rahmen des vorliegenden Buches gesprengt hätten. Ich hoffe, daß sich eine andere Gelegenheit zur Realisierung dieses Plans ergeben wird.

Ich möchte dieses Vorwort beschließen mit einigen Bemerkungen darüber, was ich für dieses Buch nicht beanspruche, was ich von ihm erhoffe und was ich in bezug auf es befürchte:

Ich beanspruche nicht, von allen behandelten philosophischen Lehren ein vollständiges und adäquates Bild zu geben. Trotz der Beschränkung auf zehn Richtungen waren überall Vereinfachungen und Auslassungen in der Darstellung unvermeidlich. Eine Einleitung in verschiedene philosophische Systeme kann nicht Spezialuntersuchungen über diese einzelnen Lehren ersetzen. Weiter habe ich bewußt darauf verzichtet, außer der Darstellung auch Hypothesen über historische Zusammenhänge zwischen philosophischen Richtungen zu entwickeln. Ebenso habe ich Bemerkungen über die Beziehungen der heutigen Philosophie zur geistigen Situation der Gegenwart nur in die Einleitung aufgenommen, sonst hingegen nach Möglichkeit vermieden. Wer sich in der Philosophie der Gegenwart orientieren will, der muß vor allem darangehen, sich den Gehalt der einzelnen Lehren zunächst einmal anzueignen, bevor er versucht, Abhängigkeitsbeziehungen zu entdecken oder diesen Gehalt zum Gegenstand geschichtsphilosophischer Betrachtungen zu machen. Ich habe zwar in Hinsicht auf beide Arten von Zusammenhängen meine eigenen Gedanken, will sie aber dem Leser nicht oktroyieren, um ihn nicht evtl. durch das schlechte Beispiel zur Nachahmung zu verleiten. Schließlich füge ich zu diesem ersten Punkt noch die fast selbstverständliche Bemerkung hinzu, daß ich dem Leser nicht das Denken abnehmen möchte. Wer daher die Darstellung bisweilen als schwierig emfindet, der möge bedenken, daß man, um einen Zugang zu den geschilderten Denksystemen zu finden, es sich etwas kosten lassen muß, selbst dann, wenn ein solcher Zugang wie diese Einführung nicht mehr als einen ersten Eindruck vermitteln soll. Auch die sich an die Darstellungen knüpfenden Würdigungen haben vor allem den einen Zweck, den Leser zum Weiterdenken anzuregen.

Was ich von dem Buch erhoffe, sind vor allem zwei Dinge: erstens dem interessierten Laien einen Einblick in die wichtigsten philosophischen Lehren der Gegenwart zu geben und zweitens dem Studierenden die vorläufige Orientierung in der Gegenwartsphilosophie zu erleichtern. Das letztere scheint mir deshalb so außerordentlich wichtig zu sein, weil man immer wieder beobachten kann, daß Philosophiestudenten sich frühzeitig jener philosophischen Richtung verschreiben, die sie zufälligerweise als erste kennenlernten oder die ihnen von einem ihrer Vertreter in besonders eindringlicher Weise vorgetragen wurde, ohne daß sie über andere philosophische Denkweisen hinreichend oder auch nur ungefähr informiert gewesen wären. Wenn man demgegenüber von den Studierenden der Philosophie verlangen wollte, daß sie sich in alle bedeutenden Philosophien dieses Jahrhunderts selbst einarbeiten, bevor· sich ihr eigener Standpunkt herausbildet, so hieße dies angesichts der verwirrenden Fülle von neuartigen philosophischen Ansätzen, Denkmethoden und Lehren, die dieses Jahrhundert hervorgebracht hat, den Einzelnen in seiner Leistungsfähigkeit überfordern.

Was ich befürchte, ist vor allem dies, von einigen übereifrigen Lesern trotz der Bemerkungen über die Notwendigkeit und die Motive für die hier vollzogene Auswahl eine Liste alles dessen vorgelegt zu bekommen, was in diesem Buch nicht zu finden ist –, eine Liste, die in jedem Falle beliebig verlängert werden könnte. Zu diesem Punkt möchte ich außer dem bereits Gesagten noch erwähnen, daß die Wahl des Titels bei der ersten Auflage nicht ganz nach meinem eigenen Wunsch erfolgte. Da es sich nun aber trotz der vielen Änderungen und Ergänzungen um eine Neubearbeitung desselben Buches handelt, wäre die Wahl eines neuen Titels m. E. eine Irreführung des Lesers gewesen, zumal die Neuauflage mit einem Wechsel des Verlages verbunden ist.

Für die Hilfe bei den Korrekturen möchte ich meiner Frau sowie den Herren Dr. M. Käsbauer und W. Hoering meinen herzlichen Dank aussprechen.

München, den 11. Mai 1960.   W. S.

VORWORT ZUR DRITTEN AUFLAGE

Einem vielfachen Wunsch entsprechend habe ich mich nun doch entschlossen, ein neues Kapitel über die Philosophie Wittgensteins hinzuzufügen. Mitbestimmend für diesen Entschluß war der Umstand, daß die im Vorwort zur zweiten Auflage ausgedrückte Hoffnung, in absehbarer Zeit ein Buch über Wittgenstein zu veröffentlichen, sich zerschlagen hat. Zu viele andere Projekte und theoretische Interessen hätten eine Realisierung dieses ursprünglichen Planes auf lange Zeit hinaus unmöglich gemacht. Da aber in weiten Teilen der Welt, darunter insbesondere in den angelsächsischen Ländern, Wittgenstein als einer der bedeutendsten Köpfe, ja vielfach als *der* Philosoph des 20. Jahrhunderts gilt, schien mir eine Nichtberücksichtigung seiner Philosophie in einer Neuauflage nicht mehr verantwortbar.

Bereits im Jahre 1961 habe ich für die geplante englische Übersetzung ein eigenes Wittgenstein-Kapitel verfaßt. Das Manuskript dazu wurde für die jetzige Auflage nochmals gründlich überarbeitet und wesentlich erweitert. Wie der

Leser feststellen wird, ist diese Darstellung der Philosophie Wittgensteins selbst zu dem Umfang eines kleinen Büchleins angewachsen. Für diese Disproportionalität, verglichen mit den Darstellungen anderer Philosophen, bin ich eine Erklärung schuldig.

Zunächst ist zu bedenken, daß es sich nicht um die Schilderung *einer* Philosophie, sondern *zweier* Philosophien handelt. Wittgensteins Spätphilosophie ist keine Fortsetzung der im »Tractatus« entwickelten Gedanken, sondern etwas völlig Neues, das daher auch gesondert dargestellt werden mußte. Schon aus diesem Grunde könnte Wittgenstein für sich den Umfang zweier Kapitel beanspruchen. Dazu kommt aber noch ein weiteres: Während ich mich bei der Darstellung der Tractatus-Philosophie noch in einem mit den anderen Kapiteln vergleichbaren Rahmen halten konnte, war dies bei der Behandlung seiner Spätphilosophie nicht mehr möglich. Hier kam es mir vor allem darauf an, dem Leser den Zugang zu Wittgensteins Spätwerk, insbesondere zu seinen »Philosophischen Untersuchungen« zu erleichtern.

Obwohl es in der abendländischen Philosophie nur wenige philosophische Bücher, vielleicht überhaupt keine, geben dürfte, die in einer so einfachen, anschaulichen und eindrucksvollen Prosa geschrieben sind wie dieses, so existiert auch kaum ein zweites, bei dessen Lektüre der Leser sich zunächst so verloren fühlt und so verwirrt wird. Das gänzliche Fehlen philosophischer Fachausdrücke und der Mangel jeglicher Dunkelheit in der Sprache machen diese Verlorenheit nur um so größer. Es fehlt einem sozusagen der Ausweg zu geringer Fachkenntnisse oder die Entschuldigung des fehlenden Code für die Entchiffrierung einer philosophischen Geheimsprache: es ist ja immer alles ganz klar gesagt.

Man könnte für diese Situation zahlreiche Gründe anführen, darunter nicht zuletzt die Tatsache, daß Wittgenstein Auffassungen angreift und verwirft, die von den meisten Philosophen und Einzelwissenschaftlern als Selbstverständlichkeiten angesehen werden. Es schien mir empfehlenswert zu sein, den Leser von verschiedenen Ausgangspunkten an die entscheidenden Dinge heranzuführen und dabei in viel stärkerem Maße von wörtlichen Zitaten Gebrauch zu machen als in den anderen Kapiteln. Gewisse Wiederholungen wurden dadurch unvermeidlich, da öfters dasselbe Thema in verschiedenen Zusammenhängen auftritt. Trotzdem ist es mein Bestreben gewesen, ein Maximum an Information mit einem relativ niedrigen Aufwand an Worten zu liefern. So ist die Darstellung trotz des räumlichen Umfanges eine verhältnismäßig gedrängte, aber doch, wie ich hoffe, für sich verständliche geworden. Die Anforderungen an die Konzentration und das Bemühen des Lesers dürften allerdings gegenüber den früheren Abschnitten etwas gewachsen sein. Diese Anforderungen werden vermutlich auch für jene Leser nicht geringer, die gelegentlich einiges über Wittgenstein gehört oder gelesen haben. Hier möchte ich sogar die Vermutung aussprechen, daß sie von der Lektüre – sei es angenehm, sei es unangenehm – enttäuscht sein werden; denn sie werden meist erfahren, daß sie sich unter Wittgensteins Philosophie etwas ganz anderes vorstellten.

Häufig habe ich versucht, die *Struktur von Argumentationszusammenhängen* herauszuarbeiten. Dies war oft ziemsich schwierig, da Wittgensteins Begründungen stets sehr komplex und ineinander verzahnt sind. Daher konnten meist nur gewisse »Argumentationsstücke« herausisoliert werden. Vielfach mußte ich auch den Weg der *Rekonstruktion* beschreiten. Dies gilt insbesondere für die Darstellung der Tractatus-Philosophie sowie für die letzten beiden Unterabschnitte der Behandlung der Spätphilosophie, in der Wittgensteins »Gedanken über Schmerzen« und seine Reflexionen über philosophische Fragen der Logik und Mathematik zur Sprache kommen. Solche Systematisierungsversuche tragen natürlich verschiedene Gefahren in sich, wie einseitige Auswahl, Vernachlässigung von Wesentlichem, Überbetonung nebensächlicher Gedanken etc. Bei einem so schwierigen Denker wie diesem schien es mir aber sinnvoller zu sein, mich jeweils wenigstens im Prinzip auf eine bestimmte Interpretation festzulegen, statt das, was mir wesentliche Gedanken Wittgensteins zu sein scheinen, hinter einem Nebel an Unbestimmtheit und Mehrdeutigkeit zu verbergen.

Von seiten bestimmter Wittgenstein-Anhänger werden allerdings auch *prinzipielle* Bedenken gegen solche Systematisierungsansätze seiner Spätphilosophie vorgebracht werden. Man wird die These aufstellen, daß die aphoristische Art des Philosophierens vom Inhalt seiner Philosophie untrennbar sei. Diese Überzeugung teile ich nicht. Wittgenstein selbst hätte gern ein systematisches Buch geschrieben und bedauerte, daß er dazu nicht imstande war. Man tut ihm keinen Gefallen, wenn man die sprunghaften gedanklichen Kreuz- und Querfahrten seiner philosophischen Untersuchungen als Selbstzweck kultiviert.

Es erwies sich als zweckmäßig, *kritische Bemerkungen* über den Text verstreut einzuschieben und nicht in einer abschließenden Würdigung vorzubringen. Um die Darstellung lebendiger zu gestalten, wurde sowohl bei der Schilderung wie gelegentlicher Kritik von Wittgensteins Ideen *auf andere Denker* Bezug genommen, insbesondere solche, die an früheren Stellen des Buches behandelt wurden. Dem Beispiel Wittgensteins selbst folgend, wurde dabei das Schwergewicht nicht auf das Gemeinsame, sondern auf das *Differenzierende* gelegt. Auf zwei Dinge möchte ich hier besonders hinweisen: Für die Stützung einiger kritischer Bemerkungen über die Grenzen der wittgensteinschen Methode wurde auf *Nelson Goodmans* Formulierung des Problems, *worüber* ein Satz spricht, und sein Lösungsverfahren Bezug genommen. Bei der Schilderung von Wittgensteins Philosophie der Logik und Mathematik war es notwendig, seine Position abzugrenzen sowohl gegenüber der Auffassung der klassischen Theorie wie gegenüber der Lehre der Konstruktivisten. Ich habe diese Gelegenheit dazu benützt, um eine kurze Skizze der Grundgedanken der spieltheoretischen Interpretation der intuitionistischen Logik durch *P. Lorenzen* (Theorie der Dialogspiele) einzufügen. Dieser Abschnitt kann daher gleichzeitig als eine Ergänzung zu Kapitel X, Abschnitt 1, aufgefaßt werden.

Verschiedene der in Abschnitt 5 und 6 der Spätphilosophie Wittgensteins dargestellten Gedanken erscheinen mir, falls ich Wittgenstein hier richtig interpretierte, als problematisch.

Wenn ich hier dennoch kritische Anmerkungen unterlassen habe und nur gelegentliche Andeutungen von auftretenden Schwierigkeiten machte, so hat dies einen einfachen Grund: Einerseits erscheinen mir verschiedene vorgebrachte Einwendungen nicht als stichhaltig; andererseits muß ich gestehen, daß ich gegenwärtig nicht weiß, was ich zu diesen Gedankengängen Wittgensteins sagen soll. Vorläufig müssen wir uns darauf beschränken, den Versuch zu unternehmen, in diese Gedankenwelt tiefer einzudringen.

Es war mein Bestreben, auf *alle* wesentlichen Teile von Wittgensteins Philosophie einzugehen, angefangen vom Tractatus bis zu seiner späteren Philosophie der Logik und Mathematik. Es existiert meines Wissens bisher in der Welt kein Buch über Wittgenstein, in welchem all das behandelt würde. Dagegen gibt es eine Reihe von ausgezeichneten Spezialdarstellungen. Einige der Quellen, auf die ich mich stützte, möchte ich ausdrücklich erwähnen. Bei der Schilderung von Wittgensteins Philosophie I war für mich eine große Hilfe das Buch von *E. Stenius* »Wittgenstein's ›Tractatus‹«, welches, wie mir scheint, endgültige Klarheit über verschiedene wittgensteinsche Auffassungen gebracht hat. Die Interpretation von Stenius ist zwar nicht unwidersprochen geblieben. Doch ist es den Gegnern dieser Deutung nicht geglückt, eine brauchbare Alternativinterpretation zu liefern; sie sind über einige undeutliche Bemerkungen nicht hinausgekommen. Das stärkste Motiv für die Annahme von Stenius' Deutung der Bildtheorie war für mich der Umstand, daß sich die Grundgedanken dieser Deutung in einem Begriffsapparat darstellen lassen, der den Präzisionsforderungen der modernen Modelltheorie genügt (vgl. W. Stegmüller, »Eine modelltheoretische Präzisierung der wittgensteinschen Bildtheorie«). Was Wittgensteins Spätphilosophie betrifft, so habe ich die meisten Anregungen aus zwei Diskussionen erhalten: *N. Malcolms* Ausführungen zu Wittgensteins Gedanken über das Verhältnis von Sprache und innerer Erfahrung, in Philos. Review 63, 1954, S. 35 ff., und *M. Dummetts* Erörterung von Wittgensteins Philosophie der Mathematik, in Philos. Review 68, 1959, S. 324 ff. Schließlich sei noch auf das inzwischen erschienene Buch von G. Pitcher, »The Philosophy of Wittgenstein«, Princeton 1964, hingewiesen, in dessen zweitem Teil erstmals eine vorzügliche Gesamtdarstellung von Wittgensteins Spätphilosophie (allerdings unter Ausschluß der Philosophie der Logik und Mathematik) geliefert wird.

Leider war es aufgrund des nun so stark angewachsenen Kapitels XI nicht möglich, wie ursprünglich geplant, auch die Gedanken Wittgenstein nahestehender Philosophen, insbesondere des »aristotelischen« Gegenspielers zu dem »Platoniker« Wittgenstein, J. L. Austin, darzustellen.

Abschließend möchte ich noch erwähnen, daß ich versucht habe, die Schilderung der Analytischen Philosophie im Kapitel X durch einige Ergänzungen auf den heutigen Stand zu bringen. Diese Ergänzungen enthalten vor allem die folgenden Details: Eine Skizze von *Carnaps* neuem Zugang zur induktiven Logik über die *rationale Entscheidungstheorie* sowie seiner Methode der *Begründung* der Axiome der induktiven Logik; eine Schilderung der *hempelschen* Untersuchungen über *statistische Erklärung* und über *Funktionalanalysen;* zusätzliche Bemerkungen über das *quinesche Ontologiekriterium* sowie über den Platonismus-Nominalismus-Gegensatz.

München, den 8. Juli 1965 *Wolfgang Stegmüller*

VORWORT ZUR VIERTEN AUFLAGE

In dieser Auflage wurden verschiedene sinnstörende Druckfehler beseitigt und einige sprachliche Verbesserungen vorgenommen.

Neu hinzu kommt am Schluß des Buches eine kurze Darstellung der philosophisch relevanten Teile der einflußreichen Sprachtheorie von *N. Chomsky* und seiner modernen Version *der Lehre von den angeborenen Ideen.*

Lochham, den 27. Januar 1969. *Wolfgang Stegmüller*

EINLEITUNG

DIE PROBLEME
DER GEGENWARTSPHILOSOPHIE

1. *Tradition und Originalität in der Gegenwartsphilosophie*

Die Probleme der Philosophie gelten in der Regel als konstant, während in den Einzelwissenschaften der Wandel und Fortschritt nicht nur die Theorien, sondern die Probleme selbst betrifft. Die Fragestellungen, welche man in den Natur- und Geisteswissenschaften, aber auch in den mathematischen Disziplinen antrifft, sind heute in vielen Punkten andere geworden, als sie vor nicht allzu langer Zeit waren. Teils haben die Probleme hier eine größere Präzisierung erfahren, teils wird an der Beantwortung von Fragen gearbeitet, die überhaupt erst von einem höheren Standpunkt der Theorie aus gestellt werden können, der vor mehr oder weniger langer Zeit noch gar nicht erreicht war.

Die Grundfragen der Philosophie hingegen scheinen dieselben zu sein, die bereits vor 2500 Jahren jene griechischen Denker beherrschten, welche als erste eine neue rationale Tradition schufen. Danach sollte die Lösung der Welträtsel nicht mehr dem Mythos und dem religiösen Glauben überlassen bleiben, sondern durch rein gedankliche Besinnung, durch intuitive Erkenntnis und logische Argumentation erfolgen. Es sind dies die *metaphysischen Probleme,* welche die letzten Grundbeschaffenheiten und Grundgsetze des Weltalls betreffen, die *religionsphilosophischen Fragen* nach einem göttlichen Weltprinzip und nach Sinn und Zweck alles endlichen Seins, die *ethischen Fragen* nach der Existenz absolut gültiger und den Menschen als handelndes Subjekt verpflichtender Normen, ferner alle *logischen* und *erkenntnistheoretischen Probleme,* welche sich auf die Reichweite, den Sicherheitsgrad und die Arten des menschlichen Erkennens beziehen.

Diesen konstanten Aufgaben gegenüber erscheinen *die*

philosophischen Systemversuche als das sich zeitlich Ändernde. Die Tatsache, daß seit mehreren Jahrtausenden immer wieder neue derartige Systemversuche unternommen werden, zeugt einerseits von der Zähigkeit und Unermüdlichkeit des Menschen in der Behandlung der »letzten Fragen«, kann aber andererseits auch zu der pessimistischen Feststellung führen, daß selbst Jahrtausende langes Bemühen des Menschen keine definitive und unbezweifelbare Antwort auf auch nur eine einzige dieser Fragen zu erbringen vermochte. So ergibt sich das Bild der Philosophie als eines zwar immerwährenden, ehrlichen, aber doch stets scheiternden Bemühens, ewig scheiternd wegen der Endlichkeit des Menschen, die ihn seit je mehr an Fragen aufwerfen ließ, als er mit seinen schwachen geistigen Kräften zu bewältigen vermag.

Die Auffassung von der Konstanz der philosophischen Probleme bei gleichzeitig dauerndem Wandel der Problemlösungen ist nicht ganz unrichtig. In der Tat weisen viele gegenwärtige philosophische Systeme Gemeinsamkeiten mit Fragen auf, die wir etwa auch bei Descartes und Leibniz oder noch viel früher bei Plato und Aristoteles finden. Und doch gäbe ein solcher Aspekt, falls er verabsolutiert würde, ein schiefes Bild von der Gegenwartsphilosophie. Auch im philosophischen Leben sind, ähnlich wie in dem der Fachwissenschaften, Veränderungen eingetreten, welche der heutigen Philosophie den Stempel der Einmaligkeit aufdrücken, und dies nicht etwa nur wegen der Neuartigkeit und zum Teil Radikalität der verfochtenen Ansichten, die in der Vergangenheit nicht ihresgleichen finden, sondern auch wegen grundsätzlicher Änderungen in den Fragestellungen. Jene »ewigen und alten Probleme« sind dabei oft gänzlich zum Verschwinden gebracht worden – teils als überflüssig, teils als falsch gestellt, teils überhaupt als sinnlos behauptet –, zum Teil sind sie zwar noch vorhanden, doch bilden sie sozusagen nur mehr den unsichtbaren Hintergrund der explizit vorgenommenen Problemformulierungen, die sich von ihnen wesentlich unterscheiden. Einige der wichtigsten dieser Faktoren, welche der Gegenwartsphilosophie ein besonderes Gepräge gegeben haben, mögen kurz erwähnt werden.

(a) Kant und die Gegenwartsphilosophie

Von den vielen historischen Fäden, die von der heutigen Philosophie in die philosophische Vergangenheit führen, zeichnet sich die Beziehung zur kantischen Philosophie durch besondere Wichtigkeit aus. Kants Deutung der Wirklichkeitserkenntnis und seine Kritik an der rationalen Metaphysik bilden einen Einschnitt in der Geschichte der Erkenntnistheorie und Metaphysik. Es gibt nur wenige philosophische Standpunkte in der Gegenwart, die nicht unter anderem auch durch die Art ihrer Auseinandersetzung mit dem kantischen Standpunkt charakterisiert wären. Dies bedeutet nicht etwa, daß der Großteil der gegenwärtigen philosophischen Literatur als eine positive Fortsetzung der Ideen Kants aufgefaßt werden könnte. Dies ist keineswegs der Fall. Die Zahl der polemischen Stellungnahmen ist eher größer als die der Neuerungen und Weiterverarbeitungen kantischen Gedankengutes. Aber auch die polemisch zur kantischen Philosophie stehenden Lehren haben bestimmte Fragestellungen Kants übernommen und bauen auf seinen Gedanken auf.

Kant glaubte, zeigen zu können, daß alle Erfahrungserkenntnis auf apriorischen Wirklichkeitserkenntnissen basiere. Die letzteren bestehen in wahren synthetischen Urteilen a priori, d. h. in Urteilen, deren Wahrheit wir einzusehen vermögen, obwohl wir sie einerseits logisch nicht beweisen können, andererseits aber auch zu ihrer Stützung keine Beobachtungsdaten benötigen. Kants Problem bestand in der Frage, wie dieses rätselhafte Phänomen wahrer synthetischer Urteile a priori erklärt werden könne und worauf die Gültigkeit dieser Urteile beruhe. Seine Lösung des Problems bestand in der Theorie des transzendentalen Idealismus, die in dem Bild von der »kopernikanischen Wendung« ihren anschaulichen Niederschlag fand: Wirklichkeitserkenntnis besteht nicht darin, daß sich die Eigenschaften einer bewußtseinstranszendenten Welt in unserem Bewußtsein widerspiegeln; vielmehr ist die sog. »wirkliche Welt« – d. h. die einzige uns bekannte *empirisch reale* Welt, von der wir sinnvoller Weise sprechen können – in ihren Grundbeschaffenheiten das Konstitutionsprodukt unseres eigenen (raum-zeitlichen) Anschauungsvermögens und unseres Verstandes. Nur wenn das Universum keine bewußtseinstranszendente Realität ist, sondern eine Leistung des transzendentalen Subjektes darstellt, wird es nach Kant verständlich, daß wir über dieses Universum zutreffende und zugleich erfahrungsunabhängige Aussagen zu machen vermögen.

Die neuere philosophische Reaktion auf die Theorie Kants ist eine dreifache: Die eine besteht in der *Bejahung der kantischen Grundposition*. Dann versuchte man entweder, den ganzen Ausgangspunkt Kants zu übernehmen und sein System von »metaphysischen«, »vorkritischen« Resten zu reinigen, wie dies im Neukantianismus geschah. Oder aber man ging zwar von gänzlich anderen Überlegungen aus als Kant, gelangte aber schließlich doch dazu, den Begriff des transzendentalen Subjektes, auf welches alles Seiende relativ ist, demgegenüber alles Wirkliche als immanent angesehen werden muß, ins Zentrum zu rücken. Dies finden wir etwa bei dem späteren *Husserl*, dessen phänomenologische Reduktionsmethode, ein an sich ganz und gar unkantisches Vorgehen, doch zum »transzendental gereinigten Bewußtsein« als dem subjektiven Pol aller Wirklichkeit führt, das als nicht auszuschaltender Rest nach Vornahme der gedanklichen Weltvernichtung übrigbleibt und als dessen intentionale Leistung die übrige Welt erscheint. Wir finden es aber auch bei *Reininger*, dessen philosophischer Ausgangspunkt: der Standpunkt der Wirklichkeitsnähe und des methodischen Solipsismus, ebenfalls keine Ähnlichkeit mit dem Vorgehen Kants aufzuweisen scheint, und der doch auch zu einer transzendentalen Immanenzlehre gelangt.

Die zweite Reaktion ist eine *polemische*. Sie besteht in dem Versuche, für dasselbe Problem eine andere und neuartige Lösung zu finden. *Brentano* hat in seiner Evidenzlehre eine solche abweichende Interpretation der synthetischen Urteile a priori gegeben. *N. Hartmann* hat im Rahmen seiner Ontologie eine objektivistische Deutung der Erkenntnis durch die Annahme versucht, daß die Grundgesetze des Denkens (Erkenntniskategorien) mit den Prinzipien der Welt (Seinskategorien) zumindest eine partielle Übereinstimmung aufweisen.

Und *Häberlin* will durch eine monistische Seinsmetaphysik apriorisches Wissen um die Welt verständlich machen.

Die dritte Reaktion ist ebenfalls *polemisch*, aber sie ist wesentlich radikaler als die der eben erwähnten Standpunkte. Es handelt sich dabei um jene Stellungnahme, die der *moderne Empirismus* und die *analytische Philosophie* der kantischen Fragestellung gegenüber einnehmen. War bisher der Streit zwischen Kantianern und deren Gegnern nur darum gegangen, wie die synthetisch-apriorische Erkenntnis zu deuten sei, so versucht man hier, den Sinn dieser ganzen Diskussion dadurch zu negieren, daß die Voraussetzung des ganzen Streites geleugnet wird: die Existenz synthetischer Urteile a priori. Kant sowohl wie die realistisch eingestellten Metaphysiker suchten nach verschiedenen Hypothesen zur Erklärung des Phänomens synthetischer Urteile a priori. Aber sind diese Urteile wirklich ein hinzunehmendes Faktum? Schlick, Carnap und die übrigen Angehörigen des Wiener Kreises sowie fast alle Vertreter der analytischen Philosophie bestreiten dies. Bisweilen wird dabei die Existenz synthetischer Aussagen a priori geleugnet; häufig findet sich jedoch die noch wesentlich schärfere Form der Ablehnung in Gestalt der These, daß es nicht einmal möglich sei, diesen von Kant konzipierten Begriff der synthetisch-apriorischen Wirklichkeitserkenntnis präzise zu definieren. Hierin zeigt sich, daß das Problem der synthetischen Urteile a priori an Wichtigkeit gar nicht überschätzt werden kann. *Falls nämlich dieser ablehnende Standpunkt zutrifft gibt es überhaupt keine spezifisch philosophischen Wirklichkeitsaussagen*. Alle synthetischen Aussagen sind dann Erfahrungsurteile, deren Überprüfung den empirischen Wissenschaften überlassen werden muß. Die Philosophie hat keine Möglichkeit mehr, neben den Einzelwissenschaften fundierte und begründbare Aussagen über die Wirklichkeit zu machen. Sie muß sich auf die Gebiete der Logik, Wissenschaftstheorie und Grundlagenforschung zurückziehen.

Diese wenigen Hinweise dürften bereits genügen, um die Bedeutung und Dringlichkeit der kantischen Grundfrage für die Gegenwartsphilosophie zu erkennen.

(b) Philosophie, Wissenschaft und Kultur

Kant hatte die Möglichkeit einer Metaphysik als Wissenschaft im traditionellen Sinne in Abrede gestellt. Diese Leugnung einer wissenschaftlichen Metaphysik ergab sich als zwingende Konsequenz aus seiner Erkenntnislehre. Sein antimetaphysischer kritischer Standpunkt wirkt auch in der Gegenwart noch stark nach. Doch hat das heute in Philosophie und Fachwissenschaften allgemein verbreitete Mißtrauen gegen jede Art von Metaphysik noch andere Hintergründe.

Der moderne Mensch ist ganz allgemein skeptischer eingestellt als der Mensch der Antike und des Mittelalters. Es fehlt ihm jene naiv-gläubige Haltung, die das Fundament aller Religionen und damit auch der Metaphysik bildet; denn fast jede Metaphysik hat entweder direkt eine religiöse Grundlage oder leitet sich doch historisch aus einem rational nicht weiter zu rechtfertigenden Glauben ab. Kein Wunder, daß mit dem *Anwachsen der daseinsimmanenten Haltung*, die auf transzendente Gegenstände nur mit äußerstem Mißtrauen blickt, sowohl das Interesse an metaphysischen Erörterungen wie das Vertrauen auf erfolgreiche Lösung metaphysischer Fragestellungen zu schrumpfen begann.

Aber dieser Wandel im Lebensgefühl gab nicht allein den Ausschlag; auf dem Gebiete der wissenschaftlichen Philosophie steigerten vor allem zwei Faktoren die skeptische Haltung: Auf der einen Seite waren dies die *zunehmende wissenschaftliche Strenge* in den mathematischen und empirischen *Einzeldisziplinen*, vor allem die größeren Anforderungen, die an die Präzision des Begriffsapparates, an die Exaktheit der logisch-mathematischen Beweisführungen und an die Überprüfbarkeit synthetischer wissenschaftlicher Aussagen gestellt wurden. Sätze der Metaphysik, wenigstens in der überlieferten Gestalt, genügten diesen Anforderungen nicht. Dazu kam als zweites *das Bewußtsein der historischen Relativität der philosophischen Standpunkte* aufgrund eines Überblickes über die mehr als 2000jährige Philosophiegeschichte, in der sich wohl ein ständiger Wechsel philosophischer Systeme, aber kein eindeutig geradliniger Fortschritt feststellen läßt. Diese beiden Momente, zunehmende wissenschaftlich Strenge und Bewußtsein der historischen Relativität, mußten mit dem Fortschritt der Geschichte selbst an Bedeutung zunehmen, so daß sie notwendig in der Gegenwart am stärksten ins Gewicht fallen. Und doch haben auch sie nicht den Tod der Metaphysik erwirkt. Zwar gibt es viele antimetaphysische Strömungen in der Gegenwartsphilosophie und vor allem auch solche, die weit über die kantische These von der Unerkennbarkeit transzendenter Wirklichkeit hinausgehen. Trotzdem finden sich daneben Ansätze zu einer Neubegründung der Metaphysik. Daß diese Versuche selbst, soweit sie ernst zu nehmen sind, eine andere Gestalt haben müssen als die der Vergangenheit, ist angesichts der verschärften Anfechtungen, die sie bereits als Versuche erfahren mußten, eigentlich ziemlich selbstverständlich; denn es konnte sich hierbei stets nur um solche gedankliche Entwürfe handeln, welche die Feuertaufe des Kritizismus und der Skepsis über sich hatten ergehen lassen.

Die Entwicklung der Einzelwissenschaften war noch in einer anderen Hinsicht von Bedeutung als in dem eben erwähnten negativen Sinne einer zunehmend kritischen Beurteilung der philosophischen Lehrgebäude. *Ihre Verselbständigung brachte auch fruchtbare Anregungen für die Philosophie mit sich.* Ursprünglich als unselbständige Bestandteile der einen allumfassenden Philosophie aufgefaßt, hatten sich die Realwissenschaften in der Neuzeit von der Philosophie losgesagt und auf rein *erfahrungswissenschaftliche* Grundlage gestellt: An die Stelle apriorischer Wesensgesetze traten *Gesetzeshypothesen, deren Richtigkeit durch Beobachtung und Experiment überprüft wurde*. Praktischer Erfolg krönte diese empirische Einstellung. Für die Philosophie entstand damit das Problem, das logische Verfahren und die Erkenntnisstruktur der Erfahrungswissenschaften zu untersuchen. In allen neuen erkenntnistheoretischen Erörterungen ist die Analyse der Erfahrungserkenntnis von zentraler Bedeutung. Auch für Kant war ja die newtonsche Physik das Ideal einer strengen Naturwissenschaft, an das er seine erkenntnistheoretischen Fragen anknüpfte. Zwei Problemgruppen waren es vor allem, die hier auftauchten.

Die eine betrifft die Frage, ob es so etwas wie eine reine Erfahrungswissenschaft überhaupt gäbe oder ob nicht alle empirischen Wissenschaften letztlich doch ein nichtempirisches Fundament besäßen. Der Standpunkt Kants war gerade der letztere; denn er hatte ja nicht nur behauptet, daß es überhaupt synthetische Urteile a priori gäbe, neben den Einzelwissenschaften und unabhängig von ihnen, sondern gerade, daß die Erfahrungswissenschaften und sogar die vorwissenschaftliche Erfahrung solche Urteile als »Bedingungen ihrer Möglichkeit« voraussetzen müssen. Somit gibt es zwar für Kant keine Metaphysik übersinnlicher Gegenstände; hingegen bildet die *Metaphysik der Erfahrung* (die »reine Naturwissenschaft«) als der Inbegriff jener (nichtmathematischen) synthetisch-apriorischen Erkenntnisse das Fundament aller Realwissenschaften überhaupt. Damit hört die Frage, ob es synthetische Urteile a priori gibt, auf, eine interne philosophische Angelegenheit zu sein; sie betrifft vielmehr die Grundlage sämtlicher Einzelwissenschaften.

Aber selbst wenn die Apriorititätsfrage eine negative Beantwortung erfuhr, so war doch der logische Charakter und der Geltungsanspruch der rein erfahrungswissenschaftlichen Aussagen ein großes Problem. Das gilt insbesondere für alle generellen Gesetzesaussagen, die niemals einer vollständigen Bestätigung (Verifikation) fähig sind. Hier trat die Frage auf, ob man neben das Verfahren der Deduktion ein solches der *Induktion* stellen könne, das zwar die Gültigkeit von Hypothesen nicht sichere, diese aber doch mehr oder weniger wahrscheinlich mache.

Dieser ganze Problemkomplex, welcher *die Nachprüfbarkeit und Sicherung der Geltung empirischer Aussagen* betrifft, fand seine Verschärfung durch die zunehmende *Unanschaulichkeit und Abstraktheit des physikalischen Weltbildes*, von dem man noch zu Kants Zeiten nichts ahnte. Die ersten Ansätze für den Begriff einer unanschaulichen Wirklichkeit reichen allerdings weit in die Vergangenheit zurück. Es ist dies die Lehre von den primären und sekundären Sinnesqualitäten, die wir vor allem im englischen Empirismus, aber im Prinzip bereits bei dem griechischen Philosophen Demokrit vorfinden. Danach kommen nur die raum-zeitlichen Eigenschaften den physischen Objekten selbst zu, während die sekundären Qualitäten wie Farben, Töne, Gerüche usw. rein subjektiven Charakter besitzen, da sie durch die Organisation des Wahrnehmenden bedingt sind. Die objektiv-reale und die uns gegebene phänomenale Welt standen bereits nach dieser Lehre nicht mehr im Verhältnis totaler Deckung, sondern wurden voneinander unterschieden, und die räumlichen und zeitlichen Merkmale allein bildeten das anschauliche Band, welches die Welt des Gegebenen mit der wirklichen Welt verknüpfte.

Das moderne physikalische Weltbild ist nun in erkenntnistheoretischer Hinsicht vor allem dadurch gekennzeichnet, *daß auch dieses letzte Band zerriß, welches die physikalisch-reale Welt mit der phänomenalen Anschauungswelt verknüpft hatte:* Der Anschauungsraum und die Anschauungszeit fielen ebenfalls dem Subjektivierungsprozeß anheim. *Unanschauliche geometrische Systeme* erweisen sich in der *Relativitätstheorie* als das geeignetere Mittel zur Interpretation des physikalischen Raumes als der euklidische Anschauungsraum, und *die Relativierung des Gleichzeitigkeitsbegriffes* nahm auch der physikalischen Zeit eine Eigenschaft, die noch in der klassischen Physik als absolut evident erschien. So entstand die Idee eines vierdimensionalen gekrümmten Weltkontinuums, das in der phänomenalen Welt keine Entsprechung besitzt und nur mehr rein analytischer Behandlung durch einen komplizierten mathematischen Symbolismus fähig ist.

Die *Quantenphysik* hat diese Tendenz zur Unanschaulichkeit noch erheblich verstärkt. In der Heisenbergschen Matrizenmechanik wird z. B. der Zustand eines physikalischen Systems durch einen Vektor in einem unendlich-dimensionalen Wahrscheinlichkeitsraum dargestellt und die Veränderungen des Systems durch eine Bewegung dieses Vektors. Die Verbindung mit der Erfahrungswelt besteht nur mehr darin, daß den einzelnen physikalischen Zustandsgrößen, wie Energie, Drehimpuls usw., sogenannte Matrizen zugeordnet werden, die in jenem Raum Koordinatensysteme aufspannen, deren Achsen bestimmten Werten jener Zustandsgrößen entsprechen. Die Zerlegungen des den Zustand beschreibenden Vektors in seine Komponenten bezüglich des Koordinatensystems geben die Wahrscheinlichkeiten an, daß eine am System vorgenommene Messung einen dieser bestimmten Werte ergibt.

Angesichts dieser Situation mußte die Frage eine ungeahnte Dringlichkeit erhalten, wie denn ·überhaupt eine Erkenntnis möglich sei, die sich auf eine der Anschauung gänzlich entzogene Wirklichkeit bezieht, da doch die Erfahrungen, welche eine Theorie bestätigen sollen, nur innerhalb der anschaulichen Welt des Gegebenen gesammelt werden können.

Diese wenigen Andeutungen dürften bereits einen gewissen intuitiven Eindruck von der Fülle der Probleme vermitteln, welche die moderne einzelwissenschaftliche Entwicklung der philosophischen Erkenntnislehre zur Behandlung darbietet. Auf alle Fälle zeigt es sich, daß die Entwicklung der empirischen Wissenschaften die Erkenntnistheorie aus jener einseitigen Alternative »absolute Erkenntnis oder Skepsis« herausriß, von der das antike und mittelalterliche Denken befangen war und die auch bis in die Neuzeit vielfach vorherrschte: Wer nicht ein Skeptiker sein wollte, mußte an evidente Wesenserkenntnisse und ewige Wahrheiten glauben. Mit den empirisch-hypothetischen Aussagen wurde etwas Neues zwischen diese beiden Alternativpole eingeschoben: Wer absolute metaphysische Erkenntnis leugnete, brauchte deshalb nicht die Wissenschaft überhaupt zu negieren, sondern konnte sich auf den empiristischen Erkenntnisstandpunkt zurückziehen, für den es zwar sich an der Erfahrung bewährende Aussagen, aber kein absolutes Wissen gibt. Und umgekehrt: Wer den Relativismus und die Skepsis ablehnte, war dadurch nicht gezwungen, Metaphysik zu betreiben.

Bisher war nur von den empirischen Wissenschaften die Rede. Auch die Entwicklung der *modernen Mathematik* hat erkenntnistheoretische Probleme größten Ausmaßes hervorgerufen und zu dem Verlangen nach einer eigenen Philosophie der Mathematik geführt. Darüber hinaus hat sie Revisionen an Grundanschauungen der Logik bewirkt. Als besonders wichtige Momente wären hier zu erwähnen: die Entstehung der modernen Axiomatik, die Versuche einer logischen Grundlegung der Mathematik, das Auftreten von logischen Antinomien und die Forderung nach Beschränkung der mathematischen Operationen auf das konstruktive Denken. Über alle diese Dinge wird an späterer Stelle noch ausführlicher zu berichten sein.

So zeigt es sich, daß die Einzelwissenschaften, die sich nach ihrer Verselbständigung ursprünglich von der Philosophie immer mehr zu distanzieren suchten, aus internen Gründen zu philosophischen Betrachtungen genötigt wurden und dadurch auch der philosophischen Forschung einen neuen Antrieb gaben. Nicht als ob die Polemik der Fachwissenschaften gegen »unwissenschaftliche Metaphysik« damit aufgehört hätte. Sobald philosophische Gedankengänge über logische Untersuchungen und notwendig gewordene Grundlagenforschungen hinausgehen, begegnen ihnen die empirischen Wissenschaftler wie die Mathematiker auch heute noch mit großem Mißtrauen. Doch es muß schon als ein besonderer Gewinn betrachtet werden, daß der freundlich-feindliche Widerstreit zwischen Einzelwissenschaften und Philosophie infolge der Grundlagenproblematik der ersteren wenigstens in bestimmten Randgebieten wieder zu einer wechselseitigen Annäherung geführt hat.

Aber nicht allein mit der einzelwissenschaftlichen Problematik ist heute die Philosophie aufs innigste verflochten, sie ist darüber hinaus in den Wirbel der *Krise unserer Kultur* hineingezogen; ist doch einerseits jede derartige Krise primär eine solche der bisher anerkannten, geglaubten Werte und besteht andererseits das philosophische Fragen stets zu einem erheblichen Teile in dem Suchen nach den letzten, absoluten Werten, beziehungsweise in der Infragestellung dieser Werte überhaupt. So tritt neben die Forderung nach einer philosophischen Fundierung der Einzelwissenschaften die nach einer philosophischen Unterbauung der anderen Kulturgebiete: Religion, Moral, Kunst, Gesellschaft, die zwar natürlich niemals als Ersatz für diese Gebiete zu denken ist – Religionsphilosophie ist nicht gelebte Religion, theoretische Ethik nicht gelebte Sittlichkeit –, die aber dann einspringt, wenn die emotionalen Quellen zu versiegen beginnen, die jene Bereiche des geistigen Lebens bisher speisten. Und selbst dort, wo man nicht an die Möglichkeit einer philosophischen Fundierung des geistig-gesellschaftlichen Lebens glaubt, wie in der Existenzphilosophie, wird doch getrachtet, dem Menschen im Sinne einer »Weltorientierung« einen Pfad durch die fragwürdig gewordene und vom Zerfall bedrohte Geisteswelt zu weisen, ihm das Absolute, das er in den gegenständlich greifbaren Gebilden der Kultur nicht mehr zu finden vermag, fühlbar zu machen oder ihn zu ihm zu führen.

Neben diesen Besonderheiten möge abschließend ein Moment hervorgehoben werden, welches die Philosophie der Gegenwart mit der philosophischen Tradition des Abendlandes verbindet, nämlich *der Versuch einer letzten Grundlegung von Wissenschaft und Philosophie überhaupt.* Eine der Haupttendenzen der Philosophie war es ja seit altersher, ein absolutes und unbezweifelbares Fundament für alle wissenschaftlichen Aussagen zu gewinnen. Dieses Bestreben ist auch heute weit verbreitet, nur daß jetzt der Vielheit philosophischer Grundanschauungen eine ebensolche Vielstrahligkeit im Suchen nach einer letzten Basis des Wissens entspricht. Die Transzendentalphilosophie, welche das Apriori jeder speziellen Gegenstandswissenschaft im *transzendentalen Subjekt* zu verankern sucht, die Phänomenologie, welche durch ihre Reduktions- und Einklammerungsmethode den Weg zu einer strengen *Wesensforschung* öffnen will, Heideggers Idee einer *Fundamentalontologie,* welche den ontologischen Spezialforschungen vorausgeschickt werden soll, Reiningers Ausgangspunkt von einem nicht mehr bezweifelbaren *Urerlebnis,* der ältere Positivismus, der die Forderung nach einer Zurückführung aller wissenschaftlichen Aussagen in solche über das »*Gegebene*« aufstellt —: dies alles sind Beispiele solcher philosophischer Tendenzen. Ja, selbst die analytische Philosophie ist hier anzuführen; denn ihr Streben nach einer Ersetzung der Umgangssprache durch eine präzise, allen Exaktheitsforderungen genügende Wissenschaftssprache ist nur die typisch moderne Form, in der sich das alte Absolutheitsideal äußert: an die Stelle absoluten Wissens soll *absolute Exaktheit* treten.

(c) Moderner Irrationalismus

Wenn an früherer Stelle gesagt wurde, daß in der Gegenwart das Interesse an der Metaphysik abgenommen habe, so betrifft dies nur die Metaphysik, welche in Aussagen formuliert ist, die den Anspruch auf Wissenschaftlichkeit erheben. Jenes »metaphysische Bedürfnis«, aus dem die Fragen nach dem Sinn der Welt und des menschlichen Daseins entspringen, ist hingegen in der Gegenwart besonders groß, mögen nun diese Fragen explizit gestellt oder, was häufiger ist, als eine den Ablauf des Alltags begleitende Last empfunden werden. Darin kommt eine gegenläufige Tendenz zu der sich verbreitenden daseinsimmanenten Haltung zum Ausdruck, die vielleicht gerade in der Weise eines dialektischen »Umschlages« aus jener Haltung entsprungen ist.

So wie für den Menschen der Gegenwart Metaphysik und Glaube aufgehört haben, etwas Selbstverständliches zu sein, so hat auch die Welt für ihn ihre Selbstverständlichkeit verloren. Noch nie in der Geschichte ist *das Bewußtsein der Rätselhaftigkeit und Fragwürdigkeit der Welt* so groß und so vorherrschend gewesen wie heute, noch nie vielleicht andererseits die an den Menschen ergehende Forderung so groß, angesichts der wirtschaftlichen, politischen, sozialen, kulturellen Problematik des heutigen Gesellschaftslebens eine klare Stellung zu beziehen. Wissen und Glauben kommen nicht mehr dem existenziellen Bedürfnis und den Lebensnotwendigkeiten nach. Der *Gegensatz zwischen metaphysischem Bedürfnis und skeptischer Grundeinstellung* ist der eine große Riß im geistigen Leben des heutigen Menschen, der *Widerspruch zwischen Lebensunsicherheit und Unkenntnis des letzten Lebenssinnes einerseits und der Notwendigkeit klarer praktischer Entscheidung andererseits* der zweite.

An diesem Problem setzt der moderne Irrationalismus, der unter dem Namen *Existenzphilosophie* auftritt, ein. Nicht als ob diese Philosophie den Riß beseitigen und durch ein harmonisches Weltbild ersetzen könnte oder auch nur wollte;

dazu hat diese ganze Richtung einen viel zu pessimistisch-tragischen Anstrich, da in ihr ja gerade die Daseinsproblematik mit unerhörter Schärfe geschildert wird. Und doch sucht die Existenzphilosophie dem Menschen einen Weg zu zeigen, zu einem Absoluten zu gelangen, einen letzten Daseinssinn zu erfassen, ohne sich in ein religiöses Dogma flüchten oder auf ein metaphysisches System von bloß hypothetischem und daher äußerst fragwürdigem Werte stützen zu müssen.

2. *Der Prozeß der philosophischen Differenzierung*

Während es bei der Fülle von divergierenden philosophischen Lehrmeinungen als aussichtslos erscheinen muß, gemeinsame *inhaltliche* Merkmale zu finden, welche die Philosophie der Gegenwart von philosophischen Richtungen der Vergangenheit unterscheidet, dürfte es möglich sein, *zwei formale Charakteristika der heutigen philosophischen Situation* anzugeben, durch welche sich diese Situation von allen früheren unterscheidet.

Das erste könnte man den Prozeß der *funktionellen Differenzierung der Philosophie* nennen. Damit ist folgendes gemeint: Die Philosophie vereinigte ursprünglich in sich ganz verschiedene Aufgaben. Sie war zwar von den ersten Ursprüngen an vor allem auch als *Wissenschaft* gedacht, die auf begriffliche Wirklichkeitserkenntnis abzielte; aber sie war keineswegs *nur* dies. Daneben erfüllte sie eine ähnliche Aufgabe wie die *Religion,* sei es, daß sie unabhängig von jeder geschichtlichen Offenbarung ein Wissen um die letzten Dinge vermitteln wollte, welches dem Philosophierenden Trost und Sicherheit gab, sei es, daß sie wie die scholastische Philosophie eine zusätzliche rationale Unterbauung des religiösen Glaubens suchte, sei es schließlich, daß sie glaubenslos gewordenen Menschen einen Religionsersatz liefern sollte. Auch die *ethische Funktion* der Philosophie als Lehre vom richtigen Leben stand häufig im Vordergrund des Interesses. Mit der Herausbildung, Entwicklung und zunehmenden Gliederung der Einzelwissenschaften erwuchs der Philosophie als rein theoretischer Disziplin die weitere Aufgabe, sich mit den

Grundlagen der Einzelwissenschaften auseinanderzusetzen und deren Forschungsresultate mit ihren eigenen Ergebnissen in Einklang zu bringen.

Während in den früheren philosophischen Lehren in der Regel alle diese Momente vereinigt waren und sich nur von Fall zu Fall das Schwergewicht mehr auf das eine oder andere verschob, ist in der Philosophie dieses Jahrhunderts eine zunehmende Verselbständigung dieser heterogenen Funktionen der Philosophie zu beobachten. Die philosophischen Werke repräsentieren meist nur einen dieser Aspekte, mehr oder weniger rein.

Erstens stoßen wir auf die *Weltanschauungsphilosophien*, die an die Stelle der Religion treten wollen, das metaphysische Bedürfnis des Menschen zu befriedigen und denen einen Halt zu geben suchen, welche diesen nicht mehr in der Religion finden. Dieses Moment tritt vor allem in bestimmten Werken der Existenzphilosophie in den Vordergrund.

Daneben finden sich zweitens die Philosophien, die *Anweisungen zur Lebensmeisterung* enthalten, ohne wie die eben genannten als Religionsersatz zu dienen. Als Kriterium für die Unterscheidung zwischen diesen beiden Arten des Philosophierens kann dies dienen, daß eine Philosophie nur dann zur ersten Gruppe (Philosophie als Religionsersatz) zu zählen ist, wenn darin ein »philosophischer Weg der Erlösung«, ein Analogon zum religiösen Glauben und damit auch eine dem religiösen Gotteserleben analoge Vergewisserung des Absoluten gesucht wird (wie z. B. im Erleben der Transzendenz bei Jaspers). Die Existenzphilosophien mit atheistischem Einschlag wären dagegen zur zweiten Gruppe zu rechnen; denn ihnen geht es vorwiegend um die Beantwortung der Frage, wie der Mensch in einer absurden und gottlosen Welt leben könne.

Drittens finden sich jene Philosophien, die eine *theoretische Erkenntnis* anstreben, und zwar *unabhängig von der einzelwissenschaftlichen Erkenntnis* oder doch über diese hinausgehend. Hierher wäre Brentano zu rechnen, der trotz seiner empiristischen Begriffsbasis zu einer philosophischen Wert- und Gotteslehre gelangt. Ebenso gehört die Phänomenologie

Husserls hierher, da die von ihm verkündete neue Methode die Naivität des einzelwissenschaftlichen Vorgehens überwinden und zu rein philosophischen Wesenserkenntnissen verhelfen soll, die als weltanschauungsindifferente Erkenntnisse gedacht sind [1]. Vor allem wäre auch die Seinslehre und Kulturphilosophie Häberlins in diese Gruppe einzuordnen, da philosophische Einsichten für Häberlin gänzlich unabhängig sein sollen von allen Ergebnissen der empirischen Wissenschaften.

Viertens stoßen wir auf philosophische Lehrgebäude, welche zwar ebenfalls nur theoretische Erkenntnisse erstreben, aber ein von den einzelwissenschaftlichen Ergebnissen unabhängiges Philosophieren als unkritisch verwerfen. Die Philosophie nimmt dann mehr den Charakter einer *Zusammenfassung einzelwissenschaftlicher Ergebnisse zu einer Gesamtschau* an. Hierher wären alle Bemühungen um eine »induktive Metaphysik« zu rechnen, von den in diesem Buch dargestellten philosophischen Lehren insbesondere die Naturphilosophie N. Hartmanns sowie seine Philosophie des Geistes, ebenso verschiedene Arbeiten Schelers (z. B. über die Stellung des Menschen im Kosmos).

Es gibt noch eine fünfte philosophische Strömung, die sich mit den beiden eben erwähnten Richtungen darin trifft, daß sie auf theoretische Erkenntnisse und nicht auf Lebensweisheit und Religionsersatz abzielt. Aber es wird in dieser Richtung nicht nur der Gedanke einer apriorischen Wirklichkeitserkenntnis preisgegeben, sondern auch auf jeden Versuch einer philosophischen Ausdeutung der einzelwissenschaftlichen Resultate verzichtet. Nicht die Zusammenfassung und Verallgemeinerung der wissenschaftlichen Forschungsresultate ist danach Aufgabe der Philosophie – jede solche Verallgemeinerung muß vielmehr gemäß dieser Auffassung entweder vom Fachwissenschaftler selbst vorgenommen werden oder sie ist wissenschaftlich unbegründbar und unhaltbar –,

---

[1] Max Scheler ist demgegenüber kein »reiner Fall« mehr. Viele seiner Arbeiten gehören mindestens ebensosehr in die erste wie in die dritte und vierte Gruppe.

sondern die Untersuchung der Grundlagen der Einzelwissenschaft. Philosophie wird zur *Grundlagenforschung*. In der Regel wird dabei auch die vorwissenschaftliche Begriffswelt und die vorwissenschaftliche Sprache in den Kreis der Untersuchungen einbezogen. Hierher wären die Angehörigen des Wiener Kreises zu zählen, ebenso die Vertreter der analytischen Philosophie der Gegenwart.

Parallel mit dieser Differenzierung verläuft als zweites Charakteristikum ein Prozeß der *gegenseitigen Entfernung und zunehmenden Kommunikationslosigkeit zwischen den Philosophen verschiedener Richtungen*. Es ist unbedingt erforderlich, sich diesen Sachverhalt klar vor Augen zu halten. Darin kommt nämlich nichts Geringeres als dies zum Ausdruck, daß das Wort »Philosophie« ein vieldeutiger Terminus geworden ist. Der Grundlagenforscher versteht unter einer philosophischen Arbeit etwas vollkommen anderes als der Weltanschauungsphilosoph, der aprioristische Seinsmetaphyker etwas gänzlich anderes als der mit Phänomenanalyse beginnende Denker. In diesem Prozeß des wechselseitigen Sichentfernens kann man vier Phasen unterscheiden:

1. In der ersten Phase handelt es sich um eine *wissenschaftliche Meinungsverschiedenheit*. Die vertretenen Ansichten weichen voneinander ab, weil die einzelnen Diskussionspartner die Gültigkeit der gegnerischen Argumente oder die Richtigkeit der gegnerischen Beschreibungen anzweifeln. Bei aller Verschiedenheit bleibt in dieser Phase der *Diskussionszusammenhang* erhalten. Die Hoffnung auf endgültige Übereinstimmung erlischt nicht und der Meinungsgegensatz ist wie in der einzelwissenschaftlichen Forschung gerade ein Stachel zum Fortschritt: ein Anreiz zur Präzisierung der Begriffe, genaueren Beschreibungen und Verbesserung der Argumente.

2. Schlimmer wird es, wenn die gewählte Ausgangsbasis oder die anerkannten Denkmethoden toto genere verschieden geworden sind. Dann kann ein Punkt erreicht werden, *wo keine Diskussion mehr möglich ist*. Die Vertreter gegnerischer Auffassungen können höchstens zu der ehrlichen Feststellung gelangen, daß Argumente und Gegenargumente ins Leere zu

stoßen scheinen und daß sie ihre unterschiedlichen Auffassungen nicht mehr auf einen Nenner zu bringen vermögen. Trotz dieser unvermeidlichen Resignation in bezug auf die Frage der wissenschaftlichen Auseinandersetzung oder Diskussion bleibt auch auf dieser Stufe ein *Mitteilungszusammenhang* gewahrt. Die Vertreter verschiedener Ansichten können einander ihre Standpunkte darlegen und sich dabei über den Sinn ihrer Behauptungen verständigen, während sie über die Art ihrer Begründungen zu keinem wechselseitigen Verständnis mehr gelangen.

3. Eine nochmalige Verschärfung der Situation tritt ein, *wenn zwischen zwei Philosophen nicht einmal mehr ein Mitteilungszusammenhang besteht, weil der eine keinen Sinn mit dem zu verbinden vermag, was der andere sagt.* Trotzdem kann selbst da ein wenn auch noch so loses Band zwischen den Denkern bestehen bleiben, welches man *Intentionszusammenhang* nennen könnte. Der eine weiß dann vom anderen zwar nicht mehr, was dieser eigentlich meint, aber er weiß von ihm wenigstens soviel, daß auch er nach Erkenntnis und Wahrheit strebt.

4. Am größten ist die Kluft zwischen zwei Philosophierenden dann, *wenn zwischen ihnen nicht einmal mehr ein Intentionszusammenhang besteht.* Dem einen sind dann nicht nur die Aussagen und Begründungen des anderen unverständlich, *sondern die Art der Beschäftigung des anderen wird ihm als Beschäftigung zum Rätsel.* Er weiß nicht nur nicht mehr, was der andere meint, sondern er vermag nicht einmal mehr zu sagen, was das für eine Tätigkeit ist, die der andere ausübt und der er den Namen »Philosophie« gibt. Der Zustand der totalen Kommunikationslosigkeit ist hier erreicht.

Die Phase 1 kennzeichnet sozusagen den wissenschaftlichen Normalfall. Frühere Gegensätze zwischen einzelnen philosophischen Schulen (z. B. zwischen Empiristen und Rationalisten, Kantianern und Aristotelikern usw.) hielten sich wenigstens in der Regel noch in diesem Rahmen. Selbstverständlich findet man auch in der Philosophie dieses Jahrhunderts philosophische Meinungsdifferenzen vom Charakter wissenschaftlicher Meinungsgegensätze. Die Verschiedenheit in den Ansichten zwischen einem Anhänger der Philosophie Brentanos und einem Anhänger der husserlschen Philosophie oder zwischen einem Phänomenologen und N. Hartmann würden hierher gehören. Immer mehr aber treten in der heutigen Philosophie solche Gegensätze in den Vordergrund, die nur mehr durch die Phasen 2 bis 4 gekennzeichnet werden können. Für alle drei Phasen lassen sich Beispiele aus den im folgenden behandelten philosophischen Theorien anführen. Der Gegensatz in den Auffassungen zwischen N. Hartmann und M. Heidegger ist bereits nur mehr durch die Phase 2 charakterisierbar. Obwohl hier vorausgesetzt werden kann, daß der eine vom anderen prinzipiell verstand, was dieser meinte, ist ein Diskussionszusammenhang nicht mehr denkbar. Daß diese Situation sogar innerhalb der modernen Grundlagenforschung einzutreten vermag, dafür liefert die Philosophie der Mathematik ein gutes Beispiel. Viele Mathematiker geben zu (oder sind sogar stolz darauf), daß sie die Argumente des sog. mathematischen Intuitionismus gegen die traditionellen Denkweisen in der Mathematik nicht verstehen, obwohl darüber keine Unklarheit besteht, welche traditionellen Denkweisen vom Intuitionismus zugelassen und welche von ihm verboten werden.

Eine zur Phase 3 gehörende Situation würde eintreten, wenn Carnap auf Häberlin träfe. Und die Phase 4 würde für das Verhältnis zwischen der analytischen Philosophie oder dem modernen Empirismus einerseits und den Philosophien von Jaspers oder Heidegger andererseits charakteristisch sein.

Es mag vielleicht pessimistisch klingen, dürfte aber doch eine zutreffende Feststellung sein, *daß dieser Prozeß nicht mehr rückgängig zu machen ist.* Die Vieldeutigkeit des Wortes »Philosophie« könnte nur entweder dadurch verringert werden, daß ganze philosophische Richtungen endgültig »aussterben« (wofür aber keinerlei Anzeichen vorhanden sind) oder dadurch, daß man sich entschlösse, nicht mehr all die erwähnten heterogenen Dinge »Philosophie« zu nennen, sondern dieses Wort für eine einigermaßen scharf umrissene Tätigkeit aufzusparen. Das letztere wäre sehr wünschenswert. Solange es aber nicht so weit gekommen ist, muß eine Orientierung über die Philosophie der Gegenwart eine Orientierung über Heterogenes sein.

3. Vorausblicke

Es sollen jetzt noch einige Hinweise auf die Probleme gegeben werden, welche von den in diesem Buch behandelten Philosophen bearbeitet wurden, sowie auf deren Stellungnahme zu diesen Problemen.

(a) Metaphysik und Ontologie

Der Ausdruck »Metaphysik« wird bisweilen in dem Sinne gebraucht, daß alle Arten von Tatsachenaussagen – also von nichtlogischen und nichtmathematischen Aussagen – darunter fallen, die irgendwie »begründbar« sind, ohne doch in das Gebiet einer speziellen Realwissenschaft zu gehören. Bei dieser weiten Fassung des Ausdruckes fällt auch die Ontologie als Wissenschaft von den allgemeinsten Bestimmungen des Seienden unter die Metaphysik. Nach einem engeren Begriff der Metaphysik gehören dazu nur jene Aussagen, die sich auf unsinnliche (»transzendente«) Gegenstände beziehen. Aus Gründen der Kürze soll der Ausdruck »Metaphysik« in diesem Überblick im weitesten Wortsinne gebraucht werden. Gegenüber der Möglichkeit einer Metaphysik stoßen wir auf die beiden radikal entgegengesetzten Standpunkte: *Anerkennung der Metaphysik als einer philosophisch wichtigen Disziplin*, und zwar entweder als der grundlegenden oder doch einer neben den Einzelwissenschaften gleichberechtigten Disziplin, und *Ablehnung der Metaphysik wegen angeblicher Unwissenschaftlichkeit oder sogar Sinnlosigkeit*. Unter jenen Philosophen, welche sich zur Metaphysik bejahend verhalten, können wir wieder unterscheiden zwischen solchen, die entweder von einer empirischen Basis ausgehen oder für die zumindest ein enger Zusammenhang von metaphysischen und einzelwissenschaftlichen Aussagen besteht, ferner solchen, nach denen sich metaphysische Untersuchungen streng a priori und damit gänzlich unabhängig von der empirischen Einzelforschung vollziehen müssen, und schließlich solchen, nach denen Metaphysik überhaupt nicht als intersubjektiv begründbare Wissenschaft auftreten kann, sondern nur als eine Art von nichtwissenschaftlicher philosophischer Tätigkeit.

Daß zwischen Empirismus und Metaphysik nicht notwendig ein Gegensatz bestehen muß, zeigt vor allem die Philosophie von Brentano. Alle *Begriffe* sind nach ihm *empirischen Ursprungs*. Dennoch gibt es für ihn *apriorische Wirklichkeitsurteile*. Daher gelangt er trotz seiner empirischen Begriffsbasis zu einer *wissenschaftlichen Metaphysik*. Im Gegensatz zu Kant setzen für ihn die apriorischen Erkenntnisse keine apriorischen Begriffe voraus. Außerdem hält er die transzendental-idealistische Deutung des Erkenntnisbegriffs Kants für gänzlich verfehlt.

Bei Husserl treffen wir auf eine interessante Verknüpfung der ontologischen und der transzendentalphilosophischen Betrachtungsweise. Es gibt nach ihm Ontologie als apriorische Wissenschaft, und zwar einerseits die *Formalontologie*, welche das allem Seienden Gemeinsame zum Gegenstande hat, andererseits die *Materialontologien*, deren Thema die a priori feststellbaren Merkmale bestimmter Sachgebiete bilden und die daher jeweils bestimmten Einzelwissenschaften vorgeordnet sind. Beide aber sind für Husserl nicht die letztfundierenden Wissenschaften, sondern sind bloß eingeschoben zwischen die Einzelwissenschaften und die eigentlich grundlegende philosophische Disziplin: die *Transzendentalphilosophie*, deren Gegenstand das »reine Bewußtsein« bildet, auf welches alles reale und ideale Sein relativ ist.

Der Tendenz nach als Weiterführung husserlscher Ideen gedacht ist Heideggers Konzept einer *Fundamentalontologie*, die sowohl der Formalontologie wie den Materialontologien vorangehen soll. Ihre Aufgabe ist die *Explikation des Seinsbegriffes*, ohne die nach der Meinung Heideggers alle in ontologischen Untersuchungen gewonnenen Wesensgesetze und kategorialen Beziehungen in der Luft hängen. Der Zusammenhang mit der Transzendentalphilosophie kommt bei ihm dadurch zustande, daß die Seinsfrage nur vom *alltäglichen menschlichen Seinsverständnis* her aufgerollt werden kann. Die geforderte grundlegende ontologische Untersuchung beginnt daher nicht, wie zunächst zu erwarten wäre, mit abstraktesten Allgemeinheiten, sondern mit dem Konkretesten und Unmittelbarsten: dem alltäglichen Sein des Menschen. Fundamentalontologie wird zur transzendentalen Analytik des endlichen menschlichen Daseins.

In der Philosophie Heideggers kommt zugleich die für viele metaphysische Ansätze der Gegenwart charakteristische Verwebung von Seinsphilosophie und Philosophie des Menschen zum Ausdruck. Noch mehr als bei Heidegger ist bei Scheler die Frage: »Was ist der Mensch?« geradezu *das* Problem der Metaphysik geworden. Gar nicht anzutreffen ist hingegen dieser Anthropozentrismus in der Ontologie und Kategorialanalyse N. Hartmanns. Die transzendentalphilosophische Rückkoppelung der ontologischen Fragestellung an das reine Bewußtsein oder das alltägliche Seinsverständnis ist hier zur Gänze preisgegeben. Gleichzeitig wird von Hartmann nicht der Anspruch auf apriorische Seinserkenntnis erhoben. Vielmehr geht es ihm um ein »*offenes« System*, dessen Resultate durch ein sich vorsichtig vorantastendes Verfahren, durch ständige Phänomenanalyse und Berücksichtigung der einzelwissenschaftlichen Resultate, gewonnen werden sollen. Die Hauptgefahren für eine kritische Ontologie werden von Hartmann erblickt einerseits im Abgleiten in einen Vernunftapriorismus, eine spekulative Ontologie »von oben herab« statt einer »von unten her« auf Phänomenanalyse aufgebauten Ontologie, und andererseits im Abgleiten in einen mystischen Irrationalismus, zu dem für ihn die gesamte Existenzphilosophie zu zählen ist.

Die Philosophien von Brentano und Hartmann gehören zum ersten oben angeführten Untertypus (Zusammenhang von Metaphysik und Erfahrung). Die Idee der Ontologie bei Husserl und Heidegger ist hingegen eher dem zweiten Typus zuzurechnen, obwohl in der faktischen Verwirklichung auch bei ihnen empirische Komponenten eine wichtige Rolle spielen. Bei Häberlin hingegen wird die Forderung nach einer *streng apriorischen Ontologie und Kosmologie* erhoben; jede

Verschmelzung von Ontologie und hypothetisch-empirischer Wissenschaft ist für ihn eine philosophische Inkonsequenz. Philosophische Einsichten müssen »aus ursprünglichem Seinswissen« stammen. Auch bei ihm spielt *die Philosophie des Menschen*, welche im weitesten Sinne die gesamte Kulturphilosophie umfaßt, eine wichtige Rolle. Im Gegensatz jedoch zu den Transzendentalphilosophen, zu Heidegger und zu Scheler darf für ihn die Analyse des menschlichen Seins, des menschlichen Seinsverständnisses oder des menschlichen Bewußtseins keinen Ausgangspunkt für ontologische Fragestellungen bilden, sondern die philosophische Anthropologie stellt bloß die Anwendung des allgemeinen ontologischen Wissens auf den wichtigen Spezialfall eines solchen Seienden dar, das durch das Moment der *Selbsterfahrung* ausgezeichnet ist.

Bei Jaspers stoßen wir auf den dritten Untertypus einer Philosophie, die sich zur Metaphysik bejahend verhält: Metaphysik ist ein wichtiger Bestandteil allen Philosophierens, obwohl für ihn wissenschaftliche Metaphysik heute unmöglich geworden ist und prophetische Metaphysik nicht mehr geglaubt werden kann. Übrig bleibt nur eine *aneignende Metaphysik* in ihrer die menschliche Vernunft und Existenz erweckenden Funktion.

Eine rein negative Stellungnahme zur Metaphysik bezieht der moderne Empirismus. Seine Angriffe sind schärfer als alle früheren gegen die Möglichkeit einer metaphysischen Erkenntnis gerichteten Polemiken. Während Skeptiker, Agnostiker und auch Kant nur die Richtigkeit der metaphysischen Sätze in Zweifel oder in Abrede gestellt hatten, wird hier geleugnet, daß es überhaupt sinnvolle metaphysische Aussagen gäbe. *Die angeblichen metaphysischen Sätze halten einem strengen Sinnkriterium für Aussagen nicht stand;* sie sind sinnlose Wortverbindungen, die bloß wegen des mit ihnen verbundenen Gefühlswertes für sinnvoll gehalten werden. Metaphysiker wollen immer Unsagbares zur Sprache bringen. Dies aber ist ein unmögliches Unterfangen; denn – wie es im Schlußsatz von Wittgensteins Traktat heißt –

»wovon man nicht sprechen kann, darüber muß man schweigen«.

Daß dieser Standpunkt nicht das letzte Wort des Empirismus sein muß, zeigt die neueste Entwicklung der auf empiristischem Boden erwachsenen analytischen Philosophie. Darin treten plötzlich in einem neuen Gewande Fragestellungen auf, die man früher zur Metaphysik oder Ontologie gerechnet hatte und welche in diesem Lager ursprünglich für tot erklärt worden waren. Dazu gehört vor allem das Universalienproblem, welches auch in der heutigen mathematischen Grundlagenforschung von zentraler Bedeutung geworden ist, und das Leib-Seele-Problem, das durch interessante Analysen H. Feigls zu neuem Leben erweckt wurde.

(b) Logik und Erkenntnistheorie

Die in der heutigen Philosophie anzutreffenden Untersuchungen zur Logik und Erkenntnistheorie kann man nach den verschiedensten Gesichtspunkten gliedern. Eine solche Gliederung würde z. B. durch die Frage geliefert werden, ob es in der betreffenden Untersuchung darum gehe, die logischen Prinzipien *darzustellen* und das Phänomen der Erkenntnis möglichst allseitig zu *beschreiben* oder ob es sich darum handle, *eine letzte Begründung* für die Gesetze des logischen Denkens und die menschliche Erkenntnis zu liefern. Ein anderer Einteilungsgesichtspunkt wäre der, ob es sich um die Begründung einer *spezifisch-philosophischen Erkenntnis*, z. B. einer metaphysischen Erkenntnis, handle oder um eine Fundierung der *Erkenntnis schlechthin* oder schließlich um die Analyse, Kritik und Verbesserung der in den *Einzelwissenschaften* angewendeten logischen Operationen und Erkenntnismethoden.

Brentano kannte streng genommen überhaupt keine Erkenntnistheorie. Trotzdem lassen sich seine Untersuchungen über die Erkenntnis als Versuch bezeichnen, die Fundamente der Erkenntnis tiefer zu legen als dies in den früheren Erkenntnistheorien geschehen war. Grundlegender nämlich als der Begriff der Erkenntnis ist der Begriff des wahren Urteils. In den überlieferten Lehren wird gewöhnlich der Wahrheitsbegriff der Adäquationstheorie von Aristoteles zugrunde gelegt. Nach Brentano führt dieser Wahrheitsbegriff zu verschiedenen unbehebbaren Schwierigkeiten. Brentano gelangt daher dazu, den Begriff des wahren Urteils auf den Begriff der *Evidenz* zurückzuführen, der für ihn zum Angelpunkt seines ganzen Systems wird. Gleichzeitig ist damit die empiristische Ausgangsbasis gewahrt; denn die Evidenz bildet ein empirisch feststellbares Phänomen. Durch den Begriff der *apodiktischen Evidenz* gelangt Brentano zu apriorischen Erkenntnissen, die von ihm aber nicht wie von Husserl als Wesenserkenntnisse, sondern als mit innerer Einsicht vollzogene negative Existenzfeststellungen interpretiert werden.

Husserl versuchte eine neue Grundlegung von Wissenschaft und Philosophie überhaupt. Die Logik sollte von allen psychologistischen Vorurteilen, die nach Husserl notwendig in den Relativismus und in die Skepsis einmünden, befreit werden. Die Logik hat es nicht mit den zufälligen psychischen Aktphänomenen zu tun, sondern mit dem *idealen Bedeutungsgehalt* sprachlicher Ausdrücke; logische Analyse ist Bedeutungsanalyse und nicht psychologische Aktanalyse. Im Gegensatz zu Brentano war Husserl der Meinung, daß wir die Existenz allgemeiner Wesenheiten annehmen müssen und daß daher alle apriorische Erkenntnis als *Wesenserkenntnis* zu deuten ist. Seine *phänomenologische Einklammerungsmethode* sollte genau den Weg beschreiben, der uns zu solchen Wesenserkenntnissen führt. Eng mit der Einklammerungsmethode aber hängt auch der *transzendentale Idealismus* zusammen, zu dem Husserl im Verlaufe seiner Untersuchungen gelangte. Denn nach Vollzug der »gedanklichen Weltvernichtung«, zu der jene Methode führte, sollte nur mehr die Sphäre des »transzendental gereinigten Bewußtseins« übrig bleiben, die zugleich das einzige Absolute bildete, auf das alles andere Seiende bezogen ist.

Andere Phänomenologen, darunter insbesondere auch Scheler, haben die idealistische Wendung Husserls nicht mitgemacht. Nach Scheler muß das Erkenntnisphänomen unter ontologischem Aspekt betrachtet werden: Erkenntnis ist als eine *Seinsrelation* zwischen zwei Seienden zu interpretieren;

keinesfalls darf dagegen die seiende Welt zum bloßen intentionalen Objekt eines »reinen Bewußtseins« degradiert werden.

Auch bei Hartmann steht dieser ontologische Aspekt der Erkenntnis im Vordergrund. Gleichzeitig warnt er vor einer Überschätzung der phänomenologischen Methode in der Erkenntnistheorie. *Phänomenanalysen* dürfen nach ihm nur den Ausgangspunkt bilden. Sie führen als solche weder zu theoretischen Problemstellungen noch zu brauchbaren Theorien. An die Phänomenologie der Erkenntnis muß sich die *Aporetik* anschließen, die zur Formulierung der Probleme führt, und in einem dritten Schritt die eigentliche *Theorie* des Erkennens. Das Rätsel der Erkennbarkeit bewußtseinstranszendenter Gegenstände wird durch die Hypothese einer *Entsprechung von Denk- und Seinskategorien* zu lösen gesucht. Von Brentano sowie von den Phänomenologen unterscheidet sich Hartmann vor allem dadurch, daß er den Begriff der Evidenz verwirft.

Eine Analogie zum Lösungsversuch Hartmanns: der Entsprechung von Seins- und Denkprinzipien, findet sich auch im entgegengesetzten Lager, nämlich in der Transzendentalphilosophie Reiningers. Nur daß die Denkprinzipien nicht den Gesetzen einer bewußtseinsjenseitigen Welt entsprechen, sondern die Entsprechung innerhalb des Bereiches des Immanenten selbst anzutreffen ist: Die kategorialen Formungen, die wir in den höheren, reflektierten Bewußtseinsstufen antreffen, haben ihr Äquivalent in jenem allumspannenden Urerlebnis, in dem jede alltägliche wie wissenschaftliche Aussage ihren letzten Ursprung hat.

In bezug auf die Philosophie Heideggers kann zwar nicht von Erkenntnistheorie gesprochen werden. Doch enthalten verschiedene seiner Ausführungen wesentliche Betrachtungen zum Wahrheits- und Erkenntnisproblem. Es herrscht dabei wieder der ontologische Aspekt mit gewissen transzendentalphilosophischen Modifikationen vor. Das von Heidegger analysierte Phänomen des »*In-der-Welt-Seins*« soll die Erkenntnistheorie, welche bei der künstlichen Spaltung von Subjekt und Objekt einsetzt, gegenstandslos und die Frage nach der Realität der Außenwelt sinnlos machen. Den Wahrheitsbegriff versucht Heidegger von der Urteilssphäre in den existenzialen Bereich zurückzuverlegen: Nur weil der Mensch selbst »*in der Wahrheit*« (aber auch »*in der Unwahrheit*«) ist, wird wahres und falsches Urteilen über die Welt möglich. Auch die Methode des Verstehens soll in a priori feststellbaren Wesensstrukturen des menschlichen Daseins verankert werden.

Abseits von all diesen theoretischen Untersuchungen steht auch in erkenntnistheoretischer Hinsicht die Philosophie von Jaspers. Darin wird nicht eine Begründung für die Möglichkeit einer objektiven philosophischen Erkenntnis gesucht. Vielmehr sollen neben die intersubjektiv gültigen wissenschaftlichen Aussagen solche der Philosophie gesetzt werden, die gar nicht mehr objektives Wissen zu vermitteln beanspruchen, sondern *an die mögliche Existenz* im Menschen *appellieren* und *die göttliche Transzendenz zu berühren* suchen. Das *Wahrheitsproblem* wird von zentraler Bedeutung in der Philosophie des Umgreifenden. Jeder der gegenständlich nicht faßbaren Weisen des Umgreifenden entspricht eine eigene *Gestalt der Wahrheit*. Die wissenschaftliche Wahrheit stellt dabei als die Wahrheit des »Bewußtseins überhaupt« nur einen sehr begrenzten Aspekt des Phänomens der Wahrheit dar.

In der modernen Grundlagenforschung und analytischen Philosophie stehen logisch-erkenntnistheoretische Fragen ganz im Vordergrund des Interesses. In den Systemen der modernen Logik geht das Bemühen darum, erstmals *ein vollständiges und präzises System der logischen Regeln* aufzustellen, welches im Gegensatz zur traditionellen Logik auch die schwierigsten mathematischen Ableitungen zu decken vermag. In der auf Tarski zurückgehenden Semantik wird u. a. versucht, den aristotelischen *Wahrheitsbegriff* in einer neuartigen Weise einzuführen, so daß die gegen die früheren Definitionen dieses Begriffs vorgebrachten Einwendungen in Wegfall kommen. Dieser Begriff erweist sich vor allem in der mathematischen Grundlagenforschung als außerordentlich fruchtbar. Carnap versuchte, ebenfalls mit semantischen

Hilfsmitteln, den Bereich des rein Logischen (mit den beiden Grundbegriffen der *logischen Wahrheit* und der *logischen Folgerung*) scharf abzugrenzen; dabei wird eine Präzisierung der alten Idee von Leibniz vorgenommen, wonach die logischen Wahrheiten genau jene wahren Aussagen bilden, die »in jeder möglichen Welt« gelten.

Die meisten Vertreter des modernen Empirismus und der analytischen Philosophie leugnen synthetisch-apriorische Wirklichkeitserkenntnisse. Die Klasse der sinnvollen wissenschaftlichen Aussagen zerfällt danach in die analytischen Wahrheiten einerseits, die synthetisch-empirischen Wirklichkeitsaussagen andererseits. Neben der Umgrenzung des Bereiches des rein Logischen besteht die Aufgabe des Erkenntnistheoretikers daher vor allem in der Behandlung der Probleme, die mit der *empirischen Wirklichkeitserkenntnis* verbunden sind. Dazu gehört vor allem auch das Problem der Induktion, welches Carnap durch sein System der *induktiven Logik* zu lösen sucht. Auch das *Begriffsproblem* gehört hierher; es hat in der letzten Zeit sogar an Dringlichkeit gewonnen, da es sich als unmöglich erwiesen hat, die komplexeren Begriffe der theoretischen Erfahrungswissenschaften (z. B. der theoretischen Physik) durch Definitionen auf einfachere Begriffe zurückzuführen, die sich nur auf Beobachtbares beziehen.

Auf ein Kuriosum möge hier noch hingewiesen werden. Der moderne Empirismus und die analytische Philosophie wurden bisweilen auch als »logischer Positivismus« bezeichnet. Der Ausdruck »Positivismus« stammt aus der Zeit des älteren Immanenzpositivismus (E. Mach und seine Anhänger), wonach die wissenschaftliche Aufgabe in einer *möglichst genauen Beschreibung des unmittelbar Gegebenen* erblickt wird. Die meisten Empiristen der Gegenwart halten diesen Begriff des *Gegebenen* entweder für so unklar oder doch für etwas mit so vielen bisher ungelösten Aporien Behaftetes, daß er als unbrauchbar abgelehnt wird. Damit kann der Ausdruck »Positivismus« auf diese Richtung nicht mehr sinnvoll angewendet werden. Die einzige philosophische Strömung, in welcher der Begriff des Gegebenen noch ein zentraler Begriff ist, bildet die phänomenologische Philosophie. *Die Phänomenologen wären daher die einzigen heutigen »Positivisten«.* Da aber auch dieser Gebrauch des Ausdruckes »Positivismus« natürlich sehr mißverständlich wäre, tut man am besten daran, diesen Ausdruck überhaupt nicht mehr zu verwenden.

(c) Ethik

Auf dem Gebiete der Ethik ist der Einfluß Kants ebenfalls unverkennbar. Die vorkantische Ethik trug stets entweder eudämonistische Züge oder sie war eine Güter- bzw. Zweckethik. Nach Scheler ist es das Verdienst Kants, alle derartigen Versuche einer Begründung der Ethik dadurch ad absurdum geführt zu haben, daß er die relativistische Konsequenz aufzeigte, zu der diese Versuche führen müssen. Auf der anderen Seite aber war Kants eigene Ethik wegen ihres formalen und konstruktiven Charakters erheblichen Bedenken ausgesetzt. So entstand die Aufgabe, nach einem von diesen Mängeln freien Aufbau der Ethik zu suchen, ohne in die von Kant überwundenen Auffassungen zurückzufallen.

Scheler versuchte zu zeigen, daß die Alternative Kants: hie Güter- und Zweckethik – hie formale Ethik, keine vollständige Disjunktion darstellt, sondern daneben noch die Möglichkeit einer *materialen und dennoch absoluten Wertethik* besteht, welche einerseits von jeder relativistischen Zweckethik klar geschieden ist, andererseits infolge ihrer Anerkennung inhaltlich bestimmter Werte sowie deren objektiver Rangordnungsbeziehungen den inhaltsleeren Charakter der kantischen Ethik überwinden soll. Hartmann hat diesen Gedanken aufgegriffen und die Gedanken Schelers durch Analyse konkreter Einzelwerte ausgebaut.

Ganz anders war dagegen Brentano vorgegangen. Auch nach ihm war die Ethik Kants verfehlt. Das Fundament der Ethik glaubte er in einem Erlebnis zu finden, das dem theoretischen Evidenzerleben analog, jedoch selbst emotionalen Ursprungs ist. Er nannte es »*das als richtig charakterisierte Lieben und Hassen*«. Auf diese Weise sollte die Zuflucht zu

»an sich seienden Werten« vermieden werden, in denen Brentano nur Sprachfiktionen zu erblicken vermochte.

Aber muß eine philosophische Ethik eine Wertlehre begründen? Reininger bestreitet dies: *Auch Ethik und Wertwissenschaft müssen wertfreie Wissenschaften sein,* wenn sie nicht des Merkmals der Objektivität verlustig gehen wollen; sie können nur das tatsächlich vorhandene Wertbewußtsein beschreiben und den Irrtum bestimmter Versuche, wie z. B. einen Sinn des Lebens im Transzendenten oder in einer kosmischen Ordnung u. dgl. zu finden, aufdecken. Wenn er dennoch zu einer Antwort auf die Frage nach dem »Sinn des Lebens« gelangte, so wird auch hier gemäß seinem Standpunkt der »Wirklichkeitsnähe« die unmittelbare Bewußtseinsimmanenz des Wertenden nicht verlassen.

Für die Existenzphilosophie hat sich hingegen das ganze Problem der Ethik als solches verschoben. Es geht nicht mehr um das objektiv Gute, das absolut Wertvolle, eine Rangordnung von Wertskalen; an die Stelle der kontinuierlichen Abstufung des Guten, an deren einem Ende das Böse schlechthin, an deren anderem das vollkommen Gute stünde, tritt eine Alternative ohne Möglichkeit einer Abstufung: Der Mensch kann nur *als uneigentlicher* oder *als eigentlicher* existieren. Und es ist die Frage, wie dem meist uneigentlich existierenden, im bloßen Dasein in der Welt aufgehenden Menschen die mögliche Eigentlichkeit seiner Existenz fühlbar gemacht werden könnte, die ihn aus der Weltverlorenheit herausreißt und zum wahren Selbstsein erhebt. Der kompromißlose religiöse Radikalismus Kierkegards hat hierin nach seiner Säkularisierung durch die Existenzphilosophie seine ursprüngliche Schärfe bewahrt.

Auch innerhalb der analytischen Richtung wendet man sich in den letzten Jahren in zunehmendem Maße ethischen Fragen zu. Das grundsätzlich Neue, welches dabei zutage tritt, ist *die Anwendung der sprachanalytischen Methode gegenüber ethischen Aussagen.* Dabei stößt man auf Funktionen der Sprache, die sich von der in Behauptungssätzen zur Geltung kommenden Darstellungsfunktion wesentlich unterscheiden. Zahlreiche Fehler früherer ethischer Theorien sind nach der Auffassung der Analytiker darauf zurückzuführen, daß man ethische Aussagen irrtümlich als Behauptungssätze interpretierte. Tatsächlich haben jedoch ethische Aussagen nicht die Aufgabe, Meinungen zu vermitteln, sondern andere Funktionen, so z. B. auch die, die Haltung anderer zu beeinflussen, und stehen Imperativsätzen nahe. Es wird daher die Forderung erhoben, die Untersuchungen über die deskriptiven Bedeutungen von Ausdrücken durch eine Untersuchung über deren *emotive Bedeutungen* (= ihre Dispositionen zur Hervorrufung emotionaler Reaktionen) zu ergänzen, und die weitere Forderung nach einer *Logik der Imperative*, die sich von der auf Behauptungssätze bezogenen Logik in manchen Punkten unterscheidet.

KAPITEL I

PHILOSOPHIE DER EVIDENZ:
FRANZ BRENTANO

Brentano hat seine Philosophie in geschlossener Form niemals dargestellt. Unsere Kenntnisse über die meisten Lehren dieses Denkers schöpfen wir aus den nach seinem Tode veröffentlichten hinterlassenen Schriften. In ihnen tritt uns kein in sich abgerundetes Ganzes entgegen. Brentano gehörte nicht zu jenen Geistern, die in momentaner Intuition ein architektonisches System entwerfen, um die erst darauffolgenden Einzelerkenntnisse in es einzubauen. Sein ewig problembewußtes Forschen ging vielmehr stets von Einzelfragen aus und versuchte, die dabei auftretenden Schwierigkeiten einer evidenten oder, wo dies unmöglich zu sein schien, zumindest einer wahrscheinlichen Lösung zuzuführen. Er zögerte auch nicht, auf Grund fortgeschrittener Erkenntnis frühere Auffassungen zu revidieren; denn der Wille zur Wahrheit ließ keinen Konstruktionswillen aufkommen und verhinderte auch jede Verfestigung früherer Gedanken.

Die Bedeutung der brentanoschen Untersuchungen für die Philosophie der Gegenwart wird immer noch außerordentlich unterschätzt; es besteht ein merkwürdiges Mißverhältnis zwischen der großen tatsächlichen Auswirkung Brentanos auf die heutige Philosophie und der verhältnismäßig geringen Beachtung, die seine Theorien im gegenwärtigen philosophischen Lehr- und Forschungsbetrieb finden. Und doch laufen bei Brentano die Fäden zusammen, die zu den verschiedenartigsten Richtungen führten: *Erstens* wäre ohne ihn die ganze *phänomenologische Philosophie* undenkbar; er war der Lehrer Husserls, auf den er einen nicht zu unterschätzenden Einfluß ausübte, und er ist damit sozusagen der geistige »Großvater« Max Schelers und Martin Heideggers geworden. *Zweitens* hat Brentano durch seine Untersuchungen zur *Ontologie und Metaphysik*, insbesondere durch seine Kategorialanalysen, daneben aber auch durch seine eingehenden Aristotelesstudien, die gegenwärtigen Seinslehren maßgeblich beeinflußt, wenn auch wieder zum Teil auf sehr indirektem Wege. *Drittens* besitzt die brentanosche Methode in mancher Hinsicht – vor allem wegen der *sprachlogischen Untersuchungen*, die für ihn den Ausgangspunkt des Philosophierens bilden – eine bemerkenswerte Ähnlichkeit mit dem Vorgehen in der heutigen empiristischen Philosophie, besonders in der analytischen Philosophie in England und den Vereinigten Staaten. Es läßt sich kaum mehr feststellen, wieweit die dort angestellten Untersuchungen unter anderem auch auf brentanosche Anregungen zurückgehen.

Da es unmöglich ist, die gesamte Entwicklung der Philosophie Brentanos in Kürze wiederzugeben, müssen wir uns auf die letzten Ergebnisse beschränken. Und auch hier erscheint eine Auswahl der wichtigsten Gedanken unerläßlich.

1. Psychisches Phänomen und Erkenntnis

(a) Die psychischen Phänomene und der Ort der Wahrheit

Alle Einzelwissenschaften sowie jede Philosophie, die eine wissenschaftliche zu sein beansprucht, streben nach Erkenntnis oder, was dasselbe besagt, nach Wahrheit. Untersuchungen über die Erkenntnisse müssen daher zunächst den *Ort der Wahrheit* aufsuchen, d. h. jenen Bereich, in dem man so etwas wie Wahrheit bzw. Unwahrheit überhaupt auffindet. Es ist von vornherein unzweifelhaft, daß physischen Substanzen und Ereignissen das Prädikat »wahr« oder »unwahr« nicht zugesprochen werden darf. Ein Stein oder ein Gewitter kann nicht wahr oder falsch, sondern bloß wirklich oder unwirklich sein. Da der Gesamtheit der physischen Phänomene oder Erscheinungen die der psychischen oder der Bewußtseinserlebnisse gegenübersteht, so reduziert sich die obige Frage auf das Problem, innerhalb welcher Teilbereiche der Bewußtseinswelt wahre oder falsche Phänomene auftauchen können. Dazu ist zunächst eine Untersuchung der Gesamtheit des Psychischen erforderlich.

Die psychischen Erscheinungen können in zweifacher Weise

untersucht werden. Einmal kann man darangehen, die seelischen Phänomene[1] zu *analysieren*, um die letzten Elemente ausfindig zu machen, aus denen sich das Gesamtbewußtsein aufbaut, wobei Gleichartiges zusammengefaßt und dadurch eine Einteilung (Klassifikation) aller psychischen Erscheinungen erzielt wird. Mit dieser Aufgabe hat sich die *deskriptive Psychologie* oder *Psychognosie* zu befassen. Eine ganz andere Aufgabe, die der *genetischen Psychologie* zufällt, besteht darin, die *Gesetze* für das Auftreten und Verschwinden der Bewußtseinserscheinungen zu ermitteln. Es ist nun klar, daß die zweite Aufgabe der ersten nachzufolgen hat; denn bevor die Gesetze der zeitlichen Veränderung von Bewußtseinserlebnissen aufgesucht werden, muß man wissen, worin diese Phänomene bestehen und wie sie sich ordnen. Die methodisch voranzustellende deskriptive Psychologie hat dabei zugleich die Aufgabe zu erfüllen, jene Phänomene zu charakterisieren, die für das Wahrheits- und Erkenntnisproblem relevant sind.

Wenn wir gleichartige Einzelheiten einem einheitlichen Gattungsbegriff unterordnen, müssen wir das Gattungsmerkmal, d. h. jenes Merkmal angeben, welches allen Einzelheiten in derselben Weise zukommt. Sollen die psychischen Phänomene sich zu einer einheitlichen Gattung zusammenschließen, so muß auch für sie das Gattungsmerkmal angegeben werden. Dieses sieht Brentano in der *Intentionalität*, d. h. der Beziehung des Bewußtseins auf etwas. Ich kann niemals einfach feststellen: »ich empfinde«, »ich stelle vor«, »ich urteile«, »ich freue mich«, »ich liebe bzw. hasse«, sondern muß stets, soll meine Rede überhaupt Sinn haben, dasjenige angeben, worauf ich in den genannten Erlebnissen bezogen bin. Ich muß also sagen »ich empfinde etwas«, »ich stelle etwas vor«, »ich urteile über etwas«, »ich freue mich über etwas«, »ich liebe bzw. hasse etwas« (oder »jemanden«). Jedes Bewußtsein ist eo ipso Gegenstandsbewußtsein. Wichtig ist hier jedoch die zusätzliche Feststellung Brentanos, *daß dasjenige,*

---

[1] Der Terminus »seelisch« soll keinerlei Hinweis auf eine dahinterstehende Seelensubstanz beinhalten, sondern wird synonym mit »psychisch« oder »bewußt« verwendet.

worauf wir uns bewußtseinsmäßig beziehen, nicht zu existieren braucht (wie z. B. dann, wenn ich mir ein Einhorn vorstelle). Wenn also von der Bewußtseins*beziehung* gesprochen wird, so darf dies nach Brentano nicht so aufgefaßt werden, als handle es sich dabei um eine Relation zwischen zwei existierenden Bezugsgliedern (nämlich dem Bewußtseins*akt* und dem Bewußtseins*objekt*).

Die Intentionalität findet im physischen Bereich kein Analogon. Ein Felsblock stellt ein in sich ruhendes Sein dar, er ist als solcher nicht auf etwas bezogen. Ein beziehungslos in sich abgekapseltes psychisches Phänomen hingegen gibt es nicht, es ist immer Bewußtsein »von etwas«. Mit dieser Hervorhebung der Intentionalität als Charakteristikum des Bewußtseins hat Brentano eine entscheidende Wendung in der Auffassung der Bewußtseinsinhalte herbeigeführt; denn für die überkommene Assoziationspsychologie waren die Inhalte des Bewußtseins etwas ebenso in sich verbleibendes Reales, Blindes wie die physischen Dinge, und der Strom des Bewußtseins war für sie ein nach bestimmten Naturgesetzen sich abspielendes Auftauchen, Verschwinden, Sich-Verbinden und Sich-Hemmen dieser realen Erlebnisteile, ganz analog den mechanischen Vorgängen der äußeren Natur.

Aus der Gesamtheit der intentionalen Erlebnisse lassen sich drei Erlebnisklassen aussondern, nämlich

1. Vorstellungen,
2. Urteile,
3. emotionelle Phänomene.

Diese Einteilung weicht in doppelter Hinsicht von den üblichen Klassifikationen ab: Erstens dadurch, daß Willensakte und Gefühle nicht gesondert hervorgehoben, sondern unter dem Begriff der emotionellen Phänomene zusammengefaßt werden, und zwar deshalb, weil ihnen allen, wie Brentano meint, ein Gefallen oder Mißfallen (bzw. ein Lieben oder Hassen im weitesten Sinn) eigentümlich ist. Zweitens durch die Aufspaltung dessen, was sonst als »Denken« bezeichnet wird, in Vorstellungen und Urteile. Ein Großteil der Philosophen und Psychologen hatte seit jeher versucht, das Wesen des Urteils in einer *Vorstellungsverknüpfung* zu sehen, somit die Urteile auf Vorstellungen zurückzuführen und ihnen den Charakter eigenartiger psychischer Erlebnisweisen abzusprechen.

Diese Auffassung aber ist aus mehreren Gründen unhaltbar: *Einerseits kommt durch eine bloße Vorstellungsverknüpfung noch kein Urteil zustande;* denn wenn ich z. B. die Vorstellungen »grün« und »Mensch« miteinander verbinde zu »grüner Mensch«, so heißt dies noch lange nicht, daß ich damit behaupte, es gäbe einen grünen Menschen. *Andererseits kann ich Urteile,* nämlich sog. »Existenzialurteile«, *fällen, bei denen ich keine Vorstellungsverbindung vollziehe,* so z. B., wenn ich sage: »Gott ist« (das Wort »ist« im Sinne von »existiert« genommen). Wollte man auch in diesem Falle behaupten, daß eine Vorstellungsverknüpfung vorliege, nämlich eine Verbindung des Begriffes »Gott« mit dem der »Existenz«, so ergäbe sich daraus eine Absurdität. Dazu braucht man nur wieder zu beachten, daß im Falle der Verknüpfung von Vorstellungen ein Glaube an die Existenz dessen, was in ihnen vorgestellt wird, nicht erforderlich ist, so etwa in dem erwähnten Beispiel vom grünen Menschen. Wollte man daher das Urteil: »Gott ist« so auslegen, daß hier lediglich eine Verknüpfung der Begriffe »Gott« und »Existenz« erfolge, so ergäbe sich der Widerspruch, daß einerseits wie bei jeder bloßen Vorstellungsverknüpfung an die Existenz Gottes nicht geglaubt werden müßte, andererseits aber doch, da ja gerade der Begriff der Existenz mit dem Begriff Gottes zu verbinden wäre.

Damit ist hinreichend gezeigt worden, daß die Urteile eine eigene Erlebnisklasse darstellen. Gleichzeitig ist auch bereits dasjenige hervorgetreten, was das auszeichnende Merkmal der Urteile gegenüber den bloßen Vorstellungen bildet: In ihnen allen nämlich wird etwas bejaht (anerkannt, affirmiert) oder verneint (verworfen, negiert, geleugnet). Behaupte ich, es gäbe keine Teufel, so stelle ich nicht bloß Teufel vor, sondern leugne die Teufel, negiere sie. Sage ich hingegen: »Es regnet«, so kommt wiederum zum bloßen Vorstellen des Regens etwas Neues hinzu, nämlich das bejahende, anerkennende Glauben an den Regen. Und nur, wo sich zur bloßen Vorstellung eine derartige behauptende Stellungnahme gesellt, hat es einen Sinn, von Wahrheit oder Falschheit zu sprechen. Eine Vorstellung kann noch so absurd sein; solange ich nicht behaupte, dieses Vorgestellte existiere in Wirklichkeit, ist es sinnlos, diese Vorstellung »falsch« zu nennen.

Das bisherige Ergebnis kann daher so formuliert werden: *Nur psychischen Akten, in denen etwas anerkannt oder verworfen wird, kann das Prädikat »wahr« oder »falsch« zukommen.* Als entscheidende Frage ergibt sich daher jetzt: Worin besteht der Unterschied zwischen diesen beiden Urteilseigenschaften?

(b) Der Wandel im Wahrheitsbegriff

Was Wahrheit sei, hat die Denker seit alters her immer wieder auf das lebhafteste beschäftigt. Nach der Meinung von Aristoteles liegt Wahrheit immer nur dann vor, wenn wir in Gedanken dasjenige verbinden, was auch in Wirklichkeit verbunden ist, und dasjenige trennen, was auch in Wirklichkeit getrennt ist. Als man sich der Unzulänglichkeit dieser Bestimmung infolge des Bestehens von Existenzialurteilen, in denen gar nichts verbunden oder getrennt wird, bewußt wurde, änderte man diese Fassung dahingehend, daß man sagte, Wahrheit bestünde in der »adaequatio intellectus ad rem«, in der *Übereinstimmung des urteilenden Denkens mit der Wirklichkeit.* Die meisten absoluten Wahrheitstheorien, die sich gegen das Abgleiten in Relativismen und Skeptizismen zur Wehr setzten, hielten an dieser Bestimmung fest.

Brentano glaubt, aus zwingenden Gründen diese Bestimmung fallenlassen zu müssen:

1. Es gibt Wissenschaften, in denen unzweifelhaft wahre Urteile gefällt werden, ohne daß wir es hier mit existierenden Gegenständen zu tun hätten, wie z. B. in der Geometrie. *Wenn aber gar keine wirklichen Dinge vorliegen, dann ist es sinnlos zu sagen, die Wahrheit dieser Urteile bestehe darin, daß sie mit der Wirklichkeit übereinstimmten.* Den Ausweg, daß hier ideale Gegenstände vorlägen, die man als seiende anzusehen hätte, hält Brentano für unmöglich, da ideale Ge-

genstände, wie wir noch sehen werden, nach seiner Lehre bloße Fiktionen sind.

2. Immer *wenn wir mit Recht etwas leugnen, fehlt ebenfalls jenes wirklich Seiende, womit das Urteil übereinstimmen soll,* so z. B., wenn wir urteilen, daß es keine Drachen gibt. Es wurde der Ausweg mit der Annahme versucht, daß sich die Urteile nicht auf seiende Gegenstände, sondern auf *Sachverhalte* beziehen. In dem Urteil: »Es gibt Menschen« sei der beurteilte Sachverhalt das Sein der Menschen, im Urteil: »Es gibt keine Drachen« das Nichtsein der Drachen. Ist es schon merkwürdig genug, wenn das Nichtsein von etwas ein Sachverhalt genannt wird, so erweist sich dieser Lösungsversuch dadurch als unmöglich, daß danach der Sachverhalt selbst ein Sein hat, es also dann ein Sein des Seins bzw. Nichtseins geben muß, weiter ein Sein des Seins des Seins usw. ad infinitum. Außerdem wären Sein und Nichtsein als Gattungen aufzufassen, Gattungen aber teilen sich unter in Species, diese ebenfalls usw., bis man schließlich auf konkrete Individuen stößt. Es müßte also das Nichtsein von roten und das von blauen Drachen geben, wozu man beliebige weitere Bestimmungen hinzudenken könnte bis herab zu den letzten individualisierenden Bestimmungen, so daß auf diese Weise nichtseiende Individuen an bestimmten Orten und zu bestimmten Zeiten entstünden. Es könnte dann z. B. einen nichtseienden roten feuerspeienden Drachen in Wien, einen nichtseienden grünen Drachen in London geben usw. Auf solche Absurditäten stößt man nach Brentanos Meinung unweigerlich unter Voraussetzung der obigen Annahme, daß die Wahrheit in der Übereinstimmung des urteilenden Denkens mit der Wirklichkeit bestehe.

3. Daß man in der Übereinstimmung eines Urteils mit einem ihm entsprechenden wirklich Seienden kein Kriterium der Wahrheit sehen dürfe, glaubt Brentano durch den Hinweis auf den hierdurch entstehenden *unendlichen Regreß* dartun zu können. Um nämlich die Überprüfung der bezweckten Übereinstimmung von Urteil und wirklichem Sachverhalt durchführen zu können, wäre ein Urteil über das ursprünglich gefällte Urteil und ein weiteres Urteil über den Sachver-

halt erforderlich, zwischen welchen dann der Vergleich stattzufinden hätte. Um diese Urteile und ihre Entsprechung sicherzustellen, müßte wiederum ein urteilsmäßiger Vergleich zwischen dem ursprünglichen und dem darauf bezogenen Urteil, dem zweiten Urteil über den Sachverhalt und diesem selbst und den beiden im ersten Überprüfungsstadium zustandegekommenen Urteilen erfolgen usw. ad infinitum. Man kann das Argument auch einfacher so formulieren, daß, *um nur in einem einzigen Falle das Urteil als wahres auszuweisen, bereits ein als wahr sichergestelltes Urteil über den Sachverhalt notwendig wäre*, also gerade dasjenige vorausgesetzt werden müßte, wofür der Nachweis erst erbracht werden sollte.

Diese Ablehnung der Lehre von der adaequatio intellectus ad rem, vor allem die zuletzt genannte Argumentation, könnte den Gedanken an die kantische Lösung des Erkenntnisproblems wachrufen, war doch gerade Kant von dem Problem ausgegangen, wie es möglich sei, daß ein Subjekt Urteile fällen könne, welche trotz dieser Subjektivität im Vollzuge objektive und transzendente Gültigkeit, d. h. Gültigkeit für eine jenseits der Bewußtseinsschranken liegende an sich seiende Wirklichkeit besitzen. Es sei daher die kantische Auffassung vom Wesen der Erkenntnis und Brentanos Stellung dazu wiedergegeben. Wir müssen dabei die kantische Theorie so schildern, *wie Brentano diese sieht*.

Kant ging aus von synthetischen Urteilen a priori, d. h. von Urteilen, die einerseits nicht durch bloße Begriffszergliederung zustande kommen, also nicht rein analytisch sind – wie z. B. das Urteil: »Jeder Kreis ist rund« –, sondern die uns in der Erkenntnis weiterführen, d. h. synthetischen Charakter tragen, die aber andererseits doch allgemeingültig und notwendig, kurz »a priori«, sind. Als Beispiele solcher Urteile glaubte Kant die Sätze der Arithmetik (z. B. $7 + 5 = 12$), der Geometrie (z. B. »die Gerade ist die kürzeste Verbindung zwischen zwei Punkten«), die obersten Grundsätze der Naturwissenschaften (z. B. das Kausalprinzip: »Alles Werden ist ein Bewirktwerden«) sowie die Urteile der Metaphysik (z. B. »es gibt ein unendlich vollkommenes Wesen«, »die menschliche Seele ist unsterblich«) ansprechen zu müssen. Da diese Urteile nicht durch Begriffszergliederung gewonnen werden können, so fragt es sich, woher wir das Recht zur Fällung solcher Urteile nehmen, kantisch gesprochen, wo die Bedingungen der Möglichkeit solcher Urteile zu suchen seien. Dies soll dann zugleich die Frage beantworten, wieweit wir diesen Urteilen Vertrauen schenken können, vor allem, ob sie im Bereich der Metaphysik Gültigkeit besitzen. Als Antwort ergab sich für Kant, daß diese Erkenntnisse nicht aus der Erfahrung, dem Bereich der sinnlichen Objekte, entstammen können, da sie in diesem Falle induktiv gewonnen worden wären und somit bloß Wahrscheinlichkeitswert hätten, was jedoch bei ihnen nicht der Fall ist. Liegen die Grundlagen dieser Urteile aber nicht im Objekt, so können sie nur *im Subjekt* selbst liegen. Die Allgemeingültigkeit und Notwendigkeit der synthetischen Urteile a priori beruht daher darauf, daß das erkennende Subjekt die Erkenntnisgegenstände nach den ihm innewohnenden Anschauungs- und Denkformen (Raum, Zeit sowie den nicht aus der Erfahrung stammenden zwölf Verstandeskategorien) aufbaut, konstruiert. Eine solche Konstruktion ist aber nur dort möglich, wo dem Verstande durch die Sinne inhaltliches Material dargeboten wird. Da im Falle transzendenter Gegenstände (Gott, Weltall, metaphysische Seelensubstanz) solches sinnliches Gegebensein fehlt, sind die Anschauungs- und Denkformen auf sie unanwendbar, und eine wissenschaftliche Metaphysik ist daher unmöglich. Dies alles wird mit der »kopernikanischen Wendung in der kantischen Philosophie« gemeint: Der Verstand denkt die Natur nicht nach den in ihr waltenden denkunabhängigen Gesetzen, sondern schreibt ihr die ordnenden Gesetze selbst vor, durch welche sie erst ein möglicher Erkenntnisgegenstand für ihn wird.

Brentano will mit diesem Lösungsversuch nichts zu tun haben. Er hält ihn, ja schon die ihm zugrunde liegende Problemstellung, für höchst absurd und mit zahlreichen Widersprüchen behaftet, *in Kants Lehre erblickt er das Ende einer wissenschaftlichen Philosophie* und den Beginn einer mystischen, mit willkürlichen Phantasieprodukten herumhantierenden philosophischen Phase. Kant selbst stellt fest, daß man den synthetischen Urteilen a priori ihre Wahrheit nicht unmittelbar anmerke; er fragt ferner, wieweit man diesen Urteilen Vertrauen schenken könne; er versucht schließlich zu zeigen, daß diese Urteile, auf das Gebiet der Metaphysik angewendet, zu inneren Widersprüchen führen. All dies beweist nach Brentano zur Genüge, *daß man es bei diesen synthetischen Urteilen a priori nicht mit Erkenntnissen, sondern mit blinden Vorurteilen zu tun hat.* Denn Erkenntnisse, d. h. mit Einsicht gefällte Urteile, geben sich unmittelbar als wahr, sie können daher auch nicht zu Widersprüchen führen, und die Frage, wieweit wir ihnen vertrauen dürfen, ist sinnlos, da wir einleuchtenden Urteilen selbstverständlich bezüglich ihres gesamten Umfanges, d. h. alles dessen, worauf sie sich beziehen, Vertrauen schenken. Statt jedoch mit einsichtslosen Urteilen aufzuräumen, werden diese von Kant zur Grundlage aller Wissenschaft erhoben. Aller Forschung, die auf Einsicht ausgeht, ist damit Abbruch getan. Dazu kommen noch zahlreiche andere Ungereimtheiten, wie z. B. daß die Erscheinungswelt durch Zusammenwirken von Ding an sich und der Subjektivität entstehen soll, während doch das Kausalverhältnis als bloße Verstandesform nicht auf den Bereich der Dinge an sich angewendet werden dürfte, ferner worin der Unterschied zwischen Phantasieren und Erkennen, welch letzteres in einem Erzeugen bestehen soll, zu sehen sei, weiter die unbegründete Behauptung vom Bestehen nicht aus der Erfahrung stammender Anschauungs- und Denkformen, die irrige Annahme des synthetischen Charakters der Sätze der Arithmetik usw.

Ist für Brentano aus diesen und noch vielen anderen Gründen die kantische Lösung nicht akzeptabel, andererseits aber das Festhalten an der Lehre von der adaequatio unmöglich, so bleibt nur übrig, *den Wahrheitsbegriff auf empirischem Wege zu klären.* Wir haben nach Brentano keinerlei Anlaß zu der Annahme, daß nicht alle Begriffe aus der Erfahrung stammen. Ist dem aber so, dann gilt es, bei der Klärung eines Begriffes die Erlebnisquelle aufzuzeigen, aus der dieser Begriff geschöpft ist. Was ist nun das dem Begriff der Wahrheit zugrunde liegende Erlebnis? Brentano antwortet: *Das Erlebnis der Evidenz.* Die Evidenz ist nicht weiter definierbar, man kann sie bloß erleben im Vollzug unmittelbar einsichtiger Urteile. Wer ein Urteil mit Evidenz fällt, ist der Wahrheit des Urteils sicher, und es ist unmöglich, daß ein anderer das Gegenteil einsehen könnte. Die Allgemeingültigkeit folgt somit aus der Evidenz. Auch Gottes Allmacht könnte die Wahrheit evidenter Urteile nicht zunichte machen. Weil die Evidenz die Absolutheit und Objektivität der Urteile garantiert, ist sie auch keiner Steigerung fähig; wo ein Überzeugungsgefühl vorliegt, das einer Intensitätssteigerung fähig ist, da liegt keine Einsicht oder Evidenz vor.

Hier erhebt sich allerdings eine Schwierigkeit. Der Umfang der mit Einsicht gefällten und der wahren Urteile ist nicht derselbe, vielmehr ist der letztere umfassender, kann doch z. B. auch ein blindes Urteil zufälligerweise wahr sein. Wann aber ist ein blindes Urteil wahr? Dann, *wenn ein evident Urteilender in dem betreffenden Falle ebenso urteilte wie der blind Urteilende.* Wahrheit kommt daher dem Urteil desjenigen zu, der entweder selbst evident oder zwar blind, aber doch so urteilt, wie derjenige in diesem Falle urteilen würde, der sein Urteil mit Evidenz fällt.

(c) Die Arten des Urteils

Von der Einteilung der Urteile in blinde und evidente war soeben anläßlich der Behandlung des Wahrheitsproblems, von jener in bejahende und verneinende bei der Erörterung der Klassifikation der psychischen Phänomene die Rede. Bezüglich der Gegenstände können die Urteile eingeteilt werden in

1. Wahrnehmungsurteile, und zwar
    a) solche der inneren Wahrnehmung und
    b) solche der äußeren Wahrnehmung
2. Erinnerungsurteile
3. Axiome.

Nur die *Axiome* und *Urteile der inneren Wahrnehmung* sind evident. Aber der Charakter dieser beiden Urteilsarten ist völlig verschieden. Im Anschluß an Leibniz, der zwischen Vernunftwahrheiten und Tatsachenwahrheiten unterschieden hatte, nimmt Brentano zwei Erkenntnisquellen an: apodiktische Wahrheiten, die aus Begriffen einleuchten oder Axiome (Brentano nennt sie auch Urteile a priori, da keine weitere Erhärtung aus der Erfahrung für sie erforderlich ist) und die unmittelbare Evidenz der inneren Wahrnehmung.

Was die *Axiome* betrifft, so sind vor allem vier Momente in der Auffassung Brentanos hervorzuheben. Erstens vollzieht Brentano hier eine Synthese zweier philosophischer Anschauungen, die im Verlauf der Philosophiegeschichte immer wieder miteinander in Streit gerieten. Von der einen Seite, nämlich dem *Empirismus,* wurde behauptet, daß alle Begriffe der Erfahrung entstammen und daher auch alle Erkenntnisse einer erfahrungsmäßigen Bestätigung bedürfen; die Gegenseite hingegen, der *Rationalismus,* verfocht die These, daß wir über angeborene Begriffe verfügten und daß allein daraus die Tatsache verständlich sei, daß wir ein apriorisches, erfahrungsunabhängiges Wissen um Notwendigkeit und Unmöglichkeit besäßen. Brentano gibt dem Empirismus Recht bezüglich der Herkunft unserer Begriffe. Es war jedoch nach ihm eine Voreiligkeit, daraus den Schluß auf den empirischen Charakter aller Erkenntnis zu ziehen, wie es umgekehrt von seiten des Rationalismus verfehlt war, aus der richtigen Einsicht in das Bestehen von Erkenntnissen a priori auf nichtempirische Begriffe zu schließen. Wohl stammen alle Begriffe aus der Erfahrung, *aber aus diesen erfahrungsmäßig gewonnenen Begriffen können einleuchtende apodiktische Urteile, also Erkenntnisse a priori, entspringen.* So ist z. B. der Satz: »Kein Urteil ohne Vorstellung« apodiktisch, die Begriffe »Urteil« und »Vorstellung« dagegen wurden aus der (inneren) Erfahrung geschöpft.

Das zweite Moment betrifft den *negativen Charakter* dieser Sätze. In ihnen allen wird nämlich keinerlei Existenz von etwas vorausgesetzt, sondern nur behauptet, *daß etwas unmöglich sei.* Die allgemein bejahenden Urteile sind daher in Wahrheit apodiktisch verneinende. Sage ich z. B.: »Alle Dreiecke haben als Winkelsumme 2 R«, so soll damit nur geurteilt werden, es sei unmöglich, daß ein Dreieck nicht eine Winkelsumme von 2 R besitze. Ob es tatsächlich irgendwo in der Wirklichkeit ein Dreieck gibt oder nicht, bleibt dabei völlig dahingestellt. Dies ist als Vorbereitung für die Behandlung des Universalienproblems von Bedeutung. Jene Philosophen, welche an die Existenz allgemeiner Gegenstände glauben, weisen nämlich meist darauf hin, daß ohne diese Annahme Wissenschaft unmöglich sei. Wenn z. B. der Beweis für die Winkelsumme im Dreieck erbracht werde, so gälte er nicht bloß für das auf die Tafel bzw. das Papier hingezeichnete Dreieck, sondern für »das Dreieck im allgemeinen«, die »Idee des Dreiecks«, das »Dreieck schlechthin«. Selbst Aristoteles, der sonst gegen die Platonische Ideenlehre auftrat, ließ dieses Argument Platos gelten und wies bloß darauf hin, daß wegen dieser Tatsache die Verselbständigung und Substanzialisierung der Begriffe im platonischen Sinne nicht gerechtfertigt sei. Nach der Lehre Brentanos aber ist das Argument überhaupt verfehlt, da es von der irrigen Voraussetzung ausgeht, es handle sich bei den Sätzen der Mathematik und den übrigen Axiomen um bejahende Urteile, während in Wirklichkeit in ihnen etwas apodiktisch verneint wird.

Das dritte Moment betrifft den *Gegenstand* dieser Urteile. Objekt ist nämlich nach Brentano nicht das Axiom, sondern der axiomatisch Urteilende, da »Gesetze«, »ewige Wahrheiten«, »Sätze an sich« nichts Reales und somit überhaupt nichts sind[1]. Wer also z. B. über das Widerspruchsgesetz urteilt, stellt einen kontradiktorisch richtig Urteilenden vor und verwirft ihn apodiktisch. Das Kontradiktionsgesetz lautet nach einer der verschiedenen Formulierungen Brentanos: »Es ist unmöglich, daß einer, der etwas leugnet, was einer richtig anerkennt, es richtig leugnet, sowie auch, daß einer, der etwas anerkennt, was einer richtig leugnet, es richtig anerkennt, vorausgesetzt, daß beide es mit demselben Modus des Vorstellens und mit demselben Modus des Urteilens beurteilen.«

Das vierte Moment schließlich betrifft die Ansicht Bren-

---

[1] Bezüglich des fiktiven Charakters des Irrealen vgl. den folgenden Abschnitt über Brentanos Lehre vom Seienden.

tanos, daß alle Axiome Anwendungsfälle des *Kontradiktionsgesetzes* sind.

Was die *Urteile der inneren Wahrnehmung* anbelangt, so handelt es sich bei ihnen um bejahende, und zwar assertorische (d. h. sich auf Tatsachen beziehende) Urteile im Gegensatz zu den oben genannten apodiktischen, die eine Unmöglichkeit aussprechen, also den Axiomen. Trotz der Evidenz der inneren Wahrnehmung kann diese konfus (undeutlich) sein, was immer dann der Fall ist, wenn wir die Einzelheiten nicht unterscheiden können, wie z. B. bei der Auffassung komplizierter Mehrklänge.

In der Urteilslehre setzt Brentano mit einer Arbeit ein, die nach seiner Ansicht von allem echten Philosophieren unabtrennbar ist, nämlich der *Sprachkritik*. Daß zwischen Denken und Sprechen keine vollständige Parallelität besteht, daß die Wörter, mit welchen wir Begriffe bezeichnen, und die Sätze, in denen wir unsere Urteile aussprechen, oft inadäquat, doppeldeutig und mißverstehbar sind, ist seit alters her in der Philosophie betont worden. Und dennoch fällt das wissenschaftliche und philosophische Denken immer wieder auf bestimmte Sprachformen herein und meint, etwas ihnen Entsprechendes auch im gedanklichen Bereich feststellen zu müssen. So z. B. werden in der Logik als drei Urteilsformen das kategorische (A ist B), das hypothetische (wenn A ist, dann ist B) und das disjunktive Urteil (entweder A ist oder B) unterschieden. In der ersten Form ist nach Brentano ein Doppelurteil enthalten, und zwar ein Existenzialurteil sowie ein sich darauf aufbauendes prädikatives Urteil. Sage ich z. B.: »Dieser Baum ist grün«, so liegt darin einerseits die Anerkennung der Existenz des Baumes und andererseits die Beilegung der Eigenschaft grün. Die anderen beiden Arten hingegen sind bloße Sprachformen. »Wenn A ist, so ist B«, heißt, daß A und non B geleugnet wird (A und non B zusammengenommen sind hier die Materie des Urteils). Das disjunktive Urteil: »Entweder ist A oder B« besagt, daß eines der beiden Glieder A und B ist (die Urteilsmaterie ist hier sprachlich nur schwer zu formulieren; sie lautet etwa: A und

B, eines davon). Daß Brentano auch an einer Änderung der aristotelischen Schlußfiguren gearbeitet hat, sei bloß erwähnt. Wir kommen in der Würdigung darauf zurück.

(d) Bewußtsein und Welt

Die Gesamtheit der Erscheinungen zerfällt in zwei große Gruppen, *in die Klasse der physischen und in die der psychischen Phänomene*. Beispiele für die letzteren sind Vorstellungen (nicht im Sinn des Vorgestellten, sondern des Vorstellungsaktes), Empfindungen, Urteilsakte, jedes Sehen, Hören, alle Gemütsbewegungen usw., Beispiele für die ersteren Farben, Töne, Phantasiegebilde usw. Wir wiesen bereits eingangs auf diesen Unterschied hin, ohne uns bei der genauen Präzisierung dieses Unterschiedes durch Brentano aufzuhalten.

Ein unterscheidendes Merkmal kam allerdings bereits zur Sprache, nämlich die *Intentionalität*, die allein den psychischen Phänomenen eignet. Eine weitere Bestimmung ist die, daß nur die psychischen Phänomene *Gegenstand innerer und damit evidenter Wahrnehmungen* sind. Ferner kommt nur den psychischen Phänomenen *wirkliche Existenz* zu. Es ist zwar nicht in sich absurd, anzunehmen, daß die Dinge der Außenwelt farbig, tönend usw. seien; wie uns jedoch verschiedene Beobachtungen, Sinnestäuschungen und vor allem die Lehren der Physik zeigen, fehlen den Außenweltsgegenständen diese Qualitäten und an ihre Stelle treten andere (Luftschwingungen u. dgl.). Aber auch innerhalb des psychischen Subjektes kommt derartigen Qualitäten keine Existenz zu. Denn dazu müßte man bei den Farben, Tönen usw. zu der merkwürdigen Konstruktion der Existenz eines in Wirklichkeit gar nicht Existierenden greifen. Was hier in Wahrheit existiert, ist lediglich der betreffende Akt bzw. genauer: der Träger dieses Aktes. *Es gibt keine Farben und Töne, sondern nur Farbensehende und Tonhörende*. Die Intentionalität darf also, wie bereits früher erwähnt, nicht so aufgefaßt werden, als handle es sich um eine Relation zwischen zwei existierenden Dingen; es braucht vielmehr nur ein Glied, nämlich der psychisch Tätige, zu existieren. Brentano vermeidet daher den Terminus »Relation« und spricht nur vom »Relativen« im

Sinne des Sich-zu-etwas-Verhaltenden [1]. Die Möglichkeit des Wegfallens oder das Fehlen eines Gliedes ist aber nicht allein der Intentionalität eigentümlich, vielmehr kann sie, worauf Brentano hinweist, überall dort Platz greifen, wo wir üblicherweise von Relationen sprechen. Wenn ich urteile »Hans ist größer als Peter«, so ist nicht sowohl die Anerkennung von Hans wie von Peter erforderlich, sondern bloß die von Hans, während bezüglich Peter die bloße Vorstellung genügt, so daß das Prädikat auch dann noch zu Recht besteht, wenn Peter sterben sollte.

Ein weiteres Merkmal psychischer Phänomene liegt darin, daß sie sich in ihrer ganzen Mannigfaltigkeit *als eine Einheit* zeigen, was bei den physischen Phänomenen nicht der Fall ist. Brentano weist dabei darauf hin, daß Einheit nicht dasselbe sei wie Einfachheit, wir daher aus der Tatsache der Bewußtseinseinheit nicht ohne weiteres auf eine zugrunde liegende unzerstörbare Seelensubstanz schließen dürfen.

Schließlich glaubt Brentano noch feststellen zu können, daß *alle psychischen Phänomene entweder selbst Vorstellungsakte sind oder auf solchen beruhen*. Ein Urteilen, Wollen, Verabscheuen, Lieben usw. ohne zugrunde liegende Vorstellung ist unmöglich.

Dagegen ist das von Descartes hervorgehobene Merkmal der Ausdehnung, welches allein den physischen Dingen zukommen soll, nach Brentano nicht sichergestellt, da zwar die psychischen Phänomene gewiß nicht ausgedehnt sind, aber nicht ebenso zweifelsfrei feststeht, daß alles Physische ausgedehnt ist.

Es ist ein altes erkenntnistheoretisches Problem, *wie es möglich sei, daß das wahrnehmende, erkennende, wollende Subjekt um seine eigenen psychischen Akte wissen könne*. Nimmt man an, daß dazu wieder ein eigener psychischer Akt nötig sei, dann müßte, um diesen zweiten Akt festzustellen, ein dritter sich auf diesen richten, und es entstünde ein unendlicher Regreß. Der Fehler liegt nach Brentano hier darin, daß man bei der Bestimmung der Vorstellungen von der Zahl

---

[1] Die scholastische Lehre vom *bewußtseinsimmanenten Objekt* wird also von Brentano abgelehnt.

und Verschiedenheit der Objekte ausgeht und jedem einen eigenen Vorstellungsakt zuordnet, also z. B. einen Akt dem Ton und einen dem Hören des Tones. Die innige Verwebung des Objektes einer Vorstellung mit dieser selbst deutet aber darauf hin, daß es sich nur um einen einzigen psychischen Akt handelt. Die Vorstellung des Tones und die Vorstellung von der Tonvorstellung bilden bloß ein psychisches Phänomen und nur durch die Beziehung auf zwei Objekte, ein physisches (Ton) und ein psychisches (Hören), zergliedern wir es begrifflich in zwei Vorstellungen. Brentano unterscheidet daher zwischen dem *primären* (Ton) *und sekundären* (Hören) *Bewußtsein*. Jede psychische Tätigkeit ist in ihrer intentionalen Beziehung sekundär immer auf sich selbst bezogen. Zeitlich treten die beiden Beziehungen zugleich auf, der Sache nach aber ist die primäre früher; denn an sich wäre eine Vorstellung des Tones ohne die des Hörens denkbar, nicht jedoch umgekehrt eine Vorstellung des Hörens ohne Tonvorstellung. Die Annahme einer einheitlichen psychischen Tätigkeit bei doppeltem Objekt löst also die Schwierigkeit.

Wenn nur die Urteile der inneren Wahrnehmung evident sind, wie kommen wir da zur Annahme einer außer uns bestehenden Welt? Nicht auf Grund einsichtiger Urteile, sondern infolge eines uns angeborenen blinden Dranges, der sich im Hinblick auf die praktischen Lebensbelange allerdings als äußerst vorteilhaft erweist. *Vom erkenntnistheoretischen Standpunkt sind alle Urteile der äußeren Wahrnehmung blind.* Der Solipsismus, der die Existenz einer solchen Außenwelt leugnet, ist keine in sich widersinnige philosophische Lehre. Lediglich Wahrscheinlichkeitsgründe (wie z. B. die Einheitlichkeit des Wahrnehmungsverlaufes) von allerdings außerordentlich hohen Graden sprechen für eine derartige Welt.

2. *Die Lehre vom Seienden*

(a) *Die Einheitlichkeit des Seinsbegriffes*

Aristoteles hatte in seiner Metaphysik die Möglichkeit einer Wissenschaft konzipiert, die sich nicht mit diesem oder jenem Seienden befaßt, sondern *mit dem Seienden als solchem und seinen allgemeinsten Bestimmungen.* Er weist aber darauf hin, daß der Begriff »das Seiende« nicht als Gattungsbegriff alles Seienden anzusehen sei. Eine solche oberste Gattung gibt es nach ihm gar nicht; vielmehr sind die obersten Seinsgattungen die Kategorien (Substanz, Qualität, Quantität, Relation usw.). In jeder von ihnen wird der Seinsbegriff nicht in derselben Bedeutung verwendet.

Besonders zwei Gründe hatten Aristoteles zu dieser Annahme bewogen. Einmal die Ansicht, *daß eine Kreuzung von Gattungsdifferenzen unmöglich sei*, d. h. daß ein und dasselbe Individuum nicht gleichzeitig zwei verschiedenen Species einer Gattung untergeordnet werden könne. Dies aber müßte angenommen werden, wollte man »Seiendes« als obersten Gattungsbegriff ansehen, da jedes Ding durch substantielle, wesenhafte Bestimmungen (der Mensch z. B. durch Vernünftigkeit) und unwesentliche, akzidentelle Eigenschaften (z. B. eine bestimmte Farbe) ausgezeichnet ist, wodurch eine Subsumtion unter mehrere Species des Begriffes »Seiendes«, z. B. Substanz und Qualität, zustande käme. Einen anderen Grund bildete *die Lehre vom Ganzen und den Teilen*. Aristoteles vertrat nämlich die Ansicht, daß, solange ein Ganzes wirklich sei, die Teile nur der Möglichkeit nach existieren, sobald diese jedoch Wirklichkeit erlangt hätten, das Ganze in die bloße Möglichkeit zurückversunken sei. Dies würde bedeuten, daß sich eine denkende Substanz, sobald sie zu denken aufhört, in ein anderes Ding verwandelt. Nun widerspricht aber dies der Erfahrung. Die Schwierigkeit läßt sich nach Aristoteles nur so beheben, daß als eigentlich seiend nur die Substanz anzusprechen ist, die im Falle des Denkens durch etwas uneigentlich, bloß akzidentell Seiendes (das Denken) erweitert wird.

Im Mittelalter wurden diese aristotelischen Gedanken zur Lehre von der »analogia entis« ausgeweitet, die sich vor allem auf das Verhältnis von transzendentem Gott und irdischer Welt bezog. Soweit dabei nicht irrationale Motive, wie die Angst vor dem Pantheismus und der Wille, das Absolute in eine möglichst weite Ferne zu rücken, sondern logische

Gründe ausschlaggebend waren, blieb man auf die aristotelische Begründung angewiesen.

Brentano hält diese nicht für stichhaltig. Eine Differenzenkreuzung ist nach ihm sehr wohl möglich. Wenn wir die Urteile einmal in wahre und falsche, sodann in evidente und blinde einteilen, so ergeben sich als Kombinationsmöglichkeiten evidente wahre und blinde wahre Urteile. Daß ein Ganzes nicht aus wirklichen Teilen bestehen könne, ist ebensowenig einleuchtend; vielmehr wäre unter dieser Annahme ein Kontinuum unmöglich, und es entstünde die absurde Konsequenz, daß ein riesiges einheitliches Ding, welches etwa aus Millionen von Kubikkilometern bestünde, einen substantiellen Wandel erführe, wenn man auch nur das kleinste Stück an irgendeinem Ende von ihm trennte.

So gelangt Brentano zu der Auffassung, *daß wir über einen obersten allgemeinen Begriff verfügen*, den wir in univoker Weise auf Gott und Welt, Psychisches und Physisches, Substanz und Akzidenz anwenden und mit den synonymen Ausdrücken »Seiendes«, »Reales«, »Ding«, »Etwas« benennen können. Es erhebt sich allerdings die Frage, ob wir das Wort »seiend« nicht oft dort verwenden, wo keine sachliche Berechtigung dazu besteht oder wo es gar keine selbstbedeutende Funktion ausübt. Ferner könnte das Bedenken auftauchen, daß gar nicht »Seiendes«, sondern »Sein« als allgemeinster Begriff angesehen werden muß; denn ist nicht das Sein das in der Mannigfaltigkeit des Seienden identisch Wiederkehrende? Mit dieser Frage, welche das Universalienproblem betrifft, werden wir uns im folgenden beschäftigen.

*(b) Das Universalienproblem und die Bedeutungen
  des Wortes »seiend«*

Wir können nach Brentano zwar nicht nur solches denken, was es gibt (wie z. B. wenn wir an ein geflügeltes Krokodil, einen Teufel usw. denken). Soll das Gedachte aber auch existieren, so muß es ein konkretes Ding sein. *Allgemeine Wesenheiten im platonischen Sinne*, wie Röte, Dreieckigkeit, Vernünftigkeit usw., aber auch Sein, Möglichkeit, Wirklichkeit, Notwendigkeit *gibt es nicht;* Ausdrücke, welche scheinbar solche Wesenheiten bezeichnen, sind *sprachliche Fiktionen*. Brentano bringt dafür folgende Beweise:

1. »Vorstellung« ist ein Wort von einheitlicher Bedeutung und heißt immer »etwas vorstellen«. Daher muß auch »Etwas« von einheitlicher Bedeutung sein. Da es aber keinen gemeinsamen Gattungsbegriff für ein Ding und Nichtding gibt, so kann »Etwas« nicht einmal ein Ding, dann wieder ein Nichtding (wie z. B. eine Notwendigkeit) bedeuten.

2. Behauptet man, es gäbe nicht nur z. B. dieses Ding, sondern außerdem noch das Sein dieses Dinges, so müßte man weiter das Sein dieses Seins usw. bis ins Unendliche annehmen. Dieses Argument wird noch dadurch verstärkt, daß nach Brentano die Annahme einer aktual-unendlichen Vielheit widersinnig ist.

3. Wie sollte man zur Erkenntnis des Seins eines Dinges gelangen? Daß es unmittelbar angeschaut werde, ist nach Brentanos Meinung eine zu paradoxe Annahme, um ernst genommen zu werden. Es bleibt nur übrig, daß es erschlossen wird. Die Prämissen dieses Schlußverfahrens können aber nicht angegeben werden.

4. Wenn wir nicht bloß von einem Ding, sondern auch noch vom Sein dieses Dinges eine Vorstellung besitzen sollen, so müßte diese eine Vorstellung a priori sein oder durch Abstraktion aus Anschauungen gewonnen sein. Das erste ist nicht der Fall, weil alle unsere Begriffe der Erfahrung entstammen. Das zweite ist ebenfalls unmöglich, weil dann das Sein des Dinges ein allgemeinerer Begriff des Dinges wäre, während es nach Voraussetzung etwas anderes sein soll.

Man möchte daraus schließen, daß Brentano *Nominalist* sei. Dies wäre jedoch im Sinne der traditionellen Bedeutung des Wortes »Nominalismus« nicht zutreffend. Es gibt nach Brentano zwar allgemeine Begriffe, aber diese kommen dadurch zustande, daß wir individuelle Dinge unbestimmt (d. h. nicht vollkommen bestimmt) denken. Aus der Anschauung dieses roten Dinges vor mir bilde ich z. B. die aufsteigende Begriffsreihe »Rotes«, »Farbiges«, »Physisches«, »Etwas«, und zwar dadurch, daß ich immer mehr Merkmale unbeachtet lasse.

Danach kann man unter einem Seienden, wenn dieses Wort im eigentlichen Sinne gebraucht wird, nur ein *Ding* (bzw. einen Teil davon) verstehen, und zwar entweder ein körperliches oder ein geistiges. Dagegen liegt eine bloße sprachliche Fiktion vor – die sich zu Zwecken abgekürzter Redeweise als praktisch äußerst nützlich erweisen kann –, *wenn zu einem Konkretum ein Abstraktum gebildet wird,* so zum Terminus Seiendes das Wort »Sein«, zu Körper »Körperlichkeit«, zu Geist »Geistigkeit«, zu Erkennender »Erkenntnis«, zu Liebender »Liebe« usw. Ebenso ist es eine uneigentliche Redeweise, wenn wir *vom Seienden im Sinne des Wahren* sprechen, wie dies dann zum Ausdruck kommt, wenn wir auf eine Frage hin bestätigend sagen: »Es *ist* so.« Im eigentlichen Sinne seiend bin z. B. in diesem letzten Falle ich als ein das Gesagte als richtig Beurteilender. Auch daß etwas »*als Gedachtes*« sei, ist eine Fiktion; denn in Wahrheit ist der das Gedachte Denkende. Ebenso können die *Zeitmodi* zu Irrtum Anlaß geben, wie etwa, wenn man statt »Alexander ist gewesen« sagen wollte »der gewesene Alexander *ist*«. Wie diese Beispiele zeigen, muß stets im Einzelfall geprüft werden, ob nicht ein Abstraktum vorliegt, welches den Namen »seiend« nicht verdient. So sind z. B. Raum und Zeit bloße Abstrakta, seiend ist nur das Zeitliche und Räumliche. Die Frage ist nun, in welchem Sinne von Grundbestimmungen des Seienden gesprochen werden kann und was diese bedeuten.

(c) Das Kategorienproblem

Daß es möglich ist, über das Seiende als solches einsichtig wahre Urteile zu fällen, bedarf nach Aufdeckung der Quelle des Wahrheitsbegriffes und der Feststellung des Absolutheitscharakters der Evidenz keiner weiteren Rechtfertigung. Alle darüber sowie über die deskriptive Untersuchung der Bewußtseinsphänomene hinausgehende erkenntnistheoretische Problemstellung ist im Sinne Brentanos überflüssig und führt höchstens zu Absurditäten. Ob etwas unserer Erkenntnis zugänglich ist oder ihr gegenüber transzendent bleibt, kann ausschließlich die Spezialuntersuchung des betreffenden Gegenstandes selbst zeigen.

Wie in allen ontologischen Fragen, so geht Brentano auch bei Erörterung des Kategorienproblems prinzipiell von Aristoteles aus. Daß dieser unter den Kategorien höchste Gattungen des Realen verstand, ist schon betont worden. Wenn ich z. B. einen bestimmten Körper nach den verschiedenen Momenten wie Qualität, Größe, Form, Ort, Zeitpunkt zu fassen versuche, so ist nach Aristoteles mit diesen Begriffen das körperliche Ding jedesmal von einer anderen Seite her charakterisiert. Von diesen Begriffen kann ich dann immer weiter herabsteigen und gelange so zu den niedrigsten Species (rot, viereckig, 2 Meter lang usw.). Aber wenn ich auch alle diese niedrigsten Bestimmungen miteinander kombiniere, so gelange ich dadurch doch noch immer nicht zu einem konkreten Ding, da diese Bestimmungen nicht das Ding selbst, sondern Merkmale an ihm festlegen. Das letzte Subjekt, dem die Bestimmungen zukommen, ist die *Substanz*. Sie ist die erste und wichtigste Kategorie, während die anderen bloß *akzidentelle* Kategorien darstellen. Analog zu den Akzidentien ist es auch bezüglich der Substanz erforderlich, vom allgemeinen Begriff bis zu den letzten nicht mehr weiter differenzierbaren substantiellen Bestimmungen herabzusteigen, die allerdings nicht mehr sinnlich wahrnehmbar sind.

Brentano setzt mit einer Kritik dieser Lehre ein. Zunächst einmal ist *das Akzidens* für ihn nicht ein abstraktes Merkmal an einem Ding (z. B. eine bestimmte Farbe) – derartige abstrakte Teile gibt es ja nach seiner Lehre gerade nicht –, sondern *das jeweilige Ganze, welches die Substanz in sich einschließt*. Er nennt dieses »Akzidentalrelatives« oder auch »Modalbefassendes«. Der Begriff der Substanz sowie der des Akzidens sind dabei nicht apriorischer Natur, sondern der inneren und äußeren Wahrnehmung entnommen. Im Gegensatz zu Aristoteles wird zunächst dargelegt, *daß jedes Akzidens selbst wieder ein Akzidens haben kann*; nur muß ein letztes Subjekt vorhanden sein. So schließt z. B. der Erkennende den Urteilenden als Subjekt, dieser den Vorstellenden als Subjekt ein bzw. der letztgenannte wird vom Urteilenden, dieser vom Erkennenden modal befaßt.

Die Kategorien sind die verschiedenen Weisen, in denen

ein Subjekt dem akzidentellen Ganzen innewohnt. Substantielle Bestimmungen sind hierbei jene, die nicht wechseln können, ohne daß das einseitig abtrennbare Subjekt – einseitig deshalb, weil das Subjekt ohne Akzidens, nicht aber dieses ohne jenes existenzfähig ist – seine Individualität ändert. Jede abgetrennte Substanz muß mindestens *unter zwei Begriffsserien* fallen; denn alles Reale ist zeitlich und muß daher eine absolute Zeitspecies aufweisen. Dies genügt aber nicht, da alles Seiende dieselbe Zeitbestimmung hat[1], zugleich aber voneinander individuell verschieden ist. Da Aristoteles wegen der bereits erwähnten Ansicht von der Unmöglichkeit einer Differenzenkreuzung die Mehrheit substantieller Bestimmungen an ein und demselben Ding zurückweisen mußte, gelangte er zur Annahme eines eigenen individualisierenden Prinzips, der Materie, das mit zahlreichen Unstimmigkeiten behaftet ist[2]. Diese Konstruktion ist überflüssig, wenn man die erwähnte Mehrheit substantieller Bestimmungen voraussetzt.

Wir erfassen nun nach Brentano weder in der inneren noch in der äußeren Wahrnehmung die letzten substantiellen Differenzen. Dies folgt schon allein daraus, daß wir über keine absolute Zeitanschauung verfügen. Dazu kommt, daß die Einheit des Bewußtseins als solche kein zwingender Hinweis auf eine psychische Seelensubstanz ist, sondern ohne Widerspruch mit der Körpernatur dieser Substanz vereinbar wäre. Wissen wir aber unmittelbar nicht einmal, ob das letzte Subjekt des in der inneren Wahrnehmung Gegebenen körperlich oder geistig (= seelisch) ist, so kann uns dieses auch nicht als Individuum, sondern bloß *als Universale* gegeben sein. Da nun, wie sogleich gezeigt wird, auch die äußere Wahrneh-

---

[1] Sciend ist nach Brentanos Lehre nur das streng Augenblickliche, also stets das gleichzeitig Existierende.

[2] Z. B. mit folgender: Entweder ist die Materie numerisch eine, dann ist nicht einzusehen, wie durch Hinzufügung von Bestimmungen, die als solche nicht individualisieren, eine numerische Vielheit entspringen soll. Oder aber sie besteht selbst schon aus einer numerischen Vielheit, dann ist das Problem nur um eine Stufe zurückverschoben; denn dann fragt es sich eben, was diese Materie in die Vielheit aufsplittert.

mung nur Universelles aufweist, so entsteht die Frage, wie wir zu der Erkenntnis gelangen, daß nur Individuelles existiert.

Der Begriff des Individuellen ist der Begriff desjenigen, für welches eine weitere Differenzierung ausgeschlossen ist. Gäbe es nun Universelles, so bedeutete dies, daß wir etwas vollständig allen seinen ihm zukommenden Bestimmungen nach dächten und zugleich etwas ihm darin völlig Gleiches, was aber doch ein anderes sein sollte. Dies jedoch ist widerspruchsvoll, da bei Gleichheit aller Teilbestimmungen dasselbe Ding vorliegen muß.

Die äußere Wahrnehmung zeigt uns ein zeitlich und örtlich bestimmtes Qualitatives, dessen Existenz als solche nicht unbezweifelbar ist und daher nur durch Induktion wahrscheinlich gemacht werden kann. Die spezifisch substantielle Bestimmung des Körpers ist das Ortskontinuum, welches der vom Qualitativen (z. B. Farbigen) modal befaßte abtrennbare Teil ist. Die Annahme leerer Orte ist daher nicht in sich widerspruchsvoll; alles Qualitative ist ja nur die akzidentelle Erweiterung des Örtlichen. Absolute Ortsspecies sind uns ebenso wenig wie absolute Zeitspecies gegeben; denn wir nehmen bloß die relativen Abstands- und Richtungsunterschiede zwischen den körperlichen Dingen wahr. Daraus folgt bereits, daß uns auch in der äußeren Wahrnehmung ausschließlich Universelles gegeben ist. Die Behauptung Kants, daß der Verstand Allgemeines denke, die Sinnlichkeit dagegen Einzelnes schaue, wird daher von Brentano bestritten. *Auch mit den Sinnen erfassen wir prinzipiell nur Allgemeines.*

Von Bedeutung sind ferner die Untersuchungen Brentanos über die Arten des Relativen. Die wichtigsten sind: das Relative im Sinne des Intentionalen (das Bewußtsein von etwas), das Kausalrelative (alles Verursachte ist von etwas verursacht), ferner jene Relativa, in denen ein Ganzes etwas als Teil einschließt (vor allem Kollektiva, Kontinua und Modalbefassende) und schließlich nochmals das Kontinuum, sofern seine Teile voneinander abstehende Relativa sind. Dabei ist jedesmal streng darauf zu achten, wo ein echter Name vorliegt und wo nicht. »Ganzes« z. B. ist ein echter Begriff, nicht aber »Teil«; denn das »Teil« Genannte kann, ohne sich selbst zu ändern, aufhören, Teil zu sein, nicht aber kann das Ganze, ohne sich in einem Teil real zu ändern, aufhören, ein Ganzes zu sein. Ebenso ist »Gewirktes«, nicht aber »Wirkendes« ein Begriff (weshalb der Kausalbegriff Wirkung und nicht Ursache heißt); denn ob etwas ein anderes bewirkt oder nicht, hängt keineswegs von ihm allein ab; daher ist dies, daß es etwas anderes bewirkt, keine ihm eigentümliche Bestimmung, während dem Bewirkten das Bewirktsein durch ein anderes wesentlich ist.

Am Schluß dieses Abschnittes sei noch hervorgehoben, daß Brentano im Gegensatz etwa zu Hume glaubt, *daß wir Erlebnisse aufweisen können, aus denen wir den Kausalbegriff abstrahieren,* so z. B. das Hervorgehen der Conclusio eines Schlußsatzes aus den Prämissen und das Bewirktsein des Mittelwollens durch das Zweckwollen. Allerdings liegt darin noch nicht das allgemeine Kausalprinzip, wonach alles Werden ein Bewirktwerden ist, beschlossen.

Mit diesen wenigen Hinweisen müssen wir die Erörterung der äußerst interessanten und im allgemeinen viel zuwenig beachteten Untersuchungen Brentanos über das Kategorienproblem beenden.

3. Die Lehre von der Erkenntnis des Sittlichen

Das Problem der Erkenntnis dessen, was *sein soll*, hat seit alters her die großen Denker ebenso in Atem gehalten wie die Frage nach der Erkenntnis dessen, was *ist*. Brentanos Lehre von der sittlichen Erkenntnis stellt ein in mehrfacher Hinsicht deutliches Analogon zu seiner Wahrheitslehre dar und ist nur im Zusammenhang mit dieser zu verstehen. Auch hier führt Brentano gleichsam einen Zweifrontenkampf: Einmal tritt er *gegen die subjektivistische und relativistische Verflüchtigung des Sittlichen* auf, wie sie zumeist bei jenen Philosophen zutage tritt, die den Prozeß ethischer Wertschätzungen aus psychologischen Gesetzmäßigkeiten wie Furcht vor Autorität, Gefühlsübertragung vom Zweck auf die Mittel[1],

---
[1] Z. B. im Fall der Dienstleistung zu dem Zwecke, Gegenleistun-

Erziehung, Gefühlsansteckung von Person zu Person usw. abzuleiten versuchen. Andererseits wehrt er jene Versuche von sich ab, die, um die Absolutheit des Sittlichen zu retten, *zu gedanklichen Fiktionen* greifen, wie z. B. Kant mit seinem kategorischen Imperativ.

Die merkwürdige Verwandtschaft zwischen dem urteilenden und dem emotionalen Verhalten, die in der beiderseits auftretenden Polarität besteht, dort im Gegensatz von Bejahen und Verneinen (Anerkennen und Verwerfen), hier im Gegensatz von Lieben und Hassen (Gefallen und Mißfallen), legt die Frage nahe, ob der Tatsache evidenter, d. h. in sich als richtig charakterisierter Urteile im emotionalen Bereich etwas entspricht. Tatsächlich glaubt Brentano, *daß sich Akte des Liebens und Hassens feststellen lassen, die in sich als richtig charakterisiert sind.* Und da Liebe und Haß nichts anderes sind als allgemeine Namen für positive und negative Bewertungen, so liegt darin die *Quelle unserer berechtigten Werturteile.*

Ebenso wie die Urteile stets wahr oder falsch sein müssen, so sind unsere Bewertungen entweder berechtigt oder unberechtigt. Aus dem Schmerzerlebnis z. B. gewinnen wir den Begriff »Schmerz«, und dieser vermag in uns eine Ablehnung (»Haß« im weitesten Wortsinne) zu motivieren, die als richtig charakterisiert ist. Aus derartigen, ihre Berechtigung selbst ausweisenden Stellungnahmen gewinnen wir unsere *Werterkenntnisse.* Es handelt sich bei ihnen um *einsichtige (evidente) Werturteile von apodiktischer Evidenz.* Wir wissen bereits, daß nach Brentanos Auffassung apodiktische Urteile in Wahrheit negative Sätze sind. So auch hier: »Schmerz ist ein Unwert« besagt nichts anderes, als daß es unmöglich ist, daß je ein Schmerzempfindender den Schmerz mit einer richtigen Liebe lieben könnte. Ob es überhaupt Schmerz und Schmerzempfindende gibt, darüber sagt dieses Urteil ebensowenig aus, wie der Satz von der Winkelsumme im Dreieck etwas über die Existenz von Dreiecken aussagt. Auch hier gilt

---

gen zu empfangen. Aus Gewohnheit soll sich der Drang herausbilden, auch dort Dienste zu leisten, wo ein Entgelt gar nicht in Frage kommt.

ferner, daß die Begriffe (z. B. Schmerz) stets der Erfahrung entstammen, die darauf sich gründenden Werturteile (Wertaxiome) dagegen unmittelbar einleuchtend sind, also apriorischen Charakter tragen.

Aus dem Gesagten folgt zugleich, daß »gut« (»wertvoll«) und »schlecht« keine realen Prädikate von irgendwelchen Dingen sind, wie dies analog auch hinsichtlich der Begriffe »seiend« und »nichtseiend« nicht der Fall ist. »Erkenntnis ist ein Gut« (oder: ein »Wert«) heißt soviel wie: »Keiner, der es liebt zu erkennen (synsemantisch formuliert: »... der Erkenntnis liebt«), liebt unrichtig«.

Nun stoßen wir aber im Falle des Bewertens auf ein Phänomen, welches kein Korrelat im Urteilsgebiet besitzt: Wahr und falsch nämlich sind kontradiktorische Gegensätze, zwischen denen ein Übergang unmöglich ist – es hat keinen Sinn, von einem »wahreren« oder »falscheren« Urteil zu sprechen –, dagegen ist im Wertgebiet die Rede von »besser« und »schlechter« durchaus sinnvoll. Ja erst mit der Berücksichtigung derartiger Wertunterschiede betreten wir den Bereich des Sittlichen im engeren Sinne; denn es gibt vielerlei Gutes[1], und es fragt sich gerade, welches davon wir im Einzelfall wählen sollen, d. h. welches das bessere ist.

Wie wir die Begriffe »gut« und »schlecht« aus den Akten der Liebe und des Hasses gewannen, so entstammen die Begriffe »besser« und »schlechter« eigenen *Bevorzugungsakten* oder *Akten des vergleichenden Liebens* (sie entsprechen den prädikativen Urteilen im logischen Gebiet[2], während die Akte einfacher Liebe das Analogon zu den Existenzialurteilen darstellen). Ebenso wie die theoretischen Urteile und einfachen Liebesakte können auch die Vorzugsakte *blind* oder *als richtig charakterisiert* sein. Die letzteren entspringen dem Vergleich von aus der Erfahrung gewonnenen Begriffen. So

---

[1] Es ist stets zu beachten, daß wir uns hier (im Sinne Brentanos) häufig abkürzender Redeweisen bedienen, die in das eigentlich Gemeinte, welches sprachlich viel komplizierter auszudrücken ist, erst »zurückübersetzt« werden müßten.

[2] Weil es sich auch hier um die Beziehung zweier Begriffe handelt.

bildet z. B. der Vergleich zwischen einem blinden und einem evidenten Urteil die Grundlage dafür, um dieses jenem mit einer als richtig charakterisierten Bevorzugung vorzuziehen.

Zu den einfachen *Wertaxiomen* gesellen sich also *Vorzugsaxiome* hinzu. Der letzte Grund dafür, daß diesen im Theoretischen nichts entspricht, liegt darin, daß es zwar *Gütegrade*, aber keine Seinsgrade gibt. Dazu kommt als weitere Eigentümlichkeit im Wertgebiet hinzu, daß es hier *Wertindifferenzen* geben kann, was die Unmöglichkeit bewertender Stellungnahme impliziert (z. B. gegenüber Vorgängen in der anorganischen Natur).

Nur gewisse allgemeinste Vorzugsaxiome lassen sich tatsächlich aufstellen. Die drei unmittelbar gesicherten Fälle sind die, wo wir etwas als gut Erkanntes etwas als schlecht Erkanntem vorziehen, ferner wo wir die Existenz eines als gut Erkannten seiner Nichtexistenz, bzw. die Nichtexistenz eines als schlecht Erkannten seiner Existenz vorziehen, und schließlich, wo wir ein Gutes einem anderen vorziehen, da letzteres einem Teil des ersteren in jeder Hinsicht gleich ist.

Ein Wesen, welches die Macht (Freiheit)[1] hat, das Geliebte bzw. Vorgezogene zu verwirklichen, kann ein *praktisches Wesen* genannt werden. Für dieses gilt als *oberstes praktisches Prinzip*, daß es das Gute nach Möglichkeit fördern solle, welche Sollensmaxime nur dann erfüllt wird, wenn jeder sich so entscheidet, *daß er stets das auf Grund der Vorzugsakte sich ergebende Beste unter dem Erreichbaren wählt*.

Alle diese ethischen Erkenntnisse sind von jeder Weltanschauung und Metaphysik unabhängig. Nicht hingegen sind dies die speziellen Einstellungen zur Welt, vor allem Lebensbejahung und Lebensverneinung, Tatenfreude und Resignation. Die Frage, ob das eine oder andere berechtigt sei, kann die Ethik nicht mehr beantworten, da zu diesem Zwecke das Problem gelöst sein muß, *ob die Welt überhaupt einen Sinn hat*. Die Lösung kann allein die Metaphysik bringen, die sich mit dem Problem der Existenz eines höchsten Wesens befaßt.

---

[1] Diese Freiheit hat nichts mit indeterministischer Willensfreiheit zu tun. Brentano selbst war Determinist.

4. Die Lehre von der Erkenntnis Gottes

(a) Die Gottesbeweise

Es ist eine Frage von eminenter praktischer Bedeutung, ob Welt und Weltverlauf als Spiel blinden Zufalls oder als Produkt eines unendlich weisen und gütigen Wesens, das in ihnen eine ewige Ordnung und Harmonie verwirklichen wollte, anzusehen seien. Zur Beantwortung dieser Frage muß zunächst untersucht werden, ob uns etwas zu der Annahme eines solchen Wesens berechtigt. *Vier Gottesbeweise* hält Brentano für möglich, nämlich den teleologischen Beweis, den Beweis aus der Bewegung, den aus der Kontingenz und schließlich den aus der Geistigkeit der menschlichen Seele. Wir müssen die umfangreichen Ausführungen Brentanos, in denen die Probleme von verschiedensten Seiten erörtert und mögliche Gegeneinwände widerlegt werden, auf ein Mindestmaß reduzieren und können nur den wesentlichsten Inhalt seiner Gedanken wiedergeben.

Die häufig gehörte Formulierung des ersten Beweises als eines Gottesbeweises aus der Zweckmäßigkeit der Welt ist falsch. »Zwecke an sich« gibt es nicht; von Zwecken zu reden hat nur dort einen Sinn, wo ein *Zweckwille* besteht. Ist einmal die Zweckmäßigkeit der Welt sichergestellt, so steht auch die Existenz eines auf ihre Verwirklichung gerichteten Willens fest. Was bewiesen werden muß, ist dies, *daß die Zweckmäßigkeit der Welt keine bloß scheinbare ist*. Der Beweis gliedert sich somit in drei Abschnitte: Erstens in den Hinweis auf das tatsächliche Bestehen des Scheines einer Zweckmäßigkeit; zweitens in den Beweis, daß dieser Schein nur unter Annahme eines unendlichen Verstandes eine befriedigende Erklärung findet, und drittens in den Beweis, daß die ordnende Tätigkeit jenes Verstandes als schöpferisches Wirken aus dem Nichts gedacht werden muß.

Der erste Punkt läßt sich leicht auf dem organischen Gebiet dartun durch den Hinweis auf die gegenseitige Entsprechung der Zellen und Organe, ihren Dienst an Lebenserhaltung von Individuum und Art, auf die instinktiven Fähigkeiten usw., aber auch auf anorganischem Gebiet durch

Erwägung der Gleichheit der Stoffe und der gesetzlichen Beziehungen zwischen ihnen.

Bezüglich der Erklärung des Scheines der Teleologie kommen zwei Hypothesen in Frage: Die *Verstandes-* und die *Zufallshypothese*. Die vorgängige Wahrscheinlichkeit der ersten ist $1/2$ (denn es spricht ebensowenig für als gegen sie); auch ihr Erklärungswert ist ein endlicher (denn es ist nicht unendlich unwahrscheinlich, daß dieser Verstand etwas bewirkt). Als Produkt ergibt sich daher ein endlicher Wert. Der Erklärungswert der Zufallshypothese ist 1, d. h. absolute Gewißheit (denn ist einmal die ursprüngliche Konstellation, aus der sich die Welt entwickelte, gegeben, so folgt alles weitere mit Notwendigkeit); ihre vorgängige Wahrscheinlichkeit jedoch ist unendlich klein, da z. B. schon das bloße zufällige Zusammentreffen von Körpern im Raume, noch mehr das zufällige Entstehen des Wunderbaues des Organismus unendlich unwahrscheinlich ist. So ist daher auch die Gesamtwahrscheinlichkeit unendlich klein. Wenn aber die Hypothese, daß die Teleologie keine bloß scheinbare ist, als unendlich wahrscheinlicher angesehen werden muß als die Zufallshypothese, nur eine der beiden aber wahr sein kann, dann folgt die erste mit physischer Gewißheit, da in der realen Wirklichkeit ein Fall von unendlicher Unwahrscheinlichkeit sich nicht ereignet.

Der dritte Punkt folgt daraus, daß die Teleologie der Welt durch die Formung eines beliebig vorgefundenen Stoffes seitens jenes Verstandes nicht möglich geworden wäre, da bereits die Stoffelemente, um formbar zu sein, gewisse Ordnungszüge aufweisen mußten. Es genügt also nicht die Annahme eines bloßen *Weltgestalters*, der einem vorgegebenen Stoffe Ordnungszüge aufprägte, sondern es muß, um den Schein der Teleologie in der Welt erklären zu können, ein *Schöpfergott* vorausgesetzt werden.

Der zweite Beweis schließt *aus der Unmöglichkeit einer anfanglosen Bewegung auf einen ersten Beweger*. Die Unmöglichkeit einer anfanglosen Bewegung läßt sich folgendermaßen beweisen: Ein Körper sei anfanglos in gleichmäßiger geradliniger Bewegung begriffen. Da er sich mit einer bestimmten Geschwindigkeit bewegt, so befindet er sich jetzt nach Durchlaufen einer anfanglosen Linie an einem bestimmten Punkt N. Hätte er sich mit der halben Geschwindigkeit bewegt, so wäre er erst beim früheren Punkt M angelangt. Da nun in gleichen Zeiträumen bei doppelter Geschwindigkeit doppelt so lange Wege zurückgelegt werden, so entspricht die Strecke MN dem halben Weg und wäre daher gleich lang wie die anfanglose Linie bis M. Es befände sich also zwischen den Punkten M und N eine Linie, die einer unendlichen gleich wäre, d. h. eine endliche Linie mit Anfang und Ende wäre einer anfanglosen, unendlichen gleich, was in sich widerspruchsvoll ist. Daher muß die Annahme einer anfanglosen Bewegung absurd sein; denn aus möglichen Annahmen kann nichts Absurdes folgen.

Der *Kontingenzbeweis* geht von der Unmöglichkeit absoluten Zufalls aus. Ein absolut zufälliges Entstehen und Vergehen ist unmöglich. Denn dann wäre in jedem Augenblick ein abrupter Wechsel zwischen Sein und Nichtsein ebenso leicht möglich als der Fortbestand des Seins und Nichtseins. Die Wahrscheinlichkeit des Wechsels wäre mindestens $1/2$. Gleichzeitig wäre ein abrupter Wechsel aber unendlich seltener als der Fall des Fortbestandes von Sein und Nichtsein, da der Wechsel in einem Zeitpunkt stattfindet, zwei Zeitpunkte aber nicht einander folgen können, sondern durch eine Zeitlänge voneinander getrennt sein müssen. Es ist aber ein Widerspruch, anzunehmen, daß in jedem Zeitpunkt die Wahrscheinlichkeit des Wechsels von Sein und Nichtsein $1/2$ ist, während innerhalb der Gesamtheit der Zeitpunkte unendlich mehr ohne als mit abruptem Wechsel vorkommen. Die Annahme zufälligen Entstehens und Vergehens führt also zu einem Widerspruch. Dasselbe gilt von der Möglichkeit eines anfanglosen und doch im Ganzen zufälligen Weltgeschehens.

In unserer Erfahrungswelt ist nichts unmittelbar notwendig. Zunächst können die Körper dies nicht sein. Denn für jeden Körper ist eine Lokalisation wesentlich. Jeder Punkt des potentiell unendlichen Raumes könnte nun mit gleicher Wahrscheinlichkeit körperlich erfüllt oder nichterfüllt sein. Zugleich aber müßten unendlich mehr Stellen des möglichen unbegrenzten Raumes unerfüllt sein, da die Annahme einer

Unendlichkeit von Dingen nach Brentano absurd ist. Für etwaige seelische Substanzen gilt eine ähnliche Überlegung; psychische Akte werden entweder als verursacht erlebt (z. B. der Wahlakt durch Motive) oder lassen sich als dies erweisen (wie z. B. Hören, Sehen usw.). Unsere gesamte Erfahrungswelt ist also einerseits nicht absolut zufällig, andererseits nicht unmittelbar notwendig, sondern bloß mittelbar notwendig oder kontingent. Der Ausweg, daß vielleicht in der Welt alles lediglich mittelbar notwendig sein könnte, und zwar bis ins Unendliche, ist ebenfalls unmöglich; denn dann wäre die ganze Reihe des mittelbar Notwendigen in sich zufällig und das gegen den absoluten Zufall Gesagte wäre auf sie anwendbar. *Es muß also ein unmittelbar Notwendiges geben und dieses muß der Erfahrungswelt gegenüber transzendent sein.*

Aus dem Bisherigen folgt zugleich, daß es die Erfahrungswelt *aus nichts gewirkt* haben muß, ebenso, daß es *Verstand* hat, da es aus allen möglichen Räumen einen Teil auswählen mußte. Es muß auch ein *einziges* sein, da Mehrheit Unterschiedlichkeit voraussetzt [1], verschiedenes Denken und Wollen der letzten Prinzipien aber gegenseitige Störung bedeuten würde. Seine Erkenntnis muß *vollkommen* sein, da es sich selbst in unmittelbarer Einsicht und das mittelbar Notwendige als aus ihm hervorgehend erfaßt. Aus der unendlichen Erkenntnis folgt die *unendliche Liebe*, da es auch die absolute Erkenntnis bezüglich des Guten und Schlechten besitzt und das Wissen um das, was vorzuziehen ist, das einzige Motiv seines Wirkens bilden kann, da ein Gegenmotiv mittels Affekt usw. wohl bei endlichen Wesen, nicht aber bei einem unendlichen bestehen kann. Der unendliche schöpferische Verstand ist ferner *allmächtig*, da alles überhaupt logisch Mögliche für ihn möglich ist. Aus den genannten Wesensmomenten des absoluten Prinzips folgt schließlich seine *unendliche Glückseligkeit*; denn Freude ist Liebe verbunden mit dem Wissen um die Wirklichkeit des Geliebten, das Absolute aber weiß um seine Existenz sowie die des von ihm Geschaf-

---

[1] Nach dem Leibnizschen Prinzip der Identität des Ununterscheidbaren (principium identitatis indiscernibilium).

fenen und umspannt alles mit seiner Liebe. Als Besonderheit wäre noch hervorzuheben, daß Brentano im Gegensatz zu den üblichen Gotteslehren auch im unmittelbar notwendigen Wesen einen *kontinuierlichen Wechsel* annimmt. Wenn es nämlich jetzt erkennt, daß in 100 Jahren etwas sein wird, so erkennt es nach 100 Jahren, daß etwas ist, und nach 200 Jahren, daß vor 100 Jahren etwas gewesen ist. Diesem Wechsel des Wissens entspricht analog ein Wechsel des Wollens im Absoluten.

Im letzten der vier Beweise muß zunächst *die Geistigkeit der Seele* erwiesen werden. Im Gegensatz zu Descartes glaubt Brentano, daß man nicht voreilig aus der Tatsache der Bewußtseinseinheit auf eine metaphysische Seelensubstanz schließen dürfe. Dagegen lassen sich empirische Argumente dafür erbringen. Als körperliches Subjekt unseres Denkens käme z. B. nur das Großhirn in Betracht. Von den beiden in ihm unterscheidbaren Hemisphären könnte keine mehr beanspruchen, das Subjekt der Bewußtseinsvorgänge zu sein als die andere. In beiden müßte sich daher dasselbe Denken wiederholen, und jeder Teil könnte wegfallen, ohne die Denkkontinuität zu stören. Dies widerspricht jedoch den wissenschaftlichen Erkenntnissen. Die Funktionenverteilung im Gehirn ist also ein Beweis dafür, daß die Gehirnteile nicht selbst das Denksubjekt sind, sondern dieses Denken bloß in einem unkörperlichen Subjekt mitbedingen. Da das geistige Subjekt unserer unmittelbaren Erfahrung gegenüber transzendent ist und nur auf dem Wege des Schlusses gewußt werden kann, wissen wir auch nichts über seine näheren Beschaffenheiten. Man könnte es eine nulldimensionale Substanz nennen. Diese ausdehnungslose Seelensubstanz kann nicht durch Zeugung aus den elterlichen Organismen entstanden sein. Gegen die Annahme einer Präexistenz wiederum spricht, daß wir keinen Erfahrungshinweis darauf besitzen, obwohl die späteren Erlebnisse sonst stets durch frühere beeinflußt sind. Es bleibt also nur mehr die Annahme übrig, daß die Seelensubstanz bewußt durch ein schöpferisches Prinzip hervorgebracht worden sei.

(b) Die Theodizee

Die alte Frage, *wie die Übel der Welt mit der unendlichen Vollkommenheit und Güte des Weltschöpfers in Einklang zu bringen seien*, wird auch von Brentano wieder aufgeworfen. Er glaubt, sie im optimistischen Sinne beantworten zu können. Allerdings bleibt hier vieles im Dunkeln, aber dies ist von vornherein nicht anders zu erwarten, da dem unendlichen Verstand gegenüber unser endlicher notwendig unendlich zurückstehen muß. Einige positive Ansätze lassen sich jedoch zur Lösung des Problems geben.

Einmal ist zu beachten, daß etwas unmittelbar in sich wertvoll sein kann, sodann aber auch mittelbar, da es für anderes nützlich ist. Es kann daher vieles Üble in der Welt geben, das wegen seiner Nützlichkeit im Zusammenhang mit dem Weltganzen – welchen Zusammenhang völlig zu überschauen unserem endlichen Verstand nie gelingen kann – vollkommen gerechtfertigt ist. Daß es Leid neben Lust gibt, läßt sich teleologisch daraus erklären, daß das Leid als abstoßende Kraft der Fortentwicklung der Welt dient. Da die Welt als bestmögliche zu denken ist, weil sie das Produkt eines unendlich vollkommenen Wesens darstellt, so muß sie als *in einem unendlichen Fortschritt befindlich* angesehen werden. Man darf sie daher nicht allein in ihrem gegenwärtigen Zustand betrachten, da sie in diesem unendlich hinter dem zurücksteht, worauf der Wille Gottes bezüglich der Welt abzielt. Was für den Makrokosmos gilt, dies gilt auch für die Welt im kleinen, vor allem für den Menschen. Weil Tugend und Vollkommenheit erst erworben werden sollen, deshalb sind sie nicht von Anfang an da. So glaubt Brentano, durch die Beweise für die Existenz eines unendlichen schöpferischen Weltprinzips im Verein mit der Annahme eines indefiniten Fortschrittsprozesses, der sich nicht auf unsere erfahrbare Welt allein erstrecken muß, sondern nach dem Tode in anderen höheren Welten seine Fortsetzung erhalten kann, das metaphysische Fundament für eine bejahende optimistische Lebenshaltung geschaffen zu haben.

Würdigung

Daß wir es in den Lehren Brentanos mit den geistigen Erzeugnissen eines außergewöhnlich umfassenden und logisch tiefbohrenden Denkers zu tun haben, bedarf wohl auch für denjenigen, der ihn erst durch die hier vorliegende kurze Darstellung seiner Philosophie kennengelernt haben sollte, keines weiteren Nachweises. Die Untersuchungen sind stets mit größter Gründlichkeit durchgeführt, die Gedankengänge klar und durchsichtig, dabei die sprachlichen Formulierungen schlicht und von unzweideutiger Präzision, welche Eigenschaften, besonders die zuletzt genannte, man nicht als allgemein der modernen Philosophie zukommend wird behaupten wollen.

Brentano hat die Fragestellungen, die zur Ontologie gehören, außerordentlich ernst genommen. Er war mindestens in demselben Grade Ontologe, wie er Psychologe und Erkenntnistheoretiker war. Trotzdem ist er noch nicht von jener unter vielen Ontologen der Gegenwart kursierenden seltsamen Krankheit angesteckt gewesen, die man die »Seinspest« nennen könnte, und die Philosophen immer wieder dazu veranlaßt, hauptsächlich über das »Sein des Seienden« zu sprechen. Es sollte jedem jungen Philosophen, der sich für ontologische Fragen interessiert, der dringende Rat gegeben werden, erstens die historischen Arbeiten Brentanos über Aristoteles – insbesondere auch seine Untersuchungen über die mannigfachen Bedeutungen des Seienden bei Aristoteles – zu studieren und zweitens sich mit Brentanos Kategorienlehre zu beschäftigen, vor allem auch mit seinen Argumenten *gegen* die Annahme, es gäbe so etwas wie ein Sein des Seienden. Nach einem solchen Studium wird vielleicht manches von dem, was in philosophischen Arbeiten der Gegenwart mit Selbstverständlichkeit vorausgesetzt wird, als fragwürdig erscheinen.

Von den vielen Teilen der brentanoschen Lehre vom Seienden, die man zum Ansatzpunkt einer Diskussion machen könnte, greifen wir nur ein bestimmtes Problem heraus, nämlich das Universalienproblem [1]. Brentano vertritt in dieser Frage scharf und eindeutig einen antiplatonischen Standpunkt. Jede Lehre, welche abstrakte Gegenstände als existierend annimmt, ist nach ihm eine Irrlehre.

In der Gegenwart ist das Universalienproblem wieder stark in den Vordergrund getreten. An der Diskussion dieser Frage beteiligen sich vor allem auch sehr viele Fachvertreter der mathematischen Grundlagenforschung, weil dieses Problem dort von höchster Aktualität geworden ist. Im Rahmen dieser Diskussion hat sich – was zunächst für Brentano spricht – herausgestellt, daß eine rein logische Widerlegung des nichtplatonischen Grundsatzes unmöglich ist. Alle Argumentationen der Platonisten – insbesondere auch Husserls, der in dieser Frage genau den gegenteiligen Standpunkt wie Brentano einnimmt – sind in irgendeinem Punkte nicht korrekt. Andererseits fallen die meisten Bedenken Brentanos gegen den Platonismus dann fort, wenn man den letzteren nicht in einem so umfassenden Sinne nimmt, wie dies Brentano vorschwebte, sondern in einem beschränkteren, etwa einem mathematischen Sinn: Nach der Meinung dieser »gemäßigten Platonisten« gibt es zwar kein Sein, aber abstrakte Zusammenfassungen von Gegenständen, die *Mengen* oder *Klassen* genannt werden. Nach Brentano müßte auch dieser Begriff der Menge oder Klasse, sofern er sich nicht in den eines konkreten Ganzen umdeuten läßt, verworfen werden. Es fragt sich, ob es möglich ist, auf einen solchen Begriff zu verzichten. Hier stößt man auf eine von den Nichtplatonisten bisher nicht gelöste Schwierigkeit:

Wir verwenden im Alltag wie in der Wissenschaft abstrakte Ausdrücke. Nach Brentano dienen diese nur der abkürzenden Sprechweise. Wenn man z. B. von etwas spricht, das *eine Ausdehnung* (= scheinbar eine abstrakte platonische Wesenheit!) besitzt, so spricht man dabei in Wahrheit von etwas *Ausgedehntem* (also von einem *konkreten* Ding). Brentano hat Beispiele dafür gegeben, wie Sätze, in denen man sich auf

[1] Für Details vgl. W. Stegmüller, »Das Universalienproblem einst und jetzt«; 1. Teil, Archiv für Philosophie, Bd. VI, 3/4, S. 192 bis 225 (insbes. S. 196 f.); 2. Teil ebd., Bd. VII. 1/2, S. 45–81.

abstrakte Wesenheiten bezieht, in solche übersetzt werden können, die diese scheinbare Bezugnahme nicht mehr enthalten. Es genügt jedoch nicht, Beispiele anzuführen, sondern es müßte ein *allgemeiner Nachweis* dafür erbracht werden, daß *alle sinnvollen wissenschaftlichen Aussagen in solche übersetzt werden können, die eindeutig als nichtplatonisch erkennbar sind*. Ein solcher Nachweis ist bis heute nicht erbracht worden, und man kann sich auch gar nicht vorstellen, wie er gelingen könnte.

Die Schwierigkeit, welche hier auftritt, besteht nämlich darin, daß es nicht nur *singuläre* abstrakte Ausdrücke wie »Schönheit«, »Röte« usw. gibt, sondern daß wir bisweilen genötigt sind, uns mit Ausdrücken wie »alle« und »es gibt« nicht nur auf konkrete, sondern auch auf abstrakte Gegenstände zu beziehen. Mit diesen beiden Ausdrücken bezeichnen wir keine bestimmten Einzelobjekte, sondern beziehen uns in unbestimmter Weise auf Gegenstände des vorausgesetzten Gegenstandsbereiches. Und wenn dabei das »alle« oder »es gibt« einen Bereich *nichtkonkreter* Objekte voraussetzt, so ist es im allgemeinen nicht möglich, die Aussage so umzuformulieren, daß der Satz nur mehr Konkretes zum Gegenstand hat[1]. Anders ausgedrückt: Man kann zwar einzelne abstrakte Gegenstände als »fiktive Objekte« durch eine geeignete Übersetzung aus dem Kontext eliminieren; aber man kann nicht ohne weiteres die in einer solchen Verwendung des »alle« bzw. »es gibt« enthaltene Voraussetzung eines ganzen Bereiches abstrakter Gegenstände eliminieren.

Das Problem soll an einem Beispiel verdeutlicht werden: Der bedeutendste Logiker des vergangenen Jahrhunderts, G. Frege, stieß bei dem Versuch, den Begriff der natürlichen Zahl zu definieren, auf die Schwierigkeit, den Ausdruck »usw.« zu präzisieren. Denn wenn man sagt, die Reihe der

---

[1] Der heutige Logiker nennt Ausdrücke wie »alle« und »es gibt« gebundene Variable. Der erwähnte Bereich ist der zugrunde liegende *Wertbereich* für diese Variablen. Der Gegensatz zwischen Platonisten und Nichtplatonisten entbrennt dann an der Frage, ob es für die Wissenschaft ausreiche, als Wertbereiche aller gebundenen Variablen nur Bereiche von konkreten Objekten anzunehmen.

natürlichen Zahlen laute so: 1, 2, 3, 4 usw., so muß man dem »usw.« einen genauen Sinn geben. Es möge vorausgesetzt werden, daß der Begriff der Zahl 1 und des Nachfolgers einer Zahl bereits definiert wurden. Dann kann die Redewendung »x ist eine natürliche Zahl« nach Frege durch die folgende bedeutungsgleiche ersetzt werden, die daher auch als Definition des Begriffs der natürlichen Zahl angesehen werden darf: »x gehört zu *jeder Menge, welche die Zahl 1 enthält und welche ferner zu einem in ihr enthaltenen y auch den Nachfolger von y enthält*«. Es ist nicht einzusehen, wie diese Bezugnahme auf Mengen im allgemeinen, die in »jeder Menge« (bzw. was dasselbe bedeutet: »allen Mengen«) enthalten ist, vermieden werden könnte.

Ein schrankenloses Operieren mit dem Begriff der Klasse oder Menge führt allerdings, wie man heute weiß, zu Schwierigkeiten, nämlich den sog. Paradoxien der Mengenlehre.[1] Schüler Brentanos haben dies zum Anlaß genommen, darin eine indirekte Bestätigung der brentanoschen Auffassung zu erblicken; denn die Widersprüche kommen dadurch zustande, daß hier fiktive Objekte als seiend angenommen werden.[2] Der Begriff der Menge oder Klasse wäre daher zu verwerfen. Dann aber tritt das ganz unlösbare Problem auf: Was soll die Mathematik tun, wenn sie auf diesen Begriff verzichtet? Alle wichtigen mathematischen Disziplinen beruhen heute auf der Mengenlehre und *eine Verwerfung des Mengenbegriffs hätte den totalen Zusammenbruch der mathematischen Wissenschaft zur Folge.*

Damit ist bereits die Problemverschiebung angedeutet, die heute in der Diskussion der Universalienfrage eingetreten ist: Man darf sich nicht damit begnügen, Apriori-Argumente für oder gegen die eine oder andere Auffassung vorzubringen, sondern muß sich vor allem die weitere Frage vorlegen, ob ein bestimmter Standpunkt in dieser Frage damit verträglich ist, den gesamten Gehalt der heutigen Wissenschaft beizubehalten und ihn nicht ganz oder teilweise zu zerstören.

---

[1] Vgl. dazu Kap. X, 1 b.
[2] So z. B. A. Kastil in seinem Buch »Die Philosophie Franz Brentanos«, Salzburg 1951, S. 110.

Die Nichtwiderlegbarkeit des antiplatonischen Standpunktes ist nicht hinreichend für dessen Akzeptierbarkeit, zumindest dann nicht, wenn die Forderung anerkannt wird, *daß eine wie immer geartete Lösung des Universalienproblems nicht zu einer solchen Verarmung unseres Begriffs- und Urteilssystems führen dürfe, daß grundlegende Wissenschaften nicht bloß neu formuliert, sondern verworfen werden müssen.* Hierin besteht das offene Problem, das Brentano nicht gelöst hat. Zu seiner Entschuldigung kann dies vorgebracht werden, daß es bisher niemand gelöst hat. Aber vielleicht ist es unlösbar, und wir sind genötigt, irgendeine Form des Platonismus anzuerkennen. Der Ausweg, den man heute z. B. in der mathematischen Grundlagenforschung angesichts der Paradoxien der Mengenlehre sucht – und ein anderer Ausweg ist nicht bekannt – besteht darin, daß man den An-sich-Seins-Platonismus der klassischen Mathematik, wonach Mengen in sich existierende Gebilde sind, preisgibt und sich statt dessen mit einem *konstruktiven Platonismus* begnügt, wie man dies nennen könnte. Danach gibt es zwar Mengen, aber nicht als denkunabhängige Gebilde, sondern als vom menschlichen Geiste geschaffene Konstruktionen. Diese müssen genau festgelegten Konstruktionsprinzipien genügen, durch deren Befolgung man der Gefahr der Widersprüche entgeht. Ein gänzlicher Verzicht auf den abstrakten Mengenbegriff aber erscheint nach dem derzeitigen Wissensstande als ausgeschlossen. (Vgl. dazu auch Kap. X, 3 a.)

Gehen wir nun zu einem anderen Punkt über. Wie bereits erwähnt wurde, gehören zu den bedeutendsten Leistungen Brentanos seine *sprachkritischen Studien* und seine Erkenntnis, daß philosophische Untersuchungen parallel gehen müssen mit einer *Sprachanalyse.* Merkwürdigerweise scheint Brentano fast der einzige Metaphysiker der letzten hundert Jahre zu sein, der diesen Standpunkt einnimmt. Dies ist außerordentlich bedauerlich. In der Gegenwart wird die sprachanalytische Methode zwar außerordentlich intensiv betrieben, aber praktisch ausnahmslos von rein empiristischen Richtungen der Philosophie, die jede Art von Metaphysik ablehnen. Die Sorglosigkeit, mit der man im Lager der Ontologen und Metaphysiker die mit Vagheiten, irreführenden grammatikalischen Eigentümlichkeiten und logischen Fallen durchsetzte Sprache des Alltags unkritisch übernimmt und durch merkwürdige sprachliche Neubildungen noch zusätzlich belastet, mußte notwendig dazu führen, daß die antimetaphysische Einstellung bei gewissenhafteren und gründlicheren Denkern immer mehr an Terrain gewann, einfach deshalb, weil sie sich den auf sprachlogischen Betrachtungen basierenden Argumenten des heutigen Empirismus gegen die Metaphysik nicht verschließen können. Die Philosophie Brentanos kann als Hinweis darauf dienen, daß es nicht unbedingt so hätte kommen müssen.

Besonders im englischen Sprachbereich wird heute die sprachanalytische Methode von vielen Philosophen in einem noch wesentlich stärkeren Maße betrieben, als dies Brentano tat. Es hat sich dabei erwiesen, daß bestimmte logische und erkenntnistheoretische Probleme nur dadurch einer Lösung zugeführt werden können, daß man die Sprache des Alltags überhaupt verläßt und an ihre Stelle Sprachsysteme treten läßt, die nach bestimmten Prinzipien künstlich aufgebaut wurden (vgl. dazu Kap. IX).[1] Im gegenwärtigen Zusammenhang ist dabei vor allem dies wichtig, daß bisweilen bestimmte Schwierigkeiten, die im Rahmen einer früheren philosophischen Theorie auftraten, dadurch automatisch wegfallen, daß diese Theorie jetzt in einer präziseren Gestalt formuliert werden kann. Ein wichtiges Beispiel dafür bildet die Adäquationstheorie der Wahrheit. Die von Brentano gegen die älteren Fassungen dieser Theorie vorgebrachten Argumente, die wir an früherer Stelle schilderten, sind tatsächlich stichhaltig. Aber diese Argumente setzen voraus, daß jene Theorie durch rein bildhafte Wendungen beschrieben wird, wie, daß die Wahrheit »in der Übereinstimmung des Urteils mit dem korrespondierenden Sachverhalt« bestehe u. dgl.

Wie der polnische Logiker A. Tarski[2] gezeigt hat, kann

---

[1] Eine Darstellung der wichtigsten unter diesen logisch-erkenntnistheoretischen Fragen habe ich gegeben in dem Buch »Das Wahrheitsproblem und die Idee der Semantik«, Wien 1957.

[2] Tarski ist zugleich einer der führenden Vertreter der mathematischen Grundlagenforschung.

zwar nicht in bezug auf die Sprache des Alltags, aber doch in bezug auf formalisierte Sprachsysteme, die mit präzisen Interpretationsregeln versehen sind (sog. semantische Systeme), der Wahrheitsbegriff der Adäquationstheorie in vollkommen exakter Weise eingeführt werden, ohne daß die früher gegen diesen Begriff vorgebrachten Bedenken wieder auftreten. Denn solche Ausdrücke wie »Übereinstimmung«, »Sachverhalt«, »Wirklichkeit« kommen bei dieser Einführung des Wahrheitsbegriffs überhaupt nicht mehr vor.

Die Untersuchungen Tarskis sind darüber hinaus auch deshalb von so außerordentlicher philosophischer Bedeutung, weil es im Rahmen der von ihm begründeten und später von Carnap weitergeführten Semantik erstmals möglich wird, den Begriff des analytischen Urteils (oder der analytischen Aussage) zugleich in hinreichender Allgemeinheit und mit größter Präzision einzuführen. Dieser Begriff spielt auch für Brentanos Philosophie eine außerordentliche Rolle, insbesondere für seine Studien zur formalen Logik.

Über diese Studien sollen noch einige Bemerkungen gemacht werden. Es ging Brentano dabei um eine Reform und vor allem Vereinfachung der aristotelischen Schlußlehre. Diese Vereinfachung beruhte auf der an früherer Stelle angedeuteten Neuinterpretation der aristotelischen Urteilsformen. So wird z. B. der Satz »alle A sind B« gedeutet als »es existiert kein A, welches ein non-B ist«. Auf dieser Grundlage gelingt es Brentano, alle syllogistischen Schlußfiguren der aristotelischen Logik auf zwei Grundfiguren zurückzuführen. Wir konnten diese technischen Details hier nicht wiedergeben[1]; doch sollen einige Bemerkungen zu den Konsequenzen gemacht werden, die daraus gezogen wurden. Brentano war der Meinung, er habe damit gezeigt, *daß die gesamte formale Logik allein aus dem Satz vom Widerspruch folge;* und verschiedene seiner Schüler haben diesen Standpunkt übernommen. Eine solche Auffassung ist aber ohne Zweifel unrichtig.

Erstens ist dies bereits für die Syllogistik unzutreffend;

---

[1] Eine kurze und leicht lesbare Darstellung dieser brentanoschen Lehre findet sich bei A. Kastil, a.a.O., S. 201—205.

denn tatsächlich verwendet Brentano eine Reihe weiterer logischer Prinzipien: so z. B. den Satz vom ausgeschlossenen Dritten, der nicht auf den Satz vom Widerspruch zurückführbar ist (wie die Systeme der intuitionistischen Logik zeigen, in denen der letztere anerkannt wird, während der erstere darin nicht gilt), ferner die sog. Regel der Konjunktionsbeseitigung (wonach man von »A und B« auf »A« allein schließen kann) und ein weiteres zu dieser Regel analoges Prinzip; außerdem machte er Gebrauch von zwei Schlußfiguren, die nicht, wie er meinte, auf das tertium non datur zurückführbar sind; und schließlich mußte er bestimmte Einsetzungsprinzipien verwenden, die aus einem gültigen Schluß einen anderen gültigen Schluß erzeugen.

Zweitens aber umfaßt die Syllogistik, wie man heute weiß, nur einen sehr kleinen Teil der gesamten Logik. Man kann darin z. B. nicht einmal aus der Prämisse »alle Pferde sind Tiere« die Folgerung ableiten »alle Köpfe von Pferden sind Köpfe von Tieren«; denn für eine solche Ableitung benötigt man eine logische Theorie der Relationsschlüsse, die in der Syllogistik fehlt. Die Unvollkommenheit der aristotelischen Logik erkannte man, als man versuchte, mathematische Beweise logisch zu analysieren; man mußte dabei die Feststellung machen, daß die meisten Beweisschritte mit der Syllogistik überhaupt nicht gerechtfertigt werden können (vgl. dazu Kap. X, 1 a).

Trotzdem muß anerkannt werden, daß die brentanosche Korrektur der aristotelischen Logik eine bedeutsame Leistung von dauerhaftem Wert bleibt. Es ist bedauerlich, daß Brentano nicht auf Frege gestoßen ist, der wohl als erster ein umfassendes Konzept von einem sowohl exakten wie vollständigen System der Logik gehabt hat. [1] Jedenfalls hat man heute

---

[1] Kastil bezeichnet in dem erwähnten Buch die Bestrebungen der modernen Logik als »abstruse oder doch unfruchtbare Versuche, die logischen Operationen in das Schema der mathematischen zu pressen« und verteidigt demgegenüber die brentanosche Logik (S. 207 f., S. 330). Durch einen solchen sich gegen jede wissenschaftliche Einsicht absperrenden Standpunkt wird nichts anderes erreicht als dies, daß Brentano — auch unter den Logikern — nicht die ihm gebührende Anerkennung findet.

erkannt, daß der Satz vom Widerspruch nicht im entferntesten ausreicht, um die formale Logik aufzubauen.

Noch ein Wort zur *mathematischen Erkenntnis*. Im Gegensatz zu Kant glaubte Brentano, daß die mathematischen Erkenntnisse, insbesondere auch die arithmetischen, analytischen Charakter haben. Eine Gleichheit zwischen Zahlen, z. B. $4 = 2 + 2$, sei nämlich dadurch rein logisch ableitbar, daß man die Definition der Ziffern einsetze. »2« bedeutet dasselbe wie »$1 + 1$«, »3« dasselbe wie »$2 + 1$« und »4« dasselbe wie »$3 + 1$«. Daraus ergäbe sich dann auf beiden Seiten der Gleichung derselbe Wert. Hierbei wird jedoch derselbe Fehler begangen, den Frege an Leibniz kritisierte. Wenn ich in der obigen Gleichung für 4 die betreffenden Einsetzungen vornehme, so erhalte ich: $(2 + 1) + 1$. Wenn ich auf der rechten Seite der Gleichung für die zweite »2« die Definition einsetze, so erhalte ich: $2 + (1 + 1)$. Um dann die Behauptung beweisen zu können: $(2 + 1) + 1 = 2 + (1 + 1)$, braucht man das sog. assoziative Gesetz der Addition, wonach gilt: $(a + b) + c = a + (b + c)$. Dieses Gesetz muß man entweder axiomatisch fordern – womit natürlich die behauptete Reduktion der arithmetischen Wahrheiten auf logische Wahrheiten preisgegeben ist –, oder man hat es selbst logisch zu begründen. Das letztere ist im sog. Logizismus, der ebenfalls auf Frege zurückgeht, geschehen. Darin muß aber wieder von dem platonischen Mengenbegriff, den Brentano verwirft, Gebrauch gemacht werden.[1] Man hat somit in bezug auf die Begründung der Arithmetik nur die Wahl, *entweder einen Platonismus zu akzeptieren oder den synthetischen Charakter der Arithmetik anzuerkennen*. Beides steht mit Teilen der brentanoschen Lehren in Widerspruch.

Da Brentano so heftig gegen Kant polemisierte, sollen auch zu diesem Punkt noch einige Bemerkungen gemacht werden.

---

[1] Selbst innerhalb der logizistischen Begründung der Arithmetik stößt der Beweis der Behauptung, daß die Arithmetik eine analytische Wissenschaft sei, auf große Schwierigkeiten. Man muß nämlich für diese Begründung das sog. Unendlichkeitsaxiom zur Verfügung haben, worin die Existenz von unendlich vielen Objekten gefordert wird. Einen solchen Satz aber kann man nicht ohne weiteres als ein logisch gültiges Prinzip ansehen.

Brentano dürfte Kants Philosophie nicht gerecht geworden sein. Brentano behauptet, daß die synthetischen Erkenntnisse a priori Kants blinde Vorurteile seien. Dies ist nicht zutreffend. Will man Kant hier recht verstehen, so muß man unterscheiden zwischen terminologischen Ungenauigkeiten und sachlichen Fehlern und im letzteren Falle wieder zwischen behebbaren und unbehebbaren Mängeln. Kant spricht tatsächlich auch dort von synthetischen *Erkenntnissen,* wo es sich, wie im Falle der rationalen Metaphysik, nach seiner Meinung um falsche Urteile handelt. Eine solche Terminologie ist in der Tat höchst unzweckmäßig. Sie kann aber sehr rasch verbessert werden, wenn man bedenkt, daß Kant an solchen Stellen das Wort »Erkenntnis« einfach im Sinne von »Urteil« gebraucht. Tatsächlich will Kant durch die beiden Einteilungen der Urteile in solche a priori und solche a posteriori einerseits, in die analytischen und synthetischen andererseits, eine doppelte Klassifikation *aller* Urteile (und nicht etwa nur der wahren) geben. Der Sinn dieser Einteilung ist, kurz gesagt, der folgende: Analytisch sind Urteile genau dann, wenn die Hilfsmittel der formalen Logik genügen, um ihre Wahrheit festzustellen; ansonsten handelt es sich um synthetische Urteile. Und Urteile sind a posteriori, wenn Wahrnehmungen oder Beobachtungen notwendig sind, um ihren Wahrheitswert festzustellen oder sie wenigstens induktiv zu stützen. Sind dagegen Beobachtungen für diese Feststellungen nicht erforderlich, so handelt es sich um Urteile a priori. *Die synthetischen Urteile a priori sind daher Urteile, deren Wahrheitswert wir definitiv feststellen können, obwohl für diese Feststellung die Hilfsmittel der formalen Logik nicht ausreichend und Beobachtungen dafür nicht notwendig sind.* Wichtig ist, zu beachten, *daß hier vom Wahrheitswert und nicht von der Wahrheit die Rede ist.* Denn diese Klasse von Urteilen umfaßt sowohl wahre wie falsche.

Eine der bedeutendsten Leistungen Kants bestand darin, mit der Einführung dieses Begriffs des synthetischen Urteils a priori dem Problem der Wissenschaftlichkeit der Metaphysik eine klassische Formulierung gegeben zu haben. Die Frage, ob Metaphysik als Wissenschaft möglich sei, reduziert sich auf die Frage, ob es wahre synthetische Urteile a priori gibt. Wenn man hier den brentanoschen Begriff der Evidenz heranträgt, so ergibt sich (wieder natürlich nach Kant) folgendes: Die Sätze der klassischen Metaphysik sind entweder falsche oder zumindest nicht begründbare synthetische Urteile a priori, also tatsächlich »blinde Vorurteile«. Die übrigen synthetischen Urteile a priori, nämlich in der Mathematik und in der »reinen Naturwissenschaft«, sind hingegen wahre Aussagen. Zum Teil haben sie eine *unmittelbare Evidenz* wie etwa elementare arithmetische und geometrische Aussagen (die auch von Kant ausdrücklich als unmittelbar einsichtig behauptet werden!), z. T. besitzen sie nur eine *mittelbare Evidenz* – d. h. sie können mittels gültiger logischer Schlüsse aus evidenten Prinzipien abgeleitet werden –, wie z. B. kompliziertere mathematische Lehrsätze oder die metaphysischen Voraussetzungen der Erfahrung (wie z. B. das allgemeine Kausalprinzip), welch letztere bei Kant eine sehr komplizierte Begründung erfahren.

Kants Problemstellung in seiner theoretischen Philosophie ist also keineswegs mit jenem Widersinn behaftet, den Brentano darin sieht. Kant stellte sich vielmehr die Aufgabe, innerhalb der Klasse der synthetischen Urteile a priori zwischen gültigen und ungültigen zu unterscheiden, oder, wie man auch sagen könnte: die Grenze zu ziehen zwischen solchen, die Erkenntnisse sind, und solchen, die keine sind (sondern nur irrtümlich für solche gehalten werden). Diese Problemstellung ist nicht nur sinnvoll, sondern erkenntnistheoretisch außerordentlich wichtig. Ob man die kantische Lösung akzeptieren soll, ist natürlich eine andere und sehr schwierige Frage, in deren Diskussion wir hier nicht eintreten können.

Wer auf metaphysische Erkenntnis abzielt, muß an wahre synthetische Urteile a priori glauben, auch Brentano selbst. Denn seine metaphysischen Erkenntnisse (z. B. die Urteile über Gott) sollen ja Tatsachenerkenntnisse sein und können daher keine analytischen Urteile darstellen; letztere vermitteln uns niemals ein Wissen von der Wirklichkeit, sondern nur von begrifflichen Beziehungen. Andererseits sollen diese

Erkenntnisse keine bloßen Hypothesen sein, die sich auf Beobachtungen stützen, wie z. B. die Gesetzeshypothesen der Naturwissenschaftler; vielmehr soll es sich um Erkenntnisse a priori handeln. Also bestehen die Kernsätze von Brentanos Metaphysik aus synthetischen Urteilen a priori. Der entscheidende erkenntsnitheoretische Unterschied zwischen Kant und Brentano liegt also nicht darin, *daß ersterer synthetische Urteile a priori anerkennt, während letzterer solche verwirft, sondern, daß die Grenze zwischen gültigen und ungültigen synthetischen Urteilen a priori anders gezogen wird,* indem nämlich Brentano auch dort noch eine synthetisch-apriorische Erkenntnis (z. B. eine Gotteserkenntnis) für möglich hält, wo eine solche nach Kant ausgeschlossen ist.

Eine eingehendere Diskussion der brentanoschen Philosophie müßte sich unbedingt mit dem wohl wichtigsten Begriff dieser Philosophie beschäftigen, nämlich dem Begriff der *Evidenz.* Auf das außerordentlich schwierige Evidenzproblem können wir in diesem Rahmen nicht eingehen. Nur zwei kurze Hinweise seien gegeben, die einerseits einen Vorblick auf das Folgende darstellen, andererseits zugleich *mögliche* Ansatzpunkte einer kritischen Stellungnahme aufzeigen sollen.

Die im folgenden zu schildernde husserlsche Lehre von der Wesensschau ist vermutlich zu einem Teil aus einem Ungenügen an dem brentanoschen Begriff der apodiktischen Evidenz hervorgegangen. In Urteilen, die mit apodiktischer Evidenz vollzogen werden, wird nach Brentano etwas als unmöglich verworfen. Wie aber kann etwas in dieser Weise »aus Begriffen einleuchten«? Was ist hier die Erkenntnisquelle? Muß diese nicht in etwas Positivem bestehen, das sich der Denkende zur Gegebenheit bringt? Wenn ich z. B. mit Evidenz urteile, daß alles Farbige ausgedehnt ist, so bedeutet dies nach Brentano, daß ich die Annahme, es gäbe etwas Farbiges, das nicht ausgedehnt ist, mit Evidenz als unmöglich verwerfe. Wie aber kann ich eine solche Einsicht haben, die auch alle künftigen Fälle, welche noch nicht beobachtet wurden, einschließt? Husserl und wohl auch viele andere konnten sich dies nicht anders begreiflich machen als so, daß sich diese Einsicht auf das Verhältnis des Wesens der Farbe und der Ausgedehntheit stützt: das Primäre ist, daß dieser Wesensverhalt zur anschaulichen Selbstgegebenheit gelangt, und das apodiktisch evidente Urteil ist demgegenüber erst etwas Sekundäres. Brentano hätte eine solche Interpretation der apodiktischen Evidenz niemals anerkannt, denn sie impliziert ja wieder die Existenz von allgemeinen Wesenheiten, die er auf das Entschiedenste leugnete. Tatsache ist jedoch, daß wegen der nur angedeuteten Schwierigkeiten dieser Teil seiner Evidenzlehre vermutlich einen Anlaß (obzwar nicht den einzigen) dazu gegeben hat, daß Husserl erstens zu einem Platonismus gelangte und zweitens eine besondere Art von philosophischer Einsicht annahm: die Wesensschau.

Handelte es sich hierbei nur um eine bestimmte Deutung des Evidenzbegriffs, so wurden zahlreiche andere Denker in der Folgezeit auf Grund der in diesem Begriff liegenden Schwierigkeiten dazu veranlaßt, den Evidenzbegriff ganz zu verwerfen. Daß die Schwierigkeiten sehr allgemein empfunden wurden, zeigt sich dabei schon rein äußerlich darin, daß wir diese Verwerfung bei Denkern antreffen, deren philosophische Standpunkte im übrigen ganz voneinander abweichen (z. B. beim Ontologen N. Hartmann, beim Transzendentalphilosophen R. Reininger und bei fast allen empiristischen Philosophen der Gegenwart). Die Evidenz soll sich von der bloßen subjektiven Gewißheit unterscheiden; denn Gewißheit kann es auch bei gröbsten Irrtümern geben, Evidenz nicht. Die Gewißheit hat Gradabstufungen, die Evidenz nicht. Hier erhebt sich jedoch die Frage: Kann es für uns (als endliche Wesen) überhaupt mehr als Gewißheit geben? Liegt nicht auch dann, wenn jemand meint, es sei etwas vollkommen evident, bloße Gewißheit vor? Wie oft ereignet es sich, daß ein Mensch behauptet, etwas leuchte ein, und später erweist es sich als falsch! – Der englische Philosoph B. Russell sah sich angesichts dessen, was in der Philosophiegeschichte schon alles als evident behauptet worden war, zu der ironischen Feststellung veranlaßt, daß evidente Prinzipien den großen Nachteil hätten, fast ausnahmslos falsch zu sein. – In der Tat: Wenn jemand behauptet, etwas sei evident und es stellt sich später doch als falsch heraus, so muß dies so gedeutet werden, als habe nur subjektive Gewißheit, die sich mit Falschheit verbinden kann, aber nicht Evidenz vorgelegen. Es fragt sich also, ob es für uns ein *Kriterium gibt, um die bloß subjektive Gewißheit von echter Evidenz unterscheiden zu können.* Gibt es ein solches Kriterium nicht, so können wir uns eigentlich niemals auf die Evidenz berufen, da wir dann nicht wissen, ob die Evidenz nicht bloß eine scheinbare war (subjektive Gewißheit bei gleichzeitigem Irrtum). Nimmt man aber an, daß es ein solches Kriterium gibt, so scheint dies zu einem unendlichen Regreß zu führen: daß in einem vorgegebenen Falle von Gewißheit die in dem Kriterium verlangten Merkmale vorliegen, muß ja selbst nicht bloß mit subjektiver Gewißheit, sondern mit Evidenz festgestellt werden.

Damit haben wir das Problem bloß angedeutet; einer Stellungnahme zu ihm müssen wir uns hier enthalten. Es sei nur noch erwähnt, daß verschiedene Philosophen der Gegenwart, besonders aus dem Lager der Empiristen und Sprachanalytiker, nicht nur glauben, daß es die von Brentano behauptete Evidenz nicht gibt, sondern daß sie diesen Ausdruck »Evidenz« für sinnlos halten, weil man nicht in einer intersubjektiv verständlichen Weise angeben könne, was mit diesem Ausdruck gemeint sei. Wenn man demgegenüber darauf hinweisen wollte, daß der Unterschied schon rein sprachlich zum Ausdruck komme, da die Wendung »*ich bin gewiß*, daß...« Ausdruck der subjektiven Gewißheit sei, während die Wendung »*ich weiß*, daß...« zumindest der Tendenz nach als ein sprachlicher Ausdruck der Evidenz zu gelten habe, so würde dem wieder entgegengehalten werden, daß hierbei eine Fehldeutung der sprachlichen Funktion des Ausdruckes »Wissen« vorliegt.[1]

---

[1] Vgl. W. Stegmüller, »Glauben, Wissen und Erkennen«, Zeitschrift für Philosophische Forschung, Bd. X, 4, 1956, S. 509–549. Die verschiedenen Stimmen zum Evidenzproblem habe ich eingehender behandelt in dem Buch »Metaphysik, Wissenschaft, Skepsis«, Wien 1954. Mein eigener dort entwickelter Standpunkt ist z. T. durch den vorher erwähnten Aufsatz überholt.

KAPITEL II

METHODISCHE PHÄNOMENOLOGIE:
EDMUND HUSSERL

Husserl war ein Schüler Brentanos. Von ihm hat er den Gedanken der Philosophie als exakter Wissenschaft übernommen. Ebenso vollzieht auch er die Wendung vom Gegenstand zum psychischen Akt. In zahlreichen Einzeluntersuchungen bilden Gedanken Brentanos den Ausgangspunkt seines Philosophierens. Später wird allerdings der Einfluß der idealistischen Philosophie Kants immer deutlicher. Vor allem in vier Punkten besteht ein Unterschied gegenüber den Lehren Brentanos: Erstens versucht Husserl, die nach seiner Meinung bei Brentano bestehenden *Psychologismen zu überwinden;* zweitens glaubt er, zeigen zu können, daß die von Brentano als Sprachfiktionen aufgefaßten Allgemeinbegriffe wirklich existieren und daher ein *logisch-ideales Sein* angenommen werden müsse; drittens geht er daran, die nach seiner Meinung rohen und mit Äquivokationen behafteten Ergebnisse der brentanoschen Aktanalysen durch *subtilere Unterscheidungen* zu vervollkommnen; und viertens trachtet er, der Philosophie durch eine neuartige Methode, die *Wesensschau,* ein fruchtbares Fundament der Forschung zu geben. Wir beginnen mit Husserls Kampf gegen den Psychologismus und Empirismus in der Logik, da alles weitere darauf aufbaut.

1. *Die Absolutheit der Wahrheit*

Den Ausgangspunkt für seinen Kampf gegen den Psychologismus gewinnt Husserl durch die Herausarbeitung der Idee einer reinen Logik als rein theoretischer Disziplin. Die von Husserl als Psychologismus bezeichnete Richtung behauptet, die Logik sei die *Kunstlehre vom richtigen Denken,* die logischen Gesetze seien die durch empirisch-psychologische Analyse gewonnenen *realen Gesetze unseres Denkens,* wahr sei das, *was diesen Denkgesetzen entspricht;* wären die letzteren anderer Natur – und prinzipiell könnten sie dies sein –, dann wäre auch der Begriff der Wahrheit ein völlig anderer.

Husserl zeigt zunächst, daß jede Kunstlehre als besonderer Fall einer *normativen Disziplin* anzusehen ist; denn um untersuchen zu können, was man tun müsse, um ein bestimmtes Ziel (richtiges Denken) zu erreichen, wie es die Kunstlehre will, müssen zunächst die Grundnormen aufgestellt werden, nach denen die Ziele zu beurteilen sind. So z. B. kann erst dann, wenn die Erhaltung und Mehrung der Lust als das Gute, also als Norm, aufgestellt ist, gefragt werden, unter welchen Bedingungen wir den Objekten möglichst viel Lust abgewinnen können. Die normativen Wissenschaften sind nun wieder in *theoretischen* fundiert, in denen nicht gesagt wird, was sein soll, sondern was *ist*. Denn das Verhältnis zwischen Norm und Normiertem ist ein solches zwischen Bedingung und Bedingtem. So setzt der normative Satz »ein A soll B sein« den theoretischen voraus: »Nur ein A, welches B ist, hat die Eigenschaft C«. Gilt umgekehrt ein Satz der letztgenannten Form und wird C positiv bewertet, so erwächst daraus der normative Satz: »Nur ein A, welches B ist, ist ein gutes«, der identisch ist mit dem oben genannten »ein A soll B sein«. Habe ich z. B. den theoretischen Satz: »Nur mit Einsicht gefällte Urteile sind Erkenntnisse«, so entsteht in dem Augenblick, da die Erkenntnis als logischer Wert auftritt, der normative Satz: »Urteile sollen einsichtig (evident) sein«, und erst jetzt kann im Sinne der Kunstlehre nach den psychologischen Voraussetzungen Umschau gehalten werden, die erfüllt sein müssen, damit einsichtige Urteile möglich werden.

Dasselbe gilt für die Logik im allgemeinen. Zuerst müssen in einer *theoretischen* Disziplin die in den Begriffen »Wahrheit«, »Urteil«, »Definition« usw. gründenden apriorischen Sätze gewonnen werden, damit dann aus ihnen *normative logische Grundsätze* abgeleitet und im weiteren Verlaufe *praktische Kunstregeln* aufgestellt werden können. Das gesamte System jener theoretischen apriorischen Sätze nennt Husserl »reine Logik«.

Der *Psychologismus* glaubt demgegenüber, keinen Anlaß zur Anerkennung einer derartigen normativen Disziplin zu haben. Er beruft sich in verschiedenen Varianten darauf, *daß Denken und Erkennen ein psychisches Geschehen sei und die Logik es daher mit psychologischen Gesetzmäßigkeiten zu tun habe.* Husserl widerlegt den Psychologismus in dreifacher Form, indem er nämlich erstens auf die absurden Konsequenzen dieser Lehre hinweist, zweitens ihre Einmündung in die radikale Skepsis darlegt und drittens die Vorurteile des Psychologismus aufdeckt.

(a) Die empiristischen Konsequenzen des Psychologismus

Psychologie ist eine Tatsachenwissenschaft. Die von solchen Wissenschaften aufgestellten Gesetze können bloß Aussagen über ungefähre Regelmäßigkeiten darstellen, niemals aber den Anspruch auf Unfehlbarkeit erheben. Nun sind aber gerade die logischen Prinzipien, die Schlußregeln, die Prinzipien der Wahrscheinlichkeitslehre usw. *von absoluter Exaktheit,* wie dies auf empirischem Wege niemals erreichbar gewesen wäre. Wollte man daher behaupten, logische Gesetze seien Naturgesetze des Denkens, so wäre darauf hinzuweisen, daß Naturgesetze nie durch unmittelbare Einsicht, sondern stets nur durch Induktion auf dem Erfahrungswege gewonnen werden können. Man kann daher bei ihnen bloß von Vermutungen sprechen.

Im Falle einer naturgesetzlichen Interpretation der logischen Grundsätze müßten auch diese als Vermutungen angesehen werden. Der Satz vom Widerspruch besagte dann, daß es zu vermuten sei, eines von zwei kontradiktatorischen Urteilen sei wahr und eines falsch, der Modus Barbara besagte, daß, wenn die Sätze gelten: alle A sind B und alle B sind C, dann zu vermuten sei, daß auch alle A C sind, was alles unsinnig ist, da wir es hier mit apodiktischer Evidenz zu tun haben. Schließlich müßten die logischen Gesetze, wenn sie psychischen Tatsächlichkeiten entstammten, Gesetze für Psychisches sein und die Existenz von Psychischem einschließen, was jedoch nicht der Fall ist; denn kein logisches Gesetz bezieht sich auf Tatsachen des Seelenlebens.

(b) Der Psychologismus als skeptischer Relativismus

Der schwerste Vorwurf überhaupt, den man gegen eine Theorie erheben kann, ist der des *Skeptizismus;* denn dann leugnet sie die evidenten Bedingungen der Möglichkeit einer Theorie überhaupt, bestreitet also in ihrem Inhalt das, was sie für ihre eigene Gültigkeit voraussetzt. Eine besondere Form ist der *Relativismus,* welcher gemäß Protagoras behauptet, daß der Mensch das Maß aller Dinge sei, und zwar entweder der individuelle Mensch oder die Spezies Mensch oder jedes Geistwesen überhaupt.

Der Psychologismus ist eine Sonderform des spezifischen Relativismus oder Anthropologismus, da er mit seinem Hinweis auf den naturgesetzlichen Charakter der logischen Gesetze an der prinzipiellen Möglichkeit eines andersartigen Denkens mit anderen Gesetzen festhält. Dieser spezifische Relativismus ist aus verschiedenen Gründen widersinnig. Einmal wegen der Konsequenz, die sich aus der Behauptung ergibt, daß für jede Spezies denkender Wesen das wahr sei, was nach ihren Denkgesetzen als wahr gelten müsse. Diese Konsequenz bestünde nämlich darin, *daß derselbe Urteilsinhalt für die eine Spezies wahr, für die andere falsch sein könnte.* Nun ist es aber evident unmöglich, daß ein Urteilsinhalt zugleich das Prädikat »wahr« sowie »falsch« aufweisen kann. Es kann nicht für den einen das Urteil »Gott existiert« wahr sein, für den anderen hingegen das Urteil »Gott existiert nicht«. Den Begriff der Wahrheit mit der Präposition »für« zu verbinden, ergibt keinen Sinn; *was wahr ist, ist absolut und »an sich« wahr.*

Ferner ist die Beschaffenheit einer Spezies eine Tatsache und somit individuell und zeitlich bestimmt. Gründete daher die Wahrheit in dieser Beschaffenheit, so wäre sie selbst eine Tatsache und somit zeitlich bestimmt. Wahrheiten wären dann Ursachen und Wirkungen. Nun ist zwar sicherlich der reale Urteilsakt, den ich vollziehe, wenn ich das Urteil »8+6=14« ausspreche, verursacht, nicht hingegen der Inhalt dieses Urteils, der eine zeitlos gültige ideale Beziehung ausdrückt.

Weiter würde die Zurückführung der Wahrheit auf die

menschliche Konstitution ergeben, daß ohne diese keine Wahrheit bestünde. Der Satz »es besteht keine Wahrheit« entpuppt sich jedoch als in sich absurd, da er mit dem anderen Satz identisch ist »es besteht die Wahrheit, daß keine Wahrheit besteht«. Es muß also auch die Voraussetzung, nämlich die Verwurzelung der Wahrheit in der spezifisch menschlichen Beschaffenheit, widersinnig sein.

Schließlich ergibt sich ein Widersinn daraus, daß die Relativität der Wahrheit diejenige der Weltexistenz bedingt; denn man kann nicht die Wahrheit relativieren und doch ihren Gegenstand als absolut seiend hinstellen. Selbst der Satz »ich bin« könnte falsch sein, nämlich dann, wenn ich so beschaffen wäre, daß ich ihn verneinen müßte. Somit wäre die Beschaffenheit der Welt von derjenigen der sie beurteilenden Wesen abhängig. Andererseits aber soll wiederum die Konstitution der denkenden Wesen ein Produkt der Weltentwicklung sein. Daraus entspringt die Paradoxie, daß die Welt sich aus dem Menschen entwickelt und zugleich der Mensch aus der Welt, daß der Mensch Gott schafft und Gott den Menschen.

Somit zeigt sich, daß der zunächst naheliegende Gedanke, die Erkenntnis sei durch die spezifisch menschliche Eigenart des Denkens relativ auf die species homo, ohne allen Sinn ist. Der Psychologismus hat diesen Gedanken, der sich erst beim Überblicken seiner Konsequenzen als evident absurd erweist, ganz oder teilweise in seine Voraussetzungen aufgenommen. Er enthüllt sich daher selbst als evident widersinnige Lehre.

(c) Die psychologistischen Vorurteile

Das erste Vorurteil besagt, daß alle Vorschriften zur Regelung des Denkens *psychologisch fundiert* sein müßten. Eine falsche Voraussetzung in dieser Behauptung liegt schon in der bereits abgelehnten Annahme, daß alle logischen Gesetze normativ seien. Der Satz: »Hat jeder Gegenstand, der das Merkmal A hat, auch das Merkmal B, und hat irgendein bestimmter Gegenstand das Merkmal A, so hat er auch das Merkmal B«, sagt nicht das geringste über eine Normierung des Denkens aus. *Logische Gesetze beziehen sich weder normierend noch sonstwie auf reale Vorgänge (Denkverläufe), sondern ausschließlich auf ideale Inhalte.* Die Lógik geht vom objektiven Gehalt einer Wissenschaft aus, sieht dabei von derem spezifischen Inhalt ab und trachtet nur nach dem, was zum allgemeinen Wesen von Wahrheit überhaupt, von Begründungszusammenhängen überhaupt, von Sätzen an sich usw. gehört. Nur zeitlos-ideale und allgemeine Wesenszusammenhänge sind die Gegenstände der reinen Logik, nicht aber individuelle zeitliche Vorgänge.

Ein weiteres Vorurteil liegt in der Berufung darauf, daß wir es in der Logik durchwegs mit Vorstellungen, Urteilen, Schlüssen u. dgl. zu tun haben, was doch ohne Zweifel alles *psychische Phänomene* sind. Daß dieser Gedanke nicht zutreffend sein kann, beweist schon die Analogie von Logik und Mathematik. Auch Zahlen, Produkte, Integrale usw. sind Ergebnisse bestimmter psychischer Tätigkeiten des Addierens, Multiplizierens, Integrierens usw. Aber niemand würde deshalb die Mathematik der Psychologie unterordnen. Und warum? Weil die Psychologie als Tatsachenwissenschaft es mit zeitlich verlaufenden psychischen Akten zu tun hat, wozu unter anderem auch das Zählen gehört, die Mathematik hingegen mit idealen Einheiten, so z. B. die Arithmetik mit den Spezies 1, 2, 3 usw. und den in ihnen gründenden idealgesetzlichen Beziehungen, die auch dann weiterbestehen, wenn keine psychischen Denkakte auf sie gerichtet sind. Dasselbe gilt für die reine Logik. Wenn in ihr von Vorstellungen, Begriffen, Urteilen, Schlüssen usw. die Rede ist, dann sind hiermit nicht die psychischen Akte, sondern die Inhalte, und zwar befreit von ihren empirisch-zufälligen Bestandteilen, gemeint. Eine Schlußform z. B. sagt weder etwas über den gesetzmäßigen Verlauf von Denkvorgängen noch über konkrete Beziehungen zwischen individuellen Denkinhalten aus, sondern stellt eine allgemeine idealgesetzliche Beziehungsform möglicher Denkinhalte dar. Ebenso werden die Urteile in der Logik als ideale Bedeutungseinheiten angesehen. Es muß also streng zwischen *Real-* und *Idealwissenschaften* unterschieden werden; die Einzelheiten der ersteren sind individuelle, zeitlich bestimmte Tatsachen (z. B. in Biologie, Historie, Nationalökonomie), die der letzteren ideale Spezies (z. B. in Logik, Mathematik). Ferner ist in aller wissenschaftlichen Erkenntnis der Unterschied zwischen dem psychischen Zusammenhang der Erkenntniserlebnisse, dem Zusammenhang der erkannten Sachen und dem *logischen Zusammenhang, der einer Wissenschaft erst den Charakter eines Ganzen von Begründungszusammenhängen wahrer Sätze gibt,* zu beachten.

Ein drittes Vorurteil geht von der Tatsache aus, daß die im Urteil liegende Wahrheit nur im Fall der *Evidenz* erkannt wird, diese aber ein eigenartiges inneres Gefühl der Denknotwendigkeit darstellt; Logik sei somit Psychologie der Evidenz. Aber in Wahrheit erlangen logische Sätze erst durch Umformung Beziehung auf Evidenz. Der Satz vom ausgeschlossenen Dritten sagt aus, daß von zwei kontradiktorisch entgegengesetzten Fällen einer und nur einer vorliegen muß. Erst durch Umformung kommen wir zu dem Satz, daß Evidenz nur bei einem von zwei kontradiktorischen Urteilen auftreten kann. Die Evidenz ist dabei kein Gefühl neben anderen, sondern jenes Erlebnis, in dem der Urteilende der Wahrheit seines Urteils inne wird. Die Wahrheit selbst ist die Idee, welche im evidenten Urteil zum aktuellen Erlebnis wird. *Das Gemeinte ist im Falle der Evidenz selbst gegenwärtig; sie ist daher nichts anderes als das Wissen um die Zusammenstimmung zwischen Gemeintem und diesem selbst Gegenwärtigen.* Daher kann keine Einsicht mit der unsrigen in Widerspruch geraten; denn was als wahr erlebt ist, ist wahr, und was wahr ist, kann nicht zugleich falsch sein.

Es war bisher wiederholt von idealen Spezies die Rede. Mit ihrer Annahme taucht notwendig die Frage auf, ob wir überhaupt dazu berechtigt sind, von einem idealen Sein zu sprechen. Husserl versucht, dessen Existenz zu beweisen.

2. Das Problem des Allgemeinen

Es wird zweckmäßig sein, vor der Erörterung des husserlschen Standpunktes zu dem Problem des Allgemeinbegriffes ein Schema aufzustellen, in dem die verschiedenen Möglichkeiten der Beantwortung dieser Frage enthalten sind. Dabei sollen, soweit als möglich, jeweils ein typischer historischer Vertreter sowie ein in diesem Buch behandelter Philosoph als Repräsentanten angeführt werden.

1. *Universalienrealismus* (Annahme eines objektiven allgemeinen Seins neben den individuellen Dingen, unabhängig vom subjektiven begrifflichen Denken):

a) *Universalia ante res:* Neben der realen raum-zeitlichen Welt existiert als eine zweite Seinssphäre die des idealen Seins (Plato, Nicolai Hartmann);

b) *Universalia in rebus:* Ideen bestehen zwar, aber ihre Seinsweise ist keine vom Realen unabhängige, vielmehr sind sie in die konkret-realen Tatsachen und Vorgänge hineinverflochten, kommen »in« ihnen zum Ausdruck (Aristoteles, Max Scheler).

2. *Konzeptualismus* (Behauptung des Bestehens von Allgemeinbegriffen ohne seinsmäßiges Korrelat in der Wirklichkeit, daher auch »universalia in mente«):

a) *Allgemeine Gedankendinge:* In der realen Wirklichkeit existieren bloß individuelle Dinge. Wir verfügen jedoch nicht bloß über Eigennamen, die sich auf Einzelnes beziehen, wie z. B. London, Polarstern, sondern auch über allgemeine Namen wie Dreieck, Baum. Durch diese allgemeinen Namen beziehen wir uns auf Gegenstände mit gleichem Merkmal. Dazu bedarf es der Abstraktion, d. h. der Lostrennung einzelner Merkmale aus dem Komplex, in dem sie ursprünglich auftraten, und ihrer Anknüpfung an Worte als deren allgemeine Bedeutung. Mit einiger Anstrengung gelingt es uns so, z. B. den Begriff eines »allgemeinen Dreiecks« zu bilden, welches weder recht- noch schiefwinklig, weder gleichseitig noch ungleichseitig ist usw., sondern alles das und keines davon auf einmal (John Locke);

b) *Abstrakte Begriffe:* Wir vermögen neben Einzelnem

auch Allgemeines zu meinen, welches Meinen von Allgemeinem nicht auf Abstraktion von Einzelmerkmalen zurückgeführt werden kann, wie John Locke glaubt, sondern eine grundsätzlich neue Weise der geistigen Blickeinstellung bedeutet (Husserl [1]).

3. *Positionen zwischen Konzeptualismus und Nominalismus:* Wir bilden zwar allgemeine Begriffe, aber diese kommen nur so zustande, daß wir einzelne konkrete Dinge mehr oder weniger unbestimmt denken; an der obersten Spitze der Begriffspyramide steht dann der Begriff »Seiendes« oder »Ding«. Namen hingegen, die sich auf Abstraktes beziehen, sind keine Begriffe, wie Husserl annimmt, sondern bloß sprachliche Fiktionen (Franz Brentano).

4. *Nominalismus* (es gibt keine allgemeinen Begriffe, sondern bloß allgemein verwendete Wortzeichen, welche das Bestehen von Allgemeinbegriffen vortäuschen, während wir in Wahrheit nur über Einzelvorstellungen verfügen):

a) *Die allgemeine Bedeutung als Aufmerksamkeitsleistung:* Mittels Aufmerksamkeit heben wir aus einem anschaulichen Gegenstand ein Merkmal (z. B. »rot«) heraus und verbinden es mit einem Wortzeichen. Infolge der auf diese Weise hergestellten Assoziation wenden wir dasselbe Zeichen überall an, wo dasselbe Gegenstandsmerkmal auftritt und verschaffen dem Wort so eine allgemeine Bedeutung (J. St. Mill);

b) *Die Allgemeinheit als Repräsentationsfunktion einer Einzelvorstellung:* Eine Einzelvorstellung kann dazu verwendet werden, alle anderen Einzelvorstellungen derselben Art zu vertreten (repräsentieren). Wenn ein Geometer z. B. auf der Tafel an einem aufgezeichneten Dreieck einen Beweis vorführt, so ist der Beweis nur deshalb allgemein, weil dieses einzelne Dreieck *alle* Dreiecke repräsentiert. Die Allgemeinheit liegt darum nicht in einem eigenen Begriff, sondern in einer Beziehung von Einzelnem zu einer Summe von gleichartigen Einzelheiten (Berkeley);

c) *Die Allgemeinheit als Ähnlichkeitskreis:* Auch an einem

---

[1] Husserl bezeichnet seine Lehre selbst als Konzeptualismus. Verschiedene Stellen seiner Ausführungen lassen jedoch auch eine Auslegung im Sinne von 1. b) zu.

Einzelding gibt es in Wahrheit keine Merkmale (Farbe, Form usw.), sondern bei der Vorstellung eines bestimmten Dinges treten andere ähnliche Dinge ins Bewußtsein, das vorgestellte Ding reiht sich in bestimmte Ähnlichkeitskreise ein, und nur die Kreise bestehen eigentlich. Wegen der Einreihung einer Individualvorstellung in derartige Ähnlichkeitskreise kann diese als allgemeiner Repräsentant gelten (D. Hume).

Husserl wendet gegen alle nominalistischen und sich dem Nominalismus nähernden Theorien ein, daß sie einen methodischen Fehler begehen, indem sie nämlich, *statt vorher deskriptiv das im Denken des Allgemeinen gegebene Bewußtseinsphänomen zu analysieren*, sogleich psychologische Betrachtungen über den Abstraktionsvorgang anstellen. Zunächst gilt es, die verschiedenen Bewußtseinsweisen selbst zu beschreiben. Diese können von vierfacher Art sein: Beim Gegebensein einer individuellen Erscheinung A kann ich einmal einen Akt individuellen Meinens vollziehen, der sich auf »dieses A« richtet; weiter kann dieselbe Erscheinung von A die Grundlage für einen Akt spezialisierender Auffassung abgeben, der nicht mehr dieses A, sondern »das A überhaupt« meint (z. B. nicht mehr dieses Rotmoment an der vor mir liegenden roten Kugel, sondern *das* Rot); ferner kann sich die Meinung auf die gesamte Klasse richten, so wenn wir sagen »alle A« (z. B. »alle Menschen«) und schließlich kann ich unbestimmt »ein A« der Klasse bezeichnen (z. B. »ein Mensch«). Über alle diese deskriptiven Unterschiede geht der Nominalismus achtlos hinweg; vor allem *die Bedeutungsunterschiede zwischen den Namen, die Individuelles, und denen, die Spezifisches meinen*, bleiben unberücksichtigt. Sage ich »Cäsar«, so meine ich etwas individuell Einmaliges, spreche ich dagegen den Satz aus »Vier ist eine gerade Zahl«, so urteile ich nicht über diese oder jene vier Dinge, sondern über die allgemeine Spezies Vier. Sowohl die singulären wie die universellen Urteile können daher individuell sowie spezifisch sein. Von den beiden singulären Urteilen »Sokrates ist ein Mensch« und »drei ist größer als zwei« hat das erste Individuelles, das zweite Spezifisches zum Gegenstand; analoges gilt von den beiden universellen Urteilen »alle Menschen sind sterblich« und »alle Dreiecke haben eine Winkelsumme von 180°«.

Die Lehre Lockes ist ohne Zweifel widersinnig, da es evident ist, daß ein Dreieck nur *entweder* rechtwinklig *oder* schiefwinklig usw. sein kann, nicht aber beides auf einmal. Der Fehler liegt nach Husserl darin, daß die allgemeine Bedeutung des Namens »Dreieck« mit der anschaulichen Individualvorstellung eines bestimmten Dreiecks vermengt wurde. Locke übersah, daß Dreieck etwas ist, was Dreieckigkeit hat, daß aber die allgemeine Idee des Dreiecks, die Dreieckigkeit, die von jedem Dreieck gehabt wird, nicht selbst die Idee von *einem* Dreieck ist.

Gegen die Auffassung von Mill und Brentano [1] geht die Argumentation Husserls dahin, *daß die Nichtbeachtung der individualisierenden Bestimmungen die Individualität des Gedachten nicht aufhebt.* Denke ich an meinen Freund Hans, so denke ich an etwas Individuelles, ohne Ort und Zeitstelle mitzudenken, die ihm jeweils zukommen. Bezöge sich der Name »Hans« auf alle individualisierenden Bestimmungen, so müßte er mit jedem Schritt, den mein Freund macht, seine Bedeutung ändern. Ein noch so unbestimmt gedachtes Einzelding bzw. ein durch Aufmerksamkeit hervorgehobenes Einzelmerkmal bleibt etwas Einzelnes und wird dadurch nicht zu einem Allgemeinbegriff.

Berkeleys Repräsentationslehre wird eine Verwechslung zweier verschiedener Dinge vorgeworfen, nämlich der Tatsache, daß ein Wortzeichen bzw. eine Einzelvorstellung als Repräsentant für alle Einzelheiten desselben Begriffsumfanges gilt, mit der allgemeinen Bedeutung des Wortes, z. B. »alle A«. In zweiter Hinsicht kann von einer Stellvertretung nicht gesprochen werden; hier weist das Einzelne nicht auf anderes Einzelnes hin, sondern bildet die Grundlage für einen neuen eigenartigen Akt, in dem »alle A« gedacht werden.

Was schließlich die Lehre Humes von den Ähnlichkeitskreisen betrifft, so führt sie neben anderen Irrtümern zu einem unendlichen Regreß; denn wenn die abstrakten In-

---

[1] Nur Mill wird von Husserl ausdrücklich angegriffen. Dasselbe Argument aber gilt analog gegen die Lehre Brentanos.

halte (z. B. rot) selbst nichts sind, so können die Beziehungsinhalte wie »Ähnlichkeit« erst recht nichts in die Anschauung Fallendes sein. Das Prinzip der Lösung aber muß gegenüber der Frage, wie das scheinbare Vorfinden von Inhalten zustande komme, überall dasselbe sein. Wenn die Antwort durch einen Rekurs auf die Ähnlichkeit gegeben wird, so müßte in Beantwortung des Problems, wie das Vorfinden der Ähnlichkeit selbst möglich sei, auf das Vorfinden einer Ähnlichkeit dieser Ähnlichkeit zurückgegriffen werden usw. ad infinitum.

Zu diesen Widerlegungen der nominalistischen Theorien kommt noch eine Reihe von positiven Gedankengängen. So wird auch vom Nominalismus die Rede von gleichen Dingen, gleichen Merkmalen usw. verwendet. Was aber heißt Gleichheit? Man kann nicht von Gleichheit zwischen Dingen reden, ohne die Hinsicht anzugeben, in der sie gleich sind. Die Hinsicht aber ist die Identität der Spezies, der die miteinander verglichenen gleichen Dinge unterstehen. Wollte man die Hinsicht selbst wieder als etwas bloß Gleiches ansehen, so entstünde ein regressus in infinitum. *Man kann also Gleichheit gar nicht anders definieren als durch Identität der Spezies.* Es ist daher absurd, wenn der Nominalismus einerseits von »Gleichheit« spricht und andererseits das Bestehen einer Spezies leugnet.

Schließlich ist das Bestehen von einsichtigen *Wahrheiten, die sich auf ideale Gegenstände beziehen,* ein Beweis für die Existenz solcher Gegenstände. Wenn ich evident einsehe, daß dem idealen Gegenstand sieben das Prädikat zukommt, eine ungerade Zahl zu sein, so kann dieser Gegenstand nicht eine bloße Fiktion sein.

Damit ist gezeigt, *daß es allgemeine Begriffe geben muß* und daß ihre Annahme keineswegs zu Widersinn führt, wie oft behauptet wird, sondern dies vielmehr für die Gegenmeinung zutrifft. Um allerdings das Wesen der Allgemeinbedeutungen klären und ihre Funktion innerhalb der Gesamtheit der intentionalen Erlebnisse angeben zu können, ist eine eingehende Bewußtseinsanalyse erforderlich, eine Aufgabe, die Husserl in wiederholtem Anlauf zu bewältigen suchte.

3. Die Intentionalitäts-, Urteils- und Erkenntnislehre (Phänomenologie des Bewußtseins)

(a) Die Sinnschicht im Bewußtsein

Im Anschluß an die Intentionalitätslehre Brentanos sucht Husserl sich zunächst über die Phänomene »Ausdruck« und »Bedeutung« Klarheit zu verschaffen. »Ausdruck« ist ein engerer Begriff als »Zeichen«. Zwar enthält jedes Zeichen eine Beziehung auf etwas, das es bezeichnet, aber nicht jedes drückt einen »Sinn« aus, wie dies bei den Ausdrücken der Fall ist. Von den bloß anzeigenden Zeichen (z. B. fossilen Knochen als Zeichen für die Existenz vorsintflutlicher Tiere) unterscheiden sich die Ausdrücke als die »bedeutsamen« Zeichen. Ihnen allen gemeinsam ist die Intention, irgendwelche Gedanken ausdrücklich hinzustellen. Sinnlose Worte und Sätze fassen wir als bloße akustische Lautkomplexe auf. Im Falle einer sinnvollen Rede hingegen wird der artikulierte Lautkomplex verstehbar, er wird durch *sinngebende Akte*, die sich an ihn knüpfen, zum *Ausdruck*, er drückt jetzt ein intentionales Erlebnis aus, in dem ein Gegenstand in irgendeiner Weise vermeint ist. *Ausdruck und Bedeutung sind also korrelative Begriffe*, da ein sinnliches Zeichen erst durch sinngebende Akte, die ihm eine Bedeutung verleihen, zum Ausdruck wird. Somit können an jedem Ausdruck zwei Seiten unterschieden werden, das physisch-sinnliche Phänomen und die sinnbelebenden Akte.

Am Ausdruck können zweierlei Arten von sinnbelebenden Akten erscheinen: Erstens solche, die für den Ausdruck wesentlich sind, ihn überhaupt erst zum Ausdruck stempeln. Husserl nennt sie *die bedeutungsverleihenden Akte* oder *Bedeutungsintentionen*. Zweitens solche Akte, die für den Ausdruck zwar nicht wesentlich sind, aber die wichtige Funktion haben, die Bedeutungsintentionen mehr oder weniger mit anschaulichem Gehalt zu erfüllen: *die Bedeutungserfüllungen*. Diese Akte bewirken es, daß wir z. B. im Fall des Hörens eines sinnvollen Wortes nicht im Erlebnis der Wortvorstellung aufgehen, sondern ausschließlich im Vollziehen des Sinnes dieses Wortes, daß wir uns gleichsam hinauswenden und unser ganzes Interesse auf den Gegenstand richten, welcher von der am Ausdruck erscheinenden Bedeutungsintention anvisiert ist.

Die ausgedrückten Bedeutungen gehören in jenen Bereich idealer Einheiten, von dem im vorigen Abschnitt die Rede war. Sage ich »die drei Höhen eines Dreiecks schneiden sich in einem Punkt«, so liegt dem ein Urteilserlebnis in mir zugrunde. Aber nicht dieses kundgegebene Urteilserlebnis ist die Bedeutung des Ausdrucks, sondern eben dies, was der obige Satz ausspricht. *Diese Bedeutung ist identisch dieselbe, gleichgültig von wem und zu welchem Zeitpunkt der Satz ausgesprochen wird;* in ihr ist von einem Urteilen bzw. Urteilendem nichts enthalten. Die Idealität der Bedeutung gilt selbst dann, wenn der bedeutete Gegenstand ein zeitlich-individueller ist, wie z. B. in dem Satz »Napoleon I. war der Besiegte von Waterloo«. Auch hier kann der Satz von beliebigen Personen und zu beliebigen Zeiten ausgesprochen werden, ohne seine Bedeutung zu ändern, die sich somit ebenfalls wieder als zeitlos-ideale erweist.

Das letzte Beispiel zeigt, daß von der Bedeutung der Gegenstand unterschieden werden muß. Tatsächlich besagt der Ausdruck nicht nur etwas, sondern sagt auch *über* etwas; er hat nicht nur eine Bedeutung, sondern bezieht sich durch sie stets auf einen Gegenstand. Der Unterschied zwischen Bedeutung und Gegenstand tritt vor allem bei jenen Namen hervor, die Verschiedenes bedeuten, somit einen verschiedenen Sinn haben [1], aber denselben Gegenstand nennen, wie z. B. »das gleichseitige Dreieck« und »das gleichwinklige Dreieck«. Wenn also häufig die Rede von einem ausgedrückten *Inhalt* gebraucht wird, so liegt im Terminus »Inhalt« eine dreifache Äquivokation, sofern nämlich darunter einmal der *intendierende Sinn* (die Bedeutungsintention) [2], dann wieder der *erfüllende Sinn* (die Bedeutungserfüllung) und schließlich der *intentionale Gegenstand* gemeint sind.

---

[1] Bedeutung und Sinn sind bei Husserl Synonyma.
[2] Reine Bedeutungsintentionen ohne jede Erfüllung liegen im Fall des gänzlich unanschaulichen Denkens vor.

(b) Die Struktur der intentionalen Akte

Husserl unterscheidet drei Bedeutungen von »Bewußtsein«. Zunächst ist darunter zu verstehen *die empirisch vorfindliche Verwebung psychischer Erlebnisse zur Einheit des Erlebnisstroms*, sodann *die innere Wahrnehmung der eigenen Erlebnisse* und schließlich ist »Bewußtsein« eine zusammenfassende Bezeichnung für alle *psychischen Akte* oder *intentionalen Erlebnisse*. Ausschließlich auf die dritte Bedeutung beziehen sich die Untersuchungen Husserls. Ebenso wie für Brentano liegt für ihn das Wesen der Intention darin, daß in ihr ein Gegenstand »gemeint« ist, auf ihn »abgezielt« wird, ohne daß der Gegenstand oder etwas ihm Entsprechendes im Bewußtsein selbst auffindbar wäre [1]; was erlebnismäßig präsent ist, das ist ausschließlich der intentionale Akt selbst. Hierin liegt auch der Grund für die eben erwähnte Verschiedenheit von Bedeutung und Gegenstand: Akte sind die Erlebnisse des Bedeutens; die Bedeutung liegt somit gerade im Akterlebnis, während der intentionale Gegenstand dem Erlebnis gegenüber transzendent ist. Er kann fortfallen, ohne daß sich im Akt und somit im Bedeutungsmäßigen des Aktes etwas geändert hätte.

In einem wesentlichen Punkt unterscheidet sich Husserls Intentionalitätsbegriff von demjenigen Brentanos, nämlich durch die Annahme intentionalitätsloser reeller Empfindungen, welche mittels des auf den Gegenstand gerichteten intentionalen Aktes aufgefaßt, gleichsam beseelt werden. Dasselbe also, was in Beziehung auf den Gegenstand eine intentionale Vorstellung ausmacht, ist in Beziehung auf die Empfindung gegenständliche Auffassung, Deutung oder Apperzeption. Empfindungen werden erlebt, aber sie erscheinen nicht gegenständlich, d. h. sie werden nicht wahrgenommen. Sehe ich vor mir z. B. einen roten Bleistift, so habe ich zwar eine Rotempfindung, aber ich sehe nicht diese meine Empfindung, sondern eben das rote Ding da draußen.

---

[1] In den »Logischen Untersuchungen« polemisiert Husserl noch gegen Brentanos Interpretation der Intentionalität als einer »mentalen Inexistenz« des Gegenstandes. Brentano hatte jedoch diese Lehre, die auf die Scholastik zurückgeht, selbst aufgegeben.

An den intentionalen Erlebnissen, die miteinander in mannigfacher Weise zu Gesamtakten verbunden sind, in denen wir zum Teil vorzugsweise leben und die zum Teil mehr »nebenher« laufen, lassen sich zunächst im Gegensatz zum intentionalen Gegenstand als abstrakte Momente die intentionale Materie, die intentionale Qualität und das intentionale Wesen unterscheiden. Die *intentionale Materie* bedeutet nicht den Gegenstand, *der* intendiert ist, sondern den Gegenstand, *so wie* er intendiert ist. Unterschiede der Materie ergeben bei gleichem intentionalen Gegenstand die früher erwähnten Bedeutungsunterschiede wie im Falle des gleichwinkligen und gleichseitigen Dreiecks. Unterschiede der Aktarten ergeben die *Qualitätsdifferenzen*, die einen Akt als vorstellenden, urteilenden, fühlenden usw. charakterisieren. Bei gleicher Qualität kann die Materie wechseln (z. B. Urteile verschiedenen Inhalts), ebenso bei gleicher Materie die Qualität (z. B. vorstellende, urteilende, begehrende Intention auf dasselbe Objekt). Qualität und Materie eines Aktes, die beide unselbständige Teilmomente des Aktes sind, ergeben zusammen dessen *intentionales Wesen*. Da die Materie dasjenige am Akt ist, was ihm erst die bestimmte Beziehung auf einen Gegenstand verleiht, kann sie auch als der die Qualität fundierende *Auffassungssinn* bezeichnet werden. Das intentionale Wesen von Akten, die als bedeutungsverleihende bei Ausdrücken fungieren können, nennt Husserl *bedeutungsmäßiges Wesen*.

Akte können sich ferner »einstrahlig« oder »mehrstrahlig« (synthetisch) auf einen Gegenstand richten. Ersteres ist z. B. der Fall bei schlichten Wahrnehmungen oder Vorstellungen, letzteres bei Prädikationen. Durch Modifikationen können synthetische Akte in eine einstrahlige Thesis verwandelt werden. Sage ich »Karl geht vorüber«, so ist dies ein synthetischer Akt, da mehrere Vorstellungen, abgesehen von der Urteilsqualität, zueinander in Beziehung gesetzt werden. Sage ich hingegen »der vorübergehende Karl kommt gerade aus der Kirche«, so ist der Ausdruck »der vorübergehende Karl« ein einfacher Name, dessen Verständnis sich nicht in einem synthetischen Bewußtsein, sondern in einem einfachen

Subjektsakt vollzieht. Zwischen Sätzen, die als Namen von Sachverhalten dienen, wie der zuletzt genannte (nominalen Akten) und Aussagen über denselben Sachverhalt (propositionalen Akten) besteht somit ein wesentlicher Unterschied. Da hierbei die Qualität dieselbe bleibt, liegt er ausschließlich auf seiten der Materie. Nun kann aber auch die Qualität selbst variieren. In dem erwähnten Satze war eine Seinsmeinung vollzogen worden, die sich auch im modifizierten Ausdruck »der vorübergehende Karl« erhalten hatte; denn auch hier war Karl als ein seiender gemeint. Diese Seinssetzung, der Glaube (belief) kann sowohl bei nominalen Akten (»Vorstellungen«) wie bei propositionalen (Sätzen) »neutralisiert«, aufgehoben werden; aus den setzenden, d. h. eine Seinsmeinung vollziehenden Akten werden dann nichtsetzende, »bloße Vorstellungen«, in denen wir an das Sein des Vorgestellten nicht mehr glauben, bzw. in denen dieses Sein dahingestellt bleibt. Um eine Ordnung in alle diese Übergangsmöglichkeiten zu bringen, wählt Husserl als Terminus für den übergeordneten Gattungsbegriff den Ausdruck »objektivierende Akte«. Sie gliedern sich:

1. Durch Qualitätsdifferenzierung in Akte, welche einen Seinsglauben aussprechen (*setzende Akte*), und in solche, bei denen die Seinsmeinung aufgehoben ist (*nichtsetzende Akte*).
2. Durch Differenzierung der Materie in nominale (*einstrahlige*) und propositionale (*mehrstrahlige, synthetische*) Akte.

Damit sind die Äquivokationen beseitigt, die an den Termini »Vorstellung« und »Urteil« haften, sofern unter »Vorstellung« bald die nichtsetzenden, bald die nominalen Akte, unter »Urteil« bald die setzenden, bald die propositionalen Akte verstanden werden.

(c) Phänomenologie der Erkenntnis

In Worten können die verschiedensten Akte (Wahrnehmungen, Wünsche, Befehle usw.) ausgedrückt werden. Das Ausdrücken dieser Akte kann sich aber wieder nur über eine eigene Schicht von ausdrückenden Akten vollziehen, die mit den ersteren nicht identisch sind. Sagt jemand »ich wünsche, daß ...«, so verstehe ich diesen Ausdruck, ohne selbst diesen

Wunsch zu hegen; drücke ich eine Wahrnehmung aus, indem ich z. B. sage: »Unten auf der Straße geht mein Freund Hans vorbei«, so versteht der Hörende diesen Satz, ohne selbst die Wahrnehmung aktuell zu vollziehen. Das, was den Ausdruck verstehbar macht, sind daher nicht die ausgedrückten Akte, die ja gar nicht vollzogen werden müssen, sondern die bereits erwähnten *Bedeutungsintentionen*. Im Falle der Wahrnehmung z. B. ist dies ein eigener, von ihr unabhängiger Akt des »Dies-Meinens«. Konkrete Fülle gewährt diesem Akt allerdings erst die aktuelle Wahrnehmung selbst, wodurch der bloß bedeutungsverleihende, rein signitive Akt, d. h. die unanschauliche Bedeutungsintention, mit der den Sinn erfüllenden Anschauung zu einer statischen Deckungseinheit verschmilzt. Diese Deckung kann sich aber auch dynamisch vollziehen, nämlich dann, wenn sich zu einem zunächst nur symbolisch fungierenden Ausdruck später die entsprechende Anschauung hinzugesellt. Erlebnismäßig findet dieser Prozeß in einem eigenen Erfüllungsbewußtsein seinen Niederschlag: Die ursprüngliche Leerintention hat gleichsam ihr Ziel erreicht. Dem *Erfüllungserlebnis* auf der Aktseite entspricht auf der Objektseite das *Identitätserlebnis*, das Bewußtsein davon, daß das gedachte und das angeschaute Objekt identisch sind. Die Identität des gedachten und angeschauten Gegenstandes ist somit das im Erfüllungsakt erscheinende Gegenständliche.

Wahrnehmung und Leerintention sowie die sich dem Anschaulichen nähernden *Imaginationen* (»Vorstellungsbilder«) können sich gleichzeitig als Partialintentionen zu einer Gesamtintention zusammenschließen. Sehe ich z. B. vor mir einen farbigen Gegenstand, so ist mir die Vorderseite anschaulich, bestimmte Seiten sind imaginativ, wieder andere Teile bloß signitiv gegeben. Drehe ich den Gegenstand, so verwandeln sich imaginative und signitive Intentionen in Anschauungen, während das früher anschaulich Gegebene in ein unanschauliches Gemeintsein zurückversinkt. Anschauungsgewinn und -verlust halten sich also die Waage.

Das Gegenstück zur Erfüllung ist das Erlebnis des *Widerstreites*, der »Enttäuschung«. Totaler Widerstreit ist unmöglich, da in diesem Falle in Bedeutungsintention und Erfüllung überhaupt zwei verschiedene Gegenstände gemeint wären, die miteinander nichts zu tun haben. Enttäuschung ist also stets nur als partiale bei gleichzeitiger teilweiser Deckung möglich. Behaupte ich etwa: »A ist blau«, während A sich nachher als rot herausstellt, so steht die Rotanschauung in Widerstreit mit der ursprünglichen Blauintention; hinsichtlich des A selbst aber decken sich Intention und Anschauung.

Der Unterschied von Bedeutungsintention und -erfüllung, der sich auf alle objektivierenden Akte bezieht, betrifft ausschließlich die Materie, nicht hingegen die Aktqualität. So ändert sich z. B. der Charakter der Seinsmeinung nicht, wenn das ursprünglich unanschaulich als seiend Vermeinte später zu anschaulicher Selbstgegebenheit gelangt. Leere Intention und Erfüllung sind jedoch keine gleichwertigen Modifikationen der Aktmaterie, vielmehr bringt der erfüllende Akt dadurch einen Vorzug herbei, daß er die Intention näher an die Sache heranführt. Als Limes dieses Näherungsprozesses erwächst *das Ideal der absoluten Erkenntnis,* in der die Erfüllungssynthese die völlig adäquate Selbstdarstellung des Erkenntnisobjektes herbeiführt. Der Weg kann dabei über eine Reihe relativer Erfüllungsstadien führen; so z. B. wenn der Begriff $(5^3)^4$ zuerst in $5^3 \cdot 5^3 \cdot 5^3 \cdot 5^3$, 5^3 in $5 \cdot 5 \cdot 5$, 5 wiederum in $4 + 1$, 4 in $3 + 1$ usw. bis $2 = 1 + 1$ aufgelöst und hierauf der komplexe Begriff $(5^3)^4$ vom ursprünglich allein volladäquaten Glied her $(2 = 1 + 1)$ schrittweise aufgebaut wird.

Auf der Grundlage dieser Analysen unterscheidet Husserl vier Begriffe der *Wahrheit.* Vorausgeschickt sei dabei, daß mit dem erkenntnismäßigen Wesen eines Aktes dessen intentionales Wesen im Hinblick auf den Charakter der Intention (signitiv, imaginativ, anschaulich) gemeint wird. Einmal kann unter Wahrheit der der Erfüllungssynthesis entsprechende gegenständliche Sachverhalt verstanden werden, nämlich *volle Übereinstimmung zwischen Gemeintem und Gegebenem, die als Evidenz erlebt wird.* Als ideales Wesen wiederum ist Wahrheit *die Idee absoluter Adäquation,* die sich im Falle des idealen Verhältnisses der Deckung zwischen den erkenntnismäßigen Wesen der sich deckenden Akte verwirklicht. Ferner kann *der gegebene Gegenstand selbst* das Wahre genannt werden, sofern er der Meinung die Fülle verleiht und daher als ein die Intention wahrmachender erlebt wird. Und schließlich kann mit dem Begriff Wahrheit *die Richtigkeit der Intention* ausgedrückt werden, die dann vorliegt, wenn in ihr die Sache so intendiert wird, wie sie wirklich ist.

(d) Sinnliche und kategoriale Erkenntnis

Allgemein wird die Auffassung vertreten, daß es eine Anschauung bloß von Individuellem gibt. Wenn nun aber als Ideal der Erkenntnis die volladäquate Anschauung fungiert, wie ist da evidente Allgemeinerkenntnis möglich? Eine Individualanschauung, auf die die Allgemeinbegriffe sich irgendwie stützen, genügt offenbar nicht; denn sie kann ihres Individualcharakters wegen prinzipiell das nicht leisten, was sie leisten sollte. Die Evidenz dessen, daß zwei vor mir liegende Dinge plus einem weiteren drei Dinge ergeben, kann die individuelle Anschauung vermitteln, niemals aber, daß $2 + 1 = 3$ ist. Die Frage leitet über zum Problem der kategorialen Funktionen.

Im Falle echter Erkenntnis finden alle in die Aussage eintretenden Bedeutungen ihre anschauliche Erfüllung. Dazu gehören aber nicht nur jene, die ein konkretes Ding oder ein Merkmal an einem solchen bezeichnen, sondern auch das Sein, welches die Kopula »ist« ausdrückt, ferner die Bedeutungen der Formworte »und«, »oder«, »ein«, »nicht« usw. Sehe ich z. B. vor mir einen roten Bleistift und drücke ich diese Wahrnehmungen dadurch aus, daß ich sage »roter Bleistift«, so deckt sich die Bedeutung von »roter« nur teilweise mit dem gegebenen Farbenmoment an dem Ding; es bleibt ein *Bedeutungsüberschuß*, der in der Dingerscheinung keine Bestätigung findet, da mit »roter« so viel wie »rot seiender« gemeint ist. Es müßte ein eigener, in der Wahrnehmung fundierter Akt sein, in dem die gesamte Aussage ihre Erfüllung findet. Nicht die Wahrnehmungen selbst also, sondern solche in ihnen fundierten Akte würden dann der Bedeutungsintention Erfüllung verleihen. Noch deutlicher tritt dieser über das individuell-anschaulich Gegebene hinausragende

Bedeutungsüberschuß aber bei generellen Aussagen hervor; denn nicht das Einzelne ist hier gemeint, vielmehr dient es nur als Beispiel des Allgemeinen, auf welches es allein abgesehen ist.

Es können somit in Sätzen wie »A ist B«, »E und F sind«, »alle S sind P« nur den durch die Buchstabensymbole »A«, »B« usw. angezeigten Bedeutungen Erfüllungen in der Wahrnehmung entsprechen. Derartige Momente der Aussage nennt Husserl den *Stoff* des Vorstellens, die anderen, in der Anschauung nicht erfüllbaren Bedeutungsintentionen dessen *Form*. Der kategoriale Unterschied zwischen Form und Stoff ist absolut, ohne vermittelnden Übergang.

Soll also die Möglichkeit bestehen, den kategorialen Begriffen erkenntnismäßige Erfüllung zu verleihen, so bleibt nichts anderes übrig, als neben der sinnlichen eine *kategoriale Wahrnehmung* anzunehmen. Da wir über evidente Erkenntnisse in bezug auf Allgemeinheiten, Verhältnisse usw. verfügen, ist die Annahme auch berechtigt. Von der Wahrnehmung im engeren Sinne, in der ein sinnlicher oder realer Gegenstand erfaßt wird, unterscheidet sich somit diejenige im weiteren Sinne, welche auch kategoriale oder ideale Gegenstände betrifft. So ist uns z. B. in einem echten Abstraktionsakt das Allgemeine selbst gegeben, wir denken es nicht in bloß signifikativer Weise, sondern wir erschauen es. Allerdings ist diese kategoriale Anschauung, durch die erst die Einbeziehung dieses Bereiches in die als Deckungseinheit bestimmte Erkenntnis möglich wird, keine freischwebende, für sich selbständige, vielmehr ist sie *in Akten sinnlich-realer Wahrnehmung oder Vorstellung fundiert*.

Das eben Erörterte weist historisch eine Verwandtschaft mit Kants Unterscheidung von »Sinnlichkeit« und »Verstand« auf. Während aber für Kant alle Begriffe und zumal die obersten »Stammbegriffe« der reinen Vernunft unanschauliche Leerformen darstellen und nur die auf Individuelles gerichtete Sinnlichkeit über Anschaulichkeit verfügt, ist nach Husserl sowohl gegenüber Individuellem wie gegenüber Allgemeinem ein leeres, bloß signitives Meinen als auch ein die Meinung erfüllendes Anschauen möglich.

4. Die phänomenologische Wesensschau

Das Ergebnis der Untersuchungen Husserls über sinnliche und kategoriale Anschauung bildet den Übergang zur phänomenologischen Methode, von der aus auch die gesamten Betrachtungen über Intentionalität, Bedeutung, Erkenntnis usw. ihre nachträgliche methodische Rechtfertigung erhalten.

Daß es Wesenheiten und auf sie bezügliche Erkenntnisse gibt, steht bereits fest, ebenso, daß diese Erkenntnisse sich nicht in unerfüllten, leeren Intentionen des Wesensallgemeinen vermitteln. Nur was sich in derartigen Akten unmittelbar gibt, hat die Philosophie, sofern sie eine wissenschaftliche sein will, hinzunehmen. Die Frage ist nun aber, welcher Weg eingeschlagen werden muß, um zu Wesenseinsichten zu gelangen. Husserl glaubt, diesen Weg in der *phänomenologischen Reduktionsmethode* gefunden zu haben.

Die Wesenseinsichten vollziehen sich in fundierten Akten. Als fundierende intentionale Erlebnisse fungieren irgendwelche auf Individuelles, Reales bezogene Wahrnehmungen, Vorstellungen u. dgl. Dabei ist es völlig gleichgültig, ob das in solchen individualbezogenen Akten Gegebene zugleich als seiend vermeint ist oder nicht. Das Wesen »Rot« z. B. gewinne ich ebenso auf der Grundlage der konkret-lebendigen Wahrnehmung eines roten Dinges wie mittels einer entsprechenden Phantasievorstellung. Es kommt also auf das Fürwirklich-halten des Gegebenen im Vollzug der Ideation nicht an. Dies legte für Husserl den Gedanken nahe, daß die gesamte natürliche Welt ausgeschaltet werden, ihr Vorhandensein dahingestellt bleiben muß, um den Zugang zur reinen Wesensregion zu erhalten.

Die Welt der natürlichen Einstellung also, deren ich mir als endlos ausgebreitet in Raum und Zeit bewußt bin, aus der mir ein kleiner Teil, umgeben von dem dunkel bewußten Horizont unbestimmter Wirklichkeit, anschaulich gegenwärtig ist, soll »*eingeklammert*« werden. Dies bedeutet nicht, daß nach dem Vorgehen von Descartes die ganze Welt in ihrer Realität bezweifelt werden soll, *vielmehr wird von dem Weltglauben, der natürlichen Thesis, bloß kein Gebrauch gemacht,* die Thesis wird außer Aktion gesetzt. An dieser Einklammerungsmethode – Husserl nennt sie auch phänomenologische Epoché – lassen sich verschiedene Komponenten unterscheiden.

Die erste besteht in der *historischen Einklammerung;* in ihr wird alles abgelegt, was wir an Theorien und Meinungen, sei es aus dem Alltag, sei es aus der Wissenschaft, sei es aus dem Bereiche des religiösen Glaubens, übernommen haben. Nur die unmittelbar gegebene Sache soll sprechen. Eine zweite Komponente ist die *existenziale Einklammerung,* nämlich die Enthaltung von allen Existenzialurteilen, selbst jenen, bei denen, wie etwa bezüglich der Existenz des eigenen Ich, eine absolute Evidenz vorliegt. Während in der ersten Komponente die Tendenz zur absoluten Vorurteilslosigkeit zur Auswirkung gelangt, hat diese zweite Komponente darin ihren Grund, daß philosophische Erkenntnisse Wesenserkenntnisse sein sollen, für diese aber die reale Existenz der betrachteten Gegenstände unwesentlich, daher auszuschalten ist. Die beiden genannten Komponenten reichen jedoch nicht aus. Sie ergeben zusammen immer noch keine Blickeinstellung auf das Wesen, da ja die gegebenen Einzelheiten, selbst wenn sie nicht mehr als seiende gemeint sind, so doch noch als Einzelheiten entgegentreten.

Es müssen daher noch zwei weitere Komponenten der Einklammerung hinzutreten; auf diesen beiden liegt bei Husserl sogar das Schwergewicht der phänomenologischen Methode. Der Unterscheidung »Tatsache (Faktum) – Wesen (Eidos)« entspricht die *eidetische Reduktion,* durch welche die geistige Umstellung vom Tatsächlichen auf das Wesen erfolgt, z. B. von diesem individuellen Rot zum Wesen Rot, vom individuellen Menschen hic et nunc zum Wesen Mensch. Mit der eben genannten Unterscheidung kreuzt sich eine zweite »Reales – Irreales«. Ihr entspricht die *transzendentale Reduktion,* durch welche die Gegebenheiten im naiven Bewußtsein zu transzendentalen Phänomenen im »reinen Bewußtsein« werden.

Diese beiden zuletzt genannten Reduktionen können in beliebiger Reihenfolge vorgenommen werden und ergeben dabei durch Komposition dasselbe Resultat. Sie sind aber auch jeweils isoliert vollziehbar. Wird allein die eidetische Reduktion vorgenommen, so gelangt man zum *transzendenten Eidos*, welches den Gegenstand der Ontologie bildet. Der alleinige Vollzug der transzendentalen Reduktion wiederum führt zum *transzendentalen Faktum*, das den Gegenstand der Metaphysik ausmacht. Der Unterschied zwischen Ontologie und Metaphysik beruht somit bei Husserl darauf, daß beide verschiedenen Komponenten der phänomenologischen Reduktion zugeordnet sind.

Während man in der eidetischen Reduktion noch die Fortführung und Vertiefung von Gedanken erblicken kann, die bereits in den Logischen Untersuchungen zu finden sind, stellt die transzendentale Reduktion etwas grundsätzlich Neues in der Philosophie Husserls dar. Hatte er sich in jenem Werk ebenso wie sein Lehrer Brentano noch ganz ablehnend zu Kant verhalten, so nimmt er nun die Wendung zum transzendentalen Idealismus Kants vor. Was nach der durch die phänomenologische Reduktion bewirkten gedanklichen »Weltvernichtung« übrigbleibt, ist *die Absolutsphäre des reinen Ich oder des reinen Bewußtseins*. Sie bedarf zu ihrem Bestande keines Realen; sie ist insbesondere nicht mit dem in der inneren Wahrnehmung gegebenen empirischen Ich zu verwechseln. Der auf diese Weise gewonnene Bereich des bewußtseinsimmanenten Seins ist in dem Sinne absolut, daß er »nulla re indiget ad existendum«.

Für Husserl erwächst nun die Aufgabe einer reinen Phänomenologie der Wesenheiten jener Erlebnisse, die in der Absolutsphäre auffindbar sind. In seinem Werke »Ideen zu einer reinen Phänomenologie usw.« hat Husserl daher nochmals die Aktphänomenologie in Angriff genommen. Was die neuerliche Untersuchung des intentionalen Bewußtseinsbereiches auszeichnet, ist der breitere Rahmen, in dem sie sich vollzieht, die Heranziehung einer Anzahl früher unberücksichtigt gebliebener Akte (z. B. Erinnerung), die Berücksichtigung des Zeiterlebnisses und der Einbau der theoretischen Akte in die Welt der emotionalen Erlebnisse (Gefühl und Wille). Auch Ansätze zu einer Analyse des Werterlebens finden sich hier, die später von Scheler zu einer eigenen Wertphilosophie ausgebaut worden sind. In terminologischer Hinsicht ist zu erwähnen, daß Husserl das die reelle, intentionslose Erlebniskomponente oder den Stoff (Hyle) belebende Moment *Aktnoese* nennt, das durch sie geleistete Gegenstandsmoment *Aktnoema*. Während Stoff und Noese reelle Teile des Bewußtseinserlebnisses darstellen, ist dies beim Noema, obwohl es zum Erlebnis gehört, nicht der Fall. So ist z. B. das Noema der Wahrnehmung eines Baumes, das »Baumwahrgenommene«, ebensowenig ein reeller Bestandteil der Baumwahrnehmung wie der Baum als ein dem Bewußtsein gegenüber unabhängiges, für sich bestehendes transzendentes Ding. Anderseits ist das Noema nicht mit diesem transzendenten Objekt identisch, sondern bleibt als ein durch die Aktnoese geleistetes Produkt stets relativ auf das aktvollziehende Bewußtsein. Der wirkliche Baum kann abbrennen, während gleichzeitig das Noema, nämlich das Baumwahrgenommene, etwa infolge einer Halluzination, unverändert bleiben kann.

Werden so die Erlebnisse ständig mit Rücksicht auf das in ihnen Vermeinte, ihren Sinn, analysiert und ist dieser mögliche Sinn in seiner Totalität nichts anderes als die Welt in ihrer Gänze, die Allheit des Seienden, so erwächst in gegenständlicher Hinsicht die Aufgabe der Abgrenzung verschiedener Seinsregionen. Jede dieser Regionen (z. B. Natur, Mensch, Geschichte) ist das Objekt einer eigenen auf sie bezogenen Wesenswissenschaft oder *materialen Ontologie*. Die materialen Ontologien sind streng apriorische Wissenschaften und haben überall das Fundament der auf denselben Gegenstandsbezirk ausgerichteten empirischen Wissenschaften zu bilden. Ihre Aufgabe ist die Beschreibung unmittelbar einsichtiger Wesensverhalte der betreffenden Region, ihre Unterordnung unter oberste Wesensgattungen oder Kategorien (z. B. Dinglichkeit, Räumlichkeit, Kausalität usw.) und die Ableitung in ihnen gründender evidenter Sätze (regionaler Axiome). Über den regionalen Ontologien hat als noch fundamentalere Wissenschaft die *formale Ontologie* zu stehen, welche alle die im Wesen »Gegenstand überhaupt« gründenden formalen Kategorien samt den darin enthaltenen allgemein einsichtigen Sätzen (Universalaxiomen) herausarbeitet. Die formalen Kategorien sind nicht mehr als oberste Seinsgattungen anzusehen, sondern bloß als logische Leerformen, die sich mit konkretem Inhalt anfüllen können. Es ist daher zu unterscheiden zwischen *Generalisierung* (bzw. umgekehrt: Spezialisierung), d. h. Aufstieg von Individuen zu Gattungen, einerseits und *Formalisierung* (bzw. Entformalisierung), d. h. Ausfüllung von logischen und mathematischen Leerformen, andererseits. Eine Zahl z. B. ist keine Seinsgattung, sondern eine derartige Leerform. Die Gesamtheit der Wesensformen unterscheidet sich wieder in anderer Hinsicht in *Substratkategorien* und *syntaktische Kategorien*. Die ersteren gründen unmittelbar in letzten Substraten und ordnen sich unter die beiden Haupttitel »Sachhaltiges letztes Wesen« und »Dies da«. Die letzteren sind die seinsmäßigen Korrelate der Denkfunktionen (Zusprechen, Absprechen, Beziehen, Zählen usw.), wie z. B. Relation, Beschaffenheit, Anzahl, Ordnung, und weisen stets auf letzte, irreduzible Substrate zurück. Eine nochmals andere Unterscheidung ist die in unselbständige Gegenstände, deren Wesen *Abstrakta* genannt werden können, und in selbständige Gegenstände, deren Wesen *Konkreta* sind. Die syntaktischen Kategorien z. B. fallen alle unter die Abstrakta, da sie wesenhaft auf Substrate bezogen sind. Individuum ist jedes Dies-da, dessen Wesen ein Konkretum ist. Bei all diesen Aufgliederungen ist zugleich stets die frühere Unterscheidung zwischen Bedeutungen (Begriffen) und intentionalen Gegenständen, in diesem Falle Wesen, im Auge zu behalten. Das zuletzt Gesagte gilt also sowohl für die kategorialen Begriffe wie für die ihnen entsprechenden Gegenstände, die kategorialen Wesen. Um einen klaren Überblick über diese ziemlich komplizierten Verhältnisse zu ermöglichen, sei ein kurzes Schema entworfen.

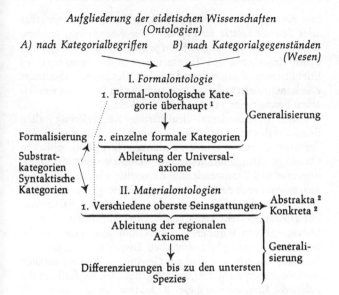

5. Phänomenologie und Transzendentalphilosophie

Es wurde oben gesagt, daß Husserl mit seiner Reduktionsmethode eine Wendung zum transzendentalen Idealismus vollzogen hat; denn die phänomenologische Einklammerung behält als Residuum nur das reine Bewußtsein bei, welches in dem Sinne »absolut« ist, daß es zu seinem Bestande keines Realen bedürftig ist. Diese Seinsunabhängigkeit des transzendentalen Ego ist aber sozusagen nur die negative Seite der transzendental-idealistischen Konzeption, zu der Husserl

---

[1] »Formal-ontologische Kategorie überhaupt« ist die oberste Gattung der formal-ontologischen Kategorien. Da diese selbst aber keine Seinsgattungen darstellen, so ist auch die erstgenannte keine Seinsgattung.

[2] Die Begriffe »Abstraktum«, »Konkretum«, »Individuum« betreffen zwar vor allem die Gegenstände der materialen Ontologien, sind aber selbst formal-kategoriale Begriffe.

hier gelangte. Die positive Seite liegt darin, daß umgekehrt *alles Seiende relativ ist auf das reine Bewußtsein*, welches, obzwar ein Irreales, zugleich ein prinzipiell Notwendiges und damit eine eigenartige Transzendenz in der Immanenz des Erlebnisstromes darstellt und welches alles Seiende überhaupt erst konstituiert, insbesondere auch die im Sinne des *empirischen* Bewußtseins »transzendente« Welt.

Diese transzendental-idealistische Relativierung allen Seins auf das reine Bewußtsein scheint nun zunächst im Widerspruch zu stehen mit den Gedanken einer philosophischen Ontologie (Formalontologie und Materialontologie): Ontologismus und Transzendentalphilosophie schließen einander aus, sowohl nach der Denkweise der Ontologen wie nach der Auffassung der in Kants Gefolge auftretenden Kritizisten. Für Husserl besteht keine solche Unvereinbarkeit. Denn er konzipierte von vornherein jene Ontologien nicht als die letztfundierenden philosophischen Disziplinen. Es ist dazu nur daran zu erinnern, daß zur Gewinnung der Gegenstände der Ontologien nicht die gesamte Reduktion, sondern nur die eidetische Komponente dieser Reduktion erforderlich ist. Für die Ontologie ist das Eidos ebenso ein transzendenter Gegenstand, wie für die Einzelwissenschaften die realen Tatsachen transzendente Objekte bilden. *Darum verharrt für Husserl die ontologische Forschung ebenso wie die fachwissenschaftliche Forschung, philosophisch gesehen, in einer Naivität, nämlich in der naiven natürlichen Welteinstellung.* Die Ontologien sind den Einzelwissenschaften nur insoweit vorgelagert, als es ihre Aufgabe ist, das formale und regionale Apriori dieser Disziplinen herauszuarbeiten. »Philosophisch« sind die Ontologien deshalb zu nennen, weil es ihnen um die Gewinnung von Wesenseinsichten geht, auf die sich die Einzelwissenschaften zu stützen haben, während sie nicht auf die Errichtung eines Systems von deduktiv gewonnenen Lehrsätzen (wie die Mathematik) abzielen und auch nicht auf die Formulierung empirisch überprüfbarer Hypothesen (wie die Natur- und Geisteswissenschaften).

Die eigentliche und letztbegründende philosophische Untersuchung aber kann erst dann einsetzen, wenn außer der eidetischen auch die transzendentale Reduktion vollzogen worden ist, durch welche erst die Naivität der »natürlichen« Einstellung aufgehoben wird. Die phänomenologische Analyse des »transzendental gereinigten Bewußtseins« bildet somit die fundamentale Aufgabe für den Philosophen. Auch im Bereich des reinen Bewußtseins ist die Grundstruktur die Intentionalität. Bereits im 2. Band der Logischen Untersuchungen findet sich zu der Analyse der idealen logischen Gebilde des 1. Bandes die korrelative Einstellung auf die subjektiven Erlebnisse: die Analyse des idealen Seins führt hinüber zur *intentionalen Analyse der Gegebenheit dieses idealen Seins*. War dieser Übergang vielfach als ein Rückfall Husserls in den ursprünglich bekämpften Psychologismus angesehen worden, so tritt für Husserl selbst diese »Hinwendung zum Subjekt« erst nach der Ausarbeitung der phänomenologischen Methode in ihrer wahren philosophischen Bedeutung in Erscheinung. Während dort noch der Anschein entstehen konnte, als handle es sich um das empirische Subjekt, wird jetzt deutlich, daß jene intentionale Analyse nicht auf das empirische Bewußtsein, sondern auf das reine Bewußtsein bezogen ist.

An zwei wichtigen Beispielen möge die transzendentalphilosophische Einstellung Husserls illustriert werden. Da ist zunächst *der Begriff des transzendenten Dinges*. Um Husserls Position zu diesem Problem zu verstehen, dürfte es am besten sein, sie gegen den Standpunkt des sog. *kritischen Realismus* abzugrenzen. Während der naive Realismus die wirklichen Dinge der Welt mit den wahrnehmbaren Objekten identifiziert, und zwar so, wie diese wahrgenommen werden (also mit all ihren sinnlichen Qualitäten: Farben, Gerüchen usw.), sieht sich der kritische Realist genötigt, zwischen das wahrnehmende und erkennende Subjekt einerseits, die reale Welt der Dinge andererseits etwas Drittes einzuschieben: die Welt der Bewußtseinsinhalte oder Phänomene, welche zwar von den realen Objekten auf dem Wege über Sinnesreize kausal hervorgerufen werden, jedoch mit diesen ihren Ursachen keine Ähnlichkeit besitzen. So hatte schon J. Locke verschiedene Argumente dafür vorgebracht, daß die sekundären Qualitäten den Dingen selbst nicht zukommen können; und spätere Erkenntnistheoretiker haben darauf hingewiesen, daß analoge Argumente, die Locke zugunsten der Subjektivität der Farben, Töne usw. angeführt hatte, auch auf die räumlichen und zeitlichen Gegebenheiten anwendbar seien. So kam es zur Repräsentationstheorie der Erkenntnis, wonach alles, was uns in der Wahrnehmung gegeben ist, bloß in Bildern von bewußtseinsjenseitigen Fakten besteht. Streng genommen dürfte diese Theorie gar nicht von einer Abbildung der realen Welt im Bewußtsein reden; denn von einem Bild kann man nur dann sprechen, wenn eine Ähnlichkeit mit dem besteht, was abgebildet wird. Da jedoch die sog. Wahrnehmungsbilder keinerlei Ähnlichkeit mit ihren bewußtseinsjenseitigen Ursachen zu haben brauchen, sind sie bloße *Zeichen*, welche in unserem Bewußtsein jene transzendenten Ursachen symbolisieren. So gelangte man dazu, zwischen der anschaulichen, aber bewußtseinsimmanenten Welt des Gegebenen (der phänomenalen Welt) und der anschaulich unvorstellbaren Welt der transzendenten Dinge (der realen Welt) zu unterscheiden. Die letztere können wir uns prinzipiell nie zur Gegebenheit bringen, weil wir von diesen Dingen nicht anders Kenntnis zu erlangen vermögen als dadurch, daß sie auf uns einwirken; an den dabei entstehenden Bewußtseinsinhalten aber ist unsere Subjektivität genauso mitbeteiligt wie die transzendenten Ursachen.

Für Husserl ist dieser Gedanke eines schlechthin transzendenten Gegenstandes unhaltbar. *Die universelle und prinzipielle bewußtseinsmäßige Zugänglichkeit aller Gegenstände – insbesondere aller Gegenstände, über die man in Wissenschaft und Philosophie sinnvoll reden kann – bildet ja gerade das Grundprinzip des transzendentalen Idealismus.* Wenn also von der Transzendenz der Gegenstände gesprochen wird, so muß diese sich selbst innerhalb der Welt des Phänomenalen ausweisen. Tatsächlich ist das uns Gegebene niemals nur in einer Weise gegeben, sondern stets von neuen Seiten und unter neuen Aspekten. Ein und dieselbe Farbe erscheint im Verlaufe der Zeit in immer neuen Farbabschattungen, ein und dieselbe Gestalt in immer neuen Gestaltabschattungen. Dies gilt insbesondere auch von den Dingen: *Unter dem realen Sein der Dinge haben wir uns nichts anderes zu denken als solche Erscheinungs- und Abschattungsmannigfaltigkeiten, die in bestimmter gesetzmäßiger Weise zusammenhängen.* Daß ein Baum, den ich sehe, ein reales Ding und nicht bloß ein subjektiver Bewußtseinsinhalt ist, bedeutet nicht, daß außerhalb meines Bewußtseins und ebenso unabhängig von dem Bewußtsein jedes anderen Betrachters ein (ex hypothesi unvorstellbares) X existiert, das diesen Bewußtseinsinhalt in mir hervorruft, sondern es bedeutet, daß dieser augenblickliche Bewußtseinsinhalt gesetzmäßig in einen potentiell unbegrenzten Horizont von immer neuen Erscheinungen und Abschattungen eben dieses »selben Dinges« eingebettet ist.

Das eben am Beispiel des Einzeldinges Exemplifizierte gilt insbesondere auch für die Welt als ganze, die ja nichts anderes ist als der Inbegriff aller Erscheinungs- und Abschattungsmannigfaltigkeiten. Auf diese Weise ist ebenso der Rückfall in den naiven Realismus vermieden, wie die unheilvolle Weltverdopplung des kritischen Realismus und der Repräsentationstheorie der Erkenntnis. Dagegen ist der Einklang erzielt mit dem transzendental-idealistischen Grundprinzip: Da der Begriff der Abschattung notwendig relativ ist auf ein Bewußtsein, *für* welches diese Abschattung besteht und *in* welchem die Dinge sich abschatten, *so ist die Welt als das Gesamtsystem dieser sich abschattenden Dingmannigfaltigkeiten notwendig relativ auf ein Bewußtsein.* Und dieses Bewußtsein ist nicht das empirisch-reale, sondern jenes transzendentale Bewußtsein, welches nach Vollzug der phänomenologischen Einklammerung übrigbleibt.

Das zweite Beispiel stellen die *logischen Gebilde* und die übrigen *idealen Wesenheiten* dar. Husserl hatte die Relativität des Begriffs des realen Dinges auf das transzendentale Bewußtsein bereits in seinen »Ideen zu einer reinen Phänomenologie« im Detail herausgearbeitet. Erst in seinem letzten großen Werk »Formale und transzendentale Logik« gelangte jedoch das Prinzip des transzendentalen Idealismus in voller Universalität und Radikalität zum Durchbruch. Während auf Grund der früheren Arbeiten Husserls der Eindruck entstehen konnte, daß er gegenüber den idealen Wesenheiten, insbesondere also gegenüber den logischen Gebilden, einen »realistischen« Standpunkt vertrat, d. h. diese Gebilde wie etwas absolut Seiendes behandelte, werden diese Idealitäten nun als aus Bewußtseinsakten hervorgehend und als auf diese Akte seinsrelativ aufgefaßt. *Das transzendentale Bewußtsein ist also nicht nur für die reale Welt, sondern nicht weniger auch für die Gesamtheit des idealen Seins konstitutiv.* Jede Art von Gegenständlichkeit, gleichgültig, ob es sich um eine reale oder um eine ideale handelt, kann nur von der sie erzeugenden intentionalen Leistung aus verstanden und in ihrem Wesen aufgeklärt werden.

Trotz dieser deutlichen Wendung zum kantischen Idealismus blieb die Philosophie Husserls klar abgegrenzt vom Kritizismus der neukantischen Schulen. Seine Phänomenologie ist auch von seiten der Neukantianer, insbesondere aus der Schule Rickerts, heftig angegriffen worden. Der Haupteinwand bestand dabei im *Vorwurf des Intuitionismus*, der sich vor allem in der Lehre von der kategorialen Anschauung und von der Wesensschau zeige. Die Neukantianer weisen demgegenüber darauf hin, daß es – wie schon Kant betont hatte – zwei irreduzible Fähigkeiten gäbe, die beide an jeder Erkenntnis beteiligt sein müssen: die Sinnlichkeit, welche Anschauungen liefert, und den Verstand, der die eigentlichen Denkleistungen vollbringt. Husserl hingegen schien in seiner Bestimmung des Begriffs der eigentlichen Erkenntnis als »evidenter Selbstgebung« oder »selbstgebender Anschauung« diesen Gegensatz zu nivellieren und alles konstruktive Denken zu verwerfen zugunsten des anschaulich Gegebenen. Die Situation ist jedoch insofern komplizierter und der Vorwurf daher nicht ganz gerechtfertigt, als nicht nur die Durchführung der Reduktionsmethode auf einer Folge von Denkoperationen beruht, sondern auch in der Wesensschau selbst nach Husserl die Spontaneität des Denkens wesentlich mitbeteiligt sein soll: Das Eidos wird nicht einfach »gesehen«, sobald ein Seiendes zur originären Gegebenheit gebracht ist, sondern die möglichen Abwandlungen dieses Seienden müssen *den-*

kend durchlaufen werden, und das Wesen ist dabei erkennbar als das, was in dieser Möglichkeitsabwandlung invariant bleibt.

Dagegen unterscheidet sich Husserls Begriff des Bewußtseins ebenso deutlich von dem Brentanos wie von dem der Neukantianer. Bezeichnet der Ausdruck »Bewußtsein« für Brentano noch etwas Empirisch-Reales, so ist das nach Durchführung der Reduktionsmethode übrigbleibende »reine Bewußtsein« Husserls etwas Transzendental-Irreales. Damit ist sein Bewußtseinsbegriff wesentlich formaler und abstrakter als derjenige Brentanos. Auf der anderen Seite ist dieses »transzendentale Ich« auch für Husserl noch durch seine intentionale Struktur charakterisiert und daher etwas inhaltlich Bestimmtes, das einer Analyse zugänglich gemacht werden kann. Für die Neukantianer hingegen ist das »transzendentale Subjekt« oder »Bewußtsein überhaupt« eine reine Form ohne Inhalt; denn nach deren Auffassung gehört aller Inhalt zur Gegenstandsseite, also zu dem, was seinerseits nur für das transzendentale Subjekt da ist, welches somit selbst als ohne allen Inhalt gedacht werden muß.

Würdigung

Die Untersuchungen Husserls sind für die Philosophie von großem Einfluß gewesen. Jenen, die sich seinen Gedanken im Prinzip anschlossen und die phänomenologische Methode in ihren Forschungen anwandten, eröffnete sich ein unendlich weites, neues Arbeitsfeld. Für die Philosophen des gegnerischen Lagers wiederum ergab sich die Notwendigkeit, ihre eigene Position schärfer und klarer herauszuarbeiten und die Stichhaltigkeit ihrer Argumentationen dem hohen wissenschaftlichen Niveau der Lehren Husserls anzupassen. So hat Husserl wie alle großen Geister auf Freund und Feind zu produktiver Tätigkeit anregend gewirkt. Auch aus dem Widerstreit zwischen seiner und der gegnerischen Auffassung sind bedeutende Philosophien hervorgegangen; so z. B. ist die Erkenntnismetaphysik Nicolai Hartmanns und in Abhängigkeit davon seine gesamte Ontologie unter anderem aus dem Gegensatz zwischen Neukantianismus und Phänomenologie hervorgewachsen.

Husserls Argumente gegen den Psychologismus in der Logik sind durchschlagend und überzeugend; ebenso sein Nachweis, daß dieser Psychologismus in letzter Konsequenz in Relativismus und Skepsis einmündet. Wenn Husserl allerdings vom logischen Widersinn der Skepsis spricht, so behauptet er damit mehr, als auf logischem Wege einsichtig gemacht werden kann. Denn eine rein logische Widerlegung der meisten skeptischen Thesen, selbst besonders radikaler Fassungen dieser Thesen, ist nicht möglich, obwohl das Gegenteil immer wieder behauptet wird[1].

Während die Leistungen Husserls in der Abwehr fehlerhafter Tendenzen in der Logik unbestreitbar sind, so verhält es sich doch ganz anders, wenn man die Frage stellt, welchen Beitrag Husserls Untersuchungen zum positiven Aufbau und zur Ausgestaltung der Logik gebildet haben. Hierzu muß man leider feststellen, daß dieser Beitrag ein außerordentlich geringer war. Anhänger Husserls haben zwar immer wieder mit Nachdruck und großer Beredsamkeit die These verfochten, daß Husserl erstmals eine positive Begründung der Logik gegeben habe und daß diese Begründung eine unvergleichlich tiefere sei, nicht nur als alle vorangehenden Grundlegungsversuche, sondern auch als alle jene Begründungen, die in der modernen Logik zu finden sind. Nun verhält es sich aber mit der Logik analog wie mit der Mathematik: Ihre Qualität ist zu beurteilen nach ihren Leistungen; und zu diesen Leistungen müßte u. a. die Aufstellung eines möglichst präzisen Systems von Regeln gehören, die uns gestatten, gültige von ungültigen Argumenten zu unterscheiden, in einfacheren Beweisführungen sowohl wie in komplizierteren mathematischen Ableitungen. *Ein derartiges System der Logik ist jedoch weder von Husserl noch von seinen Nachfolgern errichtet worden;* bis zum heutigen Tage existiert kein mit den Standardwerken der modernen Logik konkurrenzfähiges Werk über Logik auf husserlscher Basis. Seine Über-

---

[1] Vgl. dazu W. Stegmüller, »Metaphysik, Wissenschaft, Skepsis«, Kap. IV.

legungen erschöpften sich darin, Prolegomena für eine aufzubauende Logik zu liefern, Projekte für ein mögliches – aber nie verwirklichtes – System der Logik zu sein. In diesen Überlegungen finden sich wichtige und fruchtbare Gedankengänge; aber sie sind in ihrer Gesamtheit noch immer viel zu wenig, um darauf ein neues System der Logik zu errichten, etwa von jenem Umfang und von jener Präzision, wie dies Leibniz vorgeschwebt hatte.

Die tatsächliche Verwirklichung des Leibniz-Programms ist von einem anderen Denker ausgegangen, nämlich von G. Frege. Auch dieser hatte schon lange vor Husserl den Psychologismus in der Logik mit ungemein scharfsinnigen Argumenten bekämpft. Darüber hinaus aber hatte Frege in einer kaum mehr zu ermessenden Gedankenarbeit ein umfangreiches System der Logik entworfen, welches nicht nur ausreichte, um die Lücken und Mängel der traditionellen Logik zu beseitigen, sondern in welchem durch eine neuartige Begriffsanalyse alle logischen und mathematischen Begriffe auf einige wenige logische Grundbegriffe zurückgeführt werden und welches es daher gestattete, das gesamte Gebiet der Mathematik in die Logik einzubeziehen. Daß es so lange Zeit brauchte, bis sich diese Gedanken durchsetzten, ist außer in der Neuartigkeit und Schwierigkeit der Materie und bestimmten historischen Umständen vor allem darin zu suchen, daß es Frege nicht gelungen war, seine Logik in einer durchsichtigen Sprache zu formulieren; dies blieb erst späteren Ausgestaltern seiner Ideen vorbehalten, insbesondere B. Russell und A. N. Whitehead. Auf jeden Fall trägt das, was in der Gegenwart von den Fachleuten der Logik gelehrt wird, deutlich die Herkunftszüge aus der fregeschen Theorie, während Husserl praktisch ohne Einfluß auf diese Lehre geblieben ist.

Husserl orientierte seine Vorstellung von der Logik an den *idealen logischen Gebilden*. Die moderne Logik hingegen ist primär an der *Sprache* orientiert, da nur auf dem Wege der logischen Durchdringung und Präzisierung der Wissenschaftssprache jenes vollständige System präziser Regeln gewonnen werden konnte, deren Aufstellung von einer fruchtbaren Theorie der Logik gefordert werden muß. Bei genauerer Betrachtung zeigt es sich aber, daß auch viele Überlegungen Husserls in stärkerem Maße auf grammatikalischen Einsichten basierten, als er dies selbst ahnen konnte; und gerade deshalb hat er gewisse Züge der modernen Wissenschaftstheorie in einer wenn auch rudimentären Form vorweggenommen. Dies möge an einem Beispiel aus den Logischen Untersuchungen illustriert werden, das kürzlich von Y. Bar-Hillel eingehender analysiert worden ist[1].

Husserl beschäftigt sich im Kap. IV des 2. Bandes mit der Frage, worauf es beruhe, daß bestimmte Wortfolgen in der Sprache einen Sinn ergeben, während andere sinnlos sind. Husserl behauptet, daß dies *auf apriorischen Gesetzen der Bedeutungsverknüpfungen* beruhe, deren mehr oder weniger klare Manifestationen die Regeln für grammatikalische Verträglichkeit und Unverträglichkeit einer Sprache darstellen. Wir erfassen nach Husserl mit *apodiktischer Evidenz*, daß bestimmte (kombinatorisch mögliche) Bedeutungsverknüpfungen wesensgesetzlich ausgeschlossen sind. Damit werden von Husserl grammatikalische Unverträglichkeiten auf Unverträglichkeiten im Bereich der Bedeutungen zurückgeführt. Zugleich operiert er hier mit dem Gedanken, daß in dieser Frage die *Form* eines Satzes eine entscheidende Rolle spielt. Der Satz »dieser Baum ist grün« ist sinnvoll, und ebenso ist jeder weitere Satz sinnvoll, der aus dem ersten dadurch entsteht, daß die mit selbständiger Bedeutung versehenen Ausdrücke »Baum« und »grün« durch Worte ersetzt werden, deren Bedeutungen jeweils *zu denselben Bedeutungskategorien* gehören wie die Bedeutungen von »Baum« und »grün«; m. a. W. *die Sinnhaftigkeit des ersten Satzes überträgt sich auf alle Sätze von derselben Form*. Wenn wir dagegen Ausdrücke einsetzen, die zu anderen Bedeutungskategorien gehören, so entstehen Sinnlosigkeiten wie z. B. »dieses leichtsinnig ist grün«; und auch hier überträgt sich die Sinnlosigkeit wieder auf alle Ausdrucksreihen von derselben Form.

Man muß sich fragen, was Husserl an dieser Stelle unter den Bedeutungskategorien versteht. Es stellt sich überraschen-

[1] Philosophy and Phenomenological Research, Bd. XVII, 1957, S. 362—369.

derweise heraus, daß diese nichts anderes sind als die objektiven Gegenstücke zu den *grammatikalischen Kategorien, die zu jener Zeit als Standardkategorien für die indogermanischen Sprachen angesehen wurden.* So sagt Husserl z. B. ausdrücklich (S. 319), daß dort, wo eine nominale Materie stehe, wieder eine beliebige nominale Materie stehen könne, jedoch keine adjektivische oder relationale oder propositionale Materie. Für die Entscheidung darüber, welches Wort in einem Kontext ein anderes ersetzen kann, ist also nichts anderes erforderlich als die Bestimmung der grammatikalischen Kategorie dieses Wortes. *Die gesamte Abschweifung in das Reich der Bedeutungen war somit überflüssig* und die apodiktische Evidenz, auf die sich Husserl beruft, ist nichts anderes als eine *grammatikalische* Intuition. Zudem ist diese Art von Intuition, wie Bar-Hillel hervorhebt, im höchsten Grade fragwürdig. Denn einerseits ist es nicht richtig, daß eine nominale Materie in einem sinnvollen Satz niemals durch eine adjektivische ersetzt werden dürfe, wenn wieder ein sinnvoller Satz entstehen soll: Der Satz »dieser Rabe ist schwarz« ist sinnvoll, obwohl er durch die von Husserl verbotene Ersetzung aus dem Satz »dieser Rabe ist ein Vogel« erhalten werden kann. Andererseits kann es sein, daß eine solche für zulässig erklärte grammatikalische Substitution in einem sinnvollen Text zu etwas führt, was die meisten nicht für sinnvoll halten werden, wie es z. B. bei dem Übergang von »dieser Baum ist grün« zu »diese reelle Zahl ist grün« der Fall ist. Die Unangemessenheit der Redeteile der überlieferten Umgangssprachen für die Bedürfnisse der Logik, nämlich die Tatsache, daß diese Redeteile nur eine grobe Annäherung an brauchbare Kategorien darstellen, war es gerade, die zu der Forderung geführt hat, die Syntax der Alltagssprache durch eine nach präzisen Regeln aufgebaute Syntax der Wissenschaftssprache zu ersetzen.

Im engen Zusammenhang mit dem Begriff der Bedeutungskategorien steht die husserlsche Unterscheidung in *Unsinn* und *Widersinn* und eine entsprechende Unterscheidung in solche Gesetze, die das erste vermeiden sollen, und solche, die zur Vermeidung des letzteren dienen. »x ist ein eckiger

Kreis« ist ein Widersinn, da man aus logischen Gründen weiß, daß kein x diese Bedingung erfüllen kann; »x ist ein rundes Oder« hingegen ist ein Unsinn, eine sinnlose Verknüpfung von Worten. Die Gesetze des zu vermeidenden Unsinns werden dabei als grundlegender angesehen gegenüber den Gesetzen des zu vermeidenden Widerspruches. Mit dieser Unterscheidung hat Husserl jene beiden Arten von Regeln vorweggenommen, die später R. Carnap als *Formregeln* (die über die Zulässigkeit von Symbolfolgen bei der Bildung von Ausdrücken, insbesondere Sätzen, zu entscheiden gestatten) und als *Umformungsregeln* (welche die Ableitungsbeziehungen zwischen Sätzen festlegen) bezeichnet hat. Nur daß diese Unterscheidung bei Carnap in viel klarerer und exakterer Weise gemacht wird und daß sich bei Husserl auch hier wieder die überflüssige Abschweifung in das Reich der Bedeutungen vorfindet. Die erwähnte Prioritätsbehauptung reduziert sich heute auf die fast selbstverständliche Feststellung, daß die Definition der Folgebeziehung für Sätze (= Hauptzweck der Umformungsregeln) sich auf eine vorhergehende Definition des Satzes (= Hauptzweck der Formregeln) stützen muß. Auch die von Husserl aufgestellte Forderung nach einer *reinen* (apriorischen) und *universellen Grammatik* ist erst durch die Untersuchungen Carnaps annäherungsweise erfüllt worden. Eine apriorische Aussage darüber, daß alle Sprachen etwas enthalten müssen (z. B. Sätze, Ausdrücke zur Bildung von Konjunktionen usw.) kann allein so gewonnen werden, daß diese Einsicht aus der Definition der Sprache selbst folgt. Ansonsten läßt sich prinzipiell nur durch empirische Untersuchungen feststellen, ob z. B. alle Sprachen Hauptwörter, Negationszeichen usw. enthalten. Die Idee einer reinen Grammatik ist also nur dadurch zu verwirklichen, daß jenes von Husserl geforderte ideale grammatikalische Grundgerüst aus der Definition der Sprache selbst folgt. Dies gilt gerade von Carnaps *Reiner Syntax*, innerhalb welcher apriorische Aussagen über die Sprache gewonnen werden, deren Apriorität darin begründet liegt, daß sie logische Folgerungen der Definition des Begriffs der Sprache darstellen.

Husserls Stellungnahme zum Universalienproblem ist von grundlegender Bedeutung für seine gesamte Philosophie. Seine Position in dieser Frage ist der brentanoschen diametral entgegengesetzt. Brentano pflegte denn auch gelegentlich zu sagen, daß Husserl (ebenso wie der Philosoph Meinong) seine abgelegten Kleider trage; denn zu jener Zeit, da Husserl bei ihm Vorlesungen hörte, hatte Brentano selbst noch die Auffassung vertreten, daß es jene »entia rationis« gäbe, während er später erkannt zu haben glaubte, daß abstrakte Objekte, wie Sachverhalte, Qualitäten, Klassen u. dgl. Fiktionen darstellen. Hinsichtlich der Beurteilung der Streitfrage muß hier an das erinnert werden, was in der Würdigung der Philosophie von Brentano gesagt wurde. Auch Husserl glaubte irrtümlich, daß dieses Problem auf apriorischem Wege entschieden werden könne, nur daß er im Gegensatz zu Brentano meinte, daß die Antwort im platonistischen Sinne ausfallen müsse. In seiner Kritik an den verschiedenen Abstraktionstheorien hat er zwar viele Unklarheiten und Irrtümer in diesen Lehren aufgezeigt; aber er hat nicht gesehen, daß jede derartige Auseinandersetzung nicht zu einem definitiven Resultat in der Frage, die keine a priori entscheidbare Frage ist, führen kann[1]. Ebensowenig wie Brentano erkannte er, daß für das Problem des Platonismus einzig und allein die gebundenen Variablen – in der Alltagssprache gewöhnlich wiedergegeben durch Pronomina – maßgebend sind. Sein Irrtum war allerdings schwerwiegender als derjenige Brentanos. Denn während dieser nur übersehen hatte, daß der Nichtplatonist auch alle jene Aussagen, in denen sich ein »alle« oder »es gibt« auf einen Bereich abstrakter Objekte bezieht, in die für ihn allein einwandfreie Fassung zu übersetzen hat und daß dieses Vorgehen auf unüberwindliche Schwierigkeiten stoßen kann, glaubte Husserl, definitiv die Unhaltbarkeit des Nominalismus am Beispiel genereller Prädikate demonstrieren zu können. Er mußte dabei eine Deutung der Sprache voraussetzen, die der Nominalist nicht akzeptiert: nämlich die Deutung, wonach jeder sprachliche

---

[1] Merkwürdigerweise hat sich Husserl niemals mit der späteren brentanoschen Lehre auseinandergesetzt.

Ausdruck *für etwas* steht und somit als Name dessen, wofür es steht, aufzufassen ist. Unter dieser Voraussetzung kann man auf die Frage, welchen Gegenstand z. B. ein Prädikat wie »grün« oder »Pferd« bezeichne, nur die Antwort erhalten, daß dies kein konkreter, sondern ein abstrakter oder idealer Gegenstand sei: die Qualität Grün oder das Wesen Pferd (die platonische Pferdheit). Der Nominalist wird die ganze Voraussetzung nicht akzeptieren. Ausdrücke können für ihn sinnvoll sein, ohne etwas zu benennen; und die Prädikate gehören nach nominalistischer Auffassung zu diesen Ausdrücken: Um die Bedeutung des Prädikates »grün« zu verstehen, muß man bloß wissen, in welchen Situationen die Wendung »ist grün« gebraucht werden darf und in welchen nicht; dagegen setzt dieses Verstehen nicht den Vollzug intentionaler Akte voraus, die sich nicht auf Einzelnes richten, sondern auf »das allgemeine Wesen Grün«. Der Fehler des Platonismus besteht nach nominalistischer Ansicht gerade darin, Prädikate nach Analogie von Eigennamen zu deuten.

Deshalb brechen auch die logischen Argumente in sich zusammen, die Husserl zur Stützung seiner These vorbringt, insbesondere auch das Argument, daß Gleichheit zweier Dinge Identität der Art (species) bedeute (vgl. S. 60): Der Platonist darf zwar sagen, daß die Gleichheit zwischen einem roten Stück Papier und einer roten Blume in bezug auf die Farbe darin bestehe, daß die Farbqualität in beiden Fällen identisch sei, aber er darf dies nur insofern behaupten, als er die Richtigkeit seiner These, wonach man ebenso wie von konkreten Einzelobjekten auch von allgemeinen Dingen sprechen dürfe, bereits voraussetzt. Als Argument gegen den Nominalismus vorgebracht, stellt dieser Gedanke dagegen eine petitio principii dar; denn der Nominalist leugnet ja, daß von »der Farbqualität« So-und-so wie von einem Gegenstand gesprochen werden und die Farbgleichheit konkreter Dinge darauf zurückgeführt werden darf, daß ihnen beiden dieselbe Farbe zukommt.

Gibt man einmal zu, daß die Argumente zur Sicherung idealer Wesenheiten unhaltbar sind, so wird die Voraussetzung dafür, um überhaupt von Wesensschau sprechen zu können, fragwürdig; denn man soll Gegenstände von einer bestimmten Art schauen können, wobei sich die Annahme der Existenz jener Gegenstände auf logisch fehlerhafte Argumente stützt. Selbstverständlich kann die Wesensschau nicht selbst wieder zur Stützung jener Existenzannahme in Anspruch genommen werden; denn es wäre offenbar ein zirkuläres Vorgehen, durch die Betätigung der Wesensschau die Existenz dessen sicherzustellen, das bereits vorausgesetzt werden muß, damit man sinnvoll von Wesensschau reden kann.

In der modernen Erkenntnislehre und Wissenschaftstheorie ist außerhalb des ziemlich engen Kreises von Phänomenologen keine Rede mehr von der Epoché Husserls. Dies dürfte seinen Grund darin haben, daß Husserls phänomenologische Methode von den kritisch eingestellten Erkenntnistheoretikern als *ein zweifacher Weg in die Mystik* oder zumindest *in eine neue Art von spekulativer Metaphysik* angesehen wird, die mit der Forderung der Wissenschaftlichkeit – vor allem auch mit dem von Husserl selbst erhobenen Anspruch auf Wissenschaftlichkeit – nicht im Einklang steht. Der eine dieser beiden Wege führt über die *eidetische Reduktion*. Auch hier wird man ebenso wie in bezug auf die Logik sagen müssen, daß der Wert einer neuen philosophischen Methode sich in ihren Früchten zeigt. Solche Früchte müßten darin bestehen, daß diese Methode in allgemeinverbindlicher Weise zu neuen Forschungsresultaten führt. Was aber ist unter Berufung auf diese husserlsche Methode in der Folgezeit nicht alles für Wesenserkenntnis ausgegeben worden! Und zwar wie vieles, von dem Husserl selbst niemals zugestanden hätte, daß es diesen hochtönenden Namen für sich beanspruchen dürfe! Es ist bekannt, daß Husserl sich außerordentlich kritisch und fast immer ablehnend jenen gegenüber verhalten hat, die sich auf seine phänomenologische Methode berufen. Dies gilt vor allem auch von Scheler und Heidegger. Ist aber darin nicht ein Symptom dafür zu sehen, daß dieser Methode gerade dasjenige fehlt, was sie erst zu einer wissenschaftlichen machen würde: *die intersubjektive Nachprüfbarkeit*, die einwandfreie Kontrollierbarkeit dessen, was unter Berufung auf diese Methode behauptet wird? Bis heute sind uns jedenfalls die Phänomenologen den Nachweis schuldig geblieben, daß ihre Methode diese oberste und unumgängliche Forderung der Wissenschaftlichkeit erfüllt.

Der zweite Weg in die Mystik führt über die *transzendentale Reduktion*. Wenn Husserl von dem »reinen Ich«, dem »reinen Bewußtsein«, dem »reinen Subjekt« oder dem »transzendentalen Ego« spricht, das von nichts Realem abhängig ist und das Residuum der Weltvernichtung darstellt, so benützt er Ausdrücke wie »Ich«, »Bewußtsein«, »Subjekt«, die aus der Sprache des Alltags und der Wissenschaft stammen, verwendet sie jedoch in einer ganz neuen Weise, die nur durch bildhafte Anspielungen umschrieben werden kann. Dieses Merkmal teilen die erwähnten Ausdrücke mit den spezifisch-metaphysischen Ausdrücken. Vertreter des modernen Empirismus würden daher nicht etwa die Richtigkeit der mit der transzendentalen Reduktion zusammenhängenden husserlschen Gedanken anzweifeln, sondern die Sinnhaftigkeit all dieser Aussagen bestreiten und darauf verweisen, daß die Ausdrücke »reines Ich«, »reines Bewußtsein« usw. Scheinbegriffe beinhalten.

Diese prinzipiellen Bedenken sind durchaus verträglich mit der Feststellung, daß verschiedene Einzelanalysen, die Husserl in seiner Phänomenologie gibt, wertvoll und aufschlußreich sind. Mit seiner Fassung des Begriffs des transzendenten Dinges z. B. kommt Husserl bestimmten Vorstellungen sehr nahe, die in der modernen Erkenntnislehre anzutreffen sind. Es ist insbesondere der sog. Phänomenalismus – der im Lager des Empirismus anzutreffen ist und von der phänomenologischen Philosophie streng unterschieden werden muß –, mit dem seine Überlegungen eine große Ähnlichkeit besitzen. Auch der Phänomenalismus lehnt den Gedanken des bewußtseinstranszendenten Dinges ab; Aussagen über Dinge müssen vielmehr in Aussagen über Phänomene (»Sinnesdaten«) übersetzbar sein. Bei der genauen Durchführung seines Programms stößt der Phänomenalismus allerdings auf unüberwindliche Schwierigkeiten[1]. Eine dieser Schwierigkei-

---

[1] Vgl. dazu W. Stegmüller, »Der Phänomenalismus und seine Schwierigkeiten«, Archiv für Philosophie, Bd. VIII, 1/2, S. 36–100.

ten beruht darauf, daß es von einem Ding eine unbegrenzte Anzahl von Teilaspekten gibt und daß daher z. B. eine Aussage über ein physisches Ding nicht durch eine fest begrenzte endliche Anzahl von Aussagen über Phänomene ersetzt werden kann. Husserl dürfte die Schwierigkeit, die einer solchen Fassung des Phänomenalismus anhaftet, im Prinzip gesehen haben, wenn er von dem potentiell unbegrenzten Horizont immer neuer Erscheinungen sprach, in deren gesetzmäßigem Zusammenhang das Vorhandensein eines und desselben Dinges bestehe. Doch eine Lösung der hier verankerten Probleme hat auch er nicht einmal andeutungsweise gegeben, so z. B. auch keinen Hinweis darauf, wie jene Gesetze lauten, die eine Erscheinungsmannigfaltigkeit zu den Erscheinungen *eines und desselben* Dinges machen.

Es hat nicht an philosophischen Stimmen gefehlt, die besagten, daß Husserl in seinen Deskriptionen häufig über das Gegebene weit hinausgehe und logische Konstruktionen für schlichte Beschreibungen des tatsächlich Aufweisbaren ausgebe. So hat vor allem *Otto Janssen* die Intentionalitätslehre Husserls einer scharfen Kritik unterzogen. Merkwürdigerweise sind die interessanten Betrachtungen Janssens fast gänzlich unbeachtet geblieben. Seine philosophische Anschauung, die er der husserlschen entgegensetzt, sei hier wenigstens in Umrissen skizziert. Janssen stellt fest, daß von jenen reellen Empfindungselementen, die durch intentionale Akte belebt werden – so daß erst auf Grund dieser »Belebungen« die in der Wahrnehmung vor uns stehende Gegenstandswelt konstituiert werde –, nichts zu bemerken sei. Daher beruhe auch der husserlsche Gedanke einer »Abschattung der Dinge im Erlebnisstrom« auf einer Fiktion. Sehe ich z. B. vor mir eine rote Fläche, so ist nur diese rote Fläche da draußen gegeben und nicht nochmals irgendeine Erlebnisabschattung.

Um alle Fehldeutungen am aufweisbaren Befund zu vermeiden, sieht Janssen es für zweckmäßig an, den mit so vielen Assoziationen behafteten und immer wieder zu Konstruktionen verleitenden Terminus »Bewußtsein« fallen zu lassen und statt dessen den Ausdruck »*Dasein*« zu verwenden. Das *Daseinsfeld* ist mit zahlreichen Inhalten ausgestattet, denen allen vor jeder urteilsmäßigen Charakterisierung Evidenz des Daseins zugesprochen werden muß. In der Mitte dieses Daseinsfeldes steht ein zunächst nicht näher bestimmbares Ich, das jedoch in bezug auf die Evidenz des Daseins keine bevorzugte Stellung gegenüber den anderen Inhalten des Daseinsfeldes einnimmt. Das Buch vor mir, die Feder, mit der ich schreibe, der Baum im Garten – alle sind sie ebenso evident da wie ich selbst. »Dasein« ist also bei Janssen das, was nach der Bewußtseinslehre das »Gegebensein eines Etwas für mich« nach Absehung der darauf bezogenen Intentionen ist. Das Bestehen solcher Intentionen außerhalb des Willens- und Gefühlssektors sowie einiger anderer besonderer Fälle leugnet Janssen und greift damit nicht nur spezielle Anschauungen Husserls an, sondern stellt die Grundlage der ganzen brentano-husserlschen Intentionalitätslehre in Frage. Die Annahme, daß jedes Bewußtsein ein »Bewußtsein von etwas« sei, kommt nach Janssen nur durch vage Analogien zu räumlichen Vorgängen zustande: Man stellt sich etwa den Wahrnehmungsvorgang so vor, *als reckten sich aus dem Ich unsichtbare Arme, um nach einem Gegenstande zu greifen und ihn festzuhalten.* Tatsächlich läßt sich jedoch z. B. im Falle der Wahrnehmung einer roten Fläche nichts anderes feststellen, als daß diese rote Fläche vor mir »da« ist, d. h. in der Bestimmtheit des Daseins steht; ein zusätzliches »Bewußtsein *von* dieser Fläche« ist schlechthin nicht zu konstatieren. Innerhalb der Intentionalitätslehre bildet das Gegebensein des Ich selbst ein schwieriges Problem, das immer wieder zu merkwürdigen Konstruktionen den Anlaß gegeben hat; denn es schien nicht ohne Widersinn denkbar zu sein, daß das Ich als Subjekt aller Erfassungen nochmals sich selbst gegeben sein könnte. Für Janssen findet dieses Problem eine einfache Lösung: das Ich steht einfach selbst unter der Bestimmtheit des Daseins, und zwar durchaus als Subjekt von Behauptungen, Willensvorgängen usw.; nicht aber ist dieses Ich nochmals im Sinn des Bewußtseins »von« ihm »für« sich selbst gegeben.

Innerhalb des Daseinsfeldes treten nach Janssen mannigfache »ideelle« Relationen auf, die über die Einsamkeit des

Daseinsfeldes — das für jeden Menschen ein anderes ist — hinausweisen. Man kann hier von *Intentionen* sprechen, muß aber nach Janssen dabei beachten, *daß diese nicht vom Ich ausgehen, sondern von dem, was im Sinne der Intentionalitätslehre als »Objekt des Bewußtseins« anzusehen ist.* Wenn ich z. B. eine Erinnerung an etwas habe, so geht nicht vom Ich gleichsam ein Strahl in die Vergangenheit zurück, sondern das vor mir stehende vorstellungsmäßig Vorschwebende ist es, welches sein Gewesensein erinnernd da sein läßt. Das Gewesene ist nicht etwas Zweites neben dem Vorschwebenden, sondern ist in ihm selbst oder evident da, wenn auch nicht als Anschauliches und nicht in jener zeitlichen Bestimmtheit, in welcher es in der Vergangenheit gegenwärtig war.

Wird etwas bloß als daseiend *vorgestellt,* ohne selbst da zu sein (z. B. der Geruch einer Blume, den ich nicht mehr zu »reproduzieren« imstande bin), so liegt ein *evidentes Nichtdasein* vor. Dieses führt zu begrifflichen Erfassungen, die über das Daseinsfeld hinausführen (im einfachen Fall z. B., wenn ich an die Rückseite oder Innenseite eines wahrgenommenen Hauses »denke«). Solche begrifflichen Erfassungen erfolgen zwar durch die willentliche »Inszenierung« des Ich; aber es ist nach Janssen unrichtig, sie als vom Ich ausgehende »Intentionalitätsstrahlen« aufzufassen. Es ist vielmehr das Daseinsfeld in seiner Gänze, von dem diese »Schwärme« begrifflicher Erfassungen ständig aufsteigen.

Wo im Sinne der Bewußtseinslehre der gänzliche Ausfall des »Bewußtseins von etwas« vorliegt, spricht Janssen vom *theoretischen Nichtdasein.* Dies ist z. B. der Fall, wenn etwa ein Ton jetzt weder evident da ist (ich diesen Ton also gerade nicht »höre«) noch evident nicht da ist (ich an ihn auch in keiner Weise »denke«). Erst nachträglich kann ich dieses Nichtdagewesensein feststellen, durch welche Feststellung dieses Nichtdagewesensein aber gerade evident wird.

Janssen zieht aus seiner Lehre zahlreiche Folgerungen, die mit husserlschen Thesen im Widerspruch stehen. So z. B. gelangt er zu einer Ablehnung der husserlschen Unterscheidung zwischen Bedeutungen und bedeuteten Objekten, ebenso zu einer Ablehnung der idealen Urteilsgehalte, der kategorialen Anschauung usw. Wir können auf diese Dinge hier nicht eingehen. Es wäre zu hoffen, daß die Arbeiten Janssens wieder einmal mehr Beachtung fänden, allein schon deshalb, weil darin wie kaum in einem zweiten Werk der deutschen Philosophie der letzten Jahrzehnte deutlich gemacht wird, in welchem erschreckenden Ausmaße wir oftmals glauben, schlichte Beschreibungen zu geben, während sich anschauliche Analogiebilder – häufig sogar räumlich-anschauliche Bilder – vor den deskriptiven Befund schieben. Jedenfalls sind die Betrachtungen Janssens, was immer man im einzelnen kritisch dagegen einwenden möge, dazu geeignet, der Intentionalitätslehre, die einen wesentlichen Bestandteil der husserlschen Gesamtphilosophie bildet, den Nimbus der Selbstverständlichkeit zu nehmen.

Husserls letztes Bestreben war es, erstmals die Philosophie auf eine streng wissenschaftliche und absolut sichere Basis zu stellen. Diese seine Zielsetzung vor Augen, gewinnt man aus den späteren Werken Husserls den Eindruck, daß sich die Verwirklichung des Programms von seiner Aufstellung immer weiter entfernte. In einem seiner letzten Werke »Cartesianische Meditationen« spricht Husserl an einer Stelle von der heraklitischen Welt des Bewußtseins. Ist aber dieses Bild vom heraklitischen Fluß nicht am wenigsten geeignet, auf das hinzuweisen, was für die Philosophie ein absolut tragendes Fundament liefern soll? Man ist heute mehr als je zuvor geneigt, dieses Bestreben, einen unerschütterlichen Felsengrund zu finden, auf dem alle Wissenschaft und Philosophie errichtet werden soll, als Phantom anzusehen. Husserl meinte, mit vollkommener Voraussetzungslosigkeit an die Philosophie heranzutreten. Wenn man erfahren will, als wie voraussetzungsvoll das von ihm Gedachte angesehen werden kann, genügt es nicht, kritische Stimmen zu konkreten Einzelfragen, wie die oben angeführten, anzuhören, sondern man muß in ein ganz anderes Lager mit toto genere verschiedenen Denkvoraussetzungen hinüberwechseln, etwa in das Lager des Philosophen, den man als den *englischen Antipoden Husserls* bezeichnen könnte und der zweifellos die englische Philosophie der Gegenwart mindestens in dem Maße beeinflußt hat, in dem Husserl die deutsche beeinflußte: in das Lager des (späteren) *Wittgenstein*. »Ich habe Bewußtsein« ist nach Wittgenstein ein Satz ohne jeglichen Sinn. Für Husserl wäre eine solche These eine Ungeheuerlichkeit; für Wittgenstein ist sie eine Wahrheit, die der Philosoph eingesehen haben muß, wenn er nicht seine Gedanken auf ein primitives und fehlerhaftes Bild von der Sprache des Alltags stützen will.

Man hat bisweilen eine indirekte empirische Stütze für die Auffassung vorgebracht, daß die Philosophie Husserls tatsächlich zu einer neuen und positiven Grundlegung der Philosophie geführt habe: nämlich die unbestreitbaren Erfolge der von anderen Denkern geleisteten phänomenologischen Sachforschung, die durch Husserl eingeleitet wurde. Eine derartige Feststellung ist aber kein Wahrheitsbeweis. Das Entscheidende an dieser Art von Erfolg der husserlschen Philosophie dürfte darin zu erblicken sein, daß Husserl den Grund zur Entmutigung auf dem Gebiete der philosophischen Forschung für viele Denker entfernte, daß er die Angst vor dem Relativismus und Skeptizismus beseitigte und der jüngeren Philosophengeneration den Mut zur Lösung sachlicher Probleme einflößte. Und es war ein günstiges historisches Schicksal, daß Husserls Anregungen und sein Glaube an eine philosophische Zukunft auf eine Reihe von außerordentlichen philosophischen Begabungen gestoßen ist.

KAPITEL III

ANGEWANDTE PHÄNOMENOLOGIE:
MAX SCHELER

Hatte Husserl eine neue philosophische Forschungsmethode verkündet, so setzte Max Scheler diese als erster in die Tat um. Was für jenen das Ergebnis langjähriger philosophischer Bemühungen war, bildete für diesen das Sprungbrett konkreter Sachforschung und die Technik schöpferischer Arbeit. Von einer ungeheueren Vielseitigkeit, die sich über die heterogensten Gebiete, angefangen von Biologie und Psychologie über Erkenntnistheorie, Ethik, Soziologie bis hinauf in die sublimsten Bereiche der Religionsphilosophie und abstraktesten Bezirke der Metaphysik erstreckte, mit einer tiefsten Seherkraft begabt, die überall entweder Neues entdeckte oder divergierende historische Forschungsrichtungen zu großartigen Synthesen zusammenschloß, hat Scheler ein außerordentlich reiches philosophisches Gesamtwerk der Nachwelt hinterlassen. Seine Persönlichkeit gab sich mit derselben inneren Kraft des Einsatzes dem ewigen metaphysischen und religiösen Fragenkomplex hin wie sie ein ständig aktuelles Interesse dem lebendigen Zeitgeschehen und den zur geistigen Situation der Gegenwart führenden historischen Entwicklungslinien entgegenbrachte. Wenn für die Erkenntnistheoretiker und Metaphysiker der Vergangenheit ihre philosophische Entwicklung in der Regel ein intellektuelles Ringen mit Problemen war, so bedeutete für Scheler das Philosophieren ebenso wie für die großen Lebensphilosophen eine Totalanspannung der eigenen geistigen Substanz, Probleme wurden für ihn zu philosophischen durch die existenzielle Ergriffenheit der Gesamtperson, die sie auslösten, sein philosophischer Werdegang war zugleich in tiefstem Sinne geistiger Existenzkampf.

Es ist unmöglich, die Entwicklung des schelerschen Denkens von seiner vorphänomenologischen Epoche über die katholische Periode bis zur pantheistischen hier im einzelnen zu verfolgen. Daher müssen wir eine Auswahl aus dem umfangreichen Material seiner Philosophie vornehmen und uns auf die Gedanken über Erkenntnis, die Wert- und Personlehre, die phänomenologische Untersuchung der Sympathiegefühle, die Religionsphilosophie und die Theorie vom Stufenbau des Lebendigen beschränken. Vorerst aber sei eine kurze Charakterisierung der Gesamtlehre gegeben.

Von Husserl hat Scheler zwar die Methode der Wesensschau übernommen, die Anregungen für seine positiven inhaltlichen Anschauungen jedoch hat er anderswoher empfangen. Man kann sagen, daß die drei Pole: *Lebensphilosophie, deutscher Idealismus* und *Christentum* für das Denken Schelers bestimmend waren. Auf die erste geht die zentrale Stellung des *Emotionalen* zurück, die er diesem überall einräumt. So ist für ihn das eigentlich Reale des Lebens nicht das geistige Sein, sondern die irrationale Trieb- und Gefühlsschicht: Aus ihr stammen die schöpferischen Kräfte, welche Welt- und Geschichtsverlauf vorantreiben und das Leben in seinem Inhalt bestimmen. Aber auch im Bereich der Erkenntnis und vor allem in den höchsten Spitzen philosophischer Schau behält das Emotionale, allerdings in seiner vergeistigten Form, die Oberhand: Der eigentliche philosophische Erkenntnisvorgang vollzieht sich nicht in intellektuellen Bewußtseinsprozessen; vielmehr ist *die liebende Teilnahme des innersten Personkernes am Wesenhaften der Dinge* die das Urwissen vermittelnde philosophische Geisteshaltung.

Die Zugeständnisse zur lebensphilosophischen Weltauffassung gehen aber nur bis zu jenem Punkte, an dem die geistige Seinsschicht in die reale Welt einbricht. Die Versuche Bergsons, den Geist aus dem Leben abzuleiten, und die noch weitergehenden bei Nietzsche und Klages, den Geist als Entartungsform des Lebens und damit als dessen Widersacher auszulegen, werden radikal zurückgewiesen. Zwar werden auch die Konstruktionen des Idealismus, wonach der Werdensprozeß der Welt ausschließlicher Ausdruck eines allgemeinen Geistprinzips sein soll, das Einmalig-Individuelle aber bloß unselbständiges, abstraktes Teilmoment am dahinflutenden Strom des universalen Geistes, zugunsten eines metaphysischen Individualismus abgelehnt, der die Eigenständigkeit und den Selbstwert des Konkret-Existenziellen hervorhebt und dessen Ableitung aus dem Geistig-Idealen verwirft. Aber *das Geistige* ist für Scheler doch *eine vollkommen selbständige, ureigene Seinssphäre*, ja das eigentlich Göttliche in der Welt, durch das erst die Beziehung zum Absoluten, die Erfassung des Wesenhaften, die Schau der Werte und damit die Sinngebung möglich wird. Da nun alles eigentlich Seiende individuell ist und um so ausgeprägter individuell, einen je höheren Rang es im Sein der Welt einnimmt, so muß auch das Geistige individuell gedacht werden.

Damit kommt Scheler zum christlichen Begriff der *individuellen Geistperson*, die ihren Sinn im liebenden Mitvollzug mit der Weltliebe der unendlichen Person Gottes erlangt, also nicht im »amare Deum«, sondern im »amare in Deo«. Die Fassung des Personbegriffes ist jedoch zugleich wieder lebensphilosophisch mitbestimmt, wenn Scheler ihr den von der Scholastik zugesprochenen Substanzcharakter nimmt und sie als *pure Aktualität* bestimmt, die in jedem ihrer Akte voll und ganz lebt. Die darin liegende gefährliche Tendenz zur Vergöttlichung des Menschen und die damit bedingte Gefahr der Herabziehung des Absoluten in das Endliche, des Transzendenten in die Immanenz war ein Grund für die tragische Weltauffassung, in der die spätere Philosophie Schelers mündete. Nach dieser Auffassung stoßen im Menschen die beiden gegensätzlichen Prinzipien *Geist* und *Trieb*, die sich nicht zu einer unproblematischen Einheit vereinigen lassen, zusammen. Für Schelers metaphysische Tendenz mußte dieser Zusammenprall den Charakter des Kampfes zwischen zwei letzten, nicht weiter zurückführbaren Urprinzipien annehmen. An einer bestimmten Vorstellung aus dem christlichen Gedankenkreis aber hat Scheler bis zuletzt festgehalten, nämlich an der Idee einer *universellen Liebesgemeinschaft aller individuellen Geistpersonen* und damit ihrer Mitschuld und gegenseitigen Mitverantwortlichkeit.

Aus der kurz skizzierten Auffassung Schelers vom Emotionalen und Geistigen ergaben sich für ihn eine Reihe wichtiger Konsequenzen. Einmal wird der Bereich der Erkenntnis über die logisch-intellektuellen Vorgänge hinaus erweitert und einer Reihe von emotionalen Phänomenen, wie Nachfühlen, Einsfühlen, Liebe und Haß, Interessenehmen usw., Erkenntnisfunktion zugesprochen, vor allem die ethische, ästhetische und religiöse *Werterkenntnis* als ausschließlich durch emotionale Akte möglich angesehen. Daraus erwächst dann die Aufgabe einer *Phänomenologie der Gefühle*, für Scheler vor allem deshalb eine dringende Notwendigkeit, da ihm als einer für die feinsten Unterschiede des Gefühlslebens äußerst empfindsamen Natur die oberflächlichen und Differenzierungen verwischenden Unterscheidungen der überkommenen Psychologie als gänzlich unzulänglich erschienen. Gleichzeitig mußte sich für ihn der *Begriff der Phänomenologie* verschieben, und ebenso konnte die *Reduktion* nicht mehr wie bei Husserl eine rein theoretische Angelegenheit bleiben. Das *Problem des Relativismus* machte ihm in seinen erkenntnistheoretischen Abhandlungen ebenso wie in seinen Untersuchungen zur Ethik viel zu schaffen, da er einerseits dem Pragmatismus der Lebensphilosophie in vielem recht gab, andererseits aber doch die Absolutheit von Sach- und Werterkenntnis um keinen Preis aufgeben wollte.

In ständig neuen Versuchen trachtete Scheler danach, die Gegensätze Relativismus und Absolutheitsstandpunkt, passiv hinnehmendes theoretisches Wissen und aktiv-liebendes Ergreifen des Objektes in der Erkenntnis, Individualismus und Einheitsschau, emotionale und rationale Sphäre, Seinsharmonie und Weltzerrissenheit zur Synthese zu bringen. Wir beginnen im folgenden mit den erkenntnistheoretischen Überlegungen Schelers.

1. Gnoseologie und Phänomenologie

Die unmittelbare Schau des Wesenhaften ist auch für Scheler das Apriori aller philosophischen Forschung. Sie wird ermöglicht durch die Phänomenologie, welche eine neue Tatsachensphäre zur Gegebenheit bringt. Phänomenologie ist hierbei keine Methode im Sinne eines Denkverfahrens über Dinge, wie z. B. Induktion und Deduktion, sondern *eine eigene Weise der Einstellung geistigen Schauens,* die vor der Möglichkeit der Anwendung eines Beobachtungs- oder Untersuchungsverfahrens die reinen oder absoluten Tatsachen erfaßt. Diese Tatsachen unterscheiden sich sowohl von den Tatsachen der natürlichen Weltanschauung wie von denen der Wissenschaft.

Die *natürlichen Tatsachen* entstammen dem durch die Sinneserkenntnis vermittelten Wissen um die anschaulich-konkreten Dinge der Welt, wie es sich in der gewöhnlichen Einstellung vollzieht. Die *wissenschaftliche Tatsache* entfernt sich von der natürlichen durch zunehmende Unanschaulichkeit und Abstraktheit; denn die Wissenschaft konstruiert die Dinge und Vorgänge in rein begrifflicher Weise, um daraus bestimmte Sachverhalte ableiten zu können. Landet das wissenschaftliche Denken so schließlich in einem Operieren mit konstruierten leeren Gedankensymbolen, so entfernt sich die philosophische Einstellung gerade nach der entgegengesetzten Richtung von der natürlichen Tatsachenwelt, indem sie nur das hinnimmt, was sich als reine, empirisch ungetrübte Tatsache selbst gibt. Durch diese asymbolische Schau löst die Philosophie die symbolischen »Wechsel« ein, welche die Wissenschaften auf die Wirklichkeit »ziehen«, ohne sie selbst je zur Einlösung, d. h. zur unmittelbaren Erfüllung bringen zu können. Die *phänomenologische* oder *reine Tatsache* unterscheidet sich daher von den beiden anderen dadurch, daß aus ihr alle Empfindungselemente ausgeschieden sind und sie durch eine Variation der faktisch gebenden sinnlichen Funktionen nicht berührt wird, daß ferner die sinnlichen Tatsachen in ihr fundiert sind und mit ihrer Änderung ebenfalls variieren, und schließlich, daß sie von allen Symbolen und Zeichen völlig unabhängig ist. In den reinen Tatsachen gründen *Wesenszusammenhänge,* die entweder rein logischer Art sind, sofern es sich um Tatsachen handelt, die im Wesen eines Gegenstandes überhaupt liegen, oder nicht rein logischer Art, sofern die Wesenszusammenhänge sich auf bestimmte Gegenstandsbereiche beschränken. Der Satz vom Widerspruch z. B., der seinen Grund in der Unverträglichkeit von Sein und Nichtsein eines Gegenstandes hat, gehört zur ersten Gruppe, der evidente Zusammenhang von Farbe und Ausdehnung zur zweiten. Die geschauten reinen Tatsachen samt den in ihnen enthaltenen Wesensstrukturen liegen noch *jenseits des Unterschiedes von Allgemeinheit und Einzelheit*, der erst durch das abstraktive Denken herbeigeführt wird.

Zur Durchführung der phänomenologischen Reduktion genügt nach Scheler nicht die Einklammerung der mit der natürlichen Weltanschauung implizit vollzogenen Daseinssetzung, sondern es muß in Erweiterung des husserlschen Verfahrens auf das Emotionale danach getrachtet werden, »alles begierliche, triebhafte Verhalten möglichst ruhen zu lassen«. Nach Scheler nämlich wird das in dem natürlichen Weltbild stets enthaltene Wissen um Realität bzw. Existenz nicht durch sinnliche oder intellektuelle Erkenntnis vermittelt, sondern durch voluntaristische Funktionen, in denen sich im Falle des Zusammentreffens mit der Welt ein *Widerstandserlebnis* vollzieht, welches die Quelle des Realitätsbegriffes ist. Wenn somit Realsein nicht Gegenstandsein, sondern Widerstandsein bedeutet, so *kann die Realitätseinklammerung nur auf dem Wege einer Unterdrückung aller Willens-, Strebens- und Aufmerksamkeitsfunktionen vollzogen werden.*

Die Epoche Husserls erfährt aber durch Scheler noch in einer anderen Hinsicht eine Umgestaltung. In ihr vollzieht sich nämlich nach ihm nicht bloß eine Ausschaltung, sondern zugleich eine Befreiung, nämlich *die Befreiung der geistigen Schau von den die Erkenntnis verdeckenden, den Weg zu ihr versperrenden Vorurteilen des Alltags*. Das den Geist Hemmende ist also zu beseitigen, damit die rein geistige Erfassung zur vollen Auswirkung gelangen könne. Hier kündigt sich bereits in der Methode die Abgrenzung des Geistigen vom Vitalen an, die in der schelerschen Philosophie eine so außerordentliche Rolle spielt. Während die triebhaft-vitale Schicht den Menschen ebenso wie das Tier in einer bestimmten Umwelt gefangenhält, deren Gegenstände alle daseinsrelativ auf diese Triebschicht sind, ist *der Geist jenes grundsätzlich neue Sein, welches von der Umweltbindung befreit und die Dinge in ihrem puren Sosein zu erkennen gibt*. Philosophische Wesensschau hat daher danach zu trachten, durch Aufhebung der das schlichte Hinsehen störenden und hindernden Lebenstendenzen den Geist zum reinen Ausströmen auf die idealen Wesensverhalte zu bringen. So steht für Scheler von vornherein die *Hingabe an die Welt* im Vordergrund, im Gegensatz zum Sichzurückziehen des Bewußtseins in die eigene Sphäre bei Husserl, in welchem Scheler immer noch einen Rest jener lieblosen Weltfeindschaft sieht, die nach ihm für die Philosophien von Descartes und Kant charakteristisch ist.

Der Gegensatz: natürliche bzw. wissenschaftliche Tatsache und Wesen (bzw. reine Tatsache) wird auf diese Weise den Bereichen »Leben« und »Geist« als entsprechenden Erkenntnisquellen zugeordnet. Da die empirischen Wissenschaften es mit Tatsachen der realen Welt zu tun haben, also mit Tatsachen, in denen das voluntaristisch fundierte Realitätsmoment enthalten ist, sind ihre Gegenstände wesensmäßig daseinsrelativ auf leiblich-vitale Lebewesen. Bezüglich des *Weltbildes der Naturwissenschaft* vertritt Scheler in Weiterführung dieses Gedankens den *Pragmatismus;* denn dieses Weltbild hat nach ihm nur den Sinn, eine möglichst allseitige Naturbeherrschung und -lenkung zu vermitteln. Deshalb ist der Erkenntnisgehalt der Naturwissenschaften zwar nicht auf den Menschen, aber doch ganz allgemein auf ein vitales Wesen relativ, welches aktive Einflußnahme auf die Natur anstrebt. Scheler nennt daher das empirische Erfahrungswissen auch *Herrschafts- oder Machtwissen.*

Die rein geistige Wesensschau differenziert sich nun für Scheler nochmals, da nämlich auch hier das Emotionale hereinbricht. Das objektiv erkennende Schauen liefert das logische und phänomenologische *Wesenswissen;* es ist von allen nichtintellektuellen Funktionen frei, bildet dafür aber auch nicht die höchste Erkenntnisstufe. Zwar gibt sich bereits hier die Sache in ihrem Wesen selbst, und als Kriterium kann allein das gelten, was das große und tiefe Wort Spinozas ausspricht: »Die Wahrheit ist das Kriterium ihrer selbst und des Falschen.« Die Einsicht in das Absolute aber ermöglicht erst die Liebe als ein Personakt des ganzen Menschen.

Hier kommt am unmittelbarsten der ontische Sinn der Erkenntnis zum Ausdruck als eines letzten, nicht weiter ableitbaren Seinsverhältnisses zwischen zwei Seienden, nämlich *einer direkten Teilhabe des Erkennenden am Erkannten*. Die metaphysische Erkenntnis bestimmt Scheler daher als den *liebebestimmten Akt der Teilhabe des Kernes einer endlichen Menschenperson am absoluten Wesensgrund der Dinge*. Da dieser geistige Prozeß jedem Versuch der Erkenntnis des absolut Wesenhaften zugrunde liegt, das unendliche konkrete Aktzentrum als Korrelat aller Wesenheiten aber mit der Gottesidee identisch ist, so muß in diesem geistigen Akt zugleich die Tendenz des Menschen erblickt werden, *sein natürliches Sein zu transzendieren und Gott ähnlich zu werden*. Da ferner Akte nicht gegenstandsfähig sind [1], so kann die in jenem Aufschwung sich vollziehende Teilhabe des Menschen am absoluten Aktzentrum nur in einem *Mitvollzug* des göttlichen Aktes, und da es sich bei jenem um ein Liebeszentrum handelt, nur in einem Mitvollzug des unendlichen Liebesaktes bestehen. Das so ermöglichte Wissen um das Absolute nennt Scheler *Heils-* oder *Erlösungswissen*.

Somit ordnen sich also den drei Erkenntnisfunktionen die drei Wissensarten: Herrschafts-, Wesens- und Erlösungswissen zu. Für die Philosophie des Absoluten hat Scheler noch ein Schema der Einsichten bezüglich der Unmittelbarkeit ihrer Evidenz entworfen. Die erste und gewisseste Einsicht ist die, daß nicht nichts ist oder positiv ausgedrückt: *daß überhaupt etwas ist*. Die eminente Positivität dieses Satzes erfüllt sich erst für den, der mit seinem geistigen Auge »in den Abgrund des absoluten Nichts geschaut« hat. Die zweite Einsicht vollzieht eine *Einteilung des Seins*, indem sie zwischen dem Seienden, welches sein Sein in sich selbst trägt, ohne es von etwas zu Lehen zu tragen, also dem *absolut Seienden*, und jenem, welches in einseitiger Weise von einem anderen Seienden abhängt, d. h. dem *relativ Seienden*, unterscheidet. Das Wissen um das absolut Seiende ist nicht erst durch einen Schluß (Gottesbeweis) vermittelt, sondern stellt die evidente Einsicht dar, daß, wenn überhaupt Seiendes ist, auch ein schlechthin Seiendes sein muß. Die dritte Einsicht,

---

[1] Vgl. dazu den Abschnitt über die Personlehre Schelers (S. 115 ff.).

welche in der Ordnung der Evidenzen folgt, ist die, *daß alles Seiende notwendig ein Sosein oder Wassein (essentia) und ein Dasein (existentia) besitzt*, welche Unterscheidung auch innerhalb des Realen selbst gilt — so daß Realität und Dasein also nicht identisch sind —, da es auch ein Wesen des Realen gibt.

Mit der geschilderten aktiven Einsatztheorie stellt Scheler sich gegen alle rationale Metaphysik, welche der Fülle und dem unausschöpfbaren Reichtum der Welt die Tiefe nimmt, sie auf bloße Flächenhaftigkeit reduziert und die Lösung philosophischer Probleme in ein einfaches Rechenexempel verwandelt. Es ist für ihn eine grenzenlose Naivität, zu glauben, daß es, um Philosoph zu sein, genüge, über beliebige Dinge richtig urteilen und schließen zu können, und vor allem, auf metaphysischem Gebiet durch rein logische Operationen etwas ausrichten zu können ohne die zunächst tiefste und innerste Erschütterung und sodann liebend-aktive Stellungnahme des gesamten geistigen Kernes der Person. Es ist daher berechtigt, in Scheler wegen seines ständigen Bemühens um die Verwurzelung der Ratio in einem tieferen Seinsgrund *einen Vorläufer der modernen Existenzphilosophie* zu sehen.

Daß Scheler aber dennoch bemüht ist, in seiner Lehre vom Wissen und von der Erkenntnis der Gefahr eines Abgleitens in einen Irrationalismus zu begegnen, zeigt sich in seinem Versuch um eine *ontologische Klärung der Erkenntnisrelation*. »Wissen« wird dabei von »Erkenntnis« unterschieden. Das *Wissen* stellt, ontologisch gesehen, »das Verhältnis der Teilnahme eines Seienden A am Sosein eines anderen Seienden B dar, wobei diese Beziehung solcher Art ist, daß durch das Stattfinden dieser Beziehung keine Veränderung in B mitgesetzt ist«. Wesentlich ist also einmal, daß im Wissen ein Seiendes am Sosein eines anderen teilhat, ohne daß es durch diese Teilhabe das Sosein des anderen beeinflussen dürfte, und ferner, daß dieses Teilhabeverhältnis sich auch *nur* auf das Sosein, nicht auf das reale Dasein erstrecken kann. Darum kann das reale Dasein auch nicht in einem wissenden Teilhabeverhältnis, sondern nur im Erlebnis des Widerstandes gegen voluntative Akte gegeben sein. *Erkenntnis ist mehr als Wissen:* Wissen bezieht sich in einfacher Weise auf etwas; Erkenntnis hingegen ist stets Wissen um ein Etwas *als* etwas; d. h. aber, daß in der Erkenntnis stets zwei Wissensarten vorliegen müssen. Die eine Wissensart ist die gedankliche, die andere die anschauliche, und erst, wenn beide in einer Deckungseinheit miteinander verschmelzen, wenn das Anschauliche das bloß Gedankliche »erfüllt«, liegt ein Wissen um ein Etwas *als* etwas, also Erkenntnis vor. Dieser *statische* Begriff des Erkennens findet seine Ergänzung im *dynamischen;* stellt der erstere die ruhende Deckungseinheit zwischen Anschaulichem und Gedanklichem dar, so der letztere das aktive Hinstreben des Geistes nach dieser Deckung. Ist sie erlangt, dann ist das Sosein des Erkannten selbst gegeben, nicht mehr bloß im Bilde wie vor der Erlangung der eigentlichen Erkenntnis. Erkenntnis ist also niemals Abbildung, vielmehr ist es gerade so, daß nur im Falle der Täuschung sich ein Bild vor den eigentlichen Soseinsgehalt des zu Erkennenden schiebt, das von diesem Gehalt abweichende Züge aufweist.

Ontologisch ist auch der Aspekt, durch den Scheler seinen erkenntnistheoretischen Standpunkt von dem des *Realismus* wie des *Idealismus* abzugrenzen trachtet. Der entscheidende Grundgedanke gründet hierbei in einer Unterscheidung von Dasein und Sosein. Diese beiden Seinsmomente sind nämlich nach Scheler nicht nur begrifflich unterscheidbar, sondern sie sind, und dies ist das erkenntnistheoretisch Relevante an ihnen, trennbar im Hinblick auf mögliche Immanenz im Bewußtsein: *Das Sosein* kann nicht nur extra mentem, sondern zugleich auch selber *dem Bewußtsein immanent*, also in mente, sein, in unmittelbarer Gegebenheit, nicht bloß durch eine bildmäßige oder symbolische Vertretung. *Das Dasein* kann niemals in mente sein, es ist und bleibt *dem Bewußtsein transzendent*.

Der Fehler sowohl der idealistischen wie der realistischen Erkenntnistheorie ist nun nach Scheler der, daß beide diese Trennbarkeit von Dasein und Sosein nicht erkennen, sondern sie für untrennbar halten. Beide sind daher im Unrecht. *Der*

Idealismus behauptet zwar mit Recht die Immanenz des Soseinsgegenstandes selbst und ohne Vertretung durch Bilder im Bewußtsein. Da er dieses Sosein aber als vom Dasein untrennbar ansieht, gelangt er zu der Konsequenz, daß auch alles Dasein dem Bewußtsein immanent sein müsse und es daher keine bewußtseinstranszendente Wirklichkeit gäbe. *Der Realismus* wiederum behauptet mit Recht die Transzendenz allen Daseins gegenüber dem Bewußtsein; da jedoch auch er Dasein und Sosein für untrennbar hält, folgert er, daß auch alles Sosein bewußtseinstranszendent sei und daher nur im Symbol oder im Bild bewußtseinsmäßig gegeben sein könne. *Der Idealismus landet nach Scheler daher notwendig im Subjektivismus und Relativismus,* da er die Beschaffenheiten des erkannten Seienden von der zufälligen Organisation des erkennenden Subjektes abhängig machen muß. *Der Realismus mündet unweigerlich in der Skepsis,* da, wenn das *Wesen* des Erkennens im Abbilden besteht, wir ja immer nur Bilder mit anderen Bildern vergleichen können, niemals aber mit dem Original, so daß wir über keinerlei Wahrheitskriterien verfügten. Nur durch die geschilderte ontologische Unterscheidung, die einen erkenntnistheoretischen Standpunkt »diesseits von Realismus und Idealismus« ergibt, kann man nach Schelers Ansicht diesen niederschmetternden Konsequenzen entgehen.

2. Die Lehre von den Sympathiegefühlen

Die ergiebigsten Arbeiten Schelers sind die dem Emotionalen zugewandten Untersuchungen, in denen mit größtem Feingefühl *Wesensdifferenzierungen im Gefühls-, Trieb- und Willenssektor* vorgenommen werden. Methodisch bedeutsam sind die Analysen insofern, als hier die phänomenologische Methode erstmals auf rein Empirisches angewendet wurde, was verschiedene Forscher (Jaspers, Lersch usw.) zu fruchtbarer Arbeit angeregt hat.

An Stelle der konstruktiven und nivellierenden Unterscheidung der Gefühle in Lust und Unlust versucht Scheler die Arten der im zwischenmenschlichen Verkehr auftretenden

Gefühlsbeziehungen durch Wesensanalyse sichtbar zu machen. Er unterscheidet hierbei zwischen Nachfühlen, Miteinanderfühlen, Mitgefühl, Einsfühlung, psychischer Ansteckung und Liebe und Haß.

Nachfühlen ist ein Akt, in dem sich das Auffassen und Verstehen fremden Seelenlebens vollzieht und der daher für alle Formen des Mitfühlens bedingend ist. Um Mitleid mit jemandem zu haben, muß das Leid des anderen vorher gewußt werden. Da nun das fremde Leid nicht im Mitleid selbst zur Gegebenheit gelangt, vielmehr das Leid bereits gegeben sein muß, damit sich darauf ein Akt des Mitleids richten kann, so ist die Annahme unabweisbar, daß ein das Wissen um das fremde Leid begründender Akt des Fühlens vorausging. Durch den Akt des Nachfühlens wandert das fremde Gefühl aber in keiner Weise in das eigene Ich herüber, obwohl in ihm die Qualität des fremden Gefühls gegeben ist. Daher kann man jemandem etwas nachfühlen, ohne Mitgefühl mit ihm zu haben. Andererseits liegt nicht ein bloß theoretischer Analogieschluß von Körperlichem auf Seelisches mittels Erfahrung vor, sondern auf Grund der Leib-Seele-Einheit vermögen wir den fremden Leib als *unmittelbares Ausdrucksfeld der Erlebnisse des Anderen* zu erfassen. So nehmen wir unmittelbar im Lächeln die Freude, im Erröten die Scham, in den Tränen das Leid wahr.

Das *Miteinanderfühlen* ist ein gleichgerichtetes Fühlen mehrerer, wobei das Fühlen des Anderen in das eigene Fühlen mit aufgenommen ist, ohne doch gegenständlich geworden zu sein. Scheler bringt hier das Beispiel, daß Vater und Mutter an der Leiche des geliebten Kindes stehen und miteinander dasselbe Leid fühlen. Dieses »Miteinander« ist etwas Letztes, Unauflösbares, das nicht in das Fühlen des einen und des anderen plus ein gegenseitiges Wissen um das fremde Fühlen zu zerlegen ist. Nur in den höheren seelischen Bereichen ist diese Form des Mitfühlens anzutreffen, eine »Mitlust« oder einen »Mitschmerz« gibt es nicht.

Im Falle des *Mitgefühls* hingegen ist das Leid des anderen gegenständlich geworden, was einen fundierenden Akt des Nachfühlens voraussetzt. Das Mitgefühl ist intentional auf das fremde Leid gerichtet, es meint dieses Leid als das des Anderen und ist daher nicht eine bloße Wiederholung, die sich angesichts des fremden Leides einstellt. Wäre dem so, dann hätte Nietzsche mit seiner Ablehnung des Mitleides als einer Dekadenz-Erscheinung recht. Nach Scheler aber übersah Nietzsche den Gegensatz von psychischer Ansteckung, also hier: bloßer Leidwiederholung, und Mitleid mit fremdem Leid, bei dem das ursprüngliche Leid von dem darauf gerichteten Mitleid der Qualität nach ganz und gar verschieden ist.

Der *psychischen Ansteckung* fehlt im Gegensatz zum Nachfühlen und Mitgefühl der intentionale Charakter, im Gegensatz zum Miteinanderfühlen auch die Teilnahme am fremden Erleben. Es handelt sich um eine Übertragung von fremden Gefühlszuständen, die gar kein Wissen um fremdes Erleben voraussetzt, auf das eigene Ich. Dies liegt z. B. in jenen Fällen vor, wo die Lustigkeit, bzw. Traurigkeit einer Gesellschaft auf einen Neuankömmling übergreift, wobei eine gegenseitige Hinaufsteigerung möglich ist, wie sie bei Massenerregungen und schon bei der öffentlichen Meinungsbildung stattfindet.

Bei höchster Steigerung der Ansteckung verschwimmen im Gefühl die Grenzen zwischen eigenem und fremdem Ich, und es kommt zur *Einsfühlung,* in der sich das eine psychische Sein mit dem anderen identifiziert. Dabei kann das Schwergewicht im anderen Ich (»Leben im Anderen«) oder im eigenen (»Aufsaugung des Fremden«) liegen. Einsfühlung vollzieht sich u. a. im primitiven Denken und Fühlen, in religiösen Mysterienkulten, in der Hypnose, im Geschlechtsakt, im seelischen Konnex zwischen Mutter und Kind. Für alle Formen der Einsfühlung gilt, daß sie stets automatisch erfolgen und nur dann auftreten, wenn sowohl die niederste Schicht im Menschen, die körperliche Empfindungs- und Gefühlssphäre, sowie die höchste, die noetische Geistes- und Vernunftschicht, ausgeschaltet werden. Der Mensch muß sich also in der Einsfühlung *zugleich über die Sorge für seinen Leib heroisch erheben sowie seine geistige Individualität vergessen.* Daher ist jede Tendenz zur absoluten Masse (z. B. auch der Krieg) zugleich ein Prozeß der

Heroisierung wie der Verdummung des Einzelnen. Das Verschmelzungserlebnis der Einfühlung ist ein Hinweis auf *ein die Individuen umspannendes einheitliches All-Leben*, das aber nur für die Vitalsphäre gilt und nicht die Grundlage für eine allgemeine pantheistische Weltauffassung bilden darf, da in den anderen Formen des Mitfühlens sowie besonders in Liebe und Haß die absolute Distanz zwischen den individuellen Personen erlebt wird [1]. Das Mitgefühl deutet daher nicht darauf hin, daß die Einzelpersonen bloß Modi eines überpersonalen Geistes sind, vielmehr ist es gerade im Gegenteil ein Anzeiger für die pure Wesensverschiedenheit der Personen.

Liebe und Haß schließlich sind zwei durchaus eigene, spontane Akte, welche eine dem Wechsel der gegenseitigen Stimmungs- und Gefühlslage gegenüber konstante Strahlung darstellen, wobei der erste Akt den eigentlichen Wert des geliebten Gegenstandes aufblitzen läßt, im Fall der Personliebe den geistigen Personkern des Anderen erst freilegt, zugleich aber auch die unübersteigbare Grenze der Intimsphäre der geliebten Person enthüllt. So ist Liebe im Gegensatz zum Sprichwort des Alltags *der eigentlich sehend machende Akt*, der Personen sowie Dinge im Lichte ihrer Wertfülle aufscheinen läßt, so daß die Welt für jeden um so sinnvoller wird, je mehr er der Liebe fähig ist. Diese Akte unterscheiden sich am meisten von der Einfühlung und sind daher am wenigsten Hinweise für einen umspannenden Allgeist, erlangt doch hier der Andere erst seine eigentliche Realität *als Anderer* und erscheint in seiner vom eigenen Ich soseinsverschiedenen Individualität und seinem ureigenen *fremden Selbstwert*, der gerade als solcher in der Liebe eine warme und restlose Bejahung findet.

Daß der Mensch ein *Gemeinschaftswesen* ist, bedeutet sonach nicht, daß er als Bestandteil irgendeines »Ganzen« gedacht werden muß, sondern daß in ihm eine unendliche Mannigfaltigkeit von sozialen Akten verankert ist, die ihrer Er-

---

[1] Wenn Scheler später selbst zu einer dem Pantheismus ähnlichen Weltauffassung gelangt, so gilt doch auch da noch die absolute Soseins- und Daseinstrennung der individuellen Geistpersonen.

füllung im Nächsten harren. In ihnen gelangt der Andere unmittelbar selbst zur Gegebenheit. Es ist nicht so, daß zunächst die Existenz des eigenen Ich allein evident wäre und die des anderen erst auf Umwegen erschlossen werden müßte, vielmehr ist in der inneren Wahrnehmung, die nach Scheler von der auf das eigene Ich gerichteten Selbstwahrnehmung streng zu trennen ist, *das Sein des Anderen in unmittelbarer Evidenz gegeben*. Ja, Scheler geht schließlich sogar so weit, die *Du-Evidenz* der in der Selbstwahrnehmung gegebenen Evidenz voranzustellen; denn die Eigenwahrnehmung bedeutet für ihn ebenso wie für Hobbes die Wahrnehmung des eigenen Selbst, aber so, als ob ich ein anderer wäre.

3. Wert und Person

(a) Das Wertproblem

In seiner Ethik versucht Scheler den Nachweis zu erbringen, daß die Objektivität des Sittlichen nur durch Annahme eines vom menschlichen Dafürhalten unabhängigen Reiches der Werte zu begründen ist. Diese Idee einer *materialen Wertethik*, die von inhaltlich bestimmten Werten ausgeht, stellt er der *formalen Ethik Kants* gegenüber, welche die absolute Geltung sittlicher Gebote aus ihrer Verankerung in einem formalen, d. h. inhaltsleeren Sittengesetz ableiten möchte.

Mit Brentano verbindet Scheler die Fundierung der sittlichen Erkenntnis im Emotionalen, aber dessen Analogie zwischen den Akten des Vorziehens und den theoretischen Urteilen stößt ihn zurück. Nach Scheler kann es sich nur umgekehrt verhalten wie bei Brentano: Nicht deshalb wird etwas wertvoll genannt, weil eine darauf gerichtete Liebe als richtig charakterisiert ist, vielmehr kann dies die Liebe nur deshalb sein, *weil an ihrem intentionalen Objekt ein Wert aufscheint*. Die Begriffe »gut« und »böse« gewinnen wir ja auch nicht durch Reflexion auf derartige Akte des Liebens und Hassens, sondern durch ihre Erfüllung, in der uns die Güte oder Schlechtigkeit von etwas unmittelbar selbst gegeben ist. Außerdem vermag diese Ansicht die Verschiedenheit der

Wertqualitäten wie »edel«, »vornehm«, »rein«, »gütig«, »gerecht« usw. nicht zu erklären.

Den eigentlichen Kampf aber führt Scheler gegen Kants Ethik, in der er geradezu seine Todfeindin sieht. Kant war davon ausgegangen, daß alle Zweck-, Güter- und Wertethik im Relativismus lande, da sie ihre sittliche Beurteilung auf das gründe, was als Zweck oder Gut anzusehen sei, dies aber von den zwischen Mensch und Mensch, Volk und Volk wechselnden Lust-Unlust-Auffassungen abhänge. Nur ein formales, inhaltsleeres Prinzip, welches dem Menschen sage, daß er das tun solle, was jeder Vernünftige in dieser Situation wollen müsse, um die Weltordnung aufrechtzuerhalten, könne die Allgemeingültigkeit und Absolutheit des Sittlichen verbürgen. Von den zahlreichen Einwendungen Schelers gegen diese Auffassung seien die vier wichtigsten herausgegriffen:

1. *Kritik des Formalismus:* Hinsichtlich der Güter- und Zweckethik gibt Scheler Kant recht, nicht so bezüglich einer materialen Wertethik, die Kant mit den ersten beiden Auffassungen vermengte. *Wir können an den Dingen unmittelbar Wertqualitäten feststellen* wie z. B. »lieblich«, »reizend«, »schön« usw., die von unserem Dafürhalten völlig unabhängig sind und sich in einen *Kosmos von Werten mit eigenen Gesetzen der Abhängigkeit und Rangordnung* einreihen. Ebenso wie ich mir eine Farbenqualität als solche zur Gegebenheit bringen kann, ohne sie als Belag einer körperlichen Oberfläche aufzufassen, so ist auch eine *gegenständliche Auffassung von Werten* möglich.

Die Werte können dabei nicht aus irgendwelchen anderen konstanten Dingmerkmalen abgeleitet werden, sie sind überhaupt kein Abstraktionsprodukt, da eine einzige Handlung oder ein einziger Mensch genügt, um an ihm das Wesen eines Wertes bzw. Unwertes (»mutig«, »vornehm«, »gemein«) erfassen zu können. Werterkenntnis ist auch nicht in wertfreier Erkenntnis fundiert: Wir erfassen nicht zunächst pure Dinge, um sie dann einer Wertidee zuzuordnen, vielmehr ist alle wertfreie Dingerfassung bereits ein künstliches Abstraktionsergebnis, wie es z. B. in der Einstellung des

Naturforschers vorliegt. In Wahrheit geht sogar die Werterkenntnis der genaueren Sachkenntnis in der Regel voraus. So etwa erfassen wir ein Bild als schön, ohne zu wissen, an welchen Bildmerkmalen die Schönheit liegt, oder ein Mensch ist uns unsympathisch, ohne daß wir diese Einschätzung bestimmten Eigenschaften zuzuordnen vermöchten. *Dieser Vorrang und die Ursprünglichkeit der Werterkenntnis vor aller rein theoretischen Auffassung beruht letzten Endes darauf, daß die Akte des Interessenehmens und der Liebe alle anderen Akte (Vorstellung, Urteil, Wahrnehmung, Erinnerung) tragen.*

Somit zeigt sich also, daß die Behauptung, das von der subjektiven Willkür Unabhängige könne nur ein Formalgesetz sein, unrichtig ist. Die phänomenologische Analyse deckt vielmehr das Bestehen eines in sich gegründeten, durchaus *objektiven* Wertreichs auf. Nach den verschiedensten Gesichtspunkten läßt sich in diesem Reich eine Gliederung vornehmen: Es ist zu unterscheiden zwischen *Person-* und *Sachwerten*, *Eigen-* und *Fremdwerten*, *Akt-* (z. B. Erkenntnis, Liebe, Wille) und *Reaktionswerten* (z. B. Mitgefühl), *Gesinnungs-*, *Handlungs-* und *Erfolgswerten*, *Intentions-* und *Zustandswerten* (= Werte bloßer Erlebnisse), *Fundament-* und *Beziehungswerten* (z. B. Werte der Person und der von ihr fundierten Gemeinschaftsbeziehung), *Individual-* und *Kollektivwerten* (= Werte eines Individuums als Glied eines Kollektivs, z. B. eines Standes), *Selbst-* und *Konsekutivwerten* (z. B. Werkzeugswert).

Die höchsten Werte sind die Personwerte. Ihre Verwirklichung erfolgt nicht nach ihrer vorherigen Erstrebung; wer das letztere vornimmt, ist Pharisäer und schließt daher die Wertverwirklichung an sich gerade aus. Scheler drückt dies so aus: *Die sittlichen Werte liegen nicht in der Zielrichtung, sondern am Rücken der intendierenden Akte.* Wer z. B. liebevoll gegen andere ist, realisiert den Wert des Liebevollseins nicht deshalb, weil er ihn anstrebte – da würde er ja in Wahrheit sich selbst, ausgestattet mit dem Wertprädikat »liebevoll«, anstreben –, sondern weil er gänzlich dem Anderen zugewandt und damit auf ganz andere Werte (z. B. Glück und Freude des Nächsten) ausgerichtet war.

2. *Kritik des Subjektivismus:* Als Phänomenologe kann Scheler natürlich auch nicht die Lehre Kants teilen, daß das Apriori ein Produkt der Subjektivität sei, welche im Theoretischen die Naturgesetze erzeugt und im Praktischen sich selbst das Gesetz gibt. *A priori ist nach Scheler vielmehr jeder Wesensverhalt, der als solcher zur anschaulichen Selbstgegebenheit kommt,* ganz unabhängig von Art und Beschaffenheit des Denkenden. Kants Lehre von der ordnenden Tätigkeit der theoretischen und praktischen Vernunft hatte die irrige naturmechanistische Lehre vom Menschen zur Voraussetzung. Der Mensch mußte im Theoretischen als ein humesches Vorstellungsbündel, im Praktischen als ein hobbessches Triebbündel angenommen werden, damit ein eigener Ordnungsfaktor wie die Vernunft als notwendig erschien. Das Eigentümliche jeder wahrhaft großen sittlichen Persönlichkeit ist es aber gerade, daß sie eines solchen Gewalteingriffs des sittlichen Willens in das Triebleben gar nicht bedarf, da sie mit der objektiven Ordnung der Werte schon so verwachsen ist, daß das situationsmäßig bedingte Auftreten der Triebe dieser Wertordnung von selbst entspricht.

3. *Kritik des Rationalismus:* Als einen weiteren schweren Fehler Kants rügt Scheler, daß die gesamte emotionale Sphäre von der ethischen Erkenntnis ausgeschaltet ist. Werte aber sind nur für Akte des *Wertfühlens* zugänglich, ebenso wie Wertrangordnungen in eigenen *emotionalen Vorzugsakten* – die aber durchaus noch Erkenntnis- und nicht Wahlakte sind – gegeben werden. Ein rein logisches Verstandeswesen wüßte nicht, was »Wert« bedeutet. Da weiter das Werterfassen alles andere trägt, so ergibt sich auch von dieser Seite aus wieder, daß alle Erkenntnis letzten Endes im Emotionalen gründet und die Liebe am tiefsten die Welt erschließt, da die höchsten Werte der Person nur der Liebe zugänglich sind.

Ein besonderes Problem der Ethik bildet die *Rangordnung der Werte;* denn in jeder Situation, in der sich der Mensch entscheiden muß, handelt es sich darum, das Höherwertige zu ergreifen. Scheler glaubt, *fünf allgemeine Kriterien* angeben zu können, nach denen der höhere vom niedrigeren Wert unterschieden werden kann: Werte sind um so höher, je dauerhafter sie sind [1], je weniger sie bei der Teilnahme mehrerer geteilt werden müssen (z. B. ein Kunstwerk im Gegensatz zu Nahrungsmitteln) [2], je weniger sie in anderen fundiert sind, je tiefer sie befriedigen und je weniger sie relativ sind auf eine von der spezifischen Naturorganisation abhängigen Art des Fühlens (z. B. Werte des Religiösen im Gegensatz zum menschlich Nützlichen).

4. *Kritik des Absolutismus und Rigorismus:* Für Kant war es selbstverständlich, daß die Absolutheit des Sittlichen mit ihrer *Allgemeingültigkeit* identisch sei. Scheler bestreitet dies entschieden. Es ist durchaus möglich, daß ich in einer bestimmten Situation etwas tun soll, das nur für mich, nicht auch für einen anderen in dieser Lage gut ist. Scheler prägt dafür die Formel »*das An-sich-Gute-für-mich*«. Darin liegt weder ein Relativismus verborgen noch ein logischer Widerspruch. Es ist damit gemeint, daß in der objektiven Rangordnung der Werte selbst schon die Beziehung auf bestimmte reale Individuen enthalten ist. Absolutheit der Werte und unersetzbare Eigenbedeutung der individuellen Person heben sich also gegenseitig nicht auf, das An-sich-Gute beschließt die einzigartige »Forderung der Stunde« in sich. Was für die Individualpersonen gilt, das trifft ebenso für Gemeinschaften, besonders Völker zu; auch sie haben an dem geschichtlichen Ort, an dem sie stehen, ihre einmalige Sonderaufgabe zu erfüllen. Diesen hier in der Ethik ausgesprochenen Gedanken, der den Relativismus mit dem Absolutheits-

---

[1] Damit ist *nicht* die Zeitdauer der Güter (Wertdinge) gemeint, die ja vom Zufall abhängt, sondern die Tatsache, daß bestimmte Werte auch phänomenal *als »dauerhaft« gegeben sind.* So schließt z. B. die Liebe die Dauer ein; es hat keinen Sinn zu sagen »ich liebe dich jetzt«, wie es andererseits einen Sinn hat zu wünschen »ich möchte jetzt einen Apfel essen«.

[2] Daher liegen die Wurzeln des zwischenmenschlichen und zwischenstaatlichen Interessenkonfliktes ausschließlich in der niederen Wertsphäre; denn bei den unteilbaren höheren Werten gibt es keinen Streit um Anteile.

standpunkt in Einklang bringen soll, überträgt Scheler auch auf das Gebiet der theoretischen Erkenntnis durch den Gedanken individualgültiger Weltanschauungen.

(b) Das Wesen der Person

Der Personbegriff, der zu den fundamentalsten Kategorien der schelerschen Philosophie gehört, ist uns bereits an verschiedenen Stellen begegnet. Scheler wendet sich hier ablehnend sowohl gegen die mittelalterlich-scholastische Substanzauffassung wie gegen Kant. An der Bestimmung des letzteren, wonach Person nur als das unbestimmte X irgendeiner Vernunftbetätigung gedacht werden darf, liegt nach Schelers Auffassung der richtige Kern in der Einsicht, daß Person weder ein Ding noch eine Substanz bedeutet; der Fehler hingegen ist wieder die Heranbringung eines leeren, formalallgemeingültigen Schemas und die Identifizierung der Person mit einem solchen.

Der Ansatzpunkt für eine positive Lösung liegt nach Scheler in der *Aktlehre*. Wir können in phänomenologischer Betrachtung die Wesenheiten der verschiedenen Akte (Urteil, Vorstellung, Liebe usw.) untersuchen. Es fragt sich nun, was ganz unabhängig noch von der Naturorganisation der jeweiligen Aktträger (z. B. Mensch), durch deren Ausschaltung die Wesenheiten ja erst gewonnen worden waren, diese Aktwesenheiten zur *Einheit* zusammenbindet. Dieser Einheitsfaktor ist die *Person,* welche Scheler als die »*konkrete, selbst wesenhafte Seinseinheit von Akten verschiedenartigen Wesens*« definiert. Die Verschiedenartigkeit der Aktwesen ist dabei von zentraler Bedeutung; denn für Individuen, die nur gleichartige Akte vollziehen, bestünde kein Problem der Person. Daher ist auch der aristotelische Gott als das sich selbst denkende Denken keine Person. Die Person ist für die Wesenheiten von Akten insofern fundierend, als sie die Voraussetzung für deren Konkretion, d. h. ihre Überführung in das Sein, darstellt. Wegen ihres Fundierungscharakters kann die Person daher auch nie als bloßer Aktzusammenhang bestimmt werden. Andererseits ist sie auch kein ständig vorhandenes substantielles Ding, das jeder Mensch mit sich spazieren trägt. Sie ist überhaupt nichts über oder hinter den Akten, *sondern existiert und erlebt auch sich selbst nur im Vollzug der Akte.* Ohne in einem Akte aufzugehen, steht doch die Person immer ganz in jedem konkreten Akt. Von Akt zu Akt ergibt sich somit eine ständige »Variation«, ein pures »Anderswerden« der Persongangzheit. Mit dieser Idee des Je-anders-seins der Person versucht Scheler den Extremen der rationalistischen Substanzkonstruktion wie der lebensphilosophischen Auflösung des Seins in reines Werden zu entgehen.

Zum Wesen eines Aktes gehört es, nur im Vollzug und in der damit sich vollziehenden Reflexion[1], die ihn begleitet, aber nicht objektiviert, gegeben zu sein. *Akte sind daher nicht gegenstandsfähig.* Um so weniger ist die Person ein möglicher Gegenstand erkennender Akte. Darum ist sie auch etwas ganz anderes als das Ich, welches immer als Objekt der inneren Wahrnehmung erfaßbar ist. Wegen der Transzendenz gegenüber aller Objektivierbarkeit ist ein wissendes Erfassen fremder Personen, auch der Absolutperson Gottes, nur *im Mitvollzug* ihrer Akte möglich. Eine Wissenschaft von der Person dagegen ist aus diesem Grunde unmöglich. Sie entzieht sich dem Zugriff psychologischer Forschung. Man darf das Sein der Person nach Scheler überhaupt nicht als etwas Psychisches ansehen, da Psychisches immer objektivierbar ist; vielmehr ist die Person psycho-physisch indifferent. Sie lebt selbst nicht in der Zeit, wenn sie auch ihre Akte in die phänomenale Zeit hinein vollzieht.

Das, was die Personen voneinander unterscheidet, ist ihr bloßes, nicht mehr allgemein zu denkendes *Sosein*. Scheler durchbricht hier den Gedanken Platos, daß Wesenheiten eo ipso allgemein sind. Die Idee einer individuellen Person, z. B. Goethes, ist als solche individuell und schließt daher jede Wiederholbarkeit aus.

In der Idee absolut einmaliger, wesens- und soseinsverschiedener Personen liegt zugleich ein Wertprinzip, welches ausdrückt, *daß alles Seiende um so höherwertiger ist, je indi-*

---

[1] Reflexion ist hier ungefähr im Sinne des »sekundären Bewußtseins« Brentanos zu verstehen.

vidueller, unwiederholbarer und persönlicher es ist, nicht aber, wie organistische und universalistische Weltauffassungen es wollen, je mehr etwas Glied eines höheren Ganzen ist. Dennoch ist die Person wesenhaft sozial, sie ist auf andere Personen hingeordnet. Der Sozialsphäre steht aber eine letzte Innerlichkeits- oder Intimsphäre in der Person gegenüber, die auch für die reinste und tiefste Liebe unerschließbar ist.

Aus dem Solidaritätsprinzip, welches dem Erleben der totalen Mitverantwortlichkeit jeder Person für jede andere entnommen ist, erwächst der Begriff der *Gesamtperson* (z. B. Kirche, Nation), welche neben Gemeinschaft und Gesellschaft eine eigene Einheitsform geistiger Individuen darstellt. Da jede Gesamtperson selbst wieder relative Einzelperson sein kann, so entspringt aus diesem Gedanken die Idee eines *Stufenbaues von Personen,* wobei als Spitze dieser Personenpyramide wesensnotwendig die nicht mehr Glied sein könnende absolute Person gefordert ist: Gott.

Aber noch von einer anderen Seite her gewinnt Scheler von seiner Personlehre aus den Gottesbegriff. Den Akten stehen die intentionalen Objekte gegenüber, der Einheit der Akte die Einheit der Gegenstände. Heißt jene »Person«, so diese »Welt« [1]. Wegen der wechselseitigen Entsprechung von Akt und Gegenstand fordert auch die Einheit aller möglichen Gegenstände, d. h. der totale Weltzusammenhang, welcher einem endlichen Geistwesen nie gegeben ist, ein personales Korrelat und dieses kann nur Gott sein.

Den Zusammenhang von Person- und Wertlehre versucht Scheler dadurch herzustellen, daß er ein ideales System reiner *Wertpersontypen* entwirft, wobei sich für ihn die Rangordnung: 1. *Heiliger,* 2. *Genius,* 3. *Held,* 4. *führender Geist,* 5. *Künstler des Genusses* ergibt. Daneben aber hat die Liebe Gottes ein individuelles Wertbild für jede Person geschaffen, es vor sie als Geist hingezeichnet. Im Blick auf dieses Bild erfaßt die Person ihren unvertretbaren Wesenswert, der für sie das individualgültige Sollen in aller Lebensbetätigung beinhaltet.

---

[1] Der Gegensatz »Person-Welt« wird ausdrücklich den beiden anderen »Leib-Umwelt« und »Ich-Außenwelt« entgegengestellt.

4. Religionsphilosophie und Gotteslehre

Das Problem einer metaphysischen Gotteserkenntnis und ihres Verhältnisses zum religiösen Wissen um Gott hat Scheler durch einige begriffliche Unterscheidungen, welche die verschiedenen Arten des Wissens um das Absolute betreffen, zu lösen gesucht. Er hält drei Arten der Gotteserkenntnis auseinander: die metaphysisch-rationale, die natürliche und die positive.

Die *metaphysisch-rationale* nimmt noch keine spezifisch religiösen Erkenntnisinstanzen zu Hilfe, sie ist daher auch auf einige wenige Grunderkenntnisse beschränkt; jedenfalls ist nach Scheler die Gesamtheit des rational erwerbbaren Wissens im Rahmen einer sog. »natürlichen Theologie« viel geringer als nach der traditionellen scholastischen Lehre. Rational erkennbar ist im Grunde nur einmal dies, *daß alles Seiende sich spaltet in das relative und absolute Sein (ens a se)*, wobei das letztere erst dadurch sichtbar wird, daß man im relativen Sein auch sein relatives Nichtsein mitsieht und daher durch es »hindurch« das Absolute schaut, und ferner *das notwendige Gegründetsein alles Relativen auf das Absolute*. Das Absolute wird dadurch zur prima causa alles anderen Seins, zur obersten Weltursache, während die Welt selbst durch diese Erkenntnis den Charakter der Kontingenz, des »ens ab alio« erhält. Weiter reicht jedoch das zwingende metaphysische Wissen nicht, es bleibt entweder stets hypothetisch oder setzt die beiden anderen spezifisch religiösen Arten der Gotteserkenntnis bereits voraus. Jede inhaltliche Beschreibung des Absoluten fällt damit aus dem Rahmen der rationalen Metaphysik heraus, vor allem etwa die Erkenntnis, daß dieses Absolute als persönlicher Gott und damit als das höchste Gut, das summum bonum, zu fassen sei.

Die natürliche und positive Gotteserkenntnis können beide erst vollzogen werden über den *religiösen Akt*, der eine durchaus eigenartige, auf keine anderen psychischen Phänomene zurückführbare geistige Aktqualität darstellt und den man gar nicht anders beschreiben kann als durch die Angabe der Gegenstandsarten, die in diesem Akt gegeben sind: Es sind *Gegenstände von der Art des Göttlichen.* Das Göttliche ist dabei stets als *absolut seiend* und *heilig* gegeben.

Während das erste Merkmal zumindest partiell noch vernunftmäßig erfaßbar ist, kann die Bedeutung von »heilig« auf rein rationaler Ebene, ohne Vollzug des religiösen Aktes, überhaupt nicht verdeutlicht werden. Per analogiam können dann nachträglich auf das im religiösen Akt erfaßte Göttliche Merkmale wie Geist, Vernunft, Wille, Liebe usw. übertragen werden. Nach der scholastischen Lehre sind diese qualitativen Gotteserkenntnisse innerhalb der rationalen Metaphysik auf reiner Verstandesebene möglich; für Scheler aber sind sie alle letztlich im religiösen Akt verankert: *Erst nachdem durch den religiösen Akt das Göttliche als Absolutes und Heiliges gegeben ist, kann man hernach diese Bestimmungen per analogiam anwenden.* Doch bedeuten auch diese Bestimmungen vom Standpunkt dessen, der den religiösen Akt vollzieht, keine Bereicherung dem Gehalt nach, da in ihnen nur Momente hervorgehoben werden, die im religiösen Akte ihrem Sinne nach bereits erfaßt sind.

Trotzdem kann die Analogielehre auf der Grundlage einer religiösen Gotteserkenntnis in dem Sinne als rationale Wissenschaft betrieben werden, als sie sich zum Ziele setzt, das Wesen des Göttlichen so zu denken, daß die Welt seine Wesensoffenbarung wird. Es handelt sich dabei um einen »Quasischluß« von den Wesenszügen der Welt auf Gott; Quasischluß deshalb, weil nicht ein Rückschluß von der Welt auf ihre »Ursache« vorliegt, sondern der Schluß vielmehr auf der *symbolischen Spiegelung Gottes im Wesensbau der Welt* gegründet ist. Es können auf dieser Basis zahlreiche Bestimmungen Gottes per analogiam erfolgen, vor allem mit Bezug auf die die Welt beherrschenden Dimensionen der Zahl, Zeit, des Raumes und der Größe, die Bestimmungen der absoluten Einzigkeit, Aeternitas (= Überzeitlichkeit und nicht wie die Sempiternitas das durch alle Zeit Dauernde ausdrückkend), Ubiquität und Unermeßlichkeit. Schließlich gehört auch die »*Immanentia Dei in Mundo*«, das Sein Gottes »in« allem anderen Daseienden, zum Wesen der Göttlichkeit; nur wegen dieser Immanenz, dieser Anwesenheit Gottes in allem

Seienden, die scharf von der umgekehrten pantheistischen *Immanentia mundi in Deo* zu trennen ist, kann auch eine Allwissenheit und Allmacht Gottes bestehen.

Zwei Merkmale sind es vor allem, welche die eigentlich *religiöse* Gotteserkenntnis von der metaphysisch-rationalen trennen: Die Tatsache, daß die erstere stets auf *Offenbarung* gegründet ist und daß nur in ihr, nicht aber in der rationalen Erkenntnis, Gott *als Person* gegeben ist. Eine rationale Erkenntnis Gottes als Person ist nach Scheler gänzlich ausgeschlossen, ja, es läßt sich rational sogar einsehen, warum dies ausgeschlossen ist: Während nämlich alles andere Seiende weder etwas dafür noch dagegen tut, erkannt oder nicht erkannt zu werden, hängt Personerkenntnis auch vom Erkenntnisobjekt, also der Person selbst, ab: schon endliche Personen können ihr Wesen verhüllen, sich anders geben als sie sind. Aber sie können, da sie an die Leiblichkeit gebunden sind, nicht ihr Dasein wegtäuschen. Die göttliche Absolutperson kann aber auch dies. Sie könnte nicht nur, wie die endlichen Wesen, schweigen, sondern *ihre Existenz verschweigen*. Es ist daher ein freier geistiger Akt Gottes, wenn er sich zu den endlichen Wesen herabneigt und sich als Person zu erkennen gibt. Daher ist alle religiöse Erkenntnis Gottes immer auch *ein Wissen durch Gott* in dem Sinne, daß das Zustandekommen dieses Wissens nicht allein von der Tätigkeit des Erkennenden, sondern auch des Erkannten, also hier Gottes selbst, abhängt.

Nun ist aber nach Schelers Lehre der religiöse Akt nicht etwas, das der Mensch vollziehen kann oder nicht. Vielmehr gilt, daß *jeder* Mensch, ob er dies nun wahrhaben möchte oder nicht, diesen Akt vollzieht, weil sein Vollzug wesensgesetzlich mit dem Sein jedes endlichen Geistes als solchem verbunden ist. Dies bedeutet aber wiederum nicht, daß in allen geistigen Wesen sich ein solcher Gottesglaube vorfinde; denn es gilt die Tatsache: *je höher eine geistige Aktart ist, desto größer sind die Täuschungsgefahren, die in ihr liegen.* Beim religiösen Akt sind diese Täuschungsgefahren am größten. Die Täuschung besteht hier darin, daß ein endliches Gut (Geldeswert, Liebe, Erkenntnis usw.) »vergöttlicht«

wird. Aller Atheismus hat seinen Grund daher nicht in mangelnder Gotteserkenntnis infolge Nichtvollzuges des religiösen Aktes, sondern in einer permanenten Täuschung über den Gegenstand des religiösen Aktes. Daher kann das allgemeine Wesensgesetz aufgestellt werden: *Jeder endliche Geist glaubt entweder an Gott oder an einen Götzen.*

Ist durch diese Merkmale die metaphysische Erkenntnis Gottes von der religiösen unterschieden, so spaltet sich die religiöse, auf dem religiösen Akt und der Offenbarung gründende nochmals in die natürliche und positive. Die *natürliche Gotteserkenntnis* ist gänzlich *ungeschichtlich;* jeder beliebige endliche Gegenstand oder Vorgang der Welt kann den Ausgangspunkt einer natürlichen Offenbarung Gottes bilden. Die *positive Gotteserkenntnis* hingegen ist stets *geschichtlich,* da sie an die Existenz bestimmter, in der Menschheitsgeschichte auftretender Menschen, der »homines religiosi« oder »Heiligen«, gebunden ist. Im Gegensatz zum bloßen Heilslehrer, der nur einen theoretischen Gehalt der Lehre vermittelt, ist beim Heiligen die Person selbst maßgebend, weshalb die Offenbarung auch in einem besonderen *Seinsverhältnis* des Menschen zur Heilsperson verankert ist: im Glauben an ihn und in seiner Nachfolge. Diese Bestimmungen des Begriffes der positiven Gotteserkenntnis gelten dabei noch ganz unabhängig von der Frage, ob, wann und wo solche Offenbarung geschichtlich einmal wirklich geworden ist. Durch diese positive Erkenntnis Gottes wird die natürliche vollendet; doch setzt der Vollzug einer natürlichen Gotteserkenntnis nicht den der positiven voraus. Die natürliche steht also zwischen der rational-metaphysischen und der positiven; sie geht über die erstere hinaus, da sie mehr vom Wesen Gottes erfaßt als rational faßbar ist; aber sie geht noch nicht so weit, um sich an eine positive, historisch überlieferte Offenbarungsreligion zu wenden.

Scheler nennt seine Lehre über das Verhältnis von Metaphysik und Religion *Konformitätssystem,* womit er betonen will, daß diese beiden Gebiete trotz ihrer Selbständigkeit und Verschiedenartigkeit doch in einer höheren Einheit miteinander verbunden sind. Unterschieden sind sie dem Gegenstande, dem Akt und den erkannten Werten nach: Der religiöse *Gegenstand* kann nicht durch Bezugnahme auf andere, endliche Gegenstände charakterisiert werden, bevor er erfaßt wurde, der religiöse *Akt* kann nicht auf andere seelisch-geistige Tätigkeiten (Vorstellen, Urteilen, Fühlen, Wollen usw.) zurückgeführt werden, der religiöse *Wert* des Heiligen unterscheidet sich prinzipiell von allen bloß ethischen Werten. Metaphysische Erkenntnis ist stets eine mehr spontane Vernunfttätigkeit, religiöses Wissen mehr ein passives Empfangen, metaphysisches Wissen ist nur an den spezifisch philosophischen »Aufschwung« gebunden, religiöse Erkenntnis darüber hinaus an bestimmte persönlich-moralische Bedingungen (wer »dem Bauche lebt«, kann nicht zu religiöser Erkenntnis gelangen), metaphysisches Erkennen ist in klaren Begriffen darstellbar und in klaren Sätzen formulierbar, religiöses Denken ist auf das Symbolische, Bildhafte beschränkt (da ja sonst die Übersetzung in das Metaphysische möglich wäre, die wegen der Verschiedenheit beider aber ausgeschlossen ist); bezüglich des Gewißheitsgrades gilt, daß in der Metaphysik nur zwei Sätze absolut gewiß sind, nämlich, daß es ein ens a se gibt und dieses die prima causa der Welt ist, alles andere Wissen dagegen hypothetisch bleibt, während religiöse Erkenntnis in allen Punkten Evidenz besitzt (einen »hypothetischen Glauben« analog dem hypothetischen rationalen Wissen gibt es nicht).

Auch im letzten Ziel besteht ein Unterschied, sofern nämlich die metaphysische Erkenntnis primär nach dem *letzten Wirklichen*, dem absolut Seienden, fragt, während die religiöse Erkenntnis sich auf das *summum bonum* richtet, da der religiöse Weg vor allem ein Heilsweg und nicht ein Erkenntnisweg ist. Darum ist der subjektive Gottesaspekt auch verschieden: Der Gott der Religion ist stets ein *lebendiger* Gott, der in den anthropomorphen Zügen des Zornes, der Liebe, der Verzeihung usw. dargestellt wird, während der metaphysische Gott ein *starres überzeitliches Sein* darstellt, an dem keine nach Analogie zeitlicher Akte und Vorgänge vorkommenden Eigenschaften feststellbar sind. Schließlich besteht ein Unterschied auch noch in den Personentypen, die das

Wissen um Gott vermitteln. Der Metaphysiker ist *Forscher*, seine Wissensübertragung die Lehre und der Unterricht, die soziologische Form, in der diese Wissensübertragung erfolgt, die Schule. Der entsprechende Personentypus auf dem Gebiete der Religion ist der *Heilige*, die Wissensübertragung vollzieht sich durch Vorbild und Nachfolge, die dazugehörige soziologische Form ist die Kirche.

Alle diese Verschiedenheiten verhindern nicht die Entsprechung und letztlich *die Einheit von Metaphysik und Religion*. Diese Einheit gründet sich auf die Einsicht in die *Einheit des menschlichen Geistes*, wonach religiöse und metaphysische Erkenntnis nicht einander widersprechen können, und ferner auf die Einsicht in die *seinsmäßige Identität der intentionalen Gegenstände der Religion und Metaphysik;* denn es muß als a priori gültig betrachtet werden, daß vom absolut Wirklichen Heil und Unheil aller Dinge einschließlich des Menschen abhängt, und umgekehrt, daß das absolut Heilige zugleich das absolut Wirkliche ist. Diese Identität des intentionalen Objektes besteht bei gleichzeitiger Verschiedenartigkeit des Weges, auf dem Religion und Metaphysik zu ihm gelangen: Die Religion geht vom absolut Heiligen aus, von dem sekundär gezeigt wird, daß es das absolut Wirkliche ist, die Metaphysik geht dagegen vom absolut Wirklichen aus, von dem sekundär gezeigt wird, daß es das ist, was den Menschen zum Heile führt.

Somit sind Metaphysik und Religion auf Ergänzung hin angelegt. Zwar ergeben auch beide zusammen noch immer ein inadäquates Bild vom Göttlichen, doch ist dieses vollständiger als das durch die einseitige Verabsolutierung einer der beiden Gegebenheitsweisen entstehende Bild: Der wahre Gott ist nicht so leer und starr wie der Gott der Metaphysik, der wahre Gott ist aber auch nicht so eng und so lebendig wie der Gott des bloßen Glaubens.

In diesem Konformitätssystem sollten sich nach Schelers Meinung Metaphysik und Religion frei die Hände reichen, ohne daß eine geistige Vergewaltigung des einen Bereiches durch den anderen erfolgt: Weder ist die Religion eine bloße Vorstufe zur wahren metaphysischen Gotteserkenntnis, eine bloße »Metaphysik fürs Volk« wie nach der Philosophie des deutschen Idealismus, noch gilt umgekehrt, daß die Metaphysik eine Vorstufe zur Religion sei. Aber selbst jene »partielle Identität« wird geleugnet, wie sie in der katholisch-thomistischen Lehre angenommen wird, wonach Metaphysik und Religion ein gemeinsames Fundament besitzen. Die »Konformität« wird von Scheler eben nur in dem obigen Sinne verstanden, nicht in dem der Identität, auch nicht einer partiellen.

Diese Gotteslehre hat Scheler später weitgehend preisgegeben, da schließlich doch bei ihm das metaphysische ens a se das religiöse aufsaugt, dem Absoluten der Charakter der Personalität wieder genommen und in ihm eine tragische Urspaltung in ein kraftgeladenes, aber blindes Prinzip des Dranges und einen ordnenden, aber kraftlosen Geist gesehen wird. Dieser Spaltung entspringt der konfliktgeladene Weltprozeß, der jetzt zugleich als der Prozeß der Gottwerdung gedeutet wird, ein Prozeß, dessen Problematik sich vor allem auf das »Herz des Menschen« konzentriert.

5. Der Mensch im Stufenbau der Welt

In seinem letzten Werk versucht Scheler, eine kosmologische Anthropologie zu skizzieren, welche die Sonderstellung des Menschen im All durch ein von den üblichen Gliederungen abweichendes, besonders gegenüber der radikalen Trennung von »Natur« und »Geist« reicheres Stufenschema des Lebendigen bestimmen will. Es soll dadurch zugleich der Widerspruch überwunden werden zwischen dem *naturwissenschaftlichen* Begriff·des Menschen, wonach dieser nur eine kleine, sich bloß durch größere Komplikation auszeichnende Ecke des Tierreiches ausmacht, und dem *Wesensbegriff* des Menschen, der diesen von allem Tierhaften scharf abgrenzt. Voraussetzung der schelerschen Betrachtungen, die sich auf alles reale Seiende oberhalb der anorganischen Natur beziehen, ist dabei, daß der Bereich des Lebens mit dem des Seelischen zusammenfällt, alles Lebendige daher ein Für-sich-sein oder Innesein besitzt, sowie daß jedes Lebewesen, welches an einer höheren Wesensform teilhat, zugleich die niedrigeren Prinzipien in sich trägt.

Die erste Wesensform ist der bewußtlose *Gefühlsdrang* der Pflanzen. Er stellt eine undifferenzierte Einheit von Trieb und Gefühl dar, dem jede Empfindung und Vorstellung fehlt. Die einzigen Zuständlichkeiten sind hier ein bloßes »Hin-zu« und »Von-weg«, eine objektlose Lust und ein objektloses Leid. Der Gefühlsdrang bildet in der Pflanze das einzige Prinzip, ist aber darüber hinaus bis in die höchsten Spitzen geistiger Tätigkeit der Dampf, die emotionale Kraft, welche alles Schaffen trägt und vorantreibt [1]. Daß bei der Pflanze die Empfindungen noch fehlen, hat seinen Grund darin, daß diese nur bei sich bewegenden Lebewesen notwendig sind, handelt es sich doch bei der Empfindung, wie Scheler behavioristisch definiert, um eine spezifische Rückmeldung augenblicklicher Organ- und Bewegungszustände des Lebewesens an ein Zentrum zum Zwecke einer Modifizierbarkeit der im nächsten Augenblick folgenden Bewegungen. Pflanzen kommen ohne die »Außenwächterfunktion« der Empfindungen aus. Ebenso fehlt hier jedes über die Abhängigkeit des jeweiligen Lebenszustandes von der gesamten Vorgeschichte hinausgehende »Gedächtnis« und damit jede Lernfähigkeit, die schon die primitivsten Tiere besitzen. Vom tierischen Triebleben existieren hier nur der Drang zur Ernährung, zu Wachstum und Fortpflanzung, die aber alle in der dunklen Einheit des Gefühlsdranges aufgehoben sind.

In der Tatsache, daß die Pflanze über keine spontane Nahrungssuche und aktive Wahl des Geschlechtspartners (sondern passive Befruchtung durch Wind und Tiere) verfügt, ist der Beweis dafür zu erblicken, *daß das Leben im Gegensatz zur Auffassung Nietzsches seinem Wesen nach nicht Wille zur Macht ist.*

Wenn auch der Gefühlsdrang der Pflanzen ganz nach außen gewendet, »ekstatisch« ist und jede reflektive Rückwendung des Lebens auf sich selbst fehlt, so sind doch die primitivsten *Formen des Ausdrucks*, d. h. eine gewisse Phy-

---

[1] An dieser Stelle zeigt sich deutlich ein Einfluß der Trieblehre Freuds.

siognomik der Innenzustände, anzutreffen wie z. B. frisch, matt, kraftvoll, arm usw. Die Kundgabefunktion dagegen fehlt hier völlig.

Ebenso wie das Machtprinzip versagt das Nützlichkeitsprinzip; die ungeheure Mannigfaltigkeit der Farben und Formen ist vielmehr ein Hinweis auf *ein phantasievoll spielendes und nur ästhetisch regelndes Prinzip in der unbekannten Lebenswurzel*. Wegen der Undifferenziertheit der Lebensfunktionen, ihrer unmittelbaren Einbettung in den Gesamtlebensstrom ist die Pflanze von allen Lebewesen dem Mechanismus am unähnlichsten; mit der zunehmenden hierarchischen Struktur und Gliederung des Organismus in Teilorgane und Teilfunktionen dagegen nähern sich die höheren Lebewesen weit eher der Maschinenstruktur.

Die zweite, den Gefühlsdrang überschichtende Wesensform ist der *Instinkt*. Er ist ein objektiv sinnvolles, damit für den Lebensträger oder für andere Lebewesen zweckdienliches, rhythmisch ablaufendes, auf arttypische Situationen starr angepaßtes, angeborenes und erbliches, daher durch Versuche nicht beeinflußbares, sondern von vornherein fertiges Verhalten. Er versagt völlig gegenüber ungewohnten, neuartigen Situationen.

Mit dem allmählichen Heraustreten von Einzelempfindungen, Einzelvorstellungen, Einzeltrieben aus dem Gesamtkomplex und strengen Sinnverband des Verhaltens, der Befreiung des Individuums aus der Artgebundenheit, zerfällt der Instinkt allmählich, und es entwickeln sich gleichzeitig praktische Intelligenz und assoziatives Gedächtnis, erstere die Starrheit des Instinktes in beweglichere und individuell bezogene Formen überführend, letzteres den automatischen Instinktvorgang mechanisierend und in größere, sinnfreie Kombinationsmöglichkeiten verwandelnd.

Das *assoziative Gedächtnis* bedeutet eine langsame und stetige sinnvollere Gestaltung des Verhaltens, wobei der Erfolg in strenger Abhängigkeit von der Versuchsanzahl steht. Voraussetzung dafür ist, daß sich ein Wiederholungstrieb mit einer bei den Pflanzen fehlenden Erfolgsrückmeldung an das Lebenszentrum verbindet. Durch dieses Prinzip wird die

Anpassung eines Lebewesens an Situationen nicht arttypischen Charakters, in die es wiederholt gerät, d. h. also an individualtypische Situationen, möglich.

Die *praktische Intelligenz* als vierte Wesensform des Lebens stellt ein plötzliches, von der Zahl der Probierversuche unabhängiges, sinnvolles Verhalten gegenüber völlig neuen, also weder art- noch individualtypischen Situationen dar, wie es z. B. bereits bei Menschenaffen auftritt.

Die Frage ist nun, ob der Mensch bloß ein entwickelteres Tier sei oder ob bei ihm ein von den bisherigen Wesensformen gänzlich unterschiedenes, aus ihnen völlig unableitbares Prinzip einbricht. Wäre der Mensch bloß *Werkzeugmensch*, »homo faber«, so bestünde kein Grund für die Annahme eines solchen: Zwischen einem Erfinder wie Edison [1] und einem Menschenaffen besteht nur ein gradueller, kein wesenhafter Unterschied. Scheler geht sogar soweit, für den Fall bloßen Werkzeugmenschentums die Formel Nietzsches anzuerkennen, daß der Mensch das »kranke Tier« sei, müßte doch ein Wesen, welches sich auf seine Arbeit im Sinne der Werkzeuggestaltung etwas einbildet, höchst lächerlich wirken, da es seine Mängel, seine Unangepaßtheit an die Umwelt, welche die Werkzeugbildung erst erforderlich machen, in einen Vorzug umstempelte.

Tatsächlich aber glaubt Scheler, die Sonderstellung des Menschen in der Welt auf Grund einer neuartigen Seinsschicht, der des *Geistes,* behaupten zu können. Hatte Scheler in seiner Personlehre das psycho-physisch indifferente Personsein als geistig bezeichnet, so versucht er jetzt, eine Wesensabgrenzung von Geist und bloßem Leben zu geben. Das Tier, auch das intelligenteste, steckt immer in einer bestimmten Umweltstruktur, in der ihm nur das Triebrelevante als Widerstandszentrum für sein Verlangen und Verabscheuen gegeben ist. Der Geist dagegen befreit sich von diesem Druck des Organischen, zersprengt die enge Umweltschale, an die Stelle der Umweltgebundenheit tritt Freiheit von ihr: »*Weltoffenheit*«. Daher werden die Dinge jetzt in ihrem vom Triebzustand des Betrachters unabhängigen Dasein und So-

---

[1] Sofern nämlich seine Leistung nur *als Erfinder* in Frage kommt.

sein erfaßbar. *Damit gewinnt erstmals ein lebendes Wesen Zugang zum Reich idealer Wesenheiten,* welche gleichsam die Fenster ins Absolute bilden, es erkennt das Notwendige gegenüber dem bloß Zufälligen. Als Korrelat zum Gegenstandsbewußtsein bildet sich das *Selbstbewußtsein,* die Fähigkeit aktiv-bewußter Rückwendung auf sich selbst. Das geistige Sein selbst aber, daran hält Scheler fest, ist gegenstandsunfähig, pure Aktualität.

Hier spielt nun ein für die Wandlung der Weltanschauung Schelers bedeutsamer Gedanke herein. Immer mehr hatte sich in seinen psychologischen und besonders soziologischen Studien der Gedanke herauskristallisiert, *daß das Geistige als solches absolut kraftlos und ohnmächtig ist* und nur eine negativ-einschränkende, hemmende und enthemmende Funktion gegenüber den eigentlich positiven, aber blinden Kräften der vitalen Lebensschicht auszuüben vermag. Das Niedere ist das eigentlich Starke, das Hohe und Sinngebende das Schwache; ein absoluter Geist wäre zugleich ein Prinzip absoluter Schwäche. Darum verläuft der Strom der Weltkräfte von unten nach oben und nicht umgekehrt. Auf den Menschen angewandt, bedeutet dies, daß eine spezifisch geistige Betätigung, eine Wesenserfassung des Seienden, nur durch Hemmung und Triebverdrängung möglich ist. Ausschließlich als »Asket des Lebens« vermag der Mensch seine Sonderstellung in der Welt zu erlangen.

Auf Grund der neuen Fassung des Geistbegriffes war die Annahme eines persönlichen, transzendenten, zugleich geistigen wie allmächtigen Gottes nicht mehr zu halten. Wenn die Welt vom Kampf zwischen Trieb und Geist durchherrscht wird, das Triebhafte das eigentlich Schöpferische ist und der Geist nur eine passive Ordnungsfunktion ausübt, so kann das Absolute selbst nicht als fertig betrachtet werden, *vielmehr ist schon innerhalb des absoluten Seins eine Spaltung zwischen blindem Urdrang und Geist anzunehmen,* die in ihrer Gegensätzlichkeit aufeinanderprallen und als Ergebnis ihres Kampfes die Weltgeschichte zeitigen. Im Menschen löst sich der Geist vom Drang, und das Urseiende findet zu sich zurück. *Menschwerdung ist somit zugleich Gottwerdung.*

Man mag in dieser letzten metaphysischen Phase Schelers einen Abfall von der Höhe seines christlichen Glaubens sehen oder umgekehrt eine Ernüchterung und Befreiung seines Geistes von religiösen Vorstellungen; auf alle Fälle hat Scheler selbst in diesem Werdepantheismus nicht jenen düsteren Pessimismus erblickt, den andere daraus ablesen wollten. Seine glühende Seinsbejahung konnte auch durch diese Urtragik, auf Grund deren Gott des Menschen bedarf, um zum Selbstbewußtsein zu kommen, nicht zerstört werden. Im Kampf um den Geist erblickte er eine höchste Sinnerfüllung, die nur im aktiv-persönlichen Einsatz, nicht in theoretischer Gewißheit zu erlangen ist. Denen aber, die einen Werdegott nicht zu ertragen imstande sind, hält Scheler bloß entgegen, daß die Metaphysik keine Versicherungsanstalt für schwache und schutzbedürftige Gemüter sei.

Würdigung

Wenn wir davon ausgingen, daß Scheler die phänomenologische Methode Husserls auf zahlreiche philosophische Problemstellungen anwendete, so muß eine solche Feststellung zugleich mit Vorsicht gebraucht werden. Es besteht zwischen Husserl und Scheler ein wesentlicher Unterschied in der Deutung der phänomenologischen Methode. Husserl stand seit seiner Konzeption der Phänomenologie Kant nahe und hat sich dessen philosophischer Position immer mehr genähert; Scheler dagegen befand sich stets in einer sehr starken Polemik gegen die kantische Philosophie. Darum ist für Husserl die phänomenologische Methode notwendig verknüpft mit dem transzendentalphilosophischen Grundgedanken der prinzipiellen bewußtseinsmäßigen Zugänglichkeit aller Gegenstände, während für Scheler die phänomenologische Methode nicht nur nichts mit dem transzendentalen Idealismus zu tun hat, sondern erst innerhalb einer ontologischen Interpretation der Erkenntnis im rechten Licht gesehen wird.

Vorzüge und Gefahren der schelerschen Philosophie wohnen eng beieinander. Ohne Zweifel enthält seine Philosophie eine außergewöhnlich große Zahl von fruchtbaren Einfällen. Gleichzeitig aber läßt sich der Eindruck nicht abwehren, als sei Scheler bisweilen von der Fülle dieser Einfälle so gejagt worden, daß sie ihn beinahe erdrückten und er nicht die erforderliche Zeit fand, die Intuitionen systematisch zu ordnen und seine Behauptungen hinreichend zu fundieren und zu begründen. Es fehlt bei Scheler die methodische Strenge, die wir bei Brentano und Husserl beobachten können. Dieser Mangel wirkt sich in vierfacher Hinsicht nachteilig aus:

Erstens bleiben viele seiner Ausführungen in *bildhaften Beschreibungen* stecken; sie gedeihen nicht zu begrifflicher Klarheit. Zur Stützung der Behauptung des modernen Empirismus, daß der Grundfehler der traditionellen philosophischen Systeme darin bestehe, statt in präzisen Begriffen in Bildern zu denken, würde die schelersche Philosophie viele Anhaltspunkte liefern.

Zweitens findet sich bei ihm häufig die Tendenz, heterogene philosophische Denkmotive, die kaum zu vereinigen sind, zu einer Synthese zu bringen. Manche seiner Thesen erhalten dadurch den Charakter *begrifflich nicht faßbarer Konstruktionen*. Zwei Beispiele dafür mögen gegeben werden: In seiner Analyse der Sympathiegefühle betont Scheler, daß die Einfühlung ein Symptom für ein alle Individuen umspannendes All-Leben sei, während zugleich die geistigen Personen als voneinander wesensverschieden und streng individuell, insbesondere also nicht als Bestandteile des überpersonalen Geistes aufzufassen seien. Kann man sich aber unter einem solchen »*partiellen Pantheismus*«, der hier vertreten wird – einem Pantheismus, der nur für eine einzige Schicht des realen Daseins, nämlich die Lebensschicht, aber für keine andere Seinsschicht gelten soll –, noch etwas denken, selbst unter der Voraussetzung, daß diese Idee des All-Lebens hinreichend geklärt werden könnte? Es scheint hier doch wohl der vergebliche Versuch vorzuliegen, die lebensphilosophische Konzeption des All-Lebens mit der christlichen Vorstellung von der individuellen Geistperson zusammenzubringen. Man kann vermuten, daß in diesem pantheistischen Teilaspekt der Welt der Keim dafür liegt, daß

Scheler später ganz zum Pantheismus übergegangen ist. Ein anderes Beispiel bildet die Personenlehre Schelers: Die Person soll nichts Psychisches sein, zugleich soll sie ganz in jedem ihrer zeitlichen Akte existieren und doch nicht in der Zeit sein! Auch hier ist die Grenze des Begreifbaren überschritten worden. Ein solcher Weg zur Überwindung des Gegensatzes von Substanzmetaphysik und reiner Werdensphilosophie dürfte nicht gangbar sein. [1]

Drittens ist bei Scheler fast immer *apriorisches philosophisches Wissen mit empirischen Feststellungen und Hypothesen verwoben*. Die Verflechtung ist eine so enge, daß kaum jemals gesagt werden kann, wo das eine aufhört und das andere beginnt. Wenn es sich nur darum handelte, definitives und somit unbezweifelbares empirisches Wissen in die philosophischen Überlegungen mit einzubeziehen, so könnte dies noch prinzipiell akzeptiert werden. Ein solches endgültiges Wissen auf Erfahrungsbasis liegt jedoch niemals vor, wo generelle Behauptungen aufgestellt werden; denn empirische Allsätze sind nicht verifizierbar, sondern gelten bloß mit einer mehr oder weniger großen Wahrscheinlichkeit (vgl. dazu Kap. IX und X). Damit werden aber auch die philosophischen Konsequenzen, die aus solchem hypothetischem Wissen gezogen werden, problematisch und bleiben stets in Abhängigkeit vom jeweiligen Stand der einzelwissenschaftlichen Erkenntnis. Es fragt sich dann, wodurch sich in dieser Weise verankerte philosophische Aussagen noch von einzelwissenschaftlichen Hypothesen mit einem höheren Allgemeinheitsgrad unterscheiden. Der Fachwissenschaftler, aus dessen spezieller Disziplin die fraglichen Hypothesen entnommen wurden, wird vermutlich die Ansicht vertreten, *daß die philosophischen Verallgemeinerungen genau dort beginnen, wo die wissenschaftliche Überprüfbarkeit aufhört, also die reine Spekulation beginnt*. Eine derartige Feststellung

---

[1] Es liegt übrigens der Gedanke nahe, daß Schelers Lehre von der Person und ihren Akten bereits in nuce die später zu schildernde heideggersche Sicht des Verhältnisses von Sein und Wesen beim Menschen enthält. Denn auch für Scheler besteht im Grunde das Sosein der Person in ihrer Weise zu sein.

wäre aber praktisch mit einer vernichtenden Kritik solcher philosophischer Hypothesen gleichbedeutend. Wer an philosophische Wirklichkeitserkenntnis glaubt, kann einem derartigen Einwand nur dadurch entgehen, daß er sich von empirisch-hypothetischen Voraussetzungen in seinen Überlegungen freimacht und sich auf das a priori Begründbare beschränkt.

Das zuletzt Gesagte gilt besonders von Schelers letztem Werk über die Stellung des Menschen im Kosmos. Die Aussagen über den tierischen Instinkt, das assoziative Gedächtnis, die praktische Intelligenz usw., von denen Scheler ausgeht, sind empirischer und damit hypothetischer Natur; auch die Aussagen über die Triebe und ihr Verhältnis zum »kraftlosen Geist« beruhen auf Verallgemeinerungen von Beobachtungen. Auf einer solchen Basis kann schwerlich eine metaphysische Einsicht über die Beschaffenheit des Urgrundes der Welt gewonnen werden.

Viertens äußert sich der Mangel an methodischer Strenge vor allem dort, wo es um *die letzte Begründung einer philosophischen These geht*. Scheler war kein Grundlagendenker; so ausgezeichnet seine Einzelanalysen sind, so schlecht ist es meist um den Nachweis für einen philosophisch grundlegenden Satz bestellt. Dies zeigt sich z. B. an der Art und Weise, wie er die materiale Wertethik zu verankern sucht. Zugleich wird an dieser Stelle deutlich, wie gefährlich es ist, zu glauben, man brauche nur dem Rufe »zu den Sachen selbst!« zu folgen und könne daher auf eine Sprachanalyse und Sprachkritik verzichten. In Wahrheit wird dann oft die scheinbare Sachanalyse von einem bestimmten Bild – und zwar einem bei näherem Zusehen höchst anfechtbaren Bild – der Sprache getragen.

Scheler gleicht nämlich die Werturteile den Deklarativsätzen an, also jenen sprachlichen Äußerungen, in denen wir Tatsachenbehauptungen aufstellen. Das Bild von der Sprache, welches hier vorherrscht, ist dies, daß wir Aussagen nur deshalb formulieren, um *über etwas zu sprechen*. Geht man von einer solchen Voraussetzung aus, dann erscheint die schelersche Konzeption des Wertbegriffes tatsächlich als naheliegend. Denn dann müssen wir auch ein Werturteil (»A ist gut«, »A ist schön« usw.) als eine Aussage ansehen, in der einem Objekt eine Eigenschaft zugesprochen wird. Und da diese Eigenschaften keine sinnlich wahrnehmbaren Merkmale an den Dingen sein können, muß es sich bei den Wertqualitäten um ideale Gebilde handeln, die in der empirischen Welt nicht vorkommen. Dem ethischen Naturalismus und Relativismus scheint man damit nur so zu entkommen, daß man der Ethik an sich seiende Werte zuordnet und diese einem platonischen Himmel einverleibt.

Den Ausgangspunkt einer solchen Überlegung aber bildet eine einseitige Ansicht von unserer Sprache. Diese dient keineswegs nur dazu, um »über die Dinge zu reden«; sie hat noch zahlreiche weitere Funktionen. Und die Werturteile gehören zu den sprachlichen Äußerungen mit anderen Funktionen als der des »Redens über etwas«. In der Gegenwart bemühen sich zahlreiche Ethiker darum, die Eigenart der Werturteile gegenüber den Behauptungssätzen herauszuarbeiten. Die dabei gewonnenen Ergebnisse zeigen, daß man für die Zwecke einer philosophischen Interpretation ethischer Urteile nicht genötigt ist, zu einem Reich an sich seiender Werte Zuflucht zu nehmen (vgl. dazu Kap. X, 4). Scheler stand eigentlich selbst schon an der Schwelle dieser Einsicht, dadurch nämlich, daß er für die ethische Erkenntnis das Rationale durchbricht und die gesamte emotionale Sphäre einbezieht. Er konnte dies aber doch nur so deuten, daß die nicht verstandesmäßigen Akte des Erkennens an sich Seiendes erfassen und das Ergebnis dann in Deklarativsätzen mitteilen. Dagegen sah er nicht, daß die Rolle des Emotionalen im Bereich der Ethik vor allem darin besteht, zu Verschiedenheit und Übereinstimmung in der *Einstellung* (Haltung) zu führen, und daß diese Art von Übereinstimmung und Nichtübereinstimmung, die von der Übereinstimmung und Nichtübereinstimmung im *Glauben* (Annehmen, Meinen) wesensverschieden ist, in Wertaussagen ihren Niederschlag findet.

Schließlich noch eine Bemerkung über das Verhältnis Schelers zu Kant. Auf eine Behandlung der zahlreichen Einwendungen Schelers gegen Kant können wir hier nicht eingehen.

Wir müssen aber zumindest in einem Punkt Kant gegenüber Scheler rechtgeben: Prinzipien, die für das menschliche Handeln gelten, müssen *Sollensforderungen* sein. Diese Sollensforderungen haben den Charakter *allgemeiner Imperative,* aus denen die auf konkrete Situationen anwendbaren speziellen Imperative abgeleitet werden können (z. B. aus »sag' immer die Wahrheit!« folgt »sag' jetzt dem N. N. die Wahrheit!«). Für Scheler bestehen die Grundlagen der Ethik aber nicht aus Sollensprinzipien, sondern aus gegenständlichen Aussagen über Werte und deren Rangordnungen. Also müssen alle ethischen Imperative aus solchen Aussagen abgeleitet werden. Wie das Studium der »Logik der Imperative« zeigt (vgl. dazu S. 506), ist eine solche Ableitung jedoch ausgeschlossen. Es ist unmöglich, eine imperativische Conclusio aus einer Klasse von Prämissen abzuleiten, die nicht selbst mindestens einen Imperativ enthält. Dies bedeutet nichts Geringeres, als daß *eine ethische Theorie, die so wie die materiale Ethik unter ihren Grundsätzen keine generellen Imperative enthält, für die Begründung von Sollensprinzipien des menschlichen Handelns ungeeignet ist.*

Scheler hat auch über das Phänomen des *Tragischen* geschrieben. Er sah darin einen unlösbaren Wertkonflikt zwischen Trägern verschiedener Wertideale, die im Sinne ihres Ideals alle »ihre Pflicht tun«. Dagegen war ihm der Gedanke einer letzten Tragik im Sinne einer inneren Absurdität und Zerrissenheit der Welt fremd, obwohl sein fragloser Seinsoptimismus im Lehrgehalt seiner letzten Ansichten kaum eine sachliche Berechtigung findet. Die Existenzphilosophie wie die Existenzialontologie suchen diesen Blick für die unverhüllte Tragik im Sein zu gewinnen, wobei sie zugleich auf eine tiefere, hinter dem Gegensatz von Leben und Geist liegende Seinsschicht des Menschen vorzudringen trachten, ohne aus den sich dabei ergebenden neuen Aspekten eine über das Sein des Menschen hinausgreifende allgemeine Weltmetaphysik aufzustellen.

KAPITEL IV

EXISTENZIALONTOLOGIE: MARTIN HEIDEGGER

1. Die Existenzphilosophie im allgemeinen und ihre historische Beziehung zur abendländischen Vergangenheit

Wie die Lehre Husserls im Hinblick auf die Methode eine philosophiegeschichtliche Wende bedeutete, so die Philosophie Heideggers in sachlicher Hinsicht. Zur Erleichterung des Verständnisses der überaus ungewohnten und schwer faßbaren Denkeinstellung in der heideggerschen Ontologie seien vor der inhaltlichen Wiedergabe der Lehre einige allgemeine Charakteristiken sowie historische Hinweise gegeben. Dabei wird es erforderlich sein, wegen der inneren Verwandtschaft zwischen vielen Grundintentionen bei Heidegger und Jaspers öfters auch auf die Philosophie von Jaspers vorzugreifen. Da bezüglich des letzten Zieles philosophischer Erörterungen jedoch zwischen beiden Denkern ein grundsätzlicher Unterschied besteht, erschien im einzelnen dennoch eine getrennte Behandlung erforderlich.

Folgende Gesichtspunkte sind beim Überdenken der heideggerschen Philosophie hervorzuheben:

1. Wenn bei Besprechung der schelerschen Philosophie vom Versuch einer Überwindung des Gegensatzes von Geist und Trieb durch Vordringen in eine tiefere Seinsebene in der Existenzphilosophie und Existenzialontologie die Rede war, so darf dies nicht so gedeutet werden, als werde nun ein einheitlicher schöpferischer Urquell im Sein oder im Menschen gesucht, aus dem alles vitale Leben sowie alle geistige Aktivität hervorsprudelt. Vielmehr ist das mit »Existenz« Gemeinte sowohl vom Person- wie vom Lebensbegriff Schelers durch einen Abgrund getrennt.

Während sich in den schelerschen Begriffen ein reiches, inhaltserfülltes, überströmendes Etwas ausdrückt, handelt es sich hier um ein *leeres, allen Inhaltes lediges und doch letz-*

tes, unbedingtes Seinszentrum im Menschen. Der Zugang zu ihm ist nur dadurch möglich, daß man sich in die der Existenzphilosophie eigentümliche *Grundstimmung* hineinversetzt. Es ist im Gegensatz zum Erleben des Geborgenseins in einer vertrauten Welt, des Eingebettetseins in ein das All durchflutendes kosmisches Gesamtleben (Lebensphilosophie) oder des Aufgehobenseins in einem umspannenden Weltgeist (Idealismus Hegels) oder in beides zusammen, All-Leben und Weltgeist (Scheler) die Stimmung des Ungeborgenseins, der unheimlichen Fremde und Rätselhaftigkeit der Welt, zugleich der absoluten Endlichkeit und Begrenztheit des eigenen Seins, der Geworfenheit in eine unverständliche, absurde Wirklichkeit, der Überantwortung an Tod, Schuld und die alle oberflächlichen Gefühle und Stimmungen letztlich untermalende Grundstimmung der Angst. In diesem Erleben der grenzenlosen Einsamkeit und der Verlassenheit von aller tragenden und sinngebenden Ordnung der Welt bleibt dem Menschen nur die Verzweiflung oder der Rückgang in einen innersten Pol des eigenen Seins: die *Existenz*. Damit ist also nicht einfach die schlichte Tatsache gemeint, daß der Mensch ist – für diese indifferente Tatsächlichkeit wird der Ausdruck »Dasein« verwendet –, sondern ein Letztes und Unbedingtes, welches auch dann noch als sinnerfüllende Instanz aufzutreten vermag, wenn alle Werte, alle Befriedigung von Leben und Geist, alles Wissen um Ordnung und Verwurzelung des Daseins in einem Absoluten fragwürdig, äußerlich, relativ werden, sich einer letzten Ehrlichkeit als bloßer Schein herausstellen. In diesem Zusammenbrechen aller inhaltlichen Beziehungen zur Welt, der Distanzierung von allem und sogar dem eigenen Selbst, sofern es noch irgend etwas an Fülle, Reichtum, Substanz an sich hat, überkommt den Menschen das Erleben des puren »Daß« des Seins und in diesem Überfallenwerden von der Stimmung des *»Daß ich bin und zu sein habe«* meldet sich die Existenz, die der Mensch dann noch immer ergreifen oder verfehlen kann.

Existenz ist also einmal kein endgültiger, fester Bestand, der immer da wäre und in den sich der Mensch in jedem Falle einer Gefährdung seines geistigen Lebens zurückziehen könnte, sondern eine *Möglichkeit*, die er nur im aktivsten, konzentriertesten Selbsteinsatz zu realisieren vermag; zum anderen ist sie im Gegensatz zu den Konzeptionen in Lebensphilosophie, pantheistischer Geistmetaphysik und Personalismus etwas gänzlich Unbestimmbares, *Einfaches*, jenseits von all dem Liegendes, worüber inhaltliche Aussagen gemacht werden können.

Daher gibt es zum existenziellen Sein auch *keine kontinuierlichen Übergänge*, wie sie zwischen einem sittlicheren und unsittlicheren, reicheren und ärmeren, freudvolleren und leidvolleren Leben bestehen, sondern der Mensch gelangt zu ihm nur durch einen *Sprung*. Der Übergang zwischen den Gegensatzdimensionen »bloßes Dasein« und »Existenz« (Jaspers) oder in der heideggerschen Terminologie »uneigentliche« und »eigentliche Existenz« ist also ein abrupter und hat aus demselben Grunde nichts mit ethischen Bewertungsunterschieden zu tun. Zunächst immer und meistens bis zu seinem Ende lebt der Mensch im Modus der uneigentlichen Existenz, des bloßen Daseins, mag ihm auch mit Recht das ethische Wertprädikat »gut« zugesprochen werden. Das eigentliche Existieren erfordert nicht bloß wertmäßige oder vitale Steigerung des Lebens, sondern eine gänzliche Umkehr aus ihm, ein Sichzurückholen aus der »Verfallenheit« des Alltags.

Um das in der existenziellen Grundstimmung offenbar Werdende in einer philosophischen Sprache ausdrücken zu können, ist entweder eine Änderung des gesamten Begriffsapparates erforderlich, oder es muß überhaupt auf wissenschaftliche Erkenntnis verzichtet werden, um nur mehr an den Menschen den »Appell« zum Vollzug des Existenzerlebnisses und zum Ergreifen der darin sich enthüllenden möglichen Eigentlichkeit des Selbstseins zu richten. Das erstere geschieht in der Philosophie Heideggers, das letztere bei Jaspers.

2. Wenn das grundsätzlich Neue thematisch werden soll, so bedarf es auch einer außerordentlichen Methode. Für Heidegger ist dies die *Phänomenologie*, die aber jetzt entsprechend der neuen Aufgabe eine Radikalisierung erfahren muß.

War sie für Husserl die Ausklammerung des Zufälligen durch Enthaltung von Existenzialurteilen, hatte Scheler diesen Gedanken gesteigert durch die Forderung nach Ausschaltung des ganzen emotionalen Seins, auf daß es zu reinem Strömen des Geistes komme, so wird sie für Heidegger ein Gegenzug gegen die alltägliche Denkeinstellung überhaupt. Diese nämlich ist selbst nur eine bestimmte Äußerungsform des uneigentlich-verfallenden Daseins, die das, worauf es ankommt, verdeckt. *Daher ist philosophische Wesenserkenntnis notwendig verbunden mit einem Sichlosreißen aus dieser Alltagseinstellung.* Wahrheitserfassen wird zu einem Hervorholen aus der Verborgenheit, zu einem Raub dessen, was die vulgäre Weltauslegung an Seinserkenntnis niederhält. Für Heidegger ist somit der Gang der ontologischen Untersuchung ein fortwährender Kampf gegen die »natürliche Einstellung«, der auch der Philosophierende immer wieder unterliegt – nicht bloß ihre Ausschaltung wie bei Husserl –, eine dauernde, stets von der Gefahr des Scheiterns bedrohte geistige Anspannung.

3. Neben dem Zugang von der Stimmungsseite führt auch ein *logischer Weg* zum Existenzbegriff. In der scholastischen Philosophie ist der Unterschied zwischen Dasein (existentia) und Sosein (essentia) herausgestellt worden. Das zweite Moment zielt auf das ab, was ein Ding ist, das erste auf die Tatsache, daß ein Exemplar dieses Wesens tatsächlich vorkommt. Die Tatsächlichkeit des Seins blieb dabei das zufällige »Hic et nunc«, auf welches es bei der Wesensanalyse nicht ankommt. Auch bei Husserl tritt dieser Gedanke, daß das faktische Dasein als unwesentlich bei einer Wesenserhellung außer Betracht bleiben müsse, deutlich hervor. *Gerade diese Ausklammerung des Daseins aber ist nach Heidegger unmöglich,* und zwar deshalb, weil eben darin dasjenige liegt, worauf es ankommt. »Existentia« bedeutet soviel wie »Vorhandenheit«. Sie kann daher nur solchem zukommen, das man als ein neben anderen vorhandenes Ding ansprechen kann. Der Mensch aber ist kein solches Ding, sondern ein Wesen, dem es um das eigene Sein geht. In diesem »Es geht um ...« liegt das vor aller theoretischen Reflexion bestehende

Verhältnis zu sich selbst. Darin äußert sich die Existenz. Nach dem oben Gesagten läßt sich diese durch inhaltliche Bestimmungen nicht fixieren. Man kann ihr daher nur von der Seite ihres »Wie« beizukommen versuchen. Dieses Wie des Seins aber ist nichts anderes als das Sosein. Daraus ergibt sich, daß es grundfalsch wäre, das Dasein vom Sosein abzutrennen, da ja das letztere nichts anderes ist als die Weise, wie das durch Existenz ausgezeichnete Seiende ist. Die Soseinszüge, die inhaltlichen Seinsbestimmtheiten sind Möglichkeiten, die der Existierende ergriffen oder verfehlt hat. *Das Wassein des Menschen sind keine vorhandenen Eigenschaften eines vorhandenen Dinges, sondern mögliche Weisen zu sein.* Sokrates ist nicht und »hat« außerdem noch bestimmte Eigenschaften, sondern er hat bestimmte Möglichkeiten ergriffen, welches Ergreifen das, was er war: seinen Charakter, prägte. Ist daher hier alles Sosein Ausdruck des »Wie« des Seins, d. h. »fließt« gewissermaßen das Sosein aus dem Sein, so kann Heidegger den vom Standpunkt der überkommenen Ontologie aus unverständlichen Satz aussprechen: »*Das Wesen des Daseins liegt in seiner Existenz*«, wobei unter »Dasein« hier, wie auch sonst immer bei Heidegger, der Mensch zu verstehen ist. Eine Wesenserhellung des Menschen kann daher die Tatsache, *daß* der Mensch ist, nicht als zufälliges und unwesentliches Moment beiseitestellen oder gar bewußt ausschalten, weil gerade auf diesem »Daß« des Seins das ganze Schwergewicht der Analyse ruht. Wesenserhellung ist somit zugleich und vor allem Daseinserhellung.

4. Wegen der Tatsache, daß dem Sein des Menschen mit dem Begriffsschema der überlieferten Ontologie nicht beizukommen ist, andererseits aber gerade in diesem Schema das Sein als solches zur begrifflichen Ausprägung gelangen soll, *wird für Heidegger der Seinsbegriff überhaupt fragwürdig.* Und hier setzt denn auch die gesamte heideggersche Problemstellung als solche ein. Die Grundfrage nämlich, welche Heidegger seinen Untersuchungen voranstellt, ist die, ob wir überhaupt verstehen, was wir meinen, wenn wir den Terminus »seiend« gebrauchen. Tatsächlich verstehen

wir ja immer etwas darunter, wenn wir Sätze aussprechen wie: »Das Wetter *ist* schön«, »ich *bin* krank«, »rette sich (d. h. bringe sein *Sein* in Sicherheit) wer kann«. Wenn es aber zur begrifflichen Ausprägung kommen soll, werden wir da vielleicht von einer selbst in unserem Sein verankerten Tendenz zur Fehlinterpretation zum Narren gehalten? Das Beispiel des Menschen scheint dies zu bestätigen. Heidegger kommt daher zu dem Ergebnis, daß wir so etwas wie »Sein« zwar immer verstehen, aber eines eigentlichen Begriffes des Seins entbehren.

5. Daraus erwächst für Heidegger eine Aufgabe, die noch umfassender und fundamentaler ist als diejenige, welche die husserlsche Idee einer materialen und formalen Ontologie zu bewältigen suchte. Waren die *materialen Ontologien* bei Husserl den Einzelwissenschaften insofern vorgeordnet, als sie diesen gleichsam voraussprangen, um die Wesensstrukturen der betreffenden Regionen herauszuarbeiten, hatte die *Formalontologie* die noch zentralere und bei Husserl an Allgemeinheit und Endgültigkeit nicht mehr zu überbietende Aufgabe, das für alle Seinsgebiete Gültige zu erfassen, so bedarf es nach Heidegger noch eines dritten Sprunges nach vorne, nämlich zur Aufrollung der »*Frage nach dem Sinn von Sein*«[1], welche das Thema der *Fundamentalontologie* bildet. Bloße Kategorialanalysen, mögen sie auch noch so sehr zu einer geschlossenen Kategorientafel und in ihr gründenden Axiomenlehre führen, bleiben nach Heidegger blind und stellen statt eines Offenbleibens gegenüber der metaphysischen Grundfrage ein vorzeitiges Sichabsperren von ihr dar. Dabei ist es für Heidegger keineswegs selbstverständlich, daß wir mit dieser Frage, wie man bei bloßer Weiterführung des husserlschen Schemas denken könnte, nun ein

[1] »Sinn« bedeutet hier bei Heidegger nicht das, woran wir denken, wenn wir vom »Sinn der Welt« oder vom »Sinn des Seins« sprechen, sondern nur die schlichte Wortbedeutung von »Sein«. Wenn N. Hartmann dem entgegenhält, daß dies für eine metaphysische Problemstellung zu wenig sei, so gilt dies für Heidegger deshalb nicht, weil ihm aus den obenerwähnten Gründen die Frage entsteht, ob wir nicht beim Verstehen des Wortes »Sein« immer schon einer Fehlinterpretation zum Opfer gefallen sind.

Gebiet beschreiben, in dem nur mehr von »allgemeinsten Allgemeinheiten« die Rede ist. Gerade der grundsätzliche Charakter der Fragestellung könnte eine Hinwendung zum Konkretesten erforderlich machen.

6. Dies zeigt sich schon, sobald die Frage auftaucht, wo eigentlich der Ansatz zu suchen sei, um das Seinsproblem zu behandeln. Heidegger sieht keinen anderen möglichen Ausgangspunkt, als die erwähnte Tatsache des *menschlichen Seinsverständnisses*, in welchem stets schon irgendwie ein Seinswissen obwaltet, ohne daß es zu einem klaren Begriff gekommen wäre. Um aber die Forschung auf eine möglichst breite Basis zu stellen und zugleich den Gegensatz zwischen dem vorwissenschaftlichen menschlichen Seinsverständnis und der von der Philosophie erstrebten Seinsidee herauszuarbeiten, ist bei der Analyse dort einzusetzen, wo ein eigentliches Seinsverständnis gerade niedergehalten wird: Im *alltäglichen menschlichen Dasein.* An diesem Punkt treffen sich bei Heidegger die aristotelische Problematik (die Frage nach dem Sein), die phänomenologische Methode (wonach alle rein begrifflichen Erörterungen ungültig sind, solange nicht ein direkter Aufweis an einem Gegebenen, hier: dem exemplarisch Seienden »Mensch« sich vollzieht) und der existenzphilosophische Aspekt vom Menschen, wonach dieser meist in einem uneigentlichen, weltverlorenen und unpersönlichen Dasein dahinlebt. Hier liegt auch der Grund, warum die explizite Aufrollung der Seinsfrage zum Konkreten führt: Einmal schon deshalb, weil der Ansatz beim Menschen zu suchen ist, sodann aber und vor allem aus dem Grund, weil eine Durchleuchtung des Wesensbaues des Menschen nicht durch Ausklammerung seines faktischen Daseins zu vollziehen ist, sondern nach dem früher Gesagten gerade beim Dasein einsetzen muß. So wird also die Seinsproblematik als solche in das »Hic et nunc« hineingestellt. Die dem Menschen überhaupt mögliche oberste, an Allgemeinheit nicht mehr zu übertreffende Fragestellung mündet geradewegs im Unmittelbarsten und Konkretesten.

7. Heidegger nennt, wie bereits oben erwähnt, seine Untersuchung »*Fundamentalontologie*«, da sie durch Heraus-

arbeitung der Seinsfrage sowohl den formalen wie den materialen Ontologien erst die Grundlage verschaffen soll. Man könnte zunächst vielleicht meinen, die Bezeichnung »philosophische Anthropologie« wäre ebenso angemessen, wenn nicht noch angemessener gewesen, da doch beim Menschen eingesetzt und auch über den Kreis des Menschen, wenn man von der leitenden Fragestellung absieht, nicht hinausgegangen wird. Aber gerade ein solches Absehen von der leitenden Problemstellung wäre ein Fehler; denn nur im Hinblick auf sie wurde der Gang der Untersuchung überhaupt aufgenommen. Daher ist auch gar nicht der Mensch als Mensch Untersuchungsobjekt, wie dies in einer Anthropologie der Fall ist [1], sondern als Durchgangsmedium zum Zwecke der Gewinnung eines adäquaten Seinsbegriffes, wobei, entsprechend der existenzphilosophischen Grundeinstellung, die Endlichkeit des Menschen im Vordergrund steht. Die Analyse des menschlichen Daseins wird daher ständig von dem Problem in Atem gehalten: *Führt aus der Endlichkeit ein Weg ins Sein?* Bei Heidegger herrscht in dieser Frage die theoretische Einstellung vor. Für Jaspers dagegen erlangt sie eine eminent praktische Bedeutung im Hinblick auf den tatsächlichen Vollzug des Existierens, den Heidegger als eine wissenschaftlich nicht zu behandelnde »ontische Angelegenheit« des jeweiligen Daseins bewußt beiseite läßt.

8. Das Vorgehen bei der Analyse des alltäglichen menschlichen Daseins enthält einen historischen Bezug zur Idee des »*homo faber*« Bergsons. Der Mensch in seinem alltäglichen »Zunächst« und »Zumeist« ist kein gegenüber der Welt selbstgenügsames Wesen, auch nicht ein interesseloses Subjekt, welches Wahrnehmungseindrücke hinnimmt und so die Außenwelt in seinem Geist widerspiegelt, sondern er geht geschäftig-besorgend in der Um- und Mitwelt auf, in der ihm keine vorhandenen Dinge, sondern »zuhandenes Zeug« be-

---

[1] Das Wort »Anthropologie« ist dabei im denkbar weitesten Sinn zu nehmen, so daß es auch philosophische Untersuchungen über den Menschen umspannt, und nicht, wie heute vielfach üblich, auf einen engeren medizinisch-biologischen Fragenkreis beschränkt bleibt.

gegnet. Die Beziehung des Menschen zur Welt erhält dabei noch rein formal und unabhängig von dem für den Existenzialphilosophen feindseligen Charakter der Welt ein besonderes Gewicht. Die Existenz muß ja, wie bereits hervorgehoben wurde, als bar aller inhaltlichen Bestimmungen gedacht werden. Andererseits ist sie auch nicht ein das Dasein überallhin ständig begleitendes unbestimmtes Ding. Die Abgrenzung gegenüber dem Substanzbegriff wird in der Existenzialontologie noch viel schärfer vollzogen als etwa bei Scheler, ist doch wegen des nichtdinglichen Charakters des Menschen für Heidegger der Seinsbegriff überhaupt fragwürdig geworden. Die Analyse der Existenz ist daher nicht möglich durch Herausstellung sachhaltiger Eigenschaften an ihr als einem Vorhandenen, sondern durch das »Wie« ihres Seins, das heißt aber *durch die Art und Weise ihres Verhaltens zur Welt*.

Diese Forderung nach etwas Anderem, ihr Gegenüberstehenden, welches die Existenz in ein über sich selbst hinausweisendes Verhältnis einordnet und die Existenz selbst mitbedingt, diese Notwendigkeit eines Korrelates zur Existenz und damit einer unmittelbaren Einbeziehung der Welt in die Analyse der Existenz wird bei Heidegger so stark, daß das Problem einer an sich bestehenden Außenwelt hinfällig, sinnlos wird; denn *die Welt ist ebenso unmittelbar »da« wie das menschliche Dasein selbst*. Der Mensch braucht dann nicht mehr Schranken seines Bewußtseins oder das Ich zu durchbrechen, um zur Welt hinauszugelangen, sondern er ist in all seinem Tun und Lassen, seinem Besorgen, Erkennen, ja selbst im Vergessen immer schon bzw. noch bei der Welt »draußen«. Dieser von Heidegger als »*In-der-Welt-sein*« bezeichnete Tatbestand ist zugleich eine Radikalisierung des Intentionalitätsbegriffes und stellt somit die Beziehung zu Brentano und Husserl her. Außerdem aber bedeutet er einen vom erkenntnistheoretischen Standpunkt aus interessanten Versuch, für die Erkenntnisbeziehung einen noch jenseits des üblicherweise zugrunde gelegten Subjekt-Objekt-Verhältnisses liegenden Ausgangspunkt zu finden. Wir haben hier gleichzeitig ein Beispiel für eines jener vielen Details, in denen sich Heidegger deutlich von Jaspers unterscheidet; denn für Jaspers ist das Subjekt-Objekt-Verhältnis eine rational unauflösbare Grundspaltung, ganz analog wie sie dies auch für Schopenhauer war, der den bekannten Satz aussprach »kein Objekt ohne Subjekt, kein Subjekt ohne Objekt«.

9. Wenn als Grundcharakter der Existenz soeben die Bezogenheit hervorgehoben wurde, so ist nicht an die Weltbezogenheit allein zu denken. Existenz ist vielmehr gleichzeitig *Beziehung zu sich selbst*. Kierkegaard hatte diesen merkwürdigen Sachverhalt nicht anders zu verdeutlichen vermocht als durch die paradoxe Bestimmung des Geistes als eines Verhältnisses, welches sich zu sich selbst verhält. Bei Heidegger dagegen ist der Gedanke zu ontologischer Klarheit gediehen, und der Mensch wird in einem zunächst noch formal-unbestimmten Ansatz als *dasjenige Seiende* charakterisiert, *dem es in seinem Sein um dieses Sein selbst geht*. Schon in dieser Bestimmung des menschlichen Seins tritt ein bemerkenswerter Charakterzug der heideggerschen Philosophie zutage: Die darin waltende außerordentliche Fähigkeit, anscheinend irrationale Tatbestände, welche die Ontologie und Metaphysik der Vergangenheit überhaupt nicht gesehen hatten und die von der Lebensphilosophie sowie von Kierkegaard nur in paradoxen Formulierungen ausgedrückt werden konnten – welches ihre Ablehnung als »unwissenschaftlich« zur Folge hatte –, in ontologische Begriffe zu prägen, ohne dabei den Phänomenen Gewalt anzutun. In seinem Bestreben, an keinem der positiven Ansätze in der abendländischen Philosophie achtlos vorbeizugehen, müssen Heidegger sowohl der Rationalismus wie dessen gegnerische Standpunkte als einseitige philosophische Einstellungen erscheinen. Den Rationalismus erklärte er als »machtlos«, die Mystik als »ziellos«. Es wäre aber voreilig, daraus ableiten zu wollen, daß seine eigene Philosophie daher als »rationalisierte Mystik« oder als »mystischer Rationalismus« anzusehen sei, vielmehr handelt es sich auch hier wieder um den Versuch eines Vorstoßes auf eine tiefere Schicht, von der aus die genannten Weisen des Philosophierens als einseitig erscheinen, so daß Heidegger den bemerkenswerten Satz aussprechen

kann: »Der Irrationalismus – als Gegenspieler des Rationalismus – redet nur schielend von dem, wogegen dieser blind ist«[1].

Die Charakterisierung des Menschen als eines Seienden, dem es um das eigene Sein selbst geht – die später »Sorge« genannt wird –, muß man sich auf alle Fälle einmal durch völlige Loslösung von allen als selbstverständlich hingenommenen überlieferten Ansätzen klargemacht haben, um die weitere Analyse Heideggers zu verstehen. Schon hier zeigt sich, wie alle existenzialontologischen Bestimmungen nur durch ein gewaltsames Herausdrehen aus den üblichen Denkeinstellungen zu gewinnen sind. Wer diesen »Ruck« in sich nicht zu vollziehen vermag, dem muß diese ganze neue Welt fremd bleiben oder als leeres Gerede erscheinen. Scheler hebt einmal hervor, daß der Phänomenologe den Vernehmenden nur an den Tatbestand heranführen kann, um dann im entscheidenden Augenblick mit dem Hinweis zu enden: »Sieh, da ist es!« Wenn dann der andere nichts zu sehen vermag, so ist damit ein unschlichtbarer Streit gesetzt und jedes weitere Verständlichmachenwollen zwecklos, ebenso wie gegenüber einem Blinden der Versuch, ihm die Farben zu »erklären«. Bei Heidegger gilt dies um so mehr, da er doch eine Wende zu vollziehen sucht, die den Uransatz der gesamten abendländischen Metaphysik als fragwürdig erscheinen läßt. Ein Verfechter der heideggerschen Philosophie würde daher gegen den Einwand, daß man die in dieser Philosophie enthaltenen Gedanken nicht nachvollziehen könne, vermutlich erwidern: Daß infolge der Versteifung auf die überkommenen Denkeinstellungen nicht viele die neue Sehweise zu erlangen vermögen, ist nicht weiter verwunderlich; aber die Tiefe des Blickes hat immer ihr eigenes Kriterium.

10. Daß es dem Menschen nach Heidegger um das eigene Sein gehe, könnte die Grundlage für den Vorwurf bilden, daß nur der Mensch mit egozentrischer Einstellung den Ausgangspunkt für Heideggers Analysen bilde. Ein solcher Einwand ist aber unberechtigt, solange das, was zu diesem Sein »gehört«, unbestimmt bleibt. Da nämlich für das existen-

---
[1] »Sein und Zeit«, S. 136.

zielle Sein die Beziehung zur Welt wesentlich ist, so vermag der Mensch beliebig viel anderes in dieses Verhältnis des »Umwillen seiner selbst« einzubeziehen. Was die übrigen Menschen betrifft, so hat Heidegger hier durch eine Formalisierung schelerscher Gedanken die Grundbestimmung des »*Mitseins*« herausgearbeitet, welche das existenziale Sein des Einzelmenschen mitkonstituiert. Sie umrahmt das »Umwillen seiner selbst« und enthält die prinzipielle Möglichkeit, daß das Selbstsein erst durch Hingabe an andere gewonnen wird.

11. Auch noch in einer anderen Hinsicht besteht eine Gemeinsamkeit zwischen der Philosophie Schelers und der Existenzphilosophie im allgemeinen: In dem Gedanken nämlich, daß, je »höher hinauf« wir in der Stufenordnung der realen Welt steigen, das Seiende desto *einmaliger, individueller, zeitlicher, geschichtlicher* wird, wobei allerdings in der Art der Durchführung des Gedankens wieder der große Unterschied zutage tritt: Bei Scheler die vom Reichtum geistiger Akte erfüllte Person, ihre Einbettung in einen kosmischen Seinszusammenhang, die optimistische Grundstimmung des Getragenseins von einem die Welt durchflutenden All-Leben und der Mitbeteiligung am Prozeß der Ordnung dieses Lebens durch den Geist, hier das »nackte Daß« des Existierens, die aller Inhaltsfülle entkleidete Existenz, die geradezu feindselige Abgrenzung der Existenz von einer sie bedrohlich umdrängenden Wirklichkeit, die tragische Grundstimmung des Geworfenseins in eine unfaßbare Welt.

12. Der deutsche Soziologe *Max Weber* hatte ein besonderes Verfahren für die Erfassung der gesellschaftlich-geschichtlichen Welt gebildet, den »Idealtypus«. Dieser bestand darin, daß verschiedene Schemata menschlichen Handelns geschaffen wurden, um sie dann an die konkrete Wirklichkeit heranzutragen und diese daran zu messen. Der tiefere Sinn dieses Verfahrens liegt in dem Gedanken, daß für ein gründlicheres Verständnis der geschichtlichen Vorgänge die bloße Beschreibung des tatsächlich Vorliegenden und die Aufdeckung individueller Kausalzusammenhänge unzureichend ist, da ein menschliches Tun erst dann ins rechte Licht

gerückt erscheint, wenn die Fülle der anderen möglichen Verhaltungsweisen miterblickt wird. Ein wahres Verstehen historischer Erscheinungen erfordert daher, *das jeweils Wirkliche im menschlichen Bereich in den Spielraum der menschlichen Möglichkeiten überhaupt hineinzuhalten.* Die Hineinverarbeitung des Möglichen in das Wirkliche, die bei Weber nur eine theoretische Angelegenheit des Forschers blieb, erhält bei Heidegger ein metaphysisches Gewicht: *Der Mensch versteht sich selbst immer aus Möglichkeiten heraus,* weil sein Sein noch nicht endgültig festgelegt ist. Die einzige Fülle, welche auch die Existenzidee dem Menschen läßt, ist ein In-der-Fülle-der-Möglichkeiten-stehen. Diese Möglichkeiten »hat« der Mensch nicht äußerlich wie etwa irgendwelche sinnlich wahrnehmbare Eigenschaften, sondern er lebt in ihnen, sie machen den innersten Kern seines Wesens mit aus. Daher ist für Heidegger nicht die Wirklichkeit, sondern die Möglichkeit das oberste und positivste Modalprinzip. Allerdings hat auch hier zunächst immer die Uneigentlichkeit die Herrschaft an sich gerissen, indem der Mensch die Möglichkeiten nicht dem ureigenen Selbst entnimmt, sondern sich an die zufällig einstellenden Möglichkeiten verliert oder diese sich aus der öffentlichen Wir-Welt vorgeben läßt.

Der Möglichkeitsbegriff muß wegen seiner Grundsätzlichkeit in den Begriff der Existenz aufgenommen werden. Ist diese nach der obigen Bestimmung ein Verhältnis zu sich selbst, ein Sein »umwillen seiner selbst«, so ist das Wozu dieses Sichverhaltens jetzt als Möglichsein oder, wie Heidegger sich ausdrückt, als »Seinkönnen« bestimmt. Darum heißt es an späterer Stelle auch, daß der Mensch ein Seiendes ist, dem es um das eigene Seinkönnen geht, oder: dessen Sein als *Sein zum Seinkönnen* zu fassen ist. Der Ausdruck »Sein zum Seinkönnen« hat jetzt einen klaren Sinn erhalten: Das »zu« in dieser Wendung soll die Tatsache des Bezogenseins auf sich selbst ausdrücken, dasselbe also, was bereits in der vorläufigen Kennzeichnung des Menschen als eines Seienden, dem es *um das eigene Sein* geht, oder kürzer: als eines Seienden, das *umwillen seiner selbst* ist, gemeint war. Das »Sein*können*« zielt auf das andere Moment: das Möglichsein; es soll den Gedanken abwehren, als handle es sich bei jenem Seienden Mensch, welches sich zu sich selbst verhält, um ein vorhandenes Ding und nicht um etwas, das ausschließlich als Möglichkeit, so oder so zu sein, ist. Die Charakterisierung des Menschen als eines »Seins zum Seinkönnen« muß ständig im Auge behalten werden, da darin der heideggersche Begriff der »Zukunft« und damit der »Zeit« überhaupt verankert ist, die beide nur von da aus zu verstehen sind.

Um alle Versachlichung und die Auffassung des Menschen als eines (zufälligen) Exemplars einer Gattung auszuschließen, hebt Heidegger als ein weiteres Moment des Existenzbegriffs die Tatsache hervor, daß das Sein dieses Seienden *je meines* ist. Alle weiteren Bestimmungen der Existenz müssen daher im Lichte der »Jemeinigkeit« gesehen werden.

13. Der in der Lebensphilosophie wiederholt anzutreffende Gedanke, daß das Leben ein Hinausgehen über sich selbst bedeute, etwa in der simmelschen Formel »Leben ist Mehr-Leben«, findet sich auch in der Existenzphilosophie. Teilweise liegt dies bereits in dem soeben erwähnten Möglichkeitscharakter beschlossen. Wenn das Sein des Menschen ein Möglichsein ist, dann ist er selbst nie am Ende, sondern lebt als ein immerwährendes »Noch-nicht«; *er muß den gegenwärtigen Zustand stets übersteigen, ihn »transzendieren«;* dieser Überstieg ist ein Wesensgesetz der Existenz.

Bei Heidegger verbindet sich damit allerdings ein weiterer, teils aus der kantischen Philosophie stammender, teils aber auch von Dilthey herrührender Gedanke: So wie bei Kant ein Erkennen nur mittels der Kategorien möglich ist, also nur dadurch, daß sich der Erkennende gleichsam »in« den Kategorien aufhält, so muß nach Heidegger der Mensch in einem Verstehensmedium leben – er nennt dieses Medium »Welt« –, damit er Seiendes *als* ein so und so bestimmtes auffassen kann. Alles einzelne Seiende muß also auf diesen *Verstehenshorizont* hin »überstiegen« sein, um überhaupt zugänglich zu sein. So kann z. B. nur im Horizont der »Vorhandenheit« ein Zusammenhang vorhandener Dinge begegnen, nur im Horizont der Welt des Alltags »Werkzeug«

usw. Was den »letzten Überstieg«, das Transzendieren alles Seienden zum Nichts betrifft, so soll darüber erst weiter unten gesprochen werden, weil dazu einige vorherige Bemerkungen über die Rolle der Stimmungen in der Existenzphilosophie erforderlich sind.

14. Das Phänomen der *Stimmung* ist in seiner philosophischen Bedeutung erstmals von dem dänischen Denker Kierkegaard hervorgehoben worden, der überhaupt als geistiger Vater der Existenzphilosophie angesehen werden muß. Allerdings besteht bei ihm noch ein engster Zusammenhang mit dem Religiösen[1]. Kierkegaard hatte dem »*abstrakten Denker*«, als dessen typischen Vertreter er Hegel ansah, den »*existierenden Denker*« entgegengestellt.

Unter dem ersteren verstand er einen solchen, der sich allein auf abstrakt-logische Gedankengänge unter Ausschaltung seines gesamten persönlichen Daseins verlegt, der – in einem Bilde gesprochen – in seinen Gedanken Schlösser baut, selbst aber nicht darin wohnt, so daß ihm, sollte das Schloß abbrennen, nichts weiter passiert. Dem existierenden Denker dagegen ist das Erkennen kein interesseloses Schauen, kein weltabgewandter Selbstzweck, keine neben dem Leben herlaufende ästhetische Spielerei; sondern er philosophiert aus der innersten Not seiner Existenz, das Denken ist ihm ein Dienst am Existieren, er stellt sich mit seiner ganzen persönlichen Leidenschaft in die ihn überfallenden Fragen hinein. Daher gibt es für ihn auch nie ein geschlossenes System; denn sein grenzenloses Offensein für die wirkliche Welt mit ihren undurchdringlichen Rätseln verbietet es ihm, sich über die Realität mit Hilfe eines alle Probleme vermeintlich lösenden Gedankengebäudes hinwegzusetzen.

Hier spielt bereits die ganze existenzphilosophische Grundstimmung herein: Die Welt, in der wir leben, ist durch und durch unfaßlich, absurd. Wie ist ein eigentliches und die Unheimlichkeit der Welt nicht künstlich hinwegleugnendes, sondern ihr offen ins Auge sehendes Leben möglich? Vor allem in der Stimmung offenbart sich dem Menschen seine innere

[1] Sich selbst bezeichnete Kierkegaard auch gar nicht als Philosophen, sondern als *religiösen Schriftsteller*.

Ungeborgenheit. Eine zentrale Stellung hat dabei die *Angst*. Im Gegensatz zur Furcht, die sich immer auf Bestimmtes richtet, wie z. B. die Gefahr einer Verletzung, eines Versagens bei einer Aufgabe, einer Bestrafung, fehlt bei der Angst ein bestimmtes Objekt, vor dem man sich ängstet. Sie ist grundlos, aber zugleich von lückenloser Totalität; denn es ist nicht nur eine Seite des Menschen oder ein bestimmtes Verhältnis zur Welt, welche hier bedroht werden, sondern *das ganze Sein des Menschen samt all seinen Beziehungen zur Welt wird radikal in Frage gestellt,* der Mensch verliert jeden Halt, alles rationale Wissen und Glauben brechen zusammen, das vertraute Nächste rückt in unfaßbare Ferne; es bleibt nur das Selbst in absoluter Einsamkeit und Trostlosigkeit.

Gerade in dieser Situation aber wird der Mensch zur *Entscheidung* gedrängt, ob er die Angst auszuhalten wagt und darin die Eigentlichkeit seiner Existenz zu erreichen vermag, oder ihr gegenüber versagt und in den lärmenden Betrieb der Welt flieht, um die Angst zu übertönen. Darum nennt Kierkegaard die Angst den »Wirbel der Freiheit«. In derselben Richtung, wenn auch weniger radikal, wirkt die Langeweile, denn auch sie läßt alles in volle Gleichgültigkeit versinken. Wenn der Mensch aus dem Versagen vor Angst und Langeweile in die Zerstreuung flieht, dabei aber doch die Erfahrung macht, daß diese seine Flucht aussichtslos ist, so überkommt ihn die *Schwermut*. Das heimliche Wissen darum, nicht eigentlich selbst sein zu können, ruht wie eine schwere Last auf dem Menschen. Bricht die hier noch niedergehaltene Angst plötzlich durch, so steigert die Schwermut sich zur *Verzweiflung*. In ihr aber gelangt die eigentliche Existenz zur Verwirklichung; denn wer sich der Verzweiflung gänzlich preisgibt, hat sein eigentliches Selbst gewonnen.

Eine letzte Lösung der existenziellen Problematik aber vermag die Endlichkeit nicht zu geben; ohne ein Absolutes kann auch der eigentlich existierende Mensch nicht auskommen. Und so bleibt für Kierkegaard am Schluß nur mehr der Sprung ins Christentum, aber nicht in ein über rationale Beweise u. dgl. allmählich zum Glauben hinführendes, sondern der blinde Sprung in die Gottheit. Die Fragwürdigkeit und

Unverstehbarkeit der Wirklichkeit wird dadurch nicht aufgehoben, das Christentum bleibt vielmehr »das Absurde, das mit der Leidenschaft der Unendlichkeit festgehalten wird«.

15. Für Heidegger dagegen ist der Weg in ein absolutes außerweltliches Zentrum versperrt durch Aufnahme der Grundgedanken eines anderen Philosophen, der ebenfalls eine zentrale Rolle bei ihm spielt und bereits einmal erwähnt worden ist: Dilthey. Von ihm hat Heidegger nicht nur den Gedanken übernommen, daß der Mensch ein geschichtliches Wesen sei, sondern auch die Methode der *Hermeneutik*, d. h. der immanenten Sinnauslegung der Welt ohne alle transzendenten Setzungen. Den lebendigen Menschen aus ihm selbst zu verstehen, war das Bestreben Diltheys. Die Möglichkeit solcher Auslegung sah er in der Auffassung des Menschen als eines Gliedes der geschichtlich-gesellschaftlichen Welt, seine Einbettung in den Werde- und Wirkzusammenhang des historischen Ablaufs, verbunden mit einer historischen Relativierung der Weltauffassungen. Durch einfühlendes Nacherleben gewesener menschlicher Möglichkeiten sollte der Mensch sich selbst von der Enge seines jeweiligen Horizontes befreien und *sich in seiner Geschichtlichkeit verstehen* lernen. Aber Dilthey selbst kannte die Härte der existenzphilosophischen Grundstimmung und Problematik nicht; er war eine mehr weiche, weiblich-einfühlende Natur, die in der historischen Analyse eine ästhetische Befriedigung, vielleicht auch einen Religionsersatz fand [1]. Für Heideggers Existenzialontologie dagegen muß die Aufnahme der diltheyschen Konzeption gerade zu einer Steigerung der Problematik führen; es scheint nur mehr die totale Ausweglosigkeit des endlichen menschlichen Seins übrigzubleiben.

16. Dies stellt wieder die Verbindung mit bestimmten Seiten des Dichterphilosophen *Rilke* her, der mit rücksichtsloser Schärfe das Erleben grenzenloser Fremdheit und Unverständlichkeit der Welt, der völligen Ungeborgenheit des menschlichen Daseins, aber auch das Aufgehen des Menschen im farb- und existenzlosen Massendasein zur Sprache bringt. Als das, was den Menschen zur höchsten Steigerung des Le-

---
[1] Vgl. dazu *Heinemann*, »Neue Wege der Philosophie«, S. 186 ff.

bens führt und dieses erst sinnvoll macht, tritt *der Tod* bei ihm auf: nicht der »kleine Tod«, den »man« stirbt, der in den großen Städten »fabrikmäßig« produziert wird; sondern der »große Tod«, den der Mensch in unvertretbarer Individualität als die nicht abnehmbare eigenste Leistung vollbringt und »ausarbeitet«. Die ständige Bedrohtheit des Menschen vom Tode gewinnt dabei in Rilkes späteren Gedichten eine immer zentralere Bedeutung. Während aber bei Rilke auch metaphysische Deutungen hereinspielen, wird bei Heidegger der Tod entsprechend dem Immanenzgedanken nur *in seiner Funktion im Leben selbst* (also in seiner Rolle für das Bewußtsein des um ihn wissenden und an ihn denkenden menschlichen Daseins) gedeutet. Er dient einerseits als Grundlage für die Gewinnung des Begriffs der *eigentlichen Existenz*, andererseits zur Herausarbeitung des existenzialontologischen Begriffs der *Endlichkeit*.

Die Endlichkeit der menschlichen Existenz nämlich ist eine total andere als die eines Dinges. Das letztere ist endlich, weil es von anderen Dingen umgeben und daher ihnen gegenüber begrenzt ist; es »hat« also Grenzen und diese bestimmen seine Endlichkeit. Die Existenz dagegen *ist* ihre Grenze, das Sein der Grenze durchzieht sie in ihrem Leben selbst und tritt nicht erst an ihren faßbaren Endigungen auf. Der Tod ist nicht in der Weise Grenze des Lebens, wie ein Weg dort seine Grenze hat, wo er aufhört. Sondern der Tod steht in das Dasein herein, dieses setzt sich ausdrücklich oder unausdrücklich dauernd mit ihm auseinander, ist ein ständiges Sichverhalten zu ihm – ein *»Sein zum Tode«*, wie sich Heidegger ausdrückt – und bestimmt somit das Dasein in seiner existenziellen Einstellung, sei diese eigentlich oder uneigentlich, mit. *Für das Endlichkeitsbewußtsein ist somit das Todesbewußtsein konstitutiv;* denn durch nichts sonst wird der Mensch so aus seiner Alltäglichkeit herausgeworfen und nichts zwingt ihm so das Bewußtsein der Begrenztheit ab, nichts aber auch vermag sein Wissen um die Notwendigkeit des existenziellen Einsatzes so zu steigern, als der Tod.

Wem es um Anschaulichkeit zu tun ist, der möge das Gedankenmodell bilden, daß der Mensch nicht stürbe. Zweifellos würde dann nicht einfach alles beim alten bleiben, das Leben sich in derselben Weise wie bisher vollziehen und bloß das letzte Ende hinwegfallen, sondern das ganze Leben erhielte einen anderen Charakter: ein Beweis dafür, daß der Tod schon während des Lebens eine gestaltende Kraft darstellt, ja noch mehr; denn nach Heidegger gäbe es ohne den Tod gar keine eigentliche Existenz, da diese nur ist *im Aushalten der unbestimmten Möglichkeit des Todes*. Das Schwergewicht liegt hierbei auf der *Unbestimmtheit*. Denn diese schließt es aus, daß das eigentliche Verhalten zum Tode sich etwa so vollziehen könnte, daß der Mensch sich einen schönen Plan ausdenkt, um ihn zu verwirklichen und am Ende zu sagen: »Ich habe meine Pflicht getan, der Sinn meines Lebens ist erfüllt, jetzt mag der Tod kommen«. Der Tod kann ja *in jedem Augenblick* hereinbrechen und dem Menschen die Möglichkeit zur Ausführung seines langfristigen Vorhabens nehmen. Die eigentliche Existenz kann sich daher nur so zum Tode verhalten, daß sie ihn in diesem seinem *unbestimmten Möglichkeitscharakter* ins Auge faßt.

17. Eng mit dem Tod hängt eine andere grundlegende Seinsbestimmtheit der menschlichen Existenz zusammen, die bei Heidegger schließlich überhaupt die zentrale Rolle spielt: Die *Zeitlichkeit*. Schon anläßlich des Todesbegriffs mußte die Frage auftauchen, wie es mit dem Wesen der Zeit in Einklang zu bringen sei, daß der Tod bereits in der Gegenwart eine Rolle spiele. Als faktisches Ereignis tritt er ja erst in der Zukunft ein. Es muß daher eine im Wesen der Zeit selbst liegende Rückbezogenheit der Zukunft auf die Gegenwart geben. Auf der anderen Seite wird bei Erörterung der Geschichtlichkeit des Menschen die Frage nach der Einbeziehung der Vergangenheit in die Gegenwart aktuell.

Gegenüber dem Gedanken einer kontinuierlich dahinfließenden meßbaren objektiven Weltzeit hatte die Lebensphilosophie die »subjektive Zeit«, d. h. die tatsächlich erlebte Zeit, hervorgehoben, die je nach der Art des Erlebens bald langsam dahinschleichen, bald wie im Fluge verstreichen kann. Aber man sah dieses subjektive Faktum doch nur unter dem Aspekt einer ihm zugrunde liegenden objektiven Zeit. In der Existenzphilosophie wird dagegen die subjektive Zeit als ein das Verständnis des Menschen erst ermöglichendes Medium ganz in das Zentrum gerückt. Bei Heidegger wird sogar die objektive Zeit – er nennt sie »Innerzeitigkeit« – daraus abgeleitet.

Hier besteht nun eine deutliche Beziehung zur tiefsten Interpretation der subjektiven Zeit in der abendländischen Philosophie, nämlich derjenigen Augustins. Augustinus wollte das geheimnisvolle Wesen der Zeit als des Momentanen, Augenblicklichen und damit charakteristisch Geschöpflichen im Gegensatz zur unbewegten und beharrenden Ewigkeit erfassen. Er sah, daß wir dabei auf Paradoxien stoßen. Nehmen wir an, daß sich die Zeit jeweils im unteilbaren Augenblick erschöpft, so müßte, da ja der Punkt ein Nichts ist, angenommen werden, daß alles Seiende sich in einem Nichts abspielt; außerdem könnten wir nicht von kürzerer oder längerer Zeit reden und wüßten nicht um Vergangenheit und Zukunft. Geht man dagegen von einem gedehnten Augenblick aus, dann zerfällt dieser sofort wieder in Vergangenheit, Gegenwart und Zukunft, und wir müssen weiter annehmen, daß sich diese gedehnte Strecke in der Zeit fortbewegt, was zur Gleichzeitigkeit von Vergangenheit und Zukunft in diesem gedehnten Augenblick führte; oder wir fallen wieder in die zuerst genannten Konsequenzen zurück. Die Lösung sieht Augustin in der »Ausspannung« der Seele (distentio animi): Die Seele vereinigt Vergangenheit, Gegenwart und Zukunft in sich, sie hält im gegenwärtigen Augenblick das in der Vergangenheit Enteilende *noch* fest und ist in der gespannten Erwartung *schon* auf das Kommende gerichtet. Dadurch wird die Erfassung der Dauer und Messung der Zeit überhaupt erst möglich.

In der Existenzialontologie dient die »Dreidimensionalität« der Zeit zur Wesenscharakterisierung des menschlichen Daseins. Das augenblickliche Sein der Existenz ist diese Erstrecktheit nach den drei zeitlichen Richtungen. Dabei wird die Zeit wieder mit den Begriffen Tod und Endlichkeit zusammengedacht, ist doch die Zeitlichkeit, welche nach Heidegger den innersten Kern des Menschen ausmacht, dasjenige, was die Endlichkeit als endliche bestimmt. So ist im Gegensatz zum lebensphilosophischen Bild vom überschäumenden Zeitfluß der Wirklichkeit auch hier wieder die unerbittliche Härte der existenziellen Grundstimmung entscheidend: Die Situation der Gegenwart ist das die Existenz bedrohlich Umdrängende, welches sie zur Entscheidung zwingt oder zum selbstverlorenen Abfall aus der möglichen Höhe in die Uneigentlichkeit des bloßen Massendaseins veranlaßt, die Vergangenheit ist statt eines tragenden Fundamentes das den Menschen in die gegenwärtige Situation Hineinzwängende und ihn somit in seinen Seinsmöglichkeiten Beengende, die Zukunft besteht in den zu ergreifenden Möglichkeiten, ständig untermalt von der äußersten und unbestimmtesten Möglichkeit des Todes. Wenn die Existenz in dem – diskontinuierlichen und nur durch einen Sprung zu überbrückenden – Richtungsgegensatz »Eigentlichkeit–Uneigentlichkeit« steht, so muß sich diese Spannung jetzt in der Zeit auswirken: Die Zeitlichkeit des sich die Unheimlichkeit verhüllenden und passiv vom Weltverlauf dahingetriebenen Daseins ist eine andere als die der offenen, in angespannter Sammlung stehenden und damit »augenblicklichen« Existenz, die ihre höchste Eigentlichkeit und konzentrierteste Gestalt in dem erreicht, was Heidegger die »vorlaufende Entschlossenheit« nennt: das mutige, zur Aktivität drängende und für die positiven Möglichkeiten der eigenen sowie fremder Existenzen erst richtig hellhörig machende Sichausliefern an den Tod als unvertretbarer, unbestimmter und letzter Möglichkeit des Daseins.

18. Die bisher angeführten Charaktere dürften den häufig bestehenden Zusammenhang existenzphilosophischer Auffassungen mit religiösen und theologischen Vorstellungen bereits deutlich gemacht haben, wie denn schon die heideggersche Kennzeichnung des Menschen als eines Seienden, dem es um das eigene Sein geht, eine Anspielung auf die Sorge um das eigene Heil enthält, was dadurch noch auffälliger wird, daß diese formale Struktur der Existenzverfassung von Heidegger auch den Namen »Sorge« erhält. Noch deutlicher wird dies bei der Analyse der Schuld und des Ge-

wissens zutage treten. Das Entscheidende ist aber stets, daß alle diese Begriffe von ihrer ursprünglichen metaphysischen Wurzel abgeschnitten sind und eine *rein immanente Auslegung* im diltheyschen Sinne erhalten: Aus der Sorge um das Seelenheil wird die Sorge als zusammenfassende Charakterisierung des Wesens menschlicher Existenz, aus der Schuld (bzw. Erbsünde) als einmaligem historischem Ereignis entsteht das Schuldigsein als ein existenziales Apriori des Menschen, aus dem Gewissen als einem Ruf Gottes wird ein Ruf der Existenz an sie selbst. Dies ist der Grund, warum man geneigt sein könnte, in Heidegger (wenigstens in einer bestimmten Hinsicht) einen »abtrünnigen christlichen Theologen« zu sehen.

19. Wir sind nun in der Lage, die wesentlichsten Grundbestimmungen, in denen die Existenzialontologie Heideggers den Menschen sieht, zusammenzufassen [1]: Die *Existenzverfassung*, die formal bestimmt wird durch die im Ansatz erfolgende Charakterisierung des Menschen als eines Seienden, dem es um das eigene Sein geht, soll die Abgrenzung gegenüber dem Reich vorhandener Dinge vollziehen. Die *Jemeinigkeit* bedeutet die Ausschaltung aller die Einsamkeit der Existenz aufhebenden kosmischen Einheitsbildungen. Die *Situation* kennzeichnet das, womit die Existenz wesensmäßig verhaftet ist, aus dem sie nie herauszuspringen vermag, das sie, obwohl ein ihr selbst Fremdes, ständig bedroht und zur Entscheidung drängt. Zu dem, was in der Situation die Existenz als das ihr gegenüber Andere umgibt, gehört, da sie selbst nichts Inhaltliches ist, nicht bloß die äußere Konstellation der Lebensumstände, sondern ebenso das eigene Ich mit seinen Anlagen, seinem Charakter, seinen Neigungen. Die *Geworfenheit* besagt, daß ich ungefragt und ungewollt in diesen Leib, diesen Charakter, diesen geschichtlichen Ort und diese Stelle im Weltall hineingestellt und mir selbst überlassen wurde. Mit dem Terminus *Welt* soll betont werden, daß die Existenz sich nur zu verwirklichen vermag durch Bezie-

---

[1] Vgl. dazu die außerordentlich klare Darstellung von *Bollnow*, »Existenzphilosophie«, in: »Systematische Philosophie«, herausgegeben von *N. Hartmann*, 1942.

hung auf ein Anderes, mag dieses auch als unverständliche und einschränkende Macht erlebt werden. Die *Transzendenz* drückt das Unabgeschlossene, Unvollendete der Existenz aus, die nur sein kann im stetigen Überstieg ihrer selbst (vgl. dazu jedoch den völlig andersartigen und an späterer Stelle genauer behandelten Begriff der Transzendenz bei Jaspers). Das *Verfallen* weist darauf hin, daß der Mensch meist nicht wahrhaft er selbst ist, sondern im Modus der *Uneigentlichkeit* existiert, der gegenüber er seine mögliche *Eigentlichkeit* nicht durch allmählichen Übergang, sondern nur durch radikale Umkehr und einen Sprung erreichen kann. Die ursprüngliche Weise, in der die Welt sich dem menschlichen Verstehen öffnet, ist nicht ein theoretisches Begreifen, sondern die *Stimmung*. Dabei hat die *Angst* insofern eine zentrale Stellung, als in ihr der wahre Charakter der Welt, die *Unheimlichkeit*, offenbar wird, der gegenüber die alltägliche *Vertrautheit* nur eine Verschleierung des wahren Weltantlitzes bedeutet. In *Tod* und *Schuld* bricht die *Endlichkeit* der Existenz als eines von der Grenze selbst durchzogenen Seienden hervor. Im *Gewissensruf* gelangt dem Menschen die Uneigentlichkeit des normalen alltäglichen Daseins zum Bewußtsein und zugleich die Aufgabe, eigentlich er selbst zu sein. Die *Zeitlichkeit* ist eine zusammenfassende Charakterisierung der Endlichkeit sowie eine Betonung der gleichzeitigen Offenheit der Existenz gegenüber dem in der Vergangenheit Geschehenen, dem gegenwärtig Begegnenden und den zukünftigen Möglichkeiten. Mit der *Geschichtlichkeit* wird der Mensch als ein *wiederholendes Wesen* freigelegt, welches die Möglichkeiten seiner Existenz nur durch verinnerlichende Aneignung des historischen Erbes erreichen kann.

Mit der Hervorhebung dieser Teilmomente an der Struktur der Existenz ist zugleich die Abgrenzung gegenüber zunächst verwandt aussehenden Denkrichtungen vollzogen. Der Unterschied gegenüber dem *Personalismus* Schelers ist bereits hervorgehoben worden. Er wird noch deutlicher, wenn die beiderseitigen Auffassungen vom Wesen des Geistes einander gegenübergestellt werden: Bei Scheler ist der Geist jene Wesensform psychischen Lebens, welche die Befreiung von der organischen Umweltgebundenheit vollzieht, den offenen Blick in die Welt als einer nicht auf die Triebe des betrachtenden Lebewesens relativen öffnet und den Zugang in das Reich der Wesenheiten ermöglicht. Hier dagegen sind die spezifischen Kennzeichen des Geistes die Stimmung der *Angst* (im Gegensatz zur bloßen Furcht, die sich auch bei den niedrigeren Lebewesen findet), das Erlebnis der *Schuld*, das Hören des *Gewissensrufes*, das *Sichgewinnen-und-Sichverlierenkönnen*, das *Sterben* (im Gegensatz zum bloßen Ableben), die *Aneignung* des geschichtlich Überlieferten.

Ebenso ist die Philosophie Heideggers von der *Lebensphilosophie* unterschieden. Herrscht in dieser der immer noch an den Pantheismus erinnernde Gedanke des Eingebettetseins des menschlichen Daseins in den Weltzusammenhang, des Aufgehens der Individualität in ein Unpersönliches (wie z. B. im »amor fati« Nietzsches), der bloßen Unzulänglichkeit unserer scharfen Begriffsabgrenzungen gegenüber dem kontinuierlichen Fluß des Lebens und damit immerhin noch einer näherungsweisen Erfassungsmöglichkeit der Wirklichkeit, der schöpferisch sich entwickelnden Lebenspotenz, vor, so stehen in der Existenzphilosophie die Ungeborgenheit und Einsamkeit des Selbst, die Unaufhebbarkeit der Individualität, die absolute Unfaßbarkeit der Welt, das Fehlen alles Schöpferischen und Fortschrittlichen – da in der augenblicklichen Anspannung der Existenz der Gedanke an Fortschritt sinnlos wird – im Zentrum.

Auch vom *Nihilismus*, z. B. demjenigen Schopenhauers, grenzt sie sich scharf ab. Das Nichts ist nicht der letzte Zufluchtsort, welcher das Leben von der sinnlosen Welt durch allmähliche Tilgung des Willens zum Dasein befreit, sondern das, was den Menschen in die Welt zurückstößt und zum aktivsten Einsatz bringt. Daher fehlt auch jede Beziehung zu irgendeiner Art von Todesromantik.

Aus demselben Grunde hat die Existenzphilosophie auch mit jener Form der *Mystik* nichts zu tun, in der die passive Versenkung in das eigene Innere, das Einswerden der Seele mit Gott, also das der existenzphilosophischen Grundstimmung gerade entgegengesetzte Gefühl des absoluten Friedens vorherrscht.

Daß trotzdem zu all diesen Geistesrichtungen die verschiedensten Beziehungen bestehen, kann natürlich nicht abgestritten werden, sollten doch gerade die obigen Andeutungen auf die mannigfachen Zusammenhänge zwischen der Existenzialontologie Heideggers und den historisch überlieferten Werken des abendländischen Geistes hinweisen.

20. Zum Abschluß möge noch eine Bemerkung über das »Nichts« bei Heidegger der zusammenfassenden Darstellung seiner Existenzialontologie vorausgeschickt werden. Man kann diesem Begriff von dem Satz Spinozas aus »omnis determinatio est negatio« beizukommen versuchen: Um etwas als ein so und so Bestimmtes auffassen zu können, müssen wir imstande sein, es von anderem abzuheben. Die Farbe »rot« können wir in ihrer Eigenart nur erfassen, weil wir auch andere Farbe kennen. Würden wir von Geburt an alles nur rot sehen, dann wüßten wir nicht, was rot heißt. Wie kommen wir auf Grund dieser Sachlage überhaupt zum Begriff des Seienden? Was ist das Andere, von dem wir das Sein abgrenzen? Es scheint nichts anderes übrigzubleiben als das Nichts. Aber dieses läßt sich nicht denken; denn das Denken bedarf immer eines Objekts, auf das es sich bezieht. Es muß uns also in anderer Weise gegeben sein. Bei Heidegger ist dies die Stimmung der Angst. In ihr vollzieht sich jene Seinsentleerung, die Heidegger die »Nichtung« nennt. Wenn wir, nachdem die Angst vorüber ist, sagen: Es war im Grunde nichts, so wird dies hier wörtlich genommen. In der Angst offenbart sich dem Menschen sein Sein als ein Hineingehaltensein in das Nichts. Darum sagt Heidegger: »Im Sein des Seienden geschieht die Nichtung des Nichts.« Es genügt für Heidegger also nicht wie bei Scheler, daß man, um in dem Satz »etwas ist« das Sein als eine positive Erfüllung zu erfassen, vorher in das absolute Nichts geblickt haben muß, sondern der Erkennende muß das Nichts in der Angst als ein die gesamte Existenz berührendes Geschehen erfahren haben, damit die Seinsfrage für ihn sinnvoll werden kann.

Man wird durch die Hinweise auf die zahlreichen gedanklichen Motivationen der Existenzialontologie nun geneigt sein zu glauben, es könne sich bei einer Philosophie, welche die Seinsproblematik des Aristoteles mit der Existenzidee Kierkegaards, dem Todesbegriff Rilkes, der kantischen Vorstellung von der Transzendenz, der Phänomenologie Husserls, einem auf Dilthey zurückgehenden Begriff des Verstehens, der augustinischen Zeitauffassung usw. zur Synthese bringt, nur um einen äußerst konstruktiven Eklektizismus handeln. Die zusammenfassende Darstellung der Philosophie Heideggers soll das Gegenteil beweisen. Ein Bedürfnis nach allseitiger Abrundung und Ausfeilung der Gedanken wird allerdings nicht befriedigt werden; denn wenn Heidegger auch ein systematischer Denker ist, so ist er doch kein Systemdenker, und in seinem Philosophieren erfüllt sich selbst jenes Gesetz, daß die endliche Existenz nur Fragmentarisches zu erreichen vermag, immer unterwegs bleibt und nie ans Ende gelangt.

2. Die Ontologie des endlichen Daseins [1]

(a) Seinsproblem und In-der-Welt-sein

Ausgangspunkt ist die aristotelische Frage, was wir eigentlich meinen, wenn wir das Wort »seiend« gebrauchen, d. h. die Frage nach dem »Sinn von Sein«. Als Anhaltspunkt bietet sich zunächst lediglich das uns alle beherrschende *vage Seinsverständnis* an, welches bei jedem Gebrauch des Wörtchens »ist« vorliegt. Daher hat die fundamentalontologische Untersuchung mit einer Analyse des seinsverstehenden menschlichen Daseins zu beginnen, und zwar in jenem Modus, in dem ein eigentliches Verstehen gerade niedergehalten wird: im Modus der *Alltäglichkeit*. Der Mensch soll also als das exemplarisch Seiende fungieren, welches auf sein Sein hin befragt wird. Alle dabei auftretenden Wesenszüge sind im Lichte der *Existenzidee* zu sehen, d. h. der Mensch ist nicht

---

[1] Es sei daran erinnert, daß hier und im folgenden entsprechend der heideggerschen Terminologie unter »Dasein« das menschliche Dasein zu verstehen ist.

als Fall einer Gattung von Dingen anzusehen, die neben anderen Dingen vorkommen, sondern als Seiendes, dem es um das eigene Sein geht. Das Sein dieses Seienden ist je meines, das Wassein ist als eine ihm mögliche *Weise zu sein* zu begreifen (nämlich so oder so zu sein), nicht als mitgegebene Summe von Eigenschaften; daher ist das Wesen aus der Existenz zu interpretieren. Daß dies geschehen kann, beruht darauf, daß das Sein des Seienden »Mensch« als *Möglichsein* zu fassen ist, der Mensch also, dem es um das eigene Sein geht, sich zum eigenen Sein als einer Möglichkeit verhält [1]. Das Dasein ist die Möglichkeit, es selbst oder nicht es selbst zu sein; im ersten Fall ist es *eigentlich*, im zweiten *uneigentlich*. Da der Mensch kein vorhandenes Ding ist, so kommen ihm auch nicht die Seinsbestimmtheiten des Vorhandenen: Kategorien, zu. Heidegger nennt die Seinscharaktere des Daseins demgegenüber »*Existenzialien*«.

Die apriorische Grundverfassung des Daseins, die bereits die Analyse der Alltäglichkeit beherrscht, ist das *In-der-Welt-sein*. Dieses Strukturmoment wird dem seit Descartes üblichen methodischen Solipsismus, der ein weltloses, nur seines eigenen Seins gewisses Bewußtsein als das unmittelbar Gegebene annimmt, entgegengesetzt. Das »Sein-in« oder »In-Sein« bedeutet dabei nicht das Vorhandensein eines Dinges in einem anderen (wie z. B. das Buch »in« der Lade ist), sondern meint das vertraute Sichaufhalten bei etwas, das »Wohnen bei«. Der Mensch wohnt in der ihm vertrauten Welt, er ist, wie die schlichte und unvoreingenommene Phänomenanalyse zeigt, unmittelbar bei der Welt »draußen« und braucht dazu nicht erst irgendwelche Schranken eines fiktiv angesetzten »Bewußtseins« zu überschreiten. Die verschiedenen Weisen des Inseins sind nicht Wahrnehmungen oder Erkenntnisse, sondern zutunhaben mit etwas, herstellen von etwas, verwenden von etwas, unternehmen, durchsetzen usw., für welche Verhaltensweisen der zusammenfassende Titel »*Besorgen*« eingeführt wird. Zweck dieses Ansatzes ist es, einen natürlichen Weltbegriff herauszuarbeiten, den die

---

[1] Vgl. dazu die diesbezüglichen einleitenden Bemerkungen im vorigen Abschnitt (S. 147 f.).

überlieferte Ontologie übersprungen hat. Während für sie die Welt in einem Kosmos von vorhandenen Naturdingen besteht, zeigt sich hier, daß zunächst gar nicht Vorhandenes, sondern Zuhandenes, nicht Dinge, sondern *Zeug* gegeben ist. Verständlich ist allerdings der überlieferte Ansatz schon. Denn zum Besorgen gehört eine eigene Art der Sicht in die Welt: die *Umsicht*. Mit der Stillegung des besorgenden Hantierens geht diese Sichtart verloren, es bleibt nur mehr ein schlichtes Verweilen bei der Welt zurück, und in diesem ruhigen Verweilen enthüllt sich das Seiende als ein pures Vorhandenes[1]. Nun setzt aber jede theoretische Einstellung eine solche Abblendung des besorgenden Aufgehens in der Welt zu einem Nur-mehr-hinsehen voraus; daher glaubt der Theoretiker irrtümlich, daß das sich primär Zeigende in vorhandenen Dingen bestünde.

Von hier aus verstehen wir auch die heideggersche Kritik an der abendländischen Metaphysik, die unter einem Seienden mit Selbstverständlichkeit etwas Vorhandenes versteht. Denn erst in einer künstlichen theoretischen Einstellung wird nach Heidegger jene Sichtart gewonnen, die in der Welt einen Dingzusammenhang sieht. Da für diese Sichtweise der Mensch als eines von dem vielen in der Welt Vorhandenen auftritt, wird er selbst in diesen Dingzusammenhang eingeordnet. Daher ist der existenzialontologische Ansatz so schwer verstehbar, weil er den richtigen Blick für das Sein des Menschen durch völlige Überwindung dieser Betrachtungsweise zu gewinnen sucht.

Das Zeug, womit das Dasein hantierend umgeht, ist zunächst unauffällig, die aus solchem Zeug bestehende *Umwelt* bleibt in ihrem Weltcharakter verborgen. Der letztere wird ebenfalls nicht durch ein theoretisches Erkennen, sondern im Zuge des Besorgens entdeckt, und zwar in der Weise, daß das benötigte Zeug fehlt (z. B. der Hammer bei der Befestigung), unter Umständen sogar die Besorgung stört und in seiner

---

[1] Man beachte den Zusammenhang mit dem schelerschen Geistbegriff. Was aber bei Scheler nur durch Einführung eines neuen Prinzips möglich war, wird hier aus einem Einstellungswandel gegenüber der Welt abgeleitet.

Unzuhandenheit hervortritt. Jetzt erst leuchtet die Welt als der Um-zu-Zusammenhang am Zeugganzen auf, der in einem letzten, im Menschen selbst gründenden »Umwillen« – rational ausgedrückt würde man sagen »Zweck« – verankert ist. So z. B. ist der Hammer *zum* Nageleinschlagen, der Nagel *zur* Befestigung von etwas, dieses *zum* Schutz gegen Unwetter, der letztere ist aber nur *wegen* des Menschen da, in heideggerscher Sprache ausgedrückt: »umwillen einer Möglichkeit des menschlichen Seins«. Hierin zeigt sich einmal, daß alles Besorgen sich in dem den Um-zu-Zusammenhang betreffenden Verstehensmedium hält, das Heidegger »Welt« nennt, ferner, daß alle Zeugzusammenhänge dem Sein des Daseins, genauer: einer Möglichkeit dieses Seins, entspringen. Die heideggersche Weltdefinition selbst müssen wir übergehen, da die hierzu erforderlichen Erläuterungen uns zu lange aufhalten würden.

Das Sein in der Welt ist neben einem Sein bei besorgtem Zeug zugleich ein Sein mit anderen Menschen. Zum Dasein gehört das Mitsein. Die anderen sind weder zuhanden noch vorhanden, sondern sie sind *auch und mit da*. Die Welt des Menschen ist eine *Mitwelt*, sein Sein ist ein *Mitsein*, das Ansichsein der Anderen ist ein *Mitdasein*. Sie werden nicht wie Zeug *besorgt*, sondern stehen in *Fürsorge*: Dieser Titel ist ohne allen sozialethischen Beigeschmack, der an dem Worte haften könnte, hinzunehmen und soll nur das Beisammensein des menschlich-existenzialen Seins im Gegensatz zum Zusammenvorkommen von Dingen allgemein charakterisieren; auch das Gegeneinandersein, Aneinandervorübergehen usw. gehören dazu. Die hier waltende eigentümliche Sichtart ist die *Rücksicht*, bzw. *Nachsicht*, welche die indifferenten Modi bis zur Rücksichtslosigkeit durchlaufen können.

(b) Das Man

Im Bereich der Mitwelt taucht die Frage nach dem Wer des Daseins auf, d. h. die Frage nach dem *Subjekt des Existierens*. Heidegger scheut sich hier nicht, die anscheinend selbstverständliche Tatsache zu leugnen, daß »Ich« dieses Subjekt bin. Bei ihm ist es vielmehr das *»Man«*, d. h. das uneigentliche Selbst, in dem es um einen Abstand gegenüber den anderen geht, welches jede bedeutende Ausnahme unterdrückt und alle Seinsmöglichkeiten nivelliert, allen ursprünglichen Zugang zu den Sachen verdunkelt, sich von jeder Entscheidung davonschleicht, dem Dasein die Verantwortung abnimmt und es somit entlastet.

Waren bisher die der Existenz in ihrer Relation zu Anderem überhaupt entsprechenden Korrelate erörtert worden, so gilt es nunmehr, dem Sein der Existenz selbst näherzukommen. Zum Wesen des Daseins gehört es, nicht einfach überhaupt zu sein, sondern »da« zu sein. Dieses »Da« soll ausdrücken, daß dem Menschen sein eigenes Sein nicht gänzlich unzugänglich, sondern ursprünglich *erschlossen* ist. Wenn vom lumen naturale gesprochen wird, so weist diese bildliche Rede darauf hin, daß zum Dasein das Gelichtetsein, das Aufgehelltsein seiner selbst und in eins damit – da es ja nur als In-der-Welt-sein ist – die Lichtung der Welt gehört, also das, was üblicherweise mit dem eher verdunkelnden Terminus »Bewußtsein« bezeichnet wird. Die beiden Weisen der Erschlossenheit sind bei Heidegger die »Befindlichkeit« und das »Verstehen«.

(c) Befindlichkeit und Verstehen

Unter *Befindlichkeit* wird die Stimmung verstanden. In ihr erschließt sich dem Dasein die Tatsächlichkeit, daß es ist. Aber es ist nicht ein gleichgültiges »Daß«, welches sich hier zeigt, sondern das mit existenziellem Gewicht beladene »Daß es ist und zu sein hat«. Der Lastcharakter des Seins wird in der Stimmung offenbar. Das Dasein erfährt hier die Unheimlichkeit der Überantwortung an es selbst, ohne zu wissen, woher es kommt, wohin es gehen wird und wozu es ist. Diese Erfahrung stellt sich nicht bloß bisweilen ein, sondern vollzieht sich ständig, weil der Mensch immer irgendwie gestimmt ist. Auch die fahle Ungestimmtheit ist ein durchaus positiver Modus der Stimmung, in dem der Mensch seiner selbst überdrüssig wird. Die Überantwortung des Menschen an ihn selbst, welche die Stimmung erschließt, faßt Heidegger terminologisch als »*Geworfenheit*«. Da das

Dasein seiner Stimmungen stets Herr zu werden versucht – was wieder nur mittels einer Gegenstimmung möglich ist – so *verschließt* die Stimmung ebenso ursprünglich wie sie erschließt. Der Lastcharakter enthüllt sich dem Dasein in der Weise ausweichender Abkehr von ihm, d. h. das Dasein versucht ihm immer schon zu entfliehen. Die Stimmung darf dabei nicht als subjektiver Gefühlszustand aufgefaßt werden, der dann in die Außenwelt »projiziert« wird. Dies würde voraussetzen, daß die Welt schon unabhängig von der Stimmung »da« wäre. Denn nach Heidegger wird im Gegensatz zu Scheler, wo die Widerstandserfahrung das Wissen von der Außenwelt vermittelt, in der Stimmung erst die Welt entdeckt. In ihr erfährt sich das Dasein erst als ein inmitten von Seiendem befindliches, an die Welt ausgeliefertes, wodurch allein es von dem aus der Welt herkommenden Seienden angegangen werden kann. Die Stimmungsresonanz des Menschen auf Weltvorgänge ist also die tiefste und ursprünglichste Kommunikation zwischen dem individuellen Menschen und anderem Seienden. Gleichzeitig ist die Stimmung die alles rationale Erkennen und Verstehen tragende Grundschicht.

Das zweite die Erschlossenheit des Daseins mitkonstituierende Moment ist das *Verstehen*. Es rückt gegenüber der Passivität der Stimmung mehr das aktive Moment hervor. »Verstehen« wird hier im ursprünglichen Sinn von »einer Sache gewachsen sein«, »etwas können« verwendet. In diesem Können liegt der Hinweis auf die existenziale Seinsverfassung des Daseins als Möglichsein beschlossen. Möglichkeit bedeutet im menschlichen Dasein nicht etwas noch nicht Wirkliches, sondern stellt hier den positivsten Seinsmodus dar. Existenzielles Dasein heißt nicht, vorhanden sein, sondern in und aus Möglichkeiten leben. Das Sein des Daseins ist daher *Seinkönnen*. Dieses Seinkönnen aber ist immer gestimmt, d. h. die doppelte Erschlossenheit des Daseins äußert sich darin, daß dieses sich als geworfene Möglichkeit erfährt. Existiert das Dasein auch zumeist uneigentlich und läßt sich die Möglichkeiten aus dem »Man« vorgeben, so ist es doch gerade wegen seines Möglichkeitscharakters ein Freisein für das eigenste Seinkönnen. Daß das Dasein Seiendes sich so erschließt, daß es in die Bedingungen von dessen Möglichkeiten dringt, hat seinen Grund darin, daß zu ihm der *Entwurf* gehört. Damit ist die Seinsstruktur des Möglichkeitsspielraums gemeint. Wenn der Mensch, solange er lebt, in die Notwendigkeit des Entwerfens geworfen ist, so heißt dies nicht, daß er sich nur rational nach ausgedachten Plänen verhält, sondern daß er im Entwurf sich nur aus Möglichkeiten heraus versteht, freilich ohne sie auch als solche thematisch zu erfassen. Der Satz: »Werde, der du bist«, der zunächst Unsinniges auszusprechen scheint, erhält erst durch die existenziale Interpretation Sinn. Wäre der Mensch als Vorhandenes zu denken, so müßte auf Grund der Entwurfsstruktur gesagt werden, daß er mehr ist, als er faktisch ist. Er ist aber im existenzialen Sinn nie mehr als er tatsächlich ist, weil das Seinkönnen, das »Noch-nicht«, zu seiner Existenz gehört.

Alle wissenschaftliche Auslegung gründet in diesem ursprünglichen Verstehen, ebenso wie auch schon die alltäglich-umsichtige Auslegung in ihm verankert ist. Etwas als etwas begreifen wollen, setzt voraus, daß dieses in gewisser Hinsicht anvisiert wurde, was nur möglich ist, wenn in einem vorthematischen Verständnis bereits darüber verfügt wurde. Somit hat alles Verstehen Zirkelstruktur. Auch alles Fragen ist nur so möglich, daß in ihm das, wonach gefragt wird, schon irgendwie verstanden ist; sonst wäre ja Fragen überhaupt nicht möglich. Dies gilt ebenso für die Grundfrage der Fundamentalontologie: Der Sinn von Sein kann nur deshalb zum Problem gestellt werden, weil wir über ein unthematisches, obzwar nicht zu begrifflicher Klarheit gediehenes Seinsverständnis verfügen.

Auch die *Rede* wurzelt in der Erschlossenheit des Daseins. In ihr spricht sich das Dasein als befindlich-verstehendes aus. Die in der Welterschlossenheit faßbaren Bedeutungen kommen zu Wort, den Bedeutungen wachsen Worte zu, nicht dagegen werden künstlich erfundene Wörterdinge mit willkürlichen Bedeutungen versehen.

Im Modus der Uneigentlichkeit stellt sich das Verstehen als *Gerede, Neugier* und *Zweideutigkeit* dar. Das erstere ist das auf dem Verlust einer eigentlichen Beziehung zu dem, worüber die Rede ist, beruhende bodenlose Sagen und Weitergesagtwerden, durch die das ursprüngliche Erschließen von etwas sich in das hartnäckigste Verschließen verkehrt. Weil damit eine echte Aneignung versperrt und die Vertiefung in die Sache verhindert ist, so erhält dieses uneigentliche Verstehen zudem noch den Charakter der Aufenthaltslosigkeit und des Jagens nach immer Neuem: Die Neugier. Die Zweideutigkeit stellt einen Hinweis auf die unheimliche Tatsache dar, daß wir über kein Kriterium verfügen, um in der Welt Echtes vom Unechten unterscheiden zu können. Alle diese Momente charakterisieren zusammen das *Verfallen*, das ständige und unablässige Hineingewirbeltwerden des Menschen in die Uneigentlichkeit und Bodenlosigkeit des Man.

(d) Angst und Sorgestruktur des Daseins

In allen bisherigen Ausführungen war das Dasein nur als indifferentes oder sogar ausdrücklich als uneigentliches Thema der Untersuchung. Es fehlt noch der Zugang zum eigentlichen Selbst. Dieses vermittelt erst die *Angst*. Sie allein vermag den Menschen aus dem Verfallen an Welt und Öffentlichkeit zurückzuholen, ihn von der Diktatur des Man zu befreien und ihn durch die totale Erschütterung als »solus ipse« zu erschließen. Weil sie sich nicht gegen Bestimmtes richtet, sondern die vertraute Um- und Mitwelt zur Gänze in absolute Bedeutungslosigkeit versinken läßt[1], enthüllt sie dem Dasein die Unheimlichkeit seiner Vereinzelung. Das, wovor sich der Mensch ängstet, ist dasselbe wie das, worum er sich ängstet: Er ängstet sich *vor* dem Sein in der Welt und zugleich *um* dieses sein In-der-Welt-sein. Dieses Zusammenfallen von Wovor und Worum der Angst soll der Terminus »Unheimlichkeit« ausdrücken. Hier wird zugleich deutlich, wie die Stimmung das Dasein in der Weise der ausweichen-

---

[1] Dieselbe Aufhebung aller Weltbedeutung vollzieht sich in der eigentlichen Langeweile. So heißt es in der Schrift: »Was ist Metaphysik?«, S. 14: »Die tiefe Langeweile, in den Abgründen des Daseins wie ein schweigender Nebel hin- und herziehend, rückt alle Dinge, Menschen und einen selbst mit ihnen in eine merkwürdige Gleichgültigkeit zusammen.«

den Abkehr erschließt: Dem in der Angst offenbar werdenden »Un-zuhause« versucht der Mensch durch geschäftiges Aufgehen im Alltag zu entfliehen. Das Vertraute und Nächste soll die Grundstimmung der Angst verdecken, die dem Dasein aber doch in alle Weisen des Besorgens hinein nachsetzt. Nicht die vertraute Welt ist das Ursprüngliche, welches bisweilen durch die Stimmung der Angst durchbrochen wird, sondern die Unheimlichkeit ist das Originäre und die Vertrautheit ein abgeleiteter uneigentlicher Modus davon. Somit zeigt sich, daß die Angst den Menschen zwar bis zu jenem Punkt bringen kann, wo die Freiheit für das eigentliche Selbstsein zu ergreifen ist, der Mensch aber zunächst und zumeist dieser Aufgabe gegenüber versagt.

Die bisherige Einheit der existenzialen Strukturen nennt Heidegger »*Sorge*«. Das Sorgemoment war eigentlich schon in der formalen Bestimmung des Menschen als eines Seienden, welches umwillen seiner selbst ist, in dieser umwillentlichen Rückbezogenheit auf das eigene Sein enthalten. Es ist jetzt in die Strukturen des Geworfenseins, verstehenden Entwurfs[1], Verfallens und die Grundstimmung der Angst auseinandergelegt. Das Dasein zeigt sich unter diesem Aspekt immer als ein absolut vereinzeltes Wesen, welches um das eigene Sein besorgt ist, dabei aber gleichzeitig von zwei Seiten bedroht wird: Innen von der Tiefenschicht der Grundstimmungen her, außen durch die den Einzelnen verschlingende Masse. Gleichzeitig ist im Existenzial Sorge bereits die dreifache Zeitrichtung angedeutet: Im Sich-vorweg-sein die Zukunft, im Verfallensein die Gegenwart und in der Geworfenheit die Vergangenheit.

---

[1] Weil zum Dasein als Möglichsein das Noch-nicht gehört, d. h. weil es ein Sein zum Seinkönnen ist, spricht Heidegger auch vom Sich-vorweg-sein. Weil die noch nicht »verwirklichten« Möglichkeiten des Menschen zu seinem existenzialen Sein gehören, darum ist der Mensch sich immer schon vorweg. Bezeichnet man mit »Schon-sein« (in der Welt) die Geworfenheit, mit »Sein-bei« (der Welt) das Verfallen, so entsteht der allerdings unschöne zusammenfassende Ausdruck für die Sorge bei Heidegger: »Sich-vorweg-schon-sein-als-sein-bei.«

(e) Realität und Wahrheit

Die existenziale Analyse des Daseins hat wichtige Auswirkungen auf das Realitäts- und Wahrheitsproblem. Die Frage nach der *Realität der Außenwelt* ist für Heidegger ohne Sinn. Sie entsteht erst daraus, daß, statt das eigentliche Phänomen des In-der-Welt-seins zu analysieren und vor Augen zu legen, durch Aufsprengung der Einheit ein weltloses Subjekt konstruiert wird, das man jetzt vergeblich mit den anderen Sprengstücken (Außenwelt) zusammenzuleimen sucht.

Das *Wahrheitsproblem* ist durch die Analyse der Erschlossenheit auf eine tiefere Schicht vorangetrieben worden. Erkenntnis ist nur möglich, weil das Dasein als verstehend-befindliches In-der-Welt-sein Seiendes an ihm selbst zu entdecken vermag. Das einzige Wahrheitskriterium besteht darin, daß das Seiende, worauf das Urteil bezogen war, sich selbst ausweist, wodurch zur Bewährung kommt, daß das Urteil wirklich entdeckend war. Wird das Urteil ausgesprochen, so erscheint die Entdeckung und mit ihr die Beziehung zum entdeckten Seienden als in ihr verwahrt; bei theoretischer Einstellung, die alles zu einem puren Vorhandenen abblendet, wird die Aussage selbst ein vorhandenes Ding, und die Wahrheit wird zu einer Relation zwischen zwei Dingen: Aussage und ausgesagtem Seienden. So entsteht die Lehre von der adaequatio rei et intellectus. Urteilswahrheit im Sinne des Entdeckens ist aber nur möglich, weil das Dasein und mit ihm die Welt erschlossen (gelichtet) ist, d. h. weil das Dasein *»in der Wahrheit«* ist. Heidegger spricht hier von *ontischer Wahrheit*. Zu ihr gehört die Erschlossenheit (»Bewußtheit« nach der üblichen Terminologie), die Geworfenheit (in der sich das Dasein als meines inmitten von anderem Seienden enthüllt), der verstehende Entwurf und das Verfallen. Mit diesem letzten Moment ist aber auch schon ausgedrückt, daß der Mensch zugleich immer *»in der Unwahrheit«* existiert, welche uneigentliche Seinsweise das Verschließen, Täuschung und Irrtum erst möglich macht. Es zeigt sich daher in einer tieferen Analyse, daß der Satz: »Der Ort der Wahrheit ist das Urteil«, sich ins Gegenteil verkehrt: »Der Ort des Urteils ist die Wahrheit«, nämlich die ontische Wahrheit, in welcher der Urteilende je schon stehen muß, um urteilen zu können. Daraus folgt weiter, daß es Wahrheit nur geben kann, solange Dasein ist, d. h. solange Menschen existieren, weil sonst Seiendes nicht entdeckt werden kann. Gerade wegen der Relativität der Wahrheit auf den Menschen aber ist diese als ein Entdecken seiner Willkür entzogen. Die Notwendigkeit, Wahrheit voraussetzen zu müssen, ist von hier aus auch keine Selbstverständlichkeit mehr; denn wir müssen diese Voraussetzung nur machen, weil wir uns selbst »voraussetzen«, d. h. eben als daseiend hinnehmen müssen, was solange nicht »notwendig« ist, als wir nicht gefragt werden, ob wir überhaupt sein wollen oder nicht.

(f) Das Sein zum Tode

Die Ganzheit des Daseins, die bisher in verschiedenartige Sonderstrukturen zerfiel, wird durch Einbeziehung des Phänomens des Todes gewonnen. Nach der Vorhandenheitsontologie ist der Tod ein Zu-Ende-sein des Daseins in der Weise, daß ein substantielles Ich eine Zeitstrecke durchläuft und mit dem Tod dieses Durchlaufen aufhört. In Wahrheit aber durchzieht der *Tod als Grenze* das existierende Dasein ständig, da dieses um ihn weiß und sich dauernd mit ihm auseinandersetzt. Dieses stete, wenn auch meist »unbewußte« Sichverhalten zum Tod nennt Heidegger das »Sein zum Tode«. Der Tod ist eine *eigenste Möglichkeit* des menschlichen Seins, da er nicht in Vertretung abgenommen werden kann, er ist *unbezüglich*, da er alle Beziehungen zur Welt ausmerzt und das Dasein in seine Einsamkeit zurückwirft, er ist *unüberholbar*, weil er die letzte Möglichkeit der lebenden Existenz bedeutet, er ist ferner *gewiß*, aber *unbestimmt* bezüglich seines faktischen Eintretens. Da das Dasein meist verfallend existiert, so verhält sich der Mensch auch zu dieser eigensten, unbezüglichen, unüberholbaren, gewissen, aber unbestimmten Möglichkeit zunächst uneigentlich. Er trivialisiert ihn dadurch, daß er ihn als ein erst in der Zukunft eintretendes Ereignis abtut, das ihn gegenwärtig noch nichts angeht. Dadurch verschleiert er sich die Tatsache, daß der Tod in jedem Augenblick möglich ist. Das eigentliche Sein zum Tode kann daher nur darin bestehen, daß vor ihm nicht ausgewichen, dieser vielmehr ausgehalten wird, und zwar gerade in seinem unbestimmten Möglichkeitscharakter. Dieses Aushalten, in welchem Heidegger ein letztes Existenzideal sieht, wird von ihm »*Vorlaufen in den Tod*« genannt. Hier erst erlangt das Dasein seine höchste Eigentlichkeit, indem es von der Nichtigkeit des Alltags befreit und zur höchsten Anspannung aufgerufen wird. Jedes Sichausruhen auf den bisherigen »Siegen« wird nun unmöglich gemacht; gleichzeitig werden dem Menschen erst jetzt die Augen für die Größe anderer Existenzen geöffnet.

(g) Gewissen, Schuldigsein und eigentliche Existenz

Dieses Ideal einer eigentlichen Existenz, das den *Immanenzcharakter* der heideggerschen Philosophie – d. h. den Verzicht darauf, die Eigentlichkeit des Menschen mit Hilfe von transzendenten Entitäten (z. B. Gott oder absoluten Werten) zu bestimmen –, am schärfsten zur Ausprägung bringt, konnte der Natur der Sache entsprechend nicht durch schlichte Phänomenanalyse gewonnen werden. Um wieder festen phänomenalen Boden unter den Füßen zu gewinnen, muß ein tatsächlich auffindbares Moment am Dasein gesucht werden, welches zum eigentlichen Sein aufruft. Dieses Phänomen ist das *Gewissen*. In ihm ruft das Dasein sich selbst, und zwar im unheimlichen Modus des Schweigens. Es wird nichts inhaltlich Bestimmtes zugerufen, sondern das Dasein zum eigensten Selbst aufgerufen, aufgerüttelt. Daß der Ruf wie eine fremde Stimme erscheint, ist nicht weiter verwunderlich; denn dem in der Seinsweise des Man existierenden Dasein kann nichts fremder sein als das absolut auf sich vereinzelte Selbst. Auch die unheimliche Sicherheit, mit welcher der Rufer den Angerufenen trifft, kann nur auf der Identität von beiden beruhen. Natürlich wird der Ruf nicht bewußt geplant, sondern er kommt aus mir und doch über mich.

Das, was der Gewissensruf offenbar macht, ist das *Schuldigsein* des Daseins. Darunter versteht Heidegger nicht ein faktisches, historisches Verschulden, sondern die wesenhafte

Nichtigkeit des Daseins, die vor allem in dem antinomischen Charakter des Menschseins besteht, daß der Mensch einerseits den Grund seines Seins selbst zu legen hat, da er als Möglichsein über sich selbst erst entscheiden muß, andererseits sich aber doch bereits in die Tatsache seines Seins gestellt findet, dieses also nicht von sich aus begründet hat, weshalb er seiner selbst nie ganz mächtig werden kann. Ganz wird das Dasein in seinem Schuldigsein erst erschlossen, wenn es sich bis zu seinem Ende als schuldig erfaßt. Dies aber ist nur möglich, wenn es in das Ende, d. h. den Tod selbst vorläuft. Damit ist die Idee der in den Tod vorlaufenden eigentlichen Existenz mit dem Gewissensphänomen in Einklang gebracht. Der angespannten Haltung, die dem eigentlichen Hören des Gewissensrufes entspringt und in der das Dasein erst seine existenzielle Wahrheit erlangt, gibt Heidegger den Namen *Entschlossenheit*. Die Endformel für das Existenzideal ist dann »das verschwiegene, angstbereite Sichentwerfen auf das eigenste Schuldigsein«.

(h) Die Zeitlichkeit

Die in diesen letzten Analysen vorherrschende existenzielle und anthropologische Problematik bekommt nun wieder ein allgemeines ontologisches Gewicht dadurch, daß der Seinssinn der Sorge als *Zeitlichkeit* freigelegt wird. Dabei wird mit »Sinn« hier nichts anderes gemeint denn das, als was die Einheit der Sorgestruktur verstanden werden kann. Wenn es zunächst scheint, daß der Einheitscharakter des menschlichen Daseins durch die Vermehrung um die Phänomene Tod, Schuld und Gewissen nur noch fragwürdiger geworden ist, so bildet jetzt der existenziale Todesbegriff gerade den Ansatzpunkt für die Freilegung der Zeitstruktur.

Wenn der eigentliche Mensch in den Tod als einer eigenen Möglichkeit vorläuft, so scheint hier das Paradoxe darin zu bestehen, daß der Mensch, zu dem als einem in Möglichkeiten Existierenden auch die letzte Möglichkeit des Todes gehört, auf sich selbst zukommt. In diesem Auf-sich-Zukommen sieht Heidegger nun das ursprüngliche Phänomen der *Zukunft*, welche also nichts mehr zu tun hat mit einem später einmal eintretenden Jetztpunkt, sondern jenes Medium kennzeichnet, in dem das Sich-vorweg-sein möglich wird. Der Mensch ist als solcher zukünftig, und zwar »in jedem Moment«. Wenn andererseits der Gewissensruf den Menschen zur Übernahme seiner Nichtigkeit und Geworfenheit veranlaßt, so heißt dies, daß er sich als das, was er immer schon war, übernehmen soll. In der Geworfenheit steckt somit die »*Gewesenheit*«. Weil die vorlaufende Entschlossenheit und Übernahme des Schuldigseins erst die Hellhörigkeit für das Begegnende hervorruft, so wird jetzt erst die Offenheit für die *Gegenwart* wachgerufen. Die Einheit von Zukunft, Gewesenheit und Gegenwart, die sich als der die Sorge ermöglichende Sinn ausweist, nennt Heidegger die Zeitlichkeit. Damit ist die letzte Seinsschicht im Menschen erreicht und zugleich seine Endlichkeit auf eine einheitliche Formel gebracht.

Eigentlichkeit und Uneigentlichkeit erweisen sich nun als *Zeitigungsmodi der Zeitlichkeit:* Im uneigentlichen Sein in der Welt, in dem sich das Dasein dahintreiben läßt und von Zerstreuung zu Zerstreuung hüpft, rückt die Bogenspannung zwischen Vergangenheit und Zukunft auf ein Minimum zusammen. Das dabei obwaltende unentschlossene und doch geschäftige Aufgehen im Momentanen nennt Heidegger »Gegenwärtigen«, das gleichzeitig damit vorherrschende Anvisieren des noch zu Besorgenden »Gewärtigen«. Da im Modus der Uneigentlichkeit das Dasein sich vor der Übernahme der Geworfenheit, d. h. des Schuldigseins, versperrt hat, ihm also seine Gewesenheit in Vergessenheit geraten ist, so ist die Einheit der Zeitlichkeit des uneigentlichen Daseins das *vergessend-gegenwärtigende Gewärtigen*.

Demgegenüber kommt in der eigentlichen Existenz die »Dreidimensionalität« der Zeit erst zu ihrem vollen Recht; denn hier erfolgt die *entschlossene Zuwendung zur Zukunft* (Tod), die zugleich ein *Zurückkommen auf die Nichtigkeit* (Gewesenheit) ist und in der geballten Kraft den *existenziellen Augenblick* entspringen läßt[1]. Die Weltoffenheit des Da-

[1] Die zeitliche Interpretation der einzelnen Existenzialien (Ver-

seins, die sich nach den drei Zeitdimensionen vollzieht und durch die allein in der Gegenwart Seiendes zu begegnen vermag, zukünftige Möglichkeiten als solche erfaßt werden können und Vergangenes als Vergangenes begriffen werden kann, ist nur möglich, weil das Dasein selbst nichts anderes als das zeitliche Geöffnetsein ist. Heidegger spricht daher von den drei *Ekstasen der Zeitlichkeit*. Wesentlich ist, daß diese ursprüngliche Zeit *qualitativ* und *endlich* (durch Geburt und Tod begrenzt) ist, nicht dagegen quantitativ-unendlich. Die unendliche (sog. »objektive«) Zeit entspringt vielmehr der endlichen erst dadurch, daß über die ursprünglichen Zeitangaben, die das Dasein in den Worten »jetzt«, »dann«, »damals« ausspricht, innerhalb des besorgenden Weltverkehrs die Zeitrechnung entsteht, welche öffentlichen Charakter erhält und die Zeit dem in der Welt Begegnenden selbst zurechnet, bis schließlich durch die theoretische Abblendung von allem zu einem bloß Vorhandenen auch die Zeit zu einer lückenlosen, gleichgültigen Aufeinanderfolge qualitativ indifferenter vorhandener Jetztpunkte nivelliert ist.

(i) Geschichtlichkeit und Wiederholung

In der Zeitlichkeit ist auch die *Geschichtlichkeit* fundiert. Ebenso wie der Mensch nicht deshalb zeitlich ist, weil er im Fluß der Zeit steht, sondern weil die Zeitlichkeit seinen innersten Wesenskern ausmacht, so gilt auch hier: er ist nicht deshalb geschichtlich, weil er in den »objektiven« Ablauf der Weltgeschichte eingegliedert ist, vielmehr ist so etwas wie objektive Weltgeschichte nur möglich, weil das Dasein als solches durch Geschichtlichkeit konstituiert wird. Auch hier wird das Objektive auf ein Strukturmoment der Subjektivität zurückgeführt.

Das Problem der Geschichtlichkeit steht bei Heidegger im Zusammenhang mit der Frage, woher denn der eigentlich existierende Mensch die zu ergreifenden Möglichkeiten nimmt. Wenn er auch seine Entschlossenheit dadurch gewinnt, daß er dem unverhüllten Tod unter die Augen geht,

stehen, Befindlichkeit usw.) sowie der Welttranszendenz müssen wir übergehen.

so können die Möglichkeiten selbst nicht dem Tod entnommen werden, übt doch gerade der Tod jenen gewaltigen Druck aus, der das Dasein in die augenblickliche Entscheidung zurückwirft. Die Möglichkeiten entstammen vielmehr dem *Erbe*, welches das Dasein sich überliefert. Während das uneigentliche Dasein die zufällig kursierenden zweideutigen Gelegenheiten aufgreift, welche ihm die Öffentlichkeit anbietet, geht die eigentliche Existenz ausdrücklich auf gewesene Existenzmöglichkeiten zurück, die sie sich aneignet. Die Wahl des Helden, die sich hier vollzieht, ist um so eindeutiger und das Finden der anzueignenden Existenzmöglichkeiten um so sicherer, je unzweideutiger das Dasein sich auf die eigenste Möglichkeit des Todes entwirft. So ist auch in der Geschichtlichkeit der primäre Zeitigungsmodus des Daseins die Zukunft. Je zukünftiger das Dasein ist, um so offener ist es für gewesene Möglichkeiten des Seins. So ist der Mensch, und gerade der eigentlich existierende, ein *wiederholendes* Wesen. Die Wiederholung ist kein leeres Wiederbringen des Vergangenen, auch keine bloße Zurückbindung der Gegenwart an Überholtes, sondern eine aus der Tiefe der Existenz kommende Erwiderung des Dagewesenen, die aber als eine Entscheidung des Augenblicks zugleich ein entschiedener Widerruf der bloßen Auswirkung des Vergangenen im Heute ist. Nicht dadurch erhält menschliches Tun und Handeln geschichtlichen Sinn, daß es sich in einen vermeintlich gewußten objektiven Sinnzusammenhang der Geschichte eingliedert, sondern daß es sich zurückbiegt zur individuellen Einmaligkeit des Gewesenen und, dieses erwidernd, in das noch unentschiedene Dunkel der Zukunft vorstößt.

Aber nur die Übernahme der Geworfenheit, nicht die Befreiung von ihr kann die Geschichtlichkeit bewirken. Diese Grenze ist von der endlichen Existenz nicht zu überschreiten. Alle diese Momente faßt Heidegger in einem Satz zusammen, der zugleich ein Beispiel für die außerordentliche Schwierigkeit, aber auch die ungeheure innere Dynamik seiner Sprache ist: »Nur Seiendes, das wesenhaft in seinem Sein *zukünftig* ist, so daß es frei für seinen Tod an ihm zerschellend auf sein faktisches Da sich zurückwerfen lassen kann,

d. h. nur Seiendes, das als zukünftiges gleichursprünglich *gewesend* ist, kann, sich selbst die ererbte Möglichkeit überliefernd, die eigene Geworfenheit übernehmen und *augenblicklich* sein für ›seine Zeit‹. Nur eigentliche Zeitlichkeit, die zugleich endlich ist, macht so etwas wie ... eigentliche Geschichtlichkeit möglich.« [1]

So ergibt sich der existenzialphilosophischen Gesamtschau das Bild des Menschen als einer ungefragt in die Welt geworfenen, endlichen, zwischen die dunklen Pole Geburt und Tod eingezwängten, in unaufhellbare Situationen hineingestellten, im tiefsten Grunde angsterfüllten, nichtigen Kreatur, die sich besorgend zur Umwelt, fürsorgend zu den Mitmenschen und zu sich selbst sorgend verhält, die zumeist an das Man verloren existiert und durch das Gewissen aufgerufen wird, im Aushalten des eigenen Todes das Schuldigsein zu übernehmen und durch wiederholendes Aneignen des Gewesenen seine Geschichtlichkeit zu ergreifen. Der innerste Kern des Menschen jedoch, der alle diese Strukturmomente erst in Einheit sehen läßt, ist die Zeitlichkeit. Sie ist das Medium, der Horizont, in dem ein eigentliches Seinsverständnis des menschlichen Daseins zu erreichen ist.

Aber gefragt war ursprünglich nicht nach dem Menschen, sondern nach dem Sinn von Sein überhaupt. Die endliche Existenz des Menschen sollte nur den Durchgangspunkt zu diesem Ziele bilden. Die Zeit erwies sich als der Horizont des Verstehens menschlichen Seins. Es ist die Frage, ob die Zeit das Medium für das Verstehen des Seins überhaupt bildet. Mit dieser Frage, in der zugleich die weitere anklingt, ob durch die Endlichkeit hindurch zum Sein selbst vorgestoßen werden könne, schließt denn auch der erste Teil von »Sein und Zeit« [2].

---

[1] »Sein und Zeit«, S. 385.
[2] Der zweite Teil ist bis heute nicht erschienen, obwohl seit Herausgabe des ersten über dreißig Jahre verstrichen sind.

Würdigung

Die Philosophie Heideggers gehört zu jenen Werken, die geeignet sind, eine philosophiegeschichtliche Wende herbeizuführen, die aber andererseits zugleich die Gefahr in sich bergen, den Anlaß dazu zu geben, alles Bisherige als überholt zu betrachten, was dann mit Notwendigkeit eine innere Zügellosigkeit des Denkens zur Folge haben muß.

Die grundsätzlich neue Einstellungsweise dieser Philosophie birgt eine doppelte Reaktionsmöglichkeit in sich: Macht man die Wendung bei Heidegger nicht einmal versuchend mit, sondern beurteilt sie von irgendeinem als fest angenommenen Standpunkt aus, dann muß das Ganze als eine unverständliche Wortmalerei, bestenfalls als der vergebliche Versuch eines rationalisierten Irrationalismus erscheinen. Gelingt es einem hingegen, die Wendung zu vollziehen, so lernt man eine grundsätzlich neue Sehweise kennen, die einen so überfallen und beherrschen kann, daß alle bisherigen Leistungen der Philosophie überholt aussehen. Beides sind gleichermaßen einseitige Standpunkte; trotzdem sind sie die üblichen. Dabei ist es die innere Tragik der Philosophie Heideggers, daß die positiven metaphysischen Ansätze seines »Systems« von Freund und Feind nicht beachtet wurden. Im letzteren Falle ist dies nicht weiter verwunderlich; denn es ist immer das Auszeichnende globaler Ablehnungen, neben Irrtümern, die man zu sehen meint, neue Erkenntnisse geflissentlich nicht wahrzunehmen. Aber auch dort, wo Heidegger Anerkennung fand, hat dies seiner Philosophie oft mehr zum Schaden gereicht. Denn gerade die Tatsache, daß er der bewußt erlebten oder doch als unbewußter Unterton mitschwingenden Grundstimmung des modernen Menschen eine metaphysische Deutung gegeben hat, mußte allerlei unbeherrschtes Herumphantasieren hervorrufen. Dies steht dann in einem merkwürdigen Gegensatz zu jener Philosophie, welche sich die kritische Strenge Husserls zum obersten methodischen Prinzip gemacht hat.

Mit Absicht wurde auf eine Wiedergabe der verschiedenen Arbeiten, die Heidegger seit der Herausgabe des Hauptwerkes veröffentlicht hat, verzichtet. Zwischen diesen anderen Untersuchungen Heideggers besteht kein systematischer Zusammenhang; außerdem wird in jeder von ihnen nur ein ganz spezielles Problem angeschnitten. Sie würden daher alle eine eigene Darstellung und Würdigung verlangen, wozu in diesem Buch der Raum fehlt. Es schien uns wichtiger zu sein, dem Leser einen genaueren Einblick in die Gedankenwelt von Heideggers Hauptwerk zu gewähren, da das Verständnis dieses Werkes erst den Zugang zu den weiteren Arbeiten Heideggers erschließt. *Eine* Ausnahme soll jedoch an dieser Stelle von dem Prinzip der Beschränkung auf das Hauptwerk gemacht werden, indem hier eine kurze Betrachtung von Heideggers Kant-Buch eingeschaltet wird. Es soll darin nicht nur das Eigentümliche der heideggerschen Denkungsart nochmals an dem Beispiel seiner Auseinandersetzung mit einer überlieferten philosophischen Lehre illustriert werden; vielmehr können an Hand dieses Kant-Buches auch verschiedene Gefahren aufgezeigt werden, die das heideggersche Denken in sich birgt. Da in bezug auf diese weitere heideggersche Arbeit Darstellung und kritische Stellungnahme direkt aufeinanderfolgen, wurde dieser Abschnitt in die Würdigung der heideggerschen Philosophie einbezogen.

Heidegger stellt es entschieden in Abrede, daß Kant in seiner Kritik der reinen Vernunft (im folgenden kurz KRV genannt) ganz oder auch nur teilweise eine Erkenntnistheorie habe liefern wollen, um die Metaphysik auf diese Erkenntnistheorie zu gründen. Ein eigentliches Kant-Verständnis erschließt sich uns nach Heidegger vielmehr erst von dem her, was Metaphysik ihrem Wesen nach ist: nämlich eine Lehre vom Sein oder Ontologie. Einen Zugang zum Seinsproblem finden wir aber nur über das Seinsverständnis des Menschen; daher muß der Frage nach dem Sein überhaupt die Frage nach dem menschlichen Sein vorangehen. Dieses Problem bildet den ausschließlichen Gegenstand der *Metaphysik des menschlichen Daseins* oder der *Fundamentalontologie*, welche alle weitere Metaphysik erst ermöglichen soll. So ist der letzte Ausgangspunkt der Fundamentalontologie nicht eine abstrakte Problemstellung, sondern die *konkrete* Frage:

»Was ist der Mensch?« Genau diese Frage hat nach Heidegger auch Kant innerlich bewegt und die Richtung aller Untersuchungen Kants über die Metaphysik bestimmt. Und wenn Kant in seiner theoretischen Philosophie das menschliche Erkenntnisvermögen analysiert, so ist dies für ihn niemals Selbstzweck; vielmehr soll aus der Einsicht in die menschliche Erkenntnis eine Einsicht in das Wesen des menschlichen Daseins gewonnen werden. Kants eigentliches Ziel war »die Enthüllung der *Endlichkeit* im Menschen«; und diese soll sich in der *Endlichkeit der menschlichen Erkenntnis* zeigen. Die letztere drückt sich darin aus, daß alles menschliche Erkennen auf Anschauung angewiesen ist. Alles Anschauen nämlich ist seinem Wesen nach »rezeptiv« und besteht in einer ursprünglichen »Hinnahme«. Dem widerspricht auch nicht die spätere Betonung der »Spontaneität des Verstandes« durch Kant. Denn alles Denken muß den Umweg über den Allgemeinbegriff nehmen, um Einzelnes vorstellen zu können. Diese zum Verstande gehörige »Umwegigkeit« oder Diskursivität aber ist der schärfste Index seiner Endlichkeit. Selbst die menschliche Vernunft bleibt der Endlichkeit verhaftet; sie kann die Erfahrung nicht überfliegen und ist daher eine »reine sinnliche Vernunft«.

Kants Dreiteilung der menschlichen Erkenntnis in Sinnlichkeit, Verstand und Vernunft hat daher für Heidegger einen bloß vorläufigen Charakter. Sie sind letztlich in einem einzigen »Radikalvermögen« ursprünglich vereinigt. Heidegger glaubt, beweisen zu können, daß dieses ursprüngliche Vermögen die *transzendentale Einbildungskraft* Kants ist.[1] Indem Kant dieses Radikalvermögen entdeckte, erfaßte er das Problem der Endlichkeit in seiner vollen Schärfe. Nun aber

---

[1] Zur Erläuterung dieses Ausdruckes müssen wir uns auf den Hinweis beschränken, daß Kant alle jene Bewußtseinsakte *transzendental* oder *rein* nannte, welche die Quelle von apriorischen Erkenntnissen bilden. Der Ausdruck »*Einbildungskraft*« rührt davon her, daß dadurch nach Kant das »Mannigfaltige der Anschauung in ein Bild gebracht« wird. Die reine Einbildungskraft zerfällt in die reine Apprehension (= die apriorische Komponente in der Zusammenfassung der gleichzeitig gegebenen Anschauungsinhalte) und die reine Reproduktion (= die apriorische Kompo-

ereignet sich nach Heidegger etwas ganz Wesentliches, das er als *das eigentliche Geschehen in der kantischen Vernunftkritik* ansieht: Kant erschrickt vor dieser »Enthüllung der Subjektivität des Subjektes« und weicht vor seiner eigenen Entdeckung zurück. Die transzendentale Einbildungskraft war für ihn das beunruhigende Unbekannte; in der zweiten Auflage der KRV drängt er dieses ab und läßt an dessen Stelle den Verstand treten.

Die heideggersche Kant-Interpretation, die hier nur in rohem Umriß skizziert wurde, enthält darüber hinaus ohne Zweifel auch viele interessante und aufschlußreiche Einzelanalysen. Trotzdem muß die heideggersche Deutung als außerordentlich bedenklich erscheinen. Schon der Versuch, die kantische Vernunftkritik von der Seinsfrage her verstehen zu wollen, bedeutet eine Gewaltsamkeit. Es wird dabei mit einem Begriff der Metaphysik – nämlich Metaphysik als Lehre vom Sein – operiert, der dem kantischen Geiste zuwider ist. Der heideggersche Begriff der Metaphysik enthält nämlich eine *gegenständliche* Kennzeichnung dieser Disziplin, d. h. eine Charakterisierung von dem her, womit sich die Metaphysik (vorwiegend oder ausschließlich) beschäftigt. Kant hat viele Einwendungen gegen eine solche Fassung des Begriffs der Metaphysik vorgebracht (vgl. etwa KRV, B 870 ff.). Nach ihm ist nur eine *formale* Kennzeichnung der Metaphysik möglich, d. h. eine Charakterisierung über die Wesensmerkmale der metaphysischen *Aussagen*. Kants geniale Einteilung der Urteile in die empirischen und apriorischen einerseits, die analytischen und synthetischen andererseits ermöglichte diese formale Charakterisierung. Die metaphysischen Aussagen sind die synthetischen Aussagen a pri-

---

nente in der Zusammenfassung gegenwärtiger Bewußtseinsinhalte mit Erinnerungen von Vergangenem). Solche nichtempirischen oder »reinen« Vermögen muß es nach Kant deshalb geben, weil sonst das Zustandekommen einer synthetischen Einheit unserer Anschauungsinhalte unerklärlich wäre. Denn jede solche synthetische Einheit enthält auch eine Synthesis von Raum und Zeit; diese letzteren beiden aber sind nach Kant apriorische Anschauungen, weshalb sie nicht durch empirische »Vermögen« zu Einheiten zusammengefaßt werden können.

ori, genauer: die nichtmathematischen (d. h. die sich nicht auf Konstruktionen in der Anschauung stützenden) synthetischen Aussagen a priori. Wir haben diese synthetischen Aussagen a priori bereits an früherer Stelle kurz so gekennzeichnet, daß es sich dabei um Sätze handelt, deren Wahrheitswert wir festzustellen vermögen, obwohl für diese Feststellung Beobachtungen nicht notwendig und die Hilfsmittel der formalen Logik dafür nicht ausreichend sind.

Kants Vernunftkritik zerfällt nun, vom Gesichtspunkt dieser synthetisch-apriorischen Aussagen aus betrachtet, in zwei Teile, einen konstruktiven und einen destruktiven Teil. Im letzteren werden die »schlechten«, d. h. die einer strengen Kritik nicht standhaltenden metaphysischen Aussagen verworfen; dies sind die Sätze der rationalen Metaphysik, in denen Behauptungen über Gott, die Seele und das Universum als Ganzes aufgestellt werden. Der konstruktive Teil enthält neben einer Analyse der mathematischen Erkenntnisse eine Darstellung und Begründung der »guten« metaphysischen Aussagen. Diese sind alle jene synthetisch-apriorischen Aussagen, die eine Voraussetzung dafür bilden, daß die Sätze der Naturwissenschaften und darüber hinaus sogar bereits die Sätze der vorwissenschaftlichen Erfahrung Gültigkeit und Allgemeinverbindlichkeit enthalten. Man kann daher in gewisser Hinsicht mit Recht sagen, daß Kant primär nicht Erkenntnistheorie betrieben habe, sondern daß es ihm um die Begründung einer Metaphysik gegangen sei. Aber diese Metaphysik war weder eine rationale Metaphysik noch eine Metaphysik im heideggerschen Sinne, die sich von der Seinsfrage leiten läßt, sondern eine *Metaphysik der Erfahrung*. Ihr Kernstück bildet in der KRV die – von Heidegger übrigens ganz vernachlässigte – Analytik der Grundsätze Kants. Darin hatte Kant die synthetisch-apriorischen Voraussetzungen der Erfahrungserkenntnis systematisch zusammenzustellen versucht.

Nach Kant beruht somit jede empirische Wissenschaft von der Welt auf metaphysischen Voraussetzungen. Die Kehrseite davon aber ist die, daß eine wissenschaftlich haltbare Metaphysik sich für ihn auch darin erschöpfen muß, die Voraussetzungen der Erfahrungserkenntnis zu formulieren. Sie kann nicht mehr als diese Voraussetzungen liefern, insbesondere kann sie nicht, wie dies die »schlechte« rationale Metaphysik beanspruchte, zu einer über die empirischen Ergebnisse hinführenden Wirklichkeitswissenschaft werden. Man kann jetzt das folgende Gedankenexperiment anstellen: Statt die kantische Vernunftkritik von der heideggerschen Fassung des Seinsproblems her zu interpretieren, fragen wir umgekehrt, wie die heideggersche Philosophie gekennzeichnet werden müßte, *wenn man die Problemstellung und das Ergebnis von Kants KRV zugrunde legt.*

Die Antwort fällt eindeutig aus: Vom kantischen Standpunkt aus gesehen, gehört die heideggersche Existenzialontologie zur »schlechten« Metaphysik, und zwar genauer zur rationalen Psychologie. Selbstverständlich darf dabei die rationale Psychologie nicht in der speziellen historischen Gestalt genommen werden, in der sie Kant vorgegeben war. Heideggers Philosophie enthält weder einen Nachweis der Substantialität der Seele noch einen Unsterblichkeitsbeweis. Aber diese kantische Kritik richtete sich auch gar nicht gegen diese speziellen Thesen der wolffschen psychologia rationalis, sondern gegen die Möglichkeit einer apriorischen Wissenschaft vom Menschen. Gerade dies aber nimmt Heidegger für seine Wesensanalyse des Menschen in Anspruch. Denn da die heideggerschen Resultate weder durch bloße Begriffszergliederung gewonnen wurden noch sich auf Beobachtungen stützen, stellen sie in der kantischen Terminologie nichtmathematische synthetische Aussagen a priori, also metaphysische Aussagen dar, und zwar keineswegs solche, in denen die Voraussetzungen der erfahrungswissenschaftlichen Erkenntnis formuliert werden (wie in der »guten« Metaphysik), sondern vielmehr solche, in denen angeblich eine Wesenseinsicht in einen Bereich der Wirklichkeit beschlossen sein soll (wie in der wissenschaftlich unhaltbaren Metaphysik). Die Tatsache, daß Heidegger in den Titel seiner Untersuchungen das kantische Prädikat »transzendental« einbezieht und daß die Beschäftigung mit dem menschlichen Dasein nicht Selbstzweck ist, sondern für ihn nur den Weg zur

Seinsmetaphysik bildet, darf über die Tatsache nicht hinwegtäuschen, daß Heidegger hier auf eine Art von Erkenntnissen abzielt, die nach Kant nicht möglich sind.

Mit dieser Feststellung soll keineswegs Kant gegen Heidegger »ausgespielt« werden. Wir setzen ja nicht die kantische Position als richtig voraus, sondern formulierten nur die Konditionalbehauptung: *Wenn* man den kantischen Standpunkt im Prinzip übernimmt, *dann* unterliegt die heideggersche Philosophie der destruktiven Kritik Kants. Dies deutlich zu sehen, ist aus Gründen historischer Klarheit und Gerechtigkeit unbedingt notwendig.

Man kann dabei durchaus zugeben, daß die Interpretation des konstruktiven Teiles der theoretischen Philosophie Kants als einer Metaphysik der Erfahrung nicht die einzige Deutungsmöglichkeit darstellt. Bei der Vielschichtigkeit des kantischen Denkens bieten sich noch andere Möglichkeiten an: Man kann z. B. Kants Begründung des transzendentalen Idealismus in den Vordergrund rücken oder seine theoretische Philosophie als eine Konstituierung des Begriffs der wirklichen Welt ansehen; schließlich könnte man sogar von speziellen Fragestellungen her, etwa der Theorie der objektiven Zeitordnung (Topologie der Zeit), Kants Bemühungen interpretieren. Unter all diesen Möglichkeiten ist nach dem oben Gesagten der von Heidegger gewählte Ausgangspunkt: die fundamentalontologische Fragestellung, der am wenigsten geeignete, um einen wirklichen Zugang zu Kants Anliegen zu gewinnen. Es muß einen daher peinlich berühren, wenn Heidegger die aggressive Wendung gebraucht, daß durch seine Kant-Interpretation alle jene anderen Deutungen, die Kants Problemstellungen mit erkenntnistheoretischen Fragen in Zusammenhang bringen, »endgültig niedergeschlagen« werden sollen. Es könnte zugunsten von Heideggers Deutung darauf hingewiesen werden, daß mit dem »Problem der Endlichkeit im Menschen« doch ein sehr wichtiges Anliegen Kants getroffen werde. Dies kann man zugeben. Aber es darf nicht übersehen werden, daß es für Kant auch die Vernunftbegriffe gibt, die alle in der *Idee des Unbedingten* verwurzelt sind, und daß der Mensch als sittliches, und dies heißt: *als frei entscheidendes Wesen*, für ihn nicht der Zeitlichkeit und Endlichkeit verhaftet bleibt, sondern der intelligiblen Welt angehört. Auf der Grundlage seiner Ethik gelangt Kant im Rahmen seiner Religionsphilosophie schließlich doch wieder zu einer Metaphysik des Übersinnlichen, mag diese auch theoretisch nicht zu begründen sein.

Als den Hauptsatz dieser Metaphysik könnte man den Satz ansehen, daß ein offenbarungsfreier Mensch – d. h. ein Mensch, der sich in religiösen Fragen nicht auf eine Offenbarung stützt – zum Glauben an Gott und die Unsterblichkeit berechtigt (obzwar nicht verpflichtet) sei. Dieser Satz wird begründet, indem von dem Interesse der praktischen Vernunft ausgegangen wird: Eine sittliche Persönlichkeit hat danach ein Interesse an der Zugehörigkeit zu einer Welt, die ihr die Aussicht auf eine unbegrenzte ethische Vervollkommnung und weiter die Aussicht auf ein ihrem ethischen Wert entsprechendes Wohlergehen gewährt. Durch ein logisch nicht begründbares Schlußprinzip darf nach Kant von einem praktischen Vernunftinteresse aber zu dem *Glauben an die Existenz* dessen übergegangen werden, was dieses Interesse befriedigt: die Existenz der sittlichen Welt, aus der sich dann leicht die Existenz Gottes und die Unsterblichkeit ableiten läßt.

Diese Seite der kantischen Philosophie wurde hier deshalb so stark hervorgekehrt, weil daran der große Unterschied gegenüber dem heideggerschen Denken deutlich wird. Heidegger ist philosophischer »*Monist*« in dem Sinne, daß es für ihn nur den Bereich des *zeitlichen* menschlichen Daseins mit all den früher angeführten existenzialontologischen Merkmalen gibt. Wenn Heidegger die drei kantischen Erkenntnisvermögen auf die transzendentale Einbildungskraft zurückzuführen versucht, so zwingt er auch Kant einen Monismus auf; denn es bleibt dann für die gesamte Kant-Interpretation nur mehr eine Bezugsebene des zeitlichen menschlichen Daseins übrig. Kant war aber kein Monist, sondern *Dualist*: Der Mensch als sittliches Wesen gehört nicht mehr der phänomenalen Welt an, auf die unsere theoretische Erkenntnis beschränkt ist, sondern er gehört zu der noumenalen oder intelligiblen Welt. *Als solches »intelligibles Ich« ist der Mensch der Zeitlichkeit und Endlichkeit des Daseins nicht unterworfen.* Im Bereich der theoretischen Erkenntnis versucht die Vernunft nur der Tendenz nach, die sinnliche Erfahrung zu überfliegen, ohne daß sie die Erfahrungsebene tatsächlich verlassen könnte. In praktischer Hinsicht aber gelingt ihr der Durchbruch durch die sinnliche Welt und der Durchblick in das Überzeitliche. Wenn daher Heidegger die kantische Vernunft als »reine sinnliche Vernunft« deutet, so ist dies im kantischen Sinne ein hölzernes Eisen; denn Vernunft ist für Kant gerade jenes »Vermögen«, welches zum *Über*sinnlichen und *Über*zeitlichen drängt. Einer der bedeutendsten und besten Kant-Kenner, der Philosoph E. Cassirer, hat daher in einer Auseinandersetzung mit Heideggers Kant-Buch zu diesem Punkt gesagt, daß Heidegger nicht »als Kommentator« Kants spreche, sondern »als Usurpator, der gleichsam mit Waffengewalt in das kantische System eindringt, um es sich zu unterwerfen und um es seiner Problematik dienstbar zu machen.«[1]

Damit kommen wir zum Kernstück der ganzen Sache. Wenn Heidegger meint, daß es Kant um das Problem der Endlichkeit gegangen sei, so ist hinzuzufügen, daß Kants Begriff der Endlichkeit ein völlig anderer war als der Heideggers. Kant denkt dabei an die Begrenztheit des menschlichen Erkenntnisvermögens. Für Heidegger ist die Endlichkeit des menschlichen Daseins durch Angst, Tod, Schuldigsein und Verfallen charakterisiert; das endliche Dasein ist Hineingehaltensein in das Nichts. *Hinter diesen Bestimmungen steht eine geistige Atmosphäre, ein Lebens- und Weltgefühl, das von demjenigen Kants wesensverschieden ist.* Aber nur dadurch, daß Heidegger diese kierkegaardsche existenzphilosophische Grundstimmung in unzulässiger Weise in Kant hineinprojiziert, gelangt er zu seiner grundlosen »Dramatisierung« des eigentlichen »Geschehens« der kantischen Vernunftkritik: Kant habe in den Abgrund des endlichen menschlichen Daseins hineingeschaut und sei vor dem, was er da

[1] Kant-Studien, Bd. XXXVI (1931), S. 17.

sah, ängstlich zurückgeschreckt, um es dann in der zweiten Auflage seiner KRV zuzudecken.

Wenn wir dagegen vom kantischen Begriff der Endlichkeit ausgehen, so wäre das einzige, wovor dieser *hätte* zurückschrecken können, sein Verzicht auf jede rationale Metaphysik übersinnlicher Gegenstände gewesen. Vor dieser Konsequenz seiner Lehre aber ist Kant in seiner kritischen Phase niemals zurückgewichen; der Verzicht auf die rationale Metaphysik barg für ihn keinen Schrecken. Man kann darüber hinaus sagen, daß Heidegger in seiner Deutung hier eine auch in historischer Hinsicht äußerst unwahrscheinliche Hypothese einbezieht. Denn man kennt den äußeren Anlaß, der Kant zu der fraglichen Revision seiner KRV bewogen hat: es war dies eine Rezension, die eine psychologistische Deutung von Kants Lehre enthielt. Kants Bemühungen waren darauf gerichtet, die solche Fehldeutungen seiner Lehre begünstigenden Teile der Vernunftkritik entsprechend umzugestalten. Im übrigen aber hat Kant diejenigen Teile seiner KRV, in denen die transzendentale Einbildungskraft eine tragende Rolle spielt, überhaupt nicht geändert.

Wir sagten soeben, daß Kants Gesamtstimmung eine von der existenzphilosophischen Grundstimmung vollkommen verschiedenartige war und daß daher das Bild von einem in einen »Abgrund« hineinschauenden Kant verfehlt ist. Man kann die andersartige Grundstimmung Kants nicht besser wiedergeben als durch die Worte Cassirers, der dazu sagt: »Kant ist und bleibt – in dem erhabensten und schönsten Sinne dieses Wortes – ein Denker der *Aufklärung:* er strebt ins Lichte und Helle, auch wo er den tiefsten und verborgensten Gründen des Seins nachsinnt.« [1]

Es dürfte jetzt deutlich geworden sein, worin die Gefahr der heideggerschen Philosophie für die Interpretation historisch überlieferter Lehren liegt. Sie besteht, kurz gesagt, darin, die existenzphilosophische Grundstimmung in Denker von ganz andersartigem Lebensgefühl hineinzutragen und durch eine auf diese Weise erzielte künstliche Akzentverschiebung den Problemstellungen und Resultaten jener Phi-

[1] a.a.O. S. 24.

losophen eine Deutung zu geben, die diesen nicht nur selbst fern lag, sondern zu der man auch durch ein noch so intensives »Weiterdenken« und »zu-Ende-Denken« ihrer Lehren nicht gelangt, solange man ihnen nicht durch Absolutsetzung des existenzphilosophischen Lebensgefühls nachträglich eben jene fremde geistige Atmosphäre oktroyiert. Von einer Philosophie, welche die Geschichtlichkeit des Menschen so stark unterstreicht wie die heideggersche, müßte man dagegen vor allem erwarten, bei der geistigen Durchdringung überlieferter Philosophen *historische Gerechtigkeit* walten zu lassen.

Das Kant-Beispiel wurde noch aus einem anderen Grunde so ausführlich behandelt. An ihm läßt sich nämlich einer der Hauptunterschiede zwischen der Philosophie von Jaspers und der von Heidegger illustrieren. Jaspers steht Kant wesentlich näher als Heidegger, vor allem *dem* Kant, der die *Vernunft*begriffe und die *Idee des Unbedingten* kennt, der in seiner praktischen Philosophie den Menschen als ein Wesen konzipiert, das eine *frei entscheidende Persönlichkeit* und damit im Grund nur das ist, wozu es sich selbst macht, und der schließlich in seiner Religionsphilosophie einen »philosophischen Weg der Erlösung« aufzeigt. Selbstverständlich finden wir auch bei Jaspers die ganz andere, Kant wesensfremde existenzphilosophische Grundstimmung und vor allem im Gegensatz zur Unterstreichung des Allgemeinverbindlichen bei Kant die Betonung des Einmaligen (insbesondere in bezug auf sittliche Entscheidungen). Trotzdem aber hat der Begriff der »möglichen Existenz« bei Jaspers eine viel größere Ähnlichkeit mit dem intelligiblen Ich Kants als etwa Heideggers Begriff der eigentlichen Existenz. Dies beruht letztlich darauf, daß Jaspers ebenso wie Kant *Dualist* ist. Tatsächlich ergibt sich dieser Dualismus für Jaspers aus einer weitgehenden Übernahme der erkenntnistheoretischen Position Kants: Der Mensch als mögliche Existenz gehört ebenso wie die Gottheit nicht mehr dem verstandesmäßig Erfaßbaren an, sondern dem Bereich der »Dinge an sich«. Und wenn Heidegger in seinem Kant-Buch durch den Begriff der »sinnlichen Vernunft« den kantischen Vernunftbegriff im Grunde negiert, indem er ihn auf die Ebene des zeitlichen Daseins herabzieht.

so versucht Jaspers umgekehrt, diesen kantischen Vernunftbegriff eher zu erweitern und ihm als Gegenpol zum Begriff der Existenz eine zusätzliche Dynamik und ein größeres existenzielles Gewicht zu verleihen.

Hinsichtlich des systematischen Teiles der heideggerschen Philosophie wollen wir uns in der Hauptsache auf eine kurze Diskussion eines einzigen Punktes beschränken: des *Seinsproblems*, welches Heidegger als Ausgangsbasis für seine Untersuchungen wählt. Den Ansatzpunkt für dieses Problem muß nach Heidegger das vorwissenschaftliche Seinsverständnis bilden, das immer dann schon vorliegt, wenn wir im Alltag das Hilfszeitwort »sein« gebrauchen, wie z. B. in Sätzen von der Gestalt »der Himmel *ist* blau«, »Hans *ist* blond«. Diesen Ansatzpunkt kann und muß man Heidegger zugestehen. Man würde aber an dieser Stelle etwas ganz anderes erwarten als das, was Heidegger tatsächlich tut: nämlich man würde erwarten, daß Heidegger vorerst die alltäglichen Bedeutungen dieses Wortes, d. h. *die verschiedenen Weisen der Verwendung des Hilfszeitwortes* »sein«, genauer analysiert. Nun wird von ihm zwar gleich zu Beginn betont, daß vom Menschen im »Modus der Alltäglichkeit« ein »eigentliches« Seinsverständnis gerade »niedergehalten« wird. Aber wie immer es sich auch damit verhalten möge: zu allererst ist zu untersuchen, ob der Ausdruck »sein« nicht überhaupt mehrdeutig verwendet wird, ob er nicht sozusagen eine zufällige »Personalunion« verschiedener Funktionen oder Gebrauchsweisen darstellt (so wie etwa bei einem Menschen eine zufällige Personalunion von einem Bankdirektor, einem Aufsichtsratsvorsitzenden und einem Kaninchenzüchter vorliegen kann).

Eine genauere Untersuchung zeigt, daß es tatsächlich ganz verschiedene Verwendungen des Hilfszeitwortes »sein« gibt. Einige davon waren übrigens schon Aristoteles bekannt. In der Aussage »Schiller *ist* der Verfasser des Wallenstein« z. B. ist das Sein im Sinne der Identität zu verstehen; in der Aussage »Schiller ist ein Dichter« dient es zur Wiedergabe der Ding-Eigenschafts-Beziehung (oder in extensionaler Sprechweise: zur Wiedergabe der Element-Klasse-Beziehung, da die Aussage äquivalent ist mit der Feststellung, daß Schiller ein Element der Klasse der Dichter ist). In der Aussage »Gott ist« wird damit eine Existenzbehauptung ausgedrückt (nämlich »Gott existiert« oder »es gibt einen Gott«). Das Beispiel »der Himmel ist blau« steht bezüglich der Verwendung von »sein« auf derselben Stufe wie »Schiller ist ein Dichter«. Dagegen zeigt sich in dem Satz »der Löwe *ist* ein Wüstentier« wieder eine ganz neue Verwendung von »sein«, und es wäre daher ganz verfehlt, diese Verwendung so zu deuten wie in »der Himmel ist blau«. Die irreführende Ähnlichkeit dieser zwei letzten Fälle beruht darauf, daß beide Male der bestimmte Artikel verwendet wird. Der Ausdruck »der Himmel« dient zur Kennzeichnung eines bestimmten Objektes, der Ausdruck »der Löwe« jedoch nicht. Vielmehr meint der fragliche Satz dasselbe wie »Löwen sind Wüstentiere«. Es ist somit nicht von der Beziehung zwischen einem Objekt und einer Eigenschaft die Rede, wie in den beiden anderen Fällen, sondern von der Beziehung zwischen einer Eigenschaft und einer sie umfassenden anderen Eigenschaft (extensional gesprochen: zwischen einer Teilklasse und einer diese umschließenden Gesamtklasse). Dafür, daß die Ding-Eigenschafts-Relation bzw. die Element-Klassen-Relation sogar dann angewendet werden kann, wenn das fragliche »Ding« selbst eine Eigenschaft oder Klasse ist, bildet etwa der Satz ein Beispiel: »der Apostel sind zwölf«; denn hier wird die Zwölf von der Eigenschaft, Apostel zu sein, bzw. von der Klasse der Apostel ausgesagt, und nicht etwa von den einzelnen Aposteln (sonst würde man zu der absurden Folgerung gelangen, daß jeder einzelne Apostel zwölf ist, während man aus dem Satz »die Apostel sind fromm« tatsächlich schließen kann, daß jeder einzelne Apostel fromm ist).

Weitere Verwendungen von »sein« finden sich in Modalkontexten, etwa in »es *ist* möglich, daß es morgen regnen wird« oder »es ist notwendig, daß der Mensch stirbt«, ferner in der Erklärung der Bedeutung von Ausdrücken wie in »dies *ist* lila« und schließlich innerhalb von Zustimmungsäußerungen wie in »ja, so *ist* es!«[1]

[1] Für eine eingehendere Analyse aller dieser Fälle vgl. W. Steg-

Die Vagheit des »alltäglichen Seinsverständnisses« äußert sich nun vor allem darin, daß für all die angeführten und ganz verschiedenen Funktionen ein und dasselbe Wort verwendet wird. Diese Vagheit ist behoben (d. h. die Äquivokationen von »sein« sind beseitigt), sobald man sich entschließt, verschiedene Zeichen zu wählen, deren jedes einer und nur einer der angeführten Funktionen von »sein« zugeordnet ist (wie dies denn auch in logisch präzisen Sprachen, wie z. B. in der Sprache der Mathematik, geschieht, wo die drei verschiedenen Symbole »=«, »ε«, »⊂« für Identität, Element-Klasse-Relation und Klassen-Einschlußverhältnis verwendet werden).

Das Auseinanderhalten der verschiedenen Wortbedeutungen von »sein« muß somit für jede ernsthafte Ontologie eine unumgängliche Vorarbeit bilden. Es könnte eingewendet werden, daß Heidegger diese (scheinbar) »triviale« Vorarbeit als bereits geleistet voraussetzt. Dem widerspricht jedoch die Tatsache, daß er heterogene Beispiele bringt, bisweilen das Sein im Sinne der Existenz zu nehmen scheint, dann aber auch das »sein« als Kopula anführt wie in »der Himmel ist blau«. Vielleicht noch bedenklicher als die Nichtunterscheidung der vielen Bedeutungen von »sein« muß der stillschweigend angenommene Platonismus erscheinen, welcher in der substantivischen Verwendung des Wortes »sein«, nämlich im Gebrauch des Ausdruckes »das Sein« beschlossen liegt. Tatsächlich treten hier die bereits von Brentano angeführten Schwierigkeiten auf: Diese Wendung wäre die Kennzeichnung eines Gegenstandes – in dem weiteren Sinne des Wortes, in welchem wir alles, worauf wir uns durch Namen oder Kennzeichnungen beziehen, Gegenstand nennen –, der somit selbst ein Sein haben müßte. Wenn man es daher zuläßt, von *dem* Sein zu sprechen, muß man da nicht auch zugestehen, daß dieses Sein selbst ein Sein habe, also daß es ein Sein des Seins gibt usw. ad infinitum?

Was über das Sein gesagt wurde, kehrt in analoger Weise

---

müller, »Sprache und Logik«, Studium Generale, 9. Jahrg., Heft 2, 1956, insbes. S. 57–65 und S. 74–77.

bei allen Prädikatausdrücken wieder. Wenn wir solche Prädikate als *konkrete generelle Terme* bezeichnen, weil sie auf konkrete Objekte anwendbar sind, und Namen von Gegenständen *singuläre Terme* nennen, so fragt es sich, ob es neben *konkreten singulären Termen* (Namen von Individuen) auch *abstrakte singuläre Terme* gibt, die nichtkonkrete Gegenstände wie z. B. Farben und sonstige Qualitäten, Relationen usw. bezeichnen. Der Übergang zum Platonismus besteht darin, daß konkrete generelle Terme gleichzeitig als abstrakte singuläre Terme interpretiert werden, z. B. daß das von konkreten Objekten aussagbare allgemeine Prädikat »rot« als Name eines eigenen Gegenstandes, nämlich der Röte, aufgefaßt wird. Nichtplatonisten wie z. B. F. Brentano werden eine solche Deutung verwerfen und daher auch die von Heidegger gebrauchten Ausdrücke »Geschichtlichkeit«, »Zeitlichkeit«, »Entschlossenheit« als bloße Synsemantika anerkennen.

Es soll damit keineswegs gegen den Platonismus Heideggers polemisiert werden. Vielmehr wollten wir nur auf die folgende Schwierigkeit hinweisen: Das Universalienproblem ist ohne Zweifel ein ontologisches Problem; und zwar ist es ein Problem, das indifferent ist gegenüber einer Auslegung der Seinsbestimmtheiten als Existenzialien oder als Kategorien. Von einer fundamentalontologischen Untersuchung, die jeder speziellen Ontologie vorangehen soll, müßte man erwarten, daß sie entweder nur solche Formulierungen gebraucht, welche von einem bestimmten Standpunkt in dieser Frage unabhängig sind, oder daß sie dieses Problem explizit aufstellt und einer Lösung zuführt. Sie dürfte aber nicht dieses Problem als gelöst voraussetzen, nämlich im Sinne des Platonismus gelöst. Gerade dies geschieht jedoch bei Heidegger.

Was das Seinsproblem betrifft, so verhält es sich nun keineswegs so, als würde dieses ganze Problem hinfällig werden, wenn man nicht an das Sein glaubt. Man kann durchaus die aristotelische Frage nach dem *Seienden als Seiendem* stellen, aber man darf nicht ohne weiteres – zumindest nicht ohne eingehende Untersuchung und Begründung – diese

Frage platonistisch umdeuten in eine Frage nach dem Sein des Seienden.

Die Bedenken, die hier gegen das Sein vorgebracht wurden, verstärken sich, wenn vom Nichts die Rede ist. In dem philosophischen Hauptwerk Heideggers ist dies zwar nicht der Fall, sehr wohl dagegen in der Schrift »Was ist Metaphysik?«, in der hauptsächlich vom Nichts gesprochen wird. Da der Ausdruck »nichts« aus der Sprache des Alltags stammt, hätte man sich vor allen weiteren Betrachtungen zu überlegen, welche Funktion dieses Wort erfüllt. Auf den ersten Blick scheint es die Funktion eines grammatikalischen Subjektes zu besitzen; denn in »nichts ist gleichzeitig rund und viereckig« steht der Ausdruck »nichts« an genau derselben Stelle, an der in »Brasilien ist ausgedehnt und dünn besiedelt« das Wort »Brasilien« steht. Diese grammatikalische Ähnlichkeit ist die Wurzel dafür, daß von Philosophen, insbesondere auch von Heidegger, immer wieder der Ausdruck »nichts« als Subjektsbezeichnung aufgefaßt und daher substantivisch gebraucht und mit dem bestimmten Artikel versehen wurde. Nach dieser Auffassung müßte es also ein Objekt geben, auf welches man sich durch die Bezeichnung »das Nichts« bezieht.

Daß eine derartige Auffassung unhaltbar ist, zeigt sich u. a. darin, daß man eine Gegenstandsbezeichnung innerhalb einer Und-Aussage über das »und« hinwegschieben und daher doppelt anschreiben kann. Man erhält dadurch eine mit der ersten logisch äquivalente Aussage. Im Falle von »nichts« geht dies nicht. Somit ist der zweite obige Satz zwar logisch äquivalent mit der Aussage »Brasilien ist ausgedehnt und Brasilien ist dünn besiedelt«, hingegen ist der erste Satz keineswegs logisch gleichwertig mit »nichts ist rund und nichts ist viereckig«; denn dieser Satz ist falsch, während der erste richtig war.

Tatsächlich dient das Wort »nichts« dazu, um eine generelle Existenzbehauptung zu negieren; denn nur auf Grund eines historischen Zufalls sind die beiden Symbole »nicht« und »es gibt« in dieser Aufeinanderfolge in das einzige Wort »nichts« verschmolzen. So besagt z. B. die erste Aussage in genauerer Formulierung: »*es ist nicht der Fall, daß es etwas gibt, das gleichzeitig rund und viereckig ist*«. In einer Sprache, welche sich von den Vagheiten und vor allem auch von der irreführenden Grammatik der Alltagssprache befreit, kann daher das Wort »nichts« oder ein gleichbedeutendes gar nicht vorkommen, und daher kann dort auch nicht mehr die Neigung entstehen, von »dem Nichts« zu sprechen.

Dagegen könnte vielleicht eingewendet werden, daß Heidegger den Ausdruck »nichts« in einer ganz anderen als in der alltäglichen Bedeutung verwende, wenn er sagt, daß sich in der Angst das Nichts offenbare und daß dieses Erlebnis die Tatsache enthülle, daß das Dasein ein Hineingehaltensein in das Nichts sei. Aber abgesehen davon, daß es doch außerordentlich irreführend wäre, einen Ausdruck, der im Alltag und in der Wissenschaft in einer ganz bestimmten Weise verwendet wird, plötzlich mit einem ganz neuen Sinn zu versehen, würde dieser Einwand nicht zutreffen. Heidegger unternimmt seine Analyse vielmehr deshalb, um *das Wesen der Negation* zu untersuchen. Sobald er dann auf die Aufgabe der Metaphysik zu sprechen kommt, sagt er: »Die Metaphysik beschäftigt sich mit dem Seienden und sonst nichts.« Und im nächsten Satz heißt es: »Wie steht es um dieses Nichts?« Im ersten dieser beiden Sätze wird das Wort »nichts« noch ganz im üblichen Sinn verwendet; denn diese Aussage ist gleichbedeutend mit der folgenden: »Es ist nicht der Fall, daß sich die Metaphysik mit etwas anderem beschäftigt als mit dem Seienden.« Im zweiten Satz fungiert der Ausdruck »nichts« dann plötzlich als Gegenstandsbezeichnung, ebenso wie in den verschiedenen weiteren Fragen, die Heidegger aufwirft, nämlich »wie erkennen wir das Nichts?«, »wie finden wir das Nichts?« usw. Das grammatikalische Taschenspielerkunststück ist damit getan, und alle weiteren Spekulationen stützen sich auf dieses!

Wir wollen die Diskussion über Heidegger zum Abschluß bringen. Die beiden Denker, denen Heidegger nach unserer Auffassung am nächsten steht, sind Dilthey und Kierkegaard. Vom ersten hat er den *radikalen Immanenzstandpunkt* übernommen, den Standpunkt der Auslegung des menschlichen

Daseins »aus sich selbst heraus« ohne alle transzendenten Setzungen. *Die geistige Atmosphäre und das Lebensgefühl*, in denen Heidegger denkt und aus denen sich seine Philosophie nährt, sind jene Kierkegaards. Vielleicht könnte man als Dritten noch Augustinus anführen, dessen philosophische Reflexionen über die Zeit sich in ungekünstelter Form in das heideggersche System einfügten. Daneben aber betont Heidegger nachdrücklich seine positive Beziehung zu Aristoteles, einem der größten Logiker aller Zeiten, und zu Kant, einem der bedeutendsten Erkenntnistheoretiker aller Zeiten. Nach der obigen kurzen Diskussion des Kant-Buches von Heidegger und den Andeutungen über die Rolle, welche »das Sein« und »das Nichts« im Rahmen ontologischer Problemstellungen spielen, müssen wir jedoch die Frage stellen: Ist diese Vorliebe Heideggers für Aristoteles und Kant nicht doch eine unglückliche Liebe?

Wir wollen die Philosophie Heideggers aber nicht verlassen, ohne nachdrücklich darauf hinzuweisen, daß sein Werk eine geradezu unerschöpfliche Fülle neuer philosophischer Ansätze bietet, die man erst im Laufe der Zeit in ihrer vollen Bedeutung erschließen wird, vielleicht gerade dann, wenn die geistige Atmosphäre und das Lebensgefühl sich geändert haben und man erkennen wird, daß Heidegger nicht nur zum Menschen in der »Not seines Seins« spricht.

KAPITEL V

EXISTENZPHILOSOPHIE: KARL JASPERS

1. Philosophische Weltorientierung, Existenzerhellung und Metaphysik

Während Heidegger den Bereich der reinen Existenzphilosophie durch seine ontologische Fragestellung überschreitet, mittels neuer begrifflicher Denkweisen einen ursprünglichen Zugang zum Sein des Menschen und damit ins Sein überhaupt zu öffnen strebt und wegen dieser wissenschaftlichen Zwecksetzung den Namen »Existenzphilosophie« für seine Untersuchungen ablehnt, verzichtet Jaspers ausdrücklich auf eine wissenschaftliche Untersuchung des Menschseins und bringt dadurch erst das eigentlich Existenzphilosophische zu entschiedenem Ausdruck. Das praktische Problem, wie es für den Menschen erreichbar sei, in einer unmöglichen Welt, die sich für kein Wissen schließt und sich keinem Glauben in ihrem wahren Charakter kundgibt, zu leben, beherrscht sein gesamtes Philosophieren. Alle theoretischen Auseinandersetzungen dienen letztlich nur diesem Ziel. Kreist somit sein gesamtes Denken dauernd um den Menschen, so ist für ihn dennoch kein endgültiges Wissen über ihn zu erlangen. Existenzphilosophie, so heißt es, würde sich selbst aufheben, wollte sie beanspruchen, zu wissen, was der Mensch sei. Die Absurdität und Unbegreiflichkeit der realen Welt durchzieht auch den Menschen selbst und macht ihn für sich selbst nicht verstehbar. Dennoch soll er in der Welt zu gehaltvoller Entscheidung und sinnvollem Tun gelangen. Ihm hierbei zu einer Selbstgewißheit zu verhelfen, die ihm weder eine täuschende Phantasiewelt vorzaubert noch ihn nach Befreiung von allen Illusionen der Skepsis und nihilistischer Verzweiflung überantwortet, sondern seinen positiven Wesenskern zu höchstem persönlichem Einsatz bringt, soll die Philosophie dienen. Da ein objektives Wissen vom Sein der menschlichen Existenz nicht möglich ist, so kann die Erlangung der philosophischen Selbstgewißheit nicht durch Vermittlung allgemeingültiger Erkenntnis erfolgen, sondern es müssen eigene Methoden des Philosophierens ausfindig gemacht werden, die mit wissenschaftlichen Denkverfahren nichts mehr gemein haben. Zuerst ist der Mensch, da in ihm zunächst der Glaube an eine wissenschaftliche Erfaßbarkeit der Allheit des Seienden vorherrscht, an die Grenze des gegenständlich Wißbaren zu führen, an der ihm die Relativität aller allgemeingültigen Erkenntnis und ihre Untauglichkeit zum Begreifen dessen, worauf es letzten Endes ankommt, fühlbar werden soll. Diesem negativen Vorgehen der Ausscheidung alles vermeintlichen Wissens schließt sich das positive philosophische Stadium an, in welchem der Mensch zum eigentlichen Selbstsein aufgerufen wird, ohne daß ihm eine Erkenntnis seines eigenen Seins geboten und die Verantwortung für sein Dasein durch Überreichung allgemein anwendbarer Handlungsmaximen abgenommen würde. Da aber der Mensch in sich allein trotz größter Ehrlichkeit und intensivster Anspannung der Persönlichkeit keinen letzten Sinn zu finden vermag, so drängt das Philosophieren in einem letzten Schritt auch über die innere Welt des Menschen hinaus, um sich in undogmatischer, nicht zu abschließendem rationalem Wissen führender Weise des Absoluten zu vergewissern. Diesen drei Aufgaben entsprechend gliedert sich das erste große philosophische Werk von Jaspers in Weltorientierung, Existenzerhellung und Metaphysik.

(a) Weltorientierung

Unter *weltorientierendem Denken* versteht Jaspers die Gesamtheit jener Bewußtseinsvorgänge, die auf allgemeingültige Erkenntnisse ausgerichtet sind. Wissenschaftliche Weltorientierung bewegt sich ausschließlich in ihrem Medium. Philosophische Weltorientierung dagegen sucht vor Augen zu stellen, daß dieses Denken in gegenständlichen Kategorien nicht das eigentliche Sein trifft, daß das für uns Wißbare nicht das Sein an sich ist. Dieser Grundgedanke trifft sich mit dem der theoretischen Philosophie Kants. In der Durchführung aber geht Jaspers andere Wege als Kant, ebenso wie auch der Zweck dieser Heranführung an die Erkenntnisgrenzen ein anderer ist. Während Kant seine Auffassung von der Unanwendbarkeit des allgemeingültigen Wissens auf die Welt der Dinge an sich selbst durch rationale Beweisführung darzulegen versuchte, überschreitet Jaspers das Rationale bereits in der von ihm angewandten Methode, da bei ihm im Gegensatz zu Kant nicht einmal gewußt werden kann, *woran* die Unerkennbarkeit der wirklichen Welt liegt, wäre doch dieses Wissen um den Grund der Unerkennbarkeit des Ansichseienden selbst wieder ein zwingendes Seinswissen. Statt einer logischen Begründung greift Jaspers aus den verschiedensten Wissensgebieten zahlreiche Beispiele heraus, um an ihnen die faktische Wissensgrenze aufzuzeigen. Dabei wird in der Regel ein dialektisches Verfahren angewandt: Er geht von einem bestimmten Begriff aus, zergliedert ihn und zeigt jenen Punkt auf, an dem dieser Begriff eine notwendige Ergänzung fordert. Ist diese Ergänzung erfolgt, so wird gezeigt, daß sie das Entscheidende gerade nicht trifft, dieses vielmehr jenseits des in diesen Begriffen Faßbaren liegt. So z. B. ist mir, wenn ich nach dem Sein frage, vielerlei Sein: totes und lebendiges, dingliches und persönliches, ideales und reales usw. gegeben. Alles das zusammen ist Objekt für mich, fällt also unter den Titel des Objektseins. Mit diesem Objektsein ist aber keineswegs alles Sein erschöpft; immer stehe ich all den Objekten gegenüber als das, was nicht Objekt ist. Auch dann, wenn ich mich selbst zu erfassen versuche, bin ich *als Ich* da, dem ich Objekt werde. Dieses notwendige Korrelat zum Objektsein ist das Ichsein oder Subjektsein. Das Sein selbst ist mit beiden nicht getroffen. Versuche ich, das Sein an sich zu erfassen, so mache ich es, sowie ich es ergreife, zu einem Gegenstand für mich und ziehe es damit zum Objektsein herab. So durchdringen sich die drei Seinsweisen: das nur als Grenzbegriff faßbare Ansichsein, das relative Objektsein und das ungegenständliche Ichsein gegenseitig, ohne daß es mir gelänge, eine von ihnen absolut zu setzen.

An diesem einen von den vielen Beispielen aus der Weltorientierung sollte gezeigt werden, wie Jaspers zunächst versucht, in jenen gedanklichen Wirbel hineinzuführen, aus dem kein rationales Wissen mehr herausführt. Er entwickelt dabei eine außerordentliche Fähigkeit, das Grenzbewußtsein von immer neuen Seiten wachzurufen. Das Ziel dieses Vorgehens ist aber nicht wie bei Kant die Lösung erkenntnistheoretischer Grundfragen, sondern die Aufdeckung der inneren Zerrissenheit, Disharmonie, Fragwürdigkeit der Welt, in der der einsam Denkende sich in unaufhellbare Situationen gestellt findet, ohne in allgemeingültigen Erkenntnissen Ruhe zu finden. Das, worauf es ankommt: der unvertretbar Einzelne in seiner individuellen Einmaligkeit, wird vom wissenschaftlichen Erkennen gerade unterdrückt und ausgeschaltet; denn dieses richtet sich nie an den Einzelnen als solchen, sondern an das *vertretbare Ich,* d. h. an jene Verstandesschicht im Menschen, die er mit anderen gemeinsam hat, in bezug auf welche daher die Menschen untereinander beliebig vertauschbar sind. Aus diesem Grunde kann auch nur jene Oberflächensphäre im Menschen, die das Allgemeine verkörpert, nicht der unvertretbare Kern in ihm, bei den Ergebnissen wissenschaftlicher Erkenntnis Ruhe finden.

Ist ein objektives Wissen über das Sein der Welt nicht erreichbar, so können auch alle geschlossenen philosophischen Systeme keine letzte Befriedigung gewähren. Jaspers erwähnt zwei Formen solcher »sich schließenden Weltorientierungen«: *Positivismus* und *Idealismus.* Unter dem ersteren versteht er alle jene Seinslehren, die das Ansichseiende mit dem Objektsein in irgendeiner Gestalt gleichsetzen, alles als unter der Kausalitätskategorie stehend begreifen, Unerkennbares nicht gelten lassen und als Ideal die leichte Herstellbarkeit von allem betrachten. Der Idealismus wiederum setzt alles Sein mit dem Sein des Geistes gleich, gibt dem Subjekt gegenüber dem Objektiven den Vorrang, spricht allein dem Sein der Idee wahre Wirklichkeit zu, allem anderen hingegen nur auf Grund der Teilhabe an ihr, und sieht letztlich alles in totaler Vollendung. Gemeinsam ist beiden Weltanschauungen, daß nur das Allgemeine und Ganze als eigentliches Sein gelten, das Individuelle und Einzelne dagegen entweder als bloße

Konstellation allgemeiner Kräfte oder als unselbständiges Glied der umfassenden einen Ganzheit gedeutet wird. Beide verwechseln das eigenwillige und als solches nichtige Individuum mit dem existenziellen Kern, meinen im Prinzip alles zu wissen und versperren durch ihren illusionären Wahrheitsbesitz den offenen Blick in das Geheimnis und die Furchtbarkeit der unabgeschlossenen Wirklichkeit, lassen allgemeine Gesetze an die Stelle verantwortlicher Entscheidung der Existenz in geschichtlich einmaliger Situation treten. In der Ablehnung dieser beiden geistigen Welteinstellungen tritt der Umschwung in der Bewertung der Wirklichkeit durch die Existenzphilosophie mit besonderer Deutlichkeit zutage. Nicht das Allgemeine, Ewige, Gesetzmäßige, Bestandhafte ist das eigentlich Seiende, sondern das, worauf es ankommt, ist das geschichtlich Einmalige, Situationsgebundene, aus irrationaler, freiheitlicher Entscheidung zum Durchbruch Gelangende. Um den freien Blick für das allein Positive der Existenz in ihrer unwiederholbaren Besonderheit zu erlangen, muß aber zunächst die Illusion der Geschlossenheit des Weltseins in Ganzheit und Vollendung zerbrochen werden; denn für den wahrhaft seienden Menschen, in dem die existenzielle Wirklichkeit sich erfaßte, gibt es keine allseitige Verstehbarkeit der Welt, keine absolut gültige Aufgliederung des Seins, keine objektive Rangordnung der Werte, keine auszuklügelnde beste Einrichtung von Staat und Gesellschaft. Das Unharmonische der Welt muß illusionslos erfaßt sein, damit aus dem Ungenügen daran der Sprung zur Existenz erfolgen kann.

Somit hebt sich die Philosophie von aller Wissenschaft ab. Zielt alle Wissenschaft auf zwingendes Wissen, so transzendiert Philosophie alles allgemein Erkennbare, richtet sich jene ausschließlich an den vertretbaren Verstand, so appelliert diese an den unvertretbaren Einzelnen, ist dem Wissenschaftler der Grund seines Einsatzes selbst nicht mehr faßbar, so versucht der Philosophierende gerade, sich des letzten Ursprungs all seines Handelns zu vergewissern, vollzieht sich dort nur ein unpersönlicher Streit um die Sache, so soll hier durch das Medium des Allgemeinen hindurch dem Anderen zum inneren Aufschwung verholfen werden, ist das wissenschaftliche Forschen ein kontinuierlicher, über Generationen hinweg sich vollziehender Prozeß, so beginnt Philosophie immer wieder von vorne und drängt im Einzelnen bereits zum endgültigen Abschluß, geht Wissenschaft auf ein als Besitz verfügbares Wissen aus, so zerbricht das radikale philosophische Fragen jeden vermeintlichen Besitz und stößt den Fragenden in die totale Ungeborgenheit zurück.

Aber auch von den beiden anderen Formen des Geistes, Kunst und Religion, die ebenfalls um das Sein ringen, ist Philosophie durch eine Kluft geschieden. Die *Kunst* bringt zwar unmittelbare Erfüllung, welche Philosophie nie zu geben vermag, aber es gelingt ihr dies nur in einer zweiten Welt in Abtrennung von der wirklichen, in die der Mensch um so trostloser und verlassener zurückkehrt, je tiefer der künstlerische Genuß war; denn in der realen Welt läßt ihn das Schöne im Stich und überläßt das Leben sich selbst. An Stelle lebensferner Verwirklichung will Philosophie nicht eine zweite Welt aufbauen, sondern die Umsetzung des Gedankens in echte Entscheidung.

Ebenso muß Philosophie mit *Religion* im Kampf stehen und kann in ihr höchstens eine gleichberechtigte, aber doch völlig andere Weise eigentlichen Menschseins sehen. Denn während Religion sich auf geschichtliche Offenbarung beruft, Eintritt in die Gemeinschaft der Kirche und Gehorsam fordert, in Gebet und Kult eine reale Beziehung zur Gottheit aufnimmt und die allein gültige Objektivität von absolutem Anspruch zu sein behauptet, gibt es für den Philosophen kein historisches Ereignis, das eindeutig zu bevorzugen wäre, da für ihn alles zur Sprache des einen Absoluten werden kann. Er kennt auch keine bindende Gemeinschaft, sondern sieht sich in der Unabhängigkeit des Selbstseins mit einer anderen Existenz, zu der er in liebende Kommunikation tritt; er sieht keine Möglichkeit beliebig reproduzierbarer Beziehungen zur verborgenen Gottheit; er erkennt in seiner grenzenlosen Infragestellung auch nichts als endgültige Objektivität an und glaubt an keine Versenkung in ein jenseitiges Sein, die nicht die Gestalt aktiven diesseitigen Einsatzes annimmt, an keine

Liebe zu Gott, die sich nicht als Liebe zum einzelnen Menschen verwirklicht.

(b) Existenzerhellung

Hat die philosophische Weltorientierung die Abgrenzung der Philosophie gegenüber anderen Formen geistigen Seins vollzogen und an die Grenze des Erkennbaren geführt, so versucht die *Existenzerhellung* unmittelbar an den Einzelnen in erweckender Funktion heranzutreten. Das wissenschaftliche Denken wird dadurch nicht aufgehoben und als unwesentlich ein für allemal auf die Seite geschoben. Vielmehr muß der Prozeß zur Existenzerhellung über die Weltorientierung sich immer wieder vollziehen. Das grenzenlose Wissenwollen ist ein immanentes Prinzip alles Philosophierens und nicht zu überspringen. Im immer wiederholten Versuch muß der Philosoph das eine Ganze wissend zu erfassen suchen, um im Scheitern dieses Versuches den Sprung zur Existenz zu vollziehen.

Was heißt bei Jaspers »Existenz«? An einer Stelle wird gesagt, daß »Existenz« in philosophischer Sprache gerade das bedeute, was in mythischer Sprache »Seele« heißt. Eine eigentliche Definition aber findet sich nirgends und kann auch nach Jaspers nicht gegeben werden, da von Existenz nicht im gegenständlichen Sinne zu sprechen ist, dürfte ja doch eigentlich gar nicht von »der« Existenz geredet werden, weil es keinen Gattungsbegriff »Existenz« gibt, als dessen (zufällige) Einzelexemplare die verschiedenen Existenzen auftreten, da Existenz nur für andere Existenz in geschichtlicher Begegnung ist, nicht aber für ein wissenschaftliches Bewußtsein. Wir wollen dennoch zum Zwecke der Verdeutlichung den Versuch machen, eine ungefähre Begriffsbestimmung zu geben. Wir können danach sagen: *Existenz ist der unbedingte und absolute individuelle Kern im Menschen, der, in rationalen Begriffen nicht faßbar und daher als solcher nicht mitteilbar, das bloße Leben als eine Möglichkeit begleitet, die der Mensch ergreifen oder der gegenüber er versagen kann.* Existenz ist *das eigentliche Selbstsein des Menschen, das sich durch freie und unbedingte Entscheidung erst verwirklichen soll.*

Das Schwergewicht liegt auf der Unbedingtheit und dem Möglichkeitscharakter. Das erste besagt, daß Existenz nur in jenem Augenblick sich im Menschen verwirklicht, wo er die schlechthin erfüllende Gewißheit hat: Das will ich eigentlich selbst, das ist für die Ewigkeit getan, hier wurde ein Absolutes entschieden. Dieses Moment der Unbedingtheit wird bei Jaspers dadurch noch besonders unterstrichen, daß Existenz nur ist in bezug auf Transzendenz (d. h. die Gottheit), durch die sich der Mensch als Existenz geschenkt weiß. Das zweite ist ein Hinweis darauf, daß das existenzielle Sein nicht mit dem faktischen Dasein des Menschen schon gegeben ist, sondern erst verwirklicht werden muß. Daher sagt Jaspers, daß nicht schon das Dasein als solches Existenz ist, vielmehr der Mensch *im* Dasein *mögliche* Existenz ist. Das Möglichkeitsmoment, welches schon in der Philosophie Heideggers eine zentrale Rolle spielt, begegnet uns hier wieder. Während aber bei Heidegger der Mensch auf Grund der neuen ontologischen Blickeinstellung als solcher im Lichte der Existenzverfassung und damit wesenhaft als durch Möglichsein charakterisiert erscheint, behält Jaspers für das wissenschaftliche Nachdenken über den Menschen die kategoriale Betrachtungsweise bei und bringt nur das, was Heidegger die »eigentliche Existenz« nennt, dem gegenständlich erfaßbaren Dasein gegenüber als eine Möglichkeit zur Abhebung. Darum hat die Philosophie von Jaspers in dieser Hinsicht auch einen stärker irrationalen Zug als diejenige Heideggers. Denn dieser konnte die Existenz selbst noch in den Griff bekommen durch eine Umgestaltung der begrifflichen Erfassung aus Kategorien (Seinsbestimmtheiten des Vorhandenen) in Existenzialien. Jaspers hingegen verzichtet ganz auf die gegenständliche Erfassung der Existenz, weshalb bei ihm die Frage der Umgestaltung der Kategorien in Existenzialien gar nicht zur Diskussion steht.

Wenn Existenz als solche nicht faßbar ist, wie kann dann überhaupt philosophisch von ihr gesprochen werden und was bezweckt dieses Sprechen? Es sollen in der Existenzerhellung nicht mehr allgemeingültige Aussagen über Seiendes gemacht werden (wie im weltorientierenden Denken der Wissenschaften), sondern es soll ein Appell an die mögliche Existenz im Menschen erfolgen. Dieses *existenzerhellende* oder *appellierende Denken* muß daher, da es sich nicht mehr auf das von allen Einsehbare bezieht, neue Denkmethoden ausfindig machen. Hier taucht nun ein großes Problem auf, um dessen Bewältigung sich bereits Kierkegaard und Nietzsche vergeblich bemühten: *Das Problem der Existenzmitteilung*. Die erfüllte Gewißheit eigentlicher Existenz ist in gegenständlichen Kategorien nicht ausdrückbar. Zum anderen Menschen kann aber nur in allgemeinen Sprachsymbolen und Begriffen gesprochen werden. Der sich an den anderen Menschen richtende geistige Prozeß muß darum seinen üblichen Sinn völlig ändern. Im existenzerhellenden Denken müssen gleichsam zwei Flügel schlagen; der eine Flügel ist die allgemeine Begrifflichkeit, die zum Denken als Denken gehört, der andere ist das dabei mitschwingende existenzielle Seinsbewußtsein. Das Zusammentreffen dieser beiden Momente ist wesentlich, nur dadurch unterscheidet sich Existenzerhellung von jeder Art von Psychologie, auch der geisteswissenschaftlich-verstehenden [1]. Das Ausdrücken der Existenz selbst ist unmöglich, da verwirklichte Existenz als solche sprachlos ist; das bloße Reden in allgemeinen Kategorien ist vom existenziellen Standpunkt aus unwahr, da es nicht die mögliche Existenz als solche fühlbar macht, sondern zu einem wissenschaftlich-psychologischen Erfassen abgleitet, welches sich nicht an den Anderen in seiner Einmaligkeit richtet, sondern an die vertretbare Verstandesschicht des Menschen (an das »Bewußtsein überhaupt«, wie sich Jaspers im Anschluß an eine Terminologie Kants ausdrückt). Dies ist der Grund, warum für Jaspers – der in seinem Philosophieren eine eigene

---

[1] Verstanden werden können nur Motivzusammenhänge. Daher ist Verstehen an Kausalität und Unfreiheit gebunden. Darum bedeutet alles Verstehen auch immer ein Verzeihen; denn man hat ja die notwendigen Gründe erfaßt. Existenzerhellung dagegen versucht dem Menschen gerade erst das eigentliche Verantwortungsbewußtsein für sein Sein aufzuladen.

merkwürdige und doch gegenüber der Sprache Heideggers viel leichter verständliche Sprache erfunden hat, deren ergreifende Transparenz für ein im Sagen unausdrückbares Anderes einem erst nach längerer Vertiefung in seine Werke aufgeht – so viel am sprachlichen Ausdruck liegt, soll doch durch die Art der Formulierung, der Fragestellung und die Wahl der Gedanken der Funke des Selbstseins im Menschen entzündet werden.

In dreifacher Weise wird versucht, durch allgemeines Denken existenzerhellende Aussagen zu vollziehen. Die erste ist derjenigen der philosophischen Weltorientierung ähnlich; sie besteht in einem *Heranführen an die Wissensgrenzen*, an denen nur die absolute Leere steht. Hier setzt dann der Appell ein, der die mögliche Existenz treffen soll. Die zweite Methode ist ein *Sprechen in objektiv-gegenständlichen Begriffen* der Psychologie, Logik und Metaphysik, wobei die Gefahr des Haftenbleibens an den allgemeinen Kategorien durch Zirkel, logischen Widerspruch und paradoxe Formulierungen wieder aufgehoben wird. Die dritte Methode besteht in der Verwendung *existenzieller Signa* wie »Existenz«, »Selbstsein«, »Freiheit« usw., die nicht als solche hingenommen werden dürfen, da es im Sinne des allgemeinen Wissens keine Existenz, keine Freiheit, keine Geschichtlichkeit gibt, sondern nur meine Existenz, meine Freiheit, meine Geschichtlichkeit. Um das Abgleiten in das Allgemeine zu verhüten, spricht Jaspers daher in seiner Existenzerhellung immer in der persönlichen Ich-Form. Natürlich ist trotzdem die Gefahr der Mißverstehbarkeit existenzerhellender Aussagen viel größer als im Falle wissenschaftlicher Erkenntnis. Denn während in dieser ein Mißverstehen nur vorliegt, wenn die Begriffe in einer anderen als der definierten Bedeutung genommen werden, ist dieses hier bereits dann gegeben, wenn das existenzielle Sein im Anderen nicht zum Mitschwingen kommt.

In der inhaltlichen Durchführung der Existenzerhellung unterscheidet sich Jaspers vor allem in vier Punkten von Heidegger. Einmal geht Jaspers, da es ihm nicht wie Heidegger um die Behandlung eines bestimmten metaphysischen Problems zu tun ist, von einer viel breiteren Basis aus, indem er *die ganze Fülle psychischer Faktoren* heranzieht, um sie als Ableitungen eigentlich-existenziellen Seins begreiflich zu machen oder von ihnen den Weg ins Sein der möglichen Existenz anzudeuten. Ferner treten bei ihm im Gegensatz zu Heidegger, der eine Vorliebe für das Abgründige im Menschen hat, auch *die lichten Seiten der Existenz*, wie z. B. Freiheit, (produktive) Phantasie, Liebe, in den Vordergrund.

Ein weiterer Unterschied betrifft das Verhältnis zur Gemeinschaft. Bei Heidegger ist zwar das Mitsein mit anderen ein Grundexistenzial des Menschen, die eigentliche Existenz aber verwirklicht sich bei ihm in der vorlaufenden Entschlossenheit in absoluter Einsamkeit. Bei Jaspers dagegen kann der Mensch sein eigentliches Selbst nur erreichen in geistiger *Kommunikation mit anderer Existenz,* wobei sich in wissenschaftlicher Hinsicht die Paradoxie ergibt, daß die »beiden« Existenzen vor ihrem Für- und Durcheinandersein nicht da waren, ihre Verwirklichung in der Kommunikation aber auch nicht als Ergebnis einer Wechselwirkung bloß existenzlos Daseiender gedacht werden kann. In der existenziellen Kommunikation steht das eigene Selbstsein mit fremdem Selbstsein in »liebendem Kampf«; jede der Existenzen ringt um restlose Offenheit. In diesem Kampf, der keinen Sieger kennt, vollzieht sich das Wunder des Offenbarwerdens und der Selbstverwirklichung der Existenz. Nur in dieser Gemeinschaft: durch die andere Existenz und zugleich mit ihr, kann Existenz zu sich selber kommen. An fast allen zwischenmenschlichen Beziehungen, selbst im Herrschen und Dienen sowie im politischen Umgang, kann das zunächst äußerliche Verhältnis sich zu existenzieller Kommunikation vertiefen. Für das Philosophieren ist Kommunikation ganz unerläßlich; denn ein Philosophieren aus der Einsamkeit ist nicht möglich. Alle philosophische Wahrheit hat ihren Ursprung in der Kommunikation. Der liebende Kampf selbstseiender Menschen übersieht aber nicht das Zerbrochensein allen Seins für uns und führt daher auch nicht zu einer endgültigen und wißbaren Wahrheit. Existenzielle Kommunikation ist innerhalb der Philosophie daher zugleich Ausdruck der Unvollendbarkeit der Wahrheit im Zeitdasein.

Der vierte und vielleicht entscheidendste Unterschied gegenüber Heidegger besteht darin, daß die Existenzerhellung auch in existenzphilosophischer Hinsicht nicht das abschließende Wort sprechen kann, weil nach Jaspers nicht einmal der unbedingte Kern im Menschen einen letzten Sinn zu verwirklichen vermag. Daher drängt für Jaspers das Philosophieren zu einem nochmaligen, und zwar radikaleren Übersteigen des Seins der Welt hinaus, als es sich in der Existenzerhellung vollzog, um sich des Absoluten zu vergewissern, dessen also, was im religiösen Denken »Gott« genannt wird und welches Jaspers die »Transzendenz« nennt [1].

Die Herausführung aus dem gegenständlichen Denken und seine Verwandlung in den an mögliche Existenz gerichteten Appell wird vollzogen durch Übergang vom kausal Determinierten in das Reich der *Freiheit*, in dem der Mensch sich nur paradox als den Münchhausen erfährt, der sich beim eigenen Schopf aus dem Sumpf des Nichts in das Dasein zieht, vom empirischen Bewußtsein zum *absoluten Bewußtsein* (Liebe, Glaube, Phantasie), von den zweckbedingten zu den *unbedingten Handlungen* (z. B. Selbstmord, Religion, Philosophie) und von den historischen Weltsituationen in die *Grenzsituationen*. Vor allem die letzteren spielen bei Jaspers eine entscheidende Rolle, da in ihnen die existenzphilosophische Grundstimmung besonders eindringlich zur Geltung gelangt. Unter den Grenzsituationen versteht Jaspers jene Situationen wie Tod, Leiden, Kampf, Schuld, in denen die ganze Fragwürdigkeit des Daseins urplötzlich hereinbricht, an die wir mit unserem Begreifen wie an letzte Wände stoßen, ohne hindurchdringen zu können, an denen unser ganzes vermeintliches Wissen von Gott, dem Sinn der Welt, objektiven Werten, unseren Pflichten radikal zusammenbricht

---

[1] Der Terminus »Transzendenz« soll die Gottheit als das absolut Andere gegenüber dem Sein der Welt wie der Existenz ausdrücken. Darin kündigt sich der stark theistische Einschlag der Metaphysik bei Jaspers an, wobei allerdings hinzuzufügen ist, daß Jaspers selbst den Ausdruck »Theismus« vermutlich nur als eine Charakterisierung seiner Philosophie *in mythischer Sprache* zulassen würde.

und wir uns in die Tatsache absoluter Einsamkeit und die Notwendigkeit eigenster Entscheidung gestellt finden. An ihnen zeigt sich die Gefahr auch für den, welcher den Willen zur Eigentlichkeit des Selbstseins mitbringt:

Am Anfang steht das *bloße Leben oder Dasein*. Die Erfahrung, daß der auf Befriedigung und Genuß ausgehende pure Daseinswille nicht zum Ziele gelangt, sowie die Unheimlichkeit der einbrechenden Grenzsituationen läßt im Menschen das Bewußtsein aufsteigen, daß diese Weise seines Seins ein Verrat an der tiefer gelegenen möglichen Existenz ist. Hat er deren Anspruch in Verantwortung übernommen, so droht dem über den bloßen vitalen Lebenswillen Hinausdrängenden sofort wieder eine Alternative: Das Landen im Gehäuse oder in nihilistischer Verzweiflung. Die metaphysische Angst, die nach einem festen Halt suchen läßt, sowie die übrigen Grenzsituationen drängen den eigentlich selbst sein Wollenden dazu, sich ein *rationales Gehäuse* mit objektiven Handlungsmaximen, Gottesbeweisen u. dgl. zu zimmern, in dem er sich jederzeit verkriechen und so die anstürmenden Fluten der Grenzsituationen überstehen kann. Wird die innere Unehrlichkeit dieses Vorgehens dem Menschen durchsichtig und zerbricht seine Offenheit jedes sich schließende Weltbild, so droht als zweite Gefahr die *Skepsis*, der unverbindliche *Relativismus* oder der weltverneinende *Nihilismus*. Beides ist ein Verrat am existenziellen Sein, in dem der Mensch sich bewußt wird, daß seine Entscheidung nicht gleichgültig ist, daß es auf ihn ankommt, ohne daß er sich der Notwendigkeit und des Sinnes seines Tuns in rational zwingender Form vergewissern könnte. An dieser Stelle wird die existenzielle Problematik des Menschseins besonders deutlich sichtbar: Der einsam auf sich selbst gestellte Mensch muß sich in jedem Augenblick entscheiden. Schon die Tatsache, daß er sich nicht das Leben nimmt, sondern weiterlebt, ist eine ständig sich wiederholende Urentscheidung über sein eigenes Sein. Die Eindeutigkeit der Entscheidung würde erfordern, daß der Mensch restlose Klarheit hätte über die Situation, in der er steht, daß er genau wüßte, woran er eigentlich mit sich und mit der Welt ist; gerade dies aber weiß er nie. Darin liegt die Paradoxie des menschlichen Lebens: Das als Bedingung zu haben, was nie verwirklicht ist. Darum ist es auch nicht verwunderlich, daß er einer der genannten beiden Alternativen anheimfällt oder meist in den fraglosen puren Lebenswillen zurücksinkt. Der eigentlich seiende Mensch aber ergreift ein Unbedingtes trotz des erlebten Widersinnes der Welt; er weiß sich absolut verantwortlich für sein Tun und seinen Charakter, obwohl er diesen nicht selbst gemacht hat und nicht gefragt wurde, ob er in der Welt sein will; er nimmt die Gefahr des Entschlusses trotz allseitiger Irrationalität und Unverständlichkeit der Welt auf sich; er hat die Gewißheit, daß alles davon abhängt, wie er sich hält und verhält, obwohl er sich selbst der Fernste ist; er weiß, daß sein Selbstwerden wesentlich ist, daß ihm dieses aber um so mehr entgleitet, je stärker er auf sich reflektiert.

Dazu kommt, daß *der existenzielle Aufschwung nichts Endgültiges* ist, sondern im steten Kampf neu vollzogen werden muß. Der Mensch kann nicht sein eigentliches Selbstsein für immer gewinnen, sondern nur für den Augenblick, und steht hernach wieder in der beständigen Gefahr, abzugleiten und sich dem existenzlosen Dasein zu überantworten. Hier ist ein weiterer Grundzug der Existenzphilosophie in der Gestalt, wie Jaspers sie vertritt, zu erwähnen: *Die Geschichtlichkeit der Existenz.* Diese scheint zunächst auf der einfachen Tatsache zu beruhen, daß einerseits alles Dasein zeitlich ist, andererseits die Existenz an das Dasein gebunden bleibt, also daseinslose Existenz unmöglich ist. Aber Existenz ist ja, obzwar gebunden an Dasein, doch zugleich immer unendlich mehr als Dasein. Geschichtlichkeit des Daseins als solchen würde nichts weiter bedeuten als Zeitlichkeit des Daseins: Entstehen, Wachsen und Vergehen. Davon – aber auch von der Geschichtlichkeit des Geistes, der sich in seinem Gewordensein selbst bewußt wird – unterscheidet sich scharf die existenzielle Geschichtlichkeit, die im Zeitdasein mehr ist als Zeitdasein: erfüllte Zeit oder Vollendung durch ewige Gegenwart des Seins im Augenblick. Die existenzielle Geschichtlichkeit kann daher nicht anders beschrieben werden als durch den paradoxen Gedanken der *Einheit von Zeitlichkeit und Ewigkeit*.

Die bloße innere Anstrengung und Bereitschaft allein aber genügen nicht für die Erlangung des eigentlichen Selbstseins. So wie das Selbstwerden nur über den anderen Menschen sich vollziehen kann, mit dem die Existenz in innere Kommunikation tritt, so ist sie zugleich letzten Endes ein *Sichgeschenktwerden*, das nur durch Teilnahme an einem Absoluten, ohne welches die ganze Welt eine gleichgültige Nichtigkeit wäre, verwirklicht ist. »Existenz ist nur in bezug auf Transzendenz« heißt es bei Jaspers, und damit soll gesagt sein, daß innerhalb des Reiches der Immanenz – und dazu gehört nicht nur die unabgeschlossene Welt, sondern auch die sich von ihr abhebende mögliche Existenz – keine letzte Sinnverwirklichung möglich ist, es sei denn, daß ein Strahl aus einem Transzendenten und Absoluten in diese Immanenzsphäre hineinstößt (vgl. dazu jedoch die an späterer Stelle, nämlich innerhalb der Philosophie des Umgreifenden, gegebene andersartige Umgrenzung des Immanenten).

(c) Metaphysik

So wie die philosophische Wissenschaft von der Seele durch die Existenzerhellung ersetzt werden mußte, so hat an die Stelle einer philosophischen Gotteslehre, die Anspruch auf Allgemeingültigkeit erhebt, eine philosophische Metaphysik zu treten, in der beschrieben wird, wie sich die Existenz zu dem transzendenten Einen aufschwingen kann, welches der Ursprung allen Seins ist. Diese Erhebung zum Absoluten kann sich in dreifacher Form vollziehen: durch Transzendieren über die Weltinhalte, die in Denkkategorien erfaßt werden, durch Aufnahme existenzieller Bezüge zur Transzendenz und durch das Lesen der Chiffren des Absoluten. Alle diese Arten von Beziehungen zur Gottheit sind aber so geartet, daß in ihnen nichts Endgültiges fixiert werden kann, kein abschließendes Wissen erreichbar ist, dem Suchen nach dem eigentlichen Sein keine letzte Ruhe gewährt wird. So wie der Kampf um die Existenz nie zum Abschluß kommt, so muß auch der Aufschwung zur Transzendenz stets aufs neue vollzogen werden, da sie selbst nur in verschwindender Gestalt zu ergreifen ist. *Prophetische Metaphysik*, in der ein Einzelner sich berufen glaubt, und *wissenschaftliche Metaphysik*, welche auf dem Wege rationaler Beweisführung eine Hinleitung zu der als allem Sein zugrunde liegend gedachten Gottheit vollzieht, werden von Jaspers verworfen. Die erste glaubt irrtümlicherweise, das im existenziellen Augenblick errungene Gottesbewußtsein in eine allgemein verständliche Sprache umsetzen und als objektiv gültige Wahrheit lehren zu können, die zweite will dem Menschen als vertretbarem Verstandeswesen (»Bewußtsein überhaupt«) das bieten, was nur die Freiheit des Selbstseins ergreifen kann. Möglich ist nach Jaspers nur eine *aneignende Metaphysik*, welche die geschichtlich überlieferte Metaphysik belebt, indem sie aus ihr die Sprache der Transzendenz heraushört. Für ein neuerliches Erdenken metaphysischer Systeme, wie es vor hundert Jahren noch möglich war, fehlt dagegen dem ehrlich Philosophierenden von heute die Naivität. Außer einer geschichtlichen Aneignung der überlieferten Metaphysik gibt es nur die drei erwähnten Weisen metaphysischer Einstellung:

Das *Transzendieren über die Welt* weist eine Ähnlichkeit mit der sog. »negativen Theologie« auf: Es werden Kategorien, die in Wahrheit nur auf bestimmtes immanentes Sein anwendbar sind, auf das Absolute übertragen, der dabei gemachte Fehler aber wird durch Zurücknahme der Kategorie oder durch gleichzeitige Anwendung der entgegengesetzten Kategorie (z. B. gleichzeitiges Erfassen der Transzendenz als des absolut Zufälligen und absolut Notwendigen) wieder aufgehoben. So soll auf dem Wege des logischen Widerspruchs, des Zirkels und der Zurücknahme, also durch scheiternde Gedankenvollzüge, mittelbar das Absolute erhellt und für Augenblicke gegenwärtig werden. Wegen des niemals in abschließender Gestalt faßbaren Absoluten können auch die *Beziehungen möglicher Existenz zur Transzendenz* nie eindeutig sein: Trotz, Hingabe, Gottverlassenheit sind dialektisch sich abwechselnde Einstellungen zu ihr, doch für keine existenzielle Beziehung tritt die Gottheit aus ihrer Verborgenheit hervor. Die Spannung zu ihr und die Zerrissenheit der Welt werden durch sie nicht aufgehoben. Unter dem *Lesen der Chiffren der Transzendenz* versteht Jaspers das Vernehmen der Rätselsprache des Absoluten. Dieses vermag an jedem beliebigen Weltinhalt einzusetzen, da alle Dinge transparent werden und auf ein solches verborgenes Transzendentes hinweisen können.

Die Spannung im Menschen, einerseits in Einsamkeit und Selbstheit über sich erst entscheiden zu müssen, andererseits hinauszudrängen über alles bisher Gewußte und Geglaubte, hat Jaspers später als die Spannung zwischen Vernunft und Existenz bezeichnet. Die Vernunft ist im Gegensatz zum Verstand, der sich mit rationalem Wissen befriedigt, das alles in Frage Stellende, über jede Wissensgrenze Hinausdrängende, in ewiger Unruhe nach der Einheit und dem Absoluten Strebende. Sie ist aber auf Existenz angewiesen wie umgekehrt Existenz´ auf sie. Vernunft ohne den existenziellen Grund würde sich in ästhetische Spielerei, in leere und unverbindliche intellektuelle Bewegung verkehren, vernunftlose Existenz wiederum bedeutete ein trotziges Sichabsperren gegen jede Offenheit (vgl. dazu die genauere Darstellung im folgenden Abschnitt).

Der Weg ins Sein ist nicht geradlinig und führt zu keinem definitiven Ergebnis. Am Ende steht immer wieder die Vernichtung und sinnlose Zerstörung dessen, was eigentlich, positiv und von existenzieller Größe war. Das Merkwürdige an der Metaphysik von Jaspers ist nun, daß die absolute Fragwürdigkeit der Welt, die im *Scheitern* offenbar wird, selbst als eine Chiffre der Transzendenz auftritt. Daß bei ihm das Scheitern das Letzte sein muß, beruht darauf, daß Dauer, Bestand, Geltung vom existenzphilosophischen Standpunkt aus als das Uneigentliche und Gleichgültige erscheinen. Das Beständige hat keine wahre Höhe. Diese kommt nur dem Aufschwung des Augenblicks zu. Um die punktuelle Höhe zu retten, muß alles Wesentliche zugleich zum Verschwinden kommen, d. h. die Bewegung zum Scheitern annehmen. Weil aber in dieser Bewegung doch das eigentliche Sein zum Sprechen kommt, ist das Scheitern zugleich die Sprache des Absoluten. Bei Heidegger fehlte der Begriff des Scheiterns, weil die

Zeit selbst auf den Augenblick reduziert schien. Jaspers dagegen behält der Welt gegenüber das kategoriale Denken bei und versteht unter Zeit die kontinuierliche Aufeinanderfolge. Wird der existenzphilosophische Begriff des Augenblicks durch das Medium dieser Kategorie hindurch gesehen, so erscheint er als in der Zeit entstehender und sogleich wieder in ihr vergehender Aufstieg, d. h. als Scheitern. Darum schließt die Metaphysik mit diesen Worten: »Nicht durch Schwelgen in der Vollendung, sondern auf dem Wege des Leidens im Blick auf das unerbittliche Antlitz des Weltdaseins, und in der Unbedingtheit aus eigenem Selbstsein in Kommunikation kann mögliche Existenz erreichen, was nicht zu planen ist und als gewünscht sinnwidrig wird: im Scheitern das Sein zu erfahren.«

2. *Das Sein des Umgreifenden und die Wahrheit*

(a) *Die Weisen des Umgreifenden*

In dem zweiten großen philosophischen Werk von Jaspers »Von der Wahrheit« treten vor allem drei Momente hervor: erstens ein neuer Begriff, der geradezu zum Zentralbegriff seines Philosophierens wird, nämlich der Begriff des *Umgreifenden;* zweitens die Bedeutung, welche die *Vernunft* als Gegenbegriff und Ergänzung zum Begriff der Existenz erhält; und drittens die Tendenz, alle wesentlichen philosophischen Fragestellungen im Lichte des *Wahrheitsproblems* zu sehen und diesem Problem unterzuordnen.

Die Idee des Umgreifenden erwächst ursprünglich aus dem Erleben der Erkenntnisbeschränktheit: Wir erfahren und erkennen bestimmte Gegenstände, aber diese sind nicht das Sein selbst; wir erkennen Zusammenhänge zwischen den Gegenständen unserer Welt, aber auch diese sind nur Erscheinungen des Seins und weisen über sich selbst hinaus; wir erfassen die Gegenstände als Teil des Ganzen, in dem sie als in einem Horizont unseres Wissens zusammengeschlossen sind, aber wir sind genötigt, diese vermeintlichen Ganzheiten (Horizonte) immer wieder zu durchbrechen, weil das Sein selbst für uns *ungeschlossen* bleibt und nach allen Seiten ins Unbegrenzte zieht. Wenn wir das Sein selbst suchen, machen wir die Erfahrung, daß alles uns Gegebene und von uns gegenständlich Gewußte von etwas Weiterem umgriffen wird. Dieses Umgreifende ist weder Gegenstand noch Horizont, sondern das, worauf alle Gegenstände und Horizonte hinausweisen und was sich in diesen nur ankündigt.

Man kann sich das, was Jaspers mit dem Umgreifenden meint, in einer ersten Annäherung etwa an Hand von Kants Raum-Zeit-Lehre zu veranschaulichen suchen: Raum und Zeit sind für Kant keine Wahrnehmungsgegenstände, aber alles Wahrnehmbare erscheint *in* ihnen. So ist das Umgreifende für Jaspers weder Wahrnehmungs- noch Denkgegenstand; aber alle Gegenstände kommen *in* ihm vor. Im Philosophieren suchen wir nach Jaspers das Umgreifende. Wir können es aber nicht so suchen, daß wir uns über das gegenständlich Erfaßbare und die Horizonte hinwegsetzen: wir würden dann nur in leere Schwärmereien verfallen. Wir müssen auf dem deutlichen Grund unseres Wissens verbleiben; aber sofern wir philosophieren, muß uns alles gegenständlich Gewußte vom Umgreifenden her »transparent« werden, und schließlich muß es als Gegenständliches verschwinden, weil wir nur so des Seins inne werden. Indem wir philosophierend im Gegenständlichen etwas Ungegenständliches denken, stoßen wir durch die wißbaren Ordnungen auf die eigentliche sinnvolle Ordnung durch. Der Sinn des gegenständlich Gewußten wird dadurch verwandelt und unser eigenes Sein und Denken gewinnt Tiefe.

Sobald wir das Umgreifende in seinem Gehalt zu erhellen versuchen, gliedert es sich in sieben Weisen des Umgreifenden. Das Sein, das *wir selbst* sind, spaltet sich als Umgreifendes in die vier Weisen: Dasein, Bewußtsein überhaupt, Geist und Existenz. Das Umgreifende, welches das *Sein selbst* ist, umfaßt Welt und Transzendenz. Die Vernunft schließlich ist zwar auch »in uns«, sie bildet aber das Band aller Umgreifenden. Nach einer anderen Einteilung wird das Sein als Immanentes (Dasein, Bewußtsein überhaupt, Geist, Welt) dem Sein gegenübergestellt, das nur durch einen »transzendierenden Sprung« zu erreichen ist: Existenz und Transzendenz, wobei auch hier wieder die Vernunft das umfassende Band darstellt. Diese Weisen sind für uns letzte Ursprünge, gleichsam Seinsräume mit eigener, nicht aufeinander zurückführbarer Struktur. Alles, was in einem von ihnen erscheint, weist über sich selbst hinaus auf das spezielle Umgreifende, dem es angehört; und jedes dieser Umgreifenden selbst weist abermals über sich hinaus auf die anderen Umgreifenden.

Das *Dasein* ist das menschliche Leben in der Welt mit allen seinen körperlichen Vorgängen und Bewußtseinsprozessen. Es entsteht und vergeht, drängt auf Befriedigung und Glück, wird vom Daseins- und Machtwillen getrieben und bedroht als solches anderes Dasein, um zugleich in der ständigen Angst des Bedrohtwerdens zu leben. Es ist immer nur als Einmaliges, Einzelnes verwirklicht. Umgreifend ist es deswegen, weil für uns Menschen alles in dieses Dasein treten muß, um überhaupt für uns zu sein: durch körperliche Berührung, durch wahrnehmendes, fühlendes und denkendes Erfassen. Nichts können wir durch Überspringen des Daseins erreichen. Gegenüber dem tierischen Dasein wird erst das menschliche Dasein seiner selbst bewußt und kann daher zum Gegenstand einzelwissenschaftlicher Forschung werden. Alles Daseiende lebt zunächst aus einer fraglosen Selbstverständlichkeit heraus. Aber es erfährt auch, daß es an sich kein Endziel und keine Vollendung hat; es ist vergänglich, taumelt ruhelos voran, ohne ein realisierbares Glück oder einen Dauerzustand zu erreichen. Es kann als Dasein seinen Sinn nicht erfüllen. Dieses Ungenügen des Daseins an sich selbst weist auf einen anderen Ursprung hinaus, der mehr ist als bloßes Dasein.

Das *Bewußtsein überhaupt* ist, im Gegensatz zum individuellen Bewußtsein der verschiedenen Menschen, das in allen einzelnen Bewußtseinsvorgängen *eine und gleiche Bewußtsein*, durch welches uns alles Seiende erst gegenständlich erfaßbar wird und wodurch unsere theoretische Erkenntnis, aber auch die nichttheoretische (z. B. ethische oder ästhetische), Allgemeingültigkeit erlangt. Das Bewußtsein überhaupt ist insofern grenzenlos, als es alles, was überhaupt gegenständlich gemeint werden kann, umfaßt. Der spezifische Wahrheitssinn des Bewußtseins überhaupt ist die allgemeinverbindliche, zwingende Wahrheit. Wir reichen daher mit dem Bewußtsein überhaupt so weit, als allgemeingültige Erkenntnis möglich ist. Auch dieses Bewußtsein überhaupt aber weist über sich selbst hinaus auf das, worüber nicht mehr in allgemeinverbindlicher Weise gesprochen werden kann: auf das Unerkennbare, an dem der Wahrheitssinn des Bewußtseins überhaupt scheitert.

Geist ist jenes Umgreifende, durch welches der Mensch in seiner eigenen Innerlichkeit, aber auch in der Welt »Ganzheit zu verwirklichen« sucht. Er wird von Ideen geleitet. Im Gegensatz zum Bewußtsein überhaupt ist er nicht von zeitloser Allgemeingültigkeit, sondern immer geschichtlich und in Bewegung in der Verwirklichung und verstehenden Aneignung. Im Gegensatz zum Dasein wird er nicht von dunklen, bewußtlosen Trieben und Neigungen bewegt, sondern er vollendet sich in der »Innerlichkeit des Sich-selbst-Verstehens«. Die Werke des Geistes treten uns z. B. entgegen in der Kunst, in Leistungen des Gedankens, in staatlichen Institutionen und Gesetzen, in der Sitte. Der Geist betätigt sich nicht nur schöpferisch im Hervorbringen dieser Gehalte, sondern auch in jenem verstehenden Anteilgewinnen an ihnen, was wir das »geistige Verstehen« nennen.

Diesem immanenten Sein, das wir selbst sind (Dasein, Bewußtsein überhaupt, Geist) steht als das schlechthin Andere und doch auch als immanentes Sein gegenüber die *Welt*. Eine genauere Charakterisierung dieses schwierigen jaspersschen Begriffs ist nicht möglich, und wir müssen uns mit einigen Andeutungen begnügen. Zunächst stoßen wir gar nicht auf *eine* Welt, sondern auf eine *Vielheit* von Welten, verschieden je nach der Vielheit der Individuen und der Mannigfaltigkeit des Lebens: Von den Umwelten der Tiere gelangen wir über die Umwelt des Menschen zu den spezifisch menschlichen Welten, wie z. B. zur technischen, wirtschaftlichen, politischen, historischen Welt. Alle diese Spezialwelten werden umfaßt von der einen Welt, die das Objekt der wissenschaftlichen Erkenntnis bildet. *Diese eine Welt ist das gegenständliche Korrelat zum Bewußtsein überhaupt;* es ist das Umgreifende des Seins selbst, soweit dieses in allgemeingültiger Erkenntnis gewußt werden kann. Dennoch ist diese Welt selbst nicht als einzelner Gegenstand erfaßbar, wie dasjenige, was in der Welt erscheint. Hier ist die Analogie zur kantischen Raum-Zeit-Vorstellung am deutlichsten zu ziehen: Die Welt ist *die selbst nicht gegenständliche apriorische Voraussetzung* und der Rahmen dafür, *daß uns einzelne Gegenstände gegeben werden können;* sie ist »das, woraus uns alle Erscheinungen, in denen uns Weltsein zugänglich ist, begegnen«. Alle Versuche dagegen, das Weltsein in seiner Totalität zu erfassen, müssen fehlschlagen: immer stoßen wir nur auf Beziehungen und Zusammenhänge von Gegenständen *in* der Welt. Die Welt als solche ist unendlich, während nur Endliches Objekt menschlicher Erkenntnis werden kann. Die Welt als Umgreifendes bleibt *eine Idee im kantischen Sinne.* Wir verstricken uns in logische Widersprüche (die kantischen Antinomien), wenn wir diese Idee zu einem solchen Erkenntnisgegenstand zu machen versuchen.

Die Einsicht in die Unabschließbarkeit des Weltwissens ist nach Jaspers von größter und positiver Bedeutung: Dadurch, daß wir jede Fixierung in einer vermeintlichen endgültigen Erkenntnis immer wieder durchbrechen und somit alle Welterkenntnis »in die Schwebe bringen«, erzeugen wir in uns ein Seinsbewußtsein, das unsere *Freiheit* fühlbar macht. Wir werden frei *für die Welt* und *für uns selbst in der Welt,* indem wir nicht mehr im Endlichen und Zweckhaften versinken. Wir werden vor allem auch frei *für uns in bezug auf die Transzendenz.* Denn wenn ich die Welt nicht verabsolutiere, so wird mir alles gegenständlich Gewußte transparent für etwas Anderes, das nicht mehr Welt ist; und durch das In-die-Schwebe-Bringen der Welt leuchtet erst der Grund der eigenen Existenz auf als das, was in dieser Relativierung gewiß bleibt.

Existenz und Transzendenz werden in analoger Weise eingeführt wie in dem ersten philosophischen Werk von Jaspers. Beide sind nur durch einen *transzendierenden Sprung* erreichbar. Auch in der philosophischen Vergegenwärtigung von Dasein, Bewußtsein überhaupt, Geist und Welt vollzieht sich zwar ein Transzendieren, nämlich ein Überschreiten der bestimmten Gegenständlichkeit zum Innewerden dieser Umgreifenden. Aber den Ausgangspunkt bildet hier doch immer das gegenständlich Wißbare. Existenz und Transzendenz dagegen stellen ein transzendentes Sein in einem radikaleren Sinne dar als die anderen Weisen des Umgreifenden: Wir werden ihrer nicht inne durch ein allmähliches Transzendieren der erfaßbaren Einzelgegenstände, sondern wir gelangen zu ihnen überhaupt nur dadurch, daß wir alles immanente Sein – und dazu gehören ja auch die bisherigen Weisen des Umgreifenden – ganz hinter uns lassen. Diese beiden neuen Wirklichkeiten sind, obwohl sie alles andere tragen, gegenständlich überhaupt nicht faßbar. In der indirekten Charakterisierung dieser Wirklichkeiten aber trachtet Jaspers dadurch zusätzlich Klarheit über das hinaus, was er in seiner dreibändigen »Philosophie« darüber sagte, zu gewinnen, daß er Existenz und Transzendenz den anderen Weisen des Umgreifenden gegenüberstellt, sie einerseits davon abhebt und andererseits auf die Beziehungen zwischen allen Weisen des Umgreifenden zu sprechen kommt. Dabei bildet das Verhältnis von Existenz und Transzendenz auch jetzt den Mittelpunkt seines Philosophierens.

Die *Existenz* bezeichnet wieder das eigentliche Selbstsein des Menschen, das durch freie Entscheidung erst zu verwirklichen ist; es ist im Grund also gar kein Sein, sondern ein Sein*können*. Zum Menschen gehört Dasein; aber erst der Mensch als Existenz beseelt das Dasein, indem er sein ihm gegebenes Dasein mit dessen Beschaffenheiten ergreift und verwandelt. Hier liegt ein letztes und unerklärliches Geheimnis: etwas, das mehr ist als Dasein, verhält sich zum Dasein und entscheidet aus einem Ursprung, welcher nicht im Dasein liegt. Das Selbstsein als Existenz kündigt sich an in dem »Drang des Menschen, über das Dasein hinaus zum Ewigen zu gelangen«. Dieser Drang muß »einen anderen als immanenten Grund haben«. Glückliche Anlagen und günstige Situationen können einen wohlgeratenen Menschen erzeugen; aber der Stolz des Menschen auf sein Sosein wäre eine verderbliche Täuschung: er hätte das, was ihm als Dasein vorgegeben ist, mit Freiheit verwechselt.

Ebenso deutlich wie vom Dasein hebt sich die Existenz ab vom Bewußtsein überhaupt. Das letztere ist der Ort des allgemeingültigen Erkennens, und als ein solches Erkennendes bin ich beliebig durch Andere vertretbar. Die Existenz ist dagegen immer die »unvertretbare Geschichtlichkeit des einmaligen Ursprungs«. Der Unterschied zwischen diesen beiden Umgreifenden wird weiter deutlich durch die Verschiedenartigkeit des Gegenpoles in beiden Fällen: dem Bewußtsein überhaupt steht das gegenständliche Sein in der Welt gegenüber; für die Existenz ist das gegenüberstehende Andere die Transzendenz, die sich nur der Existenz zeigt. Die Beziehung zwischen Existenz und Transzendenz ist dabei kein äußerliches Gegenüberstehen wie im Falle von Bewußtsein überhaupt und Welt, sondern ist ein besonders inniges Verhältnis: Ohne das Sein als Existenz gäbe es für den Menschen keine Transzendenz, und umgekehrt gäbe es ohne die Transzendenz nicht das Selbstsein als Existenz; denn zu meinem Selbstsein gehört das Wissen darum, daß die Transzendenz die Macht ist, durch die allein ich eigentlich selbst bin.

Auch vom Geist hebt sich die Existenz eindeutig ab: Als geistiges Wesen ist der Mensch Glied eines durchsichtigen und geschlossenen Ganzen und neigt dazu, sich in seinem Verhalten nach Ideen und allgemeingültigen Normen zu richten. Als Existenz durchbricht er jede Geschlossenheit durch ausschließende Entscheidung. Der Geist hingegen entscheidet nicht, »er glänzt so gut im Dienste des Teufels wie Gottes«.

Wollte man ein Merkmal angeben, welches Dasein, Bewußtsein überhaupt, Geist miteinander verbindet und sie von der Existenz klar abhebt, so ist es die Vertretbarkeit: Was im Dasein, im Bewußtsein überhaupt und im Geist geschieht, ist in allen Individualisierungen ein vertretbares Geschehen, »ein Spiel in Rollen und Masken, in denen niemand spielt«. Existenz ist das selbst nicht mehr Vorstellbare und Einmalige, das diese Rollen trägt und spielt. Trotz dieser Gegensätze aber ist die Existenz auch vom Bewußtsein überhaupt und vom Geist untrennbar; sie benötigt beide als »Medium ihres Hellwerdens«.

Die *Transzendenz* ist für Jaspers auch hier wieder das absolut Andere, das nur von der Existenz gehört werden kann. Im Gegensatz zu den anderen Weisen des Umgreifenden kann sie bezweifelt werden, da sie nicht wie das Dasein, der Geist, die Welt usw. einen »eigenen Leib ihrer Gegenwärtigkeit« hat, sondern nur durch die anderen Weisen des Umgreifenden hindurch zu uns spricht. Als ein uns gegenüberstehendes »schlechthin Anderes« ist zwar auch die Welt charakterisiert worden. Trotzdem ist die Welt gegenüber der Transzendenz ein »radikal Anderes«; denn sie ist nicht »aus sich«, keine causa sui, in mythischer Sprache: sie ist geschaffenes Sein. Die Transzendenz dagegen ist *in sich gegründetes Sein*, in dem alles andere Sein gründet. Gegenüber der sozusagen noch speziellen Transzendenz der einzelnen Umgreifenden ist sie *die Transzendenz aller Transzendenzen*. Jaspers nennt sie auch *das Umgreifende aller Umgreifenden*.

Das Verhältnis von Existenz und Transzendenz besitzt bei Jaspers einen stark religiösen Akzent (zumindest in einem weiteren Sinn von Religion): Erstens nämlich ist die Transzendenz das, wodurch ich als Selbstsein erst frei bin. Diese Verknüpfung des existenziellen Freiheitsbegriffs mit der Transzendenz ist kein logisch zwingendes Faktum; vielmehr ist es eine der rational nicht auflösbaren Paradoxien der Philosophie von Jaspers, daß ich frei sein kann nur durch etwas Anderes als ich selbst bin (während z. B. im Existenzialismus von Sartre die Freiheit des Menschen keines solchen transzendenten Seins bedürftig ist). Zweitens findet die Existenz in der Transzendenz ihren letzten Halt; die Transzendenz ist das Einzige, dem sich die Existenz restlos hingeben kann. Wenn trotzdem bei Jaspers das Wort »Transzendenz« nicht in allen Kontexten durch »Gott« ersetzbar ist, so deshalb, weil durch die Bezeichnung »Gott« nur ein bestimmtes Verhältnis der Existenz zur Transzendenz betont wird: sofern wir auf uns die Transzendenz im abstrakten transzendierenden Denken beziehen, ist es *das eine unwandelbare Sein*; sofern die Transzendenz in unserem Leben als ein Forderndes und Herrschendes zu uns spricht, nennen wir sie die *Gottheit*; insofern wir persönlich von ihr getroffen werden und als Person zu ihr als Person eine Beziehung gewinnen, nennen wir sie *Gott*.

Das Band aller Weisen des Umgreifenden ist die *Vernunft*. Sie ist das Vermögen in uns, das Einheit stiftet und alles zu verbinden sucht. Denn für uns ist vorerst keine Einheit da, sondern alles gliedert sich und zerfällt in unübersehbare Vielheiten: erstens in die einzelnen Weisen des Umgreifenden und zweitens innerhalb jeder dieser Weisen wieder in die Einzelerscheinungen (z. B. die zahllosen Individualisierungen des Daseins und des Geistes, die Fülle der Weltinhalte und Weltaspekte, die Verschiedenartigkeit der geschichtlichen Erscheinungen der Transzendenz für die einzelnen Existenzen usw.). Die Vernunft kommt zum Ausdruck in bezug auf jedes Umgreifende als die Tendenz, das zu diesem Umgreifenden Gehörige zusammenzufassen, z. B. im Bereich des Bewußtseins überhaupt als die Idee der Einheit aller Wissenschaften. Sie drängt aber darüber hinaus zu einem allumfassenden Verbinden, das sich mit keiner isolierten Beschäftigung der Weisen des Umgreifenden begnügt – so vor allem auch nicht mit der Allgemeingültigkeitsforderung des Bewußtseins überhaupt –, sondern auf das Einswerden aller Umgreifenden abzielt. Die Grundhaltung der Vernunft ist das grenzenlose Aufgeschlossensein, das »allgegenwärtige Hören dessen, was spricht und dessen, was sie selbst erst sprechen macht«, das uneingeschränkte Vernehmenkönnen von allem, was ist. Sie ist die Gerechtigkeit gegenüber allem, »was aus dem Ursprung ist«, um es selbst zur Geltung kommen zu lassen. Da die Vernunft bei keiner festen Verstandeserkenntnis Halt macht, ist sie eine bewegende und Unruhe stiftende Macht, welche »die Loslösung von allem endlich und bestimmt Gewordenen« fordert und die eine letzte Ruhe erst findet, wenn sich ihr das eine Sein erschließt.

Aus diesen Charakterisierungen geht hervor, daß von allen Weisen des Umgreifenden die Vernunft der Philosophie als Tätigkeit am nächsten steht: sie ist die Trägerin des Philosophierens. Für Jaspers bildet sie den Gegenstand der *philo-*

sophischen Logik. So wie die Existenzerhellung als philosophische Tätigkeit der Existenz zugeordnet ist oder die formale Logik dem Verstand, so ist die philosophische Logik der Vernunft zugeordnet als das Selbstbewußtsein der Vernunft.

In bezug auf den Menschen sind Vernunft und Existenz die beiden Umgreifenden, die wir eigentlich selbst sind. Sie stehen daher in einer notwendigen und eigentümlichen Polarität zueinander, in der sie sich gegenseitig bedingen: »Existenz ist der Antrieb der Vernunft, Vernunft ist die Erweckerin der Existenz.«

Es besteht die Gefahr, die einzelnen Weisen des Umgreifenden selbst wieder als verschiedene Gegenstände aufzufassen, welche in bestimmter Beziehung zueinander stehen. Eine solche Ansicht wäre jedoch irrig. Im Grunde ist jedesmal das eine transzendente Sein als Umgreifendes gemeint, zu welchem wir keinen anderen Zugang finden als über die uns näher liegenden *Weisen* des Umgreifenden. Jede dieser Weisen ist in einem bestimmten Sinne alles; aber das Umgreifende ist in jeder von ihnen zugleich so abgewandelt, daß wir keine der Weisen aus den anderen abzuleiten vermögen. Wenn daher über Beziehungen zwischen den Umgreifenden gesprochen wird, so sind diese selbst etwas Umgreifendes. Sobald wir uns diese Beziehungen bewußt machen wollen, wird es zwar unvermeidlich, sie in Kategorien zu denken; aber diese Kategorien dürfen nur transzendierend gebraucht werden. Sonst würde in der philosophischen Beschäftigung mit dem Umgreifenden doch wieder alles auf die Ebene des Bewußtseins überhaupt mit seinem Anspruch auf Allgemeinverbindlichkeit reduziert werden. Dagegen ist in jeder solchen »wißbaren Einfachheit« das Sein selbst verschwunden. Zugänglich werden die Umgreifenden und ihre Weisen nicht dem Menschen als theoretisierendem Subjekt, sondern dem lebendigen Menschen als Selbstsein und auch diesem nur als ein verwickeltes und als Ganzes unübersehbares Gewebe. Nur im Mitweben an diesem Gewebe dürfen wir hoffen, »den Grund von allem im Einen auf je geschichtliche Weise berühren zu können«.

Die Lehre vom Umgreifenden versteht Jaspers als die logische Grundlegung der Existenzphilosophie. Diese Philosophie des Umgreifenden will lehren, »im Denken selbst zu sein, das Sein im Denken sich entfalten zu lassen«.

(b) Die Gestalten der Wahrheit

Aus der Philosophie des Umgreifenden erwächst das philosophische Nachdenken über die *Wahrheit,* weil den einzelnen Weisen des Umgreifenden verschiedene Ordnungen entsprechen und jeder dieser Ordnungen wieder jeweils ihre Wahrheit und ihre Denkfehler. Der Ausdruck »Wahrheit« besitzt daher für Jaspers eine viel umfassendere Bedeutung als im üblichen logischen-erkenntnistheoretischen Sprachgebrauch, wo darunter nur die Urteils- oder Aussagewahrheit – die Wahrheit des Bewußtseins überhaupt in der Terminologie von Jaspers – verstanden wird. Alles, was einen positiven Wert besitzt, wird dem Wahrheitsbegriff untergeordnet, schließlich sogar das Sein selbst: dasjenige Sein, »das erst durch sein Offenbarwerden wird«, nämlich die menschliche Existenz, und das absolute Sein in seinem Offenbargewordensein für uns als Existenz.

Daß die Wahrheit *eine* sei, ist eine Selbstverständlichkeit, die allen Zweifeln standhält. Aber das Eine selbst ist uns nie gegeben. Es zerfällt in die Weisen des Umgreifenden; daher erwachsen für uns die Weisen der Wahrheit aus den Weisen des Umgreifenden. *Jeder dieser Weisen entspricht ein eigentümlicher und unterscheidbarer Sinn von Wahrheit.* Nach der Adäquationstheorie besteht das Wesensmerkmal der Wahrheit in einer Übereinstimmung von Denken und Wirklichkeit (Urteil und Sachverhalt). Auch für Jaspers ist das Moment der Übereinstimmung ein für alle Gestalten der Wahrheit kennzeichnendes Merkmal. Aber dieses Merkmal wandelt sich nach Jaspers für die einzelnen Wahrheitsgestalten ab:

Im Bereich des Bewußtseins überhaupt besteht die Wahrheit in der Übereinstimmung von Meinung und Sache (bzw. soweit es sich um objektive ethische Prinzipien handelt, die für Jaspers ebenfalls zum Bereich des Bewußtseins überhaupt gehören: in der Übereinstimmung von gewollter und gesollter Handlung). Im Bereich des *Daseins* ist Wahrheit die Übereinstimmung von Meinung und Zweckmäßigkeit für das Leben. Schon in den Bereichen des Geistes und der Existenz kann dagegen die Wahrheit nicht mehr als Beziehung zwischen zwei gegenständlich gefaßten Objekten gedeutet werden. Man kann zwar z. B. für den Bereich des *Geistes* auch noch sagen, daß die Wahrheit in der Übereinstimmung zwischen faktischer Ordnung und Idee besteht (etwa wenn wir von einem »wahren Staat«, einer »wahren Ehe«, einem »wahren Freund« sprechen); aber die Idee ist selbst niemals gegenständlich zu fassen, sondern nur als erlebter Antrieb durch die Teilnahme an ihr. Noch weniger kann im Falle der Existenz die Wahrheit als eine gegenständlich charakterisierbare Relation aufgefaßt werden; vielmehr besteht hier die Wahrheit in der »Übereinstimmung meiner Verwirklichung mit meiner möglichen Existenz«, also zwischen dem, was ich an mir verwirkliche und dem, was ich als eigentliches Selbstsein an mir verwirklichen kann. In bezug auf die *Welt* besteht die Wahrheit in der Übereinstimmung zwischen Ding und Urbild. Und in der Anwendung auf die *Transzendenz* liegt die Wahrheit »in der Übereinstimmung zwischen den gegenständlich gewordenen Symbolen und dem Sein selbst«. Dieser letzte Wahrheitssinn setzt voraus, daß die Symbole für das existenzielle Erleben zu Erscheinungen der Transzendenz geworden sind. Wenn man dagegen von der Wahrheit der Transzendenz selbst spricht (etwa in dem Satz »Gott ist die Wahrheit«), so kann diese Wahrheit nicht mehr mit dem Gedanken der Übereinstimmung getroffen werden. Hier wird die Vorstellung der Übereinstimmung zu einem leeren Gedanken, da jede Gegenständlichkeit fehlt.

Der Gedanke, daß es ein allgemeingültiges Reich der Wahrheit gibt, besitzt für Jaspers nur eine relative Berechtigung: Ausschließlich im Bereich der *wissenschaftlichen* Wahrheit des Bewußtseins überhaupt ist dieser Gedanke zutreffend. Aber die Wahrheit des Bewußtseins überhaupt (die zwingende Gewißheit) umfaßt keineswegs alle Wahrheit, wie die Schilderung der verschiedenen Gestalten der Wahrheit zeigte. *Für uns* wird allerdings *alle* Wahrheit erst klar im

Medium des Bewußtseins überhaupt, das »der allumgreifende Raum allen Wahrseins für uns« ist. Die anderen Gestalten der Wahrheit kommen mit der zwingenden Gewißheit in irgendeiner Form in Berührung, sei es, um sich von dieser Art der Wahrheit abzustoßen, sei es, um die Wahrheit des Bewußtseins überhaupt als Bedingung in sich aufzunehmen.

Die Kehrseite der Wahrheit bildet die Unwahrheit. In jeder uns zugänglichen Gestalt erweist sich die Wahrheit als brüchig; darüber hinaus ist angesichts unserer Endlichkeit und Beschränktheit, die Wahrheit zu verwirklichen, die Unwahrheit ein konstitutives Element des Wahrseins selbst. So wie die philosophische Wahrheit im weiten Sinne alles Positivwertige umfaßt, so schließt die Unwahrheit für Jaspers alles Negativwertige in sich ein, insbesondere auch das Böse in allen seinen Formen, alle Arten der Falschheit, der Lüge, der Unechtheit, der Verstellung usw.

Wenn die verschiedenen Arten der Wahrheit nach den Weisen des Umgreifenden unterschieden werden mußten, so steht dem die Tendenz zur Wiedervereinigung des verschiedenen Wahrheitssinnes in *der Einheit der Wahrheit* gegenüber. Wie die Umgreifenden nicht isoliert nebeneinanderstehen, sondern in vielen (wenn auch gegenständlich nicht faßbaren) Arten aufeinander bezogen sind, so sind auch die Weisen der Wahrheit aufeinander angewiesen, durchdringen und ergänzen sich. Und so wie der letzte Ursprung aller Weisen des Umgreifenden und ihrer Beziehungen das transzendente Eine bildeten, so ist im Gebiete der Wahrheit für uns die Grundgewißheit die, »daß alle besondere Wahrheit nur durch das Eine Wahrheit werde«, obwohl kein definitives und zwingendes Wissen darüber erlangt werden kann, ob es das Eine überhaupt gibt. Aber es gibt »Zeiger auf die Einheit hin«, so vor allem den, daß jede Weise der Wahrheit zur anderen hindrängt und ihren eigenen Wahrheitssinn sprengt.

Für den Menschen aber bleibt die Grundsituation die Zerrissenheit des Seins. Und die philosophische Grundentscheidung ist die Entscheidung darüber, wie er in dieser Situation die Einheit ergreift. Er drängt unablässig auf solche Einheit, aber er kann sie niemals als eine endgültige und fixierte gewinnen. Er muß somit jede ergriffene Einheit wieder durchbrechen; Wahrheit ist für ihn nur als »*Wahrheit im Durchbruch*«. Der Mensch wird hier an die Grenze von zwei Möglichkeiten existenzieller Entscheidungen geführt: Er kann die Einheit der Wahrheit dadurch zu erreichen versuchen, daß er sich zu dem Glauben an eine fixierte geschichtliche Einheit bekennt und sich der Autorität dieser Einheit unterwirft (von Jaspers »Katholizität« genannt). Oder aber er kann, wenn ihm die Allgemeingültigkeit einer solchen geschichtlichen Einheit unglaubwürdig erscheint, sich zu der »grenzenlosen, öffnenden und sich aufschwingenden Bewegung der Vernunft« entschließen, die zu keinem fixierbaren Resultat führt und in der er des transzendenten Einen nur *in einzelnen hohen Augenblicken* inne wird.

Die Wahrheit kann sich dem Menschen nur offenbaren, wo er alle Fragwürdigkeit und die Gefahr des Zerbrechens wagt. Nur *über* dieses Wagnis kann der Mensch (als Existenz und mittels der Vernunft) zu einer *Vollendung des Wahrseins* gelangen. Von solcher Vollendung darf erst gesprochen werden, wenn die größte Nähe zu der einen Wahrheit besteht, welche die *Offenbarkeit des Seins schlechthin* ist. Diese eine Wahrheit ist »das Sein, in dessen Gewißheit der Mensch Ruhe findet«. Für Jaspers besteht die Krönung der philosophischen Logik darin, daß sie die Gestalten dieser vollendenden Bewegung der Vernunft aufzeigt. Dazu gehört als erster Schritt, sich in der Grundsituation des Menschseins die *großen metaphysischen Fragen* und die von Religionen und Philosophien darauf gegebenen Antworten zuzueignen. Diese Fragen und Antworten dürfen aber nur als *Wahrheitsmöglichkeiten* in das existenzielle Erleben einbezogen werden. Jeder Versuch einer Fixierung solcher Antworten durch den Scheinanspruch eines verstandesmäßigen Begreifens ist abzulehnen. Der Mensch muß die verstandesmäßig unüberwindbare Spannung aufrechterhalten. Durch das »Hineinnehmen der Fragen in die Seele« kann er sich jene Gedankenmöglichkeiten aneignen, durch die in ihm die »Bewegung des Menschseins« erst hervorgerufen wird und durch die er einen Aufschwung seines Seinsbewußtseins erfährt. Werden diese Gedankenmöglichkeiten dagegen als wörtlich zu verstehende Aussagen genommen, so fallen sie zu Boden: als falsche Gotteslehre oder als falsche Lehre über das Verhältnis von Gott und Welt.

Das Wahrsein kann zweitens in der Zeitlichkeit vollendet werden: in einer Gestalt, welche sich verstandesmäßig nur als Paradoxie formulieren läßt, nämlich in der *existenziellen Geschichtlichkeit*. Paradox ist dieser Begriff deshalb, weil er den Gedanken beinhaltet, daß in einer eigentlichen Entscheidung nicht nur Vergängliches realisiert wird, sondern *das Ewige im Augenblick gegenwärtig* ist und dadurch erst die Zeit zur qualitativ erfüllten Zeit wird. Der Mensch ist wahrhaft seiend nur »in seinem Geschenktsein von der Transzendenz«; so kann die existenziell verwirklichte Gegenwärtigkeit sich im Menschen als *ewige Gegenwart* gewiß werden.

Die Vollendung der Wahrheit vollzieht sich drittens über die *ursprünglichen Anschauungen in Religion, Kunst und Dichtung*. Diese Anschauungen bilden eine eigene »Sprache der Wahrheit«, die historisch dem methodischen Philosophieren vorangeht. Das Philosophieren selbst ist von diesen ursprünglichen geistigen Anschauungen untrennbar, mag es sie aneignen oder bekämpfen. Sie stecken erst den Raum für das Philosophieren ab, und so werden sie zum Organon des Philosophierens. Niemals kann ihr Gehalt ganz in die Sprache des Begriffs übersetzt werden; der angeschaute Gehalt reicht über das philosophisch Deutbare hinaus. Das gilt vor allem auch für das *tragische Wissen*, das in den Tragödien seinen anschaulich-künstlerischen Ausdruck findet. Für Jaspers ist dieses Wissen von ganz besonderer Wichtigkeit. Es ist nach ihm »wie ein Riß in der Geschichte«, wenn der Mensch zum tragischen Wissen gelangt; denn mit diesem Wissen »beginnt die geschichtliche Bewegung, die nicht nur in äußeren Ereignissen, sondern in der Tiefe des Menschseins selbst geschieht«. Man könnte trotzdem die Frage stellen, was denn das Tragische mit dem Problem des Wahrseins zu tun habe. Die Antwort muß lauten: Tragik ist nicht bereits dort gegeben, wo ein unlösbarer Konflikt vorliegt; sie besteht auch nicht im Gegensatz von Wahrheit und Unwahrheit, Positivwertigem und Negativwertigem; noch so großes Elend ist keine Tragik. Echte Tragik ist erst dort, *wo die Mächte, zwischen denen der Konflikt besteht, jede für sich wahr sind;* »die Gespaltenheit der Wahrheit ist der Grundbefund des tragischen Wissens«. Einer der vielen Aspekte, unter denen die Tragödie gesehen werden kann, ist der, daß der im Dasein unterliegende Held der Siegende ist: es ist der Sieg des Menschen im Scheitern. Mit der tragischen Anschauung ist zugleich ein transzendierendes Wissen verbunden, in welchem die menschliche Not in metaphysischer Verankerung gesehen wird. Ohne dieses transzendierende Wissen gäbe es keine Tragik, sondern wieder nur Elend, Unglück und Mißerfolg. Zusammen mit dem Transzendieren vollzieht sich in der tragischen Anschauung aber zugleich eine Befreiung: entweder die Erlösung *im* Tragischen (wenn das Tragische bestehen bleibt, aber der Mensch es aushält und sich darin verwandelt) oder die Erlösung *vom* Tragischen (wenn die Tragik gleichsam selbst erlöst wird und aufhört). Erst die Berührung mit dem Transzendenten rechtfertigt es, die tragische Anschauung als eine Weise der Vollendung des Wahrseins in der Anschauung zu charakterisieren.

Bisweilen wird die Existenzphilosophie selbst so zu kennzeichnen versucht, daß sie das Dasein als solches unter einem tragischen Aspekt sieht. Dies trifft bei Jaspers keineswegs zu. Ausdrücklich wird von ihm der »Pantragismus« oder die »Metaphysik der universellen Tragik« (wie sie z. B. in der tragischen Philosophie von Hebbel enthalten ist), zurückgewiesen. Eine solche Philosophie wäre wieder nur ein neues Beispiel einer falschen verabsolutierenden Metaphysik. Es ist nach Jaspers absurd, vom Seinsgrund zu sagen, daß er tragisch sei: die Tragik liegt nur in der Erscheinung; immer scheint im transzendierenden Wissen um das Tragische ein Anderes durch, das nicht mehr tragisch ist.

Als viertes und letztes führt Jaspers *die Vollendung der Wahrheit im Philosophieren* an. Für ein wahrhaftiges Philosophieren kommt es dabei darauf an, nicht die Grundsituation zu verlassen, daß die »Wahrheit in der Zeit immer auf dem Wege ist« und daß sie »selbst in ihren wunderbarsten Kristallisationen nicht endgültig« wird. Drei Dinge kommen hier nochmals zur Sprache: Vernunft, Liebe und die Objektivität des Gleichnisses (der Chiffre). Die *Bewegung der Vernunft* kann sich nicht im isolierten Einzelnen vollziehen, sondern nur in der Kommunikation vom Einzelnen zum Einzelnen. Der *totale Kommunikationswille* ist ein Wesensbestandteil der Vernunft; denn zu ihr gehört ja die vollkommene Offenheit des Menschen für alle Weisen der Wahrheit. So ist einerseits die für den Menschen erreichbare Wahrheit niemals allgemeingültig, vielmehr muß jeder Mensch als Existenz »im grenzenlosen Relativieren alles Gegenständlichen« zu *seiner* Wahrheit gelangen, andererseits schließt die »liebende Kommunikation« der Vernunft die Anerkennung der gleichberechtigten Wahrheit im anderen Menschen ein. Gerade dies führt allerdings zur Einsicht in die Unvollendbarkeit der durch Kommunikation erzielbaren Wahrheit. Aber wenn der Gedanke, aus der Erfahrung der Unvollendbarkeit jeder Kommunikation, die Transzendenz ergreift, so ist dieser Gedanke fast so etwas wie ein Gottesbeweis: er trifft »unter der Voraussetzung, daß Wahrheit sein müsse, auf Transzendenz«.

An dieser Stelle tritt die Frage auf, ob wir mit diesem Gedanken nicht über die Kommunikation hinausgehoben werden. Jaspers hält hier diese Möglichkeit offen: Die Notwendigkeit der Kommunikation ist ja letztlich ein Mangel; in »einzelnen und verschwindenden hohen Augenblicken« erfahren wir über das sprachlich Mitteilbare hinaus den restlosen Einklang im Einswerden mit dem Sein. Leben wir daher in dem grenzenlosen Kommunikationswillen von Vernunft und Existenz nicht doch schon aus dem Sein selbst, das der Kommunikation nicht bedarf? Diese Frage ist nach Jaspers nicht zu beantworten: Sie fragt entweder in ein Leeres oder ist fraglose Gewißheit, die, fälschlich ausgesagt, nur sich selbst zerstören würde durch Lähmung der zu ihr treibenden bedingungslosen Kommunikationsbereitschaft.

Daß nach Jaspers auch die *Liebe* zur Vollendung des Wahrseins im Philosophieren gehört, hat den doppelten Grund, daß mein Sein Erfüllung nur aus der Liebe erhält und daß die Liebe offen macht für das, was ist. In der ersten Hinsicht fällt Liebe mit eigentlichem Selbstsein, mit Wahrhaftigkeit der Existenz zusammen: »Selbstsein und Liebe sind identisch«. Aber dieses Selbstsein als Liebe wird nicht durch Planung oder Willensanstrengung gewonnen; vielmehr werde ich mir in der Liebe geschenkt. In der zweiten Hinsicht steht die Liebe in nächster Beziehung zur Vernunft. Damit die Vernunft das offenbarwerdende Sein darstellen kann, muß zuvor jenes innere Verhältnis zum Sein bestehen, welches das Offenbarwerden überhaupt erst ermöglicht. Dieses innere Verhältnis besteht nur in der Liebe. Die eigentliche Wahrheit ist dem Verstand (Bewußtsein überhaupt) nicht zugänglich, sondern »die Wahrheit erschließt sich der Liebe, sie erwächst dem in der Liebe gewonnenen Entschluß«. Diese Seinsoffenheit der Liebe, welche uns sehend macht für das, was eigentlich ist, indem sie »das Wesen des Seienden in allen seinen Gestalten erschließt«, liefert der Vernunft den positiven Gehalt. Wo Vernunft und Liebe schrankenlos wirksam werden, fallen sie ineins. Erst »das Wissen, das Liebe ist, und die Liebe, die Wissen ist, bringt die Vollendung des Wahrseins«.

Die *Objektivität der Chiffre* ist der Halt, den die Vernunft in ihrer Bewegung findet. Diese Objektivität ist kein erkennbarer Gegenstand, sondern ein »alle Erkenntnis überschreitendes Objektives«; sie liegt in dem, was »Chiffre« oder »Symbol« oder »Gleichnis« genannt werden darf. Alles Seiende kann für uns Chiffre werden, indem es »transparent« wird und in ihm das unbedingte eine Sein in »Selbstanwesenheit« fühlbar wird. Die Chiffren sind »Mittler zwischen Erscheinung und Transzendenz«. Es ist nach Jaspers Sache der Philosophie, diese Symbolik so tief und so umgreifend wie möglich aufzufinden und anzueignen. Wenn der Philosophierende die Chiffreschrift des Seins liest, so erzeugt er selbst eine neue Chiffreschrift der Gedanken: »der Gedanke selber wird Symbol«. So ist z. B. der philosophische Gedanke, daß Gott nur in Chiffren spricht, selbst ein Gleichnis oder eine Chiffre; ebenso ist es ein Gleichnis, daß ich durch die Chiffre am Sein teilhabe. Die Vollendung des Menschen, der Aufschwung zum einen Gott, ist nach Jaspers nur über die »Vermittlung« möglich: Es gibt für uns nur *den* Weg zu Gott, daß die uns begegnenden Weltinhalte Chiffren werden. Der Gedanke ist zwar verführerisch, Gott selber zu erdenken oder Gott selbst zu erfahren (wie etwa in der unio mystica). Aber »gäbe es eine direkte Erfahrung vom einen Gott, so wäre sie inkommunikabel« und könnte sich doch wieder nur in Erscheinungen in der Welt bestätigen. Wenn wir Gott selbst erdenken oder erfahren wollen, erreichen wir bloß wieder andere Chiffren von Gott; jedoch »Gott ist nicht Chiffre, sondern die Wirklichkeit selbst«.

Man kann nach Jaspers von einem »*philosophischen Weg der Erlösung*« sprechen. Dieser gibt keine Erlösung in dem Sinn des religiösen Glaubens, sondern nur ein »Analogon zur Erlösung«. Denn er liefert keine »Leibhaftigkeit« und bietet keine Garantie; für den philosophierenden Menschen gibt es keine bindende Instanz in der Welt, er kann »keiner geschichtlich gegebenen Offenbarung sein Heil verdanken«. Daher ist auch nicht die Philosophie als die Gesamtheit der überlieferten Werke und Lehren der philosophische Weg der Erlösung, sondern das in jedem Einzelnen unvertretbar andersartige und der Verantwortung und dem Gewissen des Einzelnen unterworfene Philosophieren, für welches jene Werke und Lehren bloß erhellend und erweckend sein können. Die Philosophie ist »der Weg, die Wahrheit und das Leben«, jedoch nur so, daß der auf diesem Weg befindliche Mensch das Ewige denkend erwirbt ohne Aussicht auf objektive Endgültigkeit. Darum ist auch Philosophie selbst kein Halt; »Halt ist nur das Eine, die Transzendenz, Gott«. Daß es aber einen Halt gibt und was dieser Halt ist, kann im Philosophieren offenbar werden, wenn auch für jedes Selbstsein immer nur in einmaliger und unvertretbarer Weise. »Dieser Halt zeigt sich durch Vernunft, diesem Glück der Klarheit offenen Allumfangens; durch die Liebe, die das Glück der Erfüllung bringt; durch die Chiffre, deren Sprache das eigentliche Sein zeigt« (S. 966).

Würdigung

Die Werke von Jaspers gehören zu jenen Philosophien, die sich nicht an den Menschen als Verstandeswesen wenden und deren Wirkung auf den Menschen daher davon abhängt, ob und wieweit er durch ihre Aneignung innerlich betroffen und verwandelt wird. Der Vergleich der Philosophie von Heidegger mit derjenigen von Jaspers zeigt, wie groß der Abstand zwischen beiden Denkern ist; er hat sich seit dem Erscheinen des Buches »Von der Wahrheit« noch vergrößert.

Bei Heidegger stoßen wir auf die bohrende Hartnäckigkeit eines Analytikers, vermischt mit einer seltsamen Form von rustikaler Ursprünglichkeit mit all ihren Licht- und Schattenseiten. Jaspers tritt uns als ein Philosoph entgegen, der durch eine ungeheure Weite seines Horizontes allen positiven Gehalt der Philosophie, Kunst und Religion des Abendlandes – aber selbst über das Abendland hinaus – in sein Denken einbezieht, diesen Gehalt im Lichte der existenziellen Problematik des Menschen sehen läßt und zugleich in unbeirrbarer Ehrlichkeit das Gewissen wachzurufen versucht gegen die zahllosen Gefahren des Abgleitens in rationale metaphysische Denksysteme, unwahrhaftige Irrationalismen oder fixierte Glaubensformen und Dogmen. Die Beschreibung der Vernunft bei Jaspers kann man als ein implizites Selbstbekenntnis zur Philosophie des »offenen Allumfangens« betrachten. Heideggers letzte Zielsetzung ist der Tendenz nach eine theoretische, diejenige von Jaspers dagegen nicht; vielmehr soll nach ihm für den wahrhaft Philosophierenden die Philosophie an die Stelle dessen treten, was für den nicht philosophisch eingestellten Menschen die Religion bedeutet. Darum sind auch die Ausführungen bei Jaspers von einer Art religiöser Leidenschaft getragen, die bei Heidegger fehlt [1].

---

[1] Jaspers scheint bisher vor allem auf die protestantische Theologie einen faktisch größeren Einfluß ausgeübt zu haben als auf die Philosophie der Gegenwart. Von katholischen Theologen dagegen wird gewöhnlich Heidegger ernster genommen, vermutlich wegen seines ontologischen Ansatzes, der ihn trotz aller Verschiedenheiten im Ausgangspunkt und in der Durchführung in eine formale Nähe zur Philosophie des Mittelalters bringt.

Wenn im folgenden einige kritische Bemerkungen gewagt werden, so ist zuvor nachdrücklich auf eines hinzuweisen: Eine auch nur einigermaßen adäquate Wiedergabe der Philosophie von Jaspers ist auf kurzem Raum noch viel schwerer möglich als bei den anderen hier behandelten Philosophen. Denn die Aussagen von Jaspers über Kommunikation, Glauben, Schuld, Liebe usw. stützen sich stets auf eingehende psychologische und phänomenologische Analysen, die in die obige Darstellung nicht einbezogen werden konnten. Darum mußte diese Darstellung in vielen Hinsichten ein dürres Schema bleiben, das nur durch Lektüre der betreffenden Stellen bei Jaspers ausgefüllt werden kann. Wenn z. B. auf die bedeutsame Rolle der Liebe bei Jaspers hingewiesen wurde, so wäre hinzuzufügen, daß Jaspers keineswegs von »der« Liebe im allgemeinen spricht, sondern zahlreiche Weisen der Liebe unterscheidet, die zusammen eine Hierarchie bilden, und daß er alle diese Weisen (z. B. die geschlechtliche Liebe, die geistige, die existenzielle, die metaphysische Liebe u. a.) eingehend charakterisiert, sie mit den anderen Seiten der menschlichen Psyche vergleicht, sich mit ihren biologischen, psychologischen, metaphysischen Deutungen auseinandersetzt, die Einseitigkeiten im objektivierenden (metaphysischen) und subjektivierenden (psychologischen) Erkennen der Liebe aufzeigt, die möglichen Verkehrungen und Verirrungen der Liebe behandelt und schließlich alle Betrachtungen in seine Philosophie des Umgreifenden und der Wahrheit einbezieht. Viele der von Jaspers gegebenen Analysen – von denen hier die Analyse der Liebe nur als Beispiel erwähnt wurde – sind gegenüber der letzten Intention seiner Philosophie invariant und können auch solchen Denkern wertvollste Anregungen geben, die nicht bereit sind, die existenzphilosophische Grundeinstellung zu akzeptieren. Als ein besonders hervorragendes Beispiel möge noch die Behandlung des Tragischen (»Von der Wahrheit«, S. 915 ff.) erwähnt werden – in der sich auch eine Analyse der Ödipus-Tragödie und des Hamlet findet –, die zu dem Besten gehören dürfte, was über diese Dinge gesagt wurde. Auch die zeit- und kulturkritischen Betrachtungen von Jaspers enthalten viele bedeutsame Feststellungen, die von seiner philosophischen Position weitgehend unabhängig sind.

Eine kritische Stellungnahme zu dem eigentlichen Inhalt der Philosophie von Jaspers ist nur in einem sehr beschränkten Umfange möglich, denn eine wissenschaftlich-philosophische Kritik kann sich im Grunde allein auf solche Aussagen richten, die objektive Erkenntnisse zu sein beanspruchen. Und gerade das ist bei Jaspers zumindest in bezug auf die für ihn entscheidenden philosophischen Aussagen nicht der Fall. Für diese Aussagen ist das Wahrheitskriterium nicht die theoretische Einsicht, sondern das, was durch vernehmendes Aneignen dieser Aussagen aus dem Menschen werden kann, nach Jaspers also: ob sie ihn als mögliche Existenz treffen und ob sie ihn offen machen dafür, die Sprache der Transzendenz zu hören. Über diese Eignung der jaspersschen Philosophie können aber keine theoretisch unterbauten Behauptungen aufgestellt werden; denn diese Wirkung vollzieht sich im Unsichtbaren und gegenständlich nicht Greifbaren.

Wir wollen trotzdem versuchen, in dreifacher Hinsicht die Möglichkeit einer Kritik aufzuzeigen: in bezug auf die Voraussetzungen, auf denen die Philosophie von Jaspers beruht, in bezug auf den Gehalt seiner Philosophie, soweit dieser einer rationalen Betrachtung überhaupt zugänglich ist, und in bezug auf die Konsequenzen, die sich aus dieser Philosophie ergeben.

Zu den *Voraussetzungen* gehört vor allem eine weitgehende Übernahme der erkenntnistheoretischen Position Kants, und zwar nicht etwa nur des kantischen Ausgangspunktes, sondern auch der letzten Resultate von Kants Erkenntnistheorie, insbesondere des transzendentalen Idealismus und der Lehre von der Unerkennbarkeit des an sich Seienden. Es muß sogar als fraglich erscheinen, ob Jaspers nicht häufig stillschweigend bestimmte Thesen des Neukantianismus akzeptiert. Jaspers betont selbst ausdrücklich seine Abhängigkeit von Kant. Diese wird auch rein äußerlich sichtbar in der Übernahme bestimmter Ausdrücke und Begriffe, die nur im Kantianismus ihren Ort haben, z. B. des kantischen

Ausdrucks »Bewußtsein überhaupt«, der für Jaspers eine der Weisen des Umgreifenden bezeichnet; ferner in seiner Konzeption des Weltbegriffs als des gegenständlichen Korrelates zum Bewußtsein überhaupt oder in seiner Fassung des Begriffs der allgemeingültigen wissenschaftlichen Erkenntnis und deren Zuordnung zum Bewußtsein überhaupt. Auch die Schilderung der Vernunft erfolgt in enger Anlehnung an Kant.

Hier ergibt sich nun ein grundsätzliches Problem: Die theoretische Philosophie Kants sowie die Erkenntnistheorien des Neukantianismus treten mit dem Anspruch auf Wissenschaftlichkeit auf, d. h. es handelt sich hierbei um rational diskutierbare Standpunkte, die wahr oder falsch sein müssen im Sinne der *wissenschaftlichen* Wahrheit. Die Philosophie von Jaspers ist dagegen zwar kein Irrationalismus in dem radikalen Sinn, daß die wissenschaftliche Wahrheit als solche verworfen wird, aber sie ist doch in dem Sinne *irrationalistisch*, als sie über die wissenschaftlich erreichbare Wahrheit hinausgeht, alles wissenschaftlich Erkennbare von einer »höheren« Warte aus zu relativieren versucht und die tiefste erreichbare Wahrheit in das existenzielle Erleben des Einzelnen verlegt, das nicht mehr mitgeteilt werden kann. Müßte man von einer derartigen Philosophie nicht erwarten, daß sie von aller wissenschaftlich-theoretischen Philosophie, sei es der kantischen, sei es einer anderen, unabhängig ist? Es ist aber gar nicht abzusehen, wieviel von dem, was Jaspers sagt, hinfällig würde oder zumindest wesentlich modifiziert werden müßte, wenn die Richtigkeit der theoretischen Ergebnisse der kantischen Vernunftkritik bestritten wird.

Tatsächlich werden diese Resultate von vielen Denkern der Gegenwart angefochten, und zwar keineswegs etwa nur von »positivistisch« ausgerichteten Philosophen, sondern gerade von jenen, die sich um den philosophischen Zugang zum Seienden, wie es »an sich« ist, also um eine ernsthafte Ontologie, bemühen. Es muß z. B. jeden, der sich mit neuerer Naturphilosophie beschäftigt hat, etwas merkwürdig berühren, wenn Jaspers zur Stützung seiner These, wonach ein Wissen vom Weltganzen unmöglich ist, die kantische Antinomienlehre anführt und die Behauptung übernimmt, man könne rational sowohl die Endlichkeit wie die Unendlichkeit der Welt beweisen (»Von der Wahrheit«, S. 97). Die Problemlage ist in diesem Gebiete der Kosmologie aber inzwischen doch eine ganz andere geworden: Erstens wird ein heutiger Naturphilosoph überhaupt nicht mehr versuchen wollen, Behauptungen über die räumliche oder zeitliche Erstreckung der Welt auf apriorischem Wege zu beweisen. Dies schließt nicht aus, daß man, gestützt auf empirisch überprüfte physikalische und astronomische Gesetzmäßigkeiten, auf diesem Gebiete sinnvolle Hypothesen aufstellen kann. Zweitens weiß man heute, daß die kantische Konstruktion der sog. mathematischen Antinomien auf begrifflichen Unklarheiten beruht, z. B. der Nichtunterscheidung zwischen räumlicher Unbegrenztheit und räumlicher Unendlichkeit und dem fehlerhaften Schluß von der ersteren auf die letztere. Demgegenüber wird z. B. von der Kosmologie auf relativistischer Basis gleichzeitig die *Unbegrenztheit* und *Endlichkeit* des Weltraumes angenommen (wie etwa analog im Zweidimensionalen eine Kugelfläche etwas Unbegrenztes und doch Endliches ist).

Dieses Beispiel diente nur zur Illustration, um zu zeigen, wie weit bisweilen eine vermutlich unrichtige oder doch zumindest höchst problematische, auf jeden Fall aber *rational diskutierbare* theoretische Ansicht die philosophische Ausgangsposition von Jaspers mitbestimmt. Für uns sind aber nicht solche Details von Interesse, sondern das allgemeine Problem, ob hier nicht eine geradezu paradoxe Situation vorliegt, *nämlich daß Jaspers für sein Vorgehen nicht nur die Problemstellungen, sondern auch die Endresultate einer wissenschaftlichen Philosophie voraussetzt, die nach seiner eigenen Philosophie gar nicht möglich ist.*

Im mittleren Teil des Buches »Von der Wahrheit« beschäftigt sich Jaspers u. a. auch mit Erkenntnistheorie und formaler Logik im üblichen Sinne. Mit Absicht wurde dieser Teil in der obigen Darstellung nicht berücksichtigt, weil er geeignet wäre, das Gesamtbild der jaspersschen Philosophie zu beeinträchtigen; denn zweifellos handelt es sich hierbei um den weitaus schwächsten Teil seiner Philosophie. Bei der Erörterung von logischen und erkenntnistheoretischen Fragen hat sich Jaspers in ein Gebiet begeben, in dem er nicht recht zu Hause ist. Dies werden nicht nur solche Denker zugeben, die von der modernen Logik und der analytischen Erkenntnistheorie herkommen, sondern z. B. auch Kantianer oder Phänomenologen. Wir beschränken uns darauf, eine Unklarheit anzuführen: Der Ausdruck »zwingendes Wissen«, den Jaspers zur Kennzeichnung der wissenschaftlichen Erkenntnis gebraucht, ist in verschiedener Hinsicht vage und zudem irreführend. Der Ausdruck legt den Gedanken nahe, daß man im Bereich der Wissenschaft immer zu definitiven Resultaten gelangt und daß diese Resultate auch stets ohne schöpferische Tätigkeit »erzwungen« werden könnten. Aber erstens bleiben alle Theorien im naturwissenschaftlichen Bereich bloß hypothetische Annahmen, weshalb man den Ausdruck »Wissen« dafür besser vermeiden sollte; auch die induktiv am besten bestätigten Hypothesen der Naturwissenschaft können auf Grund von neuen Beobachtungen jederzeit zu Fall gebracht werden. Und zweitens können selbst im Gebiete der Mathematik, ja sogar der formalen Logik die Lehrsätze nicht erzwungen werden, sondern bedürfen der schöpferischen Phantasie des Theoretikers; denn man weiß heute (und zwar in einem mathematisch genauen Sinn), daß in den meisten mathematischen Disziplinen und auch im Bereich der Logik kein mathematisch erzwingbares Entscheidungsverfahren für die Gültigkeit der Sätze besteht [1]. Außerdem bleibt es bei dieser Verwendung des Ausdruckes »zwingendes Wissen« unklar, ob dazu nur die einzelwissenschaftlichen Erkenntnisse oder evtl. auch philosophische Wirklichkeitsbehauptungen gehören sollen. In dem ersten Band seiner Philosophie von 1932 (»Philosophische Weltorientierung« S. 89 ff.) rechnet Jaspers z. B. auch Wesensanschauungen und Kategorialanalysen zum zwingenden Wissen; doch wird nicht ersichtlich, wie weit derartige Erkenntnisse nach Jaspers reichen können, und es ist außerdem problematisch, ob eine

---

[1] Für einen kurzen Beweis dieser Behauptung in bezug auf die Logik vgl. W. Stegmüller, »Unvollständigkeit und Unentscheidbarkeit«, Wien 1959, S. 44–57.

solche Auffassung mit seiner philosophischen Gesamtkonzeption sowie mit seiner kantischen Ausgangsposition verträglich ist.

Bisher war nur von erkenntnistheoretischen Voraussetzungen die Rede. Wie erwähnt, ist sich Jaspers seiner Abhängigkeit von Kant durchaus bewußt. Es ist die Frage, ob er nicht darüber hinaus – und zwar diesmal, ohne sich dessen ganz bewußt zu sein –, auch abhängig ist von einer implizit vorausgesetzten Ontologie, so etwa, wenn er doch wieder alles unter dem »Seinsaspekt« betrachtet. Ist das in der Wendung »das Sein« substantivisch gebrauchte und mit dem bestimmten Artikel versehene Hilfszeitwort »sein« ein adäquates sprachliches Ausdrucksmittel für das, was Jaspers sagen will? Einige Ontologen (darunter M. Heidegger und N. Hartmann) werden die Auffassung vertreten, daß dieser Gebrauch zwar berechtigt sei, daß man aber zwischen »Sein« und »Seiendem« unterscheiden müsse und daß Jaspers den Ausdruck »Sein« häufig dort gebraucht, wo er von einem Seienden sprechen müßte (z. B. wenn er sich damit auf das transzendente Eine) bezieht. Andere Metaphysiker wie z. B. F. Brentano verwerfen den Ausdruck »Sein«, soweit dieser als Name für etwas gebraucht wird. Und wenn Jaspers sogar vom »Sein des Seins« spricht (»Von der Wahrheit« S. 117), so könnte man darauf hinweisen, daß der darin angedeutete regressus in infinitum eines der Motive für Brentano gewesen ist, zu leugnen, daß es überhaupt einen vom Begriff des Seienden verschiedenen Begriff des Seins gäbe. Wie immer es sich auch damit verhalten möge, die diesbezüglichen jaspersschen Wendungen scheinen jedenfalls einer weiteren begrifflichen Aufklärung bedürftig zu sein.

Hinsichtlich des *Gehaltes* der Philosophie von Jaspers bieten sich trotz des eingangs Gesagten verschiedene Ansatzpunkte für eine Kritik. Man könnte z. B. die Frage aufwerfen, ob man wirklich den Wahrheitsbegriff so stark erweitern solle, wie Jaspers dies tut, oder ob man nicht besser statt von den »Weisen der Wahrheit« von verschiedenen Bedeutungen des äquivoken Ausdruckes »wahr« sprechen solle. Von da aus könnte man dann zu der Feststellung gelangen, daß der schon im Alltag mehrdeutig gebrauchte Ausdruck »wahr« – denn auch hier wendet man das Wort »wahr« nicht nur auf Aussagen an, wie die von Jaspers selbst angeführten Wendungen »wahrer Freund«, »wahre Demokratie« usw. zeigen – von Jaspers noch erheblich vieldeutiger gemacht wird, wenn auch die existenzielle Wahrhaftigkeit, ferner überhaupt alles Positivwertige und schließlich sogar das, was Jaspers die »Wahrheit der Transzendenz« nennt, darunter subsumiert wird. Doch wollen wir von dieser zum Teil (obzwar keineswegs ausschließlich) terminologischen Frage absehen. Statt dessen soll auf ein Problem hingewiesen werden, welches das für Jaspers wichtigste Verhältnis betrifft: die Beziehung von Existenz und Transzendenz.

Wenn Jaspers sagt, daß der Mensch als Selbstsein oder Existenz die Transzendenz erlebt, so drängt sich hier die schlichte und vor allem doch wieder erkenntnistheoretische Frage auf, ob dieses Erleben die Gewähr dafür gibt, *daß jenes transzendente Eine tatsächlich eine an sich seiende Wirklichkeit ist und nicht nur ein subjektives Phänomen*, das sich gegenüber einer psychologischen Untersuchung als Täuschung erweisen könnte. Hier scheint nur die folgende Alternative zu bestehen:

Entweder es wird zugegeben, daß dieses Erleben, z. B. das Erleben eines Weltinhaltes (etwa einer Beethoven-Symphonie) als Chiffre, *als Erleben* jene Gewähr nicht geben könne. Dann wird die Wirklichkeit der Transzendenz darin nur *erschlossen*, und es tritt die Frage auf, ob die in dem Schluß enthaltene Annahme zutrifft oder nicht. Damit aber taucht zugleich das Wahrheitsproblem in seiner ursprünglichen Gestalt wieder auf, nämlich in eben jener Gestalt, in der Jaspers es nur für die Sphäre des Bewußtseins überhaupt anerkennen, für die anderen Bereiche, insbesondere für das »Offenbarwerden der Transzendenz«, dagegen nicht zulassen wollte. Das Transzendenzerleben ist dann eben kein reines Erleben, sondern ein Erfassen im Sinne des Wissens um etwas, und es bildet einen Unterschied, ob dieses Wissen ein tatsächliches oder bloß vermeintliches ist. Es handelt sich ferner auch nicht bloß um die Frage des Wissens um das Wirklichsein von irgend etwas nicht näher Charakterisierbarem, so als ob nur sicherzustellen wäre, *daß* die Transzendenz eine Wirklichkeit und keine Täuschung ist. Vielmehr muß sie doch in irgendeinem Sinn inhaltlich gegeben sein, damit man überhaupt sagen kann, daß sie *eine* (und nicht etwa mehreres) ist und daß sie der menschlichen Existenz einen *Halt* gibt; denn dies setzt voraus, daß sich sowohl theoretische Kategorien wie Wertprädikate auf die Transzendenz *mit Recht* anwenden lassen. Wenn man also diese erste Alternative wählt, so muß das Erleben der Transzendenz als *Erkenntnisvorgang* gedeutet werden, und es muß die These zurückgenommen werden, daß die theoretische Wahrheit (die »Wahrheit des Bewußtseins überhaupt«) zu relativieren sei und auf das Phänomen des Offenbarwerdens der Transzendenz für die Existenz nicht angewendet werden könne.

Oder aber es wird bei dem Erleben *als solchem* stehengeblieben und geleugnet, daß hier noch eine theoretische Deutung oder ein Schluß hinzutrete, zugleich also behauptet, daß in dem Erleben das eine Sein *selbst anwesend* sei und die scheinbare erkenntnistheoretische Problematik nur dadurch auftrete, daß man sich von diesem Berühren der Existenz mit der Transzendenz gar keine inhaltliche Vorstellung machen könne. Dann ist das, was Jaspers in diesem Punkt sagt, nicht mehr unterscheidbar von den Lehren jener Mystiker, die von dem vollkommenen Einswerden der Seele mit Gott sprechen. Jaspers selbst ist immer wieder bemüht, seine Philosophie von den Lehren der Mystiker abzugrenzen und diese Lehren nur soweit als Teilwahrheiten anzuerkennen, als er dies auch gegenüber den großen religiösen Systemen und den philosophischen Gedankenkonstruktionen von Metaphysikern tut. Tatsächlich wurde auch oft hervorgehoben, daß die »weltflüchtige« Einstellung des Mystikers grundverschieden sei von der Vorstellung der Existenzphilosophie, wonach der Mensch sein eigentliches Selbstsein nur durch aktive Entscheidung in der Welt verwirklicht. Aber erstens ist es nicht zutreffend, daß *alle* mystischen Lehren in diesem Sinne die Flucht vor der Welt predigen, und zweitens kommt es im vorliegenden Zusammenhang auch gar nicht darauf an, wie der

Mystiker die Beziehung des Menschen zur *Welt* sieht, sondern was er über die Beziehung des Menschen zu *Gott* sagt. Und in dieser Hinsicht scheint zwischen der unio mystica, dem vollkommenen Einswerden von Mensch und Gott, und dem jaspersschen Transzendenzerleben kein Wesensunterschied mehr zu bestehen. Damit rückt die jaspurssche Metaphysik – zumindest wenn das zweite der beiden Alternativglieder angenommen wird – in die größte Nähe zu den bedeutenden Mystikern der Vergangenheit, weniger den christlichen Mystikern als der Mystik Plotins. Für denjenigen aber, der außerhalb solchen mystischen Einheitserlebens steht, muß die Behauptung, daß es ein solches Erleben gibt, nicht nur problematisch sein, ja es muß ihm nicht nur unbegreiflich sein, wie so etwas möglich ist, sondern es muß ihm in dem radikalen Sinne unfaßlich sein, *als er gar nicht mehr verstehen kann, was hier eigentlich gemeint ist.*[1]

Es ist also die Frage, ob die philosophischen Aussagen über Existenz und Transzendenz nicht vor die Wahl stellen: *entweder* der theoretischen Wahrheit einen viel größeren Anwendungsbereich einzuräumen, als dies Jaspers tut, und damit alle verstandesmäßig diskutierbaren erkenntnistheoretischen Probleme dort – nämlich im »Lesen der Chiffreschrift« und in den anderen Gestalten des Transzendenz-Erlebnisses – als bestehend anzuerkennen, wo nach Jaspers das »Bewußtsein überhaupt« gar nicht hinreichen soll, *oder* diese Aussagen als die Sätze einer nicht mehr verständlichen Mystik zu betrachten.

Hinsichtlich der *Konsequenzen* der Philosophie von Jaspers sei auf zwei Dinge hingewiesen: Der erste Punkt betrifft das Problem einer echten, d. h. auf innerlicher Aneignung und nicht bloß äußerlicher Kenntnisnahme beruhenden Verbreitung dieser Philosophie. Wir gehen dazu von der schon einmal gemachten Feststellung aus, daß die Existenzphilosophie von Jaspers in bestimmter Hinsicht als »Religionsersatz« gedacht ist. Müßte dazu diese Philosophie nicht in einer einfacheren und voraussetzungsloseren Gestalt vorgetragen

---

[1] Vgl. zu diesem Problem auch die eingehende Diskussion von J. Thyssen, Archiv für Philosophie V/2, 1954, S. 211 ff.

werden, sowohl in bezug auf die sprachlichen Formulierungen wie auf den verwendeten begrifflichen Apparat? Die Aussagen von Jaspers sind in einer originellen und bildhaften, oft ergreifenden Sprache abgefaßt; aber zu einem großen Teil sind sie doch sehr schwer verständlich. Der durchschnittliche Leser seiner Werke wird zahlreiche Anspielungen nicht verstehen; denn ein solches Verständnis setzt große Kenntnisse im Gebiet der philosophischen Einzeldisziplinen, der Philosophiegeschichte und darüber hinaus auf allen anderen geistigen Gebieten voraus. Dagegen wird vielleicht eingewendet werden, es sei ohnehin nur von sehr wenigen Menschen zu erwarten, daß sie zum eigentlichen Selbstsein gelangen. Dies wäre jedoch eine unbefriedigende Antwort, weil doch *prinzipiell jeder Mensch eine mögliche Existenz sein soll* und die Verwirklichung dieser Möglichkeit nicht an ein bestimmtes intellektuelles Niveau gebunden sein dürfte. Vorläufig jedenfalls wendet sich diese Philosophie nicht an alle Menschen, sondern nur an einen kleinen Kreis jener, welche eben die entsprechenden geistigen Voraussetzungen mitbringen. Wir stellen daher die Frage: Muß nicht, solange die schlichte und einfache Sprache der Religion von der Existenzphilosophie nicht erreicht wird, für diese Philosophie jene Auswirkung ausbleiben, auf die sie letztlich abzielt?

Der zweite Punkt hängt wieder eng mit dem oben erörterten Transzendenzerleben zusammen. Nach Jaspers genügt das eigene Tun nicht, um den Aufschwung aus dem bloßen Dasein zum existenziellen Sein zu vollziehen: Kommunikation, Transzendenzerlebnis und *Sichgeschenktwerden* durch die Transzendenz müssen hinzutreten. Das letzte Moment ist nun nichts anderes als die existenzphilosophische Deutung des religiösen Begriffs der *Gnade*, die auch ausbleiben kann. Das Transzendenzerlebnis hängt ebenfalls nicht allein vom eigenen Willen ab, und außerdem wird dieses Erlebnisses nur derjenige teilhaftig, dem die entsprechende Erlebnisfähigkeit gegeben ist. Da aber nach Jaspers nur bei Erreichung der eigenen Unbedingtheit und gleichzeitiger Vergewisserung der Transzendenz dem Leben ein möglicher Sinn abgewonnen wird, so muß für jenen, der nicht dazu gelangt, die absolute Sinnlosigkeit der Welt und die eigene Verzweiflung das Letzte sein. Es ist dann die Frage, ob der an die »mögliche Existenz« des Einzelnen gerichtete Appell nicht mehr zerstört als aufbaut. Wo die positive Erfüllung im Einzelmenschen ausbleibt, da muß Existenzphilosophie die Gestalt eines verkrampften Nihilismus annehmen.

Jaspers selbst sah die Gefahr, daß Existenzphilosophie der Anlaß für ein hysterisches Philosophieren werden könnte. Was damals eine Gefahr zu sein schien, ist in den letzten Jahren Wirklichkeit geworden. Die äußere Lebenssituation mag ihren Beitrag dazu geleistet haben. Ist darin aber nicht ein praktischer Hinweis enthalten, daß bei dieser Art des Philosophierens nicht stehengeblieben werden darf? Eigentlich ist die Aufforderung zum Weiterschreiten dem Gehalt der Existenzphilosophie selbst zu entnehmen. Denn wenn der Mensch ein Wesen ist, das über sich hinausdrängt, das nur im eigensten Selbstsein den letzten Sinn finden kann und sich vor jeder dogmatischen Verfestigung zu hüten hat, so muß die Möglichkeit eines anderen Philosophierens zugestanden werden, will Existenzphilosophie nicht selbst zum Dogmatismus erstarren. Der Satz Nietzsches: »Folge nicht mir, sondern Dir selbst!«, dessen Bedeutung die Existenzphilosophie zu vertiefen sucht, muß konsequenterweise auch auf den Gehalt der Existenzphilosophie angewendet werden.

Führt somit die Existenzphilosophie aus sich selbst hinaus, so darf doch die Hinausführung aus ihr nicht mit einem Rückfall hinter sie verwechselt werden: Der ehrlich Philosophierende von heute besitzt nicht mehr die Naivität, um sich Denksysteme, wie jene von Spinoza, Leibniz, Fichte oder Schelling nicht nur geschichtlich anzueignen, sondern darüber hinaus auch *an ihre Gültigkeit glauben zu können*. Gegen jedes solches unehrliche Operieren mit überholten philosophischen Denkweisen, die einmal substantielle Wirklichkeit waren, als eine in der Gegenwart vertretene Philosophie aber nur mehr ein blasses Schema und einen leeren Dogmatismus darstellen würden, ist die Philosophie von Jaspers wie kaum eine zweite geeignet, ein kritisch-existenzielles Gewissen wachzuhalten.

KAPITEL VI

KRITISCHER REALISMUS:
NICOLAI HARTMANN

Mit der Philosophie N. Hartmanns betreten wir wieder eine Welt nüchterner, objektiv-sachlicher Forschung, die über das Selbst des Menschen hinausdrängt und den Seinskosmos soweit zu erfassen sucht, wie dieser sich der Begrenztheit menschlicher Erkenntniskraft offenbart. Der universalen Betrachtungsweise entsprechend fehlt die existenzphilosophische Grundstimmung hier völlig. In Kierkegaard, dem geistigen Schöpfer der Existenzphilosophie, sieht Hartmann den unseligsten und raffiniertesten Selbstquäler der menschlichen Geschichte. Die metaphysische Bedeutung von Angst und Tod wird geleugnet, wenn ihnen auch im Rahmen der emotionalen Phänomene ihre Rolle in bezug auf die Realitätserfahrung zuerkannt wird. Nur der sich selbst wichtig nehmende Ichmensch erblickt in ihnen etwas Beunruhigendes und Erschreckendes. Bei kosmischer Betrachtung dagegen zeigt sich die totale Bedeutungslosigkeit des Todes eines Einzelnen als eines geringfügigen Gliedes im Gesamtprozeß des Weltgeschehens. Erst durch die widernatürliche Einstellung dauernder Selbstreflexion kommt die künstlich ansuggerierte Todesangst zustande, die dann als von metaphysischem Gewicht erscheint.

Diese Stellungnahme Hartmanns zu den für die Existenzphilosophen im Vordergrund stehenden Phänomenen sollte einleitend die *kosmische Gesamtstimmung* charakterisieren, von der das Denken Hartmanns beherrscht wird. Das eigentliche Anliegen seiner Philosophie ist es, die Strukturgesetze der realen Welt – und zwar der seienden, nicht einer dieser vorgelagerten »bloßen Erscheinungswelt« – aufzudecken. In der überkommenen Philosophie ist nach Hartmanns Auffassung in dieser Hinsicht viel gesündigt worden, und zwar in doppelter Weise. Einmal glaubte die Philosophie immer, vor der radikalen Alternative zu stehen: Anerkennung absoluter Seinserkenntnis oder Annahme totaler Unerkennbarkeit der »Dinge an sich«. Im letzten Falle wurde die Möglichkeit objektiver Seinserkenntnis überhaupt verworfen, im ersten Fall wiederum kam es zu geschlossenen metaphysischen Systemen, die alle Irrationalität des Seins von sich wiesen und die Allheit des Seienden im Prinzip für rational faßbar hielten. Eine mittlere Möglichkeit, nämlich *die partiale begriffliche Erfaßbarkeit des Seienden* bei gleichzeitiger Irrationalität des unendlichen Restes, wurde übersehen.

Der zweite Fehler bestand in der dem monistischen Einheitsbedürfnis entspringenden Übertragung von Kategorien (Prinzipien) eines Gebietes auf ein ihm heterogenes, so z. B. in der Anwendung mechanistischer Prinzipien auf das Organische, organischer Verhältnisse auf das Gemeinschafts- und Staatsleben oder umgekehrt seelisch-geistiger Strukturen auf die leblose Welt. Derartige *kategoriale Grenzüberschreitungen*, wie Hartmann die theoretischen Übergriffe aus einem Seinsgebiet in ein anderes nennt, sind durch eine strenge kritische Analyse zu überwinden, zugleich aber sind die Kategorien in ihrer relativen Berechtigung für jenen Bereich, aus dem sie ursprünglich genommen worden waren, zu erhalten. Vom Standpunkt einer kritischen Ontologie aus ergibt sich dann eine weit kompliziertere Gliederung der Gesamtheit des Seienden, als dies in den überkommenen metaphysischen Einheitsformeln zum Ausdruck gelangt.

Die Erkenntnis gehört zur höchsten uns bekannten Schicht, nämlich derjenigen des Geistes. Daher kann nur eine Ontologie des geistigen Seins das Wesen der Erkenntnis erfassen. Andererseits aber muß das Problem der Erkenntnis bereits eine zumindest teilweise Lösung erfahren haben, damit ontologische Forschung überhaupt als zulässig erscheint. Denn zunächst wissen wir ja gar nicht, ob es eine objektive Seinserkenntnis und einen vom Erkenntnissubjekt unabhängigen transzendenten Gegenstand überhaupt gibt. Aus dieser Tatsache entspringt notwendig eine *Doppelstellung der Erkenntnistheorie*. Sie hat einerseits allem ontologischen Forschen die Grundlage zu schaffen, kann aber selbst erst im Rahmen einer Ontologie des geistigen Seins ihren Abschluß finden.

Hartmann versucht diesem zweifachen Aspekt der Erkenntnis dadurch gerecht zu werden, daß er seinen ethischen und ontologischen Werken eine Untersuchung über die Erkenntnis vorausschickt, in dieser aber bereits die Einbeziehung der ontologischen Blickstellung vollzieht und in seiner Ontologie die Auswirkungen der Ergebnisse auf das Erkenntnisphänomen erörtert. Wir beginnen mit der Erkenntnismetaphysik.

1. Die Erkenntnismetaphysik

Hartmann kommt ursprünglich vom Neukantianismus. Er hat später aber auch zahlreiche Motive der Phänomenologie in sich aufgenommen und durch eingehendes historisches Studium der abendländischen Philosophie fruchtbare Methoden (wie z. B. die Aporetik des Aristoteles und die Dialektik Hegels) in einer allerdings stets wesentlich modifizierten Fassung wieder zum Leben zu erwecken versucht. Das Verhältnis zum Neukantianismus ist bereits in der Erkenntnismetaphysik ein negatives, d. h. eine Kampfansage, geworden. Während es nach der neukantischen Lehre kein vom Subjekt unabhängiges bewußtseinstranszendentes Seiendes gibt, alles Erkennen daher ein Erzeugen des Objekts durch das Subjekt ist, geht es Hartmann darum, zu zeigen, daß nicht im *Erzeugen*, sondern im *Erfassen* eines von der Erkenntnis selbst unabhängigen, bereits vor ihr bestehenden an sich Seienden das Wesen der Erkenntnis zu sehen ist.

Der Weg, den er hierbei einschlägt, ist von der Phänomenologie her mitbestimmt. Nicht ein einziger evidenter Satz, wie z. B. das sum cogitans des Descartes, sondern *eine möglichst breite Basis von Phänomenen* soll die Grundlage der Untersuchungen bilden; denn einseitige philosophische Standpunkte gehen stets auf einseitige Auswahl des Ausgangspunktes zurück. Die Vielheit der zugrunde gelegten Phänomene dagegen schafft ein wechselseitiges Kriterium gegenüber allen Abirrungen vom rechten Weg. Somit muß der *erste Schritt* der Untersuchung in einer *Phänomenologie der Erkenntnis* bestehen. Hartmann glaubt nun aber keineswegs, daß damit alles getan sei. Er kritisiert die Auffassung der

Phänomenologen aufs heftigste, die glauben, mit ihrer Methode Probleme lösen zu können. Diese ist nicht einmal dazu geeignet, Probleme zu stellen, geschweige denn, sie zu lösen. Die Phänomenologie kann nichts anderes tun, als eben die puren Phänomene beschreiben, und zwar diesseits von jedem philosophischen Standpunkt. Eine philosophische Lehre aber muß sich gerade zu einem bestimmten Standpunkt durchringen, der von der Art der Problemlösung abhängt. Dazu müssen zunächst die Probleme selbst einmal formuliert werden. Dies kann nicht mehr die Phänomenologie leisten. Hartmann greift daher in diesem Punkte auf die aristotelische *Methode der Aporetik* zurück, in der sich der *zweite Schritt* der Untersuchung des Erkenntnisproblems zu vollziehen hat. Die Probleme erheischen Lösungen. Diese versucht die *Theorie der Erkenntnis* zu geben, welche den *dritten und letzten Schritt* der Erkenntnismetaphysik darstellt. Dabei ist es nicht von vornherein sicher, daß den Problemen immer auch entsprechende Lösungen gegenübergestellt werden können. Eine solche Annahme wäre ein rationalistisches Vorurteil. Hartmann kehrt daher sowohl in seinen erkenntnistheoretischen wie in seinen späteren ontologischen Untersuchungen das Moment der *schlichten Problembehandlung* gegenüber dem Motto der »Problemlösung um jeden Preis« hervor. Gleichzeitig versucht er, den irrationalen Rest, das »Metaphysische« an der Erkenntnis, wie er es nennt, herauszuarbeiten.

Schon in der Art der Durchführung der Phänomenanalyse tritt der spätere ontologische Gedanke hervor, wonach Erkenntnis *eine Seinsrelation zwischen zwei Seienden*, dem Erkennenden und dem Erkannten, darstellt. Einseitige Zuwendungen zum Subjekt, wie sie der Psychologismus und im Prinzip auch die Phänomenologie vornimmt, ist nach Hartmann ebenso untauglich zur Lösung des Erkenntnisproblems wie die bloße logische Analyse des Objekts. Das Problem der Transzendenz, d. h. des Verhältnisses von Erkenntnissubjekt und dem ihm gegenüber transzendenten Gegenstand, wird in beiden Fällen unterdrückt. Allerdings kann der Vorstoß ins transzendente Gebiet methodisch nur vom Bewußtsein aus erfolgen, da dieses das zunächst allein zweifelsfrei Gegebene, das transzendente Seiende hingegen das Fragliche darstellt.

Das Ausgangsphänomen ist das des Erfassens: In aller Erkenntnis steht ein *erkennendes Subjekt* einem *erkannten Objekt* gegenüber. Das Objekt gelangt aber durch sein Erkanntwerden nicht in den Subjektbereich (Bewußtseinssphäre) hinein, sondern bleibt diesem gegenüber transzendent. Daher muß das Subjekt den eigenen Bereich verlassen (transzendieren), um das Objekt zu »ergreifen«, es muß aber wieder in seine Sphäre zurückkehren, um des Objektes bewußt zu sein. Die Erfassung des Gegenstandes kann sich daher nur mittels eines *Bildes* von ihm im Bewußtsein vollziehen. Das Bild selbst aber ist zunächst gar nicht bewußt; denn die Erkenntnis ist ganz dem Seienden zugewandt. Diese Tatsache durchbricht die Phänomenimmanenz: Zu den »immanenten« Phänomenen des Bewußtseins gehört die Erkenntnis *als ein diese Immanenz durchbrechendes Phänomen*. Denke ich z. B. an den Berg X, so *habe* ich zwar ein Vorstellungsbild von ihm in meinem Bewußtsein, aber *ich denke nicht an diese Vorstellung,* sondern eben an den seienden Berg X. Diese Beziehung drückt Hartmann so aus, daß er sagt, der intentionale Gegenstand lebe »von Gnaden des Aktes«, der seiende hingegen bestehe unabhängig davon. Infolge des totalen Hingegebenseins an die seiende Sache fehlt dem Subjekt zunächst ein Wissen um den Bildcharakter seiner Vorstellungen. Dieses entsteht erst im Falle aufgedeckter Irrtümer oder Täuschungen; denn hier erfährt das Subjekt, daß es nicht unmittelbar über das vermeinte Seiende verfügt.

Als die zwei Arten der Erkenntnis lassen sich phänomenal die *aposteriorische*, bei der Einzelfälle den Ausgangspunkt bilden, und die *apriorische*, bei der ein Wissen unabhängig von allen tatsächlich vorkommenden Einzelfällen vorliegt, aufweisen. In beiden Fällen ist der Gegenstand als an sich seiender und unabhängig vom Grade seines Erkanntseins durch das Subjekt bestehender gemeint. Darin liegt bereits, daß das Seiende mehr ist, als das Subjekt von ihm erfaßt. Jenen nichtobjizierten Teil des zu Erkennenden nennt Hartmann das *Transobjektive*, die Grenze zwischen ihm und dem erkannten Teil die *Objektionsgrenze*. Beginnt das Subjekt, um sie zu wissen, so entsteht das »Wissen des Nichtwissens«, d. h. die Problemstellung, die als Vorgriff der Erkenntnis ins Unerkannte definiert werden kann. Sie hat den Versuch des Subjektes zur Folge, einen größeren Teil des Objektes zu erfassen, d. h. die Objektionsgrenze hinauszuschieben. Dieses Streben kann aber schließlich an eine unüberwindliche Grenze stoßen: die *Erkennbarkeits-* oder *Objizierbarkeitsgrenze*. Jenseits der Erkennbarkeitsgrenze liegt das *Transintelligible* oder *Irrationale*.

Nur dort, wo Bildbestimmtheit und Seinsbestimmtheit zur Deckung gelangen, kann von *wahrer* Erkenntnis gesprochen werden. Wo ein Wissen um die Nichtdeckung von beiden auftritt, da entsteht die Tendenz zur Korrektur des Erkenntnisbildes oder das Wahrheitsstreben. Ebenso wie der seiende Gegenstand in seinem Objektsein nicht aufgeht, sondern in den realen Weltzusammenhang eingeordnet ist, so ist auch das Subjekt mehr als ein bloßes Erkenntnissubjekt, nämlich ein seiendes, und zwar wollendes, fühlendes Wesen. Als solches ist es selbst in den Seinszusammenhang eingebettet. Hier deutet sich die Lösung des Problems bei Hartmann bereits an: Weil das Subjekt als Seiendes Glied derselben Welt ist wie das Objekt, zwischen beiden also mannigfache Seinsbeziehungen bestehen können, ist die Erkenntnis eines dem Bewußtsein Transzendenten möglich; denn die eine Welt, oder allgemeiner: die eine Seinssphäre, ist das Subjekt wie Objekt Umspannende. An vier Punkten also kommt das Seinsmoment bereits in der Phänomenanalyse zum Vorschein: Am Subjekt, am Objekt, am Seinsverhältnis zwischen beiden und an den allenthalben auffindbaren irrationalen Charakteren [1].

---

[1] Das Irrationale spielt bei Hartmann in der Behandlung des Erkenntnisproblems eine zentrale Rolle. Auf ihm beruht das entscheidende Argument gegen den Kantianismus. Denn wenn Erkenntnis in einem Erzeugen bestünde, dann müßte der Gegenstand vollkommen rational erfaßbar sein, da er ja doch vom Erkenntnissubjekt produziert wurde. Die irrationalen Züge am Objekt sind der Widerstand, auf den der Erkennende stößt, und bilden daher eine Gewähr dafür, daß der Gegenstand nicht nur als ein über sein

Auf der Phänomenanalyse baut die *Erkenntnisaporetik* auf. Hartmann formuliert die Probleme meist sehr scharf in antinomischer Zuspitzung. Wir wollen uns darauf beschränken, sie in Frageform hinzustellen. Die Grundaporie der Erkenntnis drückt sich in der Frage aus: Wie ist erkennendes Bewußtsein möglich? Sofern es *erkennend* ist, muß es über sich hinausgreifen, sofern es aber *Bewußtsein* ist, kann es nicht über sich hinausgehen, da ein Wissen nur in seiner Sphäre möglich ist. Demgegenüber ist die Aporie der Wahrnehmung (allgemein: der Erkenntnis a posteriori) nur ein Spezialfall; sie lautet: Wie kann ein transzendentes Seiendes einem Subjekt gegeben sein? Sofern es transzendent ist, fällt die Gegebenheit hinweg, soweit die letztere dagegen vorliegt, muß die Transzendenz aufgehoben sein. In der Erkenntnis a priori steigert sich das Problem sogar ins Paradoxe; denn hier soll das Bewußtsein unabhängig von aller Erfahrung etwas über das Objekt ausmachen können, also im Wegsehen von ihm, statt im Hinsehen auf es. Ein weiteres Problem bildet die Frage nach einem *Wahrheitskriterium:* Liegt dieses im Bewußtsein, dann kann es nicht die Übereinstimmung mit einem bewußtseinstranszendenten Gegenstand anzeigen; liegt es dagegen außerhalb des Bewußtseins, dann bedürfte es zu seiner Erfassung wieder eines eigenen Kriteriums usw. in infinitum. Die Aporie der *Problemstellung* lautet: Wie ist ein Wissen des Nichtwissens, eine Objektion der Transobjektiven, möglich? Ihr schließt sich das Problem des *Erkenntnisfortschrittes* an: Wie vermag aus dem Wissen des Nichtwissens ein positives Sachwissen zu entstehen?

Die Lösungen der Schwierigkeiten sind kurz folgende: Die Möglichkeit einer objektiven Seinserkenntnis kann nur darauf beruhen, daß die Prinzipien des seienden Gegenstandes zumindest teilweise in der Erkenntnis wiederkehren. Das Kausalprinzip z. B., welches die niederen Schichten der realen Welt beherrscht, kehrt an den (immanenten) Erkenntnisinhalten wieder, in denen jene Realprozesse gedacht werden.

Objektsein hinausgehender *gemeint* ist, sondern auch *tatsächlich* darüber hinausgeht, d. h. unabhängig von seinem Erkanntsein besteht.

Somit ist nach Hartmann sowohl die kantische wie die husserlsche Stellungnahme zum Problem der »merkwürdigen Übereinstimmung« der Verstandesgesetze mit den Gesetzen der wirklichen Welt verfehlt. Husserl glaubte, die Problemstellung selbst als widersinnig aufzeigen zu können, er übersah dabei aber die Transzendenzkluft zwischen Subjekt und Objekt; Kant hingegen erkannte wohl das Problem, erblickte aber nur die konstruktive Lösungsmöglichkeit, daß das Subjekt dem Objekt seine Gesetze diktiere. Der kantischen Annahme widerspricht nach Hartmann neben dem Phänomen des Irrationalen und dem natürlichen Glauben des Subjekts, welches den Gegenstand als an sich seienden meint, vor allem die Tatsache, daß dieser Lösungsversuch ein seiendes Subjekt mit seienden Erkenntnisprinzipien anzunehmen genötigt ist, wodurch die ganze Lösung mit ihrer eigenen Voraussetzung in Widerspruch gerät. Es bleibt daher nur die Annahme einer *Parallelität von Denk- und Seinsprinzipien* übrig. Die Parallelität braucht aber *keine totale* zu sein; denn es besteht nicht der geringste Grund für die Annahme, daß infolge einer prästabilierten Harmonie die Prinzipien der Erkenntnis vollständig denen des Seins zugeordnet sind. Das Problem des metaphysischen irrationalen Restes und der Antinomien findet von hier aus seine Lösung. Wo wir auf uns unfaßbare Vorgänge oder Tatsachen oder sogar auf unlösbare logische Widersprüche (z. B. die kantischen Antinomien) stoßen, da hat dies seinen Grund darin, daß entweder die Denkkategorien zur Erfassung dieses Seinsgebietes überhaupt fehlen oder daß sie von den Seinsprinzipien abweichen.

Die kategoriale Parallelität erhält dadurch eine zusätzliche Komplikation, daß sich zwischen Erkenntnis und realer Welt die Sphäre des idealen Seins einschiebt, so z. B. wenn in den mathematischen Naturwissenschaften die Naturerkenntnis sich über die mathematisch-ideale Sphäre vollzieht. An Stelle des einfachen kategorialen Deckungsverhältnisses tritt hier ein zweifaches, nämlich einerseits das zwischen Erkenntnis und Ideenreich, andererseits das zwischen idealer und realer Wirklichkeit. Partiale Nichtdeckung der Prinzipien kann in beiden Fällen vorkommen. Ein Beispiel für den ersten Fall wären die irrationalen Verhältnisse in der Mathematik, ein Beispiel für den zweiten etwa die Tatsache, daß die mathematische Apriori-Wahrscheinlichkeit in der realen Welt nur bis zu einem bestimmten niedrigen Wahrscheinlichkeitsgrad verwirklicht werden kann, von da an aber nur als mathematisch-ideale Möglichkeit besteht, realiter hingegen unmöglich ist.

Vom Standpunkt der ontologischen Gesamtschau aus erweist sich die geschilderte Beziehung nur als ein Spezialfall des allgemeinen Seinsgesetzes der *kategorialen Wiederkehr*. Darunter versteht Hartmann die Tatsache, daß bestimmte Prinzipien einer Seinsschicht in andern in derselben oder in abgewandelter Gestalt wiederkehren, also z. B. Prinzipien der anorganischen Natur im Organischen usw. Für die Erkenntnis ergibt sich nun das Besondere, daß sie zur höchsten Schicht des Realen gehört und als solche durchaus von realer Wirksamkeit ist – greift sie doch im Einzel- wie im Völkerleben bestimmend in die Lebensverhältnisse ein und hat ihren Anteil am Prozeß des geschichtlichen Geisteslebens –, daß sie aber wegen ihrer Funktion der Seinserfassung in ihren Inhalten Prinzipien von allen Seinsgebieten in sich aufnimmt. Jetzt zeigt sich auch, daß die Gegenüberstellung von Seins- und Erkenntniskategorien ungenau ist; denn die Erkenntnisprinzipien erweisen sich nun selbst als Seinsprinzipien, nämlich als Prinzipien des geistigen Seins.

Gilt diese Lösung vor allem gegenüber der Erkenntnis a priori, so liegt in der *Erfahrungserkenntnis* im Gegensatz zu diesem zeitlosen Entsprechungsverhältnis der Kategorien ein *zeitlich-reales Umsatzverhältnis* vor. Die vermittelnden Instanzen sind hier die Empfindungen. Sie weisen zwar keine inhaltliche Ähnlichkeit mit den wahren Beschaffenheiten der realen Welt auf und auch die in ihnen waltende Apriorität ist auf die Subjektseite allein beschränkt – so z. B. entspricht der größeren Apriori-Ähnlichkeit von Rot und Gelb gegenüber der von Rot und Grün kein physikalisches Korrelat –, aber sie stellen doch ein starres Symbolverhältnis dar, durch welches die inhaltlichen Züge der Welt in qualitativ andersartiger Weise repräsentiert werden. Das Erkenntnismoment liegt in ihnen einmal vor in bezug auf das Dasein (d. h. wenn eine Empfindung auftritt, so kündigt sie damit einen realen transzendenten Vorgang an), ferner in bezug auf die Konstellation, d. h. jedem Komplex von Gegenstandsbeschaffenheiten entspricht ein strukturell analoger Komplex von Sinnesqualitäten.

Die durch Empfindung und Wahrnehmung vermittelte Erkenntnis a posteriori richtet sich ausschließlich auf Reales. Woher gewinnen wir nun den *Realitätsbegriff* und das *Wissen um eine real bestehende Außenwelt*? Hartmann vertritt die Auffassung, daß wir über zahlreiche Quellen verfügen, die uns Reales zur Gegebenheit bringen. Das erste Realitätszeugnis ist bereits die Erkenntnis selbst, die, wie die Phänomenanalyse ergab, stets auf ein an sich Seiendes gerichtet ist. Aber ausschlaggebend ist dies nicht. Denn Erkenntnis ist, vom Realitätsstandpunkt aus gesehen, selbst nur ein künstlich isoliertes Moment aus einem komplizierten Geflecht transzendenter Akte, in denen sich die Realität der Welt häufig in einer viel aufdringlicheren Weise kundgibt. Vor allem die *emotional-transzendenten Akte* sind es, in denen wir ein Betroffensein vom Realen erleben. Hartmann faßt sie in drei Gruppen zusammen: Die *emotional-rezeptiven Akte*, wie Erfahren, Erleben, Erleiden, in denen uns der Druck der auf uns einstürmenden Realität bewußt wird, die *emotional-spontanen Akte*, in denen sich unsere Aktivität äußert, dabei aber den Weltwiderstand erfährt, wie z. B. den Widerstand des zu wälzenden Steines oder die Gegenwehr des bekämpften Gegners, und die *emotional-prospektiven Akte*, welche auf das Zukünftige ausgerichtet sind, das sich unaufhaltsam nähert, weshalb diese Akte vom Bewußtsein der Unmöglichkeit des Entrinnens und Heraustretens aus dem Geschehensstrom begleitet sind.

Hinsichtlich des *Wahrheitsproblems* nimmt Hartmann eine von Brentano und Husserl gänzlich abweichende Stellung ein. Zwar ist Wahrheit auch nach ihm etwas Absolutes. Sie liegt nur dort vor, wo der Glaube, die Meinung des Erkennenden, zu Recht besteht. Dagegen ist das Wahrheits*bewußtsein* niemals absolut, es kann auch bei gröbsten Irrtümern und Täuschungen vorliegen. Die Berufung auf die

Evidenz ist nach Hartmann kein Ausweg. Der Terminus »Evidenz« ist nämlich äquivok. Entweder ist die *objektive Evidenz* gemeint, d. h. jenes Gewißheitsbewußtsein, welches wirklich die zureichende Gewähr für die Wahrheit einer Einsicht bietet, oder bloß die *subjektive Evidenz*, d. h. die absolute Überzeugtheit des Subjekts von der Wahrheit seiner Einsicht, aber ohne wirkliche Wahrheitsgewähr. Die subjektive Evidenz ist nun zwar gegeben, aber sie begleitet auch den ärgsten Aberglauben und bildet daher kein objektives Wahrheitskriterium. Dieses würde zwar in der objektiven Evidenz verwirklicht sein, die aber dafür nicht gegeben ist; denn die uns bekannte Evidenz ist eine bloße Bewußtseinsmodalität und daher subjektiv. Hartmann gelangt auf Grund dieser Überlegungen zu der resignierenden Feststellung, daß wir über kein absolutes, sondern nur über *relative Wahrheitskriterien* verfügen. Die letzteren bestehen in der wechselseitigen Übereinstimmung zweier oder mehrerer Erkenntnisinstanzen, die auf verschiedenem Wege dasselbe Seiende erfassen. In den Realwissenschaften beruht es auf der Übereinstimmung von apriorischer und aposteriorischer Erkenntnis (z. B. Bestätigung von Hypothesen durch die Erfahrung), in den Idealwissenschaften, besonders der Mathematik, auf dem Zusammenklang von stigmatischer, d. h. auf unmittelbare Anschauung bestimmter Inhalte gerichteter, und konspektiver, d. h. umfassendere Zusammenhänge überblickender Intuition.

Auch das Problem der Problemstellung und des Erkenntnisfortschrittes findet jetzt seine Beantwortung. Einmal sind es die Seinsverhältnisse, die zwischen dem erkannten und unerkannten Bereich des Seienden bestehen, an denen sich die Erkenntnis entlangtastet und somit die Objektionsgrenze hinausschiebt. Dies gilt übrigens auch gegenüber der Erkennbarkeitsgrenze; denn hier spielen ebenfalls die mannigfachsten Relationen über die Grenze und verhelfen uns zu einem Begriff des Irrationalen. Man darf sich die Objizierbarkeitsgrenze nicht abrupt vorstellen; vielmehr handelt es sich um ein allmähliches Verblassen des Rationalen und dessen kontinuierlichen Übergang in das unendliche Reich des Transintelligiblen (Irrationalen). Das zweite Moment, welches Problemstellung und Erkenntnisfortschritt hervorruft – allerdings nur im Bereich der Realerkenntnis – ist das jeweilige Mißverhältnis zwischen apriorischer und aposteriorischer Erkenntnis. Eine Hypothese (apriorischer Entwurf) z. B. umfaßt mehr Tatsachen, als bisher auf dem Erfahrungswege (Erkenntnis a posteriori) zu ihrer Bestätigung herangezogen werden konnten. Daraus entspringt die Tendenz zur Sammlung zusätzlichen Erfahrungsmaterials. Dabei können Tatsachen zum Vorschein kommen, die der Hypothese widersprechen, wodurch eine neue Hypothese erforderlich wird, die abermals erfahrungsmäßige Bestätigung erheischt usw. Das ständige Hinausponderieren der einen Erkenntnisinstanz über die andere hält somit das Forschen dauernd in Atem und läßt den Erkenntnisprozeß nie zum Abschluß gelangen.

Es ergibt sich also folgendes Gesamtbild: <u>Erkenntnis ist deshalb möglich, weil Erkennender und Erkanntes beide Seiendes und als solches beide Glieder derselben Welt sind</u>, weshalb das Subjekt vom Objekt bestimmt werden kann; ferner deshalb, weil an den Denkinhalten jene Gesetze wiederkehren, die den realen Weltlauf beherrschen. Die Transzendenz des erkannten Gegenstandes gegenüber dem erkennenden Bewußtsein wird aber dadurch nicht aufgehoben, sie besteht auch im Falle der genauesten Erkenntnis. Daher gibt es kein absolutes Wahrheitskriterium; denn die Evidenz betrifft immer nur Bewußtseinsinhalte. Dagegen können verschiedene Bewußtseinsinhalte, die sich auf dasselbe Seiende, aber in andersartiger Weise beziehen, durch ihr gegenseitiges Verhältnis der Deckung und Nichtdeckung ein relatives Kriterium der Wahrheit bilden, welches allerdings als ein bloß relatives den Irrtum nicht absolut ausschließt. In diesem Verhältnis der Bewußtseinsinhalte zueinander, die auf heterogene Erkenntnisinstanzen zurückgehen, ist auch der zum Forschen antreibende Stachel und damit die Grundlage von Problemstellung und Erkenntnisfortschritt zu sehen.

2. Der Aufbau des Seins

(a) Die allgemeinen ontologischen Grundfragen

Hartmanns Ontologie ist nur aus der Vermittlerrolle zwischen der antik-mittelalterlichen Metaphysik und der modernen kritischen Philosophie zu verstehen. Die erste hatte ein teleologisches Weltbild von großartiger Geschlossenheit entworfen. Das ganze Weltgeschehen wurde als auf Zweckverwirklichung ausgehend gedacht. Die allgemeinen Zweckprinzipien (formae substantiales) waren im göttlichen Verstande verankert. Ihre Erfassung war mittels des Begriffes möglich, der wiederum seine Bestimmtheit auf dem Wege der Definition erhielt. Somit kam es vor allem darauf an, die Wesensdefinitionen der Dinge zu gewinnen; denn in ihnen lag der Schlüssel zum Verständnis der Weltvorgänge. Das ursprünglich empirische Vorgehen bei der Begriffsgewinnung wurde später immer mehr fallen gelassen, da man dem Verstande eine Instanz der Schau überordnete, welche unmittelbar die höchsten Formprinzipien zu erfassen imstande sein sollte. Aus ihnen wurden dann die niederen Prinzipien deduktiv abgeleitet. So entstand eine gänzliche Vernachlässigung des empirischen Wissens. Das teleologische Denkschema, das deduktive Vorgehen und der Glaube an die alles Prinzipielle erfassende Fähigkeit der Schau wurden durch die kantische Vernunftkritik zerstört. Aber diese schoß über das Ziel hinaus, wenn sie eine Erkenntnis der Welt an sich überhaupt für unmöglich erklärte. Doch muß an der negativen Arbeit Kants nach Hartmann so viel anerkannt werden, daß eine Rückkehr zur alten Metaphysik unmöglich ist. An die Stelle der vermeintlichen unmittelbaren Erfassung der obersten Prinzipien hat die phänomenale Durchmusterung des Gegebenen zu treten, an die Stelle der Deduktion ein kritisch-analytisches Vorgehen; allem monistischen Einheitsbedürfnis, welches eine Endformel für das Seinsganze um jeden Preis zu erringen trachtet, ist zu entsagen. Darum vertritt Hartmann gegenüber den letzten metaphysischen Fragen in wissenschaftlicher Hinsicht einen *Agnostizismus*, wenn auch an verschiedenen

Stellen der Ontologie wie der Ethik seine im Grunde atheistische Grundeinstellung zum Durchbruch kommt.

Auch das Problemgebiet hat sich nach Hartmann gegenüber dem dreifachen Problemkomplex: Welt, Mensch, Gott wesentlich erweitert. Das Gottesproblem fällt hinweg, da es wissenschaftlich nicht zu behandeln ist. Dafür sind zahlreiche neue Probleme sichtbar geworden, wie z. B. das der Seinsweise des Organischen, des objektiven Geistes, der Geschichte, des Wertes. Viele Grundprobleme sind dieselben geblieben. So z. B. das Seinsproblem. Hier knüpft Hartmann an die von ihm als klassisch bezeichnete Fragestellung des Aristoteles nach dem *Seienden als Seiendem* an. Es ist hier nicht nach diesem oder jenem Seienden gefragt, sondern nach dem allem Seienden Gemeinsamen, d. h. dem *Sein*. Die überkommenen Seinslehren haben den Fehler begangen, das Sein mit einer bestimmten Kategorie gleichzusetzen, der Substanz, der Einheit, dem Ganzen oder umgekehrt dem Aufbauelement (Atom), der Existenz oder dem Wesen (Essenz). In all diesen Versuchen reichte die Denkkraft nicht aus, um das Sein in strenger Allgemeinheit zu fassen; es wurde von seiner Höhe herabgezogen und einer Besonderung gleichgesetzt. Das Positive, was aus dieser Betrachtung der verschiedenen Lehrmeinungen gewonnen werden kann, ist die Identität des Seins in allem, was seiend ist, seine Indifferenz gegen Substanz und Akzidens, Beharrung und Werden, Einheit und Mannigfaltigkeit usw.

Geht das Sein in keiner Besonderung auf, so ist es dennoch nur von den ursprünglichsten Besonderungen aus faßbar. Es bleibt zwar dadurch ein irrationaler Rest an ihm bestehen, aber eine gewisse Annäherung der Erkenntnis an es ergibt sich doch. Die Urbesonderung des Seins vollzieht sich nach Hartmann in dem doppelten Gegensatzpaar: »*Dasein – Sosein*« und »*ideales Sein – reales Sein*«. Während Heidegger die alte Existentia-Essentia-Lehre wegen der Ausdeutung des Existentia-Begriffes als Vorhandenheit kritisierte, wirft Hartmann ihr vor, daß die zwei erwähnten Gegensatzpaare im Verhältnis der beiden Begriffe existentia und essentia in unklarer Weise vermengt sind. Existentia (Dasein) wurde mit

Realität, essentia (Sosein) mit idealem Sein gleichgesetzt. Diese Gleichsetzung ist unrichtig. Einmal besteht im idealen Sein – vorausgesetzt, daß man das Recht hat, von einem solchen zu reden – selbst der Gegensatz von Dasein und Sosein. Daß es die Zahl a^0 gibt, ist ein anderes Moment an ihr, als daß sie gleich eins ist. Das »Daß es ist« betrifft das Dasein; dasjenige, was dieses Seiende ist, dem Dasein zukommt, das Sosein [1]. Auf der anderen Seite ist das Sosein eines Realen nichts Ideales, sondern durchaus reales Sosein. Die grüne Farbe z. B. ist als das Sosein eines Baumes ebenso real wie der Baum selbst.

Es scheint bisher, als stünde das Verhältnis von Dasein und Sosein in keiner Beziehung zu dem von idealem und realem Sein. Tatsächlich aber besteht eine solche. Das Sosein nämlich ist indifferent gegenüber Idealität und Realität. Am Rundsein einer Kugel macht es keinen Unterschied aus, ob es sich um eine materielle oder geometrisch-ideale Kugel handelt. Daher kann man von einem »Sosein überhaupt« oder einem »neutralen Sosein« sprechen. Daraus folgt, daß das ontische Gewicht des Gegensatzes von idealem und realem Sein ganz auf der Seite des Daseins liegen muß: Es gibt kein neutrales Dasein, dieses ist vielmehr stets real *oder* ideal.

Das Verhältnis von Dasein und Sosein ist ein konjunktives, d. h. es gibt kein Seiendes, welches nur Dasein hätte und keine Soseinszüge aufwiese, wie umgekehrt jedes Sosein an Daseiendes gebunden ist. Es gilt hier also immer das »Sowohl als auch«. Ideales und reales Sein dagegen bilden ein radikales »Entweder – Oder«: Alles Seiende ist entweder real oder ideal; das Gegensatzverhältnis der Seinsweisen ist ein disjunktives. Eine erste Bestimmung des »Seienden als Seienden« ist damit gewonnen. Es ist charakterisiert durch zwei Verhältnisse, die es durchziehen, indem sie sich überschneiden: *Das eine ist das konjunktive Verhältnis der Seinsmomente Dasein und Sosein, das andere das disjunktive der Seinsweisen ideales und reales Sein.* Das letztere spaltet das Seiende in zwei

---

[1] Zum Zwecke terminologischer Eindeutigkeit nennt Hartmann Dasein und Sosein »*Seinsmomente*«, ideales und reales Sein hingegen »*Seinsweisen*«.

Seinssphären auf, das erstere hält es quer zu dieser Aufspaltung zusammen. Hartmann nennt dieses Ineinander von Konjunktion und Disjunktion *das ontische Schema im Aufbau der Welt.*

Der Gegensatz von Dasein und Sosein ist kein absoluter, sondern ein *ontologisch-relativer.* So z. B. ist das Sosein einer roten Kugel das Dasein der Röte an ihr. Umgekehrt ist alles Dasein von etwas das Sosein eines anderen, z. B. ist das Dasein des Astes ein Sosein des Baumes, das Dasein des Baumes ein Sosein des Waldes usw. Nur bei künstlich isolierter Betrachtung eines einzelnen Seienden fallen Dasein und Sosein auseinander. Bei universaler Betrachtung dagegen ergibt sich die geschilderte Relativität. Sie findet erst beim Weltganzen ihren Abschluß: Das Dasein der Welt ist nicht mehr Sosein eines sie umgreifenden Ganzen.

Die beiden Seinsweisen ideales und reales Sein sind nicht so leicht bestimmbar wie die Seinsmomente. Man kann zunächst nur sagen, daß das *Reale* das Individuelle, Einmalige, Zeitliche, dem Werdensprozeß Unterworfene, das *Ideale* hingegen das Allgemeine, Zeitlose, Ewige, von aller Veränderung Unberührte ist. Das letztere ist weit davon entfernt, im Subjektiven und Logischen aufzugehen, sondern hat durchaus ontisches Gewicht. In seinem Beweis vom Bestehen eines idealen Seins geht Hartmann zunächst ähnlich wie Husserl vor, indem er darauf hinweist, daß wir das Allgemeine als Allgemeines und zugleich durchaus als etwas Seiendes meinen. Das entscheidende Argument aber liegt für ihn im Verhältnis von Idealem und Realem. Es zeigt sich nämlich, daß die reale Welt von idealen Gesetzlichkeiten durchzogen wird, so z. B. die anorganische Natur von mathematischen Verhältnissen. Daher kann das Ideale nicht bloß in einer gedanklichen Schöpfung aufgehen.

Die nähere Bestimmung des Unterschiedes von Idealem und Realem erfolgt in der Modalanalyse; denn es ist die Meinung Hartmanns, daß die beiden Seinssphären sich durch das andersartige Verhältnis von Möglichkeit, Wirklichkeit und Notwendigkeit in ihnen unterscheiden.

(b) Das Problem der Seinsmodalität

Hartmann versucht, die Seinsmodi und die zwischen ihnen waltenden Gesetzmäßigkeiten unter Abstreifung aller metaphysischen Belastungen zu kennzeichnen. Es ergeben sich dabei folgende Begriffe: *Wesensnotwendig* ist das, was einer Sache auf Grund ihrer idealen Struktur zukommt. Es handelt sich hierbei um eine relationale Kategorie, welche nur die Zusammenhänge, nicht die ersten Glieder beherrscht. Die ersten Prinzipien und Axiome bleiben vielmehr ideal zufällig. Die *Realnotwendigkeit* ist demgegenüber ein Abhängigkeitsmodus der zeitlichen Prozesse; er ist umfassender als der Kausalzusammenhang, da es auch nichtkausale reale Determinationen gibt. Die relationale Struktur besteht auch hier, da Reales immer nur »auf Grund von etwas« notwendig ist. Die ersten Gründe sind real zufällig. Die Möglichkeit tritt zunächst in zwei Formen auf: als Bloß-möglich-sein, welches zugleich Möglichkeit des Seins wie des Nichtseins ist, weshalb man sie als *disjunktive Möglichkeit* bezeichnen kann, und als *indifferente Möglichkeit*, die nicht wie die erste durch den Übergang zum Wirklichen aufgehoben wird, sondern in der Wirklichkeit als deren Voraussetzung enthalten ist. Die *Wesens-* oder *Idealmöglichkeit* gründet auf Widerspruchslosigkeit; man sieht ihr zunächst nicht an, ob sie indifferent oder disjunktiv ist. Die *Realmöglichkeit* setzt dagegen neben der Widerspruchslosigkeit die Erfüllung der Bedingungen bis zur letzten Bedingung voraus. So ist z. B. eine vollkommene geometrische Kugel in sich widerspruchslos und daher ideal möglich; realiter ist sie aber deshalb noch lange nicht möglich. *Wesenswirklichkeit* meint das Bestehen in der idealen Sphäre überhaupt. *Realwirklichkeit* ist der uns am unmittelbarsten gegebene Seinsmodus, der aber begrifflich äußerst schwer beschreibbar ist. Man kann hier nur auf die Härte der Ereignisse, das Schicksal, die Widerfahrnisse hinweisen.

Wirklichkeit und Unwirklichkeit sind *absolute*, d. h. von allen Zusammenhängen abgelöste Modi, im Gegensatz zu allen anderen Modi, die *relationalen* Charakter aufweisen. Als oberstes modales Grundgesetz ergibt sich hier *die Relativität der relationalen Modi auf die absoluten*. Z. B. besagt die

Möglichkeit von A, daß A »sein« kann, die Notwendigkeit von A, daß A »sein« muß usw. Mit dem »Sein« ist hier aber stets das Wirklichsein gemeint. Außerdem ist etwas möglich, unmöglich, notwendig stets »auf Grund« von etwas anderem, welches andere wirklich sein muß.

Die Verhältnisse zwischen den Modi (*Intermodalverhältnisse*) können von dreifacher Art sein: Zwei Modi können sich *ausschließen* (z. B. Notwendigkeit und Unmöglichkeit), *implizieren* (z. B. Notwendigkeit und Möglichkeit) oder sich *indifferent* zueinander verhalten. Die Intermodalverhältnisse der realen Sphäre ergeben sich alle aus dem sog. *Spaltungsgesetz der Realmöglichkeit*, wonach im Realen die Möglichkeit des Seins und die des Nichtseins sich gegenseitig ausschließen. Was real möglich ist, dessen Nichtsein ist real nicht möglich, und dasjenige, dessen Nichtsein real möglich ist, ist real nicht möglich. Der Beweis erfolgt so: Realwirklichkeit setzt Realmöglichkeit, reale Unwirklichkeit reale Möglichkeit des Nichtseins voraus. Das Vorausgesetztsein bedeutet hier Enthaltensein. Im Wirklichen kann aber nur die Möglichkeit des Seins, nicht die des Nichtseins enthalten sein, sonst könnte das Wirkliche nachträglich unwirklich gemacht werden. Das Analoge gilt für die Unwirklichkeit. Wenn daher nur die Möglichkeit des Seins im real Wirklichen enthalten ist, dann muß von der Seinsmöglichkeit die Möglichkeit des Nichtseins ausgeschlossen sein und umgekehrt.

Die daraus folgenden Intermodalverhältnisse des Realen faßt Hartmann in drei Grundsätzen zusammen:

1. *Kein Realmodus ist gegen einen anderen indifferent*. Alle drei formal möglichen Indifferenzen, die der Wirklichkeit gegen Notwendigkeit und Zufall, der Möglichkeit gegen Wirklichkeit und Unwirklichkeit sowie der Unwirklichkeit gegen Möglichkeit und Unmöglichkeit, kommen hier in Wegfall.

2. *Alle positiven Realmodi* (Möglichkeit, Wirklichkeit, Notwendigkeit) *schließen alle negativen* (Unmöglichkeit, Unwirklichkeit, Zufall) *von sich aus*. Daraus ergeben sich verschiedene »paradoxe Ausschlußgesetze«, wie z. B. daß das Sein dessen, was unwirklich ist, nicht möglich ist. Dabei ist

stets zu beachten, daß die Realmöglichkeit immer nur eine Hic-et-nunc-Möglichkeit ist.

3. *Alle positiven Realmodi implizieren einander; analog alle negativen.* Hier ergeben sich die »paradoxen Implikationsgesetze«, wie z. B. daß das Realmögliche auch realwirklich und realnotwendig ist. Sage ich etwa, es sei möglich, daß der vor mir stehende morsche Baum umfalle, so gilt dies nur im Sinne der idealen Möglichkeit; denn würde ich die Umstände genau kennen, dann wäre es für mich sicher, daß der Baum jetzt nicht umfallen kann. Dazu müßten sämtliche Bedingungen erfüllt sein (wie z. B. bei einem heftigen Windstoß); dann aber fällt der Baum tatsächlich um und das Ereignis ist ein real notwendiges.

Das Reale ist also *eine Sphäre durchgängiger Abhängigkeit*. Eine zufällige Wirklichkeit fehlt in ihm; es ist hier etwas nur wirklich auf Grund einer totalen Bedingungskette. Die Wirklichkeit ist der stärkste Seinsmodus, da er unmittelbar und unzweifelhaft gegeben ist, während Möglichkeit und Notwendigkeit durch ihn verdeckt sind; d. h. ihnen gegenüber fehlt ein unmittelbares Realitätsbewußtsein seelischer und geistiger Wesen. Trotzdem sind sie die seinsmäßigen Bedingungen der Wirklichkeit.

Anders liegen die Verhältnisse im idealen Sein. Die absoluten Modi Wirklichkeit und Unwirklichkeit treten hier zurück, *die relationalen Modi Möglichkeit und Notwendigkeit beherrschen das Feld.* Daher stehen die Zusammenhänge, Verhältnisse, Gesetzlichkeiten hier im Vordergrund. Wegen des Zurücktretens der absoluten Modi erscheint uns das Ideale als eine verdünnte Sphäre, als ein leichtes und schwebendes Sein. Aber die Strenge und Eindeutigkeit herrscht hier ebenso wie im Realen, die Gesetzlichkeiten sind dem Belieben unseres Denkens entzogen; dieses muß ihnen folgen, will es nicht unwahr werden. Das erwähnte Verdrängtsein der absoluten Modi durch die relationalen bedeutet nicht das Verschwinden der ersteren. Der Satz von der Winkelsumme im Dreieck z. B. spricht ein schlichtes »es ist so« aus und meint damit die ideale Wirklichkeit. Daß diese aber die untergeordnete Rolle eines bloß mitlaufenden Modalmomentes spielt, zeigt z. B. die mathematische Beweisführung, die immer auf die ideale Möglichkeit und Notwendigkeit ausgeht. Die ideale Wirklichkeit ergibt sich dann von selbst. Somit gilt auch in der idealen Sphäre der Satz, daß die Möglichkeit die Wirklichkeit impliziert. Nur ist dieses Gesetz hier nicht wie im Realen paradox, sondern unmittelbar evident.

Die Intermodalverhältnisse sind im Idealen weit komplizierter als in der Realsphäre; denn während das Reale sich durchaus auf derselben Ebene des Individuell-Zeitlichen abspielt, weist das Ideale Höhenabstufungen von der höchsten Allgemeinheit bis zur letzten Spezies über dem Realen auf. Daher gibt es hier zwei Arten von Möglichkeiten. Auf derselben Höhenlage wird die Wirklichkeit von der Möglichkeit impliziert, es besteht daher ebenso wie im Realen keine disjunktive Möglichkeit. Im Verhältnis vom Genus zur Spezies dagegen besteht eine solche, sind doch z. B. vom Genus Dreieck aus die Spezies rechtwinkliges, stumpfwinkliges und spitzwinkliges Dreieck »gleichmöglich«. Hartmann stellt daher im Anschluß an Leibniz der disjunktiven Möglichkeit die *Kompossibilität* an die Seite. Was disjunktiv nebeneinander möglich ist – nämlich die im Genus nebeneinander bestehenden Spezies –, ist niemals kompossibel. So etwa sind die unendlich vielen möglichen Welten des Leibniz nebeneinander bestehende ideale Möglichkeiten, von denen nur eine verwirklicht sein kann, d. h. sie sind miteinander nicht kompossibel. Im Idealen herrscht also das *Gesetz der Parallelmöglichkeit des Inkompossiblen*. Damit findet auch der Zufall Eingang, der ihm im Realen verwehrt war. Denn nur insofern die Spezies die Züge des Genus tragen, sind sie von Wesensnotwendigkeit beherrscht. Was an neuen Bestimmungen hinzutritt (spezifische Differenzen), ist wesenszufällig.

Zum Abschluß sei noch erwähnt, daß Hartmann neben den beiden Seinssphären auch die zwei sog. Sekundärsphären, d. h. die logische und die Erkenntnissphäre, in bezug auf ihre Modalverhältnisse analysiert. Es ergeben sich dann zwischen den vier Sphären zahlreiche Intermodalverhältnisse zweiter Ordnung.

(c) Das Problem der Seinsprinzipien

Kategorien sind nach Hartmann *allgemeine Prinzipien des Seienden*. Sie sind keineswegs, wie es oft geschieht, Begriffen gleichzusetzen. Zwar erfassen wir das Seiende nur mittels Begriffen, aber das Erkannt- und Begriffensein ist dem Seienden und seinen Prinzipien vollkommen äußerlich und gleichgültig. Hat man dies einmal anerkannt, so besteht nach Hartmann die weitere Gefahr, die Seinsprinzipien mit dem idealen Sein, d. h. den idealen Wesenheiten zu identifizieren. Tatsächlich tragen auch beide neben dem Ansichseinscharakter das Moment des Allgemeinen, Zeitlosen, Ewigen, das des Bestehens unabhängig von den Realfällen. Dennoch besteht ein dreifacher Unterschied. Erstens geht das Ideale vollkommen in Gesetzlichkeiten, Beziehungen, Formen auf, *die Kategorien dagegen enthalten auch Substratmomente*. Ein Kategoriensystem muß ja der Welt in der Weise genügen, daß es alles Prinzipielle am Seienden (z. B. auch die Materialität) betrifft. Würde dieses mit dem Idealen gleichgesetzt, so entstünde eine Verflüchtigung der Welt in ein bloßes Relationssystem. Zweitens *steht das ideale Sein selbst ebenfalls unter kategorialen Prinzipien*, die daher mit ihm nicht identisch sein können. So z. B. sind die natürlichen Zahlen allgemeine ideale Gebilde, aber keine Kategorien. Eine Kategorie dagegen ist z. B. die Kontinuität, welche die Reihe der reellen Zahlen beherrscht. Der dritte und wichtigste Unterschied aber liegt in dem *Gegensatz von Ideal- und Realkategorien*, wie er bereits in der Modalanalyse hervortrat. Wäre z. B. die Realmöglichkeit etwas Ideales, so fiele sie mit der Wesensmöglichkeit zusammen, was sich gerade als irrig herausstellte; denn die letztere ist bereits mit der inneren Widerspruchslosigkeit gegeben, während für die erstere die totale Bedingungskette erforderlich ist.

Ein weiteres, in der Tiefe des menschlichen Gemütes liegendes und darum unausrottbares Vorurteil erblickt Hartmann im *kategorialen Monismus*. Darunter versteht er die Tatsache, daß die bisherige Prinzipienforschung fast ausschließlich von der Voraussetzung ausging, das System der Prinzipien müsse in einem obersten Prinzip gipfeln, etwa in

Gott oder einem Absoluten oder einem irgendwie anders charakterisierten Seinszentrum. Da für Hartmann wegen seiner phänomenologischen Ausgangsbasis rationale Gottesbeweise unmöglich sind, kommt für ihn von vornherein höchstens ein in der Kategorialanalyse selbst liegender zwingender Hinweis auf einen derartigen Einheitspunkt in Frage. Die nähere Untersuchung des Kategorienproblems zeigt aber, daß ein solcher Hinweis vollkommen fehlt. Was sich ergibt, ist vielmehr ein komplexes System zahlreicher Prinzipien mit mannigfaltigen gesetzlichen Beziehungen zwischen ihnen. Allein an Urkategorien, d. h. an solchen Seinsprinzipien, die für alle Seinssphären und Seinsschichten gelten, kennt Hartmann nicht weniger als 24, nämlich:

Prinzip – Concretum	Einheit – Mannigfaltigkeit
Struktur – Modus	Einstimmigkeit – Widerstreit
Form – Materie	Gegensatz – Dimension
Inneres – Äußeres	Diskretion – Kontinuität
Determination – Dependenz	Substrat – Relation
Qualität – Quantität	Element – Gefüge

Von den durch Hartmann untersuchten mannigfaltigen Beziehungen zwischen den in Gegensatzpaaren geordneten Prinzipien ist vor allem die *kategoriale Kohärenz* hervorzuheben. Darin drückt sich die Tatsache aus, daß jede der genannten Kategorien nicht nur ihr Gegenglied, sondern sämtliche 22 übrigen Prinzipien voraussetzt. Daher kann man durch Analyse eines einzigen Prinzips zu allen anderen Kategorien gelangen. Dies ist nach Hartmanns Meinung der tiefere Sinn der *hegelschen Dialektik*. Es gibt in Wahrheit keine Einzelkategorien, sondern nur ein kategoriales Kontinuum als ursprüngliche Einheit, aus der das endliche, einer unmittelbaren Gesamtschau unfähige menschliche Denken durch künstliche begriffliche Cäsuren Stücke herausschneidet, die ihm dann als für sich bestehende Prinzipien erscheinen. Der Fehler dieses Herausschneidens, d. h. des begrifflichen Denkens, macht sich dann so bemerkbar, daß jede Kategorie »einen Widerspruch an sich trägt«, wie sich Hegel ausdrückt, d. h. über sich hinausweist und andere Kategorien impliziert.

Die aufgezählten Kategorien erschöpfen das System der

Seinsprinzipien keineswegs; zu ihnen treten die für die verschiedenen Seinsschichten (Anorganisches, Organisches, Seelisches, Geistiges) spezifischen Kategorien. Zwischen den Kategorien bestehen Gesetzmäßigkeiten, die man als *Prinzipien der Prinzipien* bezeichnen kann. Hartmann faßt sie in vier Gesetze zusammen, die selbst wieder jeweils in vier Teilmomente zerfallen, nämlich: 1. *Das Gesetz der Geltung*. Es zerfällt in das *Gesetz des Prinzips*, welches besagt, daß das Sein der Kategorien in nichts anderem besteht als in ihrem Prinzipsein für ein Concretum, das *Gesetz der Schichtengeltung*, wonach die durch eine Kategorie bewirkte Determination für jedes Concretum der betreffenden Seinsschicht eine unverbrüchlich feste ist, das *Gesetz der Schichtenzugehörigkeit*, welches die Tatsache hervorhebt, daß außerhalb der Schicht die Geltung der Kategorie entweder überhaupt hinwegfällt oder doch nur eine beschränkte und modifizierte ist, und in das *Gesetz der Schichtendetermination*, mit dem die nicht bloß unverbrüchliche, sondern auch vollständige Determination alles Prinzipiellen am Concretum einer Schicht ausgedrückt werden soll.

2. *Das Gesetz der kategorialen Kohärenz*.

3. Der *Stufenbau der realen Welt* vom Anorganischen bis zum Geistigen ist von den bisherigen Gesetzen nicht betroffen worden. Das erste Gesetz hatte ihn bereits zur Voraussetzung, das zweite bezog sich überhaupt nicht auf ihn, sondern auf die horizontale Verflochtenheit der Prinzipien gleicher Seinshöhe miteinander (z. B. der einzelnen Prinzipien des Anorganischen). Die beiden folgenden Gesetze suchen diesem Mangel abzuhelfen. Das dritte Gesetz ist das der *kategorialen Schichtung*. Sein erstes Teilgesetz ist das der *kategorialen Wiederkehr*. Es besagt, daß die niederen Kategorien in den höheren Schichten als Teilmomente des Kategorienkomplexes wiederkehren. So z. B. sind im Organischen die Gesetze des Anorganischen mitenthalten. Eine Einschränkung dieses Sachverhaltes ist im *Gesetz der Abwandlung* ausgedrückt. Danach wandeln sich die kategorialen Elemente bei ihrer Wiederkehr in den höheren Schichten in mannigfacher Weise ab. Dies beruht auf ihrer Einordnung in einen neuartigen Kategorienkomplex, dessen Eigenart auf die Ein-

zelkomponenten abfärbt. Im *Gesetz des Novums* ist dieser Gedanke noch weitergeführt: Der höhere Kategorienkomplex ist nicht bloß eine Neukombination der in ihm wiederkehrenden niederen kategorialen Elemente – die kategoriale Ordnung der Prinzipien des Organischen z. B. ist nicht lediglich eine neuartige Konstellation anorganischer Gesetze –, vielmehr enthält er neben den wiederkehrenden Teilmomenten noch ein spezifisches Novum, bestehend aus einem oder mehreren kategorialen Elementen, die hier erstmals auftreten. Das *Gesetz der Schichtendistanz* schließlich besagt: Wiederkehr und Abwandlung schreiten nicht kontinuierlich, sondern in Sprüngen fort, weshalb sich zwischen den einzelnen Schichten jeweils eine durch keine Kontinuität zu überbrückende Distanz ergibt.

4. Über Art und Stringenz der Abhängigkeit des Höheren vom Niederen und umgekehrt sagen die *Gesetze der kategorialen Dependenz* aus. Im ersten Teilmoment, dem *Gesetz der Stärke*, welches sich auch in der Philosophie Schelers findet, äußert Hartmann seine Gegenansicht gegen den deutschen Idealismus. Während dort das Höchste (der Geist) als im Niederen vorausgesetzt gedacht wird, die ganze Weltentwicklung als eine Verwirklichung des absoluten Geistes erscheint, besagt dieses Gesetz das Gegenteil: Die höheren Kategorien setzen zahlreiche Prinzipien tieferer Seinsschichten voraus, ohne selbst in diesen vorausgesetzt zu sein. Bezeichnet man dieses Fundamentsein als Stärke, so kann man daher sagen, daß die niederen Kategorien die stärkeren, die höheren dagegen die schwächeren sind. Ein absoluter Geist wäre zwar ein Prinzip absoluter Seinshöhe, dafür aber auch absoluter Schwäche. Durch das *Gesetz der Indifferenz* wird dies noch verschärft: Die niederen Seinsschichten gehen nicht darin auf, Grundlage für die höheren zu sein, sondern bestehen auch ohne diese. Dennoch können die niederen Prinzipien von den höheren überformt werden. Diese Tatsache soll das *Gesetz der Materie* ausdrücken. Ein Gegengewicht zum Gesetz der Stärke bildet das *Gesetz der Freiheit*. Es besagt, daß die höheren Kategorien den niederen Schichten gegenüber frei sind, d. h. einer eigenen, vom niederen Kategorienkomplex unab-

hängigen Seinsgesetzlichkeit unterstehen. So z. B. gilt das Gravitationsgesetz auch für organische Gebilde. Würden aber die letzteren diesem Gesetze ganz unterworfen sein und keinen Freiheitsspielraum ihm gegenüber aufweisen, so könnten sich niemals organische Prozesse herausbilden, da diese dem Gravitationsgesetz häufig entgegenarbeiten.

In diesen Gesetzen spiegelt sich für Hartmann *der innerhalb der Rationalitätsgrenzen faßbare Einheitscharakter der Welt* wider. Er weicht von dem der üblichen metaphysischen Systeme, die alle dem monistischen Einheitsbedürfnis des Denkenden zum Opfer fielen, weitgehend ab. Der kosmische Seinszusammenhang weist zwar auch nach Hartmann Einheit und Ordnung auf, *aber es ist nicht die Einheit eines Prinzips, etwa eines absoluten Geistes oder eines göttlichen Schöpfers, sondern die in den kategorialen Gesetzen, vor allem dem der Schichtung, der Wiederkehr und der Kohärenz zum Ausdruck gelangende Ordnungseinheit.* Nur unkritische anthropomorphe Analogien führen nach Hartmanns Meinung zur Annahme eines weltimmanenten oder welttranszendenten substantiellen Seinsprinzips oder personal-geistigen Ursubjektes. Für ihn ist der Einheitstypus der Welt nicht in einem obersten Prinzip, einem Urgrund oder Endziel zu sehen, sondern in einer in sich komplexen kategorialen Beziehungseinheit, hinter die zurückzufragen sinnlos sei.

(d) Probleme der speziellen Kategorialanalyse (Naturphilosophie)

In seiner Naturphilosophie versucht Hartmann, eine spezielle Kategorienlehre zu entwerfen. Auf deren Einzelheiten können wir hier nicht eingehen und müssen uns darauf beschränken, einige Hinweise auf die dort behandelten Themen zu geben. In noch stärkerem Maße als die allgemeine Kategorienlehre hat jede spezielle Kategorialuntersuchung auf Phänomenalanalyse zu beruhen. Sie ist daher an den Stand der jeweiligen wissenschaftlichen Forschung gebunden; denn alles Wissen über Kategorien muß den einzelnen Gegenstandsgebieten abgewonnen sein.

Die vordringlichste Aufgabe der Naturphilosophie ist die Beschäftigung mit den *dimensionalen Kategorien* Raum und

Zeit. Im Gegensatz zum Raum reicht die *Zeit* bis in die geistige Welt. Die Zeit ist nicht nur Anschauungskategorie, sondern auch Realkategorie des Bewußtseins: der Zeit im Bewußtsein entspricht das Bewußtsein in der Zeit. Die *Realzeit*, der alle Weltvorgänge unterworfen sind, ist somit streng auseinanderzuhalten von der *Anschauungszeit*, in der die Inhalte unseres Bewußtseins erscheinen. Realzeitlich ist jedes Subjekt an das Jetzt gebunden, in der Anschauungszeit dagegen kann es sich frei bewegen. In bezug auf den *Raum* sind zu unterscheiden die *Idealräume* der Mathematik, der *Realraum*, in dem sich alle physischen Prozesse abspielen, und der *Anschauungsraum* als eine Inhaltskategorie des Bewußtseins.

Eine weitere Aufgabe besteht in der Analyse der *kosmologischen Kategorien*, welche das anorganische Sein beherrschen; dazu gehören u. a. Substanz, Kausalität, Gesetzlichkeit und Wechselwirkung. Hier kommt auch das Rätsel der mathematischen Struktur der Naturgesetze zur Sprache sowie das Problem der psychophysischen Kausalität, auf deren Bestehen nach Hartmann ein überwältigendes Tatsachenmaterial hinweist.

Eine letzte wichtige Aufgabe bildet die Untersuchung der *organologischen Kategorien*, die das organische Sein beherrschen. Hier werden nicht weniger als 19 Kategorien, die in vier Gruppen eingeteilt sind, unterschieden. Zunächst scheint es, als ob in diesem Bereich uns Menschen die adäquaten Kategorien fehlten. Das Organische ist uns in zweifacher Weise gegeben, und jede dieser Weisen verleitet zu einem einseitigen Aspekt: Einerseits erleben wir das eigene organische Leben; auf Grund dieser subjektiven Gegebenheit entsteht die Neigung, das Organische unter seelischen Kategorien zu sehen. Dies bildet die Wurzel für den *Vitalismus*. Andererseits erhalten wir durch unsere Sinne eine äußere Kunde von fremden Organismen als physischen Gebilden. Diese objektive Gegebenheit verleitet dazu, das Organische unter physikalischen Kategorien zu sehen. Dadurch kommt es zum *Mechanismus*. Der gröbere Fehler liegt dabei nach Hartmann in der finalen (= teleologischen) Betrachtungsweise. Denn Zwecktätigkeit gibt es nur, wo ein zwecksetzendes Bewußtsein vorliegt; dieses jedoch fehlt hier. So ist insbesondere der Lebensprozeß nicht ein hinter den organischen Teilprozessen stehendes und diese regelndes Prinzip (»eine Entelechie«); sondern das organische Individuum ist ein Gefüge eigener Art, dessen Leben im Ineinandergreifen der organischen Teilprozesse besteht. Der Tod ist nichts anderes als das Versagen dieses Gefüges von ineinandergreifenden Funktionen. Eingehend werden von Hartmann analysiert: der organische Prozeß als ein *formbildender Prozeß*, ferner das Widerspiel der *morphogenetischen Prozesse*, das Verhältnis von *Form- und Prozeßgefüge*, in dem die Stabilität der Organismen besteht, und die *Selbstregulation*. Die Philosophie des Organischen erschöpft sich aber nicht in der Betrachtung des organischen Individuums; sie muß fortschreiten zum überindividuellen Leben: dem *Leben der Art*. Dieses ist zwar kein Organismus höherer Ordnung, sondern ein Gefüge von Organismen; aber als solches besitzt es doch eine eigene Realität. Hierher gehört der ganze Fragenkomplex der *Phylogenese*, der durch Kategorien wie Deszendenz, Abartung, Selektion, Mutation erfaßt wird.

Metaphysische Restprobleme treten vor allem auf in der Frage der *organischen Determination*. Das Ganzheitsgefüge der einzelnen organischen Funktionen ist bis heute noch nicht faßbar. Die morphogenetischen Theorien machen immer nur einzelne Momente in diesen Funktionen verständlich. Bei der Frage nach dem determinierenden Faktor in der Reproduktion der Individuen gelangt man zur Annahme einer organischen *Zentraldetermination* vom Anlagesystem aus, welche eine Auslese aus jenen Ursachen vornimmt, die in den organischen Prozeß hineinspielen dürfen.

3. Die Philosophie des Geistes

Die geistige Schicht stellt die höchste Seinsschicht des Realen dar. Eine kritisch-philosophische Untersuchung dieses Gebietes muß von einer möglichst breiten Basis von empirischen Phänomenen ausgehen, um der Gefahr einer Entgleisung in metaphysische Spekulationen zu entgehen. Denn hier ist die Verführung zu solchen Spekulationen besonders groß: Die Vorstellung von einem selbständigen, über allem Irdischen schwebenden Geist gehört zu dem ältesten Gedankengut des Menschen. Und diese Vorstellung hat dann entweder zu der Annahme verleitet, daß der Geist ein Reich zeitlos allgemeiner Wesenheiten darstelle oder daß er etwas Reales sei, aber das einzige Reale, da im Grunde die ganze Welt geistig sei. Demgegenüber haben wir es nach Hartmann nur mit dem Geiste *in den Grenzen unseres Erfahrungsfeldes* zu tun. Und da zeigt es sich, daß der Geist erstens zeitlich bestimmt und individuell ist, ebenso wie alles andere Seiende in den drei niederen Schichten des Realen, und daß er zweitens keineswegs die allumfassende oder auch nur die tragende Seinsschicht bildet, sondern daß er auf den anderen Schichten aufruht und von ihnen abhängt. Für jede nicht spekulative Analyse des Geistes muß daher jenes fundamentale Schichtengesetz den Hintergrund bilden, wonach die höheren Schichten der realen Welt zwar gegenüber den niederen Freiheit besitzen, zugleich aber die schwächeren sind, da sie von ihnen getragen werden.

Wenn das Geistige als eine eigene Realschicht bezeichnet wird, so ist darin zugleich ausgedrückt, daß sie nicht auf die Welt des Bewußtseins reduzierbar ist. Die Bewußtseinsvorgänge sind stets an einzelne Individuen gebunden, geistige Gehalte dagegen nicht. Schon bei einem einfachen Gedanken ist der Denk*akt* auf das private Bewußtsein des diesen Akt vollziehenden Subjektes beschränkt; der Denk*inhalt* hingegen ist der vom Subjekt ablösbare und übertragbare geistige Gehalt. *Das Bewußtsein trennt die Menschen, der Geist verbindet sie.*

Nur durch vorsichtig vorantastende deskriptive Einzelanalysen kann man hoffen, das Wesen und die Struktur des Geistes aufzuklären. Er tritt uns in drei Seinsformen entgegen: als personaler, objektiver und objektivierter Geist. Diese drei Formen stellen keine Fortsetzung des Schichtenbaues der Welt dar; sie überformen einander nicht (wie das Organische das Anorganische), noch überbauen sie sich (wie das Geistige das Bewußtsein), sondern stehen im Verhältnis gegenseitigen

Tragens und Getragenwerdens, haben dieselbe prinzipielle Stellung in der Welt und bilden somit eine einheitliche Seinsebene.

Der *personale Geist* bietet sich dem naiven Blick am unmittelbarsten dar. Die geistigen Einheiten sind hier die individuellen Personen. Das Hauptmerkmal dieses Geistes ist die Exzentrizität: die Freiheit von dem tierhaften Eingespanntsein in die Triebe und die Umwelt. Hier erst gibt es *Objektivität*; denn zu Objekten werden die Dinge nur durch das exzentrische Bewußtsein, das sich von den Trieben losgelöst hat. In der Terminologie Hegels ausgedrückt: Das an sich Seiende wird dem exzentrischen Geist zum Für-ihn-Sein. Auch die Schau der Werte ist exzentrisch, sofern sie nämlich nicht mehr den Menschen zum Mittelpunkt der Welt macht. Der personale Geist ist aber nicht nur ein die reale und ideale Welt spiegelnder Geist. Er ist in die Aktualität des Lebenszusammenhanges einbezogen, insbesondere über die bereits erwähnten emotional-transzendenten Akte. Personen sind somit die menschlichen Individuen, sofern sie als handelnde, redende, wollende und leidende mit anderen geistigen Einzelwesen verbunden sind. Die Einheit und Ganzheit einer Person ist nicht die einer Substanz. Die *Identität des personalen Geistes im Zeitfluß* fällt diesem nicht von selbst zu, sondern er muß sie immer wieder durch eigene Leistung vollziehen; daher bedeuten z. B. Treubruch, Verrat an der Liebe und Freundschaft anderer nicht nur den Verlust eines Gegenstandes, sondern eine Selbständerung und Selbstpreisgabe der Person. Kennzeichnend für den Einzelgeist ist ferner die Tatsache, daß er in immer neue Situationen hineingerät und *zu freier Entscheidung gezwungen* wird (der Zwang liegt im »Daß« der Entscheidung, die Freiheit im »Wie«). Zum Wesen dieses Geistes gehört ferner Selbstbewußtsein, aber nicht das leere Selbstbewußtsein der unmittelbaren Reflexion auf sich, sondern das *inhaltliche Selbstbewußtsein*, das der Mensch erst im Verlaufe der Zeit gewinnt, wenn er sich handelnd an die Welt verloren hat und sich in der Rückschau im Spiegel seiner eigenen Taten sieht.

Auch der *objektive Geist* (der überindividuelle Gemeingeist) ist eine lebendige geschichtliche Realität, die sich vor allem der historischen Betrachtungsweise am unmittelbarsten zeigt. Denn für das geschichtliche Sehen treten die Einzelpersonen zurück, dafür ist es mehr auf die Verhältnisse gerichtet, in denen die Individuen stehen; die Ereignisse und Wandlungen größeren Ausmaßes geraten ins Blickfeld des Betrachters. Der objektive Geist ist gemeint, wenn man vom Geist des Hellenentums, der Renaissance, allgemein vom Geist eines Volkes spricht. Er ist etwas Konkretes und auch vor jeder begrifflichen Erfassung Erlebbares, wie denn jeder, der in ein fremdes Land kommt, den Geist des fremden Volkes erfährt. Hegel ist nach Hartmann der Kolumbus des objektiven Geistes: Er entdeckte mit diesem Geist einen neuen Kontinent, ohne das zu ahnen, was er entdeckt hatte. Echtes Schauen ist bei ihm unmittelbar mit spekulativen Konstruktionen und dialektischen Erdichtungen verwoben. Es gilt, das Gesehene aus der idealistischen Metaphysik herauszulösen und die spekulativen Ausdeutungen durch genaue Beschreibungen zu ersetzen. So gelangt Hartmann zu *zwölf Gegenthesen gegen die hegelsche Geisteskonzeption*. Zu diesen Gegenthesen gehören insbesondere die Sätze, daß der Geist das ontisch Sekundäre ist, der auf dem geistlosen Sein aufruht, daß auch keineswegs der objektive Geist als ein Wesen höherer Ordnung der eigentliche Träger des Geschichtsprozesses ist, sondern zwischen personalem und objektivem Geist das Verhältnis von Tragen und Getragenwerden ein wechselseitiges ist, daß der Wandel des objektiven Geistes nicht von Zwecken geleitet ist (weder der objektive Geist selbst noch ein unsichtbarer Drahtzieher hinter ihm lenkt zielbewußt die Geschicke der Welt), daß es überhaupt nicht im Wesen der Geschichte liegt, Fortschritt zu sein, und daß sich vor allem der optimistische Gedanke von der Weltgeschichte als dem Weltgericht am wenigsten halten läßt; denn im allgemeinen erweist sich das Gröbere als das geschichtlich Stabilere.

Der objektive Geist überlagert die Sphäre des bloßen vitalen Daseins. Sein Leben vollzieht sich in Gebieten wie: *Sprache, bestehende Sitte, geltende Moral, herrschendes Recht, Stand der Wissenschaft, hergebrachte Erziehungs- und Bil-*

dungsformen, Kunstrichtungen, vorherrschende Weltanschauungen. Jedem dieser geistigen Inhalte entspricht eine eigene Weise der Erfahrung, des Hineinwachsens, Übernehmens und Aneignens durch den Einzelmenschen. Zu den individuellen Geistern steht der objektive Geist in einem einzigartigen Verhältnis der *Superexistenz;* er wird von ihnen getragen und lebt nur in ihnen, umfaßt und überformt sie aber andererseits doch wieder, indem er über sie Macht gewinnt. Bei der Analyse des Verhältnisses zwischen diesen beiden Formen des Geistes müssen drei Dinge beachtet werden: daß der objektive Geist nicht vererbt, sondern nur *tradiert* wird, d. h. daß die Individuen den in der Vergangenheit erworbenen geistigen Gehalt nicht von Geburt an mitbekommen, sondern ihn im Verlaufe des Lebens willentlich aneignen müssen, ferner daß der objektive Geist *kein Bewußtsein* und auch *keine Personalität* hat, trotz der Tatsache, daß er als Volksgeist anderen Volksgeistern gegenüber Individualität besitzt. Bedeutsame Konsequenzen ergeben sich vor allem daraus, daß der objektive Geist kein Subjekt mit Bewußtsein ist. Eine bewußtseinsmäßige Repräsentation findet er nur in den Einzelindividuen. Diese aber ist sehr unvollkommen; denn keines der Gebiete des objektiven Geistes kann in einem Einzelbewußtsein auch nur annähernd widergespiegelt werden: Kein Einzelmensch vermag den Gehalt der gesamten Wissenschaft einer Zeit zu umfassen, ebenso keiner sämtliche Leistungen der Kunst usw. *Im Bereich des sozialen Lebens und der Politik entsteht daraus eine geradezu katastrophale Situation:* Das Gemeinwesen muß regiert werden, von Augenblick zu Augenblick müssen öffentliche Angelegenheiten erledigt, Streitigkeiten geschlichtet, Nöte behoben werden, und dazu bedarf es ständiger Entscheidungen und Handlungen. Dies aber kann nur ein Bewußtsein leisten. Da dem Gemeingeist das Bewußtsein fehlt, muß das Einzelbewußtsein als stellvertretendes Bewußtsein einspringen. Der Einzelmensch aber kann das fehlende Gesamtbewußtsein niemals ersetzen. Er ist den Anforderungen des objektiven Geistes prinzipiell nicht gewachsen; denn kein Menschenverstand kann die politische Gesamtsituation so überblicken, wie er die privaten Situationen im persönlichen Leben umfaßt, und ebenso kann niemand unter völliger Zurückstellung privater Interessen und Sympathien in der Hingabe an den Staat oder das Amt aufgehen.

Hartmann erblickt einen der Grundirrtümer Hegels darin, daß dieser nur das für das Wahre und Wesentliche im geistigen Leben hielt, was jeweils allgemeine Geltung hat. Es wird darin verkannt, daß es auch Verirrungen des objektiven Geistes geben kann. *Die Analyse des Unechten im Geistesleben* muß daher einen wichtigen Bestandteil der Philosophie des geistigen Seins bilden. Hier wird es wieder fühlbar, daß der Gemeingeist kein Bewußtsein besitzt. Er hat daher auch *kein Gewissen* gegenüber Entgleisungen. Diese Rolle des Gewissens muß der Einzelmensch übernehmen und kann daher in die Lage kommen, sich gegen den objektiven Geist stellen zu müssen. Unechtes kann es auf allen Gebieten des Geisteslebens geben: Kitsch (in der Kunst), Massensuggestion (in der öffentlichen Meinungsbildung), Scheinmoral des »Guten Rufes« mit habituell gewordenem Selbstbetrug, Aberglaube (in der Religion) usw. *Das einzige Reich reiner Echtheit ist die Wissenschaft:* Es gibt zwar Irrtum, aber kein unechtes Wissen; denn dieses würde den Widerspruch eines Wissens bedeuten, das den Irrtum einsähe und dennoch an ihm festhielte. Hier tritt die Frage auf, ob nicht die Wissenschaft die Funktion des Gewissens im objektiven Geist übernehmen könne. Hartmann ist diesbezüglich ziemlich pessimistisch, erhofft sich aber doch von den sich eben erst entwickelnden Wissenschaften des sozialen und politischen Lebens eine zunehmende Situationsbeherrschung, die einmal in Zukunft mit Erfolg angewendet werden könnte.

Der *objektivierte Geist* umfaßt als dritte Seinsform die vom Geist aus sich »herausgestellten« Objektivationen: das kodifizierte Gesetz, die in Wort und Schrift festgehaltene wissenschaftliche Erkenntnis, das Kunstwerk usw. Während personaler und objektiver Geist lebender Geist sind, ist der objektivierte Geist nichts Lebendes. Die reale Basis (das bedruckte Papier, der bearbeitete Stein) ist hier nirgends geistig, sondern materiell. Das Geistige besteht vielmehr in einer irrealen Sinnschicht, die erst durch den personalen Geist in verstehendem Betrachten und Wiedererkennen zum Leben erwacht. Das Verhältnis von realem Vordergrund und irrealem Hintergrund wird am Beispiel des Kunstwerkes in der Ästhetik genauer analysiert.

Aller Geist ist *geschichtlich*. Das Vergangene kann *stillschweigend* in die Gegenwart hineinragen, wie dies der Fall ist bei allen ehemaligen Sitten, Sprachformen, moralischen Tendenzen usw., die in uns lebendig sind, ohne als Ehemaliges empfunden zu werden. Es kann aber auch *vernehmlich* in die Gegenwart hineinragen, wenn nämlich der lebende Geist darum weiß, daß es vergangen ist. Für die Beurteilung des geistigen Wandels ist vor allem *die Hemmung* zu beachten, *die der objektivierte Geist auf den lebenden Geist ausübt*. Der lebende Geist bindet sich in den Objektivationen, und diese werden seiner eigenen Lebendigkeit in der Zukunft zum Hindernis. So kommt es zu einer ständig revolutionären Tendenz des lebenden Geistes gegen die aus der Vergangenheit stammenden Objektivationen. Gegen die Fülle des verfestigten Geistesgutes zweifelhafter Art hilft sich der Geist oft durch einen gewissen Leichtsinn, indem er es einfach abtut; denn kein lebender Geist kann sorgfältig alles Überlieferte sichten und prüfen, bevor er eigene Schritte wagt.

4. *Philosophie der Werte*

(a) Ethik

In seiner Ethik knüpft Hartmann an die *materiale Wertethik* Schelers an. Was letzterer angekündigt hatte, wird hier inhaltlich durchgeführt: eine eingehende Analyse der einzelnen Werte und der zwischen ihnen bestehenden axiologischen und ontologischen Gesetzmäßigkeiten. Die Gleichsetzung von Werten und platonischen Ideen ist bei Hartmann ausdrücklich vollzogen. Die Vermittlung zwischen realer Seins- und idealer Wertsphäre geschieht über die *Person*. Denn es ist das Wesen der menschlichen Person, Bürger zweier Welten zu sein: der realen Welt, die einer unverbrüchlichen ontologischen Gesetzmäßigkeit untersteht, und der Wertwelt, für deren Sollensforderungen sie hellhörig ist. Nur über den Einsatz der Person können Werte realisiert werden.

Sittlich ist diese Verwirklichung aber erst dann, wenn sie aus Freiheit geschieht. Einem Automaten, der in jeder Realsituation den höchsten Wert verwirklichte, könnte man nicht das Prädikat »sittlich« zusprechen [1]. *Sittlich gut* ist daher nur ein solches Verhalten, welches erstens *aus Freiheit* entspringt, und zweitens *der objektiven Rangordnung der Werte entsprechend* erfolgt, d. h. den höheren Wert dem niederen vorzieht. Die Freiheit selbst kann nach Hartmann nicht bloß wie bei Kant »negative Freiheit«, d. h. Freiheit von Kausalität, sein. Einmal muß die Freiheit nicht nur gegenüber der ontischen Gesetzmäßigkeit bestehen, sondern auch gegenüber den Wertforderungen (die kantische Formulierung einer »Freiheit unter dem Gesetz« ist daher unzulänglich; vielmehr muß Freiheit sowohl gegenüber dem Natur- wie gegenüber dem Sittengesetz bestehen). Sodann kann die Freiheit nicht nur das Negativum einer Freiheit von aller Determination bedeuten, sondern muß etwas eminent Positives, ein Plus an Determination sein, welche im Falle der sittlichen Freiheit *die Selbstbestimmung der Person* ist. Die letztere läßt sich nach Hartmann zwar nicht zwingend erweisen, aber die Argumente gegen sie können entkräftet werden. Daneben lassen sich Phänomene aufzeigen, die auf sie hinweisen. Eines der wichtigsten ist das menschliche Freiheitsbewußtsein.

Von Bedeutung sind die fünf *Antinomien zwischen Religion und Ethik*, die Hartmann herausarbeitet. Die erste bezieht sich auf den *Gegensatz von Diesseits- und Jenseitseinstellung*. Bei scharfer Ausprägung des religiösen Standpunkts hat das Diesseits als solches keine eigenen Werte, sondern nur als Vorbereitung für das Jenseits; ein Streben, welches nur auf die Werte dieser Welt geht, ist böse. Diese Entwertung der realen Welt ist vom ethischen Standpunkt aus völlig abzulehnen; denn die Ethik ist ganz diesseitig eingestellt. Für sie ist die Jenseitstendenz ebenso wertwidrig wie die

---

[1] Darum kann nach Hartmann auch ein Gott, zu dessen Wesen die Güte gehört, nicht als sittliche Person angesprochen werden.

Diesseitstendenz vom Religiösen aus. Wenn keine der beiden Tendenzen je ganz schroff vertreten wurden, so ist dies nur ein Beweis für die menschliche Inkonsequenz.

Die zweite Antinomie betrifft das *Verhältnis von Mensch und Gott.* Während für den Religiösen Gott das Wichtigste und der höchste Wert ist, auf den Menschen dagegen es erst in zweiter Linie ankommt, ist in ethischer Hinsicht der Mensch das Höchste und einzig Wichtige. Daß etwas darüber ginge, und sei es Gott selbst, ist unmoralisch und ein Verrat am Menschen. Die dritte Antinomie geht auf den *Ursprung des Sittlichen.* Für das religiöse Denken sind alle sittlichen Forderungen im Gebot Gottes verankert. Die sittlichen Werte werden dadurch heteronom; denn sie gehen auf einen Machtspruch zurück. Für jede echte Ethik dagegen gilt die Autonomie des Sittlichen, d. h. dessen Wertvollsein nicht um eines anderen willen, sondern um seiner selbst willen. Werte werden danach verwirklicht, nicht weil sie geboten, sondern weil sie in sich selbst einsichtig sind. Noch stärker ist die *Antinomie der Vorsehung:* Die göttliche Vorsehung nämlich, welche von der Religion behauptet wird, steht im Widerspruch zur Freiheit des Menschen, die wiederum die Grundvoraussetzung alles Sittlichen ist.

Die letzte Antinomie ist die der *Erlösung.* Für die Religion kann die Sünde dem Menschen abgenommen, er kann von ihr erlöst werden. Vom ethischen Standpunkt aus dagegen ist das Schuldigsein an der bösen Tat niemandem abzunehmen, weil es vom Schuldigen unabtrennbar ist, man müßte ihm denn das Schuldigsein selbst absprechen, d. h. aber, die sittliche Zurechnungsfähigkeit wie bei einem Kind oder einem Geisteskranken bestreiten. Darum ist, ethisch betrachtet, die Abnahme der Schuld schlimmer als das Tragen der Schuld; denn im letzten Falle wird der Mensch wenigstens noch als sittliche Persönlichkeit gewürdigt, im ersten nicht mehr.

Die Antinomien sind nicht lösbar. Eine der beiden Einstellungen muß daher illusionärer Natur sein. Da nun für Hartmann die Absolutheit des Sittlichen außer Zweifel steht, kann die Illusion nur auf der Seite der Religion liegen. Daraus folgt, obwohl Hartmann dies nicht ausdrücklich ausgesprochen hat, ein postulatorischer Atheismus, genau entgegengesetzt dem Vorgehen Kants, der vom Bestehen des Sittengesetzes auf Gott zurückschloß. Denn die logische Konsequenz aus den hartmannschen Antinomien ist die Forderung der Nichtexistenz Gottes: Wenn es eine absolute Sittlichkeit gibt – und diese gibt es –, dann kann es keinen Gott geben; denn dieser würde die ethische Freiheit und Würde der menschlichen Person zerstören.

(b) Ästhetik

Eine Analyse des Schönen hat sich mit zwei Gegenständen zu befassen: mit der Struktur und Seinsweise des ästhetischen *Gegenstandes* und mit dem anschauenden und genießenden *Akt*. Da alles Schöne *sinnlichen Charakter* hat, kann die Ästhetik mit der Analyse der Wahrnehmung beginnen. Eine Wahrnehmung besteht nicht darin, daß etwas sinnlich erlebt wird, vielmehr ist für jede Wahrnehmung die Tatsache wesentlich, daß darin viel mehr gemeint wird, als unmittelbar gegeben ist: Im Wahrnehmen erscheint ein Nichtwahrgenommenes (z. B. die Rückseite und das Innere eines Hauses). Das sinnlich Gegebene ist ein bloß zufälliger Aspekt, eine »Abschattung« im Sinne Husserls. Dieses bereits für die außerästhetische Wahrnehmung charakteristische Erscheinungsverhältnis wird in der ästhetischen Wahrnehmung beherrschend. *Das Schöne ist seinem Wesen nach ein Erscheinungsverhältnis, nämlich ein Sichzeigen des irrealen Hintergrundes in dem sinnlich gegebenen Vordergrund.* Dieser Kennzeichnung des Schönen von der Gegenstandsseite her entspricht eine analoge von der Aktseite: Zu der sinnlichen Schau tritt eine »*übersinnliche Schau*«, eine Schau höherer Ordnung, hinzu, in der etwas offenbart wird, was der bloß sinnlichen Schau verborgen bleibt (z. B. die Stimmung einer Landschaft).

Es ist nicht nur ein einfacher irrealer Hintergrund, der im ästhetischen Gegenstand erscheint. Vielmehr gliedert sich dieser Hintergrund in eine *Folge von Schichten*. Dabei hängt das Erscheinen der Innenschichten von der Erfülltheit der Außenschichten ab. Das Minimum bilden zwei Schichten, die in einem Erscheinungsverhältnis zueinander stehen. Die

Größe eines Kunstwerks hängt vor allem davon ab, wie weit die Schichtenfolge reicht. Nicht jeder Beschauer muß imstande sein, alle Schichten des Kunstwerkes zu erfassen. An einem Drama können z. B. sechs Innenschichten unterschieden werden: das lebendige Spiel, die gesprochenen Worte, die seelischen Vorgänge und Charaktere, die Schicht der Schicksale und dahinter noch zwei Schichten von ideellem Gehalt, nämlich die Persönlichkeitsidee und ihr Ethos und die Schicht des menschlich Allgemeinen. Auch für die Musik lassen sich Außen- und Innenschichten deutlich unterscheiden; die tieferen Innenschichten können hier den ganzen Menschen ergreifen. So unterscheidet Hartmann in der Musik drei Hintergrundsschichten: die Schicht, in welcher der Hörende unmittelbar mitschwingt, diejenige, in welcher er in die Komposition eingedrungen ist und von ihr innerlich ergriffen wird, und schließlich die metaphysische Schicht: die Schicht der letzten Dinge.

Das Schöne ist somit weder der gefällige sinnliche Vordergrund noch der Hintergrund als ein in einem Erkenntnisakt Intendiertes, sondern gerade *das Erscheinungsverhältnis* des Einen im Anderen. Und dieses Verhältnis ist es, welches sich für jede Schicht in bezug auf die nächste tiefer gelegene bis zur letzten Innenschicht wiederholt. Der Beschauer weiß um die Irrealität des Erscheinenden; er wird daher nicht durch eine Illusion getäuscht, auch nicht im Falle der Natur, sofern diese nicht Gegenstand einer theoretischen oder praktischen Einstellung ist, sondern als schön betrachtet wird. Das Verhältnis von *Künstler* und *Beschauer* läßt sich ebenfalls am Schichtenmodell aufzeigen: Während der Künstler von der inneren Schicht nach außen fortschreitet und von jeder Innenschicht her die Form der nächstäußeren bestimmt sein läßt, hat der Beschauer vom sinnlich gegebenen Vordergrund auszugehen und muß sich durch die Formung des Künstlers von der jeweils äußeren Schicht leiten lassen, um zur nächstinneren Schicht vorzudringen.

Die drei Unterarten des Schönen: das Erhabene, das Anmutige und das Komische, ergeben sich ebenfalls aus dem Schichtenverhältnis. Im *Erhabenen* überwiegen die Innenschichten. Es erscheint ein unsinnlicher Hintergrund in einem sinnlich realen Vordergrund. Dieses Erscheinen kommt dem Bedürfnis des Menschen nach Größe entgegen; die Widerstände, welche ihm entgegenstehen, werden darin spielend überwunden. Gleichzeitig ist das Erscheinen des Erhabenen an den sinnlichen Außenschichten ein bloß partielles; darum haftet ihm das Dunkle und Geheimnisvolle, die unaufgedeckte Tiefe und Abgründigkeit an. Im *Anmutigen* hingegen überwiegen die Außenschichten. Für das *Komische* schließlich ist eine Transparenztäuschung charakteristisch: Dem Betrachter wird etwas Größeres und Gewichtigeres vorgetäuscht, das einer tiefen Innenschicht angehört, um sich schließlich in etwas Unbedeutsames aufzulösen. Ähnlich wie für Kant besteht also für Hartmann die Komik in der Aufhebung dieser Täuschung, mit der die »Auflösung ins Nichts« geschieht.

Hartmann diskutiert auch das Problem des Gegebenseins der ästhetischen Werte und ihres Unterschiedes zu anderen Werten. So wie alle Werte sind die ästhetischen Werte nur einem *Wertfühlen* zugänglich. Während die ethischen Werte stets auf Güterwerten fundiert sind, brauchen die ästhetischen Werte nicht auf irgendwelchen anderen Arten von Werten fundiert zu sein. Das spezifisch ästhetische Wertgefühl ist die *ästhetische Lust*. Diese wird von Hartmann ebenso wie von Kant als interesseloses Wohlgefallen gekennzeichnet. Dies bedeutet, daß die außerästhetischen Wertgefühle keine Rolle spielen dürfen, selbst dann nicht, wenn andere Werte von den Künsten dargestellt werden; die außerästhetischen Wertgefühle werden von den ästhetischen überlagert. An den Beschauer des Schönen ergeht darum eine doppelt hohe Anforderung: Er muß innerlich freigeworden sein von der Lust am praktischen (oder sonstigen nichtästhetischen) Wert des Objektes, ebenso freigeworden vom Zustandswert des eigenen Subjektes.

An verschiedenen Stellen stößt die Ästhetik auf Fragen, die aus ihrem Rahmen herausführen; schon die Analyse des künstlerischen Schaffens drängt aus ihr heraus. Der Zusammenhang mit der Lehre vom geistigen Sein ist dadurch hergestellt, daß das Kunstwerk der Art nach zum objektivierten

Geist gehört, da darin ein geistiger Gehalt in die Gegenständlichkeit versenkt wird. Ferner entsteht auch gegenüber dem Kunstwerk eine Wahrheitsfrage, die von Hartmann durch die Unterscheidung von Lebenswahrheit und Wesenswahrheit (Lebensweisheit) beantwortet wird. Auch in das Gebiet des Metaphysischen führt die Ästhetik. Die Metaphysiker machten nach Hartmann immer den Fehler, der Welt einen allgemeinen Sinn zu geben. Einen solchen allgemeinen Sinn findet man aber in den einzelnen Werten nicht vor, insbesondere auch nicht in den verschiedenen ästhetischen Werten. Die *ästhetische Sinngebung* wird nur dadurch möglich, daß es sich umgekehrt verhält, als in der Anschauung der Metaphysiker: Nur eine sinnlose Welt ist für ein Wesen wie den Menschen die einzige sinnvolle Welt; denn in einer sinnerfüllten wäre er mit all seinen Gaben der Sinnverleihung überflüssig.

Würdigung

Der Philosophie Hartmanns gegenüber ist eine globale Beurteilung nicht möglich. Da keine einheitliche metaphysische Idee vorherrscht, sondern seine Ergebnisse auf voneinander unabhängigen Einzelanalysen beruhen, kann sich auch jede kritische Auseinandersetzung immer nur auf Hartmanns Stellungnahme zu ganz bestimmten Problemen beziehen.

Wenn man den Unterschied von Hartmanns Methode der Phänomenanalyse gegenüber derjenigen Husserls und Heideggers in einem kurzen Bild charakterisieren sollte, so könnte man sagen, daß es Husserl darum gehe, uns durch eine mikroskopische Analyse kaum bemerkbare Sachverhalte und Nuancen nahezubringen, daß Heidegger versuche, unseren Blick auf etwas zu lenken, das gewöhnlich überhaupt nicht gesehen wird, und Hartmann sich, insbesondere in seiner Ontologie und Philosophie des Geistes, um eine makroskopische Gesamtschau bemühe. Darum hat er auch praktisch alle Gebiete der Philosophie bearbeitet. Hierin mußten sich aber notwendig die Grenzen zeigen, die der Leistungsfähigkeit des Philosophen und Wissenschaftlers heute gesetzt sind.

Nicht alles, was Hartmann geschrieben hat, ist gleichwertig. Es wechseln einander ab: außerordentlich interessante Einzelanalysen, die auf genauen und vielseitigen Beobachtungen beruhen; illustrative historische Hinweise, die Zeugnis ablegen von einem ungewöhnlichen Wissen; rein bildhafte Darstellungen ohne hinlängliche begriffliche Durchdringung der Materie; bisweilen auch ein Wiedererwecken überholter Denkweisen (z. B. bei den Betrachtungen über Substanz und Wechselwirkung) und sogar gelegentlich ein Abgleiten in die spekulative Metaphysik des Rationalismus. In der Naturphilosophie z. B. tritt ein deutlicher qualitativer Unterschied zutage zwischen seiner Philosophie des Organischen und den übrigen Teilen dieses Werkes. In der ersteren beruhen seine Ausführungen auf großer Sachkenntnis und sind von einer vorsichtig-kritischen Zurückhaltung diktiert. Dagegen sind viele seiner Bemerkungen über Dimension, Kausalität, Substanz, Wechselwirkung, aber auch über Raum und Zeit (z. B. im Zusammenhang mit der Relativitätstheorie) mit dem heutigen Stand der Forschung kaum vereinbar.

Ein Anhänger des Ockhamschen Rasiermesser-Prinzips würde gegen Hartmanns Vorgehen den generellen Einwand vorbringen, daß er in seiner Philosophie Schwierigkeiten prinzipiell dadurch zu beheben sucht, *daß immer neue Distinktionen vorgenommen werden* (Seinsmomente, Seinssphären, Seinsmodi, Seinsschichten usw.), während die Schwierigkeiten sich ohne solche Einführung von immer neuen Wesenheiten beseitigen ließen. Dieser Einwand wäre unberechtigt, falls gezeigt werden könnte, daß erstens für diese Einführungen sachliche Notwendigkeiten bestehen und zweitens die dabei verwendeten Begriffe überall die erforderliche Präzision besitzen. Gestehen wir das erste zu, so muß doch häufig das zweite als fraglich erscheinen. Hartmann verfügte zwar über eine große Fähigkeit, seine Gedanken in einer anschaulich-plastischen Sprache auszudrücken. Gerade dadurch wird aber oft die Tatsache verschleiert, daß viele Grundbegriffe nur in einer bildhaften Weise, ohne die erforderliche Präzision gewonnen zu haben, eingeführt werden. Hartmann hilft sich dann oftmals dadurch, seine begrifflichen

Unterscheidungen durch Beispiele zu illustrieren. Dabei ergeben sich bisweilen Mißgriffe. Daß man auch im idealen Sein zwischen Dasein und Sosein unterscheiden müsse, wird z. B. mit dem Unterschied zwischen der Tatsache, *daß* es die Zahl a^0 gibt, und daß diese Zahl gleich 1 ist, erläutert. Dies ist ein recht unglücklich gewähltes Beispiel; denn daß es die Zahl a^0 gibt, drückt keinen ontologischen Sachverhalt aus, sondern eine bloße Festsetzung von Mathematikern.

Besonders stark in den Vordergrund treten die bildhaft-anschaulichen Beschreibungen in der Erkenntnismetaphysik. Schon die Charakterisierung des Erkennens als eines *Erfassens* stellt ja zunächst nichts anderes dar als ein anschaulich-räumliches Analogiebild zum Gebiet des Tastsinnes (wie auch die gegenteilige Kennzeichnung des Erkennens als eines *Erzeugens* durch idealistische Erkenntnistheoretiker nur die Aufstellung eines solchen Analogiebildes bedeutet). Die Gefahr dieses Bildes zeigt sich im weiteren Verlauf der Analyse. Der Erkenntnisvorgang wird hier dem Wahrnehmungsprozeß und der Anschauung angeglichen. Dies tritt bereits in der Gegenüberstellung: erkennendes Subjekt – erkanntes Objekt, zutage. Nur in der Anschauung oder Wahrnehmung aber kann von einer solchen Zweigliedrigkeit gesprochen werden. Der Ausdruck »Erkennen« bezeichnet demgegenüber eine dreigliedrige Relation. »Das Subjekt *S* erkennt den Gegenstand *A*« ist ein unvollständiger Satz (während »*S* nimmt *A* wahr« ein vollständiger Satz ist). Eine vollständige Aussage, die das Wort »Erkennen« enthält, muß lauten »*S* erkennt *A* als *C*«. Man kann nicht schlechthin etwas erkennen, sondern nur *etwas als etwas* erkennen. Daraus ergeben sich bedeutsame Konsequenzen, die hier nicht behandelt werden können.[1]

In der Durchführung seiner Erkenntnistheorie scheint Hartmann nicht aus jener Schwierigkeit herauszukommen, die dem Realismus immer von dessen Gegnern vorgeworfen wird: *die Verdoppelung der Welt*. Da die reale Welt schlecht-

---

[1] Vgl. W. Stegmüller, »Glauben, Wissen und Erkennen«, Zeitschrift für Philos. Forschung, X/4, S. 509–549.

hin bewußtseinstranszendent ist, kann sie sich nach Hartmann nur in der Form des Bildes oder Zeichens im Bewußtsein spiegeln. Somit muß die allein gegebene phänomenale Welt von der dahinterstehenden nichtgegebenen, aber an sich seienden realen Welt unterschieden werden. Hier entstehen die bekannten Schwierigkeiten, so z. B.: Wie ist es möglich, von einer solchen Welt etwas zu wissen; ja wie kommt es, daß wir überhaupt den Gedanken einer solchen Welt fassen können? Vertreter des modernen Empirismus würden noch weitergehen und fragen: Da die Gegenstände jener Welt per definitionem nicht beobachtet werden können, worin besteht dann der wissenschaftlich nachprüfbare *Sinn* von Aussagen über diese Welt? Aber auch der nicht empiristisch eingestellte Philosoph wird eine solche Konstruktion des Begriffs des transzendenten Gegenstandes verlangen müssen, daß daraus der Anschein der Paradoxie verschwindet: nämlich jener Paradoxie, *im Bewußtsein* einen Begriff von etwas absolut Bewußtseinsjenseitigem zu bilden. Schwierigkeiten bei der Konstruktion dieses Begriffs sind es wohl gewesen, die immer wieder Denker (wie z. B. Husserl) dazu veranlaßten, zum transzendentalen Idealismus zurückzukehren.

Die *ungenügende Klärung der Grundbegriffe* macht sich vor allem auch in der Kategorialanalyse bemerkbar. Kategorien sollen Seinsprinzipien sein. Was aber ist damit gemeint? Die sprachlichen Ausdrücke, durch welche Hartmann sich auf Kategorien bezieht, z. B. »Struktur«, »Qualität«, »Substanz«, »Kausalität« sind Wörter (Substantiva), also jedenfalls keine Sätze. Prinzipien hingegen lassen sich doch offenbar nur mit Hilfe von Sätzen formulieren. Wir betrachten dazu den Spezialfall der Kausalität. Die Kausalkategorie soll nach Hartmann ein Seinsprinzip darstellen. Versuchen wir, diesen Gedanken zu präzisieren! Der Ausdruck »kausal« ist ein Prädikat, welches einen Komplex von Merkmalen bestimmter Naturgesetze beinhaltet. Eines davon ist das Merkmal, ein deterministisches Gesetz zu sein. Wir wollen für den Augenblick annehmen, daß dieser Begriff des deterministischen Naturgesetzes (im Gegensatz zu dem des statistischen) hinreichend geklärt sei und daß wir es auch nur mit diesem Merkmal zu tun haben.[1] Wir können jetzt *kausale Gesetze* approximativ dadurch bestimmen, daß es sich um deterministische Naturgesetze handeln müsse. Von *Sätzen* (!) wie den folgenden beiden »alle Naturgesetze sind kausale Gesetze« oder »alle Ereignisse sind unter kausale Gesetze subsumierbar« könnte man dann sagen, daß sie Seinsprinzipien zum Inhalt haben, *vorausgesetzt, daß diese Sätze wahr sind.*[2] Den zweiten Satz könnte man z. B. als eine Formulierung des allgemeinen Kausalprinzips wählen. Dabei zeigt sich zweierlei: erstens daß man von Seinsprinzipien erst dann sprechen kann, wenn man bestimmte *generelle Gesetzesbehauptungen* aufgestellt hat; und zweitens daß jede derartige Behauptung wegen ihres Allgemeincharakters eine *hypothetische Komponente* enthält. In der Tat mußte auch Hartmann zu Sätzen greifen, wo er sich bemühte, Seinsprinzipien zu formulieren (vgl. etwa die auf S. 265 f. erwähnten Gesetze). Dabei tritt zugleich die weitere Schwierigkeit zutage, daß derartige allgemeine Prinzipien zunächst nur als *hypothetische Annahmen* gelten können. Hartmann jedoch scheint zumindest bisweilen zu glauben, daß sich die Wahrheit solcher Gesetze definitiv erkennen lasse. Damit aber gleitet er in die von ihm sonst ausdrücklich abgelehnte aprioristisch-rationale Metaphysik ab, die ja ebenfalls dadurch charakterisiert ist, daß ihre Vertreter glaubten, man könne rein verstandesmäßig die Wahrheit bestimmter Naturgesetze einsehen. Ein Beispiel aus der Philosophie von Hartmann bildet das früher geschilderte Spaltungsgesetz der Realmöglichkeit (S. 260). Es ließe sich in einer genaueren Analyse zeigen, daß dieses Gesetz eine versteckte Formulierung des allgemeinen Kausalprinzips (im Sinne eines Prinzips des universellen Determinismus) beinhaltet. Auf alle Fälle ist es eine Tatsachenwahrheit. Hartmann jedoch glaubt, dieses Gesetz rein logisch beweisen zu

[1] Tatsächlich ist dies eine grobe Vereinfachung; denn die Gesetze, welche gewöhnlich als Kausalgesetze bezeichnet werden, müssen außer dem Merkmal, deterministische Gesetze zu sein, noch zahlreiche weitere Bedingungen erfüllen.
[2] Hartmann würde vermutlich diese beiden Sätze nicht als wahr ansehen; für die vorliegende Frage der Begriffsklärung spielt dies keine Rolle.

können. Dies ist genau das, was der Rationalismus ebenfalls versuchte: *eine Zurückführung von Tatsachenwahrheiten auf logische Wahrheiten*. Es wird heute wenige Philosophen geben, denen dieser Gedanke als durchführbar erscheint.

Die Nachteile einer *Unterlassung logischer Sprachanalysen* treten u. a. bei der Modalanalyse in Erscheinung. Es sei nur ein kurzer Hinweis gegeben. [1] Es läßt sich ernsthaft bezweifeln, ob Ausdrücke wie »möglich« und »notwendig« überhaupt ein ontologisches Gewicht besitzen können. Als Beispiel soll der Ausdruck »notwendig« im Sinne der *logischen* Notwendigkeit genommen werden. Ist es z. B. notwendig, daß die Zahl 2 kleiner ist als die Zahl 4? Man ist zunächst geneigt, die Frage mit »ja« zu beantworten. Wenn ich die Zahl 2 definiere durch »x ist die kleinste Primzahl«, so ist diese Antwort auch zutreffend; wenn ich diese Zahl 2 hingegen durch die Bedingung charakterisiere »x ist die Anzahl der Ohren eines normal gebauten Menschen«, so muß die Antwort verneinend ausfallen; denn es ist *nicht logisch notwendig*, daß der Normalmensch zwei Ohren hat. »Notwendig kleiner sein als 4« bezeichnet daher überhaupt kein Merkmal von Zahlen: *ob eine Zahl notwendig kleiner ist als 4 oder nicht, hängt nicht von der ontologischen Stellung dieser Zahl ab, sondern von der Art und Weise, wie wir diese Zahl sprachlich charakterisieren*. Bei den Begriffen der Realmöglichkeit und Realnotwendigkeit wiederum ist die Situation die, daß wir uns hier stets auf eine bestimmte Theorie beziehen müssen, die wir als gültig voraussetzen. Ist z. B. eine Geschwindigkeit real möglich, die größer ist als die Lichtgeschwindigkeit? Im Sinne der klassischen Mechanik ja, im Sinne der relativistischen Mechanik nein. »Realmöglich« besagt somit soviel wie »möglich in bezug auf die (empirisch-hypothetische!) Theorie T«. Dieser Begriff läßt sich dann so präzisieren, daß die Modalbegriffe des »Realen« überflüssig werden; denn daß etwas im Sinne der klassischen Mechanik *möglich* ist, besagt z. B. nichts anderes als daß es mit der

---

[1] Für Details vgl. W. Stegmüller, »Sprache und Logik«, Studium Generale XI, 2, S. 74 ff., und »Metaphysik, Wissenschaft, Skepsis«, S. 73 ff.

Theorie der klassischen Mechanik *logisch verträglich* ist, und daß es im Sinne dieser Mechanik *unmöglich* ist, besagt, daß es mit dieser Theorie *logisch nicht verträglich* ist.

Mit diesen wenigen Hinweisen auf die möglichen kritischen Stellungnahmen zu bestimmten Konzeptionen von Hartmanns Philosophie wollen wir schließen. Vieles in dieser Philosophie weist in die Richtung der modernen analytischen Philosophie: Hartmanns Betonung der deskriptiv-empirischen Ausgangsbasis; seine Abneigung gegen jede Art von Irrationalismus und gegen alle spekulativen Tendenzen; seine Achtung vor den Phänomenen, die ihn zum Feind jeder künstlichen Festlegung auf ein bestimmtes Prinzip, einen »Ismus«, machte; seine Überzeugung, daß fruchtbare philosophische Analysen nicht im luftleeren Raum, sondern nur auf der Basis des lebendigen Kontaktes mit der einzelwissenschaftlichen Forschung erfolgen können. Vieles wiederum weist zurück in die Vergangenheit: etwa auf die Ideenlehre Platos, auf die Ethik des Aristoteles, auf die mittelalterliche Seinslehre. Die Zukunft wird zeigen, ob es sich hierbei um vereinbare philosophische Bestrebungen handelt. Einige Zeit hindurch schien es, als bestünde keine solche Vereinbarkeit: Der moderne Empirismus und die analytische Philosophie der Gegenwart standen zu Beginn nicht in Polemik gegen bestimmte spekulative Richtungen der herkömmlichen Philosophie, sondern gegen die gesamte traditionelle Philosophie überhaupt. In der letzten Zeit sind dagegen auch im Lager der Analytiker und Empiristen plötzlich alte philosophische Fragen in neuem Gewande aufgetaucht (vgl. Kap. X), allerdings meist in einer wesentlich modifizierten Gestalt. Wenn diese Tendenz, wie zu vermuten ist, anhält, wird sich der Glaube Hartmanns in der Zukunft bestätigen, daß strenges logisch-analytisches Vorgehen und Achtung vor der philosophischen Tradition einander nicht ausschließen, sondern sich für jede künftige Philosophie, »die als Wissenschaft wird auftreten können«, gegenseitig bedingen.

KAPITEL VII

TRANSZENDENTALER IDEALISMUS:
ROBERT REININGER

Es wäre ein Irrtum, wollte man meinen, die ontologische Tendenz herrsche in der heutigen Philosophie, sofern man von irrationalistischen Richtungen in ihr absieht, ausschließlich vor. Der Immanenzstandpunkt, welcher die Existenz bewußtseinstranszendenter Gegenstände leugnet, findet sich auch jetzt noch. Einen typischen Vertreter dieser Denkweise, der aber doch in wesentlichen Punkten durchaus originell ist, können wir in Robert Reininger erblicken, dessen Wirklichkeits-, Erkenntnis- und Wertlehre kurz erörtert werden soll.

1. Das Problem der Wirklichkeit

Reininger will die Metaphysik als eine Wissenschaft betreiben, die dem Ideal absoluter Voraussetzungslosigkeit möglichst nahe kommt. Daher wählt er als Ausgangspunkt etwas, das über allen Zweifel erhaben, also absolut gewiß ist. Ein solches aber ist nur dasjenige, *was gerade jetzt erlebnismäßig für mich vorhanden ist*. Das unmittelbare Erleben und das in ihm Erlebte in Frage zu stellen, ist unmöglich. Beide, Erleben wie Erlebtes, bilden eine erst durch abstrahierendes Denken auflösbare ursprüngliche Einheit, welche *Urerlebnis* genannt wird. Einen höheren Wirklichkeitsgrad als jenen, den diese Urtatsache aufweist, können wir uns nicht vorstellen. Aus dieser irrationalen letzten Erlebnistatsache heraus zu philosophieren, ist aber nicht durchführbar. Das Urerlebnis ist eine stumme Wirklichkeit, die nichts von sich aussagt. Die Philosophie kann deshalb nur mit dem Wissen über sie beginnen, was bereits die Gefahr einer mit Vorurteilen behafteten Deutung impliziert. Es gilt daher, vom überhöhten Denkstandpunkt aus vorurteilsfrei das Urerlebnis in die Form des reflektierten Bewußtseins zu erheben. Dies geschieht durch eine kritische Selbstbesinnung, die sich im Gegensatz zur psychologischen Selbstbeobachtung vor jeder Verdinglichung des Ichs und seiner Erlebnisse hütet. In ihr wird die *Ichbezogenheit* alles Gegebenen, an dem die Wissenschaften in ihrer peripheren Einstellung vorbeisehen, in den Vordergrund gerückt. Daher ist die philosophische Denkeinstellung zentral, ihr Vorgehen ein methodischer Solipsismus. Sie muß sich von dem ständigen Bestreben leiten lassen, die letzte Erlebniswirklichkeit nicht weiter zu verlassen, als unbedingt erforderlich ist. Reininger nennt dies die *Methode der Wirklichkeitsnähe*. Zu ihr tritt die *transzendentale Methode*, welche die Überschreitung jedes Denkstandpunktes samt der in ihm liegenden Wahrheit durch seine Überhöhung in der Reflexion beinhaltet. Der Transzendierungsprozeß, der alle früheren Wahrheiten relativiert, findet seinen Abschluß erst in der Sphäre letzter philosophischer Wahrheiten, die nicht mehr transzendierbar sind.

Alles unmittelbar von mir Erlebte ist bewußt. Für mich da sein und bewußt sein, sind synonyme Ausdrücke. Bewußtsein ist hier als Eigenschaft alles Vorkommenden, nicht als bestimmte Fähigkeit eines Lebewesens, zu verstehen. Für den jeweils Denkenden sind Sein und Bewußtsein umfangsgleich. Dies meint der *Satz des Bewußtseins*. Ein gänzlich Nicht-Bewußtes kann nicht gedacht werden; denn sobald es Gegenstand des Nachdenkens ist, muß es auch schon die Form der Bewußtheit tragen. Ohne Ausnahme sind die denkbaren Gegenstände, alle Orte, jede Zeit, das Ich vom Bewußtsein umschlossen, natürlich nicht im Sinne des Enthaltenseins in ihm als einem Gefäß, sondern in der Weise, daß ihnen allen der Charakter der Bewußtheit als eine unaufhebbare Bestimmtheit zukommt. Diese Tatsache beruht auf keiner metaphysischen Hypothese, sondern ist entsprechend der Methode der Wirklichkeitsnähe ein letztes und selbstverständliches, wenngleich oft vergessenes Phänomen. Aus ihm folgt, daß alle in der Philosophie erörterten Polaritäten wie Ich und Nichtich, Subjekt und Objekt, Physisches und Psychisches usw. innerhalb des Bewußtseinsbereiches liegen.

Die Bewußtheit hat verschiedene Grade. Nur ein ganz

minimaler Teil des Gegebenen steht jeweils im Zentrum und ist klar und deutlich bewußt. Hier allein besteht ein Wissen um Bewußtes, durch welches Wissen aus dem Gesamtbewußten ein kleiner Teil ins helle Licht gerückt wird. Vor dem Wissen war dessen Gegenstand in jenem unmittelbaren, dunklen Seinsbewußtsein enthalten, welches vom Erleben ununterscheidbar ist. Dieses Seinsbewußtsein besteht nicht aus Einzelerlebnissen, sondern stellt eine unmittelbare Erlebniseinheit dar, welche erst die nachträgliche Denkintention in Einzelerlebnisse aufspaltet. Auch das Vergangene und Zukünftige ist in ihm nur in der Form gegenwärtiger Erinnerungs- und Erwartungserlebnisse, die ihrerseits zunächst ganz im gegenwärtigen Erlebnistotal aufgehen, enthalten. Das Urerlebnis ist daher ein einheitliches, ausdehnungsloses Jetzt. Es ist nicht fixierbar, nicht objektivierbar, es entgleitet bei jedem Versuch, in ihm zu verweilen. Und doch ist es die einzige, alles andere tragende Wirklichkeit.

Vor allem ist das Urerlebte intentionalitätslos. Intentionalität, das Meinen eines Etwas, entsteht erst dort, wo sich durch Bewußtseinsüberhöhung das Erleben in ein Wissen um es verwandelt, ein bestimmtes Moment des Urerlebnisses also »apperzipiert« wird. Dieses Meinen findet seinen ersten Niederschlag in meist absichtslos sich einstellenden *Erlebnisaussagen*, welche das Erlebnis in der Zeichensprache der Worte wiederholen. Eine weitere Bewußtseinsstufe liegt vor, wo sich ein Wissen um dieses Wissen und das wissende Ich vollzieht, wie z. B. in den *Urteilen*, welche die vorliegenden Aussagen unter dem Wertaspekt Wahr und Falsch betrachten. So kann man zwischen drei Arten des Bewußtseins, der *unreflektierten*, der *reflektierten* und der *reflektierenden* Bewußtseinsart unterscheiden. Der Übergang zur nächsthöheren ist jeweils eine Bewußtseins*transformation*.

Jede Bewußtseinsstufe enthält eine Ichbewußtheit in sich. Es ist ursprünglich nicht ein Erlebnisse habendes, sondern ein selbst Erlebnis seiendes Ich. Erst durch intentionale Aufgliederung des Urerlebnisses löst sich der erlebte Inhalt als Nichtich vom Ich los. Der auf jeder Bewußtseinsstufe unaufgeschlossene Restbestand des Nur-Erlebten, Urwirklichen, bildet die Erlebnisgrundlage für das, was von höherer Bewußtseinsstufe aus »Ich« genannt wird. Es handelt sich hierbei um das unmittelbare, *primäre Ich*. Es ist ein nur im Jetzt seiendes, sich nicht in die Zeit hinein erstreckendes Gegenwartsgefühl, eine augenblickliche, reine Aktualität. Keine Realität kommt ihm außerhalb des Momentanerlebnisses zu; daher darf es nicht als irgendein Ding hinter dem Selbsterleben gedacht werden.

Dieses primäre Ich durchläuft nun selbst eine Reihe von Transformationsstufen. Die erste ist die Ichaufspaltung in *Einzelerlebnisse*, die als solche aussagbar werden, ohne daß das dabei doch zurückbleibende primäre Ich, welches niemals ohne Wesensänderung von der Subjekt- auf die Objektseite übersiedeln kann, objektivierbar geworden wäre. Die zweite Stufe, welche bei weiterer aufmerksamer Beobachtung erreicht wird, ist die Auflösung des Gefühlserlebnisses in *Empfindungen*, die am Leibe lokalisiert sind. Der anschauliche, vom Lebensgefühl durchpulste *Eigenleib* bildet das Schlußstück des Prozesses der Vergegenständlichung. Alle diese höheren Transformationsstufen bilden die Grundlage des *Selbstbewußtseins*, des um sich wissenden, also Objekt gewordenen Ichs, welches *sekundäres Ich* genannt werden kann. Das Selbstbewußtsein besteht daher immer aus Seelischem und Leiblichem, der Ichleib bildet sogar seinen Mittelpunkt. Ein rein psychisches Selbstbewußtsein ist eine Fiktion. Erst mittels des Ichleibes entsteht eine *individuelle Person*, die in Beziehung steht zu anderen Personen und zur Umwelt im allgemeinen, ferner etwas, das gegenüber dem zeitlosen Urerlebnis eine Geschichte hat. Bei Reflexion auf dieses sekundäre Ich erscheint es als ein Ding unter Dingen. Das psychologische Ich ist stets ein solches verdinglichtes, in zeitlicher Hinsicht bestimmtes und in Vielheit auftretendes Ich.

Das *Leib-Seele-Problem* entpuppt sich von da aus als ein Scheinproblem. Es entsteht erst dadurch, daß man einerseits vergißt, daß auch das Physische den Charakter der Bewußtheit trägt, andererseits aber das Seelische nach Analogie der Vorstellung von Körpern in ein substantielles Seelending transformiert wird. So hat man dann zwei Dinge vor sich, ein bewußtloses Körperding und ein bewußtseinsbegabtes Seelending, zwischen denen wegen ihrer völligen Verschiedenartigkeit eine Beziehung nicht mehr herstellbar ist. Ein rein Physisches und ein rein Psychisches sind dagegen in Wahrheit nur konstruierte Grenzbegriffe einer abstrakten, reflektierenden Betrachtungsweise, während das Wesen der Urwirklichkeit in ihrem Miteinander- und Ineinanderverflochtensein besteht. Als Problem könnte man höchstens die Frage aufwerfen, wieso es auf dem Wege der Intention zu einer Umformung des ursprünglichen Icherlebens zu dem physische Leibvorstellungen beinhaltenden Selbstbewußtsein komme. Da aber die Intention ein indiskutables Urphänomen darstellt, ist dies keine sinnvolle Fragestellung mehr.

Die Zeitlosigkeit des Urerlebnisses bedingt eine Unwirklichkeit der Zeit. Andererseits glauben wir, den Ablauf der Bewußtseinsvorgänge unmittelbar als einen zeitlichen zu erleben. Dies führt auf das *Problem der Zeit*. Zunächst ist festzuhalten, daß die Wirklichkeit des Urerlebnisses nur Gegenwart ist; denn in Vergangenheit und Zukunft kann man nicht erleben. Darin liegt aber schon enthalten, daß es ein Zeiterlebnis gar nicht geben kann. Die kleinste Zeitstrecke hätte doch wieder Teile, von denen nur das unmittelbare Jetzt erlebbar wäre. Bestünde nichts weiter als das einheitliche Urerlebnis, dann gäbe es keine Zeit. Diese entsteht erst bei Auflösung des ursprünglichen Seinsbewußtseins im Übergang zur intentionalen Bewußtseinsmannigfaltigkeit. Nur wo eine Vielfalt zu apperzipieren ist, entsteht die Notwendigkeit eines Nacheinanderauffassens und damit Zeit. Der Übergang von einer Vorstellung, einem Gefühl, einer Willensregung zur nächsten ist niemals kontinuierlich, sondern geschieht ruckartig. Daher ist auch die erst auf der Stufe intentionaler Bewußtheit auftretende Zeit diskontinuierlich. Da es kein Zeiterleben gibt, besteht auch keine Zeitvorstellung. Nur auf dem Umwege über abstrakte Symbole, besonders solche, die der Raumanschauung entnommen sind (Zeitlinie, Sonnenstand, Bewegung des Uhrzeigers) und mittels zahlenmäßiger Ordnungszeichen (Zeitmessung durch Zählen), läßt sich die Zeit mittelbar fassen. Auf alle Fälle aber ist die Zeit, da nur das gegenwärtige Erlebnis Wirklichkeit beanspruchen kann, Erinnerungen und Erwartungen aber als Erlebnisse ebenfalls gegenwärtig sind, nichts Wirkliches, und umgekehrt kann auch nichts Wirkliches in der Zeit sein. Nur die logisch unberechtigte Verdinglichung und Substantivierung des Fließens, die das noch nicht und das nicht mehr Seiende ebenso als seiend erscheinen läßt wie das Gegenwärtige, führt zur Betrachtung der Zeit als eines realen Etwas. Dagegen ist die Zeit eine Kategorie, d. h. Aussageform (nicht Anschauungsform wie bei Kant); denn überall, wo es im reflektierten Bewußtsein zu Erfahrungsaussagen kommt, sind diese zeitlich bestimmt. Eine Ordnung verschiedener subjektiver Erlebnisse wie objektiver Ereignisse ist eben nur als zeitliche möglich.

2. *Das Wahrheits- und Erkenntnisproblem*

(a) *Die Grundlagen des Denkens*

Aussagen stellen die ursprüngliche Form intentionaler Bedeutungshaftigkeit dar, in der sich die erlebte Wirklichkeit im Denken wiederholt. Die niedrigste Form von ihnen, die Erlebnisaussagen, sind unmittelbare Ausdrucksreaktionen auf Erlebnisse und daher selbst noch dem Reich der Wirklichkeit zuzurechnen. Erst intentionale Aussagen, d. h. Aussagen über etwas, treten aus ihm heraus. Auch sie aber stellen sich zunächst von selbst ein. Es beruht auf der immanenten Sprachlogik, daß dabei nicht stets ein Unsinn herauskommt. Für das eigentliche *urteilende Denken* sind die Aussagen erst das Material. Das Urteil nämlich hat die Aufgabe, zwischen den sich »automatisch« einstellenden Aussagen nach dem Gesichtspunkt *Wahr* und *Falsch* auszuwählen. Soll ich über eine morsche Brücke gehen und bin ich im Zweifel, ob diese zusammenstürzen wird, so beurteile ich nicht die Tragfähigkeit der Brücke, sondern treffe eine Entscheidung zwischen den Aussagen: »Die Brücke wird mich tragen« und »die Brücke wird mich nicht tragen«. Im Urteil erst, welches diese richterliche Denkfunktion ausübt, geschieht der Übestieg über die Erlebniswirklichkeit in das Reich der Wahrheit. Dieses wird erst durch die im urteilenden Denken sich vollziehende Bewußtseinsüberhöhung begründet.

Im Urteilen fühlt der Denkende sich gebunden durch bestimmte *logische Grundgesetze*. Das Zwingendste von ihnen ist der *Satz vom Widerspruch*. Danach muß eine von zwei einander kontradiktorisch entgegengesetzten Aussagen akzeptiert, die andere abgelehnt werden. Alles Urteilen muß außerdem die in Frage stehenden Aussagen und Begriffe festhalten können, was der *Identitätssatz* als Forderung ausspricht. Er ist gegenüber dem Widerspruchssatz das logisch frühere – ohne ihn wäre dieser gar nicht anwendbar –, psychologisch dagegen das spätere. Die für ihn geprägte Formel »A ist A« ist zunächst eine Tautologie. Einen Inhalt erhält sie erst durch bestimmte in sie eintretende Nebengedanken. Der wichtigste davon geht in sie durch Aufnahme des Zeitmomentes ein, wodurch das »A ist A« sich in ein »A bleibt A« verwandelt. Hier zeigt es sich, daß bloß ein Denkgesetz, kein Seinsgesetz vorliegt, denn seinsmäßig bleibt sich gar nichts gleich. Mit der Forderung, daß das sich ständig Verändernde unverändert bleiben solle, verlangt der Satz eine Negation der Zeit. Er trifft daher eigentlich nur für das Urerlebnis zu. Für das zeitliche Bewußtsein kann er nur die Forderung bedeuten, jedes im Denken auftretende A so zu betrachten, als sei es mit dem früher gedachten A identisch. Der *Satz vom Grunde* besagt, daß wir uns im Urteilen durch etwas außerhalb unserer Subjektivität Liegendes determiniert fühlen müssen, wenn wir mit dem Urteil einen Geltungsanspruch verbinden. Der Satz vom *zureichenden* Grunde ist dagegen kein allgemeines Denkgesetz mehr, sondern eine nur im konkreten Einzelfall zu erfüllende Forderung an den Denkenden, lediglich begründete Urteile zu fällen. Er gehört daher in die Erkenntnissphäre; denn nur in einem individuellen Erkenntnisakt (Urteil) kann entschieden werden, ob ein bestimmter Grund zureichend ist oder nicht. Daß mit dem Grunde die Folge gesetzt und mit der letzteren auch der erstere aufgehoben ist, ergibt sich jedoch erst aus dem Widerspruchssatz, der sich somit als das einzige primäre Denkgesetz erweist. Man kann ihn daher als das logische Grundgesetz bezeichnen. Es ist keine Wahrheit, auch kein Axiom, sondern die Wirklichkeitsform des Denkens, da alles faktische Denken unter seinem Zwang steht.

Wie die Urteile sich zu den Aussagen verhalten, so die *Begriffe* zu den Vorstellungen. Die Grundlage der Begriffe sind unbestimmte Allgemeinvorstellungen. Sollen die letzteren genauer bestimmt werden, da sich eine scharfe Abgrenzung des Gemeinten als erforderlich erweist, so können nicht Anschauungen als Behelf dienen; denn dadurch ginge der Allgemeincharakter verloren. Die Bestimmung kann darum nur durch Aussagen erfolgen, welche die Allgemeinvorstellungen in ihre Merkmale aussondern und unter ihnen nach einem bestimmten Interesse eine Auswahl treffen. So entsteht der Begriff. Die Zusammenfassung der auf seine Merkmale bezogenen Aussagen ist seine *Definition*. In ihr liegt stets auch die Forderung auf Geltung beschlossen, d. h. der Definierende sagt, was er bei einem bestimmten Wort denken will und was der Hörer dabei denken soll.

Kategorien sind nach Reininger nicht Denk- oder Urteils-, sondern Aussageformen und tragen daher vorlogischen Charakter. Eine Aussage ohne Formung durch kategoriale Bestimmungen wie Einheit, Kausalität, Substantialität usw. wäre unmöglich. Da Aussagen den Urteilen als deren Objekte vorausgehen, sind auch die Kategorien Gegenstände der Beurteilung, d. h. es wird darüber entschieden, ob die vorliegende Aussageform wirklich der Erfahrung entspricht. Die Kategorien (kategorialen Funktionen) werden auf diese Weise zu *Kategorialbegriffen,* welche den Versuch darstellen, die auf Grund kategorialer Formungen in den Aussagen vollzogenen Synthesen begrifflich zu fixieren. Die Kategorialfunktionen sind insofern ein Apriori, als sie die Bedingungen der Möglichkeit von Aussagen darstellen; die Kategorialbegriffe dagegen sind a posteriori, sie sind nachhinkende Versuche begrifflicher Erfassung der apriorischen Aussageformen [1].

---

[1] Die Unterscheidung von kategorialen Funktionen und Kategorialbegriffen deckt sich mit derjenigen N. Hartmanns in Kategorien und Kategorialbegriffe, allerdings mit dem wesentlichen Unter-

(b) Das Wesen der Wahrheit

Eine Aussage heißt wahr, sofern sie den in ihr ausgedrückten Sachverhalt so wiedergibt, wie er ist. Wahrheit meint somit eine Übereinstimmung zwischen Aussage und Sachverhalt. Da zwischen beiden keine Ähnlichkeitsrelation besteht, kann nicht von einem Abbilden, sondern höchstens von einem Nachbilden, einer Projektion der Sachverhalte in Begriffe gesprochen werden. So wie alle bildhaften Darstellungen i. w. S., z. B. Landkarten, das Original jederzeit zu vergegenwärtigen gestatten durch die Möglichkeit von dessen Rekonstruktion, so muß auch die Rückübersetzung wahrer Aussagen in die Wirklichkeit stets möglich sein.

Eine andere Frage als die nach dem Sinn des Wortes »Wahrheit« ist jene nach dem tatsächlichen Sein der Wahrheit. Die Sachverhalte sind nämlich dem denkenden Bewußtsein selbst immer nur in der Form von Aussagen gegeben. Bei einer Rücktransformation des reflektierten Bewußtseins stoßen wir schließlich auf Erlebnisaussagen, welche das primäre Erleben unmittelbar ausdrücken. Die Wahrheit kann ihren Sinn daher nur *in einer Übereinstimmung von Aussagen höherer mit solchen niederer Ordnung und zuletzt Erlebnisaussagen* erfüllen. Die Wahrheitsfrage gegenüber den Erlebnisaussagen zu stellen, hat aber keinen Sinn mehr; denn sie sind selbst, da sich die Umsetzung der Erlebnisse in primäre Aussagen unmittelbar, ohne bewußten Eingriff und somit in einer außerlogischen Sphäre vollzieht, eine letzte Erlebnistatsache und gehören daher dem Reich der Wirklichkeit an, innerhalb dessen der Unterschied von Wahr und Falsch gegenstandslos wird.

Das Auffinden von Wahrheit kann daher nur so erfolgen, daß die Aussagen innerhalb eines Gebietes miteinander verglichen und zu einer *widerspruchsfreien Übereinstimmung* gebracht werden. Der ideale Fall bestünde in einer urteilsmäßigen Überprüfung aller in Betracht kommenden Aussagen. Praktisch stellt sich aber schon früher ein Gefühl der Nötigung ein, so und nicht anders zu urteilen. Es steigert sich

schied, daß die Kategorien nach Hartmann allgemeine Seinsprinzipien, nach Reininger hingegen Aussageformen darstellen.

manchmal zum *Evidenzerlebnis*, d. h. zum Bewußtsein absoluter Sicherheit, welches für uns das letzte Wahrheitskriterium ist. Es handelt sich zwar nur um ein subjektives Erlebnis, aber ein anderes Kriterium der Wahrheit kennen wir nicht. Die Idee einer »objektiven Evidenz« ist sinnlos, da immer ein Subjekt vorhanden sein muß, dem etwas evident ist.

Man darf sich deshalb nicht darüber hinwegtäuschen, *daß für jeden wahr nur das ist, was ihm gerade jetzt als wahr erscheint.* Objektive und absolute Wahrheiten sind daher stets bloß subjektive, aber vom Urteilenden als objektiv und absolut angesehene Wahrheiten. Die Gefahr, welche in dem darin enthaltenen *Relativismus* zu liegen scheint, wird durch die transzendentalphilosophische Überlegung behoben, daß infolge der Zeitlosigkeit des Urerlebnisses nur die momentane Denksituation wirklich ist, weshalb es auch bloß eine gegenwärtige Wahrheit gibt. Für sie gilt der Relativismus nicht mehr, da jede Relativierung erst von einem anderen, überhöhten Denkstandpunkt aus möglich ist. Vom peripheren, die Zeitlichkeit und damit das Historische einführenden Standpunkt aus ist aber gerade aus diesem Grunde der Relativismus nicht zu umgehen; denn immer richtet die letzte Wahrheit über alle früheren und bestimmt auch das, was das reale Sein der verschiedenen Weltbereiche ausmacht.

(c) Das Erkenntnis- und Affinitätsproblem

Nicht jeder wahre Satz ist eine Erkenntnis. Diese ist nur dort gegeben, wo für uns ein Zuwachs an Einsicht entsteht. Im weiteren Sinne liegt sie dort vor, wo eine Wahrheit festgestellt und in den Zusammenhang bereits gewonnener Wahrheiten eingeordnet wird. Im engeren Sinne ist Erkenntnis immer ein *Wiedererkennen*, d. h. ein Identitätserlebnis. Es stellt sich dort ein, wo hinsichtlich zweier realer Gegenstände oder Begriffe die Erfahrung gemacht wird, daß in Wahrheit nur zwei Namen vorlagen, hingegen das gleiche Objekt bestand. Ich erkenne z. B. jemanden dadurch als meinen Freund, daß ich die auf mich zukommende menschliche Gestalt als identisch erlebe mit dem Bild des Freundes, das ich in mir trage; oder ich erkenne einen Begriff durch Definition, wobei die in der Definition verwendeten Begriffe mir bereits bekannt sind.

Der Erkenntnisprozeß ist für uns um so befriedigender, je vertrauter uns *die Erkenntnisbasis* ist, d. h. dasjenige, womit das Erkenntnisobjekt gleichgesetzt wird. Da das Vertrauteste das eigene Ich ist, geht das Erkenntnisstreben auf ein Wiederfinden des Ichmäßigen im Fremden aus. Gelingt dies, so spricht man von *Verstehen*. Im Gegensatz zum bloß äußerlichen Erfassen liegt hier ein Nacherleben von innen heraus vor. Während alles rationale begriffliche Erkennen sich vom ursprünglichen Erleben durch fortgesetzte Bewußtseinstransformation immer weiter entfernt, vollzieht das Verstehen eine Rücktransformation des Begrifflichen in Erlebnishaftes. Es würde sein Ziel bei totaler Erlebnisidentifikation erreichen. In diesem Falle hätte es aber aufgehört, rationales Erkennen zu sein; denn alle Erlebniswirklichkeit ist selbst irrational. Dies gilt vor allem vom primären Ich, welches das Allerbekannteste ist, weshalb es auch letztlich keine Selbsterkenntnis geben kann.

Überall, wo Erkenntnis vorliegt, fühlen wir uns gebunden. Die drei Faktoren, welche unsere Erkenntnisurteile in bestimmte, von unserer Subjektivität als unabhängig erlebte Bahnen zwingen, sind die *Denknotwendigkeit*, die *apriorische Raumanschauung* und die *Erfahrung*. Reininger bezeichnet sie als die Erkenntnisgrundlagen. Die erste bedeutet das Unvermögen, dem Satz vom Widerspruch entgegen zu urteilen. Die zweite meint den Anschauungszwang im Falle des phantasiemäßigen Entwurfs räumlicher Figuren. So wie der Widerspruchssatz die Wirklichkeitsform des Denkens darstellt, so ist der Raum die Wirklichkeitsform der Anschauung. Wir müssen im Denken und Anschauen dem Zwange dieser beiden Erkenntnisgrundlagen gehorchen. Dazu tritt als drittes Moment die Erfahrung, das vom Ich nicht bezweckte *Gegebensein* eines Etwas. Da das Gegebene prinzipiell anders sein könnte und oft tatsächlich anders ist, als wir erwarteten, so liegt auch hier ein Zwangserlebnis vor. Die ursprüngliche Erfahrung liegt in elementaren *Erlebnisaussagen*. Sind diese noch unmittelbarer Ausdruck eines Erlebens, so bedeuten die

Wahrnehmungsaussagen, die durch ihre Überführung in das reflektierte Bewußtsein entstehen, bereits Aussagen *über* Erlebtes. Beide Aussagearten sind aber Ich-Aussagen. *Erfahrungsaussagen* im eigentlichen Sinne kommen erst dort zustande, wo die Überführung in Ist-Aussagen erfolgt. Da jedoch das Auftreten von Erfahrungstatsachen niemals logisch einsichtig ist, daher vom Denkstandpunkt aus stets zufällig bleibt, so stehen auch die empirischen Erkenntnisse im Hinblick auf ihre logische Qualität hinter den apriorischen Aussagen zurück.

Für Reininger entsteht nun wie für den transzendentalen Idealismus überhaupt ein schwerwiegendes Problem. Erkenntnis besteht nicht wie im Realismus in einem Zutreffen von Urteilen auf eine bewußtseinstranszendente Welt, sondern in der Rationalisierung unmittelbarer Erlebnisdaten. Wieso aber läßt sich die Wirklichkeit in Denkordnungen einzwängen? Jede höhere Bewußtseinsstufe fügt den Aussagen niedrigerer Stufe apriorische Elemente hinzu. Es ist zunächst nicht einzusehen, warum die Wirklichkeit solche Zutaten gestattet. So entsteht das von Kant herausgestellte Problem »der Affinität der Erscheinungen in bezug auf den Verstand« oder *das Problem der objektiven Gültigkeit der subjektiven Bedingungen des Denkens*. Für Reininger löst sich die Schwierigkeit in der Weise, daß durch eine dreifache Auslese alles nicht Rationalisierbare aus dem wirklich Gegebenen ausgeschieden wird:

Die *erste Auslese* vollzieht sich dadurch, daß der für wissenschaftliche Bearbeitung vorliegende Stoff weder das irrationale Urerlebnis noch ein Chaos von Empfindungen ist, sondern die Erfahrung, welche bereits in Aussagen ihren Niederschlag gefunden hat. Nicht aussagbare Erlebnisse werden von vornherein ausgeschieden. Die *zweite Auslese* vollzieht sich durch Ausscheidung aller widerspruchsvollen Erfahrungen, d. h. also aller jener, die der obersten Wirklichkeitsform des Denkens nicht genügen. Auch dies ist noch nicht ausreichend. Um Wissenschaft betreiben zu können, muß eine gewisse Regelmäßigkeit, Gleichförmigkeit und Beständigkeit des Geschehens vorausgesetzt werden. Dies geschieht so, daß der denkende Geist mit bestimmten Voraussetzungen an die Wirklichkeit herantritt. In diesen Voraussetzungen liegt die *dritte Auslese*. Kant sprach hier von synthetischen Urteilen a priori der Naturwissenschaft. Sie sind synthetisch, weil aus dem Wirklichen selbst unableitbar, a priori, weil sie mit der Behauptung der Notwendigkeit und Ausnahmslosigkeit (wie z. B. das Kausalprinzip) mehr aussagen, als in der Erfahrung enthalten ist. Sie stellen daher vom empirischen Standpunkt aus bloß hypothetische Verallgemeinerungen dar, vom transzendental-philosophischen Standpunkt aus betrachtet aber sind sie subjektive Denkbedingungen, deren Erfüllung die Voraussetzung bildet für die Verwirklichung empirischer Erkenntnis. Nur das, was ihnen entspricht, wird als Gegenstand wissenschaftlicher Untersuchung zugelassen. Tatsächlich belehren sie uns aber nicht über die reale Beschaffenheit von Dingen, sondern nur über die Natur des menschlichen Geistes.

Die noch offenstehende Frage betrifft die Möglichkeit der Ausformung des Urerlebnisses in Erlebnis- und Wahrnehmungsaussagen und deren Umsetzung in Erfahrungsaussagen. Das erste Problem löst sich mittels der Überlegung, daß die Aufspaltung des Urerlebnisses in Einzelerlebnisse und deren unwillkürliche Umsetzung in Erlebnisaussagen selbst als Urtatsache dem Reich der Wirklichkeit angehört. Es bleibt somit noch die Frage, wie die Verwandlung der Wahrnehmungs- in Erfahrungsaussagen möglich sei. Nur das Problem der Vorformung des Gegebenen nach Analogie zur kategorialen Formung kann erörtert werden, nicht das des Daseins und bestimmten Soseins des Gegebenen überhaupt. Hier stehen wir vielmehr vor einem letzten Rätsel. Die kategoriale Formbarkeit des Gegebenen aber hat ihren Grund darin, daß *das Urerlebnis selbst nach Analogie der Kategorien vorgeformt* ist. Die fünf Paare letzter Aussageformen, nämlich Sein und Nicht-Sein, Identität und Verschiedenheit, Einheit und Vielheit, Substanz und Akzidens, Ursache und Wirkung haben alle ihr Äquivalent im unmittelbaren Erleben: Das Sein im eigenen Lebensgefühl, die Identität in der zeitlosen Gegenwart des sich mit sich selbst identisch erlebenden primären Ich, die Einheit im zeitlosen Einheitserlebnis des Augenblicks, die Substanz im Beharren des primären Ich gegenüber dem vorgestellten Wechsel der Bewußtseinszustände, die Ursache im dynamischen Willenserlebnis. Kategorien werden also gar nicht nachträglich an das Erleben herangetragen, sondern sind mit diesem gleichursprünglich. Aber von ihrem ersten Auftreten als Erlebniskategorien an machen sie eine Transformation über Aussageformen zu Kategorialbegriffen und schließlich zu Grundsätzen und Postulaten wissenschaftlicher Methodik durch.

Das Problem der Anwendbarkeit der Kategorien auf das Gegebene löst sich also einmal dadurch, daß auch die Kategorien höherer Stufe ihr letztes Urbild in Erlebnisweisen des primären Ich besitzen, und zum anderen durch einen fortgesetzten negativen Prozeß der Ausscheidung alles nicht Rationalisierbaren aus dem Gegebenen.

3. Das Welt- und Duproblem

(a) Die drei Welten

Reininger unterscheidet drei Welten: Die *empirische Außenwelt* als die Gesamtheit der in unmittelbarer Erfahrung gegebenen Dinge und Ereignisse, die *physikalische Welt* als den gesetzmäßigen Zusammenhang unanschaulicher, bloß begrifflich faßbarer Realitäten und die *metaphysische Welt* als Totalität nicht erfaßbarer, sondern bloß erschließbarer Dinge an sich. Sie gelten alle nur für die periphere Einstellung. Von der zentralen philosophischen Ebene aus sind sie alle Bewußtseinserscheinungen. Sie müssen daher gemäß dem Standpunkt der Wirklichkeitsnähe auf Erlebnismäßiges zurückgeführt werden.

Weil für die philosophische Betrachtungsweise die gesamte empirische Weltwirklichkeit bewußt ist, löst sich auch das Problem als ein Scheinproblem auf, wie die Dinge der *Außenwelt* in das Bewußtsein hineinzuwandern vermögen, um in Form von Vorstellungen von sich Kunde zu geben, oder in umgekehrter psychologischer Fassung, wie wir imstande seien, die wahrnehmungs- und vorstellungsmäßigen Bruchstücke zu einem geordneten Gesamtbild zusammenzuschließen und als bewußtseinsunabhängige Dingwelt zu objektivieren. *Die Unterscheidung zwischen der Außenwelt und ihrem Bild im Bewußtsein ist fiktiv;* denn da uns für die Annahme der Außenwelt nichts anderes zur Verfügung steht als jene vermeintlichen Bilder, läuft das Ganze auf eine überflüssige Weltverdopplung hinaus. Ebenso ist aber auch der Gedanke an ein Empfindungschaos, aus dem wir erst allmählich die empirische Welt zu konstruieren hätten, eine Fiktion. In Wahrheit existiert die empirische Welt nur einmal, und zwar so, wie sie bewußt ist. Sie und ihr Bild fallen zusammen, zwischen der Weltwirklichkeit und dem Weltbewußtsein besteht kein Unterschied. Nun glaubt allerdings jedes bewußtseinsbegabte Wesen an einen bewußtseinsunabhängigen Fortbestand der Wahrnehmungsobjekte. Die Grundlage dieses Glaubens ist vom Wirklichkeitsstandpunkt aus ein bestimmtes Erwartungsgefühl, z. B. die Dinge nach dem Wiederöffnen der Augen in derselben Anordnung und Inhaltlichkeit zu sehen, wie vor ihrem Schließen. Die Philosophie braucht daher keine fragwürdige Hypothese aufzustellen, um den Grund für den Weiterbestand der Welt aufzudecken, es genügt dazu durchaus der zweifelsfrei vorfindliche Glaube an jenen Fortbestand.

Die *physikalische Welt* bedeutet gegenüber der empirischen eine Weiterführung des Umsetzungsprozesses von Wirklichkeit in Wahrheit durch schärfere urteilsmäßige Überprüfung der Erfahrungsaussagen, exaktere Begriffsbestimmung und Schaffung von Hypothesen und Theorien zum Zwecke größerer rationaler Übersicht. Sie kann daher eine wahrere, aber keine wirklichere Welt genannt werden; denn es gibt keine höhere Art von Realität als die unmittelbare Erlebniswirklichkeit, auf der die empirische Welt basiert. Um der physikalischen Welt überhaupt Realität zusprechen zu können, müssen ihre Gegenstände als qualitätsbestimmt und im Anschauungsraum existierend gedacht werden. Sonst wäre sie ein bloß begriffliches Relationssystem, welches als real anzusehen unmöglich ist. Auf alle Fälle aber bleibt auch die physikalische Welt der Bewußtheit verhaftet. Der Unterschied von physikalischer und empirischer Welt kann daher nur in einer Verschiedenheit des Weltbewußtseins bestehen.

Die *metaphysischen Welten* entspringen alle dem unausrottbaren Hang, nach Analogie der empirischen Welt eine absolute Welt an sich seiender Dinge zu entwerfen. Sie sind dabei zugleich stets Ausdruck eines ganz bestimmten Weltgefühls. Ganz unabhängig von ihrer inhaltlichen Unhaltbarkeit (welche Reininger an Hand der beiden Hauptformen metaphysischer Weltbilder: Materialismus und Spiritualismus aufzuzeigen versucht), kann daher vom transzendentalphilosophischen Gesichtspunkt aus festgestellt werden, daß ihr Sein in jenem zugrunde liegenden Totalgefühl und, ebenso wie das der empirischen Welt, in dem an ihr Bild sich knüpfenden Realglauben besteht.

(b) Die Realität des Fremdseelischen

Die Frage nach der Realität des Fremdseelischen, deren Bejahung Reininger im Anschluß an Feuerbach Tuismus nennt, wird durch Aussonderung verschiedenartiger Betrachtungsweisen behandelt.

Vom natürlichen Standpunkt gibt es sowohl ein Eigen- wie ein Fremdseelisches; denn innerhalb der natürlichen Welt wird das Du nicht problematisch. Vom Standpunkt der peripheren wissenschaftlichen Einstellung dagegen gibt es weder das eine noch das andere; denn wissenschaftlich beobachtbar sind in exakter Weise nur physische Lebenserscheinungen. Vom zentralen philosophischen Standpunkt aus ist zunächst festzustellen, daß es keinen zwingenden theoretischen Grund für den Tuismus gibt. Die Einsicht in die Ichbezogenheit alles Wirklichen bedingt aber keinen Solipsismus; denn dieser behauptet, daß mein individuelles Ich das einzige sei und es außer ihm kein Du gäbe. Ein solches individuelles Ich ist jedoch nur vom peripheren, objektivierenden Standpunkt aus auf dem Wege über den Ichleib konstatierbar. Dem eigenen Körper aber einen Vorrang vor den übrigen zu geben, ist widersinnig, der Solipsismus ist daher unhaltbar. Das primäre Ich des Urerlebnisses hingegen ist weder mit einer Leibesvorstellung verknüpft noch sonstwie im Raum lokalisiert, daher überhaupt nicht individualisiert. Es stellt somit etwas Überindividuelles dar, welches sich zu den verschiedenen Ichen erst über die Leibesvorstellung vereinzelt. Das Ich des Urerlebnisses ist also über die gesamte Bewußtseinswirklichkeit verbreitet, und es bedeutet daher keinen Widersinn, wenn gesagt wird, daß es dasselbe Ich ist, welches uns auch im Fremdseelischen gegenübersteht. Das letzte Resultat der transzendentalphilosophischen Betrachtung ist somit nicht ein Solipsismus, sondern ein *Bewußtseinsmonismus*.

4. Das Problem der Ethik

Wissenschaft hat die Aufgabe, zu erkennen, was ist, nicht aber Vorschriften darüber zu machen, was sein soll. *Daher muß auch eine Ethik als Wissenschaft wertungsfrei sein.* Dies ist die methodische Einstellung Reiningers in seiner Wertphilosophie. Wie in der Erkenntnistheorie und Metaphysik, so wird auch hier von einem absolut Sicheren ausgegangen. Ein solches kann nicht im Bestehen an sich seiender Werte oder absolut geltender sittlicher Imperative erblickt werden, sondern allein in der *Tatsache des individuellen Wertbewußtseins*. Nicht daß es Werte gibt, sondern daß wir Wertungen in uns erleben, ist ohne Zweifel gewiß. Ebenso wie es ein Dogmatismus wäre, die Existenz von Dingen an sich anzunehmen und erst dann die Frage zu stellen, ob wir sie zu erkennen vermögen, müßte es als ein methodischer Irrtum angesehen werden, wollte man objektive Werte als selbstverständlich voraussetzen, um hierauf die Möglichkeit ihrer Erkennbarkeit zu erörtern. Wenn man überhaupt zur Annahme transzendenter Wertideen gelangen will, so ist dies nur durch einen Schluß vom eigenen Werterleben aus möglich. Nach Reininger allerdings gibt es keinen zwingenden Grund für einen solchen Schluß.

Werten ist ein letztes, irreduzibles Urphänomen. Im Gegensatz zu blinden Triebaktionen spricht man von ihm nur dort, wo sich das Ich von den passiv erlebten Triebaktionen distanziert und im vollen Licht des Bewußtseins Stellung nimmt und sich entscheidet. Mit jedem Werten verbindet sich zunächst ein *Optativ,* ein unpersönliches Sollen im Sinne des »es soll so sein«. In der Wendung zum Subjekt wird daraus ein *Hortativ,* d. h. ein »ich sollte«, also eine Aufforderung an mich, das positiv Bewertete zu verwirklichen. Wo dieser Aufforderung subjektive Antriebe in mir entgegenstehen, für deren Überwindung eine Willensentscheidung erforderlich wird, da wandelt sich die Aufforderung zu einem Befehl, sie wird zum *Imperativ;* aus dem »ich sollte« entsteht das »ich soll«.

Wertungen irgendwelcher Art sind mit allen unseren Erlebnissen verwoben, gänzlich wertfreie Vorkommnisse gibt es für uns nicht. Daher ist unser Weltbild stets auch ein Wertbild. Auf der untersten Bewußtseinsstufe äußern sich die Wertungen in bestimmten *Wertgefühlen.* Ihre erste Transformation vollzieht sich durch den Übergang zu *Wertaussagen,* welche die zugrunde liegenden Gefühle nur in äußerst unzulänglicher Form wiedergeben, und daher die Grundlage des häufigen Mißverstehens fremder Wertungen bilden. Wie im theoretischen Bereiche, so geschieht auch hier die Umsetzung der Erlebnisse in Aussagen absichtslos. Die eigentlich verantwortliche sittliche Stellungnahme der Persönlichkeit erfolgt erst im *Werturteil,* durch welches zwischen den verschiedenen sich anbietenden und oft einander widersprechenden Wertaussagen eine eindeutige Entscheidung getroffen wird. Diese trägt zwar noch theoretischen Charakter, bildet aber die Grundlage praktisch-sittlicher Willensentschlüsse, da solche nur dort vorliegen, wo eine klarbewußte ethische Einsicht vorausging. Eine solche Einsicht ist jedoch stets nur eine Antwort auf die Frage, welche Wertungsweise in einer bestimmten Situation der Natur unseres Wertbewußtseins am angemessensten ist. Wie bei theoretischen Erkenntnissen, so gibt es auch im ethischen Gebiet kein anderes Kriterium der Richtigkeit als das *augenblickliche Zustimmungserlebnis,* welches hier allerdings aus der Tiefe des eigenen Wertbewußtseins kommt. Darum ist im Grunde jede Werterkenntnis eine Selbsterkenntnis des Wertenden.

Wertungen setzen also auf alle Fälle ein *wertendes Subjekt* voraus. Aber auch eine objektive Bedingung besteht für sie;

denn nur auf einen äußeren Anlaß hin erfolgt in uns jene Wertreaktion. Somit ist ein *gewertetes Objekt* ebenfalls Voraussetzung für das Entstehen von Wertungen. Das Wertgehaltene nennen wir dann *Wert*. Es handelt sich bei diesen Werten nicht um Dinge, sondern um Eigenschaften, Qualitäten von Dingen, die von uns positiv bewertet werden. Die Träger dieser Werte sind *Güter*. Wenn es sich um negative Werte handelt, so sprechen wir von *Übeln*. Manche Werte, wie Erhabenheit, Tapferkeit, Güte usw., scheinen unabhängig von bestimmten Wertobjekten zu bestehen. Es handelt sich bei ihnen um konstante, richtunggebende Wertungsantriebe in uns, welche allen besonderen Wertungen als die Bedingung von deren Möglichkeit vorausgehen und die somit ein Apriori unseres Wertbewußtseins darstellen. Reininger nennt sie *Wertideen*. Ihrer inhaltlichen Unbestimmtheit und Unbedingtheit wegen stellen sie gleichzeitig unendliche Ideale dar, denen gegenüber keine konkrete Verwirklichung jemals als befriedigend erscheint.

Im eigentlichen Sinn des Wortes aber können nur *die tatsächlich vorgefundenen Wertqualitäten* »Werte« genannt werden, mögen sie auch an Reinheit und Vollkommenheit hinter den Wertideen zurückstehen. Die Annahme objektiver, an sich bestehender Werte hingegen ist eine überflüssige Hypothese. So wie in der theoretischen Erkenntnis die Objektivität im Erleben der Urteilsgebundenheit besteht, liegt im Werturteil der objektive Charakter im Gefühl des Bestimmtseins des Urteilens durch Dingqualitäten. Welche dieser Qualitäten aber Wertcharakter erhalten, hängt von der Eigenschaft unseres Wertbewußtseins ab, so daß den Werten immer ein Werthalten zugrunde liegt. *Werte an sich* müßten wir nur dann annehmen, wenn sich dadurch unser Wertbewußtsein erklären ließe. Dies ist jedoch keineswegs der Fall, vielmehr treten neben der dadurch bedingten unnötigen Komplizierung nur neue Schwierigkeiten auf, so z. B. die Frage, wie es uns gelingen könne, in jenes Wertreich einzudringen und wo das objektive Kennzeichen für das Übereinstimmen unserer Wertungen mit jenen Werten zu suchen sei. Auch für die Annahme der Absolutheit von Werten ist als

Erklärung vollständig die Tatsache ausreichend, daß sie vom Wertenden *als absolut erlebt* werden.

Der Mensch, welcher aus der dumpfen Selbstverständlichkeit des bloßen Dahinlebens erwacht, sucht in heller Bewußtseinsklarheit seinem Leben einen *Sinn* zu geben und es dementsprechend einzurichten. Die Sinngebung kann erfolgen entweder durch Einfügung in eine immanente oder transzendente kosmische Ordnung oder durch Unterordnung unter einen bestimmten Oberwert, wie Leben, Glück, Vollkommenheit. Vom philosophischen Standpunkt aus können beide Versuche nicht zu einem befriedigenden Abschluß gelangen. Der erste deshalb nicht, weil die *transzendente Sinngebung* – wie z. B. die Auffassung des Menschen als eines Mitstreiters Gottes – als irrationale Glaubensangelegenheit philosophisch überhaupt nicht diskutabel ist, und durch die *immanente Sinngebung*, d. h. durch die Einordnung in den wertfreien Naturzusammenhang oder in den von sinnlosen Zufälligkeiten beherrschten Geschichtsablauf dem eigenen Dasein nur auf Grund einer Selbsttäuschung ein Sinn zugesprochen werden kann. Der zweite Versuch, nämlich die *Unterordnung unter einen Oberwert*, scheitert neben einer Reihe von besonderen Gründen vor allem deshalb, weil das Streben nach Wertverwirklichung nur so lange sinngebend bleibt, als eine Erfolgsaussicht besteht, die letztere aber von äußeren, ungewollten Umständen abhängt. Die sinngebende Instanz muß also anderswo gesucht werden.

Dazu ist eine Unterscheidung von Moral und Ethos notwendig. Unter *Moral* versteht Reininger jede *heteronome* Sollenszumutung, also eine solche, die von außen an uns auf Grund eines fremden Willens herantritt. Alle Moral läßt sich als Äußerung des Gemeinschaftslebens begreifen, welches zum Zwecke der Disziplinierung des individuellen Trieblebens Erfahrungen herausbildete, die zunächst ihren Niederschlag in der Sitte fanden, um im Laufe der Geschichte den Charakter moralischer Normen zu erhalten. Solche Normen treten zwar in der Form einer kategorischen, unbedingten Sollensforderung auf, sind aber dem Wesen und Ursprung nach hypothetisch, nämlich bedingt durch das Ziel des Wohlergehens der Gesellschaft. Weil daher Moral nur ein Mittelwert, kein Selbstwert ist, so liegt auch in ihr keine Möglichkeit einer letzten Sinngebung des individuellen Lebens.

Anders das *Ethos*. Hier handelt es sich um eine *autonome* Sittlichkeit, die im individuellen Wertbewußtsein in der Form von Wertantrieben auftritt, welche unabhängig sind von allen fremden Zumutungen und Kollektivwertungen. Sie sind normativ und vom Bewußtsein der Absolutheit begleitet. Der Einwand, daß es ein solches autonomes Ethos nicht gibt, ist sinnlos. Denn überall, wo der Einzelne sich im Gegensatz weiß zu heteronomen Zumutungen, da besteht dieser Gegensatz auch im individuellen Wertbewußtsein, und er kann nur bestehen auf Grund des Erlebnisses autonomer Selbstverpflichtung. Das objektive Merkmal der ethischen Gesamteinstellung liegt aber nicht im autonomen Ursprung der Wertungen, sondern in der *Reinheit oder Lauterkeit des Willens*, der frei ist von allen Nebenmotiven, wie Erfolgserwägungen, Sorge um Übereinstimmung mit den gegenwärtigen Moralanschauungen usw. Das Feingefühl für die Reinheit des Willens ist das *ethische Gewissen*, die emotionalen Grundlagen ethischen Verhaltens sind Wertliebe und Stolz, letzterer verstanden im Sinne einer freudigen Bejahung der Selbstverantwortlichkeit, die sich nur dem eigenen Wertwillen verpflichtet weiß. Völlige Willensreinheit ist allerdings ein nie ganz realisierbares Ideal. Bei uns steht es nur, den Willen zur Reinheit des Willens aufzubringen. Dieses Ideal der Willensreinheit ist der einzige wahrhaft sinngebende ethische Oberwert. Somit kann der Mensch, will er zu einem letzten Sinn gelangen, diesen nur in sich selbst finden. Wer den Schwerpunkt seines Lebens außer sich legt, wird nur von einer Enttäuschung zur anderen getrieben. Die individuelle Sinnhaftigkeit jedoch läßt sich nicht inhaltlich, sondern nur formal bestimmen. Sie liegt in der Reinheit des Willens, dem es um die Verwirklichung eines absolut Wertvollen geht. Je näher wir diesem Ideal kommen, desto tiefer ist das Erleben der Sinnerfülltheit unserer Existenz.

Würdigung

Ein nicht zu unterschätzendes Verdienst der reiningerschen Philosophie ist die Strenge und Konsequenz, mit der alles abgewiesen wird, was sich nicht vor dem Forum schärfster philosophischer Kritik zu rechtfertigen weiß. Daneben bedeutet die nüchterne Sachlichkeit und kühle Objektivität, mit der die philosophischen Probleme angegangen werden, ein gesundes Gegengewicht gegen die von emotionalen Erregungen oft geladene und überhitzte Atmosphäre mancher gegenwärtiger Philosophien. Diese rein rationale Grundlage der metaphysischen Betrachtungen ist auch wohl jenes Moment, welches Reininger trotz der radikalen inhaltlichen Verschiedenheiten mit N. Hartmann verbindet und wodurch sie sich beide eindeutig von existenzphilosophischen Richtungen distanzieren.

Eine Kritik der Wirklichkeitsmetaphysik müßte bereits bei der Grundvoraussetzung des Systems, dem *zeitlosen Urerlebnis*, beginnen, da mit ihr das übrige steht oder fällt. Reiningers Beschreibung dieses Erlebnisses sowie seine Fassung des Wirklichkeitsbegriffes zeigen, daß er hierbei Ausdrücke der Alltagssprache bzw. der philosophischen Tradition verwendet, ihnen aber eine ganz andere als die übliche Deutung gibt. In dieser metaphysischen Ausgangsbasis liegt denn auch die Schwierigkeit verankert, in eine rationale Diskussion über die reiningersche Wirklichkeitslehre einzutreten. Wir wollen nur einen, allerdings sehr wesentlichen Punkt herausgreifen: Von Reininger wird mit Nachdruck die Zeitlosigkeit des Urerlebnisses betont. Demgegenüber glaube ich, z. B. im Hören einer Melodie oder noch drastischer im Falle eines aufheulenden Sirenentones auch ein unmittelbares Zeiterleben feststellen zu können. Ja, es ist gar nicht einzusehen, wie Wendungen von der Gestalt »früher als« und »später als« für uns einen Sinn bekommen sollten, wenn es kein ursprüngliches Zeiterleben gibt.

Hier scheint nun folgende Alternative zu bestehen: *Entweder* es wird behauptet, daß dieses scheinbare Zeiterleben nur in Erinnerungen und Erwartungen besteht, die als Erlebnisse ebenso wie die Wahrnehmungen immer gegenwärtig sind. Dann müßte man dazu kritisch bemerken, daß es sich bei derartigen Überlegungen um eine nachträgliche theoretische Interpretation des Zeiterlebens handelt. Ebenso wäre dann auch dasjenige, was Reininger das zeitlose Urerlebnis nennt, eine nachträgliche theoretische Konstruktion und nicht eine letzte Gegebenheit, von der man auszugehen hätte. Die Methode der Wirklichkeitsnähe wäre damit jedoch preisgegeben. *Oder* es wird entschieden geleugnet, daß es sich bei diesem Urerlebnis um eine theoretische Konstruktion handelt; vielmehr wird der reine Erlebnischarakter als Wesensmerkmal hervorgehoben. Dann wäre dieses Urerlebnis jedenfalls von dem, was man gewöhnlich Erleben nennt, grundverschieden, so daß gesagt werden müßte, daß es eine mystische Ursituation ist, von der hier ausgegangen und die dann als die einzige unmittelbare Wirklichkeit bezeichnet wird. Über eine solche mystische Ausgangsbasis aber ist eine wissenschaftliche Auseinandersetzung nicht mehr möglich.

Daß der reiningersche Ausgangspunkt hier tatsächlich in ein Dilemma hineinführt, wird besonders deutlich, sobald man die beiden heterogenen historischen Wurzeln seines Bewußtseinsbegriffes erkannt hat. Die eine Wurzel bildet die kantische Lehre von der *transzendentalen Apperzeption*, d. h. jene Theorie von der Einheit des Bewußtseins, welche Kant innerhalb seiner Kategorienlehre entwickelte. Kant stieß auf diese Theorie bei der Behandlung der Frage, was denn innerhalb unserer Erkenntnis den Vorstellungen (oder sonstigen Bewußtseinsinhalten) die Gegenstandsbezogenheit verleihe oder anders formuliert: was es denn überhaupt bedeute, zu sagen, daß es sich bei diesen Vorstellungen um Vorstellungen *wirklicher* Gegenstände handle. Die Antwort des naiven Realismus, wonach die Wirklichkeitsbezogenheit darin besteht, daß diesen Vorstellungen in der jenseits des Bewußtseins liegenden Wirklichkeit Gegenstände entsprechen, war für Kant unakzeptabel. Es galt vielmehr zu erklären, was *innerhalb* unseres Bewußtseins den Bewußtseinsinhalten jene Gegenstandsbezogenheit verleiht.

Kants Antwort lautete, kurz skizziert, etwa so: Unsere

Vorstellungen werden genau dann zu Vorstellungen von wirklichen Gegenständen, wenn sie sich zu einer *notwendigen* synthetischen Einheit zusammenschließen. Sowohl die einzelnen Erfahrungsgegenstände wie der sich aus derartigen Erfahrungsgegenständen konstituierende Weltzusammenhang bestehen in einer solchen notwendigen synthetischen Einheit der Erscheinungen. Wo wir auf Notwendigkeit stoßen, muß es nach Kant eine nichtempirische, apriorische Wurzel dafür geben. Da die Einheit der Gegenstände und der Gegenstandswelt nach ihm nur möglich ist auf Grund einer Einheit des Bewußtseins, kann für jene notwendige synthetische Einheit der Erscheinungen nicht die empirische Bewußtseinseinheit verantwortlich gemacht werden (da die letztere eben nur eine *faktische* Synthesis, aber keine *notwendige* synthetische Einheit liefern könnte). Den Erfahrungsgegenständen muß somit eine nichtempirische Bewußtseinseinheit entsprechen, nämlich gerade jene »reine« oder »transzendentale Apperzeption«. Dieses reine Bewußtsein ist kein empirisch nachweisbares Faktum, sondern vielmehr eine theoretische Annahme, die Kant aus dem angeführten Grund im Rahmen seiner Theorie des Erfahrungsgegenstandes anführen zu müssen glaubte.

Reiningers Bewußtseinsbegriff ist weitgehend von diesem kantischen Begriff der reinen Apperzeption abhängig. Er trägt daher auch die theoretisch-konstruktiven Züge des kantischen Begriffs. Die zweite Wurzel für den reiningerschen Bewußtseinsbegriff aber bildet der ganz im positivistischen Sinne gefaßte Begriff *des Gegebenen*, durch den ja auch die Methode der Wirklichkeitsnähe charakterisiert ist. Nur das unmittelbar Gegebene darf danach den Ausgangspunkt des Philosophierens bilden. Alles unmittelbar Gegebene aber trägt nach Reininger den Index der Bewußtheit. Es muß als außerordentlich problematisch erscheinen, ob eine Möglichkeit besteht, den so konzipierten Begriff des bewußtseinsmäßig Gegebenen mit jenem abstrakten transzendentalphilosophischen Bewußtseinsbegriff zu vereinigen. Die obigen Bemerkungen über den Begriff des Urerlebnisses waren ein Hinweis auf die hier auftretenden Schwierigkeiten.

Die speziellen *logischen und erkenntnistheoretischen Betrachtungen* Reiningers enthalten ohne Zweifel viele scharfsinnige Feststellungen. Ein weiteres Verdienst ist die Ehrlichkeit, mit welcher er erkenntnistheoretische Fiktionen (z. B. die Absolutsetzung des Evidenzerlebnisses bzw. das Operieren mit dem Begriff der objektiven Evidenz) verwirft, ungeachtet der sich daraus ergebenden Konsequenzen, die ihn in eine unmittelbare Nähe zum erkenntnistheoretischen Relativismus bringen. Reininger scheut solche Konsequenzen nicht; er ist der letzte, der aus der Not eine Tugend macht. Wer sich so nahe an der Grenze des Relativismus bewegt wie Reininger, der sieht die Welt anders; und wer die Welt anders sieht, der durchschaut leichter viele Vorurteile, die uns im Alltag wie in der Wissenschaft beherrschen.

Trotzdem muß man vom Standpunkt der modernen Erkenntnislehre den Einwand erheben, daß die logischen und erkenntnistheoretischen Grundbegriffe, mit denen Reininger arbeitet, nicht hinreichend geklärt worden sind, obwohl sich auch in bezug auf diese Begriffe viele zutreffende Bemerkungen finden. Ein Beispiel für einen weiterer Aufklärung bedürftigen Begriff bildet der Begriff des *Urteils a priori*. Das kantische Apriorätskriterium der strengen Allgemeinheit oder Ausnahmslosigkeit, welches Reininger übernimmt, kann den heutigen Erkenntnistheoretiker aus folgendem Grunde nicht mehr befriedigen: Wahre mathematische Aussagen sollen nach Kant wie Reininger Urteile a priori sein, naturwissenschaftliche Hypothesen hingegen Urteile a posteriori. Nun kommen jedoch in jeder mathematischen Disziplin wahre Existenzbehauptungen vor (z. B. »es gibt mindestens vier Punkte, die nicht auf einer Ebene liegen«), während in der Naturwissenschaft Gesetze von unbeschränkter Allgemeinheit formuliert werden (z. B. »alles Kupfer leitet Elektrizität«). Man kann sich gar nicht vorstellen, wie ein genau auf apriorische Urteile anwendbarer Begriff der strengen Allgemeinheit eingeführt werden sollte, der insbesondere jene mathematischen Existenzbehauptungen *einschließt*, naturwissenschaftliche Allbehauptungen hingegen *ausschließt*.

Analog müßte man bei solchen Begriffen wie dem der Kausalität und Substantialität oder bei solchen Gesetzen wie dem Satz vom Grunde eine genauere Explikation verlangen. Eine präzise Definition des Begriffs des Kausalgesetzes sowie eine exakte Formulierung des allgemeinen Kausalprinzips z. B. stoßen auf nicht zu unterschätzende Schwierigkeiten.

Auch hinsichtlich des Identitätsbegriffes sind die Bemerkungen von Reininger nicht befriedigend, obzwar zugestanden werden muß, daß er an dieser Stelle auf einen wichtigen Unterschied hingewiesen hat. Das Unbefriedigende besteht darin, daß er diesen Unterschied irreführend ausdeutet. In einer Aussage von der Gestalt »A = A« wird der *logische* Identitätsbegriff verwendet. Gäbe es nur diese von Reininger angeführte Verwendung der Identität im logischen Sinn, so wüßte man nicht, wozu diese eigentlich gut sein sollte; denn alle von uns aufgestellten wahren Identitätsbehauptungen wären dann bloße Tautologien, die keinen Informationswert besitzen. Tatsächlich findet jedoch dieser Begriff praktisch bedeutsame Anwendungen. Eine davon z. B. beruht auf der Tatsache, daß wir uns auf ein und dasselbe Objekt in verschiedener Weise sprachlich beziehen können, sei es durch Namen allein (wie z. B. in »Cicero = Marcus Tullius«), sei es durch Namen und Kennzeichnungen (wie z. B. in »Friedrich Schiller = der Verfasser des Wallenstein«). Mit der Einbeziehung des Zeitmoments und der Identifizierung von komplexen Gegebenheiten, die verschiedene Zeitstellen besetzen (wie z. B. in »dieser Tisch hier ist *identisch mit* jenem Tisch, der gestern an derselben Stelle stand«), wird ein ganz neuer Begriff eingeführt, für den man am besten die von K. Lewin stammende Bezeichnung »*Genidentität*« benützt. Die Verwendung des Begriffs der Genidentität impliziert nun keineswegs eine »Negation der Zeit«, wie Reininger meint, sondern stellt nichts weiter dar, als eine für den Alltag wie für die Wissenschaft höchst willkommene denkökonomische Vereinfachung durch Identifizierung des in bestimmter praktischer oder theoretischer Hinsicht Ununterscheidbaren. Es liegen also in gewissem Sinne spezielle Anwendungen des Leibnizschen principium identitatis indiscernibilium vor.

Zu Reiningers *Wertlehre und Ethik* wäre Analoges zu

sagen wie zu seiner Erkenntnistheorie. Hier finden sich ebenfalls viele wichtige und anzuerkennende Feststellungen. Vor allem sieht Reininger klar die zahlreichen Schwierigkeiten und Aporien, mit denen eine materiale Wertmetaphysik, wie sie uns z. B. in den Lehren Schelers und N. Hartmanns entgegentritt, behaftet ist. Die Einwendungen würden sich vor allem wieder daraus ergeben, daß verschiedene Begriffe seiner Wertphilosophie nicht hinreichend geklärt wurden. Ferner muß es als fraglich erscheinen, ob Reininger mit seiner Theorie des Lebenssinnes nicht doch, im Gegensatz zu seiner Intention, die Grenzen des wissenschaftlich Vertretbaren überschreitet.

Eine Auseinandersetzung mit Reiningers Auffassung des Gegenstands- und Kategorienproblems würde eine eigene längere Abhandlung erfordern. Was immer sich dazu kritisch bemerken ließe, so dürfte dabei nicht übersehen werden, daß viele treffende Einzelfeststellungen vorliegen, wie dies ganz allgemein in der scharfsinnigen und anregenden Philosophie Reiningers der Fall ist. Unter anderem tritt vor allem das außerordentlich wache und empfindliche Bewußtsein gegenüber dogmatischen Annahmen des Realismus allenthalben als ein positives Moment hervor. Darum vermag für jeden in philosophischen Dingen sich Bemühenden die Grundhaltung Reiningers eine warnende Gegeninstanz darzustellen gegen das heute so oft übliche Operieren mit vermeintlichen Selbstverständlichkeiten, die letztlich doch nur in einer unkritischen Übernahme von Voraussetzungen der naiven Welteinstellung fundiert sind.

KAPITEL VIII

APRIORISTISCHER SEINSMONISMUS:
PAUL HÄBERLIN

Dem Fragmentarischen und Bruchstückartigen der meisten gegenwärtigen philosophischen Systeme gegenüber versucht Häberlin ein Weltbild von großer Geschlossenheit zu entwickeln. Der Durchbruch durch den transzendental-idealistischen Subjektivismus, den Psychologismus der Phänomenologie und den Anthropologismus zum Seienden als solchem ist hier ebenso vollzogen wie bei N. Hartmann. Zwar ist der dritte Band der Ontologie Häberlins eine philosophische Anthropologie, aber während bei Heidegger die Analytik des endlichen menschlichen Daseins erst das Fundament für eine allgemeine Ontologie abgeben soll, geht bei Häberlin die allgemeine Seinslehre voran, und die Philosophie des Menschen ist bloß die spezielle Anwendung der ontologischen Einsicht auf das Subjekt der inneren Erfahrung. Im methodischen Gang sowie in der inhaltlichen Durchführung der Untersuchung unterscheidet sich Häberlin aber auch grundsätzlich von dem Vorgehen N. Hartmanns. Während bei letzterem die phänomenologische Analyse den Ausgangspunkt bildet und wegen des sich der Erkenntnis widersetzenden unendlichen Restes auf eine letzte Klärung der metaphysischen Probleme verzichtet wird, glaubt Häberlin, daß wir ein eindeutiges Wissen über die prinzipiellen metaphysischen Verhältnisse zu erlangen vermögen. Die zu diesem Wissen führende Methode könnte man vielleicht am ehesten als die »Interpretation des Seienden auf die Bedingungen seiner Möglichkeit« charakterisieren. Der Mensch vermag, da er selbst ein Seiendes ist, zu einem apriorischen Seinswissen zu gelangen. Es lassen sich bestimmte ontische Tatsächlichkeiten feststellen, denen gegenüber sich die Frage erhebt: Wie muß das Seiende beschaffen sein, damit dies möglich wird? In der Beantwortung dieser Frage vollzieht sich die Explikation des metaphysischen Wissens.

1. Die allgemeinen ontologischen Grundfragen

(a) Das Problem von Einheit und Vielheit

Es ist vielleicht vorteilhaft, zum Zwecke des besseren Verständnisses der Seinslehre Häberlins auf einen philosophiegeschichtlichen Zusammenhang hinzuweisen. Man könnte sagen, daß es Häberlin um zwei große metaphysische Synthesen gehe. In der Frage des Verhältnisses von Einheit und Vielheit ist es *die Synthese der Philosophie Spinozas mit derjenigen von Leibniz*. Zwischen diesen beiden Systemen scheint zunächst eine unüberbrückbare Kluft zu bestehen. Nach Spinoza gibt es nur eine einzige Weltsubstanz, ontologisch ausgesprochen: nur ein einziges Seiendes, alles Individuelle ist nur ein unselbständiger Modus dieses Einen. Nach Leibniz dagegen besteht das All aus einer unendlichen Zahl individueller Substanzen, den Monaden, von denen zwar jede das ganze Weltall mit größerer oder geringerer Bewußtseinsklarheit widerspiegelt, die aber voneinander völlig abgeschlossen sind. Bei Spinoza ist die Einheit der Welt gewahrt, aber das Individuum in seinem autonomen Selbstsein zerstört, bei Leibniz kommt zwar die Individualität zu ihrem Recht, dagegen wird die Welteinheit nur künstlich durch die Konstruktion einer prästabilierten Harmonie gerettet. Häberlin versucht, den Gedanken der Einheit und Einzigkeit des Seienden mit dem Individualcharakter alles dessen, was wirklich ist, in Einklang zu bringen.

Den Ansatzpunkt der Untersuchungen bildet die Frage, wie ein verstehender Verkehr zwischen voneinander getrennten Individuen (z. B. Tieren oder Menschen) möglich sei. Häberlin untersucht sämtliche Theorien, die sich mit der Lösung dieses Problems befassen, angefangen von den mechanistischen über die vitalistischen und psychologischen Theorien bis zu den universalistisch-teleologischen Weltbildern. Es läßt sich der Nachweis erbringen, daß diese Theorien die Lösung des Problems immer schon voraussetzen und daher nur scheinbar eine wirkliche Erklärung liefern. Das Problem besteht nämlich darin, daß die Individuen für sich seiende, voneinander getrennte Wesen darstellen, zugleich aber auch in einer ursprünglichen inneren Verbundenheit miteinander stehen müssen, auf Grund deren die Verkehrsbeziehung erst möglich wird. Die genannten Theorien übersehen, daß die beiden Annahmen, nämlich das Bestehen besonderer, qualitativ eigenartiger individueller Existenzen und das gleichzeitige Vorhandensein einer kommunikativen und reaktiven Verbundenheit zwischen ihnen, miteinander im Widerspruch stehen. Sofern die Verkehrspartner besondere Individuen darstellen, sind sie »für sich«, sofern sie in verstehender Kommunikation miteinander leben, sind sie nicht für sich, sondern in irgendeiner Weise »eins«.

Der Widerspruch kann aber nicht im Seienden selbst liegen; denn Sein heißt soviel wie: mit sich identisch sein. Nur weil das Sein den Widerspruch von sich ausschließt, d. h. weil es eindeutig ist, kann es auch begriffen werden. Es gilt daher, *das Seiende so zu denken, daß eine reale Vielheit von miteinander verkehrenden Individuen in ihm möglich ist.* Man könnte zwar den Ausweg versuchen, in solipsistischer Weise eine reale Vielheit überhaupt zu leugnen. Ich als Subjekt dieser Leugnung wäre dann das einzige Seiende. Aber dieser Weg ist nicht gangbar. Ich als das eine und einzige Seiende befände mich dann im Widerspruch mit mir selbst. Als praktisches Individuum glaube ich an die Vielheit der Individuen, als theoretisches leugnete ich sie. Es ist aber unmöglich, daß das Seiende sich in dieser Weise selbst zum Narren hält. Die Annahme einer Vielheit von Individuen kann also nicht aufgehoben werden. Faßt man jedoch jedes Individuum als ein Seiendes auf, so entsteht zwischen ihnen eine absolute Trennung, und eine Verkehrsbeziehung wird unmöglich. Es bleibt nur mehr ein Ausweg: *Die Annahme einer Vielheit von Seiendem ist fallen zu lassen.* Das heißt also, *daß es nur ein einziges Seiendes geben kann.* Daraus folgt nun mit logischer Notwendigkeit, daß ein Individuum nicht als Seiendes angesprochen werden darf. Häberlin wählt für das Verhältnis von Individuum und Seiendem den Terminus »Modus«. *Die In-*

dividuen sind Modi des einen Seienden. Der Begriff des Individuums ist damit logisch bereinigt, und die Möglichkeit des Verkehrs wird verständlich; denn die Individuen stehen sich nicht mehr absolut fremd gegenüber, da ein und dasselbe Seiende in ihnen allen lebt.

Dieser aus der ursprünglichen Seinseinheit heraus interpretierte Individualitätsbegriff scheint zunächst einen ganz spinozistischen Anstrich zu haben. Aber während im Pantheismus die Weltsubstanz noch etwas anderes hinter den Modi: etwas ihnen allen zugrunde Liegendes, bedeutet, ist dies bei Häberlin nicht der Fall. Jede Annahme eines »Weltgeistes«, einer dem Zeitlich-Individuellen vorausliegenden Ursubstanz u. dgl. zerstört unweigerlich die Autonomie der individuellen Existenz, die ebenso wie die Einheit des Seienden als ein letztes Faktum hinzunehmen ist. Das Seiende ist daher nicht als etwas »hinter«, »neben«, »über« oder »vor« den Individuen Liegendes zu denken, sondern es geht gänzlich in ihnen auf. Mit anderen Worten: *Das eine Seiende ist total individuiert,* vollständig in die individuellen Einzelexistenzen aufgesplittert, *es lebt ganz in jedem Individuum,* nur je in einer dessen Eigenart entsprechenden besonderen Weise. Dieses Leben aber vollzieht sich in der ewigen Auseinandersetzung zwischen den Individuen. So ist das eine Seiende, da es nur besteht in der Weise des ewigen reaktiven Verkehrs zwischen den Individuen, in ständiger Bewegung und im steten aktuellen Vollzug seines Lebens. Wegen der qualitativen Besonderheit der Individuen ist die Verkehrsbeziehung niemals vollkommen friedlich; daher der Name »Auseinandersetzung«. Weil aber in allem Verkehr das identisch Eine sich in den Individuen ausdrückt, vermag die Einheit selbst niemals ernsthaft gefährdet zu werden.

Wahr ist nur das, was aus der Einheit des Seienden verstanden wird. Daher sind auch alle *Kategorien* im Lichte der Einheitsidee zu sehen. Die Frage nach der *Zahl* der Individuen, ob endlich oder unendlich, ist nach Häberlin sinnlos. Versteht man unter Endlichkeit die Tatsache, daß sich alle Modi innerhalb des einen Seienden befinden, so ist von Endlichkeit zu sprechen. Da andererseits das Seiende durch nichts beschränkt ist, so ist auch die Vielheit nicht beschränkt. In diesem Sinne liegt eine Unendlichkeit vor. Ebenso ergibt sich, daß die Trennung von *Möglichkeit* und *Wirklichkeit* nur eine künstliche ist, da in Wahrheit alles wirklich ist, was möglich ist. Dies ist nicht als Implikation von Idealmöglichkeit und Idealwirklichkeit bzw. von Realmöglichkeit und Realwirklichkeit im hartmannschen Sinne zu verstehen, sondern, wenn wir bei der Terminologie Hartmanns bleiben, als Zusammenfallen von Idealmöglichkeit und Realwirklichkeit. Denn da das Seiende unbeschränkt ist, so ist »alles« möglich. Da aber auch dieses Mögliche zum Seienden gehört, so *ist* es auch. Existenziell gesehen besteht kein Unterschied von Möglichkeit und Wirklichkeit. Ein solcher kann nur im *funktionellen* Sinne, d. h. in bezug auf die Zustände der Individuen, vorliegen. In jedem Augenblick muß sich das Individuum in bestimmter Weise verhalten. Dieses Verhalten ist einerseits Ausdruck der *ewigen, unveränderlichen Qualitas* (Wesenseigentümlichkeit) des Individuums, andererseits der jeweiligen Gesamtkonstellation zwischen den Individuen. Mit Verschiebung der Situation ändert sich auch die Verhaltensweise, die dann aus dem Zustande der Potentialität in den der Aktualität übergeht.

Da das eine Seiende nur in der Weise funktioneller Auseinandersetzung der Individuen untereinander lebt, ergibt sich in ihm eine *dreifache Polarität*, die den interindividuellen Verkehrsbeziehungen entspringt. Die erste liegt im *Gegensatz von bereits bestehender und noch zu schaffender Einheit*. Einerseits *ist* die Einheit immer schon in den Individuen und macht den Verkehr zwischen ihnen allererst möglich, andererseits wird sie im zielstrebigen Verhalten der Individuen, welches die Einheit *als zukünftige* erstrebt, immer erst anvisiert. Das Individuum repräsentiert, sofern es ist, die seiende, sofern es sich hingegen auseinandersetzt, die werdende Einheit oder das Leben. Die zweite Polarität besteht darin, daß die Individuen zwar *die Einheit anstreben* und in diesem Sinne »miteinanderwollen«, daß sie aber zugleich diese Einheit *auf je eine besondere Weise* anstreben, woraus zwischen ihnen das Gegeneinander, die Auseinandersetzung, entsteht. Die dritte Polarität betrifft *das Verhältnis von passiver Anregbarkeit und aktiver Wirksamkeit der Individuen.* Da diese ihre Ziele auf besondere Weise verfolgen, sind sie »eigenwillig«. Zugleich jedoch sind sie »einheitswillig«, d. h. sie verfolgen ihre Zwecke im Rahmen der Einheit und lassen sich daher auch von den anderen Individuen anregen. Nur wegen ihres Einheitsstrebens wollen die Individuen überhaupt etwas voneinander wissen und sind zum Zusammengehen miteinander bereit. Hinter der Anregbarkeit steht daher die Idee der Einheit, hinter der Wirksamkeit die Idee der Besonderheit.

Die Seinseinheit aber wird durch keine Polarität jemals bedroht; denn sie ist die ewige Voraussetzung des lebendigen Verkehrs, so daß die problematischen Gegensätzlichkeiten sich nur innerhalb ihrer abspielen, nicht aber sie selbst betreffen können.

Zum Abschluß noch eine Bemerkung zum psychophysischen Problem. Da das Seiende in keiner anderen Weise als in den lebenden Individuen besteht, ist es, von innen her betrachtet, total psychisch. Die Annahme eines toten, körperlichen Ansichseins ist unsinnig. Das Physische ist stets ein bloßer Außenaspekt. Häberlin definiert daher *die Natur* als *das Seiende, sofern es von außen betrachtet wird.* Nur weil jedes Individuum bloß sich selbst als Subjekt des Verhaltens innerlich erlebt, nicht dagegen das andere Individuum, durch das es von außen her angegangen wird, kommt diesem anderen gegenüber der physische Eindruck zustande.

(b) Das Problem von Sein und Werden

In dieser Frage versucht Häberlin, die zweite metaphysische Synthese zu vollziehen, nämlich die von *Eleatismus und Heraklitismus.* Als äußeren Ansatzpunkt für die Aufrollung des Seins- und Werdens-Problems wählt Häberlin die Abstammungslehren. Das rätselhafte Ausgangsphänomen, welches zu den evolutionistischen Theorien führte, ist *die auffallende Ähnlichkeit zwischen den verschiedenen Arten von Lebewesen,* nicht dagegen etwa die Artentstehung, die ja bereits eine Antwort auf die Frage nach dem Grund der Ähnlichkeit darstellt. Ebenso, wie die früher erwähnten Theorien keine Antwort auf die Frage nach der Möglichkeit zwischenindividuellen Verkehrs zu geben vermochten, sind auch die evolutionistischen Theorien nicht in der Lage, das hier vorliegende Problem zu lösen, sondern wenden das Ganze nur ins Genetische. Das eigentliche Problem nämlich, welches hinter dem Rätsel der Artentstehung verborgen liegt, ist das der Möglichkeit einer *Formkonstanz innerhalb des Werdens der Formen.* Eine befriedigende Antwort ist hier erst dann möglich, wenn gezeigt wird, *wie Konstanz und Werden widerspruchslos zusammengedacht werden können.*

Die Lösung bei Häberlin ist folgende: Da das Seiende eindeutig ist, Sein also stets Widerspruchslosigkeit bedeutet, steht die ontische Vereinbarkeit von Konstanz und Veränderung a priori fest. Leugnet man das Werden, so landet man im Eleatismus, der zu einer ähnlichen absurden Konsequenz führt wie der Solipsismus; denn das Seiende würde sich da für veränderlich halten, während es in Wahrheit unveränderlich ist. Es befände sich also mit sich selbst im Widerspruch. Leugnet man dagegen die Konstanz und bejaht somit den Heraklitismus, so übersieht man, daß immer, wo Veränderung ist, auch etwas da sein muß, welches sich verändert. Keiner der beiden Begriffe Sein und Werden kann preisgegeben werden. Wie bei der Lösung des ersten Problems der Begriff des Individuums dem des Seienden untergeordnet wurde, so jetzt der Begriff des Werdens dem des Seins. *In substantieller Hinsicht ist das Seiende ewig.* Dies bedeutet soviel wie daß die Individuen ihrer ewigen *Qualitas* nach unveränderlich sind. Der Ausdruck »Werden« kann daher nur bedeuten, daß sich das Leben des existenziell unveränderlichen Seienden in der Weise des Konstellationswandels der Individuen zueinander vollzieht. Es handelt sich also um einen ewigen Gestaltwandel des einen Seienden. *Zeitliche Veränderung ist bloß der Übergang von einer Präsenz-, Daseins- oder Wirklichkeitsform* – was alles synonyme Bezeichnungen für den Augenblickszustand des Seienden sind – *des einen, ewig mit sich identisch bleibenden Seienden zu einer anderen.* In jeder dieser Daseinsformen ist auch der Inbegriff aller Möglichkeiten, die verwirklicht werden und zu einer künftigen Situation führen könnten, enthalten. Mit dem Wandel der augenblicklichen Daseinsform gehen die in ihr enthaltenen Möglichkeiten unter, da die darauffolgende Wirklichkeitsgestalt als eine neuartige auch neue Möglichkeiten in sich enthält. Der Übergang von einer Daseinsform des Seienden zur nächsten geschieht aber nicht durch irgendeine Instanz außerhalb der Individuen, welche das Geschehen determinierte, sondern wird einzig und allein durch die Entscheidung der Einzelexistenzen, die aus den gegenwärtigen Möglichkeiten eine für die Zukunft auswählen, vollzogen. Die anderen nicht gewählten Möglichkeiten sind dann für alle Ewigkeit in Unmöglichkeiten verwandelt. Der zeitliche Gestaltwandel des Seienden wäre mißverstanden, wenn man glaubte, es werde für ihn Zeit benötigt oder es verstreiche durch den Werdensvollzug Zeit. Die Zeit steht nicht außerhalb des Geschehens, sondern ist die genetische Geschehensform selbst. Nicht in der Zeit geschehen die Werdensschritte, sondern sie »schaffen« bzw. enthalten in sich die Zeit.

Der Gestaltwandel ist insofern *zielhaft*, als er aus sämtlichen individuellen Zielsetzungen resultiert. Gerade deshalb aber ist *das Geschehen im Ganzen richtungslos;* vielmehr durchkreuzt das Verhalten der anderen Individuen jede besondere individuelle Zielsetzung, so daß der Gesamtverlauf immer anders ist als jedes einzelne Individuum es eigentlich wollte.

Der *Kausalbegriff* muß nach Häberlin von dieser Lösung des Werdensproblems aus seine Klärung erhalten. Es ist richtig, daß der jeweilige Seinszustand durch den vorangehenden eindeutig bedingt ist, wie auch das Geschehen insofern »determiniert« ist, als die Individuen nicht aus ihm herausspringen können, sondern sich entscheiden müssen. Wie sie sich aber entscheiden, ist damit nicht festgelegt. Es gehört zu der die folgende Gestalt bedingenden Präsenzform immer die Fülle der in ihr enthaltenen Möglichkeiten. Das Bedingendsein eines Zustandes für den nächsten kann daher nur dies bedeuten, daß die jeweilige Wirklichkeitsform des Seienden stets aus der Realisation einer in der vergangenen Gestalt enthaltenen Möglichkeit entsprungen sein muß. Somit sagt der Begriff der Kausalität nur etwas Negatives aus, während das Positive erst durch die individuelle, zielgerichtete Entscheidung bewirkt wird. Die Begriffe der Kausalität wie der Finalität stehen also im Einklang miteinander sowie mit der Autonomie und Freiheit des Individuums.

Eine die Menschheit seit jeher tiefbewegende Frage ist die nach dem »Sinn des Ganzen«. Nach Häberlin ist das Seiende selbst kein möglicher Gegenstand der Sinnfrage. Das Sein des Seienden kann nicht einmal zum Objekt eines Urteils, noch weniger einer Frage erhoben werden. Jede Frage, wozu und warum das Seiende sei, ist sinnlos; es gibt ja nichts außerhalb seiner, was ihm diesen Sinn verleihen könnte. *Daher kann das Sein des Seienden keinen anderen Sinn haben als den, daß das Seiende ist.* Die Sinnfrage kann nur gegenüber dem Geschehen aufgeworfen werden. Subjektiv hat dieses insofern Sinn, als es zielhaft ist. Eigentlich sind es unendlich viele subjektive »Sinne«, die von Individuum zu Individuum und von Augenblick zu Augenblick wechseln. Sie alle sind Ausdruck des einen objektiven Sinnes, nämlich des Seienden als eines je präsenten. Im ewigen Geschehensprozeß vollzieht und erfüllt sich beständig dieser Sinn. So ist das Werden ein beständiger Fortschritt, aber nicht als stetige »Aufwärtsentwicklung«, sondern als immerwährendes Fortschreiten: von einer Daseinsform des ewig vollendeten Seienden in eine neue, *also von Vollendung zu Vollendung.*

Die Individuen im ontologischen Sinne, von denen bisher allein die Rede war, sind ewig, weil das in ihnen lebende Seiende ewig ist. Die empirisch feststellbaren Artindividuen (Organismen) dagegen entstehen und vergehen. Sie können daher mit jenen nicht identisch sein. Die Organismen müssen somit als organisierte Sozietäten von Individuen aufgefaßt werden. In der ursprünglichen Bedeutung ist das eine Seiende eine einzige Sozietät der Individuen, aus denen es besteht. Daneben können sich die Individuen wieder zu eigentümlichen Sondergebilden zusammenschließen. So entstehen die Organismen. Das sind Sozietäten, welche so aussehen, als ob sie Einheiten wären, weil sie wie Individuen reagieren. Viele den Organismus betreffenden Aussagen sind, obwohl sie oft fälschlich als a priori angesehen werden, rein empirischer Natur: so bereits das Faktum, daß es überhaupt Organismen gibt, weiter das Phänomen der Fortpflanzung, ebenso die Tatsache, daß die Fortpflanzung »substantiell«, d. h. durch Heraussetzung eines Teiles des Elternorganismus, erfolgt; schließlich ist es auch eine rein empirische Angelegenheit, daß die Gesamtentwicklung »nach oben« erfolgt und nicht in einer vom Höhengrad der Organismen unabhängigen Richtung. Es gibt kein Seinsgesetz, wonach eine ständige »Aufwärtsentwicklung« der Welt erfolgen müßte.

Im Gegensatz zum Seienden überhaupt ist der Organismus eine ewig *problematische Einheit;* denn er wird vom Einheits- und Organisationswillen der Individuen getragen und ist daher von innen her fraglich, da er immer zerfallen muß, wo die individuelle Besonderheit zum Durchbruch gelangt. Aus diesem Grunde fallen alle Organismen dem Tode anheim. Darum versuchen aber auch die Individuen, die Organisationsidee in andere Individuen hineinzutragen, welche die Idee dann weiterführen (Fortpflanzung). Alle Organismen streben die Idee des schlechthinnigen, vollkommenen Organismus an, die wegen der »Eigenwilligkeit« der vereinigten Einzelindividuen aber nie erreicht wird. Daraus ergibt sich eine Inkonstanz der Organisationsidee, die zu jenen Formenabwandlungen führt, welche als »Höher«- und »Abwärtsentwicklungen« – erstere auch »Artenentwicklungen« genannt – auftreten.

Ein bestimmter Typus der eben geschilderten problematischen Sondereinheiten ist der Mensch.

2. *Das Wesen des Menschen*

Die allgemeine Ontologie hatte das prinzipielle apriorische Seinswissen darzulegen. Die Philosophie des Menschen will ein solches Wissen dort erlangen, wo sich ein Seiendes von innen her selbst erfährt. Hier bekommen wir erstmals Einblick in die innere Problematik des Seins. Häberlin geht es wieder um eine Synthese: Einerseits soll die innere Problematik des Menschen nicht hinwegdiskutiert, sondern in ihrer vollen Schärfe ins Auge gefaßt werden, andererseits ist die Gefahr abzuwehren, aus der existenziellen Problematik eine vorschnelle These von der inneren Fragwürdigkeit des Seienden überhaupt abzuleiten. Das Wissen von der ewigen Vollendung des Seienden steht vielmehr a priori fest. Es geht daher darum, die existenzielle menschliche Problematik mit der ewigen Weltordnung in Einklang zu bringen.

(a) Die menschliche Selbsterfahrung

Den theoretischen Ausgangspunkt der Betrachtungen bildet wieder ein rätselhaftes Phänomen: *die menschliche Selbsterfahrung*. In jeder Erfahrung steht ein Erfahrendes einem Erfahrenen als einem Anderen gegenüber. Dieses Andere soll aber hier gerade das Selbst sein. *Wie ist eine solche Erfahrung möglich, in der das Erfahrene zugleich ein Anderes* (nämlich als Erfahrenes) *und nicht ein Anderes* (als Selbst) *ist?* Wäre der Mensch ein Individuum, dann wäre eine solche Selbsterfahrung unmöglich. Ihr Grund kann nur darin liegen, daß der Mensch eine organische Sozietät ist. Eine solche steht in einer doppelten Verkehrsbeziehung, einer »innen-« und einer »außenpolitischen«. Die erstere besteht im Verkehr der zum Organismus vereinigten Individuen untereinander und kann daher keine Grundlage für die Tatsache der Selbsterfahrung abgeben. Als außenpolitisches Subjekt dagegen handelt der Organismus wie ein selbständiges Individuum. Hier vertreten die Individuen die Organisationsidee und »fühlen« sich solidarisch. Das darin liegende gegenseitige Sichwiederfinden im anderen Individuum wie in einem Spiegel ist die Grundlage für den Begriff des »Selbst«. Selbsterfahrung ist wie jede Erfahrung eine Fremderfahrung, die aber in diesem speziellen Fall ihren Fremdheitscharakter verliert, weil sich das erfahrende Individuum der Idee nach mit dem erfahrenen identifiziert. Wäre der Organismus vollkommen, so gäbe es so viele »Selbste«, als Individuen in ihm zusammengeschlossen sind. Bestünde der Organismus dagegen nur als gänzlich unvollkommener, d. h. würde seine Organisationsidee von keinem Individuum rein vertreten, dann gäbe es überhaupt keine Selbsterfahrung. Beidem widerspricht die Tatsache, daß wir in uns *ein* Selbst, aber auch *nur* eines, feststellen. *Es muß daher ein »zentrales« Individuum geben, welches die Organisationsidee rein vertritt.* Auf dieses Individuum muß die Verwirklichung des Organismus zurückgehen. Denn käme der Organismus durch »freiwilligen« Zusammenschluß zustande, dann gäbe es mehrere Vertreter der Organisationsidee und dementsprechend mehrere Selbste. Weil nur ein einziges die Organisationsidee rein vertretendes Individuum vorhanden ist, fehlt der Selbsterfahrung die Harmlosigkeit der gewöhnlichen Fremderfahrung. Die übrigen im Organismus lebenden Individuen werden vom zentralen Subjekt als partiell eigenwillig und sich der Organisationsidee widersetzend erlebt. Die Selbsterfahrung ist daher kritisch, ihr Gegenstand erscheint nicht restlos als »befreundet«, sondern zum Teil als »befremdend«.

(b) Die menschliche Problematik. Geist und Trieb

Eine Problematik, die mit der Bildung von Organismen in die Welt tritt, ist die *Zerstörungsgefahr*. Nach innen hin muß das zentrale Individuum dauernd die Widerspenstigkeit der übrigen Partner zu brechen und im Sinne der Organisationsidee zu korrigieren trachten, nach außen hin müssen schädigende Einflüsse abgewehrt werden. So entsteht ein *Zweifrontenkampf um die Erhaltung des Organismus*. Mit ihm wird das *Leiden* geboren, welches überall dort auftritt, wo das in Fremderfahrung Gegebene als lebensgefährlich erscheint. Auch Krankheit, Alter und Tod sind Folgen der begrenzten Fähigkeit des zentralen Individuums zur Durchsetzung seiner Organisationsidee.

Bereits an mehreren Stellen spielte der *Bewußtseinsbegriff* herein, ohne näher bestimmt worden zu sein. Im ursprünglichen Sinne ist Bewußtsein bzw. Selbstbewußtsein nichts anderes als das *Seinsbewußtsein*, d. h. das Wissen des Seienden um sich. Es wird immer dort lebendig, wo ein Individuum in aktueller Verkehrsbeziehung auf ein anderes trifft. Ontologisch bedeutet ja die Begegnung zweier Individuen eine Selbstbegegnung des Seienden. Daher ist das Erfahren des einen Individuums vom anderen eine Selbsterfahrung des

Seienden. Da diese Erfahrung aber stets an die individuelle Begegnung und Auseinandersetzung gebunden ist, so ist sie immer an ein *gegenständliches Fremdbewußtsein* geknüpft. Dieses ist stets »subjektiv«, da der erfahrene Gegenstand nur in seiner praktischen Relevanz für den Erfahrenden gesehen wird. Die theoretische Einstellung überwindet diesen subjektiven Standpunkt und nimmt den individuellen Gegenstand in seinem qualitativen Ansichseinscharakter. Allerdings weiß das erfahrende Subjekt von der Qualitas (d. h. der funktionellen Eigenart) des Objektes nur, daß sie überhaupt existiert; denn es ist unmöglich, diese Qualitas a priori zu bestimmen.

Aus der ontologischen Fassung des Organismusbegriffes läßt sich auch *das Problem des Leib-Seele-Verhältnisses* klären. Der Leib ist etwas anderes als ein Körper. Während der letztere das Seiende im Außenaspekt darstellt, ist der Leib selbst etwas »Psychisches« im weiteren Sinne – im engeren Sinne behält Häberlin den Ausdruck »*Seele*« für das zentrale Individuum vor –, nämlich die Gesamtheit der vom zentralen Individuum organisierten anderen Individuen. Leib sowie Seele (im engeren Sinne) erscheinen bei Betrachtung von außen als Körper. Im Tode löst sich der Organismus als körperliches Gebilde wie als innere Leibeinheit auf. Aber die Auflösung ist bloß ein Auseinandertreten der Individuen, eine »Verflüssigung« ihres Sondergebildes im Rahmen des allgemeinen Gestaltwandels.

Die eigentliche Problematik des Menschseins ergibt sich daraus, daß ein Individuum: die »Seele«, sich die Organisationsidee »Mensch« zum absoluten Ziele setzt. Die Seele ist in diese Idee vernarrt und macht den Sinn der Welt von der Bedingung ihrer Realisierung abhängig, d. h. sie »verzweckt« das Weltgeschehen. Sie fordert von den anderen Individuen, daß ihre Idee der »Humanitas« von ihnen befolgt und verwirklicht werde. Mit dieser der Subjektivität der Seele entstammenden Gesetzesforderung wird der Pflichtbegriff in die Welt getragen. Das entscheidende Problem aber besteht darin, *daß die Seele die Idee des Menschen verewigt, damit das Werden aufzuhalten trachtet und so dem objektiven Seinssinn, d. h. dem ewigen Gestaltwandel, widerspricht.* Das Verlangen der Seele ist daher widersinnig, ihre Geschehensverzweckung bedeutet eine Auflehnung gegen den objektiven Seinssinn. Darum ist das Menschsein als solches schuldhaft. Im Gegensatz zu allen jenen Lehren, die im Menschen eine »Spitze« des Seins sehen, erblickt Häberlin in ihm eine Infragestellung des ursprünglichen Seinssinnes.

Da aber die Seele auch das eine Seiende repräsentiert – dieses lebt ja in ihm wie in allen anderen Individuen ebenfalls –, so vertritt sie zugleich den objektiven Sinn. Sie lebt mit sich selbst im Widerspruch; denn sie will zwar die Verwirklichung des absoluten Seinssinnes, aber sie will diese in sinnwidriger Weise, nämlich in der des Mensch-sein-wollens. Erfahren wird der objektiv bestehende Widerspruch erst dort, wo die Organismenbildung so weit fortgeschritten ist, daß die Bedingungen der Selbsterfahrung erfüllt sind. Die Seele beurteilt sich dann unter einem zwiespältigen Aspekt, nämlich sowohl unter dem der *subjektiven Menschheitsidee* wie unter dem der *objektiven Einheitsidee*. Ihr Gewissen ist somit selbst zwiespältig. Auch der dem Seinssinn konform gehende objektive Gewissensanspruch ist aber von der Subjektivität durchseucht, insofern nämlich, als wegen der Geschehensverzweckung die Sinnerfüllung als Imperativ, als Sollensideal empfunden wird. Die Seele strebt daher die Vollendung als eine erst in Zukunft zu realisierende an und vergißt dabei, daß diese eine immer schon seiende ist.

Aus dieser totalen Verwirrtheit, in der die menschliche Seele steckt, wird sie durch den *Geist* herausgeführt. Damit ist nicht ein zweites Substantielles neben dem Psychischen gemeint, sondern die Vertretung des Eigentlichen und Ewigen in der menschlichen Seele. Er tritt immer erst dort in Funktion, wo sich ein Individuum von dem im Gestaltwandel bestehenden Absolutsinn entfernt, um ihn zu diesem zurückzurufen. Das ontische Fundament des Geistes liegt darin, daß die menschliche Seele trotz ihrer subjektiven Verblendung um einen objektiven Sinn kraft ihres Seinsbewußtseins weiß. Als *theoretischer* ist der Geist das ursprüngliche Wissen um die Seinswahrheit, als *praktischer* ist er die Verwirklichung dieses Wissens.

Der Gegenspieler des Geistes ist der *Trieb*. Er ist die sich dem Seinssinn widersetzende Subjektivität, wie sie im Gewissen erfahren wird. Sie erscheint als eine unheimliche, diabolische Macht im Menschen. Die Tragik liegt dabei darin, daß dieser Macht nicht auszuweichen ist, *da das Urböse im Mensch-sein-wollen selbst verwurzelt ist* und daher nach Verwirklichung des Menschen nicht mehr rückgängig gemacht werden kann.

(c) Der Kampf um das Heil

Die geschilderte Problematik entfacht in der Seele den Kampf um das Heil. Der Gewissensforderung soll dadurch Genüge geschehen, daß das Leben richtig vollzogen wird. Da der Trieb als das diese Richtigkeit Hemmende erfahren wird, geht der Gewissensanspruch auf Triebvernichtung. Sie erscheint der Seele als Heilsziel. Aus ihm entspringt der *sittliche Glaube der Seele*, zur Schaffung eines reinen, triebunbefleckten Willens fähig zu sein. So entsteht das moralische Leben als Kampf um das Gute. Diese selbst wieder triebbedingte Kampfeinstellung aber behebt den Widerspruch nicht, sondern verschärft ihn nur noch. Die wahre Güte bestünde ja in der Befreiung der Seele von ihrem Menschenideal; sie aber will jene erlangen durch Verwirklichung eines bestimmten, nämlich vollendeten Menschen.

Sobald der Glaube an eine menschliche Vollendung als Täuschung aufgedeckt ist, muß die freudige moralische Kampfstimmung in verzweifelte Hoffnungslosigkeit umschlagen. Der Mensch erfährt jetzt, daß er zur Verwirklichung der Güte nicht imstande ist. Der Kampf erscheint aussichtslos, alle sittliche Hoffnung versinkt ins Nichts. Das Ziel aber bleibt, da der Heilshunger der Seele auch nach Scheitern des moralischen Lebens weiterbesteht. Darum verwandelt sich die heroische Sittlichkeit in demütige Religiosität. Der *Glaube an Gott* wird nun das Entscheidende. Dies ist der Glaube an das Heil als ein notwendig in der Zukunft zu schaffendes, verbunden mit dem Bewußtsein, daß dieses Schaffen außerhalb unserer Macht steht. Die Gotteserfahrung überkommt den Menschen als die eindringlichste und notwendigste Erfahrung, weshalb es sinnlos ist, Gott als Gebilde menschlicher Willkür zu bezeichnen.

Das religiöse Leben bleibt in dauernder Spannung zum moralischen. Denn alle Moral ist im Grunde atheistisch, da der Mensch hier an die Möglichkeit einer von ihm selbst bewirkten Eigenvollendung glaubt; ein Gott würde seine Selbstverantwortlichkeit aufheben. Für den religiösen Menschen dagegen, der um die Undurchführbarkeit des moralischen Zieles weiß, verwandeln sich Sorge und Kampf um das Heil in Erwartung und Zuversicht des Heiles.

Wenn auch der religiöse Standpunkt aus dem moralischen herauswächst, so ist er dennoch nicht das Letzte. Auch für ihn ist das Heil erst etwas Zukünftiges, Seinsollendes. Kraft des Geistes aber weiß die Seele stets, wenngleich meist von der moralischen und religiösen Einstellung übertönt, um den ewig seienden Sinn, das ewig seiende Heil. So erhebt sich über dem Ethos des Gewissens und des religiösen Lebens das *Ethos der Besinnung*, die Emanzipation des Geistes von der verzweckten Existenz der Seele. Die Kampfeinstellung und Sollensbetrachtung geht hier endgültig zu Ende. Die neue Gesinnung ist vielmehr *ein Zurückfinden zum harmlosen Leben im Sinne einer selbstverständlichen Einfügung in die ewige Seinsordnung*. Die Sorge um den verewigten Menschen ist nun aufgehoben; damit fällt das dieser Sorge entspringende Leiden hinweg und die Todesfurcht schwindet. Die Sinnhaftigkeit des Weltgeschehens wird nicht mehr unter die Bedingung der Verwirklichung der Menschheitsidee gestellt. Darum wird die Seele auch vom moralischen Übel befreit; denn mit der Aufhebung der Verzweckung des Geschehens fällt das Böse hinweg. Die Seele weiß nichts mehr von diesem Gegensatz zwischen Gut und Böse, sie steht diesseits von beiden. Diese gänzlich vergeistigte Einstellung ist allerdings in idealer Weise nie zu erreichen, da wir als Menschen stets der Zweckhaftigkeit unterworfen bleiben.

3. Der Sinn der Kultur

Wo die allgemeine philosophische Anthropologie aufhört, setzt die Kulturphilosophie ein. Diese kann als spezielle Anthropologie aufgefaßt werden, welche die Frage nach den *kulturellen Möglichkeiten des Menschen* stellt. Es gibt im Grund nur ein einziges kulturelles Gebot: *die ständige Vergeistigung des Verhaltens*, d. h. die Überwindung der Subjektivität, welche sich dem Bestreben der Seele, das Dasein gemäß dem objektiven Sinn zu gestalten, widersetzt. Kultur ist die Anstrengung zur Lösung dieser Lebensaufgabe. Zweierlei ist zu Beginn der Untersuchungen der kulturellen Möglichkeiten des Menschen festzuhalten: Erstens, daß es zur Qualitas der menschlichen Seele gehört, den Menschen zu wollen, und daß sie sich daher nur *als eine im Leib inkarnierte* dem objektiven Seinssinn unterstellen kann; zweitens, daß, wie die Kosmologie zeigte, die Welt sich in ewiger Vollendung befindet. Diese *Idee der ewigen Vollendung* ist die Leitidee aller Kultur.

Die Vergeistigung des Weltverhaltens setzt insbesondere voraus die Vergeistigung des Urteils über die Welt. Es handelt sich dabei um die Überwindung der Unwahrheit zugunsten der Wahrheit. Dafür muß das die Grundlage bilden, was von den Objekten a priori gewußt werden kann. Einerseits *repräsentiert* jedes Objekt die ewige Ordnung als solche, andererseits *konstituiert* es diese Ordnung, es hat in der geordneten Welt eine besondere *Bedeutung*. Das erste wird die *formale* Seite der Kulturidee genannt, das zweite die *materiale* Seite dieser Idee. Nach der materialen Seite der Idee vollzieht sich eine nochmalige Teilung: Jeder Gegenstand ist bedeutsam nach seinem Ort in der vollendeten wirklichen Welt (*Bedeutung des Gegenstandes nach der Wirklichkeit*) und er ist bedeutsam als etwas, das an der Gestaltung neuer Wirklichkeit, der Vollendung als Werdender, teilnimmt (*Sinnbedeutsamkeit oder Wert des Gegenstandes*). So ergibt sich eine Dreifalt der Idee; der kulturellen Möglichkeit des Menschen ist damit eine dreifache Richtung gewiesen. Diese dreifache Bemühung um die Wahrheit tritt auf als Ästhetik, Logik und Ethik.

Die *formale Seite der Idee,* d. h. die Idee der Ordnung als solcher, bildet das *ästhetische Prinzip.* Der Gegenstand ist dadurch schön, daß er die ewige Ordnung darstellt; er wird als schön gesehen, wenn an ihm die ewige Harmonie aller Dinge gesehen wird. In der ästhetischen Einstellung wird von den besonderen Beschaffenheiten des Gegenstandes noch vollkommen abstrahiert; er wird nur in dieser seiner Darstellungsfunktion betrachtet. Es ergibt sich daher für Häberlin insofern ein *Primat des ästhetischen Urteils,* als vor jeder besonderen Aussage über einen Gegenstand gilt, daß er Schönheit offenbart. Da dies von jedem Gegenstand gesagt werden muß, existiert kein negatives ästhetisches Urteil.

Wegen der relativ ungeistigen Tendenz jedes Subjektes aber sind rein ästhetische Urteile nicht möglich. Aufgabe der Ästhetik ist es daher, erstens die *Defizienzmöglichkeiten* des ästhetischen Urteils zu untersuchen und zweitens die möglichen *Verbesserungen im Verhältnis von »Geist und Ungeist«* im stets relativ wahren ästhetischen Urteil aufzuzeigen. Die Wurzel jeder Urteilsdefizienz (ästhetischer wie logischer und ethischer) liegt darin, daß die Subjektivität im Urteil bestimmend wird. Im Fall des ästhetischen Urteils gibt es nur eine solche Verfälschung: nämlich *daß das Subjekt vom Gegenstand diese oder jene Beschaffenheit* (in bezug auf die Wirklichkeit oder in bezug auf den Wert) *verlangt,* m. a. W., daß es ihm unmöglich ist, eine vollkommen interesselose Einstellung gegenüber dem Gegenstand zu beziehen. Der qualifizierende Geschmack allein also trübt das ästhetische Urteil, und zwar dadurch, daß er das Objekt vergegenständlicht und sich zu ihm mittels eines Werturteils »wählerisch« verhält.

Da die menschliche Seele im Leib inkarniert ist, geht nichts in ihr vor, was nicht einen leiblichen *Ausdruck* fände. Dies gilt selbst vom ästhetischen Urteil, obwohl dieses sich in der Schönheitsfindung als solcher erschöpft. Allerdings ist das ästhetische Verhalten keine tätige Einwirkung in der Welt, sondern ein rein expressives, zweckfreies Verhalten: eine *reine Gebärde.* Die notwendige Defizienz des ästhetischen Urteils überträgt sich jedoch auch auf den Ausdruck, so daß dieser nicht reine Gebärde sein kann. *Die Trübung des ästhetischen Urteils durch den qualifizierenden Geschmack führt zu dem Impuls nach tätiger Beeinflussung des Gegenstandes;* das zweckhaft infizierte ästhetische Urteil zieht die *zweckhaft infizierte Gebärde* und damit die »Verschönerungstendenz« nach sich.

Die *ästhetische Bildung* hat sich die Aufgabe zu stellen, diese beiden Hindernisse der ästhetischen Kultur zu überwinden. In bezug auf das ästhetische Urteil fällt sie mit dem Versuch zusammen, überall Schönheit zu finden (*ästhetische Urteilskultur*); sie ist die beständige Übung, alle Gegenstände – wie immer sie logisch oder ethisch beurteilt werden mögen – zu bejahen im Sinne der Durchschau auf Schönheit hin. Daher gehört zur ästhetischen Kultur die Pflege der Beschaulichkeit in aller Tätigkeit. Streng zu trennen ist nach Häberlin das ästhetische Urteil vom *Urteil über ein Kunstwerk*. Jedes Werk ist *mehr oder weniger* Kunstwerk. Und dieses Mehr oder Weniger hängt ab vom Genie und Talent des Künstlers. Wenn *darüber* geurteilt wird, so ist das Urteil gerade nicht ästhetisch, sondern logisch und ethisch bestimmt: Werk und Künstler werden nach Eigenart bzw. Fähigkeiten qualifiziert. In der ästhetischen Kultur aber geht es gerade um die Überwindung der geschmacklichen Engherzigkeit, um die Erweiterung des ästhetischen Horizontes. Eine höhere Stufe der ästhetischen Kultur ist erreicht, wo der Urteilende *weiß*, daß sein ästhetischer Horizont prinzipiell beschränkt ist. Er nimmt dann sein Geschmacksurteil nicht mehr absolut ernst, sondern klammert es ein. Zeichen ästhetischer Kultur ist daher die Bescheidenheit und der Humor im Urteil.

Zur ästhetischen Urteilskultur tritt die *ästhetische Ausdruckskultur* hinzu. Sie ist der Versuch, in *allem* Handeln von der Schönheit Zeugnis abzulegen, das Leben aus der Berührung mit ihr zu gestalten. Fest, Spiel und Kunst sind Unternehmungen zur konzentrierten Pflege der Ausdruckskultur und bilden damit eine Kraftquelle für die ästhetische Ausdruckskultur des Alltags.

Gegenüber der Ästhetik haben sowohl Logik wie Ethik die kulturelle Möglichkeit des Verhaltens insoweit zu untersuchen, als dieses Verhalten unter der materialen Idee der Kultur steht. Im *logischen Urteil* geht es um den Gegenstand nach seiner *Wirklichkeitsbedeutung:* Es ist Wirklichkeitsurteil im Sinne der Qualifikation des Gegenstandes nach seinem Ort in der präsenten Weltgestalt. Der kulturelle Versuch, sich der Wahrheit zu nähern, bedeutet hier das Unternehmen der *Erkenntnis.* Alle Erkenntnis, insbesondere auch das wissenschaftlich qualifizierende Urteil a posteriori, muß sich im Rahmen dessen bewegen, was vom Gegenstand auf Grund apriorischer Einsicht feststeht: die eindeutige Bestimmtheit des Gegenstandes in seinem Weltverhältnis. Das *logische Prinzip* besteht daher in der Forderung, an der eindeutigen Bestimmtheit des Gegenstandes als Konstituens der geordneten Welt festzuhalten. Sofern das Schwergewicht dabei auf der *eindeutigen Bestimmtheit* liegt, ergeben sich daraus die *logischen Gesetze* (Satz vom Widerspruch, von der Identität usw.); denn diese Gesetze sind nach Häberlin nichts anderes als Anwendungen der Einsicht von der eindeutigen Bestimmtheit alles Seienden. Sofern dagegen das Schwergewicht darauf liegt, daß die Wahrheit a priori das Seiende als eindeutiges *Konstituens* der Welt zeigt, gelangt man zu den *Seinskategorien.* Da das Seiende total individuiert ist, bilden diese Kategorien die a priori feststellbaren Merkmale der Individualität (z. B. Existenz, Reagibilität, Freiheit). Die einzelnen Kategorien können, wie dies bereits an früherer Stelle angedeutet wurde, nur aus der Kosmologie abgelesen werden.

Der *Logik* geht es um die Vergeistigung des feststellenden Urteils. Daher müssen auch hier vor allem die möglichen Trübungen des Urteils untersucht werden. Sie sind weit zahlreicher als beim ästhetischen Urteil. Denn während sich die mögliche Defizienz des ästhetischen Urteils in der Mißachtung des ästhetischen Prinzips erschöpfte, kann im logischen Urteil sowohl ein *Verstoß gegen das logische Prinzip* wie eine *falsche Qualifikation des Gegenstandes* vorliegen. Außerdem kann die Verletzung des logischen Prinzips wieder zweierlei bedeuten, je nachdem, ob eine Mißachtung der *logischen Gesetze* vorliegt oder der *kategoriale Anspruch* des logischen Prinzips unerfüllt bleibt. Die Verfälschung des Urteils in der letztgenannten Hinsicht hat nach Häberlin ihre Wurzel darin, daß es im vitalen Interesse der Seele liegt, das Objekt nur als mögliches Mittel oder mögliches Hindernis zur Erhaltung ihrer inkarnierten Existenz zu betrachten; der Gegenstand wird dann bloß als Material und nicht als existentes Individuum gelten gelassen. Ein zusätzlicher Störungsfaktor für das logische Urteil bildet die leibliche Organisation: Die Forderung des kategorialen Prinzips, das Begegnende stets nach seiner Individualität zu begreifen, stößt hier völlig ins Leere, weil das urteilende Subjekt im außerweltlichen Verkehr an Individuelles überhaupt nicht herankommt. Es trifft dabei nur auf komplexe Gebilde, aus denen es die individuellen Komponenten nicht herauszulösen und daher in ihrer individuellen Situation innerhalb des Gebildes und der Welt nicht zu erfahren vermag. Nur im Selbsturteil fällt dieses Hindernis hinweg; die kategoriale Forderung ist hier erfüllbar und im Prinzip sogar immer erfüllt, weil Selbsturteil eo ipso Individualurteil ist. Darum bildet für uns auch die Begegnung mit dem fremden Menschen die einzige Ausnahme von der Unmöglichkeit der Beurteilung des Begegnenden als Individuum; hier nämlich ist Individualbegegnung (Begegnung mit der fremden *Seele*) möglich, wenn sie auch nur durch das Medium des Leibes hindurch erfolgt. Darum kann es auch nur in diesem speziellen Fall ein verstehendes Fremdurteil (psychologisches Urteil) geben.

Neben den prinzipiellen Fehlern im logischen Urteil gibt es zahlreiche *Irrtumsmöglichkeiten in der Qualifikation des Gegenstandes*, die sich selbst dann einstellen können, wenn kein Fehler im Prinzip begangen wird. Die Hauptquelle für diese Arten des Irrtums sind die standpunktliche Bedingtheit des Subjektes, die schlechte Organisation des Leibes und im Falle des psychologischen Urteils das Beschränktsein des Verstehens-Horizontes auf den Horizont des Selbstverständnisses. Bei all dem ist zu beachten, daß im Gegensatz zum Urteil über den Menschen das Urteil über die Natur stets prinzipiell defizient ist, weil es nur auf Massenerscheinungen trifft, hinter denen sich die Individuen verbergen. Kategoriale Richtigkeit ist nur im verstehenden Urteil möglich; Verstehen aber ist im eigentlichen Sinn des Wortes stets Mensch-Verstehen.

Die Aufgabe der *logischen Kultur* besteht in dem Versuch der Überwindung aller Verfehlungen gegen das logische Prinzip sowie der Irrtümer in der Gegenstandsqualifikation. In der ersten Hinsicht kommt es dabei auf eine selbstkritische Befreiung von (empiristischen, traditionalistischen, spekulativen) Vorurteilen an sowie auf die Gewinnung der prinzipiellen kategorialen Richtigkeit gegenüber materialistischer, deterministischer Mißachtung des Individualcharakters alles Seienden. Auch der Glaube an die Vorbestimmung der Zustände oder die Unterscheidung von »Schichten« verschiedener Seinsdignität widerspricht der logischen Kultur und ist daher zu überwinden.

In bezug auf das psychologische Urteil kann kategoriale Richtigkeit wenigstens im Prinzip erreicht werden. Das Natururteil bleibt hingegen in kategorialer Hinsicht stets prinzipiell unwahr. Die Kultur des Natururteils kann somit nur darin bestehen, die Grenze der Naturerkenntnis einzusehen; dazu gehört vor allem der Kampf gegen den Naturalismus (wonach die Naturerkenntnis die eigentlich wahre sein soll) und gegen die Verwechslung von Wahrheit und technischer Brauchbarkeit. Was die Trübungen des Urteils in der Gegenstandsqualifikation betrifft, so hat die logische Kultur besonders in bezug auf das psychologische Urteil eine große Verantwortung, weil hier Wahrheit im Hinblick auf das logische Prinzip auch nach der kategorialen Seite möglich ist.

Philosophische Erkenntnis wird von Häberlin klar von *wissenschaftlicher Erkenntnis* getrennt. Der Philosophie geht es ausschließlich um das a priori Einsehbare, der Wissenschaft hingegen um *empirische* Erkenntnis. Der Ausdruck »empirische Wissenschaft« ist ein Pleonasmus. *Darum beginnt die wissenschaftliche Aufgabe genau dort, wo die philosophische aufhört:* Mit Ausnahme der menschlichen Seele kann die Qualitas besonderer Objekte niemals a priori bestimmt werden. Logische Gegenstandsqualifikation (im Gegensatz zu ethischer) ist, von jener einen Ausnahme abgesehen, nur a posteriori möglich und obliegt daher den Wissenschaften. Als a priori einsehbare Einteilung der Wissenschaften ergibt sich nur die in Psychologie und Naturwissenschaft. Weitere Untergliederungen der wissenschaftlichen Erkenntnis sind nicht als philosophisch notwendig einzusehen.

Ebenso wie die ästhetische Kultur ist auch die logische Kultur niemals fertige Anstrengung. Dies gilt insbesondere auch von der Wissenschaft. Ihr Erfolg ist nie absolut, Wissenschaft ist ständiger Prozeß. Es verstößt gegen das Prinzip der logischen Kultur, einen dogmatischen Standpunkt in der Wissenschaft einzunehmen. Zur echten wissenschaftlichen Haltung gehört die Bereitschaft, jedes Resultat wieder preiszugeben.

Die *Ethik* hat es mit der Wirklichkeit als einer Werdenden zu tun. Alles Seiende wird beurteilt nach seinem Beitrag an der Gestaltung neuer Wirklichkeit. Von jedem Gegenstand steht a priori fest, daß er als ein die werdende Welt Mitgestaltender seinen bestimmten *Wert* hat. Wertloses gibt es in der Welt nicht. Somit verlangt das *ethische Prinzip* die Anerkennung der Sinnhaftigkeit alles Seienden. Eine ethische Wertaberkennung kann nur besagen, daß einem bestimmten Objekt dieser oder jener Wert nicht zukommt.

Da das Werturteil dem gelten soll, was ist, muß es Individual-Urteil sein. Alle wahre Wertung betrifft die individuelle Qualitas, die individuelle Zuständlichkeit und die individuelle Funktion. Die Trübung des Werturteils durch subjektiv-ungeistige Neigung kann wiederum eine dreifache sein: Eine Verletzung des ethischen Prinzips in *gesetzlicher* Hinsicht liegt vor, wenn vergessen wird, daß alles Seiende nach Existenz, Zustand und Funktion seinen bestimmten Wert hat und daher gut ist, was immer es sei. Ein Verstoß gegen die *kategoriale* Seite des ethischen Prinzips ist gegeben, wenn das Begegnende nicht als individuell Seiendes anerkannt, sondern als bloßes Objekt, z. B. als Mittel für einen Zweck, genommen wird. Neben diesen prinzipiellen Verfehlungen gibt es auch hier ähnlich wie beim logischen Urteil die *materiale Defizienz* des ethischen Urteils. Keine

Wertqualifikation wird einem Objekt jemals vollkommen gerecht: Subjektives Interesse stört bereits die Selbstwertung des Subjektes und über diese dann die Fremdwertung (da in der Bewertung fremder Individualität der Horizont der möglichen Selbstwertung nicht überschritten werden kann). Eine schlechte leibliche Disposition stört nicht nur die theoretische Beurteilung eines Gegenstandes, sondern auch sein Wertbild.

Alles ethische Werturteil drängt zur handelnden Auswirkung: zur *Tat*. Hier tritt die Frage auf, wieweit das Subjekt den Verkehr mit dem Objekt urteilsadäquat gestalten kann. Diesem Können sind prinzipielle Grenzen gesetzt, da die *Tatkraft* (Fähigkeit zur Widerstandsüberwindung) und *Geschicklichkeit* (Fähigkeit zur Übertragung der Absicht auf den Gegenstand) niemals absolut sind. Kein Subjekt kann mit dem Objekt »machen was es will«. So besteht zwar für die Seele die existenzielle Freiheit, die allen Individuen zukommt, aber ethisch ist sie immer nur relativ frei und ebenso relativ unfrei, wenn unter ethischer Freiheit die Fähigkeit zur Güte des Verhaltens verstanden wird (also eines solchen Verhaltens, das dem wahren Werturteil angemessen wäre).

Ethische Kultur besteht in der Bemühung um Vergeistigung des ethischen Werturteils sowie des ethischen Handelns. Sie setzt die ständige Erinnerung an die Wahrheit voraus, daß *alles* unbedingt *gut* ist. Die Philosophie kann dieses Wissen nur dadurch explizit machen, daß es implizit ständig in uns vorhanden ist; es ist das heimliche Wissen um das Gebot der Liebe. Das ethische Prinzip stellt in bezug auf seine Verwirklichung höhere Anforderungen an uns als das logische; denn für alles Seiende ist infolge seiner Verkehrsbeziehungen zur übrigen Welt alles von Interesse und wird daher zunächst subjektiv bewertet. Das ethische Prinzip verlangt auch hier Objektivität und damit Einklammerung der subjektiven Wertung. Kulturwidrig ist auch die moralisierende Dogmatik, der Wunsch nach einer »anderen Welt«, die protestierende Kritik gegen das Schicksal, die »Schlechtigkeit der Menschen« oder gegen die »Zeit«; ebenso die Furcht und Sorge vor der Zukunft. Das Gutsein von allem schließt das Böse nicht aus. Der Mensch ist sogar notwendig böse; sonst wäre er nicht Mensch. Zur Kultur des ethischen Urteils gehört jedoch vor allem die Erinnerung, daß der Mensch mit seinem Guten und Bösen schlechthin gut ist.

Ethische Kultur besteht außerdem nicht nur in der Forderung zu objektivem Werturteil, sondern in der Bemühung um ein diesem Urteil entsprechendes Handeln. Die Kulturbedeutsamkeit ethischer Technik liegt darin, daß sie adäquate Anwendung des vergeistigten Werturteils anstrebt. Ein auf unkultiviertem Urteil basierendes Verhalten wäre auch bei virtuosem Können selbst unkultiviert.

Der Sinn des *internen ethischen Handelns* des Menschen ist allgemein die kulturelle Anstrengung. Der Sinn des *ethischen Handelns am Mitmenschen* ist dessen kulturelle Förderung. Hier liegt für Häberlin die Wurzel für den einzig adäquaten Gemeinschaftsbegriff: *Gemeinschaft* ist dort, wo *gegenseitige Hilfe zur Erfüllung der kulturellen Aufgabe* besteht. Gemeinschaft ist nicht *über* den einzelnen Menschen, sondern nur *in* ihnen, und zwar in einem zweifachen Sinne: Erstens bedeutet das Gemeinschaftshandeln, daß verschiedene *Individuen* gemeinschaftlich und damit gleichsinnig handeln; und zweitens ist auch das Objekt des gemeinschaftlichen Handelns stets die kulturelle Förderung des *Einzelnen*, da nur in der individuellen Seele Kultur ist. Lediglich im übertragenen Sinne kann man sagen, daß der Einzelne »um der Gemeinschaft willen« da sei, da zur kulturellen Förderung des Einzelnen gerade die Förderung seiner Gemeinschaftsfähigkeit gehört (Gemeinschaft ist auch gegenseitige Hilfe zur Erwerbung der Bereitschaft zu gegenseitiger Hilfe). Obwohl Gemeinschaft als solche Ausdruck ethischer Kultur ist, so ist doch ihr Ziel nicht nur die Förderung der *ethischen* Kultur des Einzelnen, sondern *aller* seiner Kulturmöglichkeiten. Darum ist insbesondere auch die Philosophie ein Gemeinschaftsanliegen; sie erfüllt ihre Gemeinschaftsmission der gegenseitigen kulturellen Hilfe durch die Darbietung ihrer Einsichten.

Es gibt nur eine einzige Gemeinschaft, die *alle Menschen* umfaßt und ihrem Gehalt nach eindeutig ist. Dagegen gibt es als relatives Entartungsprodukt mehrere *Gesellschaften:* Sie verlangen vom Einzelnen, daß er um ihretwillen da sei; sie haben die Neigung zur Dogmatik und Intoleranz (feindliches Verhältnis zwischen verschiedenen »Zivilisationen«). Der kulturwillige Einzelmensch steht mit der Gesellschaft in einer notwendigen Spannung, da er sie nur soweit anzuerkennen vermag, als er in ihr wegen ihres relativ geistigen Einschlages einen Übergang zur echten Gemeinschaft erblickt, an deren Verwirklichung mitzuarbeiten seine Aufgabe ist.

Über allen Betrachtungen zur Vergeistigung von Urteil und Verhalten darf niemals vergessen werden, daß in keinem Gebiet die kulturelle Aufgabe je vollkommen erreicht wird. Wegen der subjektiven Defizienz allen Urteilens und Handelns ist sowohl die ästhetische wie logische wie ethische Kultur immer unterwegs: als ständig wiederholte Anstrengung zur Überwindung des ungeistigen Anspruches der Subjektivität.

4. Der Grund des Seins

Zum Schluß sei noch die Stellung des Gottesbegriffes innerhalb der Metaphysik Häberlins kurz charakterisiert. An dieser Stelle zeigt sich vielleicht am deutlichsten die Tendenz dieser Philosophie, das Wesentliche in den zunächst so gegensätzlich erscheinenden Grundideen der Existenzphilosophie, des Theismus und Pantheismus, zusammenzudenken. Zu allem Existierenden gehört eine doppelte Schranke. Die äußere Schranke ist das Schicksal. Es besteht darin, daß alles Existierende ein Gegenüber hat, welches ihm begegnet, also nicht *durch* es existiert, sondern ihm vorgegeben ist. Die innere Schranke besteht darin, daß sich das Existierende auf das ihm Begegnende ausrichten muß; denn wenn es auch das begegnende Individuum auf seine Weise sieht, meint es dieses doch in objektiver Weise selbst, es will sich auf dieses einstellen. Im Spezialfall der menschlichen Existenz wird diese Notwendigkeit der Objektivität gegenüber dem Begegnenden zur Wahrheit des Urteils. So entsteht für alles Existierende eine doppelte Unsicherheit und doppelte Beschränktheit; es steht einerseits notwendig auf dem unsicheren Boden des äußeren Schicksals und andererseits in der inneren Notwendigkeit, auf das begegnende Gegenüber sich objektiv einzustellen. Alles, was existiert, befindet sich ewig in der Situation der Begegnung, aber es hat sich nicht selbst in diese Situation, d. h. eben in die Existenz – denn Existieren und in Begegnungssituation Stehen ist ein und dasselbe – gesetzt, es ist in sich selbt unbegründet, kann in sich keinen »Grund« finden. Diese Unsicherheit bedeutet existenzielle Verwunderung. Die existierenden Individuen verstehen aus sich heraus nicht die Tatsache ihrer Existenz; diese ist ihnen vielmehr auf ihren Grund hin fraglich. Die Fraglichkeit nach dem Grunde macht das spezifisch-menschliche Fragen erst möglich. Die Angst ist die menschliche Form, die innere Fraglichkeit auf den Grund hin zu erleben.

Als existierendes weiß das Individuum zunächst nur um sich und das andere Existierende, nicht um den Grund; als von innen her in Frage gestelltes hat es aber gleichzeitig auch ein fragendes Wissen um diesen Grund. Es wird von diesem nur das Negative gewußt, daß er Grund der Existenz, selbst aber ohne Existenz ist. Indem das Individuum sich an den Rand gestellt weiß, ist ihm etwas bekannt, das jenseits dieser Rand-Situation ist, das nämlich, was ihm selbst fehlt: sein Grund. So ist der Existenz gleichzeitig mit ihrer Fraglichkeit *das Wissen* gegeben, *daß sie aus geheimem Grunde existiert.* Dieser Grund ist nichts individuell Existierendes; denn dann wäre er selbst etwas Begegnendes, hätte ein Gegenüber und damit jene innere Fraglichkeit; er ist nichts anderes als der Grund des Seins alles Seienden, aber kein seiender Grund. Wir erfahren immer nur Seiendes, begegnen immer nur Seiendem, zum Grund gibt es kein Verhältnis der Begegnung. Das Gegründetsein alles Seienden in ihm darf nicht zeitlich als einmaliger Akt aufgefaßt werden; denn der Grund ist *ewiger Grund des ewig existierenden Seienden.* Man kann die Idee des Grundes daher auch die Idee des Absoluten nennen; absolut ist der Grund gerade wegen seines Nichtseins: Alles Seiende ist stets relativ, bezogen auf anderes Seiendes in der Begegnungssituation, der Grund hingegen steht in keinem solchen Zusammenhang, ist daher nicht relativ, sondern absolut. Die Transzendenz des Seinsgrundes allem einzelnen Seienden gegenüber widerstreitet nicht der recht verstandenen Immanenz: Das Absolute ist in dem Sinne nichts außer dem Seienden, als es von diesem nicht ablösbar ist. *Das Absolute erschöpft sich darin, Grund der Existenz zu sein.* Daß der Grund nicht mit dem Seienden identisch ist, darin liegt seine Transzendenz, daß er nur *in* und *mit* dem Seienden ist, bildet seine Immanenz. So ist das Absolute also kein Seiendes »über« oder »hinter« der Welt, es dirigiert auch nicht das Weltgeschehen; denn alles, was überhaupt geschieht, geschieht nur durch die seienden Individuen.

Logisches Wissen a priori gelangt nur zu dem negativen Resultat, daß das Sein nicht im Seienden begründet ist. Die Tatsache, daß etwas ist, muß im logischen Urteil als *Wunder* anerkannt werden. Ein positives Wissen um einen Grund tritt erst in der ethischen Situation auf: Es ist das Wissen darum, daß es Wert mit absolutem Anspruch auf Anerkennung gibt. Dieses Wissen schließt das Wissen um absoluten Sinn ein. Sinn aber ist nicht ohne Sinn-Setzung. Daher ist das Wissen um objektiven Wert zugleich ein Wissen um Gott, sofern Gott als das »Subjekt« absoluter Sinn-Setzung verstanden wird. Nach der Ordnung der Erkenntnis geht daher das Wissen um einen Sinngrund dem Wissen um einen Seinsgrund voran; erst mit dem Wissen um den Grund des Wertes wird einsichtig, daß dieser Grund auch Seinsgrund ist.

Mit der Gottesidee wird aber das *Geheimnis des Seins* nicht aufgehoben. Die Philosophie kann hier nicht nur nichts *er*klären, sondern nicht einmal etwas *auf*klären, weil philosophische Aufklärung immer allein das betrifft, was sich a priori *vom Seienden* einsichtig machen läßt. Der Grund für das Sein des Seienden entzieht sich jeder philosophischen Aufklärung, weil er selbst nicht ein Seiendes ist.

Würdigung

Die Philosophie Häberlins ist vermutlich die einzige dieses Jahrhunderts, die das kühne Wagnis einer Seinslehre auf rein apriorischer Basis unter vollkommenem Verzicht auf Verwendung empirischer Daten und empirischer Generalisationen unternimmt. Dadurch unterscheidet sie sich nicht nur von den in den beiden letzten Kapiteln noch zu besprechenden Richtungen des Empirismus, sondern auch von allen bisher zur Sprache gekommenen philosophischen Lehren.

Während Häberlin sich in seinen früheren Publikationen fast ausschließlich auf die Darstellung seiner eigenen Gedanken beschränkte, enthält sein zusammenfassendes Werk »Philosophia Perennis« in allen Fragen auch kurze kritische Bemerkungen zu Philosophen der Vergangenheit und Gegenwart. Soweit dabei Philosophen unseres Jahrhunderts zur Sprache kommen, wird in diesen Bemerkungen der weite Abstand deutlich fühlbar: Der *phänomenologischen Richtung* z. B. wird zwar zugestanden, daß sie in echt ontologischer Absicht das Objekt als eigenständig Seiendes entdecken will. Dadurch, daß sie sich aber an die Phänomene hält (und dies allein bedeutet nach Häberlin bereits im Grunde Empirismus), gelangt sie für ihn nur zu einem Kompromiß zwischen ontologischer Absicht, empiristischer Voreingenommenheit und idealistischem Relativismus. Die *Existenzphilosophie* bleibt für Häberlin ebenfalls nicht nur im Subjektivismus, sondern auch im Empirismus verhaftet: Die ontologische Aufgabe wird dort überhaupt nicht gesehen, da die ontologischen Begriffe (Sein, Existenz usw.) von vornherein auf den Menschen beschränkt werden. Auch die Selbsterfahrung wird nur in ihrer subjektiven Bedeutung genommen: so, wie wir sie empfinden, nämlich als Grenze und Endlichkeit, woraus sich u. a. »die unsinnige Bedeutung des Todes im Existenzialismus« (S. 41) ergibt. Selbst gegenüber jenem Denker, der wegen seiner ontologischen Grundeinstellung Häberlin näherstehen sollte, nämlich gegenüber *N. Hartmann*, ist die Stellungnahme kaum mehr als eine schroffe Ablehnung: Die hartmannsche Ontologie beruhe auf der These von der Urgeschiedenheit des fraglos seienden Subjektes und des ebenso fraglos seienden Objektes, eine These, die sich selbst widerspreche, weil das Sein eines Objektes, welches das Bewußtsein des Subjektes transzendiert, gerade nicht fraglos sein könne. Die hartmannsche Hypothese von der Entsprechung von Seins- und Erkenntniskategorien sei durch nichts anderes als durch das Postulat der Erkenntnismöglichkeit begründet. Und wenn nach Hartmann die generellen Merkmale des Seienden auf Grund dieser Hypothese an den Phänomenen abgelesen werden sollen, so zeige sich darin, daß die Kosmologie Hartmanns nichts anderes sei als eine Zusammenfassung allgemeiner Ergebnisse empirischer Forschung: »Die mit Recht angestrebte Rehabilitation der ›Metaphysik‹ mündet einerseits in Relativismus kantischer Prägung und andererseits ... in empiristischer ›Naturphilosophie‹. So korrigiert man Kant nicht« (S. 47).

Zwar wären in bezug auf den Gehalt der häberlinschen Ontologie verschiedene grundsätzliche Fragen diskutierbar, z. B. ob der »metaphysische Optimismus«, der ihn von der ewigen Vollendung des Seienden sprechen läßt, tatsächlich im Gehalt seiner Lehre sachlich fundiert ist, oder ob wirklich auf der Grundlage einer solchen Philosophie der Seinsvollendung eine Ethik mit der Unterscheidung von Sein und Sollen und der Idee der sittlichen Verantwortung zu errichten ist. Doch wir wollen hier darauf verzichten und statt dessen zwei noch grundlegendere Fragen anführen. Diese beiden Fragen müssen notwendig für jeden Philosophierenden auftreten, der auf einen sich auf apriorische Einsicht berufenden Metaphysiker trifft und dessen Anschauungen nicht nachzuvollziehen vermag. Er wird zu den Aussagen des Metaphysikers die beiden Fragen stellen: 1. »*Was meinst Du damit genau?*« und 2. »*Woher weißt Du das alles?*«. In bezug auf die erste Frage wird er darauf hinweisen, daß die vom Metaphysiker gebrauchten Ausdrücke (im vorliegenden Falle etwa: »Individuum«, »Funktion«, »Reagibilität«, »Qualitas« usw.) aus dem vorwissenschaftlichen Alltag genommen seien und daher keine anderen als die dortigen Bedeutungen besitzen können, während der Metaphysiker sie dennoch in einer ganz anderen Bedeutung zu verwenden scheine. In bezug auf die zweite Frage wird er konstatieren, daß ihm die vom Metaphysiker gegebenen Begründungen nicht verständlich, auf jeden Fall aber nicht einsichtig seien, da es für ihn als Nichtmetaphysiker keine anderen als wissenschaftliche (logische oder induktive) Begründungen gibt.

Was sich hier vollziehen muß, ist nichts Geringeres als *das Aufklaffen einer absoluten philosophischen Kommunikationslosigkeit.* Es kann an dieser Stelle nichts anderes mehr gesagt werden als dies, *daß es keinen Sinn habe, weiter zu diskutieren.* Dieser Satz sollte von beiden aber nicht als ein implizites negatives Werturteil über den Anderen aufgefaßt werden, sondern *als eine übereinstimmende resignierende Feststellung:* Der Nichtmetaphysiker sollte der Feststellung von seiner Seite aus nicht die negative Wendung geben, daß das vom Metaphysiker Gesagte keinen Sinn habe, und der Metaphysiker sollte auf den Anderen nicht herabblicken als auf einen der »eigentlichen« und »wahren« philosophischen Einsicht unfähigen Menschen. Zur »Kultur der philosophischen Diskussion« gehört in einem solchen Falle das offene Eingeständnis wechselseitigen Nichtverstehens und das Offenlassen der Möglichkeit, daß letztlich der Andere recht haben könnte.

Ist diese Art von Resignation unausweichlich? Anscheinend ja. Denn der sich um apriorische Einsicht über die Wirklichkeit bemühende Metaphysiker muß von dem *Glauben* beherrscht sein, daß die Worte des Alltags und der Wissenschaft in einem von diesem üblichen Gebrauch abweichenden Sinne verwendet werden können – in jenem spezifischen Sinne, der die nichtempirische Verwendung dieser Worte überhaupt erst möglich macht – und außerdem von dem *Glauben,* daß es gegenüber der einzelwissenschaftlichen Erkenntnis etwas Weiteres gäbe, das den Namen der apriorischen Wirklichkeitserkenntnis verdiene. Der Versuch, den Glauben an solche Einsicht selbst wieder begründen zu wollen – in einem vom Metaphysiker wie Nichtmetaphysiker gleichermaßen akzeptierten Sinn von »begründen« –, müßte entweder in einen circulus vitiosus oder in einen unendlichen Regreß einmünden.

KAPITEL IX

MODERNER EMPIRISMUS: RUDOLF CARNAP UND DER WIENER KREIS

Die empiristischen Strömungen nehmen in der Philosophie der Gegenwart eine Sonderstellung ein. Das gemeinsame Band, welches sie verknüpft, ist nicht ein bestimmter Lehrgehalt, sondern *die Leugnung aller Art von Metaphysik*. Der Ausdruck »Metaphysik« ist dabei in einem sehr weiten Sinn zu nehmen, so daß darunter nicht nur eine Lehre von den übersinnlichen Gegenständen verstanden wird, sondern jede Philosophie, die den Anspruch erhebt, auf apriorischem Wege zu Wirklichkeitsbehauptungen oder zu normativen Aussagen gelangen zu können. Sollte man die gemeinsame Grundüberzeugung der Empiristen auf eine kurze Formel bringen, so könnte man sie etwa so ausdrücken: *Es ist unmöglich, durch reines Nachdenken und ohne eine empirische Kontrolle (mittels Beobachtungen) einen Aufschluß über die Beschaffenheit und über die Gesetze der wirklichen Welt zu gewinnen.* Was es an wissenschaftlichen Erkenntnissen gibt, gehört entweder zu den Formalwissenschaften Logik und Mathematik oder zu den empirischen Realwissenschaften; für eine Philosophie, die mit den einzelwissenschaftlichen Erkenntnissen konkurrieren oder über sie hinausführen könnte, ist daneben kein Platz.

Gibt es somit keine philosophische Wirklichkeitswissenschaft, so müssen sich die philosophischen Untersuchungen auf Logik, Erkenntnis- oder Wissenschaftstheorie und Grundlagenforschung beschränken. Die Philosophie tritt nicht mehr mit dem Anspruch auf, die Königin der Wissenschaften zu sein; sie wird zur Dienerin der einzelwissenschaftlichen Erkenntnis. Die Objekte der philosophischen Forschung sind nicht mehr Dinge und Ereignisse der realen (oder einer idealen) Welt, sondern selbst wieder wissenschaftliche Aussagen und Begriffe. Aufgabe der wissenschaftstheoretischen Untersuchungen ist es vor allem, die Grundbegriffe und Denkverfahren der einzelnen Wissenschaften zu klären. Es sollen dadurch diesen Wissenschaften passende logische und sprachliche Instrumente bei der Konstruktion von Theorien zur Verfügung gestellt werden; und es soll vor allem die Gefahr abgewendet werden, daß durch die Aufstellung von Scheinproblemen die geistige Energie von Forschern nutzlos in eine falsche Richtung gelenkt wird.

Von allen bisher behandelten Philosophen war Brentano der einzige, bei dem sprachkritische Betrachtungen einen breiten Raum einnehmen. In der empiristischen und analytischen Philosophie der Gegenwart steht die *logische Sprachanalyse* ganz im Vordergrund. Dabei wird das Schwergewicht zum Teil auf die *Analyse der Alltagssprache* gelegt (vor allem von Wittgenstein und dessen Anhängern), zum Teil steht die Tendenz im Vordergrund, die Alltagssprache wegen ihrer vielen logischen Mängel preiszugeben und durch *künstliche Sprachsysteme* zu ersetzen, die nach präzisen Regeln aufgebaut sind (vor allem bei Carnap). Daß tatsächlich die Analyse sprachlicher Ausdrücke und ihrer Bedeutungen von außerordentlicher philosophischer Wichtigkeit ist und ganz unabhängig davon betrieben werden muß, welche philosophische Position man im übrigen vertritt, ist im Vorangehenden anläßlich der Würdigung der behandelten Philosophen bereits an verschiedenen Beispielen gezeigt worden. Es ist nun einmal nicht zu leugnen, daß häufig philosophische Thesen auf einer oberflächlichen und ungenügenden Analyse der Funktion bestimmter sprachlicher Ausdrücke beruhen (z. B. auf der Nichtberücksichtigung der verschiedenen Bedeutungen des Wortes »sein«, der grammatikalischen Fehldeutung des Wortes »nichts«, der Interpretation von Imperativen und Werturteilen nach Analogie der Deklarativsätze usw.). Bedauerlicherweise hat die Tatsache, daß hauptsächlich empiristische Philosophen sprachlogische Untersuchungen betreiben, in vielen Philosophenkreisen zu der vollkommen irrigen Auffassung geführt, daß die Verwendung sprachanalytischer Methoden als solche bereits einen antimetaphysischen Standpunkt impliziere. Aber das Bestreben, jenes

Werkzeug und seine Funktionen genauer kennenzulernen, das wir zunächst alle benützen müssen, um unsere Gedanken auszudrücken: die Sprache des Alltags, sowie das weitere Bestreben, diese Sprache wegen der in ihr auftretenden Mängel für ganz bestimmte wissenschaftliche Zwecke durch Kunstsprachen zu ersetzen – diese Bestrebungen sind als solche von der philosophischen Grundüberzeugung vollkommen unabhängig.

Eine wichtige Rolle spielt im Empirismus der Gegenwart *die moderne Logik*, welche in den letzten Jahrzehnten eine stürmische Aufwärtsentwicklung durchmachte. Diese Logik tritt vor allem dort in den Vordergrund, wo sich die Aufmerksamkeit der Konstruktion künstlicher Sprachsysteme zuwendet. Auch in dieser Hinsicht ist vor allem in Mitteleuropa bisweilen die ganz unzutreffende Meinung vertreten worden, die Beschäftigung mit moderner Logik komme einer »positivistischen« Einstellung in der Philosophie gleich. Es ist zwar richtig, daß empiristische Philosophien in der Regel von der modernen Logik einen stärkeren Gebrauch machen als Vertreter anderer Richtungen. Sehr viele Wissenschaftler, die an der Ausgestaltung der Logik gearbeitet haben, waren jedoch Mathematiker, deren philosophischer Standpunkt aus ihren Untersuchungen überhaupt nicht hervorgeht (z. B. David Hilbert, Kleene, Rosser); soweit sie sich auch mit philosophischen Fragen beschäftigten, waren und sind sie zu einem großen Teil Vertreter des platonistischen Standpunktes (z. B. G. Frege, B. Russell, A. N. Whitehead, H. Scholz, K. Gödel, A. Church). Heute interessieren sich in zunehmendem Maße Philosophen der verschiedensten Richtungen, so z. B. auch Thomisten, für die moderne Logik.

Für die Vertreter des modernen Empirismus ist es kennzeichnend, daß sie für ihre Untersuchungen denselben strengen Wissenschaftscharakter wie die Einzelwissenschaften in Anspruch nehmen. Diese Wissenschaftlichkeit soll durch die Forderung gewährleistet werden, daß im Gegensatz zu den »metaphysischen« oder »spekulativen« Richtungen der Philosophie alle Behauptungen *intersubjektiv überprüfbar* sein müssen. Dadurch, daß man auch für alle philosophischen Behauptungen genaue Überprüfungskriterien aufstellt, soll eine strenge wissenschaftliche Diskussion aller philosophischen Fragen ermöglicht werden. Wo es sich dagegen als unmöglich erweist, solche Kriterien aufzustellen, sind die betreffenden Fragen aus der Klasse der sinnvollen philosophischen Probleme auszuschalten. Fragen, auf die man keine intersubjektiv nachprüfbaren Antworten geben kann, sind philosophische Scheinprobleme.

Zu den einflußreichsten empiristischen Richtungen dieses Jahrhunderts gehörte der Wiener Kreis. Unter dem Druck der politischen Verhältnisse (dem sog. »Anschluß« Österreichs an Deutschland im Jahre 1938) wurde er zur Auflösung verurteilt, und seine Angehörigen mußten zum größten Teil auswandern.[1] Sie haben die englische und amerikanische Philosophie maßgebend beeinflußt. Die analytische Philosophie, welche heute in diesen Staaten die vorherrschende philosophische Richtung darstellt, ist zu einem großen Teil aus einer Weiterentwicklung von Gedanken hervorgegangen, die erstmals im Wiener Kreis konzipiert worden waren. R. Carnap, der begabteste und originellste Angehörige dieses Kreises, zählt heute zu den bedeutendsten Philosophen der Vereinigten Staaten.[2]

Die Haltung des Wiener Kreises gegenüber den anderen philosophischen Richtungen war ursprünglich eine sehr stark polemische. Diese oft aggressive Polemik hat bedauerlicherweise zur Verbreitung der Meinung beigetragen, die Beschäftigung mit den logischen und wissenschaftstheoretischen Fragen, welche im Wiener Kreis gepflegt wurde, sei gleichbedeu-

---

[1] R. Carnap gehört nicht zu diesen, da er bereits einige Jahre vorher zunächst an die Universität Prag und dann an die Universität von Chicago berufen worden war.

[2] In der Schilpp-Reihe (The Library of Living Philosophers), in welcher seit zwei Jahrzehnten umfassende Bände über große Philosophen der Gegenwart mit kritischen Beiträgen und Erwiderungen seitens des betreffenden Philosophen veröffentlicht werden, ist derzeit ein Band über die Philosophie von Carnap im Erscheinen begriffen. Zum Vergleich sei erwähnt, daß in dieser Reihe bisher z. B. Bände über zwei deutsche Philosophen, zwei weitere amerikanische Denker und drei englische Philosophen erschienen sind.

tend mit dem Bekenntnis zu einer radikal »positivistischen« Philosophie. Später hat sich die polemische Einstellung wesentlich gemildert und ist einer toleranten Beurteilung der überkommenen philosophischen Problemstellungen gewichen. Im nächsten Kapitel soll an einigen Beispielen gezeigt werden, wie auch im modernen Empirismus nach dem Zurücktreten der radikalen Phase alte »metaphysische« Fragestellungen in einem neuen Gewande wieder auftauchten.

Die streng wissenschaftliche Einstellung des Wiener Kreises gegenüber den behandelten Problemen brachte es mit sich, daß hier nicht eine einheitliche philosophische Lehrmeinung entstand, in bezug auf welche allgemeine Übereinstimmung zwischen den einzelnen Vertretern geherrscht hätte. Nur in der philosophischen Grundhaltung gab es diese Übereinstimmung; daneben aber kannte man nicht so etwas wie ein philosophisches »Dogma«. Die Vertreter des modernen Empirismus weisen daher immer wieder mit Nachdruck darauf hin, daß ihre philosophischen Auseinandersetzungen einen ganz anderen Charakter haben als die, welche man bei den übrigen Philosophen beobachten kann: Hier steht nicht Glaube gegen Glaube, eine unbeweisbare philosophische Überzeugung gegen eine andere; sondern es handelt sich um *eine auf gegenseitiger Anregung und Kritik beruhende Zusammenarbeit zahlreicher Forscher*, die zum erstenmal in der Philosophiegeschichte einen deutlich sichtbaren Erkenntnisfortschritt – analog zum Erkenntnisfortschritt in den Einzelwissenschaften – mit sich bringt.

Da eine lebendige, dauernd im Fluß befindliche Diskussion über die einzelnen Problemkomplexe für den Wiener Kreis und allgemein für den modernen Empirismus charakteristisch ist, wird es in diesem Kapitel nicht möglich sein, ausschließlich das System eines einzigen Denkers zu behandeln. Es haben jedoch so viele wesentliche Teile der modernen Wissenschaftstheorie und Logik eine erste systematische Ausgestaltung durch Carnap erfahren, daß es berechtigt ist, seine Gedanken bei der Behandlung der einzelnen Teilprobleme in den Vordergrund zu stellen und die davon abweichenden Ansichten anderer Vertreter des Wiener Kreises bzw. diesem

Kreis nahestehender Philosophen jeweils bei der Behandlung der einzelnen Fragen mit zu erwähnen.

Eine gewisse technische Schwierigkeit bildet dabei die Aufgliederung des Materials in dieses und das nachfolgende Kapitel. Denn Carnap hat den größeren Teil seiner Werke erst in Amerika verfaßt, als der Wiener Kreis bereits praktisch nicht mehr existierte. Um eine geschlossenere Darstellung zu erreichen, wurden alle jene Arbeiten Carnaps, die als eine Fortführung früherer Gedanken aufgefaßt werden können, noch in dieses Kapitel einbezogen. Über zwei seiner Arbeitsgebiete: die theoretischen Begriffe und das Induktionsproblem, soll dagegen erst im nächsten Kapitel referiert werden. Da sich die Untersuchungen Carnaps seit langem der Hauptsache nach auf die Errichtung eines Systems der induktiven Logik konzentrieren, wird daher dieses eigentliche Lebenswerk Carnaps erst im folgenden Kapitel zur Sprache kommen.

1. Motive für die Entstehung des modernen Empirismus

Die Vertreter des modernen Empirismus versuchen ihre Position durch logische Argumente zu begründen. Neben logischen Gründen gibt es aber ohne Zweifel auch andere Faktoren, teils historischer und teils psychologischer Natur, die diesen Standpunkt begünstigten und für einzelne Denker vielleicht sogar das ausschlaggebende Motiv bildeten, um sich dieser Richtung anzuschließen.

Hier ist an erster Stelle *der Gegensatz zwischen dem einzelwissenschaftlichen Fortschritt und dem Werdegang der Philosophie* zu erwähnen. Ursprünglich gab es nur die Philosophie als einzige Wirklichkeitswissenschaft. Im Verlauf der Zeit bildeten sich die Einzelwissenschaften heraus und sagten sich von der Philosophie los. Immer mehr Bereiche der Wirklichkeit wurden mit spezialwissenschaftlichen Methoden durchforscht, so daß es schließlich als zweifelhaft erscheinen mußte, ob überhaupt noch etwas für eine philosophische Wirklichkeitslehre übrigbleiben könne. Diese Zweifel verstärken sich, wenn man das Fortschreiten der Einzelwissenschaften mit der Entwicklung der Philosophie vergleicht. Niemand kann bestreiten, daß zwischen dem heutigen Bestand an mathematischem Wissen und der mathematischen Erkenntnis vor 200 Jahren ein außerordentlicher Unterschied besteht; zahlreiche neue mathematische Disziplinen sind hinzugekommen, und die bereits damals bekannten haben eine ungeheure Erweiterung erfahren. Mit den empirischen Wissenschaften verhält es sich diesbezüglich analog. Nicht nur in den experimentellen und theoretischen Naturwissenschaften wie z. B. Physik und Chemie, die im technischen Fortschritt ein auch äußerlich sichtbares Zeichen ihrer Entwicklung finden, sondern auch in den historischen und systematischen Geisteswissenschaften vollzieht sich eine ständige Vertiefung und Ausweitung der Erkenntnis, die man nicht in Abrede stellen kann.

In den Gebieten der Metaphysik, der Ontologie und der Wertphilosophie kann hingegen das Bestehen eines wissenschaftlichen Fortschrittes prinzipiell bestritten werden. Obwohl die Philosophie den Einzelwissenschaften eine viel längere Vergangenheit der Problemformulierungen und Lösungsversuche voraus hat, konnte bis heute in den wesentlichen Fragen dieser Gebiete keine Einigung erzielt werden, ja es sieht so aus, als ob hier die Zersplitterung in gegensätzliche philosophische Strömungen sich ständig verstärkte und immer mehr den Charakter eines unschlichtbaren Streites annähme.

Worauf beruht dieser erschreckende Gegensatz? Die folgende Antwort liegt nahe: Die Aussagen der Mathematik und der empirischen Einzeldisziplinen sind wissenschaftlich *kontrollierbar*, die Aussagen der Philosophie dagegen nicht. Im Gebiet der Mathematik besteht die Kontrolle in der Anwendung *logischer* Verfahren. Zwar können Einfall und Erfindungsgabe des Mathematikers niemals durch eine maschinelle Methode ersetzt werden; aber die vom Mathematiker gelieferten Beweise für die Lehrsätze, welche er entdeckt hat, können prinzipiell von jedem anderen nachgeprüft werden. Wird im Beweis ein logischer Fehler entdeckt, so muß der Beweis fallengelassen werden; keine Macht der Welt kann daran rütteln. Damit verfügt man in dieser Wissenschaft über ein zwingendes Kriterium dafür, was haltbar ist und was preisgegeben werden muß. In den empirischen Wissenschaften besteht die Kontrolle in den gemachten *Beobachtungen* und Experimenten. Auch hier legen zwar noch so viele Beobachtungen keine bestimmte Theorie eindeutig fest, sondern es muß die schöpferische Phantasie des Theoretikers hinzutreten. Wurde aber einmal eine Theorie ersonnen, so unterliegt sie der strengen Kritik der Erfahrung: Lassen sich mit Hilfe der Theorie Voraussagen ableiten, die mit den späteren Beobachtungen nicht übereinstimmen, so weiß man, daß die Theorie entweder zur Gänze preisgegeben werden oder so lange modifiziert werden muß, bis sie für richtige Prognosen verwendet werden kann.

Beide Möglichkeiten der Überprüfung fallen bei philosophischen Behauptungen fort. Einerseits sind formallogische Kriterien nicht hinreichend für die Feststellung des Wahrheitswertes solcher Aussagen; andererseits lassen sich aus philosophischen Wirklichkeitssätzen keine Voraussagen für die Zukunft ableiten, so daß auch die empirischen Kriterien versagen. Der Philosoph muß für seine Behauptungen eigene Weisen der Einsicht in Anspruch nehmen, die angeblich den in den Wissenschaften verwendeten Einsichtsarten überlegen sein sollen. Wie die Erfahrung – nämlich diesmal die Erfahrung des nicht versiegenden Streites zwischen den verschiedenen philosophischen Systemen – lehrt, ist über das Vorliegen oder Nichtvorliegen dieser Arten von Einsicht keine Übereinstimmung zwischen den Forschern zu erzielen. Es liegt nahe, daraus den Schluß zu ziehen, daß es keine Möglichkeit gibt, in der Philosophie zwischen Phantasieprodukten und echten Erkenntnissen zu unterscheiden; denn diese Unterscheidung kann nur getroffen werden, wo intersubjektive Gültigkeitskriterien bestehen und daher für fundierte Behauptungen strenge Allgemeinverbindlichkeit verlangt werden darf.

Skepsis, Relativismus und *Agnostizismus* haben seit jeher diese oder eine ähnliche Auffassung vertreten. Die philosophischen Bemühungen erschienen ihnen als vergeblich, die Beantwortung der philosophischen Probleme entweder prinzipiell oder zumindest für den menschlichen Verstand ausgeschlossen. Der moderne Empirismus ist aber in einer Hinsicht radikaler als alle früheren antimetaphysischen Strömungen. Er leugnet nicht nur die objektive Kontrollierbarkeit metaphysischer *Aussagen*, sondern kritisiert bereits die metaphysischen *Begriffe*, oder genauer: die von Metaphysikern benützten *Namen* bzw. *Prädikate*, und leugnet, daß diese Ausdrücke eine angebbare Bedeutung besitzen, über die eine intersubjektive Verständigung möglich wäre. In den empirischen Wissenschaften muß man bei der Einführung eines neuen Ausdruckes (z. B. »elektrische Ladung«, »Volumen«, »freie Verkehrswirtschaft«) stets genau angeben können, welche *durch Beobachtungen feststellbare Bedingungen* erfüllt sein müssen, damit der Ausdruck angewendet werden darf; m. a. W.: es müssen *empirische Kennzeichen* für die Begriffe angegeben werden, welche diese Ausdrücke zum Inhalt haben. Metaphysische Ausdrücke wie »Weltsubstanz«, »Seinsprinzip«, »Seele« usw., erfüllen diese Voraussetzung nicht.

Somit gelangt der empiristische Philosoph zu der folgenden – hier nur ungefähr zu charakterisierenden – Grundeinstellung gegenüber der wissenschaftlichen Erkenntnis:

1. Die in den Wissenschaften verwendeten *Begriffe* müssen, soweit sie nicht formale Begriffe der Logik und Mathematik sind, empirische Begriffe sein, d. h. *solche Begriffe, über deren Anwendbarkeit man in jedem konkreten Falle allein mit Hilfe von Beobachtungen entscheiden kann*. Begriffe, die diese Bedingung nicht erfüllen, sind Scheinbegriffe und daher aus der Wissenschaft zu beseitigen.

2. Alle wissenschaftlich akzeptierbaren *Aussagen* müssen entweder *rein logisch begründbar* sein oder es muß sich um solche Aussagen handeln, die sich *erfahrungsmäßig bewährten*. Im letzteren Falle wird nicht verlangt, daß diese Aussagen Berichte über Beobachtungen sind oder aus solchen Beobachtungsaussagen logisch abgeleitet werden können, so daß es sich um empirisch verifizierbare Aussagen handeln muß.[1] Vielmehr kann es sich auch um *Hypothesen* handeln,

---

[1] In der ersten Phase ist allerdings vom Empirismus diese strenge Verifizierbarkeitsforderung aufgestellt worden.

die keiner endgültigen Verifikation mit Hilfe von Beobachtungen fähig sind. Aber auch solche Hypothesen müssen sich als wissenschaftliche Annahmen von spekulativen Scheinthesen dadurch unterscheiden, daß sie prinzipiell *empirisch nachprüfbar* sind, wenn auch nur in negativer Weise (d. h. es muß im Prinzip möglich sein, solche Beobachtungen zu beschreiben, die eine derartige Hypothese *widerlegen* würden). Sofern beides nicht der Fall ist und daher eine Aussage nur mittels eines Appells an eine höhere Einsicht begründet werden kann, so ist sie als unwissenschaftlich zu verwerfen, selbst dann, wenn sie der angeführten ersten Bedingung genügen sollte und nur solche Begriffe enthält, die als empirisch zulässig bezeichnet werden können.

Wenn man die kantische Terminologie zugrunde legt und bedenkt, daß die formallogischen Wahrheiten von Kant als analytische Wahrheiten bezeichnet werden, während die Beobachtungsaussagen und die empirisch nachprüfbaren Aussagen gerade das umfassen, was Kant die synthetischen Aussagen a posteriori nennt, so kann man den Standpunkt des Empirismus auch so kennzeichnen: *Alle in einer Wissenschaft akzeptierten Aussagen müssen entweder analytische Aussagen oder synthetische Aussagen a posteriori (d. h. kurz: analytische oder empirische Aussagen) sein.* Es ist naheliegend, gegen diese These den folgenden Einwand zu bringen: Auch Kant lehnte bekanntlich die überlieferte Metaphysik ab, da ihm eine wissenschaftliche Erkenntnis nichtempirischer Gegenstände unmöglich erschien. Trotzdem gab es für Kant neben diesen beiden vom Empirismus anerkannten Aussagentypen noch eine weitere Klasse zulässiger Aussagen, nämlich *die synthetischen Aussagen a priori* (also solche Aussagen, deren Wahrheit wir definitiv festzustellen vermögen, obwohl einerseits für diese Erkenntnis die Hilfsmittel der formalen Logik nicht ausreichen, während andererseits Beobachtungen für ihre Gewinnung nicht erforderlich sind). Zu ihnen gehören nach Kant vor allem die metaphysischen Voraussetzungen der Erfahrungswissenschaften, von Kant auch als die Sätze der »reinen Naturwissenschaft« bezeichnet. Für Kant bildeten diese Aussagen in ihrer Gesamtheit die einzige wissenschaftlich haltbare Metaphysik. Darüber hinaus war Kant der Meinung, daß diese synthetisch-apriorischen Aussagen eine Voraussetzung für die Gültigkeit objektiver empirischer Aussagen bilden. Die gesamte Erfahrungswissenschaft beruht auf einem synthetisch-apriorischen Fundament.

Selbst wenn man diese letztere Auffassung nicht für richtig hält, so könnte dem Empirismus entgegengehalten werden, daß er *die Möglichkeit* solcher synthetischer Erkenntnisse a priori gar nicht ins Auge faßt. Dieser Einwand könnte sogar dann noch vorgebracht werden, wenn man nicht an die Existenz apriorischer Begriffe glaubt, sondern der Meinung ist, daß für alle in der Philosophie oder in einer Einzelwissenschaft verwendeten Begriffe empirische Kriterien vorliegen müssen (es sei denn, es handle sich um logische Begriffe). Denn die Annahme der Existenz synthetisch-apriorischer Erkenntnisse ist als solche nicht, wie Kant glaubte, an die Annahme der Existenz apriorischer Begriffe gebunden.

Wie immer man über Kants Theorie im ganzen denken mag, das eine kann nicht geleugnet werden, daß er *das Problem der Wissenschaftlichkeit der Metaphysik* auf eine klassische und bis heute nicht überbotene Formel gebracht hat, nämlich auf die Formel, *ob es synthetisch-apriorische Erkenntnisse gibt und worauf im bejahenden Falle deren Gültigkeit beruht.* Die erste Frage glaubte Kant eindeutig im bejahenden Sinne beantworten zu müssen. Zugleich aber bildet die Existenz solcher Erkenntnisse für Kant ein erstaunliches Faktum. Daß es synthetische Urteile a posteriori, erfahrungsmäßig bewährte Urteile von Wirklichkeitsgehalt, gibt, ist ebensowenig verwunderlich, wie die Existenz analytisch-apriorischer Aussagen ohne Wirklichkeitsgehalt. Daß es dagegen möglich sein soll, auf die wirkliche Welt bezogene Aussagen zu fällen und ihre Richtigkeit einzusehen, ohne irgendwelche Erfahrungsinstanzen zu Hilfe zu nehmen, ist im höchsten Grade erstaunlich. Das Befremdende dieser Tatsache hat denn auch die Theorie Kants, in der er eine Antwort auf die zweite Frage zu geben versuchte, geleitet; und die transzendental-idealistische Deutung, die er der Erkenntnis gab, ist offenbar darauf zurückzuführen, daß er das Phänomen synthetischer Urteile a priori in keiner anderen als in dieser Weise zu erklären vermochte: Wenn unsere Erkenntnis sich auf eine vom Bewußtsein unabhängige Welt beziehen sollte, so wäre es unverständlich, wie wir dabei ein erfahrungsfreies Wissen erlangen könnten. Nur wenn es die Gesetze des denkenden Verstandes sind, durch die erst eine Welt konstituiert wird, ist apriorische Wirklichkeitserkenntnis verständlich. Diese Wirklichkeit ist dann eben keine »unabhängige« mehr, sondern vom Geist und den ihm immanenten Denkprinzipien mitgeschaffen.

Gegner Kants haben immer wieder versucht, an die Stelle dieser kantischen Deutung der Erkenntnis eine solche zu setzen, welche dasselbe Phänomen synthetisch-apriorischer Erkenntnis auf anderem Wege, ohne jene »kopernikanische Wendung« im Erkenntnisbegriff vorzunehmen, zu erklären vermöchte. In den Lehren Brentanos, Schelers, Nicolai Hartmanns und Häberlins haben wir derartige Versuche kennengelernt. Sie alle teilen aber mit Kant die Ausgangsbasis: die Anerkennung synthetisch-apriorischer Sätze. Lediglich in der erkenntnistheoretischen oder metaphysischen Erklärung, die sie für diese Art von Aussagen geben, weichen sie von der Theorie Kants ab.

Die Vertreter des modernen Empirismus hingegen bestreiten nicht die Richtigkeit der kantischen Theorie, sondern sie leugnen die Ausgangsbasis, auf der die Errichtung einer solchen Theorie überhaupt erst sinnvoll wird: die Existenz synthetisch-apriorischer Erkenntnisse. Weder in der Mathematik noch im Gebiete der Naturwissenschaften stoßen wir nach ihrer Auffassung auf derartige Aussagen; die von Kant gebrachten Beispiele sind ausnahmslos falsch. Was die mathematischen Erkenntnisse betrifft, so stützen sich diese auf keine Prinzipien, die über das Formallogische hinausgehen. Wenn Kant zu einem anderen Ergebnis gelangte, so beruhte dies darauf, daß er auf der einen Seite die Reichweite des logischen Denkens stark unterschätzte (worauf bereits der Logiker Frege hingewiesen hatte) und auf der anderen Seite einer Fehldeutung der mathematischen Beweismethode erlegen ist. Und was die Erfahrungswissenschaften betrifft, so beruhte seine Annahme, daß diese eines synthetisch-apriorischen Fundaments bedürftig sind, auf einem Irrtum: weder für die Klärung der erfahrungswissenschaftlichen Begriffsbildung noch für das Problem der Prüfbarkeit empirischer Theorien muß auf apriorische Voraussetzungen von der von Kant angenommenen Art zurückgegriffen werden.

Somit besteht auch gegenüber dem kantischen Versuch, die Metaphysik in den beschränkten Sinn eines Systems der metaphysischen Voraussetzungen der Erfahrungswissenschaften zu retten, der Standpunkt des modernen Empirismus in einer eindeutigen Ablehnung. Kants Untersuchungen beruhten auf einer Existenzbehauptung, nämlich dem Satz von der Existenz synthetisch-apriorischer Erkenntnisse. Diese Existenzvoraussetzung wird vom Empirismus geleugnet. Daher könnte man seinen Standpunkt gegenüber der kantischen Fragestellung etwa so zusammenfassen: *Da es keine synthetischen Aussagen a priori gibt, wird die Kernfrage der kantischen Vernunftkritik, warum solche Aussagen existieren und worauf ihre Gültigkeit beruht, gegenstandslos; und daher hat es insbesondere auch keinen Sinn mehr, eine Theorie nach kantischem Muster zu entwerfen, welche diese Gültigkeitsfrage zu beantworten sucht.*

Diese Kritik an der Ausgangsbasis und der Fragestellung der theoretischen Philosophie Kants ist nicht aus einer empiristischen Voreingenommenheit gegenüber der wissenschaftlichen Erkenntnis erwachsen, sondern aus philosophisch »voraussetzungslosen« logisch-mathematischen Grundlagenforschungen und logischen Untersuchungen über die Struktur der realwissenschaftlichen Erkenntnis. Die Ergebnisse dieser Analysen schienen in die Einsicht zu münden, daß der kantische Versuch, den Einzelwissenschaften ein synthetisch-apriorisches Begriffs- und Urteilssystem zugrunde zu legen, als gescheitert anzusehen sei. Insofern kann man dann sagen, *daß diese (tatsächliche oder vermeintliche!) Einsicht in das Scheitern des kantischen Grundlegungsversuches der Einzel-*

wissenschaften ein weiteres Motiv für eine empiristische Einstellung in der Philosophie bildete.

Es wurde oben darauf hingewiesen, daß sich der moderne Empirismus auch von anderen antimetaphysischen Strömungen durch eine größere Radikalität unterscheidet, da er nicht nur die Existenz von »höheren Einsichtsarten« in Abrede stellt, die für die Begründung metaphysischer Aussagen vorausgesetzt werden müssen, sondern darüber hinaus bereits die Sinnhaftigkeit metaphysischer Ausdrücke leugnet. Hinter dieser schärferen zweiten These liegt aber doch wieder ein sehr altes philosophisches Problem verborgen, das bereits von griechischen Sophisten und Skeptikern – z. B. von Gorgias – formuliert worden ist, nämlich das sog. *Mitteilungsproblem:* Wissenschaft liegt dort noch nicht vor, wo jemand sich private Gedanken über etwas macht, sondern entsteht erst dann, wenn diese Gedanken mitteilbar werden, damit es über sie zu einer lebendigen Auseinandersetzung mit anderen kommen kann. Wissenschaft hat also nicht nur in dem Sinne intersubjektiv zu sein, daß allgemeinverbindliche Methoden für die Nachprüfung der wissenschaftlichen Aussagen vorliegen müssen, sondern vor allem auch in dem Sinn, daß die in der Wissenschaft verwendeten Ausdrücke *intersubjektiv verständlich* sein müssen. Wissenschaft gibt es nur, wo Diskussion möglich ist; und zu einer Diskussion zwischen mir und einem anderen kann es erst kommen, wenn ich imstande bin, dem anderen die Bedeutung der Ausdrücke, die ich verwende, mit hinreichender Genauigkeit zu erklären, wie auch der andere mir die Bedeutung der von ihm gebrauchten Worte erklären muß.

Eine solche Mitteilung der Bedeutung sprachlicher Symbole scheint aber nur möglich zu sein, wenn es sich entweder um logische und mathematische Zeichen oder um solche Ausdrücke handelt, die empirische Begriffe (d. h. Begriffe, deren Anwendbarkeit mit Hilfe von Beobachtungen allein entscheidbar ist) zum Inhalt haben. Über metaphysische Ausdrücke ist dagegen gar keine zwischenmenschliche Verständigung möglich. *Die metaphysische Philosophie scheitert nach Ansicht des modernen Empirismus daher nicht erst we-*

gen der fehlenden objektiven Nachprüfbarkeit metaphysischer Aussagen, sondern bereits wegen der Unlösbarkeit des Mitteilungsproblems für metaphysische Begriffe. Beides hängt allerdings, wie noch zu zeigen sein wird, eng miteinander zusammen. Jedenfalls können wir an dieser Stelle die angedeuteten Reflexionen über das Mitteilungsproblem als *ein zusätzliches Motiv für das Entstehen des Empirismus* betrachten. Bisweilen wird von Vertretern der Metaphysik hervorgehoben, daß metaphysische Ausdrücke nicht in Isolierung betrachtet werden dürfen, sondern daß deren Bedeutung nur aus ihrer Stellung im ganzen System hervorgeht (so etwa, wenn die Bedeutung des Ausdruckes »absoluter Geist« in der hegelschen Philosophie erfaßt werden soll). Dem würde der empiristische Philosoph etwa folgendes entgegenhalten: So wie hundert Betrunkene keinen Nüchternen ergeben, so wird ein sinnloser Ausdruck nicht dadurch sinnvoll, daß man ihn in ein System von anderen Ausdrücken einordnet, die zum größten Teil ebenso sinnlos sind, wie er selbst.

Das Mitteilungsproblem betrifft die wissenschaftliche wie die vorwissenschaftliche Sprache, in der wir unsere Gedanken darstellen und anderen übermitteln. *Die Beschäftigung mit der Sprache* hat den Charakter des heutigen Empirismus weitgehend geprägt. Einige Forscher konzentrierten sich auf die *Analyse der Alltagssprache.* Die Ergebnisse, zu denen sie dabei gelangten, bildeten eine weitere Nahrung für die Auffassung, daß die traditionellen philosophischen Probleme sinnlose Fragestellungen seien. Vor allem betonen Wittgenstein und seine Anhänger, daß diese Probleme erst aus einem prinzipiellen Mißverstehen der Funktionen unserer Sprache hervorgehen, oder besser: aus einem primitiven Bild, das wir uns von der Funktion der Sprache machen. Sieht man, wie die Sprache funktioniert, so verschwinden nach Wittgenstein die philosophischen Probleme von selbst. Andere Vertreter des Empirismus wiederum – vor allem Carnap – bemühen sich darum, die Sprache des Alltags durch *formalisierte Sprachsysteme* zu ersetzen; denn nach ihrer Meinung ist die Alltagssprache so hoffnungslos mit nichttrivialen Vagheiten und Mehrdeutigkeiten durchsetzt, daß logische und wissenschaftstheoretische Untersuchungen nur an jene formalisierten Sprachen anknüpfen können. Darüber wird im folgenden noch eingehender zu berichten sein. Jedenfalls haben die Ergebnisse der sprachlogischen Untersuchungen den Empirismus im Glauben an die Richtigkeit seiner philosophischen Grundhaltung wesentlich bestärkt. Daß diese Richtung ursprünglich als *logischer Positivismus* bezeichnet wurde, rührt hauptsächlich daher, daß man *eine Überwindung der Metaphysik durch logische Sprachanalysen* zu erreichen suchte. Heute lehnen die meisten Vertreter diesen Ausdruck ab, weil man gewöhnlich nur solche Richtungen als positivistische zu bezeichnen pflegt, die von der Analyse des *Gegebenen* ausgehen – wie z. B. die Philosophie von E. Mach, die mit einer Analyse der Empfindungen einsetzte –, während jetzt fast alle Empiristen diesen Begriff des Gegebenen für sehr problematisch halten.[1] Statt dessen werden zur Kennzeichnung dieser Richtung Ausdrücke wie »wissenschaftlicher Empirismus«, »logischer Empirismus«, »analytische Philosophie« oder einfach »wissenschaftliche Philosophie« gebraucht. Auch die Bezeichnung »Grundlagenforschung« findet sich häufig, da die Probleme, die hier vornehmlich diskutiert werden, aus der Grundlagenproblematik der Einzelwissenschaften erwachsen sind.

Die Beschäftigung mit der Grundlagenproblematik der Mathematik und der Naturwissenschaften bildet zweifellos ein weiteres Motiv für die Festigung der Grundhaltung des heutigen Empirismus. Denn hier handelt es sich darum, genaue und erschöpfende Antworten auf Probleme zu geben, die in einer präzisen fachwissenschaftlichen Sprache formulierbar sind, sei es etwa, daß es sich um die Lösung des sog. Antinomienproblems in der modernen Mathematik handelt, oder sei es, daß die erkenntnistheoretischen Grundlagen der heutigen Physik geklärt werden sollen. Für alle diese Fragenkomplexe scheinen die Begriffe und Methoden der überkommenen Philosophie ganz ungeeignet zu sein; kein Wunder,

---

[1] Vgl. zur Kritik dieses Begriffs des Gegebenen W. Stegmüller, »Der Phänomenalismus und seine Schwierigkeiten«, Archiv für Philosophie, Bd. VIII, 1/2, insbesondere S. 63 ff.

daß sich dann die moderne Grundlagenforschung von dieser Philosophie vollkommen distanziert hat.

Noch auf ein Letztes sei hingewiesen. Ihrer streng wissenschaftlichen Einstellung entsprechend, betonen die Empiristen *die Notwendigkeit einer klaren Trennung von Wissenschaft auf der einen Seite, Kunst und Religion auf der anderen.* Diese Trennung ist nach empiristischer Ansicht in der bisherigen Philosophie viel zu wenig radikal vollzogen worden. Die üblichen metaphysischen Abhandlungen enthalten nach ihrer Auffassung bestenfalls zum Teil wissenschaftlich vertretbare Gedanken. Sie sind daneben halb poetische und halb religiöse Schriften. Damit verlieren sie ihren theoretischen Gehalt, werden zu einem bloßen Ausdruck des Erlebens, und zwar zu einem prinzipiell mangelhaften; denn durch ihre scheinbar begriffliche Darstellungsweise und ihre scheinbar logischen Beweisführungen verhindern sie einen adäquaten Ausdruck des irrationalen Lebensgefühls. Demgegenüber wird verlangt, daß auch in der Philosophie *die Trennung zwischen Erleben und Erkennen* mit aller Schärfe vollzogen wird. Nimmt der Philosoph diese Forderung ernst, dann muß er aufhören, mit Begriffen komponieren oder malen oder beten zu wollen, wie dies nach empiristischer Ansicht in der Metaphysik geschieht.

2. *Der Immanenzpositivismus (Mach, Avenarius) und die Erkenntnislehre von M. Schlick*

Der Ausdruck »Immanenzpositivismus« ist eine Bezeichnung, durch die Schlick, der Begründer des Wiener Kreises, den älteren Positivismus von E. Mach und R. Avenarius zu kennzeichnen suchte. Dort war die Forderung erhoben worden, *daß sich die Wissenschaft auf eine möglichst exakte und ökonomische Beschreibung des unmittelbar Gegebenen zu beschränken habe.* Gegeben aber sind nur solche qualitativen Elemente wie Farben, Töne, Gerüche usw., die Empfindungen genannt werden. Was wir als Körper bezeichnen, sind bloß relativ konstante Komplexe solcher Elemente; auch unser Leib ist ein derartiger Komplex und selbst das eigene

Ich ist nichts anderes als eine an einen bestimmten Leib gebundene Zusammenballung von Empfindungs-, Vorstellungs-, Erinnerungs-, Gefühlselementen. Die Aufgabe der Wissenschaft ist *die einfachste Beschreibung der Abhängigkeiten dieser Elemente und Elementenkomplexe untereinander*. In der Physik werden die Abhängigkeiten zwischen jenen Elementen beschrieben, die zu den »Körper« genannten Komplexen gehören, während die Psychologie die Abhängigkeiten zwischen solchen Elementen beschreibt, die dem Komplex »Ich« angehören. Wenn man die Aufgabe der Realwissenschaften auf diese Beschreibungsfunktion reduziert, so verschwinden solche Fragen wie die der Realität der Außenwelt oder die der Existenz bewußtseinsjenseitiger Dinge. Es gibt nichts mehr außer den gegebenen Elementen und den Abhängigkeiten zwischen diesen.

Schlick hielt diesen Standpunkt für undurchführbar. Er selbst vertrat einen erkenntnistheoretischen Realismus. Um überhaupt zu einer wissenschaftlichen Erkenntnis gelangen zu können, muß man nach Schlick auch solche Dinge als wirklich annehmen, die nicht gegeben sind. Ansonsten würde jede empirische Wissenschaft aufhören. Insbesondere würde es keine Gesetzeswissenschaften mehr geben, da das Gegebene niemals einen lückenlosen Zusammenhang darstellt und Gesetze daher erst dann aufgestellt werden können, wenn die Lücken im Gegebenen durch Nichtgegebenes ergänzt werden. Es würde nichts nützen, wenn man den immanenzpositivistischen Standpunkt soweit auflockern wollte, daß man außer dem Gegebenen auch nichtgegebene Empfindungskomplexe als existierend annimmt. Denn da alle realen Gegenstände nichts anderes sein sollen als Komplexe von solchen Elementen, tritt jetzt die Schwierigkeit auf, mit welchem Elementenkomplex man jeweils einen realen Gegenstand identifizieren soll: je nachdem, von welcher Entfernung, von welcher Richtung und unter welcher Beleuchtung ich z. B. einen Tisch betrachte, ergibt sich ja ein anderer Komplex von Sinnesdaten. Mit der Gesamtheit dieser Komplexe kann ich das Ding nicht gleichsetzen, da diese verschiedenen Empfindungsmannigfaltigkeiten einander widersprechende Eigenschaften besitzen; einen bestimmten Komplex zu bevorzugen und ihn mit dem Gegenstand zu identifizieren, würde dagegen eine grundlose Willkür bedeuten.

Nach Schlick muß man also die Existenz von nichtgegebenen Dingen und Vorgängen annehmen; in diesem, aber auch nur in diesem Sinne darf man von »Dingen an sich« sprechen. Der Standpunkt, den Schlick in seiner Erkenntnislehre vertritt, stellt eine interessante Übergangserscheinung dar zwischen dem früheren erkenntnistheoretischen Realismus und solchen Auffassungen, die auf die empiristische Philosophie der Folgezeit hinweisen. Es kommt für ihn vor allem darauf an, *den Erkenntnisbegriff scharf von dem Begriff des Erlebens und des Anschauens abzugrenzen.* Die Nichtberücksichtigung dieses Unterschiedes hat nach seiner Auffassung zu gröbsten Irrtümern in der Philosophie geführt. Im Erleben und Anschauen steht ein Subjekt einem Objekt gegenüber, das erlebt oder angeschaut wird. In der Erkenntnis dagegen liegt eine wesentlich kompliziertere Relation vor, da es gar keinen Sinn hat zu sagen, man erkenne einen Gegenstand (so wie man einen Gegenstand anschaut), sondern nur, daß man einen Gegenstand *als etwas* erkenne. Erkenntnis ist keine zweigliedrige Relation zwischen einem erkennenden Subjekt und einem erkannten Objekt, sondern *eine dreigliedrige Relation zwischen Subjekt, Objekt und dem, als was das Objekt erkannt wird.* Es ist der Fehler jener philosophischen Richtungen, die Schlick als »*Intuitionismus*« bezeichnet, *daß sie das Erkennen nach Analogie zum Anschauen als eine zweigliedrige Beziehung zwischen einem erkennenden Subjekt und einem erkannten Objekt deuten und daher nicht zwischen Kennen und Erkennen unterscheiden.* Diesen Fehler hat vor allem Husserl und die ganze phänomenologische Philosophie begangen. Wie Schlick zu zeigen versucht, ist es überhaupt nicht erforderlich, daß das *Er*kannte auch *be*kannt sein muß.

Was bedeutet die Erkenntnis von etwas *als etwas* genauer? Im Alltag liegt Erkenntnis dann vor, wenn wir bestimmte Merkmale an etwas Gegebenem *wiederfinden.* Wenn ich z. B. ein Wesen als Mensch erkenne, so heißt dies, daß ich an einem Einzelsubjekt jene Merkmale wiederfinde, welche auf alle Gegenstände der Klasse zutreffen müssen, die wir als Menschen bezeichnen. Aber auch in der wissenschaftlichen Erkenntnis handelt es sich im Prinzip um ein solches Wiederfinden. So z. B. erkennt der Physiker die Wärmevorgänge dadurch, daß er in ihnen die Merkmale der Molekularbewegung wiederfindet. Eine genauere Beschreibung der wissenschaftlichen Erkenntnis aber setzt eine Klärung der Funktion wissenschaftlicher Begriffe voraus.

Wissenschaftliche Begriffe unterscheiden sich von den vagen Alltagsvorstellungen durch größere Schärfe und Präzision. Dies bedeutet aber nicht, daß sie auch viel deutlichere und präzisere *Vorstellungen* wären; denn solche scharfen Allgemeinvorstellungen gibt es überhaupt nicht. Die Präzision wissenschaftlicher Begriffe besteht vielmehr darin, daß auf Grund genauer Definitionen stets eine eindeutige Entscheidung darüber möglich ist, ob ein Gegenstand unter einen solchen Begriff fällt oder nicht. Man denke etwa an den Unterschied zwischen dem vagen vorwissenschaftlichen Begriff des Goldes, wonach Gold ein gelbes Metall ist, und dem naturwissenschaftlichen Begriff des Goldes, der durch eine Reihe von physikalischen und chemischen Merkmalen festgelegt ist, über deren Vorliegen mit Hilfe von Experimenten stets eine genaue Entscheidung getroffen werden kann. Das Wesen der wissenschaftlichen Begriffe besteht daher für Schlick darin, daß sie *eindeutige Zeichen von Gegenstandsarten* sind. Was wir uns im übrigen zu einem Ausdruck, der einen Allgemeinbegriff zum Inhalt hat, für Vorstellungen machen, ist ein in erkenntnistheoretischer Hinsicht uninteressantes psychologisches Faktum. Die erkenntnismäßige Funktion der Begriffe erschöpft sich in ihrer eindeutigen Zeichenfunktion.

So wie Begriffe Zeichen für Gegenstandsarten sind, so besteht die Funktion von *Urteilen* darin, *eindeutige Zeichen für Tatsachen*, d. h. für das Bestehen von Beziehungen zwischen Gegenständen, zu sein. Auch der *Wahrheitsbegriff* soll auf den Begriff der eindeutigen Zuordnung reduziert werden: *Urteile sind wahr genau dann, wenn sie Tatsachen ein-*

deutig zugeordnet sind; ansonsten sind sie falsch. Der Satz »der Mond ist viereckig« ist falsch, weil darin das Wort »viereckig« zweideutig wird, indem es einerseits zur Bezeichnung einer geometrischen Eigenschaft des Mondes dienen soll, zugleich aber auch zur Bezeichnung einer ganz anderen geometrischen Eigenschaft dient.

Ein System von wahren Aussagen liefert noch keine wissenschaftliche Erkenntnis; *Wahrheit ist zwar eine notwendige, aber keine hinreichende Bedingung der Erkenntnis.* Hätte man sämtliche Tatbestände der Welt in ihrer unendlichen Vielfalt eindeutig durch Symbole bezeichnet, so hätte man ein wahres System von Sätzen gewonnen, aber keine Erkenntnis. Es läge vielmehr eine bloße symbolische Wiederholung der Welt vor. Damit es zu einer Erkenntnis kommt, muß die weitere Forderung erfüllt sein, daß ein Minimum an Begriffen verwendet wird. Diese Forderung ist aber nur so erfüllbar, daß man eines im anderen wiederzufinden versucht. Damit ist der Anschluß an den alltäglichen Erkenntnisbegriff gewonnen. Das oberste Ziel aller wissenschaftlichen Erkenntnis muß darin bestehen, *mit einem Minimum an Begriffen zu einer eindeutigen Bezeichnung aller Tatbestände der Welt zu gelangen.*

Da die Funktion wissenschaftlicher Begriffe und Urteile in der eindeutigen Bezeichnung von Gegenständen und Tatsachen besteht, wird es verständlich, warum für das Vorliegen einer wissenschaftlichen Erkenntnis das Erkannte nicht auch bekannt zu sein braucht. Dieser Standpunkt Schlicks tritt besonders deutlich bei seiner Kritik der kantischen Erkenntnislehre hervor: *Die Frage, ob wir nur die Erscheinungswelt zu erkennen vermögen oder auch die Welt der Dinge an sich, ist nach Schlick eine Scheinfrage.* Und zwar nicht etwa deshalb, weil er wie radikale Empiristen den Begriff des Dinges an sich als sinnlos verwirft, sondern weil nach seiner Auffassung zwischen diesen beiden Erkenntnisweisen kein Unterschied besteht. Dies gilt zumindest unter der Voraussetzung, daß zwischen der phänomenalen Welt und der Welt der kantischen Dinge an sich eine Isomorphie (eine eindeutige Entsprechung) besteht, so daß den Dingen der Erscheinungswelt eindeutig Dinge an sich zugeordnet sind. Wenn wir daher mit unseren Begriffen und Urteilen eindeutig Dinge und Tatbestände der phänomenalen Welt bezeichnen, so bezeichnen wir damit wegen jener eben erwähnten Entsprechung auch eindeutig Dinge und Tatbestände der an sich seienden Welt. Und mehr braucht für eine Erkenntnis nicht verlangt zu werden. Daß Kant zu einem erkenntnistheoretischen Pessimismus in bezug auf die Frage der Erkenntnis der Dinge an sich gelangte, beruht nach Schlick darauf, daß auch Kant in unzulässiger Weise den Begriff der Erkenntnis mit dem Begriff des anschaulichen Gegebenseins in Verbindung bringt. *Nach Schlick hingegen wäre mit der Erkenntnis der Erscheinungswelt eo ipso eine Erkenntnis der Welt der Dinge an sich Kants geliefert, trotz der Tatsache, daß uns nur die Objekte der phänomenalen Welt anschaulich gegeben werden können, während die Dinge an sich niemals gegeben sind und wir uns daher von ihnen auch keine Vorstellung machen können.* Erkennen und Kennen brauchen also nicht konform zu gehen. Es wäre denkbar, daß das allerbekannteste: das eigene Ich und seine Bewußtseinsvorgänge, das am schlechtesten Erkannte ist, während wir umgekehrt von dem am wenigsten Bekannten: dem physischen Universum, die beste Erkenntnis besitzen.

Für die eben skizzierte Erkenntnislehre Schlicks ist dies charakteristisch, daß sie in der *inhaltlichen Redeweise* abgefaßt ist, wie Carnap dies nennt. Es wird darin auch von Dingen, Sachverhalten und der wirklichen Welt gesprochen. Dieses Merkmal teilt die schlicksche Theorie mit den überkommenen philosophischen Theorien, trotz aller Abweichungen in den einzelnen Gedanken. Nach Carnap ist eine solche in der inhaltlichen Sprache abgefaßte Erkenntnistheorie durch eine Wissenschaftslogik zu ersetzen, die zur Gänze in der *formalen Sprache* formuliert ist: Darin ist nur mehr von Ausdrücken und Sätzen sowie deren Bedeutungen, von Definitionszusammenhängen der Ausdrücke und Ableitungszusammenhängen der Sätze, von Überprüfbarkeit, Verifizierbarkeit, Falsifizierbarkeit von Aussagen u. dgl. die Rede. Durch die Übersetzung der inhaltlichen erkenntnistheoretischen

Aussagen in die Sprache der formalen Wissenschaftstheorie sollen die metaphysischen Probleme der Erkenntnistheorie, z. B. die Frage der Realität der Außenwelt, das Problem der Existenz bewußtseinstranszendenter Dinge an sich und ähnliche Fragen zum Verschwinden gebracht werden. Dies soll im folgenden genauer erörtert werden.

3. Definitionen und Explikationen von Begriffen [1]

Die Klärung von Begriffen ist eine Voraussetzung für jede ernsthafte wissenschaftliche Tätigkeit. Zu den wichtigsten Methoden, Begriffe in ein wissenschaftliches System einzuführen, gehören die sog. Definitionen. Nach der traditionellen Logik unterscheidet man zwischen *Nominaldefinitionen* und *Realdefinitionen*. Bei den ersteren handelt es sich um sprachliche Festsetzungen, bei den letzteren um Aussagen über das Wesen von Gegenständen. Die früheren Auffassungen über Definitionen haben in der modernen Wissenschaftstheorie tiefgreifende Revisionen erfahren. Neben R. Carnap hat vor allem auch C. G. Hempel bedeutende Beiträge zu diesem Problem geliefert.

(a) Nominaldefinitionen, Gebrauchsdefinitionen und die Ausschaltung idealer Gegenstände

Die sog. *Nominaldefinitionen* sind Festsetzungen, in denen ein längerer sprachlicher Ausdruck (das sog. *Definiens*) durch einen kürzeren (das sog. *Definiendum*) ersetzt wird. Das Definiendum kann entweder ein Ausdruck sein, der sich bereits im Gebrauch befindet (wie z. B. das Wort »Junggeselle«, das definierbar ist durch »unverheirateter Mann«), oder ein Ausdruck, den ein Wissenschaftler erstmals neu einführt. Durch die Definition wird festgesetzt, daß das Definiens mit dem Definiendum *bedeutungsgleich* oder *synonym* sein soll. Nominaldefinitionen haben keinen anderen Zweck als den der sprachlichen Abkürzung.

Nach der traditionellen Lehre muß jede Nominaldefinition

---
[1] Vgl. zum folgenden auch meinen Artikel über Wissenschaftstheorie im Band »Philosophie« des Fischer-Lexikons, 1958, S. 327 bis 353.

eines Ausdrucks in der Angabe zweier anderer Ausdrücke bestehen, von denen der erste das sog. *genus proximum* (= den nächsthöheren Gattungsbegriff) zum Inhalt hat, während der andere die *differentia specifica* (= das spezifische Artmerkmal) beinhaltet. Wenn z. B. der Ausdruck »Jugendlicher« definiert wird, so bildet der Ausdruck »Person« das genus proximum und »weniger als 18 Jahre alt« die differentia specifica. Diese Definitionsregel besitzt jedoch keine Allgemeingültigkeit. Erstens ist sie bereits für Eigenschaftsbegriffe häufig nicht zutreffend; denn man kann z. B. definieren, daß jemand ein Skandinavier heißen soll, wenn er entweder ein Schwede oder ein Däne oder ein Norweger oder ein Isländer ist. Diese Definition ist vollkommen korrekt, obwohl darin weder ein nächsthöherer Gattungsbegriff noch eine spezifische Differenz angegeben wird. Zweitens ist diese Regel auf Relations- und Funktionsbegriffe überhaupt nicht anwendbar. Da die quantitativen Begriffe der Naturwissenschaften (»Länge«, »Masse«, »Volumen« usw.) alle zu dieser letzten Klasse von Begriffen gehören, kann das Definitionsprinzip der traditionellen Begriffslehre für naturwissenschaftliche Begriffe von vornherein keine Gültigkeit haben. Dieses Prinzip der traditionellen Logik muß daher preisgegeben werden.

Eine wichtige Abart der Nominaldefinitionen bilden die sog. *Gebrauchsdefinitionen*. Mit ihrer Hilfe werden nicht *isolierte* Ausdrücke definiert, sondern Ausdrücke *als Bestandteile ganzer Sätze*. Dies hat die wichtige Konsequenz, daß dadurch jene Ausdrücke als *unvollständige Sprachsymbole* aufgefaßt werden können, die gar keine selbständige Bedeutung besitzen, sondern nur innerhalb eines umfassenden Kontextes eine Bedeutung haben. Die Definition besteht in einer allgemeinen Übersetzungsregel, die angibt, wie Aussagen, in denen der fragliche Ausdruck vorkommt, in gleichwertige Aussagen umgeformt werden können, die diesen Ausdruck nicht mehr enthalten. Mit Hilfe solcher Definitionen läßt es sich vermeiden, zu metaphysischen Fiktionen wie Seinsweisen oder Seinssphären, insbesondere zu der Annahme idealer Gegenstände, zu greifen. Angenommen nämlich, es sollte ein Ausdruck definiert werden, der sich scheinbar auf einen idealen Gegenstand bezieht, etwa der Ausdruck »Primzahl«, durch den die Klasse der Primzahlen, also sicher kein konkretes Objekt, festgelegt wird. Diese scheinbare Bezugnahme auf ein ideales Objekt wird dadurch vermieden, daß man den Ausdruck »Primzahl« nicht als Bezeichnung für die Klasse der Primzahlen auffaßt, sondern als ein unvollständiges Sprachsymbol, das nur innerhalb ganzer Sätze einen Sinn besitzt. Die Definition muß dann angeben, wie diese Sätze in solche übersetzt werden können, die diesen Ausdruck nicht mehr enthalten. Offenbar genügt es nicht, eine Übersetzungsregel für das Vorkommen des Wortes »Primzahl« innerhalb eines ganz bestimmten Satzes zu formulieren, etwa im Satz »7 ist eine Primzahl«; denn bei einem solchen Vorgehen bliebe es offen, was der Ausdruck »Primzahl« in anderen Sätzen bedeutet. Um die Übersetzungsregel als eine *allgemeine* Regel aussprechen zu können, muß man von *Aussageformen* ausgehen, d. h. von satzähnlichen Gebilden, die jedoch anstelle der Subjektbezeichnung eine Variable enthalten, also z. B. »x ist eine Primzahl«. Für eine derartige Aussageform ist die Übersetzungsregel zu formulieren; die Allgemeinheit wird dadurch erreicht, daß für die Variable »x« die speziellen Gegenstandsbezeichnungen eingesetzt werden können – also im Falle unseres Beispieles etwa die einzelnen Ziffern –, wodurch man alle elementaren Aussagen erhält, in denen der zu definierende Ausdruck vorkommt. Die Definition des Begriffs der Primzahl würde etwa lauten: »x ist eine Primzahl $=_{Df}$ x ist eine Zahl, die nur x und 1 als Teiler hat«. Das Zeichen »$=_{Df}$« ist das Definitionssymbol, das sprachlich wiedergegeben werden könnte durch: »soll gleichbedeutend sein mit«.

Von Gebrauchsdefinition (englisch »definition in use«, »contextual definition«) spricht man hier deshalb, weil das Definiendum nur so definiert wird, *wie man es innerhalb von Sätzen gebraucht.* Die Frage, ob es jenen Gegenstand gibt, der durch das Definiendum bezeichnet wird, braucht man nicht mehr zu diskutieren. Denn diese Frage hat nur dann einen Sinn, wenn man voraussetzt, daß das Definiendum ein selbständiger Name ist, der etwas bezeichnet. Bei der geschilderten Art der Einführung wird diese Voraussetzung aber fallengelassen, da der Ausdruck nur als ein unvollständiges Sprachsymbol und somit eben nicht als ein etwas bezeichnender Name aufgefaßt wird. Auf diese Weise verhindert man es, seine Ontologie mit platonischen Wesenheiten bevölkern zu müssen und kann sich statt dessen streng an das Prinzip des Occamschen Rasiermessers halten »entia non sunt multiplicanda sine necessitate«.

Ein charakteristisches Beispiel für Gebrauchsdefinitionen bilden die semantischen Definitionen der sog. *logischen Verknüpfungszeichen* mittels Wahrheitstabellen. Es handelt sich dabei um Ausdrücke wie »und«, »oder«, »wenn ..., dann – – –«, »... dann und nur dann wenn – – –«. Diese Ausdrücke werden zusammen mit den sog. Quantoren »für alle« und »es gibt« als *logische Ausdrücke* (bisweilen auch als *Formwörter*) bezeichnet und von den *deskriptiven Ausdrücken*, d. h. den Namen und Prädikaten, unterschieden. Logische Ausdrücke können weder als Namen noch als Prädikate aufgefaßt werden. Nicht einmal bei Zugrundelegung eines platonistischen Standpunktes hat es einen Sinn, zu fragen, was z. B. das Wort »und« bezeichnet. Trotz ihrer fehlenden Bezeichnungsfunktion spielen diese Ausdrücke eine außerordentlich wichtige Rolle in der Logik. Das Gerüst der gesamten formalen Logik, die Regeln für korrekte Beweisführungen und für korrekte logische Ableitungen, beruhen gänzlich auf ihnen. Mit Hilfe dieser Formwörter allein kann man den Begriff der formallogischen Wahrheit definieren und vom Begriff der Tatsachenwahrheit abgrenzen.

Da diese Ausdrücke keine Namen darstellen, kann man sie nur mittels Gebrauchsdefinitionen in präziser Gestalt in die Wissenschaftssprache einführen. Bezüglich der logischen Verknüpfungszeichen geht man dabei von der Überlegung aus, daß ihre Funktion darin besteht, den Wahrheitswert des mit ihrer Hilfe gebildeten Satzes in Abhängigkeit von den Wahrheitswerten der verknüpften Teilsätze festzulegen. Aussagen, die keine logischen Verknüpfungszeichen enthalten, werden *Atomsätze* genannt. Aussagen, die durch Anwendung logischer Verknüpfungszeichen aus Atomsätzen gebildet wurden, heißen *Molekularsätze*. Jedem logischen Verknüpfungszeichen entspricht ein bestimmter Typus von Molekularsätzen (Und-Sätze, Oder-Sätze, Negationen usw.). Die Bedeutung jedes Verknüpfungszeichens ist eindeutig festgelegt, sobald man angegeben hat, welchen Wahrheitswert der betreffende Molekularsatz bei den verschiedenen Möglichkeiten von Wahrheitswerten der Teilsätze erhält. Wenn es sich um ein zweistelliges Verknüpfungszeichen handelt, so gibt es vier solche Verteilungen von Wahrheitswerten auf die Teilsätze. Man kann daher für jedes derartige Zeichen eine sog. *Wahrheitstabelle* aufstellen, wobei man, um eine hinreichend allgemeine Definition zu erhalten, an Stelle von bestimmten Atomsätzen sog. *Satzvariable*, etwa »p« und »q«, verwendet. Für das nichtausschließende »oder« lautet die Wahrheitstabelle etwa folgendermaßen:

p	q	pvq
W	W	W
W	F	W
F	W	W
F	F	F

Hierbei steht »W« für »wahr« und »F« für »falsch«; »pvq« soll dasselbe bedeuten wie »p oder q«. Durch die ersten beiden Spalten werden die vier möglichen Verteilungen der Wahrheitswerte »wahr« und »falsch« auf die beiden Teilsätze »p« und »q« wiedergegeben. Die zweite Zeile z. B. umfaßt alle jene Fälle, in denen »p« den Wert »wahr«, »q« hingegen den Wert »falsch« erhält. Aus der dritten Spalte ist schließlich zu entnehmen, in welchen dieser vier möglichen Fälle von Wahrheitswerteverteilungen auf die beiden Teilsätze der gesamte Oder-Satz wahr ist und in welchen er falsch ist. Die durch die obige Wahrheitstabelle geleistete Gebrauchsdefinition des »oder« könnte man sprachlich so ausdrücken: »ein mittels eines nicht-ausschließenden ‚oder' gebildeter Satz ist dann und nur dann falsch, wenn seine beiden Teilsätze falsch sind (in allen übrigen Fällen ist er daher wahr)«. Die Wahrheitstabelle für eine Konjunktion, d. h. für einen Und-Satz, würde sich von der obigen dadurch unterscheiden, daß innerhalb der letzten Spalte nur in der ersten Zeile ein »W« vorkäme, in den drei übrigen Zeilen hingegen ein »F«; denn ein Und-Satz ist dann und nur dann wahr, wenn seine beiden Teilsätze wahr sind.

Diese Wahrheitstabellenmethode zur Definition von logischen Verknüpfungszeichen haben unabhängig voneinander der Philosoph L. Wittgenstein und der amerikanische Logiker E. Post entdeckt. Neue Untersuchungen haben gezeigt, daß die zur Bildung von Molekularsätzen benötigten Zeichen auf ein einziges Zeichen reduziert werden können. Russell und Whitehead haben im Anschluß an wichtige Vorarbeiten von Frege versucht, alle logischen und mathematischen Begriffe durch Ketten von Gebrauchsdefinitionen auf einige wenige Grundbegriffe zurückzuführen. Diese Methode ist inzwischen weitgehend verbessert und vereinfacht worden. So treten z. B. im System der Logik von W. V. Quine neben einem einheitlichen Typus von Variablen nur drei logische Grundbegriffe auf, mit deren Hilfe alle übrigen logischen und mathematischen Begriffe definiert werden. Carnap hat in dem noch zu schildernden Konstitutionssystem versucht, diesen Gedanken auf die empirischen Begriffe anzuwenden und auch hier durch Ketten von Gebrauchsdefinitionen den wissenschaftlichen Begriffsapparat auf eine Minimalbasis zu reduzieren.

(b) Erläuterung und Explikation von Begriffen

Wir sind davon ausgegangen, daß die traditionelle Logik außer den Nominaldefinitionen auch Realdefinitionen kennt, in denen Aussagen über das Wesen von Gegenständen gemacht werden (z. B. »Mensch« bedeute »vernünftiges Lebewesen«, weil die Vernünftigkeit zum Wesen des Menschen gehöre). Der Ausdruck »Wesen« ist aber zu unklar, um für eine wissenschaftliche Analyse verwendbar zu sein. C. G. Hempel hat darauf hingewiesen, daß die sog. Realdefinitionen drei verschiedene Klassen von Fällen umfassen: Bisweilen wird darunter eine *Bedeutungsanalyse* verstanden, durch die ein bereits bekannter Begriff in seine Komponenten zerlegt wird. Im Gegensatz zur Nominaldefinition, die eine bloße Festsetzung ist, kann eine derartige Analyse richtig oder unrichtig sein. In anderen Fällen ist damit eine *empirische Analyse* gemeint. Darin werden notwendige und hinreichende Bedingungen für die Anwendung eines Begriffs angegeben, wobei man aber zu diesen Bedingungen nicht durch eine bloße Bedeutungsanalyse gelangt, sondern auf Grund von empirisch überprüfbaren Gesetzen. Der wichtigste Fall ist jener, der von Carnap als *Begriffsexplikation* bezeichnet wird. Hierbei handelt es sich darum, einen vagen und mehrdeutigen Ausdruck der Alltagssprache zu präzisieren. Der zu präzisierende Ausdruck (bzw. dessen vage Bedeutung) wird *Explikandum* genannt; der exakte Ausdruck, welcher an seine Stelle treten soll, heißt *Explikat*. Eine Vorarbeit für die Begriffsexplikation bildet die Unterscheidung der verschiedenen Bedeutungen des Explikandums und die Angabe jener Bedeutung, die man explizieren will. Diese Vorarbeit, die man auch *Begriffserläuterung* nennen kann, wird am besten mit Hilfe von Beispielen geleistet: Man gibt Beispiele an, in denen die zu explizierende Bedeutung vorliegt, und davon abweichende Beispiele, in denen andere Bedeutungen des Ausdrucks gegeben sind. Wenn z. B. ein Logiker das Prädikat »wahr« explizieren will, so muß er zunächst darauf hinweisen, daß es ihm nicht um eine Präzisierung der Bedeutung dieses Wortes in Wendungen wie »ein wahrer Freund«, »eine wahre Liebe«, »eine wahre Demokratie« gehe, sondern um eine Präzisierung jener Bedeutung, die in Wendungen wie »eine wahre Behauptung«, »ein wahrer Bericht« vorkommt. Dann erst kann die eigentliche Begriffsexplikation beginnen. Sie besteht darin, daß man den betreffenden Begriff in ein ganzes System von exakten wissenschaftlichen Begriffen einordnet, so daß seine Anwendung durch präzise Regeln beherrscht wird.

Eine Begriffsexplikation kann nicht wahr oder falsch, sondern nur mehr oder weniger adäquat sein. Carnap hat vier Kriterien zur Beurteilung der Adäquatheit einer Begriffsexplikation aufgestellt. Zunächst muß das Explikat dem Explikandum *ähnlich* sein, da man sonst überhaupt nicht von einer Explikation gerade *dieses* Explikandums sprechen könnte. Ferner muß das Explikat die Forderung der *Exaktheit* erfüllen. Da es nicht möglich ist, einen einzigen Begriff für sich allein als exakten Begriff zu konstruieren, kann man dieser Forderung allein so genügen, daß man den fraglichen Begriff in ein ganzes System wissenschaftlicher Begriffe einordnet. Die Exaktheitsforderung ist dann nur simultan für dieses ganze Begriffssystem erfüllbar. Eine weitere wichtige Forderung ist die der *Fruchtbarkeit*. Damit ist gemeint, daß der fragliche Begriff die Aufstellung möglichst vieler Gesetze gestatten soll. Diese zuletzt genannte Bedingung ist im Zweifelsfalle stärker als die Ähnlichkeitsforderung. So z. B. weicht der zoologische Begriff »Fisch« (der nur im Wasser lebende, durch Kiemen atmende Kaltblütler umfaßt) ziemlich stark von der vorwissenschaftlichen Bedeutung des Wortes »Fisch« (worunter alle ständig im Wasser lebenden Tiere, insbesondere auch Wale und Delphine verstanden werden) ab. Diese starke Abweichung ist dadurch gerechtfertigt, daß der Zoologe auf diese Weise zu einer viel größeren Anzahl von wahren Gesetzesbehauptungen gelangt, als es der Fall wäre, wenn er mit einem dem vorwissenschaftlichen Begriff des Fisches ähnlicheren Begriff operieren wollte. Eine letzte Forderung ist die der *Einfachheit*, und zwar in einem doppelten Sinn: Einfachheit in der Definition des Begriffs sowie Einfachheit der mit diesem Begriff gebildeten Gesetze. Es darf aber nicht übersehen werden, daß alle diese Forderungen die Explikation keineswegs eindeutig festlegen, so daß in jeder Begriffsexplikation auch eine konventionelle Komponente, also eine *Festsetzung*, steckt.

Die explizierten Begriffe können in drei Formen auftreten. Den einfachsten Typus bilden die *klassifikatorischen Begriffe*. Sie dienen zur Einteilung von Dingen in zwei oder mehrere Klassen (z. B. die Einteilung der Pflanzen oder der chemischen Substanzen). Die *komparativen Begriffe* (auch Ordnungsbegriffe oder topologische Begriffe genannt) stellen bereits einen komplizierteren Begriffstypus dar. Im Alltag werden solche Begriffe häufig durch die Komparativform eines Adjektivums ausgedrückt, wie z. B. durch »wärmer«, »härter«, »größer«. Mit Hilfe dieser Begriffe kann man genauere Vergleichsfeststellungen formulieren als mit den klassifikatorischen Begriffen. Die präzisesten begrifflichen Instrumente, über die ein Wissenschaftler verfügen kann, bilden aber die *quantitativen* oder *metrischen Begriffe*. Hier werden Eigenschaften oder Beziehungen mit Hilfe von Zahlenwerten charakterisiert. Fast alle naturwissenschaftlichen Begriffe (z. B. Länge, Temperatur) gehören hierher; auch in den Geistes- und Sozialwissenschaften aber werden häufig solche Begriffe verwendet (z. B. Preisindex, Geburtenüberschuß).

Diese drei Begriffsformen spielen vor allem in Carnaps Theorie der Induktion eine bedeutsame Rolle, da deren Grundbegriff, nämlich der Begriff der induktiven Bestätigung von Aussagen, in allen drei Formen auftreten kann. Darüber wird an späterer Stelle noch genauer zu berichten sein.

(c) Die axiomatische Methode und die impliziten Definitionen.
Eigentliche und uneigentliche Begriffe. Zuordnungsdefinitionen

Jede systematische Wissenschaft steht vor der Aufgabe, ihre Begriffe und Aussagen zu ordnen. Die *Ordnung der Begriffe* besteht darin, daß man einige Begriffe als undefinierte Grundbegriffe auswählt und die übrigen durch Definitionsketten auf sie zurückführt. Die *Ordnung der Aussagen* erfolgt in der Weise, daß man bestimmte Aussagen, die sog. *Grundsätze* oder *Axiome*, an den Anfang stellt und alle übrigen Aussagen aus diesen Axiomen durch rein logische Ableitung gewinnt.

Der erste bekannte axiomatische Aufbau einer Wissenschaft ist die Axiomatisierung der Geometrie durch Euklid. In der neueren Zeit hat die axiomatische Methode eine Umdeutung erfahren. Durch über 2000 Jahre hindurch verstand man unter den Axiomen *einleuchtende Prinzipien*, also evidente Urteile. Die aus ihnen durch logische Deduktion gewonnenen Lehrsätze waren danach von einer mittelbaren Evidenz. Ursprünglich glaubte man, jede Wissenschaft axiomatisch aufbauen zu können; später beschränkte sich diese Forderung auf die mathematische Erkenntnis. Gerade innerhalb der mathematischen Axiomatik aber vollzog sich ein Bedeutungswandel. Wenn man beansprucht, von einleuchtenden Prinzipien auszugehen, so muß man voraussetzen, daß die bei der Formulierung der Grundsätze verwendeten Begriffe bereits zur Verfügung stehen. Da diese Begriffe letztlich der Anschauung und der vorwissenschaftlichen Erfahrung entnommen werden müssen, findet damit die Vagheit der Alltagsbegriffe Eingang in die Mathematik. Außerdem entstanden lange und unfruchtbare Diskussionen darüber, ob wirklich stets alle verwendeten Axiome das Merkmal der Evidenz besitzen. Diese und weitere Nachteile vermeidet die im wesentlichen auf D. Hilbert zurückgehende *moderne Axiomatik*. Darin werden die Grundsätze nicht als wahre Aussagen über bereits vorhandene Begriffe gedeutet; vielmehr werden die in den Axiomen erwähnten Begriffe durch die Axiome überhaupt erst eingeführt. Man spricht dann davon, daß diese Begriffe – auch die *Eigenbegriffe* des Axiomensystems genannt – durch das Axiomensystem *implizit definiert* werden. Wenn also z. B. in einem Axiomensystem der Geometrie die Ausdrücke »Punkt«, »Gerade«, »Ebene« vorkommen, so wird nicht vorausgesetzt, daß diese Ausdrücke bereits unabhängig von diesem System eine Bedeutung besitzen und wir uns diese Bedeutung mit Hilfe unseres räumlichen Anschauungsvermögens verdeutlicht haben müssen, um das Axiomensystem zu verstehen. Vielmehr wird nichts weiter verlangt, als daß die verwendeten Begriffe die im Axiomensystem ausdrücklich angeführten Eigenschaften besitzen.

Den äußeren Anlaß für diese axiomatischen Begriffsdefinitionen dürfte das sog. *Dualitätsprinzip* in der Mathematik gebildet haben, d. h. die Erkenntnis, daß eine Vertauschung von bestimmten Begriffen im Lehrgehalt mathematischer Theoreme keine Änderung hervorruft (z. B. können in der projektiven Geometrie die Ausdrücke »Punkt« und »Gerade« miteinander vertauscht werden, wobei alle Aussagen richtig bleiben). Dies legt den Gedanken nahe, daß der anschauliche Gehalt der verwendeten Begriffe bei der Formulierung der Lehrsätze keine Rolle spielen könne (denn »Punkt«

und »Gerade« bedeuten doch offenbar inhaltlich etwas ganz Verschiedenes). Dann müßte es aber auch möglich sein, diese Begriffe in einer Weise zu definieren, die sich von der Anschauung gänzlich befreit hatte, und dies eben geschah in der modernen Axiomatik.

Die durch ein Axiomensystem implizit definierten Begriffe sind nur in bezug auf gewisse formale Eigentümlichkeiten festgelegt. Daraus folgt, daß solche Axiomensysteme verschiedene Deutungen oder *Interpretationen* zulassen. Eine Interpretation eines formalen Systems, die zu wahren Behauptungen führt, nennt man ein dieses System *erfüllendes Modell*. Wenn man z. B. das von Peano aufgestellte Axiomensystem der Arithmetik zugrunde legt, so ist jede wiederholungsfreie unendliche Folge von Objekten, die ein erstes, aber kein letztes Element besitzt und innerhalb welcher man jedes Glied vom ersten aus in einer endlichen Anzahl von Schritten erreichen kann, ein Modell dieses Systems; denn alle derartigen Folgen haben genau die Struktur der Zahlenreihe.

Carnap nennt die axiomatisch definierten Begriffe *uneigentliche* Begriffe. Sie unterscheiden sich von den *eigentlichen* Begriffen in einer wesentlichen Hinsicht. Für jeden eigentlichen Begriff muß die Entscheidung darüber, ob ein Gegenstand unter ihn fällt oder nicht, im Prinzip möglich sein, vorausgesetzt, daß der Begriff hinreichend scharf definiert wurde und der vorliegende Gegenstand mit hinreichender Genauigkeit untersucht werden kann. Bei uneigentlichen Begriffen ist dagegen die Entscheidung dieser Frage für einzelne Gegenstände prinzipiell ausgeschlossen. So z. B. ist es keineswegs von vornherein widersinnig, einen bestimmten Punkt einer Tischkante als eine natürliche Zahl zu betrachten. Denn es kann prinzipiell eine Folge von Punkten auf dieser Kante so gewählt werden, daß sie ein Modell für das Axiomensystem von Peano, also für die axiomatisch definierte Zahlenreihe, darstellt; sie muß dazu nur die eben erwähnten formalen Eigentümlichkeiten besitzen. Die Frage, ob ein Modell des Axiomensystems der Arithmetik vorliegt, läßt sich aber nur für die gesamte Punktfolge entscheiden, nicht jedoch für einen einzelnen Punkt. Die Uneigentlichkeit eines implizit definierten Begriffs äußert sich also darin, daß für isoliert betrachtete Gegenstände prinzipiell keine Entscheidung darüber möglich ist, ob sie unter diesen Begriff fallen oder nicht.

Da die axiomatisch eingeführten Begriffe keine feste Bedeutung besitzen, müssen sie als Variable aufgefaßt werden. Die Axiome hören dann auf, Sätze zu sein; sie werden bloße *Aussageformen*, die weder wahr noch falsch sind (wie z. B. der Aussageform »x ist ein Mensch« kein bestimmter Wahrheitswert zugesprochen werden kann, solange nicht die Variable »x« durch einen Namen ersetzt wurde). Dieses Merkmal überträgt sich auf die mathematischen Lehrsätze; auch diese sind bloße Aussageformen. Worin bestehen dann die Behauptungen eines Mathematikers? Jedenfalls nicht in den kategorisch formulierten Lehrsätzen, sondern in komplexen Wenn-dann-Aussagen: Im Wenn-Satz steht das gesamte Axiomensystem, im Dann-Satz der fragliche Lehrsatz. Strenggenommen ist auch dies immer noch eine Aussageform, die erst dadurch zu einer echten Aussage wird, daß für alle darin vorkommenden Variablen eine Vervollständigung zu einer Allbehauptung erfolgt. *Damit verschwindet das Geltungsproblem aus der Mathematik.* Denn der Mathematiker stellt keine Behauptungen von der Gestalt auf »dies und dies gilt«, sondern beschränkt sich auf den logischen Beweis komplexer Wenn-dann-Sätze von der folgenden Gestalt: »Wenn die und die Axiome gelten, dann gilt auch dieser und dieser Lehrsatz.«

Die hier geschilderte Axiomatisierung bildet den ersten Schritt auf dem Wege zur vollständigen Kalkülisierung einer Theorie. Während bei der letzteren jede inhaltliche Deutung wegfällt, werden in der ersteren nur die Eigenbegriffe in der rein formalen Bedeutung genommen, also z. B. in einem geometrischen Axiomensystem solche Begriffe wie »Punkt«, »Gerade«, »Ebene« oder in einem System der Arithmetik die Begriffe »Zahl« und »Nachfolger«. Die übrigen Ausdrücke müssen dagegen in der üblichen inhaltlichen Weise verstanden werden (so z. B. in dem geometrischen Axiom »auf einer Geraden gibt es mindestens 2 Punkte« die Ausdrücke »2« und »es gibt«). Man spricht daher hier auch von *Semikalkü-*

len. Über reine Kalküle wird an späterer Stelle noch einiges zu sagen sein.

Die Modelle eines formalen Axiomensystems können entweder aus logisch-mathematischen Gebilden oder auch aus realen Gegenständen bestehen. Im ersten Fall spricht man von einem *formalen Modell* eines Axiomensystems, im letzteren Falle von einem *realen Modell*. Immer aber muß die Konstruktion eines Modells so erfolgen, daß die uneigentlichen Begriffe des Axiomensystems durch eigentliche Begriffe ersetzt werden. Reichenbach hat das Verfahren dieser Ersetzung (oder besser: Zuordnung) mit dem Ausdruck *Zuordnungsdefinition* bezeichnet. Ein Beispiel für eine Zuordnungsdefinition läge vor, wenn man zum Zwecke der Anwendung eines geometrischen Axiomensystems auf die Welt des Physikers dem geometrischen Begriff der Geraden Lichtstrahlen zuordnet, also beschließt, die letzteren als gerade Linien zu betrachten. Eine genauere Schilderung dieses Zuordnungsverfahrens setzt die weiter unten skizzierten Begriffe der reinen Semantik und Syntax voraus; denn durch die Zuordnungsdefinition werden semantische Interpretationen von Kalkülen oder Semikalkülen geliefert.

4. Aussage und Aussagesinn

(a) Die erste Fassung des empiristischen Sinnkriteriums

Jede wissenschaftliche Erkenntnis muß Begriffe benutzen. Aber diese dienen bloß als Hilfsmittel; worauf es letztlich ankommt, ist die Formulierung wahrer oder zumindest gut bestätigter Aussagen. Viele Logiker, Grundlagenforscher und Sprachanalytiker sind daher der Meinung, daß strenggenommen nur Aussagen einen Sinn haben, während alle anderen Ausdrücke keine selbständige Bedeutung besitzen. Vielmehr handelt es sich bei diesen Ausdrücken um »ungesättigte Zeichen«, denen man nur in abgeleiteter Weise eine Bedeutung beimessen kann, insofern sie nämlich dazu beitragen, Sätze mit selbständiger Bedeutung zu bilden. Selbst ein Prädikat wie »Mensch« wird nicht als mit selbständiger Bedeutung versehener Ausdruck aufgefaßt, sondern als eine

Aussageform, d. h. als Satzfragment »x ist ein Mensch«. Während aber z. B. Brentano eine strenge Trennung zwischen autosemantischen Ausdrücken (= solchen mit selbständiger Bedeutung) und synsemantischen Ausdrücken (= solchen ohne selbständige Bedeutung) vollzog, gibt es nach Carnap nur Gradabstufungen in bezug auf die Selbständigkeit der Bedeutung sprachlicher Ausdrücke. Die folgende Reihe von Ausdrücken ist nach zunehmender Selbständigkeit der Bedeutung geordnet: Der Klammerausdruck »(«, logische Zeichen wie »oder« und mathematische Operationssymbole wie »+«, Prädikate, Eigennamen, Sätze. Diese Reihe könnte prinzipiell weiter fortgesetzt werden, da man dem Kontext, in den ein Satz eingebettet ist, eine noch größere Selbständigkeit an Bedeutung zusprechen kann als dem einzelnen Satz.

Die empiristische Grundeinstellung äußert sich sowohl gegenüber den Prädikaten wie gegenüber den Aussagen. Was die Prädikate betrifft, so können wir zwar einige von ihnen durch Definitionen auf andere zurückführen. *Die Bedeutungen der weiter nicht definierbaren Prädikate müssen dagegen auf Erlebnisgegebenem beruhen.* Was ich mit einem bestimmten Worte meine, kann ich jemandem in keiner anderen Weise als so verständlich machen, daß ich ein empirisches Kennzeichen für die Gegenstände angebe, welche unter den durch das Wort bezeichneten Begriff fallen sollen. Diese Angabe muß bei den undefinierten Grundausdrücken auf direktem Wege, nämlich *durch erlebnismäßigen Aufweis*, erfolgen. Bei den definierbaren Ausdrücken wird das Kennzeichen mittels Definition angegeben, womit aber doch wieder in indirekter Weise das erlebnismäßig Aufweisbare die letzte Quelle für die Bedeutung bildet. Denn jede Definition führt auf die undefinierten Grundausdrücke zurück.

In bezug auf die Sätze muß man, damit diese als sinnvoll angesehen werden können, imstande sein, anzugeben, unter welchen Bedingungen sie wahr und unter welchen Bedingungen sie falsch sind. Die Formulierung von Wahrheitsbedingungen für Sätze wurde ursprünglich mit der Angabe einer *Verifikationsmethode* identifiziert. Wittgenstein hat dies so ausgedrückt, daß er sagte: *Die Bedeutung eines Satzes besteht in der Methode seiner Verifikation.* Wenn man herausbekommen will, was jemand mit einer Aussage meint, so ist es in der Regel nicht zweckmäßig, ihn zu fragen, was er denn damit meine. War die ursprüngliche Aussage unklar, so wird die Antwort auf diese Frage meist ebenso unklar sein. Man soll statt dessen fragen: »Wie verifizierst Du diese Aussage?« Dann und nur dann, wenn der Befragte imstande ist, auf diese Frage eine Antwort zu geben, kann das, was er sagt, als sinnvoll angesehen werden.

Damit haben wir die erste und ursprüngliche Fassung des *empiristischen Sinnkriteriums* gewonnen: *Die Verifizierbarkeit einer Aussage bildet eine notwendige und hinreichende Bedingung dafür, um sie als empirisch sinnvoll ansehen zu dürfen.* Wie Carnap gezeigt hat, können auch solche Sätze dieses Sinnkriterium erfüllen, die Ausdrücke enthalten, welche sich weder direkt noch indirekt auf erlebnismäßig Aufweisbares beziehen. Das Sinnkriterium für Sätze ist daher bereits eine Auflockerung der oben angeführten Bedingung für die Sinnhaftigkeit von Wörtern. Es möge etwa zugegeben werden, daß der Ausdruck »Jupiter« sich auf kein empirisch aufweisbares Objekt bezieht und auch nicht mit Hilfe solcher Ausdrücke definiert werden kann, die etwas Erlebnisgegebenes zum Inhalt haben. Der Ausdruck müßte dann eigentlich als sinnlos verworfen werden. Trotzdem kann jemand diesen Ausdruck in bestimmten Sätzen sinnvoll verwenden, wenn er imstande ist, die Wahrheitsbedingungen für solche Sätze zu formulieren. So etwa ist jeder Satz von der Gestalt »Jupiter brummt zur Zeit t am Ort x« sinnvoll, wenn festgelegt wird, daß dieser Satz genau dann wahr sein soll, wenn am Ort x zum Zeitpunkt t ein Donner ertönt. Ein Satz von der angeführten Gestalt wurde durch die Angabe dieser Verifikationsmethode mit einem genauen Sinn versehen, obzwar das Wort »Jupiter« für sich nicht definiert worden ist. Der Satz hingegen »in dieser Wolke sitzt Jupiter« wäre als sinnlos zu erklären, wenn keine wahrnehmungsmäßig feststellbaren Bedingungen der Wahrheit dieses Satzes angegeben werden.

Nur Sätze also, für die sich eine Verifikationsmöglichkeit angeben läßt, dürfen als sinnvoll zugelassen werden; alle übrigen satzartigen Gebilde sind als *Scheinsätze* auszumerzen, mögen sie auch rein äußerlich die Form sinnvoller Sätze haben. Die Verifikationsmöglichkeit muß in einem *logischen*, nicht in einem empirischen Sinn verstanden werden. Wenn die Verifikation einer Aussage zwar logisch denkbar wäre, aber aus technischen Gründen unmöglich ist – wie es etwa bei der Frage der Existenz höherer Lebewesen auf einem anderen Planeten der Fall sein könnte –, so ist diese Aussage gemäß dem Sinnkriterium als sinnvoll zuzulassen.

(b) Die Sinnlosigkeit der Metaphysik

Metaphysische Aussagen erfüllen nicht das empiristische Sinnkriterium. Sie sind daher als sinnlos zu bezeichnen. Carnap unterschied diese sinnlosen Aussagen in zwei Klassen. Die erste Klasse ist dadurch charakterisiert, daß in syntaktisch korrekt gebildeten Aussagen *sinnlose Wörter* vorkommen, d. h. Wörter, für die keine empirischen Kennzeichen angegeben werden können (wobei vorausgesetzt ist, daß auch für die ganzen Sätze, die solche Wörter enthalten, keine Verifikationsbedingungen angebbar sind). Beispiele für sinnlose Ausdrücke sind »das Absolute«, »das Unbedingte«, »das wahrhaft Seiende«, »Gott«, »das Nichts«, »der Weltgrund«. Carnap illustrierte seine Sinnlos-Erklärung solcher Ausdrücke durch folgendes Beispiel: Angenommen, jemand verwendet das Prädikat »babig« und behauptet, man müsse alle Dinge in die babigen und die nichtbabigen einteilen. Auf die Frage, unter welchen Bedingungen er ein Ding babig nenne, erwidert er, daß er dies nicht sagen könne; denn die Babigkeit sei eine metaphysische Eigenschaft, so daß kein empirisches Kennzeichen für diese Eigenschaft angebbar sei. In einem solchen Falle wird man sagen, daß die Sätze über die Babigkeit ein sinnloses Gerede darstellen; jedermann wird zugeben, daß dieses Wort »babig« nicht in wissenschaftlichen Aussagen vorkommen dürfe.

Mit dem Wort »Gott« steht es nach Carnap aber nicht anders. Hier verhält es sich sogar noch schlimmer, da viele

Metaphysiker nicht einmal die syntaktische Stellung des Ausdruckes »Gott« anzugeben vermögen, z. B. ob es sich um einen Namen oder um ein Prädikat handle. Angenommen aber, dieses Wort werde als Prädikat aufgefaßt. Dann kann die Aussageform »x ist Gott« gebildet werden, und die Angabe des Sinnes dieses Ausdrucks würde darin bestehen, die empirischen Kennzeichen anzugeben, welche die »Gott« zu nennenden Dinge besitzen müssen. Im Rahmen einer mythischen Weltauffassung, in der die Götter in bestimmten Gegenden wohnen und sich in empirisch feststellbarer Weise äußern (durch Schleudern von Blitzen, Entfachen eines Meeressturmes usw.), wäre das Wort »Gott« noch sinnvoll. In der Metaphysik hingegen, wo dieser Ausdruck einen nichtempirischen, transzendenten Gegenstand bezeichnen soll, hört er auf, sinnvoll zu sein. Man beachte, daß mit dieser Auffassung nicht etwa ein Atheismus begründet werden soll. Der letztere bestünde darin, die Wahrheit des Satzes »es gibt einen Gott« zu leugnen. Nach dem empiristischen Sinnkriterium aber wird geleugnet, daß es sich hierbei überhaupt um einen Satz handle. Nach Carnap müßte daher der Atheismus in theoretischer Hinsicht als ein ebenso sinnloser Standpunkt betrachtet werden wie der Theismus.

Die zweite Klasse von Sinnlosigkeiten liegt immer dann vor, *wenn an sich sinnvolle Ausdrücke in syntaxwidriger Weise zusammengestellt werden*. Ein Beispiel für eine Sinnlosigkeit von dieser Art bildet etwa der Satz »Cäsar ist eine Primzahl«. Solche einfachen Fälle sinnloser Wortzusammenstellungen trifft man zwar in der Metaphysik nicht an. Es gibt aber kompliziertere und nicht so leicht zu durchschauende Fälle, von denen sich zahlreiche Beispiele aus der Philosophiegeschichte anführen lassen. In der Regel handelt es sich um eine Fehlinterpretation logischer Ausdrücke, wie sie z. B. dort vorliegt, wo der Ausdruck »nichts« als Gegenstandsbezeichnung aufgefaßt wird (vgl. oben S. 192 f.). In einer korrekt aufgebauten Sprache würden derartige Sinnlosigkeiten gar nicht gebildet werden können, da sie bereits durch die Syntaxregeln der Sprache ausgeschlossen wären.

Carnap zeigte an einzelnen Beispielen, daß auf Grund des

Sinnkriteriums verschiedene Fragen als Scheinprobleme entlarvt werden können, die gewöhnlich als erkenntnistheoretische Fragen gelten. Dazu gehört auch das *Problem der Realität der Außenwelt*. Angenommen, von zwei Geographen ist der eine Realist und der andere Solipsist. Für den ersten sind die physischen Dinge nicht nur Wahrnehmungsinhalte, sondern existieren darüber hinaus »an sich«; für den zweiten existieren nur seine Wahrnehmungen, während er die »reale Existenz« der Außenwelt leugnet. Beide sollen nun untersuchen, ob es in Zentralbrasilien einen bestimmten See gäbe. Diese Frage werden sie zunächst als empirische Forscher mit Hilfe der ihnen zur Verfügung stehenden Kriterien zu entscheiden suchen, z. B. indem sie eine Expedition in das fragliche Gebiet unternehmen. Sie werden dabei zu einem übereinstimmenden Ergebnis gelangen; auch in den empirischen Einzelfragen wird schließlich kein Gegensatz mehr zwischen ihnen bestehen (z. B. bezüglich der geograph. Lage und der Größe des Sees, seiner Höhe ü. d. Meeresspiegel usw.). Wenn dann *nach Erschöpfung aller verfügbarer empirischer Kriterien* der eine von ihnen behauptet, daß der See nicht nur vorhanden sei und die festgestellten empirischen Eigenschaften besitze, sondern außerdem eine bewußtseinsunabhängige Realität habe, während der Solipsist eine solche Realität leugnet, so sprechen beide nicht mehr als empirische Forscher, sondern als Metaphysiker. Da nach Voraussetzung alle empirischen Kriterien in den auf den See bezogenen Fragen erschöpft sind, gibt es kein Verfahren mehr, um in diesem Meinungsgegensatz eine Entscheidung herbeizuführen. Man kann daher weder die realistische noch die solipsistische These als sinnvoll anerkennen.

Wenn metaphysische Sätze sinnlos sind, woher kommt es dann, daß immer wieder metaphysische Systeme aufgestellt werden und den Gegenstand scheinbarer wissenschaftlicher Kontroversen bilden? Carnaps Antwort lautet: Die Wissenschaft bildet nicht die einzige geistige Betätigung von Menschen; Kunst und Religion z. B. sind andere. Metaphysische Systeme sind unklare Mischgebilde aus diesen drei Bereichen. Metaphysiker haben ein starkes Bedürfnis, ihr Lebensgefühl auszudrücken, besitzen jedoch nicht die Fähigkeit, dies in adäquater Weise durch die Schaffung von Kunstwerken zu tun; sie haben zugleich eine Vorliebe für das Operieren mit Begriffen und suchen häufig auch eine Art von religiöser Erbauung. So greifen sie zur Wissenschaftssprache und drücken darin völlig unangemessen ihr Welterleben aus. Für die Wissenschaft leisten sie überhaupt nichts und für das Lebensgefühl – im Vergleich zu den großen Kunstwerken – etwas Unzulängliches. *Metaphysik ist der inadäquate Ausdruck des Lebensgefühls;* Metaphysiker sind Musiker ohne musikalische Begabung oder Dichter ohne dichterische Fähigkeiten.

Wie steht es dann aber mit den großen Problemen, jenen »ewigen Rätseln«, welche die Metaphysiker seit jeher in Atem hielten? Die Antwort darauf muß lauten: Als wissenschaftliche Probleme existieren sie überhaupt nicht. Denn ein Problem besteht darin, daß ein Satz formuliert und mit der Aufgabe verbunden wird, zu entscheiden, ob der Satz wahr oder falsch sei. Ist der Satz sinnlos, so ist auch das dazugehörige Problem ein Scheinproblem. Daß dies von Philosophen meist nicht gesehen wird, beruht auf einer *unklaren Verquickung von theoretischen Problemen und praktischen Lebensproblemen.* Man darf nicht glauben, mit der Beantwortung theoretischer Fragen auch Probleme des Lebens gelöst zu haben. So wie eine euklidische Ebene unbegrenztunendlich ist und dennoch bei weitem nicht den euklidischen Gesamtraum ausmacht, so ist auch die Wissenschaft unbegrenzt erweiterungsfähig, ohne das Leben auszumachen. Selbst wenn alle sinnvollen Fragen beantwortet wären, hätten wir damit für die Meisterung des Lebens noch sehr wenig geleistet. Die Lebensprobleme müssen im Leben selbst, außerhalb der Wissenschaft, bewältigt werden. So z. B. existiert kein philosophisches »Problem des Todes«. Was es an wissenschaftlichen Aussagen über den Tod gibt, gehört zur Biologie und nicht zur Philosophie. Wenn daneben von einem »existenziellen« Problem des Todes gesprochen wird, so handelt es sich nicht mehr um theoretische Fragestellungen, sondern z. B. darum, daß ich durch den Tod meiner Mitmenschen und durch die Gewißheit um den eigenen Tod erschüttert werde. Mit diesem Problem fertigzuwerden, ist eine praktische Angelegenheit; keine wie immer geartete wissenschaftliche Theorie vermag hierfür etwas zu leisten.

Die hier geschilderte Fassung des empiristischen Sinnkriteriums hat sich als zu eng erwiesen. Eine Neuformulierung dieses Kriteriums, die zu einer wesentlichen Erweiterung der Klasse der sinnvollen Aussagen führte, findet sich in den Untersuchungen Carnaps über die Bestätigungsfähigkeit und Prüfbarkeit empirischer Sätze (S. 402 ff.). Eine nochmalige wesentliche Auflockerung dieses Kriteriums hat Carnap kürzlich in seiner Analyse der theoretischen Begriffe gegeben (vgl. Kap. X, 2 c).[1]

5. Die Struktur der empirischen Erkenntnis

(a) Das Konstitutionssystem der empirischen Begriffe
(Carnaps »Logischer Aufbau der Welt«)

Jede Wissenschaft enthält Begriffe und Aussagen. Beide müssen in einen systematischen Zusammenhang gebracht werden. Der systematische Zusammenhang der Aussagen ist erreicht, sobald die betreffende Wissenschaft axiomatisch aufgebaut wurde. Der systematische Zusammenhang der Begriffe würde hergestellt sein, sobald alle Begriffe auf einige wenige Grundbegriffe zurückgeführt worden sind. Die Untersuchungen der Fachwissenschaftler sind vorwiegend auf das erste Problem ausgerichtet, während sie sich mit der Frage des Zusammenhanges der Begriffe in der Regel nur sekundär beschäftigen. Carnap versuchte in seinem ersten größeren Werk, diesem Mangel abzuhelfen.

Für die logischen und mathematischen Begriffe war das Problem ihres Zusammenhanges und ihrer Zurückführbarkeit auf einige wenige Grundbegriffe seit G. Frege vor allem von Russell und Whitehead in den Principia Mathematica und in späteren Systemen des Logizismus eingehend

---

[1] Für eine systematische Darstellung und Diskussion der verschiedenen Fassungen des empiristischen Sinnkriteriums vgl. W. Stegmüller, »Das Wahrheitsproblem und die Idee der Semantik«, S. 262–282.

behandelt worden (vgl. Kap. X, 1 b). Carnap wandte sich in seinem »Logischen Aufbau der Welt« der noch viel schwierigeren und umfassenderen Aufgabe zu, etwas Analoges für die empirischen Begriffe zu leisten. Er beschränkte sich dabei nicht darauf, die Begriffe *einer* bestimmten Erfahrungswissenschaft zu systematisieren, sondern machte gleich den Versuch, sämtliche empirischen Begriffe in einen systematischen Ableitungszusammenhang zu bringen. Wie Carnap selbst betonte, handelte es sich dabei mehr um einen Systementwurf als um ein definitives System.

Gemäß dem Grundprinzip des Empirismus muß die *Basis des Systems* so gewählt werden, daß sich die undefinierten Grundbegriffe auf unmittelbar Aufweisbares, also auf erlebnismäßig Gegebenes, beziehen. Da nur das Selbsterlebte, nicht aber ein fremdes Erlebnis als unmittelbar gegeben angesehen werden kann, wählt Carnap eine »eigenpsychische« Basis, die nur die bewußten Erlebnisse eines Subjektes enthält. Dieses Vorgehen wurde von ihm auch als »methodischer Solipsismus« bezeichnet. Dies darf keinesfalls in einem metaphysischen Sinn mißverstanden werden, so als ob etwa nur ein einziges Subjekt zusammen mit seinen Erlebnissen als existierend angenommen würde. Es ist damit vielmehr nichts anderes gemeint als die schlichte Tatsache, daß alle empirischen Begriffe auf Erlebtes oder Gegebenes zurückgeführt werden sollen. Außerdem ist die Bestimmung der Basis als *eigenpsychisch* eine Aussage, die zu Beginn gar nicht innerhalb des Systems gemacht werden kann, sondern eine von außen herangetragene Charakterisierung des Systems darstellt; denn das Gegebene ist als solches subjektlos, da die Begriffe des Ich und der anderen Subjekte erst auf einer viel späteren Stufe konstituiert werden.

Die genaue Festlegung der Basis umfaßt zweierlei: die Wahl der *Grundelemente* und die Wahl der *Grundrelationen*. Als Grundelemente des Systems werden nicht wie z. B. bei Mach diskrete Empfindungselemente gewählt, sondern *Elementarerlebnisse*, d. h. die unzerteilte Gesamtheit des in einem Augenblick Erlebten. Durch diese Festlegung entgeht Carnap dem gegen den Machschen Positivismus gerichteten

Vorwurf des psychischen Atomismus. Als einzige Grundrelation des Systems wird die Relation der *Ähnlichkeitserinnerung* gewählt, d. h. die Ähnlichkeitsbeziehung zwischen einem Elementarerlebnis (einer bestimmten Stelle im gesamten Erlebnisstrom) und einem anderen (einer anderen Stelle in diesem Erlebnisstrom). Im systematischen Aufbau wird *nur* diese Grundrelation als Grundbegriff eingeführt, da die Klasse der Elementarerlebnisse als der Bereich dieser Relation definiert werden kann.

Die wichtige Funktion der Grundrelation wird ersichtlich, wenn man bedenkt, daß die Elementarerlebnisse als unzerlegbare Einheiten gewählt worden sind, so daß eine eigentliche Analyse dieser Erlebnistotalitäten logisch ausgeschlossen ist. Das einzige, was man über sie aussagen kann, ist, daß sie anderen Elementarerlebnissen ähnlich sind. Auf diese Weise lassen sich Ähnlichkeitskreise von Elementarerlebnissen bilden, die als Ersatz für die aus diesen Erlebnissen nicht herausisolierbaren Qualitäten gelten können. Dieses *synthetische Verfahren*, welches praktisch dasselbe leistet, was eine eigentliche Analyse leisten könnte, wird *Quasianalyse* genannt.

Carnap nennt sein System ein *Konstitutionssystem* der empirischen Begriffe. Alle Realbegriffe sollen darin aus den Grundbegriffen konstituiert werden. *Einen Begriff B aus anderen Begriffen konstituieren* bedeutet dabei dasselbe wie: *eine allgemeine Regel dafür aufstellen, wonach alle Aussagen, in denen dieser Begriff B vorkommt, übersetzbar sind in solche Aussagen, in denen nur mehr jene anderen Begriffe vorkommen.* Eine derartige Übersetzungsregel ist eine konstitutionale Definition. Diese Andeutungen dürften genügen, um deutlich zu machen, daß Carnap an einem geradezu phantastischen Projekt arbeitete: Da nämlich einerseits alle empirischen Begriffe zu konstituieren sind, andererseits als Basisrelation nur die erwähnte Beziehung (Ähnlichkeitserinnerung) dienen soll, bestand die Aufgabe darin, sämtliche empirischen Begriffe auf diesen einen Begriff der Ähnlichkeitserinnerung zurückzuführen. Alle wissenschaftlichen Aussagen müßten dann – auf welche Gegenstandsbereiche auch immer sie sich beziehen mögen – letztlich in solche Aussagen umgeformt werden können, die außer logischen Ausdrücken nur eine einzige deskriptive Konstante enthalten, nämlich eine Bezeichnung für diese Relation der Ähnlichkeitserinnerung. Wenn es sich später auch herausstellte, daß dieses Konstitutionssystem in verschiedener Hinsicht mangelhaft war – die schlagkräftigsten Argumente in dieser Richtung stammen, wie übrigens auch bei den meisten späteren revisionsbedürftigen Arbeiten Carnaps, von Carnap selbst –, so bedeutete es doch eine ungeheure gedankliche Leistung, durch die in mehrfacher Hinsicht eine große Klarheit erzielt wurde: in der prinzipiellen Frage der Möglichkeiten und Schwierigkeiten von Definitionen empirischer Begriffe und in dem Problem konkreter Abhängigkeitsbeziehungen zwischen verschiedenen Begriffen. Seit Locke und Hume haben empiristische Philosophen immer wieder versichert, daß es möglich sein müsse, alle erfahrungswissenschaftlichen Begriffe auf das in der inneren und äußeren Wahrnehmung unmittelbar Gegebene zurückzuführen. Mit diesen prinzipiellen Versicherungen hatte es aber sein Bewenden; sie blieben ein unrealisiertes Programm, bis Carnap versuchte, dieses Programm in die Tat umzusetzen. Einer der bedeutendsten amerikanischen Logiker der Gegenwart, W. V. Quine, bemerkt, daß es Carnap in diesem System gelungen sei, zahlreiche Begriffe zu definieren, von denen sich niemand hätte träumen lassen, daß sie auf einer so schmalen Ausgangsbasis überhaupt definierbar seien.[1]

Für die Durchführung seines Programms mußte Carnap ausgiebigen Gebrauch machen von der modernen Logik, insbesondere von der Relationstheorie. Daneben mußte der Klassenkalkül verwendet werden, da die Methode der Quasianalyse darin besteht, daß die Elementarerlebnisse zu Klassen, eben den erwähnten Ähnlichkeitskreisen, zusammengefaßt werden. Der Form nach sind die verwendeten Definitionen Gebrauchsdefinitionen, wodurch die Einführung fiktiver, z. B. idealer Gegenstände, vermieden wird.

---

[1] W.V. Quine, »From a Logical Point of View«, Cambridge, Mass., 1953, S. 39.

Eine inhaltliche Schilderung der einzelnen Konstitutionsstufen ist hier nicht möglich. Es seien aber die folgenden Andeutungen gemacht [1]: Nach der Methode der Quasianalyse werden zunächst die *Qualitätsklassen* konstituiert, welche Empfindungs- oder Gefühlsqualitäten repräsentieren. Aus bestimmten Ähnlichkeitsordnungen dieser Qualitätsklassen gewinnt man die *Sinnesklassen* (Klassen von Qualitäten eines und desselben Sinnesgebietes). Die einzelnen Sinnesgebiete lassen sich dann rein formal durch eine zugehörige Dimensionszahl aussondern. So z. B. ist der Gesichtssinn von den übrigen Sinnesgebieten dadurch unterschieden, daß er ein fünfdimensionales Gebilde darstellt, weil die Farben drei Dimensionen haben (Farbton, Sättigung und Helligkeit) und das Sehfeld dazu eine zweidimensionale räumliche Ordnung besitzt. Schließlich können in den einzelnen Sinnesgebieten die Komponenten der Qualitäten konstituiert werden. Nach der Ableitung der Sehfeldstellen kann eine erste räumliche Ordnung des Sehfeldes konstituiert werden und schließlich aus der Erinnerung eine vorläufige Zeitordnung für die Elementarerlebnisse.

Die Methode der Quasianalyse führt somit nicht aus dem Konkret-Einzelnen (etwa den Empfindungen) zum Allgemeineren, sondern umgekehrt vom Allgemeineren zum Spezielleren. Die Empfindungen sind das zuletzt Konstituierte: eine Empfindung wird definiert als ein geordnetes Paar, bestehend aus einem Elementarerlebnis und einer Qualitätsklasse.

Nach dieser Konstitution der eigenpsychischen Gegenstände werden die höheren Begriffsstufen konstituiert: zunächst die *Wahrnehmungswelt*, sodann die *physikalische Welt*, ferner die *Welt des fremden Bewußtseins* und schließlich die *Welt der geistigen oder kulturellen Gegenstände*. Das Schlußstück bildet der Begriff der *empirischen Wirklichkeit*. Alle diese Begriffe stellen aber auf Grund der Wahl der Ausgangsbasis letztlich immer nur Relationen zwischen Eigenpsychischem (Elementarerlebnissen) dar. So z. B. sind insbe-

---

[1] Für eine etwas genauere Schilderung dieses Systems vgl. V. Kraft, »Der Wiener Kreis«, Wien 1950, S. 77–105.

sondere die Erlebnisse des fremden Menschen aus Quasibestandteilen der eigenen Erlebnisse konstituiert.

Carnap hat bereits bei der Niederschrift seiner Konstitutionstheorie betont, daß die Wahl der Ausgangsbasis weitgehend freisteht: anstelle der eigenpsychischen Basis könnte auch eine materialistische Basis gewählt werden, in welcher alle psychischen Gegenstände auf physische zurückgeführt werden. Die Verwirklichung des einen Systems schließt die des anderen nicht aus: »Solipsismus« und »Materialismus« stellen nur verschiedene Arten von Konstitutionssystemen dar. Erst sobald sie zu metaphysischen Thesen über das Wesen der Gegenstände erhoben werden (»alle Gegenstände sind *ihrem Wesen nach* psychisch«, »alle Gegenstände sind *ihrem Wesen nach* physisch«), entsteht zwischen ihnen ein Widerspruch. Da der Begriff des Wesens jedoch ein philosophischer Scheinbegriff ist, sind diese beiden so formulierten Standpunkte metaphysische Scheinthesen.

Carnap hat selbst später zwei prinzipielle Einwendungen gegen sein Konstitutionssystem vorgebracht: Erstens hat es sich als unmöglich erwiesen, alle komplexeren empirischen Begriffe durch Definitionen auf andere zurückzuführen. Zu den undefinierbaren Begriffen gehören zunächst alle Dispositionsbegriffe (»löslich«, »zerbrechlich«) und ferner die abstrakten theoretischen Begriffe der Naturwissenschaft (»Elektron«, »Gravitationspotential«). Auf die Frage, wie nach Carnap solche Begriffe in die Wissenschaft einzuführen sind, kommen wir an späterer Stelle zurück. Zweitens glaubte Carnap später, die eigenpsychische Basis zugunsten einer physikalistischen Basis preisgeben zu müssen, weil nur die letztere die sichere Gewähr gibt, eine für den intersubjektiven wissenschaftlichen Sprachverkehr geeignete Sprache zu sein. Diesem Physikalismus wenden wir uns im folgenden zu.

(b) Physikalismus und Einheitswissenschaft
   (die Theorie von Neurath und Carnap)

Von Philosophen ist oft die Forderung erhoben worden, daß die Einzelwissenschaften zu einem System vereinigt werden müßten. Die Verwirklichung dieser Forderung scheiterte jedoch daran, daß sich die verschiedenen wissenschaftlichen Disziplinen nach herkömmlicher Auffassung in bezug auf ihre Gegenstände, ihre Erkenntnisquellen und ihre Methoden voneinander unterscheiden.

Es gibt zwingende praktische wie theoretische Gründe für die Forderung nach einer Vereinheitlichung der wissenschaftlichen Erkenntnis. Zu den *praktischen Gründen* gehört die Tatsache, daß fast jeder Wissenschaftler bisweilen genötigt ist, den Bereich seiner Wissenschaft zu überschreiten und Erkenntnisse aus anderen Wissenschaftsgebieten heranzuziehen. Die Erklärung eines so komplexen Vorganges wie einer Wahrnehmung z. B. ist auf rein psychologischer Basis unmöglich; denn die Wahrnehmungserlebnisse beruhen auf physiologischen Vorgängen, die ihrerseits durch physikalische Reize hervorgerufen wurden. In einem solchen Fall muß also psychologisches, physiologisches und physikalisches Wissen angewendet werden. Dies ist aber nur möglich, wenn die Begriffe und Gesetze der drei angeführten Wissenschaftsbereiche aufeinander bezogen werden können. Ein wichtiger *theoretischer Grund* für die Forderung nach Vereinheitlichung ergibt sich aus dem Verfahren der Überprüfung allgemeiner Naturgesetze. Angenommen, ein theoretischer Physiker hat hypothetisch ein neues Gesetz aufgestellt. Die Richtigkeit dieser Hypothese muß durch Beobachtungen oder Experimente überprüft werden. Dies geschieht im Prinzip so, daß man mit Hilfe dieses Gesetzes einen beobachtbaren Vorgang als Prognose ableitet und feststellt, ob die Voraussage auch tatsächlich eintrifft. Nun scheinen aber der Theoretiker, der die Hypothese aufgestellt hat, und der Beobachter, der diese Hypothese überprüft, ganz verschiedene Sprachen zu gebrauchen. Der *Beobachter* spricht über *Wahrnehmungsgegebenheiten* und verwendet daher nur solche Begriffe, die wahrnehmbare Eigenschaften und Beziehungen zum Inhalt haben. Der Theoretiker hingegen verwendet eine Sprache mit einem *abstrakten Begriffssystem* (»Elektron«, »Schrödingersche Ψ-Funktion« u. dgl.), das sich auf die von der Wahrnehmungswelt ganz verschiedene »qualitätslose« und »unsinnliche« Welt des theoretischen Physikers bezieht. Diese Verschiedenheit der beiden Begriffs- und Sprachsysteme kann aber nur eine scheinbare sein; denn sonst wäre es logisch ausgeschlossen, daß die Aussagen des Beobachters zur Stützung oder Erschütterung der Aussagen des Theoretikers dienen könnten: Zwischen den Aussagen zweier Sprachen, die mit einem gänzlich verschiedenen Begriffssystem arbeiten und die daher auch nicht ineinander übersetzbar sind, kann es keinerlei logische Beziehungen, wie z. B. die Beziehung der Ableitbarkeit oder des Widerspruchs geben; dagegen könnte z. B. die Erschütterung einer Theorie auf Grund von Beobachtungen nur dadurch zustande kommen, daß Behauptungen, die aus der Theorie *logisch abgeleitet* werden können, mit den Aussagen des Beobachters *in Widerspruch* stehen.

Im Wiener Kreis wurde daher mit besonderem Nachdruck der Gedanke der *Einheitswissenschaft* vertreten und die Forderung erhoben, eine *Einheitssprache der Wissenschaft* anzugeben, in der sich jede wissenschaftliche Behauptung ausdrücken läßt. Eine derartige Sprache muß zwei Forderungen erfüllen: Erstens muß es eine *intersubjektive Sprache* sein, d. h. eine Sprache, die jedermann zugänglich ist und deren Zeichen für alle dieselben Bedeutungen besitzen. Zweitens muß es sich um eine *universale Sprache* handeln, in der jeder beliebige Sachverhalt ausgedrückt werden kann. Neurath und Carnap vertraten zunächst die Auffassung, daß allein die Sprache der Physik diese beiden Forderungen erfülle. Daher rührt auch die Bezeichnung »*Physikalismus*«. Da die physikalische Sprache eine rein quantitative Sprache ist, in deren sämtlichen Aussagen nur metrische Begriffe verwendet werden, hat Carnap die physikalistische These später dahingehend abgeschwächt, daß es sich nur um eine »*Dingsprache*« oder »*Körperweltsprache*« handeln müsse, die neben quantitaven Begriffen auch qualitative Begriffe enthalten dürfe, vorausgesetzt nur, daß sie sich auf beobachtbare Eigenschaften von Dingen und beobachtbare Relationen zwischen Dingen bezieht. Wenn im folgenden von Physikalismus gesprochen wird, so soll darunter diese abgeschwächte These verstanden werden. Auf alle Fälle ist zu beachten, daß der Physikalismus in seinen beiden Formen nur die Forderung erhebt, daß physikalische Prädikate die Grundprädikate der einheitlichen Wissenschaftssprache sein müssen. Keineswegs wurde dagegen damit die Behauptung verknüpft, daß auch alle Gesetzmäßigkeiten auf physikalische Gesetze zurückgeführt werden müßten.

Daß die Dingsprache die erste Forderung der *Intersubjektivität* erfüllt, bedarf keiner näheren Erläuterung. Carnap weist darauf hin, daß hier keine logische Notwendigkeit vorliegt, sondern vielmehr ein glücklicher empirischer Umstand: Meinungsverschiedenheiten verschiedener Personen über Temperaturen, Länge, Schwingungsfrequenzen usw. können prinzipiell innerhalb der erreichbaren Genauigkeitsgrenzen behoben werden. Analoges gilt für die nichtquantitativen Aussagen der Dingsprache. Es ist prinzipiell immer möglich, in den Behauptungen über Zustände und Vorgänge der physischen Welt eine Übereinstimmung zwischen verschiedenen Personen zu erzielen. Darin äußert sich eben die Intersubjektivität der Körperwelt bzw. der auf sie gerichteten Aussagen. Ein Satz über die subjektiven Erlebnisse hingegen besitzt bloß eine monologische Bedeutung; er hat nur für das diesen Satz aussprechende Wesen und für kein anderes einen Sinn. Ein solcher Satz darf daher in der Wissenschaft keine Stelle haben. Physikalische Begriffe sind nicht nur intersubjektiv, sondern sogar *intersensual*: Alle physikalischen Konstatierungen könnten in einem einzigen Sinnesgebiet vorgenommen werden. Die physikalischen Meßinstrumente lassen sich so konstruieren, daß alle Zeigerablesungen im visuellen Bereich erfolgen, aber auch so, daß nur akustische Merkmale oder Tastmerkmale verwendet werden (z. B. die Konstruktion einander entsprechender Seh-, Photo-, Hör-, Tastspektroskope); auch ein vollständig Blinder und zugleich Tauber könnte daher sämtliche physikalischen Beobachtungen anstellen, die zur Überprüfung physikalischer Hypothesen erforderlich sind.

Weit schwieriger ist der Nachweis der *Universalität* der physikalischen Sprache (bzw. der Dingsprache). Dazu muß gezeigt werden, daß auch sämtliche Aussagen der Psychologie und der Kulturwissenschaften in dieser Sprache darstellbar sind. Tatsächlich wurde auch diese Auffassung vertreten. So hat Carnap betont, daß Aussagen über Fremdseelisches übersetzt werden können in Aussagen über das Verhalten des anderen Menschen, insbesondere über seine Dispositionen, auf bestimmte Reize so und so zu reagieren (und bei einem höheren Entwicklungsstand der Physiologie in Aussagen über Vorgänge in seinem Zentralnervensystem). Auch diese These ist durch einige Zeit hindurch in einer radikaleren Form vertreten worden: Während die Rede von der Übersetzbarkeit psychologischer Aussagen in Sätze über Körperliches noch voraussetzt, daß zunächst zwei verschiedene Klassen von Aussagen vorliegen und die psychologischen Aussagen daher ursprünglich über Bewußtseinsvorkommnisse sprechen und erst nachher in die physikalische Sprache übersetzt werden, wurde nunmehr gesagt, daß der einzige *Sinn* psychologischer Aussagen darin bestehe, über Vorgänge am Körper des betreffenden Subjektes zu sprechen. Dieser Standpunkt ergab sich aus dem Zusammenwirken der radikalen Verifizierbarkeitsforderung und der These, daß nur Aussagen über Körperliches intersubjektiv verständlich und nachprüfbar sind. *Der logische Gehalt einer Aussage über Psychisches* muß dann in den nachprüfbaren Folgerungen bestehen, die man aus dieser Aussage ableiten kann, und diese Folgerungen können nach dem eben Gesagten nur *in Sätzen über körperliche Eigenschaften, Beziehungen und Vorgänge* bestehen. Von dem logischen Gehalt psychologischer Aussagen sind streng zu trennen die mit diesen Aussagen verbundenen *Begleitvorstellungen* über die seelischen Erlebnisse des Anderen, die entbehrlich sind und nicht zum Gehalt dieser Aussagen gehören. Die Behauptung, daß Menschen außer den an ihnen beobachtbaren leiblichen Vorgängen auch noch seelische Erlebnisse haben, läßt sich in einer intersubjektiven wissenschaftlichen Sprache überhaupt nicht formulieren und stellt daher einen sinnlosen Scheinsatz dar. Der *Behaviorismus* ist nicht *eine* mögliche Art und Weise, Psychologie zu betreiben, sondern *die einzige logisch mögliche Form* dieser Wissenschaft.

Durch analoge Betrachtungen versuchte man zu zeigen, daß auch alle geisteswissenschaftlichen Aussagen als intersubjektiv nachprüfbare Sätze der Dingsprache aufgefaßt werden müssen. Selbst die Aussagen eines Subjektes X über seine eigenen Erlebnisse sind so zu interpretieren; denn für ein anderes Subjekt Y haben die Aussagen des X nur soweit Sinn, als sie nachprüfbar sind. Nachprüfbar ist für Y an den Aussagen des X über seine Erlebnisse aber nur das, was den Leib des X betrifft.

Der Physikalismus ist ein Beispiel für eine Konsequenz, die unvermeidlich zu sein scheint, wenn man an der Forderung der intersubjektiven Überprüfbarkeit aller wissenschaftlichen Aussagen unerbittlich festhält. Es hat sich jedoch herausgestellt, daß die physikalistische These auch in der abgeschwächten Form ohne nochmalige einschneidende Modifikationen nicht haltbar ist. Die Hauptschwierigkeit liegt in der Unmöglichkeit einer rein behavioristischen Definition der psychologischen Grundbegriffe. Es ist nämlich nicht möglich, einen elementaren psychologischen Satz (z. B. »Herr X ist jetzt zornig«) durch eine endliche Konjunktion von Aussagen über genau angebbare physische Reaktionen und sonstige Verhaltensweisen zu ersetzen.[1] Für eine heutige Beurteilung des Physikalismus müßte vor allem Carnaps Charakterisierung der theoretischen Begriffe herangezogen werden. Eine gründliche Untersuchung über die verschiedenen Möglichkeiten der Formulierung psychologischer Aussagen und ihrer wechselseitigen Beziehungen hat in letzter Zeit H. Feigl angestellt (vgl. Kap. X, 2c und 3c).

(c) Die Falsifikationstheorie von K. Popper

Popper hat in seiner Analyse des Verfahrens der Überprüfung naturwissenschaftlicher Hypothesen und Theorien

---

[1] Die Schwierigkeiten der physikalistischen Definition psychologischer Begriffe sind im Prinzip genau analog den in meiner oben (S. 361) zitierten Abhandlung über den Phänomenalismus angeführten Schwierigkeiten, die bei dem Versuche auftreten, Aussagen über physische Dinge in Aussagen über Gegebenes (Phänomene) zu übersetzen. Vgl. auch die Kritik bei V. Kraft, »Der Wiener Kreis«, S. 154 ff.

dreierlei zu zeigen versucht: erstens daß die radikale Forderung der empirischen Verifizierbarkeit nicht nur metaphysische Aussagen beseitigen würde, sondern eine Vernichtung der gesamten naturwissenschaftlichen Erkenntnis zur Folge hätte, da die meisten naturwissenschaftlichen Sätze nicht verifizierbar sind; zweitens daß man nicht einmal von einer induktiven Bestätigung naturwissenschaftlicher Theorien sprechen kann und daß auch der Begriff der Hypothesenwahrscheinlichkeit kein Mittel zur Beurteilung von Hypothesen darstellt, da sich überhaupt kein sinnvoller Begriff der Hypothesenwahrscheinlichkeit definieren läßt; drittens daß daher das Überprüfungsverfahren, welches man naturwissenschaftlichen Theorien gegenüber anwendet, ohne Verwendung des Begriffs der Verifizierbarkeit und auch ohne Verwendung der Begriffe der Induktion und der Hypothesenwahrscheinlichkeit analysiert werden muß.

Daß *Naturgesetze nicht verifizierbar* sind, beruht darauf, daß sie die Gestalt unbeschränkter Allsätze haben und damit eine unbegrenzte Anzahl von Anwendungsfällen in sich schließen, während wir immer nur endlich viele Beobachtungen zum Zwecke der Überprüfung anstellen können. So kann z. B. der Satz »alles Kupfer leitet Elektrizität« nicht verifiziert werden, da seine Verifikation voraussetzen würde, daß man alles Kupfer im ganzen Universum auf die behauptete Eigenschaft hin überprüfen könnte, was natürlich ausgeschlossen ist. Die »Finitisten« unter den neueren Erkenntnistheoretikern suchten die Verifizierbarkeitsforderung dadurch zu retten, daß sie Sätze von unbeschränkter Allgemeinheit in der Naturwissenschaft nicht zuließen; scheinbar unbeschränkte Allsätze wie der erwähnte müßten danach als zusammenfassende Berichte über bisherige Beobachtungsergebnisse aufgefaßt werden, also etwa im Sinne von »alles bisher daraufhin geprüfte Kupfer leitete Elektrizität«. Diese Deutung widerspricht jedoch der Tatsache, daß eine der wichtigsten Funktionen der Naturgesetze darin besteht, *Zukunftsprognosen zu ermöglichen*. Wenn man die Gesetze nach dem finitistischen Verfahren deutet, so erhalten sie den Charakter zusammenfassender historischer Berichte über vergangene Beobachtungen und könnten daher niemals dazu verwendet werden, Voraussagen für die Zukunft zu machen.

Daß Allsätze nicht durch endlich viele Beobachtungen verifiziert werden können, wird daher zugegeben werden müssen; doch wird meist der folgende Ausweg gesucht: Diese Sätze lassen sich durch einen *Induktionsschluß* rechtfertigen; sie gelten daher zumindest mit einer mehr oder weniger großen Wahrscheinlichkeit. Von den endlich vielen Beobachtungen einzelner Kupferstücke z. B. führt zwar kein deduktiver Schluß zu dem Satz, daß alles Kupfer Elektrizität leitet, aber doch ein induktiver Schluß. Ebenso würde ein induktiver Schluß von den Beobachtungen einzelner weißer Schwäne zu der Behauptung führen, daß alle Schwäne weiß sind. Gegen dieses Verfahren des induktiven Schließens könnte nicht eingewendet werden, daß es schon deshalb nicht korrekt sein könne, weil man z. B. im Fall der zweiten Behauptung durch die Entdeckung schwarzer Schwäne in Australien weiß, daß die erschlossene Verallgemeinerung falsch ist. Denn induktiv erschlossene Gesetze sollen nicht mit absoluter Sicherheit, sondern nur mit einer bestimmten Wahrscheinlichkeit gelten. Und selbst Behauptungen von hoher Wahrscheinlichkeit können sich im Nachhinein als falsch erweisen; der Satz über die Farbe der Schwäne bildet – so könnte argumentiert werden – ein Beispiel dafür, da er vor der Entdeckung schwarzer Schwäne eine mit hoher Wahrscheinlichkeit geltende Hypothese darstellte.

Von Popper wird dagegen der Gedanke an einen Induktionsschluß verworfen. Induktive Schlüsse könnte es nämlich nur dann geben, wenn ein *Induktionsprinzip*, also eine allgemeine Regel, existierte, nach welcher sich diese Schlüsse zu vollziehen hätten. Dieses Prinzip müßte man in einem generellen Satz formulieren können. Was sollte dies aber für ein Satz sein? Um eine analytische Aussage könnte es sich nicht handeln, weil dann der Schluß in Wahrheit gar kein induktiver, sondern ein deduktiver wäre. Wenn es sich dagegen um einen synthetischen Satz handelte, so müßte er nach dem Grundprinzip des Empirismus durch Erfahrung gestützt sein. Da es sich ferner um eine generelle Aussage handelte, könnte diese Stützung nicht in einer Verifikation bestehen. Also müßte das Prinzip induktiv erschlossen sein. Damit ist man aber bei einem unendlichen Regreß angelangt: die Frage nach der Berechtigung des Induktionsprinzips ist ja genau die Frage nach der Berechtigung der Annahme genereller Hypothesen, also jene Frage, die zur Einführung dieses Prinzips erst den Anlaß gegeben hat. Man müßte somit zur Begründung des ersten Induktionsprinzips ein Induktionsprinzip höherer Ordnung annehmen, das seinerseits wieder empirisch zu begründen wäre usw. in infinitum. *Dies zeigt, daß es ein solches Induktionsprinzip und damit auch die darauf basierenden Induktionsschlüsse überhaupt nicht geben kann.*

Auch mit dem Ausdruck »Hypothesenwahrscheinlichkeit« ist nach Popper keine klare Bedeutung zu verbinden. Wenn man dabei den Begriff der Ereigniswahrscheinlichkeit (= die relative Häufigkeit einer Folge von Ereignissen innerhalb einer Bezugsfolge) zugrunde legt – z. B. stellt die Wahrscheinlichkeit, mit einem Würfel eine Sechs zu werfen, die relative Häufigkeit der Sechserwürfe innerhalb der Gesamtheit aller Würfe mit diesem Würfel dar –, so würde unter der Wahrscheinlichkeit von Aussagen die relative Wahrheitshäufigkeit dieser Aussage innerhalb einer Folge von Aussagen zu verstehen sein. Alle Versuche, auf diesem Wege einen brauchbaren Begriff der Hypothesenwahrscheinlichkeit zu erhalten, schlagen jedoch fehl. Wenn man z. B. eine generelle Hypothese selbst als eine Satzfolge auffaßt, nämlich als die unendliche Folge der aus ihr ableitbaren singulären Sätze, so müßte die relative Wahrheitshäufigkeit dieser Sätze zur Wahrscheinlichkeitsbeurteilung der Hypothese dienen. Dies würde die gänzlich unsinnige Konsequenz nach sich ziehen, daß eine Hypothese dann eine Wahrscheinlichkeit von 1/2 haben müßte, wenn ihr durchschnittlich jeder zweite Satz der Folge widerspräche. Ähnliche Absurditäten entstehen, wie Popper durch scharfsinnige Analysen zeigte, bei allen anderen Versuchen, den Begriff der Hypothesenwahrscheinlichkeit auf den der relativen Wahrheitshäufigkeit zurückzuführen.

Damit scheidet nicht nur die Verifizierbarkeit von Natur-

gesetzt aus, sondern auch deren induktive Erschließbarkeit sowie deren Beurteilung als mehr oder weniger wahrscheinlich. Popper setzt an die Stelle der induktiven Methode *die deduktive Methode der Nachprüfung empirischer Theorien*. Dazu müssen die beiden Fragen: »Wie gelangen wir zu Hypothesen bzw. Theorien?« und »Wie überprüfen wir Theorien?« streng getrennt werden. Die erste Frage ist psychologischer und nicht wissenschaftslogischer Natur. Theorien sind Einfälle, Entdeckungen, zu denen kein rationaler Weg von den gemachten Beobachtungen führt. Erst wenn eine Hypothese aufgestellt worden ist, setzt die Frage nach ihrer Überprüfbarkeit ein. Diese Überprüfung besteht nach Popper darin, daß man die Hypothese zu *falsifizieren* (d. h. zu widerlegen) versucht. Die Möglichkeit der Falsifikation genereller Hypothesen beruht darauf, daß es sich um Allsätze handelt, die in Es-gibt-nicht-Sätze umformbar sind. Der Satz »alle Schwäne sind weiß« ist logisch gleichwertig mit dem Satz »es gibt keine nichtweißen Schwäne«. Wenn nun irgendwo ein nichtweißer Schwan beobachtet wurde, so kann dieses Ergebnis zunächst in einem singulären Es-gibt-Satz festgehalten werden: »an der und der Raum-Zeit-Stelle gibt es nichtweiße Schwäne«. Derartige singuläre Existenzbehauptungen, die über beobachtbare und damit intersubjektiv nachprüfbare Eigenschaften oder Vorgänge sprechen, nennt Popper *Basissätze*, weil sie die Basis für die Beurteilung (Falsifikation) allgemeiner Hypothesen bilden. Aus dem eben erwähnten Basissatz kann nämlich der generelle Existenzsatz »es gibt nichtweiße Schwäne« abgeleitet werden, und dieser Satz steht in logischem Widerspruch zu dem Satz »es gibt keine nichtweißen Schwäne«, der seinerseits mit der ursprünglichen Hypothese äquivalent war.

Die empiristische Forderung, daß Hypothesen an der Erfahrung überprüfbar sein müssen, ist daher nach Popper so zu deuten, daß es sich um falsifizierbare Aussagen – dieses Wort natürlich im obigen Sinn der *logischen Möglichkeit* einer Falsifikation verstanden – handeln müsse. Dadurch und nicht durch die Verifizierbarkeit oder induktive Erschließbarkeit unterscheiden sich empirische Aussagen von Sätzen der

Metaphysik. Worin aber besteht dann die *positive Bewährung einer empirischen Theorie?* Darin, *daß die Theorie allen bisherigen Falsifikationsversuchen standgehalten hat.* Wenn wir also sagen, daß eine Theorie empirisch gut bestätigt ist, so besagt dies im Grunde nichts anderes, *als daß wir bei allen bisherigen Versuchen, die Theorie an der Erfahrung zum Scheitern zu bringen, selbst gescheitert sind.* Wenn dagegen eine Theorie anerkannten Basissätzen widerspricht, so ist sie falsifiziert und muß durch eine andere ersetzt werden. Eine gewisse Komplikation tritt in der Theorie Poppers an dieser Stelle dadurch auf, daß nach ihm der Widerspruch zwischen einer Theorie und anerkannten Basissätzen nur eine notwendige, aber keine hinreichende Bedingung für die Falsifikation der Theorie darstellt. Die Theorie kann erst dann als widerlegt angesehen werden, wenn sie mit einem *wiederholbaren Effekt* im Widerspruch steht.

Popper hat darüber hinaus versucht, den *Grad der empirischen Prüfbarkeit* – und dies bedeutet bei ihm wieder: den Grad der Falsifizierbarkeit – von Hypothesen durch einige Regeln festzulegen. Wenn man die Gesamtheit der logisch möglichen Basissätze, die eine Aussage falsifizieren können, als die Klasse der Falsifikationsmöglichkeiten dieser Aussage bezeichnet, so würde z. B. eine solche Regel so lauten, daß ein Satz A besser prüfbar (d. h. in höherem Grade falsifizierbar) ist als ein Satz B, wenn die Klasse der Falsifikationsmöglichkeiten von B in der Klasse der Falsifikationsmöglichkeiten von A enthalten ist.

Es sei bereits an dieser Stelle erwähnt, daß trotz der Argumente Poppers später Carnap eine noch zu schildernde Theorie des induktiven Schließens aufgebaut hat.

(d) Bestätigungsfähigkeit und Prüfbarkeit empirischer Sätze. Die Neufassung des empiristischen Sinnkriteriums durch Carnap

Die Untersuchungen Poppers haben auf die darauffolgenden wissenschaftslogischen Untersuchungen außerordentlich anregend gewirkt. So hat vor allem Carnap versucht, zu allgemeineren und schärferen Bestimmungen zu gelangen und dadurch das Verständnis für die Struktur der empirischen Erkenntnis zu verbessern. Gleichzeitig wollte er damit eine Neufassung des empiristischen Sinnkriteriums liefern, die wesentlich toleranter ist als die ursprüngliche Verifizierbarkeitsforderung und die auch über das Falsifikationsprinzip Poppers weit hinausgeht.

Es läßt sich leicht zeigen, daß die poppersche Abgrenzung empirischer Aussagen gegenüber metaphysischen unbefriedigend ist. Danach dürften nur falsifizierbare Aussagen als empirisch sinnvoll anerkannt werden. Damit würden alle reinen Existenzhypothesen (z. B. die Hypothese von der Existenz eines neuen und bisher im Fernrohr noch nicht beobachteten Planeten) aus der erfahrungswissenschaftlichen Erkenntnis verdammt werden; denn ein genereller Es-gibt-Satz ist aus genau demselben Grunde nicht falsifizierbar, aus dem ein Allsatz nicht verifizierbar ist: um einen Existenzsatz zu falsifizieren, müßte man das gesamte Universum durchstreifen und am Ende dieser Durchforschung feststellen, daß es ein Objekt von der angegebenen Eigenschaft darin nicht gibt. Erst recht müßten bei dem popperschen Vorgehen alle Aussagen, in denen ein oder mehrere »es gibt« mit einem oder mehreren »alle« zusammen auftreten, verboten werden. Eine derartige Aussage ist ja offenbar weder verifizierbar noch falsifizierbar. Dennoch ist man in den Naturwissenschaften oft genötigt, Hypothesen von einer solchen komplexeren Struktur aufzustellen. Es ist sogar möglich, empirisch sinnvolle Eigenschaften von einzelnen Dingen anzugeben, die so geartet sind, daß ein Satz, wonach ein Ding diese Eigenschaft besitzt, weder verifizierbar noch falsifizierbar ist. Es sei etwa a ein beobachtbares Einzelobjekt. Die Eigenschaft M soll diesem Ding a genau dann zukommen, wenn es ein (konkretes) Objekt gibt, das von a weiter entfernt ist als alle übrigen Objekte von a entfernt sind. Da die hier verwendete Relationseigenschaft »z ist von x weiter entfernt als y von x entfernt ist« sicher etwas Beobachtbares zum Inhalt hat, wird man auch die Eigenschaft M als eine beobachtbare Eigenschaft anerkennen müssen. Die Behauptung, daß a diese Eigenschaft M hat, ist aber mit Hilfe von endlich vielen Beobachtungen weder beweisbar noch widerlegbar; die Verifikation ist ausgeschlossen wegen des im Definitionssatz von M vorkommenden »alle« und die Falsifikation ist ausgeschlossen wegen des darin vorkommenden »es gibt«.

Carnap schlägt daher vor, die Begriffe der Verifizierbarkeit und Falsifizierbarkeit durch die beiden viel allgemeineren Begriffe der *Bestätigungsfähigkeit* und *Prüfbarkeit* von Aussagen zu ersetzen.

Die carnapschen Definitionen dieser beiden Begriffe sind außerordentlich kompliziert, vor allem weil er ein nach präzisen Regeln aufgebautes Sprachsystem zugrunde legt und außerdem mit Folgen von endlichen und unendlichen Satzklassen operiert, um die erforderliche Allgemeinheit zu erzielen. Wir müssen uns demgegenüber auf einige wenige Andeutungen beschränken. Es soll dabei zugleich ein vereinfachtes Verfahren verwendet werden.

Carnap gliedert seine Analyse der Bestätigung und Prüfung von Aussagen in zwei Teile: Im ersten Teil wird die Relation der *Zurückführbarkeit* der Bestätigung eines Satzes auf andere Sätze untersucht. Diese Betrachtungen gehören zur *reinen Logik*. Es wird dabei allein mit dem Begriff der logischen Folgerung operiert, der entweder als ein semantischer oder als ein syntaktischer Begriff konstruiert werden kann (vgl. dazu den folgenden Abschnitt). Im zweiten Teil erst werden die Begriffe der *Bestätigungsfähigkeit* und *Prüfbarkeit* von Sätzen eingeführt. Dieser Teil gehört zur *empirischen Methodologie*, da hier über die rein logischen Begriffe hinaus zwei nichtlogische Grundbegriffe verwendet werden müssen.

Für die Zurückführbarkeit der Bestätigung einer Aussage auf andere Aussagen können wir davon ausgehen, daß uns als Basis für die Bestätigung immer nur eine endliche Klasse K von Aussagen zur Verfügung steht. Diese Basis wird in der praktischen Anwendung aus endlich vielen akzeptierten Beobachtungssätzen bestehen; doch soll vorläufig noch ganz von der Frage abgesehen werden, was für Sätze in K enthalten sind: Beobachtungssätze oder andere. Von allen Aussagen, die aus den Sätzen von K logisch folgen, soll gesagt werden, daß ihre Bestätigung *vollständig zurückführbar* ist auf die der Satzklasse K. Dieser Ausdruck findet seine Rechtfertigung in folgendem: falls wir voraussetzen können, daß die zu K gehörenden Aussagen in einem bestimmten Grade empirisch bestätigt sind, so sind offenbar alle daraus durch rein logische Ableitungen zu gewinnenden Aussagen in demselben Grade bestätigt; also ist die Bestätigung der letzteren auf die der ersteren vollständig zurückgeführt worden.

Um die anderen komplizierteren Fälle der Zurückführbarkeit der Bestätigung erfassen zu können, verwenden wir den zusätzlichen Begriff der *Allgeneralisation*. Angenommen, es wurde von den r Dingen b_1, b_2, ..., b_r einer bestimmten Art festgestellt, daß sie die Eigenschaft P besitzen. Diese Resultate können in r singulären Sätzen ausgesprochen werden (»b_1 hat die Eigenschaft P«, abgekürzt: »Pb_1«, ebenso »Pb_2« usw.). Wir sagen dann, daß der Satz, wonach alle Gegenstände der angegebenen Art die Eigenschaft P besitzen, aus diesen r Sätzen durch Allgeneralisation gewonnen wurde (dieser Satz wird symbolisch abgekürzt durch »$(x)Px$« lies: »für alle x gilt: x hat die Eigenschaft P«). Man kann in diesem Falle nicht behaupten, daß der Allsatz in demselben Grade bestätigt sei, wie die hier vorgegebenen singulären Sätze; denn er geht über deren Gehalt weit hinaus, da er ja unendlich viele Anwendungsfälle besitzt. Trotzdem wird dieser Allsatz durch die erwähnten singulären Sätze in einem bestimmten Grade bestätigt, wenn auch in der Regel nicht in dem Grade, in welchem diese singulären Sätze selbst bestätigt sind. Man kann in einem solchen Falle von der unvollständigen Bestätigung des Allsatzes durch die betreffenden singulären Sätze sprechen (genauer: von der direkten unvollständigen Bestätigung durch jene Sätze, da keine weiteren Zwischenglieder verwendet werden).

Wenn wir wieder von der endlichen Satzklasse K ausgehen, so wollen wir sagen, daß die Bestätigung aller Sätze, die aus (einigen oder allen) Aussagen von K durch Allgeneralisation gewonnen werden, *direkt unvollständig zurückführbar* ist auf die der Klasse K.

Von *direkter Zurückführbarkeit* der Bestätigung soll dann

gesprochen werden, wenn entweder vollständige oder direkt unvollständige Zurückführbarkeit der Bestätigung vorliegt. Schließlich soll ganz allgemein gesagt werden, daß die Bestätigung eines Satzes S auf die der Bestätigung von K *zurückgeführt* worden sei, wenn man eine endliche Folge von Sätzen, beginnend mit den Sätzen aus K, angeben kann, so daß die Bestätigung jedes Satzes dieser Folge auf die Bestätigung von Sätzen, die ihm in der Folge vorangehen, direkt zurückführbar ist und der Satz S das letzte Glied dieser Folge bildet. Die Schritte, welche von den Sätzen aus K zu dem vorgegebenen Satz S führen, bestehen also zum Teil aus logischen Ableitungen und zum Teil aus Allgeneralisationen.

Wenn die Bestätigung eines Satzes auf die einer Klasse K von Sätzen zurückführbar ist, aber nicht direkt, so soll von *indirekter Zurückführbarkeit* der Bestätigung gesprochen werden. Und wenn Zurückführbarkeit der Bestätigung, aber keine vollständige, vorliegt, so sprechen wir von *unvollständiger Zurückführbarkeit* der Bestätigung. Die unvollständige Zurückführbarkeit der Bestätigung liegt also in allen Fällen außer dem ersten vor und die indirekte Zurückführbarkeit der Bestätigung in allen Fällen außer den ersten beiden. Diese indirekte Zurückführbarkeit der Bestätigung setzt somit voraus, daß mindestens entweder ein logischer Ableitungsschritt und eine Allgeneralisation oder mindestens zwei Allgeneralisationen vorgenommen werden müssen, um von K zu dem betreffenden Satz zu gelangen.

Zur Illustration des Begriffs der indirekten Zurückführbarkeit der Bestätigung knüpfen wir an das früher gegebene Beispiel an, wonach das Objekt a die (dort definierte) Eigenschaft M besitzt. Es seien $c_1, \ldots, c_n$, d weitere Objekte, und es mögen n Sätze vorliegen, die zusammen besagen, daß d von a weiter entfernt ist als jedes der Objekte c_i ($1 \leq i \leq n$). Wir wollen annehmen, daß diese n Aussagen das Ergebnis von Beobachtungen bilden und daher als gut bestätigte Beobachtungssätze angesehen werden dürfen. Sie mögen zu einer Klasse K von Aussagen zusammengefaßt werden, welche die Basis für die Bestätigung weiterer Aussagen bilden soll. Offenbar kann man aus jedem dieser n Sätze durch Allgeneralisation (in bezug auf die c_i) den Satz gewinnen: »d ist von a weiter entfernt, als alle übrigen Gegenstände von a entfernt sind« (1). Die Bestätigung dieses Satzes (1) ist nach Definition daher direkt unvollständig zurückführbar auf die Bestätigung der Sätze aus K. Aus (1) erhält man weiter durch einen rein logischen Ableitungsschritt den Satz: »es gibt einen Gegenstand, der von a weiter entfernt ist als alle übrigen Gegenstände« (2). Dieser Satz (2) ist gerade der frühere Satz, daß a die Eigenschaft M besitzt. Die Bestätigung von (2) ist nach Definition vollständig zurückführbar auf die des Satzes (1). Da die Bestätigung von (1) ihrerseits direkt unvollständig zurückführbar war auf die Bestätigung von K, so ist damit die Bestätigung des Satzes (2) als indirekt zurückführbar auf die von K erkannt worden. Dieses Beispiel zeigt, *daß eine indirekte Bestätigung des Satzes (2) möglich ist, obwohl er weder verifizierbar noch falsifizierbar ist*. Damit dürfte die Verallgemeinerung deutlich geworden sein, die in dieser neuen Begriffsbestimmung gegenüber den früheren Begriffen der Verifizierbarkeit und Falsifizierbarkeit enthalten ist. Dieses Verfahren ist natürlich auch auf viel komplexere Aussagen anwendbar, die zahlreiche »alle« und »es gibt« enthalten.

Bisher ist aber noch gar nicht der Begriff der Bestätigungsfähigkeit selbst gewonnen worden, sondern eben nur der Begriff der Zurückführbarkeit der Bestätigung von Aussagen auf die anderer Aussagen. Der Begriff der Bestätigungsfähigkeit selbst kann erst innerhalb der empirischen Methodologie eingeführt werden, die von den beiden Begriffen »beobachtbar« und »realisierbar« Gebrauch macht. Diese Begriffe bilden undefinierte Grundbegriffe der empirischen Methodologie – ihre genaue Definition müßte innerhalb der Psychologie erfolgen –, weshalb sie hier nur erläutert werden können: Eine Eigenschaft P heißt *beobachtbar* für eine Person (oder allgemeiner: für einen Organismus), wenn diese Person (dieser Organismus) imstande ist, unter geeigneten Bedingungen entscheiden zu können, ob ein Gegenstand diese Eigenschaft hat. Wenn darüber hinaus die betreffende Person imstande ist, die Eigenschaft unter geeigneten Umständen an einer bestimmten Stelle (an einem Ding) zu verwirklichen, so soll diese Eigenschaft *realisierbar* genannt werden. Diese beiden Begriffe der Beobachtbarkeit und Realisierbarkeit lassen sich natürlich auch auf Relationen übertragen. Ein Beispiel für eine beobachtbare, aber nicht realisierbare Eigenschaft läge dann vor, wenn »P« eine bestimmte Krankheit bezeichnet, die man auf Grund eindeutiger Symptome zu erkennen vermag, während man nicht imstande ist, diese Krankheit künstlich zu erzeugen.

Eine Aussage, in der einem bestimmten Objekt eine beobachtbare Eigenschaft zugesprochen wird, soll *Beobachtungssatz* heißen. Mit Hilfe dieses Begriffs kann jetzt unter Verwendung der obigen Begriffsbestimmungen definiert werden, daß eine Aussage *bestätigungsfähig* genannt werden soll, wenn ihre Bestätigung zurückführbar ist auf die einer endlichen Klasse von Beobachtungssätzen. Man kann ferner genauer von vollständiger, unvollständiger, direkter und indirekter Bestätigungsfähigkeit sprechen, je nachdem, welches dieser vier Merkmale dabei die Zurückführbarkeit der Bestätigung aufweist.

Der Begriff der Realisierbarkeit spielt nur eine Rolle, soweit außer den Grundprädikaten, die beobachtbare Eigenschaften bezeichnen, neue Prädikate eingeführt werden sollen. Hier wird bisweilen verlangt, daß die Einführung durch eine sog. *Prüfungsmethode* erfolgt. Diese besteht darin, daß eine experimentelle Bedingung angegeben und dann festgelegt wird, daß das neue Prädikat zutreffen soll, wenn aus dieser experimentellen Situation ein bestimmtes Ergebnis resultiert. Dazu aber muß die experimentelle Bedingung *realisierbar* sein und das Ergebnis des Experimentes muß entweder selbst beobachtbar oder auf Grund einer bereits früher eingeführten Prüfungsmethode eindeutig feststellbar sein. Prädikate, die entweder beobachtbare Eigenschaften bezeichnen oder durch Prüfungsmethoden eingeführt wurden, heißen *prüfbare Prädikate*. Ein Satz, der im früheren Sinne bestätigungsfähig ist und außerdem nur prüfbare Prädikate enthält, wird ein *prüfbarer Satz* genannt. Auch hier können selbstverständlich wieder die Spezialisierungen zu den Begriffen der vollständigen, unvollständigen usw. Prüfbarkeit vorgenommen werden.

Jetzt läßt sich das *Grundprinzip des Empirismus* formulieren, das man vage in dem Satz »alle synthetischen Aussagen beruhen auf Erfahrungen« ausspricht. Carnap unterscheidet vier verschiedene Fassungen dieses Prinzips, angefangen von der schärfsten bis zur tolerantesten Fassung:

1. Forderung der *vollständigen Prüfbarkeit:* »alle synthetischen Aussagen müssen vollständig prüfbar sein«.

2. Forderung der *vollständigen Bestätigungsfähigkeit:* »alle synthetischen Aussagen müssen vollständig bestätigungsfähig sein«.

3. Forderung der *Prüfbarkeit:* »alle synthetischen Aussagen müssen prüfbar sein«.

4. Forderung der *Bestätigungsfähigkeit:* »alle synthetischen Aussagen müssen bestätigungsfähig sein«.

In allen vier Fällen wird verlangt, daß die in der Sprache vorkommenden Prädikate sich auf Beobachtbares beziehen oder auf solche beobachtbaren Prädikate zurückgeführt werden können. Im ersten und dritten Fall wird zusätzlich verlangt, daß für alle neu eingeführten Prädikate Prüfungsmethoden bekannt sein müssen. Die ersten beiden Fassungen stellen Präzisierungen der ursprünglichen Verifizierbarkeitsforderung dar. Vollständige Bestätigungsfähigkeit bzw. Prüfbarkeit ist nur für die Aussagen einer Sprache erreichbar, die keine generellen All- und Existenzbehauptungen enthält. Aus den früher angeführten Gründen müssen daher diese beiden Fassungen als zu eng angesehen werden. Carnap schlägt vor, die weiteste Forderung 4. aufzustellen. Sie geht weit über das Falsifizierbarkeitsprinzip hinaus, da mit ihrer Annahme auch alle bloß indirekt bestätigungsfähigen synthetischen Aussagen zugelassen werden.

Das empiristische Sinnkriterium wird jetzt am besten durch Bezugnahme auf eine Sprache formuliert, welche die obige Forderung 4. erfüllt. Das Problem zerfällt dann in zwei Klassen von Fragen: In einem ersten Schritt muß die Sprache so aufgebaut werden, daß auf Grund ihrer Syntaxregeln stets eindeutig entscheidbar ist, ob ein vorgegebener

Ausdruck ein Satz ist oder nicht. Da diese Regeln verschieden festgelegt werden können, enthält bereits dieser erste Schritt eine freie Festsetzung. In einem zweiten Schritt muß dann die Festlegung auf eines der vier genannten Prinzipien erfolgen, also etwa auf die Forderung 4. Darin liegt eine zweite Festsetzung. Die dieser Zusatzbedingung genügende Sprache kann eine *empiristische Sprache* genannt werden. Für diese ist vor allem zu verlangen, daß die undefinierten Grundprädikate sich ausschließlich auf Beobachtbares beziehen; es wird dabei offengelassen, ob als Basis eine physikalistische oder eine phänomenalistische (wie im »Logischen Aufbau der Welt«) zu wählen sei oder eine Kombination aus beiden. Alle übrigen Prädikate müssen auf die Grundprädikate zurückführbar sein. Im übrigen kann die Sprache beliebig komplexe Aussagen enthalten, also einerseits Aussagen, die mittels logischer Verknüpfungszeichen wie »und«, »oder«, »nicht«, »wenn ... dann ---« aus einfacheren Aussagen gebildet wurden, andererseits aber auch generelle Existenz- und Allbehauptungen, wobei jede syntaktisch zulässige Kombination mittels »alle«, »es gibt«, »nicht«, »und« usw. jetzt auch empiristisch zulässig wird, da nach den früheren Überlegungen derartige Aussagen nicht aus dem Bereich der bestätigungsfähigen Aussagen herausführen, von wie komplizierter Struktur sie auch immer sein mögen.

Jetzt kann das empiristische Sinnkriterium endgültig so formuliert werden: *Dafür, daß eine synthetische Aussage als empirisch sinnvoll bezeichnet werden darf, ist notwendig und hinreichend, daß diese Aussage Bestandteil einer empiristischen Sprache ist, also einer nach präzisen Syntaxregeln aufgebauten Sprache, deren sämtliche Aussagen bestätigungsfähig sind.*

Die obigen Bestimmungen sind in einer Hinsicht unbestimmt geblieben: Es wurde verlangt, daß alle Prädikate auf die Grundprädikate zurückführbar sein müssen; falls die Forderung der Prüfbarkeit aller Sätze aufgestellt wird, muß außerdem die Einführung neuer Prädikate mit Hilfe von Prüfungsmethoden geschehen. Was bedeutet nun diese Zurückführbarkeit genau? Während Carnap im »Logischen Aufbau« noch an eine rein definitorische Zurückführbarkeit glaubte, hat er diese Annahme in seinen Untersuchungen über Prüfung und Bestätigung von Aussagen fallengelassen. Er hatte nämlich entdeckt, daß Dispositionsbegriffe wie »löslich in Wasser«, »zerbrechlich« usw. prinzipiell nicht durch Definition eingeführt werden können. Deshalb mußte er ein neues Verfahren entwickeln, um für derartige Prädikate die Zurückführbarkeit auf die beobachtbaren Grundprädikate zu zeigen. Wir haben diesen Punkt hier übergangen, weil spätere Untersuchungen ergeben haben, daß auch dieses Verfahren nicht genügt. Carnap hat inzwischen den Gedanken einer – sei es definitorischen, sei es sonstigen – Zurückführbarkeit aller Begriffe auf die beobachtbaren Grundprädikate einer empiristischen Sprache preisgegeben. Für die sog. *theoretischen Begriffe* besteht diese Zurückführbarkeit nicht. Die eben erwähnten Dispositionsbegriffe werden jetzt ebenfalls den theoretischen Begriffen zugerechnet. Dieser Punkt soll genauer im nächsten Kapitel behandelt werden. Es sei aber schon jetzt darauf hingewiesen, daß sich daraus *eine nochmalige Auflockerung des empiristischen Sinnkriteriums* ergibt. Während die in diesem Abschnitt behandelte Erweiterung des Sinnkriteriums die Zulassung beliebig komplexer synthetischer *Aussagen* zur Folge hatte – jedoch an der begrifflichen Zurückführbarkeit auf Beobachtungsgegebenes noch immer festgehalten wurde –, wird es sich dort darum handeln, auch solche *Begriffe* für empiristisch zulässig zu erklären, die in keiner Weise auf jene Begriffe zurückführbar sind, die Beobachtbares zum Inhalt haben.

6. Semantik und Logische Syntax [1]

(a) Logik, Wissenschaftstheorie und Sprachkonstruktion

Im Verlaufe der Untersuchungen zur *formalen Logik* hat sich in den letzten Jahrzehnten immer mehr die Überzeugung durchgesetzt, daß diese Untersuchungen nur dann zu frucht-

---

[1] Für eine eingehende Behandlung der hier nur angedeuteten Fragen vgl. W. Stegmüller, »Das Wahrheitsproblem und die Idee der Semantik«, Wien 1957.

baren und exakten Ergebnissen gelangen können, wenn nicht psychische oder gedankliche Gebilde – wie etwa Vorstellungen und Urteile – den Gegenstand der Forschung bilden, sondern sprachliche Gebilde, insbesondere Aussagen oder Sätze. Wie noch zu zeigen sein wird, können tatsächlich die wichtigsten logischen Begriffe, z. B. die Begriffe der logischen Wahrheit und der logischen Folgerung, nur in bezug auf Aussagen eines Sprachsystems präzisiert werden.

Mit dieser Tendenz geht die Entwicklung der *modernen Wissenschaftstheorie* konform, an deren Ausgestaltung wieder Carnap maßgeblich beteiligt war. Bereits in den vorangehenden Abschnitten ist es immer deutlicher zutage getreten, daß auch alle wichtigen Begriffe einer Theorie der empirischen Erkenntnis sich auf Sprachliches beziehen. Es treten dort Fragen auf wie: ob eine Aussage verifizierbar oder falsifizierbar sei, ob eine Klasse von Beobachtungssätzen eine (direkte oder indirekte, vollständige oder unvollständige) Bestätigung für einen hypothetisch angenommenen Satz bilde, ferner ob zwei vorgelegte Theorien (also Systeme von Sätzen) miteinander logisch verträglich seien oder nicht bzw. ob die eine aus der anderen logisch folge; oder etwa, um noch ein konkretes Beispiel anzuführen: ob der relativitätstheoretische Satz von der Konstanz der Lichtgeschwindigkeit ein Erfahrungssatz oder eine Festsetzung sei. Immer handelt es sich also um Fragen, die sich mit Beziehungen zwischen Aussagen oder ganzen Klassen und Systemen von Aussagen beschäftigen.

Carnap nennt diese Art der Darstellung wissenschaftslogischer Probleme und Ergebnisse *formale Redeweise* und unterscheidet sie von der *inhaltlichen Redeweise* der überkommenen Erkenntnistheorien. In der inhaltlichen Redeweise werden Ausdrücke gebraucht wie »Gegenstand«, »Sachverhalt«, »Sinnesdaten«, »Erfahrungen«, »erkennendes Subjekt«, »Beziehung zwischen erkennendem Subjekt und erkanntem Objekt« u. dgl. Diese inhaltliche Darstellung von Problemen und Lösungen birgt die große Gefahr in sich, sinnlose Scheinfragen über die Natur oder das Wesen der Gegenstandsarten und der Beziehungen zwischen solchen hervorzurufen. So etwa behauptete der Immanenzpositivismus und der sog. Phänomenalismus, daß physische Objekte Konstruktionen aus Sinnesdaten seien; der Realismus dagegen vertritt die These, daß physische Gegenstände selbst nicht aus den Sinnesdaten konstruiert seien, sondern daß das erkennende Subjekt diese Gegenstände nur mit Hilfe der Sinnesdaten erkenne. Nach Carnap wird in beiden Standpunkten eine *Pseudothesis* vertreten. Dies wird sofort ersichtlich, sobald man derartige Aussagen in die formale Redeweise übersetzt. Dann verwandelt sich z. B. die erste Behauptung in die Aussage: »alle physischen Objekt-Aussagen sind zurückführbar auf (übersetzbar in) Sinnesdaten-Sätze«. Diese Formulierung hat nicht nur den Vorteil, daß der unfruchtbare Streit über das »wahre Wesen« der physischen Objekte verschwindet, sondern daß *die Relativität der betreffenden Aussage auf eine Sprache* deutlich wird. Wenn nämlich behauptet wird, daß ein Satz von einer bestimmten Art in Aussagen von einer anderen Art übersetzbar sei, so treten sofort die Fragen auf: für welche Sprache gilt diese Übersetzbarkeit? Für alle Sprachen? Für eine bestimmte im Gebrauch befindliche Sprache (z. B. die Sprache der Physik)? Oder für eine Sprache, deren Aufbau erst vorgeschlagen werden soll? usw. Berücksichtigt man dies, so werden scheinbar unverträgliche philosophische Standpunkte zu miteinander verträglichen Behauptungen. Die These von Mach, daß alle Dinge »ihrem Wesen nach« nichts anderes seien als Komplexe von Sinnesgegebenheiten (Empfindungen), scheint vollkommen unvereinbar zu sein mit der Auffassung des Materialismus, wonach alle Dinge aus physischen Elementarpartikeln wie Elektronen, Protonen usw. bestünden. Nach Überführung in die formale Redeweise besagt dagegen die erste These, daß alle Dingaussagen in eine Sinnesdaten-Sprache (phänomenalistische Sprache) übersetzbar seien, und die zweite These, daß alle Dingaussagen in eine physikalistische Sprache von bestimmter Beschaffenheit übersetzt werden könnten. Diese beiden Behauptungen schließen einander keineswegs aus; denn es kann zunächst eine Sprache konstruiert werden, welche die erste Übersetzungsthese erfüllt, und dann eine zweite Sprache, in der die zweite Übersetzungsthese verwirklicht wird.

Wenn logische und wissenschaftstheoretische Untersuchungen sich auf Sprachliches beziehen, so muß die betreffende Sprache genau angegeben werden. Für präzisere Begriffsbestimmungen eignet sich die Alltagssprache nicht; an die Stelle der Analyse von Ausdrücken der Alltagssprache muß das Studium von Kunstsprachen treten. Um für die verschiedenen Arten solcher Studien einen Überblick zu gewinnen und zugleich den Unterschied zwischen logischen bzw. wissenschaftstheoretischen Untersuchungen und den Analysen der empirischen Sprachwissenschaft zu sehen, kann man von der folgenden Gliederung ausgehen: Jede Untersuchung von Sprachsystemen gehört zur *Semiotik*. Sie läßt sich einteilen nach den drei Faktoren, die man an jeder Sprache unterscheiden kann. Diese Faktoren sind: 1. der *Benützer* der Sprache, 2. die (gesprochenen oder geschriebenen) *Ausdrücke* und 3. das, worauf sich der Sprecher bezieht: das *Designatum* der Ausdrücke, bzw. evtl. davon zu unterscheiden: die *Bedeutung* dieser Ausdrücke. Ein anderer Einteilungsgesichtspunkt ergibt die Unterscheidung in eine *empirische* und eine *reine* Semiotik. Im ersten Fall werden historisch überlieferte Sprachen untersucht, im zweiten Fall werden dagegen nicht vorgegebene Sprachen betrachtet, sondern es werden künstliche Sprachen überhaupt erst aufgebaut, und zwar auf Grund präziser Regeln.

Wenn eine semiotische Untersuchung alle drei genannten Faktoren berücksichtigt: Sprecher, Ausdruck und Bedeutung (bzw. Designatum), so gehört sie zur *Pragmatik*. Eine solche Untersuchung muß stets empirisch sein, da die Berücksichtigung der Eigenart des Sprechenden nur auf Grund empirischer Feststellungen möglich ist. Sofern man vom Sprechenden abstrahiert und nur die sprachlichen Ausdrücke und ihre Bedeutungen wie Designata berücksichtigt, gehört die Untersuchung zur *Semantik*. Wenn schließlich auch noch von den Designata und Bedeutungen abstrahiert wird, so daß sich die Untersuchung auf die Struktur der Ausdrücke und strukturellen Beziehungen zwischen Ausdrücken beschränkt, so wird die Betrachtung zur *Syntax* gerechnet.

Semantik und Syntax können nun nicht nur als empirische Wissenschaften betrieben werden, sondern auch als reine Wissenschaften. Die empirische Semantik und empirische Syntax gehören zur Sprachwissenschaft (z. B. die Bedeutungslehre und Grammatik der englischen Sprache), die *reine Semantik* und die *reine Syntax* sind dagegen logische Disziplinen. Die letzteren beiden unterscheiden sich durch die Art der Regeln, nach denen die hier betrachteten künstlichen Sprachen aufgebaut werden. Beide Disziplinen werden oft unter dem Titel »Studium formalisierter Sprachen« zusammengefaßt. Diese Bezeichnung wird aber häufig auf syntaktische Untersuchungen beschränkt.

Für die reine Semantik und Syntax ist von großer Wichtigkeit die Unterscheidung zwischen *Objektsprache* und *Metasprache*. Die Objektsprache ist die künstliche Symbolsprache, die aufgebaut werden soll, zu Beginn der Untersuchungen jedoch noch gar nicht existiert. Die Metasprache ist jene Sprache, in der die Regeln aufgestellt werden, die für die Objektsprache gelten sollen; außerdem werden in der Metasprache alle theoretischen Ergebnisse über die Objektsprache formuliert. Gewöhnlich wird als Metasprache die Umgangssprache verwendet. Es ist möglich, auch die Metasprache wieder zu formalisieren; dann muß jedoch diese Formalisierung in einer Metametasprache erfolgen. Der Ausdruck »Metasprache« rührt daher, daß diese Sprache dazu benützt wird, über die Objektsprache zu reden. Eine typische metasprachliche Aussage liegt z. B. vor, wenn festgestellt wird, daß zwei Sätze der Objektsprache miteinander logisch unverträglich sind. In der empirischen Sprachwissenschaft sind Objekt- und Metasprache häufig identisch (so z. B. wenn eine deutschsprachige Abhandlung über die deutsche Grammatik vorliegt oder eine Untersuchung über die Bedeutung englischer Ausdrücke in der englischen Sprache). In der Logik hingegen muß an dieser Unterscheidung streng festgehalten werden, da sonst die Gefahr besteht, daß semantische Antinomien auftreten.

(b) Grundbegriffe der Semantik

Der erste Schritt beim Aufbau eines semantischen Systems S besteht in der Festlegung des Vokabulars der aufzubauenden Objektsprache, d. h. in der Aufstellung einer *Zeichentabelle*, welche alle Symbole enthält, die in der Objektsprache vorkommen sollen. In einem zweiten Schritt werden die *Formregeln* aufgestellt, aus denen hervorgeht, welche Zeichenzusammenstellungen Sätze von S sind. Den dritten Schritt bilden die *Interpretationsregeln*. Durch diese wird für die in S vorkommenden Individuenbezeichnungen, Prädikate und Sätze – die von Carnap unter dem Namen »*Designatoren*« zusammengefaßt werden – die Bedeutung angegeben, also dasjenige, was in der Sprache der Semantik »*Intension*« genannt wird. Die Intensionen von einstelligen Prädikaten z. B. sind die durch diese Prädikate bezeichneten Eigenschaften, die Intensionen von Sätzen sind die Propositionen, welche diese Sätze ausdrücken. Schließlich treten noch die *Anwendungsregeln* hinzu, in denen angegeben wird, worauf die Designatoren faktisch anzuwenden sind. Diese Regeln werden auch Extensionsregeln genannt, weil die Anwendungsbereiche von Designatoren deren Extensionen heißen. Die Extension eines Prädikates z. B. besteht in einer Klasse von Objekten; die Extension einer Individuenbezeichnung ist das Objekt, auf das diese sich bezieht. Die wichtigsten Anwendungsregeln bilden die *Wahrheitsregeln*. Darin werden für alle unendlich vielen Sätze des Systems die Wahrheitsbedingungen formuliert. Dies geschieht durch eine meist ziemlich komplizierte Definition des Begriffs »*wahr in S*«. Der Wahrheitsbegriff ist einer der wichtigsten semantischen Begriffe. Da in einem bestimmten Sinne das Verständnis eines Satzes in der Kenntnis von dessen Wahrheitsbedingungen besteht, so kann man sagen, daß mit der Wahrheitsdefinition für das semantische System S ein Verständnis aller in S formulierbaren Sätze gesichert ist.

Um eine Willkür in den Wahrheitsdefinitionen [1] zu ver-

---

[1] Es gibt ja nicht nur eine Wahrheitsdefinition, sondern so viele, als man verschiedene semantische Systeme konstruieren kann. Je

hindern, wird verlangt, daß diese Definitionen einer *Adäquatheitsbedingung* genügen müssen. Darin wird der Grundgedanke der Übereinstimmungstheorie der Wahrheit verwendet, daß eine Aussage von der Gestalt »die Sachen verhalten sich so und so« genau dann wahr ist, wenn sich die Sachen wirklich so und so verhalten. Die gegen die früheren Fassungen dieser Theorie von Brentano und anderen mit Recht erhobenen Einwendungen geraten dadurch in Wegfall, daß die genannte Bedingung eine logisch unanfechtbare Formulierung erhält. Es wird nämlich von der Aussageform »X ist W dann und nur dann wenn P« (A) ausgegangen, in der man für »X« Namen von Sätzen der Objektsprache einsetzen kann, für »P« Sätze der Metasprache und für »W« die für semantische Systeme definierten Wahrheitsprädikate. Falls nun ein bestimmtes semantisches System S und eine Wahrheitsdefinition für S gegeben ist, wird dieses Prädikat »wahr in S« nur dann als adäquat angesehen, wenn aus seiner Definition jeder Satz logisch folgt, der aus der Aussageform (A) dadurch hervorgeht, daß für »X« die (in der Metasprache erfolgende) namentliche Anführung irgendeines Satzes von S, für »P« die Übersetzung eben dieses Satzes in die Metasprache und für »W« das betreffende Prädikat »wahr in S« eingesetzt wird. Diese Fassung der Adäquatheitsbedingung, der jeder semantische Wahrheitsbegriff zu genügen hat, geht auf den polnischen Logiker Lesniewski zurück. Davon wurde zunächst vor allem von dem Logiker A. Tarski Gebrauch gemacht, der als erster genauer die Möglichkeiten der Einführung eines formal exakten und inhaltlich adäquaten Wahrheitsbegriffs in präzise Wissenschaftssprachen untersucht hat. Carnaps Beschreibungen semantischer Systeme stützten sich weitgehend auf die Vorarbeiten von Tarski.

Tarski hat ferner darauf aufmerksam gemacht, daß in bezug auf alle semantischen Begriffe, insbesondere aber in bezug auf den Wahrheitsbegriff, *die strenge Trennung von Objekt- und Metasprache* von größter Wichtigkeit ist. Ansonsten entstehen bezüglich aller semantischen Begriffe logi-

---

reicher an Ausdrucksmöglichkeiten ein System ist, desto komplizierter wird die Wahrheitsdefinition.

sche Paradoxien, d. h. es tritt die Situation ein, daß man eine Aussage zusammen mit deren Negation beweisen kann. Vor allem läßt sich dann die schon den Griechen bekannte Antinomie des Lügners in moderner Fassung rekonstruieren. Daß diese und andere Paradoxien in der Alltagssprache auftreten, beruht auf der semantischen Geschlossenheit dieser Sprache, d. h. auf der Tatsache, daß die Alltagssprache als ihre eigene Metasprache verwendet wird. Wenn man dagegen z. B. das Prädikat »wahr« in die reine Semantik einführt, so handelt es sich um ein Prädikat der Metasprache, das auf Sätze der Objektsprache bezogen wird; dieses Prädikat kann daher nicht gleichzeitig in der Objektsprache selbst auftreten.

Alles, was bisher über Semantik gesagt wurde, gehört zur sog. *speziellen Semantik*, in der bestimmte semantische Systeme konstruiert und analysiert werden. Carnap unterscheidet davon die *allgemeine Semantik*. Darin werden semantische Eigentümlichkeiten untersucht, die allen diesen Sprachsystemen oder wenigstens großen Klassen von semantischen Systemen gemeinsam sind. Hier bildet der Wahrheitsbegriff den undefinierten Grundbegriff, auf den die anderen semantischen Begriffe durch Definition zurückgeführt werden. Die gewonnenen Lehrsätze gelten dann für jedes spezielle semantische System, für welches der Wahrheitsbegriff durch Definition eingeführt wurde.

(c) Die L-Semantik

Wenn ein semantischer Begriff »aus rein logischen Gründen« auf etwas anwendbar ist, so stellt Carnap ihm das Präfix »L« voran. Die Klärung der L-Begriffe hat die Aufgabe, das Gebiet des rein Logischen vom Nichtlogischen scharf zu trennen. Dies geschieht in der *L-Semantik*. Deren wichtigste Begriffe sind die Begriffe der *L-Wahrheit*, also der Wahrheit »aus rein logischen Gründen«, und der *L-Implikation*, d. h. der logischen Folgerung. Carnaps Grundgedanke ist dabei der, die vage Redewendung »aus rein logischen Gründen« durch die präzise Bestimmung zu ersetzen »auf Grund der semantischen Regeln allein«. Wenn man also z. B., um die Wahrheit eines zu einem semantischen System *S* gehörenden

Satzes festzustellen, kein Erfahrungswissen heranziehen muß, sondern für dieses Resultat die semantischen Regeln, nach denen S aufgebaut ist, genügen, so ist der Satz L-wahr.

Auch innerhalb der L-Semantik wird zwischen *allgemeiner* und *spezieller* unterschieden, je nachdem, ob die L-Begriffe in ihren allgemeinen Zusammenhängen, die für jedes spezielle System gelten, untersucht werden oder ob man diese L-Begriffe in bezug auf ganz bestimmte semantische Systeme studiert.

Eine Möglichkeit der Einführung der beiden wichtigsten L-Begriffe möge hier kurz angedeutet werden: Es sei ein semantisches System S gegeben. Eine vollständig bestimmte Sachlage, die mit den sprachlichen Mitteln von S ausgedrückt werden kann, heißt ein L-Zustand (bezüglich S). Der (meist sehr komplexe) Satz von S, welcher den L-Zustand beschreibt, wird *Zustandsbeschreibung* genannt. Im allgemeinen wird ein Satz von S bei bestimmten L-Zuständen wahr sein und bei bestimmten falsch. Die Gesamtheit der L-Zustände (bzw. der ihnen entsprechenden Zustandsbeschreibungen), bei denen ein Satz wahr wird, heißt der *L-Spielraum* dieses Satzes. Wenn man ein Bild von Leibniz verwendet, so könnte man sagen, daß der Begriff des L-Zustandes eine semantische Präzisierung des Begriffs der »möglichen Welt« sei und daß daher der L-Spielraum eines Satzes jenen möglichen Welten entspreche, in denen der Satz gilt. Ein Satz kann nun *L-wahr* (also wahr »aus rein logischen Gründen«) in S [1] genannt werden, *wenn sein L-Spielraum mit der Klasse sämtlicher L-Zustände von S zusammenfällt*. Dies ist wieder im Prinzip eine Präzisierung der leibnizschen Idee, daß die logisch wahren Sätze dadurch ausgezeichnet seien, daß sie in jeder möglichen Welt gelten. Ferner wird von einem Satz A gesagt, daß er einen Satz B L-impliziert (also daß B aus A logisch folgt), wenn der L-Spielraum von A im L-Spielraum von B enthalten ist.

Die L-Begriffe sollen auch dazu dienen, um den Begriff der *Intension* oder der Bedeutung i. e. S. zu präzisieren und

---

[1] Der Zusatz »in S« ist für alle semantischen Begriffe wesentlich, da diese immer nur in Relation auf ein Sprachsystem definierbar sind.

die Bedeutungsanalyse auf eine strenge Grundlage zu stellen. Wenn zwei Sätze im Wahrheitswert übereinstimmen, so werden sie äquivalent genannt. Kann diese Übereinstimmung rein logisch festgestellt werden – d. h. ist eine zwischen diesen beiden Sätzen bestehende Äquivalenzaussage L-wahr –, so sind die Sätze *L-äquivalent*. Es wird zunächst festgelegt, daß L-äquivalente Sätze dieselbe Intension haben. Wenn man diese Intension als »Proposition« bezeichnet, so kann man sagen, daß verschiedene Sätze genau dann dieselbe Proposition zum Inhalt haben (also »gehaltgleich« sind), wenn sie L-äquivalent sind. Wie Carnap gezeigt hat, kann man diesen Begriff der L-Äquivalenz so erweitern, daß er auf die beiden anderen Arten von Designatoren (Prädikate und Individuenbezeichnungen) anwendbar wird und auch dort zu präzisen Bestimmungen des Begriffs der Intension gelangen.

Für den Begriff der *Extension* hingegen benötigt man die L-Semantik an sich nicht. Denn zwei Sätze haben dann dieselbe Extension, wenn sie im Wahrheitswert übereinstimmen, zwei Prädikate dann, wenn sie dieselbe Klasse von Objekten festlegen, und zwei Individuenbezeichnungen dann, wenn sie denselben Gegenstand bezeichnen. Mit der Intension ist die Extension gegeben, aber nicht umgekehrt. Ein Beispiel für Extensionsgleichheit bei gleichzeitiger Intensionsverschiedenheit bilden die zwei Prädikate »Lebewesen mit Herz« und »Lebewesen mit Nieren«, welche sich auf dieselbe Gegenstandsklasse beziehen, obwohl sie nicht intensionsgleich, sondern bedeutungsverschieden sind. Wie Carnap jedoch gezeigt hat, kann man zum Zwecke der Vereinfachung semantischer Sprachkonstruktionen den Begriff der Extension auf den der Intension zurückführen.[1]

(d) Kalkülisierung und Interpretation

In der Syntax wird nicht nur vom Sprecher, sondern auch von den Bedeutungen und Anwendungen sprachlicher Ausdrücke abstrahiert. Die Betrachtung wird rein formal; sie beschäftigt sich nur mehr mit der äußeren Struktur der Aus-

---

[1] Vgl. dazu auch W. Stegmüller, a.a.O., S. 128–167.

drücke. In der reinen Syntax handelt es sich wieder darum, künstliche Sprachsysteme aufzubauen, die aber diesmal uninterpretierte Kalküle bleiben. In den beiden ersten Schritten verläuft der Aufbau von Kalkülen parallel mit dem von semantischen Systemen: Es muß eine *Zeichentabelle* aufgestellt werden, und es sind die *Formregeln* zu formulieren. An die Stelle der Interpretations- und Anwendungsregeln der semantischen Systeme treten hier jedoch *formale Axiome* und *formale Ableitungsregeln*.

Die Möglichkeit einer rein syntaktischen Fassung des Begriffs der logischen Ableitung ist eine der wichtigsten Entdeckungen der modernen Kalkültheorie. Wie Carnap gezeigt hat, kann man aber nicht nur für den Begriff der L-Implikation, sondern auch für zahlreiche weitere Begriffe syntaktische Spiegelbilder, also rein kalkülmäßige Korrelate, konstruieren. Diese Kalkülisierung ist eine Verschärfung der früher geschilderten Methode der modernen Axiomatik. Während in der letzteren nur die Eigenbegriffe des Systems uninterpretiert bleiben und die übrigen Ausdrücke in ihren üblichen Bedeutungen genommen werden, wird beim Aufbau syntaktischer Systeme auf jegliche Interpretation verzichtet. Inhaltlich verstanden werden muß hier nur die Metasprache, in der die Regeln für den Aufbau und den Gebrauch eines Kalküls formuliert sind. Wichtige Beispiele von syntaktischen Systemen bilden die Logikkalküle der modernen Logik, daneben aber auch mathematische Kalküle.

Die Anwendung von Kalkülen setzt deren inhaltliche Interpretation voraus. Diesen Begriff der Interpretation eines Kalküls kann man nur so präzisieren, daß man darunter *die Zuordnung eines semantischen Systems zu einem Kalkül* versteht. Carnap hat die verschiedenen Möglichkeiten der Zuordnung genauer untersucht und zwischen wahren und falschen, L-wahren und L-falschen Interpretationen von Kalkülen unterschieden. Im Fall wahrer und L-wahrer Interpretationen von Kalkülen spricht man auch davon, daß ein den Kalkül erfüllendes Modell existiere.

Alle diese Begriffe der reinen Semantik und der reinen Syntax und ihre Beziehungen zueinander spielen in der modernen Wissenschaftslogik sowie in der mathematischen Grundlagenforschung (Metamathematik) eine zunehmend wichtige Rolle.

Würdigung

Jede Beurteilung des Empirismus der Gegenwart muß davon ausgehen, daß zwei Dinge klar zu unterscheiden sind: die positive Arbeit der einzelnen Vertreter dieser Richtung an logischen und wissenschaftstheoretischen Fragen und die polemische Einstellung des Empirismus gegen die überkommene Metaphysik. Beides ist voneinander vollkommen unabhängig. Wie bereits in den einleitenden Betrachtungen erwähnt wurde, hat die mangelnde Einsicht in diesen Sachverhalt häufig zu grundlosen Polemiken gegen die moderne Logik und Wissenschaftstheorie als »positivistische« Disziplinen geführt. Tatsächlich kann jedoch z. B. ein Thomist oder ein moderner Ontologe die Untersuchungsergebnisse über den Aufbau semantischer Systeme, über die Bestätigungsfähigkeit empirischer Sätze, über die Möglichkeiten einer Präzisierung der Regeln des induktiven Schließens usw. akzeptieren, ohne die These von der Sinnlosigkeit der Metaphysik anzunehmen. Er braucht nicht einmal die verschiedenen Versuche einer Fassung des empiristischen Sinnkriteriums abzulehnen, sondern hätte nichts anderes zu tun, als ein derartiges Sinnkriterium anders zu deuten: nicht als eine Regel dafür, welche Aussagen »an sich« sinnvoll sind und welche nicht, sondern als ein *Abgrenzungs*kriterium, mit dessen Hilfe die in der Erfahrungswissenschaft zugelassenen Aussagen von den erfahrungswissenschaftlich unzulässigen abgegrenzt werden (ohne daß damit die weitere Behauptung verbunden wird, daß alle übrigen Aussagen sinnlos seien, sofern sie nicht formallogische Wahrheiten beinhalten).

Was die Untersuchungen zur Logik und Wissenschaftstheorie betrifft, die von Carnap und anderen Vertretern des Wiener Kreises und diesem Kreis nahestehenden Denkern angestellt wurden, so kann kein Zweifel darüber bestehen, daß hier eine Fülle von außerordentlich wertvollen Erkenntnissen gewonnen wurde und daß vor allem Carnap in bezug auf viele Probleme sehr wichtige Pionierarbeiten geleistet hat. Eine kritische Auseinandersetzung mit diesen Resultaten ist an dieser Stelle aus zwei Gründen nicht möglich: Erstens mußten wir uns in der Darstellung allenthalben auf eine Skizze der Grundgedanken beschränken, während jede kritische Diskussion auf konkrete Details einzugehen hätte, die hier gar nicht zur Sprache kommen konnten. Zweitens ist zu bedenken, daß wir es diesmal nicht mit einem philosophischen Lehrgebäude in der üblichen Bedeutung zu tun haben, demgegenüber die Frage sinnvoll wäre, ob man es anerkennen oder verwerfen solle. Empiristische Philosophen betonen immer wieder mit Nachdruck, daß ihre Arbeit sich von der anderer Philosophen prinzipiell dadurch unterscheide, daß sie keine definitiven und endgültigen Wahrheiten zu liefern beanspruchen, sondern daß sie Versuche unternehmen, Begriffe zu präzisieren, eine exakte Wissenschaftssprache aufzubauen und Klarheit zu verschaffen über das Verfahren der Einzelwissenschaften. Jeder dabei gewonnene Standpunkt wird sofort revidiert oder ganz zurückgenommen, wenn sich der beabsichtigte Weg als nicht gangbar erweist.

Dadurch wird die philosophische Forschung erstmals eindeutig der Kontinuität des wissenschaftlichen Fortschrittes unterworfen. Der Philosoph, welcher aus seiner Theorie eine Weltanschauung mit Glaubensartikeln macht, sich für diese Weltanschauung mit der Kraft seiner Persönlichkeit einsetzt und vermöge seiner Beredsamkeit die Leser und Hörer zu ihr zu bekehren versucht und der sich persönlich getroffen und verletzt fühlt, wenn man sich dieser seiner Philosophie widersetzt – dieser Philosoph hat im Lager der Empiristen keinen Platz. Es ist gegen Carnap bisweilen der »Einwand« erhoben worden, daß er seine Auffassungen in vielen Punkten so oft geändert habe. Carnap selbst mußte diese Einstellung unsinnig und als Ausfluß einer unwissenschaftlichen Haltung gegenüber philosophischen Fragen erscheinen. Er hat seit dem »Logischen Aufbau der Welt« fast alle seine Untersuchungen und Theorien als »erste Entwürfe« oder »erste Versuche« in einer bestimmten Richtung bezeichnet und niemals den Anspruch erhoben, damit etwas Endgültiges zu liefern. Vielmehr war von vornherein zu erwarten, daß jeder dieser Versuche mit verschiedenen, erst im weiteren Verlauf der Untersuchungen zutage tretenden Mängeln behaftet sein mußte. Es wurden viele Dinge gegenüber früheren mehr oder weniger vagen Projekten von Carnap erstmals so präzise formuliert – man denke etwa an den konkreten Aufbau seines Konstitutionssystems im Vergleich zu den Versicherungen älterer Empiristen, man müsse »alle Begriffe auf das Gegebene zurückführen« können –, daß die einzelnen Thesen für eine streng logische Kritik *zugänglich* und *empfindlich* wurden. Sofern die Kritik sich als dringend erwies, hat daher Carnap selbstverständlich nicht gezögert, den früheren Standpunkt preiszugeben oder zu revidieren. Wobei noch zusätzlich erwähnt werden muß, daß zahlreiche Gegenargumente gegen frühere Standpunkte von Carnap selbst vorgebracht wurden: So z. B. hat er durch die Entdeckung der Undefinierbarkeit von Dispositionsbegriffen sowie der Mängel einer phänomenalistischen Sprache die Unmöglichkeit festgestellt, den im »Logischen Aufbau« enthaltenen Entwurf einer Konstitutionstheorie der empirischen Begriffe zu realisieren. In seinem ersten größeren in Amerika erschienenen Werk »Introduction to Semantics« hat Carnap in einem Anhang eine umfangreiche Liste jener Modifikationen beigefügt, die an den einzelnen Abschnitten seines Buches »Logische Syntax der Sprache« vorgenommen werden müssen. Auch im Verlauf der Entwicklung der noch zu schildernden induktiven Logik hat Carnap selbst festgestellt, daß zahlreiche Verbesserungen und Änderungen der ursprünglichen Fassungen seiner Theorie notwendig sind.

Um ein rechtes Verständnis für den Aspekt zu gewinnen, unter dem Carnap die Aufgaben und Tätigkeiten des Philosophen betrachtet, sei hier ein Analogiebild Carnaps wiedergegeben: Darin wird der Philosoph verglichen mit einem Ingenieur, der z. B. mit der Konstruktion und Entwicklung neuer Flugzeugtypen beschäftigt ist. Auch der Philosoph ist nach ihm ein *Konstrukteur*, aber nicht von materiellen technischen Gebilden, sondern von *Wissenschaftssprachen*. Und so wie der Ingenieur niemals der Meinung sein wird, mit seiner letzten Schöpfung das endgültig beste und nicht weiter entwicklungsfähige Modell geschaffen zu haben, sondern ständig an der Weiterentwicklung arbeiten und dazu möglichst viele Anregungen von Anderen übernehmen wird, so hat auch der Philosoph an der rationalen Rekonstruktion der Wissenschaftssprache zu arbeiten, wobei sich diese Arbeit im ständigen Wechselspiel von Entwurf, Kritik, Gegenkritik und Verbesserungsvorschlägen zu vollziehen hat.

Etwas ganz anderes als die unbezweifelbaren Leistungen der empiristischen Philosophen auf dem Gebiete der Logik und Wissenschaftstheorie betrifft die Frage, ob tatsächlich die Sinnlosigkeit der Metaphysik nachgewiesen worden sei. Diese Frage könnte nur dann bejaht werden, wenn man von der Voraussetzung ausgeht, daß eines der erwähnten empiristischen Sinnkriterien angenommen wird. Die Annahme eines solchen Kriteriums ist jedoch eine Sache des Beschlusses und selbst nicht weiter logisch zu begründen. Genau genommen handelt es sich um zwei hintereinandergeschaltete Beschlüsse: Zunächst muß die Syntax der zu wählenden Wissenschaftssprache formuliert werden. Je nachdem, wie dieser syntaktische Aufbau der Sprache ausfällt, kann ein und derselbe Ausdruck syntaktisch sinnvoll oder syntaktisch sinnlos sein. In einem zweiten Schritt muß dann eine Fassung des empiristischen Sinnkriteriums gewählt werden. Dadurch wird eine zweite Auslese vollzogen, es sei denn, daß die Syntaxregeln und das Sinnkriterium so formuliert sind, daß alle syntaktisch zulässigen Satzgebilde automatisch das Sinnkriterium erfüllen.[1] Es kann aber selbstverständlich niemand gezwungen werden, diese Beschlüsse zu akzeptieren. Man sollte daher – wie dies schon Popper getan hat – statt von

---

[1] Dies war tatsächlich der Fall bezüglich der früher geschilderten empiristischen Sprache, sofern als Sinnkriterium die Bestätigungsfähigkeit gewählt wird; denn die Sätze dieser Sprache sind nachweislich alle bestätigungsfähig. Ein solches Zusammenfallen von syntaktischer Zulässigkeit und empiristischer Sinnhaftigkeit liegt jedoch nicht mehr vor bei der Erweiterung des Sinnkriteriums auf die sog. theoretische Sprache, die im nächsten Kapitel, Abschn. 2 c, geschildert werden soll.

einem Sinnkriterium von einem *Abgrenzungskriterium* sprechen, durch welches die logischen und mathematischen Sätze sowie die erfahrungswissenschaftlich zulässigen Aussagen von den Sätzen der Metaphysik abgegrenzt werden. Gegen diese Interpretation des Kriteriums könnte nichts eingewendet werden, doch bestünde dann keine Möglichkeit der Polemik mehr, zumindest nicht die Möglichkeit einer *allgemeinen* Polemik gegen alles, was jenseits dieser Grenze liegt.

Tatsächlich stehen demjenigen, dessen Aussagen das Sinnkriterium des Empiristen nicht erfüllen und der daher als »Metaphysiker« zu bezeichnen wäre, immer zwei Wege offen, um sich erfolgreich zu verteidigen: Erstens braucht er die empiristische Fassung des Wissenschaftsbegriffs nicht zu akzeptieren. Er könnte sich dabei auf die von Carnap anerkannte Tatsache berufen, daß wegen der Vagheit des Ausdruckes »Wissenschaft« als Explikandum die Explikation dieses Begriffs eine *konventionelle Komponente* an sich tragen müsse und daß bei einer entsprechend weiten Fassung dieses Ausdruckes auch seine »metaphysischen« Aussagen unter die wissenschaftlichen Sätze subsumiert werden können. Eine solche Festsetzung über die Verwendung des Wissenschaftsbegriffs könnte sich auf das historische Faktum berufen, daß ja im Verlauf der Geschichte häufig etwas als Wissenschaft bezeichnet wurde, das der Empirist als Wissenschaft anzuerkennen nicht geneigt ist.

Zweitens aber wäre es denkbar, daß der Metaphysiker sogar noch dies Zugeständnis machen würde, daß seine Tätigkeit nicht die eines Wissenschaftlers sei; und dies würde bedeuten: daß bestimmte Prinzipien der Begriffsbildung und der logischen Argumentation, die von allen Wissenschaften anerkannt werden, für seine Tätigkeit keine Gültigkeit besitzen. Den Einwand, daß dann diese Tätigkeit entweder Poesie oder religiöse Prophetie sein müsse, braucht er dagegen nicht gelten zu lassen; denn es besteht kein zwingender logischer Grund dafür, nicht eine Tätigkeit als sinnvoll – sinnvoll in einem anderen als dem empiristischen Sinn – anzuerkennen, die sowohl von Wissenschaft wie von Kunst und Religion verschieden ist und die mit dem zu identifizieren wäre, was die herkömmliche Metaphysik wenigstens zum Teil darstellte. Natürlich kann man weitere Fragen stellen wie z. B. die, ob ein Lehrstuhl an einer Universität der geeignete Ort sei, um eine solche zugestandenermaßen nicht wissenschaftliche Tätigkeit zu entfalten oder ob dies nicht eine Irreführung der Öffentlichkeit ist, die mit mehr oder weniger großer Selbstverständlichkeit voraussetzt, daß der Inhaber eines Lehrstuhles einer wissenschaftlichen Tätigkeit nachgeht. Dies wäre aber keine wissenschaftslogische Frage mehr, sondern eine kulturpolitische.

Das Eine allerdings muß zugegeben werden: *Wenn* der Metaphysiker den Anspruch erhebt, Wissenschaft zu betreiben, und damit wenigstens bestimmte wissenschaftslogische Prinzipien der Begriffsbildung und der Begründung anerkennt – wenn auch keineswegs unbedingt alle vom empiristischen Wissenschaftstheoretiker aufgestellten Prinzipien –, *dann* kann er nicht im Widerspruch dazu im Verlauf der konkreten Durchführung seines Systems gegen diese Prinzipien verstoßen. Er muß es sich also gefallen lassen, daß man ihn auffordert, neu eingeführte Begriffe zu explizieren und seine Behauptungen zu begründen. Er muß sich damit auch prinzipiell – ebenso wie jeder andere Wissenschaftler – der Gefahr aussetzen, daß man Unklarheiten in seinen Begriffen und Fehler in seinen Begründungen nachweist.

An dieser Stelle wird der empiristische Philosoph vielleicht geneigt sein zu sagen, man könne von vornherein wissen, daß der Metaphysiker in bezug auf begriffliche Klarheit und Exaktheit in den Beweisführungen bestimmte Anforderungen nicht zu erfüllen imstande sei. Denn wenn man den Begriff der Wissenschaft in einem noch so weiten Sinne fasse, so müsse doch für wissenschaftliche Aussagen dies vorausgesetzt werden, daß sie in einer intersubjektiv verständlichen Sprache formuliert sind. Ohne eine solche Voraussetzung würde der Ausdruck »Wissenschaft« von jedem Gehalt entleert werden. Da jedoch die Grundbegriffe des Metaphysikers in keiner Weise auf Empirisches Bezug nehmen, sei auch eine Verständigung über die betreffenden Ausdrücke, welche solche Begriffe beinhalten, nicht möglich und daher auch keine Verständigung über den Sinn der metaphysischen Aussagen. Ein derartiges Argument würde jedoch eine Voreiligkeit darstellen. Dazu braucht man sich z. B. nur daran zu erinnern, daß Kant die Metaphysik formal dadurch gekennzeichnet hat, daß ihre Aussagen synthetische Sätze a priori sind. Und diese Kennzeichnung steht nicht im Widerspruch damit, daß die in der Metaphysik verwendeten Begriffe den vom Empirismus aufgestellten Forderungen genügen, ja nicht einmal unbedingt im Widerspruch zum empiristischen Sinnkriterium für Sätze. Denn für synthetische Aussagen a priori wird nur verlangt, daß ihre Begründung ohne Zuhilfenahme von Beobachtungssätzen möglich ist, was durchaus mit ihrer empirischen Bestätigungsfähigkeit im Einklang stehen kann. Wollte man trotzdem behaupten, daß es eine solche aus synthetisch-apriorischen Erkenntnissen bestehende Wissenschaft nicht geben könne, weil es nämlich keine synthetischen Aussagen a priori gäbe, so wäre darauf zu erwidern, daß diese negative Existenzbehauptung – falls sie nicht bloß eine falsifizierbare empirische Hypothese darstellen soll – ihrer logischen Struktur nach gerade das wäre, was sie in Abrede stellt: eine synthetische Behauptung a priori.

Es ist somit zu hoffen, daß die Einsicht in die angedeutete Vielschichtigkeit des ganzen sog. Problems der Metaphysik dazu führen wird, daß eine grundlose wechselseitige Polemik unterbleibt: daß einerseits der Empirist nicht über das durch ihn Begründbare hinaus Thesen verficht, die er nur mit den von ihm verworfenen metaphysischen Argumenten zu stützen vermag, und daß andererseits der Metaphysiker nicht aus einer grundlosen Angst in den positiven Beiträgen empiristischer Denker zur Logik und Wissenschaftstheorie – die mit deren antimetaphysischer Position überhaupt nichts zu tun haben – ein »positivistisches Teufelszeug« erblickt, das nur dazu dienen soll, sein System zu zerstören.

KAPITEL X

GRUNDLAGENFORSCHUNG UND ANALYTISCHE PHILOSOPHIE DER GEGENWART

Die Diskussionen des Wiener Kreises haben sich mit philosophischen Bemühungen in anderen Teilen der Welt berührt, insbesondere in England und den USA. In der sog. Analytischen Philosophie der Gegenwart, die außer in den beiden genannten Ländern besonders in Skandinavien, Holland, Belgien und Israel Verbreitung gefunden hat, werden diese Diskussionen weitergeführt und haben bereits zu einer ganzen Reihe von neuen und interessanten Ergebnissen geführt. Im folgenden soll eine Auswahl aus diesen Untersuchungen skizziert werden. Da die Vertreter der Analytischen Philosophie einen umfassenden Gebrauch von der modernen Logik machen und die Forschungen zur Logik und Grundlegung der Mathematik zunehmend an Bedeutung gewinnen, soll auch in diese beiden Problemkreise eine Einführung gegeben werden. Schließlich werden noch einige ethische Theorien angeführt, da sich die Analytische Philosophie diesem Bereich in immer stärkerem Maße zuwendet und vor allem das Verhältnis von Ethik und Sprache einer neuartigen Betrachtungsweise unterwirft.

Wegen der Kürze der einzelnen Darstellungen, die oft nicht viel mehr als bloße Hinweise sein können, wurde in diesem Kapitel auf jede kritische Würdigung verzichtet. Die Namen der einzelnen Autoren, deren Theorien und Stellungnahmen zu den verschiedenen Fragen im folgenden vorwiegend behandelt werden, sind jeweils den Überschriften der Unterabschnitte in Klammern beigefügt worden.

1. Die logische und mathematische Grundlagenforschung

(a) Die mathematische Logik

Die mathematische Logik ist keine Errungenschaft der neuesten Zeit. Sie geht in ihren Anfängen bereits auf Leibniz zurück. Ihre moderne Ausgestaltung begann im vorigen Jahrhundert, insbesondere durch Boole, Frege und Schröder. Es handelt sich dabei nicht etwa um eine neuartige Logik, welche neben die traditionelle aristotelische Logik tritt, sondern um eine Logik, in welcher man die Mängel zu beseitigen versucht, die der traditionellen Logik anhaften. Die Bezeichnung »mathematische Logik« rührt davon her, daß man zum Zwecke der Abkürzung Symbole verwendet und daß die dabei gewonnenen Regeln mathematischen Rechenregeln analog sind, insbesondere den in der Algebra verwendeten Operationsregeln. Von den verschiedenen Motiven, welche zu dieser modernen Ausgestaltung der Logik führten, sollen die drei wichtigsten kurz erwähnt werden.

Das entscheidende Motiv bildete *das Bestreben, die traditionelle Logik zu vervollständigen*, d. h. die Lücken zu schließen, welche diese Logik offenließ. Daß die überlieferte aristotelische Logik keine adäquate Theorie des logischen Schließens liefert, erkannten einige Logiker des vorigen Jahrhunderts, als sie sich anschickten, Beweisführungen in der Mathematik mit den Hilfsmitteln der überlieferten formalen Logik zu analysieren. Da mathematische Beweise sich durch eine nicht zu überbietende Strenge auszeichnen, müßte es möglich sein, jeden einzelnen Beweisschritt mit Hilfe einer logischen Schlußregel zu rechtfertigen. Man machte jedoch die erstaunliche Feststellung, daß die meisten Beweisschritte in einem komplizierten mathematischen Beweis mit der aristotelischen Logik nicht gerechtfertigt werden können. Da man nicht annehmen konnte, daß alle mathematischen Beweise unrichtig sind, mußte man folgern, daß jene Logik inadäquat ist und nur einen kleinen Teil der tatsächlichen logischen Schlußoperationen erfaßt, die in den einzelnen Wissenschaften angewendet werden. Es galt daher, ein vollständiges System der Logik aufzubauen, in dem sich alle gültigen Schlußfolgerungen durch explizit formulierte Regeln rechtfertigen lassen. Die erwähnte »Mathematisierung« der Logik erwies sich dabei als unvermeidlich, da sonst die logische Theorie eine unübersehbar komplizierte Gestalt erhalten hätte.

Man kann leicht die Hauptgründe für das Versagen der

traditionellen Logik gegenüber komplizierteren Beweisführungen angeben: Erstens nämlich berücksichtigt diese Logik *nur Aussagen von ganz einfacher Beschaffenheit*. Wir können jedoch mit Hilfe von Ausdrücken wie »und«, »oder«, »nicht«, »wenn... dann – – –« usw. Aussagen von beliebig komplexer Struktur bilden. Man kann z. B. zunächst eine Aussage negieren, diese negierte Aussage darauf mit einem anderen Satz zu einer Und-Aussage verknüpfen, die so gebildete komplexere Aussage sodann mit einer weiteren zu einem Oder-Satz verbinden und das so gewonnene Ganze seinerseits als Vordersatz einer Wenn-dann-Behauptung wählen usw. Da in schwierigeren Beweisführungen tatsächlich häufig Aussagen von solchem Komplexitätsgrad auftreten, müssen die logischen Ableitungsregeln so formuliert sein, daß sie die Handhabung derartiger komplizierter Aussagen in Ableitungen und Beweisen gestatten. Die traditionelle Logik erfüllt diese Bedingung allein schon deshalb nicht, weil sie nur einfache Subjekt-Prädikat-Sätze kennt sowie Sätze von der Gestalt »alle S sind P«, jedoch nicht die erwähnten komplizierteren Aussagen.

Zweitens werden in der traditionellen Logik *nur Eigenschaftsprädikate* wie »Mensch« oder »sterblich« in Betracht gezogen, jedoch *nicht Relationsprädikate*. Gerade die Relationsprädikate sind in den Einzelwissenschaften, insbesondere wieder in der Mathematik, von der größten Bedeutung, und zwar nicht nur zweistellige Prädikate, die eine Beziehung zwischen zwei Objekten zum Inhalt haben, wie etwa das Prädikat »größer als«, sondern darüber hinaus n-stellige Prädikate, die sich auf Relationen zwischen n Objekten beziehen, wobei n eine beliebige natürliche Zahl >2 sein kann. Wegen der Nichtberücksichtigung von Relationsausdrücken kann man z. B. in der traditionellen Logik keine Regel angeben, mit deren Hilfe sich aus der Prämisse »alle Pferde sind Tiere« der Satz ableiten läßt »alle Köpfe von Pferden sind Köpfe von Tieren«. In einem einfachen Fall wie diesem kann man sich als Ausweg auf die »unmittelbare Einsicht« berufen; aber in schwierigeren Fällen versagt ein derartiger Appell (wobei ganz davon abgesehen wurde, daß dieser Appell ja bereits das Zugeständnis der Unvollständigkeit der traditionellen Logik beinhaltet).

Drittens kennt zwar die traditionelle Logik Prämissen und Schlußfolgerungen, die einen der Ausdrücke »alle« oder »es gibt« enthalten, aber sie umfaßt unter ihren Prämissen und Conclusionen *keine Aussagen, in denen diese Ausdrücke »alle« und »es gibt« mehrmals vorkommen*. Deshalb kann z. B. in der traditionellen Logik der zweifellos gültige Schluß nicht gerechtfertigt werden, welcher von der Prämisse »es gibt einen Mann, der Vorstand aller Vereine von Buxtehude ist« zu der Conclusio führt »alle Vereine von Buxtehude haben einen Vorstand«. Auch hier gibt es natürlich wieder schwierigere Fälle, in denen die Berufung auf die unmittelbare Evidenz versagt.

Ein weiteres Motiv für das Entstehen der modernen Logik bildete *das Bestreben, eine präzise Sprache aufzubauen*, nämlich genauer: eine Sprache, in welcher die für das logische Schließen relevanten Ausdrücke nicht mehr mit jenen Mehrdeutigkeiten behaftet sind, welche die betreffenden Ausdrücke unserer Alltagssprache besitzen. Man vergleiche dazu das im letzten Teil der Würdigung der Philosophie von M. Heidegger Gesagte. Wie das Beispiel des Ausdruckes »nichts« zeigt, handelt es sich hierbei nicht nur um die Beseitigung einer trivialen Mehrdeutigkeit (wie etwa in dem Fall des Wortes »Star«, womit entweder eine Vogelgattung oder eine Art von Augenkrankheit oder eine Filmgröße bezeichnet werden kann), sondern um wesentlich mehr: Es ist dem Übelstand abzuhelfen, daß bisweilen Ausdrücke in der Alltagssprache eine grammatikalische Stellung einnehmen, die mit ihrer logischen Funktion im Widerstreit steht.

Ein drittes Motiv für das Entstehen der modernen Logik bildete schließlich das *Auftreten von sog. Antinomien in der Mathematik*. Darüber soll im nächsten Unterabschnitt referiert werden.

Was den Gegenstand der mathematischen Logik betrifft, so ist dieser von dem Gegenstand der traditionellen Logik überhaupt nicht verschieden: Es handelt sich darum, *Verfahren zu entwickeln, um Schlußfolgerungen auf ihre Gültigkeit hin überprüfen zu können*, d. h. um gültige Schlußfolgerungen von ungültigen unterscheiden zu können. Man kann noch eine andere Kennzeichnung des Gegenstandes der Logik geben: Daß die Conclusio P aus den n Annahmen A_1, A_2, ..., A_n in gültiger Weise logisch gefolgert werden kann, läuft nämlich im Prinzip auf die Behauptung hinaus, daß die Aussage »wenn A_1 und A_2 und ... und A_n, dann P« eine logische Wahrheit darstellt. Da sich auf diese Weise jede gültige Schlußfolgerung in eine logisch wahre Behauptung umformen läßt, kann man auch sagen, daß der Begriff der logischen Wahrheit den Gegenstand der Logik bilde und daß es sich daher darum handle, *Kriterien zu entwickeln, um logisch wahre Aussagen von anderen Wahrheiten zu unterscheiden*.

Hinsichtlich des Aufbaues der modernen Logik müssen wir uns auf einige wenige Andeutungen beschränken: Den elementarsten Teil der Logik bildet die sog. *Aussagenlogik*. Hier werden Aussagen nur soweit zergliedert, als sie mit Hilfe von logischen Verknüpfungszeichen »und«, »oder«, »nicht« usw. aus anderen Aussagen gebildet wurden. Dabei wird eine beliebig oftmalige Anwendung solcher Verknüpfungszeichen beim Aufbau komplexer Aussagen zugelassen. Den nächsten Teil bildet die sog. *Quantorenlogik*, innerhalb welcher Sätze nicht nur soweit analysiert werden, als sie selbst wieder aus Sätzen bestehen; vielmehr wird die Subjekt-Prädikat-Struktur der Aussagen mitberücksichtigt. Erst auf diese Weise gelingt es nämlich, alle jene Schlüsse einzubeziehen, die auf den beiden Ausdrücken »alle« und »es gibt« beruhen. Der Ausdruck »Quantorenlogik« rührt davon her, daß die Zeichen, die man für diese beiden Ausdrücke wählt, »Quantoren« genannt werden. Da in diesem Teil der Logik beliebige Kombinationen der beiden Quantoren »alle« und »es gibt« zugelassen werden, erfüllen die Aussagen- plus Quantorenlogik alle drei oben angeführten Bedingungen, denen die traditionelle Logik nicht genügt: Es werden bei der Formulierung der logischen Regeln Aussagen zugelassen, die beliebig viele Verknüpfungszeichen enthalten, die ferner nicht nur Eigenschaftsprädikate, sondern n-stellige Relationsausdrücke in beliebiger Anzahl und mit beliebiger Stellenzahl n enthalten und in denen schließlich auch beliebig oft die Ausdrücke »alle« und »es gibt« vorkommen. Durch diese Verallgemeinerung konnte der Anwendungsbereich der Logik gegenüber der traditionellen Logik ungeheuer erweitert werden.

Die beiden erwähnten Teile bilden die Logik i. e. S. Daran knüpft sich die Theorie der Klassen oder Mengen, die aber bereits ins Mathematische hineinführt. Tatsächlich enthält ein genügend umfassendes System der Klassentheorie die gesamte Mathematik. Dies beruht vor allem auf der Tatsache, daß alle mathematischen Begriffe auf den Begriff der Klasse (Menge) sowie auf die in der Aussagen- und Quantorenlogik vorkommenden Begriffe zurückgeführt werden können.

Die Logik wird heute gewöhnlich sowohl semantisch wie axiomatisch, also syntaktisch, aufgebaut. Im letzteren Falle spricht man auch von *Logikkalkülen*.

Neben den erwähnten Gebieten gibt es noch logische Spezialgebiete, z. B. die mehrwertige Logik, in der man versucht, von mehr als zwei Wahrheitswerten auszugehen, die Modalitätenlogik, die auf den Ausdrücken »es ist möglich, daß«, »es ist notwendig, daß« beruht, die kombinatorische Logik u. a. m. Die Forschungen zur modernen Logik haben in den beiden letzten Jahrzehnten ein solches Ausmaß angenommen, daß es vermutlich bereits heute niemanden mehr gibt, der das gesamte Gebiet in allen Einzelheiten zu überschauen vermöchte.

(b) Die Grundlegung der Mathematik
  (Logizismus, Intuitionismus, Beweistheorie)

Zu einer Grundlagenproblematik in einem Wissenschaftsbereich kommt es dann, wenn die letzten Voraussetzungen und die Methoden dieser Wissenschaft den Nimbus der Selbstverständlichkeit verlieren. Tatsächlich galten jedoch die Begriffsbildungen und Beweisführungen in der Mathematik bis vor kurzem als so unanfechtbar, daß immer wieder bedeutende Philosophen sich die Methode der Mathematik zum Vorbild nahmen. Jenen Nimbus der absoluten Exaktheit und

Unanfechtbarkeit verlor die Mathematik erst, als gegen Ende des vorigen Jahrhunderts *Antinomien* entdeckt wurden: Es gelang der Nachweis, daß man in einer der grundlegendsten mathematischen Disziplinen, nämlich der Mengenlehre, einander widersprechende Aussagen beweisen kann.

Die meisten mengentheoretischen Antinomien sind ziemlich voraussetzungsreich und können nur auf komplizierten Wegen bewiesen werden. Eine Ausnahme bildet die von B. Russell entdeckte Antinomie, welche sich verhältnismäßig einfach formulieren läßt und die daher kurz skizziert werden soll: Es werden zunächst alle Mengen (d. h. abstrakten Zusammenfassungen von irgendwelchen Gegenständen) in zwei Klassen eingeteilt. Zur ersten Klasse gehören genau jene Mengen, die sich selbst als Element enthalten (»anomale Mengen«). Die zweite Klasse umfaßt genau die Mengen, die sich selbst nicht als Element enthalten (»Normalmengen«). Es wird jetzt die Menge M aller zur zweiten Klasse gehörenden Mengen, also die Menge aller Normalmengen, betrachtet. Da die Einteilung der Mengen in die beiden Klassen eine vollständige Disjunktion darstellt, muß auch M entweder zur ersten oder zur zweiten Klasse gehören. Angenommen, M gehöre zur ersten Klasse. Dann enthielte sie sich selbst als Element, es käme also unter ihren Elementen eine Menge der ersten Klasse vor (nämlich sie selbst). Dies widerspricht aber der Definition dieser Menge; denn danach darf M nur Mengen enthalten, die zur zweiten Klasse gehören. Man muß daher schließen, daß M selbst nicht zur ersten Klasse, sondern zur zweiten Klasse gehört. Dann aber ist M eine Normalmenge und kann sich selbst nicht enthalten. Dies widerspricht nun wiederum ihrer Definition; denn danach müssen alle Normalmengen in ihr vorkommen, M müßte also insbesondere auch sich selbst als Element enthalten (da ja gerade festgestellt wurde, daß sie selbst eine Normalmenge ist).

Die moderne Philosophie der Mathematik ist dadurch gekennzeichnet, daß sich verschiedene Schulen zur Überwindung dieser durch die Antinomien hervorgerufenen Schwierigkeiten ausbildeten. Die älteste unter diesen Schulen ist der sog. *Logizismus*, der auf G. Frege, einen der bedeutendsten

Logiker aller Zeiten, zurückgeht, dessen gegen Ende des vergangenen Jahrhunderts verfaßte Werke erst in der Gegenwart allmählich die ihnen gebührende Aufmerksamkeit erlangen. Frege war es bereits vor Entdeckung der Antinomien aufgefallen, daß man sich in der elementarsten mathematischen Disziplin, nämlich in der Arithmetik der natürlichen Zahlen, angewöhnt hatte, einen naiven Standpunkt gegenüber dem *Unendlichkeitsproblem* zu akzeptieren: Man nimmt dort die Reihe der natürlichen Zahlen als etwas Letztgegebenes an. Demgegenüber werden die arithmetischen Operationen Addition, Multiplikation usw. von den Mathematikern durch Definitionen eingeführt; ebenso erfolgen auch die Erweiterungen des Zahlbegriffs über die Einführung der negativen, gebrochenen, irrationalen und komplexen Zahlen durch eigene Konstruktionsvorschriften. Die Reihe der natürlichen Zahlen wird dagegen als etwas bereits Vorhandenes angesehen. Dies erschien Frege deshalb als außerordentlich problematisch, *weil damit die Existenz einer unendlichen Gesamtheit als gegeben angenommen wird*. Problematisch ist diese Annahme deshalb, weil wir in der Erfahrungswelt immer nur auf endliche Gesamtheiten stoßen und uns das Unendliche gar nicht vorstellen können.

Frege vertrat daher die Auffassung, daß diese in der Arithmetik gemachte Voraussetzung der Existenz einer unendlichen Gesamtheit gerechtfertigt werden müsse. Diese Rechtfertigung wollte er durch Konstruktion eines die Axiome der Arithmetik erfüllenden Modells liefern. Da ein solches Modell in der Erfahrungswelt nicht zu finden ist, konstruierte er ein *logisches Modell* für die Arithmetik. Er zeigte zunächst, daß die einzelnen Zahlbegriffe (d. h. die Begriffe der Null, der Eins, der Zwei usw.), aber auch der allgemeine Begriff der natürlichen Zahl, ferner der Begriff des Nachfolgers einer Zahl sowie die verschiedenen Operationen an Zahlen auf rein logische Begriffe zurückgeführt werden können. In einem zweiten Schritt leitete er dann die Sätze der Arithmetik aus Sätzen der formalen Logik ab. Damit schien die gewünschte Rechtfertigung geliefert zu sein: Das Problematische an einem Axiomensystem der Arithmetik besteht darin, daß es nur durch eine unendliche Gesamtheit erfüllt werden kann. Wenn aber sämtliche arithmetischen Axiome aus Lehrsätzen der formalen Logik abgeleitet werden können, dann scheint diese Problematik zu verschwinden.

In der Folgezeit stellte es sich jedoch heraus, daß auch in dem fregeschen System die eingangs erwähnten Antinomien konstruiert werden können. B. Russell und A. N. Whitehead, welche den logizistischen Gedanken in ihrem dreibändigen Riesenwerk »Principia Mathematica« fortführten, ersannen daher eine Methode, um das Auftreten von Antinomien zu verhindern: die sog. *Typentheorie*. Danach werden die Gegenstände und Mengen in eine Hierarchie von Stufen eingeteilt: zur untersten Stufe gehören die Individuen, zur zweiten Stufe die Mengen von Individuen, zur dritten Stufe die Mengen der zweiten Stufe usw. Der Begriff einer Menge, die sich selbst als Element enthält, kann hier nicht mehr gebildet werden, da eine Menge prinzipiell nur Mengen niedrigerer Stufen als Elemente besitzen kann. Daher verschwinden innerhalb der Typentheorie die russellsche Antinomie und in ähnlicher Weise auch die übrigen mengentheoretischen Antinomien.

Dennoch führte auch diese Theorie zu großen Schwierigkeiten; denn um die Sätze der klassischen Mathematik beweisen zu können, mußte eine Reihe von höchst bedenklichen Zusatzannahmen in das System eingeführt werden. Es entstand daher neben der typentheoretischen Richtung eine zweite *axiomatische Richtung der Mengenlehre*, die durch Untersuchungen von *Zermelo* eingeleitet wurde. Seine Gedanken wurden später weitergeführt durch *v. Neumann, W. V. Quine* und *P. Bernays*, wobei Quine auch Gedanken der Typentheorie in sein System einbezog. Unter den Fachleuten wird gegenwärtig allgemein dem axiomatischen Aufbau der Mengenlehre von Bernays der Vorzug gegeben, da in dieses System einerseits die ganze Mathematik ohne Mühe einbezogen werden kann, während es auf der anderen Seite gegen die Gefahr des Wiederauftretens von Antinomien am besten gesichert zu sein scheint. Von fregeschen Gedankengängen wird in all diesen Theorien ein mehr oder weniger großer Gebrauch gemacht.

In der allerletzten Zeit ist die Idee einer verallgemeinerten Typentheorie in den Vordergrund getreten. So hat *Hao Wang* ein mathematisches System mit transfiniten Stufen entworfen, also ein solches System, in dem auch Mengen auftreten, deren Stufe nur mit Hilfe von transfiniten Ordinalzahlen charakterisiert werden kann. In einer etwas ähnlichen Weise hat *P. Lorenzen*, der aber auch dem noch zu schildernden Intuitionismus sehr nahesteht, ein System von Sprachschichten entworfen, die ins Transfinite fortgesetzt werden. Eine vereinfachte Version dieses Systems hat Lorenzen später für eine konstruktive Begründung der Analysis benützt.[1]

Einen wesentlich radikaleren Standpunkt als der fregesche Logizismus nimmt der *mathematische Intuitionismus* ein, der auf den Mathematiker Brouwer zurückgeht. Vom brouwerschen Standpunkt aus gesehen, muß nicht nur die klassische Mathematik revidiert werden, sondern es sind sogar verschiedene logische Prinzipien zu verwerfen. Den Ausgangspunkt bildet wieder der Unendlichkeitsbegriff. Nach Brouwer darf das Unendliche niemals als eine fertige Gesamtheit (als »Aktual-Unendliches«) betrachtet werden, sondern ist als eine bloße *Möglichkeit* des unbegrenzten Fortschreitens (als »potentiell Unendliches«) aufzufassen. Die Aussage, daß es unendlich viele Zahlen gibt, darf also z. B. nicht so aufgefaßt werden, als existierten alle unendlich vielen natürlichen Zahlen »an sich« in einem Bereich idealer Objekte; vielmehr ist sie so zu interpretieren, daß man zu jeder natürlichen Zahl eine größere (etwa den Nachfolger) angeben kann.

Als eine unmittelbare Konsequenz dieses Standpunktes ergibt sich die Leugnung der Allgemeingültigkeit des Prinzips vom ausgeschlossenen Dritten, welches in der überlieferten Logik als eines der logischen Grundprinzipien galt. Dieses Prinzip besagt: Für jeden beliebigen Satz *A* gilt die Behaup-

---

[1] Für eine kurze Schilderung des von Hao Wang projektierten Systems vgl. W. Stegmüller, »Das Universalienproblem, einst und jetzt«, Darmstadt 1965, insbes. S. 97 ff.

tung »*A* oder nicht-*A*«. In Anwendung auf unendliche Gegenstandsbereiche kann nämlich dieses Prinzip jetzt nicht mehr unbeschränkt gelten. Betrachten wir dazu als Beispiel eine Aussage von der Gestalt: »es gibt eine natürliche Zahl mit der Eigenschaft *F*« (1). Da wir die Bedeutung des Redeteils »es gibt« im Alltag in Anwendung auf endliche und damit fertige Gesamtheiten gelernt haben, besitzt diese Aussage zunächst überhaupt keinen klaren Sinn; denn hier wird das »es gibt« auf eine unendliche Gesamtheit und damit auf etwas angewendet, das nicht als fertig existierend angesehen werden darf. Die Aussage (1) muß daher so interpretiert werden, daß darin behauptet wird, man könne eine Zahl mit der Eigenschaft *F* tatsächlich angeben. Analog kann die Negation der Aussage (1) nicht so gedeutet werden, als besage sie, daß in der fertigen Gesamtheit aller natürlichen Zahlen keine Zahl mit der Eigenschaft *F* enthalten ist. Der Negation von (1) muß vielmehr der *verschärfte* Sinn gegeben werden, daß sich aus der Annahme, man könne eine Zahl mit der Eigenschaft *F* angeben, ein Widerspruch ableiten läßt. Jetzt ergibt sich unmittelbar, daß der Satz vom ausgeschlossenen Dritten in der Anwendung auf die Aussage (1), also der Satz »entweder es gibt eine natürliche Zahl mit der Eigenschaft *F* oder es gibt eine solche Zahl nicht«, nicht mehr zu gelten braucht. Denn dieser Satz erhält jetzt den folgenden Sinn: »entweder man kann eine natürliche Zahl mit der Eigenschaft *F* angeben oder man kann aus der Annahme, daß sich eine solche Zahl angeben ließe, einen logischen Widerspruch ableiten«. Dieser letzte Satz braucht nicht zu stimmen, weil es ja durchaus möglich ist, daß es uns weder gelingt, eine Zahl mit der Eigenschaft *F* anzugeben, noch aus der Annahme, man könne eine solche Zahl angeben, einen Widerspruch abzuleiten. Aus demselben Grunde kann es nach intuitionistischer Ansicht *an sich unentscheidbare Probleme in der Mathematik* geben.

Die Leugnung dieses logischen Prinzips hat die Verwerfung anderer logischer Sätze und Methoden zur Folge; z. B. gilt dann auch nicht mehr der Satz von der doppelten Negation (welcher den Übergang von »nicht nicht-*A*« auf »*A*«

gestattet) oder die Methode der indirekten Existenzbeweise (der Schluß auf die Existenz einer mathematischen Größe aus der Tatsache, daß aus der Annahme ihrer Nichtexistenz ein Widerspruch abgeleitet werden kann). Vom Intuitionismus werden aber auch noch weitere Prinzipien abgelehnt, von denen man in der klassischen Mathematik häufig Gebrauch machte. Dazu gehört insbesondere *die Methode der imprädikativen Begriffsbildungen*. Darunter versteht man die Einführung einer Menge durch eine Definition, welche auf eine Gesamtheit Bezug nimmt, der die fragliche Menge selbst bereits angehört. Auch die früher behandelte russellsche Menge M war auf diese Weise eingeführt worden, da ihre Definition eine Einteilung aller Mengen (zu denen insbesondere auch die Menge M selbst gehört) voraussetzt. Solche Methoden der Begriffsbildung müssen nach dem Intuitionismus deshalb verworfen werden, weil Mengen keine an sich existierenden idealen Objekte sind, sondern Resultate geistiger Konstruktionen. Es ist daher nach intuitionistischer Auffassung so etwas wie ein circulus vitiosus, wenn man eine neue Menge dadurch konstruiert, daß man eine Gesamtheit von Mengen als existierend voraussetzt, *der die erst zu konstruierende Menge bereits angehört*.

Es fragt sich daher, wie die Vernichtung der Mathematik trotz Anerkennung der eben geschilderten konstruktivistischen Grundhaltung verhindert werden könne. Die beiden Mathematiker L. E. J. Brouwer und D. Hilbert sind hier verschiedene Wege gegangen.

Brouwer versuchte, *eine eigene intuitionistische Mathematik, insbesondere eine intuitionistische Theorie des Kontinuums, aufzubauen*, die sich von der klassischen Mathematik in wesentlichen Punkten unterscheidet. Was wir bisher über den mathematischen Intuitionismus hörten, war etwas rein Negatives: dessen Kritik an Grundvoraussetzungen der klassischen Theorie. Diese Kritik findet ihr positives Gegenstück in Brouwers *Theorie der Wahlfolgen*. Etwas vereinfacht ausgedrückt, ist eine Wahlfolge im allgemeinen eine unbegrenzt fortsetzbare Folge von frei gewählten Objekten, z. B. natürlichen Zahlen. Die Wahl von solchen Zahlen kann entweder ganz beliebig sein (»absolut freie Wahlfolgen«) oder sie kann durch gewisse *Gesetze* eingeschränkt werden, die nach jedem Schritt festlegen, welche Zahlen für den folgenden Schritt noch verfügbar sind. Denken wir uns bei jedem dieser Schritte alle zulässigen Wahlen angeschrieben und versuchen wir, für das Ganze eine graphische Veranschaulichung zu geben: Wir schreiben auf ein Blatt Papier einen Namen für das erste gewählte Objekt an, darüber die Namen der für den nächsten Schritt wählbaren Gegenstände (wobei wir diese horizontal nebeneinander anordnen) etc. und verbinden jeden Namen stets mit allen unmittelbar darüberliegenden. Auf diese Weise entsteht ein *baumartiges Gebilde* mit nach oben ins Unendliche fortsetzbaren Ästen. An jedem Knotenpunkt dieses Baumes gibt es so viele Verzweigungen, als Wahlen von Objekten für den nächsten Schritt zugelassen sind. Läuft man eine Folge solcher Namen durch, indem man mit dem unteren Ausgangspunkt beginnt und nach oben vom jeweils erreichten Knotenpunkt zu einem beliebigen unmittelbar darüberliegenden Knotenpunkt fortschreitet, so erhält man genau eine der Wahlfolgen, die mit dem eingangs formulierten Gesetz verträglich sind. Ist kein einschränkendes Gesetz aufgestellt worden, so erhält man alle überhaupt erdenklichen Zahlfolgen (bzw. den sog. »Universalbaum«).

Zunächst ist überhaupt nicht einzusehen, wie auf der Grundlage dieser Begriffe der Wahlfolgen und der Bäume eine mathematische Theorie aufgebaut werden könnte. Daß Brouwer dies gelang, muß als eine der großartigsten wissenschaftlichen Leistungen dieses Jahrhunderts gewertet werden, ganz unabhängig davon, welche Stellung man zur intuitionistischen Kritik an der klassischen Theorie einnimmt. So kann man z. B. mit Folgen von rationalen Zahlen operieren, für welche das einschränkende Gesetz in einer Konvergenzbedingung besteht. Die auf diese Weise entstehenden Bäume sind dann genau das intuitionistische Analogon zum klassischen Begriff der reellen Zahlen. In der intuitionistischen Theorie des Kontinuums werden also *reelle Zahlen* als *brouwersche Bäume* dargestellt. Dabei muß beachtet werden, daß für den Intuitionismus diese Bäume *keine fertigen Ge-*

bilde darstellen und zwar in einem doppelten Sinne nicht: weder darf ein bestimmter Baum *als die abgeschlossene Totalität aller seiner Elemente* (der einzelnen Wahlfolgen) gedeutet werden noch ist es zulässig, die einzelnen Wahlfolgen als *fertige* Objekte zu behandeln, vielmehr müssen sie als etwas »potentiell Unendliches«, d. h. als etwas nie Vollendetes, sondern stets unbegrenzt Fortsetzbares aufgefaßt werden. Das Kontinuum der reellen Zahlen ist somit *nichts Seiendes, sondern in einem doppelten Sinn etwas bloß Werdendes:* Das Zahlenkontinuum als solches ist keine abgeschlossene überabzählbare Totalität von reellen Zahlpunkten, und die einzelnen reellen Zahlen sind keine fertigen Gebilde, sondern ebenfalls etwas bloß Werdendes, nämlich ins Unbegrenzte fortschreitende Folgen bestimmter Art.

Für die Theorie der *Funktionen reeller Zahlen* wird es wichtig, Zuordnungen von Zahlen zu ganzen Wahlfolgen zu betrachten. An dieser Stelle ergibt sich nun eine entscheidende Differenz gegenüber der klassischen Auffassung. Da eine Wahlfolge nichts Fertiges darstellt, ist für den Intuitionisten die Zuordnung einer Zahl x zu einer Wahlfolge a nur in der Weise möglich, daß die Zahl x bereits *bei einem endlichen Wachstumsstadium* der Wahlfolge a festliegt. Dieser Gedanke wird heute »das Prinzip von Brouwer« genannt. Während die Preisgabe des logischen Prinzips vom ausgeschlossenen Dritten nur eine *Abschwächung* der Denkweise der klassischen Mathematik darstellen würde, erzeugt dieses brouwersche Prinzip in einer anderen Hinsicht eine *Verstärkung*, wodurch sich nun tatsächlich die intuitionistische Theorie nicht als eine Teiltheorie der klassischen, sondern *als eine andersartige Theorie* erweist. Die erwähnte Verstärkung zeigt sich darin, *daß das eben erwähnte Prinzip in der klassischen Mathematik falsch ist.* Dies kann man sich leicht an folgendem Beispiel verdeutlichen: In der klassischen Theorie ist eine Regel der Zuordnung von Zahlen zu Zahlfolgen zulässig, die vorschreibt, daß jener Folge, welche ausschließlich aus Nullen besteht, die Zahl 1 zuzuordnen ist, allen übrigen Folgen dagegen die Zahl 2. Offenbar widerspricht dies dem Prinzip von Brouwer. Denn bei keinem endlichen Stadium einer Folge, die bisher nur aus Nullen bestand, kann behauptet werden, daß sie auch künftig nur Nullen enthalten wird. Man kann daher die eben angeführte Regel nicht durch eine gleichwertige andere ersetzen, in der die einer Folge zuzuordnende Zahl bereits bei einem endlichen Stadium der Entstehung dieser Folge bestimmt ist.

Die Andersartigkeit der intuitionistischen Mathematik findet ihren Niederschlag in einer Reihe von Lehrsätzen, die klassischen Resultaten widersprechen. Während z. B. innerhalb der klassischen Analysis nur ein sehr kleiner Teil der reellen Funktionen gleichmäßig stetig ist, gilt in der intuitionistischen Mathematik *der Satz von der gleichmäßigen Stetigkeit jeder überhaupt definierbaren Funktion*. In den letzten Jahren sind verschiedene Forscher, darunter vor allem G. Kreisel sowie Kleene und Vesley, darangegangen, die intuitionistische Mathematik zu formalisieren, wobei ein detaillierter Vergleich mit der klassischen Theorie möglich wird.

Einen ganz anderen Weg als der Intuitionismus beschritt *D. Hilbert*. Er wollte nicht die klassische Theorie durch ein neuartiges Denkgebäude ersetzen, sondern diese klassische Mathematik trotz der intuitionistischen Kritik retten. Zunächst sieht es so aus, als sei dies ein undurchführbares Projekt. Wollte man auf alle logischen Prinzipien verzichten, die der Intuitionismus verwirft, so würde das Gebäude der klassischen Mathematik vollkommen zusammenbrechen; denn dort wird auf Schritt und Tritt von solchen Prinzipien Gebrauch gemacht. Die hilbertsche *Beweis*theorie oder *Metamathematik* sollte aus dieser Schwierigkeit herausführen. Etwas vereinfacht ausgedrückt, handelt es sich dabei um folgendes: Die Mathematik wird in zwei Teile aufgespalten. Die im wesentlichen klassische Mathematik wird axiomatisch aufgebaut und unter Benützung der mathematischen Logik vollständig formalisiert, so daß sie sich in einen *reinen Kalkül* verwandelt. In der davon verschiedenen Metamathematik – die eine nicht formalisierte, sondern inhaltliche und in der Alltagssprache formulierte Theorie bildet, welche sich auf die kalkülisierte Mathematik als ihr Objekt bezieht – ist dann ein Nachweis dafür zu erbringen, daß die kalkülisierte mathematische Theorie *widerspruchsfrei* ist. Bei diesem metamathematischen Widerspruchsfreiheitsbeweis dürfen nach Hilbert jedoch nur solche Methoden angewendet werden, die auch im Intuitionismus Anerkennung finden. Auf diese Weise sollte das scheinbar Unvereinbare zur Synthese gebracht werden, nämlich einerseits der Bestand der klassischen Mathematik gerettet, andererseits der intuitionistischen Kritik an den überlieferten Schlußweisen vollständig Rechnung getragen werden. Die vom Intuitionismus für bedenklich gehaltenen Schlußweisen finden sich ja nur in der formalisierten Mathematik, während die Metamathematik allein solche Gedankengänge zuläßt, die auch vom intuitionistischen Standpunkt aus unbedenklich sind. Auf dem Wege über den metamathematischen Widerspruchsfreiheitsbeweis *sollten also die bedenklichen Schlußweisen der klassischen Mathematik durch unbedenkliche Schlüsse gerechtfertigt werden.*

Wenn hier von der zu rechtfertigenden klassischen Mathematik die Rede war, so ist dies natürlich eine etwas irreführende Formulierung. Wollte man die klassische Mathematik in ihrer ursprünglichen »naiven« Gestalt axiomatisieren, so käme dabei eine *widerspruchsvolle* Theorie heraus. Bei der kalkülisierten mathematischen Theorie sollte es sich vielmehr um einen *widerspruchsfreien* axiomatischen Aufbau handeln, der mit der klassischen Mathematik dadurch verbunden ist, daß in dem Kalkül Formeln beweisbar werden, die den Lehrsätzen der klassischen Mathematik entsprechen. Dadurch ist die Beweistheorie mit der früher erwähnten *axiomatischen Richtung* verknüpft. Die *Hoffnung auf Widerspruchsfreiheit*, die man an ein solches Axiomensystem knüpfte (die aber möglicherweise eine Illusion sein könnte), sollte mittels der beweistheoretischen Untersuchungen durch eine *Garantie der Widerspruchsfreiheit* ersetzt werden.

Bei der Durchführung des Hilbertschen Programms ist man auf ganz unerwartete Schwierigkeiten gestoßen. In seiner ursprünglichen Fassung kann daher dieses Programm heute nicht mehr aufrechterhalten werden. Den entscheidenden Anstoß zur Revision des Hilbertschen Programms lieferte K. *Gödel* mit seinem berühmten Unvollständigkeitstheorem, aus dem insbesondere der Satz folgt, daß die Widerspruchsfreiheit der klassischen Zahlentheorie mit den Mitteln dieser Theorie selbst nicht beweisbar ist (und daher a fortiori nicht beweisbar mit den »intuitionistisch reduzierten« Bestandteilen dieser Theorie). Einen Ansatz zu einem Ausweg aus der von Gödel aufgezeigten Schwierigkeit hat *G. Gentzen* gezeigt, dem der erste Nachweis für die Widerspruchsfreiheit der klassischen Zahlentheorie geglückt war. Heute haben metamathematische Forschungen an Umfang stark zugenommen, wenn auch mit verschiedenen Akzentverschiebungen gegenüber der seinerzeitigen Intention Hilberts. Diese Untersuchungen haben zu einer Anzahl von außerordentlich interessanten und zum Teil überraschenden Resultaten geführt, die auch von größter erkenntnistheoretischer Bedeutung sind. Auf diese z. T. sehr schwierigen Dinge können wir jedoch im Rahmen dieses Buches nicht eingehen und müssen daher auf die entsprechende Fachliteratur verweisen (K. Schütte, »Beweistheorie«; P. Lorenzen, »Metamathematik«; W. Stegmüller, »Unvollständigkeit und Unentscheidbarkeit«; H. Hermes, »Aufzählbarkeit, Entscheidbarkeit, Berechenbarkeit«).

2. Die Theorie der erfahrungswissenschaftlichen Erkenntnis

(a) Das Basisproblem (Schlick, Neurath, Popper, Pap, Carnap)

Wenn man vor der Aufgabe steht, erfahrungswissenschaftliche Hypothesen zu überprüfen, so tritt die Frage auf, was *die letzten Überprüfungsinstanzen* dieser Hypothesen sind. Dieses Problem besteht unabhängig davon, ob man es mit verifizierbaren, falsifizierbaren oder mit nur indirekt bestätigungsfähigen Hypothesen zu tun hat. Immer müssen wir unsere Hypothesen und Theorien »mit der Erfahrung konfrontieren«. Wie kann man dieses Bild vom Vergleich einer Theorie mit der Erfahrung durch genauere Bestimmungen ersetzen? Bisweilen wird gesagt, daß die Überprüfungen durch *Beobachtungen* und *Experimente* erfolgen. Dies ist jedoch eine sehr unbefriedigende Antwort; denn Theorien bestehen aus Sätzen und Sätze können nur durch andere

Sätze überprüft werden. Beobachtungen und Experimente sind dagegen keine Aussagen, sondern Erlebnisse und Handlungen. Erst die *Aussagen,* in denen die Ergebnisse von Beobachtungen und Experimenten sprachlich festgehalten wurden, kann man zur Nachprüfung von empirischen Hypothesen und Theorien verwenden. Die Gesamtheit der Aussagen, welche für derartige Überprüfungen benützt werden, nennt man die *Basis* der wissenschaftlichen Erkenntnis.

Hinsichtlich der logischen Natur der zur Basis der Erfahrungserkenntnis gehörenden Aussagen gehen die Ansichten weit auseinander. *Schlick* hatte die Ansicht vertreten, daß für jeden nur die eigenen Konstatierungen als Basis dienen können, da nur sie absolute und unzweifelhafte Gewißheit besitzen; in ihnen allein komme »die Berührung der Theorie mit der Wirklichkeit« zustande. Wir überprüfen eine Theorie dadurch, daß wir mit ihrer Hilfe Voraussagen ableiten. Stimmt das Vorausgesagte mit unseren eigenen Konstatierungen überein, so findet in uns ein Erfüllungserlebnis statt, das in *Beobachtungssätzen* seinen sprachlichen Niederschlag findet. Diese Beobachtungssätze sind für Schlick etwas zeitlich Punktuelles; sobald sie formuliert sind, verschwinden sie als das, was sie waren, und verwandeln sich in bloße Hypothesen ohne zwingende Gewißheit. Wenn man zu einem späteren Zeitpunkt wieder auf sie zurückgreifen will, so haben sie ihren Charakter als Beobachtungssätze verloren, da sich dann alle Irrtumsquellen wie Erinnerungstäuschungen, Fehler bei der Niederschrift und beim Ablesen usw. einschleichen können.

Eine ganz andere Auffassung als Schlick hatte schon im Wiener Kreis *O. Neurath* vertreten. Er behauptete, daß in der Position Schlicks noch metaphysische Scheinthesen enthalten seien, was in der Forderung nach absoluter Gewißheit oder im Bild vom Vergleich der Theorie mit der Wirklichkeit zum Ausdruck komme. Nach der These von Neurath müssen die wissenschaftlichen Theorien mit den zugrunde gelegten *Protokollsätzen* in Einklang gebracht werden. Diese Sätze müssen in der intersubjektiven Sprache formuliert sein und auf eine bestimmte Person Bezug nehmen. Zur Vermeidung von

Mehrdeutigkeiten muß bei der Formulierung von Protokollsätzen auf Ausdrücke wie »ich«, »jetzt«, »hier« verzichtet werden; an deren Stelle haben objektive Bezeichnungen für die Person des Protokollierenden sowie objektive Orts- und Zeitangaben zu treten. Das Schema eines Protokollsatzes lautet somit: »die Person N. N. hat zur Zeit t am Ort x das und das wahrgenommen«. Eine absolute Gewißheit wird für diese Sätze nicht verlangt; vielmehr werden sie mittels *Beschluß* anerkannt, beruhen also auf Konvention.

Auch K. *Popper* vertritt den Standpunkt, daß jene Aussagen, mit denen Theorien überprüft werden, auf *Festsetzungen* beruhen. Die Bezugnahme auf eine protokollierende Person hält er jedoch für eine Überflüssigkeit, ja sogar für ein psychologistisches Residuum. Statt die Redewendung zu gebrauchen »runder Tisch, gesehen von Hans«, kann nach ihm unmittelbar vom runden Tisch selbst gesprochen werden; denn intersubjektiv überprüfbar müssen beide Sätze sein, und in dieser Hinsicht hat der erste Satz keinen Vorzug gegenüber dem zweiten. Popper lehnt daher auch den Ausdruck »Protokollsatz« ab und spricht statt dessen von *Basissätzen*. Diese Sätze beschreiben beobachtbare Ereignisse und werden am besten in der Gestalt singulärer *Existenzsätze* formuliert: »an der und der Raum-Zeit-Stelle gibt es das und das«.

Die Diskussionen über das Basisproblem haben sich immer mehr auf zwei Punkte konzentriert: erstens auf die Frage, ob es absolut sichere, also unbezweifelbare Basissätze gäbe, und zweitens auf das Problem, ob hier überhaupt objektive Behauptungen vorliegen oder ob es sich um Festsetzungen handle. Zwei interessante Stellungnahmen zu diesen beiden Problemen seien noch erwähnt. Es wird heute allgemein davon ausgegangen, daß auch die zur Basis der Erfahrungserkenntnis gehörenden Aussagen intersubjektiv verständliche und intersubjektiv nachprüfbare Aussagen sein müssen. Sie dürfen daher nicht in einer privaten Erlebnissprache formuliert sein, sondern müssen in der öffentlichen, allen verständlichen Sprache wiedergegeben werden. Aus dieser Voraussetzung scheinen sich weittragende Konsequenzen zu ergeben.

A. Pap argumentiert folgendermaßen gegen die Annahme unbezweifelbarer Basissätze: Es möge jemand den Satz behaupten »ich habe jetzt eine rote Farbempfindung«. Dieser Satz soll der intersubjektiven Sprache angehören. Dann kann ein anderer Mensch diesem Satz nur so zustimmen, daß er sagt »ja, du hast jetzt eine rote Farbempfindung«. Falls diese beiden Personen nicht aneinander vorbeireden, muß der zweite Satz, der ein Satz über Fremdpsychisches ist, dieselbe Proposition ausdrücken wie der erste Satz. Nun wird aber von Philosophen allgemein zugestanden, daß Behauptungen über Fremdpsychisches niemals mit absoluter Sicherheit gelten können. Also kann auch der erste Satz nicht als völlig unbezweifelbar angesehen werden, da er nach Voraussetzung dieselbe Proposition ausdrückt wie der zweite Satz. Wenn eine Folge von Worten »ich sehe das und das« oder »ich fühle das und das« überhaupt einen Satz der intersubjektiven Sprache darstellt und nicht etwa einen bloßen Erlebnisausdruck (wie z. B. Schreie oder Gebärden), so ist ein derartiger Satz ohne Bedeutungsänderung durch einen Satz von der Form «X sieht das und das« bzw. «X fühlt das und das« ersetzbar und ist daher nicht mehr absolut sicher.

Zu der Frage, ob die als Basis dienenden Beobachtungssätze auf Festsetzungen beruhen, hat *Carnap* folgendermaßen Stellung genommen: Er kritisiert zunächst die Auffassung, wonach zwar Naturgesetze nicht verifizierbar seien, weil sie den Charakter von Allsätzen haben, die unter das Gesetz subsumierbaren Einzelfälle aber definitiv verifiziert werden könnten. Nach Carnap handelt es sich nämlich nur um einen graduellen Unterschied. Auch die singulären Sätze – insbesondere also auch jene, in denen die Naturforscher ihre Beobachtungsergebnisse formulieren – verhalten sich in der Frage der Verifizierbarkeit analog wie die Allsätze. Es soll etwa der Satz überprüft werden »auf diesem Tisch befindet sich ein Stück weißes Papier«. Wenn es einem als zweifelhaft erscheint, ob es sich wirklich um ein Stück Papier handelt, kann man zunächst ein paar Beobachtungen machen und dann, sofern Zweifel bestehen bleiben, physikalische und chemische Experimente anstellen. Damit wendet man aber im

Prinzip genau dasselbe Schema an wie bei der Überprüfung von Allaussagen: Man leitet aus dem Satz Voraussagen ab und untersucht, ob diese zutreffen. Da die Zahl solcher Voraussagen im Fall des singulären Satzes ebenso wie im Fall eines Allsatzes unendlich ist, kann der Satz niemals vollständig verifiziert werden. Die Annahme oder Verwerfung eines solchen Satzes enthält also stets eine *konventionelle Komponente;* denn es gibt keine allgemeine Regel, die unsere Entscheidung, den Satz anzunehmen oder nicht, eindeutig festlegen würde. Dies bedeutet aber nach Carnap nicht, daß die Entscheidung *nur* Sache einer Festsetzung sei. Denn neben der konventionellen Komponente liegt stets auch eine nichtkonventionelle oder *objektive Komponente* vor, die in den tatsächlich gemachten Beobachtungen besteht. In manchen Fällen – so etwa vermutlich auch in dem angeführten Beispiel mit dem Blatt Papier – kann diese objektive Komponente nach einigen wenigen Beobachtungen so überwiegend sein, daß wir praktisch nichts anderes tun können, als den Satz zu akzeptieren. Trotzdem wäre auch in solchen Fällen die Verwerfung des Satzes theoretisch möglich, so daß seine Annahme auch hier Sache eines Beschlusses ist. Auf diese Weise soll der reine Konventionalismus vermieden werden, ohne in den Dogmatismus absolut sicherer Basissätze zu verfallen.

Obwohl das Basisproblem in einfacher Gestalt formulierbar ist und auch seine Behandlung keinen komplizierten technischen Apparat erfordert, gehen die Meinungen noch immer stark auseinander, wie bereits aus den gebrachten Beispielen zu ersehen ist. Es scheint, daß hier noch eine Reihe ungelöster Probleme vorliegt [1].

(b) Logische Analyse des Begriffs der wissenschaftlichen Erklärung
  (zur Theorie von Hempel und Oppenheim)

Innerhalb jeder realwissenschaftlichen Tätigkeit können wir zwischen Beschreibungen und Erklärungen unterschei-

---

[1] Vgl. dazu W. Stegmüller, »Metaphysik, Wissenschaft, Skepsis«, Kap. III., insbesondere Abschn. 9, »Philosophische Stimmen zum Basisproblem«, S. 279–307.

den. Der erste dieser beiden Begriffe ist der unproblematischere: In einer *Beschreibung* formulieren wir sprachlich das Ergebnis von Wahrnehmungen und Beobachtungen; wir beschränken uns hierbei darauf, eine Antwort auf die einfache Frage zu geben »was ist der Fall?« bzw. »was war der Fall?«. In einer *Erklärung* soll dagegen eine Warum-Frage beantwortet werden, also eine Frage von der Gestalt »*warum* ist dies der Fall?« bzw. »*warum* war dies der Fall?«. Hempel und Oppenheim weisen darauf hin, daß in jeder Erklärung zwei ganz verschiedene Klassen von Aussagen verwendet werden müssen. Angenommen, es soll das Phänomen erklärt werden, daß bei raschem Eintauchen eines Quecksilberthermometers in ein Glas heißen Wassers die Quecksilbersäule vorübergehend sinkt und dann rasch ansteigt. Die Erklärung lautet ungefähr so: Das Ansteigen der Temperatur nach dem Eintauchen des Thermometers bewirkt zunächst, daß sich die Glasröhre allein ausdehnt, da das im Innern der Glasröhre befindliche Quecksilber noch nicht unter dem Einfluß der erhöhten Temperatur steht. Diese Ausdehnung der Glasröhre bewirkt ihrerseits, daß dem Quecksilber im Inneren der Röhre ein größerer Raum verschafft wird, wodurch die Quecksilbersäule nach unten sinkt. Da jedoch das Glas Wärme leitet, erreicht die erhöhte Temperatur nach einer bestimmten Zeit das Quecksilber, welches sich jetzt ebenfalls ausdehnt. Da der Ausdehnungskoeffizient des Quecksilbers wesentlich größer ist als der des Glases, resultiert daraus ein Ansteigen der Quecksilbersäule.

Das zu erklärende Phänomen bzw. der Satz, welcher dieses Phänomen beschreibt, soll allgemein mit E bezeichnet werden. Dann beschreibt zunächst die eine der beiden Klassen von Aussagen, die für die Erklärung von E benötigt werden, *bestimmte konkrete Bedingungen, die entweder vor dem Phänomen E oder gleichzeitig mit ihm realisiert waren*. Diese Bedingungen werden die *Antecedensbedingungen* A_1, A_2, ..., A_k genannt.[1] Im obigen Beispiel würden dazu etwa

[1] Strenggenommen bezeichnen diese Buchstaben nicht die Bedingungen, sondern (gemäß der formalen Redeweise) wieder die Aussagen, die diese Bedingungen zum Inhalt haben.

die Aussagen gehören, daß das fragliche Thermometer aus einer Glasröhre besteht, die teilweise, aber nicht zur Gänze mit Quecksilber angefüllt ist; ferner die Aussage, daß das Thermometer in ein mit heißem Wasser gefülltes Glas gegeben wurde usw. Die zweite Klasse von Aussagen, die man zur Erklärung von E benötigt, besteht aus bestimmten *allgemeinen Gesetzeshypothesen* $G_1, G_2, \ldots, G_r$. Im obigen Beispiel würden dazu die Gesetze der Wärmeausdehnung von Glas und Quecksilber gehören, ebenso etwa die Aussage, daß Glas ein schlechter Wärmeleiter ist usw. Der Satz E soll *Explanandum* heißen, die beiden benötigten Klassen der Antecedensbedingungen und der Gesetzeshypothesen zusammen das *Explanans*. Wenn die Antecedensbedingungen und Gesetze vollständig und genau formuliert worden sind, dann erklären sie das fragliche Phänomen in dem folgenden Sinne: Der jenes Phänomen beschreibende Satz E folgt logisch aus der Gesamtheit dieser beiden Klassen von Aussagen. *Eine wissenschaftliche Erklärung besteht also in einer logischen Ableitung des Explanandums aus dem Explanans.*

Die Analyse der wissenschaftlichen Erklärung zeigt somit, daß der Wissenschaftler eine Frage von der Gestalt »warum kommt dieses und dieses Phänomen vor?« im Sinne der Frage auffaßt »auf Grund von welchen Gesetzen und kraft welcher Antecedensbedingungen kommt dieses Phänomen vor?«. Weiter ergibt sich, *daß in logischer Hinsicht zwischen einer Erklärung und einer Voraussage oder Prognose kein Unterschied besteht.* Wenn E vorgegeben ist (weil es sich auf ein vergangenes oder höchstens gegenwärtiges Phänomen oder Ereignis bezieht) und man hierauf nach Antecedensbedingungen und Gesetzen sucht, aus denen E abgeleitet werden kann, so handelt es sich, sowie dies gelungen ist, um eine Erklärung. Wenn hingegen aus gegebenen Antecedensbedingungen und Gesetzen ein Satz E abgeleitet wird, der ein künftiges Ereignis beschreibt, so liegt eine Prognose vor.

Erklärungen können adäquat oder inadäquat sein. Eine wichtige Aufgabe einer philosophischen Analyse der Erklärung besteht in der genauen Formulierung der Adäquatheitsbedingungen, welche jede wissenschaftliche Erklärung erfüllen muß. Dazu gehören z. B. die folgenden: 1. das Explanans muß *mindestens ein allgemeines Gesetz* enthalten; 2. Explanans wie Explanandum müssen einen *empirischen Gehalt* besitzen, sie müssen also das empiristische Sinnkriterium zumindest in der weitesten Fassung erfüllen (Abgrenzung gegenüber logischen und mathematischen Beweisen einerseits, gegenüber »metaphysischen« Erklärungen andererseits); 3. das Explanandum muß tatsächlich *rein logisch* aus dem Explanans ableitbar sein; 4. scheint merkwürdigerweise auch die *Wahrheit des Explanans* vorausgesetzt werden zu müssen, trotz der Tatsache, daß das Explanans generelle Hypothesen enthält, die prinzipiell nicht verifizierbar sind; denn wenn man nur verlangen wollte, daß das Explanans empirisch gut bestätigt ist, so müßte man im Gegensatz zum Sprachgebrauch in Wissenschaft und Alltag den Begriff der Erklärung mit einem Zeitindex versehen und zugeben, daß dasjenige, was zu einem Zeitpunkt eine Erklärung ist, zu einem anderen Zeitpunkt keine Erklärung mehr zu sein braucht.

Die Aufgabe, den Begriff der adäquaten Erklärung für eine präzise Wissenschaftssprache in wirklich befriedigender Weise zu explizieren, stößt, wie Hempel und Oppenheim zeigten, auf ziemliche Schwierigkeiten, da die Bedingungen so formuliert werden müssen, daß alle zirkulären Erklärungen und sonstigen Pseudoerklärungen dadurch ausgeschlossen werden. Trotzdem ist es den Verfassern geglückt, die Explikation dieses Begriffs für eine verhältnismäßig reiche Modellsprache im Detail durchzuführen.

Man kann den skizzierten Begriff der Erklärung in verschiedener Weise verallgemeinern und ferner Typen von Erklärungen unterscheiden. So z. B. müssen nicht alle Erklärungen solche von konkreten Phänomenen sein. Es gibt auch *Erklärungen von Gesetzen*. In einem solchen Falle beschreibt E nicht einen konkreten Vorgang, sondern ist selbst eine Gesetzesaussage, und im Explanans fallen die Antecedensbedingungen fort; denn die Erklärung von Gesetzen besteht in deren Ableitung aus noch allgemeineren Gesetzeshypothesen. Ferner könnte man bei Erklärungen von konkreten Ereignissen je nach dem Charakter der im Explanans verwendeten

Gesetzesaussagen zwischen *deterministischen* und *statistischen Erklärungen* unterscheiden. Im ersten Falle werden für die Ableitung nur deterministische Gesetze verwendet, also solche Gesetzmäßigkeiten, welche allgemeine und keine Ausnahmen gestattende Verknüpfungen zwischen Merkmalen von Einzelereignissen behaupten. Statistische Gesetze hingegen behaupten bloß, daß in einem bestimmten Prozentsatz der Fälle, die gewisse Bedingungen erfüllen, Ereignisse von bestimmter Beschaffenheit auftreten. Im Falle statistischer Erklärungen muß offenbar die obige Forderung 3. fallengelassen werden. Diese zuletzt erwähnte Unterscheidung zwischen deterministischen und statistischen Gesetzen spielt vor allem innerhalb der modernen Physik eine bedeutende Rolle, da die Mikrogesetze der Physik immer mehr den Charakter statistischer Gesetzmäßigkeiten erhalten.

Die *statistische Erklärung* bietet eine Reihe von Problemen sui generis, die von Hempel 1961 systematisch untersucht worden sind. Den Grund für alle Schwierigkeiten bildet die sogenannte *Mehrdeutigkeit der statistischen Erklärung*, die in der eben geschilderten *deduktiv-nomologischen Erklärung* kein Analogon besitzt. Ein einfachster Fall einer deduktiven Erklärung, die nur deterministische Gesetze verwendet, erfolgt nach dem Schema: aus den Prämissen »alle F sind G« (deterministisches Gesetz) und »Gegenstand x ist ein F« (Antecedensbedingung) kann auf »x ist ein G« geschlossen werden. Im statistischen Fall würde an die Stelle des deterministischen Gesetzes eine Hypothese von der folgenden Gestalt treten: »beinahe alle F sind G« (statistisches Gesetz). Aus dieser Aussage sowie der Antecedensbedingung kann jetzt offenbar nicht mehr mit absoluter Sicherheit, d. h. rein logisch, auf »x ist ein G« geschlossen werden. Die Conclusio ist daher abzuschwächen zu der Behauptung »es ist *beinahe sicher*, daß x ein G ist« (a). Nun kann es aber der Fall sein – und es ist, wie Hempel zeigt, fast immer der Fall –, daß das Objekt x ein anderes Merkmal H besitzt, das aufgrund eines statistischen Gesetzes beinahe immer mit *non-G* verknüpft ist. Nach demselben Schlußschema kann man daher schließen: »es ist *beinahe sicher, daß x nicht* ein G ist« (b). Diese

Schlußfolgerung paralysiert die erstere. Im deduktiven Fall ist so etwas unmöglich; denn wenn ein Ding eine Eigenschaft F besitzt, die ausnahmslos mit G verbunden ist, so kann dieses Ding nicht zugleich eine Eigenschaft H besitzen, die ausnahmslos mit *non-G* verbunden ist.

Wie sich zeigen läßt, tritt diese Schwierigkeit in genau derselben Gestalt auf, wenn man die allgemeine Wahrscheinlichkeitshypothese unter Verwendung einer präzisen Fassung des statistischen Wahrscheinlichkeitsbegriffs formuliert. Die Lösung dieses Problems besteht darin, daß der hier verwendete Ausdruck »beinahe sicher« nicht als etwas aufgefaßt wird, das eine Eigenschaft von Sätzen bezeichnet, sondern als etwas, das eine *Relation* ausdrückt, die zwischen den Prämissen eines statistischen Schlusses und dessen Conclusio besteht. Dann verschwindet der scheinbare Widerspruch zwischen den beiden Resultaten (a) und (b). »x ist ein G« ist beinahe sicher *relativ zu gewissen Prämissen* und »x ist nicht ein G« ist beinahe sicher *relativ zu anderen Prämissen*. Mit der Behebung *dieser* Schwierigkeit tritt aber nur ein zweites und größeres Problem in Erscheinung: *daß nämlich im Fall statistischer Erklärungen verschiedene Argumente mit nur wahren Prämissen zu widersprechenden Ergebnissen führen können*. Insbesondere müssen dann bei Vorliegen geeigneter Informationen miteinander unverträgliche Voraussagen durch das verfügbare Erfahrungswissen als beinahe sicher angesehen werden. Diese Konsequenz aber käme praktisch einer Entwertung aller Erklärungen und Voraussagen gleich, bei denen von statistischen Hypothesen Gebrauch gemacht wurde. Es muß daher nach einem Ausweg aus der Schwierigkeit gesucht werden. Dieser Ausweg kann offenbar nur darin bestehen, daß wir in einem solchen Konfliktfall nur eines der beiden Argumente als das korrekte Argument akzeptieren.

Als prinzipielle Lösung betrachtet Hempel Carnaps Forderung des *Gesamtdatums* [vgl. dazu auch die Schilderung von Carnaps induktiver Logik in Abschnitt (d)]. Wie die obige Andeutung der korrekten Interpretation von »beinahe sicher« in statistischen Schlüssen zeigte, handelt es sich bei diesen Schlüssen um *induktive* Argumente: die Conclusio wird aus den Prämissen nicht logisch erschlossen, sondern von diesen nur in mehr oder weniger hohem Grade *gestützt* oder *bestätigt*. Nun hat Carnap darauf hingewiesen, daß für die korrekte Anwendung einer induktiven Überlegung auf gegebene Wissenssituationen als Prämissen nicht bloß isolierte Daten und Gesetze verwendet werden dürfen, sondern daß man *das gesamte verfügbare Erfahrungswissen* benützen muß und daraus nur solches Wissen vernachlässigen darf, das für die zur Diskussion stehende Beurteilung irrelevant ist (dieser Begriff der Irrelevanz wird innerhalb der induktiven Logik genau präzisiert). Dieses eben erwähnte carnapsche Prinzip ist kein Grundprinzip der Theorie des induktiven Schließens, sondern *eine Maxime für die Anwendung induktiver Schlüsse*. Diese Maxime hat *keine* Parallele im *deduktiven* Fall. Wenn eine Behauptung aus gewissen Annahmen *logisch* erschlossen wurde, so bleibt der Schluß richtig, wenn zu den ursprünglich gegebenen Annahmen weitere hinzutreten: durch Verstärkung der Prämissen kann man einen logischen Schluß nicht ungültig machen. Anders im induktiven Fall. Hier kann sich die Wahrscheinlichkeitsbeurteilung aufgrund neuer Daten nach beiden Richtungen verändern, d. h. die induktive Wahrscheinlichkeit kann größer, aber auch kleiner werden.

Die Anwendung des carnapschen Prinzips des Gesamtdatums auf statistische Systematisierungen ist in folgendem Sinn eine Lösung des obigen Problems: Befolgung dieses Prinzips führt dazu, daß in beiden Fällen genau dieselben Prämissen verwendet werden, nämlich alles (relevante) Erfahrungswissen. Ist dieses Wissen widerspruchsfrei, so kann es auch nicht zugleich einer Hypothese sowie deren Negation eine hohe induktive Wahrscheinlichkeit zuteilen, da die Summe dieser Wahrscheinlichkeiten gleich 1 sein muß. Dennoch taucht auch hier wieder eine Schwierigkeit auf, die aber diesmal von ganz anderer Natur ist als die früher erwähnten; es ist kein logisches, sondern ein *praktisches* Problem. Bis heute nämlich gibt es kein ausgebautes System der induktiven Wahrscheinlichkeit, in welchem wissenschaftliche Hypothesen von beliebigem Grad an Komplexität formulierbar wären. Und selbst wenn ein derartiges System zur Verfügung stünde, wäre die strenge Befolgung des carnapschen Prinzips außerordentlich unhandlich, da wir in jeder korrekten Anwendung eines statistischen Schlusses mit einer ungeheuren Satzgesamtheit als Prämissenmenge operieren müßten. Hempel hat daher versucht, ein Substitut für diese Forderung des Gesamtdatums zu formulieren, welches viel leichter zu handhaben ist als diese Forderung, aber in der praktischen Anwendung dieselben Dienste leistet. Der Grundgedanke dieses hempelschen Prinzips läßt sich so ausdrücken: Wenn ich aus der Tatsachenfeststellung »der Gegenstand x ist ein F« und dem statistischen Gesetz »beinahe alle F sind G« einen induktiven Schluß auf das Vorliegen von G in x vornehmen will, so muß es sich bei diesem Merkmal F um die *schärfste* unter allen Beschreibungen B des Gegenstandes x handeln, für die eine statistische Hypothese von der Gestalt »beinahe alle B sind G« (also mit *demselben* G) zur Verfügung steht.

Nicht immer sind wir imstande, die für die Erklärung eines Phänomens benötigten Antecedensbedingungen und Gesetze vollständig zu formulieren. Hempel spricht, sofern diese vollständige Formulierung nicht gelingt, von *Erklärungsskizzen*. So z. B. dürften praktisch alle Erklärungen historischer Vorgänge den Charakter solcher Erklärungsskizzen haben. Das, was eine solche Erklärungsskizze von einer bloßen Pseudoerklärung unterscheidet, ist einerseits die Tatsache, daß sie prinzipiell durch eine zunehmend genaue Formulierung der Antecedensbedingungen und Gesetze in eine vollständige Erklärung verwandelt werden kann und daß sie selbst auf der frühesten Stufe – also dort, wo sie noch am rohesten und unvollständigsten ist – die Bedingung der empirischen Überprüfbarkeit zu erfüllen hat, so daß also angebbar sein muß, welche Beobachtungen diese Erklärungsskizze stützen und welche sie erschüttern würden.

Es wird manchmal darauf hingewiesen, daß in der Geschichtswissenschaft der Nachteil, sich mit bloßen Erklärungsskizzen begnügen zu müssen, mindestens kompensiert, wenn nicht überkompensiert werde durch den Vorteil, die beteiligten geschichtlichen Personen in ihren Erlebnissen und vor allem in ihren Motiven *verstehen* zu können. Fast alle Analytiker vertreten die Ansicht, daß diese Methode des nachfühlenden Verstehens eine bloß heuristische Bedeutung besitzt, dagegen für sich allein keinen Erklärungswert hat. Die heuristische Bedeutung liegt ohne Zweifel darin, daß auf diese Weise eine geeignete historische Hypothese zustandekommen kann (z. B. wenn sich der Historiker überlegt, wie er in der betreffenden Situation und mit den Motiven der von ihm betrachteten Person gehandelt hätte). Ein solches Verstehen ist aber weder notwendig noch hinreichend für die wissenschaftliche Erklärung menschlicher Handlungen; vor allem enthält es keine Garantie für die Richtigkeit des darin Behaupteten. *Nicht notwendig* ist es, weil es oft möglich ist, das Verhalten von Psychopathen oder von Menschen, die einem ganz anderen Kulturkreis angehören, mit Hilfe allgemeiner Prinzipien zu erklären und vorauszusagen, obwohl der Wissenschaftler hier das Verhalten jener Personen keineswegs nachfühlend zu verstehen vermag. *Nicht hinreichend* ist es, weil ein starkes Gefühl des Verstehens einer Handlung auch dann vorliegen kann, wenn man eine Persönlichkeit vollkommen falsch beurteilt. Falls daher eine historische Hypothese auf dem Wege über verstehendes Nachfühlen zustandegekommen ist, so hört sie dennoch nicht auf, eine Hypothese zu sein und muß wie jede andere wissenschaftliche Hypothese unabhängig von jenem Verstehen einer empirischen Nachprüfung unterzogen werden.

Auch gegenüber den sog. *teleologischen Erklärungen*, d. h. den Erklärungen aus Zielen oder Zwecken, verhalten sich alle Analytiker äußerst skeptisch. Unter solchen Erklärungen kann man zunächst zweierlei verstehen: Erstens wird von manchen Philosophen darauf hingewiesen, daß die meisten menschlichen Handlungen zielgerichtet seien; wenn daher solche Handlungen damit erklärt werden, daß man die Motive der handelnden Personen angibt, so liege hier eine neue Erklärungsweise vor, weil mit einem Motiv (einer Zielsetzung) etwas Künftiges antizipiert wurde und daher dieses antizipierte künftige Ereignis die gegenwärtige Handlung bedinge und nicht wie in der kausalen Betrachtung das dieser Handlung unmittelbar Vorausgehende. Die Analytiker weisen darauf hin, daß hier ein Denkfehler vorliegt: Keineswegs wirkt in einem von Motiven geleiteten menschlichen Handeln die Zukunft auf die Gegenwart ein, sondern dieses gegenwärtige Handeln ist bedingt durch *den diesem Handeln vorausgehenden Wunsch*, ein bestimmtes Ziel in der Zukunft zu erreichen. Daß es nicht jenes in der Zukunft liegende Ziel selbst ist, welches das gegenwärtige Geschehen beeinflußt, ist schon allein daraus ersichtlich, daß es ja in der Gegenwart niemals sicher ist, ob der Handelnde das Ziel, welches er sich gesteckt hat, in der Zukunft auch tatsächlich erreichen wird. Die Erklärungen aus Motiven fallen also keineswegs aus dem Rahmen der üblichen kausalen Erklärungen heraus.

Zweitens wird behauptet, daß im Bereich der *Biologie* teleologische Erklärungsprinzipien unvermeidlich seien. Auch hier aber reduziert sich diese Behauptung bei genauer Betrachtung auf die Feststellung, daß teleologische Überlegungen in der biologischen Forschung häufig einen heuristischen Wert haben. Wenn dagegen die *Neovitalisten* versuchen, biologische Vorgänge durch Einführung einer Entelechie zu erklären, so wenden Hempel und Oppenheim dagegen ein, daß eine wissenschaftliche Erklärung niemals allein mit *Begriffen* erfolgen kann, sondern daß (gemäß der obigen Forderung 1.) zu diesem Zwecke *allgemeine Gesetze* vorliegen müssen, in denen der betreffende Begriff vorkommt. Solange daher die Neovitalisten nicht imstande sind, jene Gesetze anzugeben, in denen der Entelechiebegriff vorkommt – und zwar in der Gestalt empirisch nachprüfbarer Gesetze –, ist dieser Begriff wissenschaftlich undiskutabel.

Der teleologischen Betrachtungsweise nahe verwandt ist die sog. *Funktionalanalyse*, welche Hempel ebenfalls näher untersucht hat. Den Gegenstand dieser Funktionalanalyse bilden bestimmte Merkmale oder Tätigkeiten von mehr oder weniger komplexen Systemen (Organismen oder Species von solchen; politische, kulturelle oder wirtschaftliche Gebilde). Die Frage, *warum* diese Merkmale vorliegen oder diese Tätigkeiten entfaltet werden, wird nicht wie bei der kausalen oder statistischen Erklärung durch die Angabe von Antecedensbedingungen und Naturgesetzen beantwortet, sondern durch den Hinweis auf bestimmte *Funktionen* oder *Aufgaben*, die diese Merkmale bzw. Tätigkeiten für die Erhaltung des Systems zu erfüllen haben. Bei der Beschreibung biologischer Systeme ist diese Betrachtungsweise seit langem bekannt. Man sagt etwa, daß die Leukozyten die *Funktion* hätten, den menschlichen Organismus gegen Mikroorganismen, die von außen eindringen, zu schützen; oder daß ein bestimmtes Muster auf Schmetterlingsflügeln die *Funktion* habe, feindliche Vögel abzuwehren. Auch im psychologischen und soziologischen Bereich stoßen wir auf derartige Behandlungen von Warum-Fragen. So z. B. vertrat S. Freud die Auffassung, daß krankhafte Symptombildungen (wie z. B. das Händewaschen des Zwangsneurotikers nach jeder Berührung) die *Funktion* haben, Angstanfälle zu verhindern, da sie psychische Energien binden, die sonst als Angst abgeführt würden. Ein anderes Beispiel bildet eine soziologische Theorie (Merton), wonach die Regentänze der Hopi-Indianer zwar die von den Beteiligten intendierte Funktion, nämlich die Herbeiführung eines bestimmten meteorologischen Ereignisses, nicht erfüllen, statt dessen jedoch eine andere *latente Funktion*, nämlich die Stärkung des Bewußtseins der Gruppenidentität und des Zusammengehörigkeitsgefühls.

Es ist nicht ohne weiteres möglich, solche funktionelle Analysen mit einfachen Kausalbetrachtungen zu identifizieren. Man könnte zwar zunächst meinen, daß der Sinn der Aussage »der Herzschlag hat in Wirbeltieren *die Funktion*, das Blut im Organismus zirkulieren zu lassen« (1) durch ein (grob formuliertes) Kausalgesetz wiedergegeben werden könne, in welchem das Wort »Funktion« einfach durch das Wort »Effekt« oder »Wirkung« ersetzt wird: »der Herzschlag hat in Wirbeltieren *den Effekt*, das Blut im Organismus zirkulieren zu lassen« (2). Daß eine solche Übersetzung nicht adäquat wäre, kann man sich an Beispielen klarmachen, in denen die Gleichsetzung der Wirkungsaussage mit der Funktionalaussage als gänzlich inadäquat empfunden würde. Wenn man z. B. die durch Herzschläge erzeugten Geräusche als Herztöne bezeichnet, so gilt zwar die Aussage »der Herzschlag hat in Wirbeltieren den Effekt, Herztöne hervorzurufen«. Doch kann man nicht sagen, daß diese letzte Aussage gleichwertig sei mit dem Satz »der Herzschlag hat in Wirbeltieren die Funktion, Herztöne hervorzurufen«; denn diese letzte Aussage ist sicherlich nicht richtig. Würde die obige Übersetzungsregel gelten, so müßte man aber diese Gleichwertigkeit behaupten. Dies führt zu dem Gedanken, daß die Aussage (2) nur einen *Teil* des Sinnes von (1) wiedergibt, für die Wiedergabe des *ganzen* Sinnes von (1) dagegen eine Aussage von etwa der folgenden Gestalt zu (2) hinzugefügt werden müßte: »Und dieser Effekt gewährleistet die Erfüllung gewisser Bedingungen (wie z. B. die Zuführung von Nahrung und die Entfernung von Schlacken zu und von den Körperzellen), die für ein normales Arbeiten des Organismus notwendig sind.«

In der Funktionalanalyse wird also eine Erklärung für ein dauerhaftes Merkmal *D* (z. B. den Herzschlag) an einem System *S* in der Weise gegeben, daß gesagt wird: *D* hat einen Effekt *N*, wobei dieser Effekt *N* eine notwendige Bedingung für das adäquate Funktionieren des Systems *S* ist. Versucht man, diesen Gedanken durch ein exaktes logisches Argument wiederzugeben, so sieht man sofort, daß dies nicht geht: *der Schluß ist logisch inkorrekt.* Man kann aus der Tatsache des adäquaten Funktionierens eines Systems keinen Schluß auf eine *hinreichende* Bedingung für dieses adäquate Funktionieren vornehmen. Der Schluß wäre nur korrekt, wenn die fragliche Bedingung zugleich eine *notwendige* wäre, was jedoch fast nie der Fall ist. Im obigen Herzbeispiel etwa müßte gezeigt werden, daß die Erfüllung der fraglichen Bedingungen in keiner anderen Weise als durch den Herzschlag herbeigeführt werden kann, was natürlich nicht möglich ist. Um den Schluß korrekt zu machen, muß daher die Aussage über das Vorkommen von *D* in *S abgeschwächt* werden zu der Feststellung, daß *D oder eine funktionelle Alternative zu D* in *S* anwesend sind. Dabei ist eine funktionelle Alternative zu *D* ein solches *von D verschiedenes* Merkmal, welches ebenfalls die für das adäquate Funktionieren des Systems *S* erforderliche Bedingung *N* hervorruft.

Durch diese Abschwächung wird der Erklärungs- und Voraussagewert der Funktionalanalyse erheblich gemindert.

Für den Fall der Voraussage kommt noch die weitere Schwierigkeit hinzu, daß man bereits jetzt wissen müßte, daß das fragliche System auch künftig adäquat funktionieren werde. Dazu muß die zusätzliche Hypothese hinzugefügt werden, daß dieses System *einen sich* innerhalb bestimmter Grenzen *selbst regulierenden Automatismus* darstellt, der die funktionellen Erfordernisse seines Weiterbestandes auch bei Änderungen der äußeren oder inneren Bedingungen realisieren wird. Die Funktionalanalyse bleibt somit an eine *Hypothese der Selbstregulation* gebunden.

Systeme mit Selbstregulation bilden als solche ein interessantes Studienobjekt für wissenschaftstheoretische Analysen. In den letzten Jahren wurde, teilweise unter Verwendung kybernetischer Begriffe, verschiedentlich versucht, allgemeine Denkschemata zu entwerfen, die das Funktionieren von Systemen mit zielgerichteter Organisation oder Selbstregulation verständlich machen sollen.

*(c) Der methodologische Charakter der theoretischen Begriffe
(zur Theorie von R. Carnap)*

Bei der früheren Schilderung von Carnaps Neufassung des Sinnkriteriums wurde eine empiristische Sprache zugrunde gelegt, d. h. eine solche Sprache, deren sämtliche Aussagen im dort definierten Sinn bestätigungsfähig sind. Für eine derartige Sprache war vorausgesetzt worden, daß ihre undefinierten Grundprädikate *beobachtbare Eigenschaften* und *Relationen* bezeichnen und daß alle übrigen Prädikate (Begriffe) auf diese Grundprädikate (Grundbegriffe) zurückgeführt werden können. Was soll unter einer solchen Zurückführbarkeit verstanden werden? Zunächst denkt man dabei nur an definitorische Zurückführung. So war es auch von Carnap ursprünglich aufgefaßt worden (z. B. in seinem »Logischen Aufbau«). Später hatte er die Entdeckung gemacht, daß die sog. Dispositionsprädikate überhaupt nicht definierbar sind. Es handelt sich dabei um Prädikate wie »löslich in Wasser«, »zerbrechlich«, »magnetisch«, »elektrisch geladen« usw. Da sehr viele wissenschaftliche Begriffe das Merkmal von Dispositionsbegriffen haben, war diese

Entdeckung von größter Wichtigkeit in bezug auf die Frage, wie eine empiristische Sprache aufgebaut sein müsse.

Der Grund für die Nichtdefinierbarkeit von Dispositionsprädikaten sei kurz angedeutet: Man könnte zunächst daran denken, daß »x ist in Wasser löslich« definiert werden könnte durch die Bedingung »wenn immer x ins Wasser gegeben wird, so löst es sich darin auf«. Da aber in der Logik ein Wenn-dann-Satz mit falschem Wenn-Satz als wahr interpretiert wird, müßten nach dieser Definition alle niemals ins Wasser gegebenen Objekte als in Wasser löslich bezeichnet werden, was natürlich nicht der Sinn dieser Definition sein sollte. Alle Versuche, für solche Dispositionsprädikate andere und kompliziertere Definitionen zu geben, die zu keinem unerwünschten Resultat führen, sind fehlgeschlagen. Carnap hatte daher im Jahre 1936 in seinen Untersuchungen über die Prüfbarkeit und Bestätigungsfähigkeit von Aussagen die Methode der Definitionen von Dispositionsprädikaten ersetzt durch ein anderes Verfahren, die sog. Methode der *Reduktionssätze*. Hier wird zwar auf definitorische Zurückführung verzichtet, aber es werden trotzdem noch immer alle Prädikate, wenn auch in anderer Weise, auf die Grundprädikate, welche nur Beobachtbares bezeichnen, zurückgeführt. Später stellte sich heraus, daß auch dieses Verfahren nicht ohne Mängel ist. Ferner wurde darauf hingewiesen, daß die metrischen Begriffe der theoretischen Physik (Länge, Masse usw.) schon deshalb die engere empiristische These der Zurückführbarkeit auf Beobachtbares nicht erfüllen, weil sie beliebige nichtnegative reelle Zahlen als Werte annehmen können und es logisch ausgeschlossen ist, für alle diese Möglichkeiten beobachtungsmäßige Bedingungen zu formulieren [1]. Gelten diese und weitere Bedenken bereits gegen die Idee der definitorischen Zurückführbarkeit relativ einfacher

---

[1] Die Menge der reellen Zahlen hat die Mächtigkeit des Kontinuums, ist also eine überabzählbare Menge; die Anzahl der Definitionsbedingungen, die sich mittels der (endlich vielen oder höchstens abzählbar unendlich vielen) Grundprädikate bilden lassen, ist dagegen höchstens abzählbar unendlich, selbst wenn man einen komplizierten logischen Apparat zuläßt.

Begriffe wie »Länge«, »Temperatur« und »Masse«, so verstärken sie sich noch erheblich, wenn man zu den abstrakteren Begriffen der modernen Physik wie »Elektron«, »Schrödingersche ψ-Funktion« usw. übergeht.

Carnap unterscheidet daher jetzt in jeder theoretischen Erfahrungswissenschaft zwischen der *Beobachtungssprache* L_O und der *theoretischen Sprache* L_T. Die Beobachtungssprache kann mit dem identifiziert werden, was früher (S. 410) als empiristische Sprache bezeichnet wurde. Jedenfalls darf dieser Ausdruck nicht so verstanden werden, als diene diese Sprache nur zur Formulierung einfacher Beobachtungssätze. Vielmehr kann sie verschiedene Verfahren der Zurückführung von Prädikaten auf die beobachtbaren Grundprädikate enthalten und außerdem den ganzen komplizierten Apparat der modernen Logik zur Bildung komplexerer Aussagen benützen. Die ursprüngliche empiristische Grundthese beinhaltete die Forderung, die Sprache des Theoretikers zur Gänze in der Beobachtungssprache aufgehen zu lassen. Man konnte sich nur unter dieser Voraussetzung vorstellen, daß die Aussagen des Theoretikers durch die Feststellungen des Beobachters und Experimentators überprüfbar seien. Dazu mußten vor allem sämtliche Prädikate der theoretischen Sprache auf die Grundprädikate der Beobachtungssprache zurückgeführt werden.

Diese Voraussetzung wird nun fallengelassen. Die theoretische Sprache L_T wird als eine eigene Sprache konstruiert. Das nichtlogische Vokabular dieser Sprache enthält die theoretischen Begriffe, die als undefinierte Grundbegriffe eingeführt werden (z. B. die abstrakten Begriffe der theoretischen Physik) sowie weitere Begriffe, welche auf diese Grundbegriffe definitorisch zurückgeführt werden. In der Sprache L_T wird die eigentliche Theorie T formuliert. Diese Theorie ist zunächst nichts anderes als ein uninterpretierter Kalkül; denn die Grundbegriffe dieser Theorie stehen ja vorläufig in keinerlei Zusammenhang mit den Grundbegriffen der Beobachtungssprache. Um zu einer *erfahrungswissenschaftlichen* Theorie zu werden, muß T empirisch interpretiert werden. Gegenüber der früheren Forderung, wonach diese Interpretation eine vollständige sein mußte, beschränkt man sich jetzt auf eine *partielle Interpretation* der Sprache L_T und der in ihr formulierten Theorie T. Dadurch erhalten die theoretischen Grundbegriffe eine indirekte und unvollständige empirische Deutung. Die partielle empirische Interpretation der Theorie erfolgt mit Hilfe von eigenen *Korrespondenzregeln*. Dadurch werden bestimmte Sätze der theoretischen Sprache mit Sätzen der Beobachtungssprache verknüpft. Verschiedene theoretische Begriffe bekommen dadurch einen empirischen Gehalt. Aber erstens erhalten sie durch jene Regeln nur eine teilweise empirische Deutung (so z. B. wird der theoretische Begriff der Masse nur für nicht zu kleine und nicht zu große Werte empirisch definiert und auch dies nur innerhalb der Grenzen der Meßgenauigkeit) und zweitens sind es nur einige theoretische Begriffe, die durch solche Korrespondenzregeln mit den in der Beobachtungssprache ausdrückbaren Begriffen verknüpft werden. Gewöhnlich sind es nicht die undefinierbaren Grundbegriffe der theoretischen Sprache, für die solche Korrespondenzregeln aufgestellt werden, sondern solche Begriffe, die innerhalb der Theorie T durch Definitionen eingeführt wurden und dem Bereich des Beobachtbaren näher liegen. In der modernen Physik wären dies hauptsächlich die »makroskopischen Observablen«. Die übrigen Begriffe erhalten eine indirekte empirische Bedeutung dadurch, daß sie durch Axiome und Lehrsätze der Theorie sowie durch Definitionsketten mit diesen durch Korrespondenzregeln partiell interpretierten Begriffen zusammenhängen.

Auch die *Überprüfbarkeit* der innerhalb der theoretischen Sprache formulierten Hypothesen ist z. T. eine sehr indirekte. Unmittelbar bestätigungsfähig – in der engeren Bedeutung der vollständigen Bestätigungsfähigkeit oder in einer der früher geschilderten weiteren Bedeutungen – sind nur jene Hypothesen, die ausschließlich solche Begriffe enthalten, welche auf Grund der Korrespondenzregeln partiell interpretierbar sind. Die übrigen theoretische Begriffe enthaltenden Hypothesen, die nicht direkt empirisch nachprüfbar sind, werden wegen der logischen Ableitungszusammenhänge mit den eben erwähnten unmittelbar bestätigungsfähigen Hypothesen ebenfalls überprüfbar, wenn auch nur mittelbar überprüfbar.

Einige Philosophen vertreten die Meinung, daß es nach der Zulassung solcher theoretischer Begriffe nicht mehr möglich ist, eine scharfe Grenzlinie zwischen theoretischer Erfahrungswissenschaft und spekulativer Metaphysik zu ziehen. Wenn es z. B. als aussichtslos erscheinen muß, einen Grundbegriff der theoretischen Physik wie z. B. »Elektron« auf Beobachtbares zurückzuführen, wodurch unterscheidet er sich dann noch prinzipiell von einem Begriff der spekulativen Metaphysik wie z. B. »das Absolute«? Es scheint, als müsse man zugeben, daß eine kontinuierliche Linie von solchen Begriffen, die eng mit dem Bereich des Beobachtbaren verknüpft sind wie »Temperatur« oder »Masse«, über abstraktere theoretische Begriffe wie »Elekron«, »ψ-Funktion« zu jenen spekulativen Begriffen führt, die überhaupt in keinem angebbaren Zusammenhang mehr mit den beobachtbaren Vorgängen stehen. Carnap vertritt nicht diese Meinung. Er glaubt, genau angeben zu können, wodurch sich auch die abstraktesten theoretischen Begriffe von bloßen Scheinbegriffen unterscheiden müssen. Dies läuft darauf hinaus, *daß auch für die theoretische Sprache ein empiristisches Sinnkriterium gegeben wird.* Da die präzise Formulierung dieses Kriteriums ziemlich kompliziert ist, müssen wir uns mit der Angabe des dabei vorherrschenden Grundgedankens begnügen: Ein theoretischer Begriff von T, der weder durch Definitionen noch durch Korrespondenzregeln ganz oder teilweise auf Beobachtbares zurückführbar ist, muß, um als empirisch zulässig bezeichnet werden zu können, eine *Voraussagerelevanz* oder *prognostische Relevanz* besitzen. Dies bedeutet, grob gesprochen, daß es wenigstens eine Aussage von T, welche diesen Begriff enthält, geben muß, mit deren Hilfe Voraussagen beobachtbarer künftiger Ereignisse abgeleitet werden können, die sich ohne diese Aussage nicht gewinnen lassen. Die prognostische Relevanz eines theoretischen Begriffs besteht somit in seiner Leistung für bestimmte Voraussagen; denn seine Streichung aus dem theoretischen Vokabular hätte zur Folge, daß diese Voraussagen nicht mehr möglich wären. Auf diese Weise gelangt man zur bisher *weitesten Fassung des empiristischen Sinnkriteriums:* Um zu überprüfen, ob eine Aussage dieses Kriterium erfüllt, hat man zu untersuchen, ob sie zur Beobachtungssprache oder zur theoretischen Sprache gehört (und dies bedeutet praktisch: ob alle in ihr vorkommenden deskriptiven Ausdrücke auf die Grundprädikate der Beobachtungssprache zurückführbar sind oder nicht). Im ersten Falle genügt das früher aufgestellte Kriterium; denn alle Aussagen der Beobachtungssprache sind in dem dortigen Sinn bestätigungsfähig (man könnte jenen Begriff der Bestätigungsfähigkeit jetzt zum Zwecke der Unterscheidung genauer bezeichnen mit L_O-Bestätigungsfähigkeit). Falls es sich dagegen um eine Aussage der theoretischen Sprache L_T handelt, muß diese Aussage die beiden Bedingungen erfüllen, daß sie 1.) nicht gegen die Syntaxregeln von L_T verstößt und daß 2.) alle in ihr vorkommenden deskriptiven Ausdrücke nur solche Begriffe zum Inhalt haben, welche die oben skizzierte prognostische Relevanz besitzen. Man könnte derartige Aussagen als L_T-bestätigungsfähige Sätze bezeichnen. Dafür, daß eine Aussage als *empirisch sinnvoll* bezeichnet werden kann, ist somit notwendig und hinreichend, daß sie *entweder L_O- oder L_T-bestätigungsfähig ist.*

Die Untersuchungen über theoretische Begriffe haben gezeigt, daß frühere empiristische Vorstellungen vom Aufbau wissenschaftlicher Theorien grundlegend modifiziert werden müssen. Während nach der Vorstellung des älteren Empirismus in allen Erfahrungswissenschaften der Theoretiker nur solche Begriffe einführen dürfte, die mit dem Begriffsapparat definierbar sind, welcher dem Beobachter zur Verfügung steht, und ferner der Theoretiker nichts anderes zu tun hätte, als Beobachtungsergebnisse zusammenzufassen und zu generellen Gesetzesaussagen zu verallgemeinern, ergibt sich jetzt das folgende Bild von den Aufgaben eines Theoretikers: Er hat weit mehr zu tun, als beobachtete Regelmäßigkeiten zu verallgemeinern. Vielmehr muß er ein neues System von Begriffen konstruieren, die zu einem Teil überhaupt nicht und zu einem anderen Teil nur partiell auf Beobachtbares zurückführbar sind; er muß sich weiter ein System von Gesetzen ausdenken, welche diese neugeschaffenen Begriffe enthalten; und er muß schließlich eine Interpretation seines Systems geben, die eine bloß teilweise empirische Deutung zu liefern hat, die aber dennoch genügen muß, um das theoretische System für die Voraussagen beobachtbarer Vorgänge benutzen zu können. Die Begriffe, mit welchen er operiert, können ganz abstrakte theoretische Begriffe sein; dennoch ist er gegen die Gefahr eines Abgleitens in die spekulative Metaphysik so lange gefeit, als er zeigen kann, daß alle diese Begriffe eine Voraussagerelevanz besitzen.

(d) Induktive Logik und Wahrscheinlichkeit
(zur Theorie von R. Carnap) [1]

Wenn man von Logik spricht, so denkt man dabei gewöhnlich nur an die *deduktive Logik*, deren Grundbegriff der Begriff der *logischen Folgerung* (semantisch gesprochen: der Begriff der *L-Implikation*) ist. Ein deduktionslogischer Schluß ist dadurch charakterisiert, daß die Conclusio des Schlusses über den Gehalt der Prämissen nicht hinausführt, weshalb diese Conclusio mit derselben Sicherheit behauptet werden kann, mit der die Prämissen gelten. Deduktive Schlüsse werden von uns im Alltag und auch in der Wissenschaft ständig vollzogen; aber meist geschieht dies rein instinktiv und ohne daß wir ausdrücklich darauf reflektieren. Aristoteles hat als erster versucht, dieses instinktive Verfahren durch klar formulierte Regeln zu ersetzen; und der Weg von seiner Syllogistik zur modernen Logik ist der Weg zu einer vollständigeren und präziseren Fassung dieser Regeln.

Neben den deduktiven Schlüssen machen wir in der Praxis des Alltags sowie in den empirischen Wissenschaften aber auch ständig Gebrauch vom *induktiven Denken*. Dazu gehört alles Schließen, bei welchem der Gehalt der Conclusio über den Gehalt der Prämissen hinausgeht, *so daß die Conclusio nicht mit derselben Sicherheit behauptet werden kann, mit*

---

[1] Vgl. R. Carnap, »Induktive Logik und Wahrscheinlichkeit«. Bearbeitet von W. Stegmüller, Wien 1959. In diesem Buch wurde die philosophische Grundlegung vom technischen Aufbau des Systems der induktiven Logik getrennt, so daß die erstere unabhängig vom letzteren gelesen werden kann.

der die Prämissen gelten. Induktives Denken liegt z. B. vor, wenn sich der Besitzer eines Warenhauses überlegt, wieviele Waren der verschiedenen Kategorien er auf Grund der in der Vergangenheit beobachteten Absatzverhältnisse für die bevorstehenden Weihnachtskäufe auf Lager halten soll. Ebenso liegt induktives Denken vor, wenn der Finanzminister auf Grund seiner Kenntnis der Wirtschaftslage und der Steueraufkommen in den vergangenen Jahren die für das laufende Haushaltsjahr zu erwartenden Steuereinnahmen schätzt. In den Wissenschaften haben wir es mit induktiven Schlüssen zu tun, wenn z. B. der Historiker eine konkrete Handlung einer geschichtlichen Persönlichkeit durch die hypothetische Annahme eines bestimmten Motivs zu erklären versucht; oder wenn der Meteorologe auf Grund seiner Kenntnis der heutigen Wettersituation und einer Reihe von Naturgesetzen die morgige Wettersituation voraussagt. Endlich liegt ein induktives Schließen auch dort vor, wo der theoretische Physiker ein neues Naturgesetz oder sogar eine viele Gesetze umfassende neue Theorie formuliert, um sie zu Prognosen und Erklärungen zu verwenden.

Eine *induktive Logik* hätte die Aufgabe, die zunächst rein instinktiv und ohne deutliches Bewußtsein angewendeten Prinzipien des induktiven Schließens ans klare Tageslicht zu bringen und in der Gestalt exakter Regeln zu formulieren, ganz analog wie dies für das deduktive Schließen seit Aristoteles bis zur modernen formalen Logik versucht worden ist. Wegen der Tatsache, daß in induktiven Schlüssen die Conclusio nicht mit Sicherheit gilt, ist der Grundbegriff der induktiven Logik nicht mehr der Begriff der logischen Folgerung, sondern der Begriff der *Wahrscheinlichkeit*. Induktive Schlüsse sind Wahrscheinlichkeitsschlüsse; die Conclusio eines induktiven Schlusses gilt nur mit einer bestimmten Wahrscheinlichkeit.

Nach Carnap ist es außerordentlich wichtig, zwei verschiedene Bedeutungen des Ausdruckes »Wahrscheinlichkeit« zu unterscheiden. Damit kann zunächst der Begriff der *statistischen Wahrscheinlichkeit* (Ereigniswahrscheinlichkeit) gemeint sein. Mit diesem Begriff wird insbesondere in der mathematischen Statistik gearbeitet. Er betrifft ein quantitatives Merkmal von Dingsystemen. Über seine Anwendbarkeit wird durch Zählung von Häufigkeiten entschieden, weshalb auch einige Theoretiker diesen Begriff als eine Präzisierung des Begriffs der relativen Häufigkeit »auf lange Sicht« auffaßten. Jedenfalls handelt es sich dabei um einen *empirischen* Begriff, analog etwa zum Begriff der Temperatur. Während man aber den Temperaturzustand eines Gegenstandes durch geeignete Einzelbeobachtungen mit Hilfe von Meßinstrumenten feststellt, muß der Wahrscheinlichkeitszustand mit Hilfe von statistischen Beobachtungen, d. h. eben durch die Auszählung von Häufigkeiten, festgestellt werden.

Die zweite Bedeutung des Ausdruckes »Wahrscheinlichkeit« ist die *induktive Wahrscheinlichkeit*. Eine induktive Wahrscheinlichkeitsbehauptung spricht nicht über Eigenschaften von Dingsystemen und von Ereignissen wie die Begriffe der statistischen Wahrscheinlichkeit und der relativen Häufigkeit, sondern sie hat stets *eine Beziehung zwischen einer Hypothese und bestimmten Erfahrungsdaten zum Inhalt*. Die induktive Wahrscheinlichkeit soll dabei den *Grad* angeben, in welchem die Hypothese durch die Erfahrungsdaten bestätigt wird. Daher kann man statt von der induktiven Wahrscheinlichkeit einer Hypothese auch vom *Grad der Bestätigung dieser Hypothese auf Grund gegebener Erfahrungsdaten* sprechen.

Mit dieser Unterscheidung zweier Wahrscheinlichkeitsbegriffe begegnet Carnap der popperschen Skepsis gegenüber der Induktion. Popper hat nach Carnap darin recht, daß es unmöglich ist, mit Hilfe des statistischen Wahrscheinlichkeitsbegriffs einen brauchbaren Begriff der Hypothesenwahrscheinlichkeit zu bilden. Daraus folgt aber keineswegs, daß es überhaupt nicht möglich sei, einen adäquaten Begriff der Hypothesenwahrscheinlichkeit einzuführen. Man kann einen solchen Begriff bilden, aber nicht auf der Basis der statistischen Wahrscheinlichkeit, sondern auf der Grundlage der induktiven Wahrscheinlichkeit. Auch das poppersche Argument, daß die Annahme eines Induktionsprinzips entweder zu einem unendlichen Regreß oder zu einer Preisgabe des

Empirismus, nämlich zu der Annahme synthetischer Sätze a priori führen müsse (vgl. oben S. 399 f.), ist nach Carnap nicht zutreffend. Man benötigt, um die induktive Wahrscheinlichkeit einer Hypothese h auf Grund von Erfahrungsdaten e zu ermitteln, nur eine präzise Definition dieses Wahrscheinlichkeitsbegriffs, hingegen kein weiteres empirisches Wissen; alles erforderliche empirische Wissen ist vielmehr bereits in dem Erfahrungsdatum e enthalten. Die sich ergebende Wahrscheinlichkeitsbeurteilung einer Hypothese enthält somit tatsächlich ein apriorisches Wissen. Dieses ist jedoch ein rein analytisches, so daß es auch nicht notwendig ist, zu einem synthetischen Apriorismus im kantischen Sinne Zuflucht zu nehmen. Die Annahme Poppers, daß ein analytisches Induktionsprinzip den induktiven Schluß in einen deduktiven verwandle, ist deshalb unzutreffend, weil eine Aussage über die induktive Wahrscheinlichkeit einer Hypothese zwar ein analytischer Satz ist, aber trotzdem kein Satz der deduktiven, sondern der induktiven Logik; denn er beruht nicht auf der Definition des Begriffs der logischen Folgerung, sondern auf der Definition des Begriffs der induktiven Wahrscheinlichkeit.

Die meisten Irrtümer in der Beurteilung des induktiven Schließens sind nach Carnap dadurch entstanden, daß vielfach unter der Lösung des Induktionsproblems die Erfindung eines rationalen Verfahrens verstanden wurde, mit dessen Hilfe wir imstande sein sollten, von gegebenen Beobachtungen zu geeigneten Gesetzen oder sogar ganzen Theorien zu gelangen. Auch hier stimmt Carnap mit Popper darin überein, daß es ein solches Verfahren sicher niemals geben wird. Für das Zustandekommen naturwissenschaftlicher Theorien müssen Glück, Intuition und Kombinationsgabe des Naturforschers zusammenwirken; und diese Faktoren kann man unmöglich durch ein maschinelles Verfahren (eine Induktionsmaschine) ersetzen. Es wäre jedoch ganz verfehlt, daraus zu schließen, daß das Induktionsproblem unlösbar sei. Dieses beginnt vielmehr erst dann, *wenn bereits eine vom Theoretiker ersonnene Hypothese vorliegt*, die zur Erklärung bestimmter Phänomene dienen soll. Das Induktionsproblem besteht in der Aufgabe, die Frage zu beantworten, *wie groß die induktive Wahrscheinlichkeit dieser Hypothese auf Grund des vorliegenden Beobachtungsmaterials ist*. Prinzipiell unterscheidet sich hier die Situation in der induktiven Logik nicht von der entsprechenden Situation innerhalb der deduktiven Logik: Auch dort kann ja der Logiker z. B. dem Mathematiker nicht sagen, wie er es anstellen müsse, um zu Lehrsätzen und Beweisen zu gelangen – d. h. man kann keine Beweismaschine konstruieren –; vielmehr kommt es darauf an, die Regeln der Deduktion so zu formulieren, daß für jeden (durch Glück, Intuition und Kombinationsgabe ersonnenen!) angeblichen Beweis eines angeblich gefundenen Lehrsatzes überprüft werden kann, ob es sich tatsächlich um einen korrekten Beweis handelt.

Ein wesentliches Merkmal des Begriffs der induktiven Wahrscheinlichkeit ist dessen *relationaler Charakter*. Eine Aussage von der Gestalt: »die induktive Wahrscheinlichkeit der Hypothese h ist gleich r« ergibt überhaupt keinen Sinn, da die Angabe fehlt, in bezug auf welches Erfahrungswissen diese Wahrscheinlichkeitsbeurteilung erfolgen soll. Eine elementare Aussage der induktiven Logik muß daher vielmehr die Gestalt haben: »die induktive Wahrscheinlichkeit (der Bestätigungsgrad) der Hypothese h *auf Grund der Erfahrungsdaten e* ist gleich r«. Dieser relationale Charakter im Begriff der induktiven Wahrscheinlichkeit wurde von allen Theoretikern übersehen, welche diesen Begriff als eine Abschwächung des Wahrheitsbegriffs zu konstruieren versuchten. Das Prädikat »wahr« ist nämlich kein Relationsprädikat, sondern ein Eigenschaftsprädikat: eine Aussage ist wahr oder nicht wahr [1]. Will man ein deduktionslogisches Korrelat zum Begriff der induktiven Wahrscheinlichkeit finden, so ist dies nach Carnap nicht der Wahrheitsbegriff, sondern der Begriff der logischen Folgerung. Tatsächlich kann man die induktive Wahrscheinlichkeit auch als *partielle logische Deduzierbar-*

---

[1] Die semantische Relativität auf ein bestimmtes Sprachsystem betrifft etwas anderes; diese Relativität kommt allen semantischen Begriffen zu, insbesondere auch dem Begriff des Bestätigungsgrades, sofern er als ein semantischer Begriff eingeführt ist.

keit deuten: Wenn die induktive Wahrscheinlichkeit einer Hypothese *h* auf Grund von Erfahrungsdaten *e* zwar sehr groß ist, aber doch um etwas geringer als 1, so liegt fast eine logische Ableitungsbeziehung zwischen *h* und *e* vor, aber doch nicht ganz. Wenn dagegen diese induktive Wahrscheinlichkeit nahe bei o liegt, so besteht beinahe eine logische Unverträglichkeit zwischen *h* und *e*, aber doch keine streng logische Unverträglichkeit. Die induktiven Wahrscheinlichkeitswerte charakterisieren somit numerisch die größere oder geringere Entfernung von den extremen Fällen der logischen Folgerung und der logischen Unverträglichkeit.

Entsprechend der Unterscheidung in klassifikatorische, komparative und quantitative Begriffe (vgl. S. 375 f.) kann die präzise Explikation des Begriffs der induktiven Bestätigung in dreifacher Form erfolgen. Ein *klassifikatorischer Begriff der Bestätigung* liegt dann vor, wenn die Bedingungen angegeben sind, unter denen eine Hypothese *h* durch Erfahrungsdaten *e* als bestätigt anzusehen ist. Von einem Grad der Bestätigung ist hier noch keine Rede, ja nicht einmal von einer Vergleichsmöglichkeit zwischen den Bestätigungen verschiedener Hypothesen. Ein *komparativer Begriff der Bestätigung* würde dagegen bereits solche Vergleichsfeststellungen ermöglichen. Ein Beispiel für eine elementare Aussage der komparativen Theorie der Bestätigung wäre etwa die folgende: »die Hypothese *h* wird durch die Erfahrungsdaten *e* besser bestätigt, als die andere Hypothese *h'* durch *e* bestätigt wird«. Auch hier ist jedoch der Begriff der induktiven Bestätigung noch kein Größenbegriff. Ein solcher liegt erst vor, wenn der Begriff der Bestätigung als *quantitativer Begriff*, d. h. als Begriff des Bestätigungs*grades* konstruiert wird. Mittels dieses Begriffs wird der Grad, mit dem eine Hypothese *h* auf Grund der Erfahrungsdaten *e* bestätigt wird, durch einen numerischen Wert zwischen 0 und 1 charakterisiert. Wenn oben von induktiver Wahrscheinlichkeit im Gegensatz zu statistischer Wahrscheinlichkeit gesprochen worden ist, so war damit bereits dieser spezielle Fall der Konstruktion des Begriffs der induktiven Bestätigung als eines quantitativen Begriffs gemeint. Da die quantitativen Begriffe stets die wirksamsten Instrumente sind, über die ein Wissenschaftler verfügt, hat Carnap gleich den Versuch unternommen, die Theorie der induktiven Bestätigung oder der *induktiven Logik* in der schärfsten Form, nämlich als eine Theorie des Bestätigungsgrades oder der quantitativen induktiven Wahrscheinlichkeit aufzubauen.

Der Begriff der induktiven Wahrscheinlichkeit oder des Bestätigungsgrades kann nach Carnap noch genauer erläutert werden durch Identifizierung mit zwei weiteren Begriffen. Bei dieser Erläuterung handelt es sich allerdings nur um die Klärung dieses Begriffs als Explikandum, nicht dagegen um seine Präzisierung als Explikat. Der eine dieser weiteren Begriffe ist der Begriff des *fairen Wettquotienten*. Wenn zwei Personen A und B eine Wette abschließen, dergestalt, daß A das Eintreffen einer Hypothese h behauptet, während B das Gegenteil annimmt, und wenn ferner A den Betrag u_1 einsetzt, B hingegen den Betrag u_2, so wird der Betrag

$$q = \frac{u_1}{u_1 + u_2}$$

als Wettquotient bezeichnet. Wenn wir weiter annehmen, daß die Personen A und B ihr Wissen, soweit dieses für die Hypothese h von Relevanz ist, zu dem gemeinsamen Wissen e zusammenlegen, so kann die Aussage: »der Bestätigungsgrad der Hypothese h auf Grund des Erfahrungswissens e ist gleich q« so interpretiert werden, daß eine Wette auf h mit dem Wettquotienten q für die beiden Wettenden A und B eine *faire Wette* ist. Dabei wird eine Wette fair genannt, wenn sie keinen der beiden Partner begünstigt. Aus dieser Interpretation ergibt sich auch der Grund dafür, warum die Werte der induktiven Wahrscheinlichkeit aus dem Bereich zwischen 0 und 1 gewählt werden müssen.

Die zweite Deutungsmöglichkeit besteht in der Identifizierung des Begriffs der induktiven Wahrscheinlichkeit mit dem der *Schätzung der relativen Häufigkeit*. Wenn eine Menge K von Gegenständen und weiter eine Eigenschaft M gegeben sind, ohne daß man auch nur von einem einzigen Objekt aus K mit Sicherheit wüßte, daß es die Eigenschaft M besitzt, so könnte die Aussage: »die induktive Wahrscheinlichkeit für die Hypothese, daß das Objekt b aus K die Eigenschaft M besitzt, ist gleich r« so gedeutet werden: »die Schätzung der relativen Häufigkeit des Vorkommens der Eigenschaft M innerhalb der Klasse K ist gleich r«. In dieser letzten Deutungsmöglichkeit liegt nach Carnap eine der psychologischen Wurzeln dafür, daß frühere Theoretiker immer wieder vergeblich versuchten, den Begriff des Bestätigungsgrades auf den Begriff der statistischen Wahrscheinlichkeit zurückzuführen: *sie verwechselten die relative Häufigkeit mit der Schätzung der relativen Häufigkeit* und wurden daher durch die eben erwähnte Deutungsmöglichkeit zu einer Identifizierung der induktiven Wahrscheinlichkeit mit der relativen Häufigkeit und daher mit dem Begriff der statistischen Wahrscheinlichkeit verleitet.

Auf Grund dieser Deutungsmöglichkeit der induktiven Wahrscheinlichkeit als Schätzung der relativen Häufigkeit gewinnt man auch ein Verständnis dafür, woher es kommt, daß die Lehrsätze beider Wahrscheinlichkeitstheorien vollkommen analog sind, obwohl es sich doch beide Male um einen ganz anderen Begriff handelt.

Die eigentliche Explikation des Begriffs des Bestätigungsgrades erfolgt bei Carnap im Rahmen der Semantik. Und zwar wird dieser Begriff als ein zweistelliger Funktionsbegriff der Metasprache $c(h, e)$ eingeführt, der als Argumente beliebige Sätze h und e der Objektsprache haben kann und einem solchen Paar von Sätzen stets einen Wert zwischen 0 und 1 zuordnet: $c(h, e) = r$ (»der Bestätigungsgrad von h auf Grund von e ist gleich r«). Es muß stets streng zwischen einem solchen induktionslogischen Satz und dessen *Anwendung auf eine konkrete Wissenssituation* unterschieden werden: Die Frage, ob der Satz h tatsächlich eine Hypothese darstellt und der Satz e wirklich ein gesichertes Erfahrungswissen ausdrückt, gehört nicht mehr zur induktiven Logik, sondern zu deren Anwendung auf eine bestimmte Situation.

Und selbst wenn diese Frage sowohl bezüglich h wie in bezug auf e bejahend ausfallen sollte, so ist damit noch nicht gesagt, daß der induktionslogische Satz »$c(h, e) = r$« so gedeutet werden darf, daß die Hypothese h auf Grund des vorhandenen Erfahrungswissens im Grade r bestätigt ist. Diese Deutung ist erst dann zulässig, wenn e nicht nur gesicherte Erfahrungen beinhaltet, sondern wenn e alles verfügbare Erfahrungswissen ausdrückt oder wenn das in e nicht erwähnte Erfahrungswissen für die Beurteilung von h irrelevant ist. Ansonsten könnte ja der Fall eintreten, daß bei Berücksichtigung weiterer tatsächlich vorliegender Erfahrungsdaten sich ein ganz anderer Wert für den Bestätigungsgrad der Hypothese ergäbe. In diesem Punkte unterscheidet sich die induktive Logik in der Anwendung stark von der deduktiven: Ein deduktiver Schluß bleibt auch in der Anwendung gültig, wenn neue Prämissen hinzutreten; ein induktiver Schluß hingegen ist nicht mehr anwendbar, wenn sich die relevanten Prämissen (d. h. die relevanten Erfahrungsdaten) geändert haben. Wenn etwa durch zusätzliche Beobachtungen aus den ursprünglichen Erfahrungsdaten e das neue Erfahrungswissen e_1 entsteht und z. B. die beiden induktionslogischen Sätze gelten: »$c(h, e) = r$« und »$c(h, e_1) = r_1$«, so bleiben beide Sätze als Sätze der induktiven Logik gültig, aber nur der zweite ist in der neuen Situation anwendbar.

Carnap faßt die Induktionsschlüsse nach Haupttypen zusammen. Die wichtigsten sind die folgenden fünf: 1.) der *direkte Schluß*, d. h. der Schluß von einer Grundgesamtheit auf eine Stichprobe dieser Gesamtheit; 2.) der *Voraussageschluß*, d. h. der Schluß von einem Fall auf einen anderen (gewöhnlich in der Zukunft liegenden), der sich mit dem ersten nicht überschneidet; 3.) der *Analogieschluß*, d. h. der Schluß von einem Individuum auf ein anderes auf Grund einer bekannten Ähnlichkeit zwischen den beiden; 4.) der *inverse Schluß*, nämlich der Schluß von einer Stichprobe auf die Gesamtheit; 5.) der *Allschluß*, d. h. der Schluß von einer Stichprobe (endlichen Klasse von Einzelfällen) auf eine Hypothese vom Charakter eines Allsatzes. Der Ausdruck »Schluß« ist dabei nach dem oben Gesagten nicht so zu verstehen, daß die betreffende Hypothese h *gewonnen* werden soll, sondern daß der Wert von $c(h, e)$ bei gegebenem h und e zu *ermitteln* ist. Also z. B. im ersten Fall, in welchem das Datum e die Häufigkeit einer Eigenschaft M in der Grundgesamtheit und h die Häufigkeit von M in einer Stichprobe dieser Gesamtheit beschreibt, ist nicht die Frage zu beantworten, wie man dieses h gewinnt, sondern es ist der Wert von $c(h, e)$ zu bestimmen. Analoges gilt von den anderen Fällen.

Der detaillierte Aufbau eines Systems der induktiven Logik stößt auf große Schwierigkeiten. Das Hauptproblem besteht in der *Einführung einer adäquaten c-Funktion*, die zur Ermittlung der Bestätigungsgrade von Hypothesen auf Grund von Erfahrungsdaten dienen soll, d. h. also in der Definition der Funktion »c«, von der in einer elementaren Aussage der induktiven Logik »$c(h, e) = r$« Gebrauch gemacht werden muß. Carnap konnte zeigen, daß es nicht nur eine einzige induktive Methode gibt, sondern ein ganzes lineares Kontinuum von solchen Methoden. Viele dieser Methoden lassen sich von vornherein als inadäquat ausscheiden. Es bleiben jedoch noch zahlreiche weitere Methoden zurück, zwischen denen die Entscheidung getroffen werden muß. Bei einer solchen Entscheidung hat man neben theoretischen auch praktische Gesichtspunkte zu berücksichtigen.

Angesichts dieser und vieler anderer Schwierigkeiten ist die Frage aufgetreten, ob sich die Mühe wirklich lohnt, welche auf die Errichtung eines Systems der induktiven Logik verwendet werden muß. Carnap hat diese Frage bejahend beantwortet und darauf hingewiesen, daß eine Theorie des induktiven Schließens zahlreiche wichtige Anwendungen in der Theorie und Praxis besitzen würde. Drei solche Anwendungen seien hier kurz erwähnt: Zunächst kann die induktive Logik dazu verwendet werden, *Regeln für die Vornahme von Schätzungen aufzustellen*. Schätzungen von unbekannten Werten bestimmter Größen spielen heute nicht nur in der Wissenschaft, sondern auch im Alltag und in der Wirtschaft eine ständig zunehmende Rolle. Von Statistikern wurden voneinander unabhängige Schätzungsmethoden aufgestellt, über deren Gültigkeit und Brauchbarkeit die größten Meinungsverschiedenheiten bestehen. Nach Carnaps Auffassung kann hier Klarheit und Einheitlichkeit nur auf dem Wege über eine Theorie der Bestätigung erzielt werden, da eine inhaltlich adäquate und formal präzise Theorie des Schätzens sich nur so aufbauen läßt, daß eine auf der induktiven Wahrscheinlichkeit beruhende Schätzungsfunktion eingeführt wird.

Eine zweite wichtige Anwendung der induktiven Logik besteht darin, daß mit ihrer Hilfe *Regeln für das Fassen rationaler Entschlüsse* aufgestellt werden können. Diese Regeln sind überall dort von Bedeutung, wo wir uns in unseren praktischen Entschlüssen nicht vorwiegend von Gefühlen und Stimmungen, sondern von vernünftigen Überlegungen leiten lassen. Carnap hat an dieser Stelle sehr interessante Zusammenhänge entdeckt zwischen der Theorie des induktiven Schließens und der sog. *Theorie des Grenznutzens*, die in der modernen Nationalökonomie eine wichtige Rolle spielt.

Schließlich kann die induktive Logik in der empirischen Wissenschaft von Nutzen sein bei der Beurteilung von Hypothesen, insbesondere dann, wenn die Hypothesen und Erfahrungsdaten statistische Informationen enthalten. Die Theorie der induktiven Wahrscheinlichkeit läßt sich hier dazu verwenden, *die Glaubwürdigkeit empirischer Hypothesen auf Grund der bisherigen Beobachtungen zu beurteilen*, verschiedene derartige Hypothesen in bezug auf ihren Bestätigungsgrad miteinander zu vergleichen und die induktiv am besten gestützte Hypothese vor den übrigen auszuzeichnen. Dieses Zusammenspiel von empirischer Wissenschaft und induktiver Logik hat Carnap in dem folgenden Satz zusammengefaßt, der nach Analogie zu einem berühmten Ausspruch Kants gebildet ist: »*Induktive Logik ohne Beobachtungen ist leer, Beobachtungen ohne induktive Logik sind blind.*«

In den letzten Jahren hat Carnap neben technischen Verbesserungen des früheren Ansatzes einen neuen Zugang zur induktiven Logik entwickelt: den Weg über die *rationale Entscheidungstheorie*. Zugleich ergibt sich von da aus ein Ansatz für eine *Begründung* der Axiome der induktiven Logik. Es sei X eine Person, die zwischen endlich vielen möglichen Handlungen zu wählen hat. Ein Ergebnis, welches für X von Relevanz ist, hängt ab erstens von der durch X vollzogenen Handlung A_k sowie von dem Zustand der Welt S_n. Diese Ergebnisse mögen abgekürzt durch $E_{k,n}$ wiedergegeben werden. Jedes Ergebnis hat für X einen bestimmten Nutzen $N(E_{k,n})$, wobei N als eine dem Individuum X zuzuordnende Nutzenfunktion aufzufassen ist. Der *subjektive Wert* $V(A_k)$, den die Person ihrer Handlung A_k beimißt, kann als die Summe $\sum_n N(E_{k,n}) \times C(S_n)$ definiert werden, wobei $C(S_n)$ die subjektive oder personelle Wahrscheinlichkeit von S_n für X ist, d. h. die Wahrscheinlichkeit, die X dem Eintreten von S_n beimißt. Das *Entscheidungsprinzip* läßt sich nun so formulieren: X soll jene Handlung wählen, bei welcher der subjektive Wert ein Maximum ergibt. Während in der *empirischen Entscheidungstheorie* über die Wahrscheinlichkeitsfunktion C, auch *Glaubensfunktion* genannt, keine genauen Angaben gemacht werden können, lassen sich innerhalb der *rationalen Entscheidungstheorie* eine Reihe von Aussagen darüber formulieren, welchen Bedingungen die Funktion C genügen muß, um zu vernünftigen Entscheidungen zu gelangen. Der erste Schritt führt wieder über den Begriff der fairen Wette. Es möge X n Wetten auf n verschiedene Propositionen $H_1, \ldots, H_n$ abschließen mit den Wetteinsätzen $s_1, \ldots, s_n$. Von diesem endlichen Wettsystem sagen wir, daß es *im Einklang mit der Glaubensfunktion C steht*, wenn in allen n Fällen der Wettquotient q_i identisch ist mit dem Wert von $C(H_i)$, also mit dem Grad, in dem X an das Eintreffen von H_i glaubt. Für alle Möglichkeiten läßt sich der Gewinn bzw. der Nutzen für X berechnen. X weiß aber von vornherein nicht, welche der Wetten er gewinnen und welche er verlieren wird, d. h. er weiß nicht, welche der n Propositionen H_i wahr und welche falsch sind. Angenommen nun, X erzielt in keinem der logisch möglichen Fälle einen Reingewinn, während er in einigen dieser Fälle einen Reinverlust erleidet. Es wäre offenbar ein unvernünftiges Vorgehen, wenn X trotzdem die n Wetten abschließen würde. Er weiß ja mit Sicherheit, daß er nie einen Gewinn erzielen wird. Und wenn er Glück hat, so wird er zwar auch keinen Verlust erleiden; es kann ihm jedoch passieren, daß das System der Wetten mit einem Reinverlust für ihn ausgeht. Man wird daher die folgende *Minimalforderung an die Vernünftigkeit von C* aufstellen: Es darf kein Wettsystem geben, welches im Einklang mit C steht, so daß sich niemals ein Gewinn ergibt, jedoch in mindestens einem möglichen Fall ein Verlust. Erfüllt C diese Bedingung, so wird die Glaubensfunktion C *streng fair* genannt. Wie de Finetti und J. v. Kemeny bewiesen haben, ist C dann und nur dann streng fair, wenn C alle Grundaxiome der Wahrscheinlichkeitstheorie erfüllt (d. h. wenn C ein endlich additives Wahrscheinlichkeitsmaß zwischen den Grenzen 0 und 1 ist) und wenn außerdem für eine nichtgenerelle Aussage $C(H) = 0$ nur dann gilt, wenn H unmöglich ist. Damit ist eine *Begründung* dafür geliefert, daß die rationale Glaubensfunktion die Grundprinzipien der Wahrscheinlichkeitstheorie in der angegebenen Verschärfung erfüllt.

Dieser erste Begründungsschritt ist insofern interessant, als darin der Begriff des Bestätigungsgrades überhaupt nicht benützt wird, nicht einmal als Explikandum. Für die Begründung der für die Glaubensfunktion C geltenden Axiome wurde ja nur der auf ein System von Wetten bezugnehmende Begriff der strengen Fairneß benützt. Der Übergang zur induktiven Logik erfordert die Einführung einer weiteren Funktion, der sog. *Glaubhaftigkeitsfunktion* $Cred(H|A)$ (»*Cred*« steht für »credibility«). Während die Glaubensfunktion C nicht nur auf eine Person X, sondern auch auf einen Zeitpunkt t relativ ist, wird in dieser Funktion die zeitliche Relativierung beseitigt. Man könnte die Bedeutung des eben angeschriebenen symbolischen Ausdrucks so wiedergeben: »Wenn das gesamte Erfahrungswissen der Person X zum Zeitpunkt t A gewesen wäre, dann wäre $C(H)$ zum Zeitpunkt t identisch mit $Cred(H|A)$.« Setzt man hier für A eine logisch wahre Aussage ein, so erhält man die *Ausgangsglaubensfunktion* C_0, d. h. die Glaubensfunktion von X für jenen Zeitpunkt, da X noch keine Erfahrungen gesammelt hat. Den Unterschied zwischen diesen beiden Funktionen C und Cred kann man in psychologischer Terminologie so charakterisieren: Während die Glaubensfunktion C den *augenblicklichen Zustand der Überzeugung* (des Glaubens) einer rationalen Person X zu einem Zeitpunkt t wiedergibt, charakterisiert die Glaubhaftigkeitsfunktion Cred von X eine *dauerhafte Disposition* dieser rationalen Person, nämlich die Disposition, auf der Grundlage von Beobachtungswissen bestimmte Überzeugungen zu bilden.

Der Übergang zur induktiven Logik besteht in nichts weiter als darin, daß man von dem »imaginären« rationalen Subjekt X, von dem bisher die Rede war, abstrahiert. Der Ausgangsglaubensfunktion C_0 und der Glaubhaftigkeitsfunktion *Cred* entsprechen dann die Maßfunktion m sowie die schon früher erwähnte Bestätigungsfunktion c.

Die obige Begründung überträgt sich nun unmittelbar auf diese rein logischen Funktionen. Wir erhalten also für die Bestätigungsfunktion c als erste *Konvention* K_1 die Bedingung, daß durch c ein streng faires Wettsystem definiert werden müsse. Wie erwähnt, ist diese Forderung hinreichend, um die üblichen wahrscheinlichkeitstheoretischen Axiome (mit der angegebenen zusätzlichen Verschärfung) abzuleiten. Dies genügt jedoch nicht. Die Klasse der c-Funktionen, die diese Bedingung erfüllen, ist noch immer viel zu groß, da viele dieser Funktionen zu inadäquaten Resultaten führen würden. Durch eine Reihe weiterer Axiome wird die Klasse der c-Funktionen schrittweise weiter eingeengt; denn alle Funktionen, die zwar die bis zu einem bestimmten Punkt eingeführten Axiome, aber nicht ein neu hinzutretendes Axiom erfüllen, fallen dabei heraus. Für die Begründung dieser weiteren Axiome dienen die folgenden Adäquatheitskonventionen:

K_2. »$c(h, e)$ soll nur von den durch h und e ausgedrückten Propositionen abhängen.« Mit dieser Forderung wird die Abhängigkeit der c-Funktion vom zugrunde liegenden Sprachsystem auf ein Minimum reduziert. Mit K_2 lassen sich z. B. Axiome begründen, welche die Unabhängigkeit des c-Wertes vom Individuenbereich sowie von der Zahl der Prädikatfamilien verlangen.

K_3. »$c(h, e)$ soll nur von der *logischen Struktur* von h und e abhängen.« Diese Forderung ermöglicht es, in eigenen *Invarianzaxiomen* den logisch zulässigen Gehalt des klassischen Indifferenzprinzips in einer Reihe von Axiomen festzuhalten.

K_4. »Die Definition von $c(h, e)$ soll es uns ermöglichen, aus der Erfahrung zu lernen.« Diese Forderung führt z. B. u. a. zu der Forderung, daß für eine Folge von mehr oder weniger gut bestätigten Beobachtungsinstanzen die zugehörigen c-Werte monoton wachsend sein müssen.

K_5. »Bei der Berechnung von $c(h, e)$ ist nur jener Teil von e heranzuziehen, der für h relevant ist.«

K_6. »Die Funktion c soll so einfach wie möglich sein, vorausgesetzt, daß dadurch keine intuitiven Forderungen verletzt werden.«

Trotz ihrer scheinbaren Vagheit genügen diese Prinzipien, um die Axiome eines Systems der induktiven Logik zu begründen. Damit erhält auch *das Problem der Rechtfertigung der Induktion* einen ganz neuen Aspekt. Dieses Rechtfertigungsproblem wird von Carnap nicht für eine einzige induktive Methode, sondern *für eine ganze Klasse von Glaubhaftigkeitsfunktionen* formuliert. Seine Lösung besteht in der *Rechtfertigung der Annahme eines Axiomensystems der induktiven Logik*. Wie diese Rechtfertigung auszusehen hat, wurde soeben angedeutet. Sie besteht nicht in einer logischen Deduktion. Deshalb ist eine deduktive Rechtfertigung des induktiven Schließens unmöglich. Trotzdem handelt es sich dabei um *Gründe a priori;* denn in diesen Gründen werden weder synthetische Annahmen über die Struktur des Universums benützt noch bestimmte Erfahrungen, die wir bisher gemacht haben.

(e) Das Problem des Naturgesetzes
  (zur Theorie von N. Goodman) [1]

Es gibt verschiedene wissenschaftslogische Probleme, deren erfolgreiche Behandlung eine Klärung des Begriffs des *Naturgesetzes* oder allgemeiner: des *Gesetzes*, erfordert. Daß man nicht das Recht hat, jede wahre Allaussage als ein Gesetz zu betrachten, kann man an Hand von absurden Resultaten aufzeigen, zu denen man gelangen würde, falls man eine solche Gleichsetzung vornehmen wollte. Am eindrucksvollsten sind

---

[1] Vgl. zum folgenden W. Stegmüller, »Conditio irrealis, Dispositionen, Naturgesetze und Induktion«, Kantstudien, Bd. 50, H. 3, S. 363–390.

die Beispiele aus dem Bereich der wissenschaftlichen Erklärung und aus dem Gebiet der induktiven Bestätigung.

Anläßlich der Diskussion des Begriffs der wissenschaftlichen Erklärung ist darauf hingewiesen worden, daß das Explanans jeder adäquaten Erklärung mindestens eine Aussage vom Charakter eines allgemeinen Gesetzes enthalten muß (S. 451). Angenommen, es sei B ein Korb, der nur rote Äpfel enthält; a sei einer dieser Äpfel. Solange kein Kriterium der Gesetzesartigkeit einer Aussage aufgestellt wird, hindert uns nichts daran, den Satz »alle Äpfel im Korb B sind rot« (1) als eine Gesetzesaussage zu betrachten. Wenn wir noch den Satz »a befindet sich im Korb B« (2) hinzunehmen, so ist daraus der weitere Satz ableitbar: »der Apfel a ist rot« (3). Sofern wir das früher skizzierte Schema der wissenschaftlichen Erklärung zugrunde legen (S. 450), können wir die ersten beiden Sätze als Explanans auffassen – nämlich den Satz (1) als Gesetzesaussage und den Satz (2) als Antecedensbedingung – und den Satz (3) als Explanandum. Dies würde jedoch bedeuten, daß der Inhalt von Satz (3) als durch die anderen beiden Sätze erklärt anzusehen ist. Ein solches Resultat ist natürlich absurd; denn es wird niemand im Ernst behaupten wollen, daß die rote Farbe eines Apfels damit hinreichend erklärt sei, daß sich dieser Apfel in einem Korb mit lauter roten Äpfeln befindet.

Wenn man es vermeiden will, die obige Deduktion als eine adäquate wissenschaftliche Erklärung zu betrachten, so scheint es nur den Weg zu geben, daß man leugnet, der Satz (1) sei ein Gesetz. Dies kann man jedoch in dem vorliegenden Fall sowie in allen analogen Fällen erst dann tun, wenn man über ein *Kriterium der Gesetzesartigkeit* einer Aussage verfügt. Wie N. Goodman gezeigt hat, ist das Problem »was sind die notwendigen und hinreichenden Bedingungen dafür, um eine Aussage als Gesetz bezeichnen zu dürfen?« auch innerhalb der Theorie der induktiven Bestätigung von Aussagen von höchster Aktualität. Die von Goodman gebrachten Beispiele zeigen zugleich, worauf es hierbei ankommt.

Angenommen, es sei die Eigenschaft grün kein Definitionsmerkmal im Begriff des Smaragdes, so daß die generelle Aussage »alle Smaragde sind grün« (4) eine empirische Hypothese darstellt. Diese Hypothese werde zum gegenwärtigen Zeitpunkt *t* formuliert. Da bis zu diesem Zeitpunkt *t* zahlreiche Smaragde auf ihre Farbe geprüft und für grün befunden wurden, gibt es für den Satz (4) sehr viele bestätigende Instanzen; (4) scheint somit eine induktiv sehr gut bestätigte Hypothese zu sein. Es werde nun das folgende künstliche Prädikat »grot« in die Sprache eingeführt und folgendermaßen definiert: Dieses Prädikat soll für alle Dinge, die vor dem Zeitpunkt *t* auf ihre Farbe geprüft wurden, genau dann gelten, wenn diese Dinge sich dabei als grün herausstellten; auf die übrigen Dinge hingegen soll das Prädikat genau dann anwendbar sein, sofern diese Dinge rot sind. Vom logischen Standpunkt ist gegen diese seltsame Definition eines Prädikates sicher nichts einzuwenden. Es werde jetzt mit Hilfe dieses neuen Prädikates die Hypothese formuliert: »alle Smaragde sind grot« (5). Da alle bisher auf ihre Farbe hin untersuchten Smaragde sich als grün und damit nach Definition als »grot« erwiesen haben, müßte man genauso wie im vorigen Fall sagen, daß die Hypothese (5) induktiv bestens bestätigt sei und damit auch alle Voraussagen, die sich aus diesem Satz (5) gewinnen lassen. Man müßte also erwarten, daß alle künftig gefundenen Smaragde grot sein werden. Da diese Smaragde bisher nicht auf ihre Farbe hin untersucht wurden, ergibt sich aus der Definition von »grot«, daß diese Smaragde rot sein werden. Wir erhalten also das absurde Resultat, daß die bisherigen zahllosen Erfahrungen von grünen Smaragden in derselben Weise den Satz induktiv bestätigen, daß alle künftig gefundenen Smaragde rot sein werden, wie diese Erfahrungen den Satz bestätigen, daß die künftig beobachteten Smaragde grün sein werden.

Dieser Konsequenz entgeht man nur dadurch, daß man den Begriff der induktiven Bestätigung auf gesetzesartige Aussagen beschränkt und sagt: *Der Satz (4) ist ein Gesetz und daher einer induktiven Bestätigung fähig; der Satz (5) hingegen ist kein Gesetz und daher auch nicht induktiv bestätigungsfähig.* Wieder tritt das Problem auf, was das Kriterium für die Unterscheidung dieser beiden Aussagetypen sei. Die Beispiele (4) und (5) sind nach Goodman ein Hinweis darauf, daß es bei dieser Unterscheidung auf die in den Aussagen verwendeten *Prädikate* ankommt. Das in (4) verwendete Prädikat »grün« scheint in induktiv bestätigungsfähigen Aussagen verwendbar zu sein, das in (5) vorkommende Prädikat »grot« hingegen nicht. Solche Prädikate, die sich dazu eignen, um mit Hilfe einer Hypothese von gegebenen auf nichtgegebene Fälle übertragen zu werden, nennt Goodman *projektierbare Prädikate*. Die verschiedenen Farbprädikate wären Beispiele von projektierbaren Prädikaten; »grot« ist dagegen ein Beispiel eines nichtprojektierbaren Prädikates.

In den letzten beiden Jahrzehnten sind zahlreiche Versuche unternommen worden, eine scharfe begriffliche Abgrenzung der gesetzesartigen Aussagen von solchen zu erzielen, die keine Gesetze sind. So hat man z. B. behauptet, daß Gesetze sich von Nichtgesetzen dadurch unterscheiden, daß die ersteren *unendlich viele* (tatsächliche oder mögliche) *Anwendungsfälle* besitzen, die letzteren dagegen nur *endlich viele*. Oder man hat gesagt, daß nur die sog. *rein qualitativen Prädikate* projektierbare Prädikate seien, d. h. jene, die entweder undefinierte Grundprädikate darstellen oder die ohne ausdrückliche Bezugnahme auf einen Zeitpunkt oder auf ein bestimmtes Ding definiert werden können (während z. B. »grot« durch Bezugnahme auf den Zeitpunkt t definiert wurde). Goodman konnte in scharfsinnigen Analysen zeigen, daß diese sowie alle übrigen bisherigen Versuche der Abgrenzung vollkommen unbrauchbar sind. Innerhalb seiner eigenen Theorie verlangt er, daß in einer bestimmten Hinsicht die bisherigen Vorstellungen von der induktiven Bestätigung von Aussagen grundsätzlich revidiert werden müssen. Diese bisherigen Theorien der induktiven Bestätigung beruhen nach Goodman alle auf einem fiktiven tabula-rasa-Standpunkt. Man geht von der Annahme aus, daß bisher noch keine Hypothesen akzeptiert worden sind, sondern daß wir jetzt erstmals Hypothesen aufstellen und vor der Aufgabe stehen, diese mit Hilfe des verfügbaren Erfahrungsmaterials auf ihre Gültigkeit zu überprüfen. Unter dieser fiktiven Voraussetzung ist nach Goodman eine Lösung des Problems ausgeschlossen. Wir müssen vielmehr die Feststellung zugrunde legen, daß wir zu jedem Zeitpunkt bereits über zahlreiche Hypothesen verfügen und außerdem über Berichte, daß in der Vergangenheit bestimmte Hypothesen akzeptiert wurden. In einem Bild gesprochen: Wir dürfen nicht von der Annahme ausgehen, daß die Induktionsmaschine in diesem Augenblick erst ins Rollen kommt, sondern müssen vielmehr voraussetzen, daß sie bereits längst im Rollen ist.

Eine Hypothese wird als eine *faktisch projektierte Hypothese* bezeichnet, wenn die Hypothese zu einem Zeitpunkt tatsächlich angenommen worden ist, wenn ferner diese Hypothese stützende, jedoch keine sie erschütternden Erfahrungstatsachen bekannt sind und wenn die Hypothese schließlich nicht erschöpft ist (so daß noch nicht alle unter sie subsumierbaren Einzelfälle überprüft wurden). Die Aufgabe, eine Reduktion auf die gesetzesartigen Aussagen herbeizuführen, besteht darin, aus der Klasse der faktisch projektierten Hypothesen die unprojektierbaren zu eliminieren. Dazu müssen die in diesen Hypothesen verwendeten Prädikate genauer betrachtet werden. Hier tritt die Eigenart der goodmanschen Methode deutlich zutage: Es genügt nicht, diese Prädikate zu analysieren, sondern es müssen die mit diesen Prädikaten *in der Vergangenheit gemachten faktischen Projektionen* berücksichtigt werden. So z. B. wurde das Prädikat »grün« schon viel früher, vor allem viel häufiger zu Projektionen benutzt als das künstliche Prädikat »grot«. Das erste Prädikat hat sozusagen eine viel eindrucksvollere Biographie als das letztere. Goodman drückt dies so aus, daß er sagt: das Prädikat »grün« ist *in der Sprache viel besser verankert* als das Prädikat »grot«.

Dieser Begriff der sprachlichen Verankerung eines Prädikates wird von Goodman als Grundbegriff verwendet und in der Formulierung einer Reihe von Eliminationsregeln benützt, durch die sukzessive die nicht gesetzesartigen Hypothesen ausgeschaltet werden. Dies sei am Beispiel einer Regel illustriert, durch die eine Aussage von der Gestalt des Satzes (5) ausgeschaltet wird. Dabei soll das im Vordersatz einer generellen Wenn-dann-Behauptung stehende Prädikat als

Antecedens-Prädikat bezeichnet werden und das im Nachsatz vorkommende Prädikat als Konsequens-Prädikat. Die beiden Hypothesen (4) und (5) sind beide gestützt, nicht erschüttert und nicht erschöpft; (4) ist außerdem eine faktisch projektierte Hypothese. Die Ausschaltung der Hypothese (5) erfolgt mittels (4) auf Grund der Feststellung, daß die beiden Hypothesen ein gleich gut verankertes Antecedens-Prädikat besitzen – in diesem konkreten Fall ist es sogar dasselbe Prädikat »Smaragd« –, daß (4) jedoch das viel besser verankerte Konsequens-Prädikat »grün« (gegenüber dem schlecht verankerten Konsequens-Prädikat »grot« von Satz (5)) enthält und daß (5) der gestützten und unerschütterten Hypothese (4) widerspricht. Kurz gesagt: eine solche Projektion eines Prädikates ist auszuschalten, die mit der Projektion eines viel besser verankerten Prädikates im Widerspruch steht. Analoge Eliminationsregeln werden für andere kompliziertere Fälle aufgestellt [1]. Die Wirksamkeit dieser Regeln wird dadurch noch vergrößert, daß neben der »selbsterworbenen« Verankerung von Prädikaten auch die »Vererbung« der Verankerung von Prädikaten auf andere Prädikate berücksichtigt wird. Der Begriff der Gesetzeshypothese kann dann so definiert werden, daß es sich um gestützte, unerschütterte und nicht erschöpfte Hypothesen handeln müsse, die allen Eliminationsregeln standhalten.

Die Untersuchungen Goodmans stellen einen wichtigen Beitrag dar zu den Bemühungen um eine Klärung des Begriffs der induktiven Bestätigung von Aussagen, außerdem aber zu allen jenen Problemen, für die der Begriff des Naturgesetzes von Relevanz ist. Das eingangs gegebene Beispiel der wissenschaftlichen Erklärung war nur eines dieser weiteren Anwendungsgebiete.

---

[1] Vgl. W. Stegmüller, a. a. O., S. 385/386. In der Formulierung der Regel III auf S. 386 dieser Abhandlung ist die zusätzliche Bedingung einzufügen, daß das Prädikat A' viel besser verankert sein muß als das Prädikat A.

3. Wirklichkeitsprobleme

*(a) Das Seins- und Universalienproblem
(zur Theorie von W. V. Quine)*

Wir haben bereits früher darauf hingewiesen, daß heute vor allem in Mitteleuropa die vollkommen irrige Auffassung weit verbreitet ist, die Anerkennung der modernen Logik müsse zu einem positivistischen und antimetaphysischen philosophischen Standpunkt führen. Daß verschiedene Vertreter der modernen Logik diesen Standpunkt einnehmen, ist richtig; aber dies beruht auf einem historischen Zufall. Den besten Beweis dafür bildet die Tatsache, daß gerade innerhalb der Reihen führender Vertreter der mathematischen Logik das Universalienproblem sehr intensiv diskutiert wird. Wer diese Diskussion verfolgt, muß zugeben, daß dieses Problem hier mit weit größerer Klarheit formuliert und behandelt wird als in der traditionellen Philosophie. Den Anstoß für die moderne Form der Diskussion des Seins- und Universalienproblems hat der Logiker W. V. Quine gegeben. Andere Logiker, insbesondere N. Goodman und A. Church, haben in der Folgezeit wichtige Beiträge zu diesem Problemkomplex geliefert.

Quine beginnt seine Untersuchungen mit der Analyse des Sinnes einer ontologischen Meinungsverschiedenheit zwischen zwei Philosophen: Was bedeutet es, wenn ein Philosoph A behauptet, daß es bestimmte Gegenstände gibt, während B leugnet, daß es sie gibt? Die paradoxe Situation ist die, daß B den Meinungsunterschied nicht einmal formulieren zu können scheint; denn er kann offenbar nicht sagen, *daß es bestimmte Gegenstände gibt*, die A anerkennt, während er selbst sie leugnet; mit einer solchen Fassung seines Standpunktes würde er vielmehr die Richtigkeit der gegnerischen Meinung zugestehen. Es handelt sich hier um das alte platonische »Problem des Nichtseins von etwas«, welches auch bei singulären negativen Existenzbehauptungen auftritt, z. B. wenn jemand sagt »Pegasus existiert nicht«. Es wäre nämlich das folgende Argument denkbar: »Wenn es den Pegasus nicht gibt, dann sprechen wir über nichts, sobald wir dieses

Wort ‚Pegasus' gebrauchen; also wäre ein Satz, in dem dieses Wort vorkommt, unsinnig. Somit ist es gar nicht denkbar, daß die Existenz des Pegasus geleugnet wird, ohne zu einem Widerspruch oder Unsinn zu gelangen. Also muß es den Pegasus geben.« Es ist natürlich kein Ausweg aus der Schwierigkeit, zu sagen, daß der Pegasus eben nur eine Vorstellung im Geiste von Menschen sei; denn wenn jemand leugnet, daß es den Pegasus gibt, dann spricht er nicht *über* diese Vorstellung. Wie Quine überzeugend nachweist, kann die Schwierigkeit auch nicht so behoben werden, daß man Modalitäten einführt, und etwa sagt, nicht nur das Wirkliche, sondern auch das Mögliche existiere, so daß Pegasus ein Sein als nichtverwirklichte Möglichkeit besitze (vgl. dazu die früheren kritischen Bemerkungen zur Modallehre N. Hartmanns).

Quines Lösung der Schwierigkeit besteht in einer Verallgemeinerung eines von B. Russell entwickelten Verfahrens. Letzterer hatte gezeigt, daß man sog. singuläre Kennzeichnungen wie z. B. »der Verfasser des Wallenstein« als unvollständige Symbole auffassen, und Sätze, in denen derartige Kennzeichnungen vorkommen, so analysieren kann, daß diese Kennzeichnungen daraus verschwinden, ohne die Bedeutung des ganzen Satzes zu ändern. »Der Verfasser des Wallenstein war ein Dichter« wäre danach zu übersetzen in »jemand schrieb den Wallenstein und war ein Dichter und niemand sonst schrieb den Wallenstein« (die letzte Zusatzklausel, die mit »niemand« beginnt, ist notwendig, um die in der Verwendung des bestimmten Artikels enthaltene Einzigkeitsforderung wiederzugeben). Während die ontologische Last in der ursprünglichen Aussage auf der Wendung »der Verfasser des Wallenstein« lag, ist diese jetzt auf das »jemand« verschoben worden. Solche Ausdrücke wie »etwas« oder »jemand«, die zur Bildung einer generellen Existenzaussage verwendet werden, heißen Existenzquantoren und werden geschrieben »Ex« (zu lesen als: »es gibt ein x, so daß«). Die angeführte Aussage ist in analysierter Form dann wiederzugeben durch: »Ex (x schrieb Wallenstein und x war ein Dichter und niemand, der von x verschieden ist, schrieb Wallenstein)«. Das darin vorkommende Symbol »x« heißt *gebundene Variable.* Im gegenwärtigen Zusammenhang ist das Folgende von Bedeutung: Das »jemand« oder »Ex« ist kein Name; die Sinnhaftigkeit dieser Wendung setzt daher nicht die Existenz spezieller Gegenstände, insbesondere auch nicht die Existenz des Verfassers von Wallenstein voraus. Darum stellt die Behauptung oder Leugnung der Existenz dessen, worauf sich eine solche Kennzeichnung bezieht, nach Vornahme dieser Analyse keine Schwierigkeiten mehr dar. Der Satz »der Verfasser von Wallenstein existiert« wäre nämlich zu analysieren in »jemand schrieb den Wallenstein und niemand sonst schrieb den Wallenstein«, und die falsche Aussage »der Verfasser von Wallenstein existiert nicht« in: »es ist nicht der Fall, daß jemand existiert, der den Wallenstein verfaßte«.

Da somit bei Kennzeichnungen keine Schwierigkeiten mehr auftreten, würden auch bei den Namen die eingangs erwähnten Probleme verschwinden, wenn es gelänge, diese in Kennzeichnungen zu verwandeln. Dies ist tatsächlich immer möglich. Man braucht dazu nur die Ausdrücke, welche zunächst als Namen Verwendung finden, als Prädikate zu deuten und den Umstand, daß jeder Name sich auf genau ein Objekt bezieht, dadurch zum Ausdruck zu bringen, daß man den bestimmten Artikel voranstellt, d. h. das Ganze in eine Kennzeichnung verwandelt. In unserem Beispiel würde man also das (ex hypothesi unanalysierbare) Prädikat »ist Pegasus« einführen und das Substantivum »Pegasus« durch die Kennzeichnung ersetzen »dasjenige Ding, welches Pegasus ist«. Die Aussage »der Pegasus existiert nicht«, die zuerst als paradox erschien, könnte dann nach der russellschen Manier in eine einwandfreie Behauptung verwandelt werden.

Nach diesem Vorschlag von Quine lassen sich also sämtliche Eigennamen aus der Sprache eliminieren. Dies bedeutet natürlich nicht, daß die Umgangssprache in diesem Sinne geändert werden soll, sondern nur, daß für die Zwecke des ontologischen Problems die Sprache in dieser Weise modifiziert zu denken ist. Denn daraus wird dann unmittelbar ersichtlich, daß die Namen, welche jemand verwendet, überhaupt nicht dafür von Belang sind, was er für seiend hält.

Die in der geschilderten Weise geänderte Sprache enthält nur mehr *logische Ausdrücke*, wie z. B. »und«, »nicht«, ferner *Prädikate* und die erwähnten *gebundenen Variablen*. Es kann nun gefragt werden: Wenn die Ontologie eines Denkers, d. h. dasjenige, was dieser Denker als seiend anerkennt, nicht auf den von ihm verwendeten Namen beruht, so beruht sie vielleicht auf den von ihm für zulässig erklärten Prädikaten? Auch darauf gibt Quine eine negative Antwort. Zwar wurde immer wieder von Vertretern des platonistischen Standpunktes die Auffassung vertreten, daß die Verwendung eines Prädikatausdruckes wie »rot« das Zugeständnis zur Folge haben müsse, daß es nicht nur konkrete Einzeldinge, sondern auch nichtindividuelle Objekte wie die Qualität Rot (oder: »die Röte«) geben müsse. Einen solchen Schluß darf man nach Quine erst dann ziehen, wenn man solche Prädikate selbst wieder als Namen auffaßt und fragt, auf welchen Gegenstand sich diese Namen beziehen. Das Prädikat »ist rot« braucht jedoch keineswegs als ein derartiger Name aufgefaßt zu werden; es genügt, anzuerkennen, daß dieses Prädikat von bestimmten Objekten gilt und von anderen nicht und daß wir, um die Bedeutung dieses Prädikates zu verstehen, gelernt haben, wann es anzuwenden ist und wann nicht. Der Schluß des Platonisten von den generellen Prädikatausdrücken auf allgemeine Wesenheiten ist somit nicht zulässig. Auch die Verwendung der Prädikate als solcher ist gegenüber dem Gegensatz von Platonismus und Nominalismus vollkommen indifferent. Nur wenn man bereits die platonistische *Deutung* der Prädikate als Namen von etwas voraussetzt, muß man an jene Wesenheiten glauben. Der Nominalist nimmt eine solche Deutung der Prädikate nicht vor und braucht daher auch diesen Glauben nicht zu teilen. Jeder Versuch, eine Lehre von der Existenz allgemeiner Wesenheiten auf eine Analyse der Bedeutung allgemeiner Prädikate zu stützen, würde daher auf einem circulus vitiosus beruhen.

Es bleiben somit für die Beurteilung der ontologischen Position nur die gebundenen Variablen zurück. Dies ist tatsächlich die Auffassung von Quine. Wenn man nämlich Variable verwendet, so muß man einen *Wertbereich* zugrunde legen, auf den sich diese Variablen beziehen. Wer Zahlvariable verwendet, bezieht damit Zahlen in seine Ontologie ein, wer Prädikatvariable verwendet, anerkennt damit die Existenz von Eigenschaften und Relationen usw. Während man also das Wort »Pegasus« gebrauchen kann, ohne an die Existenz des Pegasus zu glauben, und das Prädikat rot, ohne an die platonische Röte zu glauben, kann man nicht Behauptungen aussprechen wie »es gibt etwas, das Rubinen, roten Hausdächern und roten Buchrücken gemeinsam ist« oder »es gibt beliebig große Primzahlen«, ohne die Existenz nichtkonkreter Wesenheiten anzunehmen wie Farben und Zahlen. Quine formuliert daher das Kriterium dafür, welche Ontologie jemand verwendet, in dem Satz: »Sein bedeutet, Wert einer gebundenen Variablen sein« (»to be is to be the value of a bound variable«).

Der Unterschied zwischen Platonismus und Nominalismus kann dann genauer so gekennzeichnet werden: Der *Nominalist* (derjenige also, welcher die Existenz von »Universalien« leugnet) ist jener, der nur sog. Individuenvariable zuläßt, also Variable, die sich auf raum-zeitliche (oder zumindest zeitliche) konkrete Objekte beziehen; der *Platonist* (derjenige, welcher an die Existenz von Universalien glaubt) ist dagegen dadurch charakterisiert, daß er daneben auch Klassenvariable, Eigenschafts- oder Relationsvariable, Zahlvariable u. dgl. verwendet (denn Klassen, Relationen usw. sind abstrakte Gegenstände).

Wie neuere Untersuchungen (vor allem von *Cartwright* und *Scheffler-Chomsky*) gezeigt haben, ist eine genaue Formulierung des quineschen Kriteriums für die ontologischen Voraussetzungen einer Theorie, die nicht zu paradoxen Folgerungen führt, außerordentlich schwierig. Wenn man z. B. die alchimistische Theorie betrachtet, in der behauptet wurde, daß Phlogiston existiert, so würde die ursprüngliche Fassung des Kriteriums zu der Feststellung führen, daß es Gegenstände von der Art des Phlogistons gibt, die von jener Theorie vorausgesetzt werden. Es würde also derjenige, welcher die ontologischen Voraussetzungen einer Theorie zu beurteilen hat, selbst die Existenzhypothesen dieser Theorie zu übernehmen haben, auch wenn diese zweifellos falsch sind wie im eben angeführten Fall. Wollte man andererseits sagen, daß Theorien mit falschen Existenzhypothesen keine ontologischen Voraussetzungen machen, so hätte dies u. a. die paradoxe Konsequenz, daß solche Theorien stets dieselben ontologischen Voraussetzungen hätten. Es scheint kein anderer Ausweg zu bestehen als der, das Kriterium als *intensionales Kriterium* zu formulieren: Eine Theorie setzt Gegenstände einer Art F genau dann voraus, wenn aus den *Bedeutungen* der in dieser Theorie vorkommenden Prädikate sowie den Axiomen der Theorie *mit Notwendigkeit folgt*, daß es Gegenstände der Art F gibt. Eine solche Formulierung des Ontologiekriteriums steht allerdings nicht im Einklang mit der ursprünglichen Intention Quines, der in allen logischen und philosophischen Diskussionen auf intensionale Begriffe (wie »logische Notwendigkeit«, »notwendige Implikation«, »analytisch«, »synonym«) verzichten möchte, da er diese Begriffe für unklar und nicht explizierbar hält.

Auch für die Präzisierung des Unterschiedes von Platonismus und Nominalismus haben sich Schwierigkeiten ergeben. So hat z. B. *Hao Wang* gegen die oben skizzierte Charakterisierung eingewendet, daß darin der syntaktische Apparat, den eine Theorie verwendet, überbewertet wird. So gibt es z. B. mengentheoretische Systeme, welche nur einen einheitlichen Variablentypus verwenden (also nicht zwischen Individuen- und Klassenvariablen unterscheiden), die aber trotzdem nicht als nominalistische Theorien bezeichnet werden sollten. Hao Wang schlägt daher vor, den Unterschied zwischen endlichen und unendlichen Gesamtheiten als Kriterium zu verwenden. Platonistische Theorien wären danach diejenigen, welche aktual-unendliche Gesamtheiten voraussetzen, während der Nominalismus dem strengen *Finitismus* gleichzusetzen wäre, der nur endliche Bereiche von Objekten voraussetzt. *N. Goodman* hat demgegenüber den Begriff des Nominalismus durch die Formulierung einer modernen Version des *occamschen Standpunktes* zu präzisieren versucht. Auf diese Weise gelangt er zu einer *Gleichsetzung* von *Nominalismus* und *Hyperextensionalismus*, wonach alle Entitäten miteinander zu identifizieren sind, die aus denselben atomaren Individuen bestehen.

Damit sind aber nur die Standpunkte als solche formuliert. Über die Frage, welcher Standpunkt angenommen werden soll, insbesondere auch im Rahmen der modernen Wissenschaftstheorie und Philosophie der Mathematik, ist gegenwärtig eine rege Diskussion im Gange. N. Goodman vertritt den nominalistischen Standpunkt und hat sehr scharfsinnige Argumente gegen den Platonismus vorgebracht. Andere Logiker wie H. Scholz und A. Church glauben hingegen, daß bereits für einen korrekten Aufbau der Logik ein Platonismus unvermeidlich ist. Die Diskussion hat erstens dadurch eine zusätzliche Komplikation erfahren, daß auch der sog. Konzeptualismus (wonach Universalien existieren, aber nur »als vom menschlichen Geiste erzeugte Gebilde«) eine präzise Explikation erhalten kann und im Rahmen dieser Diskussion berücksichtigt werden muß, und zweitens dadurch, daß N. Goodman vom Platonismus den sog. Realismus (Anerkennung von Qualitäten, die aber als Individuen aufgefaßt werden) unterscheidet. Einige wesentliche Punkte hat die Diskussion aber bisher bereits zutage gebracht, nämlich: 1. daß Nominalismus wie Platonismus *an sich denkbare Standpunkte* sind und daß alle früheren Versuche, einen dieser Standpunkte auf apriorischem Wege zu beweisen, fehlschlagen müssen; 2. daß der »schrankenlose« Platonismus unhaltbar ist, weil er unweigerlich zu den Antinomien der Mengenlehre führt; 3. daß der radikale Nominalismus zu ausdrucksarm ist, um darin den Gehalt der gegenwärtigen mathematischen und empirischen Wissenschaften auszudrücken.

Die moderne Diskussion zum Universalienproblem ist auch geeignet, die Geschichte dieses Problems unter einem ganz neuen Aspekt zu sehen [1].

---

[1] Eine detailliertere Behandlung dieses Problemkomplexes einschließlich einer historischen Skizze unter modernem Gesichtspunkt findet sich in meiner Arbeit »Das Universalienproblem einst und jetzt«, Archiv für Philosophie, VI/3/4 und VII/1/2.

(b) Untersuchungen über die Struktur der Erscheinungswelt (zur Theorie von N. Goodman)

Carnap hat sich schon seit langem von den Gedanken, die er im »Logischen Aufbau der Welt« entwickelte, weitgehend distanziert. Dies beruht, wie bereits früher erwähnt, vor allem auf zwei Gründen: erstens darauf, daß er die Idee der *definitorischen Zurückführbarkeit* aller wissenschaftlichen Begriffe auf einige wenige Grundbegriffe preisgegeben hat, da derartige Definitionen im Falle von Dispositionsbegriffen und rein theoretischen Begriffen undurchführbar sind; und zweitens darauf, daß er später gegenüber dem phänomenalistischen Vorgehen jenes Buches das physikalistische Verfahren vorgezogen hat, weil nur die Grundbegriffe eines physikalistischen Systems sich als *intersubjektive* Begriffsbasis eignen.

Es ist nun interessant zu beobachten, daß in der letzten Zeit Erkenntnistheoretiker und Logiker der Vereinigten Staaten wieder auf die Idee von Carnaps »Aufbau« zurückgegriffen haben und sie zum Teil sogar gegen die heutige Auffassung von Carnap verteidigen. Vor allem hat Goodman, einer der scharfsinnigsten und originellsten Erkenntnistheoretiker der analytischen Richtung, in seinem Buch »The Structure of Appearance« neuerdings den Versuch unternommen, ein phänomenalistisches System aufzubauen. Es ist dies seit dem erwähnten Werk Carnaps die erste große philosophische Systemkonstruktion, in welcher die Methoden und Techniken der modernen Logik verwendet werden. In diesem Werk finden sich aber auch philosophische Einzelbetrachtungen, die von der speziellen Systemkonstruktion ganz unabhängig sind, wie z. B. über das Universalienproblem, über das Verhältnis von Phänomenalismus und Physikalismus, über die Adäquatheit von Definitionen usw. Ferner enthält das Buch eine genaue Wiedergabe und gründliche kritische Analyse von Carnaps »Aufbau«. Wegen der großen Schwierigkeit und des sehr technischen Charakters der wichtigsten goodmanschen Untersuchungen kann darüber hier nur in ganz groben Zügen berichtet werden.

So wie Carnap geht es auch Goodman um eine rationale Rekonstruktion wissenschaftlicher Begriffe. Die carnapsche

Forderung, wonach dabei stets zwischen Explikandum und Explikat eine Gleichheit der Extensionen bestehen muß, erscheint Goodman als zu streng, und er führt statt dessen eine kompliziertere Isomorphierelation als Adäquatheitsbedingung für exakte Begriffsexplikationen ein. In bezug auf die angewendete logische Methode und die Wahl der Basis für sein System unterscheidet sich das Vorgehen Goodmans in doppelter Weise von demjenigen Carnaps: Während letzterer den Klassenkalkül benützte und damit ein *platonistisches* logisches System verwendete, wählt ersterer ein *nominalistisches* System, welches keine weiteren Variablen außer Individuenvariablen kennt. Damit wird von Goodman eine schwächere Ausgangsbasis gewählt; denn alles, was der Nominalist anerkennt, muß auch der Platonist anerkennen, während das Umgekehrte nicht gilt. Goodmans Wahl wird darüber hinaus durch eine Reihe von Bedenken gegen den abstrakten Klassenbegriff motiviert. An die Stelle des üblichen Klassenkalküls wird von Goodman für den vorliegenden Zweck ein eigens konstruierter *Individuenkalkül* gesetzt.

Auch die Grundelemente für sein System wählt Goodman in anderer Weise als Carnap. Im »Aufbau« waren als solche Elemente die Elementarerlebnisse gewählt worden (vgl. S. 388), also jedenfalls konkrete Einheiten. Ein solches System mit einer konkreten Basis nennt Goodman *partikularistisch*. Er selbst entscheidet sich für ein *realistisches* System, in welchem bestimmte nichtkonkrete Einheiten die Basis bilden. Diese Einheiten werden *Qualia* genannt und als Individuen, d. h. als die Werte der Variablen des Systems, gewählt. Wenn z. B. an einer bestimmten Stelle im Gesichtsfeld zu einer bestimmten Zeit eine Farbe vorkommt, so bildet dieses Ganze ein Konkretum, welches aus den drei Qualia: der Farbe, dem Ort und dem Zeitpunkt als Teilen besteht.

Eines der Motive Goodmans für die Wahl eines realistischen Systems bildet die Tatsache, daß in einem partikularistischen System Qualitäten aus konkreten Elementen konstruiert werden müssen und daß es für die Lösung dieses Problems, welches *Problem der Abstraktion* genannt wird, bisher kein befriedigendes Verfahren gibt. Während wir gewöhnlich sagen, daß zwischen Objekten dann eine Ähnlichkeit bestehe, wenn ihnen eine gemeinsame Qualität zukommt, muß nämlich in einem partikularistischen System eine derartige qualitative Identität mittels des Begriffs der Ähnlichkeit zwischen den Konkreta definiert werden. Man könnte zwar daran denken, eine Qualität als die größte Klasse von konkreten Dingen zu definieren, die einander ähnlich sind. Aber wenn dies so zu verstehen ist, daß es sich dabei um eine Klasse von Dingen $a, b, \ldots, n$ handelt, so daß eine Ähnlichkeitskette von a bis n führt, so würden auch andere Klassen, die keine Qualitätsklassen sind, diese Bedingung erfüllen; denn es kann ja z. B. a dem b in bezug auf die Farbe ähnlich sein, b dem c in bezug auf die Gestalt usw. Selbst die Verschärfung der Bedingung, wonach in einer Qualitätsklasse jedes Ding jedem anderen ähnlich sein muß, würde zu unerwünschten Resultaten führen. Wenn wir z. B. drei Dinge p, q und r betrachten, wobei p weiß, rund und von maximaler Härte ist, q schwarz, rechteckig und von maximaler Härte und r weiß, rechteckig und nicht von maximaler Härte, so ist jedes dieser Objekte jedem anderen in einer Hinsicht ähnlich, und trotzdem gibt es keine Qualität, die allen drei Objekten gemeinsam wäre.

Diese Schwierigkeiten fallen in einem realistischen System fort, da dort qualitative Einheiten selbst als Individuen gewählt werden. Dagegen tritt das umgekehrte Problem auf, das *Problem der Konkretion* genannt wird, welches die Definition unwiederholbarer konkreter Objekte mit Hilfe von Qualitäten betrifft. Dieses Problem läßt sich nach Goodman leichter lösen als das Abstraktionsproblem.

Analog wie im »Aufbau« von Carnap wird auch von Goodman außer den Grundelementen nur eine einzige Grundrelation verwendet. Sie gilt genau dann zwischen zwei Qualia verschiedener Kategorien, wenn diese *zusammen vorkommen* (z. B. eine Farbe an einem Ort oder ein Ort zu einer Zeit). Mit Hilfe dieses Begriffs werden andere Begriffe wie »Komplex« (d. h. Element, welches aus zusammen vorkommenden diskreten Teilen besteht), »Konkretum« (d. h. maximaler Komplex), »ist eine Teileigenschaft« usw. eingeführt.

Eine interessante Anwendung dieser Definitionen besteht in einer Präzisierung der philosophisch wichtigen Begriffe »abstrakt«, »konkret«, »universell«, »partikulär«.

Gegenüber der seinerzeitigen Zielsetzung Carnaps, *alle* »realwissenschaftlichen« Begriffe zu erfassen, verfolgt Goodman ein wesentlich bescheideneres Ziel. Der phänomenalistische Systemaufbau soll nur ein Stück weit vorangetrieben werden, und es sollen dabei zugleich die Grenzen aufgezeigt werden, die einem phänomenalistischen System gesetzt sind. Tatsächlich trägt Goodman eine Reihe von Bedenken gegen die Annahme vor, man könne alle Wissenschaften in ein phänomenalistisches System einbeziehen. Trotz (oder vielleicht gerade *wegen*) dieser begrenzten Zielsetzung gelangt Goodman zu einer Fülle von neuen Einsichten. Von besonderer Wichtigkeit sind seine Untersuchungen über Größe und Gestalt und seine Theorie der Qualitätsordnung (Topologie der Qualitäten). Mit dieser topologischen Theorie hat Goodman den Grundstein gelegt für eine *streng mathematische Behandlung der Qualitäten* und der zwischen ihnen bestehenden Relationen (wie z. B. der größeren Nähe und Entfernung zwischen Qualitäten, der Zwischenrelation in Anwendung auf Qualia, des Nebeneinanders und des Nächstliegens von Qualitäten usw.). Von philosophisch großer Bedeutung sind auch seine Analysen über Zeit und Sprache sowie Zeit und Ewigkeit. So z. B. werden drei verschiedene Ewigkeitsbegriffe unterschieden und präzisiert (»zeitlos«, »immer beharrend« und »immerwährend«), eine Unterscheidung, die sich für verschiedene philosophische Diskussionen als fruchtbar erweist.

(c) Das Leib-Seele-Problem (zur Theorie von H. Feigl)

Die Auflockerung, welche die empiristische Wissenschaftstheorie dadurch erfahren hat, daß die ursprünglichen radikalen Thesen durch liberalere und großzügigere Prinzipien ersetzt wurden (z. B. die Verifizierbarkeitsforderung durch die der empirischen Bestätigungsfähigkeit oder die Forderung der Definierbarkeit aller empirischen Begriffe durch die der indirekten empirischen Relevanz der nichtdefinierbaren theoretischen Begriffe), führte zum Wiederaufleben bestimmter philosophischer Probleme, die vom Empirismus in seiner radikalen Phase für tot erklärt worden waren. Es ist klar, daß die Probleme nicht in ihrer ursprünglichen Gestalt wieder zum Leben erweckt wurden, da auch der tolerante Empirismus viele metaphysische Begriffe und daran geknüpfte Theorien für wissenschaftlich undiskutabel hält. Die Probleme tauchten vielmehr zum Teil in einem ganz neuartigen Gewande wieder auf, dessen Beschaffenheit durch die strenge Analyse und Kritik der modernen Wissenschaftstheorie geformt war. Das Universalienproblem bildete ein Beispiel für ein solches Wiederauftreten alter Fragestellungen in neuartiger Erscheinung. Das Leib-Seele-Problem bildet ein anderes Beispiel.

Die gründlichsten und am besten durchdachten Untersuchungen über diesen Fragenkomplex hat unter den Analytikern der Gegenwart ohne Zweifel H. Feigl durchgeführt. Er gehörte ursprünglich zum Wiener Kreis, hat aber später als einer der ersten energisch auf die Notwendigkeit einer toleranteren Fassung der empiristischen Grundthesen hingewiesen. Viele Anregungen für verbesserte Fassungen wissenschaftstheoretischer Grundsätze, insbesondere für solche, die zu einer Preisgabe des seinerzeitigen Radikalismus führten, sind von ihm ausgegangen. So z. B. dürfte die Idee der theoretischen Begriffe, deren methodologischer Charakter dann von Carnap im Detail charakterisiert wurde (vgl. oben S. 461 ff.), auf Feigls Anregungen zurückgehen. Auch in der Behandlung des Leib-Seele-Problems verbindet er eine betont exakt-wissenschaftliche Einstellung mit Offenheit gegenüber überlieferten philosophischen Fragestellungen.

Man kann Feigls Ausgangspunkt am besten dadurch charakterisieren, daß man angibt, worin er sich von Positivisten wie Metaphysikern unterscheidet:

1. Er lehnt den wissenschaftstheoretischen Monismus ab, der von radikal empiristischer Seite immer wieder gefordert wurde. Nach dieser monistischen Auffassung ist das ganze Leib-Seele-Problem deshalb ein Scheinproblem, weil alle empirischen Begriffe auf eine einzige Begriffsform zu reduzieren sind, wo-

mit dann automatisch der Dualismus von Körperlichem und Seelischem verschwinden soll. Nach der Auffassung der *Phänomenalisten* sollen alle Begriffe von körperlichen Objekten auf logische Konstruktionen von unmittelbaren Erlebnisgegebenheiten reduziert werden. Nach der Ansicht der *Behavioristen* (die eine gemäßigtere Form der physikalistischen Auffassung vertreten) sollen alle Begriffe von Psychischem auf logische Konstruktionen beobachtbarer Verhaltensweisen von Personen zurückgeführt werden. In den letzten Jahren ist dieser Standpunkt immer mehr in den Vordergrund getreten, weil nur so die Intersubjektivität der psychologischen Aussagen gewährt zu sein schien. Diese Auffassung wurde philosophisch genährt durch die Forderung, daß nur objektiv verifizierbare Behauptungen wissenschaftlich sinnvoll seien: Wenn z. B. jemand, der ein Haus von außen betrachtet, an den Vorhängen eines Fensters sich bewegende Schatten beobachtet und daraus den Schluß zieht, daß sich in dem dahinter befindlichen Zimmer Menschen bewegen, so ist er zu einem solchen Schluß berechtigt, weil er ja prinzipiell in das Haus und das betreffende Zimmer eintreten und seine Annahme, die er durch einen Schluß gewonnen hat, durch unmittelbare Beobachtungen verifizieren könnte. Im Gegensatz dazu hat jemand, der aus der Beobachtung bestimmter Vorgänge am Körper eines anderen Menschen schließt, daß in dem betreffenden Menschen in diesem Augenblicke bestimmte Erlebnisse stattfinden, nicht die Möglichkeit, diesen Schluß durch direkte Beobachtung zu überprüfen; denn er kann in das Bewußtsein des anderen Menschen nicht hineinsteigen, wie er in jenes Haus eintreten könnte. Die Aussage über das Erlebnis des anderen Menschen ist daher zunächst empirisch sinnlos und erhält erst dadurch einen Sinn, daß man sie behavioristisch, d. h. als eine Aussage über das Verhalten des anderen Menschen, interpretiert.

Feigl hält demgegenüber die behavioristische Definition psychischer Begriffe für vollkommen undurchführbar, und zwar aus genau denselben Gründen, aus denen z. B. die phänomenalistischen Versuche der Konstruktion von körperlichen Dingen aus Sinnendaten zusammenbrechen. Das Argument des Behaviorismus ist nach Feigl deshalb ungültig, weil es sich auf die unhaltbare Verifizierbarkeitsforderung stützen muß. Es ist zwar richtig, daß man eine Aussage über Fremdseelisches niemals durch unmittelbare Beobachtung verifizieren kann; dies hindert jedoch nicht, daß es für diese Aussage eine indirekte Bestätigung geben könnte.

2. Wegen der Nichtzurückführbarkeit der Erlebnisbegriffe auf Verhaltensbegriffe muß es daher neben der Verhaltenspsychologie eine *introspektive Psychologie* geben, in der die privaten Erfahrungsgegebenheiten in einer rein phänomenalistischen Sprache (Feigl nennt sie auch die »*mentalistische* Sprache«) beschrieben werden. Die unmittelbaren Erlebnisse liefern die eigentlichen »Realitäten«, auf die sich auch die behavioristischen Begriffe letztlich in indirekter Weise beziehen. Wenn mich z. B. ein Arzt fragt, ob und wo ich Schmerzen habe, ob ich bestimmte Buchstaben lesen könne usw., so kann der Arzt sich wohl rein behavioristisch verhalten und mich in einer streng objektiven und für beliebige andere Beobachter nachprüfbaren Weise testen. Dies ändert aber nichts daran, daß *ich* die Schmerzen bzw. die visuellen Erlebnisse habe und über sie auf Grund von unmittelbarer Erfahrung und Introspektion berichte.

3. Auf der anderen Seite soll streng darauf geachtet werden, *alle metaphysischen Spekulationen vom Leib-Seele-Problem fernzuhalten*. Zu solchen Spekulationen gehören sämtliche Fragen, auf die prinzipiell keine wissenschaftlich nachprüfbare Antwort gegeben werden kann, weder auf der Grundlage einer philosophischen Analyse noch auf Grund irgendwelcher empirischer Untersuchungen. Alle sinnvollen Aussagen müssen prinzipiell überprüfbar sein, wobei allerdings nach Feigl der denkbar weiteste Sinn dieses Wortes zugrunde zu legen ist.

4. Es muß schließlich bei den Fragen, die zum sog. Leib-Seele-Problem gehören, immer genau unterschieden werden zwischen *philosophisch-analytischen* Fragen und *empirischen* Fragen, deren Beantwortung man dem Einzelwissenschaftler überlassen muß. Begriffsverwirrungen auf diesem Gebiet sind nach Feigl häufig darauf zurückzuführen, daß Philoso-

phen Fragen a priori entscheiden wollen, die nur vom Fachwissenschaftler entschieden werden können.

Während die mentalistische Sprache eine *private Erlebnissprache* ist, stellt die behavioristische Charakterisierung des Psychischen dessen Beschreibung in einer *öffentlichen, intersubjektiven Sprache* dar. Es gibt noch eine weitere Möglichkeit, sich in indirekter Weise über die Beschreibung körperlicher Vorgänge auf das Psychische zu beziehen: auf *neurophysiologischem* Wege, also durch die Beschreibung von Vorgängen im zentralen Nervensystem. Auch diese Beschreibung erfolgt in der öffentlichen Sprache, da auch sie intersubjektiv Beobachtbares zum Inhalt hat. Während die behavioristische Theorie eine Makrotheorie ist, stellen die neurophysiologischen Theorien Mikrotheorien des Verhaltens auf.

Das philosophische Leib-Seele-Problem reduziert sich damit auf das Problem der logischen Beschaffenheit der Beziehung zwischen der mentalistischen, der behavioristischen und der neurophysiologischen Charakterisierung von psychischen Vorgängen. Von diesem Problem sind empirische Fragen zu unterscheiden, z. B. die Frage, ob alles, was in der behavioristischen Makrosprache gesagt werden kann, auch in der neurophysiologischen Mikrosprache beschreibbar ist.

Feigl entwirft auf der Grundlage der bisher vorliegenden empirischen Daten eine *Identitätstheorie*, wonach die Gegebenheiten, auf die man sich in der mentalistischen, der behavioristischen und der neurophysiologischen Sprache bezieht, miteinander identisch sind (und nicht etwa nur »parallel« verlaufende Prozesse oder verschiedene Seiten eines und desselben darstellen, wie dies der metaphysische Parallelismus behauptet). Diese Identität ist jedoch für Feigl keine logische, sondern eine empirische, weshalb in seiner Theorie eine hypothetische Komponente steckt. Der Fehler der monistischen oder reduktionistischen Theorien besteht nach ihm gerade darin, eine solche *logische* Identität zu behaupten. So z. B. kennt der radikale Verhaltenstheoretiker den durch die mentalistische Sprache charakterisierten Bereich überhaupt nicht; er definiert (angeblich) die Erlebnisbegriffe rein behavioristisch und kann daher die logische Identität aller Begriffe von Psychischem mit bestimmten Begriffen von Physischem behaupten. Ein solcher Standpunkt ist aber nach dem oben Gesagten unhaltbar. Man kann die mentalistische Sprache nicht auf eine der beiden anderen zurückführen; im Gegenteil bildet sie in bestimmter Hinsicht die grundlegende Sprache unter diesen dreien, da nur sie die Erlebnisse selbst zum Inhalt hat. Gesteht man aber dies zu, daß die mentalistische Sprache von den beiden anderen logisch unabhängig ist, so kann die Behauptung der Identität zwischen einzelnen Designata der drei Sprachen nur eine *empirische Identitätsbehauptung* darstellen. Im Begriff empirischer Identitätsbehauptungen als solchem liegt keine logische Schwierigkeit. Wenn man z. B. sagt, daß der Abendstern mit dem Morgenstern identisch ist, so kann man diese Identitätserkenntnis nicht auf rein logischem Wege, sondern nur auf empirischem (nämlich durch astronomisches Wissen, welches z. B. die Babylonier noch nicht besaßen) gewinnen. Wenn Aristoteles der Meinung war, daß das Herz der Sitz der Gefühle sei, so lag nach der Interpretation Feigls eine falsche empirische Identifizierung vor, die durch die Identifizierung von Emotionen mit bestimmten Gehirnvorgängen ersetzt werden muß.

Wenn aber die Identität nicht logischer Natur ist und also nicht in der Zurückführung eines Begriffsbereiches auf den anderen besteht – wenn also z. B. der Begriff des Zornes weder *definiert* werden kann als ein solches und solches Verhalten einer Person unter solchen und solchen Umständen noch als ein so und so beschaffener Nervenprozeß –, so scheint erst recht der Eindruck des Paradoxen zu entstehen. Wie kann denn z. B., so ist man geneigt zu fragen, ein Schmerzerlebnis mit einem Vorgang in meinem Nervensystem identisch sein (und nicht etwa bloß diesem Vorgang entsprechen)? Der Anschein der Paradoxie entsteht nach Feigl nur dadurch, daß wir gewohnt sind, den Gehalt der behavioristischen und neurophysiologischen Aussagen in einer bildhaften Sprache zu deuten. Wenn man unter dem Gehirn eine graue Masse versteht, die man zu sehen bekommt, sobald man die Schädeldecke öffnet, oder wenn man, sofern von Molekularprozessen in den Nervenbahnen gesprochen wird, an anschauliche Modelle von Molekülen denkt, so ist es tatsächlich unmöglich, den Begriff der Leib-Seele-Identität zu fassen. Demgegenüber ist zu bedenken, *daß die Begriffe von psychischen Phänomenen eben wegen der Nichtzurückführbarkeit der mentalistischen Sprache auf die behavioristische oder neurophysiologische Sprache innerhalb der behavioristischen und physiologischen Theorien den Charakter unanschaulicher theoretischer Konstruktionen haben*, analog wie die Mikrobegriffe der theoretischen Physik in dieser Theorie Konstruktionen darstellen, die nicht auf Sinnesgegebenheiten zurückführbar sind. Wenn man dies bedenkt, so ist es nicht mehr unfaßlich, daß die Gegebenheiten unserer unmittelbaren Erfahrung empirisch identifizierbar sind mit den Designata bestimmter Begriffe der behavioristischen Makrotheorie und diese letzteren ihrerseits empirisch identifizierbar sind mit demjenigen, worauf sich neurophysiologische Begriffe beziehen. Wir haben es hier mit dem einzigartigen Fall zu tun, daß etwas, das innerhalb einer Art von Beschreibung als theoretische Konstruktion auftritt, in einer anderen Beschreibung eine unmittelbare Gegebenheit darstellt. Etwas Analoges findet man z. B. in der Sprache der theoretischen Physik nicht.

Auf diese Weise glaubt Feigl, das Rätsel des Leib-Seele-Zusammenhanges im Prinzip lösen zu können. Er gibt jedoch zu, daß im einzelnen noch zahlreiche ungelöste Probleme existieren. Diese Probleme sind zum Teil empirische, zum Teil aber logisch-philosophische Fragen. Beispiele von solchen offenen Fragen sind: das Problem einer genauen Klärung des Begriffs des Gegebenen; die Frage der Existenz einer privaten Erlebnissprache, die von den Anhängern Wittgensteins bestritten wird; das Problem des logischen Charakters jener Metasprache, in der das Verhältnis zwischen den drei angeführten Sprachen charakterisiert wird. Ein spezielles Problem bildet die Frage, ob nicht bestimmte Erlebnisse mit ganzen Klassen von physischen Vorgängen identifiziert werden müssen, weil die Genauigkeit der Beschreibung physischer Vorgänge sehr groß ist und immer wieder verbessert wird, während die introspektive Unterscheidbarkeit der psychischen

Zustände sehr bald an Grenzen stößt (so daß also z. B. zwei voneinander unterscheidbare physische Prozesse mit zwei vollkommen gleichen Schmerzerlebnissen korreliert werden müssen).

4. Ethik

(a) Die Klassifikation der ethischen Probleme durch C. D. Broad

Der englische Philosoph C. D. Broad hat vor allem auf dem Gebiet der Ethik Bedeutendes geleistet. Besonders eindrucksvoll ist seine Klassifikation der ethischen Problemstellungen und möglichen ethischen Theorien, über die hier kurz referiert werden soll.

Ethik im philosophischen Sinn ist *die wissenschaftliche Behandlung moralischer Phänomene*. Diese Phänomene zerfallen in drei eng miteinander verknüpfte Gruppen: in *moralische Urteile* (z. B. wenn ich sage, daß man ein Versprechen einhalten solle), in *moralische Emotionen* (z. B. die Reue oder Selbstverachtung, welche ich empfinde, wenn ich glaube, in einer Situation schlecht gehandelt zu haben) und in *moralisches Wollen* (wenn ich zwischen verschiedenen Möglichkeiten des Handelns zu wählen habe und mich für diejenige entscheide, die ich für richtig halte).

Das erste Problem der Ethik besteht in einer Klärung der Natur ethischer Urteile. Wenn ich in einer Situation mit Bewußtsein eine moralische Feststellung treffe, z. B. daß die Person A ihr Versprechen gegenüber der Person B nicht hätte brechen dürfen, so scheint eine unmittelbare Betrachtung dieses Satzes dreierlei zu lehren: 1. daß mit dieser Aussage eine (wahre oder falsche) Meinung vertreten und nicht bloß eine Emotion zum Ausdruck gebracht wird; 2. daß der Gegenstand dieser geäußerten Meinung nicht meine eigenen Erlebnisse (Gefühle, Wünsche usw.) sind, sondern daß diese Meinung die Personen A und B und eine Beziehung zwischen ihnen betrifft; 3. daß dasjenige, was behauptet wird – nämlich daß das Verhalten des A *schlecht* war und *nicht hätte vorkommen sollen* –, etwas Einzigartiges und Eigentümliches, obzwar jedermann Vertrautes ist.

Je nachdem, ob und welche von diesen prima-facie-Eindrücken anerkannt oder verworfen werden, ergibt sich eine erste Gliederung ethischer Theorien. Nach einer besonders radikalen Lehre wird bereits das erste bestritten, nämlich daß dasjenige, was ein moralisches Urteil zu sein scheint, wirklich die sprachliche Formulierung einer Erkenntnis oder einer Meinung ist. Moralische Aussagen haben dagegen nach dieser Lehre keine andere Funktion als Pro- oder Anti-Emotionen gegenüber einem Vorkommnis zum Ausdruck zu bringen. Broad spricht hier von der *Ausruf-Analyse* moralischer Aussagen. Es handelt sich dabei um Gedanken, welche in den im folgenden Abschnitt geschilderten Theorien weitergeführt und wesentlich verfeinert wurden.

Es kann weiter der Fall sein, daß zwar der obige Standpunkt 1. beibehalten und somit die Ausruf-Analyse verworfen wird, daß man hingegen die Annahme 2. leugnet. Es liegt dann nach dieser Auffassung zwar tatsächlich ein Urteil vor, aber die urteilende Person äußert sich, wenn sie etwas als gut oder schlecht bezeichnet, über bestimmte eigene Emotionen – sei es über hier und jetzt stattfindende Emotionen, sei es über ihre Dispositionen, in solchen und solchen Situationen gegenüber solchen und solchen Personen bestimmte Pro- oder Anti-Emotionen zu haben. Broad spricht hier von der *autobiographischen Analyse* der ethischen Urteile.

Selbst wenn diese autobiographische Analyse verworfen wird, besteht noch immer die Möglichkeit, Aussagen über das, was moralisch richtig oder unrichtig ist, mittels der Begriffe der Pro- und Anti-Emotionen zu analysieren, nämlich in der Form einer *statistischen Analyse*. Danach ist ein moralisches Urteil bedeutungsgleich mit einer Aussage, wonach entweder alle Menschen oder die zu einer genau umgrenzten Klasse gehörenden Menschen die Disposition zu bestimmten Emotionen haben. Dies ist die dritte Form einer *emotionalen Reaktionstheorie* moralischer Aussagen. Während die beiden erstgenannten Theorien *intrasubjektive* Theorien sind, weil danach ein moralisches Werturteil entweder Ausdruck eines Gefühls des Sprechenden oder eine Aussage über ein solches Gefühl ist, stellt die letztgenannte Theorie eine *transsubjektive* Theorie dar, da der Urteilende nicht über sich selbst, sondern über eine ganze Klasse von Personen spricht, der er selbst nicht anzugehören braucht.

Von diesen Deutungen moralischer Urteile unterscheidet sich die *objektive Analyse*, wonach moralische Urteile Objekten Eigenschaften zuschreiben, die diesen auch dann zukämen, wenn niemand entsprechende Emotionen empfunden hätte.

Eine weitere Gliederung der möglichen ethischen Theorien ergibt sich, wenn der Standpunkt 3. in Frage gestellt wird: Sind moralische Prädikate (»moralisch richtig«, »verwerflich«, »gut«, »sollen« usw.) wirklich etwas Einzigartiges oder können sie mit Hilfe von nichtmoralischen Prädikaten definiert werden? Die *nichtnaturalistischen* ethischen Theorien leugnen, daß die moralischen Prädikate definitorisch auf nichtmoralische zurückführbar seien; die *naturalistischen* hingegen behaupten gerade eine derartige Zurückführbarkeit. Die dritte obige Form emotionaler Reaktionstheorien ist ein Beispiel für eine naturalistische Theorie. Daneben gibt es jedoch auch naturalistische Theorien, die sich auf objektive Analysen stützen, wie z. B. diejenigen, welche das sittlich Gute mit dem identifizieren, was die Wohlfahrt der Gesellschaft fördert, oder mit dem, was dem Willen Gottes entspricht. Als grundlegender wird heute die Unterscheidung in *kognitivistische* Theorien, wonach ethische Urteile Behauptungen sind, und *nonkognitivistische* angesehen, nach denen ethische Urteile nicht den Charakter von Feststellungen haben. Zu den ersteren gehört neben dem Naturalismus der *Intuitionismus*, nach dessen Auffassung wir über eine nicht weiter reduzierbare, spezifische moralische Erkenntnisfähigkeit verfügen. Zu den nonkognitivistischen Theorien gehört die *Ausruf-Theorie* sowie der weiter unten geschilderte *Emotivismus* und *Präskriptivismus*. Alle diese Theorien sind in dem Sinn subjektivistisch, daß sie das Vorhandensein einer inneren Einstellung bei irgend jemandem voraussetzen.

Im Gegensatz zu »moralisch richtig« und »moralisch unrichtig« sollen die Worte »gut« und »schlecht« vorläufig nicht im spezifisch moralischen Sinn verwendet werden. Wenn nun jemand sagt, daß etwas moralisch richtig oder moralisch unrichtig ist, so kann weiter gefragt werden, was es denn sei, das dies moralisch richtig bzw. unrichtig mache. Moralische Eigenschaften hängen nämlich von solchen Merkmalen ab, die ohne Zuhilfenahme moralischer Begriffe beschrieben werden können. Wenn z. B. jemand sagt, daß ein Verhalten deshalb moralisch unrichtig sei, weil es einen Bruch eines Versprechens beinhalte oder weil es in der Freude an fremdem Leid bestehe, so werden in diesen Weil-Sätzen jeweils Merkmale angegeben, die einerseits ausschließlich mit Hilfe nichtmoralischer Begriffe charakterisiert werden können, von denen aber andererseits die moralischen Merkmale abhängen (sonst könnte man sich ja in der Begründung der moralischen Urteile nicht auf sie stützen). Ein weiteres Problem betrifft die Frage, ob zwischen diesen *moralisch richtig machenden* und *moralisch unrichtig machenden Eigenschaften* eine systematische Einheit besteht, z. B. ob sie auf eine grundlegende Eigenschaft von dieser Art reduzierbar sind.

Genauere Analysen zeigen, daß man den Begriff der moralisch richtig machenden und moralisch unrichtig machenden Eigenschaften in seiner strengen Form gar nicht aufrechterhalten kann. Der Satz z. B., daß man niemals Lügen erzählen und niemals sein Wort brechen dürfe, findet Ausnahmen, etwa gegenüber Schwerkranken oder Kindern, weil das Einhalten dieser Grundsätze große Nachteile für die beteiligte Person bedeuten könnte. Weitere wichtige Beispiele bilden die sog. Wertkonflikte: Es kann der Fall sein, daß ich in eine Situation gerate, in der ich nur entweder eine Lüge sagen oder einen Wortbruch begehen kann. In diesem letzten Fall tendiert der fragliche Akt in der einen Hinsicht (z. B. in bezug auf das Sagen der Wahrheit) dazu, moralisch richtig zu sein und in der anderen Hinsicht (z. B. in bezug auf das Einhalten eines Versprechens) dazu, moralisch unrichtig zu sein. Man kann also nur zwischen solchen Merkmalen, *die zum moralisch Richtigen tendieren,* und solchen, *die zum moralisch Unrichtigen tendieren,* unterscheiden. Die moralisch richtige Handlung ist in solchen Situationen jene, in der zwischen den verschiedenen an den Handelnden ergehenden moralischen Anforderungen der beste Kompromiß geschlossen wird.

Die zum moralisch Richtigen bzw. zum moralisch Unrichtigen tendierenden Eigenschaften können deshalb solche sein, weil sie in einer Situation bessere bzw. schlechtere Konsequenzen erzeugen als alle übrigen Handlungsmöglichkeiten. Solche Merkmale, bei denen es auf die Güte der Ziele oder der Konsequenzen ankommt, nennt Broad *teleologische Merkmale*. Es gibt daneben zumindest prima facie Merkmale, die zum moralisch Richtigen bzw. zum moralisch Unrichtigen tendieren, aber nicht teleologisch sind. So werden die meisten Menschen nicht glauben, daß man deshalb die Wahrheit sagen solle, weil ein solches Verhalten im ganzen zu besseren Konsequenzen führt als Lügen, sondern daß man ganz unabhängig von den Konsequenzen verpflichtet sei, auf eine Frage mit einer wahren Antwort zu reagieren. Hier handelt es sich um ein *nicht-teleologisches Merkmal*, welches zum moralisch Richtigen tendiert. Analoges würde für den negativen Fall des moralisch Unrichtigen gelten.

Zwischen diesen beiden Fällen kann es zu Konflikten kommen. Broad bringt das folgende Beispiel: Ein junger Mann hat sich in einer Situation schändlich benommen und ist dabei ums Leben gekommen. Es gibt für diesen Vorfall nur einen lebenden Zeugen, der von der Mutter des umgekommenen Mannes nach den genaueren Umständen des Todes ihres Sohnes gefragt wird. Wenn jener Überlebende der Mutter die Wahrheit erzählt, so wird diese bis ans Ende ihres Lebens tief unglücklich sein, ohne daß jemandem anderen damit im geringsten genützt wird. Wenn er dagegen der Mutter eine Lüge erzählt, so wird dies für die Mutter besser sein, ohne daß jemandem anderen geschadet wird. Es scheint hier also *ein Konflikt* zu bestehen *zwischen der teleologischen Verpflichtung, soviel Gutes als möglich und sowenig Übel als möglich zu erzeugen, und der nicht-teleologischen Verpflichtung, Fragen wahrhaftig zu beantworten.*

Der *Utilitarismus* ist jene Theorie, welche unter den zum moralisch Richtigen tendierenden Merkmalen die größte Einheit zu erzielen vermöchte. Alle scheinbar nicht-teleologischen Verpflichtungen werden hier auf teleologische zurückgeführt. Eine Handlung ist danach genau dann moralisch richtig, wenn sie in der betreffenden Situation *optimal* ist, d. h. wenn sie mindestens gleich gute Konsequenzen nach sich zieht wie jede andere Möglichkeit des Handelns.

Vollkommen analoge Betrachtungen können über die zum Guten und Schlechten tendierenden Eigenschaften angestellt werden (wobei daran zu erinnern ist, daß die Ausdrücke »gut« und »schlecht« hier nicht im spezifisch moralischen Sinn zu verstehen sind). Das Analogon zum Utilitarismus im vorigen Fall ist hier der *Hedonismus*; danach wird die primafacie-Vielheit dessen, was etwas gut macht, auf ein einziges Merkmal reduziert: nur die unmittelbaren Erlebnisse sind gut oder schlecht im eigentlichen Sinn, und das, was sie gut oder schlecht macht, ist die damit verbundene Lust oder Unlust. Der Grad der Güte eines Erlebnisses z. B. beruht auf der Dauer und dem Grad der damit verbundenen Lust.

Weitere wichtige Unterscheidungen ergeben sich, wenn man die Begriffe der moralischen Richtigkeit und Unrichtigkeit mit der Intention des Handelnden in Beziehung setzt. Es darf nicht übersehen werden, daß jedes ethisch relevante Handeln auf der Basis einer bestimmten Beurteilung der gegenwärtigen Situation und in der Erwartung künftiger Folgen dieses Handelns stattfindet. Sowohl die Einschätzung der augenblicklichen Situation durch den Handelnden wie seine Beurteilung der sich in der Zukunft einstellenden Konsequenzen seines Handelns können unrichtig sein; überdies kann niemand sämtliche künftigen Folgen seines Handelns überblicken. Somit kann sich ein Widerspruch ergeben, je nachdem, ob die Handlung von der Seite des Tätigen oder von der des davon Betroffenen beurteilt wird. Wenn der durch die Handlung Betroffene »zu seinem Recht gekommen« ist, so soll die Handlung *material richtig* heißen, gleichgültig, ob der Handelnde dies tatsächlich bezweckte oder nicht. Falls er diese Konsequenz beabsichtigte, so soll die Handlung *formal richtig* heißen, gleichgültig, ob seine Tätigkeit de facto das gewünschte Resultat hatte. Wenn beides miteinander im Einklang steht, so liegt ein *vollkommen richtiges* Handeln vor. Der tragende unter den ersten beiden Begriffen ist der der materialen Richtigkeit; denn eine Handlung ist nur dann formal richtig, wenn der Handelnde versucht, das zu bewirken, was für den von der Handlung Betroffenen das material Richtige ist. Da jedoch eine unvollständige oder fehlerhafte Kenntnis der Situation oder eine mangelnde intellektuelle Fähigkeit zur Beurteilung der aus einer Handlung sich ergebenden künftigen Konsequenzen vorliegen kann, ist es möglich, daß formal richtiges Handeln material unrichtig ist und formal indifferentes oder unrichtiges Handeln material richtig. Hierin zeigt sich die ethische Relevanz des Tatsachenwissens und der Verstandesfähigkeiten des Handelnden.

Eine zusätzliche Komplikation tritt dadurch auf, daß der Handelnde außer logischen Fehlern und unrichtigen Annahmen über Tatsachen auch *ethischen Irrtümern* unterliegen kann. Angenommen, ein Mann wächst in einer Gemeinschaft auf, in der die Blutrache herrscht. Er fühlt sich verpflichtet, ein Mitglied einer anderen Familie zu töten, weil einer unter dessen Vorfahren ein Mitglied seiner eigenen Familie getötet hat. Wenn wir voraussetzen, daß dieser Glaube an den verpflichtenden Charakter der Blutrache einen moralischen Irrtum darstellt, so ist bei erfolgreicher Verwirklichung jener Tötungsabsicht die Situation die, daß jener Mann *glaubt, das getan zu haben, was er tun sollte, während er tatsächlich etwas getan hat, das er nicht hätte tun sollen.* Sein Handeln ist zwar sowohl formal wie material unrichtig, aber *subjektiv richtig.* Wenn daher von einem moralisch richtigen Handeln gesprochen wird, so muß unterschieden werden, ob darunter ein *vollkommen* richtiges oder ein *formal* richtiges Handeln – welches bei unzutreffender Situationskenntnis oder bei Vorliegen fehlerhaften logischen Denkens nur zufälligerweise ein vollkommen richtiges Handeln ergibt – oder ein *subjektiv* richtiges Handeln – welches nicht nur bei groben Tatsachenirrtümern, sondern sogar bei den gröbsten moralischen Irrtümern vorliegen kann – zu verstehen ist. Wer im Einklang mit seinem Gewissen handelt, kann trotzdem entweder aus Unwissenheit über die Tatsachen und aus Stupidität oder infolge absurder Ansichten über das moralisch Richtige ein für alle Betroffenen höchst unheilvolles Handeln an den Tag legen.

Wie Broad zeigt, ergeben sich weitere bedeutsame Aspekte

des ethischen Handelns auf Grund einer Analyse der Motive des Handelnden und einer Unterscheidung der theoretischen und ethischen Komponenten solcher Motive. Es stellt sich dabei heraus, daß eine Handlung in allen drei genannten Hinsichten moralisch richtig und dennoch moralisch verwerflich sein kann. Ein wichtiges Spezialproblem, aus dem sich zahlreiche weitere Fragen ableiten lassen, betrifft die Existenz spezifisch moralischer Motive, d. h.: kann ein Wunsch, das zu tun, was als solches moralisch richtig ist, allein das Handeln bestimmen oder muß zusätzlich noch der Glaube an nichtmoralische Eigentümlichkeiten des Handelns oder seiner Konsequenzen als bestimmend hinzutreten?

Zu den epistemologischen Fragen der Ethik gehören vor allem die, wie wir dazu kommen, ein Wissen um die Bedeutung spezifisch moralischer Ausdrücke zu erhalten und ferner ein Wissen um die Richtigkeit bzw. Unrichtigkeit von Urteilen, in denen nichtmoralische Merkmale (z. B. das Erzählen der Unwahrheit) mit moralischen Merkmalen verknüpft werden. Die Antworten auf solche Fragen hängen offenbar weitgehend davon ab, wie moralische Urteile analysiert und in ihrem Sinn interpretiert werden. Dieses Problem der Analyse von moralischen Aussagen ist in den letzten Jahren immer stärker in den Vordergrund getreten. Die im folgenden zu besprechenden Theorien könnte man im Verhältnis zu den Gliederungen Broads dadurch kennzeichnen, daß sie zwar den emotionalen Reaktionstheorien nahestehen, aber weder deren Standpunkt noch den Standpunkt der objektiven Analyse voll akzeptieren, weil nach ihnen die Sprache nicht nur dazu dient, um entweder ein Glauben bzw. Wissen über etwas mitzuteilen oder Emotionen auszudrücken, sondern darüber hinaus noch weitere Funktionen hat, die u. a. bei der Formulierung von moralischen Urteilen zur Geltung kommen.

(b) Die emotiven oder nicht-kognitiven Theorien der Ethik
  (zu den Theorien von C. L. Stevenson und R. M. Hare)

Mit den Untersuchungen Stevensons wurde eine ethische Theorie ins Leben gerufen, die sich von den meisten bisherigen ethischen Theorien in einer wesentlichen Hinsicht unterscheidet. Einen Zugang zu der hier vertretenen Auffassung findet man am besten von der *Bedeutung ethischer Ausdrücke* wie »gut«, »lobenswert«, »unrecht«, »verwerflich«. Solche Ausdrücke werden gewöhnlich als Prädikate angesehen, die in Deklarativsätzen vorkommen. Danach ist dann die Aussage »dies ist gut« von derselben Gestalt wie »dies ist rot«; eine Verschiedenheit besteht nur im Unterschied der dem Ding (der Handlung, der Person) zugeschriebenen Eigenschaften. Naturalistische Theorien würden sich nach dieser Auffassung von nichtnaturalistischen Theorien allein dadurch abheben, daß sie eine andersartige Analyse jener Eigenschaften geben. Nach dem Naturalismus sind ethische Prädikatausdrücke auf nichtethische zurückführbar. Demgegenüber betonen die nichtnaturalistischen Theorien, daß eine solche Zurückführung ethischer Begriffe auf nichtethische unmöglich sei. Da wir aber auch nach der Auffassung dieser Theorien Dingen oder Handlungen Eigenschaften zusprechen, wenn wir sie ethisch beurteilen, so wird daraus der Schluß gezogen, daß es sich hierbei nicht um empirische Eigenschaften handeln könne, deren Vorliegen oder Nichtvorliegen mit wissenschaftlichen Methoden überprüft werden kann, sondern daß es sich um Qualitäten von ganz anderer Art, eben um Wertqualitäten, handle. Auf diese Weise gelangt man dann wie z. B. in der materialen Wertethik dazu, neben der empirisch-realen Welt eine zweite Welt der Werte anzunehmen, der jene Wertqualitäten angehören, auf die wir uns in ethischen Urteilen beziehen.

Nach Stevenson besteht jedoch nicht der geringste Anlaß, für die Zwecke der Analyse ethischer Phänomene eine solche Zuflucht zu außerweltlichen Wesenheiten zu nehmen. Vielmehr muß man nach ihm von der Tatsache ausgehen, daß wir die Sprache nicht nur dazu verwenden, um Behauptungen auszusprechen, wonach etwas der Fall ist oder nicht der Fall ist. Wir können sprachliche Äußerungen vielmehr auch dafür benützen, um in anderen Menschen eine bestimmte *Einstellung* oder *Haltung* hervorzurufen. Ethische Urteile gehören nach Stevenson zu diesem Aussagetypus. Er steht damit einer Art von Theorie nahe, die bisweilen als »Fluch-Theorie der

Moral« bezeichnet wurde, da nach dieser Auffassung der Sinn eines Satzes wie »stehlen ist verwerflich« gar nicht adäquat durch einen Behauptungssatz wiedergegeben werden kann, sondern etwa einer Äußerung von der folgenden Gestalt gleichkommt: »stehlen; pfui!«.

Stevenson geht von der Frage aus, was es denn bedeute, wenn zwei Leute in ihren moralischen Urteilen nicht übereinstimmen. Die Meinungsverschiedenheit kann eine doppelte sein: Sie kann auf einem Unterschied in der Meinung (der Ansicht, dem Glauben) beruhen (»disagreement in *belief*«) und sie kann in einem Gegensatz in der Haltung (»disagreement in *attitude*«) bestehen. Das letztere Moment übersehen zu haben, ist der Fehler vieler ethischer Theorien. Es muß aber in jeder zutreffenden Analyse ethischer Ausdrücke berücksichtigt werden. Stevenson versucht vor allem, eine entsprechende Analyse der Wendung »dies ist gut« zu geben. Wegen der Vagheit dieses Ausdruckes und ferner wegen der Tatsache, daß das Wort »gut« sowohl ethische wie nichtethische Verwendungen besitzt, kann eine volladäquate Analyse dieser Wendung, d. h. eine Übersetzung in einen äquivalenten anderen Ausdruck, der die einzelnen Bedeutungskomponenten scharf abhebt, nicht gegeben werden. Die verschiedenen »Muster der Analyse«, die Stevenson vorschlägt, dienen daher nur als vorläufige Arbeitsmodelle, welche später in der verschiedensten Richtung verfeinert werden. Nach dem ersten Muster besagt »dies ist gut« dasselbe wie »ich pflichte dem bei; tue dasselbe!«. Wichtig ist hierbei die Tatsache, daß in der Analyse jener Aussage die *Imperativkomponente* »tue dasselbe!« vorkommt. Diese ist keineswegs gleichbedeutend mit einer Wendung wie »ich möchte, daß du dasselbe tust«; denn diese letzte Äußerung ist nichts weiter als ein »introspektiver Bericht«.

Die Imperativkomponente ist das wichtigste Merkmal an moralischen Urteilen; denn ethische Ausdrücke, insbesondere den Ausdruck »gut« (bzw. sein negatives Korrelat »schlecht«), gebrauchen wir dazu, um andere in ihrer Haltung zu beeinflussen, sei es, diese Haltung zu leiten oder zu ändern, sei es, sie in ihrer Haltung zu bestärken. Warum aber beschränken wir uns dann nicht überhaupt darauf, bei der Formulierung von Werturteilen in ethischen Diskussionen die imperativische Sprechweise zu benützen? Dafür gibt es verschiedene Gründe: Erstens haben Imperative wegen ihres Befehlscharakters die Tendenz, im Hörer Widerstände hervorzurufen, was beim Gebrauch eines Wortes wie »gut« nicht der Fall ist. Ferner verlangt ein Imperativ einfach Gehorsam, während bei der Verwendung eines Wortes wie »gut« eine mögliche weitere Diskussion offengelassen wird. Und schließlich will Stevenson auch gar nicht leugnen, daß eine ethische Aussage einen teilweise *deskriptiven* Gehalt besitzt, der nur durch Behauptungssätze wiedergegeben werden kann. In dem erwähnten Arbeitsmodell liegt die deskriptive Komponente in der ersten Hälfte der Aussage. Da dies für viele Fälle eine zu dürftige Wiedergabe des deskriptiven Gehaltes ethischer Urteile darstellt, werden von Stevenson noch weitere Muster für eine Analyse ethischer Aussagen vorgeschlagen, die der deskriptiven Komponente besser Rechnung tragen.

Stevenson stützt seine Theorie durch eine Lehre von der emotiven Bedeutung (»emotive meaning«) von Ausdrücken. Sprachliche Ausdrücke haben nämlich in der Regel nicht nur eine *deskriptive Bedeutung*, d. h. eine Disposition, im Hörer (oder Leser) »theoretische« Akte hervorzurufen wie Vorstellungen, Annahmen, Glaubensakte usw., sondern sie haben von Fall zu Fall in verschiedenem Maße die Fähigkeit, im Hörer emotionale Reaktionen, d. h. Reaktionen im Bereich der Gefühle und Haltungen, zu erzeugen. Diese Disposition von Ausdrücken nennt Stevenson deren *emotive Bedeutung*. Sie kann von der deskriptiven Bedeutung mehr oder weniger unabhängig sein. So z. B. hat das Wort »Demokratie« für uns heute eine ganz ähnliche deskriptive Bedeutung wie für Plato, die emotive Bedeutung hat sich jedoch vollständig geändert. Man kann die emotive Bedeutung eines Wortes nicht wie die deskriptive durch eine Definition wiedergeben, sondern muß sie anderweitig charakterisieren. Vom Standpunkt des deskriptiven Gehaltes z. B. sind die beiden Ausdrücke »Nigger« und »Neger« synonym; in der emotiven Bedeutung unterscheiden sie sich dadurch, daß der erste in einem verächtlichen Sinn gebraucht wird, der zweite dagegen nicht. Wollte man diesen Unterschied sprachlich irgendwie zum Ausdruck bringen, so müßte man etwa sagen, daß »Nigger« dasselbe bedeute wie »Neger, bah!«. Da man nur über die emotive Bedeutungskomponente von Ausdrücken eine Reaktion in der Haltung eines anderen Menschen hervorrufen kann, hat eine Analyse von »gut« daher vor allem die Aufgabe, die emotive Bedeutung dieses Ausdrucks klarzustellen, d. h. seine Fähigkeit, eine günstige (positive, anerkennende) Haltung gegenüber dem gut genannten Ding hervorzurufen.

Einen der wichtigsten Faktoren bei der Beeinflussung der Haltung anderer in einer ethischen Diskussion bilden die *Überredungsdefinitionen* (»persuasive definitions«). Darin wird die emotive Bedeutung eines Ausdruckes unverändert gelassen, während die deskriptive Bedeutung geändert, und zwar gewöhnlich präzisiert wird; diese Änderung der deskriptiven Bedeutung hat dabei den Zweck, die Haltung des Hörers zu ändern. Stevenson bringt hierfür das folgende Beispiel: Zwei Personen *A* und *B* streiten darüber, ob die Person *C* »Kultur« besitze. *A* leugnet dies entschieden und weist dabei auf die schlechte Erziehung des *C*, seine primitive Sprechweise, seinen Mangel an historischen und literarischen Kenntnissen hin. *B* hingegen bemerkt dazu, daß all dies nur die äußere Schale der Kultur bedeute; im eigentlichen Sinn des Wortes bedeute »Kultur« soviel wie Einfallsgabe, Einfühlungsvermögen und Originalität; alle diese Qualitäten aber besitze *C*. Mit seiner Definition von »Kultur« wollte *B* keineswegs die übliche Bedeutung dieses Ausdruckes klären, sondern er wollte den *A* dazu bringen, *C* günstiger zu beurteilen, als er es bisher tat. Er setzte dabei voraus, daß der Ausdruck »Kultur« eine positive emotive Bedeutung besitzt und versuchte, dessen deskriptive Bedeutung im Gegensatz zu den ursprünglichen Äußerungen des *A* so festzulegen, daß sich dieser Ausdruck auf *C* anwenden ließ.

Stevenson meint nun keineswegs, daß in ethischen Auseinandersetzungen kein rationaler Faktor enthalten sei. Vielmehr kann auch nach ihm *die Nichtübereinstimmung in der Haltung auf einer Nichtübereinstimmung im Glauben (in den*

Ansichten) beruhen. Soweit dann rationale Methoden ausreichen, um eine Übereinstimmung im Glauben herbeizuführen, kann ein ursprünglich moralischer Konflikt beigelegt werden. Daß dennoch nicht gehofft werden darf, daß mit dem Fortschritt der Wissenschaften auch eine moralische Übereinstimmung in der Welt zustandekommen wird, beruht auf zwei Umständen: Erstens führen bei weitem nicht rationale Methoden allein zur Übereinstimmung in den Auffassungen (Meinungen); und zweitens, selbst wenn dies der Fall wäre, würde dennoch die theoretische Übereinstimmung in allen Lebensbelangen – d. h. Übereinstimmung in solchen Ansichten bezüglich der Dinge, welche durch Behauptungssätze formuliert werden können – vermutlich noch immer mit einer Nichtübereinstimmung in den Haltungen parallel gehen.

Wenn also auf dem Wege über Diskussionen und Argumentationen ethische Übereinstimmung gesucht wird, so ist dies zum Teil ein *rationaler Prozeß*, in dem logische Beweisführungen oder sonstige wissenschaftliche Argumente verwendet werden können, welche den Glauben des anderen zu ändern geeignet sind, und zum Teil ein *Überredungsprozeß*, der Überredungsdefinitionen, Imperative, Ermahnungen u. dgl. verwendet. Jedenfalls kann man niemals sagen, daß eine bestimmte Haltung allein aus einem Glauben mit Notwendigkeit folge; man kann nicht behaupten, daß, wenn dies und dies geglaubt wird, nur eine solche oder solche Haltung *richtig* sei.

Die Schilderung der verschiedenen Arten von ethischen Auseinandersetzungen und ihrer Beilegung ist selbst eine deskriptive. Es liegt nahe, zu verlangen, daß eine ethische Diskussion bestimmte Prinzipien zu befolgen habe, etwa, daß der Überredungsversuch niemals einen wissentlichen Appell an die Vorurteile des anderen enthalten dürfe. Solche Forderungen kann man aufstellen. Man darf dies aber nicht etwa so interpretieren, als ob damit bewiesen werde, daß jemand, der dagegen verstößt, einen Fehler in ethischen Argumentationen begehe. Denn mit einer solchen Forderung ist der Bereich des wissenschaftlich Begründbaren verlassen, und *man moralisiert über die Arten des Moralisierens.*

Nach der »akademischen Ethik« kann in einer Diskussion über die »letzten Ziele« immer die Betrachtung über die Mittel ausgeklammert werden. Stevenson hält diese Ansicht für höchst verderblich, da sie auf einer ganzen Reihe falscher Voraussetzungen basiert. Die Verwirklichung eines Zieles kann u. U. in der Hervorrufung eines komplexen Kausalprozesses bestehen, und dieser Prozeß steht selbst für verschiedene theoretische und ethische Beurteilungen offen. So z. B. braucht eine Übereinstimmung in den letzten Zielen keine Übereinstimmung in der Wahl der Mittel zur Folge zu haben, weil theoretische Meinungsverschiedenheiten über die Eignung der Mittel bestehen. Andererseits können zwei Personen in ihrer Haltung gegenüber einem Objekt übereinstimmen, obzwar die eine dieses Objekt nur als Mittel für einen weiteren Zweck betrachtet, während es für die andere einen Selbstzweck bildet. Ferner beobachtet man häufig, daß dasjenige, was ursprünglich als Mittel gedacht war, später Selbstzweck wird. Oder es stellt sich heraus, daß die Verwirklichung eines Zieles negativwertige Konsequenzen hat, um derentwillen von der ursprünglich beabsichtigten Zielverwirklichung abgesehen wird. Es ist daher unrichtig, zu behaupten, man könne in einer Betrachtung über Ziele und Mittel stets die ethische Komponente (Zielbetrachtung) von der wissenschaftlichen (Mittelbetrachtung) reinlich abtrennen. Verantwortungsvolle ethische Diskussionen setzen stets auch entsprechendes Fachwissen voraus.[1]

Auch das Problem der Willensfreiheit wird von Stevenson behandelt. Er versucht, darin zu zeigen, *daß die üblichen Auseinandersetzungen zwischen Determinismus* (Anerkennung der vollständigen kausalen Determiniertheit aller menschlichen Handlungen) *und Indeterminismus* (Anerkennung einer Wahlfreiheit der handelnden Personen) *in ethischer Hinsicht irrelevant sind.* Ethisch bedeutsam ist nur die Unterscheidung zwischen *Unvermeidbarkeit* und *Vermeid-*

---

[1] Für eine Anwendung dieser Art von Überlegungen auf wirtschaftspolitische Fragen vgl. W. Stegmüller, »Ethik und Wirtschaftspolitik«; Besinnung, Zeitschr. f. Fragen der Ethik, H. 3, 1955, S. 1–12.

barkeit von Handlungen, die aber nicht mit dem Unterschied zwischen Determinismus und Indeterminismus zusammenfällt. »Die Handlung des *A* war vermeidbar« heißt: »Wenn *A* eine bestimmte Wahl vorgenommen hätte, dann wäre seine Handlung nicht erfolgt.« Wenn es sich herausstellt, daß eine Handlung im Sinn dieser Definition nicht vermeidbar war, dann wird jedes ethische Urteil darüber wieder zurückgenommen, aber nicht deshalb, weil eine Art von logischer Unverträglichkeit zwischen der Unvermeidbarkeit und der ethischen Beurteilung besteht, sondern weil ein solches ethisches Urteil *unfruchtbar* wäre. Denn ethische Urteile beziehen sich vorwiegend auf zukünftige Handlungen: Es sollen dadurch die künftigen Haltungen und damit die künftigen Wahlen und Handlungen von Personen beeinflußt werden. Dies wird jedoch gegenstandslos, wenn unvermeidbare Handlungen vorliegen. Da die Unvermeidbarkeit einer Handlung aber nicht mit deren Determiniertheit (in einem naturphilosophischen Sinn) zusammenfällt, sind solche Überlegungen wie die eben erwähnten vom Problem des Determinismus ganz unabhängig.

In den letzten Jahren sind in England und in den USA zahlreiche Untersuchungen erschienen, in denen diese »emotive Theorie der Ethik« oder, wie sie auch genannt wird, die »nicht-kognitive Theorie der Ethik« weitergeführt wird. Zu den bekanntesten und meistdiskutierten gehört der von R. M. Hare entwickelte *Präskriptivismus*. Auch Hare beschränkt sich hauptsächlich darauf, *die moralische Sprache* zu studieren. Ein Vorstudium dafür bildet die Analyse der Imperative; denn moralische Urteile stehen nach Hare Aussagen von imperativischem Charakter sehr nahe. Deshalb muß eine philosophische Ethik vor allem die Relation zwischen moralischen Urteilen und Imperativen untersuchen.

Hare nimmt die von L. Wittgenstein in seiner späteren philosophischen Phase immer wieder mit Nachdruck betonte Ermahnung besonders ernst, daß wir uns beim Philosophieren von der irreführenden Auffassung freimachen müssen, unsere Sprache diene nur einem einzigen Zweck, nämlich: »über die Dinge zu reden«. Die Sprache dient darüber hinaus noch vielen anderen Funktionen, die nicht in dieses Schema des »Redens über« gepreßt werden können. Solche andere Funktionen erfüllen insbesondere Imperative, Werturteile (moralische wie nichtmoralische) und Sollensprinzipien.

Soweit unsere Sprache dazu dient, Tatsachenbehauptungen aufzustellen und diese mitzuteilen, wird sie *deskriptive Sprache* genannt; die Aussagen dieser Sprache heißen auch *Indikativsätze*. Davon wird die *präskriptive Sprache* unterschieden. Zu dieser letzteren gehören *Imperative* und *Werturteile*. Die Imperative zerfallen in singuläre (»schließ die Türe!«) und generelle (»sage stets die Wahrheit!«); die Werturteile umfassen nichtmoralische (»dies ist ein schlechtes Auto«) und moralische (»stehlen ist verwerflich«).

Sollensätze haben in der Philosophie immer wieder eine Fehlinterpretation erfahren. Hare erwähnt zwei Haupttypen von solchen Fehldeutungen. Nach dem einen Typus werden Imperative fälschlich in deskriptive Aussagen umgedeutet. Dazu gehören auch alle jene ethischen Theorien, wonach Sollenssätze dazu dienen, Urteile *über* Verpflichtungen auszusprechen. Der zweite Typus umfaßt eine rohe Form der emotiven Theorie, wonach die Funktion der Imperativsätze darin bestehen soll, das Verhalten oder die Emotionen des Hörers kausal zu beeinflussen. Hier wird übersehen, daß ein Unterschied besteht zwischen den beiden Prozessen: 1. jemandem *zu sagen, er solle etwas tun* und 2. ihn *dazuzubringen, das Betreffende zu tun*.

Wodurch unterscheidet sich ein Indikativsatz von einem Imperativsatz? Sie können in einer bestimmten Hinsicht einen gemeinsamen Gehalt besitzen. Um den Unterschied zwischen beiden in den Griff zu bekommen, ist es daher zweckmäßig, Beispiele von solchen teilweise miteinander übereinstimmenden Aussagen der beiden Kategorien als Ausgangspunkt zu wählen, etwa die beiden Aussagen »du wirst die Türe schließen« [1] (Indikativsatz) und »schließ die Türe!«

---

[1] Diese Aussage ist hier natürlich als eine Tatsachenbehauptung zu verstehen und nicht als eine solche, die im drohenden Befehlston gesprochen wird und daher selbst als Imperativ aufzufassen wäre.

(Imperativsatz). Beide sagen etwas über dein Schließen der Türe in der Zukunft, aber sie sagen Verschiedenes darüber aus. Man kann das, was in beiden Fällen verschieden ist, dadurch deutlich machen, daß man den Indikativsatz wiedergibt durch die folgende sprachliche Wendung: »dein Schließen der Türe in der Zukunft; ja« (1) und den Imperativsatz ersetzt durch: »dein Schließen der Türe in der Zukunft; bitte« (2). Der erste Teil, welcher beiden Sätzen gemeinsam ist, wird die phrastische Komponente, kurz *Phrastik*, genannt. Sie enthält das, wovon die Rede ist (denn auch in Imperativen ist *von etwas* die Rede, aber es ist darin *nicht nur* von etwas die Rede). Derjenige Redeteil, der in den beiden Sätzen (1) und (2) verschieden ist (also »ja« bzw. »bitte«), wird *Neustik* genannt. Der Unterschied zwischen Indikativsätzen und Imperativen liegt somit gänzlich in der Neustik. Im ersten Fall wird mit ihrer Hilfe zum Ausdruck gebracht, daß etwas sich so und so verhält, im zweiten Fall, daß es verwirklicht werden soll. Beiden Aussagen kann man auch beipflichten; aber es bedeutet jedesmal etwas anderes. Im ersten Fall bedeutet es, daß man *glaubt, daß das, was der Sprecher behauptet, wahr ist*, im zweiten Fall bedeutet es, daß man *sich entschlossen hat, das zu tun, was der Sprecher verlangt hat*. Ernsthafte Zustimmung zu einem Behauptungssatz bedeutet also ein Glauben, ernsthafte Zustimmung zu einem Imperativ bedeutet ein Tun.

Eine wichtige philosophische Aufgabe bildet für Hare die Klärung der Frage, ob auch zwischen Imperativen logische Ableitungsbeziehungen bestehen, also ob es eine *Logik der Imperative* gibt. Dies ist tatsächlich der Fall. Aber diese Logik bedarf einer eigenen Untersuchung; sie kann nicht ohne weiteres aus der üblichen formalen Logik, die sich nur auf Behauptungssätze bezieht, übernommen werden. Ein einfaches Beispiel für einen logischen Schluß, an dem Imperative beteiligt sind, wäre etwa das folgende: aus den beiden Prämissen »geh' ins größte Stoffgeschäft von Buxtehude!« (Imperativsatz) und »N. N. ist das größte Stoffgeschäft von Buxtehude« (Indikativsatz) folgt die imperativische Conclusio »geh zu N. N.!«.

Zu den wichtigsten Prinzipien der imperativischen Logik gehört der Grundsatz, *daß keine imperativische Conclusio aus einer Menge von Prämissen, die nicht mindestens einen Imperativsatz enthält, gültig abgeleitet werden kann.* Dieses Prinzip ist außerordentlich wichtig bei der Kritik bestimmter ethischer Theorien. Nicht nur die naturalistischen Theorien der Ethik verstoßen dagegen, sondern auch z. B. die materiale Wertethik (obzwar diese von Hare ausdrücklich nicht zum Gegenstand seiner Kritik gemacht wird). Denn nach dieser Theorie sollen ja die grundlegenden ethischen Aussagen in Sätzen über Werte und deren Verhältnisse bestehen. Es ist aber logisch ausgeschlossen, aus solchen Aussagen auch nur eine einzige Sollensforderung abzuleiten, es sei denn, daß man jene Sätze über Werte als verklausulierte Imperative deutet (was nach der Auffassung der Vertreter der materialen Ethik aber gerade nicht getan werden darf).

Spezielle moralische Urteile unterscheiden sich aber doch in einer wesentlichen Hinsicht von gewöhnlichen Imperativen. Ein nichtmoralischer Imperativ wie »schließ die Türe!« wird entweder ohne weitere Rechtfertigung ausgesprochen oder es wird nur eine spezielle Rechtfertigung für die konkrete Situation gegeben. Bei einem speziellen moralischen Imperativ wie »du sollst ihm die Wahrheit erzählen!« hingegen kann man stets verlangen, ihn *durch Vernunftgründe zu stützen.* Und diese Vernunftgründe bestehen darin, daß man jenen speziellen Imperativ unter *allgemeine Prinzipien* subsumiert. Nach dem oben Gesagten könnten diese allgemeinen Prinzipien nicht mit Hilfe von Deklarativsätzen formuliert werden; denn sie stellen selbst Sollensprinzipien dar. Moralische Prinzipien unterscheiden sich also auf der einen Seite von allen Tatsachenbehauptungen, auf der anderen Seite weichen sie von den gewöhnlichen Imperativen dadurch ab, daß sie *rein universell* sind. Der Satz »du sollst ihm die Wahrheit sagen!« könnte daher ungefähr so analysiert werden: »wenn du ihm nicht die Wahrheit sagst, dann brichst du ein allgemeines Sollensprinzip, zu dem ich mich hiermit bekenne!«.

Es wurde bisweilen gegen den geschilderten Typus von

ethischen Theorien der Einwand vorgebracht, daß danach moralischen Urteilen eine analoge Funktion zugesprochen wird, wie den *Überredungen*, und daß damit moralische Urteile nicht mehr von Propaganda unterschieden werden könnten. Für die Theorie Hares trifft dies jedoch nicht zu. Denn das Hauptcharakteristikum der Ethik besteht für ihn darin, daß sich eine Person einem allgemeinen Sollensprinzip (oder mehreren) unterstellt. Und das Bestreben einer Person, durch das eigene persönliche Beispiel Anhänger für dieses Prinzip zu gewinnen, kann keinesfalls als Propaganda bezeichnet werden.

Mit dem Hervorkehren allgemeiner Sollensprinzipien als der einzig möglichen rechtfertigenden Instanzen von speziellen moralischen Imperativen rückt die Theorie von Hare in große Nähe zur kantischen Ethik. Noch ein anderes Moment verbindet Hare mit Kant, nämlich die kantische Frage der »Autonomie des Willens«: *Jeder Mensch muß seine eigenen Entscheidungen bezüglich der anzunehmenden moralischen Prinzipien treffen*. Niemals kann mir ein anderer eine solche Entscheidung abnehmen. Wenn es bisweilen den Anschein hat, daß andere Leute für uns diese Entscheidung treffen können, so wird dabei übersehen, *daß wir uns zuvor entschieden haben müssen, den Rat dieser Leute zu befolgen und ihren Befehlen zu gehorchen*.

Die Rechtfertigung einer moralischen Entscheidung muß zahlreiche Komponenten enthalten. Eine vollständige Rechtfertigung würde in der genauen *Schilderung aller Wirkungen dieser Entscheidung* – die aber meist nur mit bestimmter Wahrscheinlichkeit gewußt werden – bestehen, ferner in der *Angabe der allgemeinen Prinzipien*, die dabei befolgt wurden, und schließlich auch in der genauen *Schilderung der Konsequenzen, welche die generelle Befolgung jener Prinzipien nach sich ziehen würde*. Kann man die allgemeinen Prinzipien selbst nochmals rechtfertigen? Ihre Ableitung aus Tatsachenfeststellungen ist unmöglich. Aber auch die Ableitung aus »selbstevidenten Prinzipien« ist nach Hare vollkommen ausgeschlossen. Er bringt gegen eine derartige Annahme scharfsinnige Argumente vor: 1. Mit einer solchen Selbstevidenz kann nicht gemeint sein, daß die Prinzipien *analytisch* sind; denn analytische Prinzipien sind gehaltleer und können mir nicht sagen, was ich tun soll. 2. Es kann damit auch nicht gemeint sein, *daß die Verwerfung dieser Prinzipien eine psychologische Unmöglichkeit ist.* Denn eine solche Unmöglichkeit würde den Inhalt einer Tatsachenfeststellung ausmachen; aus Tatsachenfeststellungen aber können keine Imperative abgeleitet werden. 3. Es bleibt nur mehr übrig, die Selbstevidenz des Prinzips so zu deuten, daß es zwar logisch wie psychologisch möglich wäre, das Prinzip zu leugnen, *daß die Verwerfung aber nicht vernünftig wäre.* Um mit dieser Antwort etwas anfangen zu können, muß man *ein Kriterium dafür* haben, *wann ein Mensch vernünftig handelt.* Wenn dies als eine Tatsachenfrage aufgefaßt wird, so würde es darauf hinausführen, daß man wieder fälschlich eine Sollensforderung aus Tatsachenfeststellungen abzuleiten versucht. Wenn es sich dagegen um eine Wertfrage handelt, so landet man mit dem Kriterium der Selbstevidenz entweder in einem logischen circulus vitiosus oder man muß zugeben, daß wenigstens eine Komponente in der ganzen Überlegung weder eine Tatsachenprämisse noch selbstevident ist.

Wie steht es also dann mit der weiteren Rechtfertigung einer moralischen Entscheidung? Die Antwort, welche Hare an dieser Stelle gibt, verrät den Einfluß der späteren Philosophie Wittgensteins (und ist vielleicht ein wichtiger Beitrag zu dem Verständnis dieser Philosophie): *Jede Rechtfertigung und Begründung muß irgendwo ein Ende nehmen.* Wenn ich dazu gedrängt werde, eine Entscheidung vollständig, d. h. in allen denkbaren Hinsichten, zu rechtfertigen, so muß ich schließlich eine genaue Schilderung der *Lebensform* geben, von der diese Entscheidung ein Bestandteil ist. Wenn dann trotzdem weiter gefragt wird: »warum soll man denn so und nicht anders leben?«, so kann keine Antwort mehr gegeben werden; denn alles, was eine weitere Antwort enthalten könnte, wurde bereits gesagt.

KAPITEL XI

LUDWIG WITTGENSTEIN

Wittgensteins Stellung in der Philosophie ist in doppelter Hinsicht merkwürdig: einmal, weil er zwei verschiedene Philosophien entwickelt hat, von denen die zweite nicht als eine Fortsetzung der ersten aufgefaßt werden kann, und zum anderen, weil sein Weg zur Philosophie mehr auf einem Zufall beruht, so daß sich sein Denken sowie auch seine ursprüngliche Terminologie außerhalb der philosophischen Tradition, insbesondere außerhalb der deutschen philosophischen Tradition, bewegte.

Wittgenstein hatte ursprünglich Technik studiert und sich auch längere Zeit hindurch intensiv mit der Lösung praktisch-technischer Probleme beschäftigt. Allmählich verschob sich sein Interesse in Richtung auf die reine Mathematik und von da schließlich auf die Philosophie der Mathematik. Er stieß dabei auf die Werke von Frege sowie auf B. Russells »Principles of Mathematics«, die ihn stark beeindruckten und auf seine philosophische Entwicklung einen großen Einfluß ausübten. So bildete für ihn die moderne Logik das Tor zur Philosophie.

Verschiedene der im »Tractatus« enthaltenen Grundgedanken hatte Wittgenstein bereits vor 1914 konzipiert; die eigentliche Niederschrift erfolgte während des ersten Weltkrieges, als er als Freiwilliger in der österreichischen Armee diente. Das fertige Manuskript sandte er 1918 aus einem Kriegsgefangenenlager in Italien an B. Russell. Daß der »Tractatus« in England als Buch veröffentlicht wurde – in Deutschland erschien 1921 eine Publikation im letzten Band von Ostwalds »Annalen der Naturphilosophie« –, ist vor allem das Verdienst B. Russells. Die Veröffentlichung verzögerte sich teilweise deshalb, weil Wittgenstein die Einführung B. Russells in den »Tractatus« scharf ablehnte.

Die im »Tractatus« entwickelte Philosophie bezeichnen wir als Wittgensteins Philosophie I.

PHILOSOPHIE I

Die Darlegung der im »Tractatus« ausgedrückten Gedanken ist außerordentlich konzentriert. Dies allein ist es aber nicht, was ein Begreifen dieser Gedanken so sehr erschwert. Etwas Weiteres tritt hinzu: Viele der Ideen des »Tractatus« haben ihre Wurzeln in der Auseinandersetzung mit Theorien von Frege und B. Russell. Wer daher nicht mit den logischen Theorien dieser beiden Denker vertraut ist, findet nur sehr schwer einen Zugang zu Wittgensteins Philosophie I. Auf der anderen Seite aber treffen wir im »Tractatus« auch eine ausgesprochen »metaphysische Tendenz« an, die Wittgenstein zum Aufbau eines philosophischen Systems führte und die ihn mit den großen Philosophen der Vergangenheit verbindet, ungeachtet dessen, daß er am Ende jede Art von philosophischem System für sinnlos erklärt. Es ist diese »Personalunion« zwischen einem metaphysischen Grübler und einem technischen Experten im Verfasser des »Tractatus«, die einen weiteren Grund für die Verständnisschwierigkeiten bildet, auf die wir bei diesem Werk stoßen. Schließlich ist auch die Sprache Wittgensteins ein Hemmnis für ein adäquates Begreifen dessen, was er sagen will. Er verwendet zwar, abgesehen von einigen technischen Ausdrücken, nur solche Wörter, die uns auch vom Alltag oder von der philosophischen Tradition her geläufig sind, jedoch verbindet er mit Ausdrücken wie »Sachverhalt«, »Tatsache«, »Ding«, »Welt«, »Substanz«, »Bild« usw. meist ganz andere Bedeutungen, als wir es zunächst tun würden. Wir müssen uns daher immer wieder von den herkömmlichen Vorstellungen, die mit solchen Ausdrücken verbunden sind, befreien, um nicht den Sinn seiner Aussagen vollkommen mißzuverstehen. Paradoxerweise wird dies demjenigen, der von der philosophischen Tradition unbelastet ist (so wie Wittgenstein dies selbst bei der Abfassung des »Tractatus« war), leichter fallen, weil er z. B. beim Wort »Substanz« nicht erst jene zahllosen Assoziationen loswerden muß, die dieses Wort in jemandem hervorruft, der über die mehr als zweitausendjährige Diskussion über diesen Begriff Bescheid weiß.

Um das Verständnis der Zusammenhänge der im »Tractatus« entwickelten Ideen zu erleichtern, hat Wittgenstein seine Sätze mit Nummern versehen: Das Werk enthält 7 Hauptthesen, welchen die Nummern »1« bis »7« zugeteilt werden. Für alle anderen Sätze wird die Dezimalnotation verwendet: die Sätze mit Nummern »n.$m_1 \ldots m_s$ 1«, »n.$m_1 \ldots m_s$ 2« usw. sind als Erläuterungen und Ergänzungen zum Satz mit Nummer »n.$m_1 \ldots m_s$« gedacht. Dies ist jedenfalls die Anweisung, welche Wittgenstein selbst gibt. Tatsächlich sind jedoch die Zusammenhänge wesentlich komplizierter, als es durch diese Numerierung zum Ausdruck gebracht werden könnte. Immerhin geben uns die Hauptthesen einen ersten Eindruck von der Struktur seiner Philosophie: Die ersten beiden Thesen beziehen sich auf das *ontologische Fundament* seiner Philosophie (Welt, Sachverhalte, Tatsachen); in der dritten These wird der Übergang von der Ontologie zur *Erkenntnistheorie* vollzogen (Beziehung zwischen der Welt und den Gedanken über die Welt); mit der These 4 beginnen die Untersuchungen zur *Sprache* (die sinnvollen Sätze als Mittel zur Formulierung der Gedanken); in den Thesen 5 und 6 wird *die innere Struktur der Sprache* behandelt und ein generelles Schema aufgestellt, in welches jeder sinnvolle Satz hineinpassen muß; der letzte Teil des Buches enthält einen *transzendentalphilosophischen Ausblick*, dessen Fazit in der These 7 zusammengefaßt ist.

1. Das ontologische Grundgerüst

Grundlegender als alle Unterscheidungen zwischen Begriffen dem Gehalt nach ist der Unterschied zwischen der *logischen Natur* von Begriffen oder, wie man auch sagen kann, die Unterscheidung zwischen Begriffen von verschiedenen *Kategorien*: Diese Unterscheidung ist so allgemein, daß sie nicht mit Hilfe von Definitionen charakterisiert werden kann. Ein kategorialer Unterschied liegt z. B. vor, wenn man miteinander vergleicht: die Negation, ein Einzelding und eine allgemeine Eigenschaft. Wenn man innerhalb einer philosophischen Analyse genötigt ist, eine kategoriale

Unterscheidung zu treffen, muß man sich zunächst damit begnügen, den Unterschied durch Beispiele oder Analogiebilder zu verdeutlichen.

Die fundamentale Unterscheidung in Kategorien, welche Wittgenstein im ersten Teil des »Tractatus« vornimmt, ist die zwischen der Kategorie der *Tatsachen* und der *Nichttatsachen*. Der Gegensatz: Einzeldinge und Attribute – letztere umfassen Eigenschaften und Relationen – bildet selbst eine kategoriale Unterscheidung innerhalb der Kategorie der Nichttatsachen. Im ersten Satz des »Tractatus«: »Die Welt ist alles, was der Fall ist« sowie im darauffolgenden Erläuterungssatz 1.1: »Die Welt ist die Gesamtheit der Tatsachen, nicht der Dinge« *wird die Welt zur Kategorie der Tatsachen gerechnet*. Dies ist zunächst sehr befremdend; denn man würde erwarten, daß ein Philosoph, der überhaupt mit dem Begriff der Welt operiert, darunter entweder ein komplexes Ding oder die Gesamtheit aller Dinge versteht, also etwas, das gerade nicht zur Kategorie der Tatsachen gehört. Wittgenstein hätte auch sicherlich nicht geleugnet, daß man einen Begriff der Welt als Ding einführen kann, aber er hätte gesagt, daß er den Begriff der Welt als Tatsache für philosophisch wichtiger und grundlegender halte.

Was er im Sinn hatte, läßt sich am besten durch eine von Stenius benützte Analogie aus dem Bereich der Wahrnehmungspsychologie illustrieren[1]: Die Wahrnehmung komplexer Gegenstände kommt nicht, wie die atomistische Psychologie annahm, durch eine Integration der zunächst wahrgenommenen Einzelteile zustande, sondern durch Differenzierung und Gliederung eines ursprünglich undifferenzierten Wahrnehmungsfeldes. Dadurch erhält das ganze Feld eine Struktur, so daß es in Einzelteile analysiert werden kann. Man denke dazu an ein möglichst einfaches Wahrnehmungsfeld, z. B. bestehend aus einigen Strichen und Kreisen oder sonstigen primitiven geometrischen Figuren. Dieses Feld gewinnt für uns eine Struktur und wird zu einer bestimmten Wahrnehmungsgestalt, sobald wir es als etwas auffassen, das aus verschiedenen Objekten mit bestimmten Eigenschaften

---
[1] Stenius, »Wittgensteins Tractatus«, S. 23 ff.

besteht, die in bestimmten Relationen zueinander stehen. Aber nicht durch diese Objekte und ihre Eigenschaften ist die Struktur des Feldes festgelegt, *sondern durch bestimmte Tatsachen*: durch die Tatsache, *daß* die Gestalt aus diesen und diesen Objekten besteht, *daß* diese Objekte solche und solche Eigenschaften besitzen usw. Dabei darf auch die wahrgenommene Gestalt nicht mit dem Wahrnehmungsfeld identifiziert werden; denn die Gestalt wird erst gesehen, *nachdem* das Feld mit einer Struktur versehen worden ist. Dieser Unterschied kann so zur Geltung gebracht werden, daß man sagt: die wahrgenommene Gestalt gehört zur Kategorie der Dinge, das Wahrnehmungsfeld zur Kategorie der Tatsachen. Dieses Wahrnehmungsfeld zerfällt in einfachere Tatsachen. Und die Einzeldinge und Attribute treten nur in die einfachsten Tatsachen als Elemente ein.

Unter Verwendung dieser Analogie entspricht dem Wahrnehmungs*feld* das, was Wittgenstein die »Welt« nennt, nämlich die *Welt als Tatsache*. Der Wahrnehmungs*gestalt* würde dann die *Welt als Ding* entsprechen. So wie im Fall der Wahrnehmung ist auch hier der grundlegendere Begriff der der *Welt als Tatsache*: Die Welt als Tatsache zerfällt in Einzeltatsachen und diese wieder in Dinge und Attribute. Die Begriffe des Einzeldinges und des Attributes sind dabei korrelative Begriffe; ein Einzelding ist nur denkbar als Träger von Attributen und Attribute nur als etwas, das Einzeldingen zukommt. Die *Welt als Ding* ist innerhalb der durch die Welt als Tatsache bestimmten Struktur das komplexeste Ding. Auch unser *Wissen* um die Welt ist daher in erster Linie nicht ein Wissen um Dinge, sondern ein *Wissen um Tatsachen*.

Wittgensteins Auffassung, daß der Begriff der Welt als Tatsache grundlegender sei als der Begriff der Welt als Ding und daher diesem letzteren Begriff vorausgehen müsse, ließe sich sinngemäß auf andere philosophische Konzeptionen übertragen, die nicht mit dem Begriff der Welt operieren; so z. B. auf solche Philosophien, die »das Seiende« als grundlegende ontologische Kategorie betrachten. Der Verfasser des »Tractatus« hätte vermutlich gesagt, daß auch in diesen Philosophien die allgemeinste ontologische Unterscheidung in

Tatsachen und Nichttatsachen übersehen wird; denn aus dem, was jene Philosophen über das Seiende aussagen, ersieht man, daß sie darunter etwas verstehen, was zur Kategorie der Nichttatsachen gehört, mag dieses nun wie bei Wittgenstein unter den Begriff »Ding« subsumiert werden oder mag man, wie z. B. Heidegger, vor einer solchen Subsumtion zurückschrecken.

Tatsachen sind zu unterscheiden von dem, was Wittgenstein *Sachverhalte* nennt. In bezug auf die Kategorie unterscheiden sich beide nicht, d. h. auch Sachverhalte gehören zur Kategorie der Tatsachen, nicht jedoch zur Kategorie der Einzeldinge und Attribute. Während eine Tatsache stets etwas betrifft, das *wirklich der Fall ist*, stellt ein Sachverhalt bloß etwas dar, das *möglicherweise der Fall ist*. Dieser Unterschied spiegelt sich im Unterschied des Gehaltes wahrer und falscher Sätze wider: In den beiden Sätzen »Hannibal lebte vor Cäsar« und »Cäsar lebte vor Hannibal« wird behauptet, daß etwas der Fall sei. Der Gehalt des ersten wahren Satzes wird jedoch nicht nur behauptet, sondern er ist auch wirklich der Fall: er ist eine Tatsache. Der Gehalt des zweiten falschen Satzes dagegen ist keine Tatsache. Was ein beliebiger, nicht rein logisch gültiger Satz behauptet, ist somit stets ein Sachverhalt. Es kann sich dabei um einen bestehenden oder nicht bestehenden handeln. Ist der Satz wahr, so besteht der Sachverhalt, der dann Tatsache genannt wird. Ist der Satz falsch, so besteht der Sachverhalt nicht und ist daher keine Tatsache.

Für Wittgensteins Ontologie ist die Unterscheidung in *atomare* Sachverhalte und *komplexe* Sachverhalte von großer Bedeutung; im letzteren Fall spricht er auch meist von »Sachlage«, während er atomare Sachverhalte einfach als »Sachverhalte« bezeichnet. Analog könnte man zwischen atomaren und komplexen Tatsachen unterscheiden, soweit es sich um *bestehende* Sachverhalte handelt. Dieser Unterschied wird erst im folgenden deutlicher werden. Hier sei nur ein Hinweis gegeben: Die atomaren Sachverhalte sind etwas »logisch Einfaches«, das nicht selbst wieder in einfachere Sachverhalte zerfällt, sondern sich in Dinge und Attribute gliedert.

Von den atomaren Sachverhalten sagt Wittgenstein, daß sie voneinander unabhängig seien (2.061). Damit ist gemeint: Wenn A und B atomare Sachverhalte sind, so sind vier Möglichkeiten des Bestehens oder Nichtbestehens denkbar, nämlich daß beide bestehen oder beide nicht bestehen oder daß A besteht und B nicht besteht oder daß A nicht besteht und B besteht. Da diese Art von Unabhängigkeit gilt, gleichgültig, ob A bzw. B eine Tatsache ist, macht Wittgenstein hiermit keine Aussage über die wirkliche Welt, sondern er trifft eine Feststellung, die *für jede mögliche Welt* gilt. Die wirkliche Welt muß in eine Gesamtheit von möglichen Welten eingebettet gedacht werden. Wie gelangt man zu diesen möglichen Welten?

Um den Zusammenhang zwischen wirklicher und möglicher Welt zu klären, führt Wittgenstein den Begriff des *logischen Raumes* ein. In erster Annäherung kann man sich diesen Begriff so verdeutlichen: Es sei eine möglichst detaillierte Beschreibung der wirklichen Welt gegeben. Aus dieser Beschreibung werfen wir alle jene Sätze heraus, die von anderen Teilen der Beschreibung abhängig sind, d. h. wir betrachten eine solche Beschreibung, die *vollständig* ist und *deren sämtliche Beschreibungskomponenten voneinander unabhängig* sind. Wir betten nun die so beschriebene Welt dadurch in einen logischen Raum ein, daß wir sagen: dieser Raum habe so viele *Dimensionen*, als es voneinander unabhängige Komponenten der Beschreibung dieser Welt gibt (d. h. so viele, als nach Wegstreichung der abhängigen Beschreibungskomponenten übriggeblieben sind).

Ein einfaches geometrisches Modell dieses Verfahrens wäre das folgende: Die »Welt« bestehe aus zwei Rechtecken in der euklidischen Ebene. Eine vollständige Beschreibung dieser Welt mit wechselseitig unabhängigen Beschreibungskomponenten wäre eine Konjunktion von vier Sätzen, welche die Höhe und Länge dieser beiden Rechtecke angäbe. Diese Beschreibung ist vollständig, weil alle anderen Ausmessungen der beiden Rechtecke (z. B. die Diagonalen) durch sie bereits bestimmt sind; und sie enthält voneinander unabhängige Beschreibungskomponenten, da Längen und Höhen der beiden

Rechtecke unabhängig voneinander variieren können. Der »logische Raum« unserer Modellwelt ist also ein vierdimensionaler (und nicht etwa ein zweidimensionaler!) Raum. Die übrigen »möglichen Welten« werden durch beliebige Variation der vier Bestimmungskomponenten gewonnen.

Das Analoge gilt im allgemeinen Fall: Die verschiedenen möglichen Welten werden aus der tatsächlichen Welt dadurch gewonnen, daß man in der oben geschilderten Weltbeschreibung die einzelnen Beschreibungskomponenten durch andere ersetzt. Unter Benützung der Terminologie des logischen Raumes heißt dies: *Eine mögliche Welt ist eindeutig bestimmt durch Wahl von je einem atomaren Sachverhalt aus jeder Dimension des logischen Raumes.* Eine wahre Beschreibung der wirklichen Welt liegt vor, wenn für jede Dimension des logischen Raumes in dieser Beschreibung genau eine Komponente vorkommt, die das Bestehen eines atomaren Sachverhaltes aus dieser Dimension behauptet, und dieser atomare Sachverhalt eine atomare Tatsache ist. Eine solche Beschreibung gibt alles an, was der Fall ist, und schließt alles aus, was nicht der Fall ist.

Die zu einer und derselben Dimension des logischen Raumes gehörenden (unendlich vielen) atomaren Sachverhalte sind voneinander nicht unabhängig, sondern miteinander *unverträglich*. So z. B. sind in der obigen Modellwelt zwei verschiedene Längen des ersten Rechteckes miteinander unverträglich, da in ein und derselben Realisierung ein Rechteck nicht verschiedene Längen haben kann. Analog sind die zwei Sachverhalte miteinander unverträglich, von denen der eine zum Inhalt hat, daß eine Gesichtsfeldstelle zu einem bestimmten Zeitpunkt rot ist, und ein anderer, daß sie grün ist (vgl. 6.3751). Es scheint daher, als müsse – worauf Stenius hinweist – die angeführte Behauptung Wittgensteins, wonach die atomaren Sachverhalte voneinander unabhängig sind, ersetzt werden durch die korrektere Formulierung: Die *zu verschiedenen Dimensionen* des logischen Raumes gehörenden Sachverhalte sind logisch unabhängig voneinander, die *zu ein und derselben Dimension* gehörenden dagegen logisch unverträglich. Aber eine solche Schlußfolgerung wäre vermutlich ein

Irrtum. Der logische Raum, den wir schilderten, deckt sich nicht genau mit dem, was Wittgenstein meinte; daher sprachen wir oben nur von einer ersten Annäherung. Die eben gezogene Schlußfolgerung beruhte auf der scheinbar selbstverständlichen Annahme, daß zu jeder Dimension des logischen Raumes *mehrere*, in der Regel unendlich viele miteinander unverträgliche atomare Sachverhalte gehören. Das geometrische Modellbeispiel sowie das eben erwähnte Farbenbeispiel scheinen diese Annahme unvermeidbar zu machen. Dies gilt jedoch nur unter der Voraussetzung, daß die dabei benützten Aussagen (z. B. die Aussage, daß eine Gesichtsfeldstelle eine bestimmte Farbe hat) atomare Sachverhalte beschreiben. Dies war jedoch nicht die Ansicht Wittgensteins. Der logische Raum, von dem wir bisher sprachen, bildet sozusagen nur einen *logischen Oberflächenraum*. Dieser Oberflächenraum ist zu reduzieren auf einen *logischen Fundamentalraum* von der Art dessen, was Stenius einen »Ja-Nein-Raum« nennt: In einem solchen Raum treten in jeder Dimension nur je zwei Sachverhalte auf, die miteinander unverträglich sind. Da die Aussage, daß ein bestimmter solcher Sachverhalt besteht, logisch äquivalent ist mit der Behauptung, daß der andere nicht besteht, kann man in jeder Dimension einen dieser beiden Sachverhalte als atomaren Sachverhalt frei auswählen; der andere, durch eine negative Aussage beschriebene, ist dann nicht atomar. Man könnte ihn den zum atomaren Sachverhalt *komplementären* Sachverhalt nennen. Bei Zugrundelegung eines solchen logischen Raumes kann Wittgensteins These, daß die atomaren Sachverhalte alle voneinander unabhängig sind, in der ursprünglichen Fassung beibehalten werden; denn verschiedene atomare Sachverhalte gehören jetzt zu verschiedenen Dimensionen.

Es wäre zu schwierig, hier auf die mutmaßlichen Gründe einzugehen, die Wittgenstein veranlaßten, als logischen Fundamentalraum einen Ja-Nein-Raum anzunehmen. Dagegen müssen wir einige Konsequenzen dieser Auffassung erwähnen. Zunächst ergibt sich daraus zwingend, daß sein Begriff der Welt als Tatsache wesentlich abstrakter ist, als wir zunächst annahmen; denn diejenigen Sätze der Alltagssprache,

DAS ONTOLOGISCHE GRUNDGERÜST 533

die wir »einfach« nennen würden, und die durch sie beschriebenen »einfachen« Sachverhalte können nach Wittgenstein nicht »einfach« oder »atomar« sein. Wären sie es, so müßte ein logischer Raum vom ersten Typus zugrunde gelegt werden; denn die Sachverhalte, welche nach üblicher Auffassung als »einfach« erscheinen, sind ja, wie wir gesehen haben, nicht unabhängig voneinander, sondern häufig logisch unverträglich. Ferner ergibt sich jetzt eine andere Art der Charakterisierung der möglichen Welten: Bei Verwendung des logischen Oberflächenraumes war eine mögliche Welt dadurch bestimmt, daß aus jeder Dimension des logischen Raumes je ein atomarer Sachverhalt »herausgepickt« wurde. Jetzt hingegen können die atomaren Sachverhalte – ihre Abzählbarkeit vorausgesetzt – in eine Reihe (S) geordnet werden: $S_1, S_2, S_3, \ldots$ Eine *vollständige Beschreibung der wirklichen Welt* wird dadurch geliefert, *daß die bestehenden Sachverhalte aus (S) angegeben werden*, also alle jene, die Tatsachen sind, und daß außerdem ausdrücklich hinzugefügt wird, daß dies *alle* atomaren Tatsachen sind. Mit dieser Bestimmung werden die übrigen Glieder aus (S) als nicht bestehend ausgeschieden, und dies bedeutet, daß für jedes dieser Glieder der andere zu derselben Dimension gehörende (nicht atomare) Sachverhalt besteht. Während somit in bezug auf den logischen Raum vom ersten Typus die Klasse der möglichen Welten gegeben ist durch die Klasse der Auswahlen von je einem Glied aus jeder Dimension des logischen Raumes, wird bei Verwendung des logischen Raumes vom zweiten Typus *die Klasse der möglichen Welten* gegeben durch *alle Unterteilungen der Reihe (S) in zwei einander ausschließende und diese Reihe erschöpfende Klassen*: die der bestehenden und die der nichtbestehenden Sachverhalte aus (S).

In 4.463 sagt Wittgenstein, daß der logische Raum unendlich sei. Dies ist aufschlußreich für das Verhältnis der atomaren Sachverhalte zur Zeit. Was Wittgenstein meint, ist, daß die *Zahl der Dimensionen* des logischen Raumes *unendlich* ist. Diese These läßt sich mittels der vorangehenden Betrachtungen nicht rechtfertigen; sie ist vielmehr eine Konsequenz dessen, daß Wittgenstein die Auffassung *D. Humes* akzeptiert, wonach es *keinen notwendigen Zusammenhang* gibt zwischen dem, was zu *einem* Zeitpunkt stattfindet, und dem, was zu *einem anderen* Zeitpunkt stattfindet. In der Sprache des »Tractatus« ausgedrückt, bedeutet dies: Die zu verschiedenen Zeitpunkten gehörenden atomaren Sachverhalte sind voneinander unabhängig und daher verschieden voneinander, mögen sie auch in allen anderen Hinsichten gleich sein. Dies hat zur Folge, daß jedem Zeitpunkt ein Teilraum des logischen Raumes zugeordnet ist. Ganz unabhängig davon also, ob diese einzelnen Teilräume für sich unendlich sind, muß der logische Gesamtraum unendlich sein, da die Zahl der Zeitpunkte unendlich ist. Selbstverständlich darf man sich den logischen Raum nicht als etwas vorstellen, »in dem« sich die Prozesse der Welt abspielen (wie im physikalischen Raum), und auch nicht als etwas, das sich selbst in der Zeit durch die Welt bewegt (wie ein sich bewegendes Koordinatensystem); vielmehr ist der logische Raum nichts anderes als die abstrakte Gesamtheit aller zu den verschiedenen Zeitpunkten gehörenden logischen Teilräume.

Zu den Gedanken über den logischen Raum gehören auch verschiedene Betrachtungen Wittgensteins, die später in der Semantik ihren Niederschlag gefunden haben, so z. B. jene, die *Carnap* in der Theorie des logischen Spielraums präzisiert hat. Nach Wittgenstein bestimmt jeder sinnvolle Satz eine vollständige Zerlegung der Klasse aller möglichen Welten in zwei Teilklassen: jene, in denen der Satz wahr ist (die mit dem Satz verträglich sind), und jene, in denen er falsch ist (die mit ihm unverträglich sind). Die erste Klasse der möglichen Welten nennt Wittgenstein den *logischen Ort* des Satzes oder »den Spielraum, der den Tatsachen durch den Satz gelassen wird« (4.463) [1]. Dieser *logische Spielraum* fällt für *logisch wahre Aussagen* zusammen mit dem *ganzen logischen Raum*, während er für die *logisch falschen Aussagen leer* ist. Insbe-

---

[1] Hier wird »Tatsache« nicht in einem absoluten Sinn gebraucht: gemeint ist das, was Tatsache werden *könnte*. Dieser relative Gebrauch ist unvermeidlich, wenn man von möglichen Welten spricht, die von der wirklichen Welt verschieden sind.

sondere haben die logisch wahren Sätze, da sie mit sämtlichen möglichen Sachverhalten verträglich sind, keinen deskriptiven Gehalt. Daher gilt: »Alle Sätze der Logik sagen aber dasselbe. Nämlich Nichts« (5.43).

Zu den am leichtesten mißzuverstehenden Ausdrücken des »Tractatus« gehören die Worte »Ding« bzw. »Gegenstand« und »Substanz«. Nach 2.01 ist ein Sachverhalt eine Verbindung von Dingen oder Gegenständen. Da eine Verknüpfung von Einzeldingen niemals einen Sachverhalt zu bilden vermag – denn in jedem Sachverhalt muß mindestens ein Attribut beteiligt sein –, kann Wittgenstein unter »Ding« nicht das verstehen, was wir »Einzelding« nannten. Vielmehr dient ihm dieser *Begriff des Dinges* zur Charakterisierung alles dessen, was nicht zur Kategorie der Tatsachen gehört. Die kategoriale Grundunterscheidung wird im »Tractatus« also sprachlich so vorgenommen, daß unterschieden wird zwischen der *Kategorie der Tatsachen* und der *Kategorie der Dinge*. Attribute (d. h. Eigenschaften und Relationen) bilden dann gewisse spezielle Kategorien von Dingen, die Einzeldinge bilden eine andere solche Kategorie.

Diese Interpretation ist noch nicht ganz korrekt. Wittgenstein nennt nämlich nur dasjenige »Ding«, was als Element in einem *atomaren* Sachverhalt vorkommen kann (vgl. 2.02: »Der Gegenstand ist einfach«). Hier kommt der *doppelte logische Atomismus* des »Tractatus« zur Geltung: Die Welt als Tatsache zerfällt in logisch atomare Tatsachen und in solche, die zu logisch atomaren Tatsachen komplementär sind (wie wir dies oben nannten). Und die Welt als Ding – dieses Wort »Ding« in dem weiten Sinn des vorigen Absatzes genommen – ist analysierbar in atomare Dinge (Einzeldinge und Attribute), d. h. in solche, die in atomaren Sachverhalten als Elemente auftreten können. Wenn man als den der Welt zugrundeliegenden logischen Raum im Einklang mit Wittgensteins Grundkonzeption den logischen Fundamentalraum nimmt und demgemäß die atomaren Sachverhalte durch die Reihe (S) darstellt, so sind die (logisch atomaren) Dinge genau die Einzeldinge und Attribute, die in den Sachverhalten von (S) vorkommen.

Jetzt wird es auch möglich, einen Zugang zu finden zu dem zunächst rätselhaft anmutenden Satz 2.021: »Die Gegenstände bilden die Substanz der Welt. Darum können sie nicht zusammengesetzt sein«. Mit »*Substanz der Welt*« meint Wittgenstein weder eine Einzelsubstanz im *aristotelischen* Sinn, noch denkt er an die Substanztheorie von *Kant*, aber auch nicht an eine Weltsubstanz im Sinne *Spinozas*. Vielmehr weicht er mit dieser Bezeichnung in doppelter Hinsicht vom traditionellen philosophischen Sprachgebrauch ab: Erstens ist sein Substanzbegriff *abstrakter* als der herkömmliche; denn nach der eben geschilderten Bedeutung des Wortes »Gegenstand« bzw. »Ding« bei Wittgenstein muß gemäß 2.021 die »Substanz der Welt« so heterogene Entitäten umfassen wie Einzeldinge, Eigenschaften und Relationen. Zweitens ist die Substanz *nichts für die Welt als Tatsache Spezifisches* (obwohl gerade dies durch den Ausdruck »Substanz der Welt« nahegelegt wird). Dazu ist nur zu bedenken, daß die Reihe (S) das gemeinsame Grundgerüst aller logisch möglichen Welten bildet; denn diese kommen ja in der geschilderten Weise durch die Zerlegungen von (S) in zwei Klassen zustande. Somit müssen auch die atomaren »Dinge« als die in den atomaren Sachverhalten von (S) vorkommenden Elemente allen möglichen Welten gemeinsam sein. Da diese Gegenstände zusammen die »Substanz der Welt« ausmachen, ist daher die Substanz selbst etwas allen möglichen Welten Gemeinsames; dasjenige, worin alle diese Welten in bezug auf »Dinge« übereinstimmen[1]. Wären die allen möglichen Welten gemeinsamen elementaren Nichttatsachen oder »Dinge« nicht einfach, sondern zusammengesetzt, so könnten ihre Teile in verschiedenen Konfigurationen zu atomaren Sachverhalten verbunden werden, und die nichteinfachen Dinge wären gerade *nicht* allen möglichen Welten gemeinsam, im Widerspruch zur Voraussetzung. Dies dürfte die Deutung der zweiten Hälfte von 2.021 liefern.

---

[1] Die eben skizzierte Deutung der Begriffe »Ding« und »Substanz« hat in überzeugender Weise Stenius geliefert; vgl a.a.O. S. 60 ff.

DAS ONTOLOGISCHE GRUNDGERÜST

Vielleicht lassen sich von da aus einige nicht bloß dunkle, sondern geradezu absurd klingende Sätze des »Tractatus« in plausibler Weise deuten, z. B. 2.0232: »Die Gegenstände sind farblos«. Wir haben gesehen, daß wir nur bei Gleichsetzung des logischen Raumes mit dem logischen Oberflächenraum alltägliche oder einfache wissenschaftliche Tatsachen mit den atomaren Tatsachen identifizieren könnten; in bezug auf den logischen Fundamentalraum ist dies nicht möglich. Daher können auch die scheinbar einfachen Dinge des Alltags oder der Wissenschaft keine atomaren Dinge im Sinn von Wittgenstein sein: Ist die Tatsache, daß eine bestimmte Gesichtsfeldstelle rot ist, nicht atomar, so ist auch weder diese Stelle noch die Farbe Rot ein (logisch atomares) Ding. Vielleicht wollte Wittgenstein daher durch diesen Satz bloß darauf hinweisen, daß seine »Gegenstände« keine Erfahrungsgegenstände sind, so wie seine »Sachverhalte« nicht das darstellen, was wir gewöhnlich Sachverhalte nennen.

Daß die Substanz allen möglichen Welten gemeinsam ist, darf nicht so interpretiert werden, daß die darin vorkommenden atomaren Individuen etwas »zeitlich Ewiges« darstellten. Dies hätte einen klaren Widerspruch damit zur Folge, daß die zu verschiedenen Zeitpunkten gehörenden atomaren Sachverhalte voneinander verschieden sind. Vielmehr sind die atomaren Individuen als »Augenblicksobjekte« zu denken. Es besteht kein Widerspruch zu der Annahme, daß diese Augenblicksindividuen in allen möglichen Welten identisch sind.

Zu den verschiedenen Möglichkeiten, aus dem durch die Reihe (S) repräsentierten logischen Raum einen Teilraum herauszuisolieren, gehört auch die Auswahl jener atomaren Sachverhalte, in denen ein bestimmtes »Ding« vorkommt. Dieser Teilraum bildet das *Wesen* oder die *Natur* des betreffenden Dinges, von Wittgenstein auch (logische) *Form* des Dinges genannt: Kennt man diesen Teilraum, dann kennt man auch sämtliche Möglichkeiten des Vorkommens dieses Dinges in atomaren Sachverhalten. Aus dieser logischen Form geht insbesondere hervor, ob das Ding ein Individuum oder ein einstelliges bzw. ein mehrstelliges Attribut ist. Der Begriff des logischen Raumes dient somit auch dazu, die kategorialen Unterschiede innerhalb des Bereiches der Nichttatsachen festzulegen.

Faßt man die logische Form aller atomaren Individuen und Attribute zusammen, so gelangt man zur »*Form der Substanz*«. Kennt man diese, so kennt man auch die Zahl der Individuen und Attribute jeder Stellenzahl in der Welt. Die Form der Substanz steckt daher den Rahmen ab für das, was möglicherweise der Fall ist; sie bildet eine Art von »*innerer Struktur der Welt*«. Die äußere Struktur der Welt ist davon zu unterscheiden: sie ist erst mit dem gegeben, was tatsächlich der Fall ist. Um sie zu kennen, muß man zusätzlich für jeden in der Reihe (S) vorkommenden atomaren Sachverhalt wissen, ob er besteht oder der zu ihm komplementäre Sachverhalt.

Damit sind die Grundgedanken des ontologischen Teiles des »Tractatus« skizziert. Verschiedene Komplikationen und Fallunterscheidungen, die sich vor allem in bezug auf die »Form der Substanz« ergeben, mußten hier außer Betracht bleiben. Die Schilderung erfolgte unter der Voraussetzung, daß die Reihe (S) der atomaren Sachverhalte sowie die »Substanz der Welt« ein für allemal festliegen. Diese Voraussetzung erscheint nicht als zwingend: So wie ein Wahrnehmungsfeld in verschiedener Weise in »Einzeltatsachen« (und diese wieder in »Individuen« und »Attribute«) zerlegt werden kann, so wäre es denkbar, *daß die Welt als Tatsache auf verschiedene Weisen in Einzeltatsachen und letzte Elemente zergliedert werden könnte*. Radikale Umwälzungen im wissenschaftlichen Weltbild scheinen am besten als ein Wandel einer solchen Gliederung deutbar zu sein. Eine solche Auffassung hätte eine *Relativierung* aller grundlegenden Begriffe von Wittgensteins Ontologie zur Folge: Die atomaren Sachverhalte, die Dinge, der logische Raum, die Substanz der Welt wären solche nur *relativ auf eine bestimmte Art der Analyse* der Welt als Tatsache. Wie hat Wittgenstein selbst darüber gedacht? Die meisten Sätze des »Tractatus« sprechen für die »*absolute*« Deutung; doch gibt es einige spätere Stellen im »Tractatus«, die mit diesem *relativen* Sinn der Grundbegriffe verträglich sind. In seinen »Philosophischen Untersuchungen« lehnt Wittgenstein jedenfalls die im »Tractatus« zweifellos vorherrschende Tendenz, diesen Begriffen einen absoluten Sinn zu geben, sowie die sich aus dieser Deutung für die Idee einer logisch korrekten Analyse von Sätzen und einer logischen Idealsprache ergebenden Konsequenzen ab (vgl. »Philosophische Untersuchungen» 46–64; in diesen Paragraphen sind aber zahlreiche weitere für die »Philosophischen Untersuchungen« typische Überlegungen unlösbar mit einer Kritik an den Grundvorstellungen des »Tractatus« verflochten).

2. Die Isomorphietheorie der Satzbedeutung und der Erkenntnis

In 2.1 verläßt Wittgenstein erstmals die rein ontologischen Betrachtungen und geht über zu erkenntnistheoretischen Überlegungen. Es heißt dort, daß wir uns *Bilder der Tatsachen* machen. Dieser Ausdruck »Bild« hat vermutlich zu den schwerwiegendsten Fehlinterpretationen des »Tractatus« geführt. Man denkt dabei natürlich sofort an das, was wir im Alltag Bilder nennen: an bestimmte *Dinge*, die einem (wirklichen oder fingierten) Original mehr oder weniger ähnlich sind, also an Bilder in einem »naturalistischen« Sinn. Außerdem taucht in philosophischen Lesern bei diesen Worten unweigerlich die Erinnerung an die verschiedenen Formen des sog. »naiven« und »kritischen Realismus« auf, in denen eine Abbildtheorie der Erkenntnis entwickelt wird, wonach unser Denken mit der Wirklichkeit ganz oder teilweise übereinstimmt, sofern es wahr ist. Von all diesen Vorstellungen müssen wir uns jedoch freimachen [1].

Erstens denkt Wittgenstein überhaupt nicht an naturalistische Bilder, sondern hat dabei eine *komplexe abstrakte Relation* im Sinn, die viel eher dem entspricht, was die Mathematiker mit »Abbildung« bezeichnen. Wie wir noch sehen werden, ergibt sich aus der Art dieser Relation, daß Original

---

[1] Zu einer prinzipiellen Klarheit über den Bildbegriff Wittgensteins haben nach meiner Ansicht ebenfalls erst die Untersuchungen von Stenius geführt.

und Bild von derselben Kategorie sein müssen. Da in 2.1 von »Bildern der Tatsachen« gesprochen wird, folgt damit zweitens, *daß dasjenige, was Wittgenstein »Bild« nennt, niemals ein Ding sein kann, sondern selbst zur Kategorie der Tatsachen gehören muß.*

Zur Erläuterung des Bildbegriffs genügt es, den relativen Sinn von »Tatsache«, »atomarer Sachverhalt« usw. zugrunde zu legen. Man denke sich eine leicht überschaubare komplexe Tatsache in einfache Sachverhalte analysiert. Die beteiligten »Dinge« seien etwa: drei Personen a, b und c, die Vater-Relation V und die Eigenschaft der musikalischen Begabung M. (Dies ist ein etwas vereinfachtes Beispiel gegenüber dem, das bei Stenius zu finden ist.) Die Tatsache möge sich in drei Einzeltatsachen gliedern: a sei Vater von b und c, außerdem sei b musikalisch begabt. Damit ist die »äußere Struktur« dieser komplexen Tatsache festgelegt. Die »innere Struktur« dieser Tatsache ist dagegen bereits durch Angabe von Zahl und Kategorie der beteiligten Elemente gegeben: drei Individuen, ein einstelliges und ein zweistelliges Attribut. Was ist nun erforderlich, um diese komplexe Tatsache durch ein »Bild« darzustellen, z. B. mit Hilfe eines Diagramms? Eine Minimalvoraussetzung ist die: das gesuchte Bild muß *dieselbe innere Struktur* besitzen wie die abzubildende Tatsache. In einem ersten Schritt muß daher Vorsorge dafür getroffen werden, daß Elemente von gleicher Zahl *und Kategorie* zur Verfügung stehen: drei Individuen, eine zweistellige Relation und eine Eigenschaft.

Nehmen wir für den Augenblick an, wir könnten als Bildelemente die drei Buchstaben »a«, »b«, »c« zur Darstellung der drei Personen, einen Pfeil zur Darstellung der Vaterrelation und schließlich einen Kreis zur Darstellung der musikalischen Begabung wählen (der Kreis muß den Buchstaben umschließen, der eine musikalisch begabte Person bezeichnet). Die Gleichheit der inneren Struktur von Original und Bild ist eine conditio sine qua non dafür, überhaupt zu einem »Bild« einer Tatsache zu gelangen; sie ermöglicht eine *umkehrbar eindeutige Zuordnung* zwischen den beiden Bereichen. Die Art der Zuordnung ist dadurch noch nicht festgelegt: Es kann entweder eine solche gewählt werden, aufgrund deren das Bild eine andere äußere Struktur erhält als das Original (in unserem Beispiel etwa: wenn der die musikalische Begabung darstellende Kreis um diejenigen Buchstaben gezogen wird, welche die beiden nicht musikalisch begabten Personen *a* und *c* bezeichnen); oder aber die Zuordnung wird so gewählt, daß Original und Bild auch in bezug auf die *äußere Struktur* übereinstimmen (im Beispiel: der Pfeil wird von »*a*« nach »*b*« und von »*a*« nach «*c*« gezogen und »*b*« wird von einem Kreis umschlossen). In diesem Fall liegt ein *Isomorphismus* zwischen den beiden komplexen Tatsachen vor (der Leser zeichne dieses Diagramm!).

Für einen derartigen Isomorphismus zwischen zwei komplexen Tatsachen F_1 und F_2 ist also zweierlei erforderlich: 1. es muß eine umkehrbar eindeutige Zuordnung zwischen den Individuen und gleichstelligen Attributen von F_1 und F_2 geben; 2. auf der Grundlage einer solchen Zuordnung zwischen kategorial gleichen Elementen von F_1 und F_2 muß es eine umkehrbar eindeutige Zuordnung zwischen den einfachen Sachverhalten von F_1 und F_2 geben, so daß ein Sachverhalt in F_1 genau dann besteht, wenn der aufgrund dieser Zuordnung entsprechende Sachverhalt von F_2 existiert.

Sind zwei in diesem Sinne isomorphe Tatsachen gegeben, so kann die eine als *isomorphes Bild* der anderen aufgefaßt werden. Wir wollen die Zuordnung der ersten Art, mittels der sich die den Isomorphismus erzeugende Zuordnung zwischen den elementaren Sachverhalten herstellen läßt, in diesem Falle die *Interpretationsregel* nennen. Im obigen Beispiel würde diese Interpretationsregel in der Zuordnung jeder der drei Personen zu einem der drei Buchstaben, des Pfeiles zu der Vaterrelation und des Kreises zu der Eigenschaft der musikalischen Begabung bestehen.

Diese Fassung ist jedoch in einer wesentlichen Hinsicht fehlerhaft: Als Voraussetzung dafür, von isomorphen Tatsachen sprechen zu können, wurde die Zuordnung von *kategorial gleichen* Elementen angeführt, die wir jetzt Interpretationsregel nennen. Nun sind aber der Pfeil und die Vaterrelation keine kategorial gleichen Elemente, denn das erste ist ein individuelles Ding (auf dem Papier), das zweite ein zweistelliges Attribut. Ebenso sind der Kreis und die Eigenschaft der musikalischen Begabung keine kategorial gleichen Objekte. Um die kategoriale Gleichheit herzustellen, muß statt des Pfeiles als Figur *die zweistellige Relation* genommen werden, *durch einen Pfeil verknüpft zu sein* (eine Relation, die zwischen je zwei von den drei Buchstaben bestehen kann), und statt des Kreises *die Eigenschaft, von einem Kreis umgeben zu sein*. Der auf dem Papier stehende Pfeil und der auf dem Papier stehende Kreis sind Anzeichen dieser beiden Attribute. Jetzt erst wird unser Diagramm zu einem isomorphen Bild der Originaltatsache. *Dieses Diagramm ist also keine Figur,* bestehend aus den 5 individuellen Objekten: 3 Buchstaben, Pfeil und Kreis, *sondern selbst eine Tatsache,* bestehend aus den 3 Buchstaben als den einzigen individuellen Gegenständen und den beiden soeben angeführten Attributen. *Nur dadurch, daß dieses Diagramm selbst eine Tatsache bildet, kann es von uns als Bild der Originaltatsache verwendet werden.*

Wenn wir unsere Beispieltatsache G und das Diagramm D nennen, so sind uns nicht sowohl G wie D »gegeben«, so daß wir die Isomorphie zwischen diesen beiden komplexen Tatsachen im nachhinein feststellen können. Vielmehr erfahren wir etwas über das gar nicht gegebene G auf dem Wege über das allein gegebene Diagramm D und die damit verbundene, uns bekannte Interpretationsregel für die drei Individuen und zwei Attribute in D. Dies unterscheidet den *rein mathematischen* Begriff der Abbildung – aufgrund dessen D und G vollkommen gleichwertig sind, so daß man willkürlich D als Bild von G oder G als Bild von D bezeichnen könnte – von dem *philosophischen Begriff*, den Wittgenstein in seiner Theorie der Satzbedeutung benützt.

Diese Überlegungen dürften es deutlich gemacht haben, warum Wittgenstein von der Feststellung »Wir machen uns Bilder der Tatsachen« zu der zwingenden Schlußfolgerung kommt: »Das Bild ist eine Tatsache« (2.141). Wittgenstein nennt eine komplexe Tatsache »*Bild*«, wenn diese zu einer anderen in einer solchen Relation steht, daß die obige Bedingung 1. erfüllt ist, *ohne* daß auch die Bedingung 2. erfüllt sein müßte: Dafür, daß etwas Bild von etwas anderem ist, muß zwar eine Gleichheit der inneren Struktur oder kategoriale Gleichheit von Bild und Original vorliegen, aber es braucht keine Isomorphie zwischen ihnen zu bestehen. Liegt dagegen ein Isomorphismus vor, so daß auch 2. erfüllt ist, so spricht Wittgenstein von einem »*wahren Bild*«, ansonsten von einem »*falschen Bild*«. Dabei wird die Interpretationsregel, welche Wittgenstein »abbildende Beziehung« nennt, als Bestandteil des Bildes aufgefaßt (2.1513). Die Gleichheit der inneren oder kategorialen Struktur von Bild und Original nennt Wittgenstein etwas unglücklich die »Form der Abbildung« (2.17). Die wichtige *erkenntnistheoretische Funktion des Bildes* besteht darin, daß es die Objekte des Originals als so miteinander kombiniert darstellt, wie dies durch seine eigene äußere Struktur gezeigt wird.

Dies garantiert natürlich nicht, daß eine solche Art von Kombination im Original auch tatsächlich vorliegt, selbst dann nicht, wenn wir wissen, daß die Bedingung 1. erfüllt ist und das Bild dieselbe kategoriale Struktur besitzt wie das Original: »Aus dem Bild allein ist nicht zu erkennen, ob es wahr oder falsch ist« (2.224). Diese Äußerung enthält in nuce *Wittgensteins Ablehnung des synthetischen Apriorismus*. Der Fehler dieses Standpunktes liegt darin, irrtümlich von der Gleichheit der inneren Struktur von Bild und Original auf die Gleichheit ihrer äußeren Struktur zu schließen. Ein solcher Schluß ist unzulässig. Daher: »Ein a priori wahres Bild gibt es nicht« (2.225). Dieser Kritik liegt dabei die (in 3.001 besonders deutlich ausgesprochene) Idee zugrunde, daß alles Denken auf isomorphes Abbilden abzielt.

Zum Bildbegriff Wittgensteins seien zwei ergänzende Bemerkungen angefügt: (a) Es wurde oben gesagt, daß der Ausdruck »Bild« nicht im naturalistischen Sinn zu verstehen sei. Dies kann jetzt genauer erläutert werden: In unserem Beispiel läge ein (wenigstens partiell) naturalistisches Bild vor, wenn z. B. die 3 Personen im »Bild« *D* nicht durch 3 Buchstaben, sondern durch 3 Fotografien wiedergegeben würden. Allgemein kann ein Bild im früher definierten Sinn naturalistisch genannt werden, wenn zwischen der Beschaffenheit der (individuellen und attributiven) Elemente des Originals und den entsprechenden des Bildes eine inhaltliche Gleichheit oder Ähnlichkeit vorausgesetzt wird. Wittgenstein setzt demgegenüber nur eine eineindeutige Korrespondenz zwischen kategorial gleichen Elementen voraus, die inhaltlich nicht die geringste Ähnlichkeit zu besitzen brauchen. Darin liegt der »abstrakte« Sinn seines Bildbegriffs.

(b) Das, woran man im ontologischen Teil seiner Philosophie besonders leicht Anstoß nehmen könnte, ist, daß er von »möglichen Sachverhalten« spricht. Impliziert dies nicht eine *hyperrealistische Theorie*, in welcher unverwirklichte Möglichkeiten einem platonischen Himmel einverleibt werden? Der Bildbegriff enthält die Antwort auf diese Frage: Ein wahres Bild stellt eine Tatsache dar, ein falsches Bild stellt zwar keine Tatsache dar, aber einen möglichen Sachverhalt (etwas, das eine Tatsache sein könnte). Daß es sich um einen möglichen Sachverhalt handelt, wird durch die äußere Struktur des Bildes gezeigt. Im Begriff der bloßen Möglichkeit eines Sachverhaltes liegt daher nichts Geheimnisvolles; man könnte sagen, *daß die Seinsweise eines bloß möglichen Sachverhaltes in seiner Darstellbarkeit durch ein Bild besteht.*

Es wäre übrigens in gleicher Weise ungerecht, wollte man dem Verfasser des »Tractatus« den Vorwurf machen, daß er Eigenschaften und Relationen, indem er sie als »Dinge« behandelt, platonistisch deutet. Seine Formulierungen dürften in konsistenter Weise mit einer nominalistischen Deutung verträglich sein. Um die Bedeutung von »grün« zu verstehen, brauche ich nicht die platonische »Grünheit« zu schauen, sondern muß wissen, in welchen Fällen der Prädikatausdruck »ist grün« anzuwenden ist und in welchen nicht. Weiß ich dies, so weiß ich, welche Dinge grün sind und welche nicht. Dies kann ich dann so ausdrücken, daß ich sage: »Nun kenne ich die Qualität grün«.

Die wichtigste Anwendung des Bildbegriffs findet sich in der *Theorie der Satzbedeutung*. Nach 4.01 ist der Satz ein »Bild der Wirklichkeit«. Dieser Gedanke, daß jeder sinnvolle Satz ein Bild dessen ist, was er beschreibt, erscheint auf den ersten Blick als so phantastisch, daß man ihn nur schwer ernst nehmen kann. Tatsächlich dürfte dieser Gedanke in der Geschichte der Philosophie kein Vorbild haben. Dies ist vermutlich auch der Grund dafür, daß die im »Tractatus« entwickelte Theorie der Satzbedeutung bis vor kurzem nicht verstanden wurde: Man deutete den wittgensteinschen Ausdruck »Bild« im naturalistischen Sinn und schloß daraus, daß die Rede vom »Satz als Bild der Wirklichkeit« nur metaphorisch gemeint sein könnte. *In Wahrheit jedoch ist die wittgensteinsche Identifizierung von sinnvollen Sätzen mit Bildern in einem streng wörtlichen Sinn zu nehmen.* Allerdings ist dabei der oben skizzierte Bildbegriff zugrunde zu legen. Der Verfasser des »Tractatus« hätte behauptet, daß nur mittels dieses Bildbegriffs die Frage in adäquater Weise beantwortet werden könne, wie wir zum Verstehen des Sinnes eines Satzes gelangen.

Um die Frage zu klären, inwiefern ein Satz »Bild der Wirklichkeit«, d. h. Bild eines wirklichen Sachverhaltes, genannt werden könne, müssen zwei Arten von Sätzen unterschieden werden: *komplexe Sätze*, in denen logische Ausdrücke wie »nicht«, »und« usw. vorkommen, und *einfache Sätze*, in denen behauptet wird, daß bestimmte Dinge eine Eigenschaft besitzen oder daß zwischen bestimmten Dingen eine Relation besteht. Für den Augenblick beschränken wir uns auf den Fall solcher einfacher Sätze und zwar hier wieder solcher Sätze, die unmittelbar verstanden werden, ohne vorher in andersartige Sätze übersetzt werden zu müssen.

Es sei Hans größer als Peter. Wittgenstein behauptet, daß der Satz »Hans ist größer als Peter« ein Bild dieser Tatsache sei. Zum Zwecke besserer Übersicht formulieren wir diesen Satz mittels abkürzender Symbole. »*a*« bezeichne Hans, »*b*« bezeichnete Peter und statt »ist größer als« schreiben wir das Zeichen »*R*«. Der ganze Satz wird dann symbolisch dargestellt durch »*aRb*«. Einen komplexen Ausdruck von dieser Gestalt »*aRb*« nennt Wittgenstein »*Satzzeichen*«. Dieses Satzzeichen ist es, das als Bild der fraglichen Tatsache dienen soll, sofern es mit einer bestimmten Interpretationsregel seiner Elemente versehen ist. Dazu müssen alle früher erwähnten Bedingungen erfüllt sein: Erstens muß der Satz selbst eine Tatsache sein. Zweitens muß er dieselbe innere Struktur haben wie die abgebildete Tatsache. Dies bedeutet, daß eine eineindeutige Abbildung herstellbar sein muß zwischen den Elementen des Satzes und kategorial gleichen Elementen des abgebildeten Sachverhaltes.

Hierbei stoßen wir auf eine analoge Schwierigkeit wie beim obigen Diagramm D: Den Attributen des Feldes F durften wir keine Figuren wie Pfeile und Kreise zuordnen (da diese Figuren Dinge und nicht Attribute sind), sondern mußten die Figuren als Anzeichen bestimmter Attribute betrachten: der Pfeil-Relation und der Kreis-Eigenschaft. Analog verhält es sich im vorliegenden Fall: Als Elemente des Satzzeichens, welche den beiden Individuen Hans und Peter entsprechen, können wir die beiden Buchstaben »a« und »b« wählen. Die Interpretationsregel für diese beiden als *Namen* verwendeten Symbole ordnet dem Namen »a« das Individuum Hans und dem Namen »b« das Individuum Peter zu. Allgemein formuliert: die Interpretationsregel ist eine *Bezeichnungsregel*, die einem Namen sein Denominatum zuordnet. Der größer-als-Relation kann dagegen *nicht* das Symbol »R« zugeordnet werden; denn dadurch wäre die Gleichheit in der kategorialen Struktur von Bild und Original zerstört, welche nach Wittgenstein eine conditio sine qua non dafür ist, um von einem Bild eines Sachverhaltes sprechen zu können. Der zweistelligen Relation, die in der durch den Satz beschriebenen Tatsache vorkommt, muß vielmehr selbst eine zweistellige Relation entsprechen: Es ist dies *die Relation, welche zwischen zwei individuellen Objekten* – welche im Fall von Sätzen Namen sind! – *genau dann besteht, wenn das eine links und das andere rechts vom Symbol »R« geschrieben steht*. Diese Relation heiße die *R-Relation*; sie entspricht der Pfeil-Relation im Diagramm D. Allgemein soll in einem solchen Fall vom *logischen Attribut* eines Satzzeichens gesprochen werden.

Jetzt ist die obige Bemerkung, daß das Satzzeichen der Ausdruck »aRb« sei, zu revidieren. Das Satzzeichen darf ja keine Figur bilden, sondern muß *eine Tatsache* sein. Diese Tatsache kommt im vorliegenden Fall dadurch zustande, daß jenes logische Attribut, das wir die R-Relation nannten, auf bestimmte Symbole angewendet wird: die beiden Buchstaben »a« und »b«; das Symbol »R« ist nur ein sichtbares Anzeichen für dieses logische Attribut. Das Satzzeichen ist also nicht »aRb«, sondern *die Tatsache, daß* »a« *links und* »b« *rechts von* »R« *steht.* Wenn diejenigen Elemente eines Satzzeichens, welche korrespondierende Elemente im Original (d. h. dem beschriebenen Sachverhalt) »vertreten«, »Namen« genannt werden, *so können Namen von Attributen keine Symbole sein, sondern müssen selbst den Charakter von Attributen haben.* In unserem Beispiel ist der Name der größer-als-Relation nicht »R«, sondern die R-Relation. Die Bezeichnungsregel besagt für diesen Fall, daß der R-Relation die größer-als-Relation entsprechen soll.

Das in dieser Weise als Tatsache verstandene und mit einer Interpretationsregel für alle in ihm vorkommenden Elemente versehene Satzzeichen bildet einen sinnvollen *Satz.* Dieser ist *ein Bild dessen, was er beschreibt,* vorausgesetzt, daß wir erstens wissen, wie der auf dem Papier stehende symbolische Ausdruck zu analysieren ist – wozu insbesondere gehört, daß wir wissen, für welches logische Attribut ein darin vorkommendes »Prädikatsymbol« ein Anzeichen ist – und zweitens die Interpretationsregeln für alle beteiligten Namen kennen. *Denn dann können wir aus der äußeren Struktur des Satzzeichens* – also einer bestimmten Tatsache, zu der wir aufgrund einer Analyse gewisser visueller oder akustischer Eindrücke gelangen – *unmittelbar ablesen, was dieses Satzzeichen darstellt;* anders ausgedrückt: *wir können aus dem Satzzeichen dessen deskriptiven Gehalt ablesen.* Da man diesen Gehalt mit dem Sinn des Satzes identifizieren kann, gilt tatsächlich 4.022: »Der Satz zeigt seinen Sinn«; genauer: »Der Satz zeigt, wie es sich verhält, wenn er wahr ist. Und er sagt, daß es sich so verhält.«

Auch die Interpretation von 3.1432 bietet nun keine Schwierigkeiten mehr: „Nicht: »Das komplexe Zeichen ›aRb‹ besagt, daß *a* in der Beziehung *R* zu *b* steht«, sondern: »Daß ›a‹ in einer gewissen Beziehung zu ›b‹ steht, sagt, daß *aRb*«." Die »gewisse Beziehung«, von der Wittgenstein hier spricht, ist jene, die wir *R*-Relation nannten. Dieser Satz unterstreicht besonders nachdrücklich, daß ein Satzzeichen, um als Bild aufgefaßt zu werden, eine *Tatsache* sein muß, und daß daher das Prädikatsymbol »*R*« nur ein Anzeichen für ein zweistelliges logisches Attribut bilden kann, welches dem kategorial gleichen Attribut im Original zugeordnet ist.

In seiner späteren Philosophie hat Wittgenstein jene Theorien angegriffen, wonach die Hauptfunktion der Sprache im Benennen von Gegenständen besteht, und er hat in einer ungerechten Kritik seiner früheren Auffassung den Eindruck erweckt, als habe er im »Tractatus« selbst eine derartige Theorie vertreten. Davon aber kann keine Rede sein: Kenne ich die Elemente eines Bildes und die Interpretationsregeln für diese Elemente, so weiß ich damit noch nicht automatisch, wie dieses »Bildfeld« als Tatsache zu analysieren ist. Erst wenn ich dies weiß, kenne ich die äußere Struktur des Bildes und kann daraus die Struktur des abgebildeten Sachverhaltes ablesen. Im Fall eines als Bild fungierenden Satzzeichens sind die Bildelemente die darin vorkommenden Namen, und die Interpretationsregeln sind die semantischen Bezeichnungsregeln für diese Namen. Kenne ich all dies, so weiß ich noch nicht, wie man das Satzzeichen als Tatsache zu analysieren hat. Erst sobald ich das herausbekommen habe, ist der Satz für mich ein Bild, dessen äußere Struktur die Struktur eines Sachverhaltes widerspiegelt. Darum heißt es in 4.027: »Es liegt im Wesen des Satzes, daß er uns einen neuen Sinn mitteilen kann«. Der »neue Sinn« ist der deskriptive Gehalt des Satzes, den wir aus seiner äußeren Struktur ablesen, da der Satz diesen Sinn aufgrund seiner äußeren Struktur *zeigt*. Dieser Sinn ist nicht bereits mitgegeben mit der Bedeutung der darin vorkommenden Namen – so wenig wie der »Sinn« des Diagramms *D* mit den Interpretationsregeln für die 5 in *D* vorkommenden Elemente mitgegeben war –, wie dies die Namenstheorie der Sprache irrtümlich annimmt. *Ein Satz kann daher nach der im »Tractatus« vertretenen Theorie niemals als ein Name oder etwas Namensähnliches aufgefaßt werden.*

Der wesentliche Punkt, in dem Wittgensteins spätere Auffassung von der im »Tractatus vertretenen abweicht, ist daher *nicht* der, daß er im »Tractatus« das Benennen als Hauptfunktion der Sprache betrachtete, später jedoch nicht mehr, sondern daß er im »Tractatus« in der *deskriptiven Funktion der Sprache* deren Kardinalfunktion erblickte, auf die alle übrigen Funktionen zurückgeführt werden könnten, *während er später den Gedanken einer einzigen Hauptfunktion der Sprache ablehnte.*

Ein Satz braucht nicht isomorphes Bild einer *Tatsache* zu sein; ein sinnvoller Satz ist aber auf jeden Fall ein isomorphes Bild eines *möglichen* Sachverhaltes. Wenn wir annehmen, daß es eine Tatsache ist, daß Hans größer ist als Peter, so ist das als Tatsache aufgefaßte Satzzeichen »a*R*b« (in dem nicht das Symbol »*R*«, sondern die *R*-Relation vorkommt!) ein isomorphes Bild davon; »b*R*a« hingegen wäre ein isomorphes Bild des nicht verwirklichten Sachverhaltes, daß Peter größer ist als Hans. »b*R*a« ist noch immer ein Bild der von uns angenommenen Tatsache, aber kein isomorphes Bild dieser Tatsache. Wir können daraus die interessante Schlußfolgerung ziehen, daß für Wittgenstein die *Satzwahrheit* nur ein *spezieller Fall einer Isomorphie von Bild und Original ist,* während ein *falscher Satz* ein *nichtisomorphes* Bild der durch ihn beschriebenen Tatsache darstellt (aber auch er ist isomorph mit einem möglichen Sachverhalt).

Wittgensteins Isomorphietheorie der Satzbedeutung und Satzwahrheit beruht ganz auf dem abstrakten quasi-mathematischen Bildbegriff. Seine Äußerungen über das Verhältnis von »Satz« und »Wirklichkeit« würden sofort vollkommen lächerlich werden, wollte man den Ausdruck »Bild« im naturalistischen Sinn verstehen; denn dann müßten die im Satz vorkommenden Namen den Objekten, die sie im Satz vertreten, ähnlich sein. Aber diese Bedingung ist natürlich nie erfüllt: die Buchstaben »*a*« und »*b*« sind den beiden Menschen Hans und Peter nicht ähnlich und ebensowenig ist die *R*-Relation (in welcher die Begriffe »links von« und »rechts von« als Bestandteile vorkommen) der größer-als-Relation ähnlich.

Die Abbildtheorie der Satzbedeutung als solche ist von den

ontologischen Konzeptionen des »Tractatus« *unabhängig*. Die große Schwierigkeit, die Ausführungen Wittgensteins richtig zu verstehen, beruht zum Teil darauf, *daß er selbst beides miteinander verknüpft*. Bei der Schilderung von Wittgensteins Theorie wählten wir als Ausgangspunkt *einfache* Sätze. Dabei verstanden wir darunter einfache Sätze der Alltagssprache (bzw. symbolische Abkürzungen davon). Wittgenstein hingegen versteht unter einem *elementaren Satz* das linguistische Korrelat eines *atomaren* Sachverhaltes [also eines Elementes der Reihe (S)]. Analog sind dann die *Namen* nicht Bezeichnungen irgendwelcher Erfahrungsgegenstände, sondern Bezeichnungen *atomarer* »Dinge« (Individuen, Attribute), die in solchen Sachverhalten vorkommen. Wie wir bereits gesehen haben, beschreiben die einfachen Sätze der Alltagssprache keine atomaren Sachverhalte. Also sind auch die einfachen Sätze unserer Sprache sowie das, was wir gewöhnlich »Namen« nennen, für Wittgenstein keine elementaren Sätze und keine Namen.

Hier stoßen wir auf eines der Motive für Wittgensteins Idee einer *logischen Idealsprache*: Dies wäre eine Sprache, deren *Namen* die zur »Substanz der Welt« gehörenden atomaren Individuen und Attribute bezeichnen und deren *elementare Sätze* die atomaren Sachverhalte aus (S) beschreiben, d. h. abbilden. In diesem Zusammenhang ist zweierlei von Wichtigkeit: 1. Die Idee der Idealsprache beruht auf seiner *ontologischen* Konzeption; diese Sprache bildet sozusagen das linguistische Spiegelbild der atomistischen Struktur der Welt als Tatsache (dagegen beruht diese Idee nicht wie bei den Positivisten auf dem Gedanken, daß die vage und mangelhafte Sprache des Alltags durch eine präzisere ersetzt werden müsse, die von diesen Mängeln frei sei); 2. wenn man diese ontologische Konzeption preisgibt, dann bricht auch die Forderung einer logisch präzisen Idealsprache in sich zusammen; *die Abbildtheorie der Satzbedeutung hingegen bliebe davon ganz unberührt.*

3. Der Sinn komplexer Sätze

Die Abbildtheorie der Satzbedeutung ist unmittelbar nur auf elementare Sätze anwendbar. Die *Theorie der Wahrheitsfunktionen* hat die Aufgabe, *diese Theorie auch auf logisch komplexe Sätze anwendbar zu machen.* Wittgenstein hat die sogenannte »Wahrheitstabellenmethode«, die seither zu einem Standardverfahren der mathematischen Logik geworden ist, erfunden, um eine konsistente Theorie der Bedeutung komplexer Aussagen aufzubauen.

Es wäre naheliegend zu vermuten, daß Wittgenstein logisch zusammengesetzte Aussagen (Negationen, Konjunktionen usw.) als Bilder von komplexen Sachverhalten deutet, welche Kombinationen von einfachen Sachverhalten sind. Aber dies wäre ein Irrtum. Logische Symbole werden von ihm scharf unterschieden von Namen oder »stellvertretenden« Symbolen. In 4.0312 heißt es: »... Mein Grundgedanke ist, daß die ›logischen Konstanten‹ nicht vertreten. Daß sich die Logik der Tatsachen nicht vertreten läßt«. Ausdrücke wie »nicht«, »und« usw. sind weder Namen in dem direkten Sinn, in welchem oben die Buchstaben »a« und »b« Namen waren, noch in dem indirekten Sinn, in dem der Buchstabe »R« ein Name war.

Gehen wir zurück zu dem Diagramm D, welches dazu diente, die komplexe Tatsache abzubilden, daß a Vater von b und c ist und außerdem b musikalisch begabt ist. Wir nennen diese Tatsache G. »x ist Vater von y« werde abkürzend durch »xVy« wiedergegeben und »x ist musikalisch begabt« durch »Mx«. Die Negation geben wir durch »$\neg$« wieder und das Wort »und« durch »$\wedge$«. Um jene komplexe Tatsache adäquat *und vollständig* zu beschreiben, würde es nicht genügen, den Satz «$aVb \wedge aVc \wedge Mb$« auszusprechen. Der Satz dürfte vielmehr bezüglich aller relevanten Attribute und aller beteiligten Individuen keinen Zweifel offenlassen; es müßte daher explizit gesagt werden, welche Attribute auf welche Individuen nicht zutreffen. Daher müßte die Beschreibung solche Glieder enthalten wie: »$\neg Ma$«, »$\neg bVc$«.

Kann dieser Satz als Bild der durch ihn beschriebenen Tatsache aufgefaßt werden? Man sieht sofort, daß dies bei Zugrundelegung des wittgensteinschen Bildbegriffes nicht möglich ist: Erstens würde bereits die umkehrbar eindeutige Zuordnung zwischen den Elementen des Bildes und des Originals zerstört sein; denn während z. B. im Diagramm D der Buchstabe »a« ebenso genau einmal vorkommt wie im Original die durch ihn bezeichnete Person genau einmal vorkommt, würde in dem diese Tatsache beschreibenden komplexen Satz der Buchstabe »a« dreimal vorkommen. Zweitens kommen in diesem Satz die Zeichen »$\neg$« und »$\wedge$« vor, die in dem zu G isomorphen Bild D keine Entsprechung haben. *Der Negation z. B. entspricht nichts in der Wirklichkeit.* Ihre Funktion kann vielmehr so erläutert werden: Der einfache Satz »Ma« ist ein Bild im früheren Sinn, nämlich ein Bild des möglichen Sachverhaltes, daß a musikalisch begabt ist. Dieser Sachverhalt ist jedoch kein bestehender; der Satz ist also ein *falsches* Bild. *Das Negationszeichen, welches im komplexen Satz vor* »Ma« *steht, hebt hervor, daß es sich um ein falsches Bild handelt.*

Eine komplexe Aussage kann also nur in einem indirekten Sinn als Bild des beschriebenen Sachverhaltes aufgefaßt werden. Dieser indirekte Sinn besteht darin, *daß eine solche komplexe Aussage in ein Bild im strengen Wortsinn transformierbar ist und daß sich für diese Transformation exakte Regeln aufstellen lassen.* In unserem Falle würde es sich darum handeln, die Aussage »$aVb \wedge aVc \wedge \neg bVc \wedge \ldots \wedge \neg Ma \wedge Mb \wedge \neg Mc$« in das Diagramm D zu transformieren. Dazu ist vielerlei erforderlich: 1. In dem zu gewinnenden Bild sind die mehrfachen Vorkommnisse von »a« usw. durch jeweils *ein einziges* zu ersetzen. 2. Den nichtnegierten $\wedge$-Gliedern (z. B. der Tatsache, daß »a« in der V-Relation zu »b« steht) müssen Teile des Bildes entsprechen. So z. B. entspricht dem Satz »aVb« das Teildiagramm von D, wonach »a« mit »b« durch die Pfeil-Relation verknüpft ist. 3. Den *negierten* $\wedge$-*Gliedern entsprechen keine Teile des Bildes* (z. B. da der Teilsatz »bVc« mit Negationszeichen versehen ist, darf im Bild »b« *nicht* durch die Pfeil-Relation mit »c« verknüpft werden). Daher braucht man in einem Bild kein

Negationszeichen. 4. Auch dem Zeichen »∧« entspricht im Bild kein eigenes Element; die Konjunktion der nichtnegierten Glieder unserer komplexen Aussage wird vielmehr im Bild dadurch wiedergegeben, daß D eine komplexe Tatsache ist, deren Struktur gerade dadurch bestimmt ist, daß sie in jene einfachen Tatsachen zerfällt, die genau aus den Bildkorrelaten der nichtnegierten Satzglieder bestehen [1].

Das eben skizzierte Verfahren ist im Prinzip *auf Aussagen übertragbar, die beliebig viele logische Konstanten* wie »nicht«, »und«, »oder« usw. *enthalten*. Dies kann hier nur angedeutet werden, da dazu ein Theorem der mathematischen Logik benötigt wird. Es läßt sich nämlich zeigen, daß jede derartige Aussage in eine damit logisch äquivalente *»disjunktive Normalform«* gebracht werden kann, d. h. in einen Satz, dessen Komponenten durch »oder« verbunden sind, wobei jede dieser Komponenten dieselbe Gestalt hat wie der eben als Beispiel erwähnte Satz (d. h. jede Oder-Komponente besteht aus einer Konjunktion von negierten oder nichtnegierten Elementarsätzen). Da man auf alle diese Oder-Komponenten das Verfahren der Transformation in ein Bild anwenden kann, ergibt sich, *daß zwar beliebig komplexe Aussagen nicht selbst in einzelne Bilder verwandelt werden können, daß sich jedoch jede derartige Aussage in ein System von alternativen Bildern transformieren läßt.* Jedes dieser Bilder stellt einen möglichen Sachverhalt dar, der den Satz wahr macht, d. h. der Satz ist wahr, wenn auch nur einer dieser Sachverhalte eine Tatsache ist. Daß es sich um *alternative* Bilder handelt, kann allerdings nicht mehr selbst in einem Bild gezeigt werden.

Für generelle Sätze, die ein »es gibt« oder ein »für alle« enthalten, treten Schwierigkeiten auf, wenn man sie nach diesem Verfahren zu behandeln versucht. Daß Wittgenstein zur Zeit der Niederschrift des »Tractatus« diesen Schwierigkeiten keine spezielle Aufmerksamkeit schenkte, dürfte da-

---

[1] Wittgenstein hat die Transformationsregeln für die Überführung komplexer Aussagen in Bilder nicht explizit formuliert. Für genauere Details zu dieser schwierigen Theorie vgl. Stenius, a.a.O. S. 150.

rauf beruhen, daß er damals eine ziemlich *sorglose Haltung in bezug auf das Problem des Unendlichen* einnahm. Die Annahme einer aktuellen Unendlichkeit erschien ihm als unproblematisch. Akzeptiert man diese Einstellung, so kann man das »es gibt« als eine aus unendlich vielen Komponenten bestehende Disjunktion und ein »für alle« als eine aus unendlich vielen Gliedern bestehende Konjunktion auffassen. Für die Abbildtheorie der Satzbedeutung hat dies die Konsequenz, daß eine beliebige komplexe Aussage, die auch Quantoren enthält, in der Regel nur in ein System von unendlich vielen alternativen Bildern transformiert werden kann, wobei diese Bilder ihrerseits aus unendlich vielen Einzeltatsachen bestehen.

In späterer Zeit hat Wittgenstein in der Frage des Unendlichen eine wesentlich kritischere Haltung eingenommen, die sich eng berührt mit der Position des mathematischen Konstruktivismus, der die aktuelle Unendlichkeit verwirft.

4. *Transzendentalphilosophischer Ausblick*

Die Theorie des »Tractatus« mündet in eine philosophische Position, die sich im Prinzip mit *Kants transzendentalem Idealismus* deckt. Dies ist auf den ersten Anblick sehr überraschend. Denn in mindestens *vier* wesentlichen Hinsichten weichen die im »Tractatus« entwickelten Gedanken, so wie wir sie bisher kennenlernten, von Kants Philosophie ab: Erstens bildet für Wittgenstein eine *ontologische Konzeption* die Basis für alle weiteren Betrachtungen, während der transzendentale Idealismus Kants mit der Idee einer ontologischen Grundlegung unverträglich ist; zweitens scheint die Abbildtheorie der Satzbedeutung und des Denkens nur in ein *realistisches* System hineinzupassen, nicht dagegen in ein Gedankengebäude, wonach die reale Welt zumindest teilweise das Produkt von geistigen Konstruktionen darstellt; drittens übernimmt Wittgenstein, wie wir gesehen haben, in der wichtigen Frage der Kausalität nicht die Theorie von Kant, sondern *die These von D. Hume*; viertens lehnt *Wittgenstein den synthetischen Apriorismus ab*, während für

Kant die synthetischen Erkenntnisse a priori die Grundlage bildeten, von der aus er zu seinem transzendentalen Idealismus gelangte.

Trotz all dieser Abweichungen von bestimmten kantischen Auffassungen sind die im »Tractatus« entwickelten letzten Konsequenzen und Ausblicke der Denkweise Kants analog. Die Abweichungen wirkten sich sogar in der Weise aus, daß Wittgenstein zu einer *Radikalisierung* der kantischen Position gelangte. Mit einem Schlagwort könnte man sagen, *daß er Kants transzendentalen Idealismus von der Ebene der Vernunft auf die Ebene der Sprache transformierte.* Das Verständnis von Wittgensteins Version des Kantianismus wird dabei durch zwei Umstände besonders erschwert: Erstens spricht er davon, was »gezeigt« bzw. was »nicht gezeigt« werden kann und verwendet dieses Wort in drei verschiedenen Bedeutungen. Zweitens benützt er in Satz 5.62 ff. eine irreführende Terminologie, die an Absurdität kaum überbietbar ist: er bezeichnet dort nämlich den transzendentalphilosophischen Standpunkt als »Solipsismus«.

Auf die erste Bedeutung des Wortes »zeigen« sind wir bereits an früherer Stelle gestoßen; sie findet sich z. B. in 4.022. Hier dient das Wort dazu, die Abbildtheorie der Satzbedeutung in kurzer und prägnanter Form wiederzugeben: Wir verstehen den Sinn eines Satzes dadurch, daß wir ihn als isomorphes Bild des durch ihn beschriebenen Sachverhaltes auffassen. Der Satz *zeigt* seinen Sinn (= deskriptiven Gehalt), d. h. *wir lesen aus seiner äußeren Struktur die entsprechende äußere Struktur des Sachverhaltes ab.* Dieses Zeigen kann man das »äußere Zeigen« nennen. Es sei durch »zeigen$_e$« abgekürzt.

Davon zu unterscheiden ist eine andere im »Tractatus« enthaltene Theorie, die Stenius die »ontologische Abbildtheorie« nennt. Nach dieser Theorie besteht eine Entsprechung zwischen der *inneren Struktur* der Sprache und der *inneren Struktur* der Wirklichkeit. Diese zweite Abbildtheorie ist im Gegensatz zur Abbildtheorie der Satzbedeutung *nicht unabhängig* von der in Abschnitt 1 geschilderten Ontologie. Über diese innere Struktur der Wirklichkeit sagt Wittgenstein in 4.12 ff. aus, daß Sätze sie zeigen, aber nicht darstellen: *In diesem Sinn kann das, was gezeigt werden kann, nicht gesagt werden* (4.1212). Da jeder deskriptive Satz genau das zeigt$_e$, was er sagt, muß das »Zeigen« in diesem Zusammenhang etwas anderes bedeuten: es ist ein »inneres Zeigen« (abgekürzt: »zeigen$_i$«). Das, was ein Bild zeigt$_i$, ist die conditio sine qua non dafür, daß überhaupt ein Bild vorliegt: Die Gleichheit der kategorialen (oder inneren) Struktur von Bild und Original. Erst wenn diese Bedingung erfüllt ist, kann das Bild aufgrund seiner äußeren Struktur das Original abbilden. Warum kann nun ein Satz nicht das zeigen$_i$, was er beschreibt, d. h. was er zeigt$_e$? Weil jede Beschreibung bereits *voraussetzt*, daß die Komponenten des beschriebenen Sachverhaltes dieselbe kategoriale oder innere Struktur besitzen wie der fragliche Satz, der diese Beschreibung vornimmt. Somit kann ein Satz niemals das zeigen$_i$, was er sagt.

Jetzt wird klar, warum es so schwierig war, die grundlegende kategoriale Unterscheidung in »Dinge« und »Tatsachen«, welche den Ausgangspunkt von Wittgensteins Philosophie bildete, zu verstehen und zu erklären: *Dieser Unterschied betrifft die innere Struktur der Wirklichkeit und kann daher überhaupt nicht gesagt, sondern nur gezeigt werden (im Sinn von zeigen$_i$)*. Man muß diesen Unterschied »sehen« lernen. Dies ist möglich, weil die Sprache diesen Unterschied aufweist, ihn aber nicht als deskriptiven Gehalt von Sätzen auszudrücken vermag. Und so verhält es sich mit *allen ontologischen Aussagen*, d. h. mit allen Aussagen über die Form oder die innere Struktur der Wirklichkeit: *sie sind alle ohne Ausnahme sinnlos, weil sie etwas auszusagen beanspruchen, was nicht gesagt, sondern nur gezeigt werden kann*. Obwohl der Verfasser des »Tractatus« mit positivistischen Schriftstellern, z. B. dem Wiener Kreis, in der These von der *Sinnlosigkeit der Metaphysik* übereinzustimmen scheint, so besteht doch ein gewaltiger Unterschied in der Motivation wie im Charakter dieser These: Im logischen Positivismus ist sie eine Konsequenz eines *empiristischen Sinnkriteriums* und daher eine *relative* These. Je nachdem, ob dieses Kriterium enger oder weiter gefaßt wird, ergibt sich, daß gewisse Sätze sinnlos oder sinnvoll sind. Und wie wir in Kap. IX gesehen haben, mußte die ursprüngliche Fassung dieses Kriteriums mehr und mehr modifiziert werden, um den Einklang herzustellen zwischen dem, was nach der naturwissenschaftlichen Praxis sinnvoll ist, und dem, was im Einklang mit diesem Kriterium sinnvoll ist. Die analoge These von Wittgenstein hingegen ist eine *absolute These*. Sie beruht auf keinem empiristischen Sinnkriterium und daher gibt es auch *keinen Ausweg* aus ihr und *keine Abschwächung*. Sie beruht auf dem Unterschied zwischen dem, was ein Bild aufgrund seiner äußeren Struktur darstellt, und dem, was an Gemeinsamkeit zwischen Bild und Original bereits vorliegen muß, damit das Bild *als* Bild funktionieren kann.

Für Wittgenstein wie für Kant ist es das Ziel der Transzendentalphilosophie, die Grenzen sinnvollen Theoretisierens oder die »*Grenzen der theoretischen Vernunft*« aufzuzeigen. Aber diese Grenzen werden anders abgesteckt: *Für Kant ist nicht alles theoretisch möglich, was logisch möglich ist*. Möglich im wissenschaftlichen Sinn ist nur das, was prinzipiell erfahrbar ist, und das, was mit der apriorischen Form der Erfahrung – den reinen Anschauungsformen und reinen Verstandeskategorien – im Einklang steht. Der transzendentale Idealismus resultiert daraus, daß diese Form der Erfahrung den Inbegriff all dessen darstellt, was zu jedem wahrnehmenden und denkenden Wesen überhaupt gehört; die apriorische Form der Erfahrung konstituiert das »transzendentale Subjekt«. Die Welt der alltäglichen sowie der wissenschaftlichen Erfahrung und damit alles, was Objekt sinnvollen Theoretisierens werden kann, ist relativ auf dieses Subjekt.

Mit der Verwerfung des synthetischen Apriorismus fällt für Wittgenstein der Unterschied zwischen dem logisch Möglichen und dem theoretisch Möglichen fort: Es gibt für ihn weder Anschauungsformen noch Verstandeskategorien, mit denen das logisch Denkbare im Einklang stehen muß, um Gegenstand der Erkenntnis werden zu können. An Stelle des kantischen »Gegenstand der theoretischen Forschung kann alles sein, was raum-zeitlich vorstellbar und unter Kategorien subsumierbar ist« tritt einfach »Gegenstand der theoretischen Forschung kann alles sein, was denkbar ist«. Der Gedanke aber ist für Wittgenstein das logische Bild der Wirklichkeit. Denkbar ist das, was durch ein solches Bild darstellbar ist und dies wiederum ist genau das, was sich durch eine darstellende Sprache beschreiben läßt. Die Grenzen des sinnvollen Theoretisierens sind damit abgesteckt durch das, was wir in einer logisch perfekten Sprache beschreiben können. Kants transzendentale Untersuchungen sind zu ersetzen durch eine *logische Analyse der Sprache*. Auch für Wittgenstein gibt es eine Form der Erfahrung, die allen Erfahrungsinhalten vorangehen muß und daher als a priori bezeichnet werden kann: Es ist *die innere Struktur der Wirklichkeit*, die sich in der Sprache nur zeigt (im Sinn von zeigen$_i$), die aber durch sie nicht beschrieben werden kann. Wittgensteins Position könnte daher nach dem Vorschlag von Stenius als »*transzendentaler Lingualismus*« bezeichnet werden. Die apriorische Form der Erfahrung wird zwar von Kant ganz anders charakterisiert als von Wittgenstein, aber in beiden Fällen handelt es sich um eine »Bedingung der Möglichkeit der Erfahrung«. Das *transzendentale Subjekt* ist bei Kant das in den Formen des Raumes und der Zeit anschauende und in den Kategorien des Verstandes denkende Subjekt. Bei Wittgenstein ist es jenes Subjekt, welches eine logisch exakte Sprache versteht. Von diesem heißt es in 5.6: »Die Grenzen meiner Sprache bedeuten die Grenzen meiner Welt«. Das »mein« bezieht sich hier nicht auf mein persönliches Ego, sondern auf das transzendentale Subjekt, dessen Sprache den logischen Raum der möglichen Welten festlegt.

Jenseits der Grenze sinnvollen Theoretisierens ist für Kant nicht nichts: Man kann über metaphysische Fragen gehaltvoll *reden*, aber man kann nicht mehr *argumentieren* und nichts mehr *beweisen*. Trotzdem können wir nach Kant sogar *zu definitiven Resultaten* kommen. Denn zwar versagt hier die theoretische Vernunft; doch betreten wir mit dem Transzendenten das Feld der praktischen Vernunft. Mit einem rein logisch nicht zu rechtfertigenden Schluß können wir aus einem Interesse der praktischen Vernunft zu dem Glauben an die Existenz dessen übergehen, was dieses Interesse erfüllt. Auf diese Weise gewinnen wir nach Kant den Glauben an Gott und Unsterblichkeit.

Für Wittgensteins transzendentalen Lingualismus fällt das, was jenseits der Grenze des Erfahrbaren liegt, zusammen mit dem, was in einer sinnvollen Sprache nicht mehr beschreibbar ist. Metaphysische Aussagen drücken nicht wie bei Kant problematische oder unbeweisbare Gedanken aus, *sondern sie drücken überhaupt keine Gedanken aus; sie sind unsinnige sprachliche Gebilde.* Die Grenze zwischen dem Erfahrbaren und Unerfahrbaren fällt zusammen mit *der Grenze zwischen Sinn und Unsinn.* Die für Kant theoretisch unlösbaren Probleme können nach Wittgenstein nicht einmal mehr als sinnvolle Fragen formuliert werden. Daraus folgt umgekehrt, *daß sinnvolle Fragen stets beantwortbar sein müssen:* »Das Rätsel gibt es nicht« (6.5). Trotzdem ist auch für Wittgenstein jenseits der Grenze einer sinnvollen Theorie nicht nichts: »Es gibt allerdings Unaussprechliches. Dies zeigt sich, es ist das Mystische« (6.522). Hier wird nun das Wort »zeigen« in einer *dritten* Bedeutung gebraucht: Es ist ein Zeigen, das überhaupt nicht durch die Sprache vollzogen wird, weder im Sinn von zeigen$_e$ noch im Sinn von zeigen$_i$, sondern das den Weg über das *mystische Erlebnis* nehmen muß. Wir nennen es »zeigen$_m$«. Was sich nach Wittgenstein zeigt$_m$, ist *das Analogon zu dem, was für Kant nur als ein »Postulat der praktischen Vernunft« gegeben ist.*

Wie steht es nun aber mit Wittgensteins *eigenen Sätzen?* Spricht er nicht vom ersten Satz des »Tractatus« an über das, was sich nur zeigt$_i$, was jedoch nicht zum deskriptiven Gehalt sinnvoller Sätze gemacht werden kann: z. B. die kategoriale Unterscheidung in Dinge und Tatsachen, die Form der Welt und der Substanz, das Verhältnis von äußerer und innerer Struktur von Bild und Tatsache? Und spricht er nicht gegen Ende des »Tractatus« sogar über das, was nicht nur nicht beschrieben werden kann, sondern was sich nicht einmal zeigt im Sinne von zeigen$_i$: das Mystische, was sich nur zeigt$_m$? *Wittgenstein war sich dessen vollkommen bewußt und zog auch die zwingende Konsequenz, daß alle seine eigenen im*

»*Tractatus*« *enthaltenen Sätze sinnlos seien.* Zu diesem Ergebnis gelangte er nicht durch die nachträgliche Anwendung eines positivistischen Sinnkriteriums auf seine Sätze, sondern über die eben geschilderte Version der kantischen Transzendentalphilosophie.

Die Sinnlosigkeit philosophischer Sätze bedeutet nicht deren Wertlosigkeit. Wenn Philosophie nicht als eine Art von Wissenschaft aufgefaßt wird mit dem Ziel, Sätze mit wahrem deskriptivem Gehalt zu beweisen, sondern *als eine Tätigkeit,* so können sinnlose Sätze eine wichtige *Erläuterungsfunktion* haben. Und eine solche Funktion schreibt Wittgenstein am Ende den Sätzen des »Tractatus« zu: »Meine Sätze erläutern dadurch, daß sie der, welcher mich versteht, am Ende als unsinnig erkennt, wenn er durch sie – auf ihnen – über sie hinausgestiegen ist. (Er muß sozusagen die Leiter wegwerfen, nachdem er auf ihr hinaufgestiegen ist.) – Er muß diese Sätze überwinden, dann sieht er die Welt richtig« (6.54). Für eine Philosophie *als Lehre* hingegen bleibt kein Raum mehr. Der transzendentale Lingualismus mündet in eine Selbstaufhebung aller philosophischen Theorie, einschließlich seiner selbst: *Über philosophische Fragen sind wir zum Schweigen verurteilt.* Auf diese letzte Konsequenz bezieht sich der Schlußsatz des »Tractatus«, der scheinbar eine Trivialität ausdrückt, der aber nach dem, was Wittgenstein im Vorwort erwähnt, die Quintessenz seiner ganzen Philosophie enthält: »Worüber man nicht reden kann, darüber muß man schweigen«(7).

Über die Rätsel des Lebens und der Wirklichkeit können keine sinnvollen Aussagen gemacht werden; sie bilden nicht einmal den Gegenstand einer sinnvollen Frage. Wenn alle Fragen, die sinnvoll sind, beantwortet wären, so wären unsere Lebensprobleme noch nicht einmal berührt (6.52). Wittgensteins Bemerkungen über das Mystische zeigen allerdings, daß seine Philosophie eine Wendung *hätte* nehmen *können,* die sie tatsächlich *nicht* genommen hat: Es wäre begreiflich gewesen, wenn er das »Philosophieren als Tätigkeit« der Gewinnung einer mystischen Schau oder zumindest einem nichttheoretischen Zweck untergeordnet hätte, wie dies etwa in der »Existenzerhellung« von K. Jaspers der Fall ist. Wenn auch vom ersten Satz des »Tractatus« an das »Unaussprechliche« ständig mitschwingt, so hatte doch Wittgenstein keine Neigung, die Philosophie als Mittel zur Erlangung irrationaler Erlebnisse zu verwenden. Die praktische Konsequenz, die er aus dem philosophischen Ausblick des »Tractatus« zog, war vielmehr die, daß er aufhörte, sich für philosophische Fragen zu interessieren, und sich einem nichtphilosophischen Leben zuwandte.

Kurz vor Beendigung des »Tractatus« verzichtete Wittgenstein auf ein beträchtliches Erbe, das ihm sein Vater hinterlassen hatte, und führte über ein Jahrzehnt lang ein zurückgezogenes Leben in bescheidenen Stellungen wie der eines Volksschullehrers in Niederösterreich und eines Gärtnergehilfen in einem Mönchskloster bei Wien. 1929 ging er nach Cambridge, da er glaubte, wieder schöpferische Arbeit in der Philosophie vollbringen zu können. Man erzählt sich, daß u. a. ein Vortrag des intuitionistischen Grundlagenforschers und Mathematikers Brouwer Wittgenstein zu seinem Entschluß veranlaßte.

Tatsächlich begann für Wittgenstein in England ein ganz neuer philosophischer Start. Daß Philosophen ihre Ansicht allmählich ändern und ihre früheren Theorien sukzessive modifizieren, ist keine Seltenheit. Das Merkwürdigste an Wittgensteins Philosophie aber ist dies, daß man *nicht* von einer Weiterentwicklung der Philosophie des »Tractatus« sprechen kann. Was hier entstand und in »The Blue and Brown Books«, »Philosophische Untersuchungen« und »Bemerkungen über die Grundlagen der Mathematik« seinen Niederschlag gefunden hat, ist *eine gänzlich neue Philosophie*. Wir bezeichnen sie als Wittgensteins Philosophie II.

PHILOSOPHIE II[1]

Vom Standpunkt der Wittgensteinschen Spätphilosophie aus betrachtet, ist die im Traktat entwickelte Theorie der Sprache von einer starren Einseitigkeit. Der Übergang zu seiner neuen Philosophie ist daher zugleich ein Prozeß der allmählichen Befreiung von dieser starren Auffassung. Auf dem Wege über eine unermüdliche Kritik an seinen früheren Ideen gewann Wittgenstein ein neues Bild von der Sprache und ihren Funktionen. Dieses Bild läßt sich nicht in wenigen Worten schildern. Wir werden im folgenden versuchen, uns von verschiedenen Ansätzen her an dieses neue Bild heranzuarbeiten.

Wittgenstein ist der Übergang nicht leicht gefallen. Vielmehr hat er seine neue Position erst im Verlauf geistiger Auseinandersetzungen gewonnen, die sich über lange Zeit hinzogen. Die tödliche Rücksichtslosigkeit, mit der er seine ganze frühere Philosophie zerstörte, ist ein philosophiegeschichtlich einmaliges Ereignis. Wer sich der Mühe unterzieht, Wittgensteins Früh- und Spätschriften in chronologischer Reihenfolge zu studieren, kann versuchen, dieses Geschehen geistig nachzuvollziehen. Er wird dabei Zeuge davon, daß die philosophische Leidenschaft Wittgensteins zugleich eine unerhörte intellektuelle Redlichkeit war, die es nicht zuließ, Gedanken zu konservieren, die der Kritik verfallen waren. Nicht mit Unrecht vergleicht G. Pitcher diesen Vorgang mit dem »Parmenides« Platos, worin dieser das Kernstück seiner philosophischen Theorie einer tiefschürfenden Kritik unterzog. Die Analogie wäre allerdings nur dann vollkommen, wenn Plato im Anschluß an seine Kritik eine neuartige, mit seinen früheren Grundthesen logisch unvereinbare philosophische Theorie entworfen hätte, z. B. eine nominalistische Metaphysik. Wittgenstein war vermutlich zu der Zeit, da die »Tractatus«-Philosophie für ihn zu zerbröckeln begann,

---

[1] Seitenzahlen von »Philosophische Untersuchungen« und »Bemerkungen über die Grundlagen der Mathematik« sind zitiert nach der Deutsch-Englischen Originalausgabe bei B. Blackwell, Oxford 1953 und 1956.

wesentlich jünger, als Plato bei der Abfassung des »Parmenides« gewesen sein dürfte. Es war ihm unmöglich, ein philosophisches Leben auf dem Trümmerfeld seiner früheren Gedanken zu leben. Schritt für Schritt baute er eine neue Philosophie auf. Er errichtete sie nicht auf den Trümmern seiner alten Philosophie, sondern suchte sich ein neues Gelände und neue Bausteine.

Äußerlich sichtbar ist die Wende in seiner Philosophie in der völlig anderen Weise der Darstellung seiner Gedanken. Während wir im »Tractatus« auf Sätze von einer Art von »absoluter« Kategorizität stoßen, die von sich aus keinen Widerspruch zu dulden scheinen, wird uns in den »Philosophischen Untersuchungen« eine ständige Dialektik von These und Gegenthese vorgesetzt: Sie spiegelt Wittgensteins geistigen Kampf wider, in welchem er unaufhörlich die von anderen Philosophen oder früher von ihm selbst vertretenen Ideen von sich Besitz ergreifen läßt, um sie dann zu kritisieren und von innen heraus zu überwinden. Bei der Lektüre seiner späteren Philosophie erleben wir zugleich selbst diese innere Dialektik. Will man zu dieser Philosophie einen Zugang finden, so muß man sich von den fraglichen Vorstellungsweisen selbst gefangennehmen lassen und Wittgensteins Kritik und Auseinandersetzung nachvollziehen, ohne ein definitives, einfach formulierbares Resultat zu erwarten. Wir stoßen dort nie auf eine systematische Darstellung; vielmehr sind Wittgensteins Ausführungen voll von Analogien, rätselhaften Bildern, seltsamen fingierten Frage- und Antwort-Spielen, ironischen Vergleichen, die oft in unbeantwortete Fragen einmünden.

Die »Philosophischen Untersuchungen« sind ein Meisterwerk der deutschen Prosa. Es dürfte in der abendländischen Philosophiegeschichte kaum ein philosophisches Buch geben, das in einer so einfachen und lebendigen Sprache geschrieben ist wie dieses. Es enthält nur alltagssprachliche Sätze, dagegen keine technischen oder philosophiegeschichtlich belasteten Ausdrücke. Trotzdem wird man mit Recht sagen dürfen, daß es zu einem der schwierigsten Werke der Philosophiegeschichte geworden ist. Dem Leser, der daraus Wittgensteins

»positive Theorie« herauslesen will, wird Außergewöhnliches zugemutet. Alles fruchtbare Philosophieren ist nach Wittgenstein jetzt *ein ständiger Kampf gegen eine natürliche Tendenz des Menschen, seine eigene Sprache mißzuverstehen*. Wer die Anstrengung dieses Kampfes nicht zu übernehmen bereit ist, kann mit ihm nicht mitgehen. Doch ist dies sicherlich nicht die einzige Schwierigkeit, der ein Leser von Wittgensteins Spätphilosophie ausgesetzt ist. Wegen des aphoristischen und sprunghaften Dialogstils wird ihm immer wieder der rote Faden entgleiten, und er wird zugleich den verlorenen Eindruck haben, nicht zu wissen, »worauf Wittgenstein denn hinaus wolle«. Vielen bedeutenden Philosophen ist es so ergangen, auch solchen, die in ihrem Denken Wittgenstein früher nahestanden, wie z. B. Bertrand Russell. So ist es nicht verwunderlich, daß sie nach mehreren vergeblichen Versuchen, in diese neue Gedankenwelt einzudringen, dieses Werk kopfschüttelnd beiseite legten und entweder erklärten, daß es für sie ein Buch mit sieben Siegeln sei oder aber (so etwa B. Russell), daß es anscheinend aus nichts weiter bestehe als aus Trivialitäten. Wir müssen uns also gleich zu Beginn vor Augen halten, daß wir vor keiner leichten Aufgabe stehen, wenn wir uns um ein Verständnis von Wittgensteins Spätphilosophie bemühen.

Wir versuchen zunächst, einige Komponenten des »negativen« Teils von Wittgensteins Spätphilosophie, d. h. seiner Kritik am »Tractatus«, zu isolieren. Dazu gehören vor allem drei Dinge: Wittgenstein verwarf die *ontologische Basis* der »Tractatus«-Philosophie; er gab das in seiner ersten Philosophie enthaltene *Exaktheitsideal* preis; schließlich wurde ihm der Begriff der *philosophischen Analyse* als solcher fragwürdig.

1. Die Preisgabe der Voraussetzungen der »Tractatus«-Philosophie

»Ein Bild hielt uns gefangen«.
Philosophische Untersuchungen 115.

In der systematischen Darstellung der »Tractatus«-Philosophie geht die Metaphysik der Sprachphilosophie voran. Bezüglich des Motivationszusammenhanges der dort ausgedrückten Ideen dürfte es sich umgekehrt verhalten: Es waren vermutlich *sprachphilosophische Intuitionen*, vor allem die *Konzeption der perfekten Idealsprache*, welche Wittgenstein die im ersten Teil des »Tractatus« ausgedrückten Gedanken über das ontologische Grundgerüst der Welt eingaben. Dies sich vor Augen zu halten, ist wichtig, um die über die »Philosophischen Untersuchungen« verstreute Kritik an den früheren Auffassungen richtig zu verstehen. Denn diese Kritik setzt von zwei Seiten ein: Aufgrund der Argumente gegen das Exaktheitsideal *wird die Forderung nach einer Idealsprache preisgegeben*, womit das Grundmotiv für jenes metaphysische Konzept wegfällt. Daneben finden sich Bemerkungen, die man als *direkte Kritik an jenen ontologischen Thesen* zu deuten hat.

Zu dieser direkten Kritik gehört Wittgensteins Verwerfung des im »Tractatus« enthaltenen *Absolutismus* und *Atomismus*. Der Absolutismus ist in der These ausgedrückt, daß die Welt als Tatsache auf eine *und nur eine* Weise in einfachere Tatsachen zerlegbar ist; der Atomismus besteht in der Behauptung, daß diese Zerlegung zu *einfachsten* Tatsachen (den atomaren oder elementaren Tatsachen) führt, bei deren Bildung ihrerseits wieder *atomare »Dinge«*, d. h. nicht weiter zerlegbare Individuen und Attribute, beteiligt sind. Beides wird aufgegeben (vgl. insbesondere »Philosophische Untersuchungen« 46 ff.). Es gibt nicht nur *eine* Weise der Zerlegung von etwas Komplexem· (»Zusammengesetztem«), sei es ein Ding oder ein Sachverhalt, in etwas Einfacheres. Und zwar schon allein aus dem fundamentalen Grunde nicht, weil die Ausdrücke »einfach« und »zusammengesetzt« selbst keine absolute, d. h. kontextinvariante Bedeutung besitzen: Was wir mit diesen Ausdrücken meinen, hängt von dem *Kontext* ab, in dem sie gebraucht werden und durch den auch erst festgelegt wird, welche Art des Zusammengesetztseins überhaupt gemeint ist. Selbst in einem scheinbar so eindeutigen Grenzfall wie dem des Schachbrettes kann man nicht nur die Antwort geben, daß es aus 32 weißen und 32 schwarzen Quadraten, die seine einfachen Elemente bilden, zusammengesetzt sei; denn eine andersartige Betrachtungsweise liefert z. B. eine Aufgliederung in 3 Elemente: die Farben Weiß und Schwarz sowie das Schema des Quadratnetzes. Man wird wohl nicht fehlgehen mit der Behauptung, daß Wittgenstein in seiner Spätphase den Gedanken von Sachverhalten, die unabhängig von der Sprache existieren, als eine metaphysische Fiktion erkannt und preisgegeben hat. Die Welt ist nicht »an sich« so und so gegliedert und wird in dieser Gliederung durch die Sprache (richtig oder falsch) beschrieben, sondern die Möglichkeiten dieser Gliederung entstehen erst durch die sprachliche Artikulation: *So viele Weisen der Beschreibung der Welt, so viele Weisen ihrer Zerlegung in einzelne Sachverhalte.*

Mit der Betonung der Kontextabhängigkeit der Begriffe der Zerlegung, des Komplexen und des Einfachen wird nicht nur der Absolutismus durch eine relativistische Auffassung ersetzt; vielmehr beinhaltet sie auch bereits eine Aufgabe des Atomismus; denn es hat ja nun keinen Sinn mehr, von etwas »schlechthin Einfachem« zu reden. Auf eine philosophische Frage von der Art, ob das und das (z. B. ein bestimmtes Gesichtsfeld) einfach oder zusammengesetzt sei, kann man nur mit der Äußerung »das kommt darauf an, was du unter ›zusammengesetzt‹ verstehst«, reagieren. Und diese sprachliche Reaktion beantwortet jene Frage nicht, sondern enthält deren Zurückweisung. Gibt es aber keine eindeutige, zu atomaren Elementen führende Analyse von Sachverhalten, so gibt es auch keine endgültige Analyse von Propositionen in Elementarsätze.

Soweit die Kritik beim anderen Punkt – dem Gedanken an eine absolut vollkommene Sprache – ansetzt, richtet sie sich gegen das vorausgesetzte Exaktheitsideal. Wittgensteins Ansicht geht nun dahin, *daß der Gedanke einer absoluten Exaktheit ein Idol sei,* man könnte sagen: *ein logischer Mythos.* Was wir als exakt betrachten, hängt von den Umständen und von der zwischenmenschlichen Situation ab, in der Fragen wie die nach dem genauen Ort, der exakten Länge, der genauen Zeit etc. auftreten. Es ist unsinnig, an einem *einzigen* Exaktheitsideal, losgelöst von all diesen Situationen, festzuhalten (»Philosophische Untersuchungen« 88). Wenn ich mich auf meine Taschenuhr verlassen kann, um den pünktlich abfahrenden Zug nicht zu versäumen, um Aufforderungen wie »komme pünktlich um 1 Uhr zum Essen!« nachzukommen, so liefert mir die Uhr *für diese praktischen Situationen* die exakte Zeitangabe, mag sie auch nach dem Standard der Sternwarte um einige Sekunden vor- oder nachgehen. Für alltägliche Zwecke bedeutet eben genaue Zeitangabe die Angabe der Zeit innerhalb gewisser Grenzen. Und selbst für wissenschaftliche Zwecke mag es z. B. sinnlos sein, den Abstand der Sonne von der Erde bis auf 1 cm genau anzugeben. »Exakt« und »unexakt« sind gleichzeitig *Wertbegriffe*, durch die *Lob und Tadel* ausgesprochen werden; denn das Unexakte erreicht entweder das Ziel nicht oder nur unvollkommen. Es hängt vom gesetzten Ziel ab, was für dessen Erreichung taugt und was nicht. Sogar eine solche Äußerung wie »bleibe ungefähr dort stehen!« kann in einer bestimmten Situation diejenige sein, welche für das gerade gesetzte Ziel am besten funktioniert, so daß es zwecklos wäre, sie durch andere mit einer »exakteren« Ortsangabe zu ersetzen.

Was über die Exaktheit im allgemeinen zu sagen ist, das gilt insbesondere auch für den speziellen Fall der sprachlichen Exaktheit, d. h. für die Idee der *genauen Wortbedeutung* und des *perfekten Satzsinnes* (»Philosophische Untersuchungen« 79, 87). Auch hier handelt es sich um etwas strenggenommen Undenkbares, um eine *metaphysische Fiktion*. Wieder dürfen wir diesen Exaktheitsbegriff nicht losgelöst von den zwischenmenschlichen Beziehungen, in denen Wörter und Sätze gebraucht werden, betrachten. Ein Ausdruck kann in einer Situation eine hinreichend scharfe Bedeutung haben. Sollten noch Zweifel hinsichtlich seiner Bedeutung bestehen, so können diese durch zusätzliche Erklärungen behoben werden. Aber stets sind durch solche Erklärungen nur bestimmte, in der konkreten Situation tatsächlich auftretende Mißverständnisse zu beseitigen, *keineswegs alle überhaupt denkbaren Mißverständnisse und Zweifel*. Und gerade dies wäre es, was gefordert werden müßte, um von einem absolut präzisen Sinn sprechen zu können. Beurteilen wir das, worüber wir reden, vom Standpunkt dieses Ideals aus, so müßten wir sagen, daß wir eigentlich immer nur Unsinn reden, da wir die Bedeutung der Wörter, die wir gebrauchen, nicht genau kennen (und prinzipiell niemals genau kennen werden). In der heute üblichen Terminologie könnte man diese Kritik auch so ausdrücken: Es ist unmöglich, *die intensionale Vagheit und Mehrdeutigkeit* von Ausdrücken zu beseitigen. Es sind immer zahllose Situationen, mit denen wir nicht rechnen, denkmöglich, für die es nicht festgelegt ist, ob und wie ein bekannter Ausdruck anzuwenden ist. Man braucht sich dazu nur künftige Verläufe der Welt auszumalen, die vom bisherigen Weltablauf mehr oder weniger stark abweichen. Wie Wittgensteins Beispiele (etwa in »Philosophische Untersuchungen« 79) zeigen, tritt diese »Möglichkeit der Vagheit« aber nicht nur bei der Reflexion über die Zukunft und damit über das noch Ungewisse auf, sondern selbst bei historischen Begriffen, die sich auf eine längst festliegende Vergangenheit beziehen.

Am Beispiel des Exaktheitsideals zeigt sich übrigens, wie sich bei der Entstehung der »Tractatus«-Philosophie metaphysische, auf die »Welt an sich« bezogene und sprachphilosophische Überlegungen wechselseitig bedingten: Der Sinn einer Proposition muß nach der damaligen Überlegung Wittgensteins deshalb eindeutig bestimmt sein, weil es in der Welt, so wie sie ist, nichts Vages und Unbestimmtes geben kann. In den Elementarsätzen, welche die einfachsten Sachverhalte beschreiben, darf es daher keine Zweideutigkeit, keine Unbestimmtheit des Sinnes und keine Möglichkeit des Mißverstehens geben. Erst später erkannte der Verfasser des »Tractatus«, daß er dabei denselben Fehler begangen hatte, den er nunmehr als einen philosophischen Kardinalfehler ansah: statt sich das tatsächliche Funktionieren der Sprache anzusehen und es zu beschreiben, vielmehr die Wörter und Sätze durch die Brille einer *vorgefaßten Meinung* zu betrachten, nämlich einer aufgrund von Apriori-Spekulationen zustandegekommenen idealen Forderung, welcher alle Ausdrücke genügen müßten.

Schließlich ist es auch *der Begriff der Analyse* selbst, von dem sich Wittgenstein distanziert (z. B. »Philosophische Untersuchungen« 60–63, 90). Man kann darin einen der Hauptunterschiede zwischen den »Wittgensteinianern« und den Vertretern der »Analytischen Philosophie« erblicken. In der Forderung nach einer möglichst vollständigen und möglichst genauen Analyse von Wortbedeutungen und dem Sinn von Propositionen steckt die Annahme, daß Bedeutung und Sinn eigentlich festliegen, daß sie aber unter der Oberfläche verborgen seien: in der Analyse komme es darauf an, das explizit zu machen und freizulegen, *was mit den Ausdrücken eigentlich gemeint sei.* Abermals ist es etwas Nichtexistentes, dem hier nachgejagt wird. Wittgensteins Reflexionen treffen sich an dieser Stelle mit seiner noch zu schildernden Kritik am philosophischen Essentialismus, dem Streben nach der Entdeckung des *Wesens.* Wittgenstein leugnet dabei nicht, daß Betrachtungen, die man »Analysieren« nennen kann, unter gewissen Umständen und in bestimmten Zusammenhängen eine wichtige Funktion haben können: Philosophische Mißverständnisse, welche den Gebrauch von Wörtern betreffen, können bisweilen dadurch ausgeräumt werden, daß man bestimmte Ausdrucksformen durch andere ersetzt. Wegen der Ähnlichkeit mit dem Vorgang des Zerlegens kann so etwas dann »Analyse« genannt werden. In *diesem* speziellen Sinne sind viele der Bemerkungen in Wittgensteins Spätphilosophie, welche *therapeutische Heilmethoden* für philosophische Verwirrungen enthalten, »Analysen«. Es sind aber keine Analysen in dem Sinn, daß darin der Anspruch erhoben wird, den *wahren* Sinn von Ausdrucksformen entdeckt zu haben, an dem andere philosophische Richtungen bisher vorbeigegangen seien. Eine solche Art von Streit kann und darf in einer vernünftigen Philosophie nicht geführt werden. Es ist eines der Anliegen von Wittgensteins Spätphilosophie, bewußt zu machen, warum dies so ist.

2. Wortbedeutung, Wortgebrauch und Sprachspiele

> »... und eine Sprache vorstellen heißt, sich eine Lebensform vorstellen.«
> Philosophische Untersuchungen 19

(a) Kritik der Theorie der Wortbedeutungen

Wenn sich auch die eben geschilderte Kritik nicht nur gegen frühere Ansichten Wittgensteins richtet, sondern ebenso gegen analoge Gedankengänge anderer Philosophen, so ist diese Kritik doch vorwiegend eine solche des »Tractatus«: Zu dem dort enthaltenen logischen Atomismus z. B. finden sich ja nur wenige Parallelen bei anderen Denkern. Wittgensteins Kritik aber erschöpft sich keineswegs in dieser Polemik. Sie richtet sich daneben gegen verschiedene Aspekte der früheren Theorie der Bedeutung (und damit implizit auch der Bildtheorie). Dieser Teil von Wittgensteins Kritik ist aus einem zweifachen Grunde noch wichtiger als der bisherige. Erstens attackiert Wittgenstein hier nicht nur solche Ideen, die früher einmal seine eigenen waren, sondern gleichzeitig weitverbreitete oder sogar allgemein akzeptierte sprachphilosophische Auffassungen. Der Unterschied zwischen seiner Spätphilosophie und dem Philosophieren anderer Denker tritt so viel deutlicher zutage. Zweitens bildet das rechte Verständnis der Kritik an der Bedeutungslehre die wesentliche Vorbedingung für den Zugang zu Wittgensteins Ansichten über psychische und geistige Phänomene. Die Fassungslosigkeit, mit der die meisten Leser Wittgensteins diesbezüglichen Äußerungen gegenüberstehen – und Aussagen über das Geistige bilden den weitaus größten Teil der Sätze der »Philosophischen Untersuchungen« –, rührt zum Teil daher, daß diese Kritik entweder fehlinterpretiert oder nicht in ihrer ganzen Tragweite überblickt wurde.

Nach der im »Tractatus« vorausgesetzten Theorie der Namen ist die Bedeutung jedes echten Namens identisch mit dem durch diesen Namen bezeichneten Gegenstand (die undefinierten Grundzeichen der Idealsprache haben daher als Designata die einfachen Dinge der Weltsubstanz). In den »Philosophischen Untersuchungen« macht Wittgenstein eine scharfe Unterscheidung zwischen *Namensträger* und *Bedeutung des Namens*. Was in der Realität dem Namen entspricht, ist dessen Träger, nicht die Bedeutung. Der Namensträger kann zugrunde gehen, ohne daß der Name selbst seine Bedeutung verliert: wenn Sokrates stirbt, so wird das Wort »Sokrates« damit nicht zu einem sinnlosen Ausdruck (was der Fall sein müßte, wenn mit dem Tode des Namensträgers auch die Bedeutung des Namens zugrunde ginge). Eines der Hauptmotive für die Annahme einer unzerstörbaren Substanz der Welt (mit den einfachen »Dingen« als ihren Elementen) gerät damit in Wegfall: Wenn ein Wort als echter Name in der Sprache fungiert, so braucht deshalb das durch ihn bezeichnete Objekt nicht etwas Bestehendes und Unabänderliches zu bilden. Der Name kann sogar leer sein, nämlich dann, wenn ihm niemals etwas Wirkliches entsprach (wie z. B. der Name »Pegasus«) [1].

Soweit betrifft die Kritik wieder nur den »Tractatus«; denn in diesem Punkt hätten zweifellos die meisten Philosophen von vornherein dem späten und nicht dem frühen Wittgenstein zugestimmt. Entscheidender für das Verhältnis zu anderen Auffassungen ist dagegen die jetzige *Ablehnung der Annahme, daß der Zusammenhang zwischen Ausdruck und Bedeutung durch einen geistigen Akt des Meinens oder Intendierens hergestellt wird*. Nichts scheint evidenter zu sein als das Bestehen solcher psychischer Prozesse. Wenn wir mit einem Ausdruck etwas meinen, so müssen wir doch einen Akt des Meinens vollziehen! Tatsächlich hatte Wittgenstein dies auch früher angenommen, wenn es auch im »Tractatus« nur implizit zur Geltung kommt. Er bestreitet auch in den »Philosophischen Untersuchungen« nicht, daß diese Auffassung der Dinge ganz natürlich sei: es ist doch ein Unterschied, ob wir ein Wort oder einen Satz aussprechen, ohne etwas damit zu meinen (z. B. im Verlauf von phonetischen Übungen), oder ob wir den Ausdruck bedeutungsvoll verwenden! Und im letzteren Fall müssen wir an die Bedeutung des Ausdrucks gedacht haben, was wieder zu impli-

---

[1] »Leere Namen« spielen z. B. eine wichtige Rolle in der Theorie des polnischen Logikers Lesniewski.

zieren scheint, daß ein ganz bestimmter intentionaler Bewußtseinsakt, eben ein Akt des Meinens, vollzogen worden ist.

Trotzdem erscheint Wittgenstein jetzt diese scheinbar so zwangsläufige Deutung als gänzlich unhaltbar, und er versucht, sie in zahlreichen Beispielen und Argumenten ad absurdum zu führen. Einige dieser Gedankengänge seien hier angedeutet. Zunächst ist zu bedenken, daß nach dieser Auffassung Wörter »willkürliche Zeichen« darstellen, die nur aufgrund einer jederzeit zu ändernden Konvention mit diesem geistigen Akt verbunden auftreten. Danach müßte es also z. B. möglich sein zu beschließen, mit der Buchstabenreihe »a b c d e« genau denselben Sinn zu verbinden, den wir sonst an die Worte knüpfen »morgen wird es wahrscheinlich regnen«. Versuche ich so etwas aber, so gelingt es mir nicht. Ebensowenig gelingt es mir, das, was mit vertrauten Wörtern gemeint ist, auszutauschen, also etwa zu *sagen* «hier ist es sehr kalt«, damit aber zu *meinen* »hier ist es sehr warm«. Oder wenn ich sage »Herr Schweizer ist kein Schweizer«, so meine ich das erste Vorkommen von »Schweizer« als Eigennamen und das zweite als Gattungsnamen. Wäre dieses Meinen eine geistige Tätigkeit, so müßte ich auch das erste »Schweizer« als Gattungsnamen und das zweite als Eigennamen meinen können. Versuche ich das, »so blinzle ich mit den Augen vor Anstrengung« (»Philosophische Untersuchungen« S. 176), sagt Wittgenstein, aber es kommt dabei nichts heraus. *Das Mißlingen all dieser Versuche, deren Durchführung bei Richtigkeit der kritisierten Theorie keine Schwierigkeiten bereiten dürfte, ist ein deutlicher Hinweis darauf, daß die fragliche Theorie auf einem fundamentalen Irrtum basiert.*

Noch radikaler ist die Überlegung, daß nach jener Theorie die Akte des Meinens nicht nur mit beliebigen anderen Wörtern als Symbolen assoziiert sein können, *sondern daß sie auch in völliger Sprachunabhängigkeit vollziehbar sein müßten.* Ich müßte also z. B. den Sinn des Satzes »hoffentlich wird während der übermorgen stattfindenden Feier die Sonne scheinen« meinen können, ohne überhaupt irgend etwas zu sagen (auch nicht im inneren Sprechen zu mir selbst). Hier erhält schon die Beschreibung des gedanklichen Experimentes einen Anstrich von Absurdität.

Ein anderes, vielleicht etwas weniger überzeugendes Argument, geht dahin, *daß die fragliche Auffassung gegen den korrekten Gebrauch des Wortes »meinen« verstößt*, wie die Betrachtung einfacher Frage- und Antwort-Spiele zeigt. Wenn z. B. jemand eine Behauptung A aufstellt und ein anderer ihn fragt, was in ihm vorgegangen sei, als er A aussprach, so ist die korrekte Antwort *nicht:* »ich habe gemeint...«, obwohl dies die korrekte Antwort sein müßte, wäre die kritisierte Auffassung richtig.

Weiter ergeben sich auch Schwierigkeiten, wenn man nach dem *Zeitpunkt des Stattfindens* oder nach dem *genauen Inhalt jener Akte* fragt. Wenn ich z. B. sage »Heinz hat mich soeben angerufen«, *wann* meine ich dann mit »Heinz« den Menschen Heinz Müller? Nur in dem Moment, da ich dieses Wort ausspreche, oder während des ganzen Zeitraumes, den ich zum Aussprechen dieses Satzes benötige? Und wenn das letztere der Fall ist, wie *überlagern* sich dann die Akte des Meinens; denn ich muß ja nun *gleichzeitig* Verschiedenes meinen, nämlich auch die Bedeutungen der anderen im Satz vorkommenden Wörter wie »soeben«, »mich« etc.? Was den Inhalt jenes Aktes betrifft, so scheint er z. B. im Fall eines Eigennamens in einem Vorstellungsbild zu bestehen. Ein Vorstellungsbild von Heinz Müller mag aber noch so genau sein, es trifft auf zahlreiche andere Menschen zu, die ihm ähnlich sehen. Wie kann ich dann mit diesem Bild genau *ihn* meinen?

Wittgenstein kommt zu dem Schluß, *daß es nichts Verkehrteres gäbe, als Meinen eine geistige Tätigkeit nennen*. Er bringt den Vergleich, daß man auch von der Tätigkeit der Butter sprechen könnte, wenn diese im Preis steigt: eine solche komische Redeweise ist harmlos, solange daran keine Probleme geknüpft werden (und daß das geschehen könnte, ist bei diesem letzteren Beispiel nicht sehr wahrscheinlich). Im Fall des Meinens aber führt die analoge Redeweise zu solchen Problemen und damit zu philosophischer Konfusion.

Die Vorstellung, die wir an die Stelle dieser naheliegenden, bei genauerem Zusehen aber unhaltbaren und sogar zu Absurditäten führenden Ansicht zu setzen haben, ist, kurz angedeutet, die, *daß man mit sprachlichen Ausdrücken operiert, mit ihnen »rechnet«.* Und zu diesem Rechnen gehört es auch, *daß man sie bisweilen in dieses und bisweilen in jenes Bild überführt.* Daß wir mit den Ausdrücken stets ganz bestimmte Vorstellungsbilder oder Akte des Meinens verknüpfen, ist dagegen eine überflüssige Annahme. Wer einer solchen Auffassung huldigt und sich auch in praxi daran zu halten sucht, benimmt sich nach Wittgenstein ähnlich lächerlich, wie der Mann, der eine schriftliche Anweisung auf eine Kuh erhalten hat und sich nun, solange er diese Anweisung in Händen hält, ständig eine Kuh vorstellt, da er von der Angst erfüllt ist, die Anweisung könnte sonst ihren Sinn und ihre Geltung verlieren. (Die angedeuteten Beispiele und Argumente finden sich hauptsächlich in »Philosophische Untersuchungen« 449, 508–510, 661, 675, 691–693, »Philosophische Untersuchungen« III, S. 176.)

(b) Satzradikal und Satzmodus

Im »Tractatus« hatte Wittgenstein den Sinn eines Satzes mit dessem deskriptivem Gehalt identifiziert. Im Einklang damit wurde die deskriptive Funktion der Sprache als ihre Hauptfunktion angesehen. Wittgenstein hatte dem Umstand keine größere Aufmerksamkeit geschenkt, daß er bereits im »Tractatus« genötigt war, von dieser Ansicht in einer wichtigen Hinsicht abzuweichen und zwei verschiedene Aufgaben eines Satzes zu unterscheiden: die Aufgabe des *Abbildens* eines Sachverhaltes und die Aufgabe, zu *behaupten*, daß dieser Sachverhalt ein wirklicher sei; so etwa im bereits zitierten Satz 4.022, wo es heißt: »Der Satz zeigt, wie es sich verhält, wenn er wahr ist. Und er sagt, daß es sich so verhält.«

Vergleichen wir nun die drei Sätze »du ißt diesen Kuchen« (a), »ißt du diesen Kuchen?« (b), »iß diesen Kuchen!« (c). Diese Sätze haben einen *gemeinsamen deskriptiven Gehalt.* Man kann diesen Gehalt unter Benützung einer Terminologie, die Wittgenstein aus der Sprache der Chemie übernimmt, das *Satzradikal* nennen (»Philosophische Untersuchungen« S. 11, Fußnote). Dieses Satzradikal dient dazu, einen bestimmten Sachverhalt abzubilden. Also stimmen die drei Sätze (a) bis (c) hinsichtlich ihrer abbildenden Funktion überein. Trotzdem haben diese Sätze einen verschiedenen Sinn. Worin besteht dieser Unterschied? Wenn man, wie dies im »Tractatus« geschieht, deskriptiven Gehalt und Sinn eines Satzes miteinander identifiziert, so scheint es nicht möglich zu sein, diesen Unterschied anzugeben. Man muß einen Ausweg von etwa der folgenden Art suchen: Für den Fall solcher Sätze, die im Indikativ formuliert sind, z. B. Satz (a), ist es plausibel, Sinn und deskriptiven Gehalt miteinander zu identifizieren. Und Sätze, die nicht im Indikativ formuliert sind, wie die Sätze (b) und (c), müssen als verkleidete Indikativsätze interpretiert werden, etwa in der Weise, daß man sie *als Aussagen über den Geisteszustand des Sprechers* auffaßt: (b) als Aussage über seinen »Zustand der Unsicherheit« und (c) als Aussage über seinen »Willenszustand«. Auf diese Weise wird der Unterschied im Sinn der drei Sätze auf einen solchen im deskriptiven Gehalt reduziert.

Die scheinbar »plausible« Ausgangsbasis dieser Betrachtung ist jedoch unhaltbar, und der zweite Schritt der Umdeutung von (b) und (c) in Indikativsätze ist im höchsten Grade künstlich und daher ebenfalls vollkommen inadäquat. Auf den Fehler in der Identifizierung von Sinn und deskriptivem Gehalt von Indikativsätzen wird implizit bereits in dem oben zitierten Satz des »Tractatus« hingewiesen: *Ein Bild selbst behauptet nichts*, es kann vielmehr für verschiedenste Zwecke verwendet werden. Der deskriptive Gehalt von (a) ist daher mit dem Sinn von (a) nicht identisch. Dieser deskriptive Gehalt liegt in dem zugrundeliegenden abbildenden Satzradikal, das (a) mit den Sätzen (b) und (c) gemeinsam hat. Der Sinn von (a) hingegen ist der Sinn *dieses ganzen Satzes*, im Gegensatz zum Sinn von (b) und (c). Was zum deskriptiven Gehalt hinzutreten muß, um den Sinn von (a) vollständig zu bestimmen, ist der *indikative Modus*, durch den (a) *als Behauptungssatz* ausgezeichnet ist. Der Modus ist ein wesentlicher Bestandteil im Sinn eines Satzes, der nicht zum deskriptiven Gehalt gerechnet werden kann. Dies wird besonders deutlich, wenn man auf den Unterschied zwischen Satz (a) einerseits, (b) und (c) andererseits achtet. Denn das, was diese beiden Sätze von (a) unterscheidet, ist gerade ein anderer Modus, dagegen nicht der deskriptive Gehalt, der vielmehr in allen drei Fällen derselbe ist. In (b) ist der Modus *interrogativ*, in (c) ist er *imperativ*. Das Satzradikal als solches hat keinen Modus.

Wittgenstein gibt in den »Philosophischen Untersuchungen« S. 11 den folgenden anschaulichen Vergleich [1]: Man stelle sich das Bild eines Boxers in einer bestimmten Kampfhaltung vor. *Dieses Bild kann in ganz verschiedener Weise gebraucht werden:* z. B. dazu, um jemandem mitzuteilen, wie er sich halten soll oder wie er sich nicht halten soll oder wie ein bestimmter Mann sich in einer bestimmten Situation verhalten hat usw. Das Bild dieses Boxers entspricht dem gemeinsamen Satzradikal in den Sätzen (a) bis (c). Und die verschiedenen Weisen des Gebrauchs dieses Bildes entsprechen den verschiedenen Arten des Modus in (a) bis (c). Würden wir einen sprachlichen Ausdruck oder eine Wendung nur dazu benützen, um mit ihr etwas abzubilden, *so hätte dieser Ausdruck oder diese Wendung noch keine Funktion in unserer Sprache:* es wäre, als würden wir nur Daß-Wendungen aussprechen; denn der deskriptive Gehalt von Sätzen läßt sich am einfachsten in solchen Wendungen darstellen. Derartige Daß-Wendungen wären aber noch »keine Züge in unserem Sprachspiel« (»Philosophische Untersuchungen« 22), sie hätten noch keine Funktion innerhalb der gemeinsamen, zur Verständigung dienenden Sprache.

(c) Wortgebrauch und Sprachspiele

Bei der Schilderung der Analogie zwischen dem Satzradikal und dem Bild des Boxers sind wir erstmals auf den Wittgensteinschen *Begriff des Gebrauches* gestoßen. Ein und dasselbe Bild und analog ein und dasselbe Satzradikal können *in verschiedener Weise gebraucht* werden. Je nachdem, wie das Bild

---

[1] Auf die Wichtigkeit dieses Bildes hat Stenius hingewiesen.

verwendet wird (für die Schilderung eines historischen Faktums, für die Belehrung darüber, wie man sich in einer bestimmten Situation verhalten oder nicht verhalten soll), erlangt es für den Betrachter *eine andere Bedeutung.* Und analog erhält ein Satzradikal *einen anderen Sinn,* je nachdem, ob es im Behauptungsmodus, im Fragemodus, im imperativen Modus etc. verwendet wird.

Dieser Begriff des Gebrauches verdrängt bei Wittgenstein den der Bedeutung. Man kann nicht sagen, daß er beides einfach gleichsetzt und »Gebrauch« (oder ein Synonym dafür) als Substitut für »Bedeutung« bzw. »Sinn« verwendet. Dies würde der ganzen wittgensteinschen philosophischen Konzeption widersprechen, denn auch »Bedeutung« ist ein Wort unserer Alltagssprache und hat wie die übrigen Wörter nicht nur *eine* Verwendung. *Aber für eine große Klasse von Fällen kann die Bedeutung eines Wortes mit dessen Gebrauch in der Sprache identifiziert werden* (»Philosophische Untersuchungen« 43) *und der Sinn eines Satzes mit dessen Verwendung* (»Philosophische Untersuchungen« 20, 421). Die Begründung für diesen letzten Satz kann nicht in der Form einer einfachen Antwort auf die Frage gegeben werden: »Warum ist dies nach Wittgenstein so?«; denn diese Begründung besteht in nichts Geringerem als in seiner gesamten Spätphilosophie. Man kann daher ein Verständnis der wittgensteinschen Gründe für diese These erst allmählich und in dem Maße gewinnen, als man in seine neue Philosophie eindringt.

Wir haben im Vorangehenden nur die ersten Ansätze für ein solches Verständnis gewonnen: erstens negativ durch die Kritik an der herkömmlichen Theorie der Wortbedeutung, durch die deutlich gemacht werden sollte, worin Bedeutungen *nicht* bestehen; und zweitens positiv durch die Bemerkungen über Satzradikale und deren Verwendung. Im jetzigen Abschnitt soll dies dadurch weitergeführt werden, daß wir *das neue Bild von der Sprache* zu schildern versuchen, zu dem Wittgenstein in den »Philosophischen Untersuchungen« gelangte. In den folgenden Abschnitten wollen wir dann eine weitere Vertiefung dadurch zu erzielen versuchen, daß wir uns Wittgensteins Gedanken über das *Wesen* einer Sache und über die das Sprechen begleitenden *geistigen Akte* vergegenwärtigen.

Beginnen wir damit, uns einen Überblick über Wittgensteins wichtigste Motive dafür zu verschaffen, daß er uns immer wieder mit solcher Emphase auffordert, der Verwendung von Ausdrücken nachzugehen. Volle Klarheit über die Tragweite dieser Aufforderung werden wir erst am Ende gewonnen haben.

Erstens ist wieder das negative Faktum zu erwähnen, daß die von anderen Bedeutungslehren vorgeschlagenen Alternativen einer Kritik nicht standhalten. Wie die Kritik an der Bedeutungslehre des »Tractatus« ergab, ist die Bedeutung eines Eigennamens nicht dessen Designatum. Wie sich noch ergeben wird, ist die Bedeutung eines Ausdrucks auch nicht ein durch »bedeutungsverleihende« psychische Akte erzeugter geistiger Inhalt; a fortiori ist sie keine vorgegebene ideale Wesenheit, die durch solche Akte erfaßt wird. Haben all diese Alternativen versagt, so liegt es nahe, eine Kehrtwendung zu machen und, statt sich von solchen Bedeutungstheorien leiten zu lassen, den tatsächlichen Gebrauch der Ausdrücke zu studieren. *Sollte sich dabei herausstellen, daß man bei diesem Studium all das erfährt, was man wissen wollte, warum dann noch nach etwas anderem als nach diesem Gebrauch zu fragen?* Er leistet ja all das, was jene sinnbelebenden Akte leisten sollten: »Jedes Zeichen scheint *allein* tot. Was gibt ihm Leben? – Im Gebrauch *lebt es*.« (»Philosophische Untersuchungen« 432.) Wittgenstein knüpft zwar daran sofort die Alternativfrage: »Hat es da den lebenden Atem in sich? – Oder ist der *Gebrauch* sein Atem?« Aber die erste Alternative erübrigt sich durch die angedeutete Kritik: Mit dem lebenden Atem, den das Zeichen »in sich« hat, spielt Wittgenstein auf jene Auffassungen an, wonach ein Zeichen durch eigene geistige Akte des Meinens und Verstehens »zum Leben erweckt« wird. Die Annahme solcher Akte entspringt nach ihm einem mythologischen Bild von der Sprache; diese Akte sind nichts weiter als Sprachfiktionen (vgl. dazu auch Abschnitt 4). Also bleibt nur die zweite Alternative übrig, *daß der Gebrauch selbst es ist, der den Zeichen »Leben« gibt.*

Zweitens wird diese Annahme gestützt durch die Analogie zum Fall solcher nichtsprachlicher Zeichen, die nicht natürliche Anzeichen von etwas sind (wie die schwarzen Wolken für das aufkommende Gewitter), sondern die erst *durch eine Konvention* zu Zeichen wurden, wie etwa ein in eine bestimmte Richtung weisender Pfeil, z. B. ein Wegweiser (»Philosophische Untersuchungen« 454). Auch hier kann von der *Bedeutung* des Zeichens gesprochen werden. Es ist aber leichter zu erkennen als im Fall sprachlicher Ausdrücke, daß diese Bedeutung kein geistiger Inhalt ist, kein mysteriöses Etwas, das mit diesem Zeichen verknüpft ist, das eine magische Beziehung zwischen ihm und dem Objekt herstellt, auf welches es zeigt, und das man zur Erklärung heranziehen müßte, wenn gefragt wird, wie der Pfeil → denn das mache, »nach rechts zu zeigen«. Sicherlich kann man zwar sagen, daß »Psychisches« oder »Geistiges« beteiligt sein müsse, um die Bedeutung des Pfeiles zu verstehen, nämlich in dem Sinn, als es ein *lernfähiges Lebewesen* sein muß, dem das Umgehen mit dem Pfeil beigebracht worden ist. Das Beibringen der Bedeutung aber bestand in einer bestimmten *Abrichtung*: nach rechts zu schauen, wenn man eine solche Pfeilfigur erblickt, seine Schritte in die Richtung der Pfeilspitze zu lenken etc. Diese Abrichtung hätte auch eine ganz andere, z. B. die entgegengesetzte, sein können, so daß sich die Menschen also in die linke Richtung wenden würden, wenn sie ein Exemplar des obigen Pfeiles erblickten. Für uns hat der Pfeil die eine und nicht diese andere oder eine sonstige Bedeutung, weil wir lernten, auf die Wahrnehmung einer solchen Figur mit bestimmten Handlungen zu reagieren. Die Art der Reaktion war durch Konvention festgelegt worden. Das Erlernen der Bedeutung des Pfeiles kann man daher identifizieren mit dem Erlernen bestimmter Regeln im Umgang mit Dingen gewisser Art. Hat man sie erlernt, so versteht man die Bedeutung der Figur. Dies kann man kurz so ausdrücken: *Die Bedeutung des Pfeiles besteht in seinem Gebrauch.*

Drittens ergibt sich als weitere Stütze für Wittgensteins Auffassung die Ersetzung von Was-ist-Fragen durch Fragen von ganz anderer Art. Hier müssen wir einiges aus Wittgensteins Kritik an der Wesensphilosophie vorwegnehmen. Nach dieser Kritik liegt eine der Wurzeln für philosophische Verirrungen darin, daß wir die Neigung haben, abstrakte Ausdrücke aus dem Zusammenhang, in dem sie auftreten, herauszureißen und in Isolierung zu betrachten. Ein *philosophischer Kardinalfehler* besteht nach Wittgenstein darin, nach dem *Wesen* dessen zu fragen, was diese isolierten Ausdrücke bedeuten. Dieser Fehler wird nicht erst dann begangen, wenn der Philosoph selbst ausdrücklich das Wort »Wesen« in den Mund nimmt und nach dem Wesen der Erkenntnis, dem Wesen der Zeit etc. fragt, sondern bereits in den scheinbar ganz schlichten Fragen von Was-ist-Form: »was ist Erkenntnis?«, »was ist Wahrheit?«, »was ist Zeit?«, »was ist logische Gültigkeit?«, »was ist Wahrscheinlichkeit?«. In solchen Fragen versuchen die Philosophen, dem Wesen von etwas: der Erkenntnis, der Wahrheit, der Zeit etc., auf die Spur zu kommen. Es ist aber ein bloßes Phantom, dem sie nachjagen. Betrachten wir an dieser Stelle, die spätere Diskussion vorwegnehmend, ein Beispiel genauer: den Zeitbegriff.

Schon *Augustinus* hatte in seinen »Confessiones« auf die enormen philosophischen Schwierigkeiten hingewiesen, denen wir gegenüberstehen, wenn wir versuchen herauszubekommen, *was die Zeit ist*. Dies sei um so verwunderlicher, als wir im Alltag den Ausdruck »Zeit« sowie andere, auf Zeitverhältnisse bezogene Wörter ständig benützen und uns das, was damit gemeint ist, vollkommen vertraut zu sein scheint. Worin liegt diese Schwierigkeit? Wie kommt es, daß wir das Wesen der Zeit nicht zu erfassen vermögen? Wittgenstein würde darauf eine völlig andere Antwort geben, als Philosophen zu geben pflegen. Seine Antwort bestünde in einer *Zurückweisung einer solchen Frage* und der *Angabe der Gründe für diese Zurückweisung*. »*Was ist Zeit?« ist keine sinnvolle Frage*. Wer so fragt, läßt sich, durch die Sprache verführt, von einem falschen Analogiebild leiten. Er meint, es müßte sich damit ähnlich verhalten wie mit Eigennamen oder mit Ausdrücken wie »Pferd« oder »rot«: Es müsse eine bestimmte *Entität* oder eine *Art von Entitäten* geben, auf die dieser Ausdruck passe und deren *Wesensmerkmale* herauszuarbeiten seien. Widersteht man einer solchen Neigung nicht, sondern gibt ihr nach, so stellen sich auch alsbald mehr oder weniger anschauliche Vorstellungen ein: das Bild von einem aus der Zukunft in die Vergangenheit (oder umgekehrt von der Vergangenheit über die Gegenwart in die Zukunft) fließenden Strom oder von einem Medium, in dem das Universum gleichmäßig dahinschwimmt u. dgl. Wenn wir aber in eine genauere Analyse eintreten, so stoßen wir alsbald auf Absurditäten. Worin bestand der Fehler? Diese Frage beantwortet sich, wenn man zusieht, wie man es machen muß, wenn man einen solchen Fehler nicht begehen will. Der Ausdruck darf dann nicht, herausgeschnitten aus allen Kontexten, zum Gegenstand tiefsinniger Erwägungen über das durch ihn bezeichnete Wesen gemacht werden, sondern es sind *alle Arten von Kontexten* heranzuziehen und zu untersuchen, in denen von zeitlichen Verhältnissen die Rede ist, wie etwa: *b* hat *früher* stattgefunden *als c*, aber *später als a* und *gleichzeitig* mit *d*; oder: das Verfahren X führt in *kürzerer Zeit* zum Erfolg als das Verfahren Y, bei dem man *mehr Zeit* verschwendet. Es gehören dazu Aussagen darüber, wie man *die Zeit angibt*, wie man *die Zeit* gewöhnlich *mißt* und wie man sie für spezielle (etwa physikalische) Zwecke *genauer messen* kann. Ferner sind auch nichtdeskriptive Äußerungen zu beachten wie etwa die Aufforderung an jemanden, er solle *pünktlich* zum Essen kommen, oder das feste, einem anderen gegebene Versprechen, ihn zu einem bestimmten *künftigen Zeitpunkt* aufsuchen zu wollen u. dgl.

Diese Art von Untersuchung hat an die Stelle der Wesensanalyse zu treten. Sie kann in dem Sinn eine *linguistische Betrachtungsweise* genannt werden, als darin untersucht wird, wie »Zeit-Wörter« verwendet werden. Und das Ergebnis wird nicht dies sein, daß wir vor einer Alternative stehen: *entweder wir wissen, was die Zeit ist, oder wir wissen es nicht*. Vielmehr werden sich hier Gradabstufungen ergeben, die aber nicht Gradabstufungen einer Wesenserfassung sind. Der Physiker z. B., der verschiedene Verfahren der genauen Zeitmessung angeben kann, »weiß mehr von der Zeit« als der Alltagsmensch. Und was sollte es heißen, daß jemand überhaupt nichts von Zeit weiß? Nun, dies wäre jemand, der die angegebenen Wendungen und viele analoge *nicht richtig zu gebrauchen wüßte;* der nicht imstande wäre, zu sagen, *wie spät es sei,* obwohl vor ihm eine Uhr steht; der keine Ahnung davon hätte, wie man alltägliche Zeitmessungen vornimmt (der also z. B. die Frage nicht beantworten könnte, *wie lange* er bei seinem letzten Spaziergang unterwegs war oder wie lange er gewöhnlich schlafe); der nicht verstünde, was er tun solle, wenn man ihn beauftragt, *zuerst* in die Küche und *später* in den Keller zu gehen etc. Von diesem Grenzfall des gänzlichen Fehlens des vulgären Zeitverständnisses bis zur praktisch-physikalischen Kenntnis der Zeitmessung und dem theoretisch-physikalischen Wissen um die Zeit, über das z. B. ein Kenner der Relativitätstheorie und der Wärmelehre verfügt, sind unzählige Gradabstufungen denkbar. An keiner Stelle aber wird eine Stufenleiter in diesem Wissen dadurch erklommen, daß plötzlich eine vorher nicht vorhandene Wesenseinsicht gewonnen wird, sondern dadurch, daß ein neuer Wortgebrauch beherrschen gelernt wird, daß neue Verbindungen von Sprachgebrauch und bestimmten Verhaltungsweisen gemeistert oder neue praktische Routinen erworben und sog. theoretische Zusammenhänge gestiftet werden. Wittgenstein ist sich dessen deutlich bewußt, daß in uns beinahe an jeder Stelle einer derartigen Diskussion plötzlich wieder die Tendenz aufkommen kann, in die wesensphilosophische Konzeption zurückzuverfallen und etwa zu sagen, es sei zwar richtig, daß uns die Uhr die Zeit anzeigt, aber: »Was die Zeit ist, ist noch nicht entschieden. Und wozu man die Zeit abliest – das gehört nicht hierher« (»Philosophische Untersuchungen« 363).

Als vierten und letzten Punkt führen wir etwas Spezielles an. Es handelt sich im Grunde um nichts Neues, sondern nur um eine wichtige Anwendung des bereits Gesagten. Als Begründung für Wittgensteins Position könnte es übrigens nicht angeführt werden, da diese Begründung dann zirkulär würde. Für das Verständnis Wittgensteins ist es aber entscheidend. Im vorigen Punkt wurde das Verbot von Fragen der Gestalt »was ist Zeit?« oder, was auf dasselbe hinausläuft, »was ist die Bedeutung von ›Zeit‹?« erläutert. Reflektieren wir nun auf die philosophischen Tätigkeiten selbst, in denen es um diese Bedeutung geht. Ist nicht wenigstens »Bedeutung« ein eindeutiger, vielleicht vorläufig etwas vager, aber doch präzisierbarer Ausdruck? Sind wir also nicht berechtigt, zumindest *diese* Frage zu stellen: »was ist die Bedeutung von ›Bedeutung‹?«. Man sieht sofort, daß Wittgensteins Reaktion hier nicht anders sein kann als in den übrigen Fällen. Denn wäre diese Frage nach dem Wesen der Bedeutung positiv zu beantworten, so müßte auch die Frage nach der Bedeutung spezieller Ausdrücke berechtigt und philosophisch beantwortbar sein. Deren Unbeantwortbarkeit impliziert bereits die Unbeantwortbarkeit der vorliegenden Frage. Auch diese muß daher analog den übrigen Wesensfragen in eine oder mehrere Fragen anderer Art transformiert werden. Wittgenstein hat dies auch klar gesehen. Der Kontext, auf den es hier vor allem ankommt, ist die Wendung »Erklärung der Bedeutung eines Ausdrucks« (»Philosophische Untersuchungen« 560). Auch »Bedeutung« ist ja nur ein Wort unserer Alltagssprache, über das wir erst dadurch Klarheit erhalten können, daß wir sehen, wie es gebraucht wird. Und dafür wieder müssen wir zusehen, wie das vor sich geht, was man »Erklärung der Bedeutung« nennt. Und dabei stellen wir fest: das Lehren der Bedeutung eines Ausdrucks erfolgt so, daß man dem Lernenden beibringt, den Ausdruck richtig (d. h. in der gewünschten Weise) zu verwenden. *Das Lehren der Bedeutung ist stets ein Lehren des Gebrauchs von etwas.*

Auch durch diese Überlegung wird also die Identifizierung von Bedeutung und Gebrauch nahegelegt. Doch muß sogleich eine Einschränkung hinzugefügt werden (wie fast immer, wenn man über Wittgensteins Spätphilosophie eine allgemeine Behauptung aufstellen will): Häufig erscheint es Wittgenstein nicht als zweckmäßig, beides miteinander zu identifizieren. Vielmehr geht seine Aufforderung dahin, uns keine Gedanken mehr über die Bedeutung zu machen, sondern *statt dessen* nach dem Gebrauch zu fragen. Ein solcher Hinweis findet sich bereits gegen Ende der »Philosophischen

Untersuchungen« 1. Nach der Schilderung eines einfachen Sprachspieles, in welchem das Zahlwort »fünf« eine Rolle spielt, heißt es am Schluß, *daß von der Bedeutung von »fünf« überhaupt nicht die Rede war, sondern nur davon, wie das Wort »fünf« gebraucht wird.* Dies dürfte auch für die meisten Fälle die im Sinn Wittgensteins adäquateste Reaktion sein: *Man soll nicht nach der Bedeutung von Ausdrücken fragen, sondern nach deren Verwendung.*

Diesen Begriff des Gebrauches oder der Verwendung müssen wir uns noch näher ansehen. Dabei muß auch der *Begriff des Sprachspieles*, auf den wir soeben zum zweiten Male gestoßen sind, etwas ausführlicher erörtert werden. Denn dies ist einer der grundlegendsten Begriffe von Wittgensteins Spätphilosophie: Die »Philosophischen Untersuchungen« beginnen unmittelbar mit der Schilderung von Sprachspielen, und Wittgenstein gibt auch ziemlich früh eine ungefähre Charakterisierung dieses Begriffs (»Philosophische Untersuchungen« 7). Der Bezugnahme auf einfache und komplexe, tatsächliche und fingierte Sprachspiele begegnen wir auf Schritt und Tritt in allen seinen späteren Betrachtungen, was für Probleme er auch immer anschneidet.

Um den wittgensteinschen Begriff des Gebrauches zu klären, beginnen wir am zweckmäßigsten mit einer kritischen Diskussion. Gegen die Identifizierung von Bedeutung und Gebrauch könnte man den folgenden »brutalen« Einwand vorbringen: Ich kann doch irgendein beliebiges Wort meiner Sprache herausgreifen und einen völlig unsinnigen sprachlichen Gebrauch davon machen! Ich kann dies sogar dann tun, wenn ich dieses Wort gar nicht verstehe, ja selbst dann, wenn ich nicht einmal seine syntaktische Struktur kenne (z. B. nicht weiß, ob es ein Haupt- oder Eigenschaftswort ist). Wir überlassen es dem Leser, sich solche Fälle auszumalen. In einem *solchen* Gebrauch kann jedenfalls die Bedeutung eines Wortes *nicht* bestehen; vielmehr *widerstreitet* ein derartiger Gebrauch der Bedeutung. Und da man prinzipiell bei *jedem beliebigen* Ausdruck beschließen kann, ihn in einer solchen absurden Weise zu verwenden, so kann man *niemals* Bedeutung und Gebrauch miteinander identifizieren oder das eine für das andere setzen. Einem solchen Einwand könnte dies zugebilligt werden, daß die wittgensteinsche Formulierung nur einen schlagwortartigen Hinweis auf seine Auffassung vom »Funktionieren der Sprache« gibt. Und selbst wenn man dies bedenkt, so könnte man noch immer mit Recht einwenden, daß zumindest *ein* qualifizierendes Prädikat hätte hinzugefügt werden sollen, um einen solchen Einwand von vornherein zu unterbinden. Wenn Wittgenstein nämlich nur »Gebrauch« sagt, so meint er damit den *tatsächlichen korrekten Gebrauch* dieses Wortes, nicht eine unübliche, mehr oder weniger willkürliche und abnorme Verwendungsweise.

Hier von *Korrektheit* zu sprechen, ist entscheidend. Man kann aber zwischen »korrekt« und »nicht korrekt« nur dann unterscheiden, wenn bestimmte *Regeln* vorhanden sind, die vorschreiben, was in einer bestimmten Situation getan werden soll. Wer inkorrekt rechnet, verstößt gegen Rechenregeln; wer sich bei einem Staatsempfang inkorrekt benimmt, verletzt gewisse Regeln des Zeremoniells; wer beim Schachspiel plötzlich beginnt, mit dem Turm statt waagrecht schräg über die Felder zu fahren, der verhält sich inkorrekt, da der von ihm gemachte Zug nicht im Einklang steht mit den akzeptierten Regeln des Schachspiels.

»Korrekter Gebrauch« setzt also Regeln voraus, die befolgt werden. *Was sind die zu befolgenden Regeln im Fall sprachlicher Ausdrücke?* Hierauf kann nicht nur *eine* Antwort gegeben werden; denn es gibt verschiedene Klassen solcher Regeln, die sozusagen *auf verschiedenen Ebenen oder verschiedenen Schichten* liegen. Diese Ebenen voneinander zu unterscheiden, ist u. a. auch deshalb wichtig, um deutlich zu machen, *inwiefern sich Wittgensteins Untersuchung der Sprache von der Tätigkeit eines Sprachforschers unterscheidet.* Wir dürfen allerdings im folgenden nicht den Fehler begehen, unsere Aufmerksamkeit *nur* auf die Frage der Regeln zu konzentrieren. Was sich als nicht minder wichtig erweisen wird, ist die *Unterscheidung zwischen verschiedenen Arten des Gebrauchs.*

Beginnen wir aber zunächst mit den Regeln, und zwar mit jenen, die man als *Minimalregeln* für jeden korrekten Gebrauch von Ausdrücken bezeichnen könnte. Es ist das, was man üblicherweise als *grammatikalische Regeln* bezeichnet. Gegen diese Regeln verstößt, wer z. B. ein Hauptwort falsch dekliniert oder ein Zeitwort falsch konjugiert oder Wörter in unzulässiger Weise zu einem Satz zusammenfügt. An diesen Regeln, die für den Sprachforscher im Vordergrund stehen, war Wittgenstein nicht interessiert, es sei denn in dem negativen Sinn, daß er vor den Verführungen durch diese Regeln warnte. In den »Philosophischen Untersuchungen« 664 unterscheidet er zwischen einer *Oberflächengrammatik* und einer *Tiefengrammatik*. Mit der ersten meint er das, was man üblicherweise Grammatik nennt und was wir soeben auch so bezeichneten: die Lehre vom korrekten Satzbau, wie man sagen könnte. Wenn Wittgenstein auf diese Oberflächengrammatik zu sprechen kommt, so nur deshalb, um anzudeuten, zu welchen philosophischen Verirrungen diese Grammatik Anlaß geben kann. Der Leser denke etwa nur daran, daß man trotz des logisch einwandfreien Übergangs von »a=b« zu »b=a« nicht von dem Satz »alles ist mit etwas identisch« zu dem Satz »etwas ist mit allem identisch« übergehen darf (denn das erste ist logisch richtig, das zweite falsch). Mit dem Wort »Tiefengrammatik« deutet Wittgenstein das an, was ihn positiv interessiert (für den Sprachforscher hingegen entweder gar nicht oder nur sekundär von Interesse ist). Die Verwendung des Ausdrucks »Grammatik« für dieses zweite ist aber recht irreführend (und wohl auch teilweise dafür verantwortlich, daß gelegentlich behauptet wurde, Wittgenstein reduziere Philosophie auf Sprachwissenschaft). Sicherlich handelt es sich auch hier um »*linguistische*« *Regeln* und um einen »*linguistischen*« *Aspekt der Sprache*. Aber das besagt nicht viel, sondern nur dies, daß man es auch in dieser Tiefenschicht »noch immer irgendwie mit der Sprache zu tun hat«. Wo Mißverständnisse zu befürchten sind, sollen im folgenden diese wittgensteinschen Ausdrücke, in Anführungszeichen gesetzt, beibehalten werden.

Im Unterabschnitt (b) hatten wir einen ersten Blick in diese Tiefenschicht geworfen. Wir waren dort zum erstenmal auf *Unterschiede in der Verwendung*, nämlich auf *verschie-*

dene Arten der Verwendung von Sätzen gestoßen. Diese Verwendungsarten waren die verschiedenen *Modi,* in denen Sätze auftreten. Ein und dasselbe Satzradikal kann mit verschiedenen solchen Modi oder Sprechakten verknüpft sein, also *verschiedene modale Verwendungen* haben. Die modalen Unterschiede spiegeln sich allerdings noch teilweise in der Alltagsgrammatik wider, so daß sich an dieser Stelle zumindest noch eine Berührung von »Oberflächen-« und »Tiefengrammatik« ergibt. Zum Teil aber tritt hier bereits eine Divergenz zutage, die zeigt, in welchem Sinn die Oberflächengrammatik irreführend sein kann: *Es gibt viel mehr modale Unterschiede, als die Alltagsgrammatik uns vortäuscht.* In dieser Hinsicht müssen wir auch die Bemerkungen im Unterabschnitt (b) nachträglich noch korrigieren. Während die Alltagsgrammatik uns nur dazu führt, solche groben Unterscheidungen zu machen wie die zwischen Deklarativsätzen, Fragesätzen, Imperativen, müssen wir vom philosophischen Standpunkt viel feinere Unterscheidungen treffen. Wir sind hier an einem jener Punkte angelangt, an denen Wittgenstein eine Warntafel aufstellt: sich durch die »Oberflächengrammatik« der Sprache nicht ein vereinfachendes Bild vortäuschen zu lassen.

In den »Philosophischen Untersuchungen« 24 weist Wittgenstein darauf hin, *wie vielerlei Verschiedenes man »Beschreibung« nennt.* Dazu gehören so heterogene Dinge wie: eine Landschaft beschreiben; ein Bild beschreiben; den Verlauf eines sportlichen Wettkampfes beschreiben; die Lage von etwas durch Angabe seiner Ortskoordinaten beschreiben; das beschreiben, was man augenblicklich haptisch (oder akustisch oder visuell) empfindet; eine Stimmung beschreiben etc. Für das, was man *Fragen* nennt, gilt ganz Analoges: eine Frage kann einer Bitte gleichkommen, das eigene Gedächtnis zu unterstützen (»wie hieß doch der Herr, der...?«); sie kann in der Gestalt einer Problemstellung forschender Wißbegierde entspringen; sie kann Ausdruck mitfühlender Anteilnahme sein (»fühlst du dich wieder besser?«); sie kann einen Ausruf der Begeisterung ausdrücken (»ist das nicht herrlich?«); in manchen Zusammenhängen kann sie sogar einen Vorwurf beinhalten (»wie kannst du nur so etwas von ihm denken?«).

In (b) gaben wir einen Hinweis darauf, in welcher Hinsicht sich Wittgensteins Bild von der Sprache differenzierte, und führten drei Kategorien von Sprachspielen an. Die eben angestellten Überlegungen zeigen, daß auch das noch eine sehr rohe Klassifikation war und daß Wittgensteins neues Bild von der Sprache wesentlich differenzierter und komplexer ist. Man kann übrigens *generell sagen*, daß die *differentielle Betrachtungsweise* für Wittgenstein in seiner Spätphase geradezu zu einer Art von »kategorischem Imperativ« geworden ist, den nach seinem Dafürhalten jeder Philosoph befolgen sollte, *trotz der starken gegenteiligen philosophischen Neigung, »das Gemeinsame zu sehen« und Unterschiede nach Möglichkeit zu nivellieren.*

Diese essentialistische philosophische Neigung, über die im Abschnitt 3 noch einiges zu sagen sein wird, erhält im vorliegenden Fall eine starke äußere Stütze. Es ist scheinbar ein ganz banaler Sachverhalt, nämlich *die Gleichförmigkeit der äußeren Erscheinung sprachlicher Ausdrücke*. In den »Philosophischen Untersuchungen« 11 bringt Wittgenstein den Vergleich mit einem Werkzeugkasten, in dem sich so verschiedene Werkzeuge befinden wie ein Hammer, ein Schraubenzieher, ein Lineal, Leim, Nägel usw.: Diese Dinge haben ganz verschiedene Funktionen, und diese verschiedenen Funktionen sind äußerlich sichtbar an den Unterschieden ihrer visuellen Erscheinungen. Die Funktionen von Wörtern und Sätzen sind nicht weniger verschiedenartig, *aber der Verschiedenartigkeit entspricht diesmal keine solche der äußeren Erscheinung*. Begünstigt wird unser Hinwegsehen über die verschiedenartigen sprachlichen Funktionen weiter durch eine simplifizierende Modellvorstellung vom Erlernen der Sprache, wonach das Beherrschenlernen einer Sprache *im richtigen Erlernen von Namen* besteht: »Wir benennen die Dinge und können uns dann in der Rede auf sie beziehen«. Und wir übersehen dabei, daß das Benennen selbst schon ein kompliziertes Sprachspiel darstellt, das nur von dem verstanden werden kann, *der bereits die Technik des Gebrauches der Sprache erlernt hat.*

Wir sagten oben, daß Wittgensteins neues Bild von der Sprache *differenzierter* und *komplexer* sei als es zunächst den Anschein hatte. Von dieser Komplexität war aber noch nicht die Rede. Wir sind bisher nur einen Schritt in der Richtung auf jene »Tiefengrammatik« gegangen, von der Wittgenstein spricht, und sind dabei auf eine Schicht gestoßen, die sich noch in mannigfacher Weise mit der »Oberflächengrammatik« berührt. Wir müssen uns nun von einer zweiten Art von Vereinfachung freimachen, die wir uns in Abschnitt (b) zuschulden kommen ließen. Die Betrachtung verläuft dabei in einer ganz neuen Dimension. Dies sei zunächst in einem zeitlichen Bild ausgedrückt: Die Differenzierung, von der oben die Rede war, zeigt sich bei einer *zeitlichen Querschnittsbetrachtung*. Es ging dabei *um die Fülle der zu einem Zeitpunkt vollziehbaren verschiedenen »Sprechakte« (Modi)*. Jetzt muß die *zeitliche Längsschnittbetrachtung* hinzutreten. Jede einzelne sprachliche Äußerung (Behauptung, Frage, Befehl etc.) ist ja stets in einen mehr oder weniger umfassenden *Zusammenhang von sprachlichen und außersprachlichen Handlungen* eingebettet. Dem Vorschlag von Pitcher (a.a.O., S. 239) folgend, wollen wir hier von *Sprechaktivitäten* reden. Sie hat Wittgenstein vorwiegend im Auge, wenn er den Ausdruck »*Sprachspiele*« gebraucht. Einiges von dem, was oben unter »Beschreibung« angeführt wurde, war bereits von dieser Art. Eine scharfe Abgrenzung läßt sich hier nicht vornehmen. Die einzelnen *Sprechakte* (Aussagen in einem bestimmten Modus) können am besten als *Grenzfälle von* »Miniatursprachspielen« aufgefaßt werden, die fast nie in Isolierung zu finden sind. *Ein »Sprachspiel« besteht im Normalfall aus einer Folge von sprachlichen Äußerungen, wobei noch eine bestimmte äußere Situation und meist auch andere Handlungen dazugehören*. Beispiele von Sprachspielen sind: einen Erlebnisbericht geben, ein Märchen erzählen, aus einem Buch vorlesen, ein Zimmer und eine Einrichtung beschreiben, Befehle und Anweisungen erteilen, Witze erzählen, in einem Kalkül Theoreme ableiten. Trotz der immer wiederkehrenden Rede vom Funktionieren einzelner Wörter und Sätze und trotz des eindrucksvollen Analogiebeispiels mit dem Werkzeugkasten muß man sagen, daß Wittgenstein fast immer solche umfassendere Zusammenhänge vor Augen hat und nur selten einzelne Sprechakte. Er hat solche Akte auch nie zum Gegenstand eingehender Betrachtungen gemacht. Die Untersuchungen von J. L. Austin z. B. sind in diesem Punkte wesentlich subtiler und aufschlußreicher als die gelegentlichen Hinweise von Wittgenstein.

»Gebrauch« eines Wortes bedeutet bei Wittgenstein weder einen beliebigen Gebrauch noch bloßen Gebrauch im Einklang mit der »Oberflächengrammatik«; es bedeutet *nur selten* Gebrauch im Sinn eines Sprechaktes. In den meisten Fällen ist *an den Gebrauch innerhalb eines Sprachspieles* gedacht. Und die *Regeln für den Gebrauch* sind *die das Sprachspiel beherrschenden Regeln*. Denn für alle Sprechaktivitäten und damit natürlich für die Grenzfälle der Sprechakte gelten bestimmte Regeln, denen die an einem solchen Sprachspiel Beteiligten (im Normalfall) folgen.

Die Verwendung des Ausdruckes »Sprachspiel« kommt nicht von ungefähr. Der Aspekt, unter dem Wittgenstein die Sprache betrachtet, führt fast zwangsläufig auf den Vergleich mit einem komplizierten Spiel, wie z. B. dem Schachspiel. Die Analogiebetrachtung erweist sich in mehrfacher Hinsicht als fruchtbar. Vor allem der gemeinsame *operative Gesichtspunkt* steht für Wittgenstein im Vordergrund. Die Realisierung eines Spieles besteht in einem bestimmten *Operieren mit Spielfiguren*, die Aktualisierung der Sprache als eines Sprachspiels in einem *Operieren mit Wörtern und Sätzen*. Und so wie im ersteren Fall das Operieren mit Spielfiguren durch *Regeln* beherrscht wird, so im zweiten Fall *das Operieren mit sprachlichen Ausdrücken*. (Vgl. z. B. »Philosophische Untersuchungen« 449). In *dieser* Hinsicht ist die Analogie für Wittgenstein tatsächlich eine vollständige: So wie man die »Bedeutungen« der einzelnen Schachfiguren erst versteht, wenn man die Schachregeln, also die für die einzelnen Figuren geltenden Zugregeln, kennt, so hat man die Bedeutungen sprachlicher Ausdrücke erst erfaßt, sobald man die Regeln gelernt hat, denen gemäß mit ihnen in den einzelnen Sprachspielen operiert werden darf. *Nicht* hingegen sind die intentionalen bedeutungsverleihenden Akte für das Sprachverständnis wesentlich. Wittgenstein leugnet dabei nicht, daß psychische »Begleitvorstellungen« das Verständnis u. U. erleichtern (allerdings auch erschweren) können. Aber diese Begleitvorstellungen sind nicht konstitutiv (eigene Verstehensakte sui generis).

Mit diesen wenigen Hinweisen ist es natürlich nicht getan. Die Frage, ob der sinnvolle Sprachverkehr nicht an bestimmte geistige Prozesse der Sprachbenützer gebunden bleibt, soll später eigens erörtert werden (Abschnitt 4). Erst unter Einbeziehung der dortigen Diskussion wird sich das Bild vom »Sprachspiel« abrunden. Vorläufig müssen wir diese Lücke offenlassen und uns darauf beschränken, uns mit der Betrachtung der Gemeinsamkeiten und Verschiedenheiten von Sprechaktivitäten und Spielen zu beschäftigen.

Die von Wittgenstein empfundene Analogie ist eine so starke, daß man seine neue Auffassung in einem Bild als »*Schachtheorie der Sprache*« bezeichnen könnte, im Gegensatz zu der im »Tractatus« vertretenen »*Mosaiktheorie der Sprache*« [1], wonach sich die sprachlichen Zeichen zu Mosaikbildern der aus individuellen und attributiven Elementen aufgebauten Sachverhalte zusammensetzen.

Auf der anderen Seite ergeben sich aber doch bedeutende Unterschiede. Da Wittgenstein offenbar die Tendenz hatte, die Analogie zu übertreiben – entgegen seiner Intention, sich nicht durch Bilder, auch nicht durch Analogiebilder, verführen zu lassen –, so ist es zweckmäßig, sich diese *Unterschiede* vor Augen zu führen. Dazu muß aber zunächst der Begriff des Sprachspiels noch mehr verdeutlicht werden. Ein Sprachspiel beschreiben bedeutet auf alle Fälle, eine *längere* Geschichte erzählen; man kann es nicht mit ein paar Worten vollständig umreißen. Denn eine Sprechaktivität ist eine Handlung von mehr oder weniger langer Dauer. Und was innerhalb einer solchen Tätigkeit bis zu einem bestimmten Zeitpunkt geäußert wird, kann mit zahlreichen anderen Faktoren im Zu-

---

[1] Diese beiden Ausdrücke habe ich erstmals verwendet in meinem Buch »Das Wahrheitsproblem und die Idee der Semantik«, Wien 1957.

sammenhang stehen (und teilweise von ihnen abhängen) wie: (1) was der Sprechende selbst *vorher sagte* und *nachher sagen wird;* (2) die *außersprachlichen Handlungen,* die er gleichzeitig oder vorher vollzogen hat und noch ausüben wird; (3) die sprachlichen Äußerungen, die der *andere* (der Hörer oder Sprechpartner) dazu macht oder machen wird: die Abhängigkeit des Wortgebrauchs und der Satzverwendung von der *konkreten Dialogsituation;* (4) die *außersprachlichen Handlungen* des *anderen;* (5) die »wahrnehmbaren« *Umstände* der gegenwärtigen oder einer früheren Situation.

»*Eine Sprache beherrschen*« ist somit eine äußerst umfassende Fähigkeit, die sich aus zahlreichen Fähigkeiten und Geschicklichkeiten zusammensetzt und oft auf einem sehr komplizierten Zusammenhang zwischen den sprachlichen und den außersprachlichen sozialen Handlungen beruht. Darum spricht Wittgenstein auch davon, daß das Sprechen einer Sprache Teil einer *Lebensform* sei (»Philosophische Untersuchungen« 19, 23). Um einerseits deutlich zu machen, *wie kompliziert und schwer zu durchschauen* bereits relativ einfache Sprachspiele sein können, andererseits aufzuzeigen, daß und wie die für eine solche Lebensform geltenden Regeln *konventionelle* Regeln sind, bringt Wittgenstein immer wieder Beispiele von fingierten primitiven Sprachspielen oder ganz anderen *denkbaren* Lebensformen. Vor allem das letztere erzeugt oft einen grellen Hintergrund für eine Einsicht in die Relativität dessen, wie Menschen *tatsächlich sprechen und denken* (vgl. dazu das Beispiel gegen Ende von Abschnitt 5). Ein anderes Bild, durch das uns Wittgenstein blitzlichtartig ins Bewußtsein bringen will, wie innig das gesamte »soziale Tätigkeitsfeld« als Lebensform mit der Sprachbeherrschung verwoben ist, ist in der Bemerkung enthalten, daß wir redende Tiere nicht verstehen könnten (etwa die Bemerkung über den Löwen in den »Philosophischen Untersuchungen«, S. 223 unten). Dieses Bild setzt stillschweigend zweierlei voraus: erstens, daß das Tier *unsere* Sprache scheinbar korrekt, im Einklang mit der »Oberflächengrammatik« beherrscht (daß also z. B. der Löwe einwandfrei deutsch zu reden beginnt); zweitens daß das Tier *nicht* auch im übrigen *menschliches Gehabe* annimmt (daß also der Löwe nicht zu einem »Menschen in Löwengestalt« wird, sondern sich außer seinen sprachlichen Äußerungen wie ein Löwe benimmt). Wir könnten das Verhalten nicht mit den Worten in Einklang bringen und deshalb auch seine Worte nicht verstehen. Es würde uns nichts nützen, wenn wir erführen, daß das Sprechen im Löwen von denselben psychischen Prozessen begleitet sei wie bei uns.

Es sollen jetzt noch einige stichwortartige Hinweise für die *Unterschiede* zwischen einem Sprachspiel und dem Schachspiel gegeben werden: (a) Die Regeln eines Spiels von der Art des Schachspiels sind kodifiziert oder wenigstens jederzeit kodifizierbar; die Regeln für die natürlichen Sprachspiele sind (im Gegensatz zu den Regeln für einen Kalkül) *nicht kodifiziert*. Die Frage, wie man diese Regeln der »Tiefengrammatik« aufspüren kann, wird uns daher noch beschäftigen müssen. (b) Die Spielregeln können prinzipiell »vollkommen präzise« formuliert werden (analog wie die Regeln für einen Kalkül). *Die Regeln der »Tiefengrammatik« sind keine mathematisch präzisierbaren Regeln.* Es wäre aber nach Wittgenstein falsch, daraus einfach den Schluß auf die Mangelhaftigkeit der Alltagssprache, ihre Vagheiten und Mehrdeutigkeiten, zu ziehen. (Vgl. dazu die späteren Bemerkungen über Familienähnlichkeiten von Begriffen und offene Begriffe.) Vielmehr zeigt dieser Unterschied nur, daß die sprachlichen Regeln in einer Hinsicht *andersartig* sein müssen als die Regeln eines Spiels. (c) Kunstspiele sind voneinander getrennt, sie überlagern sich nicht gegenseitig. Demgegenüber kann *ein und dasselbe Wort* und ebenso *ein und derselbe Satz* in *verschiedenen Sprachspielen* auftreten. Um sich die *verschiedenen* Verwendungen *gleicher* Ausdrücke vor Augen zu führen, darf man daher nicht nur *ein* Sprachspiel studieren. Auch *diesen* Fehler haben die Philosophen häufig begangen, indem sie nur bestimmte Typen von deskriptiven Sprachspielen untersuchten, andere Typen und nichtdeskriptive Sprechaktivitäten hingegen außer Betracht ließen. Eine der Hauptursachen philosophischer Krankheiten, sagt Wittgenstein, sei eine *einseitige Diät*: »Man nährt sein Denken mit nur einer Art von Beispielen« (»Philosophische Untersuchungen« 593). (d) Kunstspiele sind aus dem Lebenszusammenhang herausgerissene *reine* Spiele. Für Sprachspiele gilt dies im allgemeinen nicht, wie wir soeben gesehen haben. *Natürliche Sprachen sind Lebensformen, Spiele nicht.* Die Verflechtung sprachlicher Äußerungen mit außersprachlichen Situationen und Handlungen stellt einen weiteren Grund dafür dar, daß die Regeln der »Tiefengrammatik« sowohl andersartig wie komplizierter sind als gewöhnliche Spielregeln. Man könnte daran denken, Sprachspiele zu klassifizieren in *reine* und *gemischte*, je nachdem, ob außersprachliche Handlungssituationen für ihren Ablauf von Relevanz sind oder nicht. Nur die reinen würden dann in *dieser* Hinsicht wenigstens den Spielen ähnlich sein. (e) Der vielleicht wichtigste Unterschied, der wieder zugleich einen Unterschied im Kompliziertheitsgrad darstellt, ist der folgende: Im Schachspiel kann man prinzipiell auf jeden Zug des Gegners bezüglich jeder Figur nach einer festen allgemeinen Regel reagieren; wie verfahren werden darf, hängt nicht von der vorangegangenen »*Geschichte*« *der Züge* ab. Diese Geschichte ist nur dafür entscheidend, wie am zweckmäßigsten gezogen wird [1]. Dagegen sind die an einer bestimmten Stelle des Sprachspiels sinnvoll geäußerten Wortwendungen abhängig von den früher geäußerten, ferner von den vorangehenden sprachlichen Wendungen der Sprechpartner sowie von anderen vorhergehenden Tätigkeiten. *Die »Züge im Sprachspiel« sind nicht geschichtsinvariant.* Die »Regeln für den Gebrauch eines Wortes« müßten daher so formuliert sein, daß u. a. auch der vorangehende Dialog berücksichtigt wird. Wie wir später sehen werden, ergibt sich sogar der merkwürdige Sachverhalt, daß die Zukunft in die gegenwärtige Wortbedeutung Eingang findet. (f) Als letztes ist noch der »dynamische« Aspekt zu beachten: Im Gegensatz zu den Schachregeln sind die Regeln für den korrekten

---

[1] Man könnte allerdings auch im Schachspiel eine »Tiefenschicht« von Regeln der »Oberflächenschicht« der üblichen Schachregeln gegenüberstellen. Zu der ersteren Schicht gehörten dann z. B. die *Regeln für Gewinnstrategien* im Schachspiel.

Sprachgebrauch nicht starr, sondern ständig im Fluß. Neue Sprachspiele entstehen, alte vergehen oder ändern ihren Charakter. (Vgl. das Analogiebild mit der Stadt in den »Philosophischen Untersuchungen« 18; dieses Bild läßt sich leicht zu dem einer sich verändernden Stadt »dynamisieren«.)

Diese Unterschiede, zu denen vielleicht noch weitere hinzutreten, sollen deutlich machen, daß man das Analogiebild nicht überdehnen darf. Zugleich zeigen sie, daß die Situation im Fall der Sprache meist wesentlich komplizierter ist als im Fall eines Kunstspieles. Man kann daher von vornherein nicht erwarten, die »Regeln für den Gebrauch« (d. h. die Regeln der »Tiefengrammatik«) in Abstraktion erfassen und formulieren zu können. Was man stattdessen tun kann und soll, ist *die Vergegenwärtigung von pragmatischen Situationen innerhalb der verschiedenen Sprachspiele*. Indem wir uns klarmachen, wie ein bestimmter Ausdruck oder eine bestimmte Wendung in einer Situation zu verwenden ist (bzw. in welcher Art von Situation die Verwendung zulässig ist), gewinnen wir einen wenigstens teilweisen Einblick in die »Regeln für seinen Gebrauch« und damit in seine Bedeutung. Diese Methode der sukzessiven Gewinnung von Einsichten in Bedeutungen, Bedeutungsgleichheiten und Bedeutungsverschiedenheiten ist langwierig und mühsam. Außerdem müssen wir bei ihrer Befolgung eine innere Abneigung gegen sie unterdrücken. Man meint zunächst, daß es eigentlich viel einfacher gehen müsse; daß man sich durch scharfe Konzentration der Aufmerksamkeit direkt der Bedeutung von Ausdrücken zuwenden könne. Diese Bedeutung würde dann schlagartig vor unseren Augen stehen. Aber es kommt eben nicht darauf an, was für Assoziationen in unserer Vorstellung geweckt werden, wenn wir ein Wort immer und immer vor uns wiederholen; sondern es geht um das Funktionieren dieses Wortes: »Wie ein Wort funktioniert, kann man nicht erraten. Man muß seine Anwendung ansehen und daraus lernen« (»Philosophische Untersuchungen« 340). Und Wittgenstein fügt hinzu: »Die Schwierigkeit aber ist, das Vorurteil zu beseitigen, das diesem Lernen entgegensteht. Es ist kein *dummes* Vorurteil.«

Es dürfte zweckmäßig sein, diese allgemeinen Betrachtungen durch ein konkretes Beispiel zu erläutern. Wir nehmen das Beispiel nicht aus der Philosophie Wittgensteins, sondern aus der Analytischen Philosophie. Das Beispiel soll zugleich die Wichtigkeit der Berücksichtigung von Dialogsituationen aufzeigen. Wir gehen aus von einem Wissenschaftstheoretiker, dem es darum zu tun ist, die Begriffe der *rationalen Erklärung* und der *rationalen Voraussage* zu klären. Er weist darauf hin, daß eine wissenschaftliche Erklärung – sofern sie nicht auf statistischen Hypothesen beruht – in einer Ableitung des zu Erklärenden aus gewissen Gesetzen und »Randbedingungen« oder »Antezedensbedingungen« besteht. Im Gegensatz zu einer »bloßen Beschreibung«, in der gesagt wird, was der Fall ist oder was der Fall war, liefert eine derartige Erklärung die Antwort auf eine Warum-Frage; sie gibt die Gründe für das zu erklärende Phänomen oder Ereignis an. Im Fall einer wissenschaftlichen Voraussage liegt eine im Prinzip gleiche Situation vor. Aus der Kenntnis geeigneter Antezedensdaten und dem Wissen um bestimmte Naturgesetze wird die Voraussage abgeleitet. Der Unterschied liegt bloß in den »pragmatischen Umständen«: das abzuleitende Ereignis liegt bei der Erklärung in der Vergangenheit, bei der Voraussage hingegen in der Zukunft. Im einen Fall ist das Wissen um dieses Ereignis vorgegeben (während Gesetze und Antezedensbedingungen nachträglich aufgefunden werden), im anderen Fall sind die Gesetze und Bedingungen vorgegeben, während das Wissen um das künftige Geschehen erst daraus durch Deduktion gewonnen wird. So gelangt man zu der These von der *strukturellen Gleichartigkeit* von rationaler Erklärung und rationaler Voraussage.

Betrachten wir nun das folgende einfache *Dialogspiel* zwischen zwei Personen *A* und *B*: *A* kann beliebige Voraussagen machen. *B* darf *A* herausfordern, indem er jedesmal die Einwortfrage »warum?« stellt. Dies sei als Abkürzung für eine Frage nach den *Gründen* gedacht. *A* gewinnt den Dialog jeweils nur dann, wenn er seine Behauptung rational zu rechtfertigen weiß (ein Standard für Rationalität stehe zur Verfügung). *A* sage etwa für den künftigen Zeitpunkt *t* ein Ereignis, z. B. eine Sonnenfinsternis, voraus; *B* mache seine Herausforderung. *A* kann diese Frage in zweifacher Weise deuten, nämlich: (1) Warum wird das Ereignis *x* (die Sonnenfinsternis) zur Zeit *t* stattfinden?; und: (2) Warum glaubst du (oder: warum glaubst du zu wissen), daß *x* (die Sonnenfinsternis) zur Zeit *t* stattfinden wird? Jede rationale Beantwortung von (1) ist auch eine solche von (2), aber nicht umgekehrt. Das Auseinanderklaffen wird deutlich, wenn man solche Antworten auf (2) betrachtet, in denen der Begründende sich auf *zuverlässige Informationen anderer Personen* stützt. So kann *A* z. B. sagen, daß ihm vierzehn Fachastronomen übereinstimmend versichert hätten, zu *t* werde die Sonnenfinsternis eintreten. An diese übereinstimmenden Auskünfte zu glauben ist vernünftig, und daher ist auch diese Art von Beantwortung der Frage (2) vernünftig. Will *A* hingegen (1) in zufriedenstellender Weise beantworten, so muß er die fraglichen astronomischen Rechnungen selbst durchführen. Diese Überlegung zeigt, daß es *zweierlei Verwendungen von Warum-Fragen* gibt und dementsprechend *zwei ganz verschiedene Verwendungen des Ausdruckes »Gründe für etwas«*. Es kann sich um *Gründe dafür* handeln, *daß etwas stattfindet* (»Seinsgründe«), oder um *Gründe dafür, anzunehmen, daß etwas stattfindet* (»Vernunftgründe«). Beide Arten von Gründen können verwendet werden, um eine Voraussage als *rational* zu rechtfertigen. Können auch beide Arten von Gründen Erklärungen liefern? Um dies zu sehen, nehmen wir an, daß das Dialogspiel dasselbe sei, die »pragmatischen Zeitumstände« jedoch andere: die fraglichen Ereignisse liegen nicht in der Zukunft, sondern in der Vergangenheit. Die entsprechend transformierten Fragen lauten dann: (3) Warum hat das Ereignis *x* zur Zeit *t* stattgefunden? (4) Warum glaubst du, daß *x* zur Zeit *t* stattgefunden hat? Eine adäquate Beantwortung dieser beiden Fragen liefert zwar sicherlich eine rationale Antwort; doch gibt nur die Antwort auf (3) eine Erklärung, während die Beantwortung von (4) eine *Angabe von Gründen für die Richtigkeit einer historischen Beschreibung* liefert. Wollte man sie als Erklärung zulassen, so käme im Sonnenfinsternis-Beispiel der folgende Satz heraus: »Die Sonnenfinsternis hat zur Zeit *t* stattgefunden, weil vierzehn Astronomen dies voraussagten.« Diese Behauptung über die magischen Fähigkeiten von Astronomen hätte vielleicht im alten Babylonien überzeugt, jedoch sicherlich nicht in der Gegenwart. Wir gelangen also im Gegensatz zu der zuerst aufgestellten, scheinbar sehr plausiblen Überlegung zu dem Schluß, daß eine *Divergenz* bestehen kann zwischen rationaler Erklärung und rationaler Voraussage, da Antworten auf *zwei* Arten von Warum-Fragen (Angabe zweier Arten von Gründen) für Voraussagezwecke ausreicht, für Erklärungszwecke jedoch nur *eine* Art von Gründen hinreichend ist.

Im vorliegenden Fall handelt es sich um eine verhältnismäßig einfache *Bedeutungsdifferenz*. Trotzdem war für deren Klärung die »umständliche« Betrachtung eines Dialogspiels und verschiedener pragmatischer Situationen notwendig. Außerdem kann man nicht mehr sagen als dies, daß eine solche Betrachtung wie die angestellte zur Klärung des Unterschiedes zwischen zwei Arten von Warum-Fragen und zwei Arten von Gründen sowie des Unterschiedes zwischen Erklärung und Voraussage *beitrage*, nicht aber, daß sie eine hinreichende Antwort auf nur eine dieser Fragen gäbe.

Einige Philosophen – darunter auch Bertrand Russell – haben gegen Wittgensteins spätere Philosophie eingewendet, daß Wittgenstein plötzlich den »Zusammenhang zwischen Sprache und Wirklichkeit« völlig vernachlässige, daß er sich nicht mehr darum bemühe, die Frage zu klären, *wie unsere Sprache »auf die wirkliche Welt bezogen« sei*. Hätte Wittgenstein noch Gelegenheit gehabt, auf diese Einwendungen einzugehen, so hätten sie für ihn einen guten Anlaß zu ähnlichen sarkastischen Erwiderungen gegeben, wie wir sie gelegentlich als Antworten auf fingierte Einwendungen gegen seine Gedankengänge antreffen. Denn die Art, wie diese Einwendungen formuliert sind, zeigt, daß die Opponenten selbst Gefangene jener philosophischen Denkweise sind, die Wittgenstein durch seine Betrachtungen über die Sprache zu überwinden versucht: Es wird ein Bild von der »wirklichen

Welt« oder von der »Wirklichkeit« erzeugt und ein weiteres Bild »hier die Sprache und dort die wirkliche Welt« und daran die Frage geknüpft ›was ist das Verhältnis zwischen beiden?« Wittgenstein würde sagen: Mach dir keine metaphysischen Bilder von der »Wirklichkeit« und ihrem »Verhältnis« zur Sprache, sondern sieh zu, wie die Sprache funktioniert, und sieh insbesondere zu, wie die Ausdrücke »wirklich« und »Wirklichkeit« gebraucht werden! Denn diese beiden Ausdrücke sind ja Wörter, auf die das wittgensteinsche Programm in derselben Weise anzuwenden ist wie auf alle anderen. Hier wie dort geht es darum, *die Wörter »von ihrer metaphysischen wieder auf ihre alltägliche Verwendung zurückzuführen«* (»Philosophische Untersuchungen« 116). Ein sorgfältiger Vergleich der Kontexte, in denen diese Ausdrücke gebraucht werden, könnte den Opponenten einige Überraschungen bereiten und sie vor allem eines lehren: wie unzweckmäßig es ist, philosophische Einwendungen in der Gestalt rein metaphorischer Redewendungen vorzunehmen.

Ohne daß damit ein Vorwurf gegen Wittgenstein verbunden werden müßte, kann man es doch als ein Desiderat für die künftige Forschung bezeichnen, daß die von Wittgenstein propagierte philosophische Untersuchung der Alltagssprache *systematischer* gestaltet werde. Nach Wittgenstein überschauen wir die »Tiefengrammatik« unserer Ausdrücke nicht. *Sie zu erkennen, sollte nicht der privaten Eingebung eines Philosophen überlassen bleiben. Sondern es sollten dafür systematische Methoden entwickelt werden.* Englische und amerikanische Philosophen der jüngeren Generation sind der Überzeugung, daß dies möglich sei. Es wäre erfreulich, wenn sich diese Vermutung bewahrheiten sollte: wem die sprachliche Einfallsgabe Wittgensteins fehlt, der stünde sonst von vornherein »auf verlorenem Posten«.

Wir haben den wittgensteinschen Begriff des Sprachspiels weder nach allen Richtungen hin noch in den einzelnen Richtungen erschöpfend verfolgt. Vor allem blieb *eine Lücke* offen, auf die in dem folgenden möglichen Einwand hingewiesen wird: Wie immer die Untersuchungen von Sprechaktivitäten und den sie beherrschenden Regeln, die differenzierende Betrachtungsweise zahlloser Arten von Sprachspielen und pragmatischen Umständen für korrekten Wortgebrauch weitergeführt werden mögen – sie müßten auf alle Fälle wegen der dabei benützten »*rein behavioristischen*« *Betrachtungsweise* extrem einseitig bleiben. Die Untersuchung, so könnte gesagt werden, erfolge unter völliger Abstraktion von den psychischen und geistigen Prozessen, welche den sprachlichen Äußerungen und dem sprachlichen Verstehen zugrundeliegen. Ihre Mitberücksichtigung würde nicht nur zu einem vollständigeren Bild, sondern in der Frage der Bedeutung zu wesentlich verschiedenen Ergebnissen führen, wie ein Blick auf jene Philosophien lehre, die sich vornehmlich auf diese geistigen Phänomene konzentrierten (z. B. Brentano, Husserl). Bevor wir im übernächsten Abschnitt auf Wittgensteins Gedanken zu diesem Thema zurückkommen, soll vorher das Bild seiner neuen Philosophie in einer anderen Hinsicht abgerundet werden: durch die Schilderung seiner Ideen über die Wesensphilosophie und über philosophische Verirrungen.

3. *Philosophische Rätsel, Wesensphilosophie, falsche Bilder und Verführung durch die Sprache*

> »Was ist Dein Ziel in der Philosophie? –
> Der Fliege den Ausweg aus dem Fliegenglas zeigen.«
> Philosophische Untersuchungen 309

Im »Tractatus« sagte Wittgenstein: »Das Rätsel gibt es nicht.« Nach den »Philosophischen Untersuchungen« beginnt jedes Philosophieren mit dem Rätsel. Wittgensteins Methode bestand nicht darin, die Existenz dieser Rätsel zu negieren und sie einfach als Pseudoprobleme zu entlarven. Ganz im Gegenteil! G. Pitcher (a.a.O., S. 118) vergleicht Wittgensteins Vorgehen mit dem des Sokrates, der seine philosophischen Überlegungen damit zu beginnen pflegte, im Partner Verwirrung und begriffliche Konfusion zu erzeugen (vgl. »Philosophische Untersuchungen« 123). J. Wisdom betont in seinem Bericht über Wittgensteins Vorlesungen 1934–37 (Mind LXI/242, S. 259), daß es diesem stets darum gegangen sei, den Zuhörern das Rätsel fühlbar zu machen, und daß er unzufrieden war, wenn er den Eindruck hatte, dies sei ihm nicht gelungen.

Die Teilnehmer an Wittgensteins Veranstaltungen hatten zunächst fast immer das Gefühl, es handle sich hier um einen ganz und gar *destruktiven* Geist. Und bei vielen dürfte dieser Eindruck niemals gewichen sein. Wittgenstein war sich dessen bewußt. Malcolm berichtet, daß Wittgenstein oft darüber schockiert war, daß er auf die Studenten einen rein zersetzenden Einfluß ausübe. Dieser Effekt seiner Lehrtätigkeit dürfte nicht nur *einen* Grund haben. Zu einem kleinen Teil war vermutlich *die Art seiner Vorlesungen* dafür verantwortlich. Niemals behandelte er ein Thema systematisch. Er betrat den Vorlesungsraum ohne jedes Manuskript und begann, über irgend eine Frage »laut vorzudenken«. Bemerkungen und Einwendungen von seiten seines Auditoriums bildeten eine entscheidende Komponente für die Fortführung seines Vortrages. Und obwohl Anhänger und Gegner stets zutiefst beeindruckt waren von der ungeheuren Konzentration seiner Ausführungen sowie davon, daß er das Problem immer nach allen Dimensionen durchdacht zu haben schien – wie seine schlagfertigen und überzeugenden Erwiderungen auf alle Arten von Fragen und Einwendungen bewiesen –, so ist es doch nicht verwunderlich, daß sich bei diesem Vorlesungsstil am Ende der Eindruck verbeitete, »nichts Positives in der Hand zu haben«.

Zu einem größeren Teil waren es vermutlich die zugleich *äußerst schwierigen wie radikalen Auffassungen*, die Wittgenstein vortrug, welche den erwähnten Eindruck hervorriefen. Wer mit liebgewonnenen und geläufigen Vorstellungen bricht, insbesondere, wenn diese z. B. so tief sitzen wie gewisse fest verwurzelte Ansichten vom Bewußtsein und Geist, vom Wesen und von der Bedeutung oder von der mathematischen Wahrheit, der wird fast unausweichlich den Stempel des zersetzenden Geistes tragen. Hinzu kommt noch, daß dem Hörer zugemutet werden mußte, die wittgensteinschen Auffassungen aus dem Dialogkontext erst zu erschließen.

Auch heute, wo seine Werke in gedruckter Form vorliegen, bildet es noch ein sehr mühsames Geschäft, herauszubekommen, »worauf er eigentlich hinauswill«, ja, ob sich aus seinen späten Werken überhaupt eindeutig umreißbare philosophische Ansichten herauslesen lassen.

Wirklich ausschlaggebend für den destruktiven Eindruck dürfte aber seine »*sokratische Methode*« gewesen sein, die zahllosen Schwierigkeiten ans Tageslicht zu fördern, die selbst hinter den banalsten und alltäglichsten Gedanken verborgen liegen. Auch in der Art, wie er dies tat, kam seine Radikalität zum Durchbruch: Es ging ihm nicht darum, etwa im Sinn der aporetischen Methode, »Probleme aufzuzeigen« oder »auf offene Fragen hinzuweisen«; vielmehr führte er die Gedanken rücksichtslos bis zu ihren absurdesten Konsequenzen: »Was ich lehren will, ist: von einem nicht offenkundigen Unsinn zu einem offenkundigen überzugehen« (»Philosophische Untersuchungen« 464).

Tatsächlich gibt es kaum ein philosophisches Problem, das sich nicht zu einer Art von *Paradoxie* verschärfen ließe. Gleichgültig, ob wir mit dem Problem der Einsicht oder Evidenz, der Wirklichkeitserkenntnis oder Aussagewahrheit beginnen, mit der Frage nach der Gültigkeit logischer und mathematischer Sätze, mit dem Universalienproblem, mit der Frage der Willensfreiheit und des Determinismus, mit dem Problem des Naturgesetzes und der induktiven Bestätigung von Aussagen, mit den Schwierigkeiten, zu denen der Begriff der Wahrnehmung oder der Begriff der Zeit führt etc. – wir verstricken uns alsbald in ein Netzwerk von undurchschaubaren Schwierigkeiten und Antinomien. Hier ist natürlich nicht der Ort, all diese Fragenkomplexe und Schwierigkeiten anzuführen. Die Ansicht, *daß* die philosophischen Probleme einen solchen paradoxen Charakter haben, ist auch gar nicht für Wittgensteins Philosophie charakteristisch. Von Zeno über Augustinus und Kant bis zu Nelson Goodman haben scharfsinnige Geister elementare philosophische Fragen in der Form von Paradoxien und Antinomien vorgetragen. Was Wittgensteins Philosophie von den sonstigen philosophischen Positionen unterscheidet, ist die andere Art *der Reaktion auf* diese Paradoxien. Die üblichen philosophischen Stellungnahmen sind nach Wittgenstein intellektuelle Sackgassen, die es alle zu überwinden gilt. Was sind diese »üblichen Reaktionen«?

Man kann sie in drei Gruppen unterteilen: Die erste Gruppe kann man durch die Worte »*Verharren im Zustand der Verwirrung*« charakterisieren. Die betreffenden Denker bleiben bis ans Ende mit den sie bewegenden Problemen beschäftigt, ohne einen Weg zu einer Lösung gefunden zu haben. Zu dieser Gruppe können die ehrlichsten Geister gehören, aber auch jene, bei denen die ursprünglich ernsthafte Beschäftigung mit den Problemen in die Spielerei eines sophistischen Problematisierens und Produzierens von Paradoxien umschlägt. Zur zweiten Gruppe gehören die *Theoretiker und Systemdenker,* jene Philosophen also, die behaupten, *Lösungen der Probleme* gefunden zu haben. Die Philosophen dieser Gruppe entwerfen *Theorien* und versuchen, diese zu begründen, z. B. die Evidenztheorie oder die transzendental-idealistische Erkenntnistheorie, die platonistische Theorie mittelalterlicher Universalienrealisten (oder moderner Logiker), die phänomenalistische Theorie der Wahrnehmungsgegenstände, die materialistischen und spiritualistischen Theorien der Wirklichkeit, die Varianten des die Willensfreiheit negierenden Determinismus etc. Fast immer gelangt der Philosoph dabei zu Auffassungen, die dem gemeinen Menschenverstand widersprechen und die auch unverträglich sind mit dem, was er in seinem eigenen praktischen Leben tatsächlich glaubt. Man dürfte in der Annahme nicht fehlgehen, daß Wittgenstein diese Weisen der »Überwindung« von Problemen von allen philosophischen Übeln für die schlimmsten hielt. Denn da es sich nach ihm hierbei immer nur um Scheinlösungen handeln kann, Scheinlösungen aber ebenso wie echte Lösungen zu subjektiver Befriedigung führen können, zieht diese Haltung die Gefahr nach sich, daß das philosophische Problembewußtsein endgültig zugeschüttet wird und der Denker für immer in der Sackgasse verharrt. Darum auch Wittgensteins hartnäckiges Bestreben, diese Einstellung überwinden zu helfen durch unaufhörliches Hervorrufen neuer philosophischer Verwirrung. Die dritte Art von Reaktion ist *die Flucht ins Irrationale*. Die Probleme werden hier nicht als Selbstzweck kultiviert, sie werden auch nicht theoretisch zugeschüttet, vielmehr soll eine Zuwendung zu dem der Vernunft nicht mehr Zugänglichen den Lösungsersatz bringen. Der Philosoph beansprucht für sich z. B. eine Schau, die dem Nichtphilosophierenden verschlossen bleibt, oder er berauscht sich an mystischen Erlebnissen, begünstigt oder gar hervorgerufen durch eine geheimnisvolle Sprache, in der es »dunkelt und funkelt«. Im Einzelfall kann es verschiedene Übergänge zwischen diesen Gruppen geben. Wie häufig kommt es in der Philosophie vor, daß ein Cocktail gemischt wird aus ein bißchen Problematisieren, ein bißchen begrifflicher und theoretischer Betätigung und ein bißchen Mystik!

Wenn sich Wittgenstein gegen alle diese philosophischen Tendenzen stellt, so ist dies zunächst natürlich geeignet, den Eindruck des Destruktiven zu erhöhen. Oder aber man gelangt zu einer Deutung, die gelegentlich zu hören ist, daß nämlich Wittgenstein eine »Ausweglosigkeit von höherer Ordnung« predige als der Existenzialismus. Doch dies wäre ein Irrtum. Wir sollen uns keinen philosophischen Theorien hingeben, brauchen aber auch nicht ins Irrationale zu fliehen; noch ist es unser Schicksal, in der philosophischen Verwirrung verhaftet zu bleiben. Wohl können wir von den Problemen loskommen, aber nicht durch ihre Lösung, sondern durch eine davon verschiedene Weise der *Überwindung dieser Probleme*. Philosophische Verwirrungen gleichen mehr einer geistigen Erkrankung als theoretischen Fragestellungen. Darum ist eine adäquate philosophische Lehre auch keine *Theorie*, sondern eine *Heilung oder Therapie*. Um diese Heilung vollbringen zu können, braucht kein neues Wissen, keine neue Information hinzugezogen zu werden, wie dies im Fall einer Theorie notwendig wäre. Unmißverständlich hat Wittgenstein ausgedrückt, daß man in der Philosophie – d. h. in dem, was er als die richtige Art von Philosophie ansieht – keine Thesen aufstellt, daß man darin keine Schlüsse zieht und nichts erklärt, und daß sich der Philosoph für das, was etwa verborgen ist, nicht interessiert (»Philosophische

Untersuchungen« 126–128, 599). Was der Philosoph zu sagen hat, sind bloß *Beschreibungen, denen jeder zustimmt.* Aber es sind *in bestimmter Weise* zusammengetragene und *zu einem bestimmten Zweck* zusammengetragene Beschreibungen. Trotz dieses bescheidenen Materials in seinen Händen, trotz der Tatsache, daß der Philosoph »alles bloß hinstellt«, da »alles offen daliegt«, soll doch das anspruchsvolle Ziel erreicht werden: *vollkommene Klarheit* zu schaffen, die darin zu bestehen hat, daß die philosophischen Probleme *vollkommen verschwinden sollen* (»Philosophische Untersuchungen« 133).

Dieses Ziel ist nur erreichbar, wenn die Quellen für die philosophischen Schwierigkeiten aufgezeigt werden. Nun gibt es aber nicht nur *eine* Schwierigkeit, und daher ist auch nicht zu erwarten, daß nur *eine* und *dieselbe* Quelle für all diese Schwierigkeiten existiert, an der man dann mit einer »Patentlösung« einsetzen könnte. Trotzdem kann man versuchen, diese Quellen in größere Klassen zusammenzufassen. Auf die Gefahr hin, Wittgensteins Gedankengänge etwas zu vereinfachen, können wir zwei solche Hauptklassen angeben: *Fehldeutungen der Sprache (linguistische Konfusionen)* und *das Streben nach dem Allgemeinen und Gemeinsamen (die essentialistische Neigung).*

»Linguistische Konfusion« ist bloß ein Gesamttitel für eine Fülle von verschiedenartigen Verfehlungen, die nur das gemeinsam haben, daß wir, durch die »Oberflächengrammatik« unserer Sprache verführt, zu falschen und vereinfachenden Deutungen über ihre Funktionen gelangen. Wie das Beispiel von Brentano, ebenso aber auch der Analytischen Philosophie, zeigt, berührt sich Wittgensteins Standpunkt hier mit dem anderer Philosophen. *Aber die Reichweite der linguistischen Konfusionen ist nach ihm eine viel größere und die Art der begangenen Irrtümer nach seiner Deutung eine andersartige und vielfältigere.* Es sind bestimmte *Bilder,* welche durch die Art der grammatikalischen Verwendung von Ausdrücken in uns erzeugt werden und die uns irreleiten: »Ein Bild hielt uns gefangen. Und heraus konnten wir nicht, denn es lag in unserer Sprache, und sie schien es uns nur unerbittlich zu wiederholen« (»Philosophische Untersuchungen« 115). Unser Horizont ist durch diese Bilder von vornherein eingeengt, so daß wir selbst dann, wenn wir unsere Auffassung durch Beispiele zu kontrollieren suchen, in eine »einseitige Diät« verfallen und das Denken mit nur einer Art von Beispielen ernähren. Zu den irreführenden Bildern, die wir uns, durch die Sprache verführt, über Einzelgegenstände machen, gehört insbesondere auch ein falsches Bild von der Sprache selbst. Auf die verschiedenen Wurzeln dieses Bildes, z. B. die Gleichförmigkeit der äußeren Erscheinung sprachlicher Ausdrücke oder die verfehlte Vorstellung vom Erlernen der Sprache, haben wir bereits im vorigen Abschnitt hingewiesen.

Wittgensteins Warnung vor den »Bildern, die uns gefangenhalten«, und vor der »einseitigen Diät« an Beispielen, durch die wir selbst noch aktiv dazu beitragen, irreführende und *falsche Bilder* in uns zu erzeugen, darf nicht mißverstanden werden. Er möchte damit selbstverständlich *nicht* sagen, daß wir beim Philosophieren keine Bilder benützen dürfen. Wittgenstein selbst macht ja unzählige Male Gebrauch von Bildern, sei es z. B., um durch eine Analogie einen bestimmten Aspekt einer Sache zu verdeutlichen, sei es, um durch ein solches Analogiebild etwas ad absurdum zu führen. Auch betont er, daß die Überführung in bald diese, bald jene Bilder zum normalen Operieren mit Wörtern gehört (»Philosophische Untersuchungen« 449). Bilder bleiben unschuldig, sie können sogar sehr fruchtbar sein, vorausgesetzt, wir sind uns darüber im klaren, *daß es Bilder sind*, ferner darüber, *wie sie anzuwenden sind und wo ihre Grenzen liegen*. Wittgenstein wußte aus reicher persönlicher Erfahrung, *was für einen hypnotischen Zwang Bilder auf das Denken eines Philosophen ausüben können*. Seine Abbildtheorie der Satzbedeutung im »Tractatus« ist vermutlich aus einer plötzlichen Eingebung beim Betrachten eines Fotos hervorgegangen. Und auch in seiner Spätphilosophie steht er trotz klaren Wissens darum in der ständigen Gefahr, von Bildern überwältigt zu werden. Wir haben z. B. bereits erwähnt, daß er die Analogie zwischen Alltagssprache und deren Regeln einerseits, Schachspiel und dessen Regeln andererseits zu weit treibt. Ein kompliziertes Spiel wie das letztere gleicht ja eher einem Kalkül als einer natürlichen Sprache. Daß Wittgenstein immer wieder die *Regeln* dieser Sprache erwähnt, zeigt allein schon, daß er auch in seiner Spätphilosophie mit der Modellvorstellung einer formalen Sprache arbeitete. Dagegen war er sich, wie wir gesehen haben, über die Grenzen dieses Analogiebildes von der Sprache nach vielerlei Gesichtspunkten im klaren.

Meist aber sind sich die Philosophen *der Grenzen* ihrer Bilder nicht bewußt, häufig nicht einmal dessen, *daß* sie es gar nicht »mit den Sachen selbst« zu tun haben, sondern nur mit bestimmten, vielleicht in sehr entscheidenden Hinsichten falschen Bildern. Wenn wir irgend einen der bekannten philosophisch wichtigen Ausdrücke herausgreifen wie »Erkenntnis«, »Wahrheit«, »Welt«, »Wirklichkeit«, »Zeit«, so tauchen in uns unweigerlich bestimmte Bilder auf, und es ist verführerisch, weil bequem, zu meinen, diese Bilder lieferten uns bereits die Bedeutungen der Ausdrücke oder zumindest wichtige Hinweise auf diese Bedeutungen. Es ist mühevoll, davon loszukommen und sich die Auffassung zu eigen zu machen, daß uns diese Bilder von der Sache absperren können. Ein anschauliches Beispiel für eine derartige Fehlorientierung würde Wittgenstein z. B. in der an früherer Stelle (Kap. VI, 1) geschilderten »Phänomenanalyse« der Erkenntnis durch Nicolai Hartmann erblicken: Das Erkenntnisphänomen und das Verhältnis von »Erkenntnis« und »Wirklichkeit« wird dort gänzlich im Licht räumlicher Analogiebilder gesehen, die dann irrtümlich für das »Erkenntnisphänomen« gehalten werden.

Es ist wegen dieser Eigenschaft der Sprache, in uns falsche Bilder zu erzeugen, daß Wittgenstein die *Philosophie als einen Kampf gegen die Verhexung des Verstandes durch die Mittel der Sprache* bezeichnet (»Philosophische Untersuchungen« 109). Es müssen jetzt noch einige Worte über diesen Begriff des Bildes gesagt werden, den wir bisher stets mehr oder weniger unkritisch verwendet hatten. Teils haben wir wittgensteinsche Äußerungen über diesen Begriff *erwähnt* –

etwa die Äußerung, daß uns Bilder gefangenhalten –, teils haben wir ihn *benützt*, um Aussagen *über* Wittgensteins neue Philosophie zu machen; so etwa, wenn wir sagten, Wittgenstein habe *ein neues Bild von der Sprache* gewonnen. Wie ist der Ausdruck »Bild« in diesen Zusammenhängen zu verstehen?

Dazu können wir sofort eine negative Feststellung treffen: Er ist selbstverständlich *nicht* in dem speziellen technischen Sinn der Bildtheorie des »Tractatus« zu deuten. Er ist aber – und dies zu beachten ist weitaus wichtiger – auch nicht bloß zu verstehen im Sinne eines im Geiste des Denkers oder Sprechers auftauchenden Vorstellungsbildes. Eine solche Interpretation würde nichts Geringeres bedeuten, als daß man eine von Wittgenstein abgelehnte Theorie der geistigen Vorgänge der Auslegung seiner eigenen Äußerungen zugrunde legen wollte. In welchem Sinn und warum diese Theorie von Wittgenstein abgelehnt wird, soll uns erst später beschäftigen. Stattdessen versuchen wir, diesen Begriff positiv zu charakterisieren. Wie die obigen Beispiele zeigen, kann das Auftauchen eines mehr oder weniger anschaulichen Vorstellungsbildes Bestandteil dessen sein, »daß man sich von etwas ein Bild macht«. Aber es ist kein wesentlicher Bestandteil davon und erschöpft in keinem Fall das letztere. Mit geistigen Bildern, aus jedem Zusammenhang herausgerissen und für sich betrachtet, verhält es sich nach Wittgenstein nicht anders als mit den sprachlichen Ausdrücken selbst: als solche sind sie tot, besagen nichts; erst durch die Art ihrer Verwendung »gewinnen sie Leben«. Dieses »Leben« zu beschreiben, läuft im vorliegenden Falle aber gerade darauf hinaus, zu sagen, was es heißt, sich ein Bild von etwas zu machen. Damit sind wir wieder am Ausgangspunkt der Frage angelangt, was nur zeigt, daß der Hinweis auf Vorstellungsbilder nicht weiterhilft.

»Ein Bild von einer Sache gewinnen« oder »ein solches Bild haben« ist vielmehr als eine Abkürzung für etwas aufzufassen, das man durch mehrere Umschreibungen wiedergeben müßte, etwa von der folgenden Art: Es handelt sich darum, die Sache *unter einem bestimmten Gesichtspunkt* zu betrachten, sie in bestimmter Weise zu anderen Gegenständen *in Beziehung zu setzen* oder von ihnen *abzugrenzen*, der Charakterisierung dieser Sache bestimmte *Modelle* zugrundezulegen, in Analogie zu denen sie beschrieben wird. In diesem Sinn ist also die Wendung vom neuen Bild Wittgensteins von der Sprache zu verstehen. Vor allem aber ist die negative Kehrseite der Gewinnung von Bildern: die Verführung durch die Alltagssprache, so zu verstehen. Die Behauptung, daß die Alltagssprache uns zu falschen Bildern verführt, kann in den meisten Fällen etwa so verdeutlicht werden: Die Oberflächengrammatik legt uns häufig eine Betrachtungsweise nahe, die Unterschiede nivelliert, Scheinprobleme und Widersprüche erzeugt oder fehlerhafte, weil zu unhaltbaren Konsequenzen führende Analogien hervorruft. Dazu einige Beispiele: (A) *Nivellierung von Unterschieden*: In »2 mal 2 ist 4« und »die Rose ist rot« kommt das Hilfszeitwort »sein« vor. Die grammatikalischen Regeln erlauben also die Verwendung eines und desselben Wortes. Dadurch entsteht in uns der Eindruck, dieses Hilfszeitwort habe in beiden Fällen auch dieselbe Funktion. Daß dies nicht stimmt, sondern die Bedeutungen verschieden sind, zeigt sich z. B. darin, daß im ersten Fall das »ist« durch das Gleichheitszeichen ersetzt werden kann, im zweiten Fall hingegen nicht (»Philosophische Untersuchungen« 558). (B) *Erzeugung von Widersprüchen und Scheinproblemen*. Hier können wir ein Beispiel nehmen, das uns schon bei R. Carnap begegnete. Manche Philosophen sprechen von dem Nichts, als sei dies eine Entität von bestimmter Art. Wittgenstein würde dies so ausdrücken, daß er sagte: das in der Alltagssprache vorkommende Wort »nichts« hat in den betreffenden Denkern *zu einem Bild vom Nichts* geführt. Dazu ist nach dem Gesagten keineswegs erforderlich, daß jene Denker in ihrem Geist ein (sei es anschauliches, sei es unanschauliches) Vorstellungsbild von einer Entität erzeugen, die sie »Nichts« nennen. Es genügt, daß sie darüber Aussagen machen wie über andere Dinge, dieser Wesenheit Eigenschaften zusprechen oder absprechen etc. Die Scheinprobleme sehen etwa so aus: *existiert* das Nichts oder existiert es nicht? Wenn ja, was für eine *Art von Gegenstand* ist es?

Was für Eigenschaften hat es bzw. was »*tut es*«? Wie immer man diese Fragen beantwortet, es wird eine inkonsistente Theorie entstehen. Daß es sich um ein *Bild* handelte, das durch die Alltagsgrammatik hervorgerufen wurde, zeigt sich an der Tatsache, daß der Ausdruck »nichts« gemäß dieser Grammatik die Subjektstelle in einem Satz einnehmen kann: in »nichts ist rund und viereckig« (1) steht »nichts« an derselben Stelle wie das Wort »Hans« in »Hans ist dumm und faul« (2). Daß dieses Bild aber nur *verführerisch* war und daß »nichts« kein Name ist, zeigt sich nicht bloß indirekt an den Scheinproblemen und Widersprüchen, sondern ist ebenso wie in (A) direkt aufweisbar, indem man Operationen angibt, die man mit Eigennamen vornehmen kann, mit dem Wort »nichts« dagegen nicht. In (2) z. B. kann »Hans« über das »und« hinweggeschoben und verdoppelt werden, ohne am Gehalt des Satzes etwas zu ändern: »Hans ist dumm und Hans ist faul« (3). Nimmt man dieselbe Operation in (1) vor, so entsteht: »nichts ist rund und nichts ist viereckig« (4). (4) ist aber offenbar eine falsche Aussage, während (1) richtig war. (C) *Bildung fehlerhafter Analogien*: Hier gibt es nach Wittgenstein eine ganze Wortklasse: die Ausdrücke für »geistige« Vorgänge und Zustände. Da wir uns damit noch ausführlich beschäftigen werden, braucht an dieser Stelle dazu im einzelnen nichts gesagt zu werden.

Wir haben oben als weitere Quelle philosophischer Verwirrungen die *essentialistische Neigung* angeführt. Die wittgensteinsche Behauptung, daß die philosophischen Rätsel erst durch Fehlinterpretationen der Alltagssprache hervorgerufen werden, wird die meisten Philosophen nicht überzeugen. Sie werden darauf pochen, daß Wittgensteins Beobachtungen zwar eine partielle Richtigkeit für gewisse begrenzte Fälle nicht abzusprechen ist, daß man aber die philosophischen Hauptthemen nicht in dieser Weise eliminieren könne. Hier handle es sich vielmehr um echte Probleme, die nur dadurch zu lösen seien, daß man ein zunächst noch verborgenes *Wesen* entdecke, aus der Verborgenheit heraushole: das Wesen der Wahrheit, das Wesen der Erkenntnis, das Wesen der Zeit, das Wesen des Geistes, das Wesen der Freiheit. Und es bestehe nur dann Hoffnung für uns, dieses Wesen erfassen und begreifen zu können, wenn wir in der verwirrenden Vielfalt der Erscheinungen das *Allgemeine* und *Gemeinsame* sehen lernen; denn das Wesen ist stets das gemeinsame Wesen. Und warum sollte diese Suche nach dem Gemeinsamen verfehlt sein? Gehen denn nicht auch die Naturforscher stets so vor, daß sie zahlreiche Einzelphänomene unter *einen Begriff* und zahlreiche Einzelereignisse unter *eine allgemeine Gesetzmäßigkeit* subsumieren, und hat nicht diese Methode dort zu großem Erfolg geführt? Nach Wittgenstein aber führt diese Tendenz des Philosophen, analoge Fragen wie in den Naturwissenschaften zu stellen und zu beantworten, in vollkommene Dunkelheit (»The Blue and Brown Books«, S. 18).

Der Ausgangspunkt für die abgelehnte philosophische Haltung scheint sehr plausibel zu sein: Wenn wir bestimmte Entitäten unter ein und denselben allgemeinen Ausdruck subsumieren, dann müssen diese Entitäten doch auch etwas Gemeinsames haben! Trotz seiner Ausgangsplausibilität ist dieser Gedanke nach Wittgenstein falsch. Wer nach dem Wesen von etwas sucht, der jagt einem Phantom nach. Wittgenstein versucht seine abweichende Auffassung durch das zu verdeutlichen, was er »*Familienähnlichkeit von Begriffen*« nennt (»The Blue and Brown Books« S. 17, »Philosophische Untersuchungen« S. 65 ff.). Seine Überlegungen sind auch deshalb interessant, weil sie nicht nur als gegen die Wesensphilosophie gerichtet ausgelegt werden können, sondern ebenso eine implizite Kritik moderner Auffassungen von der korrekten Definition eines Begriffes enthalten. Er bringt als Beispiele die Ausdrücke »Spiel« und »Zahl«. Ist es wirklich so, daß diese Ausdrücke für uns keine feste Bedeutung haben, solange wir das gemeinsame Wesen des Spiels bzw. der Zahl nicht gefunden haben? Wir würden vergeblich nach einer solchen Gemeinsamkeit suchen. Wittgenstein führt Beispiele verschiedenartiger Spiele an, wie Kartenspiele, Ballspiele, Brettspiele, Sportwettkämpfe etc., und nimmt den Einwand des Philosophen vorweg, es *müsse* doch diesen Spielen etwas gemeinsam sein, sonst würden sie nicht mit

Recht »Spiele« genannt werden. Wittgenstein mahnt, man solle nicht so etwas sagen, sondern lieber *schauen*, ob wirklich etwas Gemeinsames vorliege (denn tatsächlich kam die scheinbar selbstverständliche Reaktion des opponierenden Philosophen nur aus einer vorgefaßten Meinung). Man wird dann etwas ganz anderes feststellen: *eine Reihe von Ähnlichkeiten und Verwandtschaften.* Der Ausdruck »Familienähnlichkeit« wird von ihm deshalb geprägt, weil die folgende Analogie den Sachverhalt verdeutlicht: Die Glieder einer großen Familie besitzen nicht *eine* gemeinsame Eigenschaft. Vielmehr bestehen zwischen ihnen übergreifende und sich überkreuzende Ähnlichkeiten. Einige gleichen sich im Wuchs, andere in der Form der Nase oder in der Augenfarbe oder in der Gangart, im Temperament usw. Diese Ähnlichkeiten überlappen sich, kommen teils einzeln, teils mehrfach vor. Ganz analog verhält es sich mit dem Begriff des Spiels [1]. Auch bei abstrakteren Begriffen stoßen wir auf dieselbe Situation: Es gibt kein gemeinsames Wesen der Zahl. Sondern zwischen den Gebilden, die wir Zahlen nennen, bestehen Familienähnlichkeiten, ohne daß wir Eigenschaften anzuführen vermöchten, die allen Zahlen zukämen. Die Rede von der »Einführung neuer Arten von Zahlen« ist dadurch gerechtfertigt, daß es sich um etwas handelt, das eine Verwandtschaft mit dem hat, was wir bisher Zahlen nannten, ohne daß alle bekannten Zahlengesetze erfüllt sein müßten. Und wenn wir weitere Spezies von Zahlen einführen – wieder aufgrund der Ähnlichkeit mit dem, was früher so genannt wurde –, so wird eine »indirekte Verwandtschaft« zwischen den verschiedenen Spezies neuer Zahlarten gestiftet. Es ist keineswegs festgelegt, wie weit man mit dieser Bezeichnung »Zahl« gehen darf: Die Mathematiker hätten darauf verzichten können, bestimmte Dinge Zahlen zu nennen, die sie tatsächlich so bezeichnen (z. B. komplexe Zahlen, transfinite

[1] Es ist charakteristisch für Wittgensteins Vorgehen, daß er ein und dasselbe zur Illustration von Verschiedenem verwendet. Einerseits dienten ihm, wie wir gesehen haben, komplizierte Spiele als Modelle dafür, das »Funktionieren der Sprache« zu verdeutlichen, andererseits bildet jetzt der *Begriff des Spiels* selbst das Hauptillustrationsbeispiel für Begriffsfamilien.

Ordinal- und Kardinalzahlen), oder sie hätten umgekehrt Dinge »Zahlen« nennen können, die gewöhnlich nicht so bezeichnet werden (z. B. die Elemente bestimmter algebraischer Strukturen). Andere Beispiele wären Ausdrücke wie »Beweis«, »Theorem«, »Definition«. Überall liegen hier Begriffsfamilien vor, die man nicht durch Angabe einer oder mehrere Eigenschaften umgrenzen kann.

Nach Wittgenstein soll also der Philosoph seiner natürlichen Neigung, Gemeinsamkeiten und allgemeine Wesenszüge zu entdecken, nicht stattgeben, sondern diese bekämpfen. Er soll stattdessen die *Mannigfaltigkeiten* von linguistischen und außerlinguistischen Phänomenen *in ihren Unterschieden* beachten. Es ist dies der erste Abgrund, der Wittgensteins Philosophie von der Husserls und der anderer Phänomenologen trennt. Daß Wittgenstein und Husserl noch durch einen zweiten Abgrund voneinander getrennt sind, wird sich in Abschnitt 4 zeigen.

Wir sehen jetzt auch einen der Gründe dafür, daß die wittgensteinschen Auseinandersetzungen »im Endeffekt« zu etwas rein Negativem zu führen scheinen. Wir gewinnen, wenn wir seine Diskussionen der Begriffe des Meinens, des Denkens, des Verstehens, der Aussagen über innere Erfahrungen usw. lesen, den immer wiederkehrenden Eindruck, bloß zu hören, wie man diese Ausdrücke *nicht* interpretieren dürfe, was diese Phänomene *nicht* seien, welche Schlußfolgerungen man aus gewissen Feststellungen über sie *nicht* ziehen dürfe. Wir erwarten, daß die Fülle der kritischen und negativen Äußerungen durch eine positive Antwort ergänzt werde, in der nun endlich gesagt würde, *was* das Verstehen sei, *worin* das Denken bestehe, *was* es heiße, mit einem Wort etwas zu meinen, *was* ein Spiel, eine Zahl, ein Beweis sei. Diese Erwartung ist nicht erfüllbar. Wittgenstein würde sagen, daß man seine Philosophie erst dann richtig verstanden habe, wenn es einem gelungen sei, diese Erwartungseinstellung aufzugeben. Denn dazu gehört, daß man klar sieht, warum solche auf das Wesen abzielenden Was-ist-Fragen nicht beantwortbar sind. Wie wir schon feststellten, handelt es sich dabei nicht bloß darum, sich von einer Grundkonzeption der *Wesensphilosophie* freizumachen. Denn auch die Transformation in die »moderne« Form, etwa: »Wie lautet die korrekte Definition von ›verstehen‹?«, liefert etwas, das prinzipiell ebenso unbeantwortbar ist wie die Was-ist-Frage in der ursprünglichen Gestalt. Stattdessen sollen wir ein möglichst umfassendes Bild von der Vielheit und der Verschiedenartigkeit der Situationen zu gewinnen versuchen, in denen wir jene Ausdrücke gebrauchen, um deren Bedeutungen es uns geht. Ursprünglich meinten wir, durch korrekte Beantwortung der Was-ist-Fragen diese Bedeutungen zu erschöpfen. Jetzt erfahren wir, daß wir ihre Bedeutung erst dadurch kennenlernen, daß wir sehen, wie sie in der Vielfalt dieser Situationen korrekt verwendet werden.

Wir geben an dieser Stelle eine Illustration, die nicht aus dem wittgensteinschen Text stammt. Betrachten wir die Begriffe des *Glaubens* (im nichtreligiösen Sinn), des *Wissens* und des *Erkennens*. Statt nach dem Wesen dieser drei Phänomene fragen wir nach den korrekten Verwendungen dieser Ausdrücke in den verschiedenen Situationen. Mit den Ausdrücken »glauben« und »wissen« werden gewöhnlich Daß-Sätze gebildet: »ich weiß, daß...«, »ich glaube, daß...«. Es ist daher schief, von Objekten des Glaubens oder Wissens zu sprechen; denn das in einem Daß-Satz Ausgedrückte ist nicht etwas, das man als Gegenstand bezeichnen könnte; und zu sagen »ich glaube das Objekt X« – im Gegensatz zu »ich glaube an X«, worin eine ganz andere Verwendung von »glauben« zum Ausdruck käme – oder »ich weiß den Gegenstand X« ist unsinnig. Dagegen kann man bei dem Ausdruck »erkennen« in den meisten Fällen von einem Objekt reden. Allerdings ist es auch hier elliptisch zu sagen: »ich erkenne den Gegenstand X«; denn die vervollständigte Äußerung hätte zu lauten: »ich erkenne X als Y«; technisch gesprochen: der Ausdruck »erkennen« wird nicht als zweistelliger, sondern als dreigliedriger Relationsausdruck verwendet.

Für weitere Aufschlüsse über die Bedeutungsunterschiede der drei Ausdrücke ist es zweckmäßig, wieder mögliche Dialogsituationen heranzuziehen. Wenn ich etwas bloß äußere, so kann der andere u. U. im Zweifel sein, ob ich damit sagen will, daß ich etwas glaube oder daß ich es wisse oder daß ich es erkannt habe. Er kann aber das eine oder andere annehmen, mich dann herausfordern und erwarten, daß meine Reaktion auf diese Herausforderung eine Klärung herbeiführt. Die Art der Herausforderung ist jedoch eine andere, je nachdem, von welcher Annahme er ausgeht. Er kann fragen: »*warum* glaubst du das?« oder »*woher* weißt du das?« oder »*woran* erkennst du das?«. Diese Fragen enthalten eine Aufforderung an mich, die Behauptung zu *rechtfertigen*. Im Fall des Glaubens und Wissens kann diese Herausforderung auch auf abstrakte Äußerungen bezogen werden. Im Fall des Erkennens muß eine bestimmte *Umgebung* vorhanden sein, z. B. ein bestimmtes Wahrnehmungsfeld anläßlich eines Spazierganges. Um die drei Fälle miteinander vergleichen zu können, muß daher das Vorhandensein eines solchen Feldes angenommen werden. Setzen wir also z. B. voraus, ich hätte behauptet, auf dem Baum dort drüben sitze ein Buntspecht.

Überspringen wir für den Augenblick meine Antwort und nehmen wir an, daß diese Antwort den anderen *nicht* zufriedenstellt. Dann zeigt sich *eine* deutliche Differenz. Im Fall des Wissens oder Erkennens wird er meine ursprüngliche, als Erkenntnis- oder Wissensfall qualifizierte Behauptung negieren: »du weißt ja gar nicht, daß...« (»du hast ja gar nicht erkannt«). Im Glaubensfall wird er anders reagieren, nämlich: »du solltest dies eigentlich nicht glauben«; er zweifelt dagegen nicht, daß ich glaube. Negiert er die Glaubensäußerung: »du glaubst das ja gar nicht«, so bezichtigt er mich der Lüge (zwar nicht *ausdrücklich*, aber nichts desto trotz *nachdrücklich*, könnte man sagen). Wenn ich dagegen behauptet habe: »ich weiß, daß...« oder »ich erkenne... als...«, so stellt ein Negieren keinen solchen moralischen Vorwurf dar, sondern er behauptet nur, ich hätte mich geirrt (und vielleicht sagt er auch ausdrücklich: »du *glaubst* es wohl zu wissen [zu erkennen], aber...«). Hier liegt übrigens einer der Gründe dafür, warum man das Glauben eher einen »seelischen Zustand« nennen könnte als das Wissen und Erkennen: Ob eine Person A etwas glaubt oder nicht, hängt von Daten über diese Person A selbst ab. Will man dies herausbekommen, so braucht man sich nur mit A zu beschäftigen (und nicht mit der übrigen Welt). Ob A etwas weiß oder erkannt hat, hängt dagegen von Fakten *außerhalb von A* ab: Ist das, was A behauptet hat, unrichtig, so *kann A nicht* gewußt (erkannt) haben.

Die Differenzierung zeigt sich auch in folgendem: *Wenn der andere annimmt, ich wisse, daß S (ich hätte X als Y erkannt), so nimmt er damit auch S (X als Y) an.* Wenn er dagegen annimmt, ich glaube, daß S, so braucht er damit selbst noch nicht anzunehmen, daß S. Allerdings kann man auch »aus zweiter Hand glauben«. Dies ist dann jener Fall, in dem das Glauben, daß etwas der Fall sei, darauf beruht, daß man »jemandem Glauben schenkt«. Und dazu genügt nicht, daß man annimmt, der andere glaube das und das, sondern außerdem glaubt, es stimme, was er behauptet. Glauben schenken aber kann man *nur* einem anderen. Sehe ich aus dem Fenster und sage »ich glaube, es wird regnen«, so verwende ich diese Äußerung etwa in derselben Weise wie: »es wird regnen«. Und dies zeigt, daß es doch wieder recht irreführend ist, wenn man Glauben einen seelischen Zustand nennen wollte. Ich spreche über keinen »Glaubenszustand in mir«, wenn ich sage: »ich glaube, es regnet«. Wie Wittgenstein (»Philosophische Untersuchungen« S. 190) erwähnt, wäre bei dieser Annahme auch die Paradoxie nicht behebbar, die darin zu bestehen scheint, daß der bloße Temporalunterschied einen Unterschied in der Verwendung von »glauben« ergibt: »ich glaube, es wird regnen« hat einen ähnlichen Sinn wie »es wird regnen«; aber »ich glaubte damals, es werde regnen« hat keinen ähnlichen Sinn wie »es hat damals geregnet«.

Kehren wir zu der Rechtfertigungsäußerung zurück. Diese kann sehr verschieden ausfallen, insbesondere dann, wenn die Frage lautete: »woher weißt du das?«. Ich kann etwa antworten: »ich bin in einer Waldgegend groß geworden« (1) oder »ich sehe ihn« (nämlich den Buntspecht) (2) oder »ein vorübergehender Einheimischer hat mir erzählt, daß diese Vögel Buntspechte sind« (3) oder »man hat mir zuverlässig berichtet, daß Buntspechte hier die einzigen größeren Vögel sind« (4) etc. Die ersten beiden Antworten enthalten [in (1) ausdrücklicher als in (2)] Behauptungen darüber, *daß ich in der Vergangenheit Gelegenheit hatte, mir ein »relevantes« Wissen über Vögel anzueignen.* Ferner steckt darin die Annahme, daß ich dieses erworbene Wissen hic et nunc mit Erfolg anwendete. In (1) liegt dabei das Gewicht auf dem Wissenserwerb in der Vergangenheit, in (2) auf der korrekten augenblicklichen Anwendung. Die Antworten (3) und (4) weisen in eine ganz andere Richtung: Hier handelt es sich um einen Wissensanspruch, der sich auf *die Mitteilung einer fremden Autorität* stützt. Ein solches »Wissen aus zweiter Hand« bietet interessante Probleme für sich, die wir hier nicht verfolgen können. Nur dies eine sei angeführt: Wer sagte, daß es ein solches Wissen aufgrund fremder Autoritäten nicht geben könne, weil es ja prinzipiell möglich sei, daß jene Autorität unrecht hat oder mich anlügt, der würde damit zeigen, daß er die Sprachspiele mit dem Wort »Wissen« nicht durchschaut. Nur wenn ich *konkrete Verdachtsgründe* habe, an der Wahrhaftigkeit des anderen zu zweifeln, muß mir eine vorherige Prüfung zugemutet werden. Der Gedanke: »alle könnten mich stets anlügen« ist dagegen nicht unrichtig, sondern *unsinnig*. Auch *Lügen ist ein Sprachspiel*. Und dieses Spiel zu erlernen, setzt voraus, daß die Sprache im Normalfall dazu benützt wird, richtige und wahrhaftige Aussagen zu machen.

Keine der erwähnten Antworten kann jedoch gegeben werden, wenn die Frage lautete: »woran erkennst du dies?« Diese Frage ist wesentlich spezieller, und *daher muß auch eine befriedigende Antwort spezifischer sein*, etwa: »ich erkenne es an dem Gefieder und der Schnabelform« (5). Der Vergleich von (2) und (5) zeigt den Unterschied im Grad der Bestimmtheit von Frage und Antwort. Auch gibt es hier kein Analogon zu (3) und (4). Ich kann zwar etwas glauben oder sogar wissen, weil ich eine »authentische Mitteilung« erhalten habe, *aber ich kann nicht »auf Autorität hin« erkennen;* erkennen kann ich nur selbst etwas. Der dritte Unterschied zwischen dem Fall, wo ich etwas erkenne, zu den Fällen, wo ich weiß oder glaube, wurde bereits erwähnt: eine für die sinnvolle Anwendung des Ausdrucks erforderliche *umgebende Gesamtsituation* schränkt die Fälle des Erkennens weiter ein. Glauben und Wissen können sich auch auf Vergangenes und Künftiges erstrecken, von Erkennen kann ich dagegen nur in bezug auf Gegenwärtiges reden, wenn ich dieses Wort nicht in irgendeinem metaphysischen, sondern in einem alltäglichen Sinn verwende.

Zwei andere Dimensionen von Frage- und Antwortspielen, die für die Klarstellung der Bedeutungen dieser drei Ausdrücke von Wichtigkeit sind, seien nur angedeutet. In die eine gelangt man, wenn der Opponent den Wirklichkeitsbegriff ins Treffen führt und etwa bezweifelt, daß es sich um ein *wirkliches* Y handle. Wieder müssen wir, statt uns in metaphysischen Spekulationen über »Erkenntnis und Wirklichkeit« zu ergehen und mit einem nebelhaft-allgemeinen Begriff der Wirklichkeit zu operieren, uns jene Kontexte genauer ansehen, in denen das Prädikat »wirklich« verwendet wird. Im gegenwärtigen Fall handelt es sich um Aussagen, in denen eine bestimmte Möglichkeit, wie Irrtum, Sinnestäuschung, Illusion, Halluzination, ausgeschlossen werden soll. Je nach dem Kontext kann es sich um eine ganz andere »Gefahrmöglichkeit« handeln: die wirkliche Oase ist keine *Fata Morgana*, der wirkliche Vogel *kein ausgestopfter*, der wirkliche Mensch *keine Wachspuppe*, der wirkliche Alkohol *kein vergällter* etc. Die Frage nach der »Wirklichkeit« des vermeintlich Erkannten kann nur aufgeworfen werden, wenn ein konkretes und spezifisches Verdachtsmoment vorliegt, das diese Frage rechtfertigt.

Die andere Dimension kann durch das Schlagwort »Wissen und Gewißheit« angedeutet werden. Weder in der ersten noch in der dritten Person kann »wissen, daß« mit »gewiß sein, daß« gleichgesetzt werden. Auf der anderen Seite kann man daraus, daß ich *sage* »ich weiß, daß S« nicht folgern, daß ich weiß, daß S. Auch die naheliegende Annahme, daß man diese Folgerung wenigstens immer dann ziehen dürfe, wenn ich *mit Recht* sage »ich weiß, daß« wäre unhaltbar. Nur von einer Gottheit könnten wir so etwas sagen. Im menschlichen Fall besteht immer die Möglichkeit, daß ich sage »ich weiß, daß ...«, aber nicht wußte, daß ..., *auch dann, wenn ich es »mit Recht« sagte.* Diese letzte Bemerkung ist nur ein Hinweis darauf, daß wir uns zunächst vermutlich auch über die Sprachspiele von »mit Recht etwas sagen« ein falsches Bild machen.

Mit dieser Skizze sollte angedeutet werden, wie in einem konkreten Fall die Realisierung des wittgensteinschen Projektes aussehen kann, »die Wörter von ihrer metaphysischen wieder auf ihre alltägliche Verwendung zurückzuführen«. Zugleich liefert sie eine praktische Illustration für die Äußerung »das *Wesen* ist in der Grammatik ausgesprochen« (»Philosophische Untersuchungen« 371). In dieser Äußerung ist »Grammatik« mit »Tiefengrammatik« gleichzusetzen [1]. Erkenntnistheoretiker werden einwenden, daß Analysen von solcher Art nicht das liefern, was sie durch ihre Untersuchungen über das Wesen des Erkennens und Wissens im Gegensatz zu dem des bloßen Dafürhaltens (der Episteme im Gegensatz zur Doxa) zu leisten versuchten. Einem solchen Einwand könnte man dies zugestehen, daß Betrachtungen von Sprachspielen nicht als Ersatz für Erkenntnistheorie aufgefaßt werden dürfen. Vielmehr müßten die erkenntnistheoretischen Untersuchungen, wie sie früher einmal üblich waren, durch *zwei Klassen von verschiedenartigen Betrachtungen* ersetzt werden: erstens »sprachlogische« Analysen von der eben skizzierten Art und zweitens wissenschaftstheoretische Untersuchungen über Begriffsnetz und Struktur von Theorien, ihre Begründungen und Bestätigungen sowie ihre Anwendungsmöglichkeiten, z. B. für Erklärungen und Voraussagen. Das »Problem der Erkenntnis des Realwirklichen« würde sich hauptsächlich in Fragestellungen dieser zweiten Art auflösen. Und da würde sich allerdings auch eine Grenze der wittgensteinschen Methode zeigen; denn die dort auftretenden wissenschaftstheoretischen Probleme können nicht

---

[1] Für eine viel detailliertere Behandlung dieses Beispiels vgl. J. L. Austin, »Other Minds«, in: »Logic and Language«, Oxford 1953, und W. Stegmüller, »Glauben, Wissen und Erkennen«, in: Zeitschr. f. Philos. Forschg. X/4.

durch die Analyse von Sprachspielen gelöst werden. Wittgenstein hätte dies vermutlich auch gar nicht geleugnet, sondern bemerkt, daß er diese Gebiete nicht zur Philosophie rechne (so wie er z. B. auch die moderne Logik und mathematische Grundlagenforschung zur Mathematik und nicht zur Philosophie rechnete). Ob man den Bereich der Philosophie so eng abgrenzen solle, ist eine Zweckmäßigkeitsfrage. Es ließe sich gegen die mutmaßliche wittgensteinsche Abgrenzung manches vorbringen.

Die gegen den Essentialismus gerichtete Idee der Familienähnlichkeit von Begriffen enthält nicht die einzige Abweichung von Wittgensteins Auffassung über Begriffe gegenüber den üblichen Vorstellungen. Soweit bereits hier die Philosophie des Geistigen hereinspielt, wird in den folgenden Abschnitten darüber zu berichten sein. Aber selbst bei gänzlicher Abstraktion von all diesen Dingen ergibt sich noch ein weiterer entscheidender Unterschied. Es handelt sich um das, was Waismann »open texture« nannte und was man auch als *Offenheit* von Begriffen bezeichnen könnte. Nach Waismann kann dieses Merkmal als Kriterium für den Unterschied des Empirischen und des Mathematischen benützt werden; denn im mathematischen Bereich können wir die Begriffe so einführen, daß diese Offenheit vermieden wird, im empirischen Bereich können wir dies nicht.

Man kann die Offenheit von Begriffen am besten erläutern, wenn man auf Wittgensteins These zurückgeht, daß die Bedeutung (meist) im korrekten Gebrauch besteht, und bedenkt, daß das, was wir »Begriffe« nennen, (meist) Bedeutungen von Ausdrücken sind. Man kann Regeln für die Anwendung in gewissen pragmatischen Situationen präzisieren und auf diese Weise Mehrdeutigkeiten ausschließen und den Vagheitsspielraum verringern. Hier aber gibt es eine Grenze. Diese liegt nun nicht etwa darin, daß in Analogie zur Grenze der Beobachtungsgenauigkeit auch eine »Grenze der Definitionsgenauigkeit« existiert (denn diese Tatsache wäre nichts Neues). Die Offenheit von Begriffen beruht vielmehr darauf, daß es unmöglich ist, für alle überhaupt denkbaren Arten von Situationen Regeln festzulegen. Deshalb enthält ein de facto scharf umrissener Ausdruck stets *die Möglichkeit der Vagheit* in sich. Dies gilt für die in den Naturwissenschaften verwendeten Ausdrücke ebenso wie für die Alltagswörter (vgl. »Philosophische Untersuchungen« 80). Wie immer wir einen empirischen Begriff auch definieren mögen, *wir denken bei der definitorischen Abgrenzung stets nur an normale Fälle, rechnen dagegen nicht mit gänzlich unerwarteten, aber logisch möglichen Fällen.* D. Hume hatte sich bereits überlegt, welche Konsequenzen ein künftiger Weltverlauf haben würde, der von dem aus der Vergangenheit her bekannten Ablauf abweicht. Für ihn war dies ein Mittel, um die Problematik des induktiven Schließens zu erkennen und die Unmöglichkeit eines Schlusses von der Vergangenheit auf die Zukunft aufzuzeigen. Wittgenstein diente dieses Gedankenmodell dazu, klarzumachen, daß ein von dem vergangenen Ablauf hinreichend abweichender künftiger Weltverlauf dazu führen würde, *daß unsere Sprache und unsere Begriffswelt versagen.* Wenn wir z. B. meinen, daß Worten wie »Haus« oder »Löwe« eine relativ scharfe Bedeutung zukommt, so denken wir vermutlich nicht an die Möglichkeit, daß ein Ding, das wie ein Haus aussieht, zwischendurch immer wieder »auf unerklärliche Art« verschwindet und dann wieder zum Vorschein kommt (nicht nur für mich, sondern auch für alle anderen und selbst bei Überprüfung durch Meßgeräte); oder daß ein Tier, das aussieht wie ein Löwe und sich zunächst auch so verhält, plötzlich riesenhafte Dimensionen annimmt und wieder zusammenschrumpft, zwischendurch sich in einen Adler verwandelt, zu sterben scheint und wieder vom Tod erweckt wird etc. Solche »absurden Gedankengänge« lehren, daß die erwähnte Möglichkeit der Vagheit nicht zu beseitigen ist und *daß jeder beliebige nichtmathematische Begriff, der bisher nicht vage war, plötzlich vage werden kann.* Die Situation, die dann eintreten würde, können wir nur mit den Worten beschreiben: *»wir wüßten nicht mehr, was wir dazu sagen sollen«.* Nicht nur die Idee eines perfekten Wissens ist eine metaphysische Illusion, sondern bereits der Gedanke eines perfekten Begriffssystems.

Wie Wittgensteins Betrachtungen zum Namen »Moses« zeigen (»Philosophische Untersuchungen« 79), können – und dies ist besonders überraschend – solche merkwürdige Situationen sogar bei Ausdrücken auftreten, die einen rein historischen Inhalt haben.

Es wäre eine interessante Frage, zu untersuchen, bis zu welchem Grade sich Wittgenstein selbst von den durch ihn gerügten Fehlern nicht ganz zu befreien vermochte. Daß er die Neigung hatte, das Analogiebild von Sprache und Spiel zu weit zu treiben, haben wir bereits erwähnt. Ebenso ist er von der »essentialistischen Infektion« nicht frei. Es ist sicherlich keine ganz verkehrte Behauptung zu sagen, daß Wittgenstein in der Schilderung von Sprachspielen wie in seiner Kritik andersartiger Auffassungen immer wieder von der Überzeugung beherrscht war, eine tiefere Einsicht *in das Wesen der Sprache* gewonnen zu haben als andere Philosophen.

Eine ernsthaftere Kritik, die zugleich eine Kritik an Wittgensteins philosophischer Methode wäre, könnte von seiten der Analytischen Philosophie vorgebracht werden. Es wurde oben darauf hingewiesen, daß gewisse Teile von Wittgensteins Kritik an der Wesensphilosophie sich auch als Kritik an der Analytischen Philosophie deuten ließen. Ferner haben wir in Abschnitt 1 darauf hingewiesen, daß der Begriff der Analyse selbst Wittgenstein in seiner Spätphilosophie fragwürdig geworden sei. Nun ist aber zu bedenken, daß für die Vertreter der in Kap. IX und X behandelten Richtungen gar nicht dieser *Begriff der Analyse* im Vordergrund steht, sondern der der *Begriffsexplikation* oder der *Rekonstruktion (vgl. S. 373)*. Eine solche Rekonstruktion kann sich auch im philosophischen Bereich als notwendig erweisen. Im Gegensatz zu Wittgensteins These aber läßt diese philosophische Tätigkeit keineswegs »alles wie es ist«, sondern führt zu Neuem. Und es wird der Anspruch erhoben, daß dieses Neue *zur Klärung beitrage*. Ein Beispiel dafür, wie sozusagen »auf Wittgensteins ureigenstem Gebiet« eine solche Rekonstruktion erforderlich werden kann, bilden die Untersuchungen von

N. Goodman über das Problem, *worüber ein Satz spricht* [1].
Diese Untersuchungen sind zugleich eine gute praktische
Illustration für die Grenzen der wittgensteinschen Methode.
Mit der Beschreibung des tatsächlichen Sprachgebrauches, der
Schilderung und dem Vergleich von »Sprachspielen« ist es
sicherlich nicht getan. Und zwar aus dem einfachen Grunde
nicht, weil der übliche Sprachgebrauch sich an diesem Punkt
als inkonsistent erweist. Es würde den Rahmen dieses Buches
sprengen, die interessante und sehr subtile Theorie von N.
Goodman zu schildern. Doch soll wenigstens die Schwierigkeit und die Methode, ihr zu begegnen, angedeutet werden:

In zahllosen Fällen ist der Philosoph genötigt, davon zu
sprechen, daß ein Satz (oder eine Klasse von Sätzen) *über* ein
bestimmtes Objekt oder Ereignis spricht. Wie finden wir
heraus, ob ein gegebener Satz über ein bestimmtes Ding
spricht oder nicht? Die Schwierigkeit soll (unter Verwendung
eines von Hempel gegebenen Beispiels) anhand des Problems
erörtert werden, ob eine gegebene Aussage über etwas Vergangenes oder über etwas Künftiges spricht. Wir würden
z. B. sagen, daß die Aussage »am 31. Mai 1965 regnet es in München« (1) u. a. eine Aussage über den 31. Mai 1965 ist. Wenn
diese Aussage also am 30. Mai 1965 behauptet wird, so ist
sie eine Aussage über die Zukunft. Nun führen wir das neue
Prädikat »+2-regnen« ein, das wir so erklären: »es
regnet+2 zum Zeitpunkt t« soll heißen, »es regnet 2 Tage
nach t«. Satz (1) ist logisch äquivalent mit der folgenden
Aussage: »es regnet+2 am 29. Mai 1965 in München« (2).
Dies aber scheint eine Aussage über den 29. Mai 1965 zu
sein. Wenn sie am 30. Mai 1965 geäußert wird, so ist sie eine
Aussage über die Vergangenheit, obwohl sie denselben Gehalt hat wie (1). Selbstverständlich würden wir geneigt sein
zu sagen, daß die am 30. Mai 1965 geäußerte Aussage (2)
etwas über die Zukunft besagt. Aber aufgrund von welchem
Kriterium können wir dieses behaupten? Der Hinweis darauf,
daß das neue Prädikat mittels »regnen« definiert wurde,
wäre natürlich keine Lösung; denn man kann ebenso

---

[1] »About«, Mind 70, 1961, S. 1 ff.

»+2-regnen« als Grundprädikat nehmen und mit seiner Hilfe »regnen« definieren.

Die Schwierigkeit läßt sich allgemeiner formulieren. Der Satz »Norwegen hat viele Fjorde« ist sicherlich eine Aussage über Norwegen. Und es scheint so, daß wir auch dann über Norwegen sprechen, wenn wir uns auf etwas beziehen, das Norwegen als Teil enthält (z. B. Skandinavien) oder das ein Teil von Norwegen ist (z. B. Oslo). Wenn aber jede Aussage über etwas, das in A enthalten ist, eine Aussage über A ist [Prinzip (I)] und gleichzeitig jede Aussage über etwas, das A als Teil enthält, eine Aussage über A darstellt [Prinzip (II)], dann erhalten wir die absurde Folgerung, *daß jede Aussage über irgend etwas (z. B. über B) zugleich eine Aussage über ein beliebig vorgegebenes Objekt Y ist*. Um dies einzusehen, braucht man nur ein C zu wählen, das sowohl B wie Y als Teil umfaßt (z. B. das Universum). Nach Prinzip (I) ist eine Aussage über B zugleich eine Aussage über C und nach Prinzip (II) eine Aussage über C zugleich eine Aussage über Y; also ist die Aussage B zugleich eine Aussage über Y.

Die Behauptung, daß eine gegebene Aussage ein Satz *über etwas Bestimmtes* sei, wird aber gegenstandslos, wenn diese Aussage zugleich ein Satz über etwas beliebiges anderes ist. Wie die angestellten Überlegungen zeigen, lassen uns jedoch unsere Sprachintuitionen im Stich, wenn wir uns fragen, wie wir diese Konsequenz vermeiden können.

Wollen wir ein brauchbares Kriterium dafür gewinnen, worüber ein Satz spricht, *so wird es somit unvermeidlich, vom alltäglichen Sprachgebrauch abzuweichen*. Die Gewinnung eines solchen Kriteriums ist, wie Goodman zeigt, nicht einfach. Man könnte z. B. zunächst meinen, daß folgender Vorschlag ausreiche: »Ein Satz S sagt etwas über A aus, wenn aus S logisch ein Satz W folgt, der A erwähnt« (dabei erwähnt ein Satz etwas, wenn ein Name dafür in ihm vorkommt). Selbst wenn wir dabei logisch wahre Folgerungen ausschließen, ist dieser Vorschlag inadäquat; denn aus »Deutschland ist größer als Österreich« (1) folgt logisch »Norwegen oder Deutschland ist größer als Österreich« (2). Und da (2) Norwegen erwähnt, müßte man behaupten, daß die Aussage (1) eine Aussage über Norwegen ist, was offenbar nicht stimmt. Die Verbesserung, die man am obigen Kriterium vornehmen kann, muß den Gedanken benützen, daß eine Aussage über *A* in dem Sinn »selektiv bezüglich *A*« sein muß, als sie nicht dasselbe über jedes andere *X* sagen darf (während tatsächlich nicht nur (2) aus (1) folgt, sondern auch jede andere Aussage, die aus (2) dadurch entsteht, daß man »Norwegen« durch einen anderen Namen ersetzt: (1) sagt nichts »selektiv« bezüglich Norwegen aus).

Auf diese Weise kann man versuchen, sukzessive zu einem besseren Kriterium zu gelangen. Man läßt dabei das bloße »Studium vom Sprachspielen« hinter sich. Ähnlich verhält es sich, wenn man erfahren will, wodurch sich Gesetze von Nichtgesetzen unterscheiden, oder wenn es um die Klärung solcher Begriffe wie des Wahrscheinlichkeitsbegriffs oder des Begriffs der logischen Folgerung geht. Wenn Wittgenstein auch darauf hinweist, daß für alltägliche Zwecke ungefähre Zeitangaben genügen, so leugnet er doch nicht, daß für physikalische Zwecke genauere Zeitmessungen notwendig sind. Warum soll es dann nicht auch innerhalb der Philosophie zugelassen werden, *für bestimmte Zwecke* zu genaueren Bestimmungen zu gelangen? Dann aber ist auch nicht einzusehen, warum die wittgensteinsche Methode nicht mit der der Analytischen Philosophie vereinigt werden soll. Nur wenn man die wittgensteinsche Philosophie «verabsolutiert«, entsteht ein solcher scheinbar unüberbrückbarer Gegensatz.

4. Sprache und Geist

> »Wenn man aber sagt: ›Wie soll ich wissen, was er meint, ich sehe ja nur seine Zeichen‹, so sage ich: ›wie soll *er* wissen was er meint, er hat ja auch nur seine Zeichen.‹«
> Philosophische Untersuchungen 504

Das Wort »Geist« wird hier nicht in dem Sinn verwendet, in dem wir es z. B. bei Nicolai Hartmann antrafen, sondern im Sinn jener besonderen Bewußtseinsakte, die man auch geistige Akte nennt. Dabei beschränken wir uns hier auf jene geistigen Phänomene, die mit dem verständnisvollen Aussprechen und Hören sprachlicher Gebilde verbunden sind. Am Beispiel des Meinens waren wir bereits auf Wittgensteins abweichende Auffassungen von den traditionellen (und seinen eigenen früheren) Vorstellungen gestoßen. Wittgensteins Skepsis diesen geistigen Akten gegenüber aber reicht viel weiter!

Zweckmäßigerweise gehen wir aus von einer Schilderung der durch Wittgenstein bekämpften Auffassung, die wieder sehr natürlich und zwanglos aussieht und in ihren allgemeinen Zügen fast als eine undiskutable Selbstverständlichkeit erscheinen mag. Diese Auffassung läßt sich schematisch und bildhaft etwa so charakterisieren: Geschriebene oder gesprochene Ausdrücke als solche sind nichts weiter als »unbelebte« körperliche Dinge oder Prozesse (Kreide- bzw. Tintenhügel auf Tafel oder Papier, Luftschwingungen). Diese toten Gebilde werden erst dadurch zu bedeutungsvollen Wörtern und sinnvollen Sätzen, daß ihnen »Geist eingehaucht« wird. Diesen Geist braucht man sich dabei selbstverständlich nicht als eine von den Sprachbenützern unabhängige, an sich seiende Entität vorzustellen. Vielmehr kommt die Sinnbelebung der im zwischenmenschlichen Sprachverkehr gebrauchten Ausdrücke dadurch zustande, daß Sprecher und Hörer mit den produzierten und vernommenen physischen Gebilden (Lauten, Schriftzeichen) bestimmte geistige Akte verbinden: Akte wie *Denken*, *Behaupten* oder *urteilendes Bejahen*, *Meinen*, seine *Aufmerksamkeit auf etwas richten*, *Verstehen*. So muß der Sprecher, wenn er nicht einfach »gedankenlose Worte produzierte, damit gewisse *Gedanken* verbunden haben. Inhalt und Art seiner Gedanken hängen davon ab, was er sagte: Falls er Behauptungen aufstellte, so mußten von ihm Vorstellungs- und Urteilsakte vollzogen worden sein, gab er einen Befehl, so müssen in ihm Willens- und Vorstellungsakte stattgefunden haben. Ebenso muß der Leser oder Hörer gewisse gedankliche Leistungen vollziehen, sollen die an seine Augen und Ohren dringenden Laute und visuellen Symbole für ihn mit Sinn erfüllt sein. Auch wenn er den Behauptungen des Sprechers nicht zustimmt oder seinen Befehlen nicht gehorcht, muß er diese Behauptungen oder Befehle doch zumindest *verstanden* haben, um mit ihnen etwas anfangen zu können.

Das Bild, um das es geht, ist also dieses: Sprechen und Schreiben stellen physische Prozesse dar, die in der äußeren, öffentlichen Welt stattfinden. Diese physischen Prozesse sind von parallelen psychischen Denkprozessen begleitet, die in den privaten Bewußtseins- und Geisteswelten der am Sprechverkehr beteiligten Personen stattfinden. Diese geistigen Vorgänge sind insofern »*privat*«, als sie jeweils nur dem Bewußtseinsträger selbst *direkt zugänglich* sind, während er sie an den anderen Personen bestenfalls *aus äußeren Symptomen indirekt erschließen*, dagegen nicht selbst erleben kann.

Wenn wir das Ergebnis seiner Kritik vorwegnehmen, so können wir sagen, daß nach Wittgenstein das, was sich in derartigen Schilderungen wie eine Selbstverständlichkeit ausnimmt, in nichts weiter besteht als in falschen Bildern. Die Grammatik der Ausdrücke »Denken«, »Meinen«, »Verstehen« etc. ist analog derjenigen von Wörtern wie »Gehen«, »Betrachten«, »in Empfang Nehmen«. Die Sprache läßt uns daher zunächst eine körperliche Tätigkeit hinter diesen Ausdrücken vermuten. Wir finden eine solche nicht vor und sagen dann, daß es sich um eine *geistige Tätigkeit* handle (vgl. »Philosophische Untersuchungen« 36). Etwas schärfer ausgedrückt: Wir *erfinden* diese geistige Welt als eine Art von zweiter und unsichtbarer Schattenwelt hinter der Welt des Körperlichen als Ersatzwelt für die vorgetäuschte, aber nicht gefundene körperliche Wirklichkeit.

Am Beispiel des Meinens ist Wittgensteins Kritik bereits an früherer Stelle skizziert worden. Die Tragweite der dort angedeuteten wittgensteinschen Ideen wird aber erst dann ersichtlich und das dort Gesagte auch erst dann voll verständlich, wenn die anderen »geistigen Akte« mit einbezogen werden, die für sinnvollen Sprachgebrauch und Sprachverständnis wesentlich zu sein scheinen. Dies hat verschiedene Gründe: Erstens muß Wittgenstein sein eigenes Bild vom Sprachspiel gegen diese andersartige Auffassung von der

Sprache und ihrem Funktionieren ständig verteidigen. Die Gegner seiner Auffassung werden als Lieblingsargument dies vorbringen, daß der Gebrauch von sprachlichen Ausdrücken nach bestimmten Regeln nicht den Kern des sprachlichen Geschehens treffe, sondern daß dieser Gebrauch *bloß die äußere Manifestation des eigentlichen und wesentlichen Geschehens* bilde, welches *in den geistigen Prozessen der Sprachbenützer* bestehe. Zweitens besteht bei der Konzentration auf eine einzige solche Art von angeblichen Geschehnissen stets die Möglichkeit, daß der Verfechter dieser These *ausweicht*, indem er *einen anderen geistigen Prozeß* für den zur Diskussion stehenden substituiert, also z. B. behauptet, daß der Akt des Meinens von etwas Bestimmtem darin bestehe, daß man sich von dem Objekt ein Vorstellungsbild mache, oder daß man seine Aufmerksamkeit darauf richte (z. B. »Philosophische Untersuchungen« 33). Und eine Wendung wie »seine Aufmerksamkeit auf... richten« bezeichnet doch sicherlich einen seelischen Vorgang! Drittens ist nicht zu leugnen, daß wir häufig solche Wendungen gebrauchen wie die, daß jemand das und das *gemeint* hat (oder: ernsthaft gemeint hat, oder: nicht so gemeint hat). Daher muß eine philosophische Theorie, welche die Existenz von Akten des Meinens leugnet, eine brauchbare Deutung solcher Wendungen geben. Besonders schlimm (nämlich für die von Wittgenstein propagierte Theorie) scheint es in jenen Fällen zu stehen, wo der sprachliche Ausdruck keine andere Deutung zuzulassen scheint als die eines Erlebnisses von bestimmter Art, etwa wenn von »plötzlichem Verstehen« die Rede ist, einem Vorgang, für den die Psychologen ja auch den Ausdruck »Aha-Erlebnis« einführten.

Wir können hier natürlich nicht all diesen Problemen nachgehen. Beschreibungen, Reflexionen und Argumente, die zu diesem Fragenkomplex gehören, ziehen sich durch die ganzen »Philosophischen Untersuchungen« hindurch. Wir beschränken uns auf einige ergänzende Bemerkungen zu dem früher über das *Meinen* Gesagten sowie auf das Verstehen.

Bezüglich des Meinens ist eine solche Ergänzung notwendig, da ein naheliegender Einwand gegen Wittgenstein so lauten könnte: Mit einer negativen Kritik, welche die Existenz eines spezifischen Aktes des Meinens leugnet, ist es nicht getan. Denn es ist ja nicht zu bestreiten, daß wir sehr häufig davon reden, daß jemand etwas (oder jemanden) meint. Man könnte der an die Adresse Wittgensteins gerichteten Frage die Wendung geben: *Was meinen wir* denn, wenn wir sagen, N. N. *meine das und das?* Irgend etwas müssen wir doch damit meinen! Wittgensteins Antwort könnte man sich etwa so denken: Selbstverständlich reden wir keinen Unsinn, wenn wir so etwas sagen. Die Frage aber: »*was* meinen wir...?« enthält eine implizite Anerkennung des Essentialismus, welchem der Fragende verfallen ist. In dieser Frage wird ja bereits stillschweigend vorausgesetzt, *daß es ein und dasselbe sein muß, auf das wir uns mit dem »meinen« beziehen.* Und gerade dies ist nicht der Fall! Vielmehr hat der Ausdruck »meinen« vielerlei Verwendungen; und statt nach dem gemeinsamen Wesen des »Meinens« zu suchen, sollen wir besser die verschiedenartigen Kontexte zusammenstellen, in denen dieses Wort gebraucht wird[1]. Aus dieser Einsicht, daß der Ausdruck vielerlei Verwendungen hat, dürfen wir aber nicht einfach die »brutale« Folgerung ziehen, daß er vage oder vieldeutig ist. Das Meinen ist vielmehr einer jener zahlreichen Fälle, wo der Begriff der *Familienähnlichkeit* seine Fruchtbarkeit erweist. Zwischen den verschiedenen Verwendungen von »meinen« besteht eine solche Familienähnlichkeit. Die Fälle, in denen es noch am ehesten als gerechtfertigt erschiene, vom Meinen als einem geistigen Prozeß zu sprechen, wären jene, in denen wir mögliche Zweifel am Gesagten abzuwehren versuchen: »er meinte dies ganz ernsthaft«, »er meinte, was er sagte«. Wittgenstein leugnet auch nicht, daß es so etwas gibt wie *ein charakteristisches Gefühl, das zu meinen, was man sagt.* Und dieses Gefühl kann sich auch in Fällen einstellen, wo wir eine der angeführten Redensarten oder ähnliche gebrauchen. Aber erstens kann dieses Gefühl vorhanden sein und trotzdem eine solche Äußerung unrichtig sein: Man kann das charakteristische

---

[1] Vgl. dazu G. Pitcher, a.a.O. S. 258 ff.

Gefühl haben, das zu meinen, was man sagt, und dabei gleichzeitig lügen (vgl. dazu weiter unten die noch deutlichere analoge Situation beim Verstehen). Und zweitens kann in den meisten Fällen, wo wir eine derartige Redeweise korrekt anwenden, von einem solchen Gefühl keine Rede sein.

Manchmal besagt »er meinte es ernsthaft« bloß etwas Oberflächliches, z. B. etwa »er sprach es mit einem ernsthaften Unterton in der Stimme aus«. Manchmal wollen wir damit auf etwas Tieferes hinweisen. Aber dieses »Tiefere« ist kein Erlebnis, das der Sprechende hatte, sondern etwas, das zu den Umständen gehört, in denen er redete. Hier stoßen wir das erstemal auf den wichtigen *Begriff der Umgebung*. Er weist in einem gewissen Sinn in eine ganz neue Dimension, in die wir eindringen müssen, wenn wir ein richtiges Verständnis für »das Geistige« gewinnen wollen. Zugleich gibt er uns einen Hinweis auf eine zusätzliche Fehlerquelle bei der Deutung sprachlicher Ausdrücke, die sich scheinbar auf psychische Akte beziehen. Mit »N. N. meinte das ganz ernsthaft« glauben wir, uns auf eine augenblickliche Situation des N. N. zu beziehen: Könnten wir nur *eine »Momentfotografie« von N. N. zum fraglichen Zeitpunkt vornehmen, die auch die gesamten inneren Zustände des N. N. mitberücksichtigt,* so könnten wir genau sagen, ob er es ernsthaft meinte oder nicht. Auch diese Annahme ist jedoch falsch; denn genau derselbe Momentanzustand von N. N. kann je nachdem, in welchem (nicht nur sprachlichen, sondern sozialen) Kontext die Äußerung getan wurde, was dem Zeitpunkt der Äußerung vorangegangen ist und was ihm folgen wird – also je nach dem konkreten Lebenszusammenhang, in dem sie gefallen ist –, Ernsthaftigkeit bedeuten oder nicht. Auf diesen Umgebungsbegriff werden wir auch noch an anderer Stelle stoßen.

Häufig treffen wir auf Äußerungen, wo Redewendungen von der angegebenen Art überhaupt unangebracht sind oder nur *unter bestimmten Umständen* sinnvoll sind. *Gänzlich* unangebracht z. B. ist die Frage »meinte er das ernsthaft?«, wenn er sagte »entschuldigen Sie bitte!«, allgemein: in

Fällen, wo die Äußerung nicht als Behauptung gedeutet werden kann, sondern nur als Vollzug einer Handlung (und nicht etwa als Beschreibung eines Handlungsvollzuges; denn zu sagen »entschuldigen Sie bitte!« *ist* sich entschuldigen und nicht eine sprachliche Beschreibung einer Entschuldigungshandlung). Diese Frage zu stellen, wenn jemand um Zeitangabe gebeten wurde und erwiderte: »6 Uhr«, erscheint nur in solchen Situationen als sinnvoll, wo z. B. ein mithörender Dritter davon überzeugt ist, daß es erst 4 Uhr sei oder daß der Befragte vorhatte, um 6 Uhr ganz woanders zu sein etc.

Auf eine ganz andere Verwendung von »meinen« stoßen wir, wenn wir damit *eine genauere Spezifikation* zu geben oder *einen Irrtum abzuwehren* versuchen. Diese Verwendung kann sich auch auf Nichtsprachliches beziehen oder auf eine Mischung von sprachlichen Äußerungen und Gebärden. Der Fall ist philosophisch insofern interessant, als er von neuem eine bestimmte Art von *Verführung durch die Sprache* illustriert. Jemand zeigt z. B. auf ein Bild und macht einige Bemerkungen. Ein anderer fügt erläuternd hinzu: »er meinte natürlich die Farbe und nicht die Form«. Hier haben wir einen jener Fälle, welche die Auffassung hervorrufen können, etwas Bestimmtes meinen bedeute (oder enthalte als wesentlichen Bestandteil) *das Richten der Aufmerksamkeit auf etwas*. Die abermalige Verführung durch die Sprache liegt darin, daß wir bei dieser letzten Wendung noch in viel stärkerem Maß die Tendenz haben, an ein seelisches Phänomen zu denken: an ein unsichtbares »geistiges Zeigen«, welches im Inneren der zeigenden Person den äußerlich sichtbaren Vorgang des physischen Zeigens begleitet. Der weitere Verlauf der Überlegung ist dann leicht vorauszusagen. Man sagt sich freudig: »aha, mit dem ›die Aufmerksamkeit auf etwas richten‹ habe ich jenen psychischen Akt gefunden, in dem das Meinen besteht bzw. der in allen Fällen des Meinens eine wesentliche Komponente bildet.« Zwei Fehler überlagern sich hier: Der erste Fehler besteht in der schon kritisierten Ansicht, es müsse in allen Fällen des Meinens etwas Gemeinsames vorkommen und der Akt der Aufmerksamkeit sei dieser gemeinsame Grundzug bzw. ein Teil von diesem. Der zweite und im augenblicklichen Kontext interessantere Fehler besteht in der Annahme, »Aufmerksamkeit« bezeichne einen seelischen Vorgang. Tatsächlich jedoch verhält es sich mit diesem Ausdruck analog wie mit dem »Meinen« selbst: »seine Aufmerksamkeit auf ... richten« hat in verschiedenen Kontexten verschiedene Verwendungen und bezeichnet nur in bestimmten Grenzfällen etwas, das man »seelisches Vorkommnis« nennen könnte (vgl. »Philosophische Untersuchungen« 33–36). An diesem Beispiel wird zugleich einer der Gründe dafür deutlich, warum die wittgensteinschen Überlegungen diesen »*unsystematischen*« Charakter haben, *von einem Thema plötzlich auf ein anderes überzuwechseln:* Verfolgt man an dieser Stelle nicht die Wendungen mit dem Ausdruck »Aufmerksamkeit« genauer, so stellt sich fast unvermeidlich die Situation ein, daß man glaubt, in dem »seine Aufmerksamkeit auf etwas richten« das gesuchte psychische Erlebnis gefunden zu haben, und in diesem falschen Bild seine Ruhe findet.

Nur eine der noch ausstehenden Deutungsmöglichkeiten des Meinens sei hier angeführt. Kann das Meinen in einem *geistigen Bild* bestehen? Statt auf die detaillierte wittgensteinsche Diskussion dieser Frage einzugehen, versuchen wir zunächst in einer etwas abstrakten Weise seine Gründe dafür anzugeben, *daß es nicht so sein kann*. Das abstrakte Schema soll dann in einem zweiten Schritt durch ein anschauliches Beispiel illustriert werden.

Vorausgesetzt seien zwei Personen X und Y sowie ein Objekt O, das die beiden Merkmale A und B besitzt. X behauptet, daß O eine bestimmte Eigenschaft besitze und benützt, um dies auszudrücken, ein Wort W. Y pflichtet dieser Behauptung bei und gebraucht dasselbe Wort W. Es spielt keine Rolle, ob X und Y den Gegenstand O gerade anschaulich vor sich haben oder nur über ihn sprechen, ohne ihn zu sehen. X habe dabei ein Vorstellungsbild O' und Y ein Vorstellungsbild O''. O' sowohl als auch O'' weisen beide Merkmale A und B auf. X jedoch *meinte* die Eigenschaft A, als er das Wort W gebrauchte, Y hingegen meinte die Eigenschaft B beim Gebrauch desselben Wortes. Dies zeigt, *daß die Ein-*

führung des Vorstellungsbildes nichts nützt, da sie nicht zu der gewünschten Differenzierung führt. O sei etwa ein weißer Tennisball. W sei das Wort »rund«. X meinte auch diese Gestalt, als er von O behauptete, er sei rund. Als Vorstellungsbild schwebte ihm eine weiße Billardkugel vor. Y meinte irrtümlich, daß »rund« dasselbe bedeute wie »weiß«. Als er das Wort hörte, schwebte ihm die runde weiße Laterne vor seinem Haus vor. Dieses Beispiel zeigt, daß das Problem nur zurückgeschoben ist. An die Stelle der Frage: »wie macht man das, mit einem Wort etwas meinen?« tritt einfach die andere: »wie macht man das, mit einem Vorstellungsbild etwas meinen?«. Denn offenbar repräsentierte ja für X das von ihm gehabte Vorstellungsbild von etwas Rundem und Weißem das Gestaltmerkmal, während für Y das Vorstellungsbild von etwas Rundem und Weißem das Farbmerkmal repräsentiert. X meinte mit seinem Vorstellungsbild *ein* Merkmal und Y mit seinem ein *anderes* Merkmal, obzwar die zwei Vorstellungsbilder in bezug auf beide fraglichen Eigenschaften gleich waren. Wäre es also richtig, daß man einen eigenen Akt des Meinens einführen müßte, um zu erklären, wie man mit einem konkreten Wort etwas Bestimmtes meinen könne, *so müßte man einen solchen Akt des Meinens auch einführen, um zu erklären, wie mit einem Vorstellungsbild etwas Bestimmtes gemeint werden könnte.* Dann aber kann das Meinen nicht in der Erzeugung des Vorstellungsbildes bestehen. Die Frage, ob solche Bilder bei allen Personen manchmal oder stets oder vielleicht auch gar nicht die gesprochenen Worte begleiten, kann völlig offen bleiben. Sie sind auf alle Fälle ein unwesentliches Anhängsel, analog wie dies etwa die graphische Illustration zu einer Erzählung ist. Die Situation wird vollends paradox, wenn man bedenkt, daß es ganz unwesentlich war, daß hier von dem Lösungsvorschlag »Vorstellungsbild« ausgegangen wurde: Was immer man für ein »psychisches Phänomen« als Charakteristikum des Meinens vorschlagen mag, es kann prinzipiell stets der Fall eintreten, daß dieses selbe Phänomen in zwei Personen stattfindet (von ihnen vollzogen wird), daß sie aber verschiedenes damit meinen.

In einem Bild gesprochen: Sind die Worte als solche tot und müssen sie eigens zum Leben erweckt werden, um Bedeutung zu erlangen, so sind auch die Bilder des Geistes als solche tot; ihre Bedeutung müssen sie von woanders her erlangen. *Kein Vorstellungsbild oder sonstiger »Hokuspokus der Seele« vermag die Brücke zwischen den Worten und der Wirklichkeit herzustellen.* Darum kann Wittgenstein auch die drastische Bemerkung machen: »Gott, wenn er in unsre Seelen geblickt hätte, hätte dort nicht sehen können, von wem wir sprachen« (»Philosophische Untersuchungen« S. 217).

So wie das *Problem* bei Wörtern und Vorstellungsbildern dasselbe ist, so ist auch die *Lösung* dieselbe. Das tatsächliche *Kriterium* dafür, was jemand mit einem Wort meint (was für eine Bedeutung es für ihn hat), ist der *Gebrauch*, den er davon macht. Diese knappe Formulierung ist natürlich auch nicht unmißverständlich; sie gibt nur die Richtung an, in der die Antwort liegt. Vor allem ist zu beachten, daß dabei auf das sprachliche und außersprachliche Verhalten des Redenden, *auch auf das Künftige*, Bezug genommen wird. Daß X mit »rund« ein bestimmtes Gestaltmerkmal meinte, Y dagegen eine Farbe, zeigt sich u. a. darin, daß X dieses Wort künftig auch auf andere runde Objekte anwendet, gleichgültig welche Farbe sie besitzen, während Y weiße Gegenstände als »rund« bezeichnen wird, unabhängig von ihrer Form. Und genauso verhält es sich mit den Bildern. Auch hier gilt: Was mit einem Bild gemeint ist (was für eine Bedeutung es hat), ist durch seinen Gebrauch festgelegt. Erst die Tatsache, daß X sein Bild *auf anderes anwendet* als Y, zeigt, daß beide damit *verschiedenes meinen*. Der Zusammenhang mit dem Wortgebrauch ist sogar ein noch engerer: Daß X sein Bild auf runde nichtweiße Gegenstände anwenden wird, aber nicht z. B. auf weiße nichtrunde, zeigt sich vor allem darin, daß er Objekte der ersten Art als »rund«, Objekte der zweiten Art als »nicht rund« bezeichnen wird. Wir sind in einen Zirkel hineingeraten: Das Vorstellungsbild sollte erklären, was mit einem Wort gemeint wird. Es ergab sich jedoch, *daß das, was mit einem Wort gemeint wird, die Bedeutung des Vorstel-*

lungsbildes erklären muß. Das Bild von einem runden Objekt muß von X in einer bestimmten Weise gemeint sein, und wie es gemeint ist, hängt davon ab, wie X das Wort »rund« gebraucht. Dieses Resultat ist nach Wittgenstein nicht verwunderlich: »Das Meinen is kein Vorgang, der das Wort begleitet; denn kein *Vorgang* könnte die Konsequenzen des Meinens haben« (»Philosophische Untersuchungen« S. 218; vgl. auch »Philosophische Untersuchungen« 139–141).

Wir wenden uns jetzt dem *Verstehen* zu. Dem Sprecher, der ein Wort oder einen Satz sinnvoll gebraucht, steht gegenüber der Hörer, der diese Ausdrücke versteht. Wieder drängt sich uns sofort der Gedanke auf, daß im Geist des Verstehenden »etwas passieren« müsse, daß dieser *den psychischen Akt des Verstehens vollziehen* müsse, damit man mit Recht sagen könne, er habe verstanden. Gestützt wird eine solche Annahme diesmal durch erfahrungswissenschaftliche Ergebnisse. Es waren Vertreter der empirischen Psychologie, die den Begriff des Aha-Erlebnisses prägten, welches das charakteristische Verstehenserlebnis sein sollte.

Wieder hat das Problem mannigfache Verzweigungen, da es nicht nur eine, sondern viele verschiedene Verwendungen von »verstehen« gibt, die alle zu untersuchen wären. Insbesondere wird dieses Wort nicht nur in bezug auf Sprachliches verwendet. Wir sagen nicht nur, daß wir ein Wort, eine Behauptung, eine Frage, einen Befehl verstanden oder nicht verstanden hätten, sondern auch, daß wir die Handlungen eines Menschen nicht verstehen könnten, daß wir das Bildungsgesetz einer Zahlenreihe verstanden hätten etc. Insbesondere der mathematische Fall, das Verstehen des Prinzips einer mathematischen Reihe, wird von Wittgenstein sehr im Detail betrachtet. Diese Art von Verstehen hat offenbar eine große Ähnlichkeit mit *etwas können* oder *wissen, wie man etwas macht*. Einen besonderen Reiz gewinnt das mathematische Beispiel durch den Umstand, daß eine Reihe ins Unendliche fortgesetzt werden kann, wodurch in der Frage des Verstehens immer wieder neue Überraschungen auftreten können, wie Wittgenstein durch teils verblüffende Beispiele zeigt (»Philosophische Untersuchungen« 143–155, 179 ff., 320–324).

Die Person X etwa schreibe eine Reihe von Zahlen nieder; Y muß sagen, *wann er verstanden habe, wie es weitergeht.* X beginnt z. B. so: 1, 3, 7, 13, 21. Nun sagt Y, er wisse jetzt weiter. Ist für dieses Weiterwissen ein »Aha-Erlebnis« (Erlebnis des Verstehens oder plötzlichen Verstehens) wesentlich? Da die Aufgabe so gestellt ist, daß Y von einem bestimmten Zeitpunkt an verstanden haben muß, scheint es wieder eine Selbstverständlichkeit zu sein, darin einen geistigen Akt zu erblicken. Wie zu erwarten, lautet Wittgensteins Antwort: *Ein solches Erlebnis ist weder notwendig noch hinreichend dafür, daß Y verstanden hat.* Hinreichend deshalb nicht, weil Y trotz des Erlebnisses, nun ganz genau zu wissen, wie es gehe, bei der Aufforderung, die Reihe weiterzuführen, versagen kann. Notwendig ebenfalls nicht, weil er die Reihe mit Erfolg weiterführen kann, ohne ein solches Erlebnis gehabt zu haben. Was war es also, das in dem Augenblick, da Y das Verständnis gewonnen hatte, eingetreten war? Die Antwort lautet: Es kann *alles Mögliche* gewesen sein. Y kann z. B. während der langsamen Niederschrift der Zahlen verschiedene Formeln ausprobiert haben. Als X bei 13 angelangt war, versuchte er es mit $n^2 - n + 1$; die nächste Zahl 21 bestätigte seine Vermutung. Oder Y sah X mit einem Gefühl der Spannung zu; allerlei undeutliche Vorstellungen schwirrten ihm dabei im Kopf herum. Als er sich fragte, was die Reihe der Differenzen sei, stellte er fest, daß dies die Reihe der geraden Zahlen $2n$ ist: 2, 4, 6, 8, ... Oder er probierte gar nichts und sagte bloß: »Ja, dies kenne ich«, und fuhr richtig fort. Oder er sagte nicht einmal etwas, sondern schrieb die Fortsetzung der Reihe einfach hin (wie er es auch im Fall von: 1, 2, 3, 4, 5, 6, ... getan hätte) u. dgl. Je nach der Lage des Falles kommen mehr oder weniger solcher Möglichkeiten in Frage. Wenn z. B. die Reihe lautete: 1, 7, 25, 61, 121 ..., so wird der Versuch mit den Differenzen kaum eher zum Erfolg führen als der Versuch, das Reihengesetz selbst zu finden; denn die Formel für die ersteren – nämlich $3n(n+1)$ – wird im allgemeinen nicht als einfacher erscheinen denn die Reihenformel selbst: $n^3 - n + 1$.

Was immer Y getan haben mag und was auch immer »in

ihm« vorgegangen sein mag, *als Rechtfertigung für die Behauptung, daß Y verstanden habe, verwenden wir nichts von all dem, sondern nur den tatsächlichen Erfolg des Y* bei der Fortsetzung der Reihe. Der Test ist aber *keinesfalls schlüssig.* Wir haben keine Garantie, daß Y die Reihe so versteht wie X. Auch dies gilt im allgemeinen Fall; im Reihenbeispiel wird es nur besonders deutlich. Es besteht die Möglichkeit, daß Y an einem bestimmten Punkt anders weiterfährt als X dies getan hätte.

Diese zuletzt erwähnte Möglichkeit stellt einen interessanten Zusammenhang her mit den von N. Goodman konstruierten »absurden« Prädikaten wie »grot« (vgl. S. 469f.), die Goodman dazu benützte, um ein zentrales Problem der Theorie der Induktion zu illustrieren, das Problem der Gesetzesartigkeit oder der Bestätigungsfähigkeit. Goodman geht vom normalen Gebrauch von Prädikaten wie »rot«, »grün« etc. aus und zeigt, daß man durch korrekte definitorische Einführung »abnormer« Prädikate zu scheinbar paradoxen Resultaten hinsichtlich dessen, was als induktiv bestätigt anzusehen ist, gelangt. Man kann viele der wittgensteinschen Überlegungen, insbesondere im Zusammenhang mit dem Erlernen einfacher Reihenentwicklungen (z. B. »Philosophische Untersuchungen« 185), so interpretieren: Während Goodman zum Zwecke der Konstruktion seiner Paradoxien von einem üblichen korrekten Verständnis der Ausdrücke ausgeht und die »abnormen« Prädikate durch (formal einwandfreie) Definitionen einführt, *faßt Wittgenstein die Fälle ins Auge, in denen ein Lernender Regeln für den Gebrauch von Ausdrücken bereits in einem solchen »abnormen« Sinn verstand*[1], also die Regel, +1 zu addieren, bis zu 1000 im üblichen Sinn befolgt, dann beginnt, 2 zu addieren, ab 2000 die Zahl 3 hinzuzählt usw. und nicht verstehen kann, wieso man ihm vorwirft, daß er nicht, wie verlangt, stets »das gleiche« tue.

---

[1] Man kann aber der Sache auch die umgekehrte Wendung geben: Wie die Überlegungen von Goodman zeigen, kann das, was Wittgenstein als gedankliche Möglichkeit annimmt, stets durch geeignete Definitionen erreicht werden, wenn man Personen voraussetzt, die das »normale« Wortverständnis haben.

Wittgenstein geht es allerdings nicht wie Goodman um das Induktionsproblem, sondern darum, zu zeigen, *daß es keine Garantie für richtiges Verstehen gibt,* und zwar weder für den Lehrenden noch für den Lernenden noch für einen Dritten. Und dies ist zugleich ein weiteres Argument gegen die Annahme, das Verstehen sei ein zeitlich lokalisierbarer innerer Vorgang.

Ähnlich wie im Fall des Meinens müßten die oben angedeuteten verschiedenen Möglichkeiten weiterverfolgt werden. Denn genauso wie dort besteht auch hier die Gefahr, daß einige der gegebenen Antworten so gedeutet werden, als werde damit auf jenes Erlebnis des Verstehens hingewiesen oder sogar dieses Erleben genauer charakterisiert. Als z. B. Y die algebraische Formel einfiel, war nicht wenigstens da dieser Einfall der »Akt des Verstehens«? Abermals würde Wittgenstein *eine differenziertere Antwort* geben: Gewiß, *in manchen Fällen* kann »Y weiß nun, wie er fortfahren muß« dasselbe bedeuten wie »Y ist die Formel F eingefallen«, z. B. dann, wenn man *außerdem weiß,* daß Y ein geübter Mathematiker ist und daß ihm nur noch diese Reihenformel fehlte. Aber dies gilt nicht in jedem Fall: Y kann z. B. die richtige Formel einfallen, ohne daß er merkt, daß es die richtige ist; oder sie fällt ihm ein und er weiß nicht, wie sie anzuwenden ist u. dgl. In solchen Fällen würden wir *nicht* sagen, Y habe verstanden oder wisse, wie er fortfahren müsse. Aber selbst im ersten Fall ist das Einfallen der Formel nicht unbedingt ein geistiger Vorgang: Wenn der Mathematiker mit Bleistift und Papier arbeitete und die Formel vor sich hinkritzelte, ohne daß sie ihm vorher »innerlich vorschwebte«, so kann diese *geschriebene* Formel genau dieselben weiteren Dienste tun, wie es im anderen Fall die *»gedankliche«* Formel tat.

An dieser Stelle mag es angebracht erscheinen, eine Frage anzuschneiden, die sich einige Leser sicherlich bereits gestellt haben. Ist der Standpunkt, den Wittgenstein vertritt, nicht bloß ein besonders extremer *Behaviorismus,* und sind die Argumente und Gegenbeispiele nicht einfach Versuche, eine behavioristische Philosophie zu stützen? Wittgenstein hat diese Frage selbst gestellt (»Philosophische Untersuchungen« 307). Statt einer Wiederholung der dort gegebenen knappen Antwort wollen wir, Wittgensteins sonstigem Vorbild folgend, die Sache differenzieren. Zunächst einmal muß unterschieden werden zwischen einem *metaphysischen* Behaviorismus, der die Existenz psychischer Vorkommnisse leugnet, und einem *methodischen* Behaviorismus, der die Frage des Bestehens psychischer Phänomene offenläßt oder solche Phänomene sogar ausdrücklich anerkennt, sich aber darauf beschränkt, für alles Psychische Verhaltenskriterien zu geben. Sicherlich vertritt Wittgenstein keinen metaphysischen Behaviorismus. Er leugnet nicht die Existenz von Erlebnissen, die das Meinen, Verstehen etc. begleiten können. Aber es sind nach ihm auch *nur Begleitvorgänge*, die keinesfalls als zum »Wesen« dieser Phänomene gehörend anzusehen sind. Was die zweite Art von Behaviorismus betrifft, so ergeben sich die folgenden Unterschiede: (1) Eine behavioristisch formulierte psychologische Theorie verwendet Verhaltenskriterien, um die Wahrheit von Aussagen über Personen überprüfen zu können; sie beansprucht dagegen nicht, den *Sinn* von alltagssprachlichen Ausdrücken, die sich auf den Gebrauch und das Verständnis von Wörtern und Sätzen beziehen, wie »meinen« und »verstehen«, zu explizieren. Wittgensteins Auffassung könnte daher bestenfalls als »*Sinnbehaviorismus*« bezeichnet werden. Doch wäre eine solche Terminologie wegen der anderen mit dem Wort »Behaviorismus« nun einmal verbundenen Assoziationen recht irreführend. (2) Es ist gar nicht richtig, daß Wittgenstein immer nur verhaltensmäßige Kriterien anführt. In allen Fällen sind für ihn nicht minder wichtig *andere Umstände*, wie z. B. die augenblickliche Gesamtsituation, die in der Vergangenheit gesammelten Erfahrungen und erworbenen Fähigkeiten etc. Ob einer ein Reihengesetz verstanden hat, ist nicht nur durch das bestimmt, was er tut, sondern auch davon abhängig, ob er ein guter Mathematiker ist, ob er sich eine Routine im Operieren mit Reihen erworben hat usw. (3) Selbst dort, wo Wittgenstein auf das tatsächliche Verhalten hinweist, ist es niemals nur das momentane oder »*kurzfristige*« *gegenwärtige* Verhalten, das als Kriterium dient. Vielmehr ist neben dem *vergangenen* vor allem *auch das künftige Verhalten* von Relevanz. Daß jemand die Operationsvorschrift, 1 zu addieren, zum Zeitpunkt t (bzw. zu einem Zeitintervall, das t umgibt) nicht verstanden hatte, obzwar die zu diesem Zeitpunkt vorgenommenen Tests alle zu einem positiven Resultat führten, kann u. U. erst zu einem viel späteren Zeitpunkt t_1 zutage treten, z. B. wenn der Betreffende, nachdem er bis zu 3000 die Operation stets korrekt ausführte, von da an plötzlich beginnt, so zu verfahren, daß *wir* dies als Addition von 3 bezeichnen würden: 3000, 3003, 3006, ... Diese Tatsache, daß nach Wittgenstein die Zukunft in den Sinn von *gegenwärtigen* Aussagen über andere Personen eingeht, ist einer der am schwersten zugänglichen Aspekte seiner Überlegungen. (4) Schließlich ist nicht zu übersehen, daß auch der Behaviorismus als eine Variante des Essentialismus auftreten würde, sofern es ihm etwa darum ginge, die *Natur* des Verstehens, seine Aufmerksamkeit auf etwas Richtens, Meinens, durch verhaltensmäßige Kriterien einzufangen. Für Wittgenstein ist es vielmehr charakteristisch, daß er Fragen wie: worin besteht das Meinen (Verstehen etc.)? *nicht andersartig beantwortet, sondern zurückweist*. Klarheit über seine Position gewinnt man erst, wenn man die Gründe für seine Zurückweisung verstanden hat. Dem Leser wird empfohlen, sich an dieser Stelle nochmals das in Abschnitt 3 über den Essentialismus Gesagte vor Augen zu führen.

Wir haben eingangs gesagt, daß es nach Wittgenstein zu der Annahme geistiger Tätigkeiten dadurch kommt, daß wir durch die alltagssprachliche Grammatik zu falschen Bildern verleitet werden. Wie bereits früher hervorgehoben wurde, besagt die Redewendung »ein bestimmtes Bild von einer Sache haben« soviel wie: *diese Sache unter einem ganz bestimmten Gesichtspunkt betrachten*, wozu insbesondere auch gehört, daß man sie in Analogie zu anderen Dingen setzt und sich bei ihrer Deutung von bestimmten Modellvorstellungen leiten läßt. Im vorliegenden Fall ist es die grammatikalische Ähnlichkeit von solchen Verben, die körperliche Handlungen charakterisieren (z. B. »zerreißen«) und Ausdrücken für geistige Vorgänge (z. B. »denken«), die zu einem Analogiebild führt.

Man könnte Wittgensteins Standpunkt schematisch vielleicht am besten so charakterisieren: Es sind zwei Dinge, die hier zusammenwirken, nämlich die »*essentialistische Neigung*« und *die Verführung durch die Alltagssprache*. Aufgrund der ersten Tendenz gelangen wir zu der Überzeugung, Ausdrücke wie »meinen«, »verstehen«, »denken« müßten sich stets *auf etwas ganz Bestimmtes* beziehen. Nennen wir dies die *essentialistische Prämisse*. Es fragt sich nun, was dieses eine jeweils sein könnte. Es scheint sich um Tätigkeiten handeln zu müssen. Dies wird nahegelegt durch die erwähnte analoge grammatikalische Struktur: In vielen Hinsichten wird z. B. »denken« so verwendet wie »zerreißen«. Wir sagen nicht nur »N. N. dachte an jemanden« (1) und »N. N. zerriß ein Dokument« (2), sondern wir können in beiden Fällen analoge Fragen stellen und gleichartige grammatikalische Umformungen vornehmen. So z. B. können wir fragen »an wen dachte N. N.?« (»welches Dokument zerriß N. N.?«), »wann dachte er...?« (»wann zerriß er...?«), »wo befand er sich, als er an ... dachte?« (»wo befand er sich, als er ... zerriß?«). Wir können beide Aussagen in ähnliche Zusammenhänge einordnen, wie z. B. »N. N. bemühte sich, an ... zu denken« (»er bemühte sich, das Dokument zu zerreißen«). Ganz analoge Parallelen lassen sich in anderen Fällen herstellen, so etwa bei Ausdrücken, die eine »logische Tätigkeit« zu beinhalten scheinen wie: »folgern«, »beweisen«, »einen Schluß ziehen«. Der Leser kann sich dies leicht selbst anhand von weiteren Analogiebeispielen überlegen. Die Verführung durch die Sprache besteht nun darin, daß man sich sagt: So wie (2) zweifellos eine Handlung beschreibt, die N. N. vollzieht, *so muß auch (1) eine Handlung beschreiben*. Analog verhält es sich dort, wo wir beide Male Zustände (»er ist entsetzt«, »er ist verwundert«) oder Prozesse (»er wurde immer trauriger«, »er wurde immer fetter«) zu beschreiben scheinen. Wir sehen aber im Fall (1) (und in den analogen anderen Fällen) keine Handlung: *Wir nehmen nicht wahr*, wie N. N. an X denkt, einen logischen Beweis konstruiert oder sich darum bemüht, dies zu tun; während wir doch *sehen*, wie er das Papier zerreißt oder zu zerreißen versucht. Die fraglichen Handlungen können also nicht genau von derselben Art sein wie die physischen Verrichtungen; sie sind ihnen höchstens *analog*, unterscheiden sich von ihnen aber in der einen wesentlichen Hinsicht, daß sie im Gegensatz zu den körperlichen Tätigkeiten nicht in der allgemein zugänglichen *öffentlichen Welt* stattfinden, sondern sich in einer *unsichtbaren privaten Sphäre* abspielen, die nur dem handelnden Subjekt selbst zugänglich ist. *So also gelangen wir zu dem Bild vom Geist als einer gespensterhaften zweiten Welt neben der sichtbaren körperlichen Wirklichkeit.* Und dieses Bild hält uns nun wie mit Eisenklammern gefangen; wir kommen nicht mehr davon los. Darum auch die Verständnislosigkeit, auf die Wittgensteins Versicherung stößt, es handle sich bei jenen geistigen Prozessen und Tätigkeiten um nichts anderes als um *grammatikalische Fiktionen*. (Vgl. »Philosophische Untersuchungen« 36, 115, ferner das Beispiel des Lesens in »Philosophische Untersuchungen« 156 ff., »The Blue and Brown Books« S. 8 und S. 40.)

Es ist wichtig, das in den letzten beiden Absätzen Gesagte in seiner logischen Funktion für die wittgensteinsche Kritik nicht falsch einzuschätzen: Überlegungen von dieser Art *implizieren noch keine Verwerfung der von Wittgenstein angegriffenen Theorie*. Es ist ja aus der Geschichte der Naturwissenschaften hinreichend bekannt, daß Vorurteile, mythologische Vorstellungen, voreilige Analogiebetrachtungen und reine Spekulationen im Endeffekt zu durchaus brauchbaren und empirisch haltbaren Theorien führen können. Wittgensteins *Kritik* war in den früheren Untersuchungen zum Meinen und Verstehen enthalten. Die eben geschilderten Überlegungen sollen hingegen *verständlich machen, wie es überhaupt zu der von Wittgenstein verworfenen Auffassung kommen konnte und wieso diese Auffassung mit solcher Hartnäckigkeit und Selbstverständlichkeit vertreten wird.* Allerdings hat die von Wittgenstein gegebene Erklärung, wenn sie sich zu jener Kritik hinzugesellt, den zusätzlichen praktischen Effekt einer Entwertung der kritisierten Auffassung. Die Situation ist hier in einem gewissen Sinn analog zur sog. »Ideologiekritik«, die politische Philosophien und Weltanschauungen dadurch zu relativieren und damit zu entwerten trachtet, daß sie zu zeigen versucht, wie diese Philosophien und Weltanschauungen aus bestimmten Mythen und anderen irrationalen Quellen hervorgegangen sind.

Es mag zur Verdeutlichung nützlich sein, Wittgensteins Position mit der früher behandelter Philosophen zu vergleichen, z. B. mit der Brentanos, Husserls und der Analytischen Philosophie. Wie dem Leser erinnerlich sein wird, hat bereits *Brentano* auf die Wichtigkeit von philosophischer Sprachkritik hingewiesen. Die *analytischen Philosophen* haben diesen Gedanken aufgegriffen und weitergeführt. Fast ausschließlich hat man sich dabei auf das für Logik und Erkenntnistheorie Wichtige beschränkt, insbesondere auf die Analyse logischer Zeichen und die Frage der Funktion genereller Ausdrücke (etwa im Zusammenhang mit dem Platonismus-Problem). Der Verfasser der »Philosophischen Untersuchungen« hätte darauf hingewiesen, daß die entsprechenden Untersuchungen zu Ausdrücken wie »meinen«, »urteilen«, »verstehen«, »logisch deduzieren« u. dgl. unterblieben seien. So bleibe z. B. auch Brentano dem Essentialismus insofern verhaftet, als er die Auffassung vertritt, daß durch diese Ausdrücke jeweils etwas Bestimmtes bezeichnet werden müsse; ebenso vermochte er sich in diesen Fällen nicht von der sprachlichen Verführung zu befreien und gelangte dazu, psychische Akte oder Tätigkeiten anzunehmen [1]. *Husserl* ging noch weiter, indem er Bewußtseinsinhalte verselbständigte und die Wesenheiten zu Entitäten eigener Art hypostasierte. In dieser Hinsicht am weitesten entfernt von Wittgenstein ist unter allen Phänomenologen aber *Heidegger*. Denn zu all dem, was bereits auf Husserl zutrifft, kommt bei ihm

---

[1] Die Art und Weise, wie Wittgenstein die von ihm kritisierte Auffassung darstellt, erinnert häufig so stark an Brentano, daß man sich des Eindrucks nicht erwehren kann, Wittgenstein habe seine Ideen mindestens teilweise durch Auseinandersetzung mit der brentanoschen Philosophie gewonnen, obwohl sich anscheinend dafür keine historischen Belege vorbringen lassen.

noch »die Verführung durch die logischen Ausdrücke« (wie das Hilfszeitwort »sein« oder die Partikel »nichts«).

Von der Phänomenologie ist Wittgenstein somit durch zwei Abgründe getrennt: durch die Verwerfung des Essentialismus und durch die Leugnung der Existenz wenigstens gewisser Arten von Phänomenen, die von Husserl *als gegeben* angenommen worden sind. Daß daneben auch Gemeinsamkeiten bestehen, braucht dabei nicht geleugnet zu werden [1].

Das folgende Analogiebeispiel mag eine Illustration dafür sein, warum das von Wittgenstein über »das Geistige« Behauptete viel schwerer zu verstehen ist, die skizzierten Untersuchungen viel mühevoller zu vollziehen sind und die dabei erforderlichen Einsichten viel schwieriger zu gewinnen sind als es im Fall der logischen Ausdrücke wäre.

Daß »nicht« zur Bildung der Negation von Aussagen verwendet wird, ist leicht zu erkennen. Hat man dies einmal eingesehen, so ist es nur mehr ein kleiner Schritt zu der Einsicht, daß der Ausdruck »nichts« ungeachtet der Tatsache, daß er grammatikalisch an derselben Stelle steht wie Subjektsbezeichnungen, nicht als Gegenstandsname fungiert, sondern zur Bildung der Negation von Existenzbehauptungen dient. Nun ist es aber eine bekannte Tatsache, daß es Sprachen gibt (wie z. B. das Mongolische), in denen kein Analogon zu der Sprachpartikel »nicht« existiert. Die Negation muß dort vielmehr durch ein eigenes *verbum negativum* ausgedrückt werden. Angenommen, Deutsch wäre eine solche Sprache. An die Stelle des »nicht« würde dann etwa das konjugierbare Verbum »nichten« treten und statt »ich gehe nicht«, »er geht nicht« etc. müßten wir sagen »ich nichte gehen«, »er nichtet gehen«. Für einen Philosophen wäre es in einem derartigen Fall wesentlich schwieriger, zu einer adäquaten Einschätzung der logischen Funktion des verbum negativum zu gelangen, als es im gegenwärtigen Fall ist, eine korrekte Deutung von »nichts« vorzunehmen. Diese Schwierigkeit wäre – unter der Voraussetzung der Richtigkeit der geschilderten wittgensteinschen Auffassung – bis zu einem

---

[1] Vgl. C. A. van Peursen, »Edmund Husserl and Ludwig Wittgenstein«.

gewissen Grade analog derjenigen, sich durch den Gebrauch
von Wörtern wie »denken« und »verstehen« nicht zu falschen
Bildern verleiten zu lassen. Denn da wir uns im körperlichen
Fall mit Hilfe von Verben gewöhnlich auf Tätigkeiten und
Vorgänge beziehen, wäre der Gedanke verführerisch, von
einer Tätigkeit des Nichtens zu reden, die dann mangels
Wahrnehmbarkeit in eine unsichtbare Geisterwelt verlegt
werden müßte.

5. Innere Erfahrung und Fremdseelisches

»›Der Knall war nicht so laut, als ich erwartet hatte‹. –
›Hat es also in deiner Erwartung lauter geknallt?‹«
Philosophische Untersuchungen 442

Im vorangehenden Abschnitt war nur von jenen geistigen
Akten die Rede, die nach üblicher Auffassung den sinnvollen
Gebrauch und das Verständnis sprachlicher Ausdrücke begleiten. Damit, daß diese angeblichen Vorgänge für »Sprachfiktionen« erklärt wurden, ist noch nichts über jene zahllosen
Phänomene ausgesagt, die unsere Erlebniswelt ausmachen:
Empfindungen, Gefühle, Intentionen, Wahrnehmungserlebnisse. In diesem Abschnitt sollen Wittgensteins Reflexionen
über das Verhältnis der Sprache zu den inneren Erlebnissen
geschildert werden. Wenn auch der Leser durch die bisherige
Darstellung auf das nun Folgende etwas vorbereitet sein
dürfte, so müssen wir doch mit Nachdruck betonen, daß es
sich hierbei um einen der schwierigsten Teile seiner Spätphilosophie handelt. Mehr noch als an anderen Stellen seiner
Spätphilosophie scheint Wittgenstein hier gegen Selbstverständlichkeiten anzukämpfen; und dem Leser wird es immer
wieder passieren, daß ihm angesichts der wittgensteinschen
Äußerungen »der Verstand stehenbleibt«.

Wittgenstein war ein *Virtuose der Subtilität*. Wichtige
Details, auf die es ankommt, entgehen einem leicht, wenn
man ein Problem in zu allgemeiner Form behandelt; sie entgehen einem weniger leicht, wenn man dem Problem eine
konkrete Gestalt gibt und sich die Sache von der Nähe ansieht.
Fragen von der Art, wie wir sie in diesem Zusammenhang
von einem anderen Philosophen erwarten würden, etwa »auf

welche Weise gelangen wir zu Begriffen von Empfindungen und Gefühlen?« oder »wie kommen wir zu einer Erkenntnis über das Fremdseelische?« finden wir bei Wittgenstein nicht. Vielmehr werden die Probleme stets am Beispiel *konkreter* Erlebnisse erörtert, insbesondere an einem stets wiederkehrenden Beispiel: den *Schmerzen*. Wir geben zunächst die übliche Auffassung wieder und schildern dann im Kontrast dazu das, was Wittgenstein zu sagen hat. Von »üblicher Auffassung« können wir auch hier wieder sprechen, weil es sich dabei um sehr generelle Annahmen handelt, die von den meisten Philosophen und Psychologen geteilt werden, unabhängig von den Unterschieden der erkenntnistheoretischen Standpunkte und der speziellen von ihnen vertretenen Hypothesen.

Diese übliche Auffassung ist kurz die: Die Erlebnisse eines jeden Menschen sind seine eigene, private Angelegenheit. Kein anderer kann in mein Bewußtsein hineinsteigen und meine Erlebnisse haben. Ich kann nur am eigenen Fall erfahren, was Schmerzen sind. Die *eigenen erlittenen Schmerzen* bilden für jeden die *einzige* Erlebnisgrundlage für die Abstraktion des allgemeinen Begriffs des Schmerzes. Daher ist auch das Wort »Schmerz« für mich nur deshalb ein bedeutungsvoller Ausdruck, weil ich selbst Schmerzen gehabt habe. Erst auf indirektem Wege gelange ich dazu, den Begriff des Schmerzes auf andere zu übertragen. Es ist dabei unwesentlich, ob jene Theorie richtig ist, wonach die *Erkenntnis* dessen, daß ein anderer Schmerzen hat, in indirekter Weise gewonnen werde, da sie das Ergebnis eines Analogieschlusses sei – eine These, die bereits von M. Scheler betritten wurde. Vielmehr geht es hier nur darum: Die Bezeichnung fremder Erlebnisse *als Schmerzen* ist in dem Sinn indirekt, daß die Anwendung des Wortes »Schmerz« auf fremde Erlebnisse sich auf *körperliche Symptome* stützen muß, da mir die fremden Schmerzen nicht unmittelbar gegeben sind. Auch nachdem diese Übertragung vom eigenen Fall auf den fremden erfolgte und damit das Wort »Schmerz« zu einem Bestandteil der allgemeinverständlichen, öffentlichen Sprache geworden ist, *bleibt doch der eigene Fall ausgezeichnet:* erstens dadurch, daß nach dieser Einbettung in die öffentliche Sprache der Ausdruck »Schmerz« für jeden nur dadurch bedeutungsvoll bleibt, daß er damit *die auf seinen persönlichen Schmerzerlebnissen beruhenden privaten Vorstellungen* verbindet; und zweitens dadurch, *daß ich stets nur von mir selbst weiß, ob ich Schmerzen habe oder nicht* (Evidenz der inneren Wahrnehmung), während ich dies von anderen Menschen höchstens *glauben* oder *hypothetisch annehmen* kann. Denn bei den anderen sind mir nicht die Schmerzen selbst, sondern nur die *Schmerzäußerungen* gegeben, weshalb ich hier stets der Gefahr eines Irrtums oder einer Täuschung ausgesetzt bin.

Wittgenstein akzeptiert keinen einzigen dieser Gedanken. Sie beruhen nach ihm teils auf irrigen Vorstellungen vom Funktionieren der Sprache als solcher und teils auf unrichtigen Ideen über den Gebrauch von Empfindungsworten. Diese Irrtümer werden wieder stark begünstigt durch Bilder, die in uns auftauchen und uns beherrschen, wenn wir beginnen, über psychische Phänomene zu philosophieren. Wir wollen versuchen, Wittgensteins Ausführungen durch Aufgliederung in drei Klassen zu rekonstruieren: 1. eine Kritik der Voraussetzung, daß die eigenen Erlebnisse die einzige Quelle für den Begriff des Schmerzes bilden, 2. eine Kritik der Behauptung, daß die Anwendung dieses Begriffs auf den Fall anderer Wesen eine bloß indirekte und prinzipiell problematische ist und 3. eine Kritik der Annahme, daß die Einbeziehung des Wortes »Schmerz« in die öffentliche, allen verständliche Sprache gebunden bleibt an die private Bedeutung, welche die einzelnen Menschen mit diesem Wort verbinden.

Wittgensteins Ausführungen zum ersten Punkt sind gekennzeichnet durch seine *Verwerfung des Begriffs einer privaten Sprache.* Darunter ist nicht eine Sprache zu verstehen, die *de facto* bloß von einer einzigen Person gesprochen und verstanden wird – eine derartige, nur für die privaten Zwecke dienende Geheimsprache kann selbstverständlich prinzipiell jeder, der bereits eine öffentliche Sprache versteht, einführen –, sondern eine Sprache, die von keinem anderen Subjekt außer dem Sprecher allein verstanden werden *kann*, weil die Ausdrücke dieser Sprache sich auf die persönlichen inneren Erlebnisse dieses Subjektes beziehen. Warum sollte es eine derartige Sprache nicht geben? Es scheint, als brauche ich z. B. für die Einführung von Namen in eine solche Sprache nichts anderes zu tun als meine Aufmerksamkeit auf ein bestimmtes Erlebnis, etwa eine Empfindung, zu konzentrieren, diesem Erlebnis *einen Namen zu geben* und mir die dadurch hergestellte Verbindung zwischen Erlebnisbezeichnung und Erlebnis einzuprägen.

In dieser Allgemeinheit ist die Idee der privaten Sprache nicht nur nichts Absonderliches, sondern etwas, das in irgendeiner Form von Philosophen verschiedenster Richtung angenommen wurde: Wir stoßen auf sie bereits bei *Descartes*, für den nur die eigene Bewußtseinssphäre das unmittelbar Gewisse darstellt, die Außenwelt (einschließlich der Welt anderer bewußter Wesen) hingegen etwas Problematisches und Bezweifelbares ist. Dieser Gedanke liegt ferner dem *englischen Empirismus* zugrunde, besonders deutlich etwa der Theorie *J. Lockes*, wonach ein von der Person A gesprochenes Wort für die Person B erst dadurch verständlich wird, daß das von B gehörte Wortvorkommnis aufgrund einer Assoziation im Bewußtsein von B ein (privates) Ideenerlebnis erzeugt, welches ein Zeichen für jene private Idee ist, die A mit diesem Ausdrucksvorkommnis verbindet. Wir können eine solche Denkweise sogar in *Kants Theorie der Erfahrung* feststellen, wenn dort gefragt wird: »Wie werden (subjektive) Wahrnehmungsurteile, d. h Urteile über Privaterlebnisse, zu (objektiven) Erfahrungsurteilen?« Auch im *heutigen Empirismus* finden wir diese Voraussetzung einer privaten Sprache dort, wo es darum geht, physische Objekte als »Konstruktionen aus Sinnesdaten« zu interpretieren oder alle Aussagen über reale Dinge in eine phänomenalistische Sprache zu übersetzen. Ganz allgemein liegt diese Betrachtungsweise überall dort vor, wo das Problem der »Realität der Außenwelt« gestellt und *der Schluß auf die Außenwelt und auf das Fremdpsychische* erkenntnistheoretisch gerechtfertigt werden soll. Ferner wird eine private Sprache implizit in jeder Theorie, wie etwa der *brentanoschen*, vorausgesetzt, wonach der inneren Wahrnehmung »Evidenz« zukommt, während die äußere

Wahrnehmung »blind« ist. Schließlich beruht auch die *Bedeutungslehre Husserls* auf einer Variante dieses Gedankens. Angesichts der weiten Verbreitung dieser Idee könnte man fast geneigt sein zu sagen, *daß Wittgenstein hier eine stillschweigende Voraussetzung der neuzeitlichen Philosophie überhaupt zutage fördert und angreift.* Dabei ist das Neue an Wittgensteins Gedankengängen nicht erst dies, daß er hiermit eine Annahme verwirft, die sich bei den anderen Philosophen allgemeiner Anerkennung erfreut, sondern daß er uns dazu führen will *zu sehen, daß es sich in diesen Fällen um die Konzeption einer privaten Sprache handelt.* Denn die meisten der hier angeführten Philosophen würden leugnen, daß sie bei ihren Untersuchungen *mit einer solchen* Voraussetzung beginnen. Wittgenstein setzt sich mit diesen historischen Standpunkten und Methoden nicht explizit auseinander; aber er hätte ohne Zweifel die Ansicht vertreten, daß man keine dieser Methoden und keinen dieser Standpunkte mehr akzeptieren könne, sobald man das verstanden habe, was er gegen die Annahme einer privaten Sprache einzuwenden hat.

Wir gingen davon aus, daß zunächst keine Schwierigkeit in der Annahme zu liegen scheint, man könne durch eine Art von »privater Definition« eine Verbindung zwischen einem Wort Q und einer Empfindung E stiften und sich diese Verbindung einprägen: Q soll auch in Zukunft immer nur die Empfindung E bezeichnen. Wittgenstein wendet dagegen ein: »ich präge mir diese Verbindung ein« kann nur bedeuten, daß ich mich in Zukunft an diese Verbindung *richtig* erinnern werde, wobei das »richtig« seinerseits bedeutet »im Einklang mit dieser privaten Festsetzung«. Wie aber soll ich in Zukunft entscheiden, ob ich das Wort in diesem Sinn richtig gebrauche oder nur (irrtümlich) glaube, es richtig zu gebrauchen? Was ist hier das *Kriterium* der Richtigkeit? Die Antwort muß lauten, daß sich kein solches Kriterium angeben läßt: »Man möchte hier sagen: richtig ist, was immer mir (in der Zukunft) als richtig erscheinen wird. Und das heißt, daß hier von ›richtig‹ nicht geredet werden kann« (»Philosophische Untersuchungen« 258). Da ein solcher Begriff der

Richtigkeit aber vorausgesetzt werden mußte, um der Annahme einen Sinn zu verleihen, daß ich einer meiner Empfindungen einen Namen gebe, so bricht diese Annahme in sich zusammen und damit auch die ganze Idee einer privaten Sprache. Der springende Punkt in Wittgensteins Argumentation liegt in der Feststellung, daß eine private Sprache auf *privaten Regeln* beruhen müßte, dieser Begriff privater Regeln jedoch eine Fiktion darstellt: Solche privaten Regeln sind ununterscheidbar von *Eindrücken* von Regeln. Wenn ich aber den Eindruck habe, einer Regel zu folgen, so garantiert dies nicht, daß ich dieser Regel auch tatsächlich folge, außer ich kann etwas angeben, *was diesen Eindruck rechtfertigt*. Diese Rechtfertigung müßte darin bestehen, daß ich an eine *objektive, unabhängige* Stelle appelliere. Im vorliegenden Fall dagegen müßten wir mit einer rein subjektiven Rechtfertigung vorliebnehmen, die lediglich in einem anderen Eindruck bestünde. Die subjektive Rechtfertigung eines Eindruckes durch einen anderen aber ist eine Pseudorechtfertigung, nicht weniger lächerlich, »als kaufte einer mehrere Exemplare der heutigen Morgenzeitung, um sich zu vergewissern, daß sie die Wahrheit schreibt« (»Philosophische Untersuchungen« 265).

Viele werden diese Argumentation nicht überzeugend finden und versuchen, sie durch Gegenargumente zu entkräften. Zwei solcher möglicher Gegenargumente sollen behandelt werden. Das erste ließe sich so formulieren: »Zugegeben, ich kann nie *wissen*, ob ich den Regeln meiner privaten Sprache tatsächlich oder nur scheinbar folge; ich kann nie *beweisen*, daß das erstere der Fall ist. Aber trotzdem könnte es der Fall sein, daß ich den privaten Regeln folge, also z. B. daß ich mich an die durch mich festgesetzte Bedeutung des Wortes Q später richtig erinnere. Es ist *sinnvoll*, so etwas anzunehmen. Und genügt es denn nicht für die Einführung des Begriffs der privaten Sprache, daß der Begriff der korrekten Befolgung der privaten Regeln ebenfalls ein sinnvoller Begriff ist?«

Wittgensteins Erwiderung darauf würde etwa lauten: Daß wir meinen, mit der Wendung »einer privaten Sprachregel folgen« einen klaren Gedanken verbinden zu können, beruht darauf, daß bei einer solchen Wendung in uns alle möglichen Bilder auftauchen, die der Wendung einen Sinn zu geben scheinen, ohne daß dies tatsächlich der Fall wäre; denn wir haben keine Ahnung, wie diese Bilder *anzuwenden* sind. Wer behauptet, der Benützer einer privaten Sprache könne sich an die früher gehabte Empfindung E und die Festsetzung, daß Q dieses E bezeichnen soll, *erinnern* und daher jetzt und künftig einen richtigen privaten Gebrauch von Q machen – mag er dies auch nie genau wissen –, der übersieht, daß die fragliche Erinnerung eine *richtige* Erinnerung sein muß, um die gewünschten Dienste zu leisten. Wie aber bereits gezeigt wurde, gibt es hier keine Kriterien der Richtigkeit; die allein zur Verfügung stehenden »subjektiven Kriterien« sind keine. Wo wir aber keine Richtigkeitskriterien haben, wird es nicht falsch, sondern *sinnlos*, die Worte »richtig« und »unrichtig« weiter zu verwenden.

Das stärkste Motiv für unser Widerstreben gegen die Annahme der wittgensteinschen Konsequenz dürfte jedoch in diesem Gedanken liegen: Es mag richtig sein, daß der Benützer P der privaten Sprache *selbst* keine Kriterien für die korrekte Befolgung der Regeln dieser Sprache hat. Dennoch können *wir* in sehr einfacher Weise angeben, wann eine solche korrekte Befolgung vorliegt: Wenn P jetzt beschließt, diese bestimmte Empfindung »Schmerz« zu nennen, so wendet er zu einem späteren Zeitpunkt genau dann das Wort »Schmerz« in korrekter Weise an, wenn er *dieselbe* Empfindung, sowie sie abermals auftritt, so bezeichnet. In seiner Kritik dieses Gedankens zieht Wittgenstein eine erste interessante Analogie zwischen der Philosophie der Mathematik und der Philosophie des Geistes; wir werden daher auf das folgende, bereits in Abschnitt 4 angedeutete Beispiel in anderem Zusammenhang nochmals zurückkommen. Zugleich wird darin eine Problematik von »einer Regel folgen« aufgezeigt:

Angenommen, der Lehrer bringt einem Schüler bei, den Befehl auszuführen: »addiere 1!«. Nach verschiedenen Übungen glaubt der Lehrer, der Schüler habe verstanden, worum es geht, und zahlreiche Stichproben, die aber ausschließlich Zahlen unterhalb 1000 betreffen, bestätigen diese Vermutung. Überraschenderweise jedoch addiert der Schüler auf die Anweisung »addiere 1!« für die Zahlen von 1000 bis 1999 die Zahl 2, für die Zahlen 2000 bis 2999 die Zahl 3 usw. Was immer der Lehrer gesagt haben mag, und noch mehr, welche Erläuterungen und Erklärungen der Lehrer auch gegeben haben mag und was immer in seinem Geiste vorgegangen sein mag, nichts von all dem schließt aus, daß gerade diese Art der Fortsetzung vom Lehrer »intendiert« war. Insbesondere ändert sich die Situation nicht dadurch, daß der Lehrer zum Schüler sagt: »du sollst doch die Reihe *in der gleichen Weise* fortsetzen, in der du sie begonnen hast«; denn der Schüler kann darauf die für uns aufschlußreiche Antwort geben: »aber ich bin doch *in der gleichen Weise* fortgefahren!«.

Abermals mutet Wittgenstein uns zu, daß wir uns von einem tiefsitzenden Vorurteil freimachen, nämlich daß »das gleiche tun«, »eine Reihe in derselben Weise fortsetzen« nur *eines* und zwar *unter allen Umständen ein und dasselbe* bedeuten muß. Je nach den Umständen kann aber etwas ganz Verschiedenes darunter verstanden werden und daher werden auch je nach den Umständen ganz verschiedene Kriterien dafür verwendet, ob eine Regel – wie die Regel zur Fortsetzung einer Reihe in gleicher Weise – richtig, d. h. *im Einklang mit dem allgemeinen Gebrauch*, befolgt wurde. In unserem Beispiel bliebe dem Lehrer nichts anderes übrig, als zu sagen, daß wir das, was der Schüler tut, nicht »eine Reihe in derselben Weise fortsetzen« nennen; und er müßte seine Übungen mit dem Schüler fortsetzen. Daß solche Fälle sich kaum ereignen, ist eine (bisher zu beobachtende) Tatsache; aber es ist auch *nur* eine glückliche Naturtatsache und nichts Notwendiges. Daß sich solche Fälle ereignen *könnten*, ist für die gegenwärtigen Betrachtungen ausreichend. Der innere Widerstand, den wir verspüren, eine solche Möglichkeit zuzugeben, beruht nach Wittgenstein zum Teil darauf, daß wir eine vollkommen deutliche Vorstellung von dem zu haben glauben, was das Wort »*gleich*« bedeutet, so daß jede Mehrdeutigkeit ausgeschlossen scheint: In der Gleichheit eines Dinges mit sich selbst meinen wir, ein unfehlbares Paradigma der Gleichheit von Dingen zu besitzen. In einer unmittelbaren Gegenattacke in Frageform macht Wittgenstein diesen Gedanken – oder besser: dieses Bild – zunichte: »Also sind zwei Dinge gleich, wenn sie so sind wie *ein* Ding? Und wie soll ich nun das, was mir das *eine* Ding zeigt, auf den Fall der zwei anwenden?« (»Philosophische Untersuchungen« 215).

Auf das Beispiel der privaten Sprache angewendet: »Einer Regel folgen« sind *Gepflogenheiten*. Erst wo ein *allgemeiner* Gebrauch besteht, können Kriterien der richtigen Anwendung einer Regel eingeführt werden. Die Anweisung, die der hypothetische Benützer P einer privaten Sprache sich selbst erteilt: »dies nenne ich ›Schmerz‹ und wenn *dasselbe* Erlebnis wieder vorkommt, will ich es ebenfalls ›Schmerz‹ nennen« ist keine Regel; die Anweisung zeigt in keine Richtung. P kann mit dem Wort »Schmerz« tun und lassen, was er will, ohne mit der Anweisung in Konflikt zu geraten. Das, was er später dasselbe nennen will, *ist* mangels einer unabhängigen Instanz dasselbe. In Analogie zu dem obigen Ausspruch Wittgensteins könnte man sagen: »dasselbe ist, was immer P als dasselbe erscheint. Und dies heißt nur, daß hier von ›dasselbe‹ nicht gesprochen werden kann«.

Alle bisherige Kritik bezog sich auf die erste Voraussetzung. Diese steht und fällt mit der Idee einer privaten Sprache. Kann ich einer privaten Empfindung keinen Namen geben, so kann ich auch nicht behaupten, daß die eigenen Schmerzerlebnisse es sind, durch welche der Ausdruck »Schmerz« ein für mich bedeutungsvolles Wort wird. Die Argumentation Wittgensteins hatte den Charakter einer *reductio ad absurdum*: aus der Annahme, es gäbe eine private Sprache, folgten Konsequenzen, die zeigten, daß dies keine Sprache ist.

Wir wollen 2. und 3. in der Weise behandeln, daß wir jeweils von der vorangehenden Kritik abstrahieren. Für die Diskussion von 2. soll also angenommen werden, die bisherige Kritik sei nicht stichhaltig. Dann tritt die Frage auf, wie ich die am eigenen Beispiel gewonnenen Begriffe auf den anderen Menschen übertragen kann. Wittgensteins Argument gegen *alle* Theorien, die dies zu leisten beanspruchen, ist im Prinzip in einem einzigen Satz enthalten: »Wenn man sich den Schmerz des andern nach dem Vorbild des eigenen vorstellen muß, dann ist das keine so leichte Sache: da ich mir nach den Schmerzen, die ich *fühle,* Schmerzen vorstellen soll, die ich *nicht fühle.* Ich habe nämlich in der Vorstellung nicht einfach einen Übergang von einem Ort des Schmerzes zu einem anderen zu machen. Wie von Schmerzen in der Hand zu Schmerzen im Arm. Denn ich soll mir nicht vorstellen, daß ich an einer Stelle seines Körpers Schmerz empfinde. (Was auch möglich wäre.)« (»Philosophische Untersuchungen« 302). Die Wendung: »das ist keine so leichte Sache« ist ironisch gemeint. Wittgensteins Überlegungen laufen nämlich darauf hinaus, daß es unter den genannten Voraussetzungen unmöglich wäre, sich den Schmerz eines anderen vorzustellen. Ich bliebe »solipsistisch« in dem Bereich des eigenen Bewußtseins eingekapselt. Denn wenn ich die Bedeutung von »Schmerz« nur in der Weise lernen könnte, daß ich einen eigenen Schmerz wahrnehme, so wäre »Schmerz« *synonym mit* »von mir empfundener Schmerz«. Ich könnte höchstens soweit kommen, daß *ich* einen Schmerz an einer Stelle außerhalb meines eigenen Körpers fühlte; dagegen wäre es ein Nonsens, vom Schmerz *einer anderen Person* zu reden. Die Annahme, »Schmerz« bezeichne eine Klasse von privaten Empfindungen, würde also zu der Absurdität führen, daß es für mich unbegreiflich bliebe, was es heißen solle, *ein anderer Mensch* habe Schmerzen.

Es ist wichtig, sich klarzumachen, daß Wittgenstein nicht etwa sagt: Unter der Annahme, daß die kritisierte Theorie richtig wäre, könnten wir niemals zu der *Erkenntnis* kommen, daß eine bestimmte Person in einer bestimmten Situation Schmerzen hat (möge diese Erkenntnis durch Analogieschluß oder auf andere Weise zustandekommen), sondern daß er die stärkere These vertritt: Unter der Annahme wäre es für mich *sinnlos,* vom Schmerz eines anderen zu sprechen. Diese These ist stärker als die erste, weil man die Frage: »wie erkenne ich, daß ein anderer Schmerzen hat?« überhaupt erst dann formulieren kann, wenn man weiß, was »Schmerz eines anderen« bedeutet.

Auch an dieser Stelle könnte man geneigt sein, mittels des Begriffs der Gleichheit einen Ausweg zu suchen. Während aber der frühere Versuch darin bestand, den Regeln der privaten Sprache dadurch einen klaren Sinn zu erteilen, daß die zu verschiedenen Zeitpunkten auftretenden Erlebnisse *einer und derselben Person*, nämlich des hypothetischen Erfinders P der privaten Sprache, als gleich oder ungleich charakterisiert wurden, soll diesmal die Gleichheit eine Brücke schlagen zwischen den *eigenen* Erlebnissen und den Erlebnissen einer *anderen* Person: »Aber wenn ich annehme, Einer habe Schmerzen, so nehme ich einfach an, er habe *dasselbe*, was ich sooft gehabt habe« (»Philosophische Untersuchungen« 350). Die Antwort hierauf ist eine typisch wittgensteinsche Äußerung; ihre Schlagkraft wird erhöht durch die in dem Vergleich enthaltene versteckte Anspielung auf die Relativität der Gleichzeitigkeit: »Es ist, als sagte ich: „Du weißt doch, was es heißt ‚Es ist hier 5 Uhr'; dann weißt du auch, was es heißt, es sei 5 Uhr auf der Sonne. Es heißt eben, es sei dort ebensoviel Uhr wie hier, wenn es hier 5 Uhr ist." – Die Erklärung mittels der *Gleichheit* funktioniert hier nicht. Weil ich zwar weiß, daß man 5 Uhr hier „die gleiche Zeit" nennen kann, wie 5 Uhr dort, aber eben nicht weiß, in welchem Falle man von Zeitgleichheit hier und dort sprechen soll.

Geradeso ist es keine Erklärung zu sagen: die Annahme, er habe Schmerzen, sei eben die Annahme, er habe das Gleiche wie ich. Denn *dieser* Teil der Grammatik ist mir wohl klar: daß man nämlich sagen werde, der Ofen habe das gleiche Erlebnis wie ich, *wenn* man sagt: er habe Schmerzen und ich habe Schmerzen« (»Philosophische Untersuchungen« 350). Das Operieren mit der Gleichheit sollte diesmal den Ausbruch aus dem solus ipse ermöglichen. Wittgensteins Erwiderung will offenkundig machen, daß dieser Ausbruchsversuch mißglücken muß: Wenn ich bereits weiß, daß x eine Eigenschaft A hat und daß y die Eigenschaft A besitzt – und dies setzt voraus, daß die Anwendung von A auf x sowie auf y bereits *erklärt* ist –, so kann ich *im nachhinein* sagen: x und y haben die *gleiche* Eigenschaft. Wenn jedoch »Eigenschaft A« per definitionem synonym ist mit »von x gehabte Eigenschaft A« (wobei x ein ganz bestimmtes Individuum ist), so kann ich der Wendung »y hat Eigenschaft A« nicht dadurch einen Sinn verleihen, daß ich sage, es sei *dieselbe* Eigenschaft, die x hat. Wieder liegt hier eines jener Beispiele vor, in denen Wittgenstein einer Argumentation plötzlich eine ironische Wendung gibt; denn es ist ja keine sinnvolle Feststellung zu sagen, der Ofen habe Schmerzen. Für denjenigen, der die Bedeutung von »Schmerz« am eigenen Fall gelernt hat, wäre die Aussage, daß ein anderer Schmerzen hat, in mindestens demselben Grade unsinnig wie für uns eine analoge Behauptung über den Ofen. Daß wir diesen Satz über den Ofen nicht sofort als unsinnig durchschauen, beruht darauf, daß die Wendung »der Ofen hat Schmerzen« in uns allerlei (nutzlose) Bilder erzeugen kann. Auch bei den Worten: »es ist soeben 5 Uhr auf der Sonne« kann man sich etwas vorstellen; z. B. eine Pendeluhr, die auf 5 zeigt.

Gehen wir nun zum Punkt 3 über. Wieder abstrahieren wir von den bisherigen Schwierigkeiten: Das Wort »Schmerz« möge für mich dadurch bedeutungsvoll geworden sein, daß ich es als Namen für einen Begriff auffasse, den ich »durch Abstraktion aus den eigenen Schmerzerlebnissen« gewonnen habe; und durch irgendeine Art von Analogiebetrachtung sei es mir gelungen, diesen Begriff auch auf andere Personen anzuwenden. Würde dies genügen, um verständlich zu machen, wie das Wort »Schmerz« Bestandteil des zwischenmenschlichen Sprachverkehrs werden kann? Keineswegs: Ursprünglich bildete dieses Wort ja nur ein Glied der privaten Sprache. Damit, daß es *mir* gelungen ist, den Ausdruck »Schmerz« vom eigenen Fall auf andere Fälle gedanklich zu übertragen, ist noch keine ausreichende Erklärung dafür geliefert, *wie diese Einbettung der privaten Sprache in die öffentliche Sprache zustande kommen soll*. Vielmehr entstehen hier neue und unüberwindliche Schwierigkeiten, die schon öfters von Philosophen gesehen, aber nie in den letzten Konsequenzen zu Ende gedacht worden sind. Zunächst scheint es so, als existierten keine weiteren derartigen Probleme: Verschiedene Menschen gebrauchen das Wort »Schmerz«, und für jeden unter ihnen ist dieses Wort dadurch bedeutungsvoll, daß er sich damit unmittelbar auf seine eigenen Schmerzerlebnisse bezieht, d. h. daß er damit Vorstellungen seiner eigenen Schmerzerlebnisse verknüpft.

Aber könnte es nun nicht der Fall sein, daß ein anderer Mensch *ein Erlebnis von ganz anderer Art* hat als ich, wenn er von Schmerzen spricht? Man könnte denken, daß es zwar eine bedauerliche Tatsache darstelle, daß ich nicht in das Bewußtsein anderer Menschen »hineinsteigen« kann, um zu überprüfen, ob deren Erlebnisse meinen eigenen qualitativ ähnlich seien; daß dies aber eine gemeinsame Sprache nicht ausschließe, in der über Seelisches geredet wird. Es würde doch genügen, daß alle Menschen, jeder für sich, in konsequenter Weise dieselbe Empfindung so nennen![1] Wie steht es aber mit dem Wort »Empfindung«? Hier weiß ich ja auch nur vom eigenen Fall, was dieses Wort bedeutet! Es könnte sein, daß das, was *ich* »Empfindung« nenne, etwas anderes ist als das, was *andere* so bezeichnen[2]. Es würde auch nichts nützen zu sagen: »es mag sein, daß das, was ich Empfindung nenne, nicht dasselbe ist wie das, was andere so nennen; jedenfalls *habe ich etwas*, und *er hat auch etwas*.« Denn »ich habe etwas« würde ja ebenfalls nur eine private Bedeutung besitzen, die von der des anderen verschieden sein kann. »So gelangt man beim Philosophieren am Ende dahin, wo man nur noch einen unartikulierten Laut ausstoßen möchte« (»Philosophische Untersuchungen« 261). Auch damit hätte es noch nicht sein Bewenden: Dieser Laut »ist ein Ausdruck nur in einem bestimmten Sprachspiel, das nun zu beschreiben ist.«

Was diese Reflexionen zeigen sollen, ist dies: Der Gedanke einer nachträglichen Einbettung einer privaten Sprache in

---

[1] Man vergesse nicht, daß alle diese Betrachtungen unter der fiktiven Voraussetzung angestellt werden, daß die unter 1. erwähnten Schwierigkeiten nicht auftreten oder überwunden worden sind.

[2] Hier gilt die zur vorigen Fußnote analoge Bemerkung bezüglich der in 2. angeführten Schwierigkeiten.

eine öffentliche läßt sich – selbst wenn der Begriff einer solchen privaten Sprache in sich konsistent wäre – nicht zu Ende denken. *Die »unendliche« Kluft zwischen der privaten Bewußtseinssphäre und der öffentlichen Sphäre ließe sich niemals überbrücken.* Die ganze Frage war falsch gestellt, und wir müssen eine Kehrtwendung um 180 Grad vornehmen: nur dadurch, daß sowohl allgemeine Erlebniswörter wie »Gefühl«, »Empfindung« als auch speziellere Ausdrücke wie »Schmerz« *von vornherein* zur öffentlichen Sprache gehören, kann in dieser allgemein verständlichen Sprache über Empfindungen gesprochen werden.

Wittgensteins Stellungnahme zu dem Bild: »hier die der allgemeinen Wahrnehmung zugänglichen Leiber der Menschen und dort die den fremden Subjekten unzugänglichen privaten Bewußtseinswelten« hat einen besonders eindrucksvollen Niederschlag gefunden in seinem *Gleichnis vom Käfer in der Käferschachtel*. Dieses Gleichnis ist auch deshalb interessant, weil es einen wichtigen Hinweis zur Lösung des Rätsels enthält: Angenommen, jeder besäße eine Schachtel, in der sich etwas befindet, das wir »Käfer« nennen. Keiner sei imstande, in die Schachtel eines anderen zu schauen, und jeder behauptet daher, er wisse nur vom Anblick *seines* Käfers, was ein Käfer ist. Dann könnte es sein, daß jeder ein anderes Ding in der Schachtel hat, und dieses Ding könnte sich überdies ständig verändern. Wenn dann trotzdem das Wort »Käfer« in der Sprache dieser Leute einen bestimmten Gebrauch hätte, so würde das Wort nicht als Name eines Dinges verwendet werden; denn »das Ding in der Schachtel gehört überhaupt nicht zum Sprachspiel, auch nicht einmal als ein *Etwas*; denn die Schachtel könnte auch leer sein. – Nein, durch das Ding in der Schachtel kann ›gekürzt werden‹; es hebt sich weg, was immer es ist« (»Philosophische Untersuchungen« 293). Die Schachteln repräsentieren in diesem Gleichnis die Leiber der Menschen und die Käfer die Schmerzen, *so wie dies in der von Wittgenstein bekämpften Theorie gesehen wird*. Auch die weitere Annahme ist vom Gleichnis auf den realen Fall übertragbar; denn der Ausdruck »Schmerz« hat hier tatsächlich einen intersubjektiven Gebrauch. Wäre es so, wie jene Theorie behauptet, so könnte man »durch die Schmerzen kürzen«.

Es gelingt uns kaum, uns von solchen Bildern über fremde Bewußtseinswelten frei zu machen. Was sind die Gründe dafür? Einer davon ist unsere Neigung, für die Deutung dessen, was in der »Welt des Bewußtseins« geschieht, als Modellvorstellung die Dinge und Vorgänge in der *körperlichen Welt* zugrunde zu legen. Ein anderer ist wieder die vereinfachte Vorstellung vom Funktionieren der Sprache: »Wenn diese dazu dient, um ›über die Dinge zu reden‹, dann ist es gleichgültig, ob das, worüber geredet wird, Pferde, Farben, Schmerzen oder Gut und Böse sind.« Darum trifft Wittgenstein im Anschluß an das obige Gleichnis die Feststellung: »Wenn man die Grammatik des Ausdrucks der Empfindung nach dem Muster von ›Gegenstand und Bezeichnung‹ konstruiert, dann fällt der Gegenstand als irrelevant aus der Betrachtung heraus« (»Philosophische Untersuchungen« 293).

Auch an dieser Stelle zieht Wittgenstein *eine überraschende Analogie zwischen der Philosophie der Mathematik und der Philosophie des Geistes*. Wenn der Mathematiker sagt: »entweder es gibt eine natürliche Zahl mit der Eigenschaft E oder es gibt eine solche nicht, tertium non datur«, so macht er sich das Bild von einem unendlichen Geist, der die ganze unendliche Reihe der natürlichen Zahlen überblickt (und dabei entweder eine Zahl von der fraglichen Eigenschaft entdeckt oder feststellt, daß darin keine solche Zahl enthalten ist). Analog wenn wir sagen: der andere hat diese Empfindung oder er hat sie nicht, so schwebt uns wieder ein Bild vor, »das den Sinn dieser Aussage unmißverständlich zu bestimmen scheint« (»Philosophische Untersuchungen« 352). Weder im einen noch im anderen Fall aber verhält es sich so; denn unsere Ausdrucksweise ist beide Male »auf einen Gott zugeschnitten, der weiß, was wir nicht wissen: er sieht die ganze unendliche Reihe und sieht in das Bewußtsein der Menschen hinein« (»Philosophische Untersuchungen« 426).

Der Gegner kann ein letztes Geschütz auffahren lassen und

sagen, ein wesentlicher Unterschied zwischen dem eigenen und dem fremden Fall verbleibe auf alle Fälle, nämlich ein Unterschied im Wissensgrad: *Nur ich selbst weiß, ob ich wirklich Schmerzen habe; der andere kann es höchstens vermuten.* Wittgensteins Gegenschlag kehrt dieses Argument ins Gegenteil: die eine Hälfte dieser Behauptung ist *unsinnig*, die andere *falsch*. Beginnen wir mit dem letzteren, so ist dazu zu sagen: »Wenn wir das Wort ›wissen‹ gebrauchen, wie es normalerweise gebraucht wird (und wie sollen wir es denn gebrauchen!), dann wissen es Andre sehr häufig, wenn ich Schmerzen habe«. Wittgenstein greift hier nicht eine falsche erkenntnistheoretische Position an, sondern stellt bloß fest, daß jemand, der so etwas behauptet, sich eine unrichtige Vorstellung davon macht, wie das Wort »wissen« gebraucht wird. Aber, so lautet der Gegeneinwand: Der andere kann doch auf keinen Fall mit der Sicherheit wissen, daß ich Schmerzen habe, mit der ich selbst es weiß! Darauf Wittgenstein: »Von mir kann man überhaupt nicht sagen (außer etwa im Spaß), ich *wisse*, daß ich Schmerzen habe. Was soll es denn heißen – außer etwa, daß ich Schmerzen *habe*?« (»Philosophische Untersuchungen« 246).

Es dürfte zweckmäßig sein, sich die logische Struktur dieser wittgensteinschen Entgegnung genauer anzusehen. Den Ausgangspunkt für die Argumentation des Opponenten bildete der Gedanke: Der Ausdruck »Schmerz« (und ebenso ein speziellerer Ausdruck wie »Kopfschmerz«, »Magenschmerz«, »Zahnschmerz«) ist ein Name für eine bestimmte Art von privaten Zuständen oder Vorkommnissen in seinem Bewußtsein, zu denen niemand außer ihm selbst Zugang hat. Wenn daher jemand sagt, er habe Schmerzen (oder Kopfschmerzen etc.), so schildert er diese spezielle Art von privatem Vorkommnis. Und wenn er von einem anderen behauptet, daß jener Schmerzen habe, so behauptet er damit, der andere erlebe in seiner privaten Bewußtseinswelt die gleiche Art von Vorkommnissen wie er selbst, wenn er diese Namen auf die eigenen Erlebnisse anwendet. Im ersten Fall handelt es sich um etwas unmittelbar Gegebenes und daher um ein Wissen. Da man zum fremden Bewußtsein jedoch keinen unmittelbaren Zugang hat, kann es sich im zweiten Fall höchstens um eine (mehr oder weniger gut bestätigte) Vermutung handeln. Aus der Annahme, Schmerzen seien bestimmte Arten von Objekten und »Schmerz« ein Name dafür, ergab sich eine Folgerung darüber, was man über Schmerzen wissen könne und was sich bloß vermuten lasse.

Wittgenstein leugnet diesen Zusammenhang nicht, sondern er bejaht ihn: Wäre die Ausgangsannahme richtig, so wären wir tatsächlich gezwungen zu sagen, daß wir nur um die eigenen Schmerzen wüßten, an die eines anderen bloß glauben könnten. Jetzt aber fordert er uns auf, uns zu überlegen, wie denn der Ausdruck »wissen« in diesen Situationen wirklich verwendet wird. Und da ergibt sich, daß die Folgerung zum Teil unsinnig und zum Teil falsch ist. Damit aber ist auch der Ausgangspunkt hinfällig geworden. In seiner Terminologie ausgedrückt: Ein Bild von den Schmerzen (oder anderen Bewußtseinserlebnissen) führte mit Notwendigkeit zu einem Bild vom Wissen und Glauben über Schmerzen. Eine kurze Reflexion auf bestimmte Sprachspiele, in denen die Ausdrücke »Schmerz« und »Wissen« vorkommen, zerstört das letztere Bild; also zerstört sie auch das erstere. Das Argument des Opponenten hat sich in einen Einwand gegen seine eigene Position verwandelt.

Alle vorangehenden Überlegungen waren rein kritischer Natur. Selbst wenn der Leser Wittgensteins Kritik an den zunächst so plausiblen Thesen des Opponenten verstanden hat, wird er sich am Ende – wie so oft – wieder ganz verloren fühlen und zunächst vergeblich fragen, was denn nun Wittgenstein an *Positivem* vorzubringen habe. Ebenso wie an verschiedenen früheren Stellen ist es wichtig, sich darüber Klarheit zu verschaffen, was man von Wittgenstein *nicht* erwarten darf. Selbstverständlich kann man keine Äußerungen *über das Wesen der Schmerzen* erwarten. Wir müssen aber auch unsere Neigung unterdrücken, zu fragen: »*Was ist denn nun eigentlich Wittgensteins Theorie*, die an die Stelle jener anderen abgelehnten Theorien treten soll?« Wittgenstein hätte selbst dies zurückgewiesen; denn: »Wollte man Thesen in der Philosophie aufstellen, es könnte nie über sie zur Diskussion kommen, weil alle mit ihnen einverstanden wären« (»Philosophische Untersuchungen« 128). Auch ist die Voraussetzung dieser Frage, daß es nämlich *Theorien* waren, die verworfen wurden, unrichtig: Bilder und Auffassungen, die in linguistischen Konfusionen ihre Wurzel haben, sollte man nicht Theorien nennen. Die Verwirrung besteht diesmal in einem prinzipiellen Mißverstehen des Funktionierens jener Ausdrücke, Sätze und Kontexte, in denen von Empfindungen und Gefühlen die Rede ist. Wittgensteins Kritik dient auch diesmal dem philosophischen »Kampf gegen die Verhexung unseres Verstandes durch die Mittel unserer Sprache« (»Philosophische Untersuchungen« 109). Wir dürfen die Schwierigkeiten nicht einmal in der Weise in ein »semantisches Problem« transformieren, daß wir fragen, was die Bedeutung von »Schmerz« oder der Gebrauch des Ausdruckes »Schmerz« sei. Denn die in der Benützung des bestimmten Artikels (*die* Bedeutung, *der* Gebrauch) zum Ausdruck kommende essentialistische Neigung hätte uns abermals irregeführt: es gibt nicht nur *eine* Verwendungsweise dieses Wortes und verwandter Ausdrücke. Wir sind nach Wittgenstein in ein ganzes Netz von falschen Bildern, verworrenen Ansichten und undurchdachten Voraussetzungen verstrickt. Dies zeigte sich in der geschilderten Auseinandersetzung: Wenn wir auf eine dieser Unrichtigkeiten und Absurditäten aufmerksam gemacht werden, so haben wir sofort irgendeine Antwort parat, die sich auf ein anderes Gebiet dieses Netzwerkes stützt. Darum mußte die Kritik auch nach so vielen verschiedenen Richtungen verlaufen. Erst allmählich können wir uns durch ein Überdenken dieser polemischen Bemerkungen aus unserem Netzwerk befreien. Und ein völliges Verstehen dieser wittgensteinschen Polemik wird umgekehrt erst dann möglich sein, wenn wir das Ziel erreicht haben, zu dem diese Polemiken hinführen sollen: zu sehen, »wie unsere Sprache funktioniert«, nämlich soweit diese Sprache es mit Psychischem und Geistigem zu tun hat. Unsere Erwartung gegenüber Wittgensteins positiven Äußerungen darf also nicht in eine falsche Bahn gelenkt werden; und sie sollte zudem von dem Bewußtsein der eben beschriebenen

Situation beherrscht sein, die der des »hermeneutischen Zirkels« analog ist.

Die Idee der privaten Sprache ist vernichtet. Die einzige Sprache, über die es Sinn hat zu reden, ist die *intersubjektive, öffentliche* Sprache. Auch die Empfindungsworte gehören dieser Sprache an, und zwar *von vornherein;* sie werden nicht erst im nachhinein zu Bestandteilen dieser Sprache, nachdem sie ursprünglich dazu dienten, Vorkommnisse in privaten Bewußtseinswelten zu bezeichnen: »den Begriff ›Schmerz‹ hast du mit der Sprache gelernt« (»Philosophische Untersuchungen« 384). Doch müssen wir uns zugleich von der Annahme befreien, daß der Ausdruck »Schmerz« in allen Kontexten stets ein und dieselbe Verwendung hat. »Oberflächengrammatik« und »Tiefengrammatik« klaffen auch diesmal auseinander. So ergibt sich insbesondere ein grundlegender Unterschied zwischen jenen Verwendungen, in denen »Schmerz« oder ein verwandter Ausdruck als *Prädikat* eines Satzes in der *ersten Person Präsens* vorkommt, und *anderen* Arten der Verwendung.

Das Standardbeispiel für die erste Gruppe ist: »ich habe Schmerzen«. Daß dieser Fall anders zu behandeln ist als die übrigen, lag schon in einer früheren Kritik beschlossen: Der Ausdruck des Wissens, des Glaubens sowie des Zweifelns wird bei Anwendung auf den *eigenen* Fall unsinnig, ist dagegen sofort sinnvoll, wenn er auf den *fremden* Fall bezogen wird. Ich kann äußern, ich wisse, daß er Schmerzen habe, oder ich glaube dies oder ich sei darüber im Zweifel; ich kann auch sagen, daß ich gern wissen würde oder daß ich schon herausbekommen werde, ob er Schmerzen habe u. dgl. – alles Wendungen, die absurd werden, sobald hierin »er« durch »ich« ersetzt wird. Daß in analoger Weise auch der Temporalunterschied zu einer Differenzierung führt, kann man sich daran klarmachen, daß ich z. B. auch sagen kann, ich könne mich genau (nicht genau) erinnern, damals Schmerzen gehabt zu haben; ich glaube, ich hätte bei jenem Unfall ziemlich starke Schmerzen gehabt usw.

Aber selbst bei den Erste-Person-Präsens-Fällen kennt Wittgenstein nicht nur *eine* Art der Verwendung. Wir wollen schematisch zwischen dem *nichtdeskriptiven* und dem *deskriptiven* Fall unterscheiden. Der erste steht im Vordergrund von Wittgensteins Interesse. Um diese Art der Verwendung des Ausdruckes »Schmerz« zu verstehen, ist es notwendig, auf die Umstände zurückzugehen, unter denen der Gebrauch des Wortes *erlernt* wurde. Durch den sprachlichen Ausdruck des Schmerzes wird *eine neue Art von* »*Schmerzverhalten*« erzeugt: Erwachsene bringen dem Kind bei, wie das natürliche Schmerzbenehmen (Schreien, Weinen) durch ein sprachliches zu ersetzen ist. In diesem künstlichen Schmerzverhalten *bezeichnet* der Ausdruck »Schmerz« aber selbstverständlich *nicht* jenes natürliche Schmerzbenehmen (ebensowenig wie ein privates Erlebnis); sondern eine Wendung wie »ich habe Schmerzen (oder: Schmerzen im rechten Fuß)« tritt *an die Stelle* jenes ursprünglichen »natürlichen« Schmerzverhaltens (vgl. »Philosophische Untersuchungen« 244). Diese Äußerung ist keine Behauptung und daher weder wahr noch falsch. Es ist sinnlos zu fragen, ob X sich nicht vielleicht irre, wenn er sagt, er habe Schmerzen; aus demselben Grunde, aus dem es sinnlos ist zu fragen, ob er vielleicht aus Irrtum stöhne (da er eigentlich lachen solle).

Gäbe es kein natürliches vorsprachliches Schmerzverhalten, keine äußerlich sichtbare Schmerzmanifestation, so wäre es undenkbar, daß ein sprachliches Schmerzbenehmen erlernt werden könnte. »Schmerz« und analoge Wörter könnten keine sinnvollen Ausdrücke der deutschen Sprache sein. Denn nur dadurch, daß wir an das »natürliche« Schmerzbenehmen anknüpfen, können wir dem Lernenden die Bedeutung von »Schmerz« erklären, d. h. ihm den Gebrauch dieses Ausdrucks beibringen. Ein solches Vorgehen liefert aber natürlich keine Garantie dafür, daß wir mit unseren Erklärungsversuchen Erfolg haben werden; denn der Betreffende »könnte diese Worterklärung, wie jede andere, richtig, falsch oder gar nicht verstehen. Und welches er tut, wird er im Gebrauch des Wortes zeigen, wie es auch sonst geschieht« (»Philosophische Untersuchungen« 288). Dagegen müssen wir von der Ansicht loskommen, daß für das richtige Verständnis dieses Ausdruckes auch ein Vorstellungserlebnis wesentlich sei, das der Sprecher mit dem Ausdruck verbindet. Wittgensteins Kritik überlagert sich hier mit der früher geschilderten Kritik an den Bedeutungstheorien: *weder* das private Schmerzerlebnis *noch* eine private Vorstellung von diesem privaten Erlebnis sind für den korrekten Gebrauch von »Schmerz« wesentlich. Wittgenstein erwähnt einen Menschen, der es nicht im Gedächtnis behalten kann, was das Wort »Schmerz« bedeutet, und der immer wieder etwas anderes so nennt, der das Wort aber dennoch in Übereinstimmung mit den gewöhnlichen Anzeichen und Voraussetzungen des Schmerzes verwendet, d. h. so wie wir alle es tun. »Hier möchte ich sagen: das Rad gehört nicht zur Maschine, das man drehen kann, ohne daß sich etwas anderes mitbewegt« (»Philosophische Untersuchungen« 271). Die Bedeutung, von der eben die Rede war, ist *nicht* die Bedeutung im wittgensteinschen Sinn, sondern bezieht sich auf die durch Wittgenstein abgelehnte Theorie. Kann das Bedeutungserlebnis von Fall zu Fall variieren, ohne daß sich in der korrekten Anwendung des Ausdrucks etwas ändert, so ist es unsinnig, zu sagen, der Betreffende könne sich die Bedeutung von »Schmerz« nicht merken. Und dies zeigt wieder, daß es unrichtig war anzunehmen, das Verstehen von »Schmerz« beruhe auf einem solchen Bedeutungserlebnis. Das Rad, das nicht zur Maschine gehört, ist in diesem Gleichnis jenes hypothetische Erlebnis.

Die Situation wird logisch dadurch komplizierter, daß »ich« in »ich habe Schmerzen« eine prinzipiell andere Funktion hat als z. B. »er« oder »Person N. N.« als Einsetzungen für »x« in »x hat Schmerzen«. *Das Wort »ich« bezeichnet hier keine Person.* Wenn ich sage »ich habe Schmerzen«, so weiß ich in gewissem Sinne gar nicht, *wer* die Schmerzen hat (vgl. »Philosophische Untersuchungen« 404). Der korrekte Gebrauch von »wissen, wer« setzt voraus, daß wir über (von Fall zu Fall wechselnde) *Kriterien für die Identität der fraglichen Person verfügen.* Und welches Kriterium »ist es, das mich bestimmt, zu sagen, ›ich‹ habe Schmerzen? Gar keins« (»Philosophische Untersuchungen« 404). Um dies möglichst drastisch zum Ausdruck zu bringen, konstruiert Wittgenstein in

»Philosophische Untersuchungen« 407 den Fall eines Menschen, der stöhnt »irgendwer hat Schmerzen – ich weiß nicht wer!«, – worauf man dem Stöhnenden zu Hilfe eilt.

Diesen nichtdeskriptiven Gebrauch von »ich habe Schmerzen« könnte man *eine Form der Klage* nennen. Nun kann man aber doch nicht unbedingt von einem sagen, er klage, weil er sagt, er habe Schmerzen. »Also können die Worte ›ich habe Schmerzen‹ eine Klage, und auch etwas anderes sein« (»Philosophische Untersuchungen« 189). Dieses *andere* nennen wir den deskriptiven Gebrauch. Das eben gegebene Zitat zeigt deutlich, daß Wittgenstein auch für die Erste-Person-Präsens-Fälle diesen anderen Gebrauch vor Augen hat. Allerdings denkt er nicht in einem radikalen Entweder-Oder; vielmehr gibt es Übergänge zwischen diesen Fällen (vgl. »Philosophische Untersuchungen« S. 187–189). Ein solcher Zwischen-Fall wäre es z. B., wenn der Sprechende mit den Worten »ich habe Schmerzen« die Bitte aussprechen möchte, ihn in Ruhe zu lassen. Ein relativ »reiner« deskriptiver Fall liegt vor, wenn man auf Befragen eines Arztes die Körpergegend, die Verteilung und den Charakter des Schmerzes beschreibt. Wittgenstein würde uns allerdings sofort wieder warnen, dabei die Unterschiede zwischen den Sprachspielen, die wir »Beschreibungen« nennen, nicht zu übersehen (»Philosophische Untersuchungen« 290/291). Tatsächlich kann ja eine solche »Beschreibung eines Seelenzustandes« nicht als Beschreibung von Dingen, Zuständen und Vorgängen in der privaten Bewußtseinswelt des Sprechers aufgefaßt werden.

Hier stoßen wir allerdings auf eine Aporie, die von den Wittgenstein-Kommentatoren bisher übersehen worden zu sein scheint. Selbst wenn man nämlich all das, was in den vorangehenden Absätzen angedeutet wurde, berücksichtigt, so entsteht doch die Schwierigkeit, wie eine *deskriptive* Schmerzäußerung mit der These in Einklang gebracht werden kann, daß »Schmerz« *in keinem Fall ein Name* sei. Wittgenstein hätte doch wohl zugegeben, daß ein Satz nur dann *über* etwas spricht, wenn in ihm Namen vorkommen. Hat es aber noch einen Sinn, einen Satz eine Beschreibung zu nennen, wenn man zugleich leugnen muß, daß dieser Satz über etwas spricht? Es ist natürlich keine Lösung, sondern ein Ausweichen, wenn man statt der Beantwortung *dieser* Frage auf die *Funktionen und Zwecke einer solchen Beschreibung* eingeht. Eine Lösung müßte vermutlich so aussehen, daß im deskriptiven Fall selbst bei Erste-Person-Sätzen »Schmerz« als Name gedeutet wird, wenn auch nicht als Name einer Art von privaten Erlebnissen. Außerdem müßte man wohl zugeben, daß die Äußerung über jemanden spricht. Das Problem läßt sich dann so formulieren: »*Über wen* sagt eine ›deskriptive‹ Äußerung von der Gestalt ›ich habe Schmerzen‹ etwas aus und *was* sagt sie über ihn aus?«.

Dritte-Person-Schmerz-Äußerungen sind stets deskriptiv. Und daher hat hier die zu der eben formulierten analoge Frage immer Sinn. »N. N. hat Schmerzen« ist natürlich *niemals* ein sprachliches Substitut für einen Aufschrei. Doch tritt auch hier die Frage auf, worauf sich diesmal »Schmerz« beziehe. Daß die Antwort »auf bestimmte private Erlebnisse von N. N.« ausgeschlossen ist, wissen wir. Wieder müssen wir auf das Schmerzverhalten bezugnehmen, um aus Wittgensteins Aussagen eine Antwort in seinem Sinn herauszulesen; doch muß die Antwort so geartet sein, daß sie nicht einfach einen »Schmerzbehaviorismus« beinhaltet. Außerdem ist diesmal der Begriff des *Kriteriums* ernst zu nehmen. Er ist sogar an zwei Stellen anzuwenden. Mit »N. N. hat Schmerzen« sage ich etwas über eine Person aus. Diese Aussage kann richtig oder falsch sein. Um mich von der Richtigkeit zu überzeugen, benötige ich erstens ein Kriterium, um die *Person* des N. N. zu identifizieren, und zweitens ein Kriterium, um zu entscheiden, ob N. N. tatsächlich *Schmerzen* hat. Und nur weil wir in diesem Fall Kriterien benützen, hat es jetzt auch einen Sinn, von Wissen, Glauben, Zweifel darüber, daß der andere Schmerzen hat, zu reden.

Wittgenstein unterscheidet – worauf Malcolm nachdrücklich hingewiesen hat – scharf zwischen *Kriterien* und *Symptomen*. Ist ein beobachtbares Phänomen Y naturgesetzlich mit X verknüpft, so können wir Y als Symptom für X verwenden. So kann das fallende Barometer ein Symptom für den Regen sein oder ein Prozeß im Gehirn eines Menschen ein (mehr oder weniger sicheres) Symptom dafür, daß er etwas Rotes sieht oder Schmerzen hat. Dagegen kann in diesen Fällen nicht von Kriterien gesprochen werden. Denn der Regen ist für mich durch gewisse Sinneserlebnisse und Gefühle der Nässe und Kälte charakterisiert, aber nicht durch das fallende Barometer (vgl. »Philosophische Untersuchungen« 354, »The Blue and Brown Books«, S. 24 f.). Und auch die Anwendung des Ausdrucks »Schmerz« auf andere Menschen haben wir nicht durch Bezugnahme auf Gehirnprozesse gelernt. Es sind *Verhaltensweisen* des anderen Menschen, eingeschlossen seine sprachlichen Äußerungen, die uns im Fall der Schmerzen gewöhnlich als *Kriterien* dienen. Aber diese Kriterien sind keine solchen, die man für *alle* Situationen definieren könnte. An dieser Stelle erhält der wittgensteinsche Begriff der *Umgebung* eine wichtige Anwendung: Ein Schmerzverhalten ist ein Kriterium für die Schmerzen des anderen *nur in einer bestimmten Umgebung*, d. h. unter bestimmten Umständen. Denn es kann natürlich durchaus der Fall sein, daß jemand sich vor Schmerzen windet und stöhnt und doch keine Schmerzen hat, z. B. weil er eine Szene aus einem Film spielt oder Mitleid zu erregen versucht u. dgl.

Wittgensteins Position ist hier vor allem deshalb schwer zu verstehen, weil man geneigt ist, die folgende Alternative als evident anzusehen: entweder es gibt *eindeutige Kriterien* des Schmerzes eines anderen (so daß aus dem Vorliegen dieser Kriterien auf den Schmerz geschlossen werden kann), oder aber der Ausdruck »Schmerz« ist mehr oder weniger *vage*. Wittgenstein würde dies nicht anerkennen: Das erste Glied dieser Disjunktion ist unrichtig, weil die Gesamtheit der Umstände mit Schmerzverhalten ohne Schmerzen eine indefinite Gesamtheit bildet, die sich nicht begrifflich umgrenzen läßt. Trotzdem wäre der Schluß auf das zweite Glied des Oder-Satzes falsch, denn ein solcher beruhte auf einem unrichtigen Präzisionsideal. Wir meinen, wenn der Ausdruck »Schmerz« eine klare Bedeutung habe, so müßten wir doch genau wissen, ob er korrekt anwendbar sei oder nicht. Tatsächlich sind wir ja auch bei *diesem* Schmerzverhalten unter *diesen* Umständen sicher, daß ein anderer Schmerzen hat. Wir können uns dann zwar noch immer einen theoretischen Zweifel vorstellen, aber dies können wir selbst bei logisch-mathematischen Beweisführungen. Praktisch wird uns ein solcher Zweifel nicht berühren; denn »das Zweifeln hat ein Ende«.

Hier ist allerdings auf etwas hinzuweisen, was bisher der Aufmerksamkeit der Wittgenstein-Interpreten ebenfalls entgangen zu sein scheint: *Der Ausdruck »Umgebung« kommt bei Wittgenstein in zwei verschiedenen Funktionen vor.* Dies wird deutlich, wenn man den Fall von Empfindungen wie Schmerzen mit dem Fall »höherer« seelischer Erlebnisse wie der Trauer vergleicht. In diesem zweiten Fall bildet eine geeignete Umgebung nicht nur ein Kriterium für die *Anwendung* des Begriffs, sondern wird zu einem konstitutiven Bestandteil des Begriffs selbst. Das Analogiebild, welches Wittgenstein für das geistige Phänomen des Hoffens verwendet, läßt sich auch hier benützen: »Eine Königskrönung ist das Bild der Pracht und Würde. Schneide eine Minute dieses Vorgangs aus ihrer Umgebung heraus: dem König im Krönungsmantel wird die Krone aufs Haupt gesetzt. – In einer andern Umgebung aber ist Gold das billigste Metall, sein Glanz gilt als gemein. Das Gewebe des Mantels ist dort billig herzustellen. Die Krone ist die Parodie eines anständigen Huts. Etc.« (»Philosophische Untersuchungen« 584). Nehmen wir an, daß die Trauer ständig mit bestimmten Empfindungen (z. B. in Brust und Magen) auftritt. Fehlt die geeignete Umgebung, so handelt es sich um keine Trauer, trotz Vorliegens derselben Empfindungen (so wie bei neuer Umgebung ein Vorgang keine Königskrönung ist, obwohl jemandem ein »Krönungsmantel« umgehängt und »die Krone aufs Haupt gesetzt wird«). Nun sind zwar die Fälle insofern parallel, als Schmerz wie Trauer fingiert oder simuliert sein können. In beiden Fällen kann man »so tun, als ob«. Aber in der umgekehrten Situation verhält es sich anders: Jemand kann Schmerzen haben und trotzdem *alles* Schmerzverhalten (für kürzere oder längere Zeit) nach außen hin unterdrücken. Dagegen wird es sinnlos, von Trauer zu reden, wenn *jede* »Trauerumgebung« fehlt. Man würde in einem solchen Fall nicht sagen: er trauert, obwohl keine erkennbaren Umstände und vernünftigen Gründe zum Trauern vorliegen. Vielmehr würden wir hier statt von Trauer (falls »geeignete« andere Bedingungen erfüllt sind) z. B. von pathologischen Depressionszuständen sprechen. Und schon gar nicht würden wir von Trauer reden, wenn die fragliche Person außerdem keinerlei »trauerndes Verhalten« an den Tag legte. Dagegen ist es durchaus sinnvoll zu sagen, daß ein anderer starke Schmerzen habe, obwohl (a) weder äußere noch körperinterne physiologische Schmerzursachen erkennbar sind und (b) auch alles Schmerzverhalten unterdrückt bleibt. Unter Verwendung einer traditionellen Terminologie könnte man sagen, daß im Falle der Schmerzen anderer geeignete Umgebungen nur ein »*Erkenntnismittel*« für uns bilden, während im anderen Fall geeignete Umgebungen »*Definitionsmerkmale*« der Trauer sind. Dies gilt unbeschadet der Tatsache, daß zwischen den verschiedenen Arten der Trauer nur eine Familienähnlichkeit zu bestehen braucht und daher keine ein für allemal gleichen Umgebungsmerkmale vorliegen müssen. Akzeptiert man diese Differenzierung, so entsteht allerdings, wie der Leser schon gemerkt haben dürfte, eine neuerliche Schwierigkeit. Es muß ja jetzt angebbar sein, unter welchen Bedingungen etwa eine Aussage von der Gestalt wahr wird »er hat große Schmerzen, obwohl er sich absolut nichts anmerken läßt« (wobei auch keine Symptome für das Schmerzunterdrücken vorliegen mögen). Ferner müssen wir die folgende *philosophische* Aussage als richtig akzeptieren: »Dafür, daß einer Schmerzen hat, genügt es nicht, daß er sich in bestimmter Weise (wie auch immer) verhält; er muß außerdem die Schmerzen *fühlen*.«

Die Antwort auf diese Schwierigkeiten würde u. a. eine genauere Untersuchung über die Unterschiede und das Verhältnis von *Kriterien* und *Umständen* erfordern. Dieser Zusammenhang blieb bisher ziemlich unklar. Man könnte z. B. Wittgensteins Gedanken (ähnlich wie E. Wolgast) so zu rekonstruieren versuchen: Schmerzkriterien sind zwar stets *hinreichende*, aber *keine notwendigen Bedingungen* für Schmerzen; außerdem kann man aus ihrem Gegebensein nicht unbedingt logisch auf das Vorliegen *echter* Schmerzen schließen, sondern nur auf das Vorliegen echter *oder vorgegebener* Schmerzen (z. B. geheuchelter oder gespielter). Ob *echte* vorliegen, muß aufgrund der *Umstände* entschieden werden. Die Umstände können dabei so sein, daß unser Zweifel an der Echtheit »an ein Ende kommt«. Wie man sich leicht überlegt, löst dies die Schwierigkeiten nur teilweise. Man wird daher auch noch nach anderem Umschau halten müssen. Dazu gehört u. a. das oben angedeutete Problem des Wissens oder der Gewißheit über fremde Schmerzen.

Wittgensteins Auffassung über eine solche Art *Gewißheit*, wie die Gewißheit darüber, daß ein anderer Schmerzen hat, kann erst dann richtig gedeutet werden, wenn man sie mit seinem Begriff der *Lebensform* zusammenbringt. Was wir den Glauben an Fremdseelisches oder das Wissen um Fremdseelisches nennen, ist kein geistiger Prozeß, den wir in unserem Bewußtsein vollziehen und beliebig variieren können; sondern er ist Bestandteil des Gesamtverhaltens, das zu *unserer* Lebensform gehört: »Meine Einstellung zu ihm ist eine Einstellung zur Seele. Ich habe nicht die *Meinung*, daß er eine Seele hat« (»Philosophische Untersuchungen« S. 178). Werde ich vor die Aufgabe gestellt, mir vorzustellen, die anderen Menschen hätten kein Bewußtsein, so kann ich dies nicht (als Angehöriger dieser bestimmten Lebensform), sondern kann nichts anderes tun als gewisse Bilder erzeugen, die in mir ein Gefühl der Unheimlichkeit hervorrufen (z. B. daß die anderen Menschen plötzlich alle mit steifen Bewegungen und starrem Blick dahingehen). Malcolm erwähnt, daß Wittgenstein in einer Vorlesung einmal dem Satz Sinn zu geben versuchte, *daß jemand nicht daran glaubt, andere hätten ein Bewußtsein oder hätten Gefühle und litten unter Schmerzen*. Dazu stellte er sich einen Volksstamm mit Sklaven vor. Daß die Angehörigen dieses Stammes nicht glauben, ihre Sklaven hätten ein Bewußtsein oder litten unter Schmerzen, würde bedeuten, daß sie sich zu diesen in bestimmter Weise verhielten und ihre Tätigkeiten in ähnlicher Weise betrachteten, wie wir maschinelle Prozesse betrachten: Sie würden sie, solange sie arbeitsfähig sind, mit Nahrung versorgen, ihnen Schlaf gönnen und sie im Fall der Erkrankung oder Verletzung ärztlich behandeln (wie man eine Maschine in Ordnung halten muß, damit sie läuft). Sobald sie alt und arbeitsunfähig wären, würden sie sie elend umkommen lassen, ohne dabei etwas zu empfinden. Wenn einer sich tödlich verletzt hätte und vor Schmerzen stöhnte, würden sie sich weder entsetzt abwenden noch Hilfe herbeiholen, sondern gleichgültig an dieser Szene vorübergehen (so wie wir in dem Fall, wo wir beobachten, daß ein anorganisches Objekt in zwei Teile zerfällt). Nur durch ein derartiges grauenvolles Bild können wir approximativ eine Idee davon bekommen, was es heißen soll: »nicht glauben, daß ein anderer eine Seele hat oder daß er Schmerzen verspürt«. Nicht aber können wir dies durch einen »theoretischen Zweifel« an der Realität der Außenwelt oder des Fremdseelischen oder durch eine entsprechende »phänomenologische Epoché«. In Fällen, in denen *wir* eine *Gewißheit* haben, daß ein anderer Schmerzen hat, und diese Gewißheit als *vollkommen gerechtfertigt* betrachten, hätten die Angehörigen jenes Stammes nicht nur keine Gewißheit, sondern nicht einmal einen Glauben. Gewißheit und Rechtfertigung sind relativ auf eine Lebensform: »Was die Menschen als Rechtfertigung gelten lassen, – zeigt, wie sie denken und leben« (»Philosophische Untersuchungen« 325).

Im Philosophieren aber verführt uns ein Bild vom Glauben und Wissen, das aus diesem Hintergrund losgelöst wurde und invariant ist gegenüber der Umgebung und der Lebensform; und wir meinen, wir könnten von einem *absoluten* Standpunkt aus über Sicherheit und Rechtfertigung reden. Sehen wir aber die Dinge im richtigen Zusammenhang, so erkennen wir auch, daß solche Spekulationen gegenstandslos sind: *wir können weder für noch gegen eine Lebensform argumentieren.* Unser Fehler war es, dort nach einer Erklärung oder Rechtfertigung zu suchen, »wo wir die Tatsachen als ›Urphänomene‹ sehen sollten«, wo wir sagen sollten: »*dieses Sprachspiel wird gespielt*« (»Philosophische Untersuchungen« 654).

6. Philosophie der Logik und Mathematik

> »Was also ein Mathematiker, z. B., über Objektivität und Realität der mathematischen Tatsachen zu sagen geneigt ist, ist nicht eine Philosophie der Mathematik, sondern etwas, was Philosophie zu *behandeln* hätte. Der Philosoph behandelt eine Frage; wie eine Krankheit.«
> Philosophische Untersuchungen 254/255

Zu den wesentlichen Bestandteilen wittgensteinschen Philosophierens gehört stets ein intensives Nachdenken über philosophische Fragen, welche Logik und Mathematik betreffen. Die sechs Jahre nach seinem Tode veröffentlichten »Bemerkungen über die Grundlagen der Mathematik«, die ungefähr denselben Umfang haben wie seine »Philosophischen Untersuchungen«, enthalten Reflexionen über fast alle Fragen, die sich hier stellen lassen, angefangen von der Betrachtung einfacher Rechenoperationen bis zu metamathematischen Problemen und Resultaten, wie z. B. über die Frage der Widerspruchsfreiheit mathematischer Systeme oder über die Bedeutung des gödelschen Unvollständigkeitstheorems. Wer sich mit diesen wittgensteinschen Ideen auseinandersetzt, sollte allerdings gleich zu Beginn auf eine nicht bestreitbare Tatsache aufmerksam gemacht werden:

Während Wittgenstein zur Zeit der Abfassung des »Tractatus« mit dem damaligen Stand der logisch-mathematischen Grundlagenforschung bestens vertraut war, insbesondere mit den Arbeiten Russells und Freges, hatte er zur Zeit der Niederschrift der »Bemerkungen über die Grundlagen der Mathematik« den Kontakt mit dem gegenwärtigen Stand dieser Forschungen weitgehend verloren oder war, vielleicht besser gesagt, über diesen Stand nur mehr ungenügend informiert. Verschiedene Äußerungen Wittgensteins über mathematische Begriffe und Theorien sind daher unklar und ungenau, z. T. sogar eindeutig fehlerhaft, wie z. B. seine Bemerkungen über Gödels Theorem oder seine Ansichten über D. Hilberts Ziel einer finiten Metamathematik. Da Wittgenstein selbst seine in den »Bemerkungen über die Grundlagen der Mathematik« verwerteten Manuskripte nicht zur Veröffentlichung bestimmt hatte, ist es durchaus möglich, daß er selbst davon

Abstand genommen hätte, diese problematischen Teile zum Druck zuzulassen.

Auf der anderen Seite enthalten seine Ausführungen über logische und mathematische Operationen zahlreiche Illustrationen und Exemplifizierungen von Begriffen seiner Philosophie. So etwa liefern diese Gebiete ausgezeichnete Anwendungsbeispiele des grundlegenden wittgensteinschen Begriffs der Regel und der Wendung »einer Regel folgen«. Und die logischen und mathematischen Kalküle bilden einfache und leicht überschaubare Formen von »Sprachspielen«.

Es wäre jedoch falsch, daraus den Schluß zu ziehen – wie dies zum Teil geschehen ist –, daß die Sätze in Wittgensteins »Bemerkungen über die Grundlagen der Mathematik« im Prinzip in zwei Klassen zerfallen: in Illustrationen zu seinen philosophischen Grundvorstellungen und in meist unrichtige Aussagen über schwierige mathematische Begriffe und Resultate der modernen mathematischen Grundlagenforschung. Verhielte es sich so, dann wäre die Beschäftigung mit diesen Ideen Wittgensteins ein überflüssiges Unterfangen; denn die Äußerungen der ersten Klasse würden nichts Neues vermitteln, und jene der zweiten Klasse hätte man besser nicht zur Kenntnis genommen. Tatsächlich enthalten jedoch Wittgensteins Ausführungen philosophische Gedanken über Logik und Mathematik, die einerseits weit über das hinausgehen, was man eine Anwendung oder Exemplifizierung seiner in den »Philosophischen Untersuchungen« entwickelten Gedanken nennen könnte, und die andererseits ganz unabhängig sind von seinen teilweise irrigen Ansichten über mathematische und metamathematische Auffassungen. Für diese seine philosophischen Ideen sind u. a. seine Reflexionen über das, was ein *Beweis* ist, von Belang, aber auch seine zahlreichen *Analysen von elementaren Zähl- und Rechenoperationen*. Was diese letzteren betrifft, so verhält es sich nämlich nicht so, daß Wittgenstein diesen Dingen, nachdem sie in der Philosophie der Mathematik durch lange Zeit hindurch ziemlich vernachlässigt worden waren, wieder eine größere Aufmerksamkeit schenkt und somit unser Augenmerk auf ein bestimmtes Spezialproblem richten will. Man tut vielmehr besser daran, *die von Wittgenstein gebrachten Beispiele von Zähl- und Rechenoperationen in Analogie zu setzen zu den Beispielen einfacher Sprachspiele, die in den »Philosophischen Untersuchungen« angeführt sind*. So wie diese Sprachspiele dort als Modelle dafür dienten, um Aufschlüsse über die Funktionsweise der Sprache zu erhalten, so benützt er jetzt die aus der elementaren Mathematik genommenen Fälle als besonders einfache Modelle, aus denen wir Aufschlüsse über die Natur allgemeinster logischer und mathematischer Begriffe, wie etwa des Begriffs des Beweises, gewinnen können.

Am zweckmäßigsten dürfte es sein, Wittgensteins Position in einer ersten Annäherung durch deren Verhältnis zu den beiden vorherrschenden Deutungsweisen: der klassischen und der intuitionistischen, zu charakterisieren (vgl. dazu auch dieses Buch S. 438 ff.). Nach der *klassischen Auffassung* ist jede sinnvolle mathematische Aussage wahr oder falsch, auch dann, wenn für uns (bisher oder vielleicht für immer) keine Möglichkeit besteht zu entscheiden, ob das eine oder das andere der Fall ist; denn *die mathematischen Sachverhalte bestehen unabhängig von ihrem Erkanntwerden oder Nichterkanntwerden durch uns*. Der Fortschritt der mathematischen Erkenntnis besteht danach im Prinzip darin, daß für eine zunehmend größere Klasse von Aussagen festgestellt wird, daß es sich um *wahre Sätze* handelt, d. h. um Sätze, die mit den »an sich« bestehenden mathematischen Sachverhalten übereinstimmen. Die Forschungstätigkeit des Mathematikers gleicht danach der eines *Entdeckers*: Analog wie ein Biologe bei der Durchforschung eines neuen Landstriches bisher unbekannte Pflanzen und Tiere vorfindet, so entdeckt der Mathematiker neue Begriffe und Beziehungen zwischen ihnen, die er in Axiomen und Lehrsätzen festhält.

Hinter dieser Auffassung steht ein *platonischer Realismus*, auch *Hyperrealismus* genannt, der von den Vertretern des *Intuitionismus* verworfen wird. Dieser Platonismus äußert sich innerhalb der mathematischen Praxis einmal darin, daß der Vertreter der klassischen Mathematik unbedenklich Mengen und Relationen durch beliebige in der Sprache formulierbare Bedingungen einführt [1], nämlich die Mengen aller Objekte, die genau diesen Bedingungen genügen. Ein derartiges Vorgehen erscheint ihm deshalb als unproblematisch, weil er nicht von der Vorstellung beherrscht ist, durch seine Bedingungen neue Mengen gedanklich zu *schaffen*, sondern aus dem unendlichen Ozean an sich existierender Mengen bestimmte *herauszufischen*. Wie die Erfahrung gezeigt hat, führt diese Methode, wenn sie nicht durch geeignete Vorsichtsmaßregeln gezügelt wird, unweigerlich zu Antinomien. Für den Intuitionisten ist dies ein deutliches Symptom dafür, daß die philosophische Grundkonzeption eines Vertreters dieser Denkweise unrichtig sein muß. Der Platonismus der klassischen Mathematik äußert sich aber noch in anderer Weise, und zwar bereits bei der Formulierung von Problemen innerhalb des elementarsten Bereiches der Mathematik: der Theorie der natürlichen Zahlen.

Betrachten wir dabei ein einfaches Beispiel. Man nennt eine natürliche Zahl *vollkommen*, wenn sie gleich ist der Summe ihrer echten Teiler. So ist z. B. die Zahl 6 vollkommen, weil gilt: $6 = 1 + 2 + 3$. Wie steht es mit dem Satz: »es gibt vollkommene ungerade Zahlen« (1)? Bis heute konnte niemand eine ungerade Zahl, die vollkommen ist, angeben. Ebensowenig aber konnte bisher jemand die logische Unmöglichkeit der Vollkommenheit einer ungeraden Zahl beweisen; und ein heutiger Mathematiker hat auch keine Vorstellung davon, wie ein solcher Beweis erbracht werden könnte. Trotzdem wird ein Vertreter der klassischen Logik und Mathematik behaupten, daß selbstverständlich der Satz gelten müsse: »entweder es gibt mindestens eine vollkommene ungerade Zahl, oder keine ungerade Zahl ist vollkommen« (2), weil es sich dabei um einen Spezialfall *des logischen Prinzips vom ausgeschlossenen Dritten* handle. Die Gültigkeit von (2) stützt sich darauf, *daß entweder Satz (1) oder seine Negation wahr sein müsse*. Den Einwand, daß wir möglicherweise niemals entscheiden können, ob der Satz (1) oder der Satz »keine ungerade Zahl ist vollkommen« (3)

---

[1] Technisch gesprochen handelt es sich um Anwendungen des sogenannten Komprehensionsaxioms der naiven Mengenlehre.

wahr ist, wird der Klassiker nicht gelten lassen, da er die Auffassung vertritt: Es kommt nicht darauf an, ob *wir* ein *effektives Entscheidungsverfahren* für die Aussage (1) besitzen, sondern darauf, *wie es sich an sich verhält;* daher muß in jedem Fall die Aussage (1) entweder wahr oder falsch sein, und im letzteren Fall ist die Aussage (3) richtig.

Hier wird der Intuitionist darauf hinweisen, daß der Klassiker zur Rechtfertigung seiner These zu einer *metaphysischen Annahme* greifen müsse. Denn daß es sich notwendig entweder so verhalte, wie Satz (1) behauptet, oder so, wie es in Satz (3) ausgedrückt ist, kann doch offenbar nur heißen: Die Reihe der natürlichen Zahlen existiert in einer Art von platonischem Himmel als fertige Gesamtheit, und für jedes Element dieser Gesamtheit ist daher auch eindeutig festgelegt, ob es die Eigenschaft besitzt, vollkommen zu sein oder nicht. An diesem Beispiel wird zugleich deutlich, *daß der Hyperrealismus der klassischen Mathematik und Logik unmittelbar verknüpft ist mit der Annahme aktual-unendlicher Gesamtheiten.* Werden diese als fiktiv verworfen, so bricht auch das ganze Argument zusammen, wonach (2) eine logisch gültige Aussage darstellen soll.

Der Intuitionist könnte seine Kritik noch durch die folgende «wittgensteinsche« Art von Überlegung rechtfertigen: Eine Kenntnis der Bedeutung von Ausdrücken wie »es gibt«, »einige«, »alle« und »keine« haben wir im Verlauf der praktischen Erlernung unserer Sprache erworben. Dabei war jedoch stets nur von *endlich vielen* Dingen die Rede (»ich habe *kein* Geld mehr«, »hast du *alles* verbraucht?«, »*es gibt* einen Menschen, der 140 Jahre alt ist« usw.). Wenn wir daher plötzlich beginnen, das »es gibt«, »alle« und »keine« auf die unendliche Gesamtheit der Zahlen zu beziehen, so haben diese Ausdrücke zunächst noch gar keinen Sinn, und es muß ihnen ein solcher erst gegeben werden. Gibt man ihnen einen Sinn in möglichster Anlehnung an den üblichen Sprachgebrauch, ohne zu platonistischen Fiktionen zu greifen, so muß man für das »es gibt eine Zahl von der Eigenschaft E« die Deutung wählen: »eine Zahl von dieser Eigenschaft *ist angebbar*«, während für die Deutung von »keine« die verschärfte Negation (vgl. dieses Buch S. 439) zu nehmen ist. Von der logischen Gültigkeit des Satzes (2) kann dann keine Rede mehr sein. Diese Schilderung der Sachlage ist allerdings insofern etwas irreführend, als man einwenden könnte, daß Überlegungen von solcher Art zwar zeigen, daß (2) keine logisch gültige Aussage ist, die Gültigkeit des Satzes vom ausgeschlossenen Dritten jedoch davon unberührt bleibt, da bei Verwendung der verschärften Negation der Satz (3) gar nicht die Negation von (1) in der üblichen Bedeutung der Negation darstellt. Und gerade diese übliche Bedeutung werde für das Prinzip »*A* oder nicht-*A*« vorausgesetzt. Der Intuitionist wird eine solche Abschwächung seines Standpunktes nicht akzeptieren, da er das, was hierbei unter »üblicher Bedeutung der Negation« verstanden wird, für eine falsche theoretische Konstruktion hält. Darauf werden wir gleich zurückkommen.

Vorerst können wir feststellen, daß zahlreiche Formulierungen Wittgensteins darauf hinzuweisen scheinen, daß er die intuitionistische Kritik an der klassischen Logik und Mathematik teilt. Ausdrücklich sagt er, *der Mathematiker sei ein Erfinder und kein Entdecker* (»Bemerkungen über die Grundlagen der Mathematik« I 167). Und in den »Philosophischen Untersuchungen« 254 kommt er in ironischer Weise auf das Bild vom Mathematiker als einem Entdecker objektiver Tatsachen zu sprechen. Wenn es dann im nächsten Satz heißt, daß der Philosoph eine Frage wie eine Krankheit behandle, so darf man diese scheinbar generelle Aussage über *alle* philosophischen Tätigkeiten nicht aus dem Zusammenhang herausreißen, sondern muß – wie auch sonst immer bei Wittgenstein – genau auf den Kontext achten, in dem sie steht. Im vorliegenden Fall bezieht sich diese Bemerkung von der Philosophie als einer *Therapie* auf das platonistische *Bild*, welches ein Mathematiker für sich oder vor anderen entwirft, wenn er über seine Forschungstätigkeit philosophisch zu reflektieren beginnt. Hier ist nach Wittgenstein kein Standpunkt zu kritisieren oder zu verwerfen, sondern ein *scheinbar* Philosophierender ist von einem in vielerlei Hinsichten falschen und irreführenden Bild, das ihn heimsucht und in seinen Reflexionen gefangenhält, zu befreien oder zu heilen. Schließlich heißt es in den »Philosophischen Untersuchungen« 352, übertragen auf das obige Beispiel, daß die Aussage »in der unendlichen Reihe der natürlichen Zahlen kommt eine vollkommene ungerade Zahl vor oder nicht – ein Drittes gibt es nicht« besage: »Gott sieht, wie es sich verhält, wir aber wissen es nicht«. Und dies zeigt nach Wittgenstein, daß der Satz überhaupt nichts besagt, sondern nur ein Bild gibt, nämlich das Bild einer Folge von Dingen, die einer (ein unendlicher Geist) überblickt, ein anderer (der Mensch) dagegen nicht; und mit dem »ein Drittes gibt es nicht« drücken wir nur aus, *daß wir unseren Blick von diesem Bild nicht abzuwenden vermögen.*

Auch in einer anderen Hinsicht berührt sich Wittgensteins Auffassung mit den Gedanken der Konstruktivisten: Nach deren Ansicht können wir nicht *von vornherein* die Methoden der mathematischen Begriffsbildung und Beweisführung scharf und einheitlich umgrenzen, etwa in der Gestalt eines formalen Systems der mathematischen Logik; *denn der Bereich jener Tätigkeiten, die zulässige mathematische Konstruktionen bilden, ist nicht von vornherein festgelegt, sondern einer ständigen schöpferischen Erweiterung fähig.* Ebenso betont Wittgenstein, daß die Verwendung des einen Wortes »Mathematik« uns nicht dazu verführen soll, zu meinen, es handle sich hierbei *um stets wiederkehrende Formen des Denkens und Argumentierens.* Vielmehr sei die Mathematik ein *buntes Gemisch,* nämlich ein buntes Gemisch von gedanklichen Erfindungen, von Methoden der Begriffsbildung und von Beweistechniken (z. B. »Bemerkungen über die Grundlagen der Mathematik« II 46).

Trotz alledem wäre es vollkommen unrichtig, in Wittgenstein nichts anderes zu erblicken als einen Vertreter des mathematischen Konstruktivismus, der diesen Standpunkt in einer etwas anderen sprachlichen Form wiedergibt, als die übrigen Vertreter dieser Richtung das gewöhnlich tun. Seine Kritik an den herkömmlichen Denkweisen ist eine viel *grundsätzlichere* als die des Intuitionismus; und daher sind auch die Konsequenzen, zu denen er gelangt, *radikaler* als die der intuitionistischen Logiker und Mathematiker. Paradoxerweise gelangt er, wie sich zeigen wird, gerade aufgrund dieser radikaleren Kritik wieder zu einer *konzilianteren Haltung* gegenüber den in der klassischen Mathematik *tatsächlich* anzutreffenden Denkweisen.

Um dies genauer zu schildern, muß der Unterschied zwischen klassischer und intuitionistischer Auffassung präziser charakterisiert werden. Wenn man sagt, daß nach der Meinung der Intuitionisten der Mathematiker ein Erfinder sei und seine Tätigkeiten in gedanklichen Konstruktionen bestehen, so ist dies ja auch zunächst ein bloßes *Bild*, nicht weniger als das Bild von einem Forschungsreisenden, der den mit mathematischen Entitäten vollgepfropften platonischen Himmel durchsucht. Wir knüpfen dabei für die klassische Logik an die Methode *Freges* an, während für die Charakterisierung der konstruktivistischen Logik ein kürzlich von *P. Lorenzen* entwickeltes Verfahren zugrunde gelegt werden soll. Selbstverständlich müssen wir uns in beiden Fällen auf einfache Beispiele beschränken.

Für die Struktur der logischen Argumentation ist die Unterscheidung zwischen *deskriptiven* Ausdrücken (Namen, Prädikaten) und *logischen* Ausdrücken oder Formwörtern wie »und«, »oder«, »nicht«, »es gibt« von entscheidender Bedeutung. In einer logisch wahren Aussage sowie in einer logischen Folgebeziehung kommen die deskriptiven Ausdrücke leer vor, so daß die Frage der logischen Gültigkeit ganz an den logischen Ausdrücken haftet. Es ist daher von vornherein zu erwarten, daß man je nachdem, wie man die Bedeutungen dieser Formwörter fixiert, *einen anderen Begriff der logischen Gültigkeit gewinnt.*

Nach Frege gibt es nur *ein* solches Verfahren: *die Methode der Wahrheitsbedingungen.* Die Grundvoraussetzung ist dabei die, daß jede sinnvolle Aussage entweder wahr oder falsch ist. Wir nennen dies mit Lorenzen die Voraussetzung der *Wahrheitsdefinitheit* von Aussagen. Die Bedeutung der logischen Ausdrücke ist dann in der Weise festzulegen, daß man anzugeben hat, wie der Wahrheitswert der mit ihrer Hilfe gebildeten Aussagen von den Wahrheitswerten einfacherer Aussagen abhängt. So ist nicht-*A* wahr, sofern *A* falsch ist, und falsch, sofern *A* wahr ist. Und dies ist bereits eine erschöpfende Erklärung der Bedeutung der Negation: sie kehrt stets den Wahrheitswert um. Die Bedeutung der Konjunktion »&« ist damit erklärt, daß *A*&*B* dann und nur dann wahr sein soll, wenn sowohl *A* wie *B* wahre Aussagen sind, und die Bedeutung des nichtausschließenden »oder« wird durch die Festsetzung fixiert, daß »*A* oder *B*« genau dann falsch sein soll, wenn sowohl *A* wie *B* falsch sind. Es ist klar, daß bei dieser Einführungsmethode *jeder* Satz von der Gestalt »*A* oder nicht-*A*« (4) *wahr* sein muß; denn nach der Voraussetzung der Wahrheitsdefinitheit ist entweder *A* richtig und damit die ganze Aussage (4) wahr, oder nicht-*A* richtig, was wieder die Wahrheit von (4) zur Folge hat. Wir haben es daher mit einer logisch wahren Aussage (bzw. Aussageform) zu tun. Ganz allgemein ist eine Aussage *logisch wahr*, wenn ihre Wahrheit aus den semantischen Regeln folgt, durch welche die Bedeutungen der Formwörter festgelegt werden.

Der Intuitionist kann die Voraussetzung nicht akzeptieren, auf der dieses Verfahren beruht: die Wahrheitsdefinitheit aller Aussagen. Herausgefordert, diese seine Grundvoraussetzung zu rechtfertigen, bleibt dem Vertreter der klassischen Logik kein anderer Ausweg, als zu einer platonistischen Ontologie zu greifen, wie dies an dem obigen Beispiel des Satzes (1) gezeigt worden ist. Da der Intuitionist eine solche Annahme als problematisch oder als unhaltbar oder sogar als sinnlos betrachtet, muß er die Bedeutungen der Formwörter in anderer Weise erklären. Er läßt die Voraussetzung der Wahrheitsdefinitheit fallen, oder, vorsichtiger ausgedrückt: er macht keinen Gebrauch von der Annahme, daß eine Aussage dann und nur dann sinnvoll ist, wenn sie entweder wahr oder falsch ist. Man beachte, daß dies etwas weit Schwächeres ist als die Verwerfung des Wahrheitsbegriffs.

Wie aber kann die Bedeutung von »und«, »oder«, »nicht« ohne Verwendung des Wahrheitsbegriffs erklärt werden? Für den Intuitionisten tritt der *Beweisbegriff* an die Stelle des Wahrheitsbegriffs. Dieses Wort ist nicht in einem speziellen technischen Sinn zu nehmen, sondern in der weiten Bedeutung, in der wir von »begründen« sprechen. In jeder konkreten Situation, in der wir aufgefordert werden können, einen Beweis für eine Behauptung zu liefern, ist ein entsprechender Beweisgriff verfügbar, und, was noch wichtiger ist, wir haben stets ein *effektives Verfahren*, um zu entscheiden, *ob ein angeblicher Beweis auch ein tatsächlicher ist* (während wir kein allgemeines Verfahren zur Entscheidung darüber haben, ob eine Aussage wahr ist oder nicht). Damit der Leser nicht doch an den komplizierten Fall mathematischer Beweise denkt, sei ein einfaches Beispiel gegeben: Zwei in einem Raum befindliche Personen X und Y beschließen, ein Frage-Antwort-Spiel zu spielen. X fragt und Y antwortet. X kann die Antwort akzeptieren und gibt sich damit für diese spezielle Dialogsituation geschlagen. Er kann aber statt dessen auch einen *Beweis* der Behauptung von Y verlangen. Die Überprüfung soll darin bestehen, daß in einem im Raum befindlichen Lexikon nachgeschlagen wird. Stimmt das, was im Lexikon steht, mit dem überein, was Y behauptet, so soll dies *als Beweis* der Behauptung des Y gelten; stimmt es nicht überein, so ist Y widerlegt, und der fragliche Dialog wurde von X gewonnen.

Wie *Lorenzen* gezeigt hat, kann man den logischen Ausdrücken, statt ihnen mittels semantischer Regeln einen wahrheitsdefiniten Sinn zu erteilen, einen beweisdefiniten oder, allgemeiner, einen *dialogisch-definiten* Sinn geben, wobei diese Methode jetzt frei ist von den problematischen Voraussetzungen der klassischen Logik. Die Bedeutung von »und«, »oder«, »nicht« wird nicht mehr durch semantische Regeln festgelegt, die beschreiben, wie der Wahrheitswert der mit Hilfe dieser Formwörter gebildeten komplexen Aussagen vom Wahrheitswert der dabei verwendeten Teilaussagen abhängt, *sondern durch Regeln, die angeben, wie man eine mit Hilfe dieser Formwörter gebildete Aussage zu rechtfertigen hat, wenn man dazu herausgefordert wird.* Man kann auch hier von einer *Semantik* sprechen. Es ist aber keine Semantik im üblichen Sinn, die im aussagenlogischen Bereich mit dem Begriff der ·Wahrheitswerteverteilungen auf wahrheitsdefinite Aussagen arbeitet und die im Bereich der Quantorenlogik von starken mengentheoretischen Hilfsmitteln Gebrauch macht. Vielmehr handelt es sich um eine *spieltheoretische Semantik*, welche die Bedeutungen der logischen Ausdrücke *durch Angriffs- und Verteidigungsregeln in einem Dialogspiel* bestimmt.

Den Ausgangspunkt bilden elementare Aussagen, für die ein entscheidbarer Beweisbegriff festgelegt ist. Man denke sich dazu eine Person *P*, genannt »Proponent«, die Behauptungen aufstellt, und eine zweite Person *O*, genannt »Opponent«, der es gestattet sei, diese Behauptungen anzugreifen. Die Bedeutung eines Formwortes ist in konstruktiver Weise festgelegt, wenn jeder Dialog zwischen *P* und *O*, der mit einer durch dieses Formwort gebildeten Aussage des *P* beginnt, mit einer Entscheidung darüber endet, ob *P* den Dialog gewonnen oder verloren hat, also seine Behauptung gegenüber der Herausforderung durch *O* erfolgreich zu begründen vermag oder nicht. Behauptet *P* die Aussage »*A&B*«, so muß er auf Herausforderung durch seinen Opponenten *sowohl einen Beweis von A wie einen Beweis von B* liefern (d. h. gelingt ihm nur eines davon nicht, so hat er den Dialog verloren). Behauptet *P* die Aussage »*A* oder *B*«, so hat er *die Wahl, diese Aussage dadurch zu begründen, daß er entweder A beweist oder daß er B beweist.* Behauptet *P* schließlich die Aussage »nicht-*A*«, so muß *O* – wenn er die Behauptung nicht annehmen und damit zugeben will, daß *P* gewonnen hat – selbst die Aussage *A* behaupten; und *je nachdem, ob O* (jetzt in der Rolle des Proponenten) *diesen mit A beginnenden Dialog gewinnt oder verliert, hat P die ursprüngliche Aussage »nicht-A« verloren oder gewonnen*.

Als *logisch gültig* wird eine Aussage definiert, wenn für sie eine *Gewinnstrategie* besteht. Dies bedeutet, *daß die betreffende Aussage gegen jeden Opponenten gewonnen werden kann*. Ist danach z. B. die Aussage »*A* oder nicht-*A*« logisch gültig? Dies ist nicht der Fall. Um dies zu erkennen, braucht man bloß für die Aussage *A* eine solche zu wählen, für die der Opponent einen Beweis kennt, der Proponent hingegen nicht. Denn falls dann *P* auf den Angriff von *O* die Aussage

A wählt, so verliert er den Dialog, weil er diese Aussage nicht beweisen kann; wählt er hingegen nicht-*A*, so verliert er abermals, da *O* die Aussage *A* zu beweisen imstande ist. (Hierbei wurde allerdings vorausgesetzt, daß *P* keine beliebigen Verteidigungswiederholungen vornehmen darf.) Daraus wird ersichtlich, warum der frühere Einwand gegen die intuitionistische Deutung von »es gibt« und »keine«, daß nämlich dadurch der Satz vom ausgeschlossenen Dritten überhaupt nicht tangiert werde, unzutreffend ist: erklärt man die Bedeutung der Formwörter nicht mit Hilfe von Wahrheitstabellen, sondern erteilt ihnen in der soeben skizzierten Weise einen dialogisch definiten Sinn, so ist das tertium non datur kein logisch gültiges Prinzip mehr. Führt man die Bedeutungen der übrigen logischen Ausdrücke in analoger Weise ein, so erhält man, wie Lorenzen zeigen konnte, ein logisches System, das schwächer ist als die klassische Logik und das sich genau mit der intuitionistischen Logik deckt [1].

Diese Gegenüberstellung lehrt folgendes: Im klassischen wie im intuitionistischen Fall wird der Begriff der logischen Wahrheit (und analog der Begriff der logischen Folgerung) durch bestimmte *Konventionen* festgelegt, welche eine Erklärung der Bedeutung der logischen Ausdrücke liefern. Wenn wir versuchen, uns von allen Bildern freizumachen, so ist das Motiv des Intuitionisten für die Ablehnung jener Konventionen, die zur klassischen Logik führen, darin zu erblicken, daß er die These verwirft, wonach jede sinnvolle (alltägliche oder wissenschaftliche) Aussage wahr oder falsch sein müsse; denn diese These läßt sich, wie gezeigt, nur

---

[1] In einer vollständigen Charakterisierung dieser spieltheoretischen Methode müssen auch die Bedingungen für Angriffe und Verteidigungen sowie die Anzahlen von zulässigen Angriffs- und Verteidigungswiederholungen genau angegeben werden. Durch Änderung dieser Regeln läßt sich dann allerdings auch wieder die klassische Logik gewinnen. Vgl. dazu Kuno Lorenz, »Arithmetik und Logik als Spiele«, Dissertation, Kiel 1961. Eine für sich lesbare kurze Darstellung, auch der technischen Details, und Diskussion der lorenzenschen Methode findet sich in W. Stegmüller, »Remarks on the completeness of logical systems relative to the validity-concepts of P. Lorenzen und K. Lorenz«, Notre Dame Journal of Formal Logic, 1964, S. 81–112.

mittels einer Ontologie rechtfertigen, die vom Intuitionisten als problematisch oder sogar als absurd empfunden wird. Dessen ungeachtet sind natürlich auch die intuitionistischen Regeln zur Erklärung der Bedeutung logischer Ausdrücke *Konventionen*. Der Konstruktivist wird sich bei deren Formulierungen z. B. von der Idee leiten lassen, eine Logik zu erhalten, die möglichst stark ist, aber frei von problematischen metaphysischen Hypothesen. Mit der Preisgabe der Wahrheitsdefinitheit verzichtet der Konstruktivist auch auf den Glauben an eine *objektive* (»zeitlos geltende«) *mathematische Wahrheit*. Keineswegs gibt er damit jedoch jede Objektivität schlechthin preis. An die Stelle der einen objektiven Wahrheit tritt *die Objektivität der Begründung, des Beweises*. Selbstverständlich wird nicht alles, was in der Mathematik unter dem Titel »Beweis« läuft, vom Intuitionisten anerkannt; denn vieles davon verstößt ja gegen seine Prinzipien oder läßt sich mit diesen nicht rechtfertigen. Was hingegen eine logische Wahrheit oder logische Folgerung in seinem Sinn ist, darüber kann es keinen Streit mehr geben, wenn die Bedeutungen der logischen Ausdrücke im Einklang mit den intuitionistischen Prinzipien erklärt sind, etwa nach der von Lorenzen vorgeschlagenen Methode. »Nicht-(*A* & nicht-*A*)« sowie »nicht-nicht-(*A* oder nicht-*A*)« z. B. sind auch im intuitionistischen Sinn logische Wahrheiten, an denen nicht zu rütteln ist.

An dieser Stelle tritt ein entscheidender Unterschied von Wittgensteins Auffassung gegenüber der der Intuitionisten oder Konstruktivisten zutage. Die nun zu schildernden Gedanken Wittgensteins sind außerordentlich schwer zu verstehen und vielleicht noch schwerer gedanklich ernst zu nehmen. Allzu leicht ist man geneigt, seine Ausführungen hier – wie an vielen Stellen seiner Spätphilosophie – als »unverständlich« oder als »absurd« zur Seite zu legen. Bei der Schilderung seiner Auffassung wollen wir zum Teil wieder zu ähnlichen wie den früher gegebenen Bildern zurückgreifen:

Wittgenstein verwirft auch jene Objektivität, die der Intuitionismus anerkennt. Man könnte im Sinne von Wittgenstein sagen: Daß wir, sofern wir einmal die Bedeutungen der logischen Ausdrücke kraft Konvention erklärt haben, solches und solches als logische Wahrheit oder als logische Folgebeziehung *anerkennen müssen* – dies ist nur wieder eine neue Abart eines platonistischen Mythos, wenn auch verborgener und nicht so offen zutage liegend wie der Mythos der klassischen Theorie. Es ist der Glaube an ein *logisches »Muß«*, an eine *logische Notwendigkeit*, die uns aufgezwungen ist, sei es auch nur aufgezwungen in der Gestalt von *zwingenden Folgerungen bestimmter Festsetzungen*. Dieser Glaube ist für uns eine solche Selbstverständlichkeit, daß wir sie gewöhnlich gar nicht bemerken; zugleich ist er jedoch nach Wittgenstein durch nichts zu rechtfertigen: *es ist ein Aberglaube*.

Man wird sofort geneigt sein einzuwenden: Aber etwas anderes ist doch gar nicht denkbar; wenn ich die und die Festsetzung treffe und diese und diese Regeln zugrunde lege, dann *muß* ich doch solche Konsequenzen meiner Beschlüsse akzeptieren! Nach Wittgenstein ist dies keineswegs der Fall. *Es gibt schlechthin keine uns auferlegte objektive Notwendigkeit.* Daß ich *diese* bestimmte Aussage als eine logisch wahre oder logisch notwendige betrachte und *diese* Beziehung als eine logisch notwendige Folgebeziehung, ist unmittelbarer Ausdruck eines *ad hoc* gefaßten Beschlusses (und nicht etwa eine *logische Konsequenz*(!) anderer Beschlüsse): ich beschließe, diesen Satz und diese Beziehung als *unangreifbar* zu betrachten und nichts als ihr widersprechend gelten zu lassen. Wie aber kann ich denn das? Ein Beispiel möge das erläutern:

Wir stellen fest, daß sich in einer Urne 3 schwarze und 4 weiße Kugeln befinden. Da wir addieren können, schließen wir daraus, daß sich somit in der Urne insgesamt 7 Kugeln befinden müssen, ohne sie nochmals alle von vorn zu zählen. Wenn aber, so wird man einwenden, der Satz $3+4=7$, auf den sich dieser Schluß stützt, nur Ausdruck eines Beschlusses ist, so könnte sich ja beim tatsächlichen Nachzählen ein anderes Resultat ergeben, z. B. 6 oder 8 Kugeln! Hier zeigt sich nun der *Gebrauch*, den wir von dieser arithmetischen Aussage *als einer logisch notwendigen* machen: Sollten wir ein solches Zählresultat erhalten, *so würden wir nicht diese arithmetische Aussage preisgeben, sondern würden sagen: wir müssen uns verzählt haben.* Die Addition dient uns im vorliegenden Falle als *neues Kriterium* dafür, daß 7 Kugeln in der Urne sind. In dieser Weise findet unser Beschluß, 3+4=7 als unangreifbare Aussage anzusehen, einen praktischen Niederschlag.

Um Wittgensteins Position hier nicht mißzuverstehen, ist es wichtig, sich vor Augen zu halten, was er *nicht* meint: Er geht davon aus, daß wir *zwei verschiedene* Kriterien benützen, um die Anzahl der Kugeln in der Urne festzustellen, nämlich das Zählen sämtlicher Kugeln sowie das Zählen der beiden Teile (weiße und schwarze) mit nachfolgender Addition. Wenn wir nun sagen: Diese beiden Methoden *müssen* zu demselben Ergebnis führen, sofern wir uns in keinem der Zählprozesse verzählt haben, so würde Wittgenstein diese *Formulierung* nicht verwerfen. Aber er würde den Gedanken verwerfen, daß es sich bei diesem »Muß« um einen logischen Zwang handelt, der nicht selbst wieder auf Konvention zurückführbar ist, sondern uns *von außen her auferlegt* ist. Vielmehr besteht diese logische Notwendigkeit in nichts anderem als darin, *daß wir nichts als Widerspruch gelten lassen* und auf einen scheinbar auftretenden Widerspruch in der gerade geschilderten Weise reagieren.

Der Unterschied gegenüber der herkömmlichen Art und Weise, diese Dinge zu betrachten, zeigt sich, wenn man in unserem Beispiel eine Person Y hinzunimmt, *die nur zählen, aber nicht addieren kann* [1]. Wenn Y 3 weiße, 4 schwarze und insgesamt 8 Kugeln zählt, so wird *diese Person* dabei nichts Absonderliches finden, weil sie ja nur das Zählkriterium zur Verfügung hat. *Wir* hingegen würden sagen: sie *muß* sich verzählt haben (entweder als sie 3 weiße Kugeln zählte oder als sie 4 schwarze zählte oder als sie 8 Kugeln zählte). Auch nach Wittgenstein haben wir das Recht, dies zu sagen, weil

---

[1] Eine ähnliche Erläuterung des wittgensteinschen Gedankens hat M. Dummett gegeben in »Wittgenstein's Philosophy of Mathematics«.

wir ja mit der Addition ein weiteres Kriterium zur Bestimmung der Anzahl zur Verfügung haben. Aber wir würden vermutlich noch weitergehen und sagen: »Dieses unser neues Kriterium zeigt, daß sich Y bei einem seiner Zählprozesse verzählt hat, also entweder diese weiße Kugel zweimal gezählt haben muß oder diese oder... oder diese schwarze Kugel oder...«. Und dies wiederum zeigt, *daß Y selbst zu diesem Schluß, daß er sich verzählt haben muß, hätte kommen müssen*, wenn er nochmals seine Operationen genau überprüft hätte, auch *ohne* über das Additionskriterium zu verfügen. Gerade diese weitere Schlußfolgerung aber würde Wittgenstein nicht akzeptieren: Es kann sein, daß Y 3 weiße, 4 schwarze und 8 Kugeln insgesamt zählt, ohne daß bei noch so sorgfältiger Prüfung etwas entdeckt werden kann, was als Symptom dafür dienen könnte, daß Y sich verzählt haben muß – *außer diesem Ergebnis selbst*, das aber erst dann als Symptom des Sichverzählthabens verwendbar ist, wenn wir die Addition als zusätzliches Kriterium zur Verfügung haben (und nach Voraussetzung soll ja Y nicht im Besitz dieses Kriterium sein). Diese wittgensteinsche Deutung des Sachverhaltes scheint u. a. die paradoxe Konsequenz zu haben, daß ein Oder-Satz wahr sein kann, ohne daß etwas vorliegt, das eine Komponente dieses Oder-Satzes wahr macht [1].

Ohne an dieser Stelle darauf eingehen zu können, wie diese und ähnliche Paradoxien, die bei Zugrundelegung des wittgensteinschen Standpunktes auftreten, zu lösen sind, müssen wir dazu übergehen, *diese Betrachtungsweise auf beliebige mathematische Beweise zu übertragen*. Denn das Beispiel der Addition diente nur als einfacher Modellfall. Sowohl nach klassischer wie nach intuitionistischer Auffassung würde in folgendem Punkt Übereinstimmung bestehen: Wenn wir einmal irgendwelche Axiome und irgendwelche Ableitungsregeln oder sonstige Prinzipien akzeptiert haben, dann haben wir keine Wahl mehr, den Übergang zu immer neuen Theoremen gemäß diesen Regeln anzuerkennen oder zu verwerfen; vielmehr *ist* in jedem Schritt der Übergang entweder korrekt, d. h. im Einklang mit diesen Regeln, er-

---
[1] Vgl. den Aufsatz von M. Dummett, S. 335.

folgt oder nicht. Wittgenstein verwirft dies: *In jedem einzelnen Beweisschritt müssen wir eine neue Entscheidung treffen, ob wir die fragliche Anwendung der betreffenden Regel als eine korrekte anerkennen wollen oder nicht.* In dem, was uns vorgegeben ist, ist nichts, das uns *zwingen* würde, die Beweisschritte und damit den ganzen Beweis zu akzeptieren.

Die Intuitionisten geben den Glauben an die Objektivität der mathematischen Wahrheit preis und verwerfen damit bestimmte Prinzipien wie das tertium non datur, die in der klassischen Logik und Mathematik Gültigkeit haben. Hingegen halten sie an der Objektivität logisch-mathematischer Beweise fest. Wittgenstein kommt zu teilweise ähnlichen Ergebnissen wie die Intuitionisten, aber nur deshalb, *weil er den Glauben an die Objektivität mathematischer Wahrheit aus dem radikalen Grunde verwirft, daß für ihn nicht einmal der Glaube an die Objektivität mathematischer Beweise eine Gültigkeit besitzt.* Daß diese seine Position zu einer Verschärfung der Auffassung führt, welche die Intuitionisten vertreten, ist daher von vornherein zu erwarten. Wie schon früher erwähnt, läßt sich jedoch aus dieser Radikalisierung für Wittgenstein wieder eine in mancher Hinsicht konziliantere Haltung gegenüber der mathematischen Tätigkeit feststellen, als wir sie bei den Intuitionisten antreffen: Wenn ein über die Mathematik philosophisch Reflektierender sich auf das tertium non datur beruft, so verwirft Wittgenstein eine solche Reflexion ebenso wie die Intuitionisten; denn hinter ihr steckt als stillschweigende Voraussetzung die Theorie der Wahrheitsbedingungen mit ihrer platonistischen Ontologie. Wenn hingegen ein Mathematiker in seiner Beweisführung das tertium non datur benützt, so hat Wittgenstein nichts dagegen einzuwenden, *da der Betreffende ja das Recht hat, diese Aussageform kraft Beschluß als eine notwendig geltende zu betrachten.* Wenn wir einen Beweis annehmen, so kommt dies der Annahme einer neuen Sprachregel gleich. Ein Beweis, auf den ich stoße, will mich dazu bringen, etwas als eine nicht angreifbare Wahrheit anzuerkennen, dem bewiesenen Theorem Notwendigkeit zu verleihen und es in die Archive zu legen; d. h. von nun an nichts mehr zuzulassen, was ihm widerspricht, vielmehr umgekehrt diesen Satz als *Standard* zur Überprüfung anderer Ergebnisse zu verwenden. Mit der Annahme des Beweises habe ich mich somit *zu einer neuen Entscheidung durchgerungen* (»Bemerkungen über die Grundlagen der Mathematik« II 27), und ich erkenne den Satz an, »*indem ich ihm den Rücken drehe*« (»Bemerkungen über die Grundlagen der Mathematik« III 35). Ist eine solche Entscheidung aber einmal gefallen, so werden durch den als notwendig anerkannten Satz neue logische Beziehungen gestiftet, und *damit sind auch unsere Begriffe andere geworden, nachdem wir den Beweis akzeptiert haben*. Dies wird weiter unten noch deutlicher werden.

Es wäre naheliegend zu denken, daß Wittgensteins Ansichten über Beweise, logische Notwendigkeiten und unangreifbare Wahrheiten doch nur eine bestimmte Konsequenz dessen darstellen, was er über Bedeutung, Bedeutungserklärung, »einer Regel folgen« usw. sagte, also über Dinge, die als solche überhaupt nichts mit Mathematik zu tun haben. Ein Gedankengang von dieser Art könnte sich auf Wittgensteins mutmaßlichen Einwand gegen das Argument stützen, daß wir doch sicherlich dann keine freie Wahl haben, einen Beweisschritt anzuerkennen, wenn die Axiome und Regeln absolut präzise formuliert sind, z. B. in einem vollständig formalisierten System der mathematischen Logik. Hierzu würde Wittgenstein bemerken, daß der Gedanke absolut präziser Regeln eine Fiktion darstellt. *Denn den Gebrauch dieser Regeln* muß ich zuvor *alltagssprachlich* erläutern. Die dabei verwendeten Ausdrücke kann ich zwar wieder erläutern usw., aber *irgendwo müssen meine Erläuterungen ein Ende haben.* Und dort, wo ich stehenbleibe, muß ich auch die Gefahr einer Vielzahl von Deutungsmöglichkeiten in Kauf nehmen. Diesen Gedanken, daß ich die Regeln für den Gebrauch von Wörtern (der Alltagssprache oder einer künstlichen Sprache) niemals so formulieren kann, daß kein Spielraum in der Interpretation übrigbleibt, hat Wittgenstein bereits in den »Untersuchungen« durch zahlreiche Beispiele zu illustrieren versucht. Dazu gehört das im vorigen Abschnitt erwähnte Beispiel vom Lehrer, der einem Schüler die Operation »die Zahl 1 addieren« beizubringen versucht (Vgl. S. 651).

Überlegungen von dieser Art sind ohne Zweifel von Wichtigkeit für ein richtiges Verständnis von Wittgensteins Philosophie der Mathematik. Trotzdem wäre es eine übergroße Vereinfachung, wollte man in Wittgensteins frappierend radikalen Äußerungen, z. B. über die Gültigkeit mathematischer Beweisführungen und Kalkulationen, nichts weiter erblicken als einen bloßen Ausfluß solcher Gedanken, die eigentlich zu seiner Theorie der Wortbedeutung gehören. Das neu Hinzutretende ist der schon erwähnte Kampf gegen jenen »*verborgenen Platonismus*«, wie wir dies nannten, von dem nach Wittgenstein auch die Konstruktivisten unter den Mathematikern nicht losgekommen sind. Wenn er daher mit den Konstruktivisten in der Verwerfung der Voraussetzung der Wahrheitsdefinitheit und Objektivität der Wahrheit der mathematischen Sätze einig zu gehen scheint, *so hat doch diese Gemeinsamkeit im Effekt nicht dieselbe Wurzel.* Bei Wittgenstein ist es eine Konsequenz dessen, daß er auch das preisgibt, woran die Konstruktivisten festhalten: die Objektivität mathematischer Beweise. Was Wittgensteins Ansichten dabei auch vom üblichen *Konventionalismus* unterscheidet, ist dies, daß die Konventionalisten ebenfalls von *logischen Folgerungen* von Festsetzungen sprechen. Wittgenstein würde sagen, daß sich die Vertreter eines solchen »gemäßigten« Konventionalismus keine Rechenschaft geben über den Sinn dieser »logischen Folgerung aus Festsetzungen« und sie als einen von jenseits unserer Konvention über uns hereinbrechenden logischen Zwang ansehen.

Eine andere Verschärfung der intuitionistischen Kritik am platonistischen Realismus der klassischen Mathematik durch Wittgenstein zeigt sich ferner in dem, was Hao Wang als *Anthropologismus* bezeichnet. Man könnte zunächst versucht sein, diesen Standpunkt so zu charakterisieren: Während Mathematiker, wenn sie das Wort »*können*« gebrauchen, sich damit auf das *theoretisch Mögliche* beziehen, rückt Wittgenstein die *praktisch-technische Möglichkeit* in den Vordergrund, so daß es für ihn fraglich wird, ob man sagen könne, es sei »im Prinzip« entscheidbar, ob eine sehr hohe Zahl (z. B. 1437, zu einer neunstelligen Zahl als Potenz erhoben) eine bestimmte Eigenschaft E besitze, solange man für diese Entscheidung nur primitive Verfahren besitzt. Diese Charakterisierung enthielte aber eine grobe Vereinfachung von Wittgensteins Gedanken: Da ein *Beweis* als etwas Endgültiges und Unangreifbares betrachtet wird und als Maßstab zur Überprüfung anderer Ergebnisse dient, muß er nach Wittgenstein *übersehbar*, *übersichtlich* und *reproduzierbar* sein (»Bemerkungen über die Grundlagen der Mathematik« II 1). Dies unterscheidet den Beweis von einem Experiment, bei dem wir nicht die Garantie haben, daß seine Wiederholung dasselbe Resultat liefern wird. Hierin liegt der Schlüssel zum Verständnis verschiedener Gedanken Wittgensteins: *Erstens* wird klar, daß die in den »Bemerkungen über die Grundlagen der Mathematik« stets wiederkehrende Frage, wodurch sich ein Beweis von einem Experiment unterscheide, *nicht als Erörterung einer empiristischen Deutung der Mathematik gemeint ist*, sondern z. B. dazu dient, uns zu zeigen, *daß das, was wie ein Beweis aussehen mag, in Wahrheit ein Experiment ist*, und daß wir uns dies durch das Bild von den »prinzipiellen theoretischen Möglichkeiten« verschleiern: Wer z. B. zwei Jahrzehnte damit verbringt, um für eine außerordentlich hohe ungerade Zahl festzustellen, ob sie vollkommen ist oder nicht, der hat, wie immer sein Resultat aussehen mag, *keinen Beweis* für etwas erbracht, sondern ein Experiment vorgenommen, da dieses Verfahren nicht mehr überschaubar und leicht reproduzierbar ist.

Zweitens läßt sich jetzt die erwähnte neuerliche Verschärfung der intuitionistischen Auffassung genauer schildern. Betrachten wir dazu wieder unser Ausgangsbeispiel (1): »es gibt vollkommene ungerade Zahlen«. Der klassische Logiker mit seiner These von der *Wahrheitsdefinitheit* aller sinnvollen Aussagen muß diesen Satz als wahr oder falsch bezeichnen. Der Intuitionist läßt aus den geschilderten Gründen diese Voraussetzung der Wahrheitsdefinitheit fallen. Auch er würde aber diese Aussage als eine *sinnvolle* ansehen, obwohl er die Wahrheitsdefinitheit durch *Begründungsdefinitheit* ersetzt. Denn wir wissen ja, *wie ein Beweis dieser Aussage aussehen würde*: Man hätte eine ungerade Zahl anzugeben, die gleich der Summe ihrer echten Teiler wäre. Aber was bedeutet dies? Eine derartige Zahl müßte, da man bis heute keine gefunden hat, riesig groß sein, und die Standardverfahren zur Überprüfung ihrer Vollkommenheit würden versagen; denn die mit ihrer Hilfe vorgenommenen Berechnungen wären bei dieser Größenordnung nicht mehr übersehbar. *Wir können daher gar nicht behaupten, daß wir für beliebige Zahlen Methoden besitzen, um ihre Vollkommenheit festzustellen.* Ein Beweis, der uns für jene riesige ungerade Zahl deren Vollkommenheit zeigte, müßte *ganz neue Methoden* verwenden. Und diese Methoden würden für Zahlen von solcher Größenordnung *die Bedeutung* des Prädikates »vollkommen« erst festlegen. Wittgensteins schärfere These ließe sich daher dadurch kennzeichnen, *daß für ihn* (1) *nicht einmal eine sinndefinite Aussage darstellt.*

Drittens liefert uns dies einen neuen Aspekt von Wittgensteins These, *daß das Auffinden eines Beweises unsere Begriffe ändere*. Im Beispiel (1) wäre dies bezüglich des Begriffs der vollkommenen Zahl der Fall.

Noch in einem anderen Zusammenhang spielt *die Frage des Verhältnisses von mathematischer Gesetzmäßigkeit und Empirie* eine entscheidende Rolle in Wittgensteins Denken: Wenn wir wieder an jenes Urnenbeispiel zurückdenken, so ist für uns, die wir addieren können und die Additionsresultate als »unangreifbar« akzeptieren, das gleichzeitige Gewinnen der drei Resultate: 3 schwarze, 4 weiße und insgesamt 8 Kugeln ein Symptom des Sichverzählthabens und damit zugleich ein Symptom dafür, daß wir bei einer nochmaligen *empirischen* Überprüfung der Sachlage einen Fehler entdecken werden. Wie wir gesehen haben, kann nach Wittgenstein eine solche Entscheidung ausbleiben. Müssen wir dann den arithmetischen Satz $3+4=7$ preisgeben, so wie wir eine naturwissenschaftliche Hypothese fallenlassen, wenn die aus ihr ableitbaren Voraussagen mit den tatsächlichen Beobachtungen nicht übereinstimmen? Keinesfalls: Mathematische

Sätze werden von uns gänzlich anders gebraucht als synthetische Annahmen über die Natur. Mathematische Sätze *behaupten* nicht, daß in der Natur bestimmte Gesetzmäßigkeiten herrschen, und daher können wir mathematische Sätze nicht mit der Erfahrung konfrontieren. Trotzdem kann eine Erfahrung *hinter* einer mathematischen Aussage, gewissermaßen als »Bedingung der Möglichkeit ihrer zweckmäßigen Anwendung«, stecken: *Im vorliegenden Fall würden wir, bei häufiger Wiederholung derartiger Rechenergebnisse und derartiger Erfahrungen, aufhören zu sagen, daß wir rechnen.* Wenn somit auch eine allgemeine mathematische Aussage keine empirische Gesetzmäßigkeit ausdrückt, so ist es doch durchaus denkbar, daß ganz neue Regelmäßigkeiten des Naturablaufs dazu führen würden, daß wir solche Operationen, die wir gegenwärtig, bei Vorliegen *anderer* empirischer Regelmäßigkeiten, als Rechnung bezeichnen und als Standard verwenden, nicht mehr als Rechnungen bezeichneten, da ihr Verwendungszweck hinfällig würde. Man könnte natürlich weiterhin das Wort »Rechnung« gebrauchen, aber dieses hätte dann einen fundamentalen Bedeutungswandel erfahren, da die bisherigen wichtigsten Verwendungen dessen, was wir »Rechnungen« nannten, wegfielen.

Wir haben uns auf einen besonders wichtigen Punkt in Wittgensteins Philosophie der Logik und Mathematik konzentriert. Wie schon zu Beginn dieses Abschnittes erwähnt, enthalten seine Ausführungen Reflexionen über zahlreiche weitere Probleme, darunter auch über die spezifisch philosophischen Fragen der *Evidenz* mathematischer Sätze, des *synthetisch-apriorischen* Charakters mathematischer Aussagen, der *Reduzierbarkeit der Mathematik auf die Logik*, des Widerspruchs sowie der *Widerspruchsfreiheit* mathematischer Theorien. Zu diesem letzten Punkt mögen hier noch einige interessante Gedanken Wittgensteins angeführt werden. Ein *nachweislich widerspruchsfreier Aufbau der Mathematik* wird ja als eine der Hauptaufgaben der mathematischen Grundlagenforschung angesehen.

Wittgenstein verfolgt mit seinen Ideen das Ziel, »die Einstellung zum Widerspruch und zum Beweis der Widerspruchsfreiheit zu ändern«, was nicht heißen soll, »daß dieser Beweis etwas Unwichtiges zeigt« (»Bemerkungen über die Grundlagen der Mathematik« II 82). Diese Einstellungsänderung soll nach Wittgensteins Ansicht offenbar verhindern, daß die mathematische Grundlagenforschung zu einer Art von »*Metaphysik der Widerspruchsfreiheit*« ausartet, zu einer Tätigkeit, die dieses gefährliche Gespenst des Widerspruchs aus der Mathematik vertreiben soll. Wittgenstein greift die Auffassung an, es liege erst dann eine gute mathematische Theorie vor, der wir uns in der Anwendung unbedenklich anvertrauen können, wenn diese Theorie nachweislich widerspruchsfrei ist. Schon der Sinn einer solchen Einstellung ist nach Wittgenstein gänzlich unklar: Welchen Fehler begeht man denn, wenn man sich einer nicht nachweislich widerspruchsfreien Theorie anvertraut? (»Bemerkungen über die Grundlagen der Mathematik« II 84). Warum soll nicht eine mathematische Theorie, in der ein Widerspruch steckt, vorzügliche Dienste leisten können? (»Bemerkungen über die Grundlagen der Mathematik« V 28). Und könnte es nicht sogar sein, daß wir ganz unabhängig von der Frage der praktischen Anwendbarkeit eines mathematischen Systems Widersprüche als solche erzeugen *wollten* und ihre Entdeckung als *wichtige mathematische Leistung* schätzen würden?

Ist so etwas aber wirklich denkbar? Nun: Man stelle sich Wesen auf einem anderen Stern vor, die Mathematik betreiben wie wir. Sie ist für jene Wesen aber weder ein Weg zur Beherrschung der Natur noch ein Mittel zu intellektueller Befriedigung. Vielmehr bildet sie dort eine der Methoden zur Erlangung einer Lebensweisheit, zu der in dieser Kultur auch die Erzeugung des Gefühls der Endlichkeit und Ohnmacht des Einzelnen gehört. *Jeder entdeckte Widerspruch wäre da dem Weisen willkommen;* denn er diente dazu, »zu zeigen, was alles auf dieser Welt ungewiß ist« (»Bemerkungen über die Grundlagen der Mathematik« II 81). Hier stoßen wir auf einen jener Fälle, wo Wittgenstein plötzlich mitten in seiner Analyse blitzartig in teils verblüffender, teils erschreckender Weise die Möglichkeit einer ganz anderen Lebensform aufleuchten läßt, die im vorliegenden Fall zu einer mathematischen Zielsetzung führen würde, die der heute von uns akzeptierten entgegengesetzt ist.

Nach Wittgenstein kann ein Widerspruchsfreiheitsbeweis stets nur den Charakter eines mathematischen Beweises haben, in dem gezeigt wird, daß *auf eine ganz bestimmte Weise* kein Widerspruch zustande kommen kann, analog wie etwa in der Theorie von Galois gezeigt wird, daß eine Dreiteilung des Winkels *mit Zirkel und Lineal* nicht konstruierbar ist. Wenn ich aber von der *allgemeinen Furcht* beherrscht bin, »daß irgend etwas irgendwie irgendeinmal als Konstruktion eines Widerspruchs gedeutet werden könnte, so kann kein Beweis mir diese unbestimmte Furcht nehmen« (»Bemerkungen über die Grundlagen der Mathematik« II 87). Mancher Philosoph wird in solchen Äußerungen einen schwarzen Grundlagenpessimismus erblicken und die Gegenfrage stellen: *Wenn die Absicherung der Logik und Mathematik gegen Widersprüche schon in ihrem Wert als fragwürdig und in ihrem Ziel als unerreichbar angesehen wird, hängt dann nicht alles in der Luft:* die angeblich sicherste aller wissenschaftlichen Disziplinen und noch mehr alles andere Wissen? Müßten wir nicht zugeben, es sei reine *Glückssache*, daß wir bisher so gut an den Abgründen der Widersprüche vorbeigekommen sind und unsere Wissenschaft bisher nicht zusammengebrochen ist? Hätten wir nicht zu bekennen, *ein guter Engel* habe uns bisher davor bewahrt, in einen dieser Abgründe zu stürzen? Für eine derartige Gegenfrage hat Wittgenstein die Antwort: »Nun, was willst du mehr? Man könnte, glaube ich, sagen: Ein guter Engel wird immer nötig sein, was immer du tust« (»Bemerkungen über die Grundlagen der Mathematik« V 13).

BIBLIOGRAPHIE

Da die Zahl der Werke und Abhandlungen der in diesem Buch behandelten Philosophen in der Regel außerordentlich groß ist, wurden in diese Bibliographie nur die Hauptwerke sowie die wichtigsten Aufsätze einbezogen. Ebenso mußte aus der außerordentlich großen Sekundärliteratur – allein über die Philosophie Heideggers z. B. sind bisher ca. 1000 Bücher und Aufsätze erschienen – eine enge Auswahl getroffen werden. Dabei wurde vor allem die neuere und neueste Literatur stärker berücksichtigt.

Allgemeine Literatur über Gegenwartsphilosophie

BOCHENSKI, I. M.: Europäische Philosophie der Gegenwart, 2. Aufl. Bern 1951 – FISCHL, J.: Geschichte der Philosophie, Bd. V, Idealismus, Realismus und Existentialismus der Gegenwart, Wien 1954 – HEINEMANN, F.: Neue Wege der Philosophie, Geist/Leben/Existenz, Leipzig 1929 – HÜBSCHER, A.: Denker unserer Zeit, München 1956 – LANDGREBE, L.: Philosophie der Gegenwart, Bonn 1952 – RUGGIERO, G. DE: Philosophische Strömungen des 20. Jahrhunderts, Köln 1949 – MEYER, H.: Die Weltanschauung der Gegenwart, Würzburg 1949 – SAWICKI, F.: Lebensanschauungen moderner Denker, Bd. II, Die Philosophie der Gegenwart, Paderborn 1952 – STEGMÜLLER, W.: Hauptströmungen der Gegenwartsphilosophie, Wien 1952 – WARNOCK, G. J.: English Philosophy since 1900, London 1958 – SPIEGELBERG, H.: The phenomenological movement. A historical introduction, Den Haag 1960 – URMSON, J. O. (ed.): The concise encyclopedia of western philosophy and philosophers, New York 1960 – WINN, R. B.: A concise dictionary of existentialism, New York 1960 – BRUNNER, C.: Die Deutsche Philosophie nach 1945, Berlin 1961 – SPECK, J. (Hrsg.): Grundprobleme der großen Philosophen. Philosophie der Gegenwart, VI Bde., Göttingen 1972 – 1984 – FLØISTAD, G. (ed.): Contemporary philosophy, V Bde., Den Haag et al., 1981–1987 – AYER, A. J.: Philosophy in the twentieth century, London 1982.

BRENTANO, F.

Hauptwerke:

Von der mannigfachen Bedeutung des Seienden nach Aristoteles, Freiburg i. Br. 1862 – Die Psychologie des Aristoteles, Mainz 1867 – Die vier Phasen der Philosophie und ihr augenblicklicher Stand, Stuttgart 1895 – Aristoteles und seine Weltanschauung, Leipzig 1911 – Vom Ursprung sittlicher Erkenntnis (herausg. von O. Kraus), 2. Aufl. Leipzig 1934 – Die Lehre Jesu und ihre bleibende Bedeutung (herausg. von A. Kastil), Leipzig 1922 – Psychologie vom empirischen Standpunkt (herausg. von O. Kraus), Leipzig, I. Bd. 1924, II. Bd. 1925, III. Bd.: Vom sinnlichen und noetischen Bewußtsein, 1928 – Versuch über die Erkenntnis (herausg. von A. Kastil), Leipzig 1925 – Vom Dasein Gottes (herausg. von A. Kastil), Leipzig 1929 – Wahrheit und Evidenz (herausg. von O. Kraus), Leipzig 1930 – Kategorienlehre (herausg. von A. Kastil), Leipzig 1933 – Vom Ursprung sittlicher Erkenntnis (herausg. von O. Kraus), Leipzig 1934 – Briefe F. Brentanos an H. Bergmann, Philos. and Phenom. Research, Vol. VII, 1946 – Grundlegung und Aufbau der Ethik (herausg. von F. Mayer-Hillebrand), Bern 1952 – Religion und Philosophie (herausg. von F. Mayer-Hillebrand), Bern 1955 – Die Lehre vom richtigen Urteil (herausg. von F. Mayer-Hillebrand), Bern 1956 – Grundzüge der Ästhetik (herausg. von F. Mayer-Hillebrand), Bern 1959 – Geschichte der griechischen Philosophie (a. d. Nachlaß hrsg. v. F. Mayer-Hillebrand), Bern/München 1963 – Über die Zukunft der Philosophie. Nebst Vorträgen über die Gründe der Entmutigung auf philosophischem Gebiet – über Schellings System sowie 25 Habilitationsthesen (hrsg. v. O. Kraus, neu eingel. v.P. Weingartner), Hamburg 1968 – Vom Dasein Gottes (hrsg. v. A. Kastil), Hamburg 1968. (Neuausgabe) – Versuch über die Erkenntnis (hrsg. v. A. Kastil), 2. erw. Aufl. Hamburg 1970 – Die Abkehr vom Nichtrealen (hrsg. u. eingel. v. F. Mayer-Hillebrand), Bern/ München 1966 – Philosophische Untersuchungen zu Raum, Zeit und Kontinuum (hrsg. v. S. Körner u. R. Chisholm), Hamburg 1976 – Über Aristoteles. Nachgelassene Aufsätze (hrsg. v. R. George), Hamburg 1986.

Literatur:

KRAUS, O.: Franz Brentano, München 1919 – BRÜCK, M.: Über das Verhältnis E. Husserls zu F. Brentano, Würzburg 1933 – ROGGE, E.: Das Kausalprinzip bei F. Brentano. Stuttgart 1935 – SEITERICH, E.: Die Gottesbeweise bei F. Brentano, Freiburg 1936 – FÜRTH, R.: Naturwissenschaft und Metaphysik: Zum 100. Geburtstag von F. Brentano, Brünn 1938 – BERGMANN, H.: Brentanos Theory of Induction, Philosophy and Phenomenological Research, Vol. V, 1945 – KASTIL, A.: Franz Brentano und die Phänomenologie, Ztschr.

f. Philos. Forschung, Bd. V, 1950/51 – KASTIL, A.: Die Philosophie F. Brentanos: Eine Einführung in seine Lehre, Bern 1951 – MAYER-HILLEBRAND, F.: Franz Brentanos wissenschaftlicher Nachlaß, Ztschr. f. Philos. Forschung, Bd. VI, 1951/52 – KRAFT, V.: Franz Brentano, Wiener Ztschr. f. Philos., Psychol. u. Pädag., Bd. 4, 1952 – LINKE, P.: Die Philosophie Franz Brentanos, Ztschr. f. Philos. Forschung, Bd. VII, 1953 – GILSON, L.: La psychologie déscriptive selon Franz Brentano, Paris 1955 – GILSON, L.: Méthode et métaphysique selon Franz Brentano, Paris 1955 – MAYER-HILLEBRAND, F.: Franz Brentanos ursprüngliche und spätere Seinslehre und ihre Beziehungen zu Husserls Phänomenologie, Ztschr. f. Philos. Forschung, Bd. XIII, 1959 – CHISHOLM, R. M.: Realism and the background of phenomenology, Glencoe, Jll. 1960 – LINKE, P. F.: Niedergangserscheinungen in der Philosophie der Gegenwart: Wege zu ihrer Überwindung, München/Basel 1961 – NETTESHEIM, J.: Christoph Bernhard Schlüter und F. B., Ztschr. f. Phil. Forschg., Bd. XVI, 1962 – MAYER-HILLEBRAND, F.: Rückblick auf die bisherigen Bestrebungen zur Erhaltung und Verbreitung von F. Bs. philosophischen Lehren und kurze Darstellung dieser Lehren, Ztschr. f. Phil. Forschg., Bd. XVII, 1963 – SRZEDNICKI, J.: Franz Brentano's analysis of truth, The Hague 1965 – BERGMANN, G.: Realism. A critique of Brentano and Meinong, Madison Wisc. 1967 – MCALISTER, L. (ed.): The philosophy of Franz Brentano, London 1976 – R. M. CHISHOLM/R. HALLER (Hrsg.): Die Philosophie Franz Brentanos, Amsterdam 1978 – MCALISTER, L.: The development of Franz Brentano's ethics, Amsterdam 1982.

HUSSERL, E.

Hauptwerke:
Philosophie der Arithmetik, Halle 1891 – Folgerungskalkül und Inhaltslogik; in: Vierteljahresschrift f. wiss. Philosophie, Bd. 15, 1891 – Logische Untersuchungen, 3 Bde., 4. Aufl. Halle 1928 – Philosophie als strenge Wissenschaft, Logos Bd. I, 1911 – Ideen zu einer reinen Phänomenologie und phänomenologischen Philosophie, 3. Aufl. 1928; auf Grund der handschriftlichen Zusätze des Verfassers erweiterte Aufl., Haag 1950 – Vorlesungen zur Phänomenologie des inneren Zeitbewußtseins (herausg. von M. Heidegger), in: Jahrbuch für Philos. und phänomenolog. Forschung, Bd. IX, 1928 – Formale und transzendentale Logik, Halle 1929 – Die Krisis der europäischen Wissenschaften und die transzendentale Phänomenologie. Eine Einleitung in die phänomenologische Philosophie. In: Philosophia, Bd. I, 1936 – Die Frage nach dem Ursprung der Geometrie als intentionalhistorisches Problem. Herausg. von E. Fink, in: Revue Internationale de Philosophie, Bd. I, 1938/39 – Grundlegende Untersuchungen zum phänomenologischen Ursprung der Räumlichkeit der Natur; in: Philosophical essays in

memory of Husserl, ed. by M. Farber, Cambridge, Mass., 1940 – Artikel: Husserl, in: W. Ziegenfuß, Philosophenlexikon, Bd. I, 1949 – Erfahrung und Urteil, Prag 1939. Redigiert u. neu herausg. von L. Landgrebe, Hamburg 1948 – Husserliana, Edmund Husserl, Gesammelte Werke, Bd. I: Cartesianische Meditationen und Pariser Vorträge (herausg. von S. Strasser), Haag 1950 – Bd. II: Die Idee der Phänomenologie. Fünf Vorlesungen (herausg. von W. Biemel), Haag 1950 – Bd. III: Ideen zu einer reinen Phänomenologie und phänomenologischen Philosophie. 1. Buch: Allgemeine Einführung in die Phänomenologie (herausg. von W. Biemel), Haag 1950 – Bd. IV: Ideen zu einer reinen Phänomenologie und phänomenologischen Philosophie. 2. Buch: Phänomenologische Untersuchungen zur Konstitution (herausg. von M. Biemel), Haag 1952 – Bd. V: Ideen zu einer reinen Phänomenologie und phänomenologischen Philosophie, 3. Buch: Die Phänomenologie und die Fundamente der Wissenschaften (herausg. von M. Biemel) Haag 1952 – Bd. VI: Die Krisis der europäischen Wissenschaften und die transzendentale Phänomenologie. Eine Einleitung in die Phänomenologie (herausg. von W. Biemel), Haag 1954 – Bd. VII: Erste Philosophie (1923/24), 1. Teil: Kritische Ideengeschichte (herausg. von R. Boehm), Haag 1956; 2. Teil: Theorie der phänomenologischen Reduktion (herausg. von R. Boehm), Haag 1959 – Briefe an Roman Ingarden. Mit Erläuterungen und Erinnerungen an Husserl (hrsg. v. R. Ingarden), Den Haag 1968 – Philosophie der Arithmetik, mit ergänzenden Texten (1890–1901) (hrsg. v. Lothar Eley), Neuausgabe Den Haag 1970 – Zur Phänomenologie der Intersubjektivität, Texte aus dem Nachlaß (hrsg. von I. Kern), Den Haag 1973, Bd. I: 1905–1920 (Husserliana Bd. XIII), Bd. II: 1921–1928 (Husserliana Bd. XIV), Bd. III: 1929–1935 (Husserliana Bd. XV) – Aufsätze und Rezensionen (1890–1910; hrsg. v. B. Lang; Husserliana Bd. XXII), Den Haag 1979.

Literatur:
JANSSEN, O.: Vorstudien zur Metaphysik, Halle 1921 – BECKER, O.: Die Philosophie Edmund Husserls, Kantstudien, Bd. XXXV, 1930 – KREIS, F.: Phänomenologie und Kritizismus, Tübingen 1930 – MISCH, G.: Lebensphilosophie und Phänomenologie, Bonn 1931 – ZOCHER, R.: Husserls Phänomenologie und Schuppes Logik, München 1932 – KRAFT, J.: Von Husserl zu Heidegger, Leipzig 1932, 2. Aufl. Frankfurt 1957 – FINK, E.: Die phänomenologische Philosophie Husserls in der gegenwärtigen Kritik, Kantstudien, Bd. XXXVIII, 1933 – FISCH, I.: Husserls Intentionalitäts- u. Urteilslehre, Basel 1942 – JANSSEN, O.: Dasein und Wirklichkeit. Eine Einführung in die Seinslehre. 2. Aufl. München 1942 – BERGER, G.: Le cogito dans la philosophie de Husserl, Paris 1950 – ADORNO, TH.: Zur Philosophie Husserls, Archiv f. Phil., Bd. III, 1949/50 – BENSE, M.:

Bemerkungen über die Gesamtausgabe der Werke Husserls, Merkur 1951 – KATSOFF, L. O.: E. Husserls Ideen zu einer reinen Phänomenologie, erstes Buch. Philosophy and Phenomenological Research, Vol. XII, 1951 – RICOEUR, P.: Analyses et problèmes dans »Ideen II« de Husserl, »Phénoménologie-Existence«, Paris 1953 – MERLEAU-PONTY, M.: Le problème des sciences de l'homme selon Husserl, Paris 1953 – THYSSEN, J.: Wege aus dem geschlossenen System von Husserls Monadologie, Akten des Brüsseler Internat. Phil. Kongresses, Bd. II, 1953 – WAGNER, H.: Kritische Betrachtungen zu Husserls Nachlaß, Phil. Rundschau, Bd. 1, 1953/54 – DIEMER, A.: La phénoménologie de Husserl comme métaphysique. Études philosophique, 1954 – JANSSEN, O.: Zur Frage des menschlichen Seins, Archiv f. Phil., Bd. V, 1954 – ADORNO, TH.: Zur Metakritik der Erkenntnistheorie, Studien über Husserl und die phänomenologischen Antinomien, Stuttgart 1956 – DIEMER, A.: Edmund Husserl. Versuch einer systematischen Darstellung seiner Phänomenologie. Monograph z. Phil. Forschung, Meisenheim/Glan 1956 – JANSSEN, O.: Zur Phänomenologie des menschlichen Daseinsfeldes, Ztschr. f. Philos. Forschung, Bd. X, 1956 – BACHELARD, S.: La logique de Husserl, études sur logique formelle et logique transcendentale, Paris 1957 – BARHILLEL, Y.: Husserls conception of a purely logical grammar. Philosophy and Phenomenological Research, Vol. XVII, 1957 – BRÖCKER, W.: Husserls Lehre von der Zeit, Philosophia naturalis, Bd. IV, 1957 – FINK, E.: Sein, Wahrheit, Welt. Vor-Fragen zum Problem des phänomenologischen Begriffs, Phänomenologica, Bd. I, 1958 – JANSSEN, O.: Vom Begriff des Seins, seinem Verstehen und Mißverstehen, Ztschr. f. Philos. Forschung, Bd. XII, 1958 – SZILASI, W.: Einführung in die Phänomenologie Husserls, Tübingen 1959 – BRAND, G.: Husserl-Literatur und Husserl, Phil. Rundschau, Bd. VIII, 1960 – ROTH, A.: Edmund Husserls ethische Untersuchungen, Den Haag 1960 – LANDGREBE, L.: Husserls Abschied vom Cartesianismus, Phil. Rundschau 9, 1961 – ELEY, L.: Die Krise des Apriori in der transzendentalen Phänomenologie Edmund Husserls, Den Haag 1962 – HOHL, H.: Lebenswelt und Geschichte. Grundzüge der Spätphilosophie Edmund Husserls, Freiburg/München 1962 – VAN PEURSEN, C. A.: Die Phänomenologie Husserls und die Erneuerung der Ontologie, Ztschr. f. Phil. Forschg., Bd. XVI, 1962 – PIETERSMA, H.: Edmund Husserl's concept of philosophical clarification: its development from 1887 to 1913, Diss. Toronto 1962 – DRÜE, H.: Edmund Husserls System der phänomenologischen Psychologie, Berlin 1963 – KERN, I.: Husserl und Kant, Den Haag 1964 – MOHANTY, I. N.: Edmund Husserl's theory of meaning, Den Haag 1964 – WITSCHEL, G.: Zwei Beiträge Husserls zum Problem der sekundären Qualitäten, Ztschr. f. Phil. Forsch., Bd. XVIII, 1964 – CLAESGENS, K.: Edmund Husserls Theorie der Raumkonstitution,

Den Haag 1964 – HELD, K.: Lebendige Gegenwart. Die Frage nach der Seinsweise des transzendentalen Ich bei Edmund Husserl, entwickelt am Faden der Zeitproblematik, La Haye 1966 – VAJDA, M.: Science entre Parenthèses. Une Critique de la conception scientifique de la phenoménologie de Husserl, Budapest 1968 – GRAMEL, G.: Le sens du temps et de la perception chez E. Husserl, Paris 1968 – PETTIT, P.: On the Idea of Phenomenology, Dublin 1969 – PIVCEVIĆ, E.: E. Husserl and Phenomenology, London 1970 – TATEMATSEN, H.: E. Husserl. Logische Untersuchungen, Tokio 1970 – SARAIVA, M. M.: L'imagination selon Husserl, Den Haag 1970 – MARX, W.: Vernunft und Welt. Zwischen Tradition und anderem Anfang, Den Haag 1971, Kap. 3 und 4 – GADAMER, H.-G.: Kleine Schriften III: Idee und Sprache – Plato, Husserl, Heidegger, Stuttgart 1972 – PIVCEVIĆ, E.: Von Husserl zu Sartre, München 1972 – NOACK, H. (Hrsg.): Husserl, Darmstadt 1973 – SPIEGELBERG, H.: The Phenomenological Movement. A Historical Introduction I, The Hague 1960, ^{3}1982 – DERRIDA, J.: E. H.s »L'origine de la géométrie«, Paris 1962, ^{2}1974, dt. 1987 – CLAESGES, U.: E. H.s Theorie der Raumkonstitution, Den Haag 1964 – MOHANTY, J. N.: E. H.'s Theory of Meaning, The Hague 1964, ^{3}1976 – DERRIDA, J.: La voix et la phénomène, Paris 1967 – TUGENDHAT, E.: Der Wahrheitsbegriff bei H. und Heidegger, Berlin 1967 – NATANSON, M.: E. H. Philosopher of Infinite Tasks, Evanston Ill. 1973 – SCHUHMANN, K.: Reine Phänomenologie und phänomenologische Philosophie. Historisch-analytische Monographie über H.s »Ideen I«, Den Haag 1973 – MARBACH, E.: Das Problem des Ich in der Phänomenologie H.s, Den Haag 1974 – RÖTTGES, H.: Evidenz und Solipsismus in H.s »Cartesianischen Meditationen«, Frankfurt 1974 – KOLAKOWSKI, L.: H. and the Search for Certitude, New Haven/London 1975, dt. 1977 – CUNNINGHAM, S.: Language and the Phenomenological Reduction of E.H., The Hague 1976 – DURFEE, H. A. (Hrsg.): Analytic Philosophy and Phenomenology, The Hague 1976 – FUCHS, W. W.: Phenomenology and the Metaphysics of Presence. An Essay in the Philosophy of E. H., The Hague 1976 – JANSSEN, P.: E. H. Einführung in seine Phänomenologie, Freiburg/München 1976 – KIM, S.-K.: The Problem of the Contingency of the World in H.'s Phenomenology, Amsterdam 1976 – ELLISTON, F. A./MCCORMICK, P. (Hrsg.): H. Expositions and Appraisals, Notre Dame Ind. 1977 – GRÜNEWALD, B.: Der phänomenologische Ursprung des Logischen. Eine kritische Analyse der phänomenologischen Grundlegung der Logik in E. H.s »Logischen Untersuchungen«, Kastellaun 1977 – HAGLUND, D. A. R.: Perception, Time, and the Unity of Mind. Problems in E. H.'s Philosophy I, Gothenburg 1977 – MOHANTY, J. N. (Hrsg.): Readings on E. H.'s Logical Investigations, The Hague 1977 – ROSEN, K.: Evidenz in H.s deskriptiver Transzendentalphilosophie, Meisenheim 1977 – SCHUHMANN, K.: H.-Chronik, Den Haag 1977 – BRAUNER, H.: Die Phänomenologie E. H.s und ihre Bedeutung für soziologische Theorien, Meisenheim 1978 – KOHÁK, E.: Idea and Experience. E. H.'s Project of Phenomenology in »Ideas I«, Chicago/London 1978 – PONSETTO, A.: Die Tradition in der Phänomenologie H.s, Meisenheim 1978 – SALSA, A.: Aspetti e problemi della fenomenologia husserliana, Genova 1979 – STRÖKER, E. (Hrsg.): Lebenswelt und Wissenschaft in der Philosophie E. H.s, Frankfurt 1979 – TYMIENIECKA, A.-T. (Hrsg.): The Teleologies in Husserlian Phenomenology, Dordrecht 1979 – KOCKA, U.: Phänomenologische Konstitution und Lebenswelt. Untersuchungen zu E. H.s »Ideen II«, Bielefeld 1980 – LAPOINTE, F. H.: Edmund Husserl and his critics. An international bibliography (1894–1979), Bowling Green/Ohio 1980 – MURPHY, R. T.: Hume and H., The Hague/Boston/London 1980 – TIETJEN, H.: Fichte und H., Frankfurt 1980 – MCKENNA, W. R. u. a. (Hrsg.): Apriori and World. European Contributions to Husserlian Phenomenology, The Hague 1981 – MENSCH, J. R.: The Question of Being in H.'s »Logical Investigations«, The Hague/Boston/London 1981 – SCHMIT, R.: H.s Philosophie der Mathematik, Bonn 1981 – WELTER, R.: Der Begriff der Lebenswelt. Theorien vortheoretischer Erfahrungswelt bei und nach H., Diss. Konstanz 1981 – AGUIRRE, A. F.: Die Phänomenologie Husserls im Lichte ihrer gegenwärtigen Interpretation und Kritik, Darmstadt 1982 – DREYFUS, H. L. (Hrsg.): H. Intentionality and Cognitive Science, Cambridge Mass./London 1982 – MCKENNA, W. R.: H.'s »Introductions to Phenomenology«, The Hague/Boston/London 1982 – MILLER, J. P.: Numbers in Presence and Absence. A Study of H.'s Philosophy of Mathematics, The Hague/Boston/London 1982 – MOHANTY, J. N.: H. and Frege, Bloomington Ind. 1982 – SMITH, D. W./MCINTYRE, R.: H. and Intentionality, Dordrecht/Boston/London 1982 – VALDINOCI, S.: Les fondements de la phénoménologie husserlienne, The Hague et al., 1982 – TRAGESSER, R. S.: Husserl and realism in logic and mathematics, Cambridge 1984 – CARR, D.: Interpreting Husserl. Critical and comparative studies (Phaenomenologica 106), Dordrecht 1987 – MARX, W.: Die Phänomenologie Edmund Husserls, München 1987 – STRÖKER, E.: Husserls transzendentale Phänomenologie, Frankfurt 1987 – SEPP, H. R. (Hrsg.): Edmund Husserl und die phänomenologische Bewegung, Freiburg 1988.

SCHELER, M.:

Hauptwerke:

Die transzendentale und die psychologische Methode, Leipzig 1900 – Der Formalismus in der Ethik und die materiale Wertethik, 2. Aufl. Halle 1921, 4. Aufl. Bern 1954 – Vom Umsturz der Werte, 2 Bde., Leipzig 1919; 4. Aufl. Bern 1955 – Vom Ewigen im Menschen, Leipzig 1921, 4. Aufl. Bern 1954 – Wesen und Formen der Sympathie, Halle 1923, 5. Aufl. Frankfurt/M. 1948 – Schriften zur

Soziologie und Weltanschauungslehre, 3 Bde., Leipzig 1924 – Die Wissensformen und die Gesellschaft, Leipzig 1926 – Die Stellung des Menschen im Kosmos, Darmstadt 1928, München 1947 – Mensch und Geschichte, Zürich 1929 – Philosophische Weltanschauung, Bonn 1929 – Nachgelassene Schriften, Bd. I: Zur Ethik und Erkenntnistheorie, Berlin 1933; 2. Aufl. in: Gesammelte Werke (herausg. von Maria Scheler), Bd. 10, Bern 1957 – Philosophische Weltanschauung (hrsg. v. M. Scheler), Bern-München 1968 (Neuausgabe) – Gesammelte Werke, Bd. I: Frühe Schriften (hrsg. v. M. Scheler und M. S. Frings), Bern–München 1971 – Das Ressentiment im Aufbau der Moralen (hrsg. v. M. S. Frings), Frankfurt 1978.

Literatur:

PRZYWARA, E.: Religionsbegründung. Max Scheler – J. H. Newman, Freiburg 1923 – HEBER, J.: Das Problem der Erkenntnis Gottes in der Religionsphilosophie Max Schelers, Hamburg 1931 – KRAENZLIN, G.: Max Schelers phänomenologische Systematik, Leipzig 1934 – ALTMANN, A.: Die Grundlage der Wertethik, Berlin 1935 – TEMURALP, T.: Über die Grenzen der Erkennbarkeit bei Husserl und Scheler, Berlin 1937 – KOEHLE, E.: Personality, a study according to the philosophy of value and spirit of M. Scheler and N. Hartmann, Newton, N. J. 1941 – HESSEN, S.: Max Scheler, Essen 1948 – KRANSACK, T.: Max Scheler, Berlin 1949 – MÜLLER, PH.: De la psychologie à l'anthropologie. A travers l'œuvre de Max Scheler, Boudry 1946 – LÜTZELER, H.: Der Philosoph Max Scheler, Bonn 1947 – SCHELER, Maria: Bericht über die Arbeit am phil. Nachlaß M. Schelers, Ztschr. f. Philos. Forschung, Bd. II, 1947 – BESGEN, A.: Religion und Philosophie bei Max Scheler, Bonn 1949 – BLESSING, E.: Das Ewige im Menschen. Die Grundkonzeption der Religionsphilosophie M. Schelers, Stuttgart 1954 – HARTMANN, W.: Die Philosophie M. Schelers und ihre Beziehungen zu Ed. v. Hartmann, Düsseldorf 1956 – LORSCHEID, B.: Max Schelers Phänomenologie des Psychischen, Abhandlungen zur Philosophie, Psychologie und Pädagogik, Bd. XI, 1957 – KLAUSEN, S.: Grundgedanken der materialen Wertethik (N. Hartmann, M. Scheler) in ihrem Verhältnis zur Kantischen, Oslo 1958 – LORSCHEID, B.: Das Leibphänomen. Schelers Wesensontologie des Leiblichen, Bonn 1962 – SCHUTZ, A.: Collected Papers I: The problem of social reality (hrsg. von M. Natanson), Den Haag 1962 – SWEENEY, R. D.: Material value in Max Scheler's ethics: An Exposition and Critique, Diss. Fordham Univ. 1962 – BASSENGE, F.: Drang und Geist. Eine Auseinandersetzung mit Schelers Anthropologie, Ztschr. f. Phil. Forschg., Bd. XVII, 1963 – RUTISHAUSER, B.: Max Schelers Phänomenologie des Fühlens, München 1969 – PREBICKI, J.: L'éthique de Max Scheler, Contribution à la théorie générale des valeurs, Warschau 1973 – FRINGS, M. S. (ed.): Max Scheler 1874–1928. Centennial essays, (mit Bibl.) The Hague 1974

– GOOD, P.: Max Scheler im Gegenwartsgeschehen der Philosophie, Bern – München 1975 – Husserl, Scheler, Heidegger in der Sicht neuer Quellen. Phänomenologische Forschungen Bd. 6/7, Freiburg – München 1978.

HEIDEGGER, M.
Hauptwerke:
Die Kategorien- und Bedeutungslehre des Duns Scotus, Tübingen 1916 – Sein und Zeit. Erste Hälfte, in: Jahrb. f. Phil. u. phänomenolog. Forschung, Halle, Bd. 8, 1927 – Vom Wesen des Grundes, in: Ergänzungsband zum Jahrb. f. Phil. und phänomenolog. Forschung. Festschr. E. Husserl zum 70. Geburtstag gewidmet, Halle 1929 – Kant und das Problem der Metaphysik, Bonn 1929 – Was ist Metaphysik? Bonn 1929, (Antrittsvorlesung, Freiburg i. B. vom 24. 7. 1929) – Hölderlin und das Wesen der Dichtung, in: Das Innere Reich, München 1936/37 (3) – Hölderlins Hymne: »Wie wenn am Feiertage«, Halle 1941 – Platons Lehre von der Wahrheit, in: Geistige Überlieferung, Berlin 1942 (2) – Vom Wesen der Wahrheit, Frankfurt/M. 1943 – Was ist Metaphysik? (Um ein Nachwort erweiterte 4. Aufl.), Frankfurt/M. 1943 – Brief über den »Humanismus«, in: M. Heidegger, Platons Lehre von der Wahrheit. Mit einem Brief über den »Humanismus«, Bern 1947 – Was ist Metaphysik? (Um eine Einleitung erweiterte 5. Aufl.), Frankfurt/M. 1949 – Vom Wesen der Wahrheit. (Mit erweiterter Schlußanmerkung vers. 2. Aufl.), Frankfurt/M. 1949 – Vom Wesen des Grundes (Um ein Vorwort erweiterte 3. Aufl.), Frankfurt/M. 1949 – Holzwege, Frankfurt/M. 1950 – Erläuterungen zu Hölderlins Dichtung, Frankfurt/M. 1951 – Was heißt Denken?, in: Merkur, München 1952 (6) – Einführung in die Metaphysik, Tübingen 1953 – Die Frage nach der Technik, in: Die Künste im Technischen Zeitalter. Dritte Folge des Jahrb. Gestalt und Gedanke, München 1954 – Anmerkungen über die Metaphysik. (Aus den Jahren 1936–1946), in: Im Umkreis der Kunst. Eine Festschrift für Emil Pretorius, Wiesbaden 1954 – Vorträge und Aufsätze, Pfullingen 1954 – Aus der Erfahrung des Denkens, Pfullingen 1954 – Über »Die Linie«, Festschr. für Ernst Jünger, Frankfurt/M. 1955 – Gelassenheit, Pfullingen 1959 – Unterwegs zur Sprache, Pfullingen 1959 – Vom Wesen und Begriff der Physis: Aristoteles Physik B 1, Mailand 1960 – Nietzsche, 2 Bde., Pfullingen 1961 – Kants These über das Sein, Frankfurt/M. 1962 – Die Frage nach dem Ding, Tübingen 1962 – Der europäische Nihilismus, Pfullingen 1967 – Zur Sache des Denkens, Tübingen 1969 – Der Ursprung des Kunstwerks, Stuttgart 1970 – Der Satz vom Grund, 4. Aufl. Pfullingen 1971 – Was heißt Denken? 3. Aufl. Tübingen 1971 – Unterwegs zur Sprache, Pfullingen 1971 (Neuausgabe) – Schellings Abhandlung »Über das Wesen der menschlichen

Freiheit« (1809), Tübingen 1971 – HEIDEGGER, M., u. FINCK, E.: Heraklit (Seminar Wintersemester 1966/67), Frankfurt a. Main 1970.

Gesamtausgabe, Frankfurt:
Bd. 1: Frühe Schriften, 1978 – Bd. 2: Sein und Zeit, 1977 – Bd. 4: Erläuterungen zu Hölderlins Dichtung, 1981 – Bd. 5: Holzwege, 1977 – Bd. 9: Wegmarken, 1976 – Bd. 12: Unterwegs zur Sprache, 1985 – Bd. 13: Aus der Erfahrung des Denkens, 1983 – Bd. 15: Seminare, 1986 – Bd. 20: Prolegomena zur Geschichte des Zeitbegriffs, 1979 – Bd. 21: Logik. Die Frage nach der Wahrheit, 1976 – Bd. 24: Die Grundprobleme der Phänomenologie, 1975 – Bd. 25: Phänomenologische Interpretation von Kants Kritik der reinen Vernunft, 1977 – Bd. 26: Metaphysische Anfangsgründe der Logik im Ausgang von Leibniz, 1978 – Bd. 29/30: Die Grundbegriffe der Metaphysik. Welt-Endlichkeit-Einsamkeit, 1983 – Bd. 31: Vom Wesen der menschlichen Freiheit, 1982 – Bd. 32: Hegels Phänomenologie des Geistes, 1980 – Bd. 33: Aristoteles, Metaphysik IX, 1981 – Bd. 39: Hölderlins Hymnen »Germanien« und »Der Rhein«, 1980 – Bd. 40: Einführung in die Metaphysik, 1983 – Bd. 41: Die Frage nach dem Ding, 1984 – Bd. 42: Schelling: Über das Wesen der menschlichen Freiheit, 1987 – Bd. 43: Nietzsche: Der Wille zur Macht als Kunst, 1985 – Bd. 44: Nietzsches metaphysische Grundstellung im abendländischen Denken, 1986 – Bd. 45: Grundfragen der Philosophie, 1984 – Bd. 48: Nietzsche, der europäische Nihilismus, 1986 – Bd. 51: Grundprobleme, 1981 – Bd. 52: Hölderlins Hymne »Andenken«, 1982 – Bd. 53: Hölderlins Hymne »Der Ister«, 1984 – Bd. 54: Parmenides, 1982 – Bd. 55: Heraklit, 1979, ²1987 – Bd. 56/57: Zur Bestimmung der Philosophie, 1987 – Bd. 61: Phänomenologische Interpretationen zu Aristoteles, 1985.
SASS, H. M.: H.-Bibliographie, Meisenheim 1968 – SASS, H. M.: Materialien zur H.-Bibliographie 1917–1972, Meisenheim 1975.

Literatur:
CASSIRER, E.: Kant und das Problem der Metaphysik (zu Heideggers Kant-Interpretation), Kantstudien, Bd. XXXVI, 1931 – JANSSEN, O.: Das erlebende Ich und sein Dasein, Berlin u. Leipzig 1932, pp. 199–218: Die Verirrungen des Seinsproblems in der ›Hermeneutik‹ des ›Daseins‹ – KRAFT, J.: Von Husserl zu Heidegger. Kritik der phänomenologischen Philosophie, Leipzig 1932, 2. Aufl. Frankfurt/M. 1957 – STERNBERGER, A.: Der verstandene Tod. Eine Untersuchung zu M. Heideggers Existentialontologie, Leipzig 1934 – BOLLNOW, O.: Existenzphilosophie und Geschichte, Blätter f. deutsche Philosophie, Bd. XI, 1938 – Das Wesen der Stimmungen, Frankfurt/M. 1941 – Existenzphilosophie, in: Systematische Philosophie (Hrsg. N. Hartmann), Stuttgart 1942 – MARCEL, G.: Autour de

Heidegger, in: Dieu vivant, Paris 1945 (1) – RUGGIERO, G. de: Existentialisme, London 1946 – BENSE, M.: Heideggers Brief über den Humanismus, in: Merkur, Stuttgart 1949 (3) – MÜLLER, M.: Existenzphilosophie im geistigen Leben der Gegenwart, Heidelberg ³1964 – BIEMEL, W.: Le concept de monde chez Heidegger, Louvain, Paris 1950 – DIEMER, A.: Grundzüge des Heideggerschen Philosophierens, in: Ztschr. f. philos. Forschung, Meisenheim/Glan 1950 (5) – KRÜGER, G.: M. Heidegger und der Humanismus, in: Theologische Rundschau, N. F., Tübingen 1950 (18) – LOTZ, J. B.: Zum Wesen der Existenzphilosophie, in: Scholastik, Freiburg/B. 1950 (25) – VIETTA, E.: Die Seinsfrage bei Martin Heidegger, Stuttgart 1950 – GABRIEL, L.: Existenzphilosophie. Von Kierkegaard bis Sartre, Wien 1951 – KRINGS, H.: Ursprung und Ziel der Philosophie der Existenz, in: Phil. Jahrbuch 1951 (61) – WAHL, J.: L'idée d'être chez Heidegger, Paris 1951 – BLACKHAM, H. J.: Six existentialist thinkers, London 1952 – COLLINS, J.: The Existentialists. A critical study, Chicago 1952 – GRAY, J. G.: Heideggers ›Being‹, in: The Journal of Philosophy, New York 1952 – KNITTERMEYER, H.: Die Philosophie der Existenz, Wien-Stuttgart 1952 – WAHL, J.: La philosophie de Heidegger, Paris 1952 – BRÖCKER, W.: Heidegger und die Logik, in: Phil. Rundschau, Bd. 1, 1953/54 – JOLIVET, R.: Le problème métaphysique dans la philosophie de Heidegger, in: Actes du XIe Congrès International de Philosophie, Bruxelles, 20.–26. VIII. 1953, Amsterdam-Louvain 1953 (3) – LÖWITH, K.: Heidegger. Denker in dürftiger Zeit, Frankfurt/M. 1953 – METZ, J. B.: Heidegger und das Problem der Metaphysik, in: Scholastik, Freiburg/B. 1953 (28) – TOPITSCH, E.: Soziologie des Existentialismus, in: Merkur, Stuttgart 1953 (7) – WAELHENS, A. de: Chemins et impasses de l'ontologie heideggerienne. A propos de »Holzwege«, Paris 1953 – CORETH, E.: Das fundamentalontologische Problem bei Heidegger und Hegel, in: Scholastik, 1954 (29) – REIDEMEISTER, K.: Die Unsachlichkeit der Existenzphilosophie. Vier kritische Aufsätze, Berlin-Göttingen-Heidelberg 1954 – WAHL, J.: Les philosophies de l'existence, Paris 1954 – KUHR, A.: Neurotische Aspekte bei Heidegger und Kafka, in: Ztschr. f. psychosomatische Medizin, Göttingen 1955 (1) – HÜHNERFELD, P.: In Sachen Heidegger, Hamburg 1959 – Bibliographie der Werke Heideggers (und Literatur): Ztschr. f. Philos. Forschung, Bd. XI, 1957 – LANGAN, T.: The meaning of Heidegger, a critical study of an existentialist phenomenology, New York 1959 – MÜLLER-LAUTER, W.: Möglichkeit und Wirklichkeit bei Martin Heidegger, Berlin 1960 – MARX, W.: Heidegger und die Tradition, Stuttgart 1961 – FEICK, H.: Index zu Heideggers »Sein und Zeit«, Tübingen 1961 – GUPTA, R. K.: Eine Schwierigkeit in Kants »Kritik der reinen Vernunft« und Heideggers Kant-Interpretation, Ztschr. f. Phil. Forschg., Bd. XVI, 1962 – SCHÖFER, E.: Die Sprache Heideggers, Pfullingen 1962 – SEIDEL, G. J.:

Martin Heidegger's interpretation of the pre-socratics, Diss. Toronto 1962 – SADZIK, J.: Esthétique de Martin Heidegger, Paris 1963 – v. HERMANN, F. W.: Die Selbstinterpretation Martin Heideggers, Meisenheim 1964 – BRETSCHNEIDER, W.: Sein und Wahrheit. Über die Zusammengehörigkeit von Sein und Wahrheit im Denken Martin Heideggers, Meisenheim 1965 – SCHWAN, A.: Politische Philosophie im Denken Heideggers, Köln-Opladen 1965 – HUCH, K. J.: Philosophiegeschichtliche Voraussetzungen der Heideggerschen Ontologie, Frankfurt/Main 1967 – KOZA, I.: Das Problem des Grundes in Heideggers Auseinandersetzung mit Kant, Ratingen 1967 – MACOMBER, W. B.: The Anatomy of Disillusion, Martin Heidegger's Notion of Truth, Evanston 1967 – NOLLER, G. (Hrsg.): Heidegger und die Theologie, Beginn und Fortgang der Diskussion, München 1967 – SLADECZEK, F. M.: Ist das Dasein Gottes beweisbar? Wie steht die Existentialphilosophie Heideggers zu dieser Frage, Würzburg 1967 – WISSER, R. (Hrsg.): Verantwortung im Wandel der Zeit. Einübung in geistiges Handeln: Jaspers, Buber, C. F. v. Weizsäcker, Guardini, Heidegger, Mainz 1967 – FRINGS, M. S. (Hrsg.): Heidegger and the Quest for Truth, Chicago 1968 – HEIDEMANN, I.: Der Begriff des Spieles und das ästhetische Weltbild in der Philosophie der Gegenwart, Berlin 1968 – LAFFONERIÈRE, O.: Le destin de la Pensée et la »Mort de Dieu« selon Heidegger, Den Haag 1968 – SAUER, E. F.: Deutsche Philosophen von Eckhart bis Heidegger, Göttingen 1968 – GADAMER, H.-G. (Hrsg.): Die Frage Martin Heideggers, Heidelberg 1969 – PÖGGELER, O. (Hrsg.): Heidegger. Perspektiven zur Deutung seines Werks, Köln-Berlin 1969 – BEYER, W. R.: Vier Kritiken: Heidegger, Sartre, Adorno, Lukàcs, Köln 1970 – GELVEN, M.: A Commentary on Heidegger's Being and Time, New York 1970 – Heidegger-Festschrift: Durchblicke, Frankfurt a. Main 1970 – WISSER, R. (Hrsg.): Martin Heidegger im Gespräch, Freiburg i. Br. 1970 – DANNER, H.: Das Göttliche und der Gott bei Heidegger, Meisenheim 1971 – MARX, W.: Vernunft und Welt. Zwischen Tradition und anderem Anfang, Den Haag 1971 (Kap. 5 und 6) – MEHTA, J. L.: The Philosophy of Martin Heidegger, New York 1971 – SHEROVER, CH. M.: Heidegger, Kant and Time, Bloomington 1971 – BUCHER, A.: Martin Heidegger. Metaphysikkritik als Begriffsproblematik, Bonn 1972 – BRECHTKEN, J.: Geschichtliche Transzendenz bei Heidegger, Meisenheim 1972 – DOHERTY, J. E.: Sein, Mensch und Symbol. Heidegger und der neukantianische Symbolbegriff, Bonn 1972 – KOCKELMANS, J. (Hrsg.): On Heidegger and Language, Evanston 1972 – PÖGGELER, O.: Philosophie und Politik bei Heidegger, Freiburg i. Br.-München 1972 – ROTHACKER, E.: Gedanken über Martin Heidegger, Bonn 1973 – STASSEN, M.: Heideggers Philosophie der Sprache in »Sein und Zeit«, Bonn 1973 – GADAMER, H.-G.: Kleine Schriften III (Idee und Sprache. Platon. Husserl. H.), Tübingen 1972 –

APEL, K.-O.: H.s philosophische Radikalisierung der »Hermeneutik« und die Frage nach dem »Sinnkriterium« der Sprache, in: ders., Transformation der Philosophie I, Frankfurt 1973 – BEAUFRET, J.: Dialogue avec H. I–III, Paris 1973–1974 – BIEMEL, W.: M. H. in Selbstzeugnissen und Bilddokumenten, Reinbek 1973 – GETHMANN, C. F.: Verstehen und Auslegung. Das Methodenproblem in der Philosophie M. H.s, Bonn 1974 – HAEFFNER, G.: H.s Begriff der Metaphysik, München 1974, ²1981 – HERRMANN, F.-W. v.: Subjekt und Dasein. Interpretationen zu »Sein und Zeit«. Frankfurt 1974 – FRANZEN, W.: M. H., Stuttgart 1976 – FRANZEN, W.: Von der Existenzialontologie zur Seinsgeschichte. Eine Untersuchung über die Entwicklung der Philosophie M. H.s, Meisenheim 1975 – MCCORMICK, P. J.: H. and the Language of the World, Ottawa 1976 – GADAMER, H.-G./ MARX, W./WEIZSÄCKER, C. F. v.: H. Freiburger Universitätsreden zu seinem Gedenken, Freiburg 1977, ²1979 – PÖGGELER, O.: M. H. (1889–1976), in: Z. allg. Wiss.theorie 8 (1977) – PRAUSS, G.: Erkennen und Handeln in H.s »Sein und Zeit«, Freiburg 1977 – ELLISTON, F. (Hrsg.): H.'s Existential Analytic, The Hague/Berlin/New York 1978 – MURRAY, M. (Hrsg.): H. and Modern Philosophy, New Haven/London 1978 – SANER, H. (Hrsg.): K. Jaspers. Notizen zu M. H., München/ Zürich 1978 – STEINER, G.: M. H., New York/Hassocks 1978, Harmondsworth/New York 1980 – BAST, R. A./DELFOSSE, H. P.: Handbuch zum Textstudium von M. H.s »Sein und Zeit« I, Stuttgart-Bad Cannstatt 1980 – HERRMANN, F.-W. v.: H.s Philosophie der Kunst, Frankfurt 1980 – SHEEHAN, T. (Hrsg.): H. The Man and the Thinker, Chicago 1981 – WATERHOUSE, R.: A H. Critique, Brighton/Atlantic Highlands N. J. 1981 – PÖGGELER, O. (Hrsg.): Heidegger. Perspektiven zur Deutung seines Werkes, Königstein 1984 – Wirkungen Heideggers, Neue Hefte für Philosophie 23, Göttingen 1984 – SEUBOLD, G.: Heideggers Analyse der neuzeitlichen Technik, Freiburg 1986 – GETHMANN-SIEFERT, A. u. PÖGGELER, O. (Hrsg.): Heidegger und die praktische Philosophie, Frankfurt 1987 – FIGAL, G.: Martin Heidegger – Phänomenologie der Freiheit, Frankfurt 1988 – MERKER, B.: Selbsttäuschung und Selbsterkenntnis. Zu Heideggers Transformation der Phänomenologie Husserls, Frankfurt 1988 – WISSER, R.: Martin Heidegger – Unterwegs im Denken, Freiburg 1988.

JASPERS, K.

Hauptwerke:

Psychologie der Weltanschauungen, Berlin 1919 – Die Idee der Universität, Berlin 1923 – Die geistige Situation der Zeit, Berlin 1931 – Philosophie, 3 Bde., I. Bd.: Philosophische Weltorientierung, II. Bd.: Existenzerhellung, III. Bd.: Metaphysik, Berlin 1932 – Vernunft und Existenz, fünf Vorlesungen, Groningen 1935 – Nietzsche, Einführung in das Verständnis seines Philosophierens, Berlin 1936 –

Descartes und die Philosophie, Berlin 1937, 2. Aufl. Berlin 1956 – Existenzphilosophie, drei Vorlesungen, Berlin 1938, 2. Aufl. 1956 – Philosophische Logik, I. Bd.: Von der Wahrheit, München 1947 – Vom Ursprung und Ziel der Geschichte, München 1950 – Einführung in die Philosophie, München 1953 – Der philosophische Glaube, München 1955 – Die großen Philosophen, I. Bd., München 1957 – Philosophical Autobiography, und: Reply to my critics, erschienen in: SCHILPP, P. A. (Hrsg.): The philosophy of Karl Jaspers, New York 1957, deutsche Übersetzung: Stuttgart 1957 – Die Atombombe und die Zukunft des Menschen, München 1958 – und PORTMANN, A.: Wahrheit und Wissenschaft, Basel 1960 – Vernunft und Existenz, München 1960 – Freiheit und Wiedervereinigung, München 1960 – und ROSSMANN, K.: Die Idee der Universität, Heidelberg 1961 – Drei Gründer des Philosophierens: Platon, Augustin, Kant, München 1961 – Der philosophische Glaube angesichts der Offenbarung, München 1962, ²1964 – und ZAHRNT, H.: Philosophie und Offenbarungsglaube, Hamburg 1963 – Antwort zur Kritik meiner Schrift »Wohin treibt die Bundesrepublik?« München 1967 – Kleine Schule des philosophischen Denkens. Vorlesungen, München 1967 – Psychologie der Weltanschauungen, Berlin–Heidelberg 1971 – Schicksal und Wille. Autobiographische Schriften (hrsg. v. H. Saner), München 1967, ²1969, erw. unter dem Titel: Philosophische Autobiographie, München 1977 – Kant. Leben, Werk, Wirkung, München 1975 – Notizen zu Martin Heidegger (hrsg. v. H. Saner), München 1978 – Die großen Philosophen. Nachlaß I–II (hrsg. v. H. Saner), München 1981 – K.J. - K.H. BAUER. Briefwechsel 1945–1968 (hrsg. v. R. de Rosa), Berlin/Heidelberg/New York 1983 – Briefwechsel mit H. Arendt 1926–1969 (hrsg. v. L. Köhler u. H. Saner), München 1985, ²1987.

Literatur:

WAHL, J.: Le problème du choix, l'existence et la transcendence dans la philosophie de Jaspers, in: Revue de Metaphysique et de Morale, Bd. 41, 1934 – DUFRENNE, M. und RICOEUR, P.: K. Jaspers et la philosophie de l'existence, Paris 1947 – WAHL, J.: La théorie de la vérité dans la philosophie de Jaspers, Les Cours de Sorbonne, Paris 1953 – Offener Horizont, Festschrift für Karl Jaspers, München 1953 – LICHTIGFELD, A.: Jaspers' metaphysics, London 1954 – KNAUSS, G.: Gegenstand und Umgreifendes, Basel 1954 – PAUMEN, J.: Raison et existence chez Karl Jaspers, Brüssel 1958 – 24 weitere Abhandlungen in: SCHILPP, P. A. (Hrsg.): The philosophy of Karl Jaspers, New York 1957, deutsche Übersetzung: Stuttgart 1957 – BENTZ, H. W.: Karl Jaspers in Übersetzungen, eine Bibliographie, Frankfurt/M. 1961 – PHILLIPS, R. M.: Time, freedom, and self-consciousness in the philosophies of K. J. and Nicholas Berdyaev, Diss. Bryn Mawr College, Pa. (USA), 1961 – REINITZ, E.: Kant and the Beginnings of German

Existentialism: A Study in the Early Philosophy of K. J., Diss. John Hopkins Univ., 1961 – GOTTSCHALK, H.: Karl Jaspers, Berlin 1966 – RIGALI, N.: Die Selbstkonstitution der Geschichte im Denken K. Jaspers, Meisenheim 1967 – WISSER, R. (Hrsg.): Verantwortung im Wandel der Zeit. Einübung in geistiges Handeln: Jaspers, Buber, C. F. v. Weizsäcker, Guardini, Heidegger, Mainz 1967 – WALLRAFF, CH.: Karl Jaspers, An Introduction to His Philosophy, Princeton N. J. 1970 – HERTEL, W.: Existentieller Glaube. Eine Studie über den Glaubensbegriff von Karl Jaspers und Paul Tillich, Meisenheim 1971 – LICHTIGFELD, A.: Aspects of Jasper's Philosophy, Pretoria 1971 – SANER, H. (Hrsg.): Karl Jaspers in der Diskussion, München 1973 – SCHNEIDERS, W.: K. J. in der Kritik, Bonn 1965 – PIEPER, H.: Selbstsein und Politik, J.' Entwicklung vom esoterischen zum politischen Denker, Meisenheim 1973 – GERLACH, H.-M.: Existenzphilosophie und Politik. Kritische Auseinandersetzung mit Karl Jaspers, Berlin (DDR) 1974 – EHRLICH, L. H.: K. J. – Philosophy as Faith, Cambridge Mass. 1975 – PAEK, S.-K.: Geschichte und Geschichtlichkeit. Eine Untersuchung zum Geschichtsdenken in der Philosophie von K. J., Diss. Tübingen 1975 – HERSCH, J.: K. J., Lausanne 1978, dt. München 1980 – SCHULHEISS, J.: Philosophieren als Kommunikation. Versuch zu K. J.' »Apologie des kritischen Philosophierens«, Königstein 1981 – BURKARD, F.-P.: Ethische Existenz bei K. J., Würzburg 1982 – FUCHS, F. J.: Seinsverhältnis. Karl Jaspers' Existenzphilosophie, Frankfurt et al. 1984 – SALAMUN, K.: Karl Jaspers, München 1985.

HARTMANN, N.

Hauptwerke:
Platos Logik des Seins, Gießen 1909 – Über die Erkennbarkeit des Apriorischen, Logos V, 1915 – Die Frage der Beweisbarkeit des Kausalgesetzes, Kantstudien, Bd. XXIV, 1919 – Diesseits von Idealismus und Realismus, Kantstudien, Bd. XXIX, 1924 – Grundzüge einer Metaphysik der Erkenntnis, Berlin 1925, 4. Aufl. 1949 – Ethik, Berlin 1926, 3. Aufl. 1949 – Die Philosophie des deutschen Idealismus, I. Bd. Berlin 1923, II. Bd. Berlin 1929 – Aristoteles und Hegel, Erfurt 1933 – Das Problem des geistigen Seins, Berlin 1933, 2. Aufl. 1949 – Zur Grundlegung der Ontologie, Berlin 1935, 3. Aufl. 1949 – Möglichkeit und Wirklichkeit, Berlin 1938, 2. Aufl. 1949 – Der Aufbau der realen Welt, Berlin 1940, 2. Aufl. 1949 – Neue Wege der Ontologie, in: Systematische Philosophie, Stuttgart 1942 – Philosophie der Natur, Abriß der speziellen Kategorienlehre, Berlin 1950 – Teleologisches Denken, Berlin 1951 – Ästhetik (herausg. von F. Hartmann), Berlin 1953 – Philosophische Gespräche, Göttingen 1955 – Kleinere Schriften (herausg. von F. Hartmann), Bd. I: Abhandlungen zur systemat. Phil., Berlin 1955 – Bd. II: Abhandlungen zur Philosophiegeschichte, Berlin 1957 – Bd. III: Vom Neukantia-

nismus zur Ontologie, Berlin 1958 – Der philosophische Gedanke und seine Geschichte. Zeitlichkeit und Substantialität. Sinngebung und Sinnerfüllung. Aufsätze (Nachwort v. I. Heidemann), Stuttgart 1968 – Des Proklus Diadochus philosophische Anfangsgründe der Mathematik, Berlin 1969 – HARTMANN, N., und BRETON, ST.: Philosophie et Mathématique chez Proclus, Paris 1969 – Nicolai Hartmann und Heinz Heimsoeth im Briefwechsel (hrsg. von F. Hartmann und R. Heimsoeth), Bonn 1978.

Literatur:

ASTER, E. von: Zur Kritik der materialen Wertethik, Kantstudien, Bd. XXXIII, 1928 – GURVITCH, Georges: Les tendences actuelles de la philosophie allemande. E. Husserl, M. Scheler, E. Lask, N. Hartmann, M. Heidegger, Préface de Léon Brunschvicg, Paris 1930 – PLESSNER, H.: Geistiges Sein, Kantstudien, Bd. XXXVIII, 1933 – GUGGENBERGER, Alois: Das Weltbild N. Hartmanns. Die erkenntnistheoret. Grundthese, Stimmen der Zeit, 136, 1939 – VANNI-Rovighi, Sofia: L'ontologia di Nicolai Hartmann, Rivista di filos. neoscol., Bd. 31, 1939 – GUGGENBERGER, A.: Der Menschengeist und das Sein. Eine Begegnung mit Nicolai Hartmann, Krailling 1942 – KEMPSKI, J. v.: N. Hartmann, Cahiers franc-allemands. Dtsch.-franz. Monatshefte 9, Karlsruhe 1942 – LANDMANN, M.: N. Hartmann and phenomenology, Philosophy and Phenomenological Research, Vol. III, 1942/43 – BRETON, ST.: La théorie de la modalité dans l'ontologie de N. Hartmann, Rassegna di scienze filosofiche, Bd. 1, 1948 – KÖNIG, J.: Über einen neuen ontologischen Beweis des Satzes von der Notwendigkeit alles Geschehens, Arch. f. Phil., Bd. II, 1948 – HARTMANN, M.: Das Mechanismus-Vitalismus-Problem vom Standpunkt der kritischen Ontologie N. Hartmanns, Ztschr. f. Philos. Forschung, Bd. III, 1948 – KLEIN, I.: Das Sein und das Seiende. Das Grundproblem der Ontologie N. Hartmanns und M. Heideggers, Köln 1949 – TROST, A.: Das Sein der Werte. Eine Unters. z. Ontologie d. Werte bei Max Scheler u. N. Hartmann, o. O. 1949 – MEYER, H.: Die Weltanschauung der Gegenwart, Paderborn-Würzburg 1949 – HÖFERT, H. J.: N. Hartmanns Ontologie u. d. Naturphilosophie, Philosophia Naturalis, Bd. 1, 1950 – HENNEMANN, G.: Welt u. Menschen in der Sicht N. Hartmanns, Ztschr. f. Phil. Forschung, Bd. IV, 1950 – HÜBLER, M.: Werthöhe und Wertstärke in der Ethik von N. Hartmann, Phil. Stud., Bd. 1, 1950 – BETH, E. W.: N. Hartmanns Naturphilosophie, Algemeen Nederlands Tijdschrift voor Wijsbegeerte en Psychol., Bd. 43, 1951 – KROPP, G.: Naturphilosophie als Kategorialanalyse. Zum Gedenken an N. Hartmann, Schlehdorf/Obb. 1951 – SCHILLING, K.: Bemerkungen zu N. Hartmanns Ontologie, Arch. f. Rechts- u. Sozialphil., Bd. 39, 1951 – LEISEGANG, H.: N. Hartmann zum Gedächtnis, Ztschr. f. Philos. Forschung, Bd. V,

1951 – MAYER, E.: Die Objektivität der Werterkenntnis bei N. Hartmann, Meisenheim/Glan 1952 – HEIMSOETH, H.: N. Hartmann. Der Denker und sein Werk (mit 15 neuen Artikeln über N. Hartmann), Göttingen 1952 – BALLAUF, TH.: N. Hartmanns Philosophie der Natur. Zu ihren Voraussetzungen und Grenzen, Philosophia Naturalis, Bd. 2, 1952/53 – WAHL, J.: La théorie des catégories fondamentales dans N. Hartmann, Paris 1954 – BAUMANN, W.: Das Problem der Finalität im Organischen bei N. Hartmann, Meisenheim/Glan 1955 – HÜLSMANN, H.: Die Methode in der Philosophie N. Hartmanns, Düsseldorf 1959 – SCHMITZ, J.: Disput über das Teleologische Denken. Eine Gegenüberstellung von N. H., Aristoteles und Thomas v. Aquin, Mainz 1960 – BECK, H.: Möglichkeit und Notwendigkeit zur Modalitätenlehre N. Hs., Pullach 1961 – MOLITOR, A.: Bemerkungen zum Realismusproblem bei N. H., Ztschr. f. Phil. Forschg., Bd. XV, 1961 – BAUMGARTNER, H. M.: Die Unbedingtheit des Sittlichen. Eine Auseinandersetzung mit N. H., München 1962 – BRETON, S.: L'être spirituel. Recherches sur la philosophie de N. H., Lyon/Paris 1962 – KANTHACK, K.: N. H. und das Ende der Ontologie, Berlin 1962 – HERRIGEL, H.: Was heißt Ontologie bei N. H.?, Ztschr. f. Phil. Forschg., Bd. XVII, 1963 – SCHMÜCKER, F. G.: N. Hs. Erkenntnismetaphysik in phänomenologischer Sicht, Ztschr. f. Phil. Forschg., Bd. XVII, 1963 – MÖSLANG, A.: Finalität. Ihre Problematik in der Philosophie N. Hs., Fribourg 1964 – NAU, W.: Die systematische Struktur von E. Rothackers Kulturbegriff (Vergleich mit Hartmann), Bonn 1968 – BULK, W.: Das Problem des idealen An-sich-Sein bei N. Hartmann, Meisenheim 1971 – GAMP, R.: Die interkategoriale Relation und die dialektische Methode in der Philosophie von Hartmann, Bonn 1973 – BUCH, A. J.: Wert, Wertbewußtsein, Wertgeltung. Grundlagen und Grundprobleme der Ethik Nicolai Hartmanns, Bonn 1982 – BUCH, A. J. (Hrsg.): Nicolai Hartmann 1882–1982, (mit Bibl.) Bonn 1982.

REININGER, R.

Hauptwerke:

Kants Lehre vom inneren Sinn und seine Theorie der Erfahrung, Wien und Leipzig 1900 – Das Kausalproblem bei Hume und Kant, Kantstudien, Bd. VI, 1901 – Kant, Gedächtnisrede zum 100. Todestage, Wissen f. Alle, Bd. IV/9 u. 10 – Philosophie des Erkennens, Leipzig 1911 – Kants kritischer Idealismus in seiner erkenntnistheoretischen Bedeutung, wiss. Beilage z. Jahresbericht 1911 d. Philos. Ges. an der Universität Wien – Über H. Vaihingers Philosophie des Als Ob, Jahrb. d. Philos. Ges. an der Univ. Wien, 1912 – Das psychophysische Problem, Wien und Leipzig 1916, 2. Aufl. 1930 – Friedrich Nietzsches Kampf um den Sinn des Lebens, Wien und Leipzig 1922, 2. Aufl. 1925 – Locke, Berkeley, Hume, Bd. XXII/XXIII der Gesch. d.

Philos. in Einzeldarstellungen, München 1922 – Kant, seine Anhänger und seine Gegner, Bd. XXVII/XXVIII d. Gesch. d. Philos. in Einzeldarstellungen, München 1923 – Kant, Gedenkrede in der Philos. Gesellschaft an der Universität Wien, Wien und Leipzig 1924 – Kant und die deutsche Kultur, Volksbildung Bd. V, 2/3, 1924 – Zu Kants 200. Geburtstag, Kreuzzeitung, Berlin 1924 – Die Religion der Inder, »Die Religionen der Erde in Einzeldarstellungen« in »Wissenschaft und Kultur«, Leipzig u. Wien 1929 – Geschichte der Philosophie als philosophische Wissenschaft, Almanach d. Akademie d. Wissenschaften, Wien 1928 – Metaphysik der Wirklichkeit, Wien u. Leipzig 1931 – Der gegenwärtige Stand des philosophischen Problems, Forschungen und Fortschritte, 7. Jahrg., 1931 – Wertphilosophie und Ethik, Wien u. Leipzig 1939, 3. Aufl. 1947 – Metaphysik der Wirklichkeit, zweite, gänzlich neu bearbeitete und erweiterte Auflage, I. u. II. Bd., Wien 1947 und 1948 – Metaphysik und Wirklichkeit, München–Basel 1970. (Neuausgabe) – Wertphilosophie und Ethik. Die Frage nach dem Sinn des Lebens als Grundforschung einer Weltordnung, München–Basel 1970 (Neuausgabe) – Einführung in die Probleme und Grundbegriffe der Philosophie. Aufgrund der nachgelassenen Manuskripte (hrsg. v. K. Nawratil), Wien 1978.

Literatur:
NAVRATIL, K.: Platons Dialog Sophistes im Lichte der Philosophie Robert Reiningers, Ztschr. f. Philos., Psychol. u. Pädag., Bd. 5, 1955 – HAUBFLEISCH, M.: Die Wertphilosophie R. Reiningers in ihrer Bedeutung f. d. Pädagogik, Ztschr. f. Philos., Psychol. u. Pädag., Bd. V, 1955 – In der Festschrift für R. Reiniger, Wien 1949, sind erschienen: HAUBFLEISCH, M.: Die Wissenschaftstheorie R. Reiningers – BROD, V.: Erlebniswirklichkeit und Sprache – HEINTEL, E.: Der »Wiener-Kreis« und die Dialektik der Erfahrung – DERBOLAV, J.: Das Metaphorische in der Sprache – NAVRATIL, K.: Zum Begriff des Geistes – DÜRRHEIM, K.: Der ethische Mensch – RAZINGER, H.: R. Reiniger und der Pessimismus – SCHMIDA, S.: Die älteste und die jüngste Philosophie – NAVRATIL, K.: R. Reiniger (1869–1955) – Leben, Wirken, Persönlichkeit, Wien–Köln–Graz 1969 – ROGLER, E.: Wirklichkeit und Gegenstand. Untersuchungen zur Erkenntnismetaphysik R. Reiningers, Frankfurt 1970.

HÄBERLIN, P.:
Hauptwerke:
Wissenschaft und Philosophie, 2 Bde., Basel 1910–1912 – Leib und Seele, Basel 1923 – Das Gute, Basel 1926 – Das Geheimnis der Wirklichkeit, Basel 1927 – Allgemeine Ästhetik, Basel 1929 – Das Wesen der Philosophie, München 1934 – Naturphilosophische Betrachtungen. Eine allgemeine Ontologie. I. Bd.: Einheit und Viel-

heit, II. Bd.: Sein und Werden, Zürich 1938 – Das Wunderbare, 5. Aufl., Zürich 1940 – Der Mensch. Eine philosophische Anthropologie, Zürich 1943 – Ethik im Grundriß, Zürich 1946 – Logik im Grundriß, Zürich 1947 – Philosophia Perennis. Eine Zusammenfassung, Berlin 1952 – Leben und Lebensform, Prologomena zu einer universalen Biologie, Basel/Stuttgart 1957 – Das Böse, Ursprung und Bedeutung, Bern 1960 – Der Mensch. Eine philosophische Anthropologie. Zürich 1969 (Neuausgabe).

Literatur:

KAMM, P.: Philosophie und Pädagogik Paul Häberlins in ihren Wandlungen, München 1938 – STEGMÜLLER, W.: Die Ontologie und Anthropologie von Paul Häberlin, Ztschr. f. Philos. Forschung, Bd. II, 1947 – ZANTOP, H.: Die philosophische Bedeutung der Frage im Werk Paul Häberlins, Ztschr. f. Philos. Forschung, Bd. VII, 1953 – PIGUET, J.: En centre de la philosophie de P. Häberlin, Rev. theol. philos., Bd. III, 1953 – PIGUET, J.: De la philosophie à la théologie de Paul Häberlin, Rev. theol. philos., Bd. VIII, 1957 – Paul-Häberlin-Festschrift. Im Dienste der Wahrheit, Bern 1958 – KAMM, P.: P. H. zum zweiten Todestag, Ztschr. f. Phil. Forschg., Bd. XVI, 1962 – HAGER, F. P.: Zwei Grundprobleme des Menschseins bei Paul Häberlin im Vergleich zu Platon, Zeitschr. f. Philos. Forschung 29 (1975) – KAMM, P.: Paul Häberlin. Leben und Werk, Bd. I: Die Lehr- und Wanderjahre, Zürich 1977; Bd. II: Die Meisterzeit, Zürich 1981.

CARNAP UND DER WIENER KREIS
CARNAP, R.

Hauptwerke:

Der Raum, Kantstudien, Bd. XXVII, 1922 – Über die Aufgabe der Physik, Kantstudien, Bd. XXVIII, 1923 – Eigentliche und uneigentliche Begriffe, Symposion I, 1925 – Physikalische Begriffsbildung, Karlsruhe 1926. Neudruck Darmstadt 1966 – Der logische Aufbau der Welt, Berlin 1928 – Scheinprobleme der Philosophie, Berlin 1928. 2. Aufl. (beide in einem Band) mit zusammenfassendem Vorwort des Verf., Hamburg 1961 – Abriß der Logistik, Wien 1929 – Die physikalische Sprache als Universalsprache der Wissenschaft, Erkenntnis 2, 1932 – Psychologie in physikalischer Sprache, Erkenntnis 3, 1932 – Über Protokollsätze, Erkenntnis 3, 1932 – Die Aufgabe der Wissenschaftslogik, Wien 1934 – Logische Syntax der Sprache, Wien 1934, 2. Aufl. Wien–New York 1968 (engl. Übers. mit Ergänzungen, 2. Aufl. London 1949) – Testability and meaning, Philosophy of Science, Vol. III, 1936, und Vol. IV, 1937 (Neudruck New Haven 1954) – Foundations of logic and mathematics, Internat. Encycl. of Unified Science, 1939 (dt.: Grundlagen der Logik und Mathematik, München 1973) – Introduction to semantics, Cambridge, Mass., 3. Aufl. 1948 – Formalization of logic, Cambridge, Mass., 1934 – On inductive logic, Philosophy of Science, 1945 – Modalities and quantification, Journ. of Symbolic Logic, 1946 – Remarks on induction and truth, Philosophy and Phenomenological Research, Bd. 6, 1946 – Meaning and necessity; a study in semantics and modal logic, Chicago 1947 (dt.: Bedeutung und Notwendigkeit, Wien–New York 1972). – Für spätere Arbeiten vgl. die Literatur zur Grundlagenforschung und analytischen Philosophie, insbes. P. A. SCHILPP (ed.), The Philosophy of Rudolf Carnap, La Salle, Ill./London 1963 – Logical Foundations of Probability, Chicago 1950, London ²1962 – The Nature and Application of Inductive Logic, Consisting of six Sections from Logical Foundations of Probability, Chicago 1951 – The Continuum of Inductive Methods, Chicago/London/Toronto 1952, Ann Arbor 1972 – Einführung in die symbolische Logik, mit besonderer Berücksichtigung ihrer Anwendungen, Wien 1954, ³1968, Nachdr. 1973 – Induktive Logik und Wahrscheinlichkeit (übers. und bearb. v. W. Stegmüller), Wien 1959, ²1970 – Philosophical Foundations of Physics (hrsg. v. M. Gardner) New York 1966, unter dem Titel: An Introduction to the Philosophy of Science, New York ²1974, dt. München 1969 – Studies in Inductive Logic and Probability, Berkeley 1971.

BERGHEL, H.: Wittgenstein, der Wiener Kreis und der kritische Rationalismus, Wien 1979.

DAHMS, H.-J. (Hrsg.) Philosophie, Wissenschaft und Aufklärung. Beiträge zur Geschichte und Wirkung des Wiener Kreises, Berlin 1985.

KRAFT, V.: Die Grundlagen einer wissenschaftlichen Wertlehre, Wien 1937, 2. Aufl. 1951 – Der Wiener Kreis, Wien–New York 1968 – Mathematik, Logik und Erfahrung, Wien–New York 1970.

MOHN, E.: Der logische Positivismus, Frankfurt–New York 1977.

NEURATH, O.: Soziologie im Physikalismus, Erkenntnis 2, 1931 – Protokollsätze, Erkenntnis 3, 1932 – Radikaler Physikalismus und »wirkliche Welt«, Erkenntnis 4, 1934.

POPPER, K.: Logik der Forschung, Wien 1935, 5. Aufl. Tübingen 1973. Vgl. die Literatur zur Theorie der erfahrungswissenschaftlichen Erkenntnis, ferner P. A. Schilpp (ed.), The Philosophy of Karl Popper, La Salle, Ill. 1974 – The logic of scientific discovery, London 1959.

SCHLICK, M.: Raum und Zeit in der gegenwärtigen Physik, Berlin 1917 – Allgemeine Erkenntnislehre, Berlin 1918, 2. Aufl. 1925 – Erleben, Erkennen, Metaphysik, Kantstudien, Bd. XXXI, 1926 – Fragen der Ethik, Wien 1930 – Positivismus und Realismus, Erkenntnis 3, 1932 – Über das Fundament der Erkenntnis, Erkenntnis 4, 1934 – Meaning and verification, Philosophycal Review, Vol. 44, 1936 – Quantentheorie und Erkennbarkeit der Natur, Erkenntnis 6, 1937 – Gesammelte Aufsätze 1926–1936 (herausg. von F. Waismann), Wien 1938 – Gesetz, Kausalität und Wahrscheinlichkeit,

Wien 1948 – Grundzüge der Naturphilosophie (herausg. von W. Hollitscher und J. Rauscher), Wien 1948.
WAISMANN, F.: Logische Analyse des Wahrscheinlichkeitsbegriffs, Erkenntnis 1, 1930/31 – Einführung in das mathematische Denken: Die Begriffsbildung der modernen Mathematik, 2. Aufl., Wien 1947.

Literatur:

MISES, R.: Kleines Lehrbuch des Positivismus, Haag 1939 – FEIGL, H.: Logical empiricism, in: Feigl, H. und Sellars, W. (Hrsg.), Readings in philosophical analysis, New York 1949 – KRAFT, V.: Der Wiener Kreis, Wien 1950 – BERGMANN, G.: The metaphysics of logical positivism, London 1954 – Logic and Language (Festschrift), Dordrecht 1962 – KRAUTH, L.: Die Philosophie Carnaps, Wien–New York 1970 – BUCK, R. C./COHEN, R. S. (Hrsg.): In Memory of R. C., Dordrecht/Boston 1972 – BUTRICK, R.: C. on Meaning and Analyticity, The Hague 1970 – HINTIKKA, J. (Hrsg.): R. C. Logical Empiricist. Materials and Perspectives, Dordrecht 1975.

Zeitschriften und Sammlungen:

Erkenntnis, Leipzig 1930–38 – Journal of Unified Science, Haag 1939 (Weiterführung der »Erkenntnis«) – International Encyclopedia of Unified Science, Chicago 1938 ff.
Vgl. auch die Literatur zur Grundlagenforschung und analytischen Philosophie.

GRUNDLAGENFORSCHUNG UND ANALYTISCHE PHILOSOPHIE

1. Logische und mathematische Grundlagenforschung

WHITEHEAD, A. N., und RUSSELL, B. Principia Mathematica, 3 Bde., 2. Aufl., London 1925–1927 – HILBERT, D. und BERNAYS, P.: Die Grundlagen der Mathematik, Bd. I, Berlin 1934, Bd. II, Berlin 1939 – HERMES, H., und SCHOLZ, H.: Mathematische Logik, Enzyklopädie der mathematischen Wissenschaften, Bd. I, T. 1, H. 1, Leipzig 1952 – KLEENE, St. C.: Introduction to metamathematics, Amsterdam 1952 – QUINE, W. V.: Mathematical logic, 2. Aufl., Cambridge, Mass., 1952 – ROSSER, B.: Logic for mathematicians, New York 1953 – ACKERMANN, W.: Solvable cases of the decision problem, Amsterdam 1954 – COPI, I. M.: Symbolic logic, 5. Aufl., New York 1954 – STEGMÜLLER, W.: Metaphysik – Wissenschaft – Skepsis, Kap. II, Wien 1954 – WANG, HAO: The formalization of mathematics, Journ. of Symbolic Logic, Bd. 19, 1954 – LORENZEN, P.: Einführung in die operative Logik und Mathematik, Berlin 1955 – CHURCH, A.: Introduction to mathematical logic, Vol. I, 2. Aufl., Princeton 1956 – GOODSTEIN, R. L.: Mathematical logic, Leicester 1957 – PETER, R.:

Rekursive Funktionen, 2. Aufl., Berlin 1957 – SUPPES, P.: Introduction to logic, Princeton 1957 – DAVIS, M.: Computability and unsolvability, London/New York 1958 – LORENZEN, P.: Formale Logik, Berlin 1958 – WANG, HAO: Eighty years of foundational studies, Dialectica, Internationale Ztschr. f. Phil. d. Erkenntnis, Bd. 12, 1958 – BETH, E. W.: The foundations of mathematics, Amsterdam 1959 – HILBERT, D., und ACKERMANN, W.: Grundzüge der theoretischen Logik, 4. Aufl., Berlin 1959 – SCHOLZ, H.: Abriß der Geschichte der Logik, 2. Aufl., Freiburg/München 1959 – STEGMÜLLER, W.: Unvollständigkeit und Unentscheidbarkeit. Die metamathematischen Resultate von Gödel, Church, Kleene, Rosser und ihre erkenntnistheoretische Bedeutung, Wien 1959 – SURANYI, J.: Reduktionstheorie des Entscheidungsproblems im Prädikatenkalkül der ersten Stufe, Budapest/Berlin 1959 – QUINE, W. V.: Methods of logic, 2. Aufl., New York 1959 – CARNAP, R.: Einführung in die symbolische Logik, 2. Aufl., Wien 1960 – SCHÜTTE, K.: Beweistheorie, Berlin 1960 – HERMES, H.: Aufzählbarkeit, Entscheidbarkeit Berechenbarkeit. Einführung in die Theorie der rekursiven Funktionen, Berlin/Göttingen/Heidelberg 1961 – SCHOLZ, H., und HASENJAEGER, G.: Grundzüge der mathematischen Logik, Berlin/Göttingen/Heidelberg 1961 – SMULLYAN, R. M.: Theory of formal systems, 2. Aufl., Princeton 1961 – BETH, E. W.: Formal methods, Dordrecht 1962 – BOCHENSKI, J. M.: Formale Logik, 2. Aufl., Freiburg/München 1962 – HASENJAEGER, G.: Einführung in die Grundbegriffe und Probleme der modernen Logik, Freiburg/München 1962 – LORENZEN, P.: Metamathematik, Mannheim 1962 – CURRY, H. B.: Foundations of mathematical logic, New York 1963 – HERMES, H.: Einführung in die mathematische Logik. Klassische Prädikatenlogik, Stuttgart 1963 – QUINE, W. V.: Set theory and its logic, Cambridge, Mass., 1963 – v. KUTSCHERA, F.: Die Antinomien der Logik. Semantische Untersuchungen, Freiburg/München 1964 – KLEENE, S. C. und VESLEY, R. E.: The foundations of intuitionistic mathematics, Amsterdam 1965 – BETH, E. W.: Mathematical Thought, Dordrecht 1965 – COHEN, P.: Set Theory and the Continuum Hypothesis, New York 1966 – VAN HEIJENOORT, J. (ed.): From Frege to Gödel, A Source Book in Mathematical Logic, Cambridge 1967 – LAKATOS, I. (ed.): Problems in the Philosophy of Mathematics, Amsterdam 1967 – ROGERS, H.: Theory of Recursive Functions and Effective Computability, New York 1967 – SHOENFIELD, J. R.: Mathematical Logic, Reading (Mass.) 1967 – HATCHER, W. S.: Foundations of Mathematics, Philadelphia 1968 – SMULLYAN, R. M.: First-Order Logic, Berlin–Heidelberg 1968 – GENTZEN, G.: Untersuchungen über das logische Schließen, Darmstadt 1969 – QUINE, W. V.: Philosophy of Logic, Englewood Cliffs (N.J.) 1970 – TAKEUTI, G./ZARING, W. M.: Introduction to axiomatic set theory, New York–Heidelberg 1971 – CURRY, H. B.: Combinatory Logic, Amsterdam Bd. 1 (1958), Bd. 2 (1972) – STEGMÜLLER, W.: Unvollständigkeit und Unentscheidbarkeit, 3. Aufl., Wien–New York 1973.

2. Theorie der erfahrungswissenschaftlichen Erkenntnis

REICHENBACH, H.: Philosophie der Raum-Zeit-Lehre, Berlin 1928 – NEURATH, O.: Radikaler Physikalismus und »wirkliche Welt«, Erkenntnis 4, 1934 – SCHLICK, M.: Über das Fundament der Erkenntnis, Erkenntnis 4, 1934 – POPPER, K.: Logik der Forschung, Wien 1935 – REICHENBACH, H.: Wahrscheinlichkeitslehre, Leiden 1935 – FEIGL, H., und SELLARS, W. (Hrsg.): Readings in philosophical analysis, New York 1949 – REICHENBACH H.: The theory of probability, Berkeley 1949 – Philosophische Grundlagen der Quantenmechanik, Basel 1949 – CARNAP, R.: Testability and meaning, New Haven, Conn., 1950 – Logical foundations of probability, Chicago 1950 – The continuum of inductive methods, Chicago 1951 – AYER, A. J.: The foundations of empirical knowledge, London 1951 – BRIDGMAN, P. W.: The nature of some of our physical concepts, New York 1952 – FEIGL, H., und BRODBECK, M. (Hrsg.): Readings in the philosophy of science, New York 1953 – darin: HEMPEL, C. G., und OPPENHEIM, P.: The logic of explanation – TOULMIN, S. E.: The philosophy of science, London 1953 – WIENER, PH. P. (Hrsg.): Readings in philosophy of science, New York 1953 – GOODMAN, N.: Fact, fiction and forecast, Cambridge, Mass., 1955 – PAP, A.: Analytische Erkenntnistheorie, Wien 1955 – FEIGL, H., und SCRIVEN, M. (Hrsg.): Minnesota studies in the philosophy of science, Vol. I, Minneapolis 1956 – darin: CARNAP, R.: The methodological character of theoretical concepts – HEMPEL, C. G.: Fundamentals of concept formation in empirical science, 3. Aufl., Chicago 1956 – CRAIG, W.: Replacement of auxiliary expressions; in: The philosophical revue 65, 1956 – AYER, A. J.: The problem of knowledge, 2. Aufl., Edinburgh 1957 – FEIGL, H., SCRIVEN, M., und MAXWELL, G. (Hrsg.): Minnesota studies in the philosophy of science, Vol. II, Minneapolis 1958 – BERGMANN, G.: Philosophy of science, Madison 1958 – CARNAP, R.: Beobachtungssprache und theoretische Sprache, Dialectica 12, 1958 – STEGMÜLLER, W.: Wissenschaftstheorie; in: Fischer-Lexikon, Bd. 11 (Philosophie), Frankfurt 1958 – Der Phänomenalismus und seine Schwierigkeiten, Archiv f. Phil., Bd. VIII, 1958 – BRAITHWAITE, R. B.: Scientific explanation, Cambridge 1959 – HEMPEL, C. G.: The logic of functional analysis; in: GROSS, L. (Hrsg.): Symposon on sociological theory, New York 1959 – GOODMAN, N.: Recent developments in the theory of simplicity; in: Philosophy and Phenomenological Research, 19, 1959 – POPPER, K.: The logic of scientific discovery, London 1959 – FEIGL, H., und MAXWELL, G. (Hrsg.): Current issues in the philosophy of science, New York 1961 – NAGEL, E.: The structure of science, New York 1961 – FEIGL, H., und MAXWELL, G. (Hrsg.): Minnesota studies in the philosophy of science, Vol. III, Minneapolis, Minn., 1962 – NAGEL, E., SUPPES, P. und TARSKI, A. (Hrsg.): Logic, methodology and the philosophy of science, Stanford 1962 – PAP, A.: An introduction to the philosophy of science, New York 1962 – BAUMRIN, B. (Hrsg.): Philosophy of science I, II, New York/London/ Sidney 1963 – KIM, J.: On the logical conditions of deductive explanation; in: Philosophy of science 30, 1963 – POPPER, K. R.: Conjectures and refutations, London 1963 – RESCHER, N.: Discrete state systems, markov chains and problems in the theory of scientific explanation and prediction; in: Philosophy of science 30, 1963 – SCHEFFLER, I.: The anatomy of inquiry, New York 1963 – SUPPES, P., und ZINNES, J. L.: Basic measurement theory; in: Handbook of mathematical psychology, hrsg. von R. D. LUCE u. a., New York/ London 1963 – SCHILPP, P. A. (Hrsg.): The philosophy of Rudolf Carnap, La Salle, Ill./London 1963 – MANDELBAUM, M.: Philosophy, science and sense perception Baltimore 1964 – HEMPEL, C. G.: Aspects of Scientific Explanation, London 1965 – Philosophy of Natural Science, Englewood Cliffs, (N. J.) 1966 – CARNAP, R.: Philosophical Foundations of Physics. New York 1966 (dt.: Einführung in die Philosophie der Naturwissenschaft, München 1969) – STEGMÜLLER, W.: Probleme und Resultate der Wissenschaftstheorie und Analytischen Philosophie, Berlin–Heidelberg–New York. Bd. I: Wissenschaftliche Erklärung und Begründung (1969), (Verbesserter Nachdruck 1974), Bd. II: Theorie und Erfahrung (1970), Bd. II, 2. Halbband: Theorienstrukturen und Theoriendynamik (1973), Bd. IV: Personelle und statistische Wahrscheinlichkeit (1973) – STEGMÜLLER, W.: Aufsätze zur Wissenschaftstheorie, Darmstadt 1970 – ESSLER, W. K.: Wissenschaftstheorie, Freiburg–München, Bd. I: Definition und Reduktion (1970) Bd. II: Theorie und Erfahrung (1971), Bd. III: Wahrscheinlichkeit und Induktion (1973) – HANSON, N. R.: Perception and Discovery, San Francisco 1970 – Constellations and Conjectures, Dordrecht 1973 – KUHN, T. S.: The Structure of Scientific Revolutions, 2. Aufl., Chicago 1970 (dt.: Die Struktur wissenschaftlicher Revolutionen, Frankfurt 1973) – RESCHER, N.: Scientific Explanation, New York 1970 – SNEED, J. D.: The Logical Structure of Mathematical Physics, Dordrecht 1971 – v. WRIGHT, G. H.: Explanation and Understanding, London 1971 (dt.: Erklären und Verstehen, Frankfurt 1974) – v. KUTSCHERA, Wissenschaftstheorie Bd. I/II, München 1972 – GRANDY, R.: Theories and Observation in Science, New York 1973.

3. Wirklichkeitsprobleme

BERNAYS, P.: Sur le platonisme dans les mathématiques, Paris 1935 – GOODMAN, N.: The structure of appearance, Cambridge, Mass.,

1951 – QUINE, W. V.: Logic and the reification of universals, in: Quine, W. V.: From a logical point of view, Harvard 1953 – WANG, HAO: What is an individual? The Philosophical Review, 62, 1953 – CARTWRIGHT, R. L.: Ontology and the theory of meaning, Philosophy of science 21, 1954 – BOCHENSKI, J. M., CHURCH, A. und GOODMAN, N.: The problem of universals, a symposium, Notre Dame, Ind. 1956 – STEGMÜLLER, W.: Ontologie und Analytizität, Studia Philosophica (Schweiz), Bd. XVI, 1956 – FEIGL, H.: The »mental« and the »physical«; in: Minnesota studies in the philosophy of science, Vol. II, Minneapolis 1958 – SCHEFFLER, I. und CHOMSKY, N.: What is said to be. Proceedings of the Aristotelian Society 59, 1958/59 – QUINE, W. V.: Word and object, New York 1960 – LUSCHEI, E. C.: The logical systems of LESNIEWSKI, Amsterdam 1962 – Essays in ontology, Iowa publications in philosophy I, hrsg. v. ALLAIRE, E. B., u. a., Den Haag 1963 – STEGMÜLLER, W.: Das Universalienproblem, einst und jetzt, Archiv f. Philos., 1. Teil, Bd. VI, 1956, 2. Teil, Bd. VII, 1957; Abgedruckt in: Sonderausgabe der Wiss. Buchgesellschaft 1965, Reihe »Libelli«, Bd. XCIV, zus. mit: Glauben, Wissen und Erkennen – EBERLE, R. A.: Nominalistic Systems, Dordrecht 1970 – U. WOLF (Hrsg.): Eigennamen. Beiträge zur Semantik der singulären Termini, Frankfurt 1985.

4. Ethik

BROAD, C. D.: Some of the main problems of ethics; in: Readings in philosophical analysis, New York 1949 – TOULMIN, S. E.: The place of reason in ethics, Cambridge 1950 – STEVENSON, C. L.: Ethics and language, 5. Aufl. Yale 1950 – HARE, R. M.: The language of morals, Oxford 1952 – SELLARS, W., und HOSPERS, J. (Hrsg.): Readings in ethical theory, New York 1952 – NOWELL-SMITH, P. H.: Ethics, London 1954 – BRAITHWAITE, R. B.: The language of morals (zum Buch von R. M. Hare), Mind 63, 1954 – STEGMÜLLER, W.: Ethik und Wirtschaftspolitik, Besinnung, Ztschr. f. Fragen der Ethik, 3, 1955 – EDWARDS, P.: The language of moral discourse, Glencoe, Ill., 1955 – AYER, A. J.: On the analysis of moral judgements, in: Philosophical essays, London 1959 – GLASSEN, P.: The cognitivity of moral judgements, Mind 68, 1959, und Mind 72, 1963 – POLE, D.: Conditions of rational inquiry, London 1961 – v. WRIGHT, G. H.: Norm and action, London 1963 – URMSON, J. O.: The emotive Theory of Ethics, London 1968 – HARE, R. M.: Practical Inference, London 1971 – PATZIG, W.: Ethik ohne Metaphysik, Göttingen 1971 – FRANKENA, W. K.: Analytische Ethik, München 1972 – RAWLS, J.: A Theory of Justice, Cambridge, Mass., 1971.

Zeitschriften zur Grundlagenforschung und analytischen Philosophie

Zeitschrift für mathem. Logik und Grundlagen der Mathematik (Berlin); Archiv für mathem. Logik und Grundlagenforschung (Stuttgart); Journal of Symbolic Logic (Baltimore, USA); Analysis (Oxford, Engl.); Logique et Analyse (Louvain, Belgien); Archiv für Philosophie (Stuttgart); Acta Philosophica Fennica (Helsinki); British Journal for the Philosophy of Science (Edinburgh/London); Dialectica (Neuchâtel, Schweiz); Inquiry (Oslo); Journal of Philosophy (New York); Methodos (Milano, Italien); Mind (Edinburgh); Philosophical Review (New York); Philosophical Studies (Minnesota, Minn., USA); Philosophy (London); Philosophy of Science (Baltimore, USA); Proceedings of the Aristotelian Society (London); Ratio (Frankfurt/M.); Theoria (Lund/Schweden, Kopenhagen); Synthese (Dordrecht/Holland); Journal of Philosophical Logic (Dordrecht/Holland); Erkenntnis. An International Journal of Analytical Philosophy (Dordrecht/Holland).

Wittgenstein, L.

Hauptwerke:

Tagebücher 1914–1916: in Bd. I der Suhrkamp-Ausgabe der »Schriften«; deutsch-engl. (Übers. G. E. M. Anscombe), hrsg. von G. H. v. Wright und G. E. M. Anscombe, Oxford 1961 – Tractatus logico-philosophicus: unter dem Titel »Logisch-philosophische Abhandlung« in Ostwalds »Annalen der Naturphilosophie« 1921; in Bd. I der Suhrkamp-Ausgabe der »Schriften«; deutsch-engl. London ^{1}1922, ^{8}1960 – Letter to the Editor, Mind 1933 – A Lecture on Ethics, The Philosophical Review 1965, 3–12 – Lectures in 1930 to 1933; hrsg. und kommentiert von G. E. Moore, Mind 63 (1954), 1–15, 289–316; Mind 64 (1955), 1–27, 264 – Lectures: Is Mathematics Based on Logic? (Manuskript), Oxford 1939 – Philosophische Bemerkungen: Suhrkamp-Ausgabe der »Schriften«, Bd. II, aus dem Nachlaß herausgegeben von R. Rhees, Frankfurt/M. 1964 – Philosophische Untersuchungen: in Bd. I der Suhrkamp-Ausgabe der »Schriften«; deutsch-engl. (Übers. G. E. M. Anscombe), hrsg. von G. E. M. Anscombe und R. Rhees, Oxford ^{1}1953, ^{2}1958 – The Blue and Brown Books, Oxford 1958 – Bemerkungen über die Grundlagen der Mathematik: deutsch-engl. (übers. v. G. E. M. Anscombe), hrsg. von G. H. v. Wright, R. Rhees, G. E. M. Anscombe, Oxford 1956 – Notebooks, New York 1961 – Vorlesungen und Gespräche über Ästhetik, Psychologie und Religion (hrsg. v. C. Barrett), übers. u. eingel. v. E. Bubser, Göttingen 1968 – The Blue and the Brown Books. Preliminary Studies for the Philosophical Investigations (Übers. aus dem Deutschen v. G. E. M. Anscombe), 2. Aufl. Oxford 1969 – Philosophische Untersuchungen – Philosophical Investigations (Übers. aus dem Deutschen v. G. E. M. Anscombe), 3. Aufl. Oxford 1969 – Briefe an Ludwig von Ficker (hrsg. v. G. H. v. Wright), Salzburg 1969 – Schriften Bd. IV: Philosophische Grammatik, Teil I: Satz, Sinn des Satzes, Teil II: Über Logik und Mathematik (hrsg. v. R. Rhees), Frankfurt 1969 – Über Gewißheit, dt. und engl., Oxford 1969 – Über Gewißheit, Frankfurt a. Main 1970 – Schriften Bd. V: Das blaue Buch (hrsg. v. R. Rhees), Zettel (hrsg. v. E. Anscombe u. G. H. v. Wright), Frankfurt a. Main 1970 – Prototractatus, New York 1971 – Schriften, Beihefte 1 und 2, Frankfurt a. Main 1972 – Letters to C. K. Ogden (hrsg. v. G. H. v. Wright), Oxford 1973 – Zettel (hrsg. v. G. E. M. Anscombe u. G. H. v. Wright), Oxford 1967 – Schriften Bd. III: Wittgenstein und der Wiener Kreis. Gespräche. Aufgez. v. F. Waismann (hrsg. v. B. F. McGuinness), Frankfurt 1967 – Schriften Bd. VI: Bemerkungen über die Grundlagen der Mathematik (hrsg. v. R. Rhees, G. E. M. Anscombe u. G. H. v. Wright), Frankfurt 1973 – Letters to Russell, Keynes and Moore (hrsg. v. G. H. v. Wright), Oxford 1974 – Vermischte Bermerkungen (hrsg. v. G. H. v. Wright), Frankfurt 1977 – Bemerkungen über die Farben (hrsg. v. G. E. M. Anscombe), Oxford 1977 – Schriften Bd. VII: Vorlesungen über die Grundlagen der Mathematik (hrsg. v. D. Diamond, übers. v. J. Schulte), Frankfurt 1978 – Schriften Bd. VIII: Bemerkungen über die Philosophie der Psychologie (hrsg. v. G. H. v. Wright u. H. Nyman), Frankfurt 1981 – Schriften, Beiheft 1: Einführung in Wittgenstein, Frankfurt 1960 – Schriften, Beiheft 2: Wittgenstein Repetitorium v. C. Coope, P. Geach, T. Potts, R. White, Frankfurt 1972 – Schriften, Beiheft 3: Wittgensteins geistige Erscheinung (hrsg. v. M. Nedo u. H. J. Heringer), Frankfurt 1979 – Vorlesungen von 1930–1935 (hrsg. v. D. Lee u. A. Ambrose), Frankfurt 1984 – Werkausgabe in 8 Bänden, Frankfurt 1984 (Bd. 1–6 identisch mit Schriften Bd. I–VI, Bd. 7 mit Schriften Bd. VIII), Bd. 8: Über Gewißheit. Bemerkungen über die Farben. Vermischte Bemerkungen.

Literatur:

MALCOLM, N.: Wittgenstein's Philosophical Investigations, The Philosophical Review 63 (1954), 530–559 (Wiederabdruck in »Knowledge and Certainty«, Englewood Cliffs, N. J., 1963) – RHEES, R.: Can there be a private language? (Symposium Ayer-Rhees), Aristotelian Society, Supplementary Volume 28, 1954, S. 77–94 – STRAWSON, P. F.: Philosophical Investigations. By Ludwig Wittgenstein. Mind 63, 1954, S. 70–99 – v. WRIGHT, G. H.: Ludwig Wittgenstein. A biographical sketch. The Philosophical Review 64, 1955, 527–545. Deutsch im »Beiheft« zum 1. Band der Wittgenstein-Ausgabe von Suhrkamp, Frankfurt/M. 1960 – FEYERABEND, P.: Wittgenstein's philosophical investigations, The Philosophical Review 64, 1955, 449–483 – STEGMÜLLER, W.: Glauben, Wissen und Erkennen, Ztschr.

f. Philos. Forschg., Bd. 10, 1956, S. 509–549 (abgedruckt in: STEGMÜLLER, W.: Wissenschaftl. Buchgesellsch. Darmstadt, Sonderausgabe 1965, Reihe »Libelli«, Bd. XCIV) – ANDERSON, A. R.: Mathematics and the »language game«, Review of Metaphysics 11, 1957/58, S. 446–458 – COPI, I. M.: Objects properties, and relations in the Tractatus, Mind 67, 1958, S. 145–165 – FEIBLEMAN, J. K.: Inside the great mirror: a critical examination of the philosophy of Russell, Wittgenstein, and their followers, The Hague, London 1958 – MALCOLM, N.: Ludwig Wittgenstein. A memoir. With a biographical sketch by G. H. v. Wright. London/New York/Oxford 1958; deutsch: München/Wien 1961 – POLE, D.: The later philosophy of Wittgenstein, London 1958 – KREISEL, G.: Wittgenstein's remarks on the foundations of mathematics, The British Journal for the Philosophy of Science 9, 1958/59, S. 135–158 – ANSCOMBE, G. E. M.: An introduction to Wittgenstein's Tractatus, London 1959 – BERNAYS, P.: Betrachtungen zu Ludwig Wittgensteins »Bemerkungen über die Grundlagen der Mathematik«, Ratio 1959, S. 1–18 – DUMMETT, M.: Wittgenstein's philosophy of mathematics, The Philosophical Review 68, 1959, S. 324–348 – GARVER, N.: Wittgenstein on private language, Philosophy and Phenomenological Research XX, 1959/60, S. 388–396 – v. PEURSEN, C. A.: Edmund Husserl and Ludwig Wittgenstein, Philosophy and Phenomenological Research, XX, 1959/60, S. 181–197 – CARNEY J. D.: Private language: the logic of Wittgenstein's argument, Mind 69, 1960, S. 560–565 – STENIUS, E.: Wittgenstein's Tractatus. A critical exposition of the main lines of thought, Oxford 1960 – KREISEL, G.: Wittgenstein's theory and practice of philosophy, The British Journal for the Philosophy of Science 11, 1960/61, S. 238–251 – LÜBBE, H.: »Sprachspiele« und »Geschichten«, Neopositivismus und Phänomenologie im Spätstadium, Kant-Studien 52, 1960/61, S. 220–243 – v. KEMPSKI, J.: Über Wittgenstein, Neue Deutsche Hefte 82, 1961, S. 43–60 – MASLOW, A.: A study in Wittgenstein's Tractatus, London 1961 – HARTNACK, J.: Wittgenstein und die moderne Philosophie, Stuttgart 1962 – LAWSON, J. B., und PLOCHMANN, G. K.: Terms in their propositional contexts in Wittgenstein's Tractatus: an index, Carbondale South Illinois Univ. Press, 1962 – SPECHT, E. K.: Die sprachphilosophischen und ontologischen Grundlagen im Spätwerk Ludwig Wittgensteins, Kantstudien Erg.-H. 84, Köln 1963 – STENIUS, E.: Wittgenstein's picture theory: a reply to Mr. H. R. G. Schwyzer, Inquiry 6, 1963, 184–194 – BLACK, M.: A companion to Wittgenstein's Tractatus, Cambridge, Mass., 1964 – FAVRHOLDT, D.: An interpretation and critique of Wittgenstein's Tractatus, Copenhagen 1964 – GRIFFIN, J.: Wittgenstein's logical atomism, Oxford 1964 – PITCHER, G.: The philosophy of Wittgenstein, Englewood Cliffs, N. J., 1964 – Wittgenstein gewidmet ist Heft 4 von Band 7 der Zeitschrift »Inquiry« (1964). Es enthält E. Wolgast,

Wittgenstein und Criteria, sowie Beiträge von P. Wienpahl, A. Levison, J. Bogen, A. Hannay, D. Shwayder – APEL, K. O.: Die Entfaltung der »sprachanalytischen« Philosophie und das Problem der »Geisteswissenschaften«, Philosophisches Jahrbuch 1965, S. 139–289 – STEGMÜLLER, W.: Ludwig Wittgenstein als Ontologe, Isomorphietheoretiker, Transzendentalphilosoph und Konstruktivist. Eine Diskussion der Werke von E. Stenius (1960, s. o.) und Ludwig Wittgenstein: »Bemerkungen über die Grundlagen der Mathematik«, Oxford 1956, in: Philosophische Rundschau 1965, Bd. 13 – STEGMÜLLER, W.: Eine modelltheoretische Präzisierung der wittgensteinschen Bildtheorie, in: Notre Dame Journal of Formal Logic, Bd. VII, Nr. 2 (1966), S. 181–195 – SAUNDERS, J. T.: The Private Language Problem: A Philosophical Dialogue, New York 1967 – SCHULZ, W.: Wittgenstein, die Negation der Philosophie, Pfullingen 1967 – BORGIS, I.: Index zu L. Wittgensteins »Tractatus logicophilosophicus« und Wittgenstein-Bibliographie, Freiburg–München 1968 – MORRISON, J. C.: Meaning and Truth in Wittgenstein's Tractatus, Den Haag–Paris 1968 – NAESS, A.: Four modern Philosophers: Carnap, Wittgenstein, Heidegger, Sartre, Chicago 1968 – PITCHER, G. (Hrsg.): Wittgenstein, The Philosophical Investigations, London 1968 – SCHMIDT, S. J.: Sprache und Denken als sprachphilosophisches Problem von Locke bis Wittgenstein, Den Haag 1968 – WAISMANN, F.: The Principles of Linguistic Philosophy (hrsg. v. R. Harré), London 1968 – BAMBROUGH, R.: Reason, Truth and God, London 1969 – DE MAURO, T.: Une introduction à la semantique, Paris 1969 – FANN, K. T.: Wittgenstein's Conception of Philosophy, Oxford 1969 – GIEGEL, H. J.: Die Logik der seelischen Ereignisse. Zu den Theorien von L. Wittgenstein und W. Sellars, Frankfurt a. Main 1969 – GRIFFIN, J.: Wittgenstein's Logical Atomism, Seattle–London 1969 – PITHIM, H. F.: Wittgenstein and Justice; On the Significance of L. Wittgenstein for Social and Political Thought, Berkeley 1969 – SMART, N.: Philosophers and Religious Truth, 2. Aufl. London 1969. Darin: Kap. 7, Wittgenstein, Death and the Last Judgement – STENIUS, E.: Wittgensteins Traktat, Frankfurt a. Main 1969 – WUCHTERL, K.: Struktur und Sprachspiel bei Wittgenstein, Frankfurt a. Main 1969 – ENGELMANN, P.: Ludwig Wittgenstein, Briefe und Begegnungen, München 1970 – GEOPE, C., P. GEACH u. T. PATTS: A Wittgenstein Workbook, Oxford 1970 – KIDKOPF, CH. F.: Strict Finitism. An Examination of L. Wittgenstein's »Remarks on the Foundations of Mathematics«, Paris 1970 – KLEMKE, E. D. (Hrsg.): Essays on Wittgenstein, London 1970 – PEARS, D. F.: L. Wittgenstein, New York 1970 – PEURSEN, C. VAN: L. Wittgenstein: An Introduction to his Philosophy, New York 1970 – HARDWICK, CH. S.: Language Learning in Wittgenstein's Later Philosophy, Den Haag 1971 – JONES, C. R. (Hrsg.): The Private Language Argument, London 1971 – AMBROSE, A.: L. Wittgenstein: Philosophy and Language,

London 1972 – BOGEN, J.: Wittgenstein's Philosophy of Language, New York 1972 – HACKER, P.: Insight and Illusion: Wittgenstein on Philosophy and the Metaphysics of Experience, London 1972 – BARTLEY, W. W.: Wittgenstein II, New York 1973 – BENSCH, R.: L. Wittgenstein. Die apriorischen und mathematischen Sätze in seinem Spätwerk, Bonn 1973 – DIETRICH, R. A.: Sprache und Wirklichkeit in Wittgensteins Tractatus, Tübingen 1973 – DILMAN, I.: Induction and Deduction. A Study in Wittgenstein, Oxford 1973 – HENRY A.: Wittgenstein, London 1973 – MAUSER, A. R.: The End of Philosophy: Marx and Wittgenstein, Southampton 1973 – KUTSCHERA, F. v.: Sprachphilosophie, 2. erw. Aufl. München 1975 – KENNY, A.: Wittgenstein, London 1973 (dt. Frankfurt 1974) – HINTIKKA, J. (ed.) Essays on Wittgenstein in honour of G. H. v. Wright, Amsterdam 1976 – FOGELIN, R. J.: Wittgenstein, London 1976 – HALLETT, G.: A companion to Wittgenstein's Philosophical investigations, Ithaka – London 1977 – LEINFELLNER, E. et al. (Hrsg.): Wittgenstein und sein Einfluß auf die gegenwärtige Philosophie, Wien 1978 – BAKER, G./HACKER, P. M. S.: Wittgenstein. Meaning and understanding, Oxford 1980 – F. H. Lapointe, Ludwig Wittgenstein. A comprehensive bibliography, Westport./Conn. – MACGINN, C.: Wittgenstein on meaning. An interpretation and evaluation, Oxford 1984 – BIRNBACHER, D. u. BURKHARDT, A.: Sprachspiel und Methode. Zum Stand der Wittgenstein-Diskussion, Berlin–New York 1985 – HINTIKKA J. u. M. B.: Investigating Wittgenstein, Oxford 1986 – KRIPKE, S.: Wittgenstein on rules and private language, Oxford 1985 (dt. Frankfurt 1987) – HUNTER, J. F. M.: Understanding Wittgenstein. Studies of Philosophical investigations, Edinbourgh 1985 – SHANKER, V. A. u. S. G.: A Wittgenstein bibliography, London 1986 – PEARS, D.: The false prison: A study of the development of Wittgenstein's philosophy, Bd. I, Oxford 1987 – HILMY, S.: The later Wittgenstein. The emergence of a new philosophical method, Oxford 1987 – MCGUINNESS, B.: Wittgenstein. A life. Young Ludwig (1889–1921), London 1988 – GRAYLING, A. C.: Wittgenstein, Oxford 1988 – WRIGHT, G. H. v.: Wittgenstein, Oxford 1982 (dt. Frankfurt 1986).

NAMEN- UND SACHREGISTER

I. NAMENREGISTER

Aristoteles 6, 17, 56, 115, 256
Augustinus, R. 580
Avenarius, R. 362 f.

Bar-Hillel, Y. 84
Bergson, H. 97, 142
Berkeley, G. 57, 59
Bernays, P. 437
Brentano, Franz 1 ff., 57, 59, 81, 143, 357, 381, 643, 648
Broad, C. D. 504 ff.
Brouwer, L. E. J. 438, 440 ff.

Carnap, Rudolf 86, 346 ff., 368 ff., 374 ff., 448 f., 461 ff., 467 ff., 494 ff., 534
Cartwright, R. L. 491 f.
Cassirer, E. 185
Chomsky, N. 491 f.

Descartes, R. 16, 102
Dilthey, W. 148, 151, 193 f.
Dummett, M. 687

Euklid 376

Feigl, H. 497 ff.
Feuerbach, L. 303
Frege, G. 37, 43, 83, 373, 435 ff., 680 f.

Gödel, K. 444 f.
Goodman, N. 481 ff., 492 ff., 628 ff., 637
Gorgias 359

Häberlin, Paul 315 ff., 357
Hare, R. M. 511, 523 ff.
Hartmann, Nicolai 47, 56, 243 ff., 319, 343, 357
Hegel, G. W. F. 264, 272, 274
Heidegger, Martin 135 ff., 643
Hempel, C. G. 368, 373 f., 449 ff.
Hilbert, D. 377, 440, 443 f.
Hobbes, Th. 110, 113

Hume, D. 58 f., 113, 390, 533, 621
Husserl, Edmund 49 ff., 57, 138, 140, 143, 364, 643, 649

Janssen, Otto 91
Jaspers, Karl 135 ff., 142, 144, 187, 194 ff.

Kant, I. XXVII ff., 8 ff., 43 ff., 69, 102, 111, 133, 178 ff., 196 ff., 213, 234 f., 276, 310 f., 554 ff., 648
Kastil, A. 38
Kierkegaard, P. 144, 149, 193 f., 243
Klages, L. 97
Kraft, V. 391, 397

Leibniz, G. W. 12, 43, 316
Lesniewski, St. 417, 571
Locke, J. 56, 77 f., 390, 648
Lorenzen, P. 438, 682

Mach, E. 362 f.
Mill, J. St. 57, 59

Neumann, J. v. 437
Neurath, O. 392 f., 446
Nietzsche, F. 97, 125

Oppenheim, P. 449 ff.

Pap, A. 448
Peano, G. 378
Pitcher, G. 562, 600
Plato 56
Plotin 240
Popper, K. 397 ff., 447, 470
Post, E. 373

Quine, W. V. 373, 390, 437, 487 ff.

Reichenbach, H. 380
Reininger, Robert 47, 288 ff.
Rilke, R. M. 151
Russel, B. 47, 373, 437, 524, 564

Scheffler, I. 491 f.
Scheler, Max 56, 96 ff., 138, 145 f., 357
Schlick, M. 363 ff., 446
Schopenhauer, A. 144, 158
Simmel, G. 148
Spinoza, B. 102, 159, 316
Stegmüller, W. 36, 48, 82, 90, 189, 236, 286, 361, 387, 411, 438, 449, 467, 481, 486, 517
Stenius, E. 527, 532, 536, 539, 553, 558, 576
Stevenson, C. L. 511 ff.

Tarski, A. 40, 417

Waismann, F. 620
Wang, Hao 438, 492
Weber, Max 146 f.
Whitehead, A. N. 373, 437
Wisdom, J. 600
Wittgenstein, L. 95, 347, 360, 373, 381 f., 518, 523, 524 ff.
Wolgast, E. 270

Zermelo, E. 437

II. SACHREGISTER

Absolute, das 342
Absolutismus, Kritik am 565
Abgrenzungskriterium 422, 426
Ableitungsregeln, formale 421
Abschattungsmannigfaltigkeit 79
Absolutismus 114
Absolutsphäre des reinen Ich 72
Abstraktion, Problem der 495
Abstraktum 21, 74
Adäquatheitsbedingung für Wahrheitsdefinitionen 417
Adäquation, absolute 67
Adäquationstheorie der Wahrheit 6, 40, 222, 417
Ähnlichkeitserinnerung 389
Ähnlichkeitskreis 59, 389
Affinitätsproblem 299 ff.
Agnostizismus 353 f.
Akt, ästhetischer 278
– bedeutungsverleihender 61
– des vergleichenden Liebens 27
– einstrahliger 64, 65
– emotional-prospektiver 252
– emotional-rezeptiver 252
– emotional-spontaner 252
– emotional-transzendenter 252
– individuellen Meinens 58
– mehrstrahliger, 64, 65
– nominaler 65
– propositionaler 65
– setzender 65
– signitiver 66
– sinngebender 61
– spezialisierender Auffassung 58
– synthetischer 64, 65
Aktlehre 115
Aktnoema 73

Aktnoese 73
Aktual-Unendliches 438
Akzidens 22
allgemeingültig 8
Allgemeinheit als Ähnlichkeitskreis 57
Allgemeinheit als Repräsentationsfunktion einer Einzelvorstellung 57
All-Leben 109
Allschluß 475
Alltäglichkeit 160
Analogielehre 119
Analogieschluß 475
Analyse, empirische 374
– Kritik des Begriffs der 569
analytische Philosophie 2, 429 ff.
Angst 150, 157, 167
Anmutiges 280
Anschauung, kategoriale 69
Anschauungsraum 268
Anschauungszeit 268
An-sich-Gute-für-mich 114
Ansichsein 197
Ansteckung, psychische 108
Antecedensbedingung 450
Anthropologismus 1
Antinomie 435 – russellsche 435
Antinomienlehre 234
Antinomien zwischen Religion und Ethik 276 ff.
Anwendungsregeln 416
Aporetik, Methode der 246
Apriorittskriterium 312
Assoziationspsychologie 4
Atomismus, logischer 535
– Kritik am 565
Auffassungssinn 64
Aufweis, erlebnismäßiger 381

NAMEN- UND SACHREGISTER

Ausdruck 61, 332
Ausdruckskultur, ästhetische 333
Aussage, analytische 355
– empirische 355
– sinnlose 383 ff.
– synthetische a posteriori 355
– synthetische a priori 8, 355
Aussageform 370, 379
Aussagenlogik 433
Ausschlußgesetze, paradoxe 260
Außenwelt, empirische 301
Axiom 11, 12, 376
Axiome, formale 421
Axiomatik, moderne 377

Basis, physikalistische 392
Basissatz 447
Bäume, intuitionistische 441
Bedeutung eines Zeichens 579
– emotive 514
– als Aufmerksamkeitsleistung, allgemeine 57
Bedeutung
– -sanalyse 373 f.
– -serfüllung 61, 62
– -sintention 61, 62, 66
– -skategorie 84
bedeutungsmäßiges Wesen 64
Bedeutungsverknüpfungen, apriorische Gesetze der 84
Befindlichkeit 164
Begriff 295, 365
– abstrakter 56
– eigentlicher 378
– klassifikatorischer 375
– komparativer 375
– metrischer 376
– quantitativer 376
– uneigentlicher 378
– -serläuterung 374
– -sexplikation 374 ff., 622
Begründung der Logik 82
begründungsdefinit 693
Behaviorismus 396, 499, 638 ff.
beobachtbar 407
Beobachtungssatz 446
– -sprache 463
Beschreibung 450
Besorgen 161
bestätigungsfähig 408
Bestätigungsfähigkeit 409
– vollständige 409
Bestätigungsgrad 471

Bevorzugungsakt 27
Beweis 692
– -begriff 681
– -theorie 443 f.
Bewußtsein, primäres 17
– sekundäres 17
– transzendentales 80
– überhaupt 214
– -sbeziehung 4
– -stransformation 290
Bild, logisches 540 ff.
– als Tatsache 542
– falsches 543
– wahres 543
Bildung, ästhetische 333
Brouwer, Prinzip von 442

c-Funktion 476
Chiffre der Transzendenz 211
Christentum 97 f.

Dasein 91, 104, 138, 207, 214, 257
Daseinsfeld 91
deduktive Methode der Nachprüfung empirischer Theorien 401
Definition, implizite 377
Denken, appellierendes 203
– induktives 467
– weltorientierendes 196
Denker, abstrakter 149
– existierender 149
Designatum 414
deskriptiver Gehalt 574 f.
Determination, organische 269
Determinismus 517
Dialektik, hegelsche 264
Dimension des logischen Raumes 530 f.
Ding 535
direkter Schluß 475
Dualismus 184 f., 187
Du-Evidenz 110
dynamischer Begriff des Erkennens 105

Eidos, transzendentes 72
eigenpsychisch 388
Eigentlichkeit 157
Einbildungskraft, transzendentale 179
Einheit 317
– der Welt 267
– -swissenschaft 394
Einklammerungsmethode 70 ff.
Einfühlung 108
Einstellung 512
Ekstasen der Zeitlichkeit 174

Elementarerlebnis 388
Empfindung 63
empirisch nachprüfbar 355
Empirismus 2, 12, 346 ff., 556, 648
– Grundprinzip des 409
empirisch sinnvoll 466
Endlichkeit 152, 179, 186
Entscheidung 150
Entscheidungstheorie, rationale 477 f.
Entschlossenheit 172
Erbe 175
Erfahrungsaussage 299
– -erkenntnis 251
Erfüllungserlebnis 66
Erhabenes 279 f.
Erkennbarkeitsgrenze 248
Erkennen 614 ff.
Erkenntnis 10, 65 ff., 105 f., 196 ff., 245 ff., 297 ff., 334
– absolute 67
– mathematische 43, 434 ff.
– sittliche 25 ff., 110 ff., 275 f., 304 ff., 337 ff., 504 ff.
– a priori 8 ff., 249 ff., 334, 355 f.
– -saporetik 249
– -fortschritt 249, 253
– -metaphysik 245
– Theorie der 246
Erklärung 449
– deterministische 453
– statistische 453
– teleologische 457 f.
– -skizze 452
Erleben und Erkennen 362
Erlebnisaussage 290
Erlebnis, fundierendes intentionales 70
– -sprache, private 501
Erlösung, philosophischer Weg der 230
Erlösungswissen 103
essentia 104, 138, 256
Essentialismus, Kritik am 610
Ethik, formale 110 ff.
Ethos 308
Evidenz 11, 46, 55, 67, 253, 297
– objektive 253
– subjektive 253
Exaktheitsideal, Kritik am 566 f.
existentia 104, 138, 256
Existenzialien 161
Existenz 135 ff., 201, 217
– mögliche 202
– uneigentliche 137
– -erhellung 201 ff.

Existenzialontologie 135 ff.
– -urteil 5
Existenzmitteilung 203
– -philosophie 135 ff., 343
– und Wesen 138 f.
– -verfassung 156
Explanandum 451
Explanans 451
Explikandum 374, 479
Explikat 374
Extension 420

Faktum, transzendentales 72
Familienähnlichkeit von Begriffen 611 f., 629
Fiktion, sprachliche 20
Form der Substanz 538
– eines Dinges 537
formale Redeweise 412
Formalisierung 74
Formalismus 111 ff.
Formregeln 86, 416, 421
Forscher 123
Freiheit 276
Fürsorge 163
Fundamentalontologie 140, 178
Fundamentalraum, logischer 532
Funktionen, intuitionistische reelle 442
Funktionalanalyse 458 ff.

Gebilde, ideales logisches 83
Gebrauch von Worten 576 ff., 584 ff.
Gebrauchsdefinition 369 f.
Gedächtnis, assoziatives 126
Gedankending, allgemeines 56
Gefühlsdrang 125
Gegenstand, ästhetischer 278
– intentionaler 62
Gegenwärtigen 173
Gegenwart 155, 173
– ewige 226
Geheimnis des Seins 342
Geist 127 f., 215, 269 ff., 328
– Bild vom 642
– objektiver 271 f.
– objektivierter 274
– personaler 271
– und Bewußtsein 270
geistige Tätigkeiten 627
Geistigkeit der Seele 33
Geistperson, individuelle 98
Gemeinschaft 339
Generalisierung 74
Gerede 166 f.

NAMEN- UND SACHREGISTER 731

Gesamtperson 117
Geschichtlichkeit 157, 174, 208, 226, 275
Gesellschaft 339 f.
Gesetz, logisches 51, 334
– der Geltung 265
– der kategorialen Dependenz 266
– der kategorialen Kohärenz 265
– der kategorialen Schichtung 265
Gesetzeshypothese 451
Gestaltwandel des Seienden 322
Gewärtigen 173
Gewesenheit 173
Gewinnstrategie 683
Gewissen 157, 171, 274, 308, 328
Gewißheit, subjektive 47
Geworfenheit 156, 164
Glaube an Gott 121 f., 184, 329
Glauben 614 ff.
– -sfunktion 478
Glaubhaftigkeitsfunktion 479
Gleichheit 60
Gott 29 ff., 118 ff., 184, 220, 277, 340 ff.
– als Person 120
Gottesbeweise 29 ff.
Gotteserkenntnis, metaphysisch-rationale 118
– natürliche 118
– religiöse 120
Gottheit 220
Gottwerdung 128
Grad der empirischen Prüfbarkeit 402
Grammatik, reine 86
– universelle 86
Grenze 152
Grenzsituation 206
Grund des Seins 340 ff.
– -element 388
Grundgesetz, logisches 294
Grundlagenproblematik 361
Grundrelation 388
Grundsatz 376
Gütegrad 28

Handeln, formal richtiges 510
– material richtiges 510
– subjektiv richtiges 510
– vollkommen richtiges 510
Haß 109
Hassen 26
Hedonismus 509
heilig 119
Heiliger 123
Heilswissen 103

Hermeneutik 151
Herrschaftswissen 102
Hortativ 305
Hyperrealismus 675
Hyperextensionalismus 492
Hypothesenwahrscheinlichkeit 469

Idealismus 105, 198 f.
– deutscher 97 f.
– transzendentaler 75 ff.
Idealmöglichkeit 259
Idealraum 268
Idealwissenschaft 54 f.
Idee des Unbedingten 183
Identität 313
– der Spezies 60
Identitätserlebnis 66
Imagination 66
Immanenzpositivismus 362
Imperativ 305, 519
Imperativkomponente 513
Implikationsgesetze, paradoxe 261
imprädikative Begriffsbildung 440
In-der-Welt-sein 161
Indeterminismus 517
Individuum 23, 316 ff.
Induktionsprinzip 399
Induktionsschluß 399, 454 f.
induktive Logik, Begründung der 477 ff.
Inhalt, idealer 54
inhaltliche Redeweise 412
innere Struktur der Sprache 555
– – der Wirklichkeit 555
Instinkt 126
Intelligenz, praktische 127
Intension 419
Intention 92
intentionale Materie 64
– Qualität 64
– -s Wesen 64
Intentionalität 3, 15, 63 ff.
Intermodalverhältnis 260 ff.
Interpretation 378
– eines Kalküls 421
– partielle 464
Interpretationsregeln 416, 541
intersubjektiv überprüfbar 348
Intuition, konspektive 253
– stigmatische 253
Intuitionismus 80, 364, 438 ff., 675 ff.
inverser Schluß 475
Irrationales 248

Irrtum, ethischer 510
Ja-Nein-Raum 532
isomorphes Bild 541
Isomorphismus 541
Jemeinigkeit 148, 156

Käfer, Gleichnis vom 658
Kategorialbegriff 295
Kategorie 18, 263 ff., 284, 295, 318
– dimensionale 267 f.
Kategorie
– logische 526
– organologische 268
– syntaktische 74
Kausalbegriff 25, 322
Kausalprinzip, allgemeines 285
Kennen und Erkennen 364
Kennzeichnung 489
Klasse 36
Klassifikatorischer Begriff der Bestätigung 472
Kohärenz, kategoriale 264
Komisches 280
Kommunikation 205
Komparativer Begriff der Bestätigung 472
Kompossibilität 262
Konformitätssystem 121
Konkretion, Problem der 496
Konkretum 21, 74
Konstanz 321
Konstitutionssystem 389
Kontingenzbeweis 31
Kontinuum, intuitionistisches 441 f.
Kontradiktionsgesetz 13
Konventionalismus 691
Konzeptualismus 56
Kopernikanische Wendung in der kantischen Philosophie 9
Korrespondenzregel 464
Kriterium 668
Kultur 331 ff.
– ästhetische 332 ff.
– ethische 338 ff.
– logische 336 f.
Kulturidee, formale Seite der 331
– materiale Seite der 331
Kunst 200, 333

L-äquivalent 420
L-Implikation 418
L-Semantik 418
L-Spielraum 419
L-wahr 419

L-Zustand 419
Langeweile 167
Lebensform 592, 671 f.
Lebensgefühl 185
Lebensphilosophie 97, 153, 158
Leerintention 66
Leib-Seele-Problem 291 f., 327
Leib-Seele-Identität, Theorie der
    501 ff.
Liebe 109, 228 f.
Lieben 26
Logik, aristotelische 430
– formale 41
– induktive 468
– mathematische 348, 429 ff.
– philosophische 221
– der Imperative 134, 520
logische Notwendigkeit 686
logisches Attribut 546
Logizismus 43, 435 ff.
lumen naturale 164
Lust, ästhetische 280

Machtwissen 102
Man 163 f.
Mechanismus 268
Meinen 571 ff., 628 ff.
Menge 36
Mensch, naturwissenschaftlicher Begriff des 124
Metamathematik 443
Metaphysik 180, 209, 346, 386
– aneignende 210
– der Erfahrung 181
– prophetische 210
– wissenschaftliche 210
– und Religion 121
Metasprache 415
Methode des nachfühlenden Verstehens 457
Methodologie, empirische 404
Mitdasein 163
Miteinanderfühlen 107
Mitgefühl 107
Mitsein 163
Mitteilungsproblem 359
Mitwelt 163
Modell, erfüllendes 378
– formales 380
– reales 380
Modus 317
– absoluter 259
– relationaler 259

NAMEN- UND SACHREGISTER

Möglichkeit 147, 319
- disjunktive 259
- indifferente 259
- unbestimmte 153
Monismus 184
- kategorialer 263
Moral 307
Mystik 158, 239

Nachfühlen 107
Namenstheorie der Sprache 548
naturalistische ethische Theorien 506
Naturgesetz 481 ff.
- des Denkens 51
Negation 552
Neugier 166 f.
Neustik 520
Nichtdasein, evidentes 93
- theoretisches 93
nichtnaturalistische ethische Theorien 506
Nichtplatonist 37
Nichts 159, 192 f., 609 f.
Nichtung 159
Nihilismus 158
Nominaldefinition 368
Notwendigkeit, logische 286

Oberflächengrammatik 586
Oberflächenraum, logischer 532
Objekt 247
Objektionsgrenze 248
Objektivität 271
- der Chiffre 229
Objektsein 197
Objektsprache 415
Objizierbarkeitsgrenze 248
öffentliche Sprache 656, 663
Offenheit von Begriffen 620
Ohnmacht des Geistes 128
ontisches Schema im Aufbau der Welt 258
Ontologie, formale 73
- materiale 73
operativer Gesichtspunkt 590
Optativ 305
Organismus 323 f.

Pantheismus 130, 158
Pantragismus 227
Parallelität von Denk- und Seinsprinzipien 250
Parallelmöglichkeit des Inkompossiblen 262

Person 115 ff., 275, 665
Personerkenntnis 116
Phänomen, psychisches 2
Phänomenalismus 90
Phänomenimmanenz 247
Phänomenologie 49 ff., 96 ff., 137 f., 343
- der Erkenntnis 245
Phrastik 520
Physikalismus 394 ff.
platonischer Realismus 675
Platonismus 36 ff., 56 ff., 191, 256 ff., 490 ff.
- konstruktiver 39
Positivismus XLV f., 198 f., 362 ff., 556
Potentiell Unendliches 438
Prädikat, projektierbares 484
Pragmatik 414
pragmatische Situation 595
Primat des ästhetischen Urteils 332
Prinzip, ästhetisches 332
- ethisches 337
- logisches 334
- oberstes praktisches 28
private Regeln 650
Privatsprache 647 ff.
Problemstellung 249, 253
Prognose 451
Protagoras 52
Protokollsatz 446
Prüfbarkeit 409
- vollständige 409
Prüfungsmethode 408
Psychognosie 3
Psychologie, deskriptive 3
- genetische 3
- rationale 182
Psychologismus 49 ff.

Qualia 495 f.
Qualitas 319
Qualitätsdifferenz 64
quantitativer Begriff der Bestätigung 472
Quantorenlogik 433
Quasianalyse 389

Rangordnung der Werte 113 f.
Rationalismus 12, 113
Raum 268
- logischer 530
Realdefinition 368
realisierbar 408

Realismus 105
- kritischer 77, 243 ff.
Realität der Außenwelt 169, 385
Realität des Fremdseelischen 303
Realitätsbegriff 252
Realmöglichkeit 259
Realnotwendigkeit 259
Realraum 268
Realwirklichkeit 259
Realwissenschaft 54 f.
Realzeit 268
Rede 166
Reduktion, eidetische 71, 89
- transzendentale 71, 90
Reduktionsmethode, phänomenologische 70, 101
Reduktionssätze 462
Relationsprädikat 431
Relative, das 15
Relativismus 52, 106, 297, 353 f.
Religion 121, 276 f., 329 f.
Religionsphilosophie 118 ff.
Rigorismus 114

Sachverhalte 7
Sachverhalt, atomarer 529
- komplexer 529
- möglicher 547
Satz des Bewußtseins 289
Satz, einfacher 545
- komplexer 545
- als Bild 545 f., 552 f.
Satzmodus 575
Satzradikal 575
Satzwahrheit 549
Satzzeichen 545
Schätzung der relativen Häufigkeit 473
Scheinsatz 383 ff.
Scheitern 211
Schichtenverhältnis, ästhetisches 278 f.
Schlußfigur, syllogistische 41
Schmerzen 646 ff.
Schöpfergott 30
Schuld 157
Schuldigsein 171
Schwermut 150
Seiendes 317 ff.
- absolut 103
- relativ 103
Sein 188 ff., 256, 317
- ideales 258
- reales 258
Seinkönnen 147, 165

Sein zum Seinkönnen 147
- zum Tode 152
Seinsbegriff 17, 139 f.
Seinsgrund 340 ff.
Seinskategorie 334
Seinsmeinung 65
Seinsmoment 257
Seinsprinzip 263, 284
Seinsproblem 188 ff.
Seinsrelation 246
Seinsverständnis 141, 160
Seinsweise 257
Selbstbestimmung 276
Selbstbewußtsein 128, 291
Selbsterfahrung, menschliche 325 f.
Selbstsein, eigentliches 201
Semantik 416 ff.
- allgemeine 418
- spezielle 418
Semiotik 414
Signum, existenzielles 204
Sinnauslegung 151
sinndefinit 693
Sinn des Lebens 307 f.
Sinngebung, ästhetische 281
- immanente 307
- transzendente 307
Sinnkriterium, empiristisches 382, 409, 466, 530
Situation 156
Skepsis 82, 106, 353 f.
Skeptizismus 52
Solidaritätsprinzip 117
Solipsismus 17
- methodischer 388
Sollensforderungen 134
Sorge 155, 168
Sosein 104, 138, 257
Spaltungsgesetz der Realmöglichkeit 260
Spielraum, logischer 534
Sprachanalyse, logische 39, 286, 347
Sprache 132 f.
- deskriptive 519
- empiristische 410
- intersubjektive 394, 501
- mentalistische 500
- präskriptive 519
- theoretische 463
- universale 394
Sprachkritik 14
Sprachspiel 589 ff.
Statischer Begriff des Erkennens 105
Stimmung 149, 157

Subjekt, erkennendes 247
Subjektivismus 113
Subjektsein 197
Substanz 22
- nulldimensionale 33
Substanz der Welt 536
Substratkategorie 74
Superexistenz 273
Symptom 667
Synonym 368
Syntax 415, 420 ff.
- Reine 86, 415
synthetisches Urteil a priori 8, 44 ff., 181, 357 f., 543
System, realistisches 495

Tatsache 527
- natürliche 100
- phänomenologische 100
- reine 100
- wissenschaftliche 100
Teleologie 30
teleologisches Merkmal 508
Theodizee 34
Theologie, negative 210
Therapie, philosophische 569, 604, 678
Tiefengrammatik 586
Tod 152, 157, 170
Tragik 134
tragisches Wissen 226
Transintelligibles 248
Transobjektives 247
transzendentale Methode 289
transzendentaler Idealismus 554
- Grundprinzip des 78
- Lingualismus 558
transzendenten Dinges, Begriff des 77
Transzendenz 157, 206, 219
- des Seinsgrundes 342
Transzendenzerleben 241
Transzendieren über die Welt 210
Trieb 329
Tuismus 303
Typentheorie 437

Überredungsdefinition 515
Umformungsregeln 86
Umgebung 668 f.
Umgreifendes 212 f.
Umsicht 162
Umwelt 162
Unechtes im Geistesleben 274

Uneigentlichkeit 157
Unendlichkeitsaxiom 43
- -problem 436
Unheimlichkeit 157, 167
unio mystica 240
universale 23
universalia ante res 56
universalia in rebus 56
Universalienproblem 13, 19 ff., 487 ff.
Universalienrealismus 56
Unsinn 85
Unwahrheit 169, 224
Urdrang, blinder 128
Urerlebnis 288, 309
Urteil 290, 365
- assertorisches 14
- a priori, synthetisches 8, 44
- der inneren Wahrnehmung 11
Urteilskultur, ästhetische 333
Utilitarismus 508

Variable, gebundene 490
Verfallen 157, 167
Verführung durch Bilder 606
Vergangenheit 155
Verhältnis der Seinsmomente, konjunktives 257
- der Seinsweisen, disjunktives 257
Verifikationsmethode 381
Vernunft 211, 220
Vernunftbegriff 183
Verstehen 165, 298, 635 ff.
Vertrautheit 157
Verzweiflung 150
Vielheit 317
Vitalismus 268
Vollendung 331
- des Wahrseins 225 ff.
Vorlaufen in den Tod 171
Voraussagerelevanz 465
Voraussageschluß 475
Vorstellungsverknüpfung 5
Vorzugsakt, emotionaler 113
Vorzugsaxiom 28

Wahrheit 6, 52 f., 67 f., 169, 222 ff., 248, 252, 296, 365 f. – Ort der 2
- apodiktische 12
- logische 433
- ontische 169
- zwingende 215
Wahrheitsbegriff 10, 416 ff.
Wahrheitsdefinit 692

Wahrheitsfunktionen, Theorie der 551
Wahrheitskriterium 249
Wahrheitsregeln 416
Wahrheitsstreben 248
Wahrheitstabelle 372
Wahrnehmung, kategoriale 69
Wahrnehmungsaussagen 299
Wahrscheinlichkeit, induktive 469
– statistische 468
Weisen des Umgreifenden 213
Welt 156, 215, 527 f.
– metaphysische 303
– mögliche 530
– physikalische 302
Welteinstellung, naive 76
Weltgestalter 30
Weltoffenheit 127
Weltorientierung 196 ff.
Weltvernichtung, gedankliche 72
Werden 321
Werdepantheismus 129
Wert 111 ff., 275 ff., 306, 331, 337, 512 ff.
Wertarten 112
Wertaussage 305
Wertaxiom 28
Wertbereich 37, 490
Wertbewußtsein 304
Werten 340
Werterkenntnis 26, 111 ff., 275 ff., 331 ff.
Wertethik, materiale 110 ff., 275 f.
Wertfühlen 113, 280
Wertgefühl 305
Wertidee 306
Wertindifferenz 28
Wertpersontypen 117
Wertunterschied 27
Werturteil 26, 305, 519
Wesen 610 f.
– eines Dinges 537
– praktisches 28
– und Grammatik 619

Wesenheit, allgemeine 19
Wesensbegriff des Menschen 124 ff., 160 ff.
Wesensmöglichkeit 259
Wesensnotwendigkeit 259
Wesensschau 46, 97
Wesenswirklichkeit 259
Wesenswissen 102
Wesenszusammenhang 54, 100
Wettquotient, fairer 473
Widersinn 85
Widerspruchsfreiheit 695 f.
Widerstreit 66
Wiederholung 157, 175
Wiederkehr, kategoriale 25
Wirklichkeit 319
Wirklichkeitsform 321
Wirklichkeitsnähe, Methode der 289
Wissen 614 ff.
Wissenschaft und Philosophie 351 f.
Wortgebrauch 576 ff.
Wunder 342

Zeichen 61
– anzeigendes 61
– bedeutsames 61
Zeichentabelle 416
Zeit 580 ff.
Zeit, subjektive 153
Zeitigungsmodi 173
Zeitlichkeit 153, 157, 177
Zentraldetermination 269
Zeug 162
Zirkelstruktur des Verstehens 166
Zukunft 155, 172
Zuordnungsdefinition 380
Zurückführbarkeit der Bestätigung 404 ff.
Zustandsbeschreibung 419
Zweckmäßigkeit 29
Zweckprinzip 255
Zweideutigkeit 166 f.